suhrkamp taschenbuch 3311

Zu Unrecht ist der Autor von *Auf der Suche nach der verlorenen Zeit* immer wieder als blasierter Dandy dargestellt worden, dessen Leben, abgesehen von seinem literarischen Schaffen, kaum Interessantes zu bieten habe. Ronald Hayman, Literaturwissenschaftler aus Cambridge, tritt den Gegenbeweis an – mit Erfolg: Illustriert durch Passagen aus Prousts Briefwechsel mit seiner Familie, seinen Freunden und Liebhabern, läßt die Biographie den Menschen, der sich hinter dem großen Erzähler verbirgt, in greifbare Nähe rücken. Die solide recherchierte und anregend geschriebene Studie macht die starke Bindung des kränklichen Jungen an seine Mutter ebenso anschaulich wie die Bedeutung von Geld, Sexualität und physischer Zerrüttung, aber auch von Freundschaften für Prousts Leben und Schreiben. Eine fesselnde Lektüre für Proust-Leser und solche, die es werden wollen.

Ronald Hayman arbeitete nach seinem Studium in Cambridge als Autor und Regisseur für Theater und Fernsehen. Er hat mehrere Biographien, u.a. über Samuel Beckett und Jean-Paul Sartre, verfaßt.

Ronald Hayman

Marcel Proust

Die Geschichte seines Lebens

Aus dem Englischen von
Max Looser

Suhrkamp

Die Originalausgabe erschien 1990 unter dem Titel
Proust. A Biography
bei William Heinemann Ltd., London

suhrkamp taschenbuch 3311
Erste Auflage 2002
© Ronald Hayman 1990
© der deutschsprachigen Ausgabe
Insel Verlag Frankfurt am Main und Leipzig 2000
Suhrkamp Taschenbuch Verlag
Alle Rechte vorbehalten, insbesondere das
des öffentlichen Vortrags, der Übertragung
durch Rundfunk und Fernsehen
sowie der Übersetzung, auch einzelner Teile.
Kein Teil des Werkes darf in irgendeiner Form
(durch Fotografie, Mikrofilm oder andere Verfahren)
ohne schriftliche Genehmigung des Verlages reproduziert
oder unter Verwendung elektronischer Systeme
verarbeitet, vervielfältigt oder verbreitet werden.
Druck: Nomos Verlagsgesellschaft, Baden-Baden
Printed in Germany
Umschlag nach Entwürfen von
Manfred Walch

1 2 3 4 5 6 – 07 06 05 04 03 02

In Memoriam
John Hayman (1890-1954)
und
Sadie Hayman (1905-1989)

Inhalt

Fünfter Teil:
Zurückgezogenheit (1910-1914)

Sechster Teil:
Proben zum Sterben (1914-1922)

Danksagung

Jedesmal nach Beendigung einer Biographie setze ich mich hin, um eine Danksagung für die Hilfe zu formulieren, die mir zuteil wurde von Freunden und Bekannten, die überaus tolerant und großzügig mit ihrer Zeit waren. Ich komme mir vor wie ein spendierfreudiger Kunde, der einen nachsichtigen Bankverwalter zum Essen einlädt. Die Dankesschulden wachsen sich zu einer gewaltigen Überziehung aus, ohne daß ich unter Druck gesetzt werde, mit der Rückzahlung zu beginnen.

Mein erster Dank geht an Catherine Carver, die mir schon oft geholfen hat, indem sie entstehende Arbeiten las und scharfsinnige Hinweise gab. Diesmal war ich noch viel mehr auf ihre Mithilfe angewiesen, die sie mir großzügig gewährte.

Alles in allem habe ich so viele Gespräche geführt, die sich auf das Buch auswirkten, und so mancherlei Hilfe von so vielen Menschen bekommen, daß es fast unhöflich aussieht, sie alphabetisch aufzuführen. Eine größere Dankbarkeit, als vielleicht deutlich wird, empfinde ich jedoch für Mona Abboud, John Ardagh, Gigi Ashe, Frank Barrett, Sally Belfrage, Anne Borrel, Gilles Choraqui, Erica Cumming, Comte Ghislain de Diesbach, Elsie Birch Donald, Jane Dorrell, Lord Eccles, Jean Gimpel, Shusha Guppy, Gabriel Josipovici, Philip Kolb, Sir Bernard Ledwidge, Richard Mayne, Colin Nears, Gary O'Connor, Jenny Pepper, Frances Porter von der Wildenstein Gallery, Sue Standing, Elizabeth Russel Taylor, Dr. Estella Welldon und Robert Winder.

Unschätzbare Hilfe empfing ich außerdem von meinen beiden Lektoren, Tom Weldon vom Verlag Heinemann und Kathy Walton Banks von Edward Burlingame Books.

Erster Teil

ZERBRECHLICHE KINDHEIT
1871-1888

Erster Teil

ZERBRECHLICHE KINDHEIT
1905–1928

1. Mein kleiner Wolf

Auteuil war damals noch ein Dorf. Das große Haus lag in einem weitläufigen Park mit hohen Kastanienbäumen, mit Rasenflächen, Blumenbeeten, gepflegten Kieswegen, einem Springbrunnen und einem Fischteich. Eine Hochburg des bürgerlichen Geschmacks, eingerichtet im Stil Louis-Philippe, mit Polstersesseln und schweren Vorhängen an den Fenstern. Es gehörte Prousts vierundfünfzigjährigem Großonkel Louis Weil, der sein Vermögen mit einer Knopffabrik gemacht hatte, die fünftausend Arbeiter[1] beschäftigte. Als seine Frau im November 1870 starb, zog er sich nach Auteuil zurück und widmete nun den größten Teil seines Lebens den Schauspielerinnen und Kurtisanen. Der frischgebackene Ehemann seiner jungen Nichte, Dr. Adrien Proust, mißbilligte diesen Lebenswandel zwar nachdrücklich, doch ihr Kind wurde in ebendiesem Haus in Auteuil geboren.

Seit der Hochzeit am 3. September 1870 hatten Adrien und Jeanne Proust in der Rue Roy gewohnt, einer kleinen Verbindungsstraße zwischen dem Boulevard Haussmann und der Rue la Boétie. Die Wohnung kostete 2500 Francs im Monat, doch war dies eine Zeit, da Wohlstand weder Komfort noch Sicherheit garantieren konnte. Die einige Wochen nach der Hochzeit einsetzende Schwangerschaft fiel mit einem der stürmischsten Zeitabschnitte in der Geschichte von Paris zusammen. Einen Tag vor der Hochzeit, als Napoleon III. sich in Sedan Bismarcks Armee ergab, hatte das 2. Kaiserreich geendet, aber aus Trotz gegen die Führer der neuen Republik hielt Paris den Preußen stand. Der Winter war so hart, daß die Seine und die Brunnen in Paris einfroren. Der Kohle- und Holznachschub kam zum Erliegen, und Nahrungsmittel waren so knapp, daß die Leute anfingen, Katzen, Hunde und sogar Ratten zu essen. Adrien Proust, der sich während der Cholera-Epidemie von 1866 für die Idee des *cordon sanitaire*, eines Sperrgürtels, eingesetzt hatte, befürchtete einen neuen Ausbruch der Krankheit.[2]

Am 28. Januar 1871 wurde der Waffenstillstand unterzeichnet, doch die schwangere Jeanne Proust hatte noch nicht alle Prüfungen

überstanden. Nachdem die preußische Armee auf den Champs-Elysées vorbeidefiliert war, brachen in der Stadt für vier Monate die
schlimmsten Straßenkämpfe seit 1848 aus, und Adrien Proust entging auf dem Weg in die Charité, wo er Klinikchef war, nur knapp
einer Kugel. Die am Tag des Waffenstillstands gegründete Kommune hatte Paris zwei Monate lang in ihrer Gewalt; es wurden Gei-
seln erschossen und Gebäude zerstört. Obwohl die Schwangere sich
nur ungern von ihrem Mann trennen wollte, suchte sie Zuflucht im
Haus ihres Onkels am anderen Ende des Bois de Boulogne, und hier,
in der Rue de La Fontaine 96, kam am 10. Juli 1871 das Kind zur
Welt, ein Junge. Da er wegen der psychischen und physischen Ent-
behrungen, die seine Mutter während der ganzen Schwangerschaft
zu erleiden hatte, überaus schwächlich war, fürchtete man um sein
Leben. Seine Überlebenskraft war gering, und ohne das berufliche
Können des Vaters wäre sein Leben wohl nur sehr kurz gewesen.
Jedenfalls hinterließen die vorgeburtlichen Erfahrungen ihre Spuren
in seiner körperlichen Verfassung und in der Beziehung zur Mutter,
die sich die Schuld daran gab, daß er in einem so bedauernswerten
Zustand auf die Welt gekommen war.

Vermutlich in Regierungskreisen hatte Jeanne Weil Adrien Proust
kennengelernt, einen sechsunddreißigjährigen Arzt, Sohn eines Le-
bensmittelhändlers aus Illiers, der ihn für die Laufbahn eines Geistlichen vorgesehen hatte. In der Schulzeit fand Adrien Gefallen an
dieser Idee, und das Gefühl der Berufung blieb in seiner Hingabe an
die medizinische Arbeit und besonders in seinem großen Interesse
für die öffentliche Hygiene lebendig. 1869 reiste er im Auftrag der
Regierung nach Rußland und Persien, um die Ausbreitung der Cholera zu erforschen, und nach seiner Rückkehr wurde er 1870 zum
Ritter der Ehrenlegion ernannt.

Seine Frau, fünfzehn Jahre jünger als er, gutaussehend, belesen,
scheu und intelligent, war die Tochter eines reichen jüdischen Bör-
senmaklers, Nathé Weil. Ihre Mutter, Adèle Berncastel, war die
Großnichte von Adolphe Crémieux, der 1848 Justizminister gewesen war und sich 1851 gegen den Napoleonischen Staatsstreich ge-
wehrt hatte. Auch in der Regierung der neuentstehenden Dritten
Republik übernahm er wieder die Rolle des Justizministers.

Ehen zwischen Mitgliedern vornehmer jüdischer und nichtjüdi-
scher Familien waren recht häufig. Die Vereinbarungen zwischen

den Prousts sahen vor, daß Jeanne nicht konvertierte, während die Kinder katholisch erzogen werden sollten. Im Alter von vier Wochen wurde das Kind in der Gemeindekirche St. Louis d'Antin getauft und erhielt die Vornamen Marcel, Valentin, Louis, Eugène, Georges.

Die Familie lebte nicht so lange in der Rue Roy, daß diese Wohnung im Gedächtnis Marcels irgendwelche Spuren hinterlassen konnte. Er war knapp über ein Jahr alt, als seine Mutter erneut schwanger wurde und die Familie in eine große Wohnung im zweiten Stock des Boulevard Malesherbes, zwischen der Madeleine und der Rue de Courcelles, umzog. Der Umzug fand kurze Zeit nach dem zweiten Geburtstag Marcels statt. Ihre neue Wohnung hatte sämtliche modernen Annehmlichkeiten – fließendes Wasser, Gasbeleuchtung, Zentralheizung mit Kohle (während die meisten Zentralheizungen in Paris noch mit Holz betrieben wurden), Badezimmer, Toilette, Gasherd mit Zündflamme, Wärmeplatte in der Durchreiche zum Speisezimmer. »Ein ziemlich dunkles Interieur, vollgestellt mit schweren Möbeln, zugehängt mit Vorhängen, erstickt von Teppichen, alles in Schwarz und Rot gehalten, das typische Appartement von damals, das sich weniger von dem düsteren Balzacschen Durcheinander unterschied, als wir glaubten«, erinnert sich Fernand Gregh.[3] Der Salon war, wie Proust später sagen sollte, »von einer ganz und gar medizinischen Häßlichkeit […], bei der Bronzefiguren, Zimmerpalmen, Plüsch und Mahagony ihre entsprechende Rolle spielten«.[4]

Das Haus verfügte sogar über einen Fahrstuhl. Nur wenige Häuserblocks von der Rue Roy entfernt, war der Boulevard Malesherbes gerade zwölf Jahre alt. Auf jedem der sieben Stockwerke hatte das Haus einen breiten Balkon mit einer Eisenbalustrade. Im Hof gab es eine Reihe von kleinen, angebauten Werkstätten. In der Nähe des eindrucksvollen Doppelportals des Eingangs lag eine Schusterwerkstatt, wo der Concierge Schuhe flickte. Er arbeitete außerdem als Schneider und züchtete im Hof Geflügel und Kaninchen. Am Ende des Hofes lebte eine Comtesse. Sie trug einen mit Irisblüten verzierten Hut und fuhr in einer von zwei großen Pferden gezogenen Kutsche aus, die das Haupt ihres livrierten Lakaien bis zur Fensterhöhe der ersten Etage hob, und winkte dem Wasserträger, den Nachbarn und den Kindern des Concierge zu. Während der Fahrt auf dem Boulevard ließ sie häufig anhalten und wies ihren Lakaien an, die Visitenkarte abzugeben und die Ladenbesitzer an die Kutsche zu befehlen, von wo aus sie ihre Bestellungen aufgab.

Dies war Marcels erste Erfahrung mit der Aristokratie, doch nichts beeindruckte ihn in den ersten drei Lebensjahren mehr als der Verlust der ungeteilten mütterlichen Aufmerksamkeit. Er war noch zu jung, um zu wissen, was vor sich ging, doch es wurde immer schwieriger, sich in einer bequemen Lage auf dem Schoß seiner Mutter niederzulassen. Der weiche, warme und freundliche Bauch rundete sich. Zwar wurde er noch immer zärtlich umfangen, aber irgend etwas entfernte ihn immer weiter von der Mitte ihres Körpers, und es wurden Vorbereitungen für ein Ereignis getroffen, das mit ihm nichts zu tun hatte. Dann wurde am 24. Mai 1873 noch ein kleiner Junge geboren. Obwohl bisher niemand ein zweites Kind gebraucht zu haben schien, mochten es alle gern, und es gab keine Möglichkeit, es loszuwerden. Man taufte den Kleinen Robert, Émile, Sigismond, Léon, und anfänglich fesselte er die Aufmerksamkeit der Mutter mehr als sein kränkliches Brüderchen, das instinktiv wußte, daß sie sich für seine zarte Gesundheit verantwortlich fühlte. Weil das neue Baby von guter Gesundheit war, gelang es Marcel, seiner Mutter etwas mehr Aufmerksamkeit abzugewinnen, wenn er ein neues Symptom zeigte oder ein altes verstärkte.

Die ungestüme und besitzergreifende Bewunderung, die die junge Mutter und das kränkelnde Kind füreinander hegten, drängte das ruhige und gesunde Baby in die Rolle des unerwünschten Dritten. Sie nannte Marcel »mon petit loup«, »mein kleiner Wolf« und Robert »mon autre loup«, »mein anderer Wolf«.[5] In *Contre Sainte-Beuve* kommt Robert in seinem Kindersitz vor, wie er lauthals kundgibt: »Marcel hat mehr Schokoladencreme bekommen als ich«[6]; die Geschwister zankten sich unablässig. Nie sollte Robert einen Streit vergessen, bei dem sie sich prügelten und Marcel versuchte, seine Trommel zu zerschlagen. Marcels Eifersucht war noch unversöhnlicher, wenn auch unterdrückt und aufgewogen durch eine gewisse Fürsorglichkeit gegenüber dem jüngeren Bruder, wie sie die Mutter ihm gegenüber zeigte. Über die früheste Erinnerung als Dreijähriger schrieb Robert: »So weit ich den Gang meiner Kindheitserinnerungen überhaupt bis zu jenem undeutlichen Zeitabschnitt zurückverfolgen kann, wo die ersten Kristallisationen des

Gedächtnisses sich bilden, habe ich stets das Bild meines Bruders vor mir, wie er mich mit einer unendlichen, bestrickenden und gleichsam mütterlichen Sanftheit beschützte.«[7] Robert aber, der instinktiv erkannte, daß er die Mutter an den Nebenbuhler verloren hatte, setzte alles daran, die Liebe seines Vaters zu gewinnen.

Die beiden Jungen waren gekleidet wie die Figuren eines Kostümstücks. Jeanne Prousts Liebe zum Theater vergrößerte ihr Vergnügen, für die kleinen Mitspieler Kleider auszuwählen, die ihre eigenen Auftritte im Park, in den Geschäften und vor den Besuchern ausschmückten. Ohne es zu wollen, förderte sie den kindlichen Exhibitionismus. Eine Photographie zeigt die beiden mit einem kleinen Spazierstock in der Hand, in Kleidern wie Prinzen, mit Pelz- und Spitzenbesatz. Auf einer anderen Photographie, aufgenommen, als Marcel sechs Jahre alt war, sind sie fast identisch in lange Jacken gekleidet, die in einer Art Schottenrock enden und vorne mit einer Doppelreihe von Messingknöpfen verziert sind. Noch mehr Knöpfe finden sich an den Ärmeln und auf den breiten und tief ausgeschnittenen Taschen, die an die Felltaschen der Schottentracht erinnern. Marcel trägt einen breiten, steifen Eton-Kragen, Robert einen Spitzenkragen; beide haben eine große Seidenkrawatte. Beide sind prachtvoll frisiert und tragen ein weißes Tuch in der Brusttasche. Wenn es kalt war und die Jungen Pelzmuffs trugen, kochte die Köchin Kartoffeln, die heiß und ungeschält in die Muffs gesteckt wurden, um die Hände zu wärmen.[8]

Der Vater vertrat strenge Ansichten über Kindererziehung. In den beiden 1881 und 1883 veröffentlichten Büchern über Hygiene[9] behauptete er, die Menschen – und ganz besonders Kinder – nähmen Schaden durch unreine Luft, durch Lärm und durch die Berührung mit großen Massen. Im Dezember 1873 wurde er Chefarzt am Hospiz Sainte-Perrine in Auteuil. Von einer nie nachlassenden Energie und unbekümmert über die große Belastung erfüllte er seine Aufgaben als Klinikchef der Charité, daneben als fachärztlicher Berater am Parvis Notre-Dame und am Hôtel-Dieu und wurde außerdem Mitglied des *corps médical* an der Opéra-Comique. Prousts Vater überwand seine Zweifel an der Lebensführung von Louis Weil und brachte die Kinder im Frühling und Sommer nach Auteuil. Man gelangte auch auf dem *bateau-mouche* dorthin, auf einem mit Flaggen und Wimpeln geschmückten Flußdampfer. Entlang der Seine

waren damals noch die Wäschereischiffe mit der bunten Wäsche
zu sehen, die zum Trocknen aufgehängt war. Wenn die Familie in
Auteuil Ferien machte, konnte der Vater mit dem Bus in die Charité
oder zum Hôtel-Dieu fahren: die Fahrt dauerte nicht einmal eine
Stunde. Nathé Weil kam jeden Abend zum Essen nach Auteuil, fuhr
aber zum Schlafen stets nach Paris zurück. »Er hat die Stadt keinen
einzigen Tag während der fünfundachtzig Jahre verlassen, die er
lebte [...], außer während der Belagerung von Paris, als er meine
Großmutter in Étampes in Sicherheit brachte.«[10]

Für Marcel war die Lust der Ankunft in Auteuil unabtrennbar mit
dem Duft der Linden vor dem Haus verbunden. Das Schlafzimmer,
das man ihm dort gab, hatte empireblaue Satinvorhänge, und nie
vergaß er den Kleiderschrank mit den Spiegeltüren oder die typischen Gerüche des Hauses – nach Seife, Gruyèrekäse, Kirschen in
den Einmachgläsern und den Aprikosen in der Obstschale. Er trank
Most aus »Gläsern, die etwas zu dickwandig waren, so daß man
beim Trinken versucht war, in das Glas zu beißen«, und im Speisezimmer wurden die Messer »in der vulgärsten bürgerlichen Manier« auf Kristallglasbänkchen gelegt, die schillernde Pfauenaugen-
muster an die Wände warfen.[11]

Haus und Park in Auteuil hatten in der Kindheit Prousts eine
große Bedeutung, freilich keine ganz so große wie der sandstein-
graue Marktflecken zwanzig Kilometer südwestlich von Chartres.
Er hieß damals Illiers, und die Familie verbrachte dort regelmäßig
die Osterferien, doch als Proust den Ort so beschrieb, als ob er einen
großen Teil seiner Kindheit dort verbracht hätte, nannte er ihn
Combray, und heute lautet sein offizieller Name Illiers-Combray.

In Paris sahen die Jungen ihren geschäftigen Vater zwar nur selten, doch wenn er an Ferientagen zu ihnen stieß, und sei es auch nur
über das Wochenende, erlebten sie die Eltern häufiger zusammen.
Jeanne Proust bewunderte ihren Gatten: In *Swann* bricht die Familie zu einem langen Spaziergang um Combray im Mondschein
auf, plötzlich bleibt der Ehemann stehen, um seine Frau zu fragen:
»›Wo sind wir?‹ Erschöpft von der Wanderung, aber stolz auf
ihn, gestand meine Mutter zärtlich zu ihm aufblickend, daß sie
es überhaupt nicht wisse. Er zuckte die Achsel und lachte. Dann
aber wies er, als habe er es mit seinem Schlüssel aus der Westen-
tasche gezogen, auf das rückwärtige Pförtchen unseres Gartens un-

mittelbar vor uns hin [...] Meine Mutter bewunderte ihn: ›Du bist fabelhaft!‹«[12]

Elisabeth, die kranke Schwester von Dr. Proust, war mit Jules Amiot verheiratet, einem zwölf Jahre älteren, wohlhabenden Tuchhändler. Ihr Dienstmädchen Ernestine, das dreiundvierzig Jahre bei ihnen blieb, bereitete raffinierte Mahlzeiten zu. Amiot, in dessen Ladengeschäft »ein Geruch von ungebleichter Leinwand herrschte«,[13] war ein begeisterter Hobbymaler, der sich zum Arbeiten in einen an seinem Haus angebauten Pavillon zurückzog, der mit Erinnerungsstücken an seine Reisen in Algerien ausstaffiert war: Teppichen, Kokosnußschnitzereien, Photographien von Moscheen und Palmen.

Noch heute ist der Park in gutem Zustand: üppig ausladende Bäume über einem hügeligen, großflächigen Rasen, gepflegte Blumenbeete als bunte Unterbrechung der grünen Flächen, ordentlich geschnittene Hecken und kuppelförmige, orientalisch anmutende Taubenschläge. Der kleine Marcel muß sich privilegiert gefühlt haben, in einem Privatpark zu spielen, der größer war als jeder andere Garten in der Stadt.

Manchmal wurden die Jungen ins Schwimmbad mitgenommen. Als Jean Santeuil, Prousts *alter ego* in seinem ersten Roman, auf der schwimmenden Plattform steht, hat er »beim Anblick jener riesigen Grotte, deren nasser Untergrund von Zeit zu Zeit unter Gestalten hervorquoll«, den Eindruck, »hier sei [...] zweifellos das Tor zum Eismeer«. Normalerweise sieht Jean seine Mutter stets vollständig gekleidet, »aber als er dort nun seine Mutter lachend plätschern, ihm Kußhände zuwerfen und mit ihrer kleinen Gummihaube auf dem Kopf schön und tropfend herauskommen sah, hätte er ohne Verwunderung vernommen, daß er der Sohn einer Göttin sei und daher den Eingang dieser unbekannten und dennoch so nahe bei der Place de la Concorde gelegenen Fabelwelt habe sehen können, an der alle Leute, ohne es zu wissen, dicht vorübergingen [...]«.[14]

Marcel war von seiner kranken Tante Élisabeth beeindruckt. Es wäre ihm niemals in den Sinn gekommen, daß sein eigenes Leben das Muster des ihrigen wiederholen sollte; vielmehr bewunderte er die Kontrolle, die sie über andere ausüben konnte, ohne sich aus ihrem Bett zu erheben. Im Roman überreicht Tante Léonie dem kleinen Jungen regelmäßig ein in Lindenblütentee getunktes Stück

Madeleine. Seit dem Tod ihres Mannes ist sie immer unbeweglicher geworden und verläßt ihr Bett nur noch dann, wenn das Zimmer gelüftet wird. Die meiste Zeit verbringt sie damit, aus dem Fenster heraus zu beobachten, was auf der Straße vor sich geht, »die, grau und vollkommen einförmig mit drei hohen Sandsteinstufen vor fast jeder Tür, aussah wie eine Steinschlucht, als ob dort ein gotischer Bildhauer eine Krippe oder eine Kreuzigungsgruppe direkt aus dem Fels herausgemeißelt hätte«.[15] In ihren beiden Zimmern ist die Luft »von einer so nahrhaften, so schmackhaften allerfeinsten Stille gesättigt, daß ich mich darin immer nur mit einer Art Eßlust bewegte [...]«.[16]

Kein anderer Hunger konnte es jedoch mit dem unablässigen Bedürfnis nach seiner Mutter aufnehmen. Von dem Augenblick an, da er von ihr getrennt wurde, war er voller Ungeduld, sie wiederzusehen, und wenn seine Eltern zum Diner ausgingen oder einen Abend im Theater verbrachten, lag der Kleine gewöhnlich wach und quälte sich. Was wäre, wenn das Theater in Brand geriete, während sie darin waren? Und wenn das Pferd mit der Kutsche durchginge?[17] Als Jeanne Proust 1905 im Sterben lag – ihr Ältester war inzwischen vierunddreißig –, »war ich in ihren Augen immer vier Jahre alt geblieben«, wie »die Schwester, die sie pflegte, sagte«.[18] Für sich selbst blieb er der »kleine Marcel«. Wenn ich tot sein werde, dann werden Sie immer an den kleinen Marcel denken, sagte er zu seiner Haushälterin, Céleste Albaret.

Seine Gewohnheit, eine Hand an die Wange zu halten, geht vielleicht auf die Empfindung der mütterlichen Finger zurück, die seine Wange gestreichelt hatten. Seine Mutter gab ihm den Eindruck, sich mehr um sein Wohlergehen zu sorgen als um ihr eigenes, auch wenn er oft noch eifersüchtig war wegen der Zeit, die sie seinem Vater und dem Bruder widmete. Im Glauben, er könne am Grunde ihrer Absichten stets sich selbst erkennen, benutzte er sie als Spiegel, und nie kamen sie sich näher als während seiner Kinderkrankheiten, als sie ihm vorlas und sich ganz um ihn kümmerte. Wenn der Vater nicht da war oder eine zweite Ansicht hören wollte und andere Ärzte holen ließ, gab sie Marcel nicht die von ihnen verschriebenen Medikamente und ernährte ihn statt dessen mit einer Milchdiät, bis das Fieber bei ihm nachließ und der Puls sich beruhigte. Dann wurde eine Seezunge für ihn zubereitet.

Robert hatte keine Chance, die gleiche Anhänglichkeit an sie zu entwickeln. Als Marcel aber 1879 für einige Tage allein beim Vater bleiben sollte, während die Mutter mit Robert verreiste, machte der Fünfjährige einen ähnlichen Wirbel über die bevorstehende Trennung von seinem geliebten Spielgefährten wie der Siebenjährige über die Trennung von der Mutter, die sich inzwischen angewöhnt hatte, klassische Sentenzen zu zitieren, um ihm Mut zu machen. »Leonidas vermochte auch in der Katastrophe sein Gesicht zu wahren. [...] Ich hoffe, mein Goldstück wird sich seiner als würdig erweisen.«[19] Er bemühte sich zwar, wurde diesmal aber durch den Bruder, der einen Wutanfall bekam, in den Hintergrund gedrängt. Robert war herausgeputzt worden, weil er photographiert werden sollte. Er trug sein bestes Kleidchen und seinen Spitzenrock. Die Haare hatte man mit der Brennschere bearbeitet und mit großen Schleifen versehen. Seine Biskuits, die Haarbürste und den Kamm sowie zwei oder drei Taschenspiegel hatte man ihm in mehrere kleine Satinbeutel gepackt. Erzürnt über die Aussicht, von seinem Bruder getrennt zu werden, sprach er mit den Beuteln, sang ihnen vor, zerschlug die Spiegel, trampelte auf ihnen herum und versetzte seine Mutter in Angst und Schrecken, als er sich bei einem unbewachten Bahnübergang, wo jede Minute ein Zug vorbeifahren konnte, auf die Schienen setzte.

Beide Jungen hätten die Mutter gern dadurch bestraft, daß sie sie den Zug verpassen ließen, doch schließlich war es Marcel, der von ihr getrennt wurde. Aus Furcht vor dem Aufheben, das er machen würde, hatten seine Eltern ihn nicht zum Bahnhof mitnehmen wollen, ließen sich aber dann doch dazu überreden. Marcel – aus Rücksicht auf die Gefühle seiner Mutter – küßte sie nicht so lange, wie er eigentlich wollte. Die Mutter, die aus dem Fenster lehnte und ihn zu sich winkte, als der Vater nicht hinschaute, sagte zu ihm: »Wir verstehen uns, mein Wolf, wir beide verstehen uns doch, nicht wahr? Wenn mein lieber Junge sich vernünftig verhält, wird er morgen von seiner Mama einen kleinen Brief bekommen. *Sursum corda*.«[20]

Für Jeanne Proust war es nichts Außergewöhnliches, im Gespräch mit ihren Kindern über Leonidas zu reden und lateinische Sentenzen zu zitieren, was sicher durch den Einfluß ihrer überaus gebildeten Mutter Adèle Weil zu erklären ist, die nirgendwohin ging, ohne einen Band der Briefe von Madame de Sévigné oder der

Memoiren von Madame de Beausergent mitzunehmen.[21] Wie viele Mädchen, die im Paris des 19. Jahrhunderts in reichen jüdischen Familien der Bourgeoisie aufwuchsen, war Adèle von den Eltern im Geiste Saint-Simons erzogen worden, der glaubte, die Gesellschaft lasse sich durch den industriellen Fortschritt umwandeln und die Aristokratie könne intellektualisiert werden. Ihre Eltern Nathanaël Berncastel und Rose Silny wollten, daß Adèle in den Salons glänzen konnte.

Adèle Weil war zehn Jahre jünger als ihr Mann und nur zehn Jahre älter als Dr. Proust. Marcel war gern mit ihr zusammen; in *Swann* wird die Großmutter beschrieben als »so demütigen Herzens und so sanftmütig, daß ihre Zärtlichkeit für die anderen und die geringe Wichtigkeit, die sie ihrer eigenen Person und ihrem Leiden beilegte, sich in ihrem Blick in einem Lächeln versöhnten, das ganz im Gegensatz zu dem, was man auf den meisten Gesichtern liest, Ironie nur gegen sich selbst enthielt; uns aber streiften ihre Augen alle wie mit einem Kuß, denn sie konnte ihre Lieben nicht anschauen, ohne sie leidenschaftlich mit dem Blick zu streicheln.«[22]

Sie war eine Kennerin der Künste und interessierte sich leidenschaftlich für Literatur. Manches hatte sie von ihrem Großonkel Adolphe Crémieux gelernt, und sie hatte auch den Salon seiner Frau besucht, wo sie Victor Hugo, George Sand, Musset, Lamartine, Rossini und die Schauspielerin Rachel kennenlernte. Indem sie Marcel Romane von George Sand schenkte, trug sie dazu bei, ihm »die Sehnsucht ein[zu]flößen nach unmöglichen Reisen in der Zeit.«[23] Weil sie der Ansicht war, Abenteuergeschichten seien für Kinder ebenso schädlich wie Kuchen und Bonbons, verhalf sie ihren Enkeln zu einer gewissen Frühreife. Der erste überlieferte Brief Marcels, geschrieben mit neun Jahren in Auteuil an eine Base zweiten Grades, Pauline Neuburger, ist ein Dank für eine Büchersendung,[24] und in einem Brief, den Robert mit neun Jahren schrieb, heißt es, er und Marcel hätten bereits die ersten beiden Romane der Reihe von Lucien Biart, *Les voyages involontaires* gelesen und freuten sich auf den dritten, den sie eben geschenkt bekommen hätten.[25] Adèle Weil, die ihre Tochter so erzogen hatte, daß sie an der Literatur ebensoviel Freude hatte wie sie selbst, machte die beiden Enkel früh mit Musset, Rousseau und Saint-Simon bekannt.[26] In den Gesprächen mit ihrer Tochter kam ihre Begeisterung für Literatur zum Ausdruck.

Marcel und Robert hörten sie beide freigiebig Racine und Madame de Sévigné zitieren,[27] und Jeanne Proust übertrug Lieblingsstellen aus den Büchern, die sie las, in ein Notizheft.[28]

Sie las Marcel häufig vor, mit einer Stimme, die zugleich ihn und die Wörter zu streicheln schienen. In *Swann* läßt die Mama alle Liebesszenen weg, wenn sie aus George Sands *François le Champi* vorliest: »War meine Mutter auch eine etwas ungetreue Vorleserin, so war sie doch andererseits für Werke, in denen sie den Klang eines wahren Gefühls finden konnte, durch die Ehrfurcht und Schlichtheit ihrer Wiedergabe des Textes und durch die Schönheit und Sanftheit ihres Tons eine bewundernswerte Interpretin.« Wenn sie George Sand vorlas, war sie »aufmerksam bedacht darauf, aus ihrer Stimme alle kleinliche Affektiertheit zu verbannen, die das Auffangen des machtvollen Stroms hätte verhindern können; sie legte all die natürliche Zärtlichkeit, die unendliche Sanftheit, die sie verlangten, in diese Sätze hinein, die für ihre Stimme geschrieben schienen und die, wie man sagen könnte, vom Register ihres Empfindungsvermögens völlig erfaßt wurden«.[29] Sie las ihm auch Gedichte vor, »in denen über die größten und einfachsten Dinge etwas ausgesagt ist: den Sommer, den Wind, den Sonnenuntergang, den Ton der Glocken, das Meer«.[30] Es gelingt ihr jedoch nicht, ihn für Victor Hugos *Les Contemplations* oder Corneilles *Horace* zu begeistern.[31]

Da er die Literatur mit der so innig geliebten Mutter assoziierte, entwickelte er bald eine unstillbare Gier, und die Lust des Lesens war wohl kaum weniger sinnlich als die Lust zu essen, zu trinken und behaglich im Bett zu liegen.

> Schon als wir noch klein waren, gab es übrigens ein bestimmtes Buch, das wir unter den Arm nahmen, wenn in den Park gegangen wurde, das wir mit Hingabe lasen und dessen Stelle kein anderes hätte einnehmen können. Selbst damals aber wendeten wir uns noch nicht ausschließlich dem zu, was das Buch uns sagte, ohne auf die Seiten zu achten, die wir umblätterten. [...] Doch als wir jünger waren, war das Buch nicht von dem zu trennen, was es uns zu sagen hatte. Im übrigen kannten wir ja erst wenige, und oft war dasjenige, das wir gerade lasen, das erste, das uns in diesem Format, mit diesem angenehmen, weichen braunen Einband, diesen dünnen quadratischen Seiten mit breitem Rand und von einem Duft

durchzogen, den wir einzuatmen nicht müde wurden, in die Hände gekommen war. Sein äußerlicher Reiz wurde eins für uns mit der Geschichte, die wir liebten, und dem Vergnügen, das es uns schenkte [...]; wir trennten es noch nicht von der Erlesenheit dieser dünnen Blätter, ihrem feinen Duft und den festen Buchdeckeln, die es mit ihren vergoldeten Kanten umschlossen. Mit seinen hauchzarten Blättern und den breiten Rändern, auf denen von Zeit zu Zeit ein Datum stand wie in einem Heft, dessen Format es auch besaß, schenkte dieses Buch uns das Gefühl, wir würden während dieser köstlichen Stunden belehrt und diese passionierende Sache, der wir uns so ungeteilt überließen, müsse die Wahrheit sein. In meiner Erinnerung ist der Duft, der von ihm ausging, ebenso süß wie der des Schrankes, in dem die Biskuits und die Wäsche aufbewahrt wurden.[32]

Mit seiner Empfänglichkeit für Gerüche und der ausgeprägten Fähigkeit, sie in Erinnerung zu rufen, assoziierte er sauberes Leinen mit dem bevorzugten Augenblick, behaglich im Bett zu liegen. »Eines Tages brauchen wir dann nur, wenn wir nach einem Handtuch greifen, den feinen Duft frischer Wäsche zu spüren, und schon erinnern wir uns an die Ankunft auf dem Lande, wo nach dem Abendessen unsere Mutter uns, nachdem sie uns ein feines weißes Nachthemd angezogen hatte, in weiße Laken und mit dem Kopf auf einem weißen Kissen zur Ruhe bettete; das Fenster ging auf einen kleinen Garten, den wir wegen der späten Ankunftsstunde nicht mehr sehen konnten [...].«[33]

Am wohlsten fühlte sich Marcel bei seiner jüdischen Mutter und seiner jüdischen Großmutter. Vater und Sohn waren so befangen im Umgang miteinander, daß keiner von beiden die Reserviertheit des anderen zu durchbrechen vermochte. In *Swann* bereiteten ihm die unerwarteten »Freundlichkeiten« des Vaters ein Unbehagen: »Schon immer hatte mich sein unerwartetes Entgegenkommen, wenn es sich einmal zeigte, mit einem so tollen Verlangen erfüllt, die geröteten Wangen oberhalb seines Bartes mit Küssen zu bedecken, daß ich ihm nur deswegen nicht nachgab, weil ich fürchtete, sein Mißfallen zu erregen.«[34] Da der Vater wollte, daß sein Sohn zu einem kräftigen und betont männlichen Mann heranwüchse, war er »verärgert [über das], was er als Getue bezeichnete«.[35] Vermutlich war es jedoch der Arzt in ihm, der zugunsten seines Sohnes intervenierte, als seine Frau den Jungen ohne Gutenachtkuß ins Bett schickte – eine Entbehrung, die weitaus bekannter geworden ist als manche Grausamkeit gegenüber Kindern in den Romanen von Dickens.

An einem Abend, Marcel war etwa sieben Jahre alt, wich seine Mutter von der Gewohnheit, ihn ins Bett zu bringen, ab. Wir werden nie erfahren, was genau passierte, auch wenn der Vorfall sowohl das erste Kapitel von *Jean Santeuil*, den er mit Ende zwanzig schrieb, als auch den Anfang der *Recherche* beherrscht. In *Jean Santeuil*, der direkter autobiographisch ist, ist der Junge von zarter Gesundheit und neigt zur Nervosität; beide Eltern sind darauf bedacht, ihn zu mehr Männlichkeit zu erziehen und ihm deshalb nicht zu oft nachzugeben. Sie sitzen zusammen mit dem Großvater, dem mürrischen Monsieur Sandré, und ihrem Besucher, einem Arzt, im Garten. Das Licht im Zimmer des Jungen ist ausgeschaltet, geht dann wieder an, und sie sehen ihn in seinem weißen Nachthemd, wie er das Fenster öffnet, um nach seiner Mutter zu rufen, die ihn ermahnt: »Jean, mach sofort das Fenster wieder zu, du erkältest dich […].«[36]

Als er sich wieder unter das Leintuch schmiegt, weiß er, daß sie kommen wird, aber auch, daß sie böse sein wird. Der Kuß wird bedeutungslos sein, und auch wenn sie ihre Verstimmung unterdrückt, wird er morgen für die heutige Ungezogenheit bezahlen müssen. Seine Nervosität verschwindet, während er geküßt wird, doch als die Mutter wieder hinausgeht, springt er aus dem Bett und klammert sich verzweifelt an sie. Das Schluchzen erzeugt bei ihm ein Gefühl der Beengtheit in seiner Brust, und sie gibt nach, um sich neben ihn zu legen. Als sie sich schließlich wieder zu den Erwachsenen auf dem Rasen begibt, bemerkt der Arzt: »Glücklicherweise haben die Leiden dieses Alters noch keine große Bedeutung.« Die Absicht Prousts besteht zum Teil darin, diese Äußerung als Unsinn darzustellen. Jean hatte recht, seine Leiden »ernst zu nehmen«,

> schlugen doch die Stunden seines kindlichen Daseins unmittelbar an das Metall seines Herzens an, und der Klang, den sie damals von sich gaben, konnte dunkler werden, als sein Herz sich festigte, konnte Risse oder mehr Tiefe bekommen, dieser Klang blieb der seine. […] Der Leser würde gleichwohl zu

Unrecht glauben, daß er [Jean] unter diesem so speziellen Gesichtspunkt sich jemals vollkommen wandelte. Die Gewohnheit, die einzige der alten Mächte dieser Welt, die stärker ist
als das Leiden, vermochte allmählich bei Jean die grausame
Angst zu überwinden, unter der man ihn hat leiden sehen und
an der er in seinen Kinderjahren Abend für Abend krankte.
Doch in seiner Jugend, ja sogar noch in seiner Reifezeit, verspürte er, sooft irgendein Umstand die anästhesierende Wirkung der Gewohnheit aufhob, jedesmal wenn die Stunde des
Schlafengehens bedeutsam vorverlegt oder hinausgezögert
wurde, jedesmal, wenn ein ungewohnter Lichtschein oder
Klang ihn daran hinderte, den Akt des Einschlafens unbewußt zu vollziehen, tief in seinem Innern, verschwommen wie
eine bekannte, aber aus den Augen verlorene Gestalt, eine
Unruhe erwachen, die so alt war wie er selbst.[37]

Die wichtigste Veränderung im Leben Marcels war die, daß seine
Eltern das Vertrauen in ihr Vorhaben, ihn durch Auferlegung einer
bestimmten Disziplin abzuhärten, verloren. Er hatte gelernt, sich
durchzusetzen, indem er seine Schwäche zur Schau stellte. Tatsächlich war sein Willen außerordentlich stark. Da seine Eltern und die
Großmutter ihn aber als schwach ansahen, ließen sie sich durch
Schwäche ohne weiteres einschüchtern, und Marcel brauchte zwar
nicht lange, um zu lernen, wie er diese mächtige Waffe einzusetzen
hatte, aber er hatte recht, wenn sein Erfolg ihn traurig und ängstlich
stimmte.

Der entscheidende Punkt ist der unbewußte Wunsch, seine Mutter ganz für sich allein zu haben, und die Verstimmung führt zu
einem Höhepunkt im Kampf gegen die Abhängigkeit von ihr. In ir-
rationaler Schuld an seiner gesundheitlichen Schwäche war Jeanne
Proust auf harmlose, aber unwiderstehliche Art verführerisch geworden: indem sie auf physiologische und emotionale Bedürfnisse
mehr als großzügig reagierte, machte sie ihn unheilbar abhängig.
Die eifersüchtigen Angriffe richteten sich zum Teil gegen die verfüh-
rerische Frau und zum Teil gegen die beiden Hauptrivalen – den jüngeren Bruder und den mächtigen Vater, der mit professioneller
Autorität über die Gefahr, den Jungen durch zu häufiges Nachgeben
zu verderben, sprechen konnte. In der Phantasiewelt von *Jean Santeuil* wird der jüngere Rivale ganz beseitigt, der ältere seiner medizi-

nischen Autorität beraubt. Der Name des Jungen spielt zudem auf eine Identifizierung mit Jeanne Proust an.

Da er die Mutter nicht für sich allein haben kann, beklagt der Junge seine Abhängigkeit von ihr. Er versucht auszubrechen, indem er sich sagt, der Kuß sei ohne Bedeutung, fühlt sich dabei aber schuldig, er versucht diesen Schritt in Richtung Unabhängigkeit rückgängig zu machen, indem er sich an sie klammert. Wenn die Fiktion immer »die Reaktion auf eine tiefe und stets verborgene Wunde« ist, wie Flaubert sagt, dann ist das Kapitel in *Jean Santeuil* eine wunderbar raffinierte Reaktion auf die Wunde, die seine Mutter ihm zufügte, als sie von ihm erwartete, ohne Gutenachtkuß zurechtzukommen.

Vom Wert frischer Luft und körperlicher Betätigung überzeugt, ließ Dr. Proust die Jungen täglich in den Champs-Elysées spielen, außer wenn es regnete. Der Spielplatz war weitgehend derselbe, wie Freud ihn 1885 beschrieben hat: »[...] die eine Seite der Avenue wird von einem langgestreckten Park gebildet, in dem die niedlichsten Kinder Kreisel peitschen, Ringelspiel fahren, einem Hanswurst zuschauen, oder selbst Wagen, die von Ziegenböcken gezogen werden, kutschieren. Auf den Bänken sitzen Ammen, die ihre Kinder tränken, und Kindsmädchen, zu denen auch die Kinder bei entstandenen Differenzen schreiend flüchten.«[38] Nebenan standen acht Holzbuden, wo Malzzucker, Lebkuchen, Spielzeugtrommeln, Murmeln und Windrädchen verkauft wurden. Im Frühjahr 1880, als er sich etwas übereifrig am Barlaufspiel beteiligt, einem Lauf- und Fangspiel zwischen zwei Gruppen, stürzt Marcel und bricht sich die Nase.

Wenn Dr. Proust die gesetzgebende Autorität über das Leben seiner Söhne innehatte, so lag die Verwaltung in den Händen seiner Frau, die Marcel in der äußeren Erscheinung und im Temperament ähnlich war. Alphonse Daudets Sohn Lucien bemerkte: »Das gleiche lange, volle Gesicht, das gleiche stille Lachen, wenn sie etwas amüsant fand, die gleiche Aufmerksamkeit für jedes Wort, das man an sie richtete, jene Aufmerksamkeit, die man bei Marcel, seiner abweisenden Miene wegen, für Zerstreutheit halten konnte – und die ganz im Gegenteil Konzentriertheit war.«[39] Proust glaubte, der Grund für die symbiotische Beziehung zu seiner Mutter sei, daß sie beide denselben Ursprung hatten, während sein Vater anders war. Jean Santeuils Vater, ein kleiner Regierungsbeamter, ist seiner Frau an Intelligenz, Takt, Kunstgeschmack und Sensibilität unterlegen. Er bleibt unbeeindruckt, als seine Frau ihm berichtet, daß Jean ein Gespür für Poesie entwickle,[40] während sie, überzeugt von der Überlegenheit ihres Mannes, den Wert künstlerischer Eigenschaften bezweifelt, weil er doch so gut ohne sie auskommt. Bei seinem Respekt vor den Meinungen der Regierungsangehörigen läßt Monsieur Santeuil sich eher von der hohen Meinung beeinflussen, die der neue Außenminister vor den Schriftstellern hat, als von der seiner Frau.[41]

Im allgemeinen versuchte Marcel zu vergessen, daß die Familien seiner Eltern in Traditionen mit unterschiedlichen Ritualen und Symbolen eingelassen waren. Zuweilen wurden die Jungen in die Synagoge mitgenommen, etwa als im November 1881 der Cousin ihrer Mutter, Daniel Mayer, Marguerite Lévy heiratete. Daß Proust nicht stolz darauf war, Halbjude zu sein, läßt sich daraus erschließen, daß er das Thema sowohl in den fiktionalen Texten als auch in den Briefen vermied. Weder die Mutter des Erzählers in der *Recherche* noch die Mutter von Jean Santeuil ist jüdisch. Jeans Mutter ist zwar eine Blondine aus einer antisemitischen Familie, doch abgesehen von Hinweisen auf Dreyfus ist in dem Buch von Juden und Judentum kaum die Rede. Die erste Bezugnahme auf den Antisemitismus findet sich etwa in der Mitte des Buches.

In all seinen Texten über die Kindheit spielen religiöse Praxis und Glauben fast keine Rolle. In *Contre Sainte-Beuve* beklagt er sich über »unseren alten Priester«, der ihn immer an den Locken zog; »ein Ereignis, das der Schrecken und die Qual meiner Kindheit gewesen war«. Er war froh, als seine Locken abgeschnitten wurden.[42] Im allgemeinen werden Geistliche und religiöse Kulthandlungen kaum erwähnt. Das bedeutet nicht, daß ihm alles Religiöse fremd gewesen wäre. Seine Fähigkeit zur religiösen Hingabe schlug in der Verehrung seiner Mutter und in seiner Lust an häuslichen Ritualen durch. Er gab der Lust am Geschmack seiner Lieblingsgerichte und an den Dingen, die er liebte, wie etwa frische Bettwäsche oder ein Kaminfeuer im kalten Schlafzimmer, in dem er sich anziehen mußte, einen beinahe religiösen Akzent. Die fast schon fetischhafte Fixierung auf lustspendende Dinge prägte diese, lange bevor er über sie zu schreiben dachte, unauslöschlich seinem Geist ein.

Obwohl Adrien Proust – das Ziel, Geistlicher zu werden, hatte in

seiner Kindheit seinen Charakter geformt – immer noch einen puritanischen Zug an sich hatte, versuchte er seine Söhne keineswegs
von den elementaren Vergnügungen fernzuhalten; ihm selbst ließ
die missionarische Hingabe an die medizinische Arbeit kaum noch
Zeit oder Interesse für Literatur und Kunst. Seine Verbindung zur
Opéra-Comique brachte ihn gelegentlich mit Schauspielern und
Schauspielerinnen zusammen. Im Oktober 1881 sandte ihm die
amerikanische Opernsängerin Marie van Zandt ihre Photographie,
auf der sie in männlicher Aufmachung abgebildet war: Sie trägt bis
zum Knie reichende Rüschenhosen. Im übrigen stufte er Schauspielerinnen nicht höher ein als Prostituierte. Wenn im Gespräch am
Eßtisch der Name einer Schauspielerin erwähnt wurde, konnte es
vorkommen, daß er sich mißbilligend an seine Frau wandte: »Eine
Freundin deines Onkels.«[43]

Der Puritanismus des Vaters stand im Kontrast zu der Liebe zum
Theater, die seine Mutter und seine Großmutter bei Marcel lange
vor seinem ersten Theaterbesuch im Alter von zehn Jahren weckten.
Seine Großmutter sprach häufig vom Theater, und er machte sich
ein lebhaftes, wenn auch ungenaues Bild von den dortigen Vergnügungen. So berichtet uns der Erzähler in der *Recherche*, daß er
»nicht weit davon entfernt war zu glauben, daß jeder Zuschauer wie
durch ein Stereoskop eine Dekoration betrachte, die nur für ihn da
sei, obwohl ebenso beschaffen wie die tausend anderen, die die übrigen Zuschauer, jeder für sich, betrachteten.«[44] An der Straßenecke
gegenüber dem Haus am Boulevard Malesherbes gab es – und gibt
es noch heute – eine Plakatsäule.

Jeden Morgen lief ich bis zur Anschlagsäule, um nachzuse-
hen, welche Stücke angezeigt waren. Nichts hätte selbstloser
und beseligender sein können als die Träume, die jedes ange-
kündigte Stück meiner Einbildungskraft schenkte und die für
mich ihre Würze durch die Bilder erhielten, die sich unweigerlich gleichzeitig mit den Worten einstellten, aus denen der
jeweilige Titel bestand, sowie auch durch die Farbe der noch
feuchten und von Leim geschwellten Plakatzettel, auf denen
sie erschienen. Wenn es sich nicht um so seltsame Werke wie
Le testament de César Girodet oder *Oedipe-Roi* handelte, die
nicht auf dem grünen Plakat der Opéra-Comique, sondern
auf dem graurosa gefärbten der Comédie-Française standen,

schien mir nichts entlegener von dem blitzend weißen Reiher-
büschel, das ich mir bei *Les diamants de la couronne* vorstellte, als die glatte, geheimnisvolle Seide des *Domino noir*,
und da meine Eltern mir gesagt hatten, daß ich, wenn ich zum
ersten Mal ins Theater ginge, zwischen diesen beiden Stücken
zu wählen hätte, so suchte ich, da das alles war, was ich von
ihnen kannte, abwechselnd in den Titel des einen und des
anderen einzudringen, als könne mir jeder das Vergnügen,
das mich in dem betreffenden Stück erwartete, erschließen
und dem vergleichbar machen, das das andere mir versprach;
schließlich stellte ich mir so deutlich auf der einen Seite eine
glänzende und stolze Bühnenschöpfung, auf der anderen eine
weichsamtene Angelegenheit vor, daß ich mich ebensowenig
entscheiden konnte, welchem ich den Vorzug geben sollte,
wie wenn man mir zum Nachtisch die Auswahl gelassen hätte
zwischen Riz à l'Impératrice und Schokoladencreme.[45]

Le testament de César Girodot war eine Komödie von Adolphe
Belot und Edmond Villetard; *Les diamants de la couronne* und *Le
domino noir* komische Opern von Daniel Auber. Marcel sprach mit
Freunden über die Schauspieler und ordnete diese »in eine Rang-
folge gemäß ihrem Talent« ein. Es war aufregend, außerhalb des
Theaters die Namen von Diven in Großbuchstaben zu lesen, einen
Schauspieler aus dem Bühneneingang herauskommen zu sehen oder
einen flüchtigen Blick auf eine schöne Frau in einer vorüberfahren-
den Kutsche zu werfen: Vielleicht war sie eine Schauspielerin. Marcel war, wie er sich später ausdrückte, ein platonischer Liebhaber
des Theaters.

Die Sehnsucht nach den zukünftigen Freuden bildete einen Teil
des aufregenden Alltagslebens Marcels, das jedoch gründlich
gestört wurde, als er noch keine zehn Jahre alt war. An einem Früh-
lingstag des Jahres 1881, als die Familie sich in Auteuil aufhielt, ging
man mit Freunden in die Champs-Elysées spazieren. Auf dem
Rückweg überfiel Marcel eine panikerregende Atemnot[46], die so
ernst war, daß der Vater glaubte, er werde sie nicht überleben. Wie
die meisten französischen Jungen war Marcel dazu erzogen worden,
in Gegenwart des Vaters nicht zu weinen, und vielleicht entstand der
Asthmaanfall daraus, daß er trotz einer Verzweiflung seinen Drang
zu weinen unterdrückte. Spätere Anfälle waren ebenso heftig, und

zuweilen wachten die völlig verstörten Eltern die ganze Nacht über an seinem Bett und hofften, daß er am Morgen noch leben werde. Bei einem der schlimmsten Anfälle stützte der Arzt den Rücken des erstickenden Kindes mit großen Medizinwörterbüchern; bei einem anderen Anfall ließ er einen Kollegen holen, der dem Jungen eine Morphiuminjektion gab. Das Asthma sollte ihn von nun an begleiten als ein konstanter, wenn nicht auch gänzlich kontrollierbarer Faktor in der komplizierten Beziehung zu seiner Mutter, die ihn allzu sehr beschützte.

Sein Leben hatte sich für immer verändert. »Ein Kind, das seit seiner Geburt atmet, ohne je darauf geachtet zu haben, weiß nicht, wie wesentlich für sein Leben die Luft ist, die seine Brust auf so sanfte Weise hebt, daß es dies nicht einmal bemerkt. Erstickt es etwa unversehens während eines Fieberanfalls, in einem Schüttelkrampf? In der verzweifelten Anstrengung seines ganzen Seins kämpft es um das Leben, um die verlorengegangene Ruhe, die es nur mit der Luft wiederfinden wird, von der es nicht wußte, daß sie untrennbar von ihr sei.« Dies ist Prousts Beschreibung seiner asthmatischen Atemnot in einer Erzählung von 1893; sie beschreibt das Asthma, das den armen beklommenen »Kranken erstickt, und der durch die mit Tränen erfüllten Augen hindurch diejenigen anlächelt, die ihn bedauern, ohne ihm helfen zu können.«[47]

2. Der fehlende Schüler

Proust wuchs in einem Paris auf, das Veränderungen erfuhr, zu denen es in London, Wien oder Rom keine Parallelen gibt. Die Revolutionen von 1789 und 1848 hatten die alten Gebäude und Brücken unversehrt gelassen, und das schmutzige Wasser floß immer noch gesundheitsschädlich durch enge, verwinkelte Straßen ohne Kanalisation. 1853 erhielt jedoch Baron Haussmann beinahe unbeschränkte Vollmacht als Präfekt und begann bald, die engen Häuseransammlungen abzureißen und breite, von Bäumen gesäumte Boulevards anzulegen, die Paris die äußere Gestalt gaben, die es noch heute hat. Einer der Vorteile für den Staat lag darin, daß die breiten Durchgangsstraßen den rebellischen Bürgern den Bau von Barrikaden erschwerten und der Kavallerie den Angriff erleichterten.

Das Zweite Kaiserreich war eine Zeit der von oben angeordneten Investitionsförderung und der Kapitalakkumulation. Anläßlich der Pariser Weltausstellung von 1867 war ein amerikanischer Besucher beeindruckt von der »frischen Farbe an beinahe jedem Gebäude an den wichtigsten Durchgangsstraßen – eine Folge der Fassadenreinigung, der Malerfarbe oder des Steinmetzhammers, womit das Gestein erneuert und den Straßen eine einmalige Heiterkeit verliehen wurde«. Man hatte acht neue Brücken gebaut und die Aufbauten früherer Geschäfte und Werkstätten von den alten Brücken entfernt. Industrie, Handel und Tourismus blühten und profitierten von den Verbesserungen im Transportsystem, während die Stadtbevölkerung sich zwischen 1840 und 1870 beinahe verdoppelte. Die von Pferden gezogenen Omnibusse, die 1855 40 Millionen Fahrgäste beförderten, hatten 1873 116 Millionen und 1882 beinahe 200 Millionen Fahrgäste.[1] Haussmann und Louis Napoleon versprachen, den Parisern Licht, Luft und Raum zu verschaffen und in den neuen Parks und Gärten die Natur zugänglich zu machen. Auch wenn Renoir später die rücksichtslose Zerstörung alter Gebäude und Denkmäler beklagen sollte, unterstrich der Impressionismus – der Ausdruck stammt aus dem Jahre 1874 – diese Behauptung weitgehend und feierte die Helligkeit und Luftigkeit des neuen Paris.

Auf den Straßen gab es mehr Autos als in New York, auch wenn sie nach wie vor von der Zahl der Pferdekutschen übertroffen wurden. Öffentliche Telefonzellen waren seit 1885 in Betrieb, und 1889, als Proust neunzehn war, wurde zum 100. Jahrestag der Revolution der Eiffelturm eingeweiht. Um 1900 nahm die Metro ihren Betrieb auf – im selben Jahr, in dem der Grand Palais der Öffentlichkeit zugänglich gemacht wurde –, doch die Champs-Elysées waren immer noch ungepflastert, und trotz Fassadenreinigung, frischer Farbe, breiter Durchgangsstraßen und neuer Parks erinnerte sich Proust an ein Paris, das verglichen mit der hellerleuchteten Stadt seiner Erwachsenenjahre finster war. »In diesem damals noch als sehr entlegen geltenden Stadtviertel eines Paris, das dunkler war als heute und selbst im Zentrum noch keine elektrische Straßenbeleuchtung hatte, auch sehr wenig elektrisches Licht in den Häusern, genügten die Lampen eines im Parterre oder in einem niedrigen Zwischenstock gelegenen Salons [...], um die Straße zu erhellen und die Blicke des Passanten zu fesseln, der in ihrem hellen Schein die offensichtliche und doch verhüllte Ursache für die Anwesenheit einiger schmucker Coupés vor der Tür zu erkennen glaubte.«[2]

Für Marcel war die Atmosphäre des Wohlstands in der Stadt nicht zu trennen von der Atmosphäre des Wohlstands, den die Karriere seines Vaters mit sich brachte. Die Familie hatte immer Diener und Mägde im Haus, später auch Hauslehrer und Gouvernanten, um Marcels frühe Erziehung und Ausbildung kümmerten sich seine Mutter und seine Großmutter jedoch selbst. Beide Brüder hatten literarische Neigungen, doch Robert – obwohl er denselben frühen Einflüssen ausgesetzt war – entwickelte eine Leidenschaft für die Mathematik, während Marcel sich immer gegen dieses Fach sträubte. Die Gouvernante, die ihm Geometrieunterricht gab, versuchte vergebens, ihn für den Beweis der Gleichheit zweier Dreiecke zu interessieren, er erschöpfte ihre Geduld mit der Frage, warum zwei Dreiecke denn einander gleich sein sollten.[3]

Als er neun oder zehn Jahre alt war, wurde er schließlich in die Grundschule, den Cours Pape-Carpentier gesteckt, wo zu seinen Mitschülern Robert Dreyfus und zwei Cousins gehörten – Jacques Bizet und Daniel Halévy. Alle drei waren jünger als er. Jacques war der Sohn von Georges Bizet (der 1875 gestorben war) und Geneviève Halévy, der Enkelin eines anderen Komponisten, Fromental Halévy, der die Oper *La Juive* geschrieben hatte. Dessen Sohn Ludovic Halévy, Schriftsteller und Akademiemitglied, war Daniels Vater.

An Marcels wechselndem Verhalten im Klassenzimmer zwischen harter Arbeit und Tagträumerei gab es zwar nichts Unnormales, aber sein Selbstbild war von der elterlichen Überzeugung geprägt, daß er willensschwach sei, was zum Teil wiederum von seiner Fertigkeit abhing, Symptome zu übertreiben, um noch weniger gesund zu wirken, als er war. Er war zwar von schwacher Konstitution, aber die Demonstration der Schwäche gab ihm zusätzliche Kraft. Als die Santeuils über die enttäuschenden schulischen Leistungen ihres Sohnes sprechen, sagt die Mutter:

> Es ist nicht, wie wir glaubten, seine Gesundheit noch gottlob ein leidenschaftliches Temperament. Ebensowenig ist es, wie der Französischlehrer meint, seine Phantasie und auch nicht die Trägheit, an der er nach Ansicht des Physiklehrers scheitert. Die Klippe ist das Fehlen einer Kraft, die ihn gehindert hätte, als er sechs Jahre alt war, abends in seinem Bett, anstatt

zu schlafen, Tränen zu vergießen, [...] und die ihn auch in diesem Jahr auf den rechten Weg zurückführen würde, wenn er Lust bekommt, ausgefallene Dinge zu schreiben, an überhaupt nichts zu denken, Romane oder Gedichte zu lesen und vor allem in Konditoreien bis zu zehn Stück kleine Kuchen zu essen, was ihm, wie heute erst, jeglichen Appetit auf das Abendessen nimmt und ihm für künftige Zeiten den Magen ruinieren wird.[4]

Adrien Prousts Theorien über Neurasthenie und seine Mißbilligung von »Rührseligkeiten« steigerten die Ängste seiner Frau um ihren kränklichen älteren Sohn. Um ihn zu mehr Männlichkeit zu erziehen, müßten sie aufhören, ihn zu verhätscheln. Ihr Versuch, ihm Disziplin aufzuerlegen, verschlechterte jedoch die Beziehung zu seinem Vater nur noch weiter. Eines Tages beendet Jean Santeuil eine Übersetzung aus dem Lateinischen und überrascht in Gedanken seine Mutter mit dem Gewinn eines Schulpreises. Zufrieden geht er hinaus, um einen Augenblick in der Sonne zu spielen, und er ist gerade auf dem Rückweg, weil er mit einer Übersetzung ins Lateinische beginnen will, da stößt er mit seinem Vater zusammen, der ihm vorwirft, sein Versprechen, härter zu arbeiten, gebrochen zu haben.[5] Monsieur Santeuil zeigt die »ganze Indifferenz seines Geschlechts in bezug auf Illusionen und Empfindlichkeiten« von Kindern.[6]

Jeanne Proust begleitete Marcel zum katholischen Religionsunterricht »und blieb bei den Stunden dabei«. Wenn der Abbé zu streng war, griff sie ein: »Ich glaube, es ist gut so, Herr Abbé; es reicht; vergessen Sie nicht, daß es sich um ein Kind handelt.«[7] Sie war eine zartfühlende, zurückhaltende, selbstlose Frau; streng im Umgang mit den Bediensteten, verhielt sie sich im allgemeinen jedoch eher so, als hätte sie keinen Anspruch auf eine eigene Meinung – ihr Mann hatte immer recht. Die Rechte der Kinder konnte sie energischer vertreten als ihre eigenen. Allerdings konnte sie Marcel nicht länger schützen, als er Anfang Oktober 1882 gegen seinen Willen an das Lycée Fontanes in der Rue de Caumartin versetzt wurde – eine bekannte Schule, deren Name drei Monate später in »Lycée Condorcet« geändert wurde. Das strenge Gebäude, Ende des 18. Jahrhunderts als Kapuzinerkloster errichtet, hatte kaum eine Veränderung erfahren, auch wenn die Disziplin etwas lockerer

war als in den konkurrierenden Institutionen auf dem linken Seineufer, z. B. in den Lycées Henri IV oder Louis-le-Grand, wo die
Schüler unter größerem Druck standen.[8] Jedenfalls überwand Marcel seinen Widerstand gegen Mathematik und Deutsch nie. Robert
hingegen war besser in Mathematik, aber wenn er seinem älteren
Bruder bei den Mathematikaufgaben helfen wollte, gab ihm Marcel
zur Antwort: »Hör auf, da komme ich nicht mehr mit.«[9] Generell
scheint ihm, der so viele Jahre in der liebevollen Gegenwart seiner
Mutter und Großmutter gelernt hatte und ohne jede Schulerfahrung
war, die Arbeit in der Klasse schwerer gefallen zu sein als seinem
jüngeren Bruder. In *Jean Santeuil* fragt der Erzähler: »War es ein
erster Rost, der seine [d. i. Jeans] Seele in dem muffigen, feuchten,
eisigen Milieu des Gymnasiums befiel? Oder hatten am Ende seine
Seele und sein Körper – beide allzu zart, so daß das Leben sie bald
hingemäht haben würde – unter der Notwendigkeit, dagegen anzukämpfen, sich etwas von jener Widerstandskraft, jener Härte, jener
rauhen Schale zugelegt, die, oft wie alles Rauhe Schuppen und War-
zen ansetzend, rundum an ihm entstanden war, weil er sie nötig
hatte, so wie sich auch an den Füßen der Vögel, die sich ins Wasser
begeben, Schwimmhäute bilden?«[10]

Marcel begann in der Sektion D der Quinta, wo es ihm nicht
gelang, die Lehrer mit seinen langen, auswendig vorgetragenen
Rezitationen von Musset und Hugo zu beeindrucken. Am Ende des
Schuljahres erhält er den 4. Accessit in Übersetzung aus dem Latei-
nischen[11] und den 5. in Französisch, doch die besten Ergebnisse
erzielte er, wie auch im zweiten Schuljahr, in Naturwissenschaften.
Seine natürliche Eignung für diese Fächer ging auf seine große
Freude am Beobachten und sein Interesse an der Möglichkeit einer
Verbindung zwischen spezifischen Fakten und allgemeinen Geset-
zen zurück.

Marcels schulische Laufbahn wurde zunächst durch schlechte
Gesundheit und lange Abwesenheit beeinträchtigt. Nachdem sein
Vater gehört hatte, daß durch Kauterisation, d. h. Zerstörung von
Schleimhaut[12], die Nase gegen die Einwirkung von Blütenstaub
immunisiert werden konnte, überließ er Marcel den Händen von
Dr. Martin, der die Nase des Jungen mehr als einhundertmal auf
schmerzhafte Weise kauterisierte. Am Ende sagte man ihm, »er
könne nun gar keinen Heuschnupfen mehr haben«, und brachte ihn

aufs Land. Er erlitt sofort einen so schweren Asthmaanfall, daß man ihn unverzüglich nach Paris zurückbrachte, »mit violetten Händen und Füßen wie die eines Ertrunkenen.«[13]

In Illiers entdeckte er mit zwölf Jahren das Masturbieren. Er schloß die Tür des Kloletts, doch stand das Fenster immer offen, und ein Flieder, der in der Mauer wurzelte, ließ einen Zweig in den Raum wachsen. Er fürchtete, sich durch den Eingriff in natürliche Abläufe umzubringen, war aber auch von überschwenglicher Lust erfüllt und hatte das Gefühl, als ob sein Bewußtsein größer wäre als die Welt außerhalb des offenen Fensters, und der übermächtige Fliederduft war wie eine zärtliche Berührung. Später stellte er sich den Teufel als einen langen silbernen Faden vor, den er aus sich herausspinnen konnte, und der eine Spur aus Schneckenschleim auf dem Flieder hinterließ.[14]

Die Darstellung der Masturbation in *Swann* ist vielleicht die erste überhaupt in einem Roman. Der Fliederduft ist durch die Gerüche von Iriswurzeln und wilden Johannisbeeren ersetzt. Der Grund für diese Änderung liegt darin, daß beide Pflanzen Trimethylamin enthalten, eine Substanz, die sowohl im Sperma als auch im Urin enthalten ist und zum typischen Geruch beider beiträgt.[15] Wohl kaum einer von Prousts Lesern wird dies bemerken, und die Änderung weist auf den Zwang hin, Verbindungen zwischen dem privaten Leben und der natürlichen Umwelt herzustellen. Das Wort »Klosett« kommt in *Swann* nicht vor, doch der kleine Raum unter dem Dach, »für einen spezielleren und alltäglicheren Gebrauch bestimmt«, ist für lange Zeit der Rückzugsort des Erzählers: Es ist der einzige Raum, in dem er sich einschließen darf. Deshalb benutzte er ihn »für all meine Beschäftigungen, die unverletzliche Einsamkeit erforderten: Lesen und Träumen, Tränen und Lust.«[16] Aus dem halbgeöffneten Fenster des Raums sieht er nichts außer dem Turm von Roussainville-le-Pin, »während ich mit dem heroischen Zaudern eines Reisenden, der eine Forschungsreise unternimmt, oder des Verzweifelten, der sich umbringen will, mit versagender Kraft in mir selbst einen unbekannten und, wie mir schien, von Todesgefahr umlauerten Weg suchte, bis zu dem Augenblick, da eine natürliche Spur wie die einer Schnecke auf den Blättern des wilden schwarzen Johannisbeerstrauches entstand, der sich bis zu mir neigte«.[17]

Selbst wenn der Junge das Problem mit dem Vater hätte besprechen können, hätte der Arzt wohl nur die damals vorherrschende (und von Krafft-Ebing[18] unterstützte) Ansicht weitergegeben, daß Masturbieren die Willenskraft schwäche. Dies wäre dem danach Süchtigen damals selbstverständlich vorgekommen. Er war offensichtlich in einem Teufelskreis gefangen: wenn seine Willenskraft bereits zu schwach war, um die Gewohnheit aufzugeben, dann mußte dies wohl darauf zurückzuführen sein, daß er sie bereits zu sehr geschwächt hatte und daß er jedesmal, wenn er der Versuchung nachgab, seine Kraftreserven nur noch weiter erschöpfte. Für Proust, dem die Eltern ohnehin schon Willensschwäche vorwarfen, waren die sich anhäufenden vergiftenden Schuldgefühle übermächtig. In *Swann* wird uns gesagt – ein Stück Information folgt dem letzten auf dem Fuß –, daß der Junge von zarter Konstitution ist, wenig ausdauernd, willensschwach und daß er regelmäßig masturbiert.

Natürlich versuchte er, seinen Eltern diese Gewohnheit zu verheimlichen, aber als der Vater einmal unerwartet ins Zimmer kommt und die Ausscheidungen seines Sohnes sieht, reagiert er realistischer und einfühlsamer, als der schuldgeplagte Junge erwartet hätte: Er muß seinem Vater versprechen, vier Tage lang damit aufzuhören.[19] Obwohl er weiterhin glaubte, sein Leben zu gefährden und nicht nur seine Willenskraft zu schwächen, sondern auch seine Widerstandsfähigkeit gegen die Krankheit, die ihn so häufig bettlägerig machte, war er unfähig, das Masturbieren aufzugeben.

Das häufige und lange Fehlen in der Schule hinderte ihn nicht daran, in Geschichte, Französisch, Latein und Griechisch zu glänzen.[20] Das Studienzertifikat, das er am 8. August 1884 erhält, besagt, daß er den Leistungsanforderungen für die Quarta in Französisch, Latein, Griechisch, Deutsch, römischer Geschichte, Geographie Frankreichs, Arithmetik (die einfachsten Lehrsätze), ebener Geometrie (die Grundelemente), Geologie und Botanik genüge.[21]

In seinem dritten Schuljahr fehlte Marcel im Unterricht besonders häufig, besonders im Frühjahr, wenn das Asthma am schlimmsten war. In Latein war er besser als in Griechisch; am besten aber war er in Französisch.[22] Sein Aufsatz vom Dezember 1884 über den »Sterbenden Gladiator« zeigt eine frühreife rhetorische Fertigkeit, mit der er den Leser in die Menschenmenge versetzt, die dem Gegner des Sterbenden applaudiert: »Aber er hört deinen Beifall nur noch als wirres Gemurmel, als letztes Echo des Lebens, während seine Seele schon zu den Toten entflieht. Es bewegt ihn nicht; Blutvolk, nicht dir, schuldet er seine letzten Gedanken. Er wendet sie dorthin, weit fort an die blumenreichen Ufer der Donau, zu einer einfachen Hütte hin, die er im Geist betrachtet, wie ein glückliches und grausames Bild seines vergangenen Lebens. Efeu umkränzt das Dach.«[23]

Marcel ging seinen literarischen Neigungen in einer Mischung aus Selbstdisziplin und Selbstgefälligkeit, Zaghaftigkeit und Selbstsicherheit nach.

> In jeder der französischen Arbeiten, bei denen von dem Schüler eine kurze und wenn auch nicht gerade elegante, so doch korrekte Schilderung erwartet wurde, ließ er [Jean Santeuil] die Liebes- oder Mitleidsgefühle ausströmen, die für einen Augenblick in ihm aufbrachen und die die Person in ihm erweckten, aus deren Leben die zu schildernde Begebenheit entnommen war. Fieberhaft schrieb er Seite um Seite, berauschte sich an seinem Tempo und breitete die grenzenlose, genußvolle Traurigkeit aus, die der Flammentod Jeanne d'Arcs oder die Worte des Connétable de Bourbon in ihm erzeugte, und schmückte sie, damit man seine ausgedehnte Lektüre bewundere, mit Bildern aus den Dichtern, die er gerade las. Daher hörten sich denn auch die anderen seine unter Tränen gezeugten Aufsätze unter lautem Gelächter an.[24]

Obwohl Proust im zweiten Trimester häufig fehlte, erschien sein Name auf der Ehrentafel der Schule.[25]

Während seiner Kindheit hat Jean Santeuil seine Mutter viel häufiger gesehen als den vielbeschäftigten Vater; nun, da er aus dem Freiheitsparadies der Kindheit vertrieben ist, versucht er seine psychophysiologische Verfassung neu zu beurteilen. Hat er mehr von der »harmlosen Eigenliebe«[26] geerbt, als er selbst erkennt? Was Marcels Lehrer befremdete und seine Schulkameraden zum Lachen brachte, war indessen seine Affektiertheit nach dem Vorbild der Mutter. Nichts schien ihm erstrebenswerter, als so zu schreiben und zu sprechen wie sie, mit möglichst vielen Zitaten und Anspielungen auf die klassische Literatur. Es erschien ihm wichtiger, ihr ähnlich zu sein, als in der Schule zu glänzen. Der zwei Jahre jüngere Robert Dreyfus beschreibt ihn als »phantasievoll, ein ungreifbarer Lehrling der Meditation und des Traums und alles in allem auf eine glückliche Weise weitaus mehr inspiriert durch seine Begeisterung über

das Lesen, das Nachdenken und das Fühlen als durch den weitver-
breiteten Ehrgeiz, bei der Schulpreisverleihung zu glänzen.«[27] Diese
Hingabe an das Lesen und Tagträumen bestätigte sich auch in den
Antworten, die Proust 1886 auf einem Fragebogen aus dem englischen »Wahrheitsbuch« von Antoinette Faure aufschrieb.[28]

Antoinette Faure, ein Jahr älter als er, war eine Freundin in den
Champs-Elysées, wo er immer noch jeden Tag nach dem Schul-
schluß um drei Uhr und an den schulfreien Donnerstagnachmitta-
gen spielte. Aristokratenkinder aus dem Pariser Westen spielten mit
Bürgerkindern aus dem Stadtzentrum, und sie gingen Freundschaften ein, die nicht von langer Dauer sein konnten.

Antoinette hatte graue Augen und lange Wimpern. Sie war die
Tochter Félix Faures, des Abgeordneten aus Le Havre und späteren
Staatspräsidenten. Seine Frau war eng mit Jeanne Proust befreundet, und die beiden unternahmen häufig gemeinsame Spaziergänge
im Bois de Boulogne.[29] In Antoinettes Album erklärt der vierzehn-
jährige Marcel, seine Lieblingsbeschäftigungen seien »Lesen, Träu-
men, Gedichte, Geschichte, Theater.« Seine Vorstellung vom Glück:
»All die um mich zu haben, die ich liebe, dazu den Zauber der
Natur, eine Menge von Büchern und Partituren, und in der Nähe ein
französisches Theater.« Leben würde er am liebsten »im Lande des
Ideals oder vielmehr meines Ideals.« Die Schlüsselwörter in seinen
Antworten sind »Ideal«, »Schönheit«, »Genie«, »Intelligenz« und
»Natürlichkeit«. Seine Antwort auf die Frage: »Welchem Fehler
bringen Sie die meiste Nachsicht entgegen?« lautet: »Dem Privat-
leben der Genies.« Die Eigenschaften, die er bei einem Mann am
meisten schätzt, sind Intelligenz und moralisches Empfinden; bei
einer Frau sind es Natürlichkeit, Sanftheit und »sentelligence«[30]
(vielleicht eine bedeutungsvolle Verschreibung). Seine »tiefste Abneigung«: »Gegenüber Leuten, die nicht spüren, was gut ist, die von
der Süße der Zuneigung nichts wissen«; seine »Vorstellung vom
Unglück«: »Von Mama getrennt zu sein.« Seine liebsten Prosa-
schriftsteller sind George Sand und Augustin Thierry, sein Lieblingsdichter ist Musset. Die einzigen Komponisten, die er angibt,
sind Mozart und Gounod; der einzige Maler ist Ernest Meissonier,
der häufig Kavalleristen im Manöver oder Soldaten bei einer Ruhe-
pause malt.[31]

Auf einer Photographie der beiden trägt Antoinette einen Federhut und hält einen Schirm in der Hand, Marcel hat einen gestreiften Strohhut auf. Die Comtesse de Martel, eine Freundin der Faure, die die beiden zusammen gesehen hatte, traf ihn in der Buchhandlung Calmann-Lévy, wo er gerade die gesammelten Werke von Molière und Lamartine kaufte. Seine literarische Frühreife stand in einem merkwürdigen Verhältnis zu der Vorliebe für Meissoniers militärische Uniformen und Paraden. Marcel pflegte Antoinette seine Lieblingsgedichte vorzutragen, und sie revanchierte sich, indem sie ihm beibrachte, wie man Karamelbonbons macht.[32]

Im Schuljahr 1885/86 fehlte er so oft, daß er eine Klassenstufe wiederholen mußte. Sein Gesundheitszustand hatte sich jedoch gebessert, und es ging ihm gut. Zwar gewann er keine Preise, hatte aber schließlich in allen Fächern – außer Mathematik – gute Noten. Er erhielt das 1. Accessit in Latein und das 4. im französischen Aufsatz.[33]

Die Schulferien verbrachte er meist mit Bruder und Mutter oder Großmutter an der Küste der Normandie – in Cabourg, Dieppe oder Trouville. Während er in Illiers die meisten Bewohner kannte, war die Welt der Badeorte auf eine quälende Weise erfüllt von Kindern, die ihn nicht zum Mitspielen aufforderten, und von Erwachsenen, die zu bezaubern er keine Gelegenheit hatte. Wenn er sie im Speisesaal des Grandhotel in Cabourg beim Essen und Plaudern beobachtete oder wenn er durch die Glaswand des Hotels hindurch die Menschen auf der Promenade beobachtete, empfand er Enttäuschung. »Sei es, daß sie sich in irgendeine der unbekannten Villen begaben oder mit dem Racket in der Hand heraustraten und einen Tennisplatz aufsuchten oder auf Pferden ausritten, die mein Herz mit Hufen traten, ich sah ihnen mit leidenschaftlicher Neugier nach im blendenden Licht des Strandes, das die Proportionen im sozialen Gefüge verzerrt; ich verfolgte alle ihre Bewegungen durch die große Fensterwand hindurch, die soviel Licht einließ.«[34]

Bei einem dieser Urlaubsaufenthalte war er mit seiner Mutter im Hotel de la Paix in Salies-de-Béarn in den Pyrenäen. Sein Briefstil deutet an, daß er von ihr und ihren Lesegewohnheiten stärker geprägt worden war als von den Lehrern in der Schule: eine Raffinesse, die im Treibhaus kultiviert wurde. Der keineswegs humorlose Stil ist selbstbewußt und affektiert. In einem Brief an seine Großmutter beschreibt er eine siebenundzwanzigjährige Freundin seiner

Mutter, Marie-Marguerite Catusse, deren Ehemann später Senator wurde. Sie hatte versprochen, eine Arie von Massenet oder Gounod zu singen, wenn Marcel ihr den Text zeigen würde, in dem er sie porträtiert hatte. Der daraus hervorgegangene Brief zeigt, daß das Pastiche ihm von Natur aus leicht fiel. Er paraphrasiert eine Liebeserklärung in einer Musset-Komödie und läßt die Schwüre in Leconte de Lisles Homer-Übersetzungen anklingen:

> Ich bin furchtbar verlegen, Madame Catusse muß diese Beschreibung sehen, und obwohl ich sie verfasse – das schwöre ich Dir bei Artemis, der weißen Göttin, und beim glutäugigen Pluto –, als dürfte sie sie niemals zu Gesicht bekommen, empfinde ich eine gewisse Scham, ihr zu sagen, daß ich sie bezaubernd finde. Das ist jedoch die betrübliche Wirklichkeit. Madame Catusse muß zweiundzwanzig bis fünfundzwanzig Jahre alt sein. Ein hinreißendes Köpfchen, zwei sanfte und klare Augen, eine zarte und weiße Haut, ein Köpfchen, würdig von einem Maler erträumt zu werden, der in die vollendete Schönheit verliebt ist, umrahmt von schönem schwarzem Haar (oh, welch unerträgliche Aufgabe, Musset Trotz zu bieten und zu sagen, besonders wenn man es auch denkt, gnädige Frau, Sie sind hübsch, maßlos hübsch. Aber die göttlichen Melodien Massenets und Gounods werden mein Unbehagen besänftigen). Ihre Gestalt ist klein, anmutig in ihren Linien. Nichts jedoch läßt sich mit ihrem Köpfchen vergleichen, das man nicht müde wird zu betrachten. Ich gestehe, daß ich es am ersten Tag nur hübsch gefunden hatte, aber sein reizender Ausdruck hat mich von Tag zu Tag mehr berührt, und nun bin ich bei stummer Bewunderung angelangt. [...] Die Gespräche mit Madame Catusse trösten mich über meinen vielfältigen Kummer und über die Langeweile, die Salies für diejenigen ausstrahlt, der nicht, wie Tartarin sagt, über genügend ›doppelte Muskeln‹ verfügt, um in der Frische der angrenzenden Gefilde das fürs Leben notwendige Korn Poesie aufzuspüren, das leider die von Geschwätz und Tabaksgewölk überflutete Terrasse, auf der wir unsere Tage zubringen, vollkommen vermissen läßt.[35]

Madame Catusse fand ihn irritierend. Auf der Fahrt in der Pferdebahn von Auteuil zur Madeleine meinte er ihr mit seiner Konversation zu gefallen, als sie ihn plötzlich fragte: »Wollen Sie den ganzen Tag so weiterreden?«[36] Doch Robert Dreyfus zufolge machte Marcel im allgemeinen einen guten Eindruck auf Erwachsene: »Am meisten erstaunte er aber die Erwachsenen; sie waren sich alle einig in ihrem Entzücken über seine erlesene Höflichkeit und die komplizierten Schachzüge seiner Wohlgesonnenheit. Ich sehe ihn jetzt noch, wie er, ein hübscher und sehr kälteempfindlicher Knabe, dick in Pullover und Schals eingewickelt, älteren oder jungen Damen entgegenlief, sich bei ihrem Näherkommen verbeugte und stets das Wort fand, das ihnen ans Herz ging, ob er dabei von Dingen sprach, die gewöhnlich den Erwachsenen vorbehalten sind, oder sich nur nach ihrer Gesundheit erkundigte.«[37]

Viele Erwachsene behandelten ihn wie ihresgleichen. Kaum fünfzehn, wurde er von Dr. Pozzi, der sowohl modebewußt als auch Modearzt war und ein früherer Liebhaber von Madame Straus, zum Diner ins Ritz eingeladen.[38] Der Abend bestärkte die Neugier Marcels auf Kontakte mit reichen und vornehmen Leuten in eleganter Umgebung.

Bei Gleichaltrigen vermochte er jedoch nur schwer einzuschätzen, wieviel Nähe sie ihm zugestehen wollten. Die drei Jungen in der Klasse, die ihm am wichtigsten waren – Robert Dreyfus, Jacques Bizet und Daniel Halévy – waren auch die drei, die er am längsten kannte. Sein Vertrauen schenkte er Dreyfus, doch da er sich zu den beiden anderen stärker hingezogen fühlte, verhielt er sich zuweilen unberechenbar und verwirrte sie ebensosehr, wie ihre Reaktionen ihn verwirrten. »Er hatte etwas an sich, was wir als unangenehm empfanden«, erinnerte sich Halévy, »seine Gefälligkeiten und zärtlichen Aufmerksamkeiten erschienen uns als Ziererei und Pose, und wir versäumten keine Gelegenheit, ihm das ins Gesicht zu sagen.«[39] Zweifellos forderte er zuviel Zuneigung, und zweifellos hatte er etwas Effeminiertes an sich, auch wenn er seine eigenen sexuellen Neigungen selbst noch nicht verstand.

> Denn niemand weiß zunächst, daß er invertiert oder Dichter, ein Snob oder auch ein Bösewicht ist. Wie mancher Schüler, der Liebesgedichte auswendig lernte oder obszöne Bilder betrachtete und sich dabei dicht an einen Kameraden drängte, bildete sich ein, mit ihm nur eins zu sein im gemeinsamen Drang nach der Frau. Wie sollte er meinen, daß er nicht allen

anderen gleich ist, wenn er doch die Substanz dessen, was er empfindet, bei der Lektüre von Madame de La Fayette, Racine, Baudelaire, Walter Scott wiedererkennt [...]?[40]

Halévy erschien Proust »mit seinen riesengroßen orientalischen Augen, seinem großen weißen Kragen und der flatternden Krawatte als eine Art verstörter und beängstigender Erzengel.« Wenn er mit Bizet und Halévy über Sexualität sprach, erreichte er damit nur, die beiden zu schockieren. Vielleicht war er ein Genie, aber mit Sicherheit war er ein Masturbator, möglicherweise bereits einer, der Unzucht trieb und möglicherweise war er auch schon ein Päderast. Zwar schlugen sie ihn nie, aber sie hänselten ihn rücksichtslos, bis seine großen Augen voller Tränen waren.[41] Noch lange nach der Schulzeit denkt Jean Santeuil voller Bedauern an die »drei gescheiten Schüler«, die ihn für »unaufrichtig und für einen Poseur gehalten hatten.«[42] Alle drei schienen ihn am Anfang zu mögen. Als Marcel wegen Halévy an Dreyfus schreibt, fragt er:

> Warum läßt er mich *vollkommen* fallen und läßt es mich doch sehr deutlich spüren, nachdem er doch im ganzen sehr nett zu mir war, und kommt dann nach einem Monat mir guten Tag sagen, während er doch vorher nicht einmal mehr mit mir sprach? Und sein Vetter Bizet? Warum sagt er mir, daß er mein Freund sei, und läßt mich noch mehr im Stich? Was haben sie mit mir vor? Mich loswerden, mich ärgern, verulken, oder was sonst? Ich fand sie so nett. [...] Und Du als mein Freund mußt es mir sagen, denn wenn man nicht weiß, woran man ist, riskiert man, entweder zu kühl oder zu aufdringlich zu sein.[43]

Kompliziert wurde seine Beziehung zu ihnen 1887, als Halévy die Initiative zur Gründung von *Lundi* ergriff, einer »Revue für Kunst und Literatur«, einer handgeschriebenen Schülerzeitung. Sie ging sehr bald ein, doch 1888 gründete Halévy eine neue Zeitschrift, diesmal mit dem Titel *Revue de Seconde*. Da sie glaubten, einen *-ismus* zu brauchen, optierten sie für »Subtilismus«; ein Wort, das die Beiträger bis zur dreizehnten Nummer, die im Frühjahr 1888 erschien, zusammenhalten sollte.[44] Obwohl der sechzehnjährige Marcel keineswegs dafür ausgerüstet war, die treibende Kraft des Herausgebers zu spielen, verließen sich die anderen auf seinen literarischen Geschmack, und als Halévy ein langes Gedicht geschrieben hatte, legte er es Marcel vor, dessen ausführlicher Kommentar wie folgt endete: »Und nun, mein lieber Daniel, nachdem Du mich gezwungen hast, diese vor Begabung strotzenden, aber so peinlichen, langweiligen und manchmal abscheulichen Verse zu lesen und Dir diese Ungehörigkeiten zu schreiben, sage ich Uff!, lege meine kritische Feder nieder und nehme meine pedantische Maske ab.« Er empfiehlt eine Liste von zweiundzwanzig Autoren, von Homer bis Anatole France: »Du wirst sehen, daß Deine Arbeiten, wenn Dein Geist ursprünglich und stark ist, diese Eigenschaften so lange nicht haben werden, bis Du absolut aufrichtig bist.«[45]

Dieser unerbittliche Kritiker spricht jedoch mit seiner Mutter immer noch in einer Kindersprache[46] und spielt Barlauf in den Champs-Elysées, wo er Vergnügen daran findet, mit Gleichaltrigen zu plaudern und ihnen Gedichte vorzutragen. Er schwärmte besonders von Racine, Hugo, Baudelaire, Musset, Leconte de Lisle und Lamartine. Er sprach auch gerne über Schauspieler, besonders über Mounet-Sully und Sarah Bernhardt.[47] Noch glücklicher aber war er in Gesellschaft von Mädchen.[48] Seine Verbindung von gutem Aussehen und zarter Konstitution verhalf ihm zu einem guten Eindruck bei dem ersten Mädchen, auf das seine Mutter eifersüchtig war. Marie de Benardaky war die dunkelhaarige Tochter eines reichen russischen Adligen, der Zeremonienmeister am Zarenhof gewesen war. Mit seiner gutaussehenden Frau und seinen zwei Töchtern lebte er in der Rue de Chaillot. In einem Brief aus dem Jahre 1918 schreibt Proust, Marie sei »das Entzücken und die Verzweiflung«[49] seiner Kindheit gewesen, und obwohl er sich an sie als Fünzehnjährige erinnert, war sie vermutlich erst dreizehn, als sie sich in den Champs-Elysées trafen. Mitte Juli 1887, er war gerade sechzehn geworden und spielte fast täglich dort, schilderte er in einem Brief an Antoinette Marie als »sehr hübsch und immer üppiger«; sie kämpfte mit Fäusten gegen ein anderes Mädchen und gewann.[50] In *Jean Santeuil* schreibt Proust: »Er [Jean] hatte die Bekanntschaft einer kleinen Russin mit dichtem schwarzen Haar, hellen spöttischen Augen und rosigen Wangen gemacht, die eben jene Gesundheit und Lebenskraft ausstrahlte, die Jean fehlten.«[51] Jeden Tag, wenn sie mit ihrer Gouvernante und ihrer Schwester in den Champs-Elysées erschien, schlug Marcels Herz schneller. Da die Mädchen die französische Literatur kaum kannten, schienen sie seinen Erläuterungen gerne zuzuhören, und er, emotional noch unreif und verletzlich, fühlte sich selbstsicher, wenn er über Literatur sprach.

Jean Santeuil ist in Maries Gegenwart zu erregt, um sich glücklich zu fühlen, leidet in ihrer Abwesenheit jedoch Todesqualen. Er denkt jeden Tag an sie, beim Aufwachen wie beim Einschlafen. Als eines Tages Schnee liegt, errät seine Mutter seine unausgesprochenen Gedanken und sagt – wofür er sie am liebsten geschlagen hätte –: »Nein, ich weiß, daß sie nicht kommen wird.« Er geht mit seiner Kinderfrau trotzdem hin: »Da kommen ja die Kossichefs in ihren Pelzmänteln; und lachend, mit roten Wangen und ihren blauen Augen, drückt Marie [...] jedem die Hand. Die Erzieherin will nicht, daß die beiden spielen, sie aber setzen es durch, schlittern und formen einen Schneeball.« Jean »stopft dem einen, den sie nicht mag, ihr zuliebe den Schnee in den Kragen.«[52] Sind die beiden allein, weiß er nicht, was er sagen soll; ist Marie aber nicht da, so führt er in der Phantasie fortwährend Gespräche mit ihr.

An den Verkaufsständen in den Champs-Elysées gab es zwei Sorten Murmeln. Steinmurmeln kosteten pro Stück einen Sou, die größeren, durchsichtigen dagegen »ein blankes Zehn-Sou-Stück«: »Die einzigen Jungen, die welche hatten, waren die, mit denen man ihm nicht zu spielen erlaubte, die lange Hosen trugen und Zigaretten rauchten.«[53] Als Marie ihm eine dieser Murmeln schenkt, hegt und liebkost er sie; »er befragte sie, ob Marie ihn liebe, er benetzte sie mit seinen Tränen und flüsterte ihr zu: ›Siehst du, jetzt bleibst du für immer bei mir.‹ Des Abends nahm er sie mit ins Bett, und vor dem Einschlafen schob er sie unter sein Kissen, barg sie in seiner hohlen Hand oder ließ sie an das untere Ende seines Bettes rollen, bis an seine Füße, die dann mit ihr spielten.«[54] Wenn er dann zum Essen mit den Eltern hinuntergeht, nimmt er sie mit und küßt sie heimlich, während er vorgibt, ein Stück Brot zum Mund zu führen.

Als eines Tages ihre jüngere Schwester an der Reihe ist, die Mitspieler für das Barlaufspiel einzuteilen, sagt sie zu Jean: »O nein, Sie gehören zu Maries Partei, das macht Ihnen doch so viel Freude«, und Jean sieht »das aufblitzende, spöttische und süße Lächeln«, mit dem Marie diese Worte anhört. Als der Arzt ihr verordnet, der winterlichen Kälte wegen für zwei Monate im Haus zu bleiben, schickt sie Jean einen Brief und lädt ihn zu sich zum Tee ein. Er behauptet, zur Teezeit niemals Schokolade zu trinken und daß die Sessel im

Salon seiner Eltern ebenfalls Schonbezüge trügen wie die Sessel im
Salon ihrer Eltern. Die Dunkelheit des Treppenhauses steigert die
Romantik dieses aristokratischen Hauses, und er ist beeindruckt
> von der feierlichen Dämmerung im Vestibül, wo nicht auszu-
> machen war, ob die undeutliche Gestalt, die neben der go-
> tischen Anrichte stand, ein Lakai war, der auf seine Herrin
> wartete, die ausgegangen war, um einen Besuch zu machen,
> oder der Hausherr selbst. Der Salon, den man nicht betre-
> ten konnte, ohne unter mehreren Portieren hindurchzugehen,
> der Hermelinbesatz der Wandteppiche, die farbigen Glasfen-
> ster, das Schoßhündchen, der Teetisch und die Deckenge-
> mälde erschienen ihm wie die Attribute und Vasallen der
> ansässigen Schloßherrin, als ob diese Erscheinung etwas Ein-
> maliges wäre und zusammen mit dem Charakter, dem Na-
> men, dem Rang und der Individualität der Hausherrin etwas
> bilden würde, was man in der Algebra als einmalige und not-
> wendige Folge bezeichnet.[55]

Jeans Freundschaft mit Marie endet, als seine Eltern – besorgt über
seinen dauernden Zustand der Überreizung – ihm trotz verzweifelten Flehens, angedrohten Ungehorsams und beispielloser Haßerklä-
rungen gegenüber seiner Mutter nicht erlauben, sie zu sehen. Eine
Zeitlang hegte Marcel den Gedanken, sich vom Balkon herab zu
Tode zu stürzen, doch bald ist die Beziehung zu seiner Mutter wieder
so eng wie früher.

Jeanne Proust wollte alles im Leben ihres Sohnes mit ihm teilen.
Sie las die Briefe, die er schrieb, und zerriß einen davon, der an Antoinette gerichtet war, angeblich wegen der schlechten Handschrift,
möglicherweise aber deshalb, weil er eine gewisse Bewunderung für
General Boulanger ausdrückte, der mit nationalistischen Tiraden
gegen die Preußen große Beliebtheit erlangt hatte. In Auteuil erlebte
Marcel eine von Boulanger angeführte Parade zum Nationalfeiertag
mit. Obwohl der Sechzehnjährige ihn als »sehr gewöhnlich« und als
einen »gefährlichen Paukenschläger« kritisierte[56], war er von der
Hysterie der Menge beeindruckt: »[...] diese große Begeisterung,
so unerwartet und so *römisch* in dem banalen und immer gleichen
Alltagsleben, bringt im Herzen alles in Aufruhr, was es an Primiti-
vem, Ungezähmtem und Kriegslüsternem gibt.«[57] In einem anderen
Brief an Antoinette schiebt Proust die Mißbilligung seiner Mutter

darauf, daß sie zugleich royalistische und republikanische Gefühle hegte.

Dagegen sah die Mutter natürlich mit Freude, wie er sich anstrengte, den durch seine Abwesenheit versäumten Schulstoff nachzuholen. 1886/87, als er ein Schuljahr wiederholen mußte, machte er ein gutes Examen. Er ist Teilnehmer am Concours général an der Sorbonne für Geschichte (13. Juli) und erhält im August in Geschichte den 2. Preis und in Geographie zum erstenmal das 2. Accessit mit Auszeichnung; in Latein das 1. Accessit, in Französisch das 4. Accessit im französischen Aufsatz. Bei dem Concours général ist Proust der achte auf der Liste von zwölf Teilnehmern des Lycée Condorcet. Die Teilnehmerzahl – jedes Lycée entsendet zwei oder drei Schüler aus jeder Abteilung – liegt zwischen 120 und 130.[58]

Er konnte nun die Ferien nicht mehr inmitten des Flieders und des Weißdorns von Illiers genießen, sondern verbrachte die Zeit mit seiner vierundsechzigjährigen Großmutter in Auteuil und an der Küste der Normandie. Zwischen den beiden entwickelte sich eine enge Beziehung. Später sollte er über diese Ferien am Meer schreiben: »[...] als Großmutter und ich, in eins verschmolzen, plaudernd gegen den Wind angingen«.[59] Immer wenn sie zusammen nach Illiers fuhren, bestand sie darauf, die Reise in Chartres zu unterbrechen. Sie liebte die beiden Glockentürme: »Meine Kinder, ihr dürft mich auslachen, sie passen nicht zusammen, sie mögen ›gemessen an den Regeln‹ zwar nicht schön sein, aber ihre unregelmäßige alte Fassade gefällt mir. Ihre Grobheit hat für mich etwas Angenehmes. Ich glaube, wenn sie Klavier spielen könnten, würden sie dies nicht ohne Gefühl tun.«[60]

Im September 1887, als er mit ihr zusammen in Auteuil war, schickte er seiner Mutter ausführliche Berichte über seine Gesundheit. Er litt bereits unter

> transparenten Nächten, mit der Empfindung, zu schlafen und bald aufzuwachen usw., Träume, scheußlicher Mundgeschmack beim Aufwachen. Eines Abends (am Abend des Louvrebesuchs) lege ich mich schlafen, nicht eigentlich beunruhigt über meine Verdauung, aber ich hatte spät gevespert und reichlich zu Abend gegessen (3 Nachspeisen). Beim Aufwachen stoße ich ganz allein in meinem Zimmer einen Schrei

der Überraschung aus: ausgezeichneter Mundgeschmack, ruhiger, vortrefflicher Schlaf. Tagsüber folglich viel besser. Nachmittags wie gewöhnlich zu Fuß in den Bois, dann im Wagen des Onkels usw. Schwerer Schlaf.

Ich sage mir nun folgendes:

Der Tag, dem allein eine gute Nacht folgte, hatte als *einziger* diesen Verlauf:

Bois nur im *geschlossenen* Wagen, denn ich hatte den Wagen meines Onkels beim Verlassen des Louvre und nicht von der Akazienallee ab benutzt.

Am nächsten Tag versuche ich, nicht in den Bois zu gehen.

Ich vespere, ich esse (rein zufällig) sehr ausgiebig zu Abend, ich ziehe mir sogar Großmutters Bemerkungen zu.

Kein schlechter Mundgeschmack.[61]

Am Ende der Ferien, im Herbst 1887, mußte er mit den zweijährigen Vorbereitungen auf die Abiturprüfung beginnen. Das erste Jahr, die Rhetorikklasse [Unterprima], bezeichnete er als »Rundreise von Homer zu Chénier, mit einem Abstecher über Petronius.«[62] Die drei für dieses Schuljahr bestimmenden Lehrer waren der eben erst zum Rhetorikprofessor am Lycée Condorcet ernannte Monsieur Dauphiné, der Lateinlehrer Victor Cucheval-Clarigny und Maxime Gaucher, der neben seinem Griechisch- und Französischunterricht Literaturkritiken für *La Revue bleue* schrieb.[63] Gaucher erkannte die außerordentliche Begabung seines Schülers. Prousts Klassenkamerad Pierre Lavallée schreibt: »Ich erinnere mich an die Aufsätze Marcels, reich an Eindrücken und Bildern, schon sehr ›proustisch‹ mit ihren Sätzen, die mit Einschüben und Parenthesen befrachtet waren, und die Monsieur Cucheval ebenso ärgerten wie sie Monsieur Gaucher faszinierten. Ich sehe und höre noch, wie Marcel mit lauter Stimme seine Aufgaben vorlas und der vortreffliche und bezaubernde Monsieur Gaucher sie kommentierte, lobte und kritisierte und wie er dann plötzlich in lautes Gelächter ausbrach über die Kühnheiten des Stils, die ihn im Grunde entzückten. Es war die Freude seiner letzten Tage, unter seinen Schülern einen geborenen Schriftsteller entdeckt zu haben.«[64] Robert Dreyfus bezeichnete Gaucher als den »lebendigsten und großzügigsten Lehrer«.[65] Oft ließ dieser Proust seine Aufsätze der Klasse vorlesen; sie wurden mit Buhrufen und mit Beifall aufgenommen. »Wenn M. Gaucher nicht gewesen wäre, hätten sie mich niedergemacht.«[66] Viele Mitschüler ahmten indessen seinen Stil nach. »Ich habe Aufsätze gemacht, die mit der Norm nichts mehr zu tun zu haben schienen. Die Folge davon war, daß nach zwei Monaten ein Dutzend Dummköpfe in dekadentem Stil schrieben, daß Cucheval mich als Verderber betrachtet hat, daß ich Zwietracht in der Klasse gesät habe, daß ich durch mein Verhalten in den Augen von einigen als Poseur galt. Zum Glück war das alles nach zwei Monaten vorüber, aber noch vor einem Monat sagte Cucheval: ›Er wird bestehen, weil er nur ein Witzbold ist, aber seinetwegen werden fünfzehn andere durchfallen.‹«[67]

Zunächst hatte Cucheval über Proust wenig Positives zu sagen. »Unbeständig und versponnen«, machte Proust in Latein nur »mittelmäßige« Fortschritte. Doch der Schüler achtete den Lehrer. »Ungehobelt«, »grob«, »barsch«, »idiotisch, wenn er geistreich sein will«, ist dieser »ungehobelte Patron in keiner Weise von erlesenen Silben- und Wortverbindungen angekränkelt [...].« Aber: »In allem übrigen ist er *ausgezeichnet* und erholsam nach den Dummköpfen, die an ihren Sätzen herumfeilen. Er kann es nicht, er versteht sich einfach nicht darauf. Er ist eine reine Wonne. Er ist die ideale Verkörperung des guten Lehrers und überhaupt nicht langweilig.«[68]

Von M. Dauphiné heißt es:

> [...] der bewußte Herr ist klein, mager, hager und förmlich. Außerordentlich intelligent und gelehrt. Ein Geist von geradezu wunderbarer Beweglichkeit und Schärfe. Fast spitzfindig durch seinen Scharfsinn. Unterricht wirklich *tadellos*, sehr gedankenreich, sehr *lebendig*. Strenger, tugendhafter Geist. Äußerst intelligent und vor allem eher intellektuell als künstlerisch. Dennoch bewundert er Leconte de Lisle. Findet ihn aber recht ›wunderlich‹! Ich sehe ihn jetzt vor mir: Voller Initiative, ganz Leidenschaft – seine kleinen ›lebhaften‹ Augen –, sobald er das Gesicht eines Vivisektions-Psychologen aufsetzt – ›jenes Gefallen-Finden am Absonderlichen, Exotischen!‹ Im Ganzen aber ein vorzüglicher Unterricht, von gediegenem und gewandtem Geist erfüllt, fakten- und ideenreich [...].[69]

Gegen Ende des Schuljahres wurde der schwer erkrankte M. Gaucher durch M. Dupré ersetzt, der zwar freundlicher war als Cucheval, aber langweilig. Obwohl er das Werk von Leconte de Lisle und anderen Parnassiens, wie etwa Léon Dierx, kannte, rief er bei Proust größten Ärger hervor, weil er sich auf endlose Diskussionen über deren Grenzen einließ. Proust faßte die Charakteristik der drei Lehrer wie folgt zusammen: »Bei Dauphiné erwartet Dich eine Vorlesung, bei Cucheval eine Unterrichtsstunde, bei Dupré oft eine Unterhaltung.«[70] Am Ende des Schuljahres gewann er den »1. Preis der Neuen im französischen Aufsatz.«[71]

Die Brüche zwischen dem Leben in der Schule, den Spielen in den Champs-Elysées und dem Leben zu Hause brachte Proust einer für sein Schreiben entscheidenden Einsicht näher. War das Selbst nicht eher ein Plural als ein Singular?[72] Wenn der Marcel, der im Ritz dinierte, ein anderer war als jener, der Barlauf spielte, dann war der, der die Tränen zurückhielt, wenn seine Kameraden ihn foppten, ein anderer als jener, der Gedichte schrieb, die sie auswendig lernten, und der liebeskranke Sohn, den die Abwesenheit der Mutter fast in den Wahnsinn trieb, war wohl kaum derselbe Marcel, der sich an Schülergesprächen über Sexualität und Mädchen beteiligte. Er konnte von der Kindlichkeit zur Haltung eines Dandy überwechseln, und je unsicherer er sich insgesamt fühlte, desto stärker neigte er dazu, die Unterschiede zwischen den verschiedenen Marcels zu überspielen, sich aufzuwerfen, die eigenen Gefühle zu übertreiben, sich selbst satirisch anzugreifen, um sich gegen mögliche Zurückweisungen abzusichern.[73]

Als seine Gefühle für Halévy sich gefährlich erhitzten, schrieb er:

Nun, von den verschiedenen Herren, aus denen ich mich zusammensetze, sagt mir der romantische Herr, dessen Stimme ich selten vernehme: ›Er tat das, um Dich zu foppen, sich zu belustigen und Dich auf die Probe zu stellen, dann hat es ihm leid getan, da er Dich im Ernst gar nicht verlassen wollte.‹ Und dieser Herr zeichnet Halévy in meinen Augen als einen phantasievollen Freund, dem es daran liegt, mich näher kennenzulernen.

Der mißtrauische Herr aber, den ich bevorzuge, erklärt, es sei viel einfacher, Halévy könne mich nicht ertragen, mein Eifer erscheine ihm – der so zurückhaltend ist – zunächst lächerlich, dann aber bald lästig – das habe er mich fühlen lassen wollen, daß ich aufdringlich sei, und er habe sich befreien wollen. [...] Dieser Herr weiß nicht, ob diese kleine Hand-

lung auf Mitleid oder Gleichgültigkeit oder Mäßigung zurückzuführen ist [...].[74]
Auch in seinen Briefen gibt es auffällige Kontraste zwischen kindlichen Liebeserklärungen an seine Mutter und raffinierten Versuchen, sich gegen Verluste abzusichern. Die Schwankungen in seinem
Verhalten waren nicht weniger heftig. Auf der Place de l'Opéra
fragte er eines Tages stammelnd und mit dem Finger im Mund einen
Bekannten nach der Rue de Richelieu.[75] Andererseits konnte er
Freunde auch durch Beweise seiner Männlichkeit verblüffen. Selbst
wenn er nur schauspielerte, um den Gerüchten über seine Effemi-
niertheit entgegenzutreten, wirkte er überzeugend. Als Halévy ihm
von einer schönen Ladenbesitzerin in der Rue de Fontanes erzählte,
wollte er sie sehen. Der Laden war ein Milchgeschäft, und gemeinsam sahen sie bewundernd durch das Schaufenster zu, wie die hübsche, schwarzhaarige Madame Chirade ihre Kunden bediente. Nachdem Marcel sie für prachtvoll erklärt hatte, für ebenso schön wie
Flauberts Salammbô, fragte er: »Glaubst du, daß es möglich ist, mit
ihr zu schlafen?« Halévy war sprachlos, bis Proust schließlich das
Schweigen brach: »Am besten ist es, wenn man ihr Blumen bringt.«
Sie verabredeten einen bestimmten Tag für das Experiment, verließen zusammen das Lycée, kauften bei einem Blumenhändler in der
Rue Pigalle einen Armvoll Rosen und gingen zu dem Milchgeschäft.
Halévy wartete draußen und dachte, Marcel würde nicht einmal
einen Versuch wagen, doch er betrat den Laden, trug den Strauß vor
sich her und ging auf Madame Chirade zu. Lächelnd schüttelte sie
den Kopf. Er blieb stehen. Liebenswürdig, aber entschieden ging sie
auf ihn zu, er wich zögernd zurück. »Ich halte es für unmöglich, auf
eine liebenswürdigere Art hinausgeworfen zu werden, als es ihm geschah.«[76]
Eine freundlichere Behandlung wurde ihm durch die »berühmte
Kurtisane«[77] Laure Hayman zuteil, die er kennenlernte, als sie bei
seinem Großonkel Louis in Auteil zu Besuch war. Die Begegnung
wird in *Swann* geschildert. Ein Wagen mit zwei Pferden und Kutscher wartet vor dem Haus, und der Hausdiener scheint zu zögern,
den Jungen einzulassen, der hört, wie eine Frauenstimme sagt: »Ach
doch! Laß ihn doch kommen. Nur einen Augenblick [...].« Die hübsche Dame, die wie eine Schauspielerin aussieht, trägt ein rosa Sei-
denkleid und ein Perlencollier. Sie hatte einen »lebendigen und

freundlichen Blick« und ein freimütiges Benehmen. Als die drei in
das ›Arbeitszimmer‹ des Onkels hinübergehen, lehnt sie die Zigaretten ab, die der Liebhaber ihr anbietet: »›Nein‹, sagte sie, ›Lieber, Sie
wissen ja, ich rauche nur die, die der Großfürst mir schickt. Ich habe
ihm gesagt, Sie seien eifersüchtig deshalb.‹«[78]

Louis Weil war zu diesem Zeitpunkt siebzig Jahre alt, Laura Hayman siebenunddreißig. Unter ihren Liebhabern waren der König
von Griechenland, der Duc d'Orléans und Prinz Karl Egon von Für-
stenberg gewesen. Sie war eine intelligente, geistreiche und gebildete
Frau, blond und schwarzäugig, und lebte in der Rue de la Pérouse.
In ihrem literarischen Salon empfing sie hauptsächlich Menschen
aus der älteren Generation. Zu den regelmäßigen Gästen gehörte
der erfolgreiche Romancier Paul Bourget, der einer ihrer Liebhaber
und etwa gleich alt wie sie war. Proust gab so viel Geld für Blumen-
geschenke aus, daß sie seinem Vater davon erzählte. »Er hat mich
gescholten wegen dieser Übertreibung – ich war sehr jung. Aber er
selbst bewunderte Laure Haymans Klugheit und Intelligenz ebenfalls, und er hat mich geradezu angespornt, deswegen eine Freundschaft mit ihr zu unterhalten.«[79] Sie schenkte ihm ein Exemplar
eines Buches, dessen Inspirationsquelle sie selbst war: Bourgets *Gladys Harvey*. Die Heldin wird wie folgt gepriesen: »Gladys hat etwas
von einer Kurtisane aus dem 18. Jahrhundert und nur recht wenig
von dem wild berechnenden käuflichen Mädchen unseres rohen
und tatsachengläubigen Jahrhunderts.«[80] Das Exemplar, das sie
Proust im Oktober 1888 überreichte, war von Bourget signiert, in
die Seide eines von Laures Unterröcken gebunden und mit der Widmung versehen:

A Marcel Proust.
N'aimez pas une Gladys Harvey.
Laure Hayman
Octobre 1888.[81]

In einem Brief an Robert Dreyfus faßte Proust die Beziehung so
zusammen: »eine platonische Leidenschaft für eine berühmte Kurtisane, die mit einem Austausch von Photos und Briefen endete.«[82]

Der Brief an Dreyfus wurde am 25. September 1888 in L'Isle-
Adam geschrieben, wo Proust sich bei seinem Klassenkameraden
Edouard Joyant aufhielt. Zu den weiteren Erlebnissen der jüngsten
Zeit gehörte angeblich »ein recht unkomplizierter Flirt, der sehr

gewöhnlich sein zwangsläufiges Ende fand und eine stark in Anspruch nehmende Bekanntschaft nach sich zog, die mindestens ein
Jahr lang anzudauern droht, zum größten Nutzen der Konzert-
Cafés und ähnlicher Etablissements, wohin man solche Bekannt-
schaften auszuführen pflegt [...].«[83] Nach Robert Dreyfus ging es
um die Beziehung zu einer hübschen Wienerin, die Proust bei einem
Tanzkurs in der Nähe des Lycée kennengelernt hatte; eine Angelegenheit, die ihn wohl weniger beanspruchte, als er Dreyfus glauben
machen wollte, und die sicherlich weniger dauerhaft war als seine
Freundschaft mit Laure Hayman.

Da seine Mutter mit Robert in Salies war, als Marcel aus L'Isle-
Adam zurückkehrte, wurde er nach Auteuil zu ihrem zwei Jahre
älteren Bruder, dem Anwalt Georges Weil, geschickt. Zwar war
Marcel gern bei ihm, doch er klagte so sehr darüber, nicht bei seiner
Mutter sein zu dürfen, daß sein Großonkel ihn zurechtwies; er
sagte, sein Schmerz sei schierer »Egoismus«: »Diese kleine psychologische Entdeckung hat ihm so reine Freuden des Stolzes und der
Genugtuung verschafft, daß er mir nun mitleidlos Moral predige.
Großvater war viel sanfter und sagte nur mit aller Gemütsruhe, ich
sei idiotisch, und Großmutter schüttelte belustigt den Kopf und
sagte, das beweise keineswegs, daß ich ›meine Mutter‹ liebe.«[84]
Marcel hatte nie viel von seinem Großvater zu sehen bekommen,
der lieber zu Hause blieb, wenn seine Frau den Enkel in die Ferien
mitnahm. Nathé Weil war ein Mann mit markantem Profil, grauem
Bart und glattrasierten Stellen um die schmalen Lippen. »Sein Geiz
gilt bei den Weils als legendär. Zu den Mahlzeiten läßt er sehr
mäßige Weine auftragen, aber für sich selbst hat er zu seinen Füßen
eine wohltemperierte Flasche von dem Besten stehen.«[85] Seine Versuche, zu Marcel streng zu sein, wechselten jedoch ab mit Freundlichkeiten.

Am Morgen nahm Marcel, um sich zu trösten, ein Buch – *Le ma-
riage de Loti*, 1880 anonym im Verlag Calmann-Lévy veröffentlicht
von Julien Viaud, der später ›Pierre Loti‹ als Pseudonym benutzte –
und ging in den Bois de Boulogne: »Oh! Meine kleine Mama, wie
habe ich unrecht gehabt, es nicht schon längst getan zu haben; und
wie oft werde ich es nun tun. Es begann gleich mit schönem Wetter;
Sonne, Frische, kurz, ich lachte vor Freude, ganz allein; ich hatte Vergnügen zu atmen, zu fühlen, meine Gliedmaßen zu bewegen [...].«[86]

In seinen Briefen begann er bereits über den »Charakter« zu schreiben und über das »Schauspielern« beim Übertragen von Erlebnissen in Erzählungen. Sein Grübeln über seine wechselnden Reaktionen auf Halévys echte oder vermeintliche Gleichgültigkeit waren nützlich gewesen. Beim Vergleich zwischen der Unberechenbarkeit Halévys und derjenigen von Molières Menschenfeind stellt Proust fest, daß der eine Schauspieler Alcestes Flucht vor den Menschen als schlechte Laune, der andere hingegen als edle Verachtung darstelle. »Ich glaube nicht, daß ein Typ ein Charakter ist. Ich glaube, daß das, was wir von einem Charakter zu erraten glauben, nur eine Folge von Gedankenassoziationen ist. [...] Denn wir konstruieren in unserem Geist einen Charakter nur nach einigen, von uns selbst bemerkten Zügen, die auf andere schließen lassen. Dieser Charakter-Entwurf ist aber äußerst hypothetisch.«[87] Geschrieben wurde dies vermutlich vor dem Brief über die »verschiedenen Herren, aus denen ich bestehe«.[88] Ein Vorteil der Vervielfältigung seiner selbst lag darin, daß er sich mit seinen Freunden gegen andere seiner Selbste zusammentun konnte.

> Wenn ich Komödie spiele und jemand anders bin, kann ich ohne Vergehen über ihn schlecht reden. Sogar über mich. Ich wäre sogar bereit, mein Porträt zu machen, einen kleinen Ausschnitt davon. ›Kennen Sie X, meine Liebe, d. h. M. P.? Ich meinerseits würde Ihnen gestehen, daß er mir ein wenig mißfällt mit seinen fortwährenden großen Anwandlungen, seiner scheinbaren Betriebsamkeit, seinen großen Leidenschaften und seinen Adjektiven. Vor allem erscheint er mir als sehr verrückt oder als sehr unaufrichtig. [...]
> Er ist ein Mann der Erklärungen: unter dem Vorwand, einen Kameraden wie einen Vater zu lieben, liebt er ihn wie eine Frau, ist auf Plaudereien, dann auf Verabredungen aus, schreibt fiebrige Briefe, läßt einen unter dem Vorwand, nicht ernst zu sein und nur ein Pastiche zu schreiben, hören, man habe göttliche Augen und die Lippen wirkten verführerisch – mit der größten Unbeständigkeit. Das Schlimmste aber ist, *ma chère*, daß er nach dem Wirbel um B. diesen fallen läßt, um mit D. zu flirten, den er bald wieder aufgibt, um sich erst zu Füßen und dann in den Schoß von F. zu werfen.
> Wenn dies ein Porträt ist, dann ist es nicht sehr schmeichelhaft

und würde mir weniger schmeicheln als das Porträt, das ich mir von Dir – nach Dir – mache, eingehüllt in Deine Verachtung des Vulgären, ihm den spektakulären Anblick eines imaginären, sehr ironischen Dreyfus gebend.[89]

Indem er rasch die komischen und dramatischen Möglichkeiten seiner neuen Einsicht erfaßt, macht er sich zugleich lustig über sich selbst und stellt sich selbst in Frage: eine Art des Schreibens, die sich im Fortgang selber in Zweifel setzt. Er ist hier auf eine eindringlichere und lustigere Art selbstkritisch als in allen früheren Briefen. Seine Hauptabsicht besteht jedoch darin, Halévy indirekte Avancen zu machen. Dreyfus erhält die Erlaubnis – oder wird dazu ermutigt –, ihm den Brief zu zeigen; wenn Halévy ihn jedoch als »so aufrichtig, daß er schon wieder unaufrichtig ist« kennzeichnet, hat er völlig recht. Auf einmal gleicht Proust einem Romancier, der Gefühle anerkennt und sich gleichzeitig in sicherem Abstand hält.

Bei der Rückkehr in das Lycée Anfang Oktober lernte er seinen neuen Philosophielehrer Alphonse Darlu kennen, der am zweiten Schultag darüber spricht, wie das Bewußtsein eines Menschen sich spaltet, wenn er weder handeln noch denken kann, ohne seine Handlungen und Gedanken zu analysieren. Am Abend schreibt Proust an Darlu und bittet ihn um Hilfe. Welches Heilmittel gibt es gegen diese Krankheit?[90]

Marie-Alphonse Darlu war neununddreißig Jahre alt, klein, bärtig, brillant und sarkastisch. In *Jean Santeuil* wird er als M. Beulier dargestellt, der bei seinem ersten Auftritt im Klassenzimmer »stark außer Atem war; er trug einen roten Seidenschal um den Hals, eine Brille auf der Nase und eine Aktentasche unter dem Arm«.[91] Im Vorwort zu *Les plaisirs et les jours* wird eingestanden, daß »Monsieur Darlu, der große Philosoph, dessen inspiriertes Wort, sicherer zu dauern, als Geschriebenes, in mir wie in so vielen anderen das Denken erweckt hat«,[92] und in einer Anmerkung zu seiner Übersetzung von Ruskins *Sesame and Lilies* bezeichnete Proust Darlu als »den bewundernswertesten Lehrer, den ich kennengelernt habe, den Mann, der den größten Einfluß auf mein Denken hatte«.[93] Darlu pflegte seinen Zylinder auf das Pult zu legen, um ihn in seinen Philosophiestunden als Mittel zur Veranschaulichung zu benutzen. Bei der Darlegung der Theorien von Leibniz ließ er den Hut eine Monade verkörpern und warf sein Taschentuch hinein.[94] Nach der

Aussage eines anderen Schülers »zog er die ganze Philosophie wie
ein Zauberkünstler aus diesem Hut heraus«.[95] Darlu kritisierte
Prousts Prosa, er warf ihm vor, schlechte Gewohnheiten aus Zeitschriften zu übernehmen, und griff einzelne hochgestochene oder
abgedroschene Sätze heraus, um sich über sie lustig zu machen. Wie
könne er nur von der »roten Waberlohe des Sonnenuntergangs«
sprechen? Und als Proust über die Frage schrieb, die auch weiter für
ihn wichtig bleiben sollte – wie Tatsachenwissen die Wissenschaftler
zu Schlußfolgerungen leitet, aus denen sich Gesetze formulieren lassen –, lautete Darlus Kommentar: »Äußerst vage und oberflächlich.«[96] Trotzdem beginnt Jean Santeuil bald, Beulier überaus zu
schätzen. Dieser Mann, mehr als schlecht angezogen, wußte zwar
weder, wie man einen Salon betritt, noch, wie man jemanden grüßt,
sein Benehmen hatte jedoch etwas Angenehmes und Zartes, »wie es
die Manieren eines Fürsten nicht haben würden«.[97] »Er war weder
schön noch häßlich, aber Jean betrachtete seine geröteten Wangen,
seine kräftige Nase, seine von hervorquellenden Adern durchzoge-
nen Hände mit einem derart von Liebe getränkten Respekt, daß er,
hätte nicht Monsieur Beuliers Kühle ihn davon abgehalten, sie mit
der gleichen unendlichen Behutsamkeit geküßt haben würde wie die
Wangen, die Nase, die Hände seiner Mutter.«[98]

Darlu war vor allem ein Moralist. »Die Moral ist für die Philosophie zentral«, behauptete er.[99] Seine Unterrichtsstunden über
Glück, über Gesellschaft und über formale Logik scheinen grundlegend gewesen zu sein. In den Notizen, die Proust sich machte, drang
er zu den Paradoxien und Mehrdeutigkeiten vor, die für sein Werk
entscheidend sein sollten. Über das Glück hielt er fest: »Gegenstand
des Begehrens, eine Art Traum [...] die Glücksmoral im Grunde =
Pessimismus. Wahr für den Menschen, für die Kinder (was ein ver-
dorbenes Kind ist), selbst für die Bevölkerung; Gefahr von Lehrmei-
nungen, die den Massen Versprechungen machen. Glück mithin
Prinzip der Traurigkeit, Prinzip des Unglücklichseins.«[100]

Während Darlu sie unterrichtete, waren die Jungen noch moti-
vierter als in der Sekunda, literarische Zeitschriften zu gründen. Bei
der auf grünes Papier geschriebenen *Revue verte* war Proust Redaktionssekretär, der mit Rücktritt drohte, als Halévy mit der Unterstützung Bizets darum bat, einen Teil des Textes abschreiben zu dürfen. Der Text müsse vor der Kritik von Lesern geschützt werden, für

die er nicht gedacht ist, und dürfe also auch nicht in ihre Hände gelangen, hielt Proust ihnen entgegen. Für die *Revue lilas*, die sie im selben Monat Oktober 1888 starteten und nach der Farbe der Schulhefte benannten, die sie im Papiergeschäft in der Passage du Havre kauften, schrieb Proust einen Text mit der Widmung: »Meinem lieben Freund Jacques Bizet.« Proust schildert sich selbst als Fünfzehnjährigen im Schlafzimmer, bedrückt durch die Gewöhnlichkeit der Lampe, das Geräusch von schepperndem Geschirr im Nebenzimmer, den dunkelvioletten, »von lichten Flecken durchsetzt[en]« Himmel – durch den »Schrecken der gewöhnlichen Dinge«. Zwei Jahre später hingegen ist alles angenehm: »[...] der Baum, aus dem blaues Licht« auf den Boulevard Malesherbes »sikkert«, und der »frische, frostige Atem aller schlafenden Dinge«.[101] Gewöhnliche Dinge sind nicht mehr abstoßend. »Die gewöhnlichen Dinge habe ich wie die Natur geheiligt, da ich sie nicht besiegen konnte. Ich habe sie mit meiner Seele bekleidet und mit intimen oder prächtigen Dingen. Ich lebe in einer heiligen Zuflucht, inmitten eines Schauspiels. Ich bin das Zentrum der Dinge, und ein jedes vermittelt mir großartige melancholische Empfindungen und Gefühle, die ich genieße.«[102]

Es war eine Zeit des Erwachens. Der intellektuelle Anstoß, den Marcel von Darlu erhalten hatte, durchdrang seine verworrene und erregte Geschlechtlichkeit. Waren die Avancen gegenüber Halévy zuvor noch zweideutig gewesen, so waren sie zu Beginn des neuen Schuljahres explizit homosexuell, und gekränkt durch die Anschuldigung der Päderastie begann Proust während einer Schulstunde bei Darlu einen Brief zu schreiben, um sich zu rechtfertigen:

Meine moralischen Überzeugungen erlauben mir zu glauben, daß die Freuden der Sinne sehr gut sind. Sie legen es mir auch nahe, bestimmte Empfindungen, bestimmte Feinfühligkeiten der Freundschaft zu respektieren, insbesondere die französische Sprache, eine liebenswürdige und unendlich anmutige Dame, deren Traurigkeit und Wollust gleichermaßen vortrefflich sind, der gegenüber man sich jedoch niemals schmutzige Posen herausnehmen darf. Es hieße ihre Schönheit zu entehren.

Du hältst mich für blasiert und kaputt; Du hast Unrecht. Wenn Du so reizend bist, wenn Du so schöne helle Augen

hast, die so rein die feine Anmut Deines Geistes widerspiegeln, daß es mir vorkommt, als liebte ich Deinen Geist nicht
ganz, wenn ich nicht Deine Augen küsse, wenn dein Körper
und deine Augen so grazil und geschmeidig wie Dein Denken
sind, so daß mir scheint, ich würde mich viel besser auf Deine
Gedanken einlassen, wenn ich mich auf Deine Knie setzte,
und wenn es mir schließlich so vorkommt, als ob der Zauber
Deines Du, Deines Du, bei dem ich Deinen lebendigen Geist
nicht von Deinem schwerelosen Körper trennen kann, für
mich ›die süße Liebesfreude‹ durch Mehrung läuterte, dann
ist nichts dabei, was mir die verächtlichen Sätze eintragen
könnte, die besser auf einen den Frauen gegenüber Abgestumpften passen würden, der in der Päderastie neue Genüsse
sucht.[103]

Proust führt dann noch Sokrates und (zu Unrecht) Montaigne als
Männer an, die nur Männer liebten und die Männerliebe für weniger schädlich hielten als die heterosexuelle Liebe.[104] Er wußte aber,
daß keine Hoffnung bestand, Halévy zu überzeugen.

Prousts Homosexualität wurzelte in seiner Mutterfixierung. Das
Beschütztwerden wie in einem Treibhaus und das Besitzergreifende
ihrer Liebe verhinderten, daß er zur Selbständigkeit reifte. Obwohl
er gegenüber Frauen keineswegs indifferent war, verlagerte sich die
sexuelle Erregung, die sie auslösten, unweigerlich auf männliche
Ziele. In Freuds Vermutungen über die Mutter Leonardos und ihre
Art, seine Männlichkeit auszubeuten, zeigt sich das Muster einer in
zwei Stadien sich entwickelnden Homosexualität. Im ersten Stadium bringt die übersteigerte mütterliche Zärtlichkeit eine übersteigerte Hingabe des Sohnes hervor. Im zweiten Stadium unterdrückt der Sohn diese Liebe, indem er sich selbst an die Stelle der
Mutter setzt und die eigene Person zum Vorbild für die Liebesob-
jekte nimmt, die er auswählt. Er beginnt in der Weise, wie die Mutter ihn zu lieben schien, Knaben zu lieben.[105] Prousts Entwicklung
folgte dem gleichen Muster, und zu diesem Zeitpunkt hätte es zwischen den beiden Brüdern kaum einen größeren Gegensatz geben
können. Robert war von kräftiger Statur, pausbäckig und sportbe-
geistert; ganz besonders liebte er Bootsfahrten. Marcel, der immer
fröstelte und sich in Pullover und Decken hüllte, lebte so, als sei sein
Leben fortwährend in Gefahr, während seine Mutter sich in einer

rührenden Mischung von Zärtlichkeit und Ironie an dem Spiel beteiligte, ihn zu beschützen.[106]

Gegen Ende seiner Schulzeit, als er sich allmählich dem Erwachsenenleben näherte, wurden ihm die Spannungen zwischen seinen verschiedenen Selbsten immer stärker bewußt. Vor der Mutter zeigte er ein anderes Gesicht als vor den gleichaltrigen Kameraden, und das Gesicht, das er diese erkennen ließ, enthüllte kaum etwas von den Gefühlen, die sie in ihm weckten. Er überließ sich immer mehr den Gewohnheiten der Verstellung. Seine Eltern durften die Wahrheit zwar niemals herausfinden, aber es gab Augenblicke, in denen sie Verdacht schöpften. So zum Beispiel, als er in seiner Freundschaft mit Jacques Bizet gewisse Fortschritte machte. Anfang 1889 porträtierte er Bizet in einem Sonett, und Bizet überreichte ihm seine Photographie. Daß Bizet über Nacht wegzubleiben begann, weckte das Mißtrauen seines Stiefvaters Emile Straus im Hinblick auf die Beziehung zu Marcel Proust. Straus sprach bei den Prousts vor und behauptete, ihr Sohn übe auf Jacques einen schlechten Einfluß aus.[107]

Proust war erleichtert, als er endlich in die Ferien reisen konnte. Nachdem er im Juli 1889 den Titel eines *bachelier ès lettres* erhalten hatte und bei der jährlichen Preisverleihung erfolgreich war, bei der er den Ehrenpreis im französischen Aufsatz und das 3. Accessit mit Auszeichnungen erhielt, reiste er zu einem Aufenthalt nach Ostende zu seinem neuen Freund aus der Philosophieklasse von Monsieur Darlu: Horace Finaly. Er war der Sohn eines deutschsprachigen Bankiers, und Proust, in einem fremden Land lebend und Konversation in einer fremden Sprache treibend, konnte für eine gewisse Zeit das Gefühl haben, den meisten Problemen entflohen zu sein. Nur drängte ihn seine ängstliche Mutter dazu, ihr in seinen Briefen vollständige Auskunft darüber zu geben, was er esse, wann er ins Bett gehe, wann er aufstehe, wie lange er sich an der frischen Luft aufhalte und wie lange er sich ausruhe.[108]

Zweiter Teil

LUST UND TAGESLICHT
1889-1896

3. Soldatendienst und Salons

Der Französischen Revolution war es nicht gelungen, Frankreich in eine Demokratie zu verwandeln: Bei den Wahlen von 1815 waren nur 90 000 Männer, die über Landbesitz verfügten, stimmberechtigt, und da der Adel noch immer ein Fünftel des Bodens in Frankreich besaß – vor 1789 war es ein Viertel gewesen –, war sein politischer Einfluß beträchtlich. Die Adligen dominierten die Verwaltung, und der Status und die Bezahlung als Staatsbeamte waren für sie an die Stelle früherer feudaler Rechte getreten. Die Macht des Adels hatte in der Vergangenheit auf hierarchisch-autoritären politischen Strukturen beruht, bei deren Aufrechterhaltung der Adel von der katholischen Kirche unterstützt worden war. Solange Frankreich konservativ blieb, überlebten alte Einstellungen: Soziale Probleme wurden als Symptome moralischen Verfalls gedeutet, und man scheute sich, allen, auch den Ungebildeten, das Wahlrecht zuzugestehen.

Den Grundbesitzern, die im Faubourg Saint-Germain lebten und die ihren Besitz nur während der Jagdsaison besuchten, waren ihr Wohlstand und ihr gesellschaftlicher Rang durch Erbschaft zugefallen. Obwohl ihr Geld, ihr Stolz und ihre traditionellen Werte, die sie von den Volksmassen trennten, auch ihr Überleben sichern halfen, war ihre politische Macht durch die Verfassungsänderungen im Anschluß an die Julirevolution von 1830 drastisch reduziert worden. Die Sitze im Senat waren nicht mehr erblich, und seine Mitglieder wurden neu ernannt, um die Veränderung sichtbar zu machen. Außerdem genügte es nun, zweihundert – statt wie bisher dreihundert – Francs Steuern jährlich zu zahlen, um wahlberechtigt zu sein. Die Zensur wurde abgeschafft, die Verbindung zwischen Kirche und Staat gelockert. Als der kleine Marcel Proust die Comtesse unter ihrem Blumenhut mit dem livrierten Lakaien in der Kutsche ausfahren sah, verfügte der Adel zwar immer noch über beträchtlichen Wohlstand, aber über sehr viel weniger Macht, als seine prachtvollen Auftritte vorgaben.

Das Klassensystem war durch die Reihe der Revolutionen keineswegs zerstört worden, auch wenn sowohl konservative als auch radikale Politiker das Gegenteil behaupteten. »Heutzutage ist die Herrschaft der Klassen vorüber, und wir können nur noch zusammen mit den Massen regieren«, schrieb Louis Napoleon, bevor er Napoleon III. wurde. Auch die Dritte Republik war darauf angelegt, den Klassenkonflikt zu überwinden, und 1892 behauptete Léon Gambetta, in ihr hätten »neue soziale Schichten« ihr politisches Debüt. Das Wort »Klasse« wollte er nicht benutzen. In den Jahren nach 1890, als radikale Propagandisten behaupteten, Frankreich werde von einer aus zweihundert Familien bestehenden Oligarchie beherrscht, war dies jedoch eine Übertreibung. Die alte Oberschicht war immer noch obenauf, auch wenn sie nicht mehr ganz dieselbe war. Die Napoleons hatten neue Titel ausgegeben, und der Reichtum des Adels war durch die Agrarkrise nach 1880 ausgehöhlt worden. Die Krise hatte die Renteneinkünfte und den Wert des Bodens gesenkt und junge Adlige genötigt, Erbinnen aus neu in den Adelsstand erhobenen und aus bürgerlichen Familien zu heiraten, während andere mit Investitionen, Bankgeschäften oder in führenden Positionen in Handel und Industrie Geld verdienten. Um 1902 waren 30% der Eisenbahndirektoren Adlige.[1] Für kurze Zeit amtierte der Duc de Broglie als Premierminister, und seinem Kabinett gehörten zwei weitere Herzöge, Decazes und Audiffet-Pasquier, an, doch danach zog sich die Aristokratie praktisch ganz aus der Politik zurück. Obwohl die Armee nicht überwiegend aristokratisch war, waren ihre höheren Ränge mit Flüchtlingen aus adligen katholischen Familien besetzt, und die meisten Bischöfe wurden von der Aristokratie ernannt.

Der französische Adel war weniger intellektuellenfeindlich als sein englisches Pendant, und die Salons boten nicht nur ein Forum für den Gedankenaustausch, sondern trugen auch dazu bei, einige Klassenschranken zu öffnen. Schriftsteller, Künstler, Musiker und Hochschullehrer wurden in die adligen Salons eingeladen und Adlige umgekehrt in die Salons der Bourgeoisie. Der junge Proust war für die Anziehungskraft von Saint-Germain höchst empfänglich. Die gutaussehenden, jungen, ihm aus dem Geschichtsunterricht vertraute Namen tragenden Adligen waren stilvoll, selbstsicher, elegant und reich, sie waren mit allen Vorzügen ausgestattet, die ihm (vermeintlich) fehlten, und sie erschienen Proust außerordentlich glanzvoll. Wenn er sie nicht als Geliebte haben konnte, so gab es nichts Begehrenswerteres, als sie zu Freunden zu haben, ohne daß er freilich wußte, daß er den Boden für seinen Roman vorbereitete, als er in die Welt eintauchte, die er später beschreiben sollte, und daß er ihre Bewohner so weit überschätzte, daß die Enttäuschung unvermeidlich war. Sowohl diese Enttäuschung als auch die wechselseitige Durchdringung von Adel und Großbürgertum sollten jedoch seine vorherrschenden Themen werden.

Als er mit fünfzehn zum erstenmal das Interieur des Hotels Ritz sah, war dies der Vorgeschmack eines vornehmen Milieus, und er ging noch zur Schule, als er bei Einladungen in die Häuser von Schulkameraden die elegantesten Gastgeberinnen kennenlernte. Da er sich mit den glanzvollen und berühmten Leuten, die ihre Salons besuchten, sonst noch nicht treffen konnte, waren diese Einladungen so, als ob man zwischen den Aufführungen eines erfolgreichen Theaterstücks hinter die Bühne mitkommen, sich inmitten des prachtvollen Bühnenbildes niederlassen und auf der leeren Bühne Tee trinken dürfte. Jacques Bizets Mutter, Geneviève Straus, war damals vierzig Jahre alt. Mit zwanzig hatte sie Georges Bizet geheiratet, einen Studenten, der seinerzeit bei ihrem Vater, Jacques Fromental-Halévy, am Konservatorium Komposition studiert hatte. Nach dem Tod Bizets 1875 ließ sie vierzehn Jahre vergehen, bis sie Emile Straus heiratete, einen fünf Jahre älteren Anwalt, angeblich ein Halbbruder der drei Barone Rothschild, in deren Diensten er stand.

Die Straus lebten am Boulevard Haussmann im Luxus, mit Bildern von Monet und Nattier neben dem Porträt, das Delaunay von Madame Straus gemalt hatte.[2] Jacques war ihr einziger Sohn und Proust einer seiner Schulkameraden, die zum Mittagessen in die Wohnung eingeladen wurden. Nach den Mahlzeiten pflegte Madame Straus den Jungen moderne Lieder vorzusingen. Zwei Monate lang nahm Proust sich jeden Tag vor, ihr die Hand zu küssen, fand aber nie den Mut dazu, wie er ihr später gestand.[3] Obwohl er sich häufig bei den Straus aufhielt, wurde er zunächst weder in den Salon von Madame Straus noch in den von Madame Baignières, der Mutter seines Schulkameraden Jacques, eingeladen.

Die ersten Salons, die er besuchte, waren der von Laure Hayman, der Mätresse seines Großonkels, und der von Madame de Caillavet. Er war achtzehn, als er Madame de Caillavet vorgestellt wurde, die

ihn fast unmittelbar danach einlud. Ihr Mädchenname war Léontine Lippmann, und auf Drängen ihres Gatten Albert Arman wurde
dem Familiennamen Arman der Name eines ihm gehörenden Wein-
gutes hinzugefügt: Caillavet.[4] Sie lebten in der Avenue Hoche, nahe
der Place de l'Etoile, wo sie sonntags ihren Salon hielt. Der promi-
nenteste unter ihren Gästen – meist Schriftsteller und Politiker – war
Anatole France. Sie war seit 1886 seine Egeria und seit 1888 seine
Geliebte. France sah man gewöhnlich an den Kaminsims gelehnt
Reden halten. »Wenn man Madame Armans Salon betrat, glaubte
man auf einem Bahnhof zu sein, in dem Anatole France Bahnhofs-
vorstand war«, schrieb einer ihrer Gäste.[5] Arman pflegte sich neuen
Gästen vorzustellen, indem er entweder sagte: »Ich bin nicht Anatole France« oder »Ich bin der Maestro ... des Hauses nämlich« und
dann schrie er: »France, hier ist ein neuer Bewunderer für Sie«.[6]
Nach dem Mittagessen ließ Madame Arman France in der Bibliothek ihres Mannes arbeiten, und bei Teeinladungen konnte sie nie
widerstehen, ihre Gäste in das Geheimnis einzuweihen, daß der
berühmte Schriftsteller im Hause war. Wenn er später mit Hut und
Stock herunterkam, pflegte er die Tür zu öffnen und zu sagen: »Guten Tag, meine liebe Freundin. Es ist nun über eine Woche her, daß
ich das Vergnügen hatte, Sie zu sehen.«[7]

Im Mai 1889, als er noch nicht wußte, wie bald er Anatole France
kennenlernen würde, sandte Proust ihm einen schmeichelhaften
Brief mit der Unterschrift: »Ein Schüler der Philosophie.« Er kenne
einige Bücher von France auswendig und sei ein eifriger Leser seiner
wöchentlichen Chronik in Le Temps, schrieb er: »Den intelligenteren unter meinen Schulkameraden im Lycée Condorcet lese ich Ihre
Bücher vor. Ich habe für Sie dort einige solide Freundschaften
gewonnen, Monsieur!« Ein regelmäßiger Mitarbeiter des Temps
hatte eine harsche Kritik an France geschrieben, und Prousts Brief
sollte France »trösten«.[8] Der fünfundvierzigjährige Schriftsteller
erwies sich als kleiner Mann mit »einer roten Nase, die wie ein
Schneckenhaus aussah, und einem schwarzen Spitzbart«.[9] Seine
Enttäuschung verbergend machte der achtzehnjährige Junge einen
so vorteilhaften Eindruck, daß France ihn sehr bald als Schwieger-
sohn ins Auge faßte.

Zu den weiteren Stammgästen des Salons gehörten Alexandre
Dumas *fils*, der reaktionäre Kritiker Jules Lemaître, der Dramatiker

Edouard Pailleron sowie Victor Brochard, Professor an der Sorbonne. Diese vier besuchten auch den angesehenen Salon von Madame Aubernon de Nerville, wo France Stammgast gewesen war, bis er sich Madame Arman in Treue ergab. Guy de Maupassant kam ebenfalls in ihren Salon, obwohl sie seine Annäherungsversuche abgewiesen hatte, und Proust sah ihn dort zweimal.[10]

Er begegnete auch Colette, die keinen Gefallen fand an seiner »erlesenen Höflichkeit, der übertriebenen Aufmerksamkeit für seine Zuhörer, besonders wenn es Frauen waren, eine Aufmerksamkeit, die den Altersunterschied zwischen ihm und ihnen nur noch bekräftigte. Er sah einmalig jung aus, jünger als jeder andere Mann und jede andere Frau. Große, melancholische, dunkelbraune Augenhöhlen, eine manchmal rosige, manchmal blasse Gesichtsfarbe, ein ängstlicher Blick, der Mund spitzte sich, wenn er schwieg, wie zum Kuß, konventionelle Kleidung und eine einzige, widerspenstige Locke.«[11]

Zuweilen bat Proust seinen jungen Freund Duplay, bei ihm zu bleiben, während er sich zum Ausgehen vorbereitete.

– Wie freundlich von dir, mein kleiner Maurice, daß du dich um meinetwillen bemühst! In der letzten Zeit habe ich kaum noch Luft bekommen, aber heute abend fühle ich mich besser. Nun denn, ich gehe zu einer Soirée. Weil es nur ein paar Schritte sind, habe ich mir gedacht, du möchtest vielleicht den Weg mit mir zusammen machen ...

Er versuchte einen Pullover unter seiner durchsichtigen Weste zu verbergen. Er machte einen Knopf an dem einen Stiefel zu. Atemlos setzte er sich hin. Er band die Krawatte. Er zitierte Racine, weil ihm im Zusammenhang mit einem Kutscher etwas eingefallen war, er flocht Leibniz oder Konfuzius in eine Geschichte über Dienstboten ein, deren Umgang ihm ein schmackhaftes Vergnügen bereitete. Seine Krawatte ging auf. Er band sie erneut. Er machte einen weiteren Stiefelknopf zu. Das berühmte Porträt von Jacques-Emile Blanche, das mich seit der Veröffentlichung von *Sodome et Gomorrhe* an dasjenige Dorian Grays denken läßt, beherrschte die Szenerie.

Plötzlich kam Madame Proust herein:

– Wirst du bald fertig sein, mein Kleiner? Deine Soirée ist um zehn und jetzt ist es schon elf ...

– Mama, meine liebe kleine Mama, dränge mich doch nicht.
Schau mich doch nicht so an wie der General Mercier vor
dem Kriegsrat Dreyfus ansah!

– Mein Gott, lieber Marcel, was für ein Aufzug! Deine Stiefel!
… Diese Watte! …

Sie zeigte auf die Knopflöcher an seinen Stiefeln, von denen
die meisten noch offen waren, und drückte die Watte tiefer in
den Kragen.

Sie behandelte diesen Sohn, dessen erstaunliche Überlegenheit sie fast als einzige erkannte und dessen Genialität sie
ahnte, wie ein zurückgebliebenes Kind. War aber ihre Fürsorglichkeit nicht das Zeichen ihrer Zärtlichkeit und Bewunderung? Sie wußte, daß große Geister dem materiellen Leben
immer schlecht angepaßt sind und daß es gerade seine ›Gi-
gantenflügel‹ sind, die den Albatros am Gehen hindern, wenn
er vom Himmel herunterkommt.

Keuchend machte Marcel einen weiteren Stiefelknopf zu.
Madame Proust ging hinaus.[12]

Obwohl er auf Empfängen und Abendeinladungen immer zu spät
kommt und manchmal erst dann eintrifft, wenn die meisten anderen
Gäste schon wieder gegangen sind, mißlingt es ihm nur selten, sowohl die Gastgeber als auch die Bediensteten zu versöhnen, die aufbleiben und sich um ihn kümmern mußten. Zu den neuen Freunden,
die er damals kennenlernte, gehörte Madame Armans Sohn Gaston,
der seinen einjährigen Militärdienst als Freiwilliger leistete. Seit
1872 wurden fast alle jungen Franzosen für fünf Jahre zwangsver-
pflichtet, doch Freiwillige, die das Abitur bestanden hatten und für
ihre Uniform und ihren Unterhalt selbst aufkommen konnten, taten
nur ein Jahr lang Dienst. Obwohl sie als einfache Soldaten dienten,
wurden sie mehr oder weniger wie Kadetten behandelt und als Unteroffiziere der Reserve entlassen. Sie wurden regelmäßig zu ein-
monatigen Wehrübungen aufgeboten und in den Offiziersrang erhoben, wenn sie den Anforderungen genügten. Im Juli 1889 wurde
dieses Freiwilligensystem aufgehoben, der Wehrdienst sollte nun für
alle drei Jahre dauern, und obwohl das neue Gesetz im Juli erlassen
worden war, konnte Proust sich noch als Freiwilliger melden, bevor
es in Kraft trat.[13]

Als Asthmatiker und Sohn eines einflußreichen Arztes hätte er leicht eine Freistellung bekommen können. Aber nach achtzehn Jahren des Zusammenlebens mit den Eltern war er auf einen Wechsel erpicht. Er konnte den unvermeidlichen Streit mit dem Vater über eine Berufswahl um ein Jahr hinauszögern und er konnte seiner besitzergreifenden Mutter entfliehen, in ein vergleichsweise selbständiges Leben im Kreise junger Männer aus allen Gesellschaftsschichten. Sie war jemand, der nie einem Diener oder Dienstboten die Hand gab; er hatte häufig den Wunsch, Männer zu lieben, die sie nie anfassen würde. Hier war also die Chance, ungehindert mit gleichaltrigen Männern zusammenzusein. Es wäre verständlich gewesen, wenn er vor dem Kasernenleben ebenso große Angst gehabt hätte wie vor dem Internat, doch am Montag, dem 11. November verpflichtet er sich und rückt am 15. November 1889 zum 76. Infanterieregiment, 1. Bataillon, 2. Kompanie in die Kaserne von Orléans ein. In seinem Soldbuch wird er wie folgt beschrieben: ovales Gesicht, kastanienbraunes Haar, dunkelbraune Augenbrauen, niedrige Stirn, mittelgroße Nase und Mund, rundes Kinn. Seine Körpergröße war 1,68 m.[14]

Voller Vorfreude hoffte er auf ein einfacheres Leben: »Der ländliche Charakter der Umgebung, die Einfachheit einiger meiner bäuerlichen Kameraden, deren Körper schöner, beweglicher geblieben war, der Geist origineller, das Herz spontaner und der Charakter natürlicher als bei den jungen Leuten, die ich vorher gekannt hatte und nachher kennenlernte [...].«[15] Seine Nervosität führte jedoch zu anhaltenden Asthmaanfällen. Normalerweise war es den Freiwilligen nicht erlaubt, eine eigene Wohnung in der Stadt zu nehmen, aber weil er mit seinen Asthmaanfällen nachts die anderen Männer in der Kaserne weckte, ließ Prousts Vorgesetzter ihn die Erlaubnis einholen, die auch gewährt wurde, und er fand eine Unterkunft in der Rue des Bons Enfants, nahe der Kathedrale.[16] Der befehlshabende Offizier, Oberst Arvers, befreite ihn auch vom Frühappell.[17]

Gaston de Caillavet sah er meist am Wochenende, wenn beide beurlaubt waren, und sie schrieben einander auch Briefe. Obwohl die meisten Freunde Gastons Proust nicht mochten (einige richteten nicht einmal das Wort an ihn), entwickelte sich ihre Freundschaft so rasch, daß Gaston ihn an den Sonntagabenden, wenn Proust den Zug von 7 Uhr 40 nach Orléans nehmen mußte, regelmäßig mit dem Auto zum Bahnhof fuhr.[18] Als Rekrut machte Proust die Fecht- und

Gymnastikübungen mit und genoß »die Ruhe eines Lebens, in dem die Beschäftigungen strenger geregelt sind und die Phantasie sich freier entfalten kann als in irgendeinem anderen, indem das Vergnügen uns um so beharrlicher begleitet, als wir keine Zeit haben, es zu fliehen, indem wir ihm nachjagen [...].«[19] Robert Proust schrieb: »1889 ging Marcel zum Militärdienst; trotz der labilen Gesundheit konnte er sein Freiwilligenjahr leisten, dank der väterlichen Güte des Obersten Arvers, der Kommandant in Orléans war. Diese erstaunliche Transplantation des Lebens, die der Militärdienst darstellt, hatte Marcel eine völlige Erneuerung seines Beobachtungsfeldes gebracht, das er auf unendlich neugierige Weise empfunden hat.«[20] Die Szenen aus dem Militärleben, die Proust in Erinnerung blieben, waren, so sagte er, wie holländische Gemälde, »Genrebilder, in denen die Personen oft von bescheidenem Stande sind, mit den ganz einfachen Szenen aus dem Leben, ohne feierliche Ereignisse, manchmal überhaupt ohne Ereignisse, in einer keineswegs besonderen Umgebung und ohne Größe. Ihr Reiz liegt in der Natürlichkeit der Figuren und der Einfachheit der Szene; in der Entfernung zwischen der Szene und uns liegt ein sanftes Licht und erfüllt sie mit Schönheit. Mein Leben beim Regiment ist voll von Szenen dieser Art; ich habe sie, ohne besonderes lebhafte Freude und ohne großen Kummer, einfach gelebt, und ich erinnere mich an sie mit sanftem Wohlgefallen.«[21] In *Jean Santeuil* spricht er gelegentlich von Fußmärschen und militärischer Disziplin, doch hervorgehoben werden in den Episoden aus der Armeezeit die Kameradschaft und das Essen und Trinken. Offiziere und Unteroffiziere sehen meist weg, wenn gegen die Regeln verstoßen wird.

Einige Offiziere waren junge Adlige; Graf Charles Walewski, ein Kompaniekommandant, war der Enkel von Napoleon und dessen polnischer Mätresse, Marie Walewska; die Mutter Walewskis war eine Geliebte von Napoleon III. gewesen. Proust war verblüfft über die Ähnlichkeit Walewskis mit beiden Kaisern. Da er dessen Verhalten von nahe beobachtete, konnte er die Manieren des alten Adels mit denen der neuen Aristokratie vergleichen, und in *Le côté de Guermantes*, wo er den Fürsten von Borodino dem Grafen Walewski nachbildet, charakterisiert er die Aristokraten des Zweiten Kaiserreichs als gegenüber Bürgerlichen zu größerer Freundlichkeit neigend, die Angehörigen des alten Adels hingegen als »gleichzeitig von aufrichtigem Wohlwollen und gewolltem Hochmut« bestimmt.[22]

Zwischen Offizieren und Soldaten gab es keine starre Trennung, und Proust dinierte eines Abends mit einem Hauptmann, der ihm anbot, ihn für die Nacht aufzunehmen. Er nahm die Einladung an, erhielt ein Zimmer und fand dort einen Stapel Leintücher und Decken auf dem Bett. Da er noch nie ein Bett hatte machen müssen, gab er es nach einem halbherzigen Versuch auf und schlief auf der blanken Matratze.[23]

Sein eleganter junger Leutnant, Graf de Cholet, sollte ihm später eine Photographie überreichen mit der Aufschrift: »Für Marcel Proust, freiwilliger Offiziersanwärter, von einem seiner Folterknechte.«[24] Er diente als Vorbild für zwei Figuren in *Jean Santeuil* – Graf de Saintré und Leutnant de Brucourt. Saintré, eitel und ehrgeizig, stellte fest, daß das elegante Leben im Faubourg Saint-Germain das geerbte Vermögen zu rasch aufbrauchte, und trat wieder in die Armee ein, um in einer Garnisonstadt seine Prominentenrolle und die glanzvollen Feste billiger gestalten zu können. Trotz seines Snobismus ist er darauf erpicht zu zeigen, daß er und seine Freunde bereit waren, mit den Republikanern und Bürgerlichen gut auszukommen: »Saintré hielt es übrigens für gute Politik zu zeigen, daß seine Partei durchaus auch Republikaner und Bürgerliche bei sich aufnahm, sofern diese weder ungepflegt noch dumm waren und keine gottlosen Reden führten.«[25]

Jean wird zu seinen Festen eingeladen wie auch zu denen des Leutnants de Brucourt, der ein großes Haus an der Place des Armes bewohnt und »bei Jean das hervorragende Ansehen [genoß], das seine Litzen, seine außergewöhnliche gesellschaftliche Stellung, die Schönheit seiner Erscheinung beim Führen der Kompanie und seine erlesene Liebenswürdigkeit bei ihm eintrugen«.[26]

Wenn der Leutnant bei Jeans Äußerungen die Pointe nicht erfaßt oder Bemerkungen macht, die geistlos erscheinen, »so dachte er [Jean] eben, er habe ihn wohl nicht recht verstanden und es sei vielleicht allzu knapp angedeutet für sein geistiges Fassungsvermögen. Denn die Höflichkeit, die Lebensart und der gute Ton hinderten Monsieur de Brucourt daran, jemals etwas Mißfälliges zu sagen, was Jean gegen seinen hohen geistigen Rang hätte argwöhnisch machen können. Seine Manieren jedoch, sein Takt im Umgang, seine Art, Jean in liebenswürdiger Weise über die Distanz zwischen ihnen beiden hinwegzuhelfen, überzeugten Jean hinlänglich, daß er es mit einem höher gearteten Wesen zu tun habe, das bei seiner Intelligenz offenbar seit langem schon alle die Fragen gelöst und aus dem Wege geräumt hatte, die Jean noch zu jenem Zeitpunkt bewegten. (›Auch ich habe Gedichte gemacht, als ich so alt war wie Sie.‹ ›Ich lese keine Romane mehr.‹« Er brüstet sich damit, mit der Königin von Serbien verwandt zu sein, und »Jean fühlte sich derart von etwas Übermäßigem erdrückt, so bescheiden angesichts eines so adligen Mannes, so häßlich dieser Erscheinung gegenüber, so schlecht gekleidet angesichts von soviel Schick, so unbeholfen stammelnd, verglichen mit jemandem, der so redegewandt war, daß er etwas wie Scham empfand«.[27] Ein Vorfall, bei dem Cholet Proust auf der Straße nicht grüßt, spiegelt sich darin, daß Jeans Gruß vom Leutnant nicht erwidert wird. Es war freilich leicht, literarisch Rache zu nehmen. Jahre später, als der Leutnant etwas von Jean wollte, schrieb er ihm: »Mein lieber Jean.«[28]

Mitte Dezember erhielt er den Besuch von Horace Finaly, der ihm um so willkommener war, als Prousts Urlaub gestrichen worden war.[29] Seine Mutter war nicht nur enttäuscht, weil sie ihn nicht sehen konnte, sondern auch aufgebracht darüber, daß ihre eigene Mutter, die wegen Urämie im Sterben lag, keine Gelegenheit mehr hatte, ihren geliebten Enkel zu sehen. Der Arzt hatte Madame Weil eine strenge Milchdiät verschrieben, doch sie verabscheute den Geschmack von Milch. Sie sollte am dritten Tag des neuen Jahres sterben.

Am 16. Dezember wurde Proust dem Trupp zugeteilt, wo er eine zehn Wochen dauernde Ausbildung zu absolvieren hatte; ab dem 3. März besuchte er für sechs Monate die Kompanieschule. Er wäre gerne als Reserveoffizier entlassen worden, aber es war ihm unmöglich, sich in einen guten Soldaten zu verwandeln. Im Februar, als er dank einer Empfehlung seines Vaters eine Abendeinladung vom Präfekten der Loire, Monsieur Boegner, erhielt, war unter den übrigen Gästen ein intelligenter und sehr gebildeter junger Mann vom 30. Artillerieregiment. Robert de Billy, zwei Jahre älter als Proust, freundete sich bald mit ihm an, und er war nicht der einzige Zeuge, der Prousts Haltung und Redeweise unmilitärisch fand.[30] Sein Mantel war ihm zu groß,[31] die Helmmütze nahm sich auf seinem

Kopf sehr seltsam aus, und sein ovales Gesicht bildete einen eigenartigen Kontrast zu der Uniform.[32]

Er hatte große, fragende Augen und erschien voller Neugier; er befragte eifrig seine Freunde, offenbar auf der Suche nach neuen Gesichtspunkten.[33] Er sprach über Philosophie und über Darlu, über Lyrik, Malerei, Ästhetik und die Gesellschaft. Als er mit Billy – der den Eindruck hatte, daß die Kunstkritik Baudelaires ihn dazu verlockt hatte – den Louvre besuchte, reagierte Proust begeistert auf van Dyck und Cuyp.[34]

Er vermißte die Mutter. Obwohl er am Wochenende häufig nach Hause fuhr – die Zugfahrt dauerte weniger als zwei Stunden – schrieben sie einander fast jeden zweiten Tag. Als er sie auf Lotis eben erschienenen, halb autobiographischen *Roman d'un enfant* aufmerksam machte, achtete sie besonders auf die frühesten Erinnerungen Lotis an seine Mutter. »Beim ersten Erscheinen dieser gesegneten Gestalt in diesem Buch der Erinnerung möchte ich sie mit ganz besonderen Worten grüßen, wenn möglich mit Worten, die nur für sie gemacht sind, aber da es keine solchen gibt, mit Worten, die als solche schon wohltuende Tränen fließen lassen und wer weiß welch sanften Trost spenden würden.« Madame Proust war begeistert. »Ich bin ganz erfüllt von Loti.« Da sie aber nie Marcels Gesundheit außer acht ließ, gab sie Dr. Prousts Rat weiter: In dieser Zeit keine Schwimm- und Reitversuche.[35] In einem anderen Brief wird er aufgefordert, seinen Verzehr von Rahmkäse einzuschränken. Ihre Briefe enden häufig mit Zärtlichkeiten, die denen einer Geliebten gleichen – Tausend und tausend Küsse – oder mit einem Racine-Zitat: »Ah, que ce temps est long à mon impatience.«[36]

Im Juni hatte er sich noch immer nicht an den Gedanken gewöhnt, daß seine Großmutter tot war, doch die Mutter bat ihn eindringlich, nicht aus Trauer aufzuhören, ihr zu schreiben. »Vor allem macht mich der Gedanke, daß Du an Deine Großmutter denkst, niemals traurig; im Gegenteil, das ist für mich äußerst tröstlich. Und tröstlich ist es für mich auch, Dir in unseren Briefen zu folgen – so wie ich Dir hier folgen werde – und daß Du Dich hier zeigst, ganz Du. Also, mein Lieber, mach es Dir nicht zur Gewohnheit, mir nicht zu schreiben, um mich nicht noch trauriger zu stimmen, denn es geschieht genau das Gegenteil. Und dann, mein Lieber, denke an sie – behalte sie lieb wie ich; aber laß Dich nicht gehen und weine nicht

tagelang in Dich hinein, das ist schlecht für Deine Nerven, und sie
hätte es nicht haben wollen.«[37]

Für sie kam es einem doppelten Verlust gleich. Sie war von den
beiden Menschen, die sie am meisten liebte – ihre Mutter und ihren
ältesten Sohn –, nie lange getrennt gewesen, doch in den Wochen
nach dem Begräbnis sah sie Marcel fast nie, während er trotz ihrer
schwarzen Kleidung kaum ahnte, wie schmerzlich es für sie war, die
neue Situation zu akzeptieren. In *Sodome et Gomorrhe* erkennt der
Erzähler nur allmählich, wie sehr seine von dem Verlust getroffene
Mutter leidet:

> Zum ersten Male also, weil ich einen Schmerz empfand, der
> nichts gegen den ihren war, aber mir doch die Augen öffnete,
> wurde ich mir mit Entsetzen darüber klar, was sie leiden
> mußte. Zum ersten Male begriff ich, daß der starre und trä-
> nenlose Blick (welcher bewirkte, daß Françoise für sie nur
> wenig Mitleid fühlte), den sie seit dem Tode meiner Großmut-
> ter an sich hatte, auf dem unbegreiflichen Widerspruch zwi-
> schen Erinnerung und grausigem Nichts haften geblieben
> war. [...] Es genügt nicht zu sagen, daß sie alle ihre Heiterkeit
> verloren hatte; umgeschmolzen und erstarrt zu einer Art von
> Bildnis einer Flehenden schien sie zu befürchten, durch eine
> zu jähe Bewegung oder einen zu lauten Ton in der Stimme die
> schmerzliche Gegenwart zu verletzen, die nicht mehr von ihr
> wich. Besonders aber bemerkte ich, sobald ich sie in ihrem
> Crêpemantel eintreten sah – was mir in Paris immer entgan-
> gen war –, daß ich nicht mehr meine Mutter vor Augen hatte,
> sondern die Großmama.[38]

Doch auch in Paris sah er sie nur ziemlich selten, denn es kam
immer mehr Bewegung in sein Leben. So war er sonntags oft zum
Tee bei Madame Armand. Als Gaston sich mit der hübschen
fünfundzwanzigjährigen Jeanne Pouquet verlobte, bombardierte
Proust sie mit überschwenglichen Komplimenten, die sie in Verlegenheit brachten. Daran gewohnt, das Verliebtsein in Frauen mittleren Alters zu übertreiben, setzte er dieselbe Taktik auch bei
Jeanne ein. Ohne auf die Reaktionen Gastons und seiner Mutter zu
achten, bat er Jeanne um eine Photographie und lud sie und ihre
Mutter dazu ein, mit ihm zusammen die Kirchen und Museen in
Orléans zu besuchen. Er besuchte die Pouquets häufig zu Hause,

und als Gaston eine Revue entwarf, in der Jeanne eine Hauptrolle als Kleopatra erhielt, wirkte Proust als Souffleur, bis zur Kostümprobe, bei der ihn seine Begeisterung für die Schauspieler von seinen Pflichten ablenkte.[39] Als Gaston für Jeanne einen Einakter mit dem Titel *Colombine* schrieb, lehnte Proust es ab, darin den Pierrot zu spielen: Dies sei die Rolle, die er schon in der Realität spiele, sagte er.[40]

Im Sommer war er beim Reitunterricht vom Pferd gestürzt. Nach einem erneuten Versuch weigerte er sich, mit dem Unterricht fortzufahren, und als er die Ausbildung im August abschloß, war er der zweitschlechteste von den vierundsechzig Soldaten seiner Gruppe. Doch auch dies hielt ihn nicht davon ab, ein Gesuch einzureichen, nach dem Ende des einjährigen Dienstes einige weitere Monate in der Arme bleiben zu dürfen. Der Oberst Arvers wies ihn ab.[41]

Als er im August in Paris eintraf, war sein Vater schon nach Spanien abgereist, wohin er als Generalinspektor der Gesundheitsämter entsandt worden war, um den Ausbruch einer Cholera-Epidemie zu untersuchen. Im September, nachdem Proust den Sommerurlaub mit der Mutter, die fast ständig im Bett blieb, in Cabourg verbracht hatte, schrieb er am zweiten Tag nach der Rückkehr nach Orléans an den Vater: »Es geht mir nicht schlecht (abgesehen vom Magen), und ich habe auch nicht diese allgemeine Melancholie, für die in diesem Jahr die Abwesenheit wenn nicht die Ursache, so doch der Anlaß und somit durch diese entschuldigt ist. Allerdings habe ich die größte Schwierigkeit, mich zu konzentrieren, zu lesen, etwas auswendig zu lernen und zu behalten.«[42]

Für den um das eine Jahr des Militärdienstes nur aufgeschobenen Konflikt mit dem Vater war die Szenerie nun vorbereitet. Adrien Proust wollte nicht nur, daß sein Sohn eine sichere berufliche Laufbahn einschlüge, sondern sah es auch als seine Pflicht an, den Jungen gegen Trägheit, gegen den Hang zur Neurasthenie und gegen die Sucht nach gesellschaftlichen Vergnügungen zu wappnen. Wie so viele andere besorgte und wohlmeinende Eltern bat er auch Freunde, mit seinem widerspenstigen Sohn zu reden. Als ein Bekannter M. Santeuils aus dem Außenministerium mit Ratschlägen im Sinne des gesunden Menschenverstandes aufwartet, erklärt Jean seine Prioritäten: »Was mir nottut, ist, mich zu konzentrieren, in die Tiefe vorzudringen, die Wahrheit zu suchen, meine ganze Seele auszudrücken, wie sie wirklich die Dinge sieht, nicht aber alle diese im Grunde ganz nebensächlichen Dinge.«[43]

Monsieur Santeuil holt sich auch Rat beim Rektor der Hochschule, der sagt, »am besten scheine ihm die Diplomatie« als berufliche Laufbahn eines jungen Mannes mit philosophischer Veranlagung. Jean solle an der Ecole des Sciences politiques studieren. »Ja, man kann Phantasie haben, so viel man will, die Hauptsache ist und bleibt eben doch, sehen Sie, das unbestechliche Urteil«, sagt der als Professor besonders empfohlene Monsieur Boisard.[44] Proust schätzte die Willenskraft des Vaters so hoch und die eigene so niedrig ein, daß er sich, obwohl er weder Anwalt noch Diplomat werden wollte, am 20. November 1890 ganz bescheiden als Jurastudent an der Sorbonne einschreibt, und fast gleichzeitig auch als Student der politischen Wissenschaft an der Ecole des Sciences politiques. Zu seinen Lehrern gehörten der Historiker Albert Sorel und der Philosoph Henri Bergson; unter den Studenten befand sich André de Billy.

Prousts Ehrgeiz und Energie flossen zum größten Teil in sein Gesellschaftsleben ein, während die halb inzestuöse Liebe zur Mutter in leidenschaftliche, aber kindische Versuche umgesetzt wurde, die Zuneigung der Freundinnen seiner Mutter und anderer reizender Damen dieses Alters zu gewinnen. Der Glanz von Madame Arman, Laure Hayman, Madame Straus und Madame Baignières war vom Glanz ihrer Salons kaum zu trennen. Er genoß die prachtvoll möblierten Räume, die modisch aufgeputzte Kleidung, die ergebenen Lakaien in Livree und die Mischung von konventioneller Höflichkeit und rücksichtslosem Konkurrenzkampf unter den Gästen. Während die Gastgeberinnen um die begehrtesten Gäste wetteiferten – die vornehmsten Aristokraten, die elegantesten Frauen, die berühmtesten Schriftsteller, Künstler und Musiker –, hegten einige Salonbesucher den heimlichen Wunsch, in einen noch exklusiveren Salon eingeladen zu werden. Für die jungen, gutaussehenden und begabten Angehörigen des Bürgertums waren die Salons das Mittel, um herauszufinden, wie hoch hinaus sie gelangen konnten.

Das Gefühl der Zugehörigkeit zu einer Elite entschädigte Proust sowohl für das alte Unterlegenheitsgefühl gegenüber den Benardakys als auch für das gegenwärtige Gefühl der Unterlegenheit gegenüber seinem energischen, tüchtigen und erfolgreichen Vater. Die reiferen Damen waren entzückt, außergewöhnliche Komplimente von einem empfindsamen, wohlerzogenen, gutaussehenden und überzeugend wirkenden jungen Mann zu empfangen, der so charmant zu ihnen war, als wolle er sie verführen, aber viel selbstsicherer auftrat, als wenn er wirklich diese Absicht gehabt hätte. Schlagfertigkeit und frühreife Bildung, zusammen mit dem Talent zur Nachahmung, machten ihn zu einem unterhaltsamen Gesprächspartner. Die Gabe der Mimikri war zum Teil auf seine Unsicherheit zurückzuführen: wenn er Menschen karikierte, die er insgeheim bewunderte, dann wurden sie weniger beneidenswert, besonders wenn das Gelächter seiner Zuhörer ihm seinen eigenen Erfolg bestätigte. Er war jedoch so unzufrieden mit sich selbst, daß er ihnen im Grunde wirklich gleich sein wollte. In *Jean Santeuil* ist es der Neid auf Monsieur Perrotins Erfolge bei den Salongesprächen, der Jean veranlaßt, sich diesen Mann zum Vorbild zu nehmen.[45]

Die scheue Madame Proust, die abends nur selten ausging, teilte die Mißbilligung ihres Mannes für die neue Gewohnheit ihres Marcels, Zeit und Geld für etwas zu verschwenden, das nach gesellschaftlichem Emporkommen aussah. Die Eltern erkannten jedoch die Verzweiflung, die hinter dieser Ambition steckte, nicht. Wann immer Marcel die Gelegenheit hatte, wagte er sich in die Gesellschaft vor und ging ins Theater. Im Oktober sah er *Athalie*, *Pied de Mouton*, ein Märchenspiel von Cogniard und Crémieux, *Mimi*, eine Komödie von Raymond und Boucheron, *L'Amante de Christ* von Darzens und die Oper *Mignon* von Ambroise Thomas. Am Monatsende schrieb er eine Theaterchronik für die *Revue lilas*, in der er den Kritiker Jules Lemaître, dessen Besprechungen in *La Revue bleue* und *La Revue des deux mondes* erschienen, teils nachahmte, teils parodierte.

Von den Frauen aus der Generation seiner Mutter, die Proust kennenlernte, war Madame Straus am wichtigsten für ihn. Nach dem Ende seines Militärdienstes begann sie, ihn in ihren Salon einzuladen. Seinen ersten Besuch dort mußte er auf nach ein Uhr verschieben, da er nicht in seinem Jackett erscheinen konnte und den neuen Gehrock noch beim Schneider abholen mußte. Madame Straus galt als Schönheit, und sie war bekannt für ihren Witz.[46] Zu ihren Bewunderern gehörten die Maler Degas und Jean-Louis Forain. In ihrem Salon versammelte sich eine Mischung von überaus intelligenten Menschen des Adels und der Künste. Zu den Stammgästen gehörte die siebzigjährige Nichte Bonapartes, Prinzessin Mathilde, Lord Lytton, der englische Botschafter, Comtesse de Chevigné, Comtesse Greffulhe, Prince Auguste d'Arenberg, Comte Othenin d'Haussonville, Henry Meilhac, der zusammen mit ihrem Cousin, Ludovic Halévy, Libretti für Offenbach schrieb, Laure Haymans Liebhaber Paul Bourget, Louis Ganderax, Literaturredakteur der *Revue de Paris*, und Charles Haas.[47]

Haas war ein gutaussehender Mann von sechsundfünfzig Jahren, dessen Judentum – sein Vater war Börsenmakler – ihn nicht daran gehindert hatte, im Faubourg Saint-Germain eine Berühmtheit zu werden.[48] Als er Mitte dreißig war, stand er zusammen mit einem Prinzen, einem Baron, vier Marquis und drei Grafen Modell für Tissots Gemälde *Le Cercle de la Rue Royale* von 1868, das die Mitglieder des Kreises in Auftrag gegeben hatten.[49] Sein Antrag auf Mitgliedschaft im Jockey Club wurde viermal abgelehnt, aber dank der Unterstützung von Comte de Saint-Priest und von Comte Albéric de Bernis war sein fünfter Antrag erfolgreich, zum Teil wegen seiner Tapferkeit im Krieg von 1870/71. Er verband Gelehrsamkeit mit Dandytum und war ein Kenner der italienischen Malerei, doch seine Leistungen lagen vor allem im Gesellschaftlichen; Prousts Bewunderung war ambivalent. Als Jude, der sich mit dem Prince of Wales – dem späteren König Edward VII. –, dem Comte de Paris – Anwärter auf den französischen Thron – und den begehrenswertesten Gastgeberinnen befreundet hatte, war Haas beneidenswert; an ihm als einem brillanten Mann, der sein Talent verschleuderte, wurden aber auch die Folgen der Verweichlichung sichtbar. Nach der Erinnerung von Jacques-Emil Blanche diente er Proust jedoch nicht nur als Vorbild für Swann, sondern auch für dessen eigene Sprech- und Verhaltensweise.[50] Wenn sein prominentenfeindlicher und erstaunlich energischer Vater kein Vorbild für einen Knaben sein konnte, der sich selbst für faul und willensschwach hielt, so war hier die ideale Alternative. Während der Erfolg des Arztes auf harter Arbeit und Selbstverleugnung beruhte, stützte sich der Erfolg von Haas auf gutes Aussehen, Witz, Charme, Eleganz und Tapferkeit.

Eine von Madame Straus' Gästen, die Marquise de Clermont-Tonnerre, beschreibt den Eindruck, den Proust auf sie machte, wie folgt:

Sein blasses schmales Gesicht mit einer langen Adlernase gab ihm ein orientalisches Aussehen, das geradezu assyrisch wurde, als er seinen Bart wachsen ließ. Riesige schwarze Pupillen, die keinerlei persönliche Anteilnahme ausstrahlten, sondern wie zwei Gefäße aussahen, die alle Wellen des Raumes einfangen, ließen ihre Bögen über die Zuhörer gleiten, und aus dem Mund, der häufig durch ein einseitiges Lächeln verzerrt war, kam eine außergewöhnliche, eher kindliche Stimme, die angenehm schmeichelte, mit tausend anmutigen Wendungen befrachtet war und den Eindruck jener kleinen, weichen und mit Marmelade verschmierten Patschhändchen vermittelte, die die Kinder einem auf die Kleidung legen; sie ist zärtlich und klebrig und man ist zugleich geschmeichelt und leicht irritiert. Sätze, die man nicht zu hören gewohnt ist – ›Ich hoffe, Sie sind nicht böse‹ – ›Ihre Güte mir gegenüber‹ – ›Er ist so liebenswürdig zu mir‹.[51]

Sie fand seine Bescheidenheit um so überraschender, als es selbst beim ersten Zusammentreffen unmöglich war, »das schwere Gewicht dieser kraftvollen Persönlichkeit zu ermessen, die anmutig unter weißen und stets geblähten Segeln dahinfuhr«.[52] Gleichzeitig achtete er offensichtlich auf »kaum wahrnehmbare Unterschiede zwischen Menschen, die sich in einem Salon wohlfühlten, und denen, die sich in Erinnerung rufen mußten, daß sie sich in einem Salon befanden«.[53]

Ebenso wie im Salon von Madame Straus mischten sich auch in Madame Baignières' Salon Angehörige des Adels und der Großbourgoisie. In der Hoffnung, die Freundschaft von Madame Baignières zu gewinnen, lud Proust sie zusammen mit ihrem Sohn Jacques, Madame Straus und Jacques Bizet am 15. Dezember in eine Loge zur Première von Edmond de Goncourts Stück *Germinie Lacerteux* in das Odéon-Theater ein. Die Hauptdarstellerin war Réjane. Vierunddreißig Jahre später erinnerte er sich, wie sehr er damals weinen mußte: »[...] ich kam mit so roten Augen heraus, daß empfindsame Zuschauer auf mich zukamen, im Glauben, ich sei geschlagen worden.«[54] Im März 1891 machte er Madame Straus nachdrücklich den Hof: »Ich habe bei Vigny Dinge gefunden, die Ihnen doch gefallen müßten, da sie wohl offensichtlich zu Ihrem Ruhm geschrieben wurden. Er hatte Sie vorausgeahnt.«[55]

Gegen Ende des Monats fragte er sie, ob sie sich Stanislaw Rze-
wuskis Stück *L'Impératrice Faustine* anschauen werde. Er habe eine
Karte für die Vorstellung, werde aber nur hingehen, wenn er sie,
Madame Straus, dort anschauen könne.[56] Ungehalten über die
Nachsicht seiner Frau gegenüber dem jungen Mann, der ihr auf eine
so übertriebene Art den Hof machte, und überaus verärgert, wenn
sie ihn »meinen lieben kleinen Marcel« nannte, »hielt es ihn [Mon-
sieur Straus] nicht auf seinem Sessel; er stand auf, lief hin und her,
setzte sich wieder, ergriff die Feuerzange und stocherte im Feuer
herum, dann legte er sie geräuschvoll wieder weg. Madame Straus
sagte dann: ›Emile, bitte!‹ Er brummte: ›Meine liebe Geneviève,
es strengt dich zu sehr an, so viel zu reden und so lange aufzublei-
ben.‹«[57]

Später scheint Proust sie entweder mit seinen extravaganten
Komplimenten oder mit seinen extravaganten Blumengeschenken
verärgert zu haben. Französische Blumengärtner hatten Chrysanthemen im japanischen Stil zu züchten begonnen, und es gefiel ihm,
diese Riesenblumen sowohl an Männer als auch an Frauen unter
seinen Bekannten zu schicken. Auch Robert de Billy erhielt welche,
sehr zum Erstaunen seiner Eltern[58], und um den Protest der Madame Straus abzuweisen, schrieb Proust schmeichlerisch: »Übrigens werden Sie mir ein für allemal für die seltenen Blumensendun-
gen dankbar sein, wenn Sie erfahren, gnädige Frau, daß Ihnen
dadurch jedesmal ein Brief von mir erspart bleibt. Und wie bescheiden sie auch sind, sie werden immer hübscher und nuancenreicher
als meine Prosa sein. Wenn ich zu willensschwach bin, meine zärtlichen Gedanken im Zaum zu halten, muß ich einfach schreiben
oder irgend etwas tun.«[59] Als sie versucht, seinen überschwenglichen Beweisen der Zuneigung Einhalt zu gebieten, zeigt seine
Reaktion darauf, daß Zorn seiner Prosa nur guttut:

> Ich glaube, Sie lieben lediglich eine gewisse Lebensart, die
> weniger Ihre Intelligenz als Ihren Esprit, weniger Ihren Esprit
> als Ihren Takt, weniger Ihren Takt als Ihre Toilette hervor-
> hebt. Eine Frau, die besonders diese Art Leben schätzt – und
> die bezaubert. Und gerade weil Reiz von Ihnen ausgeht,
> braucht man Sie nicht zu erheitern und glauben, ich liebte Sie
> weniger. Um Ihnen das Gegenteil zu beweisen (weil Sie sehr
> wohl wissen, daß Taten mehr beweisen als Worte, Sie, die Sie

manchmal etwas sagen, es aber niemals in die Tat umsetzen),
würde ich Ihnen noch schönere Blumen senden, und das
würde Sie verstimmen, gnädige Frau, weil Sie nicht geruhen,
den Gefühlen Vorschub zu leisten, mit welchen ich die
schmerzliche Verzückung durchlebe.[60]
Es folgte eine Zeit der Abkühlung, doch Mitte November schrieb er
ihr, er sei in »Verzückung« über die Nachricht, daß sie nach wie vor
seine Freundin sei. »Ich bin aber zu glücklich über diese göttlichen
Worte von gestern, wobei Sie so vollendet bewiesen, daß Sie, wie in
allem anderen auch, einmalig sind in der Kunst, die Herzen bis zum
Zerspringen mitschwingen zu lassen [...].«[61]

Heute kann man sich von der übersteigerten Schmeichelei dieser
Briefe leicht abgestoßen fühlen, doch Proust half das Gefühl der
Pluralität, sich gerechtfertigt vorzukommen. Zwei Marcels schauen
von der Seite zu – der eine erheitert, der andere mißbilligend –, während der handelnde, der unterwürfige Marcel erfolgreich Schmeicheleien verteilt. Im Gespräch stellte sein halb scherzhafter Ton seinen Freunden frei, wie ernst sie diese Schmeicheleien nehmen wollten, während in seinen Briefen die handschriftlichen – beinahe in
seiner Stimme zu hörenden – Worte von seinem ganz persönlichen
Charme erfüllt waren.

Zunächst einmal war er schön, von einer leicht italienischen
Schönheit – er lachte selbstgefällig, als ich ihm sagte, er gleiche einem neapolitanischen Prinzen für einen Roman von
Bourget. Sein langes schmales Gesicht, mit vollen Wangen
allerdings, einer geraden Nase, leicht gekrümmt durch einen
Vorsprung, über den er sich kokettierend grämte [...], seinen
Augen, die er von seiner bewundernswerten Mutter geerbt
hatte, dunkle Augen, versunken unter braunen Lidern, die
sich wie ein schöner Schleier aus Fleisch über einer orientalischen Feuerstätte aus Licht und Traum senkten, alles daran
war wie von einem Königssohn. Das spürte er, gab sich an
Sommerabenden wollüstigem Flanieren hin, wenn er ›in die
Gesellschaft‹ ging, den leichten Überzieher halb geöffnet über
der Brust seines Anzuges, eine Blume im Knopfloch – weiße
Kamelien waren damals die Modeblumen – genoß er es,
wenn die Anmut des Halbwüchsigen sich in den Augen der
Passanten widerspiegelte, mit jugendlichem Dünkel und ein

wenig von dem ›Bewußtsein des Bösen‹, das er mit achtzehn
schon besaß und das seine Muse war. Zuweilen übersteigerte
er diese Eleganz zur Ziererei, doch immer geistvoll, so wie er
zuweilen auch die Freundlichkeit zu stets intelligenten Schmeicheleien übersteigerte; und wir hatten unter uns sogar das
Verb *proustifier*[62] erfunden, um eine etwas zu selbstbewußte
Haltung der Freundlichkeit demgegenüber zu charakterisieren, was die Leute als unendliche und entzückende *chichis*[63]
bezeichnet hätten.[64]

Der Drang zum »Proustifizieren« entstammte derselben Unsicherheit wie der Drang, Kellnern zu hohe Trinkgelder zu geben und
Freunde mit riesigen Blumensträußen und ausgefallenen Geschenken zu überraschen. Nicht weniger tief verwurzelt als die prinzen-
hafte Selbstsicherheit war eine quälende Unsicherheit darüber, ob er
denn überhaupt liebenswert sei. Proust suchte verzweifelt nach Zuneigung, vertraute den eigenen inneren Qualitäten nicht und versuchte deshalb unaufhörlich, die Welt mit Komplimenten und Geschenken zu bestechen.

Er tat dies immer stilvoll, und mit seinem guten Aussehen, seiner
Freundlichkeit und seinem Witz beeindruckte er auch Princesse Mathilde, die ihn in ihren Salon einlud. Sie war um die siebzig, immer
noch gutaussehend, mit einer rauhen, fast knurrenden Stimme und
einer reizvollen Art, Schmeicheleien abzutun. »Ihre etwas direkte
und fast männliche Art wurde, sobald sie lächelte, durch eine ganz
italienische Weichheit gemildert.«[65] »Die ganze Erscheinung aber
präsentierte sich in einer Toilette, die so sehr Zweites Kaiserreich
war, daß man, obwohl die Prinzessin sie sicherlich nur aus Anhänglichkeit an die Moden, die sie einst geliebt hatte, trug, die Absicht
dahinter vermutete, keinen historischen Stilfehler zu begehen und
die Leute nicht zu enttäuschen, die von ihr ein Abbild einer anderen
Geschichtsepoche erwarteten.«[66]

Ihre Zuneigung zu Proust war so offensichtlich, daß ihre Freunde
ihm nach dem letzten Liebhaber der Prinzessin, Claudius Popelin,
den Spitznamen »Popelin der Jüngere« gaben. Ihr Auftritt in der
Recherche zeigt, wie sehr sich Proust für Geschichte begeisterte.
Swann beschreibt die Prinzessin als »Freundin von Flaubert, von
Sainte-Beuve, von Dumas. Stellen Sie sich vor, sie ist die Nichte
Napoleons I.! Napoleon III. und der Kaiser von Rußland haben um

sie geworben. Ist das nicht interessant?« Nichts regte Proust mehr
an als etwas, das sich wie eine direkte Begegnung mit Geschichte
ausnahm. Auf seinen ersten Bällen begegnete er zuweilen der achtzigjährigen Comtesse de Maillé, »die Proust so oft zusammen mit
anderen hochbetagten Anstandsdrachen über den Bällen seiner Jugend hatte thronen sehen; ihr hoch über die Stirn getürmtes graues
Haar hatte ihn immer an die dreistöckigen Perücken der Richter
im *Ancien régime* erinnert.«[67] Sie war die Nichte der Comtesse de
Boigne, die Ludwig XIV. und Marie Antoinette auf dem Schoß geses-
sen hatte. Als Proust 1907 vorhatte, einen Artikel über »Snobismus
und Nachwelt« zu schreiben, wollte er damit seiner Begeisterung
für die Begegnung mit Adligen, die eine persönliche Berührung mit
der Geschiche verhieß, nachgehen. Die Namen adliger Familien versetzten ihn ebenso in Aufregung wie die uralten christlichen Namen,
die sie immer noch bevorzugten – Odon, Ghislain, Adhéaume, Josselin.[68]

Beim Rückblick auf Prousts Lebensweg glaubt man, eine
Schranke zwischen seinem Leben in der vornehmen Gesellschaft
und seiner literarischen Tätigkeit wahrzunehmen, die jedoch nicht
vorhanden ist. Die Vorzüge, die ihn zu einem Liebling der Salons
machten, sind Vorzüge, die sich schon in seinen frühen Schriften
zeigen, und in den Jahren 1892/1893 war der wichtigste Schauplatz
für sie eine Zeitschrift, die im Hause von Madame Straus geplant
wurde. Zusammen mit Jacques Bizet, Daniel Halévy, Robert Dreyfus, Comte Louis de la Salle, Vicomte Robert de Flers und Fernand
Gregh gründete Proust die Zeitschrift *Le Banquet*. De la Salle, de
Flers und Gregh waren jünger, hatten jedoch dasselbe Lycée besucht. Alle drei freundeten sich mit Proust an, nachdem Jacques
Bizet ihn zur Gründungssitzung nach Hause mitgebracht hatte. In
einem Brief an Robert de Billy beschreibt Proust Robert de Flers als
»jung und charmant, intelligent, gutherzig und zartfühlend«.[69] Später wurde Robert zusammen mit Proust und Lucien Daudet photographiert. Seine Mutter untersagte ihm, die Photographie jemandem zu zeigen, weil sie befürchtete, es könnten Zweifel über die
Reinheit ihrer Freundschaft aufkommen.[70]

Den Titel *Le Banquet* (nach Platons Symposion: Das Gastmahl)
gaben sie der Zeitschrift aus Hochachtung für ihren früheren Lehrer
Darlu. Jeder Gründungsredakteur zahlte monatlich zehn Francs,

um sie von einem Bekannten Bizets drucken zu lassen. Am Anfang
betrug die Auflage 400 Exemplare, später 200, die erste Ausgabe
erschien im März 1892. Das wichtigste Ziel war, ihre eigenen Arbeiten zu veröffentlichen, aber es gab auch Beiträge von außerhalb. Als
Proust im März 1892 an einer der Samstagsveranstaltungen im
Hause des Parnassien José Maria de Heredia Henri Barbusse kennenlernte, lud er diesen ein, für *Le Banquet* Gedichte zu schreiben.[71]
Proust war jedoch von einigen der Fremdbeiträge enttäuscht. Die
vierte Nummer, die im Juni erschien, enthielt einen Essay des zwanzigjährigen Léon Blum (des späteren sozialistischen Ministerpräsidenten). Proust hielt ihn für eine dürftige Nachahmung des dreißig-
jährigen Abgeordneten und Boulanger-Anhängers Maurice Barrès,
der in essayistischen Romanen seinen *culte du moi* entwickelt
hatte.[72] Im Mai war Barrès Ehrengast auf einem Fest, das Léon
Yeatman, ein Kommilitone Prousts, an der juristischen Fakultät der
Sorbonne organisierte.

   Prousts erster Beitrag für *Le Banquet* war eine Besprechung von
Louis Ganderax' Weihnachtserzählung *Les petits souliers*,[73] und im
März, nachdem er die Augen der blonden Comtesse de Mailly-Nes-
les gesehen hatte, die im Salon der Princesse Mathilde ein rotes
Samtkleid getragen hatte, schrieb er: »Es waren Augen, die gleichsam nie geschaut, was alle Menschenaugen widerzuspiegeln gewohnt sind, jungfräuliche Augen, noch frei von irdischer Erfahrung. Aber je länger ich Sie betrachtete, desto mehr drückten Sie
etwas Liebendes und Leidendes aus wie jemand, dem von den Feen
schon vor der Geburt, was er sich gewünscht hat, versagt worden
ist.«[74]

   In anderen Beiträgen für die Zeitschrift *Le Banquet* schilderte
Proust einige der mütterlichen Frauen, denen er den Hof machte. Madame Straus gehörte zu den »gleichgültigen und heiteren Menschen
mit großen Augen, dunkel wie der Kummer, als ob zwischen ihrer
Seele und den Augen ein Trichter eingesetzt wäre und sie gleichsam
den gesamten lebendigen Inhalt ihrer Seele in die Augen übergeleitet
hätten«.[75] Außerdem war sie das Vorbild für jene Frau, »bei der die
Intelligenz sich nur durch eine besonders subtile Anmut verriet, die
sich damit begnügte zu leben und die das bezaubernde Geheimnis
ihrer Natur nicht durch eine allzu gesuchte Konversation preisgab.
Sie war sanft wie die anmutigen und geschmeidigen Tiere mit den

tiefen Augen und sie verwirrte wie am Morgen die quälende und unbestimmte Erinnerung an die Träume. Aber sie nahm sich nicht die Mühe, das für ihn zu tun, was die beiden anderen getan hatten: ihn zu lieben.«[76] Später vertraute Proust ihr an: »Ich liebe geheimnisvolle Frauen, denn das sind Sie, und ich habe es oft in *Le Banquet* zum Ausdruck gebracht, wo ich mir oft gewünscht habe, daß Sie sich wiedererkennen.«[77] Freunde und Bekannte in seinem Werk zu porträtieren wurde eine lebenslange Gewohnheit Prousts. War das Porträt vorteilhaft, hoffte er, sie würden sich wiedererkennen, war es kritisch, fürchtete er ihre Reaktionen.

Wenn in seinen Verliebtheiten eine verquere Hartnäckigkeit steckte, so lag in seinen Versuchen, sich durch Schreiben selbst zu heilen, eine Mischung von Impulsivität und Berechnung. Eine weitere Dame, die er in *Le Banquet* porträtierte, war die blonde und witzige Comtesse Laure de Chevigné, Stammgast im Salon der Madame Straus. Sie war eine geborene de Sade, um die dreißig und seit 1879 mit Comte Adhéaume de Chevigné verheiratet, einem Kammerherrn des bourbonischen Thronanwärters. Im März 1893, unzufrieden damit, nur den Hut lüften zu dürfen, wenn er ihr auf der Straße begegnete, begann Proust, in der Nähe ihres Hauses, in der Rue de Miromesnil, in der Avenue de Marigny oder in der Avenue Gabriel zu warten, weil er wußte, daß sie auf dem täglichen Weg zu ihrem Liebhaber, Comte Robert de Fitz-James, bald vorbeikommen würde. Als Proust endlich den Mut fand, sie anzusprechen, wurde er barsch abgewiesen: »Ich werde bei Fitz-James erwartet!«[78]

4. Ambivalenz

Im Sommer 1892 wußte Proust nicht, ob er die von ihm angestrebte Zukunft würde erkämpfen können. Sein einundzwanzigster Geburtstag rückte zwar näher, doch brachte das Mannesalter nicht die Männlichkeit seines Vaters oder seines neunzehnjährigen Bruders mit sich. Vielleicht würde er sich den Folgen seiner Unterwerfung unter die väterliche Willenskraft niemals entziehen können. Er hatte nun zwei Jahre mit dem Studium der Politikwissenschaft und der Juristerei verbracht und hatte intensiv dafür gearbeitet. Ende Juni 1892 absolvierte er die mündlichen Prüfungen über »Geschichte der

Diplomatie von 1818 bis 1878«, »Die Orient-Frage«, und »Überblick über das zeitgenössische Europa«. Seine Noten lagen zwischen 4½ bis 5 von 6 möglichen Punkten und die Qualifikationen lauteten: »sehr intelligent« und »im allgemeinen gute Antworten«.[1] Anfang August absolviert er die ersten Juraprüfungen, fällt jedoch im Mündlichen durch.

Unfähig, sich in Auseinandersetzungen mit seinen Eltern richtig einzuschätzen, stellte er ihr Urteil, er sei willensschwach – auch in den Unterhaltungen, die er in seinen Erzählungen mit sich selbst führte –, nicht in Frage, auch wenn er dort realistischer war. Sie hatten gleichsam ein Urteil über ihn verhängt, und statt Einspruch einzulegen, richtete er Warnungen an sich selbst – nicht bei den oberen Zehntausend die Zeit zu vertrödeln, nicht Charles Haas, sondern Adrien Proust nachzuahmen.

Der Arzt war freilich kein rückwärtsgewandter, strenger Zuchtmeister. An den Maßstäben seiner Zeit gemessen, waren seine Bücher über Kindererziehung fortschrittlich, und sein praktisches Verhalten als Vater entsprach im großen und ganzen seinen Theorien. Versuche zur gewaltsamen Durchsetzung von Disziplin können auch kontraproduktiv sein, sagte er; es sei falsch, das Selbstvertrauen eines Kindes dadurch zu schmälern, daß man »ihm auf brutale Weise sagt, es verstehe etwas nicht, wisse nichts oder könne dieses oder jenes nicht tun.«[2] Allerdings war er über Marcels Art zu leben stark beunruhigt, er hielt ihn für einen Neurastheniker. Er beobachtete das Verhalten seines Sohnes und ließ die Ergebnisse in seine Ansichten über Neurasthenie einfließen. Diese wirkten jedoch auch auf Marcel zurück: Wenn er die Bücher seines Vaters zu diesem Thema las, kam er kaum umhin, sich darin selbst wiederzuerkennen, und diese Texte wirkten sich auf sein Selbstbild ebenso aus wie auf seine frühen fiktionalen Texte. Neurasthenie war ein erst vor kurzem eingeführter Begriff, den G. M. Beard 1880 in seiner bahnbrechenden Monographie beschrieben hatte – als eines der Hauptsymptome der Nervenkrankheit galt Willensschwäche.[3]

Medizinischer Natur waren die Bedenken Dr. Prousts über das Gesellschaftsleben seines Sohnes freilich nur zum Teil. Dr. Prousts Erfahrungen schienen seinen puritanischen Glauben an Erlösung durch harte Arbeit nur zu bestätigen. 1879 wurde er in die Académie de Médecine aufgenommen, 1884 zum Generalinspektor der

Gesundheitsämter und im folgenden Jahr zum Professor für Hygiene an der medizinischen Fakultät ernannt: eine reiche Belohnung für seine ausdauernde und gründliche medizinische Arbeit. Außerdem war er inzwischen einer der bekanntesten Ärzte in Paris. »Ich würde es niemals wagen, Ihren Vater zu konsultieren«, sagt Anatole France. »Ich bin ihm nicht wichtig genug. Die einzigen Patienten, die er heutzutage noch annimmt, sind Flußmündungen.« Der überaus ehrgeizige Adrien Proust durfte einige der mächtigsten Männer Frankreichs, einschließlich bekannter Minister, zu seinen Bekannten und Gästen zählen: Ihre Gesellschaft war unterhaltsam und ihr Wohlwollen hilfreich. Allerdings waren es nicht nur seine Zurückhaltung und die Reste seines priesterlichen Puritanismus, die ihn eine zwiespältige Meinung über die mondäne Welt haben ließen. Müßiggang mißbilligte er nicht nur, sondern sah darin sogar eine Ursache der Neurasthenie. Den meisten Vätern wäre der gesellschaftliche Erfolg Marcels wohl beneidenswert erschienen. Adrien Proust war zwar nicht immun gegen Neid, doch interessierten ihn Symptom und Ursache weit mehr. In dem Buch, das er in Zusammenarbeit mit Gilbert Ballet verfaßte, wird das Leben in der vornehmen Gesellschaft zu den Ursachen von nervöser Erschöpfung und Depression gezählt. Zwar fordere die Gesellschaft keine übermäßige Verausgabung geistiger Energie, doch lasse sie wenig Zeit zur Erholung oder Häuslichkeit, schrieben sie. »Kein Mann ist geschäftiger, sagt man, als der, der nichts tut. [...] Mehr als alle anderen werden die Stadtmenschen und Gesellschaftsdamen den ganzen Tag über durch Verpflichtungen beansprucht, welche ihnen die Konvention und ihr eitles Interesse an der eigenen Reputation auferlegen: Besuche, Diners, Bälle und Soireen erfüllen ihr Leben mit unaufhörlichen Zwängen und Verpflichtungen.« Die oberen Zehntausend pflegen »eine Lebensweise, die allen Regeln der Hygiene widerspricht«, weil sie sich »an Erregungen aller Art gewöhnen, [...] an Mahlzeiten, bei denen sie zu lange und in häufig überheizten Räumen sitzen und zu viel essen; an lange Abende, an Schlafmangel oder zumindest Mangel an Schlaf zu normalen Zeiten.« Diese Lebensweise führe zu einer »moralischen Erschöpfung, die aus den jämmerlichen Bemühungen entsteht, die Phantasiegebilde der Eitelkeit in die Wirklichkeit umzusetzen.«[4]

Gleichgültig, ob Adrien Proust seinen Sohn direkt – im Gespräch

oder in Briefen – mit diesen Ansichten konfrontierte, oder ob er
sie – aus Angst, sie könnten bei seinem Sohn eher kontraproduktiv
wirken – nur in seinen Büchern formulierte, jedenfalls war der Rahmen für den bevorstehenden Kampf zwischen Vater und Sohn abge-
steckt. Der Vater mißbilligte das müßiggängerische Leben des Sohnes nicht nur aus moralischen Gründen, sondern war auch um dessen Zukunft besorgt: Marcel schien keine anderen Ambitionen zu
haben als ungehörige gesellschaftliche und unrealistische literarische. Wenn man ihn bloß zu einer vernünftigen Laufbahn überreden
könnte, so würde sich die Alltagsroutine der harten Arbeit vielleicht
als heilsam erweisen!

Der schüchterne Sohn hatte sich bei seinem schüchternen Vater
eigentlich nie ganz wohl gefühlt. Trotz gegenseitiger Zuneigung
wagten sie kaum, einander zu berühren. Dem kränklichen Jungen
Marcel erschienen die Kräfte seines Vaters unbegrenzt: Er verfügte
über die Allwissenheit des Arztes, über die gottähnliche Macht, im
Krankenzimmer Regeln zu erlassen, und war gleichzeitig mit einigen der mächtigsten Männer Frankreichs befreundet. Gemessen an
diesem Mann fühlte Marcel sich inkompetent und unbegabt. Der
mächtige Vater konnte zwar alle Probleme von ihm fernhalten, aber
es würde ihm nie gelingen, den Vater zu beeindrucken oder ähnliche
Erfolge wie dieser zu erzielen.

Marcel verschloß sich den nachdrücklichen Argumenten des Vaters nicht etwa, sondern sie flossen in den Streit ein, den er in seinem
Inneren ausfocht. Im August 1892 schrieb er eine Erzählung über
den Konflikt zwischen gesellschaftlichen und geistigen Impulsen:
»Violante ou la mondanité«. Den beiden ersten der vier Kapitel sind
Motti aus Thomas a Kempis' *Imitatio Christi* vorangestellt: »Habt
wenig Umgang mit jungen Leuten und mit Personen der Welt …
Verlanget nicht danach, vor den Mächtigen zu erscheinen.« »Stützet
euch nicht auf ein Rohr, das der Wind bewegt, und vertrauet nicht
darauf; denn alles Fleisch ist ja Gras und all seine Pracht vergeht,
wie die Blume des Feldes.« Prousts Selbstzweifel werden in der Erzählung auf Violante, die Tochter eines Freiherrn, projiziert, die ihre
Eltern »weitab der Welt, im ländlichen Besitztum Steyern« erziehen.
Obwohl sie »schön und lebhaft wie ihr Vater, barmherzig und auf
geheimnisvolle Weise berückend wie ihre Mutter«[5] ist, fehlt es ihr
an Willenskraft.

Mit fünfzehn Jahren verwaist, lernt sie mehr aus ihren Träumen als von ihrem Erzieher. Es überkam sie »ein Glücksgefühl von bisher unbekannter Macht, das Gefühl, etwas in ihrem Leben nach eigener Lust und nach eigener Laune einzurichten, dem Räderwerk ihrer beiden Schicksale, dessen Mechanismus den einen fern vom andern gefangenzuhalten schien, doch noch einen kleinen Stoß geben zu können [...]«.[6] Sie hat zwar weder die Vulgarität noch die Abgestumpftheit ihres Vaters geerbt, kann aber den Verlockungen der High Society nicht widerstehen, auch wenn sie vor dem Aufbruch an den österreichischen Hof zu ihrem Erzieher sagt: »Die Welt ist mir nur ein Mittel. Sie verleiht zwar vulgäre, aber unbesiegbare Waffen, und wenn ich eines Tages geliebt sein will, muß ich sie besitzen. [...] Ich suche Erholung und Belehrung zugleich. Sobald ich mir eine Stellung geschaffen habe und meine Ferien vorüber sind, werde ich die Welt verlassen und aufs Land zurückkommen zu unseren guten, einfachen Leuten und, was mir das Liebste ist, zu meinen Liedern. An einem bestimmten und nicht allzu fernen Tag werde ich diesen Weg nicht länger verfolgen und in unser Steyern zurückkehren, um in deiner Nähe zu leben, mein Lieber.«

Violante findet »die Personen der Welt« »so mittelmäßig«, daß sie sich nur »herablassen mußte, sich unter sie zu mischen, um sie fast alle in den Schatten zu stellen. [...] Sie allein hatte Geist, Geschmack, ihr Gang war der Inbegriff aller Vollkommenheiten.«[7] In ihr spiegelt sich Prousts Verachtung für das Geschwätz der vornehmen Salons ebenso wie sein Vergnügen, dort akzeptiert zu werden. Auch wenn Violante sich in Gesellschaft langweilt, wendet sie sich im Gespräch niemals jenen Themen zu, »die allein schon wegen ihrer Überlegenheit den in der Welt lebenden Personen antipathisch und unverständlich sind«. Obwohl sie sich Feinde schafft, darunter eine lesbische Prinzessin, die sie zu verführen versucht, kann sie sich nicht dazu entschließen, nach Hause zu fahren. Viel zu sehr lockt sie »noch ein Fest, das ihr vielleicht besser gefiele als die anderen, ein hübscheres Kleid, das es zu zeigen galt«. »Solange sie jung war, blieb sie in der Welt, um das Königtum der Eleganz auszuüben, das sie, beinahe ein Kind noch, erobert hatte. Als sie älter wurde, blieb sie, um es zu verteidigen. Vergeblich. Sie verlor es. Und als sie starb, versuchte sie immer noch, es wiederzuerobern. Augustin hatte mit dem Überdruß gerechnet. Aber er hatte nicht gerechnet mit einer Macht, die zu Beginn von Eitelkeit sich nährt und schließlich Überdruß, Verachtung, ja selbst Langeweile besiegt: es ist die Macht der Gewohnheit.«[8]

So ambivalent Prousts Haltung gegenüber den oberen Zehntausend auch war, den Gefahren des sinnlosen Zeitvertreibs gegenüber blieb er so wachsam, daß er sich diesem niemals überließ, wie Jacques-Emile Blanche feststellte. Blanche, 1861 geboren, war Maler, und seine Eltern besaßen in Dieppe eine Villa. Nachdem er im Oktober 1891 in Trouville eine Skizze von Proust angefertigt hatte, besuchte er ihn jetzt jeden Samstag, um an seinem Porträt in Öl zu arbeiten. Nach den Sitzungen dinierten sie gewöhnlich mit Blanches Vater, dem bekannten Psychiater Antoine-Emile Blanche, der unweit von Louis Weils Villa in Auteuil eine psychiatrische Privatklinik leitete. Einer der damaligen Insassen war Guy de Maupassant.

Als Blanche das Porträt fertiggestellt hatte, mißfiel es ihm so sehr, daß er die Leinwand zerriß. »Die scheußliche Studie, die ich von ihm malte, hatte große Ähnlichkeit; ich hatte diese Leinwand zerrissen. Proust rettete zwar das Gesicht, nicht aber die Hände und den unteren Teil des Körpers, die doch heute von so großem Interesse wären.«[9] Blanches Meinung zu dem Gemälde entsprach keineswegs derjenigen über das Modell. Proust, so schreibt er, liest ungeheuer viel, hat die Taschen ständig voller Bücher und Zeitschriften, und er verfügt über eine außerordentliche Fähigkeit, Eindrücke und Informationen in seinem Gedächtnis zu speichern. »Die außergewöhnliche Qualität seines Speicherorgans erlaubte es ihm, Sinneseindrücke und Wahrnehmungen festzuhalten, die sich bei den meisten von uns verflüchtigen, kaum daß sie entstanden sind.« Auf Empfängen waren ältere Menschen von Prousts Wissen und seiner Bildung beeindruckt, und auch wenn er häufig Damen zum Schneider oder zum Coiffeur begleitete, war er schon damals überhaupt nicht eitel. Er war stets voller Neugier, trug Gedichte vor, zitierte aus Romanen und stellte künstlerische Bewertungen in Frage. War Delauneys Porträt von Madame Straus nicht viel schöner als die *Mona Lisa*? War Madeleine Lemaire nicht begabter als die Rosalba? Doch wenn man ihm nicht zustimmte, kränkte ihn das leicht.[10]

Blanches Zeugnis bestätigt eine Aussage von François Mauriac: Zwischen Prousts gesellschaftlichem Leben und seiner literarischen

Aktivität gab es keinen eigentlichen Widerspruch. Unwiderstehlich angezogen von eleganten und arroganten Aristokraten, ansehnlichen, gut frisierten und vorzüglich gekleideten jungen Männern und Frauen, verlockten ihn die Gesellschaftsspiele, die sie trieben, und er war überzeugt, daß dort ebenso geheimnisvolle Gesetze am Werk waren wie in der Natur. Da er alles verstehen wollte, was vor sich ging, mußte er sorgfältig beobachten.

Blanches erste Skizze für das Porträt war in Les Frémonts angefertigt worden, einer Villa hoch über dem Sandstrand von Trouville, wo Proust die Familie Baignères besucht hatte. Er mochte die Villa so sehr, daß er sie den Finalys empfahl, die sie für den Sommer 1892 mieteten. Als sie die Villa später sogar kauften, schenkten sie Proust als Dank für seine Vermittlung einen Spazierstock. Im August 1892, als Proust »Violante« schrieb, reiste er zusammen mit Louis de la Salle für einige Wochen nach Trouville zu den Finalys. War Proust vorher schon halb in Horace verliebt, so verliebte er sich nun gleichermaßen in Marie, die hübsche grünäugige, neunzehnjährige Schwester von Horace. Gregh beschreibt sie als den »Mittelpunkt der Familie«, »ein entzückendes Mädchen, bald lustig, bald ernst. Wir waren alle ein wenig verliebt in sie.«[11] Proust war »erstaunt über ihre moralischen, ja beinahe religiösen Besorgnisse«.[12] Er schwankte selbst zwischen Glückszuständen und Melancholie und war zuweilen verärgert über ihre scheinbare Gleichgültigkeit, dann wieder bewegt von ihrer Fähigkeit, sich in seine Stimmung einzufühlen. Sie kommt in einer Erzählung vor, die er für *Le Banquet* schrieb: »Während des Tages hatte mich die Gesellschaft Assuntas, ihr Gesang, ihre Sanftmut gegen mich, den sie so wenig kannte, ihre weiß, braun und rosa Schönheit, die Beharrlichkeit ihres Parfüms in den Böen des Meerwindes, die Feder an ihrem Hut, die Perlen an ihrem Hals zerstreuen können.« Der Text beschreibt hauptsächlich ein Gefühl von Euphorie in der freien Natur, das auf einen bedrückenden Traum folgt, in dem sich unerwiderte Liebe und Alltagsängste brechen. Am Schluß kommt Assunta zu dem Erzähler zurück, aus Sorge, daß er vielleicht friere. »Ich trat näher zu ihr hin; ich zitterte, sie nahm mich unter ihren Mantel, und um dessen Saum hochzuheben, legte sie mir den Arm um die Schultern. Wir gingen ein paar Schritte unter den Bäumen, in der tiefen Dunkelheit. Etwas leuchtete vor uns auf, ich konnte nicht mehr zurückweichen und sprang zur Seite, denn ich glaubte, wir stießen gegen einen Stamm, aber das Hindernis verlor sich unter unseren Füßen, wir waren in Mond getreten. Ich zog ihren Kopf näher an meinen heran. Sie lächelte, ich begann zu weinen, ich sah, daß sie auch weinte. Da verstanden wir, daß der Mond weinte und daß seine Traurigkeit und die unsere gleichgestimmt waren.«[13]

Prousts Ästhetizismus und sein frühreifer Weltschmerz sind zwar teilweise echt, aber sie sind auch Teil des Versuches, mit der für das Fin-de-siècle typischen Enttäuschung über die, wie er schrieb, »unheilbare Unvollkommenheit« der Gegenwart[14] fertigzuwerden. Es fiel ihm leicht, sich mit dem Menschen der gefährdeten Hoffnung zu identifizieren: »Die geheimnisvollen Wege, die es zwischen allen menschlichen Wesen gibt [...], zogen ihn an. [...] Er litt lediglich darunter, daß er nicht sogleich alle die Gegenden erreichen konnte, die weit entfernt von ihm, die ungleichen Horizonte seiner unendlichen Perspektive bildeten. Da traf ihn der Klang seiner etwas angeschwollenen und übertriebenen Stimme [...]: ›Das Leben ist trist – idiotisch.‹«[15] Prousts Problem war, daß er beim Ausprobieren dieser Wege eher weniger kritisch zu sein pflegte, und ähnlich wie »Violante« ist auch dieser Text zum Teil als Warnung an sich selbst geschrieben, sich nicht den gesellschaftlichen Vergnügungen hinzugeben. Ebenso deutlich zeigt sich seine Ambivalenz in den Porträts, die er schuf und in denen er Menschen ebenso kritisch zu betrachten versuchte, als seien sie Kunstwerke, ohne dabei jedoch seine Zuneigung und Bewunderung ihnen gegenüber unterdrücken zu können. So preist er die zwanzigjährige Madame Guillaume Beer, die den Pavillon Voisins in Louveciennes besitzt, indem er schreibt, daß sich in ihr »italienische Grazie mit dem Geheimnis der Frauen des Nordens«[16] verbinden. Leconte de Lisle feierte ihren Zauber in seinem Gedicht »La rose de Louveciennes«, und Proust schrieb: »So ist die kleinste Blume an ihrer Brust oder in ihrer Hand, das banalste Kompliment aus ihrem Mund, die gewöhnlichste Handlung – wie das Geben des Arms, um sich zu Tisch geleiten zu lassen –, wenn sie sie ausführt, von einer Grazie erfüllt, die ebenso bewegt wie eine künstlerische Erregung. Alle Dinge besänftigen sich um sie her zu einer herrlichen, in den Falten ihres Kleides zusammengefaßten Harmonie.« Ihr Zauber ist »wie durchdrungen von heiligem Wohlgeruch«.[17] Wenn die Gefühlsbewegung in diesen frühen Erzählungen unbeherrscht erscheint, dann meist deshalb, weil er seine Ambivalenz nicht faßbar machen konnte.

Ebenso deutlich wird sie in den Antworten, die er Ende 1892 oder Anfang 1893 zu dem Fragebogen eines Albums schrieb. Seine wichtigste Charaktereigenschaft: »Das Bedürfnis, geliebt zu werden, und, genauer, mehr das Bedürfnis, liebkost und verwöhnt, als das Bedürfnis, bewundert zu werden.« Was er an seinen Freunden am meisten schätzt: »Die Zärtlichkeit, die sie mir erweisen, sofern diese Zärtlichkeit durch die Vortrefflichkeit ihrer Person Wert erhält.« Was er am liebsten wäre: »Ich, so wie die Menschen, die ich bewundere, mich möchten.« Was er am meisten verabscheut: »Das Böse in mir.« Welche Gabe der Natur möchte er haben: »Willenskraft und Charme.« Sein größter Fehler: »Nicht ›wollen‹ können.« Sein größtes Unglück wäre: »Weder meine Mutter noch meine Großmutter gekannt zu haben.« Hingegen zeigt sich der mindere Wert, den er seinem Vater zuordnet, erneut in den Antworten auf die Fragen, welche Eigenschaft er sich bei einem Mann wünsche – »Femininen Charme.« – und welche Eigenschaft er bei einer Frau bevorzuge: »Männliche Tugenden und Ehrlichkeit in der Kameradschaft.« Seine Lieblingsbeschäftigung ist »Lieben« und seine Lieblingsdichter sind jetzt Baudelaire und Vigny. Musset, sein Lieblingsdichter von vor acht Jahren, als er die Fragen in Antoinette Faures Album beantwortete, wird nicht mehr genannt. Seine Lieblingsschriftsteller sind zur Zeit Anatole France und Pierre Loti, seine Lieblingskomponisten Beethoven, Wagner, Schumann, und seine Lieblingsmaler sind Leonardo da Vinci und Rembrandt. Sein Held in der Dichtung ist Hamlet, seine Heldin in der Geschichte Kleopatra, seine Helden im realen Leben sind Monsieur Darlu und Monsieur Boutroux. Emile Boutroux, ein Historiker, war sein bevorzugter Professor an der Sorbonne.[18]

Im Gegensatz zu den Antworten, die er acht Jahre zuvor gegeben hatte, liegt die Betonung hier nun auf dem Bedürfnis, geliebt zu werden. Mit dreizehn konnte er es für selbstverständlich halten, daß die Menschen sich um ihn kümmerten; mit zweiundzwanzig litt er unter einer Unsicherheit, die ihn dazu nötigte, sich Freunde mit Blumen, extravaganten Geschenken und Schmeicheleien gewogen zu machen und viel zuviel Trinkgeld zu geben. Nach Zuneigung süchtig, glaubte er, nie genug davon zu bekommen, wenn er nicht groß-

zügig dafür bezahlte. Und es kam fast schon einer Zahlung an seine
Eltern gleich, als er eine Woche nach dem absolvierten Juraexamen
sich nochmals an der juristischen Fakultät einschrieb und sich
gleichzeitig für ein drittes Jahr Politikwissenschaft anmeldete.
Außerdem begann er, bei Pierre Lavallée Privatstunden in Jura zu
nehmen.

Es ist fraglich, ob die Dritte Republik korrupter war als die Monarchie vor 1848 oder das Kaiserreich bis 1871, doch war es aufgrund
der neuen Macht der Presse für Regierungsgegner leichter, Fehler
publik zu machen, und nie wurde Frankreich so tief von Skandalen
erschüttert wie in den Jahren nach 1890. Im November 1892, drei
Jahre vor der Dreyfus-Affäre, gab es einen Skandal wegen Betrü-
gereien der Panamakanal-Gesellschaft, und Proust verarbeitet dieses Ereignis in *Jean Santeuil,* in den Geschehnissen um die Figur
von Charles Marie. Vorbild für dessen verstorbene jüdische Gattin scheint Jeanne Proust gewesen zu sein: Madame Marie wird
beschrieben als »bezaubernde, geistreiche Frau, bewunderungswür-
dige Gattin und Mutter«.[19] Charles Marie hatte sich als Finanzminister mit skrupellosen Bankiers eingelassen und an dubiosen Geschäften beteiligt. Einfühlsam beschreibt Proust die Krise, in der
ein an Beifall gewöhnter Politiker sich einer feindselig gestimmten
Kammer zu stellen hat. »Da die kapitalistische und opportunisti-
sche Partei diejenige war, gegen deren Machenschaften die arme,
die sogenannte sozialistische mit größter Heftigkeit anzukämpfen
hatte, war der Untergang Maries für diese ein unschätzbarer Vorteil
[...].«[20] Monsieur Santeuil, Maries ältester Freund, steht weiterhin
zu ihm, wird jedoch von einer linken Zeitung angegriffen. Jean versucht daraufhin, einen früheren Freund seines Vaters, einen prominenten Linken, zu überzeugen, die Rechtschaffenheit Monsieur
Santeuils zu verteidigen. Marie verliert seinen Sitz und muß ohnmächtig zusehen, wie die Regierung eine Politik verfolgt, die nach
seiner Überzeugung nur in die Katastrophe führen kann. Proust vermochte zwar den politischen Stoff nicht auf befriedigende Weise in
seine Erzählung zu integrieren, aber was er miterlebte, war die op-
portunistische Ausbeutung eines Skandals und die Vergrößerung jenes Risses, die Frankreich drei Jahre später in ein reaktionäres und
ein fortschrittliches Lager spalten sollte.

Diese Skandalgeschichte erschien ihm deshalb so attraktiv, weil Leute von der Spitze der Gesellschaft in sie verwickelt waren. Er unternahm keinen ernsthaften Versuch, die Arbeiterklasse in seine Prosa aufzunehmen, auch wenn er sich häufig zugunsten des Dienstpersonals äußerte. »Alles in allem gefallen mir die Menschen des Hauspersonals besser als die Menschen der oberen Gesellschaft. Sie zeigen eine andere Spontaneität, sie sind auf eine ganz andere Art pittoresk! Und schließlich sind sie gerade wegen ihres Berufes auch viel besser erzogen und viel höflicher.«[21] Wie so viele Homosexuelle hatte er häufig Diener als Liebhaber, machte jedoch keinen ernsthaften Versuch, in seiner Prosa Erfahrungen der Arbeiterklasse darzustellen oder die emotionalen Unterschiede zwischen den Liebesbeziehungen mit Dienern und denen mit Männern der eigenen Klasse zu erörtern. Auch wenn Baron de Charlus sexuelle Verbindungen mit Menschen aus niedrigeren gesellschaftlichen Schichten eingeht, wird dies von außen beschrieben; die Gefühle, die dabei im Spiel sind, werden nicht erwähnt.

In Prousts Beziehungen zu Dienern, Kellnern und Sekretären gab es meist weder Gefühl noch Eifersucht; in seinen Freundschaften mit jungen Männern, die gesellschaftlich von gleichem Rang oder auch ihm überlegen waren, gehörte die Eifersucht jedoch zur Lust dazu, auch wenn die Freundschaft keine sexuelle Intimität einschloß. Lustvoll eifersüchtig war Proust auch auf Freundschaften seiner Freunde, zum Beispiel auf Billys Liaison mit einem jungen und gebildeten Besucher aus Genf, Edgar Aubert. Die drei gingen zusammen in den Tuilerien spazieren, und Aubert schenkte Proust seine Photographie. Diese Beziehung erschien im nachhinein besonders romantisch, denn Aubert starb überraschend im September 1892, wenige Tage nach einem Urlaub mit Billy, an einer Blinddarmentzündung.

Enttäuscht wurde Proust, als er sich in einen jungen Amerikaner verliebte, Edward Cachard,[22] den Sohn eines Anwalts, doch Ende 1892 oder Anfang 1893 hatte er mehr Glück, als er eine unbeschwerte Beziehung zu dem jungen Comte Robert de Flers einging. Sie kannten einander schon seit Jahren. Der achtzehn Monate jüngere Robert war am Lycée Condorcet gewesen und hatte Jura und Literatur studiert. Ihre intime Beziehung gingen sie in der Zeit ein, als sie an der Zeitschrift *Le Banquet* zusammenarbeiteten. Im

Januar pflegte Robert fast jeden Tag bei Proust vorbeizukommen,[23] und er erhielt auch eine Photographie. »In meinem Gefühlsleben hat sich nicht sonderlich viel geändert, außer daß ich einen Freund gefunden habe, das heißt, jemanden, der für mich so ist, wie ich es zum Beispiel für Cachard gewesen wäre, wenn er nicht so spröde gewesen wäre. Es ist der junge, bezaubernde und intelligente und gutherzige und zartfühlende Robert de Flers.«[24] Robert nahm Proust im Februar zu Abbé Pierres Fastenpredigten an der Ecole Fénelon mit.[25] Roberts Großmutter »hatte eine Art, mir [Proust] zu sagen: ›Robert liebt Sie wie einen Bruder‹, die bedeutete: ›Es wäre nicht schlecht, wenn Sie sich bemühten, das zu verdienen‹, und zugleich: ›Schließlich verdienen Sie es doch ein ganz klein wenig.‹«[26]

Diese Affäre wurde bald darauf durch eine andere übertroffen, diesmal mit einem jungen Engländer namens Willie Heath. Als Prousts Eltern im Juni ein Abendessen für zehn seiner Freunde veranstalteten – darunter drei Grafen und vier Vicomtes – saß er zwischen Robert und François de Carbonnel de Mongival, während Willie zur Linken von Madame Proust saß.[27] Willie war blond, gutaussehend, elegant und dandyhaft, er hatte melancholische Augen, die Proust an Edelmänner auf van Dycks Porträts erinnerten, und er hatte außerdem das, was Proust als »geistige Eleganz«[28] bezeichnete, die der Körper von der Seele empfing. Wenn sie im Bois de Boulogne Spaziergänge unternahmen, träumten sie davon, »immer inniger zusammenzuleben in einem Kreis großherziger und ausgewählter Männer und Frauen, weit genug von Dummheit, Laster und Bosheit entfernt, um uns vor ihren vulgären Pfeilen sicher zu fühlen«.[29] Wie das Leben Auberts wurde auch dasjenige Willies auf brutale Weise beendet. Er starb Anfang Oktober 1893 an Typhus.

Eine von Prousts Gastgeberinnen war die in der vornehmen Gesellschaft bekannte Malerin Madeleine Lemaire, bekannt unter dem Namen »La Patronne«. Sie lebte in der Rue de Monceau, wo sie von April bis Juni in einem mit Glas überdachten Pavillon musikalische Abende veranstaltete. Anwesend waren Adlige und bekannte Künstler, darunter Puvis de Chavannes. Madame Lemaire, eine hochgewachsene Frau mit geschwungenen Augenbrauen, die viel Rouge auflegte und künstliches Haar trug, hatte einen Namen als Blumenmalerin; ihre Bilder wurden für etwa fünfhundert Francs verkauft.

»Nach Gott hat sie die meisten Rosen geschaffen«, sagte der jüngere Dumas einmal,[30] und Proust bezeichnete ihren Salon als »Fliederhof und Rosenatelier«.[31] Sie ließ schon so früh Elektrizität in ihrem Haus installieren, daß dies den Zeitungen eine Meldung wert war.[32]

Am 14. April 1893 berichtete *Le Gaulois*: »Madame Lemaire hat inzwischen ihre Donnerstagsempfänge wieder aufgenommen. Dem gestrigen Abend ging ein elegantes Diner voraus. Der Salon dieser großen Künstlerin ist bekanntlich ein intellektueller Mittelpunkt der Pariser Gesellschaft, und vor einer auserlesenen Gästeschar hat Mademoiselle Bartet gestern Abend eine vorzügliche Rezitation mit Gedichten von Monsieur José de Heredia und von Comte Robert de Montesquiou gegeben, der beiden Dichter, die das Ereignis des Tages sind.« Julia Bartet war ein Star der Comédie Française.[33]

Proust konnte hervorragend nachahmen, wie Madame Lemaire ihre Gäste verabschiedete: »Madame de Maupeou, heute Abend haben Sie wie ein Engel gesungen! Diese Brandes ist erstaunlich, sie bleibt immer zwanzig! Und dieses kleine Geschöpf ist eine solche Künsssstlerin! Auf Wiedersehen, Montesquiou, lieber, großartiger, erhabener Dichter … Hatschi, erkälten Sie sich nicht.« Dann pflegte sie zu ihrer Tochter zu sagen, »Los, komm«, um auf dem Weg nach oben ihren Hunden auf der Treppe zu sagen, was sie wirklich dachte.[34]

Montesquiou stammte aus einer der ältesten Adelsfamilien Frankreichs, zu seinen Vorfahren gehörten Blaise de Montluc (1502-1572), der Autor der *Commentaires*, und Charles de Batz (1611-1673), Vorbild für d'Artagnan in den *Drei Musketieren*, und er war durch ein Netz von aristokratischen Eheschließungen mit vielen herzoglichen Familien verwandt, darunter La Rochefoucauld, Gramont und Béthune. Montesquiou war achtunddreißig Jahre alt, groß, schlank, elegant, anmaßend, großzügig, brillant, hatte die Wangen mit Rouge überhöht, dichtes schwarzes Haar in Dauerwellen, mephistophelische Augenbrauen, einen aufgezwirbelten Schnurrbart (à la Whistler) und einen winzigen, zwischen Unterlippe und Kinn hervorstechenden Spitzbart, eine Flötenstimme und groteske Affektiertheiten. Er war das Modell für die Figur des Herzogs Jean des Esseintes in Huysmans Roman *A Rebours* gewesen. »Von dieser Familie lebte ein einziger Nachkömmling, der Herzog Jean, ein schmächtiger junger Mann von dreißig Jahren, blutarm und nervös,

hohlwangig, mit kalten, stahlblauen Augen, einer vorwitzigen und
dennoch geraden Nase, mit dürren und schwächlichen Händen.«[35]
Montesquiou benutzte sein Schloß d'Artagnan als Sommerresidenz
und nannte sein Stadtpalais in Neuilly »Palast der Musen«. Er stand
in dem Ruf, ein Liebhaber Sarah Bernhardts gewesen zu sein, fand
nun aber mehr Gefallen an Beziehungen mit Sekretären und attraktiven jungen Männern. Da er in den exklusivsten Salons ein gefrag-
ter Gast war, konnte er Proust Zugang zu ihnen verschaffen, während Proust, ganz abgesehen von seiner eigenen Attraktivität, den
Comte mit jungen Männern bekanntmachen konnte.

Proust wurde in das Haus Montesquious in der Rue Franklin eingeladen, das sich in der Beschreibung der Goncourts ausnimmt als
»vollgestopft mit einem Wirrwar ungereimter Gegenstände, alten
Familienporträts, Empire-Möbeln, japanischen Kakemonos, und
Radierungen von Whistler«.[36] Das Badezimmer war mit Horten-
siendarstellungen »in jedem nur möglichen Material und jeder nur
denkbaren Kunstform« ausgeschmückt; »er hatte sich ein Zimmer
als verschneite Winterlandschaft einrichten lassen, mit einem Eis-
bärfell, einem Schlitten und Rauhreif aus Glimmer«.[37] Den Panzer
seiner Lieblingsschildkröte hatte er mit Türkisen auslegen lassen,
und er besaß einen Gipsabdruck von den Knien der Comtesse de
Castiglione.[38]

Die Lesung bei Madame Lemaire gehörte zu einem Feldzug, den
Montesquiou vor kurzem begonnen hatte, um seine Dichtung bei
den oberen Zehntausend bekannt zu machen, und als Proust ihm
nach seinem Besuch Blumen schickte, erwiderte er das Geschenk
mit einer Luxusausgabe seines Gedichtbandes von 1892, *Les chauve-
souris* [*Die Fledermäuse*], mit einem Zitat daraus als Widmung:
»Ich bin der Herrscher des Vergänglichen.« Gedankt wurde ihm in
dem dritten Brief von vielen weiteren, schmeichelhaften Briefen, die
Proust ihm schrieb: »Seien Sie versichert, daß es für mich ein unver-
gängliches Bukett bleiben wird [...]«[39] In einem Brief vom Juli 1983,
in dem Proust zwei Verse Montesquious in den gleichen Rang wie
die Verse Corneilles erhebt, schreibt er ihm: »In diesen Zeiten ohne
Gedanken und ohne Willen, das heißt letztlich ohne Genie, zeichnen
allein Sie sich aus durch ihre zwiefache Fähigkeit der Meditation
und der Tatkraft.« Montesquiou sei nicht nur der »Beherrscher der
vergänglichen Dinge«, sondern der »Herrscher über die ewigen«,

und er könne darauf zählen, daß seine »überaus durchdachten« Verse »selbst in einer schmalen Anthologie der philosophischen französischen Dichtung« erhalten bleiben werden.[40]

Es läßt sich kaum feststellen, ob sich Montesquiou den zweiundzwanzigjährigen Proust als Geliebten wünschte. Montesquious Narzißmus war stärker als seine Homosexualität, und Proust wiederum, wortgewandter, intelligenter und sensibler als die meisten Schmeichler, scheint ein idealer Schüler gewesen zu sein.[41] Prousts Erinnerungen an ihre frühen Begegnungen sind in seine Schilderungen des Barons Charlus eingegangen, der sich darüber, was er vom Erzähler will, mindestens ebenso unsicher zu sein scheint wie über das, was er bekommen kann. Bei der ersten Begegnung starrt Charlus ihn »mit vor Aufmerksamkeit geweiteten Augen« an,[42] und sein späteres Verhalten wechselt auf eine entmutigende Weise zwischen Schroffheit und Freundlichkeit, zwischen aufdringlicher Förmlichkeit und vielsagender Vertraulichkeit. Der Erzähler ist verwirrt, Charlus zögert, schwankt zwischen Überheblichkeit und Schüchternheit. Er verhält sich weiterhin unberechenbar, ändert seine Art der freundschaftlichen Annäherung an den jungen Mann, deutet an, er könnte hilfreich sein, wechselt jedoch in seiner Stimmung zu zornigen Vorwürfen der Undankbarkeit. Nach einem Fest, das seine Tante, Madame de Villeparisis, gegeben hat, stellt er die deutliche Frage: »Lohnt es sich um Sie oder nicht?«[43] Unter Hinweis auf seinen Einfluß, seine Verbindungen und sein Ansehen schlägt er vor, sie sollten sich jeden Tag sehen,[44] macht jedoch nie einen eindeutigen Schritt und verfällt wiederholt in zornige Vorwürfe, als ob er sich abgewiesen fühlte.

Obwohl Montesquious Freundschaft so unberechenbar war, half sie Proust, in exklusivere Kreise vorzudringen. Bald erhielt er Einladungen sowohl von der Duchesse de Gramont als auch von ihrer Schwester, der Princesse de Wagram. Sein gesellschaftlicher Erfolg war die Ursache für den Konflikt mit den Eltern wie auch für Peinlichkeiten im Umgang mit seinen Freunden. Seine Eltern rationalisierten ihr Unbehagen, indem sie erklärten, er konzentriere sich nicht auf die wichtigen Dinge, und sie bestraften ihn, indem sie es ihm erschwerten, sich auf exklusiven Abendeinladungen so stilvoll zu präsentieren, wie er es gerne getan hätte. »Als ›Knopflochblume‹ mußte er sich mit einer im Garten geschnittenen Rose begnügen, ohne Manschette aus Silberpapier«; sie ließen ihn den Familienwagen nicht benutzen – die Pferde wurden um sieben Uhr abends ausgespannt – und lehnten es ab, ihm den Fiaker zu bezahlen. Im Frühling und im Sommer, wenn sie in Auteuil waren, fuhr er mit dem Omnibus nach Paris und versuchte, seine weiße Krawatte und die Frackschöße unter seinem Mantel zu verbergen.[45]

Da er seine Kommilitonen nicht eifersüchtig machen wollte, versuchte er den Eindruck zu vermitteln, daß er sich niemals in die vornehme Gesellschaft begebe und daß es ihm nicht besser gehe als ihnen. Als er am Bahnhof Saint-Lazare Bekannte traf, die nach Auteuil unterwegs waren, versteckte er seinen Fahrschein erster Klasse und fuhr mit ihnen in einem Dritte-Klasse-Abteil. Als er eines Nachmittags nach einer Sitzung bei Blanche, der immer noch an seinem Porträt arbeitete, einen jungen Mann zu Hause aufsuchte, »stieß er mich ins Treppenhaus zurück«: »Entschuldigen Sie, mein Lieber, Ihre Anwesenheit hier ist unmöglich, das werden Sie mit einem Wort verstehen, ich habe die Dutilleuls zum Kaffee.«[46] Proust wäre weniger unwillkommen gewesen, wenn der junge Mann gewußt hätte, daß er an jenem Abend auf den Ball von Madame de Wagram eingeladen war, und zufälligerweise begegneten sie einander im Omnibus nach Paris. Der junge Mann entschuldigte sich »für das rüde Vorgehen, das er am Nachmittag habe anwenden müssen«, erblickte dann aber unter Prousts verrutschtem Mantelkragen dessen weiße Krawatte: »Aha, wenn Sie doch nie ausgehen, warum sind Sie dann im Frack?« Proust mußte zugeben, daß er auf einen Ball ging, und da er das Wort ›Princesse‹ nicht aussprechen wollte, als der junge Mann fragte, auf welchen Ball, gab er zur Antwort: »Wagram-Ball«. Proust wußte nicht, daß es einen Ball für Kellner und Hausangestellte gab, der im Wagram-Saal stattfand und Wagram-Ball hieß. »Mein Lieber, man tut wenigstens nicht so, als ob man eingeladen ist, wenn es einem derart an Beziehungen mangelt, daß man sich mit Domestikenbällen begnügen muß, die auch noch Eintritt kosten!«[47]

Im Hause der Princesse de Wagram sah er Anfang Juli eine wunderschöne Frau mit anziehenden Achat-Augen. Sie beeindruckte ihn so sehr, daß er nicht bat, ihr vorgestellt zu werden. »Ich habe mich ihr nicht vorstellen lassen und werde nicht einmal Sie darum bitten, denn neben der Aufdringlichkeit, die darin liegen könnte, würde ich

wahrscheinlich, wenn ich mit ihr spräche, in eine peinliche Verwirrung geraten. Ich möchte jedoch, daß sie von dem starken Eindruck
erfahre, den sie auf mich gemacht hat; und wollen Sie, falls Sie sie,
wie ich annehme, häufig sehen, ihr das sagen?« »Sie trug eine Frisur
mit einer ›polynesischen Anmut‹, malvenfarbene Orchideen hingen
ihr bis in den Nacken, wie bei den ›Blumenhüten‹, von denen Monsieur Renan spricht. Sie ist schwer zu beurteilen, fraglos deshalb,
weil beurteilen ja vergleichen heißt, und an ihr ist nicht ein Zug fest-
zustellen, den man bei einer anderen, noch überhaupt *irgendwo
anders* bemerken könnte. Doch das ganze Geheimnis ihrer Schönheit liegt im rätselhaften Glanz ihrer Augen. Noch nie zuvor habe
ich eine so schöne Frau gesehen.«[48]

Es handelte sich um die Comtesse Greffulhe, geborene Elisabeth
de Caraman-Chimay; sie war dreiunddreißig Jahre alt und eine
Cousine von Montesquiou. Niemals hatte eine ältere Frau bei
Proust einen so starken Gefühlssturm ausgelöst, und er war nicht
der einzige, der eine Bewunderung empfand, die beinahe an Anbetung grenzte. »Man sieht sie nur noch so selten wie den Erzbischof
von Paris; sie zeigt sich wie Salammbô niemals der Menge, es sei
denn, am Treppenabsatz oder umgeben von Königen, falls sie welche zur Hand hat«, schrieb Elisabeth de Gramont.[49]

Die Comtesse Greffulhe war sich ihrer Anziehungskraft bewußt:
»Ich glaube, es kann kein Vergnügen auf der Welt geben, das vergleichbar wäre dem einer Frau, die weiß, daß alle Augen auf ihr
ruhen und ihr Dankbarkeit und Energie vermitteln.« Sie fand Gefallen an dem Schluß von Montesquious Sonett auf sie: »Schöne Lilie,
die du aus schwarzen Stempeln blickst.« »Nur Sie und die Sonne
verstehen mich wirklich!« sagte sie zu Montesquiou.[50] Ihr Ehemann, Comte Henri Greffulhe, Erbe einer belgischen Bankiersfami-
lie, war sechzehn Jahre älter als sie und unermeßlich reich. Er war
alt genug, um Prousts Vater zu sein, und verkörperte außerdem den
Aristokraten, den Proust sich zum Vater gewünscht hätte – großgewachsen, arrogant und dominierend. Sein spatenförmiger blonder
Bart regte Blanche zu dem Vergleich mit dem roten König auf einer
Spielkarte an. Treulos, aber eifersüchtig bestand er darauf, daß
seine Frau immer um halb zwölf Uhr abends zu Hause war.

Was die Comtesse in Proust anregte, war eine neue Art erotischer
Phantasie, wie er sie früher auf die Mutter, auf Marie de Benadarsky

und auf attraktive Männer gerichtet hatte. Bald nach der Abendeinladung begann er an einer Geschichte über eine reizvolle Adlige zu
arbeiten, die Orchideen benutzt, um ihrem Haar einen »polynesischen Liebreiz« zu verleihen.[51] Der Grundeinfall – eine der hübsche-
sten Frauen der Gesellschaft verliebt sich in einen unauffälligen
Mann aus der Mittelschicht – mag wohl auf Prousts Tagtraum zurückgehen, daß die Comtesse sich in ihn verlieben würde, doch dieser wird sorgfältig ausgearbeitet: Von der Einsicht in Carmens
Habanera profitierend – »Selbst wenn du mich nicht liebst, ich liebe
dich« –, fingiert Madeleine de Gouvres Gleichgültigkeit gegenüber
Monsieur Lepré, kann aber nicht umhin, ihn am Donnerstag zum
Essen einzuladen und die Einladung auf Freitag zu verschieben, als
er sagt, er sei nicht frei, und dann auf den Samstag, obwohl sie deshalb einer Prinzessin absagen müßte, deren Einladung zum Diner sie
angenommen hatte. Bald erkennt sie, daß sie hoffnungslos verliebt
ist. »Die Gründe ihrer Liebe lagen in ihr, und wenn sie ein wenig
auch in ihm lagen, so weder in seiner geistigen noch in seiner physischen Überlegenheit. Eben weil sie ihn liebte, war ihr kein Gesicht,
kein Lächeln, kein Betragen so angenehm wie seines, und nicht weil
sein Gesicht, sein Lächeln, sein Betragen angenehmer waren als
andere, liebte sie ihn.«[52] Prousts Analyse hoffnungsloser hetero-
sexueller Liebe gründet in der Enttäuschung, die er empfand, wenn
er sich in das Gesicht, das Lächeln, die Bewegungen von Männern
verliebt hatte, die nicht besonders attraktiv waren. »[...] sie war
bereit, das Vergnügen, ihn mittelmäßig und auf lächerliche Weise
der Liebe, die sie für ihn empfand, unangemessen zu finden, wie eine
stachlige Blume zu pflücken.« Seine Gleichgültigkeit entzündete
ihre Liebe erst recht, ganz dem Prinzip der Habanera entsprechend.
Ein wichtiges Motiv der Erzählung sind Blumen. Für gewöhnlich
war Madeleines Zimmer voll von frischen Blumen, doch nach ihrer
Begegnung mit Lepré wollte sie keine anderen mehr haben als die
verwelkten Orchideen, die sie dabei getragen hatte;[53] als sie seinen
weißen Pudel allein in den Tuilerien sah, »nahm sie das Tier in ihre
Arme und umschlang es, vom Schluchzen geschüttelt, lang mit all
ihren Kräften, dann löste sie einen Veilchenstrauß, den sie am Mie-
der trug, befestigte ihn an seinem Halsband und ließ das Tier laufen«.[54]

    Nachdem Proust nun ein Thema gefunden hatte, das ihn so sehr

bewegte, arbeitete er es sofort in eine andere Geschichte ein. In
»Mélancolique villégiature de Mme de Breyves« hat die schöne und
anspruchsvolle Françoise eigentlich keinen Grund, sich in Monsieur
de Laléande zu verlieben, obwohl er sich für sie mehr zu interessieren scheint als Monsieur Lepré für Madeleine. Als Françoise auf
einem Empfang Laléande sieht, findet sie ihn häßlich und vulgär.
Obwohl sie ihm einige kokette Blicke zuwirft, ist sie eher erschreckt
als erfreut, als er in der Garderobe mit seinem Ellbogen leicht den
ihren streift und unter dem Vorwand, nach seinem Stock zu suchen,
sie ohne Umstände zu sich nach Hause einlädt. Sie verfällt ihm immer mehr, obwohl sie mit all ihren raffinierten Versuchen, ein Treffen zu arrangieren, scheitert – oder vielleicht gerade weil sie scheitert. Er hatte Paris verlassen und war nach Biarritz abgereist. »Bis
jetzt war sie ganz damit beschäftigt gewesen, sich Romane auszu-
denken, wie sie ihn sehen und kennenlernen könne, und war auch
sicher, sie zu verwirklichen, sobald sie nur wollte; sie hatte ganz von
diesem Wunsch und dieser Hoffnung gelebt, vielleicht ohne sich
Rechenschaft darüber abzugeben. Aber durch tausend nicht spür-
bare Wurzeln, die bis in die unbewußtesten Augenblicke von Glück
und Melancholie hinabgetaucht waren und diese mit neuem Le-
benssaft erfüllte, ohne daß sie wußte, woher er kam, hatte sich dieser Wunsch in sie eingepflanzt.«[55] Obwohl Proust den Gebrauch
des Wortes ›unbewußt‹ nicht genauer erläutert, konzentriert er sich
sehr genau auf ihre Hilflosigkeit, die ebenso irrational und unerklär-
bar ist wie diejenige Madeleines. Ebenso wie der enttäuschte Proust
sind beide Frauen anfällig für Gefühlsbewegungen, die sie wie eine
Virusinfektion überschwemmen, und in der Wahl ihrer Opfer sind
sie nicht weniger willkürlich. Es hilft Françoise gar nichts, wenn sie
sich in Erinnerung ruft, daß Laléande mittelmäßig und unbedeu-
tend ist und daß die Liebe ihren Ursprung in ihrer eigenen Einbildung hat. »Gewiß, Monsieur de Laléande […] wäre sehr erstaunt,
von der anderen Existenz zu hören, die er in der Seele von Madame
de Breyves besitzt, einer so wundersam intensiven Existenz, daß sie
sich alles unterordnet, alles vernichtet, was nicht sie selbst ist; Existenz auch, die ebenso zusammenhängend ist wie seine persönliche,
die sich ebenso wirkungsvoll in Handlungen äußert, die sich nur
durch ein schärferes, weniger oft aussetzendes und reicheres Bewußtsein von der anderen unterscheidet.«[56] Da es für ihre Obses-

sion aber keinen Grund gibt, gibt es auch keine Heilung. Mit seinen
starken Gefühlen für Männer, die seiner Reaktion auf sie nicht
gewahr wurden, fiel es Proust leicht, sich mit den weiblichen Opfern
der Männer zu identifizieren. In beiden Erzählungen wird ein Bild
zum Ersatz für den Mann. Madeleine erwirbt die Photographie
eines Gemäldes, das einen jungen Mann zeigt, der sie an Lepré erinnert; nachdem Laléande nach Biarritz abgereist ist, sieht Françoise
ihn nie wieder: nunmehr ist eine »große Photographie von Biarritz
nahezu der einzige Schmuck ihres Zimmers«.[57]

5. Wahlmöglichkeiten

Proust freute sich auf die langen Sommerferien, die er nach den Vorbereitungen auf die Juraprüfung Ende Juli 1893 haben würde. Doch
ganz unabhängig von den Ergebnissen dieser Prüfung hatte er in
diesem Sommer wichtige Entscheidungen zu treffen: Welche berufliche Laufbahn sollte er einschlagen? Sollte er weiter studieren? Er
war zweiundzwanzig und stand kurz davor, ein Juradiplom zu
erwerben. Anwalt werden wollte er auf keinen Fall. »Etwas Grau-
envolleres als den Anwaltsberuf habe ich mir selbst in den Tagen
meiner größten Verzweiflung nicht vorstellen können.«[1] Doch sein
Vater – dessen Willenskraft nach wie vor übermächtig erschien –
war der festen Überzeugung, daß Marcel von seinem Diplom praktischen Gebrauch machen sollte: Er könne eine Laufbahn in der
Diplomatie oder in der Verwaltung ins Auge fassen oder auf eine
Stelle in einem Museum hinarbeiten, doch dies alles würde ein weiteres Studium voraussetzen. Um im Außenministerium arbeiten zu
können, müßte er noch ein Examen bestehen, und wenn er sich für
den dreijährigen Kurs an der Ecole des Chartes einschriebe, besäße
er mit fünfundzwanzig die notwendige Qualifikation, um als Palä-
ontologe oder Archivar zu arbeiten. Doch Proust glaubte nach wie
vor – wie er seinem Vater sagte –, daß alles, was er außer Literatur
und Philosophie betriebe, für ihn verlorene Zeit bedeute.[2] Dies kam
fast der Aussage gleich, daß die drei Jahre des abgeschlossenen Stu-
diums drei vergeudete Jahre gewesen waren.

Hingegen hatte Proust nicht die Absicht, die drei Wochen zu verschwenden, die er mit Louis de la Salle, Montesquiou und Madame

Meredith Howland, einer engen Freundin von Charles Haas und Edgar Degas, in St. Moritz verbringen wollte. Meredith Howland war eine der wenigen Amerikanerinnen, die in der französischen High-Society akzeptiert wurden. Vor der Abreise aus Paris schmiedeten Proust und de la Salle Pläne für einen Briefroman nach dem Vorbild des gerade erschienenen Buches von Paul Hervieu, *Peints par eux-mêmes*, und einem früheren Briefroman von 1846, *La croix de Berny*, dem Ergebnis einer Gemeinschaftsarbeit von vier Autoren: Théophile Gautier, Madame de Girardin, Joseph Méry und Jules Sandeau. Improvisierend wie Schauspieler wollten die vier jungen Freunde – Halévy und Gregh sollten auch mitarbeiten – einen Roman schreiben, indem sie sich jeweils mit einer bestimmten Figur identifizierten und einander Briefe schrieben. Proust sollte die Rolle einer Frau namens Pauline übernehmen, erhob jedoch Einspruch, als Halévy ihr den Familiennamen Dreux-Dives geben wollte. »Er klingt ein wenig nach Eisenbahnlinie und ich fürchte, er gleicht dem Lied, in dem die Lavigne sagt, wenn sie Bastille hieße, würde sie ihre Tochter Madeleine nennen, weil sich daraus Madeleine Bastille ergäbe.«[3] Pauline sollte sich in einen stattlichen Unteroffizier verlieben, und wie bei früheren Erzählungen übersetzte Proust auch hier seine eigenen Erfahrungen ins Weibliche. Als junges Mädchen pflegte Pauline stundenlang am Fenster zu stehen und über das Wetter zu sinnieren. Wenn es regnete, führte man sie nicht auf die Champs-Elysées, wo sie gewöhnlich mit dem kleinen Jungen spielte, den sie liebte. Nun ist sie in St. Moritz in den Ferien und, wie Proust, immer noch im Banne von Wagners *Walküre*, die am 12. Mai 1893 in Paris aufgeführt worden war.[4] Wenn sie an ihren Priester schreibt (»mein kleiner lieber Abbé«), äußert sie sich ganz unbefangen über die Phantasievorstellung, über den Schweizer Bergen und Wäldern Walküren herunterschweben zu sehen.[5]

In »Présence réelle«, einem Text, den Proust in der Schweiz schrieb, sowie in der Anfang August abgeschlossenen »Mélancolique villégature« begann er sich ernsthaft mit der perversen Unlogik der Liebe und ihrer Beziehung zum Unbewußten zu befassen. In »Présence réelle« hat der Erzähler nie mit seinem Gegenüber, an das zu denken er nicht aufhören kann, gesprochen. Der Text legt das Geschlecht beider beteiligten Personen nicht fest, und ihre Beziehung besteht nur in der Einbildung der Erzählerfigur. »Aber wie sehr haben wir uns dann im Engadin geliebt! Nie konnte ich genug von dir bekommen, nie ließ ich dich allein zu Hause. Du begleitetest mich auf meinen Spaziergängen, aßest an meinem Tisch, schliefst in meinem Bett, träumtest in meiner Seele. […] ist es möglich, daß ein sicherer Instinkt als geheimnisvoller Bote dich nicht benachrichtigt hat von diesen Kindereien, in die du so sehr miteinbezogen warst, die du miterlebt hast, ja, wirklich miterlebt, so sehr hattest du in mir eine leibhaftige Gegenwart, eine Realpräsenz.«[6] In diesem Falle ist die Obsession jedoch vorbei, bevor die Erzählung endet. »Die Sattheit hat sich vor der Besitznahme eingefunden. Selbst die platonische Liebe kennt ihre Sättigungen.«[7] Und jetzt, statt fortwährend an die andere Person zu denken, wird der Erzähler durch die Präsenz der anderen Person an die Orte erinnert, an denen die Obsession so stark war: Sils-Maria, Silva Plana, Crestalta, Samaden, Celerina, Julier, Val Viola.

Ein Schriftsteller, der Proust vielleicht besonders beeinflußt hat, ist Gabriele d'Annunzio, der seinerseits unter dem Einfluß Nietzsches stand. Proust hatte eine unter dem Titel *L'Intrus* ins Französische übersetzte Novelle von d'Annunzio gelesen. Der Held besitzt ein multiples Selbst, ähnlich dem, wie es Proust fünf Jahre zuvor beschrieben hatte. »Aus diesen widersprüchlichen Krisen setzte sich sein Leben zusammen: unlogisch, fragmentiert, zusammenhangslos. Es gab in ihm alle Arten von Neigungen, alle möglichen Gegensätze, und zwischen den Gegensätzen alle Zwischenstufen und zwischen den Neigungen alle Kombinationen […]. Ein besonderer organischer Zustand verstärkte eine seiner besonderen Neigungen; diese Neigung wurde zu einem Anziehungspunkt, in dem alle direkt zusammenhängenden Zustände und Neigungen zusammenliefen, und nach und nach vermehrten sich diese Zusammenhänge. Sein Gravitationszentrum war dann verschoben und seine Persönlichkeit wurde eine andere. Stumme Wellen des Blutes und der Gedanken ließen auf dem festen Grund seines Wesens allmählich oder auf einmal neue Seelen erblühen. Er war *vielseelig*.«[8]

»Présence réelle« macht von einer Szenerie Gebrauch, die in einem starken Gegensatz zu der von Paris, Auteuil und Illiers steht. »Unweit bespülten drei Seen von nie gesehenem Grün Tannenwälder. Die Lärchen, von so schwarzer Klarheit, wenn sie sich vom blendenden Schnee abheben, streckten dem blaßblauen, beinahe malvenfarbenen Wasser ihre in zartem Grün leuchtenden Äste entgegen.«[9] Proust und la Salle stiegen in die Berge, reisten in der Seilbahn auf den Rigi, spazierten am Ufer des Silser Sees, schauten rosafarbenen Schmetterlingen zu, wie sie über den See flogen, und gingen auf die Alpgrün, wo sie im Rund der Gletscher auf Bergflüsse hinabschauten und jenseits der wilden grünen Landschaft den blauen See von Poschiavo, den Pizzo di Verona, die Val Viola erblickten.[10]

Nach drei Wochen St. Moritz brachen Montesquiou, Madame Howland, de la Salle und Proust nach Evian am Genfer See auf. Laure Bagnières hielt sich in ihrer Villa in Clarens auf und die Princesse Rachel de Brancovan in ihrer Villa Bassaraba in Amphion.[11] Rachels Familie stammte aus Kreta. Sie war eine Gönnerin von Fauré und Paderewski und selbst eine hervorragende Pianistin: »Sie spielte Chopin so herrlich und zugleich so widerstrebend, in einer Art musikalischer Agonie, die an Madame Verdurin erinnert.«[12] Sie waren häufig Gast in der Villa der Prinzessin, und wenn Proust Asthmapulver verbrennen mußte, benutzte er das Zimmer ihres siebzehnjährigen Sohnes Constantin.

Im September reiste er mit seiner Mutter nach Trouville, um vierzehn Tage im Hotel des Roches Noires zu verbringen, am Ende jener Promenade, die von den Klatschjournalisten als »Sommerboulevard von Paris« bezeichnet wurde. »Trouville ist überaus häßlich«, schrieb er später einmal, »Deauville scheußlich, die Landschaft zwischen Trouville und Villers mittelmäßig. Aber auf den Hügeln zwischen Trouville und Honfleur liegt der herrlichste Landstrich, den man auf dem schönsten Lande sehen kann, mit idealen Ausblicken auf das Meer. [...] Und abgelegene Straßen, hervorragend zum Reiten geeignet, wahre Winkel der Poesie und des Glücks.«[13] »Ich erinnere mich an eine Nacht, als ich auf diesen Höhenwegen aus Honfleur zurückkam. Mit jedem Schritt stießen wir auf Mondlichtflecken und der Dunst der Niederung sah wie ein riesiger Weiher aus. [...] und Sie werden stundenlang in diesem Zauberwald spazierengehen, mit Rhododendren ringsum und zu Füßen das Meer.«[14]

Er fürchtete sich vor der Rückkehr nach Paris, weil dort einer Konfrontation mit dem Vater wegen seiner Zukunft nicht auszuweichen war. Eine Stellung, die ihm am wenigsten abstoßend erschien, war eine im Obersten Rechnungshof, der die Staatsausgaben kontrollierte. »Wenn ich nicht willens bin, meine Karriere im Ausland zu machen, werde ich im Auswärtigen Amt in Paris eine ebenso unerträglich langweilige Laufbahn vor mir haben wie am Rechnungshof.«[15] Um die Möglichkeit zu besprechen, eine Stelle in einem Museum zu finden, konsultierte er einen Freund von Anatole France, Charles Grandjean, der früher Archivar des Senats und Generalinspektor der Historischen Monumente gewesen war. Seinem Vater, der sich während der Abwesenheit der Mutter bei einem Professor der Gerichtsmedizin aufgehalten hatte, schrieb er Ende September ergeben: »Ich werde mich also nunmehr ernsthaft auf die Aufnahmeprüfung für den Auswärtigen Dienst oder für die Ecole des Chartes vorbereiten und überlasse Dir die Wahl.«[16]

Sechs Wochen später jedoch schob er den Augenblick der Entscheidung noch immer hinaus. Obwohl ihn die Ecole des Chartes – die Hochschule für Archivare und Historiker – lockte, sprach sich Grandjean dagegen aus. Konnte er darum bitten, im Louvre als Volontär aufgenommen zu werden? Dann könnte er sich daneben auf die Ecole des Chartes vorbereiten oder ein Diplomstudium in Literatur absolvieren oder sich auf sein eigenes Schreiben konzentrieren, obwohl er sich seiner Begabung nicht sicher war: »Sie irren sich, wenn Sie meine intellektuelle Entwicklung für weit fortgeschritten halten. Seit der Philosophieklasse ist sie nicht nur unterbrochen, sondern sogar aus der Bahn geraten und rückschrittlich. Aus diesem Grunde habe ich, wie mir scheint, nur über Dinge der Phantasie und der Sensibilität geschrieben, zwei unwissende Musen, die sich nicht kultivieren lassen.«[17] Zumindest war er nun halbwegs überzeugt, daß sein Vater recht hatte. »Früher oder später reicht es nicht mehr aus, das Leben zu träumen, man muß es leben«, räumt er ein.[18] Gleichzeitig wußte er, daß die Eltern vorgaben, ihm mehr Entscheidungsfreiheit einzuräumen, als er tatsächlich hatte. Die Eltern in *Jean Santeuil* behaupten: »Nicht daß wir im geringsten den Wünschen unseres Sohnes entgegentreten wollen, der sich in dieser Hinsicht vielmehr frei fühlen soll, wofern nur seine Neigungen sich auf eine geordnete Karriere in der Verwaltung, in der Diplomatie oder im Anwaltsberuf beziehen.«[19] Proust, der den Argumenten Grandjeans gegen die Ecole des Chartes widerstrebend nachgibt, denkt nunmehr über die Ecole du Louvre und die Ecole de Rome nach. Würde ihm ein Lehrgang an einer dieser beiden Schulen am Ende etwas bieten, auf das er sich verlassen konnte? Und wenn er überhaupt eine Stelle in einem Museum bekam, wieviel Zeit würde ihm da für sein eigenes Schreiben übrigbleiben?[20]

Er faßte den Plan zu einem Buch, das seine besten Beiträge für *Le Banquet* und *La Revue blanche* enthalten sollte, und dieser Gedanke erschien realisierbar, als Madame Lemaire sich bereit erklärte, Illustrationen zu liefern. Ihr Name war so bekannt, daß das Buch – *Les plaisirs et les jours* –, das sonst vielleicht unbeachtet geblieben wäre, »in die Bibliothek manch eines Schriftstellers, Künstlers, bedeutenden Menschen allerorts gelangen [wird], die es sonst nicht wahrgenommen hätten und es sich nur der Illustrationen wegen hinstellen werden«.[21]

Zur gleichen Zeit plante er, einige Artikel für Zeitungen und Zeitschriften zu schreiben, und beschloß, daß der erste sich mit Montesquiou befassen sollte. Vielleicht hatte er den Artikel bereits entworfen, als sie zusammen in Evian waren, trotzdem bat er im Oktober den Grafen diplomatisch um Hilfe: »[...] mir ist der Gedanke gekommen [...], daß ich als erstes gern eine Studie über Sie bringen möchte. Darin würde ich zeigen, falls ›Euer Gnaden‹ mir behilflich sein wollen, wie sehr Sie sich von dem banalen *Décadent* unserer Tage unterscheiden, würde die Kraft Ihres Willens und den Reichtum Ihrer Geistigkeit zeigen, das, was Sie vom siebzehnten Jahrhundert her mitbringen, – mit einem Wort, alles, was ich Ihnen zu sagen mir schon erlaubt habe.«[22] Montesquiou stand in dem Ruf, schwierig zu sein, und Proust machte nun den Vorschlag, »von der Schlichtheit des Herrn Montesquiou« zu schreiben: »Es wäre dem Montesquiou der Legende scheinbar paradox, aber der Aufsatz bewiese rasch, daß er mit dem wirklichen Montesquiou übereinstimmt.« Nachdem Proust den Artikel geschrieben hatte, gab er ihm freie Hand, nach Belieben zu kürzen oder zu ändern.[23] Sobald »La simplicité de Montesquiou«[24] fertig war, wollte Proust den Aufsatz so schnell wie möglich gedruckt sehen und bat deshalb den Redakteur der *Revue blanche*, Thadée Natanson, ihn anstelle der sechs kleinen Stücke zu nehmen, die zur Veröffentlichung im Dezemberheft vorgesehen waren, und als Natanson zögerte, bot er ihn Louis Ganderax an, der gerade dabei war, die Redaktion der *Revue de Paris* zu übernehmen.

Proust fand noch einen anderen Weg, um Montesquious Gunst zu gewinnen. Im Salon des Amateurkomponisten Henri de Saussine hatte er den gutaussehenden neunzehnjährigen Pianisten Léon Delafosse kennengelernt, der mit dreizehn Jahren am Konservatorium den ersten Preis gewonnen hatte. Da er blond war und blaue Augen hatte, nannte Proust ihn »den Engel« und glaubte, Montesquiou sei an ihm interessiert. Saussine hatte Gedichte aus Montesquious Gedichtband *Les chauves-souris* vertont und für vier Singstimmen und Streichquartett gesetzt. Delafosse sollte bei der Aufführung im Mai in der Salle Erard den Klavierpart übernehmen, hatte aber Montesquiou noch nie gesehen. Von Proust ermutigt, schrieb Delafosse drei eigene Lieder auf Gedichte von *Les chauves souris*,[25] und Proust bat Montesquiou brieflich um Erlaubnis,[26] sie zu veröffentlichen. Daraufhin wurden die beiden jungen Männer zu Montesquiou eingeladen, doch als sie eintrafen, sagte der Graf, er sei jetzt nicht in der Stimmung, um Musik zu hören. Statt dessen gingen sie im Wald von Virolay[27] spazieren, und als sie Drehorgelmusik von einem entfernten Jahrmarkt hörten, behauptete er, keine Musik könne romantischer sein. Nach der Rückkehr ins Haus durfte der ›Engel‹ jedoch spielen und singen. Sein Gesang töne wie das Miauen einer angefahrenen Katze, sagte Montesquiou später, doch die Stücke seien ganz originell. Der junge Mann rührte ihn; sein Gesicht fand er »von übermenschlicher Schönheit verklärt [...], als ob plötzlich eine Gottheit herabgestiegen wäre«.[28]

Montesquiou ging mit Delafosse eine Beziehung ein, die drei Jahre dauern sollte. Vielleicht hatte Proust auf so etwas gehofft und Dankbarkeit erwartet. Falls er Bedenken gehabt hatte, diese Liaison zu arrangieren, so unterdrückte er sie so lange, bis er die *Recherche* schrieb: Der skrupellose Geiger Morel ist unverkennbar dem ›Engel‹ nachgebildet.[29] Morel, brillant, aber hinterlistig, ehrgeizig, kriecherisch und unzuverlässig, bringt Charlus dazu, sich in ihn zu verlieben; mit Hilfe des Barons erlangt er gesellschaftlichen und beruflichen Erfolg, verläßt ihn jedoch, als er ihn nicht mehr braucht. Die Erzählung scheint eher eine Spekulation über das zu sein, was hätte geschehen können, wenn Proust auf die ungezielten Avancen Montesquious positiver reagiert hätte.

Gegenüber Montesquiou als Mann scheint Proust ambivalenter eingestellt gewesen zu sein als gegenüber dessen Lyrik, die er überschwenglich lobte und im Vorwort zu *Les plaisirs et les jours* zitierte. Allerdings war es schwierig, mit Montesquiou's anmaßendem, selbstgefälligem und absichtlich provozierendem Verhalten fertigzuwerden. Weil er wußte, daß er ebenso wie Delafosse von den Verbindungen des Grafen profitieren konnte, verwendete Proust großen Einfallsreichtum auf seine Briefe an ihn, würzte sie einschmeichelnd mit Zitaten aus *Les chauves-souris* und gab sich bei den Briefen an Yturri, den Liebhaber und Sekretär Montesquious, fast ebensoviel Mühe: Yturri war Mittelsmann, wenn der Graf mehr Abstand halten wollte. Ohne jedes Zeichen von Ressentiment lud Proust Yturri zum Abendessen in die elterliche Wohnung ein. Er versuchte, Montesquiou mit Geschenken zu bearbeiten: Dazu gehörten Kirschbäumchen,[30] Krawatten von Liberty[31] und ein Engel aus Gips.[32] Er nahm es nie übel, wenn er abgewiesen wurde; einer seiner versöhnlichen Briefe endet mit einem Postskriptum von Anatole France: »Wie kann man nicht finden, daß Marcel Proust Geschmack hat, er, der über Ihre Gedichte so viel Gutes sagt?«[33]

Als er bei den Bemühungen, seinen Artikel zu veröffentlichen, erfolglos blieb, sandte Proust ihn an Montesquiou: »[...] ich möchte Sie fragen, ob Sie ihn nicht über Yturri oder jemand anderen in einer Zeitschrift unterbringen könnten, die Ihnen gewogen ist. Wenn mir dieser letzte Ausweg verschlossen bleibt, werde ich dort enden, wo ich vielleicht hätte anfangen sollen: ich werde eine Zeitschrift gründen, *Wo man als Mann von Geschmack die Freiheit hat zu leben [Où d'être homme de goût on ait la liberté]*, und sollte sie nur eine einzige Nummer haben, dann wird sie wie der Kreis Anakreons lange genug gelebt haben, wenn sie es verstanden hat, in ihrem vergänglichen Leben Sie zu besingen. Sagen Sie doch wenigstens nicht mehr, daß alles, was ich unternehme, scheitert; unter diesen Auspizien, die mir ohnehin schon Unglück gebracht haben, möchte ich keine Zeitschrift gründen!«[34] Montesquiou, der Enttäuschungen nicht verbergen konnte, war irritiert. Auf einem Empfang bei Madame Lemaire gegen Ende des Monats übersah er Proust geflissentlich. Doch selbst daran nahm dieser keinen Anstoß.

So unermüdlich Proust in seinen Versuchen auch war, Zugang bei den oberen Zehntausend zu finden, die zwiespältige Haltung, die er zur Zeit der Niederschrift von »Violante« zeigte, hatte sich nicht verändert. In seiner Satire »Mondanité de Bouvard et Pécuchet«, die

in der Nummer vom Juli/August der *Revue blanche* erschien, kommen zwei Freunde überein, daß es besser ist, in der großen Welt
nicht über Literatur zu sprechen, denn dort ist anderes wichtig:
»Wie grüßt man? Mit dem ganzen Körper oder nur mit dem Kopf,
langsam oder schnell, so, wie man gerade dasteht, oder die Absätze
zusammenfügend, [...] indem man ein hohles Kreuz macht oder das
Kreuz einknickt? Müssen die Hände am Körper entlang fallen, den
Hut halten, behandschuht sein? [...] Grüßt man einen Greis und
einen jungen Mann, einen Schlosser und einen Prinzen, einen Schauspieler und ein Akademiemitglied auf dieselbe Weise? [...] Wie
jedem seinen Titel geben? Man sagt Herr zu einem Baron, zu einem
Vicomte und zu einem Grafen [...] Wenn sie an die Hoheiten kamen,
gerieten sie in Verwirrung. [...] Kurz, um sich Unannehmlichkeiten
zu ersparen, würden sie nicht in den Faubourg Saint-Germain
gehen.«[35] Doch der Faborg Saint-Germain ist kein genau abgegrenztes Gebiet mehr,

> der dringt überall ein, erscheint nur aus der Ferne als festes
> und abgesondertes Ganzes! ... Übrigens respektiert man in
> der Hochfinanz die Titel noch mehr, und was diejenigen der
> Hochstapler betrifft, so sind sie nicht zu zählen. Aber man
> mußte, nach Pécuchets Meinung, unerbittlich sein mit den
> falschen Adligen und danach trachten, ihnen keine Prädikate
> zu geben, auch nicht auf den Briefumschlägen und im Ge
> spräch mit ihren Dienstboten. [...] Im übrigen existierte der
> Adel ihrer Ansicht nach nicht mehr, seit er seine Privilegien
> verloren hatte. Er ist klerikal, rückständig, liest nicht, tut
> nichts, amüsiert sich genausosehr wie die Bourgeoisie; sie
> fanden es absurd, ihn zu achten. Mit ihm zu verkehren war
> nur möglich, weil das nicht ausschloß, ihn zu verachten. Bou
> vard erklärte, man müsse zuerst, um zu wissen, wo sie ver
> kehren würden, bis zu welchen Vorstädten sie sich einmal
> im Jahr vorzuwagen hätten, wo ihre Gewohnheiten, wo ihre
> Laster zu finden seien, einen genauen Plan der Pariser Ge
> sellschaft erstellen. Sie umfaßte seiner Meinung nach den
> Faubourg Saint-Germain, die Finanzwelt, die Hochstapler,
> die protestantische Gesellschaft, die Welt der Kunst und des
> Theaters, die offizielle und die gelehrte Welt. Nach Ansicht
> Pécuchets verbarg der Faubourg hinter einem strengen Äuße-

ren die Libertinage des Ancien Régime. Jeder Adlige hat Mätressen, eine Schwester, die Nonne ist, konspiriert mit dem Klerus. Sie sind tapfer, machen Schulden, ruinieren die Wucherer und treten sie mit Füßen, sind zwangsläufig die Vertreter der Ehre. Sie herrschen durch die Eleganz, erfinden extravagante Moden, sind musterhafte Söhne, herzlich mit dem Volk und hart gegen die Bankiers. Immer mit dem Degen in der Hand oder zu Pferd mit einer Frau hinter sich, träumen sie von der Wiederkehr der Monarchie, sind schrecklich müßiggängerisch, nicht aber hochmütig gegenüber den anständigen Leuten, sie vertreiben die Verräter und beleidigen die Feiglinge, sie verdienen durch eine gewisse ritterliche Art unsere unerschütterliche Sympathie.[36]

Als Oscar Wilde 1894 im April nach Paris kam, begegnete Proust ihm entweder auf einer festlichen Einladung bei Madame Arman de Caillavet oder im Hause von Madame Baignères. Fernand Gregh zufolge betrachteten Wilde und Proust einander »mit vielfältiger Neugierde«,[37] und obwohl Wilde Lord Alfred Douglas nach Paris mitgebracht hatte, kann es sein, daß er bei Proust bestimmte Absichten hatte. Sein Verhalten wäre sonst kaum zu erklären. Er nahm eine Einladung zum Abendessen in der Wohnung am Boulevard Haussmann[38] an, und nach dem Bericht zweier Enkel der Baignières geschah dort folgendes:

> An dem Abend des Diners kam Proust, der bei Madame Lemaire aufgehalten worden war, ganz außer Atem zwei Minuten zu spät nach Hause. Er fragte das Dienstmädchen: ›Ist der englische Gentleman da?‹ ›Ja, Monsieur, er kam vor fünf Minuten, und kaum war er im Salon, als er nach dem Badezimmer fragte und seither ist er nicht herausgekommen.‹ Proust lief an das Ende des Flurs. ›Monsieur Wilde, sind Sie krank?‹ ›Ach, da sind Sie ja, Monsieur Proust.‹ Wilde erschien würdevoll. ›Nein, ich bin nicht im geringsten krank. Ich dachte, ich hätte das Vergnügen, mit Ihnen allein zu speisen, aber da führte man mich in den Salon, und dort drin waren am anderen Ende Ihre Eltern, da verließ mich der Mut. Adieu, lieber Monsieur Proust, adieu.‹[39]

Nachdem er gegangen war, erzählten Prousts Eltern, Wilde habe sich im Salon umgesehen und geäußert: »Wie häßlich doch Ihre

Wohnung ist.«⁴⁰ Prousts Reaktion: »Ich glaube, Monsieur Wilde hat keine sehr gute Erziehung genossen.«⁴¹

In der *Recherche* gibt es nur eine einzige Bezugnahme auf Wilde. Als Proust die Misere der Homosexuellen beschreibt, erwähnt er den »Dichter, der eben noch in allen Salons gefeiert und in allen Theatern Londons mit Beifall bedacht, am Tage darauf aus jedem noch so bescheidenen Logis verjagt, schließlich nicht mehr wußte, wo er sein Haupt betten sollte«.⁴² Wilde hat vielleicht einen negativen Einfluß auf Proust gehabt, der nach dem entgegengesetzten Grundsatz lebte. Wilde brüstete sich damit, seine Genialität in sein Leben hineinzulegen, in sein Werk hingegen nur sein Talent. Gide geriet immerhin so weit in seinen Bann, daß er erklären konnte: »Das Leben eines Menschen ist sein Bild«, während Proust sich auf äußerste Extreme einlassen sollte, und zwar nicht nur darin, sich durch sein Werk kundzutun, sondern auch darin, diesem Werk sein Leben unterzuordnen.

6. Mein »Bunibuls«

Proust begegnete Reynaldo Hahn vermutlich im Mai 1894 auf einer der musikalischen Abendveranstaltungen von Madeleine Lemaire. Hahn, neunzehn Jahre alt, Jude, mit dunklem Teint, braunen Augen, fein ziselierten Gesichtszügen und einem kleinen Schnurrbart, war damals schon als Komponist, Pianist und Sänger tätig. Auf diesen Soireen, bei denen er seinen Liederzyklus *Les chansons grises* vortrug, der nach Gedichten von Verlaine entstanden war, wurde er zum Star. Hahn sang mit seiner hellen Tenorstimme und begleitete sich selbst am Klavier. Als er einmal auf einem Empfang spielte und sein Gastgeber, ein Angehöriger der Reserve, in Uniform auftrat, wechselte er unverzüglich zur Marseillaise über.

Als Sohn französischer Eltern in Venezuela geboren, war er nach Paris gekommen, um am Konservatorium bei Massenet und Saint-Saëns zu studieren. Zwar hatte er von Proust noch nichts gelesen, als sie einander begegneten, aber da sich bei ihm Charme mit moralischem Ernst verband, entwickelte Hahn bald eine tiefere Beziehung zu Proust als Robert de Flers oder Willie Heath. Proust konnte über seine Liebe zu Reynaldo nicht unvermittelt schreiben, sondern über-

setzte die Beziehung in Jean Santeuils Liebesbeziehung zu der Musik-
liebhaberin Françoise.

Jean entfacht die Flammen seiner Gefühle für Françoise, indem er
ihr Befehle erteilt: Sei fröhlich, wende mir dein Profil zu. Er erweist
ihr kleine Gefälligkeiten und stellt vor ihr sein Leben als glanzvoll
dar. Sie sehen sich jeden Abend, und er ermutigt sie, ihre Zuneigung
zu ihm auch vor anderen Leuten zu zeigen. Er genießt es, Einladungen zu den Soireen und Abendessen auszuschlagen, die ihn davon
abhalten würden, sie zu sehen. Als Bestandteil eines Paares ist er
nicht mehr allein im Leben. Es ist beinahe so, als ob er einen Fremden in sich trüge, jemanden, dessen Reaktionen sich nicht vorher-
sagen lassen.[1]

Montesquiou – der plötzlich wieder freundlich gestimmt war –
lädt Proust ein, mit ihm den Sommer 1894 in St. Moritz zu verbringen, doch Proust lehnt ab, als Madame Lemaire ihm und Reynaldo
anbot, vier Wochen in ihrem Landhaus Réveillon zu verbringen.
Während Proust in Paris alles daransetzte, den wahren Charakter
seiner Freundschaft zu Reynaldo vor seiner Mutter zu verbergen,
brauchten sie sich in Réveillon nicht zu verstellen. Der große Garten
des Landhauses war von einem Wald eingefaßt; im Inneren ergänz-
ten Blumen aus dem Garten die Blumenbilder Madame Lemaires.

Auf einem Spaziergang im Garten hielt Proust eines Tages an
einem Beet mit bengalischen Rosen an und bat Reynaldo, ihn allein
zu lassen. Als dieser zurückkehrte, schien Proust wie in Trance, er
hatte die Stirn gerunzelt und kaute auf seinem Schnurrbart. Reynaldo entfernte sich wieder, bis Proust sich schließlich wieder zu ihm
gesellte und das Gespräch fortsetzte, als ob nichts geschehen wäre.[2]
Solche Unterbrechungen ihres Zusammenseins fochten sie nicht an,
ebensowenig wie ihre verschiedenen Meinungen über Musik. Reynaldos Geschmack war von den Lehrern am Konservatorium geformt, während Proust unter dem Einfluß Montesquious ein begeisterter Wagnerianer geworden war. Bei einem Sonntagskonzert im
Januar 1894 hatte er die Blumenmädchen-Szene aus *Parsifal* gehört,
die ihn tief beeindruckte, und er stritt mit Reynaldo über die Vorzüge des *Lohengrin*.[3] Proust hatte Vorbehalte gegenüber Saint-
Saëns, doch wegen Reynaldo begann er das Hauptthema der Sonate
in d-moll für Violine und Klavier zu lieben, und er pflegte häufig zu
sagen: »Spielen Sie mir das kleine Stück vor, das ich so gern habe,

Reynaldo, Sie wissen schon, die ›kleine Phrase‹.«⁴ In *Jean Santeuil*
spielt Françoise die Sonate, als Jean sie über ihre lesbische Vergangenheit ausfragt, und in der *Recherche* erhält Vinteuils ›kleine
Phrase‹ eine entscheidende Bedeutung. Die Dispute zwischen Proust
und Reynaldo über Musik spiegeln sich auf erheiternde Weise in
dem Text »Mélomanie de Bouvard et Pécuchet«, der (innerhalb
von fünfundvierzig Minuten) im August auf Réveillon geschrieben
wurde. Pécuchet, »der ewige Freund von Tradition und Ordnung«,
nennt Wagner den »Schreihals aus Berlin«, während Bouvard behauptet, Massenet fehle es an Tiefe und Saint-Saëns an Form.⁵

»Dieses Jahr nun aber beginne ich mit einer lebendigeren Empfindung für die göttliche Gnade und die menschliche Freiheit, mit dem
Vertrauen auf eine zumindest innere Vorsehung«, schrieb Proust am
3. Januar 1895 an Montesquiou.⁶ In der ersten Hälfte seines vier-
undzwanzigsten Lebensjahres hatte er seine erste dauerhafte emotionale Beziehung aufgebaut, und sowohl seine Gastgeberinnen als
auch Montesquiou akzeptierten Reynaldo als ständigen Begleiter.⁷
Proust fühlte sich sogar noch zuversichtlicher, was seine literarischen Fähigkeiten betraf, auch wenn seine Eltern immer noch der
Überzeugung waren, das gesellschaftliche Leben lenke ihn von
ernsthafter Arbeit ab. Einer seiner Freunde war der Wahrheit näher,
als er sagte: »Die große Gesellschaft war für ihn wichtig, allerdings
so, wie Blumen dem Botaniker wichtig sind und nicht dem vornehmen Herrn, der einen Blumenstrauß kauft. Wenn er eine Einla-
dungskarte erhielt, sagte er sich nie: ›Welch ein Glück, zu Madame
X zu gehen‹, sondern: ›Es wird amüsant sein, bei Madame X zu
sehen, ob es Madame Z erreicht hat, eingeladen zu werden und ob
die Ys sich geeinigt haben, zu kommen.‹«⁸
Proust hätte unmöglich erklären können, in welcher Weise
geringfügige Vorfälle, an denen er emotional beteiligt war, als Material für fiktionale Texte dienen konnten – wenn seine Emotionen
beteiligt waren. Am Abend des 25. April ging er beispielsweise zu
einer Essenseinladung bei Alphonse Daudet, und da er insgeheim
hoffte, Reynaldo würde dort eintreffen, ließ er sich aufhalten, um
Madeleine Lemaire und Suzette auf einen Ball in der Avenue Montaigne zu begleiten. Sie trafen spät ein, als die Leute bereits am Weggehen waren, aber weil Proust nicht sagen wollte, daß Reynaldo im

Haus einer Marquise in der Rue Cambon auf ihn wartete, ging er mit den Lemaires doch noch hinein. »Auf den Kleinen warten, ihn verlieren, ihn wiederfinden, ihn doppelt lieben bei dem Anblick, daß er zu Flavie gekommen ist, um mich abzuholen, zwei Minuten auf ihn warten oder ihn fünf Minuten auf mich warten lassen, eben dies ist in meinen Augen die wahre, die aufregende und tiefe Tragödie, die ich eines Tages vielleicht schreiben werde und die ich nun einstweilen lebe.«[9] Er schrieb sie später tatsächlich – in einem Vorfall mit Swann, der eines Abends verzweifelt nach Odette sucht, weil er sie bei den Verdurins verpaßt hat.[10] Unterdessen schrieb er fleißig, leidenschaftlich und erfindungsreich an »Bunibuls« – dies war sein Kosename für Reynaldo –, wobei er nicht etwa eine Privatsprache erfand, sondern zuweilen ein raffiniertes Pastiche eines altertümlichen Französisch schrieb und die Briefe gelegentlich mit Zeichnungen schmückte, die wie Karikaturen aussahen.

Die Erzählung, die in *Les plaisirs et les jours* seiner Liebesbeziehung zu Reynaldo am nächsten kommt, ist »La fin de la jalousie«. Die Liebenden, die keine zwei Tage verstreichen lassen, ohne einander zu sehen, entdecken in dieser Nähe ihrer Beziehung eine neue Tiefe. Doch da er an Promiskuität gewöhnt ist, betet Honoré: »Mein Gott! Mein Gott! Gib mir die Gnade, sie [Françoise] immer zu lieben.« Da er weiß, daß dies unmöglich ist, nimmt er sich vor: »Wenn ich spüre, daß mein Herz sich von ihr löst, werde ich versuchen, es so sanft zurückzuhalten, daß sie es überhaupt nicht spürt. Ich werde immer gleich zärtlich, gleich achtungsvoll sein.«[11] Seine Eifersucht wird jedoch geweckt, als er ihren Namen in Verbindung mit dem eines anderen Mannes hört, und obwohl sie schwört, daß sie ihn niemals betrogen habe und daß sie ihn nie betrügen würde, kann er sich, wenn er ihre Augen bei seinem Anblick glänzen sieht, der Frage nicht erwehren, ob andere Männer die gleiche Reaktion auslösen können. Honoré kann die Ungewißheit kaum ertragen und versucht, ein Bekenntnis aus Françoise hervorzulocken, indem er vorgibt, untreu gewesen zu sein, aber damit versetzt er sie in eine solche Niedergeschlagenheit, daß er fürchtet, sein argwöhnisches Wesen werde eben jene Untreue zur Folge haben, die er fürchtet.

In der Hoffnung, sich besser auf sein Schreiben konzentrieren zu können, wenn er das Problem der Berufswahl gelöst hätte, sah sich

Proust im Frühjahr 1895 nach einer Arbeit um, die angesehen genug war, um seine Eltern zufriedenzustellen, ohne daß sie zuviel von seiner Zeit in Anspruch nahm. Das Gehalt war unwichtig. Viele gutgestellte Freunde seines Vaters hatten ihm Ratschläge gegeben, und vermutlich war es der Außenminister Gabriel Hanotaux, der eine unbezahlte Arbeit in der Bibliothèque Mazarine am Institut de France vorschlug. Hanotaux hatte sowohl auf politischem als auch auf literarischem Gebiet Karriere gemacht: Er war damals Außenminister und wurde 1897 Mitglied der Académie Française. Prousts einzige Verpflichtung in der Bibliothek sollte darin bestehen, mindestens zweimal wöchentlich fünf Stunden zu arbeiten. Sainte-Beuve war 50 Jahre zuvor Bibliothekar in der Bibliothèque Mazarine gewesen, und Anatole France hatte vierzehn Jahre lang in der Bibliothek des Senats im Palais de Luxembourg gearbeitet. Die Bewerbungsgespräche[12] für die drei offenen Stellen fanden am 29. Mai 1895 statt. Proust wurde als dritter und letzter Anwärter angenommen..Es wurde ihm eine Stelle im Dépôt légal, der Ablieferungsstelle für Pflichtexemplare der Bibliothèque Nationale, zugewiesen, die er Anfang August antreten sollte, doch er reichte sogleich ein Urlaubsgesuch ein.[13]

Anfang Juli fuhr Proust mit seiner Mutter in den Urlaub nach Bad Kreuznach. Nach einem kurzen Aufenthalt in Paris reiste er Ende des Monats mit Reynaldo Hahn und dessen Schwester Maria in eine Villa im Wald von Saint-Germain-en-Laye, die Reynaldos und Marias verheirateter Schwester Clarita gehörte. Hier arbeitete er an »La mort de Baldassare Silvande«, und als Maria die Erzählung las, versah sie den Text mit Randbemerkungen. »Ich weiß nicht mehr, wie ich es mit meinem *Baldassare* anstellen soll, denn ich muß ihn jetzt an eine Zeitschrift schicken, werde also Ihre Anmerkungen nicht zu sehen bekommen. Doch Ihre Meinung ist ungefähr die *einzige*, die für mich zählt [...].«[14] Proust hatte also die Anmerkungen nicht gelesen, als er mit Reynaldo nach Dieppe zu einem Aufenthalt in der Villa von Madeleine Lemaire fuhr. Maria wurde gebeten, das Manuskript an Madame Proust zu senden, die es an den Redakteur der Zeitschrift *La Revue hebdomadaire* weiterleiten sollte.

Dieppe war damals einer der beliebtesten Urlaubsorte. »Ganz Paris ist dort«, berichtete der *Gaulois*, »Comte und Comtesse de Talleyrand-Périgord, Duc Josselin de Rohan, Madeleine Lemaire und die Herren Marcel Proust und Reynaldo Hahn als Gäste dieser prominenten Künstlerin.«[15] Wenn sie sich nicht dem gesellschaftlichen Leben des Ortes hingaben, gingen sie spazieren. »An jenen heißen Nachmittagen, an denen das Licht durch sein eigenes Übermaß sich unserem Blick entzieht, wollen wir zu einem dieser ›Gründe‹ hinabsteigen, wie man sie in der Normandie findet, wo hohe und dichte Buchen geschmeidig in die Höhe ragen und mit ihrem Blattwerk, gleich einem lichten und doch widerstandsfähigen Uferwall, dieses Lichtmeer fernhalten oder doch nur einige Tropfen von ihm durchlassen, die im schwarzen Schweigen des Unterholzes melodisch erklingen.«[16] Prousts Gesundheit schien jedoch gefährdet. »Der arme Junge hatte leichtes Asthma und fühlt sich etwas niedergeschlagen – wir wissen nicht, woher das kommt«, schrieb Reynaldo am 10. August an Maria.[17]

Die beiden Freunde fürchteten, Prousts Vater würde ihnen deshalb eine für den September geplante Reise in die Bretagne verbieten. Nach ihrer Rückkehr nach Paris am 30. August 1895, zusammen mit Madeleine und Suzette Lemaire, reisten Reynaldo und Marcel weiter nach Palais, den wichtigsten Hafenort auf der Insel Belle-Ile und wohnten dort im Hotel de Bretagne. In einem Brief an Yturri schrieb Proust: »[...] bezaubernder Ort, wo die normannischen Äpfel beinahe auf den Felsen reifen und der Geruch des Apfelweins sich mit dem Duft des Tangs vermischt«.[18] Fast dieselbe Wendung benutzt er auch in einem Brief an Robert de Billy.[19]

Nach einer Woche auf Belle-Ile kehrten sie auf das Festland zurück und quartierten sich in Beg-Meil,[20] einem Strandbad am Cap Finistère ein, das ihnen André Bénac empfohlen hatte. Er war Direktor der Banque de Paris et des Pays Bas, Sekretär des Verwaltungsrates der staatlichen Eisenbahnen und ein Freund von Prousts Eltern.[21] In Beg-Meil wohnten Reynaldo und Marcel im Hotel Fermont, einem umgebauten Bauernhof, und trafen dort auch André Bénac und dessen Frau. Proust plante, über die Bretagne zu schreiben, und er las zu diesem Zweck viel, hauptsächlich Thomas Carlyle und Balzac, dessen *Splendeurs et misères des courtisanes* er allerdings für ein »stupides Buch« hielt.[22] Proust schreibt: »Der Leuchtturm von Beg-Meil liegt am äußersten Ende der Halbinsel und blickt zur Linken auf die Bucht von Concarneau, die ihn im Westen bespült. Vor sich und auf der Rechten hat er den Ozean, der ihn an der

Ostseite berührt [...]. Diese Halbinsel ist sehr fruchtbar, ganz mit
zahlreichen großen Obstgärten besetzt, die zu vereinzelten kleinen
Bauernhöfen gehören und ihre Apfelbäume mit den roten Äpfeln
daran bis an das stille Wasser der Bucht vorschieben.«[23] Noch acht
Jahre später bezeichnet er die Bucht als »die sanfteste, mildeste,
wonnigste Gegend, die ich kenne«.[24] »Man hört nur die sanfte
Brandung der Bucht oder auch des Meeres, das ebenso ruhig ist wie
die Bucht, und dieses einzige – gelegentlich vom Bellen eines Hof-
hundes verdeckte – Geräusch dient dieser großen Stille als Sockel
und läßt sie um so größer scheinen.« »Eine Art von Bauernhaus, das
in ein Hotel umgewandelt ist, wird fast nur von ein paar Malern
besucht, die den ganzen Tag spazierengehen oder sich Meilen davon
entfernt zum Malen niederlassen. Man speist im Freien unter Apfel-
bäumen, zwischen deren Zweigen man das Meer sieht.« Nach dem
reichlichen Essen im Hotel nehmen Jean Santeuil und sein Freund
Henri de Réveillon ihre Bücher mit an die Westseite des Strandes,
wo sie sich in den Dünen hinlegen, jeder »in einiger Entfernung
von dem anderen, und dank der Unebenheiten der Düne sahen sie
oft – wiewohl nur durch wenige Schritte getrennt, so doch durch die
gewundene Düne verborgen – einander nicht, so daß jeder sich von
allen menschlichen Wesen weit entfernt wähnen konnte, da er über
dem Strand nur den Himmel, das Meer und die unaufhörlich krei-
senden Möwen sah«.[25]

In der Verwandlung Reynaldos in Henri und in der Darstellung
der Familie Réveillon spiegelt sich Prousts Wunschdenken. Vorbild
für den Landsitz der Réveillons war Madeleine Lemaires Haus, das
Proust liebte. Sie selbst erhebt er zur Herzogin von Réveillon, erfindet mit dem Herzog eine gütige Vaterfigur, dessen Adelstitel ins
neunte Jahrhundert zurückreicht, und verwandelt seinen Geliebten
Reynaldo, einen in Venezuela geborenen Juden, in einen Abkömm-
ling dieser Familie. Neben Wunschdenken verbirgt sich in der Verwandlung jedoch auch echte Liebe: »Ich möchte, daß Sie darin ständig vorkommen, aber wie ein verkleideter Gott, den kein Sterblicher
wiedererkennt.«[26]

Auf seinen Spaziergängen sah Proust oft Maler an ihren Staffe-
leien im Freien arbeiten. Tuben wurden auf Paletten ausgedrückt,
Bilder enstanden auf Leinwänden ganz unterschiedlicher Größe.
Der Anblick weckte seine Kreativität, und plötzlich fand er den Mut,

mit einem großen Projekt zu beginnen. Keiner der Dorfläden verkaufte Papier, wodurch seine Produktivität als Briefschreiber etwas gehemmt wurde. Trotzdem begann Proust, an *Jean Santeuil* zu arbeiten. Er schrieb auf der Rückseite von alten Briefen, auf anderem gebrauchten Papier sowie auf Briefpapier, das er im Jachtclub von Etel, einem Hafen auf dem Festland, mitgenommen hatte. Bisher war Prousts längster Text die dreißigseitige Erzählung »La fin de la jalousie« gewesen. Während der sieben Wochen in Beg-Meil schrieb er mehr als zweihundert Seiten des zukünftigen Romans – einhundert über Jeans Kindheit, weitere hundert über die Ferien in Beg-Meil und elf Seiten, die später das fünfte Kapitel des siebten Teils bildeten. Er scheint sich selbst aktiviert zu haben, indem er seine Eindrücke des Ortes verarbeitete und der Menschen, denen er dort begegnete. Er hätte nicht so viel Zeit mit dem Schreiben zugebracht und auch nicht so schnell geschrieben, wenn er nicht große Freude daran gehabt hätte. Erzählungen schrieb er fortan keine mehr, denn er hatte einen angenehmeren Weg gefunden, seine Erfahrungen aufzubereiten, bei dem ihm unbeschränkt Platz blieb, Ideen zu formulieren, Einsichten festzuhalten, Orte zu beschreiben und Nebenfiguren zu zeichnen. Jacques-Emile Blanche hatte wohl recht gehabt, als er sagte, Proust habe außergewöhnlich feine Sinne und die außerordentliche Fähigkeit, Sinnesempfindungen und flüchtige Wahrnehmungen festzuhalten. Allerdings hatte Proust diese Fähigkeit bisher nicht hinlänglich gepflegt oder genutzt. Nun konnte er den Speicher seiner Erinnerungen durchstöbern, bevorzugte Erlebnisse nacherleben, seinem Geschmack für Sinnesempfindungen frönen, an die er sich zwar erinnerte, über die er jedoch nie gesprochen und auch nicht geschrieben hatte. Er verarbeitete auch unangenehme Erfahrungen, behielt dabei natürlich immer die Kontrolle über sein *alter ego* und besaß die Macht, Bösewichte zu bestrafen, wie etwa den Leutnant, der seinen Gruß nicht erwidert hatte.

Im Oktober reichte Proust ein Gesuch ein, um seinen Urlaub von der Bibliothek um einen weiteren Monat zu verlängern, und schrieb außerdem an Monsieur Bénac, um die Gültigkeit der Eisenbahnfahrkarten zu verlängern. Der Hauptinspektor der Bahn Paris-Orléans bestätigte die Verlängerung in einem Brief, und die Rückseite dieses Briefes wurde zu einem Bestandteil des Proustschen Manuskripts.[27]

Einer der Maler und der Stammgäste des Hotels Fermont war der fünfundvierzigjährige Amerikaner Alexander Harrison. Er hatte in den vergangenen siebzehn Jahren dreiviertel seiner Zeit in Beg-Meil verbracht, obwohl er in Paris ein Atelier besaß.[28] Proust und Reynaldo hatten eines seiner Gemälde im Musée du Luxembourg gesehen, und im Hotelrestaurant ließen sie ihm als angebliche Bewunderer seines Werks ein Billet mit der Bitte um ein Treffen überbringen.[29] Am Ende der Mahlzeit setzte sich Harrison zu ihnen an den Tisch.

Bei gemeinsamen Erlebnissen wie diesem, die sie zuvor zu zweit geplant hatten und über die sie danach zu zweit lachten, waren Proust und Reynaldo so glücklich, wie sie es nur in den Ferien sein konnten. In Paris mußten sie vorsichtig sein, um ihre Beziehung geheim zu halten. Freilich war dies nicht der einzige Grund für deren Ende. Prousts fiktionale Texte sind zwar weniger autobiographisch, als es den Anschein hat, aber sie beeinflußten wohl doch sein Verhalten. In »La fin de la jalousie« ist es Honoré unmöglich, Françoise treu zu bleiben: Proust scheint nicht nur damit gerechnet zu haben, Reynaldo untreu zu werden, sondern er versuchte auch eine Art Warnung auszusprechen, vielleicht an sich selbst, vielleicht an Reynaldo oder aber auch an sie beide. Da Proust die vorausgeahnte Untreue hinausschieben wollte, unternahm er die Niederschrift der Erzählung zum Teil als einen Akt des Exorzismus und zum Teil als Rechtfertigung dessen, was zwar schmerzlich, aber unvermeidbar war. Es läßt sich allerdings nicht eindeutig sagen, ob die Niederschrift der Erzählung die Beziehung schneller oder langsamer enden ließ.

Proust wird zeitlebens ausführlich über die Liebe theoretisieren. Die Theorien beruhen zwar auf Erfahrung, aber die Liebeserfahrungen eines attraktiven Mannes hängen doch weitgehend von der jeweiligen Wahl ab, die er trifft, während diese wiederum zum Teil von seinen Theorien abhängig ist. Ein Mensch, der aus verschiedenen Menschen zu bestehen glaubt, kann nicht von ihnen allen erwarten, daß sie einem bestimmten Mann oder einer einzigen Frau unbegrenzt lange treu sein werden. Prousts Aussage aus der Schulzeit stimmt mit der folgenden Aufzeichnung aus dem Jahre 1908 überein: »›Viele Menschen glauben nicht an eine duale Liebe‹. Bei mir ist sie quintupel [...].«[30] Das Zitat paraphrasiert einen Satz aus dem 13. Kapitel von Nervals *Sylvie*.[31] In *A l'ombre des jeunes filles en fleurs* wird der Erzähler sich fünffach verlieben; Proust war aus der Liebe zu Reynaldo zwar nicht ›herausgefallen‹, als er in die Liebe zu Alphonse Daudets jüngerem Sohn Lucien ›fiel‹,[32] aber das Aufflammen dieser neuen Zuneigung hatte zur Folge, daß Proust und Reynaldo einander weniger häufig sehen wollten. Sechs Monate später, im Sommer 1896, wünschte Reynaldo, der nach einem Aufenthalt bei der Schwester in Hamburg nach Cabourg gefahren war, immer noch, daß Proust ungeduldig seine Rückkehr nach Paris erwarte. Obwohl Proust schreibt: »Erfreut darüber, Sie an einem ruhigen Ort zu wissen, wünsche ich, daß Sie dort so lange wie möglich bleiben [...]. Bleiben Sie, so lange Sie sich wohl fühlen«, enthält der Brief, ohne daß Luciens Name genannt wird, die Beteuerung: »[...] auch ich werde sehr glücklich sein, ach! mein lieber Kleiner, sehr glücklich, wenn ich Sie umarmen kann, der Sie wirklich die Person sind, die ich zusammen mit meiner Mutter am meisten auf der Welt liebe.«[33] Ebenso überschwenglich äußerte er sich über Reynaldos Begabung: »Sie müssen wissen, daß Ihre Traurigkeit für mich nicht nur die trübe Schönheit Ihres Charakters ist, sondern auch der niedrigste Pegel Ihrer Tiefe, der moralischen wie der intellektuellen, der Genius (ich nehme das Wort hier im alten Sinne, so daß Ihre Bescheidenheit sich diesmal nicht zu zeigen braucht, denn sie würde sich als schlecht informiert zeigen) Ihrer Musik, der Bodensatz der Lust, den man loswerden muß, um zur Größe emporzusteigen.«[34]

Wenn Proust jemanden über die Maße lobte, versuchte er später das Gleichgewicht durch scharfe Kritik – die er einem dritten gegenüber äußerte – wiederherzustellen. Er lobte Suzette Lemaire über alles, doch in einem Brief an Reynaldo beschrieb er sie als die Sorte von Menschen, die einem beim Weinen den Rücken zukehren, aber erst nachdem sie sich vergewissert haben, daß man im Spiegel ihre Tränen sehr wohl sehen kann. »Man muß allerdings zugeben, daß bei ihr das Natürliche zuweilen sehr affektiert ist.«[35]

Abgesehen von seiner Mutter hatte er noch nie jemanden so geliebt wie Reynaldo, und die beiden Freunde litten außerordentlich, als ihr Flitterwochenglück zu Ende war. Selbst untreu war Proust immer noch besitzergreifend, war er immer noch das Opfer der unersättlichen, eifersüchtigen Neugierde, die er in »La fin de la jalousie« beschreibt. Er wollte alles erfahren, was mit Reynaldo zu tun hatte, während dieser lieber nicht wissen wollte, was Proust zustieß.

Im Juni versprach Reynaldo, Marcel gegenüber völlig offen zu sein, und als er dieses Angebot zurückzuziehen versuchte, ärgerte Proust sich darüber sehr. »Daß Sie mir alles anvertrauen, ist seit dem 20. Juni meine Hoffnung, mein Trost, meine Stütze, mein Leben. Um Ihnen keinen Kummer zu bereiten, spreche ich fast niemals mit Ihnen darüber, um aber nicht selber zu großen Kummer zu empfinden, denke ich fast ständig an Ihr Versprechen. So kommt es, daß Sie mir ausgerechnet das sagten, was mich wirklich ›verletzen‹ kann. Tausend Beleidigungen hätte ich lieber gehört. Oft habe ich welche verdient, öfter als Sie vermeinen. Dagegen verdiene ich sie nicht in den Augenblicken schmerzlicher Anstrengung, in denen ich ein Gesicht heimlich zu erkennen trachte, Namen vergleiche oder eine Szene wiedererstehen lasse, um zu versuchen, die Lücken eines Lebens zu füllen, das mir mehr als alles andere am Herzen liegt, das mir aber Anlaß zu trostloser Unruhe sein wird, solange mir selbst seine unschuldigsten Regionen unbekannt sind.«[36] Noch als er sie selber lebte, arbeitete Proust seine besitzergreifende Eifersucht zum Kunstwerk aus.

Ein anderer Brief an Reynaldo beginnt so: »Unsere Freundschaft hat nicht das Recht, hier zu schweigen, sie ist dafür jetzt nicht stark genug.« Er habe stets zu vermeiden versucht, Reynaldo Schmerz zu bereiten, doch Reynaldo kümmere sich nicht darum, ob er Proust Leid zufüge, der sich wiederum nach wie vor »verpflichtet sieht, Sie keine solchen dummen, bösen und feigen Handlungen begehen zu lassen, ohne zu versuchen, Ihr Gewissen aufzuwecken [...]«.[37] Ihre Beziehung verschlechterte sich so rasch, daß Proust auch in seinem Roman mit der Frage kämpfte, was zurückbleibt, wenn eine Liebe zu Ende ist. Sicherlich hatte er nicht vergebens geliebt, oder etwa doch? Ist unsere Liebe zu Menschen grundlegend verschieden von unserer Liebe zu einem Ort oder zu bestimmten Sinnesempfindungen? Ihm wurde klar, daß, »wenn unsere jeweilige Liebe zu den Dingen unserer Liebe zu Personen oder Eitelkeiten insofern gleicht, als sie ihren Gegenstand wechselt und wir alles, was wir geliebt haben, mit einem Bedauern verlassen müssen, das nicht anhalten kann, um dann wieder andere Dinge und andere Menschen zu lieben, wir dennoch zu Unrecht glauben würden, daß in einer solchen Liebe das gleiche Nichts zu finden sei wie in der anderen und daß wie bei jener nichts von uns selbst in ihr zurückgeblieben ist«.[38]

Schon mit fünfundzwanzig Jahren stellt er sich die Frage, ob die Zeit unwiderruflich verloren sei, doch sind seine Überlegungen dazu noch davon geprägt, daß er voller Schuldbewußtsein glaubt, mittelmäßig, faul, unproduktiv und willensschwach zu sein. Auch wenn er weniger masturbiert, glaubt er doch, sich in der Vergangenheit so sehr verbraucht zu haben, daß ihm kaum genug Kraft bleibe, sein künstlerisches Potential zu verwirklichen oder seinen stärksten Gefühlen entsprechend zu handeln. Er weiß nicht, wie er sich selbst einschätzen soll. Es gibt Augenblicke, in denen er alle Einladungen ausschlägt und sich selbst für mittelmäßig hält.

Ein gebieterischer Befehl seines Vaters oder eine Beschwerde der Mutter über seine Unpünktlichkeit genügen, damit Jean Santeuil wegen seiner tagträumerischen Beschäftigung mit sich Schuldgefühle hat. Diese Introspektion ist jedoch in einem Erzähltext, der sich mit den Vorgängen des Bewußtseins beschäftigt, unerläßlich. Tragen die Erinnerungen an Gefühle, die er nicht mehr empfinden will, überhaupt einen Wert in sich? Jean will sich nicht mehr in Marie Kossichef verlieben oder sich über eine Einladung nach Réveillon freuen, doch ab und zu findet ein Sonnenstrahl oder ein Windstoß den Weg zu seinem Herzen und bringt Erinnerungen zurück. Selbst wenn er nie mehr mit Pierre segeln gehen, nie mehr schreibend auf der Terrasse sitzen und das Sonnenlicht auf den roten und grünen Rebenblättern betrachten wird, ist seine Sehnsucht nach diesen Augenblicken der Beweis dafür, daß sie Spuren in ihm hinterlassen haben. »In sich selbst verspürte er, daß etwas, das er nur während jener Stunden empfunden hatte, das gleiche geblieben war. In solchen Momenten aber empfand er keinen Zweifel, keine Besorgnis, keine Traurigkeit mehr, und seine tiefe innere Ruhe schien wie der blaue Himmel über seinem Haupt wahre Heiterkeit und schweigende Freude in sich zu bergen.«[39]

7. Geheimnisvolle Gesetze

Die Begebenheit im Garten von Réveillon, bei der Marcel Reynaldo bittet, ihn allein zu lassen, wird – wenn auch nur indirekt – in einem Essay Prousts erklärt:[1] »Es scheint selbstverständlich, daß ein Reisender in einer Kathedrale bewundernd vor den Spitzbogen aus

rotem Glas verharrt, die der Künstler zu Tausenden zwischen den
hölzernen Verzweigungen der Fensterrahmen ausgespannt hat […].
Aber es scheint nicht selbstverständlich, daß ein Dichter eine Stunde
lang vor diesem Baum verharrt, um zu schauen, wie das unbewußte
und sichere architektonische Denken, das Spezies gefüllter Kirsch-
baum heißt, beim Nahen des Frühlings diese unzähligen weißen und
gefältelten Kügelchen verteilt hat, die, so lange sie nicht welken, in
das schwarze und vielfältige Geäst dieses Baumes einen leichten
Duft verströmen.« Der Dichter betrachtet jedoch nicht nur das
Sichtbare: »Er verharrt vor diesem Baum, doch was er sucht, ist
wohl jenseits des Baumes, denn er spürt nicht mehr, was er gespürt
hat, dann verspürt er es plötzlich von neuem, aber er kann es nicht
vertiefen, nicht weiterkommen.«[2]

Die intensive Leidenschaft, mit der Proust Gegenstände der
Natur betrachtete, läßt sich mit der Leidenschaftlichkeit von Dich-
tern wie Wordsworth und Hopkins, von Malern wie Monet und
Cézanne vergleichen, doch verbarg sich dahinter ein neurotischer
Zwang. Da er seiner eigenen Identität unsicher war, versuchte er,
seine innere Wirklichkeit an Gegenstände in der Außenwelt zu kop-
peln. Mit der intensiven Betrachtung von Rosenstöcken, Weißdorn-
büschen oder Bäumen versuchte er Besitz zu ergreifen von etwas,
das weder völlig äußerlich noch völlig innerlich ist. Die Realität der
Naturgegenstände ist unbestreitbar, aber nutzlos, solange sie sich
nicht festhalten läßt. Als der Erzähler in *A l'ombre des jeunes filles
en fleurs* auf eine Fahrt im Wagen der vornehmsten Freundin seiner
Großmutter mitgenommen wird, sieht er etwas abseits von der
Landstraße drei Bäume entschwinden, die ihm zu sagen scheinen:
»Was du heute nicht von uns erfährst, wirst du niemals erfahren.
Wenn du uns auf den Grund dieses Weges zurücksinken läßt, aus
dem wir uns bis zu dir haben heraufheben wollen, wird ein ganzer
Teil deiner selbst, den wir dir bringen konnten, für immer verloren
sein.«[3] Beobachten war für Proust nicht nur lustvoll, sondern auch
von Erschrecken und Verzweiflung begleitet.

Proust gelangte zu der Überzeugung, daß eine enge Verwandtschaft zwischen den geheimnisvollen Gesetzen, die die komplexe
Architektur der Naturgegenstände bestimmen, und den »geheimnisvollen Gesetzen […], die er in sich trägt«,[4] bestehe, und daraus
erwuchs ein Verfahren, Einzelheiten zu erfassen und zu behalten,

die er sonst nicht im Gedächtnis behalten hätte. Als Jean Santeuil die blühenden Apfelbäume in Etreuilles (Auteuil) betrachtet, sagt er zu sich, »jede Blüte, jedes Blatt [entspricht hier] einem Verlangen in uns«.[5] Der Weißdorn in *Swann* regt den Erzähler zu einer mimetischen Bewegung an: Beim Anblick der Weißdornzweige auf dem Altar in Combray und bei der genauen Betrachtung einer einzelnen Knospe, die gerade aufgegangen ist, denkt er an ein menschliches Wesen: »[...] als ich in meinem Innern der Gebärde ihres Aufblühens zu folgen, sie nachzuahmen versuchte, mir sie als die leichtfertige, rasche Kopfbewegung, den koketten Blick, die verengten Pupillen eines unbeteiligten, lebhaften jungen Mädchens in Weiß vorstellte«.[6]

Mit dieser pathetischen Verwandlung seiner selbst in ein erfassendes Greifinstrument zieht er die Naturschönheit in seinen fiktionalen Text hinein. Die unentbehrliche Prämisse ist dabei die, daß die menschliche ebenso wie die nichtmenschliche Natur geheimnisvollen Gesetzen unterworfen sei: »Der Geist des Dichters ist von Manifestationen der geheimnisvollen Gesetze erfüllt, und wenn diese Manifestationen erscheinen, erstarken, sich kräftig vom Hintergrund seines Geistes abheben, drängen sie danach, aus ihm hervorzutreten, denn alles, was dauern soll, drängt danach, aus dem hervorzutreten, was zerbrechlich, hinfällig ist und heute abend untergehen oder nicht mehr fähig sein kann, sie ans Licht zu bringen. [...] Ebenso strebt das Denken der geheimnisvollen Gesetze, oder die Poesie, wenn sie sich stark genug fühlt, danach, aus dem hinfälligen Menschen zu entweichen, der heute abend vielleicht tot sein wird [...]. Wenn sie derart sich ergießen möchte, schauen Sie das Verhalten des Dichters: er fürchtet, sie zu vergießen, bevor er das Gefäß aus Worten gefunden hat, sie aufzufangen. Wenn er einen Freund trifft, wenn er sich einem Vergnügen hingibt, verliert sie ihre geheimnisvolle Energie.« Im Augenblick des Schreibens »hat er seine Seele gegen die Weltseele getauscht. Solch großer Austausch vollzieht sich in ihm, und wenn Sie einträten und ihn zwängen, wieder er selbst zu werden, welch ein Schlag! Sie finden ihn vor, verstört, ergriffen von einer unerhörten Erregung. Er sieht sie verständnislos an, lächelt dann, wagt nicht einmal, etwas zu sagen, darauf wartend, daß sie wieder gehen, während sein Denken reglos verharrt wie die Medusenqualle am Strand, die dort sterben wird, wenn die Flut sie nicht zurückholt. [...] Was geht hier vor? Verschwindet das Opfer, sobald Sie eintreten? Ja, denn er arbeitet an sich selber; sobald Sie zu ihm stoßen, ist der andere nicht mehr; so, wie wenn Sie sich fragten, was Hyde mit Jekyll tat: als Sie Jekyll sahen, keine Spur mehr von Hyde, und als Sie Hyde sahen, keine Spur mehr von Jekyll. Sie finden ihn stets allein vor.«[7]

Proust war zeitweise von der Überzeugung besessen, wenn er Naturgegenstände nur sorgfältig genug betrachte, könne er in das Geheimnis ihres Aufbaus eindringen.

> So nun, völlig außerhalb von jeder literarischen Absicht und ohne einen Gedanken daran, fühlte ich manchmal meine Aufmerksamkeit plötzlich gefangen von einem Dach, einem Sonnenreflex auf einem Stein, dem Geruch eines Weges, und zwar gewährten sie mir dabei ein spezielles Vergnügen, das wohl daher kam, daß sie aussahen, als hielten sie hinter dem, was ich sah, noch anderes verborgen, das sie mich zu suchen aufforderten und das ich trotz aller Bemühungen nicht zu entdecken vermochte. Da ich genau fühlte, daß es in ihnen war, blieb ich unbeweglich stehen, um sie anzuschauen, einzuatmen, um den Versuch zu machen, mit meinem Denken über das Bild oder über den Duft noch hinauszugelangen. Wenn ich dann meinen Großvater einholen und meinen Weg fortsetzen mußte, suchte ich sie wiederzufinden, indem ich meine Augen schloß; ich konzentrierte mich völlig darauf, genau die Linie des Daches, den exakten Farbton des Steines wiederzufinden, die, ohne daß ich begreifen konnte, warum, mir mit etwas angefüllt schienen und bereit, sich zu öffnen, um mir auszuliefern, wovon sie selbst nur die Hülle waren.[8]

Auf diese Weise machte es sich Proust schon als Kind zur Gewohnheit – ohne sich visuelle Einzelheiten bewußt zu merken, präzise zu beobachten und die Beobachtung seinem Gedächtnis einzuprägen. Er glaubte weiterhin, daß es hinter dem, was wie eine Architektur in den organischen Dingen – einem Stein, einem Baum, der Knochenstruktur eines Gesichts – aussah, ein Kausalprinzip gebe, und auch wenn er das Geheimnis nicht zu lösen vermochte, fuhr er damit fort, die Dinge peinlich genau zu beobachten und mit einer phänomenalen Präzision im Gedächtnis zu behalten.

Seine späteren Ideen über unbewußtes Gedächtnis wurzelten in dieser eingefleischten Gewohnheit, Ansichten und Gerüche zu prüfen, als seien es Indizien. In *Jean Santeuil* wird die Begebenheit mit der Madeleine aus der *Recherche* vorweggenommen: Der weiße Rosenstock in Réveillon ruft eine Kindheitserinnerung wach – an den Duft, der Sonntag morgens den Salon des Onkels erfüllte, wenn Vasen mit frischen Gartenrosen aufgestellt worden waren.

> Welch ein Glück ist es dann, wie hier auf diesem Beet in Réveillon alle Meisterwerke an Rosensträuchern vor sich zu haben, die sich nebeneinander erheben und dem noch von einer kaum faßbaren Liebe für den ersten weißen Rosenstrauch entfachten Herzen einen Rosenstrauch mit tief purpurroten Blüten, einen anderen mit kleinen rosaroten, die wie flache Schalen wirken, einen Rosenstrauch mit violetten, einfachen Blütenblättern darbieten, wie die Blüte der Heckenrose sie hat. Es war eine lange Galerie von Rosensträuchern, von denen jeder der schönste zu sein schien, doch auf alle Fälle immer ein Rosenstrauch, wie man an seiner üppigen und großartigen Persönlichkeit erkennen konnte, jedesmal doch von einem andersartigen phantasievollen Rausch beherrscht, bald von dem Reichtum des Purpurs und bald von der Reinheit weißer Blütenblätter, so wie jedes einzelne Werk eines Künstlers eine neue Liebe zu einem anderen Traum in ganz besonderen Farben umschließt.[9]

Falsch wäre jedoch die Annahme, daß nicht auch die Familie zur Entwicklung der Ideen Prousts über Bewußtsein und Gedächtnis beigetragen hätte. Der Vater diskutierte mit Robert und Gästen der Familie die Funktionsweise des Gedächtnisses, und mit Sicherheit hörte Proust zu und beteiligte sich wohl auch am Gespräch. Adrien Proust hatte nicht nur Hirnforschung betrieben, das Thema zum Gegenstand seiner *thèse* gemacht und über Aphasie geschrieben,[10] sondern er hatte bei bestimmten Patienten auch Hypnose angewandt. Mit Robert sprach er häufig über die Erforschung des Erinnerungsvermögens und des Bewußtseins, und einmal beschrieb er auch ein erfolgreiches Experiment mit einem Patienten, der seinen Mantel verloren hatte und sich keinen neuen leisten konnte. Unter Hypnose gelang es dem Mann, sich zu erinnern, wo er den alten Mantel liegengelassen hatte.[11] Marcel konnte sich nur mit seinen eigenen Kindheitserinnerungen beschäftigen, aber seine Vorstellungen von unbewußtem Gedächtnis, die keineswegs nur das Ergebnis einer vereinzelten Erfahrung waren, reichten in ihren Ansätzen bis in die Kindheit zurück. In einem seiner Notizhefte[12] erinnerte er sich daran, wie eine Gouvernante ihn gescholten hatte, weil er mit Messer oder Gabel ein Geräusch auf dem Teller gemacht hatte, als er ein Stück Kuchen schneiden wollte. Er konnte jedoch kaum auf sie achten, weil das Geräusch »mir unversehens den rauschhaften Eindruck von Hitze, von Durst und von Sommer vermittelte, von einem Fluß, an dem der Abend herabsank, ohne daß die Luft sich abgekühlt hätte, vom Reisen. Mein gegenwärtiges unbewußtes Gedächtnis, das von den aktuellen Umständen gar nichts wissen konnte [...], ließ eine Fülle von Erinnerungen los.«[13] Keine dieser Ideen findet aber Eingang in das Buch *Les plaisirs et les jours*, das durch die Mitarbeit von Madeleine Lemaire Gestalt annahm. Obwohl ihre Beziehung zu Reynaldo Hahn etwas angespannt war,[14] kam Proust mit ihr gut aus, während sie an den Illustrationen arbeitete. Seine Lieblingsillustrationen waren die Taube, die Stiefmütterchen, die Chrysanthemen und Violantes Schloß.[15] Gut kam er auch mit ihrer achtundzwanzigjährigen Tochter Suzette aus, die wie ihre Mutter Blumen malte. Sie pflegte ihn, als er Fieber hatte: »Ich habe diese Nacht geschlafen, das ist schon lange nicht mehr vorgekommen – [...] und als ich aufwachte, spürte ich ihre lieben kleinen Hände, geschickt und kühl, auf meiner Stirn, und ich versichere Ihnen, es war nicht unangenehm [...].«[16]

Proust verließ Réveillon Mitte September und verbrachte mit seiner Mutter zehn Tage in Trouville, wiederum im Hotel des Roches Noires. Die Strausens hielten sich in ihrer Villa auf, und einem ihrer verärgerten Freunde zufolge sah man Proust ständig auf einem Schemel zu Füßen von Madame Straus sitzen.[17] Im Hotel schrieb er »La mort de Baldassare Silvande«, eine Erzählung über den vorzeitigen Tod eines Edelmannes. Proust vermochte sich zwar aufgrund seiner eigenen Krankheit in den Mann einzufühlen, doch die literarische Darstellung grenzt ans Preziöse. Außerdem fügte er in den Text Formulierungen aus der Erzählung »Avant la nuit«[18] ein, die nicht in *Les plaisirs et les jours* aufgenommen werden sollte. Darin gesteht ein junges Mädchen seine lesbische Vergangenheit, doch Proust dramatisiert nicht und erklärt auch ihre gegenwärtige Einstellung dazu nicht. Die Dankbarkeit des sterbenden Edelmannes

Silvande gegenüber der hingebungsvollen Oliviane kommt in Wendungen zum Ausdruck, die in »Avant la nuit« der Mann benutzt, der die ehemals lesbische Frau liebt: »Überirdisch wie eine Madonna, sanft wie eine Amme, habe ich sie angebetet und haben Sie mich gewiegt. Ich liebte Sie mit einer Zuneigung, deren raffinierte Sinnlichkeit durch keine Hoffnung auf fleischliche Lust getrübt wurde. Schenkten Sie mir dafür nicht eine unvergleichliche Freundschaft, einen köstlichen Tee, eine auf natürliche Weise ausgeschmückte Konversation und wie viele Büschel frischer Rosen?«[19]

»La mort de Baldassare Silvande« wurde zwar in *La Revue blanche* veröffentlicht – eine jener kleinen Zeitschriften, die sich im Paris des Fin de siècle vermehrten –, war jedoch für *Les plaisirs et les jours* geschrieben worden. Am Monatsende lag das meiste Material für das Buch in den Händen des Verlegers Calmann Lévy, dem Proust von Anatole France vorgestellt worden war. Proust hatte vor, im Vorwort aus einem unveröffentlichten Gedicht Montesquious zu zitieren und dem Freund eine der in dem Band enthaltenen Erzählungen zu widmen, und bat ihn um die Erlaubnis dazu. »Ich glaube, daß ich die wichtigsten Novellen oder Gedichte meines Buches den großen Meistern widmen werde, die ich bewundere, und den Freunden, die ich liebe.«[20] Montesquiou warf Proust vor, dies sei eine »pompöse Phrase«,[21] war jedoch mit dessen Wünschen einverstanden: Proust solle die »schönste« Geschichte aussuchen und diese ihm vorher zuschicken. Proust hatte für ihn die Novelle »La confession d'une jeune fille« vorgesehen, die auf sein Schuldgefühl anspielt, die Mutter getäuscht zu haben. Hier wird auch zum erstenmal der Gutenachtkuß erwähnt: »An den beiden Abenden, die sie in Les Oublis verbrachte, kam sie an mein Bett, um mir gute Nacht zu sagen, eine alte Gewohnheit, die sie abgelegt hatte, weil es mir allzu große Freude und allzuviel Kummer machte, weil es mich sogar daran hinderte einzuschlafen, denn ich hatte sie immer wieder zurückgerufen, damit sie mir noch einmal gute Nacht sage, bis ich es schließlich nicht mehr wagte und doch das leidenschaftliche Bedürfnis danach verspürte, mir immer wieder einen neuen Vorwand ausdachte [...].«[22]

Das Mädchen in »La confession d'une jeune fille« verheimlicht der Mutter, daß es als Vierzehnjährige von einem fünfzehnjährigen Cousin verführt worden war, obwohl es »von einem rasenden Be-

dürfnis nach meiner Mutter erfüllt« ist, als es ihn verläßt. Ebensowenig kann es über die sündhafte Lust reden, in die es mit sechzehn
eingeweiht wird. Das Mädchen leidet auch an der typischen Proustschen Unfähigkeit: »Was meine Mutter zur Verzweiflung brachte,
war meine Willensschwäche.« Und wie Proust und Violante beginnt
sie »ein mondänes Leben zu führen. Seine abstumpfenden Vergnügen gewöhnten mich daran, fortwährend in Gesellschaft zu leben,
und mit dem Gefallen an der Einsamkeit verlor ich das Geheimnis
der Freuden, die mir bis dahin die Natur und die Kunst gegeben hatten.« Als sie von einem anderen Mann verführt wird, »begann sie
zu ahnen, daß der Körper, der sich dem Genuß hingibt, in jeder wol-
lüstigen und sündhaften Handlung eine ebensolche Grausamkeit
begeht und ebenso viele gute Vorsätze, ebenso viele reine Engel gemartert werden und weinen.«[23] Die Geschichte erreicht ihren me-
lodramatischen Höhepunkt, als die Mutter sie in den Armen ihres
Verführers erblickt und einen tödlichen Herzschlag erleidet; ein
Höhepunkt, der jenem in »Avant la nuit« gleicht.[24]

Auch wenn Prousts Eltern an *Les plaisirs et les jours* Gefallen fan-
den, hatten sie dennoch Befürchtungen wegen seiner Prüfung in
Literatur und Philosophie für die *licence ès lettres*, das Lizentiat in
Philologie. Er erreichte landesweit den dreiundzwanzigsten Rang.

Im Frühjahr reiste er nach Segrez [Seine-et-Oise] zu einem Aufenthalt bei Pierre Lavallée im Hause von dessen Eltern.[25] Proust war
berauscht von der Schönheit der Landschaft und von seiner Kraft,
sie zu beschreiben. »Gleich einem inspirierten Dichter, der es nicht
verschmäht, die niedrigsten Themen, die bisher nicht zum Bereich
der Kunst zu gehören schienen, mit Schönheit zu erfüllen, erregte
die Sonne auch die wohltätige Kraft des Misthaufens, des ungleich-
mäßig gepflasterten Hofes und des wie eine alte Magd gekrümmten
Birnbaums.«[26] »Aber was ist das für eine königlich gekleidete Person, die inmitten dieser ländlichen und bäurischen Dinge näher-
kommt, auf den Zehenspitzen, wie um sich nicht zu beschmutzen?
Es ist der Vogel der Juno, glitzernd nicht mit toten Edelsteinen, sondern mit den eigenen Augen des Argus, der Pfau, dessen märchen-
hafter Luxus hier erstaunt. So schreitet vor den entzückten Augen
der Gaffer, die beim Gitterzaun zusammengelaufen sind, am Tage
eines Festes, einige Augenblicke vor der Ankunft der ersten Gäste, in
ihrem Kleid mit schillernder Schleppe, die azurblaue Krause bereits

um den königlichen Hals gelegt, die Aigretten auf dem Kopf, die Frau des Hauses glanzvoll über ihren Hof, um eine letzte Anweisung zu geben oder um den Prinzen von Geblüt abzuholen, den sie am Eingangstor empfangen muß.«[27] Diese Freude nahm jedoch wegen eines Asthmaanfalls ein jähes Ende, und Proust beunruhigte seine Gastgeber mit seiner plötzlichen Abreise.[28]

Seine Beziehung zu Montesquiou war nach wie vor unbeständig und unausgeglichen, doch sie war für beide wichtig. In seiner neuen Sammlung *Les parcours du rêve au souvenir,* die im Juni erscheinen sollte, widmete Montesquiou Proust ein Gedicht, und dieser machte ihm ein noch größeres Kompliment, als er Montesquious Texte (neben denen Baudelaires und Mallarmés) als Modell für eine Reihe von Prosagedichten über Cuyp, Watteau, van Dyck und Paul Potter benutzte. Louis de Ganderax lehnte diese »Portraits de peintres«, als sie bei der *Revue de Paris* eingereicht wurden, zwar ab, doch Hahn schrieb eine Klavierbegleitung, und mit seiner Unterstützung trug Proust sie am 28. Mai 1895 bei einer Soiree bei Madame Lemaire vor.[29] Zu den Gästen gehörten Montesquiou, Anatole France sowie Colette, die in einem Brief Proust mitteilte, daß sie und ihr Gatte seine »Glossen zart und schön finden: Sie dürfen sie nicht verderben, indem Sie sie schlecht machen, das ist sehr unpassend.«[30]

Als er im Juli mit seiner Mutter in Bad Kreuznach Urlaub machte, erhielten sie Besuch von Robert de Billy und dessen Frau. Die beiden hatten erst vor kurzem geheiratet.[31] Vierzehn Jahre später erinnerte sich Proust an den Wald, in dem er spazierenging, und an die »blauen Hügel, die sich hinter dem Kurhaus erhoben«. Er ging durch den Wald und zog sich unter die Bäume zurück, wenn es regnete. »Es war das Dorf, dessen gotische Turmspitze man am Grund des grünen Flusses gewahrte; es war der kleine blaue Berg hinter dem Kurhaus, den ich nach Beendigung der Kur besteigen wollte, um die Aussicht auf die ganze Pfalz zu genießen.« Beim Abendessen, wenn seine Mutter ihn nach seinen Erlebnissen fragte, berichtete er von den gutturalen deutschen Lauten, die er in einem Gespräch gehört hatte, oder er sprach von seinem Eindruck, daß sich eine »unsichtbare Krone des Heiligen Römischen Reiches« auch jetzt noch über die Spaziergänger, die Konzerte im Stadtpark und sogar auf die Restaurants im Gebirge erstrecke.[32]

Am 24. Oktober erfuhr er, daß er von der Bibliothèque Mazarine zu der Abteilung, die die Belegexemplare aller neu erscheinenden Publikationen bearbeitete, versetzt war und daß die Verlängerung seines Urlaubs abgelehnt worden war.[33] Er kehrte am 27. Oktober nach Paris zurück, zwei Tage bevor »La mort de Baldassare Silvande« in der *Revue hebdomadaire* erschien. Seine Eltern waren beeindruckt, als er für den Abdruck 150 Francs erhielt. Proust fiel es jedoch schwer, sich wieder in den häuslichen Tagesablauf einzufügen. Er fühlte sich irritiert durch Essensreste auf dem Tisch im Speisezimmer, und beim Anblick seiner Mutter, die auf der anderen Seite des Zimmers einen Strang roter Wolle abwickelte, verspürte er Unruhe.[34] Unter Berufung auf seine schwache Gesundheit bat er den Chefbibliothekar Alfred Franklin, seine Versetzung rückgängig zu machen, und erwirkte unter Hinweis auf seine Bekanntschaft mit Monsieur Hanotaux einen weiteren Urlaub. Er hatte vorgehabt, während dieses Urlaubs nach Segrez zu fahren, reiste aber statt dessen nach Réveillon, und zwar ohne Reynaldo.

»Unter den unermeßlichen Kastanienbäumen verweilte ich besonders gern, wenn der Herbst sie gelb werden ließ. [...] Der blaßgelbe Ton der verbleibenden Blätter ließ das Gezweige, das sich in seiner Kahlheit ohnehin schon fester und schwärzer abzeichnete, noch deutlicher hervortreten, und es schien so, rings um den Stamm herum, ein großartiger Kamm zu sein, der das sanft hingegossene blonde Haar zurückhielt.«[35] Unter dem Titel »Réveillon in der kalten Jahreszeit« schreibt er begeistert über Spaziergänge, die Jean und seine Freunde vor dem Abendessen unternehmen: »Man fühlte sich hochgestimmt, wenn man so aufbrach, ohne gegessen zu haben, wenn es schon dunkelte, und den Spaziergang noch eine Weile fortsetzte, bevor man zum Essen heimkehrte, beim Vollmond unter den Sternen in diesem schweigenden Land und bei einer absoluten Stille, die beinahe furchtgebietend war, so nahe spürte man sie neben sich, wenn in den fernen Dörfern schon alles zur Ruhe gegangen war.«[36]

Nach Paris zurückgekehrt, besuchte Proust den Louvre, um die Gemälde Chardins zu sehen, und er begann einen Essay, der die seinem Roman zugrundeliegenden Intentionen beleuchtet. Das häusliche Leben, das er als öde und langweilig empfunden hatte, erschien ihm – gespiegelt in den Gemälden Chardins – aufregend und verlockend.

Und doch haben Sie da nichts anderes gesehen als eine wohlhabende Bürgersfrau, die ihrer Tochter die Fehler zeigt, die sie in ihrem Gobelin gemacht hat (*La mère laborieuse*), eine Frau, die Brote trägt (*La Pourvoyeuse*), ein Kücheninterieur, wo eine lebende Katze über Austern läuft, während ein toter Rochen an der Wand hängt, eine schon halb abgeräumte Anrichte mit Messern, die auf dem Tischtuch herumliegen (*Fruits et animaux*) [...]. Das Vergnügen, das Ihnen sein Gemälde von einem Zimmer, in dem genäht wird, von einem Anrichteraum von einer Küche, von einem Büfett vermittelt, ist, im Vorübergehen festgehalten, vom Augenblick befreit, vertieft, verewigt, das Vergnügen, das ihm der Anblick eines Büfetts, einer Küche, eines Anrichteraums, eines Zimmers, in dem genäht wird, vermittelte. [...] Sie haben es unbewußt schon empfunden, dies Vergnügen, das die Szenen des bescheidenen Lebens und der stillen Dinge vermitteln, sonst hätte es sich nicht in Ihrem Herzen geregt, als Chardin es mit seiner zwingenden und glänzenden Sprache heraufgerufen hat. Ihr Geist war zu träge, um bis zu diesem Vergnügen hinabzudringen. Es mußte warten, bis Chardin es in ihnen ergriff und zu Bewußtsein brachte. Da haben Sie es erkannt und zum ersten Mal gekostet. Wenn Sie sich bei der Betrachtung eines Chardin sagen können: das ist intim, gemütlich, das ist lebendig wie eine Küche, dann werden Sie beim Gang durch eine Küche sagen: das ist bemerkenswert, das ist großartig, das ist schön wie ein Chardin.[37]

Proust wollte, wenn er über das ländliche oder über das städtische Leben schrieb, eine ähnliche Wirkung erzielen.

Er ließ jedoch Chardin keine Chance, ihn mit Essensresten auf dem Küchentisch und mit Strängen von roter Wolle zu versöhnen. Zu sehr erregt war er über den Fortgang seiner Beziehung zu einem Siebzehnjährigen, der erst zwölf Jahre alt gewesen war, als sie einander zum ersten Mal sahen: Alphonse Daudets Sohn Lucien, Kunststudent, schmal und zierlich, mit einem kleinen Schnurrbart. Jules Renard beschrieb ihn als »schönen jungen Burschen, gelockt, aufgeputzt, gecremt, geschminkt und gepudert«, »spricht mit einem Westentaschenstimmchen«.[38] Reynaldo, der ein Freund der Familie Daudet war, hatte Proust dort vorgestellt. Gemeinsam besuchten sie die Daudets gelegentlich und behandelten Lucien wie einen unscheinbaren Schuljungen. Als Proust ihn zum erstenmal zu sich nach Hause einlud, versuchte er, ihn mit Photos von Schauspielern und Schriftstellern zu unterhalten und mit dem Buch von Paul Bourget, das Photographien von Laure Hayman enthielt. Lucien interessierte sich weder für das eine noch das andere, sprach das auch aus, und beide waren verlegen. Trotzdem mochte er Proust und dessen Familie. Ihm schienen sich die beiden Brüder Proust nur »indirekt« zu gleichen. Robert Proust »hatte die Züge seines Vaters, aber sein Gesichtsausdruck war der von Madame Proust: Wenn die Mutter anwesend war, erriet man, daß sie Brüder waren.« Allmählich gewann Proust die Freundschaft des Jungen, zum Teil durch seine besonnene Art. »Man könnte sagen, daß er mir gegenüber (was mir damals nicht bewußt war) Verantwortung spürte und niemals jene Erklärungen und Vertraulichkeiten hervorlocken wollte, die man mit sechzehn oder siebzehn Jahren, einem Alter, da der Dämon mit dem Engel kämpft, ebenso fürchtet wie sie einen verfolgen.«[39]

Nach einem Essen, zu dem Proust und Reynaldo am 14. November 1895 bei den Daudets eingeladen waren, beklagte sich Proust über den »schrecklichen Materialismus, der bei diesen Menschen des ›Geistes‹ so außergewöhnlich ist«, und daß »Charakter und Genie anhand körperlicher Gewohnheiten oder der Rasse erklärt werden«. Außerdem brachte ihn die Gastgeberin in Verlegenheit: Als er ihr für die Einladung dankte, gab sie zur Antwort: »Monsieur Hahn hat mich darum gebeten.«[40] »Der Adel, der sicherlich seine Fehler hat, gewinnt hier seine wahre Überlegenheit, bei der die Wissenschaft der Höflichkeit und der Freundlichkeit für fünf Minuten den größten Charme auszuspielen und eine Stunde lang Mitgefühl und Geschwisterlichkeit vorzugeben vermag. Auch die Juden (die dort im Namen irgendeines Prinzips verachtet werden, da DER, den sie gekreuzigt haben, ebenfalls verbannt ist [...]) haben, wenn auch zu einem anderen Zweck, eine Art Caritas der Eigenliebe, der Herzlichkeit ohne Stolz, die ihre eigenen großen Verdienste hat.«[41]

Luciens älterer Bruder Léon war ein noch rabiaterer Antisemit als die übrige Familie, doch nichts hätte Proust davon abhalten können, am 13. Dezember erneut zu ihnen zum Essen zu gehen, denn unter den Gästen waren Montesquiou und Albert Flament, ein Journalist, der für verschiedene Zeitungen die Gesellschaftsspalte schrieb. Flament hatte gehört, Proust sei ein Snob und Müßiggänger und Madame Lemaire sklavisch ergeben. Doch Proust beeindruckte ihn mit »dem überraschenden Tiefgang seiner Adjektive« und mit seiner Parodie Montesquious, dessen Manieriertheiten er mit überwältigender Genauigkeit wiedergeben konnte: So pflegte Montesquiou beim Lachen die Hand vor den Mund zu halten, um seine schlechten Zähne zu verbergen, und mit dem Fuß zu stampfen, wenn er das letzte Wort haben, Begeisterung oder Ungeduld zum Ausdruck bringen wollte. »Um ein Uhr nachts gab Proust in der Garderobe vor Daudets Cousinen, Adeline und Marthe Allard, eine Imitation von Graf Roberts durchdringenden Schreien zum besten, wobei die vielen herumhängenden Mäntel den Lärm dämpften.« Auf dem Heimweg mit Flament setzte Proust seine Imitation in der Droschke fort.[42]

Prousts Nachäffen war zum Teil ein Aggressionsakt gegen Manierismen, die ihm lächerlich vorkamen, aber er mußte auch der Versuchung widerstehen, Menschen nachzuahmen, die er bewunderte. Es gab noch zwei andere, »ohne die die Manieren und die Sprechweise Marcels als junger Mann zweifellos anders gewesen wären«: Prince Edmond de Polignac und Charles Haas.[43] Auch Prousts Haltung gegenüber Montesquiou war ambivalent: Er brachte seine Freunde mit Montesquiou-Parodien zum Lachen, verhielt sich aber manchmal selbst so wie dieser. Nach dem Zeugnis von Jacques-Emile Blanche: »Für uns war es ein zu einem Tic gewordener Scherz, ›à la Montesquiou‹ zu sprechen. Die übersteigerten Seufzer, Vorwürfe, Wehleidigkeiten, Gereiztheiten, das Schelten, das durchdringende Gekreisch ›Roberts‹ – man wußte nicht, ob Marcel es im Scherz nachahmte, oder ob er es sich nicht unbewußt zu eigen gemacht hatte.«[44]

Der Klatsch über diese Parodien erreichte bald auch Montesquious Ohren, doch Proust behauptete ihm gegenüber, er habe ihn nur zitiert und nicht imitiert. Montesquiou fragte daraufhin, warum Proust sich zum Handelsvertreter für den Esprit eines anderen mache. In einem Rechtfertigungsbrief schrieb Proust, daß er Montesquiou schon seit langem nicht mehr nachahme, jedoch auch: »Damals mußte sich offensichtlich meine Stimme und Betonung in Rhythmus und Tonfall jenen geliehenen Gedanken angepaßt haben, durch den Sog der Seele, die den Körper mit sich reißt. Wenn man

Ihnen mehr berichtet und gar von Karikatur gesprochen hat, so
berufe ich mich auf Ihren Grundsatz: ›Ein hinterbrachter Satz ist
niemals wahr.‹«[45] Elisabeth de Clermont-Tonnerre schreibt von
Montesquiou, er habe einen »besonderen Wahrnehmungsmecha-
nismus« besessen, »den ich noch nie bei jemand anderem gesehen
habe, und den Proust für seine eigenen Zwecke ausbeutete«. Montesquious Denken sei wie »die Rückseite eines Wandteppichs, auf
der man einen Faden quer über die Fläche laufen sieht, bis er schließlich verknotet wird. Es ist Montesquiou, der Proust in der Kunst
unterwiesen hat, alle Nuancen zu erfassen und die Ideen voneinander abprallen zu lassen.«[46] Dies mag etwas übertrieben klingen,
jedoch wird Montesquious Einfluß auf Proust gewöhnlich eher
unterschätzt.

Der Comte entwickelte eine Art von verwandtschaftlichem Interesse am Fortgang von der Freundschaft zwischen Proust und Lucien
Daudet. Inzwischen sahen die beiden einander jeden Tag. Lucien
zeigte Proust seine Mappe, und sie gingen zusammen in den Louvre.
Proust berichtete Montesquiou: »Eine Woche lang konnten wir einander nicht ansehen, ohne dabei in den blindwütigsten, bedauerns-
wertesten und unwiderstehlichsten Lachanfall zu geraten.«[47] Trotz
dieser Warnung lud Montesquiou sie ein, einen Abend mit ihm und
Léon Delafosse zu verbringen, und konnte ihnen nicht verzeihen,
daß sie in einen Lachkrampf verfielen. Zu Neujahr läßt Proust
Lucien ein Elfenbeinkästchen mit der gravierten Inschrift »An die
Freundschaft« überbringen.[48]

Madame Proust blieb von einem großen Teil dieser für Marcel
wichtigen emotionalen und gesellschaftlichen Beziehungen ausgeschlossen, deshalb veränderte sich die Qualität ihrer Beziehung.
Zwischen Anflügen der Verärgerung über Madame Santeuil, verspürt Jean wie früher den Drang, sie zu küssen:

> Und während er sie sich so sanft und so lächelnd und so schön
> vorstellte, empfand er keinen Zorn mehr gegen sie. Aber sie
> war es nicht mehr. Der Tod ihres Vaters, Jeans Trägheit sowie
> Krankheit und das Entschwinden ihrer Jugend hatten sie ver-
> ändert, und da sie nicht mehr dieses für ihr Alter zu jugend-
> liche, für ihre ewige Trauer zu heitere, für ihre zunehmende
> Fülle zu enge, durch viele neue Moden überholte Mäntelchen
> trug, würde er sie auch nicht mehr so wiederfinden.[49]

Der Tod ihrer Mutter hatte Madame Proust altern lassen, und ihr Sohn empfand bereits jetzt jenes Schuldgefühl, das sich nach ihrem Tod noch verstärken sollte – daß er ihren Verfall beschleunigt habe, weil er ihr Enttäuschung und Angst bereitete.

Nachdem sich die Veröffentlichung von *Les plaisirs et les jours* verzögert hatte, weil Madeleine Lemaire immer noch an ihren Illustrationen arbeitete, lieferte sie diese schließlich im Januar 1896 ab. Ende Februar lagen die Fahnen des Buches vor, und J. Hubert, Herstellungsleiter bei Calmann-Lévy, bat Anatole France, sie durchzusehen und Proust Änderungen vorzuschlagen. »Mit der Autorität Ihres Namens und dank des Vertrauens in Sie und der Zuneigung zu Ihnen würde er die kleinen Änderungen oder Anmerkungen gutheißen und ich verhehle Ihnen gegenüber nicht, daß ich sie für das Werk als nützlich erachte, für das Sie ja die Patenschaft übernommen haben.«[50] France hatte zwar zugestimmt, ein Vorwort zu schreiben, doch wurde dieses nicht vor April fertig, und es hätte wohl noch länger gedauert, wenn nicht Madame Arman auf France Druck ausgeübt hätte. Er verhehlte seine Ambivalenz keineswegs: »So zeigt das Buch unseres jungen Freundes Züge eines müden Lächelns, Gebärden der Ermattung, beides nicht ohne Schönheit und Adel.«[51]

Die Verzögerungen hielten Proust bei seiner Arbeit an *Jean Santeuil* nicht auf. Als er im März im Haus von Léon Yeatman, dem er neues Material vorlas, daran schrieb, konstruierte er eine Einleitung, in der zwei junge Männer in einem Hotel an der Küste einen Romanautor auf die gleiche Weise kennenlernen, wie Marcel und Reynaldo den Maler Alexander Harrison kennengelernt hatten. Der Schriftsteller liest ihnen aus seinem unveröffentlichten Roman über seine Kindheit vor, und als er stirbt, ohne daß er veröffentlicht worden wäre, entschließt sich einer der beiden jungen Männer, die in seinem Besitz befindliche Fassung zu veröffentlichen. Dies ist der nun folgende Text. Mit der im nachhinein geschriebenen Einleitung gelangten zeitliche Unstimmigkeiten in den Text, die Proust jedoch ignorierte. Die Haupthandlung enthält zeitgeschichtliche Ereignisse, z.B. Skandale, und ist dadurch auf die Zeit zwischen 1871 und 1895 festgelegt. In dem neuen Handlungsschema machte Proust aber das Jahr 1859 zu Jeans Geburtsjahr, ohne den übrigen Text daran anzugleichen.[52]

Les plaisirs et les jours sollte im Juni erscheinen. Am 10. Mai um fünf Uhr nachmittags starb der achtzigjährige Louis Weil an einer Lungenentzündung. Proust schrieb deshalb an Laure Hayman, damit sie die Nachricht nicht aus der Zeitung erfahre,[53] versuchte sie jedoch auch vom Begräbnis fernzuhalten: »In seiner Religion gibt es keinen Trauergottesdienst. Man versammelt sich nachher um $1/_2$4 Uhr bei ihm zu Haus, 102, Boulevard Haussmann, und geht von dort aus zum Père Lachaise (ich fürchte aber, es wird eine Anstrengung für Sie, und es werden wenig Frauen mitgehen).«[54] Laure Hayman wahrte Diskretion und schickte einen großen Kranz. Der Radfahrer, der ihn ablieferte, holte den »blumenlosen jüdischen Trauerzug« ein, und der Kranz der Kurtisane wurde mit dem Sarg zusammen begraben.[55] Später sandte Proust ihr ein Exemplar von *Les plaisirs et les jours* mit der Widmung: »An Madame Laure Hayman für die unendliche Zartheit ihres Herzens, ihrer Schönheit und ihres unvergleichlichen Geistes. Ihr Freund Marcel Proust.«[56]

Proust sah sich erneut gezwungen, über das Judentum nachzudenken, als Zola in einem Zeitungsartikel leugnete, daß der Antisemitismus populäre Wurzeln habe, und auch Montesquiou machte eine provozierende antisemitische Bemerkung.[57] Proust antwortete darauf nicht sofort, schrieb jedoch hinterher einen Brief: »[...] ich bin katholisch wie mein Vater und mein Bruder, meine Mutter hingegen ist jüdisch. [...] Wenn nämlich unsere Vorstellungen voneinander abweichen, oder wenn ich vielmehr unabhängig genug bin, um meine eigenen Vorstellungen dazu zu haben, so hätten Sie mich in einer Diskussion vielleicht unabsichtlich verletzen können.«[58] Als Montesquiou ihm jedoch ein Exemplar seiner neuen Gedichtsammlung *Les Hortensias bleus* sandte, las Proust sie noch am gleichen Abend gemeinsam mit Lucien.

Im Juni, als *Les plaisirs et les jours* veröffentlicht wurde, schlug in der Familie der Tod erneut zu: der Großvater Nathé Weil starb im Alter von neunundsiebzig Jahren.[59] Zuerst fühlte sich Proust von diesem Ereignis wenig berührt, brach jedoch in Tränen aus, als er nach dem Begräbnis das Schlafzimmer des Verstorbenen betrat. Er benutzte den Trauerfall als Vorwand, um der von Montesquiou in Douai organisierten Enthüllung eines Denkmals für die Dichterin Marceline Desbordes-Valmore nicht beizuwohnen. In der zweiten Julihälfte ging er jedoch sehr häufig aus; er besuchte Reynaldo in

Saint-Cloud, Madame Arman, Calmann-Lévy und Madeleine Lemaire, deren Name Gewähr dafür bot, daß *Les plaisirs et les jours* in
Le Gaulois, *Le Figaro* und *Le Temps* respektvoll besprochen wurde.
Die meisten anderen Zeitungen übergingen das Buch, insbesondere
wegen seines exorbitanten Preises von 13,50 Francs.

Léon Blum rezensierte das Buch für die *Revue blanche* und kritisierte, Proust schreibe »zu geziert und zu hübsch – Gaben wie die
seinen sollte man nicht vertun«, während Fernand Gregh in der
Revue de Paris sarkastisch bemerkte, »er hat alle guten Feen, ohne
auch nur eine einzige zu vergessen, an die Wiege seines neugebore-
nen Buches geladen«. In der *Revue encyclopédique* sagte Charles
Maurras voraus, »die kommende Generation wird sich daran gewöhnen müssen, diesen jungen Schriftsteller als einen ihrer Anfüh-
rer zu betrachten«.[60] Proust gelang es jedoch mit dieser Veröffentlichung nicht, sich als Schriftsteller zu etablieren. Einige seiner
Freunde glaubten sogar, sie habe ihm geschadet, und zwar nicht wegen abträglichen Besprechungen, sondern wegen des unangemesse-
nen Erscheinungsbildes: »Es sah aus wie eines jener Mädchenalben,
in denen man aufgefordert wird, etwas Eigenes hineinzuschrei-
ben.«[61]

Aus Dankbarkeit für Maurras' großzügiges Lob schmeichelte
Proust ihm seinerseits: »Die Bücher, die Sie anfassen, finden Sie
kostbar, ohne zu berücksichtigen, daß Sie es sind, der sie durch diese
Berührung in Gold verwandelt hat.«[62] In der Gesellschaft, im fami-
liären Leben und in den Liebesbeziehungen gab sich Proust einer
emotionalen Doppelbödigkeit hin, indem er gleichzeitig positive
und negative Gefühle hegte. Er konnte sich aus jeder beliebigen Situation herauslösen und wirkte dann völlig abwesend. Er wußte,
daß Unaufrichtigkeit seiner Integrität schadete: Je mehr man von
der Wahrheit abweicht, um so schwieriger wird es, sie herauszufinden. Oder ist die Wahrheit gar ebenso multipel wie das Selbst?

Anfang August fuhr er mit der Mutter nach Mont-Dore, einen
Kurort in einem Tal inmitten der hohen Berge des Puy-de-Dôme.[63]
Das Wasser dort war seit den Zeiten der Römer für seine Heilwir-
kung bei Asthma bekannt. Der Ort liegt dreißig Kilometer von Cler-
mont-Ferrand entfernt. »Er haßte die Gegend, fand sie abscheulich
und beglückwünschte sich, bedrückt wie er war, fast dazu, da er die

Notwendigkeit, die uns drängt, Dinge zunächst zu lieben, die dennoch so schnell vergessen sind, sehr ermüdend fand. Wenn die Jahre unseres Lebens, die wir mit der größten Leidenschaft durchleben, abgelaufen sind, erschienen sie uns wie ein Roman, den wir ausgelesen haben; sobald die Lektüre beendet ist, finden wir kein Vergnügen daran, ihn noch einmal vorzunehmen.«[64] Die Möglichkeit, aktuelle Erlebnisse zu fiktionalisieren, veränderte jedoch den Geschmack des Erlebens: Alle Sinnesempfindungen und Ideen konnten eine autobiographische Würze haben.

Das Asthma hatte dazu beigetragen, Proust die Brüche in seinem Selbst entdecken zu lassen. War es in der Gegenwart schon vielfältig, mußte es sich auch der Vergangenheit gegenüber verändert haben. Der Marcel Proust des Jahres 1896 war ein anderer als der Achtjährige desselben Namens, der bei bester Gesundheit die Ferien in Illiers genießen und ohne Angst vor Pollen Blumen pflücken konnte. In einem Brief an Reynaldo schrieb Proust: »In allen Augenblicken unseres Lebens sind wir Nachkommen unser selbst, und der uns belastende Atavismus ist unsere eigene Vergangenheit, welche die Gewohnheit uns bewahrt. Auch kann man nie eine wirklich glückhafte Ernte erwarten, wenn die Saat nicht frei war von schlechten Körnern.«[65] Der Verlust dieses vergleichsweise gesunden Selbst der Kindheit hatte ein Raster geschaffen, an dem er alle späteren Verluste messen konnte, seien es solche des Selbst oder von Geliebten. Menschen und Vergnügungen, die unser Leben heute lebenswert machen, sind nicht unbedingt die gleichen Menschen und Vergnügungen wie vor zehn Jahren. Diese Einsicht sollte sich zu einem Hauptthema der *Recherche* entwickeln.

Prousts Wochen in Mont-Dore waren nicht ereignislos. Ein anderer Gast bezichtigte ihn des Betrugs beim Kartenspiel, Proust forderte ihn zum Duell und entging diesem nur knapp.[66] In *Jean Santeuil* werden zwei Duelle ausgetragen: Im ersten verwundet Jean den Mann, der ihn beleidigt hatte; das zweite wird zu einem noch größeren Triumph, da der Duc de Réveillon sich ihm als Sekundant anbietet.[67] In Mont-Dore hatte Proust freilich nur mit den Pollen zu kämpfen, die durch die Heuernte verbreitet wurden und die bei ihm so schweren Heuschnupfen auslösten, daß er Ende August 1896 mit seiner Mutter nach Paris zurückkehrte. Dann wurde er zum Militärdienst abkommandiert, ließ sich wegen des schlechten Gesundheitszustands jedoch freistellen. Er war inzwischen ein Meister in der Kunst, sich langweiligen Arbeiten zu entziehen: An seiner Stelle in der Bibliothèque Mazarine hatte er keinen einzigen Tag verbracht.

Im September verreiste seine Mutter wieder nach Dieppe, während er daran dachte, zu Pierre Lavallée nach Segrez zu fahren.[68] Schließlich blieb er jedoch zu Hause, allein mit den Dienstboten, und versuchte gegen das Asthma anzukämpfen, indem er Espic-Zigaretten rauchte und neben dem Bett Räucherpulver verbrannte.[69] Seine Anfälle, bei denen er jedesmal dem Ersticken nahe war, wurden auch vom Wetter beeinflußt. Regen brachte Erleichterung, Sonnenschein Verschlimmerung. »Wenn alle die anderen Menschen, die ich in mir habe, einer nach dem anderen zum Schweigen gebracht sind, in das extremstes körperliches Leiden oder der Schlaf sie versetzt hat, ist der, der als letzter übrigbleibt und immer stehen bleibt, mein Gott, es ist einer, der vollkommen jenem Kapuziner gleicht, den in meiner Kindheit die Optiker im Schaufenster hatten und der seinen Regenschirm aufmachte, wenn es regnete, und den Hut lüftete, wenn schönes Wetter war. Wenn es schön ist, können meine Fensterläden noch so hermetisch geschlossen sein und ich kann meine Augen noch so sehr bedecken, eine schreckliche Krise, verursacht eben durch das schöne Wetter, durch den schönen Lichterdunst der Sonne, bringt mich zum Röcheln; sie kann mir mit ihren Schmerzen fast das Bewußtsein rauben, mir jede Möglichkeit zu reden nehmen, ich kann nichts mehr aussprechen, an nichts mehr denken, nicht einmal mehr daran, daß der Regen meine Krise beenden möge, ich habe die Kraft nicht mehr, den Gedanken zu fassen. In dieser großen allumfassenden Stille, die das Geräusch meines Röchelns beherrscht, höre ich ganz tief in mir eine schwache fröhliche Stimme, die sagt: es ist schönes Wetter – es ist schönes Wetter –, Tränen des Schmerzes fallen mir aus den Augen, ich kann nicht sprechen, aber wenn ich für einen Augenblick den Atem wiederfände, würde ich singen und der kleine Kapuziner des Optikers, der alles ist, was von mir übrigblieb, lüftet seinen Hut und kündigt die Sonne an.«[70] Um schlafen zu können, nahm er Amyl, Baldrian und Trional. Trional war ein Betäubungs- und Schlafmittel aus einem Äthylsulfon; Baldrian [Valeriana officinalis] ein pflanzliches Sedativum; Amyl ein tertiärer Amylalkohol, der damals als Sedativum benutzt wurde.[71] Zeitweise erholte sich Proust so weit, daß er die Arbeit an *Jean*

Santeuil wieder aufnehmen konnte: Anfang September hatte er die ersten neunzig Seiten in ein gebundenes Heft übertragen. Er las *Cousine Bette* von Balzac, lehnte es weniger ab, als die vorherigen Bücher Balzacs, freute sich aber doch über Sainte-Beuves Angriff auf diesen in *Port-Royal*. Außerdem besuchte Proust Anfang September 1896 zusammen mit Madame Arman den Jardin des Plantes und sah die Bäume, die am 26. Juli von einem Sturm entwurzelt worden waren. Sie konnten Bären beobachten, obwohl der Zoo geschlossen war, und sie begegneten Anatole France, der ein kurzes Wortgefecht mit Madame Arman austrug und Proust zu einem Urlaub am Meer in der Nähe von Villers einlud.[72]

Proust hegte zu dieser Zeit die unrealistische Vorstellung, vier Stunden täglich an *Jean Santeuil* arbeiten und das fertige Buchmanuskript Anfang Februar bei Calmann-Lévy abliefern zu können.[73] Es gelang ihm jedoch nie, ein Gesamtkonzept zu finden, deshalb unterbrach er 1899 die Arbeit an *Jean Santeuil* und gab sie 1902 endgültig auf. Weil er sich unwohl fühlte und sich in Paris nicht konzentrieren konnte, fuhr er am 19. Oktober nach Fontainebleau.[74] Seine Mutter fürchtete, daß die Witterung dort unangenehm feucht sei, und hätte ihn lieber in Cabourg behalten.

Das Hotel in Fontainebleau war einst der Landsitz des Duc d'Aiguillon gewesen,[75] trotzdem gefiel es Proust nicht. Ganz besonders mißfiel ihm das Bett: »Ich will nicht davon sprechen, daß mir das wegen der zahlreichen Betthimmel und Vorhänge (die man unmöglich entfernen kann, da sie an der Wand befestigt sind), weil ich mich zwinge, mein Gesicht ständig zur Wand zu kehren, sehr unbequem ist, denn alle Dinge, die ich brauche, Kaffee, Kräutertee, Kerze, Feder, Streichhölzer usw. usw., befinden sich rechts von mir, das heißt, ich muß mich ständig auf die schlechte Seite drehen, usw.«[76] Am 20. Oktober versuchte seine Mutter, ihn von einer Bäckerei auf dem Boulevard Malesherbes aus anzurufen. Da jedoch von dort aus nur Ortsgespräche möglich waren, mußte sie ein Postamt aufsuchen.[77] Über die Wirkung dieses Telephongesprächs schreibt er später: »Und durch das Telephon erreichte mich plötzlich ihre kleine, gesprungene Stimme, für immer anders, als ich sie bisher gekannt hatte, wie verletzt, rissig und schrundig, und als ich aus dem Hörer die blutenden und zerschlagenen Stücke auffing, empfand ich zum ersten Mal qualvoll, was auf immer in ihr zerbrochen war.«[78] Zuvor hatte Proust geglaubt, der Tod ihres Vaters sei beinahe spurlos an seiner Mutter vorübergegangen, doch er irrte sich. Jean Santeuil hält sich in Beg-Meil auf, als er die Stimme seiner Mutter am Telephon hört: »[...] ganz nahe bei ihm, so süß, so zerbrechlich, so zart, so hell, so schmelzend, einem zerbrochenen Eisstückchen gleich [...] Ihm ist es, als spräche sie zum ersten Mal zu ihm, als fände er sie nach dem Tode im Paradiese wieder. Denn zum ersten Mal vernimmt er wirklich die Stimme seiner Mutter. [...] er ist geradezu bestürzt darüber, was für ein Abgrund zwischen jener harten Stimme [des Mannes vom Amt] und diesem kleinen zersprungenen Eisstückchen liegt, unter dem noch die Tränen, alle seit Jahren durchlebten Kümmernisse unaufhörlich zu rinnen scheinen, jedes Schluchzen, jedes Seufzen, das sie nie hat laut werden lassen, um den Ihren keinen Kummer zu machen, und die nun da ganz nah, wenn auch verborgen ruhen, so wie die Erinnerung an die Toten in dem gewohnten Anblick ihres Zimmers, ganz nahe noch, in den Schubladen, die sie benutzt haben, webt.«[79] Diese Passage aus *Jean Santeuil* beruht auf einem Text, den Proust bald nach dem Telephongespräch geschrieben und an seine Mutter gesandt hatte, mit der Bitte, ihn für eine spätere Verwendung im Roman aufzuheben.[80]

Auch in Fontainebleau besserte sich Prousts Gesundheitszustand nicht. Er fühlte sich unwohl, hatte Hustenanfälle und litt besonders zur Schlafenszeit an Schmerzen in der Brust, »die mein Papa als Interkostalschmerz bezeichnet (aber ohne jede Atemnot, es geht mir gar nicht so wie in Mont-Dore oder in Paris, als ich krank war, und ich atme den ganzen Tag völlig frei)«.[81] Außerdem war er stark depressiv, obwohl er kein Trional mehr nahm, das Depressionszustände bewirkte.[82] »Niemals, glaube ich, hat einer meiner Angstzustände, gleich welcher Art auch immer, diesen Grad erreicht. Ich vermag gar nicht zu versuchen, es Dir zu schildern.«[83] Er mußte auf seinem Zimmer bleiben, weil die Salons des Hotels wegen der Jahreszeit geschlossen waren, und er machte sich Sorgen wegen der Kosten des Kaminfeuers, das den ganzen Tag über in Gang gehalten wurde. Léon Daudet wohnte zufällig im selben Hotel, sie aßen gemeinsam und unternahmen Spaziergänge und Ausfahrten in die Wälder der Umgebung.[84] In Fontainebleau war es jedoch viel lauter, als Proust erwartet hatte; er fand keine Ruhe. Nach sechs oder sieben Tagen kehrte er nach Paris zurück.

Dritter Teil

NÄCHTLICHES FRÜHSTÜCK
1896-1905

8. Gefälschte Beweise

Im Fortgang jeder Krankheit spielt die Willenskraft des Kranken eine wichtige Rolle. Trotz ihrer außergewöhnlichen Intelligenz und ihrer guten Absichten hatten Adrien und Jeanne Proust ihrem Sohn einen irreparablen psychischen Schaden zugefügt, als sie sein Selbstvertrauen aushöhlten. Sie sagten ihm immer wieder, er sei willensschwach, und hatten dabei die Absicht, ihn zu stärken, ihm ein Ziel vorzugeben und ihn zu ermutigen, seine Schwäche zu bekämpfen. Aber um kämpfen zu können, muß man an die eigene Stärke glauben. Die einzige Stärke aber, die er entdeckt hatte, war die Stärke des Schwachseins. Sein Verhalten gegenüber der Krankheit wurde zum einen vom Vorbild seiner Tante Elisabeth und zum anderen von seinem Instinkt gelenkt. Ein Kranker hat Anrecht auf besondere Fürsorge und Rücksichtnahme. Proust, eifersüchtig auf die Aufmerksamkeit seiner Mutter gegenüber dem Vater, benutzte die Krankheit, um sie mehr zu einer Krankenschwester und weniger zu einer Gattin zu machen.

Zeitlebens übertrieb er Symptome, traf ungewöhnliche Vorsichtsmaßnahmen und ging unnötige Risiken ein. Zwar hatte er das Leben mit einer äußerst schwachen Konstitution begonnen, zwar wiesen seine Ängste phobische Qualität auf, und seine Leiden überfielen ihn zuweilen willkürlich, aber es ist schwierig, die haarfeine Linie zwischen dem zu ziehen, was im Umgang mit der Krankheit unvermeidlich und dem, was Theatralik war. Folgenreich war Prousts Entscheidung im Jahr 1896, seinen Tagesablauf umzudrehen: Er schlief nun tagsüber hinter geschlossenen Fensterläden und Vorhängen, um sich gegen Tageslicht und Straßenlärm abzuschirmen, und stand nachts auf. Wie er sagte, hielt ihn sein Asthma nachts beständig wach, hinderte ihn jedoch nicht am Lesen und Schreiben. Nachts konnte er leichter atmen und tagsüber leichter schlafen.

Die neue Zeiteinteilung ermöglichte es ihm, weiterhin in der Wohnung der Eltern zu leben und sich zugleich ihrer Kontrolle zu entziehen. Wenn er spät in der Nacht ausging und erst am frühen

Morgen zurückkam, war seine Mutter gewöhnlich noch nicht wach, um ihn zu fragen, wo er gewesen sei. Er hatte jetzt mehr Freiheit in seinem Sexualleben, aber weniger in seinem gesellschaftlichen Leben: So mußte er zum Beispiel die sonntäglichen Mittagessen bei Madame Straus aufgeben. Er kam gerade noch rechtzeitig, um nach dem Essen mit den Gästen zu plaudern. Er erschien regelmäßig, obwohl der Zigarrenrauch bei ihm Husten auslöste.[1]

Nach seinem neuen Tagesablauf schlief er von acht Uhr morgens bis drei Uhr nachmittags und trank dann seine erste Tasse Kaffee.[2] Jetzt hatte er mehr Muße, sich der Selbstbetrachtung zu widmen, kam aber weniger häufig mit seinen Freunden zusammen. Der Austausch mit ihnen fand oft auf schriftlichem Wege statt. Selbst im Umgang mit seiner Mutter ersetzte nun der Briefwechsel die direkte Begegnung. Später sollte er von »Bekehrten« schreiben, die »die Krankheit oder den Schicksalsschlag segnen, der sie zur inneren Einkehr und auf den Weg des Heils gebracht hat.«[3]

Nun fand er leicht eine Entschuldigung, wenn er den exzentrischen und reizbaren Montesquiou, dem es Vergnügen bereitete, andere mit provozierendem und unberechenbarem Verhalten aus der Fassung zu bringen, nicht sehen wollte. Proust war dem Freund gegenüber stets von ausgesuchter Höflichkeit. Montesquiou jedoch warnte Proust z. B. vor einer Einladung, daß das Essen von Fledermäusen serviert werden würde. Ein anderes Mal hatte Proust ihm einen Topf Hortensien geschickt, worauf Montesquiou ausrichten ließ, er habe die Blumen einem Grab geschenkt, das sich bedanke und ihn grüße. Das hieß, er hatte sie aus dem Fenster geworfen.[4] Manche seiner Handlungen waren jedoch weniger unfreundlich. Ende 1896 stellte Montesquiou die Anthologie *Rosaux pensants* zusammen und entschied sich, eine Novelle aus *Les plaisirs et les jours* aufzunehmen. Er schrieb Proust einen vierseitigen Brief und versprach, bald einen noch besseren Beweis für sein Interesse an Proust zu liefern als diesen langen Brief. In dem gleichen Brief beklagte Montesquiou sich jedoch erneut über Prousts Parodien auf ihn. Dessen versöhnliche Antwort versah Montesquiou mit zornigen Randbemerkungen, als sei der Brief ein Schulaufsatz, und er selbst ein wütender Lehrer. »Impertinent«, »unerlaubte direkte Kritik«, »Verbitterung, weil er keine schriftliche Wertschätzung seines Buches bekommen hat«, »ungezogen«, »frech und unwahr –

Freundschaft kann schwinden, nicht wachsen«. Montesquiou vergab sogar eine Note: »bei der Höchstnote von 20 Punkten verdient dieses Beispiel einer epistolarischen Hausaufgabe nicht mehr als minus fünfzehn.«[5]

Die Provokationen Montesquious ignorierte Proust immer, doch eine andere, ihm öffentlich zugefügte Beleidigung konnte er nicht übergehen. Es handelte sich um eine verspätete – das Buch war seit acht Monaten im Handel – Rezension von *Les plaisir et les jours*, die im Februar 1897 in *Le Journal* erschien und mit ›Raitif de la Bretonne‹ unterzeichnet war. Dies war das Pseudonym von Jean Lorrain, der Montesquiou bei jeder Gelegenheit angriff und Proust in seine Attacken einbezog, da er ihn für einen Liebhaber Montesquious hielt. Sieben Monate zuvor hatte Lorrain in der Besprechung von Montesquious *Hortensias bleus* seinen ersten Angriff auf Proust gestartet, der im Vorwort erwähnt wird, und von ihm als »einem jener hübschen kleinen Gesellschaftsjünglinge« gesprochen, »die sich von der Literatur haben anstecken lassen.« Der zweite Angriff erfolgte in der Besprechung vom 3. Februar, in der Lorrain Prousts Prosa als gefühlsduselig, preziös und prätentiös abwertete. Außerdem warf er Proust vor, bei Anatole France um ein Vorwort gebettelt zu haben: »Das ist der Lauf der Welt, und man wird sich darauf verlassen können, daß Monsieur Proust für sein nächstes Buch selbst dem aufrechten Alphonse Daudet ein Vorwort abpressen wird, der weder Madame Lemaire noch seinem Sohn Lucien diesen Gefallen wird abschlagen können.«[6] Die einzig mögliche Antwort darauf war die Forderung zum Duell, und Proust gewann an Ansehen, weil er den Maler Jean Béraud, Stammgast im Salon der Comtesse Potocka und bei Madame Lemaire, als Sekundanten gewinnen konnte, sowie Gustave de Borda, einen berühmten Degenfechter und begehrten Sekundanten bei Duellen in der vornehmen Welt.

Über ihre Sekundanten einigten sich Proust und Lorrain darauf, am Nachmittag des 6. Februar bei der Tour de Villebon im Bois de Meudon mit Pistolen zu kämpfen. Bei Duellen mit Degen wurde bis zur Verwundung eines der Gegner gefochten, doch bei Einsatz von Pistolen forderte die Etikette, in die Luft zu schießen, sofern die Kränkung nicht außergewöhnlich ernst war. Außer von seinen Sekundanten wurde Proust auch von Reynaldo und von Robert de

Flers begleitet. Obwohl nervös, verhielt Proust sich tadellos; er hätte seinen Gegner sogar mit Handschlag begrüßt, hätten ihn seine Sekundanten nicht davon abgehalten. Es wurden zwei Schüsse abgefeuert, doch wie der *Figaro* berichtete, »wurde niemand verletzt, und die Sekundanten erklärten den Streit für beigelegt«.[7] Robert de Flers berichtete: »Marcel war tapfer, zartgliedrig und bezaubernd«,[8] und Hahn schrieb in sein Tagebuch: »Marcels Kaltblütigkeit und Standhaftigkeit in diesen drei Tagen schienen mit seiner nervösen Veranlagung unvereinbar zu sein, überraschten mich aber nicht im geringsten.«

Nach dem Duell gratulierten ihm Colettes Ehemann Willy mit einem Brief und Robert Dreyfus mit einem Besuch. Proust sagte, seine einzige Befürchtung sei gewesen, daß er vielleicht seine Gewohnheit, morgens zu schlafen, hätte unterbrechen müssen. Doch anstatt seinen Triumph feiern zu dürfen, wurde er in den schülerhaften Alptraum, seine Freunde hätten sich gegen ihn verbündet, zurückgeworfen. Zusammen mit Jacques Bizet, der sein letztes Studienjahr als Medizinstudent absolvierte, bereitete Robert Dreyfus eine satirische Revue vor, die im Stil des Kabaretts Chat Noir als Schattenspiel aufgeführt werden sollte. Mit einer Mischung von Leutseligkeit und Neid traktierten sie den literarischen Erfolg ihrer Freunde. Fernand Gregh hatte mit der Gedichtsammlung *La maison de l'enfance* einen Erfolg erzielt, und da er über die Absichten der beiden keineswegs böse war, beteiligte er sich an dem Scherz, indem er die Klavierbegleitung übernahm, als die Revue *Les lauriers sont coupés* in der dritten Märzwoche dreimal zur Aufführung kam. Um sich über Proust lustig zu machen, hatten seine Freunde ein Gespräch zwischen ihm und Ernest La Jeunesse – einen jüdischen, behinderten, mit Fistelstimme sprechenden Freund Oscar Wildes – erdacht, das als Schattenspiel aufgeführt wurde. Proust, dessen Stimme hinter dem Vorhang von Léon Yeatman nachgeahmt wurde, ließ verlauten, daß *Les plaisirs et les jours* trotz des hohen Preises einen echten Gegenwert biete: »[...] ein Vorwort von Monsieur France, 4 Francs – die Bilder von Madame Lemaire, 4 Francs – Musik von Reynaldo Hahn, 4 Francs – Prosa von mir, 1 Franc – Verse von mir, 50 Centimes – das ist doch nicht übermäßig viel?« Die Szene wurde Proust, wie erwartet, hinterbracht, und er konnte die Tränen nicht zurückhalten, als er Gaston de Caillavet davon berichtete.[9]

Bald danach brach Proust wieder in Tränen aus, bei einem Streit mit seinen Eltern. Von seiner Mutter in Anwesenheit des Kammerdieners seines Vaters zurechtgewiesen, lief er wutentbrannt aus dem Zimmer und schlug die Tür so heftig zu, daß die Scheiben zu Bruch gingen. In seinem Schlafzimmer brach er in heftiges Schluchzen aus und zerschlug eine venezianische Glasvase, die sie ihm geschenkt hatte. Später beschrieb er den Vorfall als den »einzigen großen Wutanfall meines Lebens«. Der Streit hatte begonnen, weil er bei einer nächtlichen Verabredung mit Laure Hayman und dem Marquis de Modène gelbe Handschuhe tragen wollte, seine Mutter ihm jedoch ein Paar graue gekauft hatte.[10] Er befreite sich von der Kränkung, indem er den Vorfall in eine Geschichte umwandelte, in der Jean die Vase jedoch nur zufällig zerschlägt. In anderen Einzelheiten gibt der Roman die Fakten des Geschehens wieder. Madame Proust schrieb als Antwort auf den Rechtfertigungsbrief ihres Sohnes eine verzeihende – und enthüllende – Antwort. »Das zerbrochene Glas wird für uns nur sein, was es in der Synagoge ist: ein Symbol der unauflöslichen Einheit.«[11] Bei der Hochzeit in der Synagoge zerschlägt der Bräutigam symbolisch ein Weinglas, nachdem er und die Braut daraus getrunken haben. Im Roman gibt Madame Santeuil Jean einen Kuß und flüstert ihm ins Ohr: »Sie [die zerbrochene Vase] soll etwas sein wie im Tempel das Symbol der unzerstörbaren Einheit.«[12]

Im April besuchte Proust zusammen mit Albert Flament zwei frühere Dienstboten, die jetzt in einem Altersheim in Issy lebten, und in ihnen fand er wieder ein gutes Publikum für seine Nachahmungskünste. Proust führte Madame Arman – »Wenn Marcel doch nur arbeiten würde!« – und einige Aristokratinnen vor, für die er sowohl Bewunderung als auch Verachtung empfand. Er schenkte den beiden Alten Geld und versprach, wieder zu kommen und länger zu bleiben.[13]

Mittlerweile konnte er die Crème der Pariser Gesellschaft zu seinen Diners einladen, und seine Gästeliste vom 24. Mai 1897 war so eindrucksvoll, daß Montesquiou eine kurzfristige Einladung akzeptierte. Proust rechtfertigte seine späte Einladung damit, daß das Abendessen zu Ehren von Anatole France stattfinde, der eine lange Reise vorhabe und nicht sicher hatte zusagen können. Andere Gäste

hatte Proust vermutlich ausführlicher benachrichtigt – Marquis
Antoine de Castellane, Comte Louis de Turenne und die beiden
Sekundanten Béraud und Borda. Hahn und Gaston de Caillavet
waren ebenfalls anwesend, wie auch der Romancier Edouard Rod,
der für *Le Galois* eine höfliche, wenn auch wenig begeisterte Rezension von *Les plaisirs et les jours* geschrieben hatte, und der Dramatiker Georges de Porto-Riche. Am nächsten Tag berichteten der
Figaro und *Le Gaulois* über das Ereignis. Prousts Eltern hatten sich
dieser nur aus Männern bestehenden Versammlung wegen aus der
Wohnung entfernt.

Bei der Auswahl seiner Gäste hatte Proust sorgfältig darauf geachtet, wie sie zur Dreyfus-Affäre standen. Die Dreyfus-Affäre hatte
die Franzosen am *Fin de siècle* ebenso gespalten wie der Vietnam-
krieg die Amerikaner und ihre Verbündeten. Dieses Ereignis warf so
bedeutende Fragen auf, daß die Menschen Partei ergreifen mußten,
selbst wenn sie sich für unpolitisch hielten. Nachdem Proust während der Krise von 1889, als General Boulanger die Machtergrei-
fung versuchte, und während des Panama-Skandals von 1892
distanziert und beinahe gleichgültig geblieben war, war er ein glühender Anhänger von Dreyfus geworden.

Wegen Verdachts auf Hochverrat war Alfred Dreyfus, ein jüdischer Hauptmann im Generalstab, am 15. Oktober 1894 verhaftet
worden. Schon seit langem verband der Antisemitismus die katholischen und bürgerlichen Widersacher der Dritten Republik, und die
rhetorische Gleichsetzung von Juden und Kapitalisten durch die
Linke hatte der Rechten geholfen, Unterstützung von seiten der
Arbeiterklasse zu bekommen. Die Armee, deren Ansehen nach der
Niederlage von 1870/71 noch immer nicht wiederhergestellt war,
glich einem wahren Treibhaus des Antisemitismus, denn jüdische
Offiziere hatten nach dem Verlust des Elsaß an Deutschland mehr
Einfluß in der Armee gewonnen. Die Familie Dreyfus gehörte zu den
50 000 Juden, die aus Patriotismus das Elsaß verlassen hatten, sich
dann jedoch in der Rolle von Ausländern wiederfanden.

Die Affäre hatte begonnen, nachdem eine als Agentin der Spionageabwehr arbeitende Putzfrau in einem Papierkorb in der deutschen
Botschaft eine nicht unterzeichnete Notiz mit dem Angebot fand,
den Deutschen fünf Geheimdokumente über Schußwaffen und
Mobilmachungspläne zu verkaufen. Der erste Verdacht fiel auf die

Stabsoffiziere, die bis vor kurzem in der Artillerie gedient hatten, und die Handschrift der Notiz glich derjenigen von Dreyfus, der daraufhin verhaftet, vor das Militärgericht gestellt und am 22. Dezember 1894 zu lebenslanger Deportation verurteilt wurde. Bei seiner öffentlichen Degradierung am 5. Januar 1895 im Hof der Ecole militaire stand er in Hab-acht-Stellung und umgeben von Soldatenreihen, die Zuschauer riefen »Tod den Juden!« und »Tod dem Judas!«, und ein Feldwebel riß ihm die Epauletten von den Schultern, enfernte die Abzeichen an seiner Mütze und die Streifen an den Hosen und brach schließlich seinen Degen entzwei. Der Antisemit Maurice Barrès, der unter den Zuschauern war, fand das Schauspiel »aufregender als die Guillotine«.[14]

Der degradierte Offizier wurde im Februar 1895 zur Einzelhaft auf die Teufelsinsel deportiert. Als die Familie um den Nachweis seiner Unschuld zu kämpfen begann, kamen Gerüchte über Regelwidrigkeiten im Prozeß gegen Dreyfus in Umlauf – nach Abschluß der Verhandlung war den Richtern ein geheimes Dossier vorgelegt worden –, doch noch im Jahre 1896, als der wirkliche Verräter, ein Infanterieoffizier namens Esterhazy, entdeckt worden war, lehnte es der Kriegsminister General Mercier ab, die Beweise gegen Dreyfus zu überprüfen: Dieselbe Putzfrau hatte in der deutschen Botschaft einen zerrissenen Eilbrief an Esterhazy gefunden. Oberstleutnant Georges Picquart, der neue Chef der Spionageabwehr, leitete Ermittlungen gegen Esterhazy ein, und als er im August 1896 Proben von dessen Handschrift sah, erkannte er, daß Esterhazy die Notiz geschrieben haben mußte. Damit Picquart das Unrecht, das die Armee dem Hauptmann Dreyfus angetan hatte, nicht publik machen konnte, wurde er von General Boisdeffre nach Tunesien versetzt. Inzwischen hatte Major Henry, der zweite Offizier der Spionageabwehr, aufs neue Beweise gefälscht, um Dreyfus' Schuld zu bestätigen und Picquart als dessen Komplizen zu belasten. Auch dieses neue, gefälschte Beweismaterial wurde den Anwälten von Dreyfus vorenthalten, mit der Begründung, es handle sich um Geheimdokumente. Die Frage nach der Wahrheit – War Dreyfus schuldig oder unschuldig? – wurde von einer Grundsatzfrage in den Schatten gestellt: War das Ansehen der französischen Armee nicht wichtiger als das Unrecht, das einem Juden zugefügt wurde?

In einem Brief vom Juni 1897 an Montesquiou machte Proust

Witze über die Geheimdokumente. Seit September 1896 hatten die Zeitungen die offizielle Version von Dreyfus' Schuld übernommen, Montesquiou hatte gerade seine Beziehung zu Léon Delafosse beendet, und Proust versuchte den Comte aufzuheitern, indem er sagte, er sei sich nicht sicher, ob nicht Léon »Diese Kanaille D.« sei – eine Formulierung, die in einem der veröffentlichten Briefe vorkommt.[15]

Obwohl Proust weniger streitsüchtig war als Montesquiou, war sein Liebesleben kaum weniger stürmisch. Nachdem er eines Abends Lucien hatte sprechen wollen, sah er ihn auf der Straße – oder meinte zumindest ihn zu sehen – und lief ihm nach, bis seine schwachen Lungen ihn zwangen, die Verfolgungsjagd abzubrechen.[16] Außerdem war es für Proust schwer, im Hinblick auf die Gefühle von »mon cher petit Lucien«[17] optimistisch zu sein, denn dieser beendete einen Brief an ihn mit der Floskel »bien à vous«, »mit herzlichem Gruß, Ihr ...« und verwehrte es dem Freund, ihn am Bahnhof zu verabschieden.[18]

Von Mai bis Juni ließ das Asthma Proust keine Gnadenfrist. Er bleibt bis vier oder fünf Uhr nachmittags im Bett, und die Bekannten wurden instruiert, nicht vor drei Uhr zu klingeln.[19] Mitte Juli 1897, als Reynaldos Vater in St. Cloud starb, war das Asthma besonders schlimm, doch Proust fuhr trotzdem in einem geschlossenen Wagen zur Villa der Hahns – niemand hat sich jemals mehr Mühe gemacht, trauernde Freunde zu trösten. Er stieg gerade aus dem Wagen, als die englische Kusine Reynaldos, Marie Nordlinger, auf dem Fahrrad ankam. Sie war zierlich und sensibel. Proust sollte sie im Dezember bei gemeinsamen Galerienbesuchen näher kennenlernen. Er bat sie, Reynaldo nicht zu sagen, daß er gekommen sei, und wartete draußen auf Nachrichten. Er atmete nur mit Schwierigkeiten, da der Heuschnupfen das Asthma noch verschlimmerte. Er fuhr sofort zurück, nachdem sie wieder herausgekommen war, schrieb jedoch noch am selben Abend an Reynaldo: »Senden Sie mir doch eine Nachricht und sagen Sie, wie die Nacht gewesen ist und ob ich Ihnen in irgendeiner Sache nützlich sein kann. Ich werde nicht kommen, es sei denn, Sie sagen mir, daß ich es tun soll. Ich denke immer an Sie, mein lieber Kleiner. Ich liebe Sie von ganzem Herzen.«[20]

Mitte August 1897 begleitete er seine Mutter nach Bad Kreuznach. Im dortigen Kurhotel hielt sich auch die Comtesse de Béarn auf, und Proust schrieb über das Zusammentreffen: »Dank dieser

Sauce Béarnaise, die ich recht schmackhaft fand, hatte ich keine Mühe, den Beginn dieses Aufenthalts zu schlucken.«[21] Er befaßte sich erneut mit Balzac und las *Une ténébreuse affaire* sowie *Gobseck*, dessen Hauptfigur ein geiziger jüdischer Geldverleiher ist.[22] Am meisten interessierte sich Proust für die Charakterisierung der alten Adligen. Er schrieb Charakterzüge und Bemerkungen auf, die für den aristokratischen Stolz besonders kennzeichnend waren. »[...] natürlich nicht, um sie zu kopieren, sondern um mich anregen zu lassen. Madame de Béarn hat mir zu dem Versuch geraten, eine Madame de Laubespin aufzusuchen, die dem Anschein nach genau so ist. Aber ich habe die Erzählungen lieber. Eine geistvolle Frau, ein Mann von Geschmack vermitteln Ihnen in fünf Minuten das Resumé einer Erfahrung von mehreren Jahren.«[23]

Nachdem die Comtesse abgereist war, verbrachte er mehr Zeit mit Schreiben als mit Lesen. Léon Yeatman teilte er mit, er habe so hart gearbeitet, daß ihm keine Zeit zum Briefeschreiben blieb.[24] Er verzieh Yeatman dessen Beteiligung an der satirischen Revue und bat sogar um eine Wiederholung, die Yeatman jedoch verweigerte.[25] In Bad Kreuznach schrieb Proust das Kapitel »Le salon de la duchesse de Réveillon« für *Jean Santeuil*: Die erste Seite des Manuskripts ist ein Bogen Briefpapier mit dem Briefkopf des Kurhaus-Hotels. Er versprach Madame Brantes, ihr seine Charakterisierung des Herzogs zu zeigen, »und Sie werden mir dann sagen, ob die Tics, die Vorurteile und die Gewohnheiten, die ich ihm zuschreibe, zu sehr übertrieben sind«. Der Brief ist erfüllt von eifriger Neugier für die Aristokraten, die sie kannte. Reichten sie die linke Hand auch dann, wenn ihnen Nichtadlige vorgestellt wurden? Gab es noch andere Mittel, mit denen sie ihre Verachtung zum Ausdruck brachten? Empfanden sie mehr Verachtung gegenüber Nichtadligen oder gegenüber Menschen, die nicht in der vornehmen Gesellschaft verkehrten?[26]

Als Proust am 9. September 1897 nach Paris zurückkehrte, waren von *Les plaisirs et les jours* erst 329 Exemplare verkauft worden, obwohl das Buch schon seit fünfzehn Monaten im Handel war. Es war mit 13,50 Francs einfach zu teuer. Es war die Rede von einer billigeren Ausgabe zu 3 Francs 50, und als Proust nach Bad Kreuznach reiste, ging Robert de Flers nach seinen Anweisungen zu Calmann-Lévy, um dort jedoch zu erfahren, daß sie keine billigere Ausgabe veröffentlichen würden, bevor die 1500 Exemplare der Erstausgabe verkauft seien, und daß für Proust bis zur vollständigen Deckung der Produktionskosten kein Honorar fällig sei. »Es war ein großer Fehler, mein lieber Kleiner, mit Leuten von so gefährlicher Zuvorkommenheit keinen Vertrag abzuschließen.«[27]

Im Oktober begann Proust seine Besuche im Salon der Freundin Mallarmés, Méry Laurent, in den ihn Reynaldo Hahn eingeführt hatte. Méry Laurent war groß, blond und mit fünfzehn Jahren an einen Lebensmittelhändler verheiratet worden. Aus dieser Ehe flüchtete sie ans Théâtre du Châtelet und arbeitete nach einer kurzen Schauspielkarriere als Malermodell. Vor Mallarmé hatten zu ihren Liebhabern der Zahnarzt Napoleons III., Thomas Evans, und Manet gehört. Reynaldo nahm Proust in ihre Villa am Boulevard Lannes in der Nähe des Bois de Boulogne mit. Dunkle Wände waren dort mit orientalischen Teppichen und türkischen Glasperlen behangen. Die japanische Laterne, die an einer seidenen Schnur hing, war mit einer Gasflamme ausgestattet. Im Salon stand Manets Pastellporträt von Méry auf einer plüschdrapierten Staffelei. Als eines Abends Whistler den Salon besuchte, behauptete er, daß Ruskin von Malerei keine Ahnung hatte. Proust versuchte, Ruskin zu verteidigen, und nahm, als der Maler seine grauen Glacéhandschuhe liegen ließ, diese als Erinnerungsstücke an sich.[28]

Zwar wurde auch Méry Laurents Salon zu einem Treffpunkt junger Dreyfus-Anhänger, aber was die Unterstützung für den jüdischen Hauptmann betraf, war der Salon von Madame Straus wichtiger. Im Oktober ließ sie den Anwalt Joseph Reinach vor ihren Gästen sprechen, der bis 1886 Sekretär der reaktionären Ligue des Patriotes gewesen war und seit 1889 dem Parlament als Abgeordneter angehörte. Er war sicher, daß Esterhazy die Notiz geschrieben hatte und daß das Kriegsministerium von Anfang an von Dreyfus' Unschuld wußte. Gustave Schlumberger versuchte die Armee zu verteidigen, doch er wurde von den anderen Gästen niedergeschrien und verließ wutschnaubend den Salon. Andere Stammgäste, die daraufhin nicht mehr in den Salon kamen, waren Jean-Louis Forain, der die antisemitische Zeitschrift *Psst'* gründete, und Jules Lemaître, der von nun an ausschließlich dem reaktionären Salon seiner Mätresse, Comtesse de Loynes, Gefolgschaft leistete.

In der letzten Oktoberwoche wurde Hahns »Nuit d'amour bergamasque« bei den Concerts Colonne im Châtelet uraufgeführt, und *L'Écho de Paris* zufolge »spendeten Monsieur Proust und einige Damen der Gesellschaft, die seinem Beispiel folgten, lebhaften Beifall, während die übrigen Zuhörer unbeteiligt blieben.«[29] Proust beschrieb das Konzert in einem Brief an Suzette, und da er wohl vergessen hatte, wie kritisch er an sie über Reynaldo geschrieben hatte, versicherte er ihr, daß er nie aufgehört habe, an sie zu denken.[30]

Fast genau fünf Monate nachdem Reynaldo seinen Vater verloren hatte, verlor Lucien den seinen. Alphonse Daudet starb während eines Abendessens am 16. Dezember 1897. Er war siebenundfünfzig Jahre alt. »Ich weiß nicht, wie Marcel Proust und Monsieur Reynaldo Hahn unterrichtet wurden«, schrieb Lucien, »sie trafen am Abend ein, brüderlich und verzweifelt, und in den drei folgenden Tagen unterstützten sie mich, indem sie mir Gesellschaft leisteten.«[31] In der Trauerprozession zum Friedhof Père Lachaise schritten Proust und Reynaldo hinter Zola und Anatole France einher. Proust eilte ab und zu nach vorn, um Luciens Arm zu drücken, und am Abend besuchte er seinen trauernden Freund.

Dem verstorbenen Schriftsteller zollte er Tribut in einem Artikel, der dank der Intervention Albert Flaments am 19. Dezember in *La Presse* erschien, einen Tag nach dem Nachruf von Flament selbst. In einem Dankesbrief beglückwünschte Proust ihn dazu, wie genau er Daudets Art, seinen Kopf zu neigen, beschrieben hatte: »Ihr ›geneigter Kopf‹ mit Angabe der Richtung zeigt eine Geistesschärfe bei der Beobachtung von physischen Details, um die ich Sie beneide, weil sie mir stets gefehlt hat, denn ohne solche Geistesschärfe lassen sich die Dinge nicht festhalten, sondern sie verschwimmen wie im Traum.«[32]

Gegen Ende 1897, als Proust im Hause von Zolas Verleger Gustave Charpentier den Oberstleutnant Picquart kennenlernte, entdeckte er, daß dieser ein Freund von Monsieur Darlu war.[33] Am 10. Januar 1898 begann der von Esterhazy – er konnte sich der Unterstützung des Kriegsministeriums sicher sein – angestrengte Prozeß vor dem Kriegsgericht. Von diesem Tag an trafen sich Marcel und Robert Proust, die beiden Brüder Halévy, Jacques Bizet, Léon Yeatman, Louis de la Salle und Robert de Flers jeden Abend im Café des Variétés, um über die Kampagne für die Freilassung von Dreyfus zu diskutieren. Eine Woche lang sprach Dr. Adrien Proust deshalb nicht mit seinen Söhnen.

Am 12. Januar 1898 wurde Esterhazy freigesprochen. Am nächsten Tag veröffentlichte Clémenceaus Zeitung *L'Aurore* Zolas »J'accuse«, einen offenen Brief an den Präsidenten der Republik, in dem das Oberkommando der Armee einer antisemitischen, die Macht der Justiz untergrabenden Verschwörung bezichtigt wurde. Der Artikel löste einen Proteststurm aus. Die militante katholische Zeitung *La Croix*, die ohnehin schon einen Kreuzzug gegen jüdische Armeeoffiziere unternahm, verurteilte Zola am lautesten. Die meisten Zeitungen waren immer noch gegen Dreyfus eingestellt, und sie waren besorgt um das Verhältnis zwischen Armee und Republik in einem Jahr, das überschattet war von Konflikten in der Industrie und einem möglichen Kolonialkrieg mit Großbritannien um den Sudan. Charles Maurras sagte, es sei völlig gleichgültig, ob Dreyfus schuldig sei oder nicht: Frankreich könne es sich nicht leisten, den Ruf der Armee durch seine Freilassung zu schädigen. Andere erinnerten sich an die Rolle der Armee im bonapartistischen Staatsstreich von 1851 und befürchteten eine unheilige Allianz zwischen Armee und Kirche, die die demokratische Republik untergraben würde.

Bei einem Abendessen mit Ludovic Halévy am 14. Januar 1898 bat Proust Anatole France darum, eine Protestschrift gegen den Freispruch Esterhazys zu unterschreiben.[34] Zu den weiteren Unterzeichnern gehörten Louis Pasteur, Zola, Fernand Gregh und alle die jungen Freunde, die sich regelmäßig im Café des Variétés getroffen hatten. Die Petition erschien in der Morgenausgabe von *L'Aurore*, doch die Sache Dreyfus erfuhr noch am selben Tag einen weiteren Rückschlag, als Picquart verhaftet wurde und gegen Zola und *L'Aurore* Anklage erhoben wurde.

Der Prozeß gegen Zola dauerte drei Wochen, und Proust verfolgte ihn täglich im Gerichtssaal. Viele hochrangige Offiziere gehörten der Aristokratie an (1899 waren 29% der Generalmajore Adlige), und da er sich immer noch mit dem Problem befaßte, wie solche Männer in *Jean Santeuil* zu charakterisieren seien, beobachtete er den Chef des Generalstabs Boisdeffre, der die Ehre der Armee verteidigte, genau. Unter Androhung seines Rücktritts, falls er keinen Glauben fände, schwor dieser auf die Echtheit der Papiere, die Oberst Henry gefälscht hatte. In *Jean Santeuil* wird der großgewachsene General geschildert, wie er aus einer Droschke steigt.

Der Herr in Zivil war sehr groß, und vor allem fiel ein etwas gebeugt auf seinem Kopf sitzender, sehr hoher Zylinderhut auf. Während er aufmerksam dem Offizier an seiner Seite zuzuhören schien, schritt er langsam weiter, mit einem steifen Bein – es sah aus, als hätte er es sich einmal gebrochen –, augenblicksweise blieb er ganz und gar stehen. Obwohl er noch ziemlich jung aussah, bedeckte seine Wangen etwas wie ein feiner, roter, ins Violette spielender Aussatz ähnlich dem wilden Wein oder gewissen Moosen, die im Herbst die Mauern überziehen. Seine aufmerksam vor sich hinblickenden Augen zwinkerten ab und zu in einer Art von Tic, und von Zeit zu Zeit hob er die unbehandschuhte Hand, um an seinem Schnurrbärtchen zu zupfen. […] Er wirkte sehr ruhig, sehr bedächtig, obwohl er offensichtlich mit seinen Gedanken beschäftigt war, und man spürte, daß der Tic der zwinkernden Augen, der am Schnurrbart zupfenden Hände ebenso wie die Stickerei auf seinen Wangen, das schlechte Aussehen des Paletots, den er trug, und die Steifheit des zweifellos häufig bei Stürzen vom Pferd gebrochenen Beines die gewohnten Besonderheiten dieser erhabenen, General de Boisdeffre benannten Sache waren, dieses Mannes, von dessen Größe ein Abglanz auf sie fiel, da sie immer an sich und bei sich trug […], da er mit diesen zwinkernden Augen stets und immer um sich blickte und infolge von Zigarrenrauchen und Kognakgenuß nach allzu langen Arbeitstagen seine Wangen diese beständige Rötung angenommen hatten.[35]

Anders als Proust selbst sieht Jean Santeuil Picquart zum erstenmal im Gerichtssaal, »in der Gestalt eines jungen und schnellfüßigen Menschen, der in seiner gewohnten Art, jener nämlich eines etappengewohnten Obersten, mit Leichtigkeit das Geheimnis an sich trägt, das er zu besitzen weiß und das ein jeder, sogar seine Feinde, voller Neugier aus seinen ruhigen Augen herauszulesen sucht, aus der Tatsache seiner Gegenwart und seines Kommens heraus, unter dem grellen Strahl der Mittagssonne, die ihr stechendes Licht auf das Gradabzeichen an seinem Ärmel wirft wie auf ein nebensächliches und packendes Detail, im Geruch der Butterbrote, die die Leute, da sie nicht wußten, daß er aussagen würde, in der Hitze der Menge und des Mittags auszupacken begonnen hatten und sie sie hastig

wieder einpackten.«[36] »Man hörte ein lebhaftes Geräusch von Unterhaltungen, Butterbrote lagen ausgebreitet vor den Leuten, man
bot seinem Nachbarn davon an, die Sonne strahlte grell in den Saal,
so daß man eine Vorstellung von dem schönen Tag draußen bekam,
und bildete in diesem Augenblick spiegelnde Reflexe gerade auf
Oberst Picquarts Zylinderhut. Jean aber hatte ein ganz eigenartiges
Gefühl, als er da unten, in Freiheit, mitten unter der Menge, den
Mann stehen sah, von dem er wußte, daß er ein Gefangener war.
Einen Mann, der dort vor ihm stand, unter so vielen anderen, und
dessen jugendliche Erscheinung, etwas zu stark gebogene Nase und
von einer Seite zur anderen sich bewegenden Kopf er da in ihrer
unwandelbaren physischen Realität vor sich hatte, wobei die einzelnen Züge, der rosige Ton der blonden Haut, die lockere Haltung des
Kopfes ihn fast peinlich berührten, da sie seiner Phantasie, die gewohnt war, nach Belieben Retuschen vorzunehmen, gewissermaßen
Gewalt antaten, insofern sie sich hier nun einer Gegebenheit fügen
mußte, die er nicht ändern konnte. [...] Er fühlte sich daher gleichzeitig getäuscht und doch gefesselt von diesem Mann, der da unten
zeitweise von andern verdeckt, ihm gegenüber, weder jung noch alt,
blond, doch ohne Schnurrbart, ein wenig wie ein jüdischer Inge-
nieur aussehend, langsam auf und nieder ging [...] mit dem eleganten glänzenden Hut auf dem Kopf, der nirgends hinschaute, sondern nur – mit seinem locker aufgesetzten, bald nach rechts, bald
nach links geneigtem Kopf – friedfertige und gleichsam gedanken-
lose Blicke um sich schweifen ließ, ähnlich dem leichten Rauch, der
in Dörfern an Sonnentagen wie diesem, an dem die Sonne auf seinem Zylinderhut spiegelnde Reflexe bildete, sich ins Himmelblau
erhebt, so daß niemand einen Schluß ziehen konnte, ob er [...] auch
weiterhin zu Dreyfus halten werde [...]«[37] Bei der offiziellen Befra-
gung gehorcht sein Denken, das »gewissermaßen inspiriert ist, einer
Art von innerer Redlichkeit«.[38] Einer der Sachverständigen im Prozeß war Paul Meyer, der unbeeindruckt von der Pracht der Roben
und Uniformen seine Bereitschaft erklärte, unter Eid auszusagen,
daß die Handschrift nicht diejenige von Dreyfus sei. Der Sozialist
Jean Jaurès hielt am 22. Januar 1898 in der Abgeordnetenkammer
eine Rede zur Verteidigung von Dreyfus, wurde danach jedoch tät-
lich angegriffen, und Zola wurde am Ende des Prozesses für schuldig befunden.

Nachdem er das militärische Auftreten der Zeugen beobachtet hatte, begann Proust die Etikette in einer anderen Perspektive zu sehen: »Im übrigen wird das gesellschaftliche Leben von drei Dingen beherrscht, die tatsächlich fast den ganzen Formalismus ausmachen: dem Snobismus, das heißt der Bewunderung dessen, was bei den anderen von ihrer Persönlichkeit unabhängig ist, dem Klatsch, das heißt der den größten Teil der Zeit (unter dem Vorwand der Kritik) dem äußeren Schein gewidmeten angespannten Aufmerksamkeit, und drittens der Konvenienz oder Etikette, das heißt der Erhebung des Formalismus zu einem wirklichen Wert, der wirklicher sogar als alles übrige ist.«[39]

Im Durcheinander der engagierten Tätigkeit – regelmäßige Treffen mit den Dreyfus-Anhängern im Café des Variétés und tägliche Besuche im Gerichtssaal – hatte Proust zwar große Ausdauer entwickelt, aber er konnte seinen neuen Tagesablauf nicht lange durchhalten. »Ich hätte Dir früher geschrieben […], wenn ich nicht seit einigen Tagen unter Anfällen von Atemnot leiden würde, die mir jede Bewegung verbieten.«[40] »Meine Gesundheit hat mich in eine so seltsame Lage versetzt, daß ich seit einigen Wochen erst um 4 Uhr nachmittags zu leben beginne, und wenn ich ein wenig Arbeit und ½ Stunde Luft schöpfen will, es bereits Abend ist«, schrieb er an Madame Daudet und versuchte sie – oder sich selbst – zu überzeugen, daß es angesichts seines Krankheitszustandes besser sei, Lucien weniger oft zu sehen. »Leider bin ich kein guter Freund für ihn, der ebenfalls viel zu nervös ist. Er braucht jemanden, der, bei ähnlichen intellektuellen und moralischen Zielen, das entgegengesetzte Temperament hätte, ruhig statt aufgeregt, entschlossen und glücklich.«[41] Obwohl der trauernde Sohn für Prousts liebevolle Fürsorge dankbar war, führte sie keine Annäherung herbei. »Mein lieber Kleiner, Sie werden niemals wissen, wie nahe ich Ihnen bin. Ich habe mich sicherlich schlecht benommen, um es Ihnen zu zeigen, da Briefe und Besuche unerwidert geblieben sind.«[42] Proust hatte zuweilen so schwere Atembeschwerden, daß er sie nur bewegungslos stehend oder sitzend ertragen konnte,[43] und während des ganzen Monats Mai blieb er wegen Fieber bis sieben Uhr abends im Bett.[44]

Auch Prousts Mutter wurde von Krankheit heimgesucht, sie litt an Gebärmutterkrebs und wäre bei einer dreistündigen Operation am 6. Juli 1898 fast gestorben. Ihr Arzt, Dr. Louis Terrier, sagte, er hätte zu dem chirurgischen Eingriff nicht geraten, wenn er vorher dessen Risiko gekannt hätte. Sie war mehrere Tage lang in einem bedenklichen Zustand, doch schon am zweiten Tag nach der Operation sagte sie, so Proust, »vier oder fünf Worte, die ich, bei meiner Voreingenommenheit als Sohn, sehr witzig finde«.[45] Sie mußte drei Monate in der Klinik bleiben, und Proust verbrachte dort soviel Zeit, daß ihm für seinen Roman oder für die Dreyfus-Kampagne kaum noch Zeit blieb.[46]

Als im Juli Zola die Auszeichnung der Ehrenlegion aberkannt wurde, gab Anatole France die seine unverzüglich zurück. Inzwischen machten es die Dreyfus-Anhänger der Armee schwer, die Wahrheit weiter zu unterdrücken. Als am 7. Juli Minister Cavaignac die Glaubwürdigkeit der Armee zu festigen versuchte, schädigte er sie unrettbar. Man nahm allgemein an, die Generäle hätten schlüssige Beweise für die Schuld von Dreyfus in der Hand. Als er diese Beweise öffentlich machen wollte, konnte er nur drei Dokumente vorlegen. Eines war ein von Henry gefälschter Brief des italienischen Militärattachés Panizzardi an den deutschen Militärattaché Schwartzkoppen: »In einem drolligen Französisch, das Verdacht erregen konnte, heißt es:

> Mein lieber Freund!
> Ich habe gelesen, daß ein Abgeordneter über Dreyfus eine Anfrage einbringen wird. Wenn man in Rom neue Erklärungen verlangt, werde ich sagen, daß ich nie Beziehungen zu dem Juden gehabt habe. Das ist abgemacht. Wenn man Sie fragt, sagen Sie dasselbe, denn niemand darf je erfahren, was mit ihm gewesen ist. Alexandrine.«[47]

Das zweite Dokument war ein Brief von 1896, auf dem Henry das Datum in 1894 geändert und die Initiale P in D geändert hatte. Das dritte war schließlich der *canaille de D*-Brief, bei dem die Initiale D sich gar nicht auf Dreyfus bezog. Picquart konnte alle drei Dokumente als Fälschungen erkennen, doch als er dies aussagte, wurde er von Cavaignac unter Anklage gestellt und nach der Verurteilung in das Gefängnis Santé gesteckt. Als der Brief an Schwartzkoppen untersucht wurde, entdeckte man die Fälschung. Am 30. August wurde Oberst Henry verhaftet; am nächsten Tag schnitt er sich während der Haft in der Festung Mont-Valérien die Kehle durch.[48]

Selbst wenn Proust von der Affäre nicht so sehr vereinnahmt worden wäre, wäre es ihm am 21. August 1898, als Marie Benardaky den Prinzen Radziwill heiratete, wohl schwergefallen zu glauben, daß er einmal so leidenschaftlich in sie verliebt gewesen war. Als man bei einer Abendveranstaltung Mademoiselle Kossichef ankündigt, versucht Jean ihr aus dem Weg zu gehen, obwohl er sich daran erinnert, daß er früher »seine Kinderfrau veranlaßt hatte«, zu dem Kossichefschen Haus »zu pilgern«: »Man konnte Jean jetzt an den einst empfindlichen Stellen berühren, ohne daß er etwas dabei empfand, so wie eine abgestorbene Haut, die wir noch an uns tragen, weder Streicheln noch Stiche verspürt, denn sie ist nicht mehr wir, sie ist tot.«[49]

Wichtig war jetzt, daß Picquart in Gefahr war. Auf Henrys Suizid folgten zwar mehrere Rücktritte, doch die Reaktionäre kämpften weiter. Am 25. August 1898 erhob Picquarts Verteidiger Labori Anklage wegen Betrugs gegen den Obersten du Paty de Clam, den Sous-chef des Dritten Büros im Kriegsministerium, der Esterhazy protegiert hatte. Du Patys Cousin Cavaignac trat am 4. September 1898 zurück, er selbst acht Tage später.[50] Für Proust war die Affäre, die einst »reiner Balzac« gewesen war – Esterhazy glich dem Neffen aus der Provinz in *Les Illusions perdus,* und du Paty glich Rastignac, der Vautrin in den entlegenen Vorstädten trifft[51] – nunmehr »shakespearisch geworden, mit ihrer Anhäufung von überstürzten Auflösungen«.

Der Prozeß Picquart wurde auf den 21. September festgesetzt, und Labori bat Anatole France, Unterschriften zu sammeln, die auf das Gericht Eindruck machen könnten. France gewann Proust, der wiederum Madame Straus gewann und hoffte, sie könnte eine Unterschrift des Comte Othenin d'Haussonville bekommen. Er war Mitglied des Jockey Clubs und Mitglied der Académie française, hatte aber noch nicht Stellung bezogen. Obwohl die Petition viele berühmte Namen versammelte, darunter Sarah Bernhardt, Réjane, Edmond Rostand und Comte Mathieu de Noailles, zeigte sie keine Wirkung. Picquart wurde am 22. September den Militärbehörden übergeben und im Gefängnis Cherche-Midi inhaftiert. Seit dem 27. September war er in Einzelhaft, jeder Kontakt zu seinen Anwälten wurde untersagt, und ihm drohte die Gefahr, wie Dreyfus auf die Teufelsinsel deportiert zu werden. In der *Gazette de France* feierte

Maurras die Fälschungen des toten Henry als seine »schönsten Kriegstaten«, und das antisemitische Blatt *Libre Parole* sammelte über 130 000 Francs »für die Witwe des Obersten Henry und gegen den Juden Reinach«. Zuwendungen trafen unter anderem von Barrès, Paul Valéry, Duc de la Rochefoucauld und Comte Léon de Montesquiou, einem Cousin von Robert Montesquiou, ein. Als Maurras die nationalistische Ligue de la Patrie Française gründete, umfaßte sie bald 15 000 Mitglieder, darunter Othenin d'Haussonville, Jules Lemaître und Heredia.[52]

Zwar wollte der Präsident der Republik, Félix Faure, nicht zugeben, daß die Justiz sich geirrt hatte, doch Proust erzählte seinem Vater, daß Madame Faure sich jeden Tag mit dem Maler Alfred Rolle einschließe, um die Zeitungen zu lesen, die sich für Dreyfus aussprachen. Ein weiterer Dreyfus-Anhänger war Constantin de Brancovan, der Proust Anfang Oktober 1898 zu einer Versammlung begleitete, auf der Jaurès eine Rede hielt.[53] Constantin, knapp dreiundzwanzig, war alt genug, um Prousts Freund zu sein, und die Freundschaft der beiden sollte für Proust wichtiger werden als jede andere, die im Zusammenhang mit der Affäre Dreyfus entstanden war, und sie brachte ihn auch Anatole France näher, der im Februar 1899 einen neuen Roman veröffentlichte: *L'anneau d'améthyste*. Proust sandte ein Glückwunschschreiben, in dem er ihn nach wie vor als »Mein lieber Meister« ansprach. Die Anrede für Alphonse Daudet hatte »Lieber Freund« gelautet.

Die Affäre Dreyfus veränderte Prousts Auffassung von der Natur des Menschen. In einem Brief an Léon Daudet äußert er sich über eine Figur in dessen im Februar 1899 erschienenen Roman *Sébastien Gouvès*, den Schurken Mercier, einen Namensvetter des Generals Mercier: »Was Mercier betrifft, so hätte ich vor dem letzten Jahr nicht an so etwas geglaubt, weil ich absolut nicht an das Böse glaubte. Es ist eine Erfahrung, die ich nun gemacht habe.«[54] Das Böse oder der unmoralische Opportunismus hielten den Gang der Justiz immer noch auf. Die Regierung scheute eine restlose Enthüllung der Fakten und ließ das Appellationsgericht den Fall Picquart übernehmen. Im November versuchte Proust, in der Wohnung von Madame Straus einen Anwalt am Appellationsgericht, Edmond Ployer, der offensichtlich gegen Dreyfus eingestellt war, zu beeinflussen. Erst am 3. Juni 1899 hob das Appellationsgericht das

Urteil gegen Picquart auf. Am 9. Juni wurde er nach fast zwölf Monaten Haft freigelassen; Proust traf ihn im Hause der Charpentiers.

Prousts politisches Engagement beeinflußte auch seine Arbeit an *Jean Santeuil*: Die Entwicklungen in der Dreyfus-Affäre lenkten den Text, denn Proust benutzte den Roman beinahe wie ein Tagebuch, um die täglichen Ereignisse und Gedanken festzuhalten. Zugleich sah er sich gezwungen, seine Einschätzung des Adels, bei dem Antisemitismus deutlicher ausgeprägt war als der Sinn für Gerechtigkeit, zu revidieren. Zwar hatte Proust Montesquiou einmal für eine anitsemitische Bemerkung getadelt, zahllosen judenfeindlichen Gesprächen in Salons oder bei Diners hatte er jedoch, ohne sich einzumischen, zugehört, und er sträubte sich, seine jüdische Herkunft zuzugeben.

Die Verzögerungstaktik der Regierung hatte sie nicht vor der Auflösung bewahrt, und am 22. Juni 1899 wurde René Waldeck-Rousseau neuer Ministerpräsident. Die Dreyfus-Affäre war jedoch noch nicht vorbei. Der neue Kriegsminister General Marquis Gaston de Galliffet, der eine Revision des Urteils vornehmen mußte, ohne die Armee vor den Kopf zu stoßen, glaubte immer noch an Dreyfus' Schuld. Mercier und Boisdeffre kamen beide straffrei davon, während der unglückliche, mittlerweile ergraute Dreyfus ein weiteres Verfahren vor dem Kriegsgericht über sich ergehen lassen mußte, das am 7. August 1899 in Rennes begann. Er litt so schwer an den Folgen der langen Einzelhaft auf der Teufelsinsel, daß er Schwierigkeiten hatte, sich deutlich zu artikulieren, und im Zeugenstand keinen guten Eindruck machte. Labori beging bei seiner Verteidigung den taktischen Fehler, die Armee direkt anzugreifen.[55] Am 14. August 1899 um 6 Uhr 20 morgens schoß jemand auf ihn, doch die Kugel verwundete ihn nur. Proust schickte ihm ein Telegramm und pries ihn als den »guten unbesiegbaren Riesen, der dieser blutigen Sanktion nur entging, damit man von ihm nicht nur im übertragenen Sinne von Kampf und Sieg spreche, und er für das großartige Vorrecht der Soldaten – sein Blut hinzugeben – nicht mehr neidisch zu sein braucht auf den Ruhm des Militärs«.[56]

Das Kriegsgericht verkündete am 9. September 1899 endlich sein Urteil. Fünf von den sieben Richtern hielten Dreyfus des Hochverrats für schuldig, allerdings räumten sie ihm mildernde Umstände ein, und er wurde zu zehn Jahren Zwangsarbeit verurteilt. Proust, der nach Evian gereist war, um dort seine Eltern zu treffen, sah das schändliche Urteil im Casino ausgehängt, »zur großen Freude aller Kasino-Angestellten«. Er verbrachte den Abend bei den Brancovans in Amphion, wo auch Anna de Noailles, Constantins zweiundzwanzigjährige Schwester, verheiratet mit einem Neffen Montesquious, Comte Mathieu de Noailles, anwesend war, »die herzzerreißend schluchzte und mit von Seufzern unterbrochener Stimme hervorstieß: ›Wie haben sie das bloß fertigbringen können, wie hatten sie den Mut, es ihm zu sagen, und gegenüber dem Ausland, angesichts der ganzen Welt, wie konnten sie nur?‹ Sie weinte mit solcher Heftigkeit, daß es einfach rührend war, und es hat sie in meinen Augen rehabilitiert.«[57]

Proust ermahnte seine Mutter, über das Urteil »nicht zu betrübt« zu sein: »Es ist bedauernswert für die Armee, für Frankreich, für die Richter, die die Grausamkeit besessen haben, vom erschöpften Dreyfus zu verlangen, wiederum die Anstrengung zu neuem Mut aufzubringen. [...] Was das Urteil angeht, so wird man es auf dem Gerichtswege aufheben. Moralisch ist es schon geschehen.«[58] Er schrieb ihr jeden Tag. Obwohl er versuchte, weniger Medikamente einzunehmen, behalf er sich mit Trional, wenn er Schlaf nachzuholen hatte. Nach zwei fast völlig schlaflosen Nächten war er indessen zu schwach, um angesichts von Constantins Mutter einen Lachkrampf zu unterdrücken: »[...] sie besteht aus nervösen Zuckungen und orientalischer Extravaganz, was Monsieur de Noailles ein verächtliches Lächeln entlockt: Was wollen Sie, sie hat es mit den Nerven.«[59] Abends in der Villa spielten sie die üblichen Schreibspiele, und als Madame de Noailles eines Abends nach ausführlichen Einzelheiten über Bertillon, Chef des Erkennungsdienstes der Kriminalpolizei und Hauptexperte beim ersten Dreyfus-Prozeß gefragt wurde, sagte sie: »Ich weiß es nicht, ich habe mit ihm nicht geschlafen.«[60]

Dreyfus wurde am 19. September 1899 begnadigt und freigelassen. Die Nachricht erreichte Proust erst einige Tage später in einem Brief seiner Mutter.[61] Nach Aufforderung Galliffets und entgegen den Wünschen des Präsidenten Loubet hatte das Kabinett damit endlich den Entschluß gefaßt, den Proust vorausgesagt hatte. Am folgenden

Tag wurde Jules Guérin, der Herausgeber des *Anti-Juif*, verhaftet und zu zehn Jahren Gefängnis verurteilt.

9. Fern von Paris

Proust hat Frankreich nur selten verlassen, er unternahm nur wenige Reisen in die Schweiz, nach Holland, Belgien und Italien – dort allerdings nicht nach Rom oder Florenz. Er reiste nie nach England, Deutschland, Spanien oder Griechenland und hat Europa niemals verlassen. Als Erwachsener hielt er sich fast ausschließlich in Paris und Cabourg auf, doch in den Jahren 1898 bis 1900 reiste er viermal ins Ausland: einmal nach Holland, einmal nach Evian, das zur Ausgangsbasis für eine Fahrt mit dem Automobil in die Schweiz wurde, und zweimal nach Venedig.

Die Hollandreise unternahm er 1898 nach langem Zögern, hauptsächlich um in Amsterdam eine Rembrandt-Ausstellung anzusehen. Er liebte die Grachten

> und die großen Möwen, die so rasch vorbeifliegen und langsam mit ihren Flügeln schlagen und auf die Straßen und die Ecken der Plätze hinunterschauen, als ob sie etwas suchen würden, das Meer spürend und fühlend, als ob ihr Instinkt ihnen sagen würde, es sei unter ihnen und habe aus der ganzen Stadt etwas gemacht, das dem Meer gleicht, wo sie wie über Wellen und wie im Wind ihre unermüdliche Angst paradieren, die freudige Trunkenheit ihrer Kraft und ihres anerkannten Elements, verschlungen und wieder aufgefangen durch ihre Schreie.[1]

Beim Besuch der Ausstellung bemerkte er, wie Rembrandts Auswahl von Menschen und Orten dessen Sicht auf die Welt widerspiegelt. Die Frau, »die auf den Knien den Fußboden säubert«, »das Haus, wo das Feuer im Dunkel schattiger Zimmer entzündet wird«, sind »nicht einfach Dinge, die Rembrandt gemalt hat«. Für einen großen Künstler sind nützliche Dinge solche, die ihn dazu bringen, alles neu zu entdecken und sich stärker daran zu heften. »Zuerst gleichen die Werke eines Menschen möglicherweise eher der Natur als ihm selbst. Doch später durchdringt sie jene Essenz seiner selbst, die jeder geniale Kontakt mit der Natur stärker erregt hat, immer vollständiger. Und gegen das Ende wird sichtbar, daß nur noch dies für ihn Wirklichkeit ist und er immer mehr dafür kämpft, sie ohne Abstriche darzustellen.« Was er in seiner Reifezeit malt, »ist sozusagen das eigentliche Licht seines Denkens, die Art von besonderem Licht, in dem wir die Dinge sehen, sobald wir auf ganz ursprüngliche Weise denken.«[2] Von Rembrandt angeregt, strebt Proust in seiner Prosa nach derselben Wirkung, einer Verschmelzung von Fiktion und essentieller Wahrheit. Die buchstäbliche Wahrheit, die Oberfläche, das Tatsächliche ist weniger wichtig als die Individualität der Sicht, das Hinausgehen über eine bloß realistische Wiedergabe der Realität. An einer späteren Stelle dieses Textes beschreibt Proust die Ankunft Ruskins in der Ausstellung. In Wirklichkeit verachtete Ruskin die niederländische Malerei und hielt sich zu der Zeit in Brantwood im Lake District in England auf. Proust imaginiert jedoch, wie sich die beiden Maler gegenseitig adeln: »Es schien plötzlich, die Bilder Rembrandts seien etwas geworden, das noch würdiger wäre, besucht zu werden, seit Ruskin, von so weit her gekommen, in den Saal eingetreten war; es schien auch für Rembrandt wie eine Auszeichnung, die ihm angenehm hätte sein können, und daß, hätte Rembrandts Blick, der aus der Tiefe seiner vollendeten Bilder uns zu betrachten scheint, Ruskin sehen können, er auf ihn zugegangen wäre, wie ein Souverän, der in der Menge einen anderen Souverän erkennt.«[3]

Von Den Haag aus unternahm Proust eine halbstündige Fahrt nach Scheveningen. An einem regnerischen Tag vom Strand aus auf die Nordsee blickend, wurde er an glücklichere Besuche an der Küste erinnert. Jean Santeuil denkt über die Traurigkeit des Wiedererkennens von Dingen nach:

> Es war ein wenig wie das Wiedererkennen von Dingen, die wir nicht kennen, hauptsächlich aber war es, von diesen Dingen, die wir kennen, nicht wiedererkannt zu werden, zu spüren, daß sie uns fremd geworden sind. […] Doch an diesem Strand, den er nicht kannte, nahmen diese Wellen, die er kannte, von allen den fremden Dingen, die er nie gesehen hatte, etwas an, als ob sie ihn nicht wiedererkannten, und die fremde Gegend, über der dieser unbekannte Himmel dunkelte, gab der wohlbekannten Stimme dieser kleinen Wellen, deren kindliches Gehaben, leichte Bewegung und harmoni-

sches, rhythmisches Kommen und Gehen die gleichen geblieben waren wie zu den Zeiten, da er sie am Strand des Ärmelkanals gesehen hatte, ja sogar dem Sande etwas, als sagten sie zu ihm: ›Wir kennen dich nicht.‹[4]

Proust war noch keine dreißig Jahre alt, sein Blick auf die Vergangenheit war jedoch der eines viel Älteren. Als er von Marie Nordlinger eine Weihnachtskarte erhielt, schrieb er ihr:

> Und in dem Maße, wie Weihnachten für uns allmählich seine Wahrheit als Jahrestag einbüßt, nimmt es durch die sanfte Emanation der angehäuften Erinnerungen eine immer lebendigere Wirklichkeit an, in der das Kerzenlicht, das melancholische Hindernis seines Schnees für eine sehnlich Erwartete, der Duft seiner Mandarinen, der die Wärme der Räume durchtränkt, die Fröhlichkeit seiner Fröste und seiner Feuer, die Düfte des Tees und der Mimosen uns wiedererscheinen, bestrichen mit dem köstlichen Honig unserer Persönlichkeit, die wir dort jahrelang unbewußt gelagert haben, während wir – fasziniert von egoistischen Zielen – sie nicht spürten, und sie jetzt auf einmal unser Herz schneller schlagen läßt.[5]

In *Jean Santeuil* verwendet Proust auffallend ähnliche Wendungen, als er die Gedichte der Vicomtesse de Réveillon, für die Anna de Noailles Modell gestanden hat, erörtert. Ihre tiefe Traurigkeit scheint der Anlaß für Erinnerungen zu sein, die sie in bestimmten Düften »auskostete, [...] in dem Geruch von Mandarinen in einem warmen Zimmer oder auch die Erinnerung an alle die lustvollen Freuden des Weihnachtsfestes, wo wir dann oft an eine fröhliche, blumengeschmückte Tafel eine Seele mitgebracht haben, die ganz von dem Gedanken an ein Wesen erfüllt war, das nicht da war, das nie kommen würde und dessen Fehlen der Schnee da draußen, der uns von ihm trennte, oder der Post, die uns von ihm keine Briefe brachte, nicht eigentlich etwas wie eine Leere mitteilte, sondern sie vielmehr mit einem gewissen Reiz erfüllte.« Wie in der Episode mit dem Rosenstock weist der Zusammenhang zwischen Geruchssinn und Erinnerung auf die *Recherche* voraus, während der Glaube an die Literatur als Mittel zur Wiederentdeckung verlorener Zeit, den Proust später verkünden wird, in dem Hinweis vorweggenommen wird, daß Gedichte »ein Denkmal der Erinnerung für die Minuten

unserer Inspiration [sind], die ihrerseits wiederum häufig ein Denkmal alles dessen sind, was unser Wesen von sich selbst in diesen vergangenen Minuten hinterlassen hat, der innersten Wesensessenz
[essence intime] von uns, die wir ausströmen, ohne sie selbst zu kennen, die aber ein einst verströmter Duft, ein gleiches Licht wie
damals, das in unser Zimmer fällt, uns plötzlich so lebendig wie-
derschenkt, daß wir uns daran berauschen und das uns gegen das
wirkliche Leben, in dem wir sie nie verspüren, völlig gleichgültig
macht, wofern nicht dieses Leben zugleich ein vergangenes Leben
ist, so daß wir, einen Augenblick lang von der Tyrannei der Gegenwart befreit, etwas empfinden, was über die gegenwärtige Stunde
hinausreicht, nämlich unsere eigene Wesensessenz [l'essence de nous-
même].«[6]

Kein Wunder, daß Proust die Arbeit an *Jean Santeuil* nie zu Ende
führen konnte, wenn er den Text mit solchen Einsichten und daneben mit quasi-journalistischen Berichten über die Entwicklung im
Prozeß Dreyfus aufblähte. Proust brauchte eine Form, die alles aufnehmen konnte, was ihm wichtig war. In *Jean Santeuil* hielt jedoch,
wie er später entdecken sollte, nichts außer der Hauptfigur die hete-
rogenen Bestandteile zusammen. Ebensowenig wußte Proust, wie er
den Widerspruch zwischen dem Gefühl der Mittelmäßigkeit und
der Intensität mancher seiner Erfahrungen – die er deshalb in den
Roman aufnehmen sollte – in etwas Positives wenden sollte. Nie
dringt er tiefer in seine Seele ein, als wenn er der Frage nachgeht, was
ihm von seinen Erfahrungen, die er nie ganz vergessen kann, bleiben
wird. Hatte er nicht sein Herz in bestimmte Farben am Himmel, in
bestimmte Bewegungen im Sonnenlicht, in bestimmte Empfindungen gelegt, die vom Wind herrührten? Wenn er mit jenen Augenblicken in Berührung kommen kann, die am wichtigsten waren und
immer noch wichtig sind, erhebt er sich über alle negativen Gefühle.
»In solchen Momenten aber empfand er keinen Zweifel, keine Besorgnis, keine Traurigkeit mehr, und seine tiefe innere Ruhe schien
wie der blaue Himmel über seinem Haupt wahre Heiterkeit und
schweigende Freude in sich zu bergen.«[7]

In dieser Zeit nahm das Vergnügen, mit dem Proust aristokratische Salons besucht hatte, ab – zum Teil wegen der Affäre Dreyfus –,
und er ging lieber in Restaurants. Besonders gern mochte er das
Restaurant Larue an der Place de la Madeleine: »viele meiner

Freundschaften sind gleichsam in dem etwas derben Purpur der dortigen Inneneinrichtung entstanden (wie jene Kaiser, die man Porphyrogeneten nennt – und von denen manche jung starben)«.[8] Außerdem liebte er das Zigeunerorchester, das am 5. März 1899 um ein Uhr morgens einen Walzer spielte, während er mit Albert Flament und Robert de Flers zusammensaß und über Theater diskutierte. Proust war bewegt. Wenn seine asthmabedingte Zeiteinteilung ihn zum nächtlichen Wachen verurteilte, so war hier eine Möglichkeit, mit Freunden die Zeit zu verbringen, nachdem es zu spät geworden war, um noch länger bei einer Essenseinladung oder auf einem Empfang zu verweilen. Am Sonntag, dem 16. April 1899, um elf Uhr verließen Madame Armans Gäste den Salon bereits wieder, als Proust erst ankam und mit Anatole France zu plaudern begann. Madame Arman sagte zu Flament: »Wie schade, daß Marcel nicht arbeiten will. Er könnte einen so wunderbaren Roman schreiben! Aber er zersplittert sich. Meinen Sie nicht, er ist ein wenig *zu* gern in der Gesellschaft?«[9] Weil er nicht allein bleiben wollte, bot er Flament an, ihn nach Hause zu bringen, suchte in der Avenue Hoche eine Droschke, bat aber den Kutscher, ihnen zu folgen, während die beiden zu Fuß gingen. Proust schlug dann eine Fahrt in den Bois de Boulogne vor, und als Flament ablehnte, lud er ihn zum Essen im Restaurant Weber in der Rue Royale ein. Nach dem Essen unterhielten sie sich vor der Haustür von Flament noch weiter.

Bei dem Diner, das Proust für den 25. April 1899 plante, gehörte Flament jedoch zu den Gästen, die erst zu dem Empfang nach dem Essen eingeladen wurden. Im Juni sollte ein Band mit Sonetten von Montesquiou erscheinen, *Les perles rouges*, und am Abend des Diners sollte die vierundzwanzigjährige Schauspielerin Cora Laparcerie, die damals am Odéon spielte, einige dieser Sonette zusammen mit Gedichten von Anatole France und Anna de Noailles vortragen. Die drei Autoren sollten anwesend sein, und Proust beriet sich mit Montesquiou über die Gästeliste. Der Komponist Gabriel Fauré sagte zu, obwohl er sich für kurze Zeit verabschieden mußte, um in der Salle Pleyel aufzutreten. Proust lud außerdem zwei Princes, eine Princesse, eine Baronin, einen Comte, zwei Comtesses, einen Marquis und eine Marquise ein, Madame Straus, Madame Arman, Madame Lemaire, Charles Ephrussi (den aus Rußland stammenden Herausgeber der *Gazette des Beaux-Arts*[10]) sowie Léon Bailby, den

Herausgeber von *La Presse* ein. Diesmal waren auch Prousts Eltern bei dem Diner dabei.

In dem Bericht über das Ereignis versäumte es der *Figaro*, Montesquiou und dessen Buch zu erwähnen. Der Zeitungsbericht über die »très jolie soirée« führte acht der Gäste namentlich auf und fügte hinzu: »… sowie bekannte Persönlichkeiten aus der Welt der Wissenschaft, der Literatur und der Kunst«. Da Proust wußte, wie sehr Montesquiou sich darüber ärgern würde, verbrachte er einen Teil des Tages mit Ephrussi und Bailby, um zu besprechen, wie man den *Figaro* dazu bringen könnte, eine Erweiterung des Artikels vorzunehmen. Am folgenden Morgen druckte die Zeitung eine sehr viel längere Fassung, erwähnte mehr Gäste namentlich und berichtete, Montesquiou habe einen »doppelten Triumph als Autor und als hervorragender Redner verbuchen können, als er auf Bitten der Gäste selbst einige seiner Gedichte vortrug.«[11]

Proust blieb bis Anfang September 1899 in Paris und reiste dann zu seinen Eltern nach Evian, wo – nach Aussage des Vaters – das Wasser für die Mutter eine heilsame Wirkung hatte. Während des langen Zögerns, das bei Proust unweigerlich jeder Reise vorausging, fragte er Constantin de Brancovan nach einem ruhigen Hotel in Amphion oder Evian.[12] Der Prinz antwortete mit einer Einladung in die Villa Bassaraba, doch Proust lehnte ab: Er wolle gerne häufig zu Besuch kommen, brauche jedoch den Schlaf am Morgen.

Das Hotel, in dem Proust schließlich abstieg, trug den Namen Splendide und war so komfortabel, daß er auch nach der Abreise seiner Eltern am 9. September noch dort blieb. Das war der Tag, an dem das Kriegsgericht sein Urteil im Revisionsprozeß gegen Dreyfus bekanntgab. Da Proust im Hotel lebte, war er häufig knapp bei Kasse und mußte sich Geld von Bekannten leihen.[13] Als der Vicomte de Maugny, dem das fünf Kilometer entfernte Château de Lausenette in Thonon gehörte, zum Abendessen kam, konnte Proust ihn nicht abweisen, hätte es aber lieber gehabt, wenn er zum Mittagessen gekommen wäre.[14] Um die Mitte des Monats blieb Proust meist im Hotel, weil Besuche bei Freunden kostspielig waren. Am Anfang hatten die Brancovans ihre Gäste mit dem Schiff über den See gefahren, dann jedoch war es in Reparatur, und Proust mußte für die Fahrt eine Droschke nehmen. »Jedesmal, wenn man jemanden besuchen geht, kostet es 10 bis 20 Francs.«[15] Anatole Bartholonis

Schloß lag in Coudrée, in der Nähe von Sciez, etwa zehn Kilometer von Thonon entfernt. Seine Frau war Ehrendame am Hof der Kaiserin Eugénie gewesen. Proust hatte sich mit ihrer schönen Tochter Kiki angefreundet. Die Familie fand es unverständlich, daß er sie nicht häufiger besuchte, witzelte jedoch auch über seine Kleidung. Proust versuchte zu sparen. Als seine Mutter ihn drängte, einen neuen Strohhut zu kaufen, sagte er, der alte sei so gut wie neu, weil der Regen das Stroh gestrafft habe.[16] Als am 17. September seine Wochenrechnung bei 153 Francs angelangt war, ging er nicht aus und nahm im Hotelrestaurant eine einfache Mahlzeit zu sich, statt eine Droschke zu bezahlen, um bei den Bartholonis zu dinieren.[17] In der letzten Septemberwoche, als seine Mutter ihm 300 Francs schickte, gab er in zwei Tagen 236 Francs aus.[18]

Sie benutzte diese finanziellen Zuwendungen gerne, um ihre enge Beziehung zu unterstreichen, während er ein etwas eigenartiges Vergnügen daran fand, überwacht zu werden. »Als ich Dir sagte, ich werde jeden Tag diese Rechnung aufstellen, glaubte ich, das Hotel werde nicht vor dem 15. [Oktober] schließen, und ich wollte einfach, daß Du weißt, was ich ausgebe, und ich wollte Deine Zustimmung oder Einwände hören.« Seine Briefe gehen bei den Ausgaben ins Detail; sie wird informiert, daß er einem Busfahrer zehn Francs Trinkgeld gegeben hat, und er fragt, wieviel Trinkgeld er dem Hotelpersonal geben soll. Seine finanzielle Abhängigkeit war nach wie vor ein Bestandteil ihrer engen emotionalen Beziehung – in einem der Briefe schrieb er ihr, »ich habe das Gefühl, mit Deinem Geld den Großzügigen zu spielen«.[19] Die sporadische Knauserigkeit und der Wunsch, überwacht zu werden, scheinen zwar schlecht zu der Extravaganz zu passen, mit der er Trinkgelder und Geschenke verteilte (im Januar 1900 sandte er Anatole France eine wertvolle Rubens-Zeichnung),[20] doch beruhte beides auf dem irrationalen Gefühl, nicht geschätzt oder geliebt zu werden, wenn er nicht dafür bezahlte, und bei seiner Mutter konnte diese Bezahlung nicht aus Geld bestehen.

Zwar frustrierte es Proust, daß seine Eltern nach wie vor die Autorität über ihn hatten, aber er strebte auch nicht nach Unabhängigkeit. Weder durch seine Stelle in der Bibliothèque Mazarine noch durch die Veröffentlichung von *Les plaisirs et les jours* oder andere schriftstellerische Arbeiten hatte er Einkünfte. Über vier Jahre lang hatte er an *Jean Santeuil* gearbeitet, doch eine Aussicht darauf, Geld zu verdienen, bestand nicht; seine Begeisterung dafür schwand allmählich, und er begann mit verschiedenen Arten der Fiktion zu experimentieren. Erneut versuchte er, zusammen mit Robert de Flers einen Briefroman zu verfassen: Proust schrieb Briefe in der Rolle des Liebhabers Bernard, Flers verkörperte dessen Mätresse Françoise. Der erste Brief Bernards erschien am 19. September 1899 in *La Presse*, gefolgt von einer Antwort Françoises am nächsten Tag und von Bernards zweitem Brief am 12. Oktober.[21]

Prousts Freundschaft mit Constantin festigte sich bei einer Fahrt im Automobil. Das Auto war zu dieser Zeit zwar noch ein Spielzeug für die Reichen, doch der sechsundzwanzigjährige Prinz Alexandre de Calame-Chimay, Ehemann der Prinzessin Hélène de Brancovan, besaß ein Auto, und Constantin lud Proust und den Romancier Abel Hermant zu einer Fahrt nach Coppet ein. Das Schloß des Dorfes in der Schweiz hatte einst Necker und später Madame de Staël gehört. Proust machte sich die Mühe, um halb acht aufzustehen, doch da das Wetter regnerisch und das Auto offen war, fuhr er mit der Eisenbahn nach Genf und traf die beiden Freunde dort. Gemeinsam fuhren sie im Auto von Genf nach Coppet, von dort aus weiter nach Pregny und wieder zurück nach Genf. Obwohl es kühler geworden war, baten sie ihn, sie auf der Fahrt zurück nach Evian zu begleiten, aber aus Sorge darüber, daß der kalte Wind einen Asthmaanfall auslösen könnte, nahm er für die Rückfahrt den Zug.[22] Acht Jahre später sollte er seine frühen Eindrücke von der Reise im Automobil in einem Artikel für den *Figaro* beschreiben, und in der *Recherche* stellt der Erzähler fest, daß das Auto in einem Ruck eine Distanz überwinden kann, für die das Pferd zwanzig Schritte braucht. »Entfernungen sind nur die Beziehung zwischen Raum und Zeit und wandeln sich mit ihr. Wir drücken die Schwierigkeit, die wir haben, uns an einen Ort zu begeben, in einem System von Meilen, von Kilometern aus, das nicht mehr stimmt, sobald diese Schwierigkeit sich verringert hat.« Um die Jahrhundertwende verringerte sie sich rapide, und an den Automobilisten zog die Landschaft in einem betäubenden Tempo vorbei. Die Dörfer »Douville und Quatteholme, Saint-Mars-le-Vieux und Saint-Mars-le-Vêtu, Gourville und Balbec-le-Vieux, Tourville und Féterne, die bislang hermetisch, gleich

Gefangenen in der Zelle, jedes für sich, in bestimmte Tage eingeschlossen waren wie früher Méséglise und Guermantes, auf welchen
die gleichen Augen nicht am selben Nachmittag hatten ruhen können, waren jetzt durch den Riesen in Siebenmeilenstiefeln befreit
und gruppierten ihre Türme und ihre Belfriede, ihre alten Gärten,
welche der davorliegende Wald freizugeben sich beeilte, rings um
unseren Nachmittagstee.«[23] Wäre das Automobil damals eine
Selbstverständlichkeit gewesen, dann wäre Proust vielleicht nie zu
seiner Wahrnehmung der Distanz als Beziehung zwischen Raum
und Zeit gekommen. Bergson hatte gesagt, daß wir den Raum in die
Zeit projizieren, wenn wir Bewußtseinszustände so nebeneinanderstellen, damit wir sie gleichzeitig wahrnehmen; Proust eignete sich
nicht nur diese Einsicht an, sondern dramatisierte sie noch; er
steckte den Leser mit seiner Erregung darüber an, Bäume und Kirchtürme am Himmel wirbeln und ihre Positionen wie Tänzer wechseln
zu sehen. Sobald man aufhört, Zeit oder Raum in statischer Perspektive zu sehen, nähern sie sich fast bis zur Ununterscheidbarkeit
an.

So wie Proust die Gewohnheit angenommen hatte, bei Abendeinladungen erst sehr spät zu erscheinen und auch dann noch zu bleiben, wenn die meisten übrigen Gäste bereits gegangen waren, traf er
zuweilen gegen Ende der Saison in einem Hotel ein und hätte gern
auch nach dessen Schließung noch dort gewohnt. Als das Hotel in
Evian seine Pforten schloß, lud Constantin de Brancovan Proust zu
einem Aufenthalt in die Villa Bassaraba ein; doch Proust sagte, es
wäre für sein Asthma zu schlecht, so nahe am See zu wohnen, und er
ziehe das Hotel in Thonon vor.[24] Ein Grund für Proust, länger in der
Gegend zu bleiben, war die neu entstehende Freundschaft mit dem
Comte François d'Oncieu de la Bâtie, der in Savoyen ein Schloß besaß. Außerdem hatte Proust jedoch schon lange den Wunsch gehegt,
nach Italien zu reisen, und er kommt in einem Brief an die Mutter
auf diese Möglichkeit zu sprechen. Allein möchte er nicht reisen,
doch wenn er einen Begleiter findet, will er auf dem Rückweg die
italienischen Seen und Venedig besuchen.[25] Drei oder vier Tage
zuvor hatte er sie gebeten, ihm sein Exemplar von La Sizerannes
Buch über Ruskin zu schicken, und in einem späteren Brief, in dem
er erneut auf die Möglichkeit einer Italienreise zu sprechen kommt
und nach dem Buch fragt, schreibt er: »Und [schicke] mir das Buch

von Sizeranne über Ruskin, wenn es in meiner Bibliothek ist, damit ich die Berge mit den Augen dieses großen Mannes sehe.«[26]

Sein Interesse an Ruskin erwachte vermutlich, als er Robert de la Sizerannes Buch *Ruskin et la religion de la beauté*, das zwischen Dezember 1895 und April 1897 als Fortsetzung in *La revue des deux mondes* erschien, teilweise oder vollständig las. In Gesprächen über Ruskin im Café Weber im Jahre 1897, als das Buch erschien, behauptete Proust, Ruskin sei ein besserer Schriftsteller als Walter Pater.[27] Im Herbst 1899 war Ruskin in Frankreich jedoch immer noch so gut wie unbekannt, und die beiden Briefe Prousts sind der erste Hinweis auf ein Interesse, aus dem eine lange andauernde Beschäftigung erwuchs. Proust beneidete Albert Flament um sein Talent, genau zu beobachten und zu beschreiben – sich selbst traute er dies kaum zu –, und nachdem er in Beg-Meil Malern bei der Arbeit zugesehen und im Louvre sorgfältig Gemälde betrachtet hatte, wußte er, wie anders die Alpen ihm erscheinen würden, wenn er sie mit derselben Aufmerksamkeit betrachten würde wie ein Maler im Vorgang ihrer Wiedergabe. Für Ruskin gab es nichts Wichtigeres als die Beobachtung und die Beschreibung. In *Modern Painters* schreibt er: »Das Größte, was eine menschliche Seele auf dieser Welt jemals tut, ist, etwas zu *sehen* und deutlich zu sagen, was sie gesehen hat [...] Klar zu sehen ist Poesie, Philosophie und Religion in einem.«[28] De la Sizeranne hatte umfangreiche Passagen aus Ruskins Beschreibungen der Alpen und Italiens ins Französische übersetzt, Proust wollte sie wieder lesen, um seinen eigenen Blick für diese Landschaft zu schärfen.

Manchmal ist das Bedürfnis nach einem Buch um so intensiver, je weniger erreichbar es ist, und Proust fühlte nun intuitiv, daß Ruskin ihm beibringen könnte, was er brauchte, um das Beobachten und Beschreiben zu lernen. Falls das Buch vor seiner Abreise aus Evian eintraf, wird er wohl versucht haben, die Alpenlandschaft durch Ruskins Augen zu sehen; und auch wenn es nicht eintraf, war Proust vielleicht zu der Überzeugung gelangt, daß das Betrachten einer Landschaft eine Kunst ist, die er nicht beherrschte, Ruskin hingegen sehr wohl.

Das zweite Buch, das Proust über Ruskin gelesen hatte, war *L'esthétique anglaise. Etude sur M. John Ruskin* von Joseph-Antoine Milsand.[29] Im Herbst 1898 diskutierte er mit Robert de Billy in Paris über Ruskin. Billy hatte vor, romanische Kirchen in der Auvergne zu besichtigen, und lieh Proust das Buch von Emile Mâle *L'art religieux du XIIIe siècle en France*.[30]

Auf der Rückreise nach Paris am 10. Oktober 1899 erkältete sich Proust,[31] er litt außerdem an Erschöpfung und hatte Fußschmerzen, die er für Rheumatismus hielt.[32] Beides mag zu der Ernüchterung über seine Arbeit an *Jean Santeuil* beigetragen haben. Am 5. Dezember 1899 schrieb er an Marie Nordlinger:

> Und meine Phantasie, die, wenn nicht den anderen, so doch mir etwas Freude bereitete (denn mit Ihrem Gefallen an dem, was ich schrieb, stellen Sie eine Ausnahme dar, wie Sie überhaupt in allem eine Ausnahme sind), scheint leider durch meine Erschöpfung beeinträchtigt zu sein.
>
> Schon recht lange arbeite ich an einem sehr groß angelegten Werk, habe aber noch nichts beendet. Und es gibt Augenblicke, in denen ich mich frage, ob ich nicht dem Ehemann von Dorothée Brook in *Middlemarch* ähnele und Ruinenbruchstücke anhäufe.[33]

Als George Eliots Frau Dorothea sich mit dem von ihrem verstorbenen Gatten begonnenen Werk »The Key to all Mythologies« [»Der Schlüssel zu allen Mythologien«] befaßte, »stellte sie sich die Tage, die Monate, die Jahre vor, die sie drangeben mußte, um zu sortieren, was man verfallene Mumien und Fragmente einer Überlieferung nennen könnte, die selbst ein aus zerbröckelten Bruchstücken zusammengekittetes Mosaik darstellte – um sie zu sortieren als Unterlage für eine Theorie, die schon bei ihrer Geburt verhutzelt war wie ein Zwergenkind.«[34] Proust hatte Bruchstücke seines eigenen Lebens gesammelt und sie in einen Rahmen gestellt, der zwar ungefähr dem eines *Bildungsromans* [deutsch im Original] entsprach, aber nicht stark genug war, um die Fragmente zusammenzuhalten.

Im selben Brief an Marie Nordlinger schreibt er ferner: »Seit etwa vierzehn Tagen befasse ich mich mit einer kleinen, von meiner sonstigen Tätigkeit sich absolut unterscheidenden Arbeit über Ruskin und gewisse Kathedralen.« Der Entschluß, über Ruskin zu schreiben, fiel vielleicht zeitlich nicht genau mit der festen Entscheidung zusammen, *Jean Santeuil* aufzugeben, doch um den 20. November 1899 hatte Louis de Ganderax einen Artikel über Ruskin für die *Revue de Paris* in Auftrag gegeben. Proust unmittelbares Interesse

sollte es werden, einige französische Kathedralen – und keine Berge –
zu besichtigen, die Ruskin beschrieben hatte, doch niemand hat
erklärt, warum Proust sich so plötzlich einem Meister verschrieb,
dessen Werte und Sichtweise sich von denen, die *Jean Santeuil*
zugrunde lagen, so völlig unterschieden. Von Ruskins Werk war nur
wenig übersetzt, und für Proust, der kein Englisch konnte, war das
meiste unzugänglich. Die Entscheidung war wohl spontan und intuitiv, doch das Engagement reichte tief.

Ruskin arbeitete sporadisch an seiner Autobiographie mit dem Titel
Praeterita und blickte darin als der alte Mann, der er inzwischen
geworden war, auf sich selbst als Vierzehnjährigen zurück, der eben
dabei ist, die Alpen zu entdecken.

> Mit der reinen Gesundheit des Lebens und dem Feuer des
> Herzens, nichts anderes anstrebend, als der Knabe zu sein,
> der ich war, und nach nichts mehr verlangend als nach dem,
> was ich hatte […] und mit ebensoviel Wissen, vermischt mit
> Gefühlen, um den Anblick der Alpen nicht nur zur Enthül-
> lung der irdischen Schönheit zu machen, sondern auch zur
> Eröffnung der ersten Seite ihres Buches, ging ich an jenem
> Abend von der Gartenterrasse in Schaffhausen hinunter, und
> mein Schicksal stand für mich in all dem fest, was heilig und
> nützlich sein sollte. Zu jener Terrasse und zum Ufer des Gen-
> fer Sees kehren mein Herz und mein Glaube bis heute zurück,
> in jeder Regung, die in ihnen noch mit Würde lebendig geblie-
> ben ist, und in jedem Gedanken, der Hilfe und Frieden in sich
> birgt.[35]

Diese Passage spricht Fragen nach den Spuren von Gefühlserleb-
nissen und visuellen Eindrücken im Gedächtnis an, die Proust sich
selbst gestellt hatte. Gleichzeitig hat er vielleicht geglaubt, Ruskin
könne einen ausdauernden Leser dazu erziehen – so wie ihm das
bei ihm selbst gelungen war –, eine Landschaft oder ein Kunstwerk
erst auf sich wirken zu lassen und erst danach eine genaue, mit
moralischem Empfinden wertende Beschreibung zu geben. Ein
Nebel oder ein Gewitterhimmel konnten »die Grausamkeit aller
Dinge« bedeuten. Bei der Wiedergabe seiner ersten Eindrücke von
Wolken in den Alpen schrieb Ruskin: »[…] die erschauten Mauern
des verlorenen Eden hätten für uns nicht schöner sein können;

schrecklicher nicht das Himmelsrund, die Mauern des heiligen Todes«.[36] Nächtliche Beobachtungen des Himmels machten Proust – der nach seiner Rückkehr in Paris krank war und an Schlaflosigkeit litt – neidisch auf das Können Ruskins, der Unbehagen und moralische Empfindungen auf das Universum projizieren und dabei gleichzeitig einen Anschein von Objektivität wahren konnte.

Doch Ruskin hatte zwölf Jahre lang am Rande des Wahnsinns gelebt. Ein Zusammenbruch im Jahre 1878 zwang ihn, seine monatlich erscheinende Zeitschrift *Fors Clavigera* aufzugeben, in der er Briefe veröffentlichte, die Arbeiter über das intellektuelle Leben auf dem laufenden halten sollte.[37] Zugleich pflegte er einen exzentrischen Umgang mit Janet Leete, einer Lehrerin, die ihm vorschlug, für ihre Schüler ein einfaches Buch über englische Geschichte zu schreiben. Er stimmte dem Projekt zwar zu, bestand jedoch darauf, sie Jessie zu nennen, und seine Briefe an sie waren voll von verrückten Anzüglichkeiten. 1880 begann er mit der Arbeit: Während eines Aufenthaltes in Frankreich machte er Aufzeichnungen zur französischen Geschichte. Das Werk, das daraus hervorging, *The Bible of Amiens*, fordert die Leser dazu auf, Landkarten zu kolorieren oder sie mit Lilienblüten auszufüllen. Ruskin hatte weitere neun Bände geplant, die den Gesamttitel *Our Fathers have Told Us*[38] tragen sollten. 1889 erlitt Ruskin einen weiteren Zusammenbruch. Danach sprach er kaum noch und schrieb nicht mehr.

Einige Tage nach seiner Ankunft in Paris ging Proust zusammen mit François d'Oncieu, der ihn jetzt täglich besuchte,[39] in die Bibliothèque nationale und las in der *Revue générale* die Übersetzung eines neunzehnseitigen Auszugs aus Ruskins *The Seven Lamps of Architecture*.[40] In dem Buch wird die gotische Architektur mit der griechischen und byzantinischen verglichen. Später bat Proust seine Mutter in einer Notiz, eine weitere Seite aus dem Buch zu übersetzen. Wenn sie keine Zeit habe, könne d'Oncieu ihm den Gefallen tun. Sein eigenes Englisch war so schlecht, daß er sich in den Buchtiteln irrte. Ende November, als er Ruskins *The Queen of the Air* haben wollte, das noch nicht übersetzt war, fragte er Pierre Lavallée, inzwischen Bibliothekar an der Ecole des Beaux-Arts, nach »The Queen of Air«,[41] und schon vier Monate später schrieb er an Marie Nordlinger, er kenne fünf Bücher von Ruskin auswendig.[42] Da sie wußte, wie wenig Englisch er konnte, wird sie wohl erkannt haben, wie absurd diese Behauptung war.[43]

Im Oktober begann er, eine Reihe von »Ruskin-Wallfahrten«[44] zu französischen Kathedralen zu unternehmen. Als erstes besuchte er Bourges, wo das Portal mit in Stein gehauenem Weißdorn geschmückt war. »Nie gab es einen solchen Weißdorn. Sie würden ihn augenblicklich pflücken, ohne die Dornen zu fürchten«, hatte Ruskin geschrieben.[45] Proust besuchte auch die Kathedrale von Chartres noch einmal, bevor er nach Amiens fuhr und *The Bible of Amiens* als Führer benutzte oder zumindest die Übersetzung des vierten Kapitels, die seine Mutter angefertigt hatte.

Dem Rat Ruskins folgend, gab Proust dem Bettler am Südportal Geld und trat ein paar Schritte zurück, um die Jungfrau zu betrachten, die einst vergoldet war und die immer noch lächelte; ein Lächeln, das Ruskin an eine Soubrette erinnerte.[46] Proust war begeistert vom Chorgestühl der Kathedrale, über das Ruskin schreibt: »Hier sehen Sie die Verbindung der flämischen Schwere und der bezaubernden Flamme des französischen Stils; Holz zu schnitzen war die ganze Wonne des Pikarden; unter allem, was ich kenne, habe ich nie etwas so Wunderbares gesehen, was aus den Bäumen, welchen Landes auch immer, geschnitzt worden wäre; es ist ein zartes Holz mit jugendlicher Maserung; ausgewählte und für solche Arbeit gut präparierte Eiche, die heute noch ebenso wiederklingt wie vor vierhundert Jahren. Unter der Hand des Schnitzers scheint sie wie Ton modelliert zu sein, wie Seide gefaltet, wie lebendige Zweige gewachsen, wie lebendige Flamme gelodert zu haben … und sie steigt auf, verknüpft und verzweigt sich wie ein verzauberter, unentwirrbarer, undurchdringlicher Hain, reicher an Laub als irgendein Wald, reicher an Geschichte als irgendein Buch.«[47]

Das Westportal der Kathedrale war das, was Ruskin als »Bibel von Amiens« bezeichnet: »›Bibel‹ wird hier im buchstäblichen Sinne genommen, nicht im übertragenen. Das Portal von Amiens ist nicht bloß in jener unbestimmten Bedeutung, die Victor Hugo das verstanden hätte, ein steinernes Buch, eine steinerne Bibel: es ist ›Die Bibel‹ in Stein. [...] Wenn Sie sehen, wie dies monumentale Gewimmel von steinernen Gestalten in Menschengröße zum Himmel ansteigt, mit ihrem Kreuz, ihrer Schriftrolle oder ihrem Szepter in der Hand [...], dann werden Sie gewiß an der Intensität ihrer Empfindung spüren, daß dies etwas Großes ist [...]. Das Portal einer gotischen Kathedrale und insbesondere das von Amiens, der gotischen Kathedrale par excellence, ist die Bibel. Bevor ich es Ihnen erkläre, möchte ich mit einem Zitat von Ruskin verdeutlichen, daß die Bibel, worin auch immer Ihr Glauben bestehen mag, etwas Wirkliches, Gegenwärtiges ist und daß wir in ihr anderes finden können als den Geschmack des Archaischen oder Unterhaltung für unsere Neugier.«[48] Obwohl sich Ruskins Buch an Kinder richtete, war Proust davon begeistert: Er liebte die Kathedrale von Amiens besonders, und außerdem vermittelt Ruskins Buch ein bestimmtes Gefühl: »Ich dachte, Sie würden die *Bibel von Amiens* um so mehr lieben, wenn Sie beim Durchblättern erahnten, daß Sie Dinge erfahren, die Ruskin immer wieder überdacht hat und die daher sein Denken am tiefsten ausdrückten; daß das Geschenk, das er Ihnen gemacht hat, zu jenen gehört, die den Liebenden am kostbarsten sind, zu den Gegenständen nämlich, deren man sich lange Zeit selbst bedient hat, ganz für sich allein, ohne die Absicht, sie eines Tages zu verschenken. Als Ruskin dieses Buch schrieb, brauchte er nicht für Sie zu arbeiten, er hat nur sein Gedächtnis veröffentlicht und Ihnen sein Herz aufgetan.«[49]

In einem Brief vom Dezember 1899 an Douglas Ainslie hatte Proust geschrieben, er müsse etwas über die Kathedrale in Reims schreiben und brauche Hilfe mit dem Englischen:[50] Er hatte in der Schule Latein, Griechisch und Deutsch gelernt, doch niemals Englisch. Obwohl er auch noch durch eine Grippe aufgehalten wurde, plante er bereits mehr als nur einen Essay über Ruskin. In einem Brief vom Januar 1900 an Marie Nordlinger ist die Rede von mehreren Arbeiten; vor einem Monat habe er sie um Rat fragen wollen »wegen eines Wortes, eines Titels oder einer Bedeutung«, doch dann habe er, »aus Angst, sie zu langweilen oder zu verärgern, einen englischen Freund gefragt«.[51] Dieser englische Freund kann Ainslie gewesen sein, noch wahrscheinlicher aber war es Charles Newton Scott, der Autor von *The Foregleams of Christian Antiquity. An Essay on the Religious History of Antiquity* (1877, 1893) und *The Age of Marie Antoinette* (1899).[52] Proust korrespondierte zwar mit ihm, kannte ihn aber wohl nicht sehr gut:[53] Er bedankt sich für Scotts Hilfe in einer Anmerkung zu Beginn des ersten Kapitels der Übersetzung *La Bible d'Amiens*, und im Vorwort zu *Sésame et les*

Lys beschreibt er ihn als den »Dichter und Gelehrten, dem wir *The Church and Compassion for Animals* und *The Epoch of Marie-Antoinette* verdanken, zwei Bücher voller Gelehrsamkeit, Feingefühl und Geist, die es verdienten, in Frankreich besser bekannt zu werden«. Das erste der beiden erwähnten Bücher war freilich nicht von Scott geschrieben worden, sondern von Louise Amour Marie La Roche-Fontenilles, Marquise de Rambours.[54]

Weniger großzügig war er mit der Danksagung für die Hilfe seiner Mutter, obwohl er von dem Augenblick an, da er den Plan einer Ruskin-Übersetzung ins Auge faßte, offensichtlich mit ihrer unerschöpflichen Geduld rechnete. Zunächst hatte er nicht vor, die Übersetzungen zu veröffentlichen: Reynaldo zufolge sagte er, der garstige Ruskin habe es jedem verboten, sein Werk ins Französische zu übersetzen, und seine Übersetzung werde unveröffentlicht bleiben. Doch in seinen Studien werde er große Teile zitieren. Warum jedoch wollte er mehr übersetzen, als er zitieren konnte?[55] Es war der beste Weg, Ruskins Text möglichst umfassend zu verstehen und von dessen Art zu schreiben zu profitieren, auch wenn Proust sich auf die grobe Übersetzung seiner Mutter stützen mußte. Indem er die Rhythmen und die Syntax in sich aufnahm, würde Proust Gewohnheiten des Wahrnehmens und Denkens erwerben.

Am 20. Januar 1900 starb der achtzigjährige Ruskin in seinem Haus im Lake District an einer Grippe. Als Proust die Nachricht im *Figaro* las, fühlte er sich zugleich traurig und getröstet, denn »ich spüre, wie klein der Tod ist, wenn ich sehe, mit welcher Kraft dieser Tote lebt, wie sehr ich ihn bewundere, ihm zuhöre, ihn zu verstehen und ihm mehr zu gehorchen trachte als manchen Lebenden.« Dankbar dafür, daß Marie ihm ihr mit Randbemerkungen versehenes Exemplar von *The Queen of the Air* geschickt hatte – ihre bezaubernden Anmerkungen seien wie getrocknete Blumen auf jeder Seite, schrieb er –, versicherte er ihr, das Buch und ihre Anmerkungen seien in ihm lebendig, »und nicht in jenen Winkeln des Selbst, die man nur selten aufsucht, sondern in dem Inneren seines Herzens, dort, wo man sich jeden Tag selber erkennt«.[56]

Er verschaffte sich den Auftrag, für die *Chronique des arts et de la curiosité* (eine Beilage zu Charles Ephrussis *Gazette des Beaux-Arts*) einen Nachruf auf Ruskin zu schreiben, und besuchte die Kathedrale in Rouen, vor allem um eine kleine Figur am Buchhändler-Portal zu betrachten, die in *The Seven Lamps of Architecture* beschrieben wird: »Der Geselle ist gelangweilt und in seiner Bosheit versperrt, seine Hand preßt sich fest gegen den Wangenknochen, und aufgrund des Drucks legt sich die Wange unter den Augen in Falten.«[57] Proust kam es vor, »als habe Ruskin seinen Lesern im Sterben das arme Geschöpf anvertraut, dem er, da er von ihm sprach, Leben verliehen hatte und das nun unwissentlich für immer jenen verlor, der ebensoviel wie sein ursprünglicher Steinmetz für es getan hatte.« Proust machte den Besuch zusammen mit Léon Yeatman und dessen achtundzwanzigjähriger Frau, einer Bildhauerin, der es gelang, die kleine Figur zu identifizieren, die kaum zehn Zentimeter groß ist: »Sie ist verwittert, aber dennoch ist ihr Blick noch da, der Stein hat das Loch bewahrt, das die Pupille ausmacht und ihr jenen Ausdruck vermittelt, an dem ich sie erkennen konnte.«[58]

Sie fuhren nach Saint-Maclou weiter – Ruskin hatte über die Verzweiflung der Seelen geschrieben, die auf dem Jüngsten Gericht von den Flammen verfolgt werden – und nach Saint-Ouen, wo der Küster Julien Edouard vor zwanzig Jahren Ruskin bei dessen Kirchenbesuch begleitet hatte. »Er behauptet, Ruskin habe zu ihm gesagt, Saint-Ouen sei das schönste gotische Denkmal auf der Welt, und in *Seven Lampes* [sic] sagt Ruskin, es sei ein schreckliches Monument.«[59] Dies schreibt Proust in einem Brief von Anfang März an Marie Nordlinger, was bedeutet, daß er auch den Anhang zu dem Buch gelesen hatte, wo Ruskin die Kirche als »eines der minderwertigsten Beispiele der Gotik in Europa« bezeichnete, »das den Ornamenten aus gebranntem Zucker bei kompliziertem Konfekt gleicht und auch kaum mehr Aufmerksamkeit verdient.«[60]

Nach Paris zurückgekehrt, arbeitete Proust sehr intensiv, und am 7. oder 8. Februar 1900 behauptete er: »Alle meine Arbeiten sind fertig […].«[61] Der Nachruf war am 27. Januar erschienen und am 13. Februar veröffentlichte der neue Herausgeber des *Figaro*, Gaston Calmette, die erste von Prousts *Pèlerinages ruskiniens en France*.[62] Im April erschienen zwei weitere Texte über Ruskin: »Ruskin à Notre Dame d'Amiens« im *Mercure de France* und der erste Teil eines langen Essays, »John Ruskin«, in der *Gazette des Beaux-Arts*, die den zweiten Teil im August bringen sollte. Der erste Teil ist vermutlich jener, den Ganderax in Auftrag gegeben, aber nie veröffentlicht hatte.[63] Mit zwei Ausnahmen stammen alle Ruskin-Zitate – nicht ohne Quellenangabe – von La Sizeranne und Milsand, doch in dem Essay über Notre Dame d'Amiens und im zweiten Teil zitiert Proust direkt aus *The Seven Lamps*, *The Pleasures of England*, *The Stones of Venice*, *St Mark's Rest* und *Lectures on Architecture and Painting*.

Wie er dies bewerkstelligte, war für Constantin de Brancovan ein Geheimnis.[64] Im April 1900 meinte Proust immer noch, das Buch, das Marie Nordlinger ihm geschickt hatte, heiße »The Queen of Air«.[65] Georges de Lauris zufolge wäre es Proust »schwergefallen, in einem englischen Restaurant auch nur ein Kotelett zu bestellen, er konnte kein Englisch außer dem von Ruskin, das aber verstand er bis in die feinsten Bedeutungsnuancen.«[66] Das Rätsel, wie er die Sprache zu beherrschen lernte, läßt sich nicht von der Frage abtrennen, warum Ruskin ihn so plötzlich faszinierte: Es war so, als ob Proust eine enge, eher intuitive als verstandesmäßige Beziehung zu ihm hergestellt hätte.

Ruskin war Proust mehr als jeder andere Autor Vorbild darin, einen Busch oder eine Landschaft so genau wie einen heiligen Text zu betrachten, den zu entziffern noch niemandem gelungen ist. Ruskin glaubte fest daran, daß sich die Antwort des Menschen auf die Natur aus seinem ganzen moralischen Wesen speisen solle, da die Schönheit der Natur das Werk Gottes sei. Der moderne Mensch hatte Industriestädte und Wolkenkratzer geschaffen, doch Gott hatte das Land erschaffen, und der Künstler pries die göttliche Seele, wenn er die exakte Wahrheit über die Naturphänomene aussprach. Proust stand etwa in dem gleichen Verhältnis zu den Impressionisten wie Ruskin zu den englischen Landschaftsmalern von Constable bis Turner. Das gewählte Sujet war unwichtig. Bürgerfamilien, die auf einem Boot einen Imbiß nahmen, eine pausbäckige verträumte Bardame, ein schlafender Ladenbesitzer. Alles, was man sah, gehörte zu einem einzigen System und war denselben Gesetzen unterworfen. Proust neigte zwar weniger als Ruskin zu dem Glauben an einen einzigen göttlichen Gesetzgeber, aber er zweifelte nicht daran, daß es Gesetze gab. Findet man das Prinzip, dann versteht man den Prozeß. Ruskin bestätigte sein Streben nach der Gewißheit über die Einheit aller Phänomene – der natürlichen, geistigen, ästhetischen und wissenschaftlichen.[67]

Für Albert Camus ist das Telephon ein Symbol der Getrenntheit. Wenn man jemanden in einer Telephonzelle reden sieht, aber nicht hört, was er sagt, dann bewegen seine Lippen sich sinnlos; für Proust ist das Telephon ein Symbol der Verbundenheit. Der Geist des Dichters ist von Manifestationen derselben geheimnisvollen Gesetze erfüllt, die die Außenwelt steuern, und seine Freude an der Naturschönheit hängt von seiner Erkenntnis der Wahlverwandtschaft zwischen Makrokosmos und Mikrokosmos ab. Wenn er schöpferisch tätig ist, »hat er seine Seele gegen die Weltseele getauscht«, steht er »wie in einer Telephon- oder Telegraphenzelle mit der Schönheit der ganzen Welt in Verbindung«.[68]

Bei Prousts Kampf mit den praktischen Problemen der Übersetzung aus dem Englischen war Madame Proust nach Aussage von Marie Nordlinger von einer unerschöpflichen Hilfsbereitschaft; sie hatte ihm »in mehreren roten, grünen und gelben Schulheften« eine wörtliche Übersetzung angefertigt.[69] Proust muß jedoch seinen eigenen Zugang zu den Textstellen gefunden haben, die er später als Zitate auswählte, und auch wenn er weit davon entfernt war, fünf von Ruskins Büchern auswendig zu kennen, erwarb er doch dreißig Bände Ruskin auf englisch,[70] und er arbeitete unglaublich hart daran, mit ihnen vertraut zu werden. Als er *The Bible of Amiens* übersetzte und mit Anmerkungen versah, brauchte er dafür (nach eigener Aussage) weit über tausend Stunden, gab aber an, die Arbeit habe sich über vier Jahre erstreckt, während sie doch nur etwas mehr als zwei Jahre dauerte. Als ein Bekannter ihn neckte (»Du kannst doch eigentlich gar kein Englisch, und es muß doch von Fehlern wimmeln«), reagierte er wütend: »Nicht wegen meines Talents, das gleich Null ist, sondern wegen meiner Gewissenhaftigkeit, die grenzenlos ist – wird dies eine Übersetzung sein, wie es nur ganz wenige gibt, eine wahrhaft originalgetreue Neubildung.«[71]

Fast fünf Jahre lang war seine Stelle an der Bibliothèque Mazarine eine Sinekure gewesen, die kein Geld einbrachte. Er hatte nichts weiter getan, als alljährlich ein Gesuch für ein weiteres Urlaubsjahr einzureichen. 1899, als ein Inspektor die Bibliothek besuchte, wurde seine dauernde Abwesenheit jedoch bemerkt, und am 14. Februar schrieb er an Pol-Louis Neveu, den früheren Bibliothekar und jetzigen Hauptassistent in der Regierungsstelle, die die Bibliothek überwachte, ob es eine Alternative zur Kündigung gebe.

Könnte man ihm unbegrenzten Urlaub geben oder ihm einräumen, seine Rückkehr auf unabsehbare Zeit hinauszuschieben?[72] Seit Anfang März wurde sein Nichterscheinen als Kündigung gewertet, doch die endgültige Nachricht hätte ihm auch dann kaum Kummer bereitet, wenn er nicht so sehr mit Ruskin beschäftigt gewesen wäre.[73]

Bald darauf begann er, sich mit großem Eifer auf seine erste Reise nach Venedig[74] vorzubereiten, und nahm sich vor, die Stadt auf die gleiche Weise wie zuvor die Kathedralen zu besichtigen. »Meine Bewunderung für Ruskin gab den Dingen, die ich durch ihn lieben lernte, eine solche Bedeutung, daß sie mir ungleich wertvoller erschienen als das Leben. Das geschah buchstäblich, als ich meine Tage schon gezählt glaubte; ich reiste nach Venedig, um vor meinem Tod in zerfallenden, aber noch rosig dastehenden Palästen die Inkarnation von Ruskins Gedanken über die mittelalterliche Architektur zu sehen, um seinem Denken näher zu sein, es abtasten zu können [...].«[75] Proust hatte vorgehabt, Venedig im Herbst zu besuchen, da dies nach Ansicht von Constantin de Brancovan für seine Gesundheit die beste Reisezeit war. Doch im April hielten sich Reynaldo und dessen Mutter in Rom und Marie Nordlinger in Florenz auf – sie wollte zudem ihren Cousin in Venedig treffen –, und die Verlockung, mit ihnen zusammenzutreffen, war für Proust unwiderstehlich. Auch die Yeatmans waren in Italien, konnten jedoch nicht nach Venedig kommen, während die anderen dort waren. Proust beschwor sie, die Reise dennoch zu unternehmen, und bot an, ihnen Ruskins Bücher über Italien auszuleihen, »damit er Euch führt und betört wie die Flammensäule, die vor den Israeliten einherging, und Eure Reise noch glanzvoller macht.«[76]

Gemeinsam mit seiner Mutter reiste Proust Ende April oder Anfang Mai aus Paris ab. In der Eisenbahn durch die Lombardei las die Mutter jene Passage aus Ruskins *The Stones of Venice* vor, in der die Stadt mit einem Korallenriff im Indischen Ozean verglichen wird. Diese Beschreibung im Gedächtnis, war Proust enttäuscht, als er Venedig zum ersten Mal erblickte. »Als unsere Gondel davor anhielt, konnte sie natürlich vor meinen Augen nicht dieselbe Schönheit finden, die sie noch einen Augenblick zuvor in meiner Einbildung gehabt hatte, denn wir können die Dinge nicht mit dem Geist und mit den Sinnen zugleich sehen.«[77] Später hingegen schrieb er: »Als ich nach Venedig fuhr, kam es mir unglaublich und doch ganz einfach vor, daß mein Traum zu meiner *Adresse* geworden sein sollte!«[78]

Sie wohnten im Hotel Danieli,[79] wo auch Ruskin abgestiegen war. Es war keine zweihundert Schritte vom Markusplatz und vom Dogenpalast entfernt; direkt vor dem Hotel lag die marmorgepflasterte Riva degli Schiavoni. Am ersten Tag ruhte er sich aus und ging dann an die Kais. Am Abend arbeitete er mit Maria Nordlinger im Café Quadri an der Übersetzung der *Bible of Amiens,* und als am nächsten Morgen die Fensterläden aufgingen, fiel strahlender Sonnenschein auf den goldenen Engel des Campanile von St. Markus, »der mir auf gleißenden Flügeln eine Verheißung von Schönheit und Freude zutrug, die größer war als je die christlicher Herzen, wenn er ihnen verkündigte: ›Ehre sei Gott in der Höhe und Frieden auf Erden denen, die guten Willens sind ...‹«[80]

Vormittags blieb Prousts Mutter meist im Hotel, ruhte sich aus und las, Marcel unternahm währenddessen mit Maria und Reynaldo Gondelfahrten durch den Canale Grande, um die Kirchen zu besuchen: »Selige Tage, als ich zusammen mit anderen Schülern des Meisters am Wasser seiner Botschaft lauschte und bei jedem Heiligtum haltmachte, das aus dem Meer nur dazu aufzusteigen schien, uns den Gegenstand seiner Beschreibungen und das Urbild seiner Gedanken vorzuführen.«[81]

Auf der Rückfahrt zum Mittagessen konnte Proust schon von der Santa Maria della Salute aus den mit einem Buch beschwerten Schal seiner Mutter auf der Alabasterbalustrade im Wind flattern sehen, und »darüber dehnten die kreisrunden Fenster sich wie zu einem Lächeln, wie ein Versprechen und die Vertraulichkeit eines freundlichen Blicks«.[82] So blieb das Fenster in seiner Erinnerung eng mit seiner Mutter verbunden. »Die Paläste am Canale Grande, deren Aufgabe es war, mir das Licht und die Eindrücke des Morgens zu vermitteln, haben sich so eng mit ihr verbunden, daß es heute nicht mehr der schwarze Diamant der Sonne auf dem Schieferdach der Kirche und der Marktplatz ist, die wiederzusehen die Wetterfahne von gegenüber mich anregt, sondern allein das Versprechen, das der goldene Engel gehalten hat, Venedig.«[83]

An den Nachmittagen saßen sie zusammen mit der Tante Marias auf der Piazza, aßen im Café Florian *granita* und schauten den Tauben zu. Manchmal arbeitete er mit Maria im Markusdom an der Ruskin-Übersetzung. Am Abend entzogen sie sich der Gesellschaft der Tante und saßen vor dem Quadri, tranken Kaffee oder nahmen eine Gondel zur Lagune. Als Reynaldo nach Rom zurückkehrte, fuhren Proust und Maria nach Padua, um, angeregt durch die Schriften Ruskins, Giottos Fresken in der Arenakapelle zu besichtigen. Proust hatte einige Reproduktionen davon in Ruskins *Fors Clavigera* gesehen.[84] Danach sahen sie in den Eremitani Mantegnas Fresko mit dem Leben des heiligen Jakob, »eines der Bilder, die ich am liebsten auf der Welt habe«, wie Proust sieben Jahre später an Montesquiou schrieb.[85]

Vor der Abreise aus Venedig hatte Proust einen Streit mit der Mutter. Am meisten mißfiel ihm die Einschränkung seiner Freiheit. Nachdem Reynaldo weggefahren war, hätte er, wenn er allein gewesen wäre, ungehindert den sexuellen Abenteuern nachgehen können, die Venedig zu bieten hatte. Es war zwar seine eigene Entscheidung gewesen, zusammen mit ihr herzukommen, doch in der Wut auf sich selbst, richtete er seinen Ärger gegen sie.

> Sobald ich aber die Stadt wieder vor Augen hatte, erinnerte ich mich an einen Abend, an dem ich nach einem Streit mit Mama aus Boshaftigkeit zu ihr sagte, ich werde abreisen. Ich war hinuntergegangen, ich hatte den Gedanken an die Abreise aufgegeben, wollte aber den Schmerz meiner Mutter darüber, daß ich fort war, verlängern und blieb auf der Seite, wo die Boote anlegen und wo sie mich nicht sehen konnte, während ein Ruderer in einer Gondel eine Serenade sang, der zuzuhören die Sonne, die gerade hinter der Salute verschwand, ihren Lauf angehalten hatte. Ich konnte fühlen, wie sich die Unruhe meiner Mutter hinauszog, bis die Spannung unerträglich wurde, und ich konnte mich doch nicht entscheiden, aufzustehen, zu ihr zu gehen und ihr zu sagen: ›Ich bleibe.‹ Die Serenade schien nicht aufhören und die Sonne nicht untergehen zu können, als ob meine Angst, das Licht der Abenddämmerung und das Metall der Sängerstimme für immer in einer quälenden, vieldeutigen und undurchdringlichen Legierung miteinander verschmolzen wären.[86]

Ende Mai kehrten Proust und seine Mutter nach Paris zurück. Die Familie hatte seit dem Frühjahr eine neue Wohnung gesucht, weil

sich zum einen der Gesundheitszustand von Madame Proust verschlechterte und sie einen ruhigeren Ort mit besserer Luft brauchte,
und weil zum anderen Adrien Prousts Karriere so erfolgreich verlief,
daß er eine vornehmere Adresse zu haben wünschte. Auf den Inter-
nationalen Hygienekongressen 1892 und 1893 hatte er bei den Vereinbarungen zwischen den europäischen Mächten eine bedeutende
Rolle gespielt; im Dezember 1899 inspizierte er die Mittelmeer-
häfen. Er hielt Vorlesungen an der Sorbonne und an der Académie
des Sciences morales et politiques, und mit seinen Büchern hatte er
seinen Ruf gefestigt. Wie seine Frau hatte auch er zugenommen; er
trug den Kopf hoch und die Brille saß tief auf der Nase.[87]

Im April hatten sie gehofft, in eine Wohnung in der zweiten Etage
am Boulevard Haussmann 127 einziehen zu können, doch der
Hausherr, Marquis de Réaux, wollte keinen Arzt oder Anwalt als
Mieter haben. Proust bat deshalb Pierre Lavallée, der mit einem
Enkel des Hausbesitzers befreundet war, diesen darauf aufmerksam
zu machen, daß sein Vater sich seit mehreren Jahren fast ausschließlich mit wissenschaftlicher Forschung beschäftige und so wenig
Patienten empfange, daß er wahrscheinlich weniger Besucher haben
werde als ein durchschnittlicher Mieter.[88] Lavallée versuchte zu helfen, doch zogen die Prousts schließlich in eine Wohnung, die nicht
einmal einen Kilometer von der alten entfernt war: in die Rue de
Courcelles 45, Ecke Rue Monceau. Die Wohnung war geräumig,
und die Straße, die zwischen dem Boulevard Courcelles und der Rue
de la Boétie verlief, war ruhiger als der Boulevard Malesherbes. An
der Kreuzung Rue de Courcelles und Rue de Monceau lag die Place
du Pérou, wo in der Nummer 35 Madeleine Lemaire lebte. Auch die
Princesse Mathilde hatte vor ihrem Umzug in die Rue de Berri in der
Rue de Courcelles gewohnt und dort ihren Salon abgehalten. Flaubert, Mérimée, Goncourt und Sainte-Beuve waren damals jeden Tag
vorbeigekommen.[89]

Im Juni litt Madame Proust an Rheuma und blieb im Bett.[90] Im
August, vor dem Umzug in die neue Wohnung, fuhren die Eltern
Proust wieder in das Hotel in Evian, wo sie sich mit der Familie
Duplay trafen (der Vater von Maurice war Chirurg), mit der sie dort
die »unabhängige republikanische Partei« bildeten, wie die Mutter
schrieb.[91] Gleichzeitig versuchte sie, ihre eigene Herkunft verges-
send, dem aus dem Weg zu gehen, was sie als das »semitische Ele-

ment« bezeichnete.[92] Das Hotel war voll und laut, und dies war einer der Gründe, weshalb sie ihrem Sohn abriet herzukommen; der andere war, daß sie bald wieder in Paris sein mußte, um die neue Wohnung einzurichten.

Prousts Eltern zogen am 15. Oktober 1900 um, Marcel war im September nach Evian gefahren, und am 13. Oktober reiste er erneut nach Venedig. Da er nun allein war, konnte er ungehindert alles das tun, woran ihn die Anwesenheit seiner Mutter gehindert hatte. In *La Fugitive* wandert der Erzähler eifersüchtig durch die engen *calli* auf der Suche nach Arbeitermädchen, die Albertine vielleicht geliebt haben würde. Proust war wohl eher auf der Suche nach Arbeiterjungen, und der Erzähler der *Recherche* hatte sich »verstrickt in ein Netz kleiner Gäßchen«.[93]

Am 19. Oktober besuchte Proust das armenische Kloster auf der Laguneninsel San Lazzaro. Dabei vermißte er seine Mutter und hatte Schuldgefühle wegen des Streits, den sie im Mai in Venedig gehabt hatten. Er dachte an den gotischen Spitzbogen der Fenster, der für ihn ganz Venedig verkörperte. »So voller bewundernswerter Formen, Formen alter Kunst, gleicht es einem genialen Menschen, dem wir am Wasser hätten begegnen können, mit dem wir einen Monat lang in Vertrautheit hätten zusammenleben können und der mit uns vielleicht eine gewisse Freundschaft eingegangen wäre. Und wenn ich geweint habe an dem Tag, als ich es wiedersah, dann einfach deshalb, weil es zu mir sagte: ›Ich erinnere mich noch gut an deine Mutter.‹«[94]

Im Anschluß an den mißglückten Versuch, gemeinsam mit Flers einen Briefroman zu schreiben, arbeitete Proust an einem Dialog. Die Frau darin heißt wiederum Françoise, der Mann Henri. Proust schreibt besser als bei der Arbeit zu zweit, besonders wenn es um die Darstellung der Eifersucht geht. Henri spricht sehnsuchtsvoll von der Schönheit von Orten, die zum Glücklichsein wie geschaffen sind, und an denen man sich nicht aufhalten kann, ohne sich nach dem Glück zu sehnen. Nirgendwo fühlt man sich elender, sagt er. Françoise bemerkt, wie sehr ihn der Gedanke daran beunruhigt, daß seine Geliebte mit einem anderen Mann in den Pavillon im Bois de Boulogne ging. In der zweiten Szene sind sie erneut im Pavillon, und Henris Gedanken über Eifersucht drängen aus ihm heraus. Er vergleicht sie mit der Vorstellung von der Lust einer Frau, die man liebt.«Um uns das Leben anderer Menschen vorzustellen, geben wir ihnen unser eigenes.«[95]

Ende Oktober kehrte Proust nach Paris zurück und richtete sich nicht ohne Schwierigkeiten in der neuen Wohnung ein. Er verabscheute den Geruch frischer Farbe, es gab kein Zimmer, wo er seine Asthma-Zigaretten rauchen konnte, und der Ärger machte ihm das Atmen noch schwerer.[96] Der Erzähler der *Recherche* sagt von sich: »[...] ich, der ich ebenso schwer neue Dinge verarbeiten konnte, wie ich alte leichtfertig aufgab«.[97]

Für Proust begann das Jahr 1901 mit einer schweren Grippe, die ihn über fünf Wochen lang ans Haus fesselte. Die Entscheidungen über Möbel und Dekoration traf seine Mutter. Sie kaufte einen neuen Wandteppich, um die Trennwand zwischen dem großen und dem kleinen Salon zu verdecken. In der alten Wohnung hatte es einen besonderen Raum für die Wandteppiche gegeben; jetzt schmückten sie ebenso wie der Empire-Lehnstuhl das Vorzimmer. Das Gemälde von Govaert Flinck, *Tobias und der Engel*, hing nun im Eßzimmer, wo Wandteppiche als Vorhänge dienten.

Die Schränke in den Schlafzimmern des Arztes und seiner Frau hatten Glastüren; die Möbel und die Hängelampe in Madame Prousts Zimmer waren blau. In dem Raum, den sie als Rauchzimmer bezeichnete, weil Marcel dort sein Räucherpulver verbrannte, waren der Schreibtisch und die drei Sessel aus dem Hause seines Großvaters sowie die Glasschränke, die seiner Großmutter gehört hatten, aufgestellt. Aus Sparsamkeitsgründen hatte Madame Proust den Teppich in Marcels Zimmer mit der Rückseite nach oben legen lassen, weil sie wußte, daß er unaufhörlich ein und aus gehen würde.

Noch keine dreißig Jahre alt, sah er für sein Alter jung aus, doch die ständig wiederkehrenden Asthmaanfälle ließen ihn sich alt fühlen. »Wenn Sie sich vorstellen, daß ich fortwährend krank bin, ohne jedes Vergnügen, ohne Ziel, ohne Arbeit, ohne Ehrgeiz, mein abgeschlossenes Leben vor mir, und das Gefühl des Schmerzes, das ich meinen Eltern bereite, dann habe ich sehr wenig Freude, und Sie werden verstehen, wie wichtig die freundschaftlichen Beziehungen für mich werden können [...].« So schrieb er an Constantin de Brancovan, der sich damals in Bukarest aufhielt. »Wenn Rumänien ein vorteilhaftes Land ist, wo Ihr Leben fruchtbar ist, dann bleiben Sie, solange es nötig ist, lieber Freund. [...] Wir schulden niemandem etwas, außer dem Anteil der Ewigkeit in uns, und wir haben keine andere Aufgabe, als die äußeren Bedingungen so einzurichten, daß sie am wirksamsten zu diesem beitragen können.«[98] Aus den Tiefen der Depression und ohne jede Erwartung auf ein langes Leben stellt Proust sich die Frage nach dem Anteil des Ewigen in ihm selbst.

Bis zum 7. Februar 1901 fühlte er sich nicht gesund genug, um auszugehen. Auch Reynaldo war krank gewesen. Proust hatte vor, ihn zu besuchen, blieb dann aber doch lieber zu Hause, falls Lucien vorbeikäme. Marcel und Lucien hatten einander lange nicht gesehen, und Proust ging die »Klausur auf die Nerven [...] Seit unserem letzten Treffen habe ich (außer meinen Eltern) kein lebendiges Gesicht mehr gesehen. Ich denke die ganze Zeit an Sie, und das ist sehr gut so.«[99]

Prousts Gesundheitszustand blieb den ganzen Winter über bis zum Frühjahrsanfang bedenklich, und eine Notiz an seine Mutter beschreibt einen »Asthmaanfall von einer solchen Heftigkeit und Dauer, und mit einem wiederholten Ausbruch nach drei Minuten vollkommenster Ruhe, die ich jemals erlebt hatte. (Ich hatte seit gestern nachmittag um vier nicht mehr geraucht.)«[100] Jeanne Proust interessierte sich für alle Einzelheiten der Krankheit ihres Sohnes, dieser beobachtete jedoch ängstlich, daß sie zuwenig an ihre eigene Gesundheit dachte. Früher war er eifersüchtig auf seinen jüngeren Bruder gewesen, jetzt hoffte er, seine Mutter würde ihm mehr Aufmerksamkeit schenken, war er doch Arzt, der nützliche Ratschläge geben konnte. »Glück und Leid haben seine Natur wie eine Frucht reifen lassen, die süß wird, nachdem sie zuvor etwas säuerlich war. Seine Intelligenz und seine Liebenswürdigkeit werden Dich also gemeinsam beraten.«[101]

Ohne jede Einmischung von ihrer Seite begann Proust im April eine weitere Abendeinladung zu planen, auf der Cora Laparcerie Gedichte von Anna de Noailles vortragen sollte. Er sorgte dafür, daß die Dichterin mit der Schauspielerin proben konnte. Als er eines Abends nach Hause kam, fand er zwei unveröffentlichte Gedichte vor, die Anne de Noailles bei ihm hatte abgeben lassen; er setzte sich hin, las sie und schrieb einen begeisterten Brief, um die junge Dichterin zu beglückwünschen, wobei er einzelne Verse zitierte. Besonders liebte er »Les Pigeons dont la blancheur défile« [»Die Tauben, deren

Weiß vorüberzieht«], »La route du Soleil sans ombre et sans détour«
[»Die Bahn der schattenlosen Sonne ohne Umweg«], »les cygnes qui
dansent dans le vent« [»die Schwäne, die im Winde tanzen«], »le
pays profond de ma tendresse« [»das tiefe Land meiner Zärtlichkeit«] und die »bewundernswerte Vertrautheit, mit der Sie die Natur ansprechen, so die Unendlichkeit als »La lune aux belles joux«
[»der Mond mit den schönen Wangen«] und das Bewußtsein als
»ma grande camarade« [»meine große Gefährtin«]. Prousts Schmeicheln beruhte auf echter Bewunderung: Als im Februar 1899 Anna
de Noailles Gedicht »Notre Amour« in der *Revue de Paris* erschien,
»spürte ich beim Anhören dieser Verse eine neue literarische Leidenschaft erwachen, von der ich nicht wußte, wie sie zu fassen sei, so
wie damals, als ich zum erstenmal einen Gustave Moreau sah oder
eine Melodie von Fauré hörte«.[102]

Proust hatte bei dieser Einladung allerdings noch größeres Pech
als bei der früheren, nach der Montesquiou nicht im Bericht des
Figaro erwähnt worden war: Anne de Noailles kam nicht und ließ
sich von ihrem Mann entschuldigen – sie sei krank. Proust nahm an,
daß sie den Vortragsstil von Cora Laparcerie nicht mochte, doch
sein Brief, der die Wirkung ihrer Gedichte auf die Gäste, darunter
Anatole France, beschreibt, enthält nicht den leisesten Vorwurf,
vielmehr schreibt Proust: »Man soll die schlechte Gesundheit nicht
zu schlecht machen. Häufig ist es so, daß der Körper unter dem
Gewicht der allzu großen Seelen nachgibt. Nervöse Zustände und
bezaubernde Gedichte können sehr wohl Ausdruck ein und derselben stürmischen Kraft sein.«[103]

Die Gedichte stammten aus ihrem ersten Gedichtband, *Le Cœur
innombrable*, der am 7. Mai 1901 erscheinen sollte. Proust schenkte
Reynaldo ein Exemplar, das dieser nach Brüssel mitnahm und es an
Sarah Bernhardt weitergab. In seinem Tagebuch notierte er unter
dem 23. Mai: »Sarah entzückt über das Buch von Madame de
Noailles.« Er schrieb an Proust, der an die Prinzessin schrieb: »Sie
war begeistert, bezeichnet Sie als die größte Dichterin überhaupt,
ein großes Genie usw., sie lernte »L'Offrande à Pan« [»Das Opfer
für Pan«] unverzüglich auswendig und will es am Donnerstag bei
Monsieur de Montesquiou vortragen.« Er wäre gerne dabeigewesen, schrieb jedoch: »Ich habe entweder im Bois oder von Ihrem
Buch Heuschnupfen bekommen, ich konnte vierundzwanzig Stun-

den nicht atmen und bin sehr krank. Ich werde alle Medikamente
nehmen, die man erfunden hat, damit ich am Donnerstag kommen
kann, allerdings bin ich vor neun Uhr abends nicht in Form und
danach auch nicht viel besser. Ich will, daß weder Princesse de Chimay noch Sie mich in einem meiner keuchenden und hustenden
Kakochylieanfälle sehen.«[104] »Kakochylie« ist eine ungesunde Zu-
sammensetzung der Körpersäfte.[105]

Er erholte sich indessen rechtzeitig, um ein Abendessen zu Ehren
von Anna de Noailles für den 19. Juni zu planen. Wenn er irgendwelche Zweifel über ihr Verhalten beim letzten Mal hegte, so lenkte
er sich diesmal davon ab, indem er die Tische mit Sträußen aus Feld-
blumen schmücken ließ, von denen in ihren Gedichten die Rede war.
Léon Daudet zufolge lud Proust

> etwa sechzig Leute mit ganz unterschiedlichen Ansichten zu
> sich nach Hause ein; es konnte leicht passieren, daß das Ge-
> schirr im Zimmer umherflog. Ich fand meinen Platz neben
> einer hinreißenden jungen Person, die einem Porträt von Nat-
> tier oder Lagillière glich und von der ich erfuhr, daß sie die
> Tochter eines prominenten israelischen Bankiers war. Anatole
> France saß am oberen Ende des Nachbartisches. Kaum zwei
> Meter voneinander entfernt kauten Todfeinde auf ihrem Ge-
> flügel. Von Marcel aber gingen Strahlen der Herzenswärme
> und der freundlichsten Sympathie aus, die sich in Wirbeln
> und Spiralen im Speisezimmer drehten; so herrschte zwei
> Stunden lang die größte Herzlichkeit über diesem Atriden-
> mahl. Ich glaube, kein anderer in Paris hätte dieses Kunst-
> stück fertiggebracht.[106]

Bei solchen Einladungen pflegte Proust selbst schon vor dem Eintreffen der Gäste zu essen, damit er sich um seine Gäste kümmern
konnte, und während des Essens wechselte er bei jedem Gang seinen
Platz. Die meisten Gäste waren Dreyfus-Anhänger, doch der Marquis d'Eyragues, die Marquise, die Montesquious Cousine war, und
Madame de Brantes standen auf der Gegenseite.

Montesquiou nannte den Abend »das Diner der Abgewiesenen«,
weil die meisten Gäste zu dem Abend im Mai nicht eingeladen gewesen waren. Anatole France hatte seine Tochter Suzanne mitgebracht, und zu den übrigen Gästen gehörten Prince und Princesse de
Polignac, Princesse de Chimay, Abel Hermant, Constantin de Bran-

covan, Comte de Briey, Vicomte de Maugny und Gabriel de la Rochefoucauld. Madame Proust war ebenfalls anwesend, und ihr Sohn stellte sicher, daß ihr Name im Bericht des *Figaro* erwähnt wurde. Prousts Vater blieb dem Essen fern, doch in seine Ablehnung mischte sich auch Erheiterung und Freude über den gesellschaftlichen Erfolg seines Sohnes. Wenn er die Post holen ging und auf einem Briefumschlag die Handschrift einer aristokratischen Bekannten identifizierte, pflegte er leutselig auszurufen: »Ein Brief von Madame de Noailles«, woraufhin die Mutter ihm vorhielt: »Verdirb ihm doch nicht die ganze Freude, indem du es ihm schon vorher sagst.«[107]

10. Vornehme Freunde

Definiert man Snobismus als Sucht nach dem Vergnügen an der Zugehörigkeit zu einer Elite, dann war Proust unbestreitbar ein Snob. Sein verzweifeltes Bedürfnis nach Liebe mußte seinen Neid auf die Aristokraten wecken, denen schon durch ihre Geburt stets allgemeine Aufmerksamkeit und Bewunderung entgegengebracht wurde. Er konnte es sich niemals gänzlich nachsehen, als Nichtadliger geboren zu sein. Als er Anfang zwanzig war, entschädigten ihn die Einladungen in exklusive Salons für diesen Mangel. Er unterhielt sich zwar gern mit Dienstboten, doch galt sein Hauptinteresse ihrem Klatsch über ihre Herrschaften. Zwar befaßt er sich in seinen Texten beiläufig auch mit Dienstboten, Soldaten, den Kunden eines Männerbordells oder Arbeitern, die Geliebte von Adligen sind, die Erfahrungswelt der Arbeiterklasse kommt jedoch weder in *Jean Santeuil* noch in der *Recherche* zum Ausdruck.

Mit Ende zwanzig widmete er sich am liebsten seinen Freundschaften mit gutaussehenden, arroganten, modisch aufgeputzten und charmanten jungen adligen Herren. Das Vergnügen an ihrer Gesellschaft wird in einer Passage aus *Le côté de Guermantes* deutlich, die den Besuch der Garnison in Doncières beschreibt. Der Prince de Foix gehört zu einer Gruppe von etwa fünfzehn jungen Adligen, die aufgrund ihrer Herkunft souveräne Fürsten kleiner Territorien sind, und obwohl sie alle tief verschuldet sind – sie hegen die Hoffnung, durch eine reiche Heirat aus ihrer Zahlungsunfähigkeit erlöst zu werden –, gewinnen sie die Oberhand über die reichsten

Herzöge. Saint-Loup und der Prinz gehören einer noch exklusiveren Gruppe von vier Männern an, die immer zusammen in Landhäuser eingeladen werden, wo sie jeweils nebeneinanderliegende Schlafzimmer erhalten: es kommen Gerüchte »über die Art ihrer Intimität« in Umlauf, doch sie sind über jeden Tadel erhaben.[1]

Außerdem hatte Proust den Eindruck, durch den Umgang mit Fürsten und Herzögen sein Judentum abschütteln zu können – und dabei den gesellschaftlichen Erfolg von Charles Haas zu wiederholen, ohne einem müßiggängerischen Leben zu verfallen. Proust, dunkelhäutig und mit orientalischem Aussehen, fühlte sich unwiderstehlich von blonden, gutaussehenden jungen Adligen angezogen, und in der *Recherche* wird der Figur des Marquis Robert de Saint-Loup das blonde Haar und die helle Haut des dandyhaften Marquis Boni de Castellane zugeschrieben – ein junger Mann, »dessen Haut so hell war und dessen Haare so golden schimmerten, als hätten sie alle Strahlen der Sonne in sich aufgesogen«.[2] Die meisten übrigen Kennzeichen Saint-Loups stammen von Adligen, die Proust besser kannte, während sein Vorname dem seines dunkelhaarigen brüderlichen Rivalen entspricht, und sein Familienname an den Kosenamen erinnert, den Prousts Mutter für ihn verwendete: *loup*, Wolf. In seiner übermäßigen Vorliebe für helle Haare und eine helle Hautfarbe verwandelt Proust die dunkelhaarige Russin Marie Benardaky in die blonde Gilberte. Gegen Ende des Romans gelangt der Erzähler zu der Einsicht, »daß der unüberschreitbare Abgrund, von dem ich damals glaubte, er bestehe zwischen mir und einer gewissen Art von kleinen Mädchen mit goldenem Haar, in ganz gleicher Weise nur ›eingebildet‹ war wie der ›Abgrund‹ Pascals«.[3]

Die jungen Adligen, die Prousts Interesse an ihnen am ehesten erwiderten, waren die intelligenteren, etwa Gabriel, der sechsundzwanzigjährige Sohn des Comte Aimery de la Rochefoucauld. Proust beschrieb ihn als »großen jungen Mann [...], der auf seiner Stirn wie zwei ererbte Edelsteine die hellen Augen seiner Mutter trägt«.[4] Obwohl er aus einer der ersten Herzogsfamilien Frankreichs stammte, war er Dreyfus-Anhänger und legte eine gewisse Verachtung für die Aristokratie an den Tag. Wegen seiner Vorliebe für Restaurants, die nachts geöffnet hatten, nannte man ihn zuweilen den Rochefoucauld des Maxim.[5] Er entwickelte rasch eine größere Achtung für Proust und dessen literarisches Können als Proust selbst. Proust sagte, als er an seinem dreißigsten Geburtstag am 10. Juli 1901 Léon Yeatman besuchte: »Heute werde ich dreißig Jahre alt und ich habe noch nichts getan.«[6] Immer noch unter der Überzeugung leidend, er sei willensschwach, hielt er seinen Vater für »ebenso aktiv, wie ich faul bin«.[7] In Wirklichkeit war Prousts Aktivität, auch wenn sie eine andere Form annahm, ebenso bewundernswert. Selbst wenn er nichts anderes als seine Briefe geschrieben hätte, würde er mehr Worte zu Papier gebracht haben als die meisten anderen Menschen. Aber zu dieser Zeit hatte er weder als Schriftsteller noch als Liebhaber Erfolg.

Am 12. oder 19. Juli 1901, sechs Monate nachdem er zu Lucien gesagt hatte, er denke immer an ihn, erfuhr er eine grausame Zurechtweisung. Als sie einander um sechs Uhr abends trafen, vermied es Lucien, das Diner zu erwähnen, das er für den Comte und die Comtesse de Noailles und für die Princesse de Chimay im Bois gab. Proust war gekränkt, als er später am Tag bei einer Begegnung mit Léon Daudet davon erfuhr, doch sein Protestbrief an Lucien war scherzhaft und versöhnlich.[8]

Vielleicht hätte ihn eine Reise aus seiner Depression befreien können, doch er war zu krank, um in die Sommerferien zu fahren. »Misère des misères ou mystère des mystères?« Als er Ende August an seine Mutter schrieb, die sich in Zermatt aufhielt, benutzte er diese Wendung von Dumas, um seine Situation zusammenzufassen. Selbst wenn sie nicht in Paris war, war sie seine engste Verbündete im Kampf gegen das Asthma. »Gestern, nachdem ich Dir geschrieben habe, litt ich pausenlos an Asthma und an Ausfluß, und ich war gezwungen, gebückt zu gehen, in jedem Tabakladen eine Zigarette anzuzünden usw. Und was noch schlimmer ist, ich bin früh schlafen gegangen, um Mitternacht, nachdem ich lange geraucht hatte, und drei, vier Stunden später die eigentliche Sommerkrise, nur für mich allein bestimmt. Das ist mir außerhalb meiner Krisen noch nie passiert.« Obwohl er sich am nächsten Tag besser fühlte, machte ihm das Alleinsein zu schaffen, »weil meine Krise offenbar mitten in der Nacht kommt, wenn niemand da ist, um mir die Kerze anzuzünden und mir hinterher etwas Warmes zuzubereiten«. Die Erleichterung darüber, sich mitteilen zu können, vermischt sich in dem Brief mit der Angst über die unbekannte Ursache des Anfalls. Der Pollen im Bois de Boulogne konnte es nicht gewesen sein, weil er nur im ge-

schlossenen Wagen gefahren war. Unwahrscheinlich, daß es der
Safran war, den das Hausmädchen benutzt hatte, um die Spitzen der
Wäsche der Mutter leicht gelb zu färben. Verstopfung konnte es
auch nicht sein. »Was die Milch betrifft, so trinke ich fast nie mehr
welche, und überhaupt nehme ich weniger als früher, weil ich keinen
Milchkaffee und keine Suppe mehr zu mir nehme.« Konnten es viel-
leicht Eingeweidewürmer sein, von denen Brissaud in seinem Buch
L'Hygiène des asthmatiques schreibt?

Trotz allem hatte er einen herzhaften Appetit. »Dies alles hielt
mich nicht davon ab, um halb drei eine Mahlzeit bestehend aus zwei
Tournedos zuzubereiten, von denen ich keinen Krümel übrigließ,
eine *Schüssel* Pommes frites (ungefähr zwanzigmal soviel, wie Félicie zubereitet) Sahnekäse, Gruyèrekäse, zwei Croissants, eine Flasche Bier (ich glaube nicht, daß Bier Eiweiß enthält?)«[9] Diese intensive Beschäftigung mit sich selbst gründet auf der behaglichen
Gewißheit, daß seine Mutter jede Einzelheit begierig lesen würde.
Nach wie vor war die Krankheit das Mittel, um ihre Aufmerksamkeit zu erzwingen, und über seine Schlemmerei pflegte er ohnehin
häufig Witze zu machen. »Ich habe eben zu Mittag gegessen, das
Mittagessen ist mein köstlichster Augenblick.«[10] An Madame Daudet schrieb er, Lucien habe ihm nicht verheimlicht, daß seine Gefräßigkeit ihn zuweilen »angewidert« habe.[11] Sein Bauch rundete sich
manchmal so stark, daß das Gummiband seiner Unterhosen nicht
mehr hielt und er kurzzeitig ein Korsett zu Hilfe nahm, doch bei seiner Gefräßigkeit drückte es so stark auf den Bauch, daß er bald beides aufgeben mußte.[12]

Der Verlust Luciens wurde durch aristokratische Freundschaften
ausgeglichen, wobei die Freundschaft mit Gabriel de la Rochefoucauld bald durch die zu dem dreiundzwanzigjährigen Antoine
Bibesco, Sohn der Princesse Bibesco und Sekretär bei der rumänischen Gesandtschaft in Paris, abgelöst werden sollte. Der erste Eindruck, den Proust bei ihm hinterließ, war zwar ungünstig, doch
interessierten sie sich beide für gotische Architektur, und Antoine
machte photographische Aufnahmen von Kathedralen. Im Herbst
schrieb Proust ihm fast täglich. Antoine konnte gut Englisch, und sie
faßten bald den Plan, zusammen Thoreau zu übersetzen, der für
Proust ein Philosoph war.[13]

Ruskin zufolge war der Sommer die beste Jahreszeit, um Abbe-

ville zu besuchen: »Wo aber heiteres, ungetrübtes, immer gleich re-
ges Wohlgefallen in Frage kommt, da gehört das Wiederauftauchen
Abbevilles an einem schönen Sommernachmittag, das Herausspring-
gen im Hof des Hôtel de l'Europe, die Straße hinunterstürzen, um
noch einen Blick auf St. Wulfram zu werfen, ehe die Sonne von seinen Türmen wich, zu dem, was mir die Vergangenheit teuer machen
wird – bis an das Ende meiner Tage.«[14] Der Sommer des Jahres
1901 war noch nicht ganz vorüber, als Proust endlich aus Paris floh
und am 7. September noch einmal Amiens besuchte und mit Yeatman, der nach Boulogne unterwegs war, bis nach Abbeville weiter-
fuhr. Als Yeatman abreiste, arbeitete Proust eine Zeitlang vor der
Kirche in Abbeville, nahm dann den Zug nach Amiens, wo er im
Bahnhofbuffet das Abendessen einnahm. Dann fuhr er mit einem
Schnellzug nach Paris zurück.[15] Während des ersten Teils dieser
Reise fühlte er sich sehr krank, doch er erholte sich so weit, daß er
»glücklich war, die Reserven des Sommers um ihn herum noch
intakt zu finden«, auch wenn das Asthma ihn sehr beschäftigte und
er seine Ängste über den Zustand der Eingeweide noch nicht überwunden hatte.

Am 13. August 1901 hatte das *Journal des débats* einen Artikel
über die Kathedrale von Amiens gebracht. Proust wurde darin zwar
nicht erwähnt, doch freute er sich, dem Verfasser, André Michel, ein
Exemplar des *Mercure de France* mit seinem eigenen Essay senden
zu können. Michel antwortete in einem weiteren Artikel im September, in dem er sich über Leute lustig machte, die Amiens in den Fußstapfen Ruskins, »dieses gutgläubigen mystischen Baedeker«, besuchten.

Prousts Interesse an der Gotik war jedoch wieder geweckt worden, und als er am 6. oder 13. Oktober 1901 plante, nach Illiers zu
fahren, lud er Antoine ein, ihn bis nach Chartres zu begleiten. Am
Monatsende überreichte Proust Antoine Bibesco und dem dreiundzwanzigjährigen Comte Bertrand de Salignac-Fénelon Exemplare
von *Les plaisirs et les jours*. Gemeinsam mit Antoines Bruder Emmanuel hatten sie eine Geheimgesellschaft gegründet. Die Mitglieder
dieser Geheimgesellschaft benutzten eine Privatsprache und »gebrauchten ihre Namen nur in der Form eines Anagramms oder
Palindroms: Bibesco wurde zu Ocsebib, Fénelon zu Nonelef und aus
Marcel wurde, sobald er einer der ihren geworden war, folgerich-

tig ein Lecram.«[16] Fénelon – der auch als »seine [Prousts] blaue
Augen«[17] bezeichnet wurde – kommt unter dem Namen Bertrand
de Réveillon in *Jean Santeuil* vor. Bertrand ist »leidenschaftlich für
Wissen, Talent, Gerechtigkeit, Fortschritt, Gleichheit entflammt«.
Obwohl er auf seine vornehme Geburt keinen Wert legt, gehört er
doch zu jenen, deren Leben sich abspielt »im Rahmen von kleinen,
in Purpur ihrem Briefpapier aufgedruckten Herzogskronen, eines
Dienerstabes, der unaufhörlich, gleichsam ohne ihr Wissen und in
der Tat auch so, daß sie es gar nicht bemerken, aus reiner Gewohnheit ›monsieur le Duc‹ oder ›madame la Duchesse‹ sagt, von Ahnen-
porträts, von Schlössern ihres Namens, von Silbergeschirr, das ihr
Wappen trägt.« Bertrand wünschte sich zwar nichts sehnlicher, als
»daß man ihm seinen Adel verzieh«, doch wenn Proust über ihn
schreibt, kann er den Neid nicht verbergen, daß es beim Adel etwas
gibt, das die bürgerlichen Schichten nach seiner Auffassung niemals
erreichen können, nämlich die Emanzipation vom Gebrauch des
Klischees und des unnatürlichen Ausdrucks:

> Wo findet sich bei den klügsten, den besten, den noch so na-
> türlich sich gebenden Bürgerlichen, das heißt bei allen von
> uns, nicht die klischeehafte Wendung oder die störende kleine
> Gebärde, die von einem scharfsinnigen Beobachter auf der
> Stelle als das Bedürfnis erkannt würde, zu betonen, daß ein
> Fürst für den Betreffenden nicht mehr als irgendein anderer
> ist, oder aber mit überlegenem Lächeln ›die Gräfin‹ sagt, wie
> es in der Provinz heißt, wobei er den Ton auf ›Gräfin‹ legt (als
> solle man eigentlich gar nicht so sagen), eine bestimmte Art
> endlich sich zu geben, die bei einem wirklich hochstehenden
> Menschen freilich fast zu einem Nichts zusammenschwindet
> und bei ihm oft nur der ererbte Rest des ehrenhaften Bürger-
> stolzes eines Vaters oder einer Großmutter ist, die ›wußten,
> wo sie hingehörten‹ und sich über die Eitelkeit von Rang und
> Titeln nicht täuschten.

Bertrand, der sich nie des Snobismus oder der Mißachtung schuldig
gemacht hat, ist auch frei von den »Berechnungen des Ehrgeizes«,
der »Nichtachtung der Emporgekommenen«, der »Bitterkeit der
Minderwertigkeitsgefühle«; bei ihm kommen »noch alle jene anmutigen Züge [hinzu], die er zwar für nichts erachtete, aber einfach
an sich trug und die er als bezaubernde Gabe dem ungeschliffenen,

schwerfälligen Kreis darbot, in dessen Mitte er lebte«. Er ist zu bezaubernden spontanen Handlungen fähig, so zum Beispiel, wenn er, um schneller bei Jean zu sein, in einem Café anmutig und gewandt auf die Tische springt und über sie hinwegläuft. Bei Jean erweckt dies den Eindruck, »daß das gesamte freie, beschwingte, kraftvolle Leben deiner Kindheit in diesem Augenblick ganz und gar zu Gebote stand und daß du es ihm [dem Freund] zur Verfügung stelltest, so wie ein großzügiger Gastgeber alles herschenkt, was er selber besitzt.«[18]

Beim Studium der politischen Geschichte in der Bibliothèque Nationale hatte Fénelon den jungen Comte Georges de Lauris kennengelernt, der dort Forschungsarbeiten für seine Doktorarbeit betrieb.[19] Fénelon versuchte erfolglos, de Lauris davon abzuhalten, sich mit Proust anzufreunden,[20] der ihn häufig zu mitternächtlichen Treffen in Restaurants einlud.

> Ich sehe ihn wieder vor mir, eingehüllt in seinen pelzgefütterten Mantel, sogar im Frühling, an einem Tisch im Restaurant Larue sitzend, und ich sehe wieder die Geste seiner zarten Hand, wenn er durchsetzen wollte, daß man ihn das teuerste Souper bestellen ließ; wie er den interessierten Hinweisen des Oberkellners lauschte, Champagner anbot, seltene Früchte, Trauben an ihren Stöcken, wie er sie im Eingang gesehen hatte. [...] Er erklärte, daß man ihm die Freundschaft nicht besser beweisen könne, als wenn man akzeptiere.[21]

Noch häufiger trafen sie sich aber spät nachts in Prousts Wohnung, und de Lauris saß im kleinen Salon, in der Nähe von Dr. Prousts Schreibtisch aus Palisander, auf die drei Glockenschläge wartend – immer drei, um sie vom Klingelzeichen seiner Eltern zu unterscheiden –, die bedeuteten, daß Proust bereit war, zu empfangen.[22] Proust, der sich körperlich sowohl zu Fénelon als auch zu de Lauris hingezogen fühlte, achtete sorgfältig darauf, keinem der beiden ein zweideutiges Zeichen seiner Empfindungen zu geben. Erst später bekannte er gegenüber de Lauris:

> Freilich hatte ich eine Zeitlang auf eine noch engere Freundschaft gehofft. Als ich Sie aber bei der Hand nahm und drei- oder viermal Schritt für Schritt auf den Pfad geleitet habe, der zu ›dem Weg meines Herzens‹ führt, sind Sie mit schwindelerregender und gleichsam instinktiver Schnelligkeit umgekehrt,

sobald ich Sie sich selbst überlassen habe, um zu sehen, ob Sie diesen Weg einschlügen. Besser als irgend jemand weiß ich, daß in der Tiefe unseres Instinkts jene Abneigung nervöser Pferde vor einem bestimmten Weg schlummert, eine jener abergläubischen Bauernängste vor einer bestimmten Wegkreuzung. Doch habe ich natürlich vom Tage an, da ich endgültig die Hoffnung aufgegeben habe, Sie den Weg einschlagen zu sehen, dadurch auf einen Teil Ihrer selbst verzichtet, was notgedrungen auch den Rückzug eines Teils von mir zur Folge hatte.[23]

Die Freundschaft, die übrigblieb, war für Proust keineswegs unwichtig. Er ging zwar selten aus, aber seine Begegnungen mit Freunden beschränkten sich nicht allein auf den äußeren Anlaß. Er dachte sehr oft an sie, und auch wenn er im Zusammensein mit ihnen gewöhnlich das Gespräch beherrschte, tat er dies nicht, um sich selber wichtig zu machen. Er war unterhaltsam und belehrend, erzählte so viele von den neuesten Anekdoten, daß niemand verstand, wie er sie aufgelesen haben konnte; er lachte selber gerne und brachte seine Freunde gerne zum Lachen. Er zwang sie nie dazu, sich mit ernsten Dingen zu befassen, und vermittelte auch niemals den Eindruck, etwas durchsetzen zu wollen.[24] Er war gerne hilfsbereit, und Antoines Ambitionen als Dramatiker boten ihm die Gelegenheit – nachdem sie sich gestritten hatten –,[25] zu beweisen, wie gut er es nach wie vor mit ihm meinte. Durch Reynaldo war es einfach, ein Exemplar von Antoines Stück *La Lutte* Sarah Bernhardt zukommen zu lassen, und als sie es ablehnte, hatte Proust eine Menge neuer Ideen, um Antoine zu helfen. »Ich stehe zu Ihrer Verfügung im Hinblick auf Réjane, auf Franck, auf Deval, auf alle Theaterdirektoren übrigens, um sie zu veranlassen, *La Lutte* zurückzugeben und den Besuch Antoine Bibescos anzukündigen, sofern Sie dieser erste Mißerfolg nicht ein für alle Mal meiner Interventionen überdrüssig gemacht hat (Sie brauchten mir nur ganz kurz zu schreiben).«[26] Die Schauspielerin Réjane war mit dem Direktor des Théâtre de Vaudeville verheiratet. Madeleine Lemaire war befreundet mit der Ehefrau von Alphonse Franck, der das Théâtre du Gymnase leitete, und Deval war der Direktor des Théâtre de l'Athénée.

So gerne er auch scherzte und einer ausgelassenen Clique angehörte, so hatte Proust doch noch immer etwas von einem gequälten

Schuljungen an sich, der sich nicht sicher sein konnte, ob seine Freunde ihn so liebten, wie er es gerne gehabt hätte. Das Muster Bizet/Halévy wiederholte sich, doch nun war auch noch ein ausgeprägteres Stück Masochismus im Spiel, das Proust veranlaßte, seine Freunde auch dann zu unterstützen, wenn sie sich feindselig zeigten. »Machen Sie mir keine Komplimente. Ich habe eine große Zuneigung zu Ihnen, zu mir hingegen kaum. Außerdem machen Sie mir mehr Freude, wenn Sie sagen, ›Es geht aufwärts mit Ihnen‹, als wenn Sie mir Dinge sagen, die sich doch nur an meine Eigenliebe richten würden, wenn ich welche hätte.«[27] Er empfand eine Art kollektiven sexuellen Begehrens nach den gutaussehenden jungen Adligen, etwa so, wie er sich während seines Militärdienstes zu allen aristokratischen jungen Offizieren hingezogen gefühlt hatte. An einer späteren Stelle in *A l'ombre des jeunes filles en fleurs*, als der Erzähler den brennenden Ehrgeiz verspürt, von den jungen Mädchen als Freund akzeptiert zu werden – zunächst fühlt er sich zu Albertine genausowenig hingezogen wie zu den übrigen Angehörigen dieser so exklusiv wirkenden, geschlossenen Gesellschaft –, beruft er sich auf diese Erinnerungen an eine allgemeine sexuelle Erregung wie auch auf das Erlebnis, Mädchen im Badekostüm am Strand von Cabourg und auf impressionistischen Bildern, die die Aufmerksamkeit auf mehrere verlockende Mädchen lenken, gesehen zu haben. Bald begann er jedoch für Fénelon mehr zu empfinden als für die anderen.

Was die jungen Aristokraten zu Marcel hinzog, erklärt uns Elisabeth de Clermont-Tonnerre zum Teil: »Diese jungen Menschen haben den Eindruck, daß Proust ihnen allein schon durch seine Gegenwart und seine Konversation ein Vergnügen bereitet, das dem eines galanten Abends gleichkommt.« Wenn sie im Anschluß an ihre Militärübungen nach Paris zurückkehren, lieben es diese jungen Adligen ebensosehr, einen Abend mit Marcel wie mit einer spröden Kokotte zu verbringen. Wurden sie in die Wohnung seiner Eltern eingeladen, so wurde ihnen kein stärkeres Getränk serviert als Most. Sie akzeptierten dies ebenso, wie sie das Fehlen weiblicher Gäste sowie Prousts Anflüge von Dandytum, betont durch mehrere Schichten wollener Wäsche, akzeptierten. Allerdings redeten sie über ihn, und wenn er zu den Clermont-Tonnerres eingeladen wurde, war er eher verlegen als erheitert, wenn sich herausstellte, wie gut seine Gastgeberin über ihn informiert war: Sie ließ ihm Most servieren. Erwähnt wird dieser »gewöhnliche und untadelige Most« auch in seinen Dankesbriefen.[28]

Obwohl er auf das Zusammentreffen mit so glanzvollen Bekannten ungern verzichtete, verbrachte er doch einen immer größeren Teil seiner Zeit im Bett. Trotz endloser Experimente mit unterschiedlichen Zeiten des Aufstehens und Schlafengehens gelang es ihm in der zweiten Hälfte des Jahres 1901 und in der ersten Hälfte des Jahres 1902 nur selten, im Durchschnitt mehr als einmal pro Woche auszugehen, und häufig war er sogar zu krank, um zu schreiben.[29] Er beneidete Antoine und Fénelon, die sich so oft sehen konnten, wie sie wollten: »Ich beneide jeden von Euch, der den anderen sehen kann, während mir als einzige Zerstreuung übrigbleibt, die Seite zu wechseln. Aber wie viele Meilen lege ich bei dieser scheinbaren Ruhe im Geiste und in meinem Herzen zurück.«[30] Zwar dachte er viel nach, erging sich in Tagträumen und las sehr viel, doch fast zwei Jahre lang veröffentlichte er nichts. Obwohl ihm klar war, daß er *Jean Santeuil* nie beenden würde, fügte er dem Manuskript immer neue Figuren hinzu. Nach der Begegnung mit der Baronne Deslandes zum Beispiel verwandelte er sie in Madame Jacques de Réveillon. Der größte Teil seiner literarischen Energie floß allerdings in die Pflege seiner Freundschaften, besonders der zu Antoine, in Form von langen und witzigen Briefen, in denen die anagrammatischen Namen wie Kennworte benutzt wurden. Bibesco war Ocsebib, während Proust selber oft als Lecram oder Lecram Stuorp unterzeichnete.[31]

Er hatte großes Vergnügen an den Abenden, die er in eleganten Restaurants wie Larue und dem Café Weber verbrachte, und es war ihm durchaus bewußt, welchen Eindruck er sowohl auf Bekannte als auch auf Fremde machte. Léon Daudet vergaß nie, was es bedeutete, »neben einem blassen jungen Mann mit großen Augen zu sitzen, verpackt in wollene Kleidung wie eine chinesische Figur, der seinen herabhängenden braunen Schnurrbart leckte oder befingerte. Er bat gewöhnlich um ein paar Weintrauben und ein Glas Wasser und erklärte, er sei eben aufgestanden, er habe Grippe und er müsse gleich wieder ins Bett, der Lärm sei für ihn schädlich; dann blickte er zuerst ängstlich und dann neckisch um sich, um schließlich in ein zauberhaftes Lachen auszubrechen und dazubleiben.

Bald darauf kamen von seinen Lippen, in aller Eile und mit einem fragenden Ton Bemerkungen von außerordentlicher Originalität und Wahrnehmungen von diabolischer Raffinesse. [...] Er hatte zugleich Ähnlichkeiten mit Mercutio und mit Puck, ging gleichzeitig mehreren Einfällen nach und entschuldigte sich schlagfertig für den Mangel an guten Absichten, er war geplagt von ironischen Skrupeln, von Natur aus kompliziert, pulsierend und zart.«[32]

Die französische Gesellschaft war in Nationalisten und Dreyfusisten gespalten; Begegnungen in Restaurants konnten zu Duellen führen. Daudet beschreibt, wie Proust nur knapp einem solchen Duell entging: Kurz nachdem er ein Restaurant betreten hatte, hörte er jemanden sagen: »Geh doch, du Dreyfusist.« Es war Edmond de Lagrené, ein Diplomat im Ruhestand, sechzig Jahre alt, aber immer noch ein hervorragender Duellant mit dem Degen und der Pistole. Proust ließ sich davon nicht einschüchtern. »Ich verabscheue Streitigkeiten«, sagte er zu Daudet, »aber ich wäre Ihnen dankbar, wenn Sie zu Monsieur Lagrené hingingen und ihn fragten, ob er die Absicht hatte, mich zu beleidigen, und falls nicht, daß er sich bei mir entschuldige.« Daudet schickte den taktisch gewandten Robert de Flers zu Lagrené, der zur Antwort gab: »Ich erkläre bei meiner Ehre, daß ich niemals auch nur die geringste Absicht hatte, Monsieur Proust, den ich übrigens gar nicht kenne, zu beleidigen. Ich füge hinzu, daß es mir keineswegs mißfällt, wenn ein junger Mann hitzköpfig ist, und daß diese Empfindlichkeit ihn mir sympathisch macht.«[33]

Die Abende in den Restaurants waren lang, doch Proust blieb genügend Energie, um im Frühjahr mit Ausdauer am Kommentar zu seiner Ruskin-Übersetzung zu arbeiten. Als er Bibelzitate auf französisch heraussuchte, fand er die Standardübersetzung so dürftig, daß er sich nach einer Alternative umzusehen begann. Mathieu de Noailles hatte einmal erwähnt, er habe eine gute Bibel, und so fragte Proust Ende Juni die Comtesse, ob er diese für ein paar Tage ausleihen könnte.[34] Zu diesem Zeitpunkt hatte er die Arbeit, die er dann dem Verleger Paul Ollendorff übergab, fast abgeschlossen.

Obwohl Proust seine Homosexualität vor Antoine de Bibesco zu verbergen suchte, ging er das Risiko ein, ihn vor den Kopf zu stoßen, als er mit Anna de Noailles freimütig über die zur Schau getragene Homosexualität des jungen Comte Antoine de Sala sprach. »Es ist absolut notwendig, mit dieser schrecklichen Tätigkeit aufzuhören, auf diese Weise Denunzianten des Salaismus zu sein«, schrieb er im Postkriptum zu dem Entwurf eines Entschuldigungsbriefes, den Antoine abschreiben und an den Comte de Sala senden sollte. In diesem Entwurf heißt es: »Jedenfalls ist dies eine Lehre für mich, vorsichtiger zu sein, und ich werde nie mehr den Mund aufmachen über etwas, das mit dieser Sache auch nur im geringsten zu tun hat.«[35]

Die Intoleranz gegenüber der Homosexualität nötigte Proust dazu, sich zu verstellen, und er hatte noch nicht herausgefunden, daß Fénelon bisexuell war. Da er so häufig allein war, dachte er viel über die Freunde nach und destillierte die Gefühle in der Korrespondenz. Beim Briefeschreiben konnte man nicht in Verlegenheit gebracht, zurückgewiesen oder gedemütigt werden; die Gefahr bestand vielmehr darin, daß die Analyse Kräfte absorbierte, die in eine direkte Konfrontation hätten eingehen können. Trotz der Liebenswürdigkeit, die Fénelon gezeigt hatte, als er in den Restaurants über Tische und Bänke kletterte, war es doch sehr unwahrscheinlich, daß der junge Comte seine Gefühle erwiderte, und statt sie ihm direkt zu gestehen, vertraute Proust sie halbwegs seinem Freund Antoine an, freilich so, als ob sich aus ihnen nicht mehr als ein ausgeprägtes Gefühl der Freundschaft ergeben würde.

> Wie Sie zu diagnostizieren scheinen, besteht bei mir also die Möglichkeit und sogar der Anfang einer lebhaften Zuneigung zu Nonelef, vorübergehend zwar wie alle meine Neigungen, die aber leider doch eine lange Zeit dauern könnte. Diese Zuneigung aber, und das steht für mich, glaube ich, außer Zweifel, könnte für mich nur sehr unglücklich sein. Ich habe also nicht den Wunsch, würde ich sagen, denn man hat nie den Wunsch, gegen eine Zuneigung anzukämpfen, sondern den Willen zu dem Versuch, diese Zuneigung zu unterdrücken, bevor sie einen allzu großen Platz einnimmt – den sie noch nicht hat. Eben dies habe ich mir überlegt. Sie wissen, daß bei mir keine Zuneigung [affection], so groß sie auch immer sein mag, der Abwesenheit widersteht – andere große, was die gegenüber Nonelef noch nicht ist, sind daran für immer zugrunde gegangen.[36]

Wenn sie beide in Paris blieben, würden die unerwiderten Gefühle zwölf oder achtzehn Monate überleben: genau »die Zeitdauer, nach welcher die Affektion, ein medizinischer Ausdruck, gewöhnlich immer abnimmt und endet«.[37] Die Chancen des Glücks sind gering: »Was Sie jedoch über seinen Charakter sagen, reicht aus, um bei mir den Gedanken zu wecken, daß ich davon nichts als Unglück hätte.« Es wäre leichter, die Beziehung zu beenden, wenn Fénelon »unangenehm wäre oder zumindest kühl, gleichgültig usw.«. Im Gegensatz zu Carmen kann Proust jedoch gar nicht anders, als auf freundliches Verhalten positiv zu reagieren, während Fénelon auf eine verwirrende Weise zwischen »Aufschwüngen« und »Abschwüngen«, zwischen Warmherzigkeit und Gleichgültigkeit pendelt. Bevor Antoine im Mai nach Madrid zu den Inthronisierungsfestlichkeiten für Alfonso III. abreiste,[38] hatte es einen Tiefpunkt gegeben, doch auf einer Soiree bei Madame Lemaire folgte diesem ein so nachdrücklicher Aufschwung, daß Proust nach Hause ging, »eingehüllt, ja beinahe eingeschlossen in diese Wärme der Erinnerungen, die keinem Schwund unterliegt und die in den darauffolgenden Tagen die Zuneigung wachsen läßt«.[39]

Proust hatte immer noch kein Signal empfangen, daß Fénelon zu homosexueller Liebe fähig sein könnte, doch seine eigenen Gefühle waren zu stark, als daß er sie hätte verschweigen können, und so vertraute er sich weiterhin dem vierundzwanzigjährigen Antoine de Bibesco an, so, als ob dieser älter, weiser, verschwiegener und loyaler wäre, als er es tatsächlich war. Jedesmal wenn Antoine ein Geheimnis verraten hatte, pflegte Proust zwar heftig zu protestieren, schenkte ihm jedoch weiterhin Vertrauen. »Serment-tombeau«,[40] »Grabesschwur«, war das Kodewort für die Aufforderung zur Verschwiegenheit. Einer der Briefe ist aufgeteilt in Abschnitte, die vertraulich sind und solche – zwischen doppelte Klammern gesetzt –, die Fénelon mitgeteilt werden dürfen.[41] Antoine und Proust liebten beide das Spinnen von Intrigen, und eines ihrer schuljungenhaften Verschwörungsspiele bestand darin, einander zu duzen, um zu sehen, wie Reynaldo, Constantin und Fénelon darauf reagierten.[42]

Proust konnte seine Enttäuschung darüber, daß er Fénelon kaum zu sehen bekam, so schlecht verbergen, daß seine Mutter gutgläubig intervenierte und den jungen Mann bat, mehr Zeit mit ihrem Sohn zu verbringen. Proust, der über ihre Einmischung nicht verärgert war, sagte bloß, dieser habe keine Wirkung gehabt, und er bat sie, »den Angriff nicht zu wiederholen«;[43] zugleich machte ihn die uner-

widerte Liebe zu Fénelon ungehalten gegenüber Antoine.[44] »[...]
während ich, um weder auf Dein Leben noch auf mein Leben, noch
auf das Leben der anderen und auf das Leben überhaupt den geringsten Schatten für Deine Augen fallen zu lassen, ich Dir alles sage, was
ich vor Dir verbergen müßte, verbirgst Du vor mir systematisch alles,
selbst das, was mich betrifft, selbst das, was mir helfen könnte,
bestimmte Dinge besser zu verstehen und besser zu handeln, kurzum
alles, wahrscheinlich so weit, bis zu einem gewissen Komplott gegen
mich, was vielleicht bereits geschehen ist und Du mir verschweigst.
Ich finde das ganz übel.«[45] Doch sie versöhnten sich bald wieder.

Selbst wenn er Fénelon nur in Gegenwart von Antoine und Constantin sehen konnte, war Proust so eifrig darauf bedacht, diese
Treffen nicht zu versäumen, daß er zuweilen seine Zeiteinteilung zu
verändern versuchte, indem er die ganze Nacht aufblieb und nachmittags schlief.[46] Seine Briefe an Antoine sind voll von komplizierten Hinweisen, zu welcher Zeit man ihn besuchen könne und wann
der Besucher wiederkommen solle, falls Proust bei seinem Eintreffen schlafe. Mitte August ging Proust drei Nächte hintereinander
aus. Nachdem er sich am darauffolgenden Morgen um zehn Uhr ins
Bett gelegt hatte, konnte er weder schlafen noch sich ausruhen.
»Doch in dem Augenblick, da ich mich hinlegte, war meine moralische Aufregung wirklich zu stark, und obwohl ich nicht geschlafen
hatte, zog ich mich an und rief Vaquez an«, den Herzspezialisten.
Seine Eltern waren nach Evian abgereist. Der Arzt versicherte ihm,
er habe keine Herzkrankheit, und verschrieb Trional. Sein Herzklopfen habe auch nichts mit dem Magen oder den Eingeweiden zu
tun, allerdings habe sein Ärger bei ihm eine Schleimhautentzündung
im Dünndarm verursacht. Er solle einen Kaffeelöffel Salz in seinem
Badewasser auflösen und Alkohol meiden.

In der Droschke, die er am Bahnhof genommen hatte, erlitt er auf
dem Nachhauseweg einen heftigen Asthmaanfall und einen weiteren in der Nacht, doch das hielt ihn nicht davon ab, um fünf Uhr
früh aufzustehen.[47] Constantin und Fénelon hatten ihn zum Diner
eingeladen, doch beide versetzten ihn, und so aß er im Restaurant
Larue als einziger Gast; sechzig Glühbirnen brannten nur für ihn
(»doch ich habe keine Skrupel, denn sie brennen ja auch, wenn niemand da ist«). Während der Mahlzeit hatte er einen neuen Asthmaanfall.[48]

Das Einnehmen von Trional gab er bald wieder auf, und als er erneut krank wurde und nicht schlafen konnte, glaubte er darin den Grund dafür zu sehen.[49] Anfang September ging es ihm jedoch wieder so gut, daß er zu einem Aufenthalt bei den Daudets auf ihrem Landsitz Pray in Chargé (Indre-et-Loire) fuhr. Er reiste im Zug, zusammen mit Fénelon, der jedoch nicht zu den Daudets mitkommen wollte. Nachdem Lucien Fénelon im Eisenbahnwagen gesehen hatte, sagte er zu seiner Mutter: »Ich habe eine lächerliche [ridicule] kleine Kreatur gesehen, die noch kleiner ist als Marcel.«[50] In Wirklichkeit war Fénelon größer als Proust, der etwa 1,70 Meter maß, doch Proust gefiel diese Bemerkung, weil »ridicule«, lächerlich, ihn an »mus« erinnerte, den Kosenamen, den er und Lucien eine Zeitlang gebraucht hatten.[51] Proust hatte den Daudets ein Telegramm geschickt, und für den Fall, daß es kalt sein würde, um eine Wärmflasche mit Weingeist [bouillote à l'esprit de vin] gebeten. Proust zufolge hatte man auf dem Telegraphenamt »bouillotte« mit »bouillon« verwechselt: Bei der Weingeistbouillon war die Köchin der Daudets ratlos.[52] Lucien, freundlicher gestimmt als sonst, schenkte Proust eine Photographie von sich mit der Aufschrift: »Es ist zwei Uhr morgens und es ist dumm, daß Sie morgen abreisen, aber ich liebe Sie trotzdem sehr.«[53] Die Verwirrung, die mit der *bouillon* begonnen hatte, vergrößerte sich noch, als Proust feststellte, daß er in Pray einen Koffer, die Haarbürste und eine Krawattennadel vergessen hatte.

Nachdem Proust das Manuskript seiner Ruskin-Übersetzung, *La Bible d'Amiens*, von Ollendorff, der sich fünf Monate lang nicht entscheiden konnte, zurückgeholt hatte, bot er es dem Chef des Verlags *Mercure de France* an, der die gleichnamige literarische Zeitschrift herausgab. Ein anderer Verleger, nämlich Beauchesne, hatte eine Übersetzung von Ruskins *Unto This Last: Four Essays on the Principles of Political Economy*[54] veröffentlicht und kündigte eine Reihe von Ruskin-Übersetzungen an, beginnend mit *Sesame and Lilies*. Proust wollte seine *Bible d'Amiens* vorher veröffentlicht sehen.

Allerdings gab es für ihn gerade nichts Wichtigeres als seine Beziehung zu Fénelon. Eine Ausstellung früher flämischer Kunst in Brügge lieferte ihnen den Vorwand, im Oktober Paris zusammen zu

verlassen, doch bleibt unklar, ob Fénelon wollte, daß die Beziehung
sich weiterentwickelte. Er reiste von Brügge nach Amsterdam weiter, während Proust nach Antwerpen[55] fuhr, wo er sich zwar müde
fühlte, aber gesund war und so sehr darauf bedacht, seinen Freund
wiederzusehen, daß er die ganze Nacht aufblieb, als Fénelon zu ihm
unterwegs war. Entweder waren sie nun endlich Liebhaber geworden oder Fénelon hatte zumindest Prousts Hoffnungen genährt.
Nach der Ankunft in Dordrecht sandte Proust an Reynaldo jedoch
ein trauriges Verlaine-Pastiche, dessen Anfangszeilen lauten:

> Dordrecht endroit si beau
>   Tombeau
> de mes illusions chéries.[56]

Wenig Trost bot ihm die Schönheit einer Stadt, die ihre »efeube-
wachsene Kirche in den Windungen der verschlafenen Kanäle spiegelt und in der zitternden goldenen Maas, auf der des Abends die
vorübergleitenden Schiffe die aufgereihten Spiegelbilder der roten
Dächer und des blauen Himmels stören [...]«.[57] »Das Hübscheste,
was ich jemals gesehen habe, war in einem Dorf, in dem an einem
Fenster festgemachten Spiegel, ein Stück des Himmels und der
Landschaft mit einem erlesenen Bukett geschwisterlicher Bäume.«[58]

    Was auch immer geschah oder ausblieb, er hatte keinen nicht
wiedergutzumachenden Streit mit Fénelon gehabt, der für ihn ein
Zimmer in Amsterdam reservierte, wo sie beide in dem »irrsinnig
teuren« Hotel de l'Europe wohnten, das zumindest eine gute Zentralheizung hatte. Am Mittwoch, den 15. Oktober, fuhren sie zusammen auf einem von Pferden gezogenen Schiff nach Volendam,
doch am nächsten Tag reiste Fénelon ab, und Proust schrieb am
Freitag, nachdem er allein nach Haarlem gefahren war, um dort im
Museum Gemälde von Frans Hals anzusehen: »Doch mein moralischer Zustand würde mir eine solche Erfahrung, die für mich nur
viel Schlechtes zur Folge hätte, nicht zulassen. Fénelon war der einzige Mensch, mit dem ich mir eine solche Abwesenheit erlauben
durfte. Wenn ich nicht befürchten würde, ihn mit meiner Verdrieß-
lichkeit zu langweilen, und wenn ich vor allem nicht meine Kraftreserven schwinden sähe (das ist der wahre Grund [...]), würde ich
Holland und Belgien um acht Tage verlängern.«[59] Sie hatten verein-
bart, einander am Samstag in Den Haag[60] wieder zu treffen, doch

Proust übernachtete in Amsterdam, bevor er nach Paris zurückkehrte.

Wenn ihm nicht das Geld ausgegangen wäre, hätte er vielleicht eine weitere Woche in Holland oder Belgien verbracht. Er sagte seiner Mutter die Wahrheit, wenn er schrieb, Fénelon sei der einzig mögliche Reisegefährte gewesen, auch wenn er sich Antoine wieder näher fühlte, nachdem dessen Mutter gestorben war. Proust hätte sich nicht so weit in seinen trauernden Freund einfühlen können, wenn er sich nicht selbst die Frage gestellt hätte, wie er denn auf den Tod der eigenen Mutter reagieren würde. »Meine Zärtlichkeit für Mama, meine Bewunderung für Deine Mutter, meine Zärtlichkeit für dies alles vereint sich und läßt mich Dein Leiden bis zu einem solchen Punkt nachempfinden, an dem ich glaubte, daß man am Unglück des anderen gar nicht so sehr leiden könne, selbst wenn dieser andere ein wenig zu einem selbst geworden ist, so sehr hatte man die Gewohnheit angenommen, aus ihm den größten Teil seines eigenen Glücks zu machen, das nun im selben Augenblick zerstört ist wie das seine. Wenn ich daran denke, wie Deine armen Augen, Deine armen Wangen, alles, was ich so sehr liebe, weil Dein Denken und Dein Empfinden darin wohnen, sich in diesem Unglück ausdrücken, sich unaufhörlich davon abwenden und wieder dorthin zurückkehren, und in diesem Augenblick und für so lange Zeit immer von Kummer erfüllt sein werden und jetzt voller Tränen sind. Es tut mir körperlich weh, mir Dich so vorzustellen.«[61] Er stellte sich Antoine vor, entweder »so sehr weinend, daß ich verzweifle, mir Dich so vorzustellen, oder mit einer erschreckenden Ruhe, untröstlich darüber, Dich nicht mehr weinen zu sehen, damit Du Dich ein wenig erholst«.[62] Gegen Ende November, als er hörte, daß Antoine den Winter in Rumänien verbringen wollte, bot Proust ihm an, sich in seiner Nähe aufzuhalten und seine Arbeit mitzunehmen, »und wenn ich kein Asthma habe, könnte ich den Februar, den März und, wenn Du noch da bist, den April, und wenn es keine Blumen hat, den Mai in Deiner Nähe verbringen, ohne Dich zu stören, weil ich in einer gewissen Entfernung von Dir bleiben würde, aber jeden Tag, an dem Du mich zu sehen wünschst, Dich besuchen kommen, um mit dir zu reden, und es an den Tagen unterlassen, an denen Du es nicht möchtest.«[63] Er hatte jedoch noch ein weiteres Motiv: Fénelon würde in Konstantinopel sein. Trotz seiner jungen Jahre war er zum Attaché an der dortigen französischen Botschaft ernannt worden und sollte Paris am 8. Dezember verlassen.[64]

Prousts Freiheit zu Reisen wurde jedoch durch die bevorstehende Hochzeit seines Bruders eingeschränkt. Robert, inzwischen neunundzwanzig, war im Februar als Arzt zugelassen worden und verdiente bereits genug, um eine Familie zu gründen. Obwohl es Proust immer gelungen war, seinen geschwisterlichen Rivalen im Hintergrund zu halten, wußte er doch, daß seine Eltern es gerne gesehen hätten, wenn er seinem Bruder etwas ähnlicher gewesen wäre. Roberts Verlobte, Marthe Dubois-Amiot, lebte bei ihren Eltern in der Avenue Messine. Die Hochzeit mußte wegen eines Todesfalls in ihrer Familie verschoben werden, und deshalb wurde es für Proust noch schwieriger, Pläne zu machen. Eine weitere Schwierigkeit war ein Streit mit der Mutter, die ihn dazu drängte, mehr zu arbeiten. Wie um sich einen Ausgleich für die langen Krankheitsperioden zu verschaffen, ging Proust sehr häufig ins Theater und nahm Einladungen zu Diners an: von Madame Straus, von der schönen Baronne Marguerite de Pierrebourg – die inzwischen nicht mehr mit ihrem Ehemann zusammenlebte –, von Anna de Noailles und von ihrer Schwester, Princesse de Chimay. Im November saß er bei Dinereinladungen zweimal neben der dreiundzwanzigjährigen Schauspielerin Simone La Bargy, die bei der Premiere der erfolgreichen Komödie von Antoines Freund Henri Bernstein, *Le Détour*, die Hauptrolle gespielt hatte und nun für ein weiteres Stück von ihm probte: *Le Joujou*. Madame Proust fühlte sich in dieser Zeit ebenso vernachlässigt wie während Marcels Hollandreise mit Fénelon. Neun Jahre waren seit seinen Juraexamen vergangen, und mit einunddreißig war er finanziell immer noch von seinen Eltern abhängig und lebte nach wie vor in ihrer Wohnung, auch wenn sich die täglichen Kontakte durch seinen exzentrischen Lebensstil drastisch verringert hatten. Er hätte seiner Mutter nicht so viele Briefchen geschrieben, wenn er wie sie tagsüber wach gewesen wäre und nachts geschlafen hätte. Es war jedoch einfacher, die Beziehung zu ihr zum Teil in Briefen zu pflegen. Beide litten an Schuldgefühlen. Sie übte weiterhin viel mehr Kontrolle über ihn aus als die meisten anderen Mütter über ihre erwachsenen Söhne; ihm war es gelungen, sich einer Arbeit im üblichen Sinne zu entziehen, und nach wie vor gab er großzügig Geld aus, das sein Vater verdiente.

In den Gesprächen und in der Korrespondenz zwischen Proust und seiner Mutter wurden seine Finanzen, seine Ernährung, seine Medikamente (besonders der Gebrauch von Beruhigungsmitteln), seine Essenszeiten und sein Tagesablauf ständig geprüft. Zumindest theoretisch bestand für ihn immer die Möglichkeit, zum nächtlichen Schlafen und zum Wachsein tagsüber zurückzukehren. Pläne zu schmieden und Verhandlungen zu führen veranlaßten Mutter und Sohn zu einem emotionalen Austausch, den sie beide genossen, aber Reibungen waren unvermeidlich. Unterdrückte Hysterie gab es auf beiden Seiten, und seine Beziehung zu ihr kommt in *Sodome et Gomorrhe* adäquat zum Ausdruck, obwohl es in seinem Leben keine weibliche Albertine gab. Wie der Erzähler berichtet, schenkte das Leben mit Albertine ihm Ruhe; »meiner Mutter jedoch bereitete es Sorgen, deren Eingeständnis diese Ruhe zerstörte.« Eines Tages sagte sie zu ihm: »Versuche doch, nicht wie Charles Sévigné zu sein, dessen Mutter zu sagen pflegte: ›Seine Hand ist ein Tiegel, in dem das Geld dahinschmilzt.‹«[65] Wie Proust sagte, erreichten diese Eingriffsversuche nur das Gegenteil: Er konnte gar nicht anders, als übertrieben darauf zu reagieren.

> Ich sagte Mama, daß ihre Reden vielleicht um zwei Monate den Entschluß hinauszögerten, den sie von mir forderte und den ich ohne sie noch vor Ablauf der Woche gefaßt haben würde. Mama begann (um mich nicht zu betrüben) über die Wirkung zu lachen, welche ihre Ratschläge auf der Stelle hervorgebracht hatten, und versprach mir, nicht wieder davon anzufangen, um nicht ein zweites Mal zu verhindern, daß meine gute Absicht von neuem aufleben könne. [...] Doch schien sie nicht überzeugt, daß ich mich nicht täusche. Sie erinnerte sich daran, wie viele Jahre meine Großmutter und sie nicht mehr von meiner Arbeit und einer gesünderen Lebensführung gesprochen hatten, an deren Inangriffnahme, wie ich sagen würde, die Aufregung, in welche mich ihre Ermahnungen versetzten, allein mich hinderte, zu der ich aber trotz ihres gefügigen Schweigens mich dennoch nie vermocht hatte.[66]

In dieser Passage klingt eine frühere Äußerung an, als er ihr schrieb: »Aber Du mußtest eben denken, daß, wenn ich die Absicht hätte, ein anderer zu werden, es genügen würde, mir zu sagen, ›Ändere

Dich, oder Du wirst Dein Diner nicht kriegen‹, um mich sofort zum
Verzicht auf jede Änderung zu veranlassen – wobei ich mich nicht
etwa leichtfertig und launisch, sondern ernst und vernünftig erwies –, und daß, wenn ich eine solche Absicht *nicht* gehabt hätte,
mich weder Drohung noch Versprechen dazu hätten bewegen können, was mir in meinen eigenen Augen und wohl auch in den Deinen
ein merkwürdiges Aussehen verschafft hätte.«[67] Ein Beispiel für die
Anwendung einer raffinierten Intelligenz auf das dauerhafte Überleben seiner kindlichen Abhängigkeit im Erwachsenenalter. Proust
lebte schon viel zu lange in der elterlichen Wohnung, verfügte nur
über ein Schlafzimmer und hatte – ebenso wie Kafka – keinen eigenen Raum zum Arbeiten.

Der einzige Vorteil für einen Schriftsteller, kein eigenes Arbeitszimmer zu haben, liegt darin, das emotionale Bedürfnis nach dem
imaginären Raum zu steigern, den er in seiner Fiktion schafft. Ein
Bett ist freilich nur ein armseliger Schreibtisch, und Proust mußte
es vermeiden, irgendwo sonst in der Wohnung Bücher und Papiere
liegen zu lassen. Er haßte es, aufräumen zu müssen, und entweder
mußte er genügend Energiereserven bewahren, um sein Material
sorgsam aufzuräumen, oder seine häusliche und ordnungsliebende
Mutter ärgern, weil er das Rauchzimmer in Unordnung ließ. Er
mußte also seine Papiere ständig von einem Zimmer ins andere bringen. Manchmal arbeitete er im Eßzimmer, manchmal im Rauchzimmer, wobei er häufig fror, weil die Räume nachts nie beheizt wurden. Die meiste Zeit über arbeitete er im Bett. Wie Marie Nordlinger
bezeugte, war die Situation, in der er arbeitete, ganz unglaublich
unbequem, das Bett war mit Büchern übersät, die Kissen lagen überall herum, links von ihm stand ein Bambustisch mit hoch aufge-
türmten Bücherstapeln, und er arbeitete häufig ohne irgendwelche
Schreibunterlage für das Papier, auf dem er gerade schrieb (kein
Wunder, daß er unleserlich schrieb), ein billiger Holzfederhalter
oder auch zwei lagen auf dem Boden, wo sie gerade hingefallen
waren.[68]

Ständig lief er Gefahr, wertvolle Notizhefte zu verlieren, und im
August 1903 verlegte er die Blätter, auf denen er Maries Korrekturen
seiner Übersetzungsfehler notiert hatte. »Ich nehme sie nicht mehr
auf, außerdem habe ich auch die Fahnen nicht mehr (es waren dieselben Blätter) und ich weiß nicht einmal mehr, ob mein verärgerter

Verleger noch zustimmen wird, die Übersetzung eines so unordentlichen und unangenehmen Autors zu veröffentlichen.«[69] Lose Blätter waren zwar leichter zu verlieren als Notizbücher oder Schulhefte, doch selbst 1904, als er seine Arbeitsmethoden verbesserte, konnte er oft dringend benötigte Notizen nicht mehr finden. Als er mit Marie an *Sesame and Lilies* arbeitete, verlor er drei der sechs Schulhefte, die er benutzte; schließlich fand er sie dann wieder. »Stellen Sie sich vor, daß ich alle meine Hefte (sechs Hefte!) von *Sésame et les Lys* wiedergefunden habe. Aus reinem Zufall. Ich hatte allen Leuten gesagt, sucht *grüne* Hefte. Nun waren die drei ersten Hefte, die wir hatten, gewiß grün. Aber die drei folgenden waren *gelb*! Wenn man Hefte sah, die nicht grün waren, schaute man gar nicht erst hin.«[70]

Im Bett zu arbeiten war eine gefährliche Gewohnheit. Für das allzu behütete Kind, das bei jeder Erkältung ins Bett geschickt wurde, ist der Hauptantrieb für die Gesundung die Langeweile über die Untätigkeit. Als Proust, der nichts lieber tat, als zu schreiben, und der seine Papiere sonst nirgendwo in der Wohnung ausbreiten konnte, die Gewohnheit entwickelte, im Bett zu arbeiten, erkannte er nicht, daß er sich selbst die Erlaubnis zum Kranksein erteilte.

Außerdem räumte er seiner Mutter mehr Kontrolle über die Beziehungen zu seinen Freunden ein. Da er soviel Zeit im Schlafzimmer verbrachte, empfing er dort auch gern seine Besucher. Dabei trug er häufig mehrere Pullover übereinander, die Löcher hatten, so daß seine Mutter zögerte, aristokratischen Freunden diesen unordentlichen Anblick zu gewähren. Was noch schlimmer war: Seine Eltern fühlten sich nicht nur berechtigt, ihn zu bestrafen, sondern hatten auch die Macht dazu, auch wenn die Bestrafungen nicht die alte Form annahmen. Ebenso wie das Krankheitsmuster Kafkas steht wohl auch dasjenige Prousts in verborgenem Zusammenhang mit seiner häuslichen Ohnmacht, doch während Kafka wenigstens ein Salär verdiente, hätte es sich Proust nicht leisten können, aus der elterlichen Wohnung auszuziehen. Aus Stolz bot er manchmal an, Miete zu zahlen,[71] doch das einzige Geld, über das er verfügte, waren die regelmäßigen Zahlungen seines Vaters.

Deprimiert und gereizt wegen Fénelons bevorstehender Abreise nach Konstantinopel mußte er sich Anfang Dezember den Klagen seiner Mutter über seine »geistige Untätigkeit« stellen. Er schrieb, sie sei »wirklich unmöglich«. Sie hätte angesichts seiner »wahrhaftigen Auferstehung« nach so langer Krankheit »alles, was sie ermöglicht hatte«, preisen und lieben sollen.[72] Ihre gegenseitige Sympathie war für kurze Zeit zum Erliegen gekommen. Da sie gewöhnlich früh zu Bett ging, störte sie das Geräusch seiner Schritte und der Türen, wenn er den Dienstboten nach seiner späten Rückkehr irgendwelche Aufträge gab; er sah sich tagsüber gestört, sofern sie nicht anordnete, daß alle häuslichen Tätigkeiten möglichst geräuschlos erledigt wurden. Das Gesinde, unentrinnbar in die Auseinandersetzung eingebunden, wurde zuweilen angewiesen, auf sein Klingelzeichen nicht zu antworten; manchmal durften sie ihn am Tisch nicht bedienen und in seinem Zimmer kein Kaminfeuer anmachen. Mutter und Sohn konnten beide überaus kleinlich sein. Sie ließ einen Nachttisch aus seinem Zimmer entfernen, und er behauptete, ihn dringend zu benötigen und lieber auf die Stühle verzichten zu wollen.[73]

Als er am 6. Dezember den Besuch Fénelons erwartete, der in zwei Tagen abreisen mußte, beklagte sie sich, sie sei die ganze Nacht wachgehalten worden, weil die Dienstboten seine Aufträge hätten ausführen müssen. Er sagte, er sei den ganzen Tag durch ein Rufen und Hämmern wachgehalten worden, was er als Strafe für das »Verbrechen« auffasse, eine Dienstmagd zu einer Zeit um sein Asthmapulver gebeten zu haben, als sie angeblich ihr Essen noch nicht beendet hatte.

Als Fénelon zusammen mit Georges de Lauris eintraf, war Proust in einem überaus empfindlichen Zustand. Er provozierte Fénelon zu einer »höchst unangenehmen« Äußerung, die Proust dazu veranlaßte, mit Fäusten auf ihn loszugehen, und »ohne zu wissen, was ich tat, nahm ich den neuen Hut, den er sich gerade gekauft hatte, trampelte auf ihm herum und riß dann das Futter heraus. Da Du vielleicht glauben könntest, daß ich übertreibe, lege ich diesem Brief ein Stück von dem Futter bei, damit Du siehst, daß es wahr ist. Du wirst es aber nicht wegwerfen, weil ich Dich bitten werde, es mir zurückzugeben, für den Fall, daß ich es noch für etwas brauchen kann.«[74]

Als es ihm später zu heiß war, um sich anzuziehen, ließ Proust nachfragen, ob er zu Hause essen könne. Man ließ ihm das Essen durch einen Dienstboten aufs Zimmer bringen, der ganz verlegen war wegen der Anweisung Madame Prousts, das Essen nur hinzustellen und es ihm nicht zu servieren. Proust provozierte seine Mutter ebensosehr wie sie ihn, und die Krankheit, die ihn so verletzbar machte, ließ ihn sogar behaupten, ihre Aktionen würden noch rascher einen Anfall auslösen. Wenn sie die Dienstboten davon abhalte, in seinem Zimmer Feuer zu machen, könne er sich erkälten und die Erkältung könne sich in Asthma verwandeln. »Die Wahrheit ist die, daß Du alles zerstörst, sobald es mir gut geht, weil das Leben, das mir gut tut, Dich ärgert, und dann geht es mir von neuem schlecht. [...] Ich bezweifle nicht, daß Du nicht wieder nett zu mir sein wirst, wenn ich wieder in dem gleichen Zustand wie letztes Jahr um dieselbe Zeit sein werde. Traurig ist aber, Zuneigung und Gesundheit nicht gleichzeitig haben zu können.«[75]

Sein Leben gehörte ihm zwar nicht ganz, doch konnte er sich nicht entscheiden, welchen Anteil er seiner Mutter einräumen wollte. Waren Freunde wichtiger als zufällige Liebhaber, so war sie wichtiger als die Freunde; allerdings verständigte er sich oft auch dann, wenn sie wach war, durch Briefe mit ihr. Beide verhielten sich dem anderen gegenüber gehässig und unvernünftig und wechselten zwischen liebevoller Nähe und wütendem Ressentiment hin und her, doch waren die mütterlichen Interventionen nicht immer nur störend. Obwohl sein Interesse an Ruskin nachließ, arbeitete er wieder an der Übersetzung und gab die Idee, nach Rumänien zu reisen, auf. Alfred Vallette lehnte zwar die *Bible d'Amiens* ab, wollte jedoch, daß Proust eine Ruskin-Anthologie zusammenstellte. Mit seinem Gespür für das Ränkeschmieden bezog Proust nun Constantin mit ein, den neuen Chefredakteur von *Renaissance latine*. Zur Mitarbeit aufgefordert, schrieb Proust, »ein Auszug aus der Übersetzung wäre vielleicht eher nach dem Geschmack der Leserschaft als seine eigene bescheidene Prosa«.[76] Das Interesse der Konkurrenz erzielte die angestrebte Wirkung bei Vallette, der seine Entscheidung dann rückgängig machte, als Proust einwilligte, für den *Mercure de France* die Anthologie herauszugeben. Nach wie vor hatte er jedoch unrealistische Vorstellungen über den Zeitaufwand bis zum Abschluß eines Buches, und an dem Tag, als er den langen Brief an seine Mutter schrieb, schrieb er auch an Vallette und versprach, ihm die Übersetzung am 1. Februar abzuliefern und dann mit der Anthologie zu beginnen. Der Zorn über seine Mutter hatte ihn genau zu dem genötigt, was sie von ihm zu tun verlangte.

Er sah rasch ein, daß diese Tätigkeit nicht das war, was er wollte. Sie lief seiner Begabung zuwider, und die Dialektik, die ihn von der Fiktion entfernt hatte, brachte ihn allmählich wieder auf sie zurück.

> Und die scheinbare Arbeit, die ich wieder aufgenommen habe, ist mir in mancher Hinsicht peinlich. Besonders aus dem folgenden Grund. Alles, was ich mache, ist keine wirkliche Arbeit, sondern nur Unterlagensammeln, Übersetzen, usw. Es genügt zwar, um meine Gier nach Verwirklichungen zu wecken, ohne sie natürlich in irgendeiner Weise zu stillen. Von dem Augenblick an, da ich zum erstenmal nach meiner langen Erstarrung den Blick nach innen richtete, auf mein eigenes Denken, spüre ich die ganze Nichtigkeit meines Lebens, hundert Romanfiguren, tausend Ideen fordern von mir, ihnen einen Körper zu geben, ähnlich den Schatten in der Odyssee, die Odysseus anflehen, sie ein wenig Blut trinken zu lassen, um sie wieder ins Leben zurückzuführen, doch der Held fegt sie mit einem Schwertstreich beiseite. Ich habe die schlafende Biene aufgeweckt und fühle ihren grausamen Stachel viel stärker als ihre ohnmächtigen Flügel. Ich hatte meinen Verstand meiner Gemütsruhe unterjocht. Als ich die Ketten beseitigte, glaubte ich nur einen Sklaven zu entlassen, doch ich habe mir damit einen Meister gegeben, ohne die körperliche Kraft zu haben, ihm Genüge zu tun, und er würde mich umbringen, wenn ich ihm keinen Widerstand leistete.«[77]

Einige Wurzeln der *Recherche* liegen in Prousts widerwilliger Rückkehr zu Ruskin.

Als das Jahr zu Ende ging, hatte er die Hoffnung, Antoine in Rumänien zu treffen, immer noch nicht aufgegeben. Robert sollte am 2. Februar 1903 heiraten, und Proust war als Brautführer vorgesehen. Er werde sich danach einige Tage ausruhen müssen, kündigte er an, schlug jedoch vor, um den 10. Februar herum aus Frankreich abzureisen, wenn Antoine in Rumänien, in Ragusa oder in Ägypten oder überall, wo er auch immer hinfahren wolle, seine Gesellschaft wünsche. Fénelon war am 8. Dezember aus Paris abgereist, und neunzehn Tage später hatte Proust ihm weder geschrieben noch auf seine Briefe geantwortet, und seine sich dahinschleppende Bindung an Lucien schwand zusehends. Als er bei den Noailles dinierte, beobachtete er ihn, wie er neben dem dreiundzwanzigjährigen Duc de Guiche saß: Lucien machte »eine physische Verwandlung« durch, »indem er nämlich ohne Unterlaß geredet hat, mit einer bei ihm ungewohnten Geläufigkeit und der Freude von Madame Bovary, als sie vor dem Spiegel ausrief: ›Ich habe einen Liebhaber, ich habe einen Liebhaber!‹ Meinerseits betrachtete ich mit Melancholie den Krankheitskandidaten, den man neben den Bazillus (Snobismus) gesetzt hatte.«[78] Die Eigenschaften, die Proust an den anderen am meisten mißfielen, waren solche, die er an sich selbst nicht mochte.

11. Für den »Figaro«

Unter der Feder Prousts wurde das Genre des Romans zu einem Versuch, weniger das Leben als vielmehr das Bewußtsein zwischen den Seiten eines Buches einzufangen. Befaßten Balzac und Stendhal sich hauptsächlich mit Handlungen und Wechselwirkungen, so befaßte sich Proust zum größten Teil mit der Welt hinter Marcels Augen. Einer der tieferen Gründe für das Entstehen von Prousts Roman lag im Asthma, das ihn oft für lange Zeit ans Bett fesselte und ihn zu der Gewohnheit trieb, in Briefen über vergangene und zukünftige Handlungen und Gefühle zu reflektieren. Hatte er sich zunächst auf das Planen und Analysieren verlegt, da es ihm verwehrt war, selbst zu handeln, so wurde dies dann zu seiner bevorzugten Beschäftigung. Es wäre natürlich viel einfacher gewesen, mit seinen Freunden zu telephonieren, anstatt ihnen in raffinierten Briefen das Dafür und Dawider oder alternative Arrangements aufzuzeigen. Es bereitete ihm jedoch Freude, unverbindlich Vorschläge zu machen, mit Gegenvorschlägen aufzuwarten und dabei mehr mit sich selbst zu debattieren als mit den Briefpartnern, die sich mit endlosen schriftlichen Unschlüssigkeiten herumzuschlagen hatten: »Du bist viel zu intelligent, mein lieber kleiner Antoine, um nicht zu verstehen, daß das Interesse, das mich dazu treibt, diese Debatte weiterzuführen, die Lust zu diskutieren ist, die Liebe zur Logik und die Leidenschaft des Nachforschens – und keineswegs ein Zweifel, ein Argwohn, ein Mißtrauen oder was es auch sei.«[1] Zweifel, Argwohn und Mißtrauen wurden jedoch allesamt durch die Gewohnheit, seine Gedanken von dem Fortgang in einer geraden Linie abzuhalten, gefördert. Lagen in einer Sache an sich keine Gründe zur Abschweifung, so erfand er sie.

Anfang 1903 berieten Antoine und Marcel den Plan, Fénelon in Konstantinopel zu besuchen. Dazu tauschten sie eine Reihe von Briefen, in denen die verschiedenen Reisemöglichkeiten ein kompliziertes, einem Kartenhaus nicht unähnliches Argumentationsgebäude bildeten. Nach einer so langen Reise wollte Proust sich mindestens einen Monat lang an einem Ort aufhalten, entweder in Konstantinopel oder in Strehaïa in Rumänien. Für Konstantinopel sprach, daß er dort wenigstens einige Zeit mit Antoine verbringen konnte, auch wenn er, um Kräfte für die Rückreise zu sammeln, noch dort bleiben mußte, wenn Antoine schon nach Paris zurückkehrte. Am vernünftigsten schien es, die Reise erst gar nicht zu unternehmen, doch selbst Prousts Eltern rieten ihm zur Abreise.[2] Jean Santeuil wird die gleiche Neigung zur Unschlüssigkeit nachgesagt: »Im allgemeinen schien ihm, sobald er eine Entscheidung getroffen hatte, der entgegengesetzte Entschluß vom gleichen Augenblick an der unendlich reizvollere zu sein.«[3]

Solche Unschlüssigkeiten und Änderungen der Pläne waren lustvoll, weil sie einen neuen Freibrief für die in den Briefen gepflegten Phantasien bedeuteten. Als Constantin, der seine Absicht über seine Rumänienreise geändert hatte, am 6. Februar ankündigte, nach Bukarest abzureisen, hätte Proust, der sich gegen Konstantinopel entschieden hatte, ebenfalls fast seine Meinung geändert: Es wäre doch so angenehm gewesen, einen Begleiter für einen Teil der Reise[4] zu haben und zu wissen, daß Fénelon sich fragen würde, ob nun er oder Antoine der Hauptgrund für diese Reise sei. Proust war nicht sicher, ob Fénelon sich über seine Ankunft freuen würde, und Antoine wurde instruiert, ihm nichts über ihren Briefwechsel zu berichten.[5] Proust stellte einen vertraulichen Vergleich ihrer Persönlichkeiten an: »Merkwürdig, wie Du und Bertrand […] eine gegensätzliche Begabung habt: er die, Mißtrauen zu wecken, und Du die, es zu zerstreuen. So, daß ihr beide Feinde haben könnt. Deine sind jedoch immer Leute, die Dich noch nicht kennen und die zu Freunden werden könnten, wenn Du es willst. Bei ihm hingegen werden die Feinde immer alte Freunde sein.«[6]

Als sie sich gegen eine Reise nach Konstantinopel entschieden, entwarf Proust einen Brief an Fénelon, den Antoine abschreiben und ihm schicken sollte. Darin hieß es, er habe kurz vor der Abreise gestanden. Warum Fénelon ihm denn weder geschrieben noch über Marcel eine Botschaft habe zukommen lassen? »Wir korrespondierten regelmäßig zweimal in der Woche. [...] Er hat mir gesagt, von Dir seit dem 25. Dezember keine Nachrichten mehr bekommen zu haben? Stimmt das? Indirekt hat er jedoch erfahren, daß Du in Konstantinopel bewundernswert erfolgreich bist. Glückwünsche, alter Freund. Es hat mir keine Freude gemacht, ihn wiederzusehen, weil ich ihm gegenüber keine Freundschaft mehr empfinde und er noch dümmer ist als bei meiner Abreise.«[7] Das gleicht dem schülerhaften Angriff Prousts auf sich selbst in dem Brief an Robert Dreyfus. Das Rollenspiel des Briefschreibers machte ihm so viel Spaß, daß er den Entwurf sogar mit ›Antoine Bibesco‹ unterschrieb.[8]

Erfreut über das Ränkespiel und die Vertraulichkeit beschloß Antoine, den Einsatz durch einen Pakt der völligen Offenheit noch zu erhöhen. Was kam, war vorauszusehen: Jeder warf dem anderen vor, nicht alles zu sagen. Proust faßt schließlich den Entschluß, sie sollten auf diesen »unmöglichen und grausamen Pakt verzichten, der mir bereits soviel Schaden zugefügt hat. Ich wähle dafür einen sonderbaren Augenblick, da ich dir tausend Enthüllungen dargebracht habe und du nicht die belangloseste Erzählung. Es ist zwar nicht der Augenblick, den ich für diesen Abschluß hätte aussuchen sollen, da ich doch alles gegeben habe und du nichts. Ich verkaufe meine Aktien zu einem schlechten Zeitpunkt.«[9] Antoine hingegen schrieb: «Marcel, der das Spiel nicht mitspielte, das ich ihm vorgeschlagen hatte, verriet mir nie irgendwelche Vertraulichkeiten, außer in einem Brief«.[10]

Sehr empfindlich reagierte Proust, wenn Antoine ihn wegen seiner Unkenntnis des Englischen neckte. Constantin de Brancovan provozierte ihn Anfang 1903 auf dieselbe Weise, in Anwesenheit von Georges de Lauris. »Ich weiß sehr wohl, daß Sie es nicht aus Bosheit gesagt haben, mein kleiner Constantin. *Aber jemand, der mich verachtete und mit einem einzigen Wort die Bemühungen meiner vierjährigen Arbeit zunichte machen wollte,* die ich sogar während meiner Krankheit durchgeführt habe, der will, daß niemand meine Übersetzung liest und daß man sie für null und nichtig hält – ich frage Sie einfach, *was könnte er Schlimmeres tun?*«[11] Er kenne

die ganze *Bible of Amiens* auswendig, behauptete Proust, und habe
sie sich so gründlich angeeignet, daß sie für ihn nun vollkommen
transparent sei, so daß nur noch die Unklarheiten sichtbar seien,
»die nicht von der Unzulänglichkeit unseres Blicks abhängig sind,
sondern von der nichtreduzierbaren Dunkelheit des erwogenen
Gedankens.« Hatte Antoine nicht gesagt: »Ich hätte es nicht für
möglich gehalten, jemanden so gut zu übersetzen.«[12] »Wenn Sie
wüßten, daß es keinen einzigen mehrdeutigen Ausdruck, keine einzige dunkle Redewendung gibt, bei der ich nicht den Rat von mindestens zehn englischen Schriftstellern eingeholt hätte und worüber ich
nicht ein ganzes Dossier von Briefen angelegt hätte, dann würden Sie
das Wort ›Fehler‹ nicht aussprechen.«[13] Er übertrieb hier allerdings
etwas, denn es gibt tatsächlich Fehler in seiner Übersetzung.

Einer der Gründe für die besondere Verletzlichkeit Prousts zu dieser Zeit war die Heirat seines Bruders Robert. Für den unglücklichen und mit seinem Bruder wetteifernden Proust war dies
zwangsläufig ein Augenblick der Bestandsaufnahme. Zwar war er
im Kampf um die Mutterliebe siegreich gewesen, doch sollte dies
etwa ein Pyrrhussieg gewesen sein? Auf wirksame Weise in die kräf-
tigeren Arme des Vaters getrieben, hatte es der Jüngere diesem
erfolgreich gleichgetan und war, ohne mit der oberen Gesellschafts-
schicht Umgang zu pflegen, zu einem Schützling des überaus angesehenen und erfolgreichen Dr. Pozzi geworden. Robert war zu
einem gesunden und attraktiven jungen Mann herangewachsen,
hatte Erfolg bei Mädchen, hatte bereits eine solide Praxis eröffnet
und strebte nun nach der emotionalen Sicherheit eines bürgerlichen
Haushalts. Dem kränkelnden älteren Bruder, der beruflich nach wie
vor erfolglos und finanziell immer noch von den Eltern abhängig
war, der keine feste Beziehung und keinerlei Aussichten auf ein
Zusammenleben mit einem Mann hatte, den er liebte, erschien es
zweifelhaft, ob er nun besser dran sei als sein besiegter geschwisterlicher Rivale.

Robert und sein Vater waren die einzigen Familienangehörigen,
die die Hochzeit ohne Krankheit überstanden. Madame Proust, zu
sehr angegriffen, um an der Ziviltrauung am 31. Januar 1903 teilnehmen zu können, wurde am 2. Februar im Krankenwagen zur
Hochzeitsfeier in der Kirche Saint-Augustin gefahren.[14] Es war
üblich, daß der Brautführer in der Kirche eine Kollekte für die

Armen erbat, und Proust, obgleich mit Frack und weißer Krawatte ausgestattet, trug dazu noch drei Mäntel und mehrere Wollschals. Den Hals hatte er zusätzlich mit Wattebäuschen abgedichtet. Da er mit dieser Ausrüstung nicht zwischen den Kirchenbänken hindurchpaßte, blieb er am Anfang der Reihen im Gang stehen und brachte seine achtzehnjährige Cousine, die ihm bei der Kollekte helfen sollte, in Verlegenheit, wenn er jeder Bankreihe erklärte, er sei krank gewesen und könne sich deshalb nicht anders kleiden.[15] Nach der Hochzeit war er, wie er erwartet hatte, krank. Am Mittwoch glaubte er, noch eine Woche im Bett verbringen zu müssen,[16] und am Sonntag, dem 16. Februar, stand er immer noch nicht auf.[17]

Am nächsten Morgen erschien jedoch der erste von zwei Auszügen aus seiner *Bible d'Amiens* in der Zeitschrift *La Renaissance latine*, und von Gaston Calmette hatte er den Auftrag bekommen, für den *Figaro* eine Artikelserie über Salons und deren Gastgeberinnen zu schreiben. Seine Zeitungstexte scheinen keinen Bezug weder zu den früheren Erzählungen noch zu den beiden Romanen zu haben, doch übte er sich auch hier in der Beobachtung von gesellschaftlichem Verhalten und brachte es zu immer größerer Meisterschaft. Der erste Artikel beschäftigte sich mit der Princesse Mathilde. Wie ein Impresario, der ungeduldig auf das Hochgehen des Vorhangs wartet, wenn er unter seinen Bühnenschauspielern Fürstlichkeiten weiß, hat Proust Freude an seiner Präsentation der Aristokraten: »Folgen Sie mir in die Rue de Berri, und lassen Sie uns nicht zu lange trödeln, denn der Abend beginnt dort früh. [...] auch heute noch ist dies eines der wenigen Häuser in Paris, in denen das Diner um halb acht beginnt.« Die meisten Gäste sind jedoch zum Beisammensein nach dem Diner eingeladen.[18] Neben der Prinzessin sitzt ihre Ehrendame, Madame Espinasse, die hübsche Gräfin Benedetti, und Madame Ganderax, Frau von Louis Ganderax, Chefredakteur der *Revue de Paris*, der mit einem Heft der Zeitschrift in der Hand an einem anderen Tisch sitzt. »Ein strenger Zwicker verschleiert den feinen Ausdruck seiner gütigen Augen, und sein langer schwarzer Bart ist höchst majestätisch.« Zu den Gästen nach dem Diner gehört auch Madame Straus, »deren Geist und Schönheit ihr einzigartige Verführungskunst verleihen«.

Obwohl er sie in der letzten Zeit kaum gesehen hat, zeichnet Proust ein liebevolles Porträt der Princesse Mathilde. Die Gäste werden aufgefordert, ihr ganz locker gegenüberzutreten, ihr im Gespräch auch zu widersprechen und sie mit ›Princesse‹ anzureden (statt mit ›Madame‹, wie das Protokoll verlangen würde).[19] Proust sieht in ihr eine lebendige Verbindung zwischen der royalistischen Tradition und der modernen Republik. Die Schilderung unterzeichnete er mit »Dominique«.

Die journalistischen Aufträge halfen Proust dabei, seine Aufmerksamkeit von den Schriften Ruskins ab- und seinem eigenen Roman zuzuwenden. Proust lag daran, seine Beziehung zu Calmette zu festigen, und deshalb wollte er ihn zusammen mit Madame Lemaire – deren Salon in einem anderen Artikel geschildert werden sollte – zu einem Diner einladen. Proust hatte schon drei Monate zuvor mit seinen Eltern darüber gesprochen, die jedoch vor der Hochzeit keine Soirée in ihrem Hause veranstaltet sehen wollten. Nun, da Proust das Diner liebend gerne noch vor Ostern durchgeführt hätte, machte es ihn wütend, als seine Mutter ihn dauernd hinhielt und ihm auf verletzende Weise zu verstehen gab, er übertreibe mit seiner Rolle als Kranker. Er wollte nichts über ihre Bekannten hören, die sagten, wie gut er aussehe,[20] und als sie ihn wegen seiner Extravaganz rügte, sagte er zu ihr, sie verhalte sich mehr wie ein Gläubiger als wie eine Mutter.[21] Nichts wünschte er sich mehr als finanzielle Unabhängigkeit – für seine Zeitungsartikel im *Figaro*, jeweils anderthalb Spalten, erhielt er 200 Francs –,[22] doch er brauchte dieses Diner für sein Fortkommen. Da sein Vater inzwischen den Ehrgeiz entwickelt hatte, in die Académie des Sciences morales et politiques am Institut de France gewählt zu werden, lud Jeanne Proust bereitwillig Charles-Léon Lyon-Caen ein, eines der einflußreichsten Institutsmitglieder, und ebenso bereitwillig empfing sie Roberts Vorgesetzte.[23] Warum konnte sie Marcel bei der Einladung von Calmette, Jules Cardane (Redaktionssekretär des *Figaro*) und Alfred Vallette nicht helfen? Was er eigentlich brauchte, war eine ganze Reihe von Dinereinladungen. Calmette wollte angesehene Leute treffen, die man nicht zusammen mit Cardane und Vallette einladen konnte.

Um seine Mutter für ihre Hartnäckigkeit zu bestrafen, gab Proust sein Vorhaben auf, seine Lebensweise zu ändern. Es handelte sich um das bisher letzte der Programme, die er sich zu diesem Zweck immer wieder aufstellte, und bestand aus einem dreifachen Plan, der vorsah, wie alle anderen Menschen nachts zu schlafen, die Mahlzeiten zu den üblichen Zeiten einzunehmen und (sehr wahrscheinlich) die Einnahme von Beruhigungsmitteln einzuschränken. Proust begann mit seinem veränderten Verhalten am Freitag, dem 6. März, dem Tag nach einem Diner bei der Baronin de Pierrebourg. Am Samstag war jedoch das Eßzimmer nach Prousts Aussage so schlecht geheizt, daß er sich erkältete; am Samstagabend hatte er zwar Fieber, aber um sich zu bestätigen, arbeitete er mit großem Einsatz an Ruskin.[24] In mancher Hinsicht hatte er sich kaum verändert seit den Tagen, als die Rügen seiner Eltern ihm das Versprechen abnötigten, in der Schule mehr zu arbeiten.

Schließlich gab Jeanne Proust nach, und das Diner wurde am 1. April 1903 veranstaltet. Zu den Gästen gehörten die Noailles, die Chimays, Madame de Pierrebourg, Paul Hervieu, Abel Hermant, Constantin und Antoine, der seit Anfang März wieder in Paris war. Nachdem Proust am folgenden Tag Antoine erneut getroffen hatte, ging er am Abend mit Lauris in die Folies-Bergère. Anschließend schrieb Proust einen Bericht über die Aufführung und das Publikum, doch Calmette wollte den Text nicht in den *Figaro* aufnehmen. Als Proust sechs Tage nach dem Diner im Büro des *Figaro* vorbeikam, diskutierten sie auch über ein Kompliment für Antoine, das Proust unbedingt in seinen Text über den Salon der Comtesse de Greffulhe einfügen wollte.[25]

Am Karfreitag, dem 10. April 1903, unternahm er mit Antoine und einer Gruppe von Freunden eine Autofahrt in zwei Wagen. Aus Rücksicht auf Proust fuhr einer der Wagen mit geschlossenen Fenstern. Zu der Gruppe gehörten auch Fénelon, der auf Urlaub war, Lauris sowie Vicomte François de Paris, ein Mitglied des Jockey Clubs. Sie fuhren nach Provins, um die gotisch-romanische Kirche Saint-Loup-de-Nouaud zu besichtigen, und anschließend nach Dammarie-les-Lys.[26]

Proust sah Antoine am nächsten Abend erneut, als sie bei den Noailles dinierten, und ging danach in die Redaktion des *Figaro*, wo er sich mit Calmette und Cardane traf, die ihn nicht davon abbringen konnten, in einem seiner Salonstücke eine Huldigung an Antoine unterzubringen.[27] Wie Proust beim Schreiben von *Jean Santeuil* herausgefunden hatte, konnte Literatur als Ersatz für Sexualität dienen und ihm die Illusion verschaffen, Freunde, die ihn faszinierten, auch zu besitzen. Der nächste Text sollte von Madame Lemaire handeln, und Proust wollte ihr damit vor allem für die Zusammenarbeit danken, die seine erste Veröffentlichung ermöglicht hatte. »Da jedoch jedesmal, wenn eine Soiree anstand, jeder Freund der Hausherrin als Gesandter kam, um eine Einladung für einen seiner Freunde zu erhalten, hat es Madame Lemaire schließlich erreicht, daß an jedem Dienstag im Mai der Wagenverkehr in den Straßen Monceau, Rembrandt und Courcelles kaum mehr möglich ist und ein Teil der Gäste unvermeidlich im Garten bleiben muß, unter dem blühenden Flieder; denn es ist unmöglich, daß sie sich alle in dem doch so weiträumigen Atelier aufhalten, wo die Soiree gerade angefangen hat.«[28] Zu den Gästen gehören Léon Bourgeois, Präsident der Abgeordnetenkammer, die Botschafter Italiens, Deutschlands und Rußlands, die Comtesse Greffulhe, die Grande-Duchesse Wladimir mit der Comtesse Adhéaume de Chevigné, mehrere Comtes, Comtesses, Ducs und Duchesses sowie Anatole France, Gaston Calmette, die Baronin Gustave de Rothschild und Reynaldo Hahn, der am Klavier singt, sobald der übliche Lärm sich etwas gelegt hat. Der wiederum mit »Dominique« gezeichnete Artikel erscheint am 11. Mai 1903 in der Zeitung. Am folgenden Tag dinierte Proust bei Madame Lemaire und am Dienstag, dem 19. Mai, besuchte er ihre Soiree.

Bei einer Autofahrt nach Laon am 21. April hielten Proust und seine Freunde in Saint-Lieu-d'Esserent, um die Kirche aus dem 12. Jahrhundert zu besichtigen, die zwei gotische Türme und einen romanischen besaß.[29] In der Kirche versetzte Antoine Proust einen Schock, als er auf der Orgel ein boulangistisches Chanson anstimmte: »En revenant de la Revue«.[30] Sie fuhren weiter zu der aus dem 12. Jahrhundert stammenden Kathedrale von Senlis, wo Emmanuel über Kirchtürme der Ile-de-France sprach. In Laon besichtigten sie die Zwillingstürme der Kathedrale, an deren Glockenturm die Köpfe von acht Ochsen hervorragen und an das Vieh erinnern, das beim Bau der Kathedrale zum Herbeischaffen der Steine benutzt wurde.

Auf dem Rückweg besuchten sie das aus dem 13. Jahrhundert stammende Schloß von Coucy: »Zusammen stieg man die Wendeltreppe des großen Turmes hinauf. Marcel stützte sich auf Fénelons Arm, während Fénelon, um seinen asthmatischen Freund aufzumuntern und weil ja Karfreitag war, das Motiv des Karfreitagszaubers aus *Parzival* sang.«[31] Erst nach Mitternacht kamen sie wieder in Paris an, und Proust blieb einige Tage im Bett, stand jedoch rechtzeitig wieder auf, um am Osterdienstag dem von Antoine gegebenen Diner beizuwohnen.

Im Mai verschlechterte sich Prousts Gesundheitszustand erneut. Nachdem er am 10. Mai spät nach Hause gekommen war, fühlte er sich in der Nacht sehr krank. Am 26. Mai wurde er bei Madame Lemaire erwartet, hatte aber erneut Heuschnupfen und blieb für vierzehn Tage wegen einer Bronchitis im Bett.

Als er sich wieder erholt hatte, freundete er sich mit dem Sohn des Duc d'Albufera an. Im Gegensatz zu fast allen anderen vornehmen Freunden Prousts war der Marquis Louis d'Albufera, genannt Albu, nie an einer Universität gewesen. Er war ein reicher und gutmütiger junger Mann, 26 Jahre alt, Dreyfus-Gegner, gegenüber den meisten Menschen aggressiv und reizbar, zu Proust jedoch beinahe ebenso liebenswürdig wie zu seiner Geliebten, der schönen neunzehnjährigen Schauspielerin Louisa de Mornand.[32] Ihr wirklicher Name war Louisa Montaud. Im April hatte sie am Théâtre des Mathurins als Dienstmagd in Tarrides Stück *Coin du feu* ihr Debut gegeben. Albu hatte ihr vor kurzem ein Pferd und einen Wagen gekauft. Ende Mai, als sie eine etwas größere Rolle im Vorspiel zu der musikalischen Pantomime spielte, brachte Proust einige Kritiker, die er persönlich kannte oder über Freunde ansprechen konnte, dazu, ihren Namen wohlwollend zu erwähnen, obwohl er sie selbst für nicht besonders talentiert hielt. Im Juni dinierte er mehrmals mit dem Paar in Restaurants und dankte Albu mit einem langen Gedicht, in dem er Louisas Reize feierte, für eine Mahlzeit bei Henry.

Albu und Lauris hatten eines Abends eine Auseinandersetzung um die Politik des antiklerikalen Ministerpräsidenten Emile Combes. Combes war erst seit 1902 im Amt, hatte viele religiöse Orden ausgewiesen und beinahe ein Drittel der katholischen Schulen geschlossen. Dies war der einfachste Weg, um eine fortschrittliche Veränderung vorzutäuschen: Die antiklerikale Haltung war, da sie Arbeiterstimmen sicherstellte, für die Linke ebenso bequem, wie es der Antisemitismus für die Rechte gewesen war. Proust ärgerte sich darüber, daß de Lauris die Regierungspolitik verteidigte, auch wenn er selber behauptete, die katholische Erziehung fördere den Antisemitismus und spalte Frankreich in zwei feindliche Lager. Proust, der Katholiken verurteilte, welche die Hilfe von extremistischen antisemitischen Reaktionären akzeptierten, etwa von Alphonse Humbert, einem Abgeordneten, der für *Le Petit Parisien* und *L'Intransigeant* schrieb, behauptete: »Wenn die Lehrorden verschwänden und der Katholizismus in Frankreich ausgelöscht würde (wenn er sich auslöschen ließe; doch Ideen und Glaubensrichtungen gehen nicht an Gesetzen zugrunde, sondern wenn ihr Wahrheitsgehalt und Nutzen für die Gesellschaft verlorengeht oder sich verringert), wären die ungläubigen Klerikalen als um so wildere Antisemiten, Dreyfus-Gegner und Antiliberale ebenso zahlreich und hundertmal schlimmer noch.« Auf die Meinungsbildung bei den Jugendlichen hatten nach seiner Überzeugung einseitige Lehrer weniger Einfluß als die Presse. Wer nie selbständig denken lernt, übernimmt Ideen aus den Zeitungen; wer es schafft, lernt der Literatur mehr Aufmerksamkeit zu schenken als den Menschen, die ihm beibringen, wie er sich damit zu befassen habe. Proust war zwar kein Bewunderer der Jesuiten, plädierte jedoch für Differenzierung: »Trotzdem, glaube ich, alles in allem genommen, werde ich eines Tages gegen sie [die Jesuiten] sein, wofern nur die Antiklerikalen etwas feinere Unterschiede im Denken zu machen lernten und, bevor sie die Spitzhacke ansetzen, zumindest die großen gesellschaftlichen Gebäude, die sie zerstören wollen, sich näher anschauten. [...] Zur Zeit machen die Sozialisten, indem sie antiklerikal sind, den gleichen Fehler wie 1897 die Klerikalen, als sie Dreyfus-Gegner waren.«[33]

Der Zwist beeinträchtigte seine Freundschaft mit de Lauris nicht; dieser kam zu Prousts Diner am 16. Juli. Den Ehrenplatz nahm Calmette ein, zu den übrigen Gästen gehörten Fénelon, Antoine, Léon Yeatman, Francis de Croisset und René Blum. Croisset, sechs Jahre jünger als Proust, hieß eigentlich Franz Wiener und war der Sohn eines belgischen jüdischen Finanziers und einer Engländerin. Von Clemenceau und Octave Mirbeau in die literarische Pariser Gesellschaft eingeführt, stieg er rasch an ihre Spitze empor.[34] René Blum, Léons jüngerer Bruder, war Redaktionssekretär des *Gil Blas*. Prousts Eltern waren beide anwesend, und Antoine provozierte in einem streitlustigen Moment Adrien Proust mit der Frage, ob sich denn Marcel wirklich so massiv gegen Kälte schützen müsse. Zudem plauderte er aus, daß Marcel einem Kellner sechzig Francs Trinkgeld gegeben habe.[35] »Nach diesem Diner weinte ich bitterlich«, schrieb Proust an seine Mutter, »weil ich sah, daß ich niemandem trauen konnte und daß die scheinbar besten Freunde solche phantastischen Fehler haben, daß sie alles in allem vielleicht noch weniger wert sind als die anderen. [...] Aus übergroßer Vorsicht habe ich ihn vor dem Diner ermahnt: keine Scherze wegen der Trinkgelder zum einen – und zum anderen keine albernen Fragen an Papa wie ›Monsieur, glauben Sie nicht, wenn Marcel sich nicht so dick anziehen würde‹, usw.«[36]

Seine Familie sei ihm teurer als seine Freunde. Antoine hätte es besser wissen müssen und keine solchen Streitigkeiten anfangen sollen, die »später derart tiefe Spuren im Geiste meines Vaters hinterlassen und Vorurteile bekräftigen, gegen die alle Beweise der Welt nicht ankommen könnten«. Nach der schlagfertigen Antwort des Vaters, die »so ungerecht« war, und nachdem er sah, welchen Kummer er Marcel bereitet hatte, verspürte Antoine Gewissensbisse. »Aber ich weigerte mich, ihm zu verzeihen.«[37] Das war keine Übertreibung: Ihre Freundschaft wurde lauer, die Korrespondenz spärlicher, obwohl Antoine für Proust noch vor drei Monaten wichtig genug gewesen war, um Calmette mit der nachdrücklichen Forderung zu verärgern, in Prousts Artikel Platz für eine Huldigung an Antoine einzuräumen. »Alle, die ›Fürst‹ zu diesem jungen Diplomaten mit so großer Zukunft sagen, kommen sich selbst wie Gestalten von Racine vor, so sehr läßt er sie mit seinem mythologischen Aussehen an Achill oder Theseus denken. [...] Seine Worte haben, wie die Bienen des heimatlichen Hymettos, geschwinde Flügel, destillieren einen köstlichen Honig und ermangeln trotzdem nicht eines gewissen Stachels.«[38]

Es gab jedoch noch ein weiteres Motiv für Prousts Weigerung, Antoine den jüngsten Stich zu verzeihen. Nachdem er ihm soviel Vertrauen geschenkt und ihn an die Spitze des Intrigendreiecks mit Fénelon gesetzt hatte, war es jetzt, da Fénelon gerade auf Urlaub in Paris war, einfacher, ihn völlig zu übergehen. Fénelon kam Proust fast jeden Abend besuchen, gewöhnlich in Begleitung von Lauris, Albu, Gabriel de la Rochefoucauld, Armand, Duc de Guiche, und Prince Léon Radziwill, der den Spitznamen Loche hatte. Guiche, dreiundzwanzig, war Halbjude, denn seine Mutter, die Duchesse de

Gramont, gehörte zur Familie Rothschild. Proust hatte ihn im Hause der Noailles kennengelernt. Loche war zweiundzwanzig, gutaussehend, breitschultrig und ein entfernter Verwandter von Marie Benardakys Mann. Zu Proust sagte er einmal, Ruskins größte Begabung liege darin, die erhabensten Ideen jedermann zugänglich zu machen. Loche war ein Ästhet, der sich rasch langweilte, wenn man von der Realität sprach. »Im Nu erlöschen die blauen Augen, die Anästhesie wirkt.« Proust fand ihn jedoch unwiderstehlich. »Ich, der ich ihn unendlich bewundere, ich bin durch ein unangenehmes nervöses Phänomen, sobald er da ist, nicht bei mir selbst, ich kann nichts sagen, ich werde dumm.«[39] Von den neuen Freundschaften, die er knüpfen wollte, erschien die mit Guiche bald als die aussichtsreichste. Der Duc begann seinen ersten Brief mit der Anrede »Mon cher Proust«, um gleich gerügt zu werden: Proust konnte zwar verstehen, warum er nicht schreiben wollte »Mon cher Marcel«, aber warum nicht »Mon cher ami«? Es verpflichte einen zu nichts, nicht einmal zur Freundschaft.[40] Guiche bat seinen Vater, den Duc de Gramont, Proust auf ihren Landsitz in Vallière einzuladen. Da Proust vorher nicht darüber informiert worden war, daß man sich erst beim Angeln amüsieren und sich erst dann zum Essen umziehen würde, mußte er in Frack und weißer Krawatte angeln.

Als Fénelon in der letzten Woche seines Urlaubs krank wurde, besuchte Proust ihn seinerseits jeden Tag, obwohl er selbst Fieber hatte. Fénelon reiste am 8. August aus Paris ab; Proust und Antoine begleiteten ihm zum Bahnhof und dinierten anschließend zusammen, doch auch Antoine verließ Paris einige Tage später, da er an die Botschaft in London versetzt worden war.[41]

Proust nutzte die Gelegenheit, um Paris Ende des Monats ebenfalls zu verlassen und wieder zu seinen Eltern nach Evian zu fahren, die dort seit dem 18. August im Hotel Splendide wohnten. Bei der Abfahrt des Zuges hatte er Fieber, und da er nicht schlafen wollte, beobachtete er den Sonnenaufgang. »Es ist etwas Schönes, eine Umkehrung, meines Erachtens reizvoller als der Sonnenuntergang. Am Morgen ein unsinniges Verlangen, schlafende Städtchen zu überwältigen (Du bemerkst, daß ich Städte schreibe, nicht kleine schlafende Mädchen) [*de violer des petites villes endormies (lisez bien villes et non des petites filles endormies!)*], die im Westen liegenden in einem ersterbenden Überrest des Mondscheins, die im Osten ganz im Lichte der aufgehenden Sonne [...].«[42]

Etwa um elf Uhr erreichte der Zug Avallon, wo Proust einen Wagen mietete, um Vézelay zu besuchen, »ein erstaunlicher Ort mitten in einer Art Schweiz, ganz allein auf einem Berg, der die umliegenden beherrscht, von überall her meilenweit sichtbar, im ergreifendsten Einklang mit der Landschaft. Die Kirche ist riesig und gleicht ebensosehr einem türkischen Bad wie Notre-Dame, abwechselnd aus schwarzen und weißen Steinen erbaut, eine entzückende christliche Moschee.« Am Abend kehrte er nach Avallon zurück, konnte sich aber wegen des Fiebers nicht zum Schlafen entkleiden. Nachdem er die ganze Nacht spazierengegangen war, fand er heraus, daß um sechs Uhr ein Zug fuhr. Dieser brachte ihn nach Dijon, wo er »die großen Grabmale der burgundischen Herzöge« besichtigte, und um elf Uhr abends kam er in Evian an. »Dieser maßlose Wettlauf, schlaflos, trotz der Krankheit, dieser ›Wettlauf zum Tode‹ hatte mich so verändert, daß ich mich in den Spiegeln selbst nicht mehr wiedererkannte und die Leute in den Bahnhöfen mich fragten, ob ich etwas brauche [...]. Ich habe nun die ganze Zeit damit verbracht, zu versuchen, mich wieder herzustellen.«[43] Er blieb im Bett, und Anfang Oktober stand er immer noch nicht vor zwei Uhr nachmittags auf.[44] Allerdings unternahm er die einhundert Kilometer lange Reise nach Chamonix, um mit Albu und Louisa eine Exkursion per Maultier auf den Gletscher von Montanvert zu unternehmen.[45]

Auf der Rückfahrt nach Paris am 10. Oktober unterbrach Proust die Reise in Bourg-en-Bresse, um die Kirche in Brou zu besichtigen, und in Beaune, um das Hospiz aus dem 15. Jahrhundert anzusehen, wo weißgekleidete Nonnen als Krankenschwestern arbeiteten. Er hatte vor, über diese Gebäude oder über die Kirchen in Vézelay oder Avallon zu schreiben, für den Fall, daß Ephrussi einmal einen Artikel über diese »Monumente« für die *Gazette des Beaux-Arts* benötigen sollte.[46]

Proust genoß die Gesellschaft Albuferas und Louisas weiterhin unbekümmert und ging mit ihnen aus, auch wenn er nicht ganz gesund war. Am 17. Oktober erlitt er in ihrem Beisein einen Asthmaanfall im Restaurant Larue. Er sagte eine Einladung der Noailles für den 28. Oktober ab, da er sich am folgenden Tag mit Louisa und

Albufera treffen wollte.«Und ich kann nicht zwei Tage hintereinander ausgehen, da ich nach jedem Ausgang mehrere Tage krank bin.«[47] »Die beiden Albuferas«, attraktiv, reizend und jeweils auf ihre eigene Weise theatralisch, waren anders als seine sonstigen Freunde. Louisa war leidenschaftlich, anspruchsvoll und extravagant; sie zwang Albu fortwährend dazu, ihr seine Hingabe mit Geschenken zu demonstrieren, die er sich nicht leisten konnte, und sie stritten miteinander über Louisas angebliche Untreue, deren sie in anonymen Briefen an ihn bezichtigt wurde. Da sie wußte, daß Schweigen das beste Argument war, verweigerte sie jede Rechtfertigung.[48] Albufera gehörte einer der vornehmsten Familien Frankreichs an; Louisa war eine jüngere und weniger intelligente Personifikation von Laure Hayman, der unwiderstehlich charismatischen Kokotte. Außer zu vielen anderen Männern hatte sie auch Beziehungen zu Prousts Vater und Prousts Bruder unterhalten, und obwohl Albu ihre Fähigkeit zur Treue unrealistisch einschätzte, war es offensichtlich, daß er sie niemals heiraten würde. Trotz allem war ihre gegenseitige Liebe jedoch echt, und Proust war ein faszinierter Zuschauer bei ihren überaus theatralischen Leidenschaftsbeweisen.

Nie zuvor war er so eng mit einem Paar befreundet gewesen, und wahrscheinlich war es ihm wohl halb bewußt, daß er sie in seinem Roman verwenden würde. Vielleicht war er auch ein wenig eifersüchtig auf die unbekümmerte heterosexuelle Liebe, von der er ausgeschlossen war. Mit zweiunddreißig Jahren schrieb er: »Hin und wieder habe ich gegen dieses Leben, in dem jede Freude bezahlt werden muß, ohne gekostet worden zu sein, eine Art von ›traurigem Widerwillen, ein Gefühl der Verarmung und Verzweiflung‹.«[49] Eine Verabredung zum Diner mit den beiden mußte viermal verschoben werden. Ende Oktober überreichte er ihnen ein Exemplar von *Les plaisirs et les jours,* das er nicht mehr vielen Freunden zum Geschenk machte.

Am Sonntag, dem 22. November, geriet Proust in ein politisches Streitgespräch mit seinem Vater, das er später sehr bereute.[50] Am Montagmorgen nahm Dr. Proust an einer Sitzung der Ständigen Tuberkulosekommission teil, am Nachmittag machte er Krankenbesuche und hielt seine Sprechstunde. Am Dienstag besuchte er Robert, dessen Frau ein Kind erwartete, am Boulevard Saint-Germain. Um ein Uhr begleitete Robert seinen Vater zur Ecole de Médecine, da dieser dort den Vorsitz bei einer Prüfung übernehmen sollte. In einer Toilette in der Ecole de Médecine erlitt Adrien Proust einen Schlaganfall. Als Robert und die Toilettenfrau die Tür aufbrachen, fanden sie ihn gelähmt und bewußtlos. Er wurde auf einer Tragbahre in die Rue de Courcelles 45 gebracht, wo Marcel noch schlief. Seine Mutter klopfte an die Tür: »Verzeih, daß ich dich wecke, mein liebes Kind, aber dein Vater ist in der Ecole de Médecine recht schwer erkrankt.«[51] Proust, der eine Verabredung mit Lucien Daudet geplant hatte, schickte ihm eine Nachricht und bat ihn, nicht in die Wohnung zu kommen, »da ich ihn nicht verlassen werde und Sie mich deshalb nicht sehen würden und das wäre nur umständlich. [...] Sobald ich Ihnen etwas Genaues über ihn sagen kann, werde ich es Ihnen sagen. Leider befürchte ich, daß es nur traurige Dinge sein werden.«[52]

Ohne das Bewußtsein wiedererlangt zu haben, starb Adrien Proust am Morgen des 26. November 1903, einige Stunden nachdem seine Enkeltochter zur Welt gekommen war. Als am Totenbett die Menschen vorbeidefilierten, die dem Professor die letzte Ehre erwiesen, mußte die Witwe eine unbekannte Frau beobachten, die »mit einer unmißverständlichen Geste einen großen Strauß Parmaveilchen an der Seite des Toten niederlegte«.[53] Am Trauergottesdienst in der Kirche Saint-Philippe du Roule nahmen der Hohe Rat der Universität sowie die gesamte medizinische Fakultät und die Ecole de Médecine teil. Antoine, Albufera und Mathieu de Noailles begleiteten Proust zum Friedhof Père-Lachaise, wo Professor Debove, der Dekan der medizinischen Fakultät, die Grabrede hielt.

Nachdem Marthe ihr Kind zur Welt gebracht hatte, erkrankte sie an Kindbettfieber, »vielleicht infolge der allzu eiligen Vorbereitungen in der Aufregung über Vaters Tod. Natürlich wurde ihr der Tod verheimlicht. Man sagte ihr: ›Es geht ihm besser, es ist eine Frage von einigen Tagen. Denke nur an dich.‹ Dramatisch war der Tag der Beerdigung; denn Papa hat ein Staatsbegräbnis bekommen, und der Trauerzug ging durch die Avenue de Messine, wo die Schwiegermutter meines Bruders wohnte. Sie hatte darauf bestanden, an der Feierlichkeit teilzunehmen. Sie hat ihrer Tochter etwas vorgeschwindelt: ›Ich muß Besorgungen machen; ich lasse dich einen Augenblick mit dem Mädchen allein, es wird nicht lange dauern.‹ Aber als der Trauerzug vorbeikam, hörte meine Schwägerin die Musik. Sie erkundigte sich bei dem Mädchen: ›Was ist das für eine Musik?‹ – ›Ich weiß es nicht, Madame, es müssen Soldaten sein, die vorüberziehen.‹ – ›Nein, nein, das ist ein Trauermarsch. Irgend jemand ist gestorben, und bestimmt ein bedeutender Mann. Wer ist das?‹ – ›Ich weiß es nicht, Madame; ich habe nichts gehört.‹ Lange ist es gelungen, meiner Schwägerin die Wahrheit zu verheimlichen. Wenn Mama sie später besuchte, verließ sie die Rue de Courcelles immer in Trauerkleidung und nahm ein zweites Kleid in hellen Farben mit, das sie dann anzog, ehe sie das Zimmer der Rekonvaleszentin betrat.«[54]

Proust machte sich Sorgen über die Zukunft seiner Mutter. Er schrieb an Anna de Noailles: »Madame, ich darf mich nicht beklagen, auch wenn ich sehr traurig bin. Von meiner Mutter jedoch wage ich noch nicht einmal ernsthaft zu *denken*, welches Leben ihr bevorstehen kann, wenn ich mir sage, daß sie den einzigen Menschen, für den sie lebte [...] nie mehr sehen wird. Sie hat ihm in einem Ausmaß, das für jeden Unbeteiligten unglaublich wäre, jede Minute ihres Lebens geschenkt. [...] Sie, die Sie meinen Papa nur zwei oder dreimal gesehen haben, können seine ganze Freundlichkeit und Einfachheit gar nicht kennen. Ich habe nicht versucht, ihn zufriedenzustellen, – denn ich wußte sehr wohl, daß ich in seinem Leben der schwarze Fleck war –, sondern ihm meine Zuneigung zu zeigen. [...] Papa hatte ein so viel nobleres Wesen als ich. Ich, ich beklage mich fortwährend. Wenn Papa krank war, hatte er nur einen Gedanken, nämlich den, daß wir es nicht erfahren sollten.«[55]

Die Beziehung zwischen Vater und Sohn hatte sich niemals ganz von jenem angespannten Zeitabschnitt erholt, in dem der Arzt seinen Sohn in eine Stellung dirigieren wollte. Proust, der den Kampf verlieren wollte, verzieh sich nie, daß er ihn gewonnen hatte. Die Schranke zwischen den beiden war so beschaffen, daß der Vater, von dem Strenge erwartet wurde, mit seinem Nachgeben den Abstand nur noch vergrößerte. In der *Recherche* hört der Erzähler, wie der Vater zur Mutter sagt, sie solle sich keine Sorgen machen. »›Er ist ja schließlich kein Kind mehr. Er weiß jetzt schon selbst, was er will; es ist unwahrscheinlich, daß er sich noch ändert, und er ist durchaus imstande, selber zu merken, was ihn im Leben glücklich machen wird.‹ [...] Schon immer hatte mich sein unerwartetes Entgegenkommen, wenn es sich einmal zeigte, mit einem so tollen Verlangen erfüllt, die geröteten Wangen oberhalb seines Bartes mit Küssen zu bedecken, daß ich ihm nur deswegen nicht nachgab, weil ich fürchtete, sein Mißfallen zu erregen.«[56]

Die meisten Schuldgefühle Prousts rührten daher, daß er keinen großen Ehrgeiz, keine genauer festgelegten Ziele im Leben hatte. Der Tod des Vaters machte diesen Schuldgefühlen nicht etwa ein Ende, sondern vergrößerte sie noch, und so konnte Madame Proust ihren Sohn noch leichter manipulieren. »Aber kaum hatte Maman erfahren, daß ich den Ruskin aufgegeben hatte, als sie sich in den Kopf setzte, gerade diese Arbeit habe Papa sehnlichst gewünscht. Tag für Tag habe er auf die Veröffentlichung gewartet.«[57] Deshalb machte Proust sich widerwillig erneut an die Arbeit, die Fahnen zu korrigieren.[58]

Im Dezember zog Constantin sein im September gemachtes Angebot zurück, Proust eine literaturkritische Kolumne in der Zeitschrift *La Renaissance latine* einzuräumen. Wahrscheinlich hielt er Proust für zu unzuverlässig, da er so oft krank war und ein wenig desorganisiert zu sein schien. Bitter enttäuscht, versuchte Proust gar nicht erst, seinen Zorn zu verheimlichen: »[...] obwohl ich mich, wenn man freundlich zu mir ist, gewöhnlich in Dankbarkeiten, Zärtlichkeiten und Tränen auflöse, muß ich es doch sagen, wenn man das Gegenteil übertreibt, und sei es auch nur, um den Liebenswürdigen und Guten nicht den ganzen Preis der Anerkennung wegzunehmen, den ich ihnen zukommen lasse.«[59] Constantin versuchte, seinen Freund zu besänftigen, und bat ihn, so oft wie möglich für die Zeitschrift zu schreiben: »Allerdings halte ich es aus mehreren Gründen für besser, daß Sie nicht die Verantwortung für eine regelmäßige Kolumne übernehmen, die Ihnen viel Mühsal, Arbeit und Ärger bereiten würde.«[60] Dies erinnerte Proust an eine Zeile von La Fontaine: »Mir scheinet, allzu zart spricht in euch das Gewissen.«[61] In einem Brief an Anna de Noailles bezeichnete er die *Renaissance latine* als ›l'Indécence latine‹.[62] Sie zeigte Mitgefühl: »Ich bin sehr traurig, denn ich weiß, welches Glück es mir bereitet hätte, an dem trübseligen Morgen des fünfzehnten Januar zu lesen, was nur Sie schreiben können, diese wunderbare Mischung von Ironie und Sanftmut, die wie zwei Ströme sind, die einander zuwiderlaufen und eng nebeneinander fließen.«[63]

Noch mehr ärgerte sich Proust über die Behauptung Antoines, er scheine vom Tod seines Vaters nicht sehr betroffen zu sein.[64] Am 9. Januar 1904 reiste der Prince jedoch nach Ägypten und Konstantinopel ab. »Ich fühle eine grenzenlose Trauer, wenn ich sehe, wie wenige Menschen wirklich von Grund auf liebenswürdig sind, für welchen einfachen Verlust man sein Herz hergibt.«[65] Einen gewissen Trost fand er in den Freundschaften mit Gabriel de la Rochefoucauld, der gewitzte Artikel an den *Figaro* lieferte, und mit Marie Nordlinger, die in Paris als Goldschmiedin in Siegfried Bings Art-Nouveau-Werkstätte in der Rue de Province, die zugleich auch Ausstellungsraum war, arbeitete.[66]

Da die geschwächte Jeanne Proust an kaum etwas anderes als an ihren verstorbenen Gatten denken konnte, übernahm Marie Nordlinger die wortgetreue Rohübersetzung der Ruskin-Texte, die Proust brauchte. Proust äußerte seinen Unmut über Ruskin – »Dieser Alte beginnt mich zu ärgern«[67] – und über seine Mutter, die ihn dazu genötigt hatte, die Übersetzung wieder in Angriff zu nehmen, statt seinen eigenen Weg zum schöpferischen Arbeiten zu finden. Sie gedachte zunächst jede Woche und dann jeden Monat des Schlaganfalls und des Begräbnisses von Adrien Proust, und so war natürlich jeder Streit mit ihr unmöglich. Die Übersetzung der *Bible of Amiens* war noch nicht veröffentlicht, als Marcel und Marie mit *Sesame and Lilies* begannen, den drei Essays, die Ruskin 1865 und 1871 veröffentlicht hatte.

Trotz andauernder Krankheit – Rheumatismus im Rücken löste bei ihm Fieber aus und bereitete ihm bei bestimmten Bewegungen heftige Schmerzen[68] – arbeitete er energisch weiter. »Ich habe den Anfang neu geschrieben und *jedes Wort geändert*, aber ich bin höchstens zehn Seiten weit gekommen. Allerdings glaube ich, daß es zumindest ein weniger häßliches Französisch ist und eine geringere Anzahl der schwer zu fassenden Intentionen des Englischen durch seine feineren Netze schlüpfen läßt. Wenn ich aber so gewissenhaft vorgehe, werden wir zehn Jahre brauchen, wo doch ›schnell und gut‹ noch nie so notwendig war.«[69] Marie wurde oft in die Wohnung gebeten, manchmal per Telephon, manchmal durch einen Boten oder einen Expreßbrief.

Als ich zum erstenmal zum Boulevard Malesherbes ging, hieß mich Madame Proust in dem üppig möblierten Salon freundlich willkommen; auch wenn sie an unserer Arbeit großes Interesse hatte, zog sie sich immer zurück und bald sollte mich Félicie (alias Françoise) direkt zu ihm führen. Ich erinnere mich nur an einige wenige Sitzungen an dem großen ovalen Eßtisch mit seiner roten Decke und der altmodischen Öllampe; meistens lag er im Bett, in Wollzeug von Jaeger und Wärmepolster gehüllt, doch stets anspruchsvoll auf sein Äußeres bedacht. Ungeachtet der Jahreszeit war das Zimmer erdrückend heiß, Félicie pflegte mir ein Eis oder ›eine Orangeade mit Petits fours von Rebattet‹ und für Marcel siedend heißen Kaffee zu bringen. [...] Diese Sitzungen zogen sich oft bis spät in die Nacht hin, es wurde ein Kapitel, ein Satz oder ein einfaches Wort genau überprüft, jede Hilfe, die ein Wörterbuch liefern konnte, war ausgeschöpft und von ihm vor meiner Ankunft auswendig gelernt worden [...]. Das Gespräch war weitschweifig und ausführlich, doch vor allem war er ein eloquenterer Zuhörer, der Fragen stellte und mit seinen seltsam leuchtenden, alles verschlingenden Augen nachforschte. Augen, an die ich mich erinnere, wie sie vor Spaß und Nachahmungslust leuchteten oder auf einmal unmerklich und rückhaltlos von Tränen erfüllt waren.[70]

Anfang Februar mußte Proust erneut im Bett bleiben, »mit einer schrecklichen Grippe, Fieber, rauhem Hals usw.« »[...] Ich habe wie ein Pferd an *Sésame* gearbeitet, den ganzen Anfang noch einmal neu gemacht [...]. Ich habe den Kommentar zu mehreren Abschnitten des 1. Heftes geschrieben, ein Kommentar, der entweder als Vorwort oder für die Anmerkungen dienen soll.« Marie legte ihm gegenüber eine endlose Geduld an den Tag und ging sehr verschwenderisch mit ihrer Zeit um. Doch während sie Proust gegenüber ernste Absichten hegte, flirtete er nur bedenkenlos mit ihr: »Sobald ich in der Lage sein werde, Sie zu empfangen, werde ich Ihnen schreiben, denn ich bin Feuer und Flamme für *Sesame* – und für Sie.«[71] Zumindest zeitweise war er wegen Ruskin zwar weniger gereizt, aber sein eigenes Potential als Schriftsteller schöpfte er nicht aus. In der Annahme, daß harte Arbeit der beste Weg sei, die Mutter zu trösten, machte er sich mit derselben zwanghaften Großzügigkeit an die Übersetzung, die ihn dazu bewegte, Kellnern zuviel Trinkgeld zu geben. Wie er jedoch Anfang März schreibt, gibt es nichts, »was die Befriedigung seines literarischen Gewissens ersetzen kann – die ich leider nicht habe!«[72] Seine Bewunderung für Anna de Noailles beruhte zum Teil auf einem gewissen Neid: Sie hatte Erfolg als schöpferische Lyrikerin und Romanautorin, während er sich der Prüfung nicht einmal unterzog. Er bot ihr an, einen ihrer Briefe zurückzugeben, »denn mir scheint, daß gewisse auf mich bezügliche Sätze von einer über mich hinausgehenden Allgemeingültigkeit sind, Raub einer Schönheit, die ich mir nicht aneignen will und die Sie veröffentlichen müssen.«[73]

Sie beglückwünschte ihn zu *La Bible d'Amiens*, die auf der Titelseite des *Figaro*[74] erwähnt wurde, und dank Robert de Flers auch in *La Liberté*, wo der Buchtitel jedoch versehentlich als *La Bible d'Amicus* angegeben wurde.[75] In *Le Journal des débats* war bereits eine positive Besprechung von André Chaumeix erschienen, und Georges Richet lobte das Buch in *Les Essais*. Albert Flament, der unter einem Pseudonym in *L'Echo de Paris* schrieb, sprach von Prousts »außergewöhnlicher Intelligenz« und von seinem »kritischen Gespür, das tief in die Psychologien eindringt«. Sechs Tage später bezeichnete Bergson bei einem Vortrag an der Académie des sciences morales et politiques das Vorwort als einen »wichtigen Beitrag zur Psychologie Ruskins. [...] Seine Ästhetik ist die eines Mannes, der glaubt, daß der Dichter und der Künstler sich darauf beschränken, eine göttliche Botschaft zu transkribieren. Er ist somit ein Idealist im höchsten Grade, aber er ist auch Realist, weil die Materie für ihn nur ein Ausdruck des Geistes ist. [...] Proust hat ihn in eine so lebendige und originelle Sprache übersetzt, daß man bei der Lektüre des Buches nicht glaubt, eine Übersetzung vor sich zu haben.«[76] Im *Figaro* gab es hingegen keine Besprechung, obwohl Proust gegenüber Anna de Noailles mehr als einmal die Bitte geäußert hatte, den Rezensenten Abel Hermant zu drängen, auf das Buch hinzuweisen, was sie auch mehrmals getan hatte.[77]

Für Proust war dies besonders ärgerlich, weil er dem *Figaro* nicht nur zwei seiner Salonstücke, sondern auch einen Artikel mit dem Titel »Fête chez Montesquiou à Neuilly« geschickt hatte.[78] Dieser angebliche Auszug aus den Memoiren Saint-Simons schildert einen Empfang im Hause Montesquious, der beschrieben wird als »der geistreichste Mann, den ich jemals kennengelernt habe, mit einer fürstlichen Haltung wie kaum einer, mit einem überaus vornehmen

Gesicht, das bald lächelnd erstrahlt, bald sehr ernst ist, der mit vierzig Jahren das Aussehen eines Mannes von zwanzig hat«,[79]

> den Körper stets aufgerichtet, und das ist zuwenig gesagt,
> gleichsam nach rückwärts gebogen, der sich aber in Wahr-
> heit, wenn ihn die Laune ankam, in großer Freundlichkeit
> und Ehrerbietung aller Arten verbeugte, jedoch rasch genug
> in seine natürliche Haltung zurückkehrte, die voller Stolz,
> Hoheit und Unnachgiebigkeit war, sich vor niemandem zu
> beugen und vor nichts zurückzuschrecken und sogar gerade-
> aus zu gehen, ohne sich um freien Durchgang zu kümmern,
> den anstoßend, der auf seinem Wege war, als ob er ihn nicht
> sehe, oder wenn er ihn ärgern wollte, zeigend, daß er ihn sehe,
> immer mit einer großen Geschäftigkeit von Leuten höchsten
> Geblüts und Geists um sich herum, denen er manchmal seine
> Reverenz erwies, nach rechts und nach links, die er meist
> jedoch, wie man so sagt, nicht auf ihre Rechnung kommen
> ließ, ohne sie zu sehen, beide Augen geradeaus gerichtet, sehr
> laut und wohlgesetzt das Wort an seine Vertrauten richtend,
> die über alle Späße, die er machte, lachten, und das mit gutem
> Recht, wie ich schon gesagt habe, denn er war so geistreich,
> wie man sich's nur vorstellen kann.[80]

Proust unterzeichnete den Text mit ›Horatio‹, leugnete jedoch,
Horatio zu sein, als Montesquiou ihn danach fragte.[81]

Dasselbe Pseudonym benutzte er für sein nächstes Stück im
Figaro, das am 13. Mai 1904 erschien: ein Bericht über den Salon
der Gräfin Emmanuela Potocka. Sie war seit den neunziger Jahren
eine bedeutende Figur des gesellschaftlichen und literarischen
Lebens: zu ihren regelmäßigen Gästen hatte Maupassant gehört;
nun waren unter ihnen Montesquiou, Fauré, Barrès, Forain und
Gabriel de la Rochefoucauld. Proust lobt sie wegen ihrer Verbindung von antiker Schönheit, römischer Majestät, florentinischer
Anmut, französischer Höflichkeit und Pariser Esprit.[82] Ihre Men-
schenverachtung und ihre Tierliebe demonstrierte sie durch ihren
Umzug nach Auteuil. Wenn niemand so weit hinausfuhr, um sie zu
besuchen, hatte sie doch genügend Zeit, um die lahmen Hunde zu
pflegen, die sie aufnahm. »Um sie zu pflegen, hat sie sich ein Jahr
lang nicht schlafen gelegt.«[83]

Mit der Fortsetzung der Reihe über Salons näherte sich Proust

zwar jener Methode, die er in der *Recherche* für die Behandlung der
sozialgeschichtlichen Gegenwart anwenden sollte, aber seine Arbeit
bereitete ihm weniger Vergnügen als der Umgang mit Albu und
Louisa. Als sie am 29. Februar 1904 zusammen die Kostümprobe
von Feydaus *La main passée* im Théâtre des Nouveautés besuchen
wollten, bat er Francis de Croisset und René Peter erfolglos um Ein-
trittskarten. Schließlich bekam er sie von Lucien Daudet.[84] Anfang
April wurde er in Louisas Schlafzimmer gebeten, wo er bis nach Mitternacht blieb. Er hatte wohl übertrieben, als er zu Gide einmal sagte,
er habe nie eine Frau körperlich geliebt, und sie übertrieb bestimmt,
als sie nach seinem Tod in der Presse erklärte: »Es war eine ›amitié
amoureuse‹, die weder ein banaler Flirt noch eine exclusive Liaison
war, sondern von Proust aus eine große Leidenschaft, die von Liebe
und Verlangen erfüllt war, von mir aus eine Zuneigung, die mehr als
Freundschaft war und wirklich mein Herz berührte.«[85] Es ist wahrscheinlich, daß er nicht mehr unternahm, als ihr im Bett beim Lesen
zuzusehen, auch wenn Louisa Albuferas Eifersucht anstacheln
wollte. Proust schrieb ihr verspielte und zweideutige Verse:

> Sous prétexte que c'est dimanche
> Marcel Proust dans ce paradis
> Duquel un ange se penche,
> Est tant resté ... que c'est lundi.[86]

Auch aus den Versen

> Car c'est deux amours de Sèvres
> Qui délicieux et surpris
> Regardent s'unir des lèvres
> et deux cœurs qui se sont compris,[87]

oder aus der Tatsache, daß sie ihm eine Photographie[88] mit der Widmung »Vom Original, das seinen kleinen Marcel sehr gern hat«
schenkte, läßt sich nichts Schlüssiges folgern. Als sie ihm mehr als
acht Monate später, zu Weihnachten, eine goldene Uhr in einem
weißen Schmuckkästchen schenkt, schreibt er in seinem Dankesbrief scherzend, wie er das Kästchen öffnete und ins Paradies eingelassen wurde, nachdem er die Aufforderung erhalten hatte, ganz
leicht auf einen verborgenen Knopf zu drücken. Ein anderer Grund
für die Annahme, daß sie sich körperlich liebten, ist ein Satz in *Sodome et Gomorrhe*: »Für den Invertierten beginnt das Laster [...],
wenn er seine Lust bei Frauen sucht.«[89]

Die überaus feindselige Zeichnung der Figur der Rahel in der *Recherche*, deren Vorbild unverkennbar Louisa ist, weist darauf hin, daß Proust ihr gegenüber auch Groll hegte. Maurice Duplay äußert in seinen Erinnerungen die Ansicht, die beiden hätten miteinander geschlafen,[90] und vielleicht waren Prousts heimliche Gefühle überwiegend negativ. Der Erzähler begegnet Rahel in einem Bordell, wo ihre überlegene Intelligenz von der Patronne gerühmt wird, doch er schläft nie mit ihr.[91] Nachdem sie Saint-Loups Geliebte geworden ist, geht sie mit ihm so um, wie Louisa mit Albu: Sie nutzt seine Anbetung aus und läßt ihn teure Geschenke machen, sie quält ihn, indem sie Briefe und Anrufe unbeantwortet läßt, sie reizt ihn, indem sie in seiner Gegenwart mit anderen Männern flirtet, und treibt ihn schließlich mit der Drohung, ihn zu verlassen, fast in den Wahnsinn. Vielleicht war Louisas Koketterie ebenso rücksichtslos und berechnend wie die Rahels, doch vor und nach der Episode in ihrem Schlafzimmer ging Proust so freundschaftlich mit ihr um, als ob ihre Schönheit und ihr Charme ihr Verhalten rechtfertigen würden. Rachel hingegen erhält keine rettenden Eigenschaften zugeschrieben – sie ist nicht einmal hübsch. Ihr Porträt wirkt, als sei es von Ressentiments und von Erinnerungen an einen verborgenen Ekel vergiftet.

Wenn Proust mit Louisa geschlafen hat, dann vielleicht, weil er nur so, indirekt, mit Albu schlafen konnte. Albufera faszinierte Proust um so mehr, als er mit ihm weniger Gemeinsamkeiten hatte als mit irgendeinem anderen seiner aristokratischen Freunde, auch wenn Albu für den französischen Adel typischer war. Proust verspürte eine unstillbare Neugierde danach, zu wissen, wie es war, dieser Mann zu sein, und der Name Albertine geht vielleicht zum Teil auf Albufera zurück. Die sexuelle Liebe, wenn sie denn überhaupt stattfand, hinterließ keine positiven Gefühle. Proust scheitert, als er – in den Passagen um Albertine – das Glück einzufangen versucht, das der Mann empfindet, als er mit der Frau schläft, die er vor allen anderen begehrt. Der Leser erhält keinen lebendigen Eindruck vom Körper der Frau. Prousts Text wirkt überzeugend, wenn die Liebenden sich gegenseitig eifersüchtig machen, nicht aber dann, wenn sie sich gegenseitig sinnliche Lust verschaffen.

Die Schilderung des ersten Kusses, den Albertine erhält, könnte kaum weniger erotisch sein: Sie ist eher topographisch als anato-

misch, als ob der Gesichtssinn des Erzählers durch eine Vergrößerung verzerrt wäre, die das Gesicht zu einer riesigen Landschaft
erweitert:

> Ich hätte sie gern, bevor ich sie küßte, von neuem ganz mit
> dem Geheimnis getränkt, das sie damals am Strande für mich
> besaß, als ich sie noch nicht kannte [...]. Aber während meine
> Augen über das zarte rosige Rund ihrer Wangen glitten, deren
> sanftgeschwungene Flächen an den ersten in bewegten Linien
> verlaufenden Wellen ihres schönen schwarzen Haares ende-
> ten, die sich steil erhoben und daneben tief eingebuchtete
> Täler bildeten, mußte ich mir sagen: ›Jetzt werde ich, nach-
> dem es mir in Balbec nicht geglückt war, den Geschmack der
> unbekannten Rose, der Wange Albertines endlich kennenler-
> nen. Und da die Kreise, die wir Dinge und Wesen im Laufe
> unseres Daseins durchmessen lassen können, nicht sehr zahl-
> reich sind, werde ich das meine vielleicht in gewisser Weise
> für erfüllt halten dürfen, wenn ich dies blühende Antlitz, das
> ich unter allen erwählt, aus seinem fernen Rahmen heraus
> und auf die neue Ebene überführt habe, auf der ich schließlich
> durch die Lippen davon Kenntnis erhalten würde.‹ Ich sagte
> mir das, weil ich glaubte, daß es eine Kenntnisnahme durch
> die Lippen gebe; ich sagte mir, ich werde den Geschmack die-
> ser fleischgewordenen Rose kosten, weil ich nicht daran
> dachte, daß der Mensch, ein offenbar weniger rudimentäres
> Geschöpf als der Seeigel oder sogar der Walfisch, dennoch ein
> paar wesentliche Organe entbehrt, zum Beispiel keines be-
> sitzt, das zum Küssen dient. Dies fehlende Organ ersetzt er
> durch die Lippen und kommt dadurch vielleicht zu einem
> befriedigenderen Ergebnis, als wenn ihm zur Liebkosung der
> Angebeteten nichts anderes zur Verfügung stünde als ein
> Hauer aus Knochensubstanz. Die Lippen aber, die dafür
> gemacht sind, dem Gaumen den Geschmack verlockender
> Dinge zuzuführen, müssen sich, ohne ihren Irrtum zu begrei-
> fen, und sich ihre Enttäuschung einzugestehen, damit begnü-
> gen, auf der Oberfläche umherzutappen und sich an der Ver-
> schlossenheit der undurchdringlichen, begehrten Wange zu
> stoßen. [...] Zunächst sahen in dem Maße, wie mein Mund
> begann, sich den Wangen zu nähern, die meine Blicke als für

den Kuß geeignet empfohlen hatten, meine rasch den Blick-
punkt wechselnden Augen neue Wangen vor sich; der Hals
wies in der Nähe, wie durch eine Lupe betrachtet in seinem
derben Gewebe eine robuste Gesundheit auf, die den Charakter des Gesichts bestimmte und wandelte.[92]

Proust wehrt zwar jede erotische oder emotionale Anteilnahme mit
ironischem Unterton ab, diese Komik wirkt jedoch beklemmend.

Seine Abhängigkeit von der Freundschaft mit Louisa und Albu
nahm noch zu, als er von neuem mit Antoine in Streit geriet, dem er
nun Indiskretion vorwarf. »[...] damit Du verstehst, daß ich im echten Sinne des Wortes nicht länger dein Freund bin«, schrieb Proust.
Trotzdem war es ihm immer eine Freude, ihn zu sehen. »Deine Person, Deine körperliche Erscheinung, bewahrt nämlich die unbewußte Erinnerung an die wunderbaren Eigenschaften, die Du
gehabt hast und die, materialisiert und durch die Fee Deines selbst-
zerstörerischen Charakters befehligt, nur noch Blicke, stimmliche
Veränderungen oder Gesten zu sein, für den, der sie gekannt hat,
dennoch den Reiz eines besonders ergreifenden Bildes bewahren,
das die Gegenstände von sich zurücklassen, von sich aus machen,
einen Eindruck von Sinn und Bedeutung.«[93] Es ist dies eine der zentralen Ideen Prousts, auf die er immer wieder zurückkommt: Die
Einbildungskraft kann erst dann ins Spiel kommen, wenn der
Gegenstand nicht mehr vor Augen steht. Das Bewußtsein kann deshalb ein imaginiertes Bild genauer erfassen als sein reales Vorbild, es
kann sich der Erfahrung besser nähern, wenn sie in der Vergangenheit liegt. Befinden wir uns noch inmitten eines emotionalen Auf-
ruhrs, so sind unsere Wahrnehmungen nicht exakt.

Wenn Proust über Emotionen schrieb, dachte er zwangsläufig
über seine verschiedenen Beziehungen nach. Gleichsam instinktiv
hatte er sich immer wieder von ihnen losgemacht, und das Asthma
bewirkte ähnliches wie später der mit Kork isolierte Raum. Und
selbst wenn er in der Turbulenz von Freundschaften und Liebesbeziehungen verfangen war, stellte er stets theoretische Betrachtungen
darüber an. Seinen Freunden fiel es schwer, seinen unvernünftigen
Ansprüchen an sie gerecht zu werden und mit seinen heftigen Reaktionen auf Verhaltensweisen wie die von Antoine umzugehen. Diese
sollten zwar Anstoß erregen, jedoch nicht in solchem Maße. Die
Freundschaft der beiden hatte von scherzhaften und verschwöreri-

schen Intrigen und Neckereien gelebt, an denen beide ihren Spaß hatten, doch nun war Antoine zu weit gegangen. Zumindest hatte Proust diesen Eindruck: Nach Erscheinen des anonymen Artikels über den Salon von Princesse Mathilde vergnügte sich Antoine damit, ihn in Anwesenheit Prousts zu diskutieren und zuzusehen, wie dieser sich wand. Nachdem Antoine versprochen hatte, seinen Freund nie wieder in solche Verlegenheit zu bringen, konnte er jedoch nicht widerstehen, vor Madame Cahen, einer Freundin der Comtesse Potocka, Prousts Montesquiou-Pastiche zu erwähnen, und in Anwesenheit von Lucien äußerte er sich über Prousts noch unveröffentlichten Text über den Salon der Comtesse Greffulhe. Danach stritten die beiden Freunde heftig. Antoine warf Proust vor, sich zu schnell aufzuregen, während Proust ihm vorwarf, ihn absichtlich zu ärgern. »Du beklagst Dich, oft auf eine abweisende Haltung zu stoßen, doch das rührt daher, daß Du selbst häufig abweisend bist [...]. Du bist übertrieben empfindlich, Du regst Dich über völlig unwichtige Dinge auf und Du fügst anderen Leuten ständig Dinge zu, die nach Deinem eigenen Tarif mindestens nach einem Mord verlangen würden. [...] Du verstehst, daß ich Dir dies alles auf eine ganz allgemeine Art sage, weil ich glaube, wenn Du Dich ändern könntest (nicht mir gegenüber, aber gegenüber deinen künftigen Freunden), wäre dies für Dich sehr wertvoll, zunächst einmal, weil Du besser werden würdest, vollkommener, feinfühliger, und außerdem würde es dir auch nützen.«[94]

12. Marie und Louisa

Bei seinen Flirts verhielt sich Proust gegenüber Marie Nordlinger ganz anders als gegenüber Louisa. Ende Mai, als Proust wieder einmal bettlägerig war und weder sprechen, essen noch schlafen konnte, schenkte ihm Marie eine Urne aus Bronze,[1] die sie selbst hergestellt hatte. Ihre Beschäftigung in Bings Werkstätte näherte sich dem Ende, Marie zögerte jedoch – hauptsächlich wegen Proust –, Paris zu verlassen. Proust verstand zwar ihr Zögern besser, als er zu erkennen gab, bewegte sie aber dennoch zum Bleiben: Er überzeugte seine Mutter davon, daß Marie die richtige Bildhauerin sei, um eine Grabbüste von Adrien Proust zu schaffen, die sie nach Photographien anfertigen könne.[2] Marie nahm den Auftrag an und blieb in Paris, mußte jedoch auch feststellen, daß Proust anderen Freunden viel mehr Zeit widmete als ihr.

Antoine de Bibesco bereitete sich auf seine Abreise nach London vor, wo er eine Stelle an der rumänischen Botschaft antreten sollte. Proust gab ihm als Zeichen der Versöhnung einen Empfehlungsbrief an Douglas Ainslie mit, der Antoine mit George Meredith bekanntmachen konnte. Der Brief beschreibt Antoine als »einen der verführerischsten und warmherzigsten Geister, die ich kennenlernen durfte«.[3] Proust schrieb außerdem an Charles Newton Scott und an Adèle Meyer, die Gattin des Präsidenten von De Beers in London, der Antoine bei Sir Henry Irving und John Singer Sargent einführen konnte. Proust bot Antoine auch an, einen Brief »für die Royal Academy«[4] zu schreiben und empfahl ihm Lady Grey, die Schwester des Earl of Pembroke, die viele Kontakte zu Musikern unterhielt. Proust könne ihm auch die Bekanntschaft mit Pinero vermitteln, entweder über Ainslie oder über Robert d'Humières, einen anderen Bekannten, der Proust bei seinen Übersetzungen aus dem Englischen geholfen hatte.

Proust, auch gegenüber Zufallsbekannten stets großzügig, gab sich immer sehr viel Mühe, Freunden zu helfen. In diesem Sommer war es Louisa, die seine Hilfe am meisten nötig hatte. Louis d'Albufera hatte sich entschlossen, Anna Masséna, eine Halbjüdin und Tochter des Prince Victor d'Essling, zu heiraten, und noch vor Louisa informierte er Proust von diesem Vorhaben. Proust unternahm alles, um Louisa zu trösten. Zuerst versuchte er, Albu wegen seines nächtlichen Besuches in Louisas Schlafzimmer zu beruhigen. Könne sie denn nicht ein einziges Mal von ihrem Grundsatz abweichen, Vorwürfen der Untreue entgegenzutreten? »[...] zeigen Sie ihm klar, vorsichtig, höflich, zartfühlend, daß er sich absurde Vorstellungen macht, daß er ungerecht ist, völlig außerhalb der Wahrheit. Dies entspreche nicht Ihrem Charakter, werden Sie sagen. Ändern Sie Ihren Charakter für achtundvierzig Stunden, wenn es um jemanden geht, der sie beide zärtlich liebt und es von Ihnen verlangt; Sie werden dabei in jedem Fall nicht viel verlieren. [...] Ich schreibe Ihnen auf einem anderen Papier, damit mein Brief von Louis nicht bemerkt wird.«[5]

Von beiden unabhängig voneinander ins Vertrauen gezogen, versuchte Proust zu vermeiden, für einen der beiden Partei zu ergreifen. Albu behauptete, auch nach der Heirat könne alles beim alten bleiben, und als er zeitweise nicht in der Lage war, mit seiner Geliebten in Verbindung zu bleiben, schrieb Proust an Louisa,[6] schickte den Brief jedoch erst ab, als er die Erlaubnis dazu von Albu hatte.[7]

Die Verlobung wurde am 5. Juli 1904 in der Presse bekanntgegeben. »Gemäß der in beiden Familien befolgten Tradition wird diese Heirat zwei der größten Adelsnamen des Empire verbinden.«[8] Proust schrieb an Louisa, die sich zusammen mit ihrer Mutter und der Schwester in Vichy befand, über Albus Pläne und über die Princesse. »Ich habe über seine Verlobte die besten Dinge gehört, und das hat mich für ihn sehr gefreut.«[9] Den ganzen Umfang dessen, was sich hier abspielte, erkannte Louisa erst in der folgenden Woche, als sie zufällig Zeugin eines Gesprächs wurde, ohne selbst erkannt zu werden: »Sie sind nun schon einige Jahre zusammen, und jetzt wird er die kleine Masséna heiraten, doch wie ich glaube, weiß es seine Mätresse noch gar nicht.« Dann erhielt sie einen Brief, in dem Albu nur von seinen Zukunftsplänen sprach und davon, daß es notwendig sei, ihre Beziehung geheim zu halten. »Ich bin wie ein Schiff ohne Segel, ich weiß nicht, in welche Richtung ich meine Gedanken lenken soll, ich hätte nie geglaubt, daß er so schnell das Interesse an mir verlieren und sich so sehr für sie interessieren könnte. Was hat sie denn, mein Gott? Mein Leben hat sich völlig verändert, ich habe kein Verlangen und keine Wünsche mehr. Werden Sie mich verstehen, Marcel?«[10]

Proust zeigte Albu den Brief, bereute dies jedoch sofort, weil es Albu in Verwirrung stürzte. Proust versuchte, Louisa zu trösten, indem er davon sprach, wie beliebt Louis sei: »Und dies alles verdoppelt nur noch die Gefühle der Achtung und der Sympathie der Leute für Sie, weil man weiß, daß Louis es nicht getan haben würde, wenn Sie ihm abgeraten hätten.«[11] Fünf Tage später schrieb er ihr noch einmal und hob die Zuneigung hervor, die Albu immer noch für sie empfand.[12] In einem Brief an Antoine betonte Proust seine zärtlichen Gefühle für Albu. »Er kommt mich nun häufiger besuchen als früher, wenn es möglich ist, und verhält sich mir gegenüber äußerst liebenswürdig [...]. Aber schließlich liebe ich ihn zu sehr, um seine Heirat nur von meinem Gesichtspunkt aus zu betrachten.«[13]

Bis zu dieser Zeit waren mehrere Artikel aus Prousts Feder veröffentlicht worden, und obwohl die Dreyfus-Affäre ihn verändert, ihn zu politischem Denken veranlaßt und zum Handeln vorbereitet hatte, war bisher keiner seiner Artikel politisch gewesen. Jetzt war er jedoch besorgt über den Vorschlag Aristide Briands, die staatlichen Subventionen für die Kirche zu streichen und die Kathedralen, die die Kirche nicht mehr finanzieren konnte, in Museen zu verwandeln. Was würde geschehen, wenn es den Sozialisten gelänge, Kirche und Staat voneinander zu trennen?

In dem Artikel »La mort des cathédrales« für den *Figaro* entwikkelte Proust die Auffassung, die er schon im vergangenen Jahr gegenüber Lauris vorgebracht hatte, und stellte die gleiche Frage: Wie würde Frankreich ohne Katholizismus aussehen? Wie ein »Gestade [...], wo riesige ziselierte Muscheln gestrandet zu sein schienen, des Lebens entleert, das sie erfüllt hat«. Einen noch besseren Grund als für die Subventionierung des Theaters oder der Oper gebe es für die Subventionierung von Kathedralen, denn diese seien »wohl der höchste und unbestreitbar der ursprünglichste Ausdruck des Genius Frankreichs«.[14] Auch wenn seine Liebe zu den Kathedralen von Ruskin geprägt und mithin ästhetisch bestimmt war, führte er triftige Gründe dafür an, den Gottesdienst weiterhin zu erlauben.

Der *Figaro* druckte den Artikel zwar, brachte aber immer noch keine Besprechung der *Bible d'Amiens*, obwohl in anderen Zeitungen immer wieder darüber berichtet wurde. Am 11. Juli 1904 lobte Albert Sorel in *Le Temps* die Gewandtheit und die Präzision von Prousts Übersetzung. »Wenn er beschreibt, sind seine Bilder exakt wie die seines Lehrers, da sie meist von der Heiligen Schrift ausgehen, die prunkvoll und genau zugleich ist.« Er bezeichnete Proust als den vertrautesten Proselyten Ruskins, der sich das wirksamste Apostolat vorgenommen habe – das des Beispiels. »Er war kränklich und verstört, er las und wurde geheilt.«[15]

Eine andere Heilungsmethode für Prousts Schwächlichkeit schlug der bekannte Pariser Arzt Pierre Merklen vor, ein Spezialist für Herz- und Lungenkrankheiten. Nach seiner Auffassung war Prousts Asthma eine nervöse Gewohnheit, die sich in einer Klinik in Deutschland heilen lasse, auf die gleiche Weise wie Morphiumsucht. Proust wollte sich jedoch einer solchen Behandlung nicht unterziehen.[16]

Einen weiteren Arzt, dessen Theorien ihm lächerlich vorkamen, lernte Proust bei einem Diner bei den Noailles kennen. Der junge Rumäne Nicolas Vaschide war zwar charmant, wegen seines starken Akzentes jedoch nur schwer zu verstehen. Er war sehr darauf bedacht, sein Spezialwissen zu demonstrieren, und hatte für alles dieselbe Erklärung: »C'est ne*l*veux.«[17] Fraglos war es Nervosität, als Proust im Laufe des Abends eine der kostbaren Tanagra-Figuren der Gastgeberin vom Kaminsims stieß.[18] Er schämte sich so sehr, daß er Madame de Noailles ein Jahr lang aus dem Weg ging.[19]

Am Montag, dem 8. August, lag Proust krank im Bett, als Marie Nordlinger mit einem Modell des Porträtmedaillons für den Grabstein Adrien Prousts ins Haus kam. Schon für den nächsten Tag hatte er geplant, einer Einladung seines alten Freundes Robert de Billy zu folgen und an einem Ausflug auf der Jacht von dessen Schwiegervater, dem Bankiers Paul Mirabaud, teilzunehmen.[20] Proust nahm Äther für den Notfall mit und fuhr mit dem Zug nach Le Havre, wo ihn der Bankier am Bahnhof abholte: »[…] ein riesiger germanischer Gott mit genau dem gleichen Gesicht wie Madame de Billy, ihrer Nase, ihrer Haut, ihren Augen (noch blauer), ihren Haaren, ihrer Sprechweise«.[21] Sie nahmen einen Wagen zum Hafen. Dort angekommen, erlitt Proust sofort einen Asthmaanfall. An Bord der Jacht waren Billy, dessen Frau und drei weitere Damen, einschließlich der hübschen Madame Jacques Faure. Proust fand es zu kalt und zu feucht, um sich zu entkleiden, und nachdem er sich um drei Uhr morgens eine Dosis Trional verabreicht hatte, versuchte er, angezogen in seiner Koje zu schlafen. Um fünf Uhr ging er auf die Brücke, und um sieben wurden die Segel zur Abfahrt nach Cherbourg gesetzt. Nach dem Abendessen war er sich sicher, wieder nicht schlafen zu können, zog sich dann aber um drei Uhr früh schließlich aus und wachte um sieben Uhr mit Asthma auf, das er auf das regnerische Wetter zurückführte.

Monsieur Mirabaud hatte ebenfalls schlecht geschlafen, und weil er nun tagsüber den Schlaf nachholen wollte, blieb die Jacht außerhalb des Hafens von Cherbourg vor Anker liegen. Ein Dampfboot brachte Proust und die anderen Gäste zum Hafen. Dort entzog sich Proust der Gesellschaft, er wollte schreiben und sich erholen, fand aber weder einen geschlossenen Wagen noch einen Ort, an dem er sich niederlassen konnte. Er ging spazieren und schließlich sogar schwimmen. Erschöpft trat er die windige Fahrt zurück auf die Jacht an und begann zu husten.

Proust hatte vor, am Freitagmorgen mit dem Zug nach Paris zurückzukehren und auf der Fahrt in Bayeux und Caen Station zu machen. Am Donnerstag fühlte er sich jedoch so gut, daß er seine Rückkehr nach Paris aufschob. Seit der Abreise hatte er keine Atemnot gehabt und deshalb auch den Äther nicht benutzen müssen. Er war auch nicht seekrank geworden. Er vermißte seine Mutter und machte sich Sorgen über ihre Gesundheit. Sie war zusammen mit Robert, dessen Frau und der inzwischen neun Monate alten Suzy in Etretat. Er schrieb, daß er sich wie durch ein Telephon mit ihrem Herzen verbunden fühle, war ganz ungeduldig, ihr über alles, was er erlebte, zu berichten, und er fügte in seinen Brief immer wieder Küsse für die Mutter ein. Das Leben auf der Jacht gefiel ihm so sehr, daß er sich erkundigte, was es kosten würde, eine zu mieten. Er kehrte erst am Montag, dem 15. August, nach Paris zurück. Außer am Sonntag war er zur gleichen Zeit wie die anderen Gäste aufgestanden und hatte sich um zehn Uhr auf die Brücke begeben. Als er am Samstag über Land fuhr, lösten das Laub und der Staub einen Anfall von Heuschnupfen aus. Er schickte eine Postkarte und einen ebenso langen Brief an Marie sowie Postkarten an Louisa und an Lauris.[22] Den einzigen langen Brief schrieb er seiner Mutter, und sofort nach seiner Rückkehr in die Wohnung schrieb er ihr erneut.[23]

Während des Aufenthaltes auf der Jacht hatte Proust sich dem Tagesablauf der anderen Gäste angepaßt – und das hatte seine körperliche Verfassung nicht beeinträchtigt –, aber wieder zu Hause, behielt er diesen Tagesablauf nicht bei. »Wenn ich zu Hause bleiben muß, weil ich krank bin, so ist mir das nachts gleichgültig, weil ich es gewohnt bin, da zu sein, aber am hellichten Tag draußen das Sonnenlicht zu sehen und ganz allein zu sein, das wäre dann doch zu nostalgisch.« Zwischen zwölf und neunzehn Uhr, wenn die Sonne schien, hielt er sich nicht gern im Eßzimmer auf.[24]

Während Prousts ganzem bisherigen Leben war sein Vater die zentrale medizinische Autorität für ihn gewesen, und er hatte jeden Rat, den er aus Büchern, von Freunden oder von anderen Ärzten einholte, mit den Ansichten seines Vaters verglichen. Seit dessen Tod war er freier bei der Wahl anderer Ärzte und bei der Suche nach Mitteln gegen seine Krankheit. Doch statt entschlossen zu handeln, gab er sich, wie es seine Art war, Träumereien und Phantasien über eine mögliche Erholung hin und sagte Aktivitäten ab oder verschob sie. Einzig Versuche mit verschiedenen Diäten führte er strikt durch. Große und schwere Mahlzeiten verursachten ihm Asthmagefühle, die zunächst eher vom Magen oder von den Eingeweiden herzurühren schienen. Proust beschränkte sich schließlich auf eine reichhaltige Mahlzeit pro Tag. Sie bestand gewöhnlich aus zwei Eiern à la crème, einem gebratenen Hähnchenflügel, drei Croissants, einem Teller Pommes frites, Trauben, einer Flasche Bier und Kaffee. Aus Furcht vor Magendrücken trank er tagsüber sonst nichts mehr, bis auf ein Viertelglas Vichy-Wasser vor dem Schlafengehen.[25]

Als Proust nach der Rückkehr in Paris den Urin untersuchen ließ, lautete das Ergebnis: »Mein Urin zeigt zuviel Harnstoff, Harnsäure, einen Mangel an Chlorid. Die Analyse weist außerdem noch unwägbare Spuren von Albumin und Zucker aus, aber ich glaube, das war nur ganz vorübergehend.« Vielleicht war dies auf seine veränderte Ernährung während des Aufenthaltes auf der Jacht zurückzuführen.[26]

Einen Zusammenhang zwischen Prousts Verdauungsproblemen und seinen asthmatischen Beschwerden schien das Buch *L'Hygiène du dyspeptique* [Die Hygiene des Verdauungsgestörten] von Georges Linossier zu bestätigen, das 1900 in der von Adrien Proust herausgegebenen Reihe *Bibliothèque d'hygiène thérapeutique* erschienen war.[27] Dr. Linossier praktizierte zwar in Vichy, vierhundert Kilometer von Paris entfernt, doch Proust schrieb ihm trotzdem.[28] Er hoffte, der Arzt könne die Entwicklung seiner Krankheit von scheinbarem, ihn nur im Sommer plagenden Heuschnupfen zu dem ihn das ganze Jahr quälenden Asthma rückgängig machen. Die Verschlechterung von Prousts Gesundheitszustand war zwar nur langsam, dafür jedoch stetig vorangeschritten und ließ sich nicht übersehen. Er hatte nach und nach die meisten gesellschaftlichen Vergnügungen aufgegeben. Er war gerne in Cafés gegangen, etwa in das Poulpiquet in der Rue de Prony, ein Stammlokal des Dramatikers René Peter, der mit Reynaldo und Debussy befreundet war, doch konnte er nun die raucherfüllte Luft in den Cafés nicht mehr ertragen. Hätte er Dr. Merklens Rat befolgen sollen? Seine wichtigste Frage an Dr. Linossier war, ob er sich »einer jener psychotherapeutischen Kuren unterziehen« sollte, »die aus Isolierung des Patienten bestehen, strenger Bettruhe, Überernährung, Heilung durch überzeugendes Zureden«.[29] In seinem Brief an Dr. Linossier schilderte Proust seine Symptome und die getroffenen Gegenmaßnahmen ausführlicher, als er ursprünglich vorgehabt hatte, zweifelte dann, ob er den Arzt mit solch einem langen Brief belästigen sollte, und sandte ihn schließlich nicht ab. Vielleicht war er sich nur zum Teil bewußt, welche Rolle seine Krankheit für seine Arbeit und für die Beziehung zu seinen Mitmenschen spielte. Seiner Mutter gegenüber war er stets optimistisch und wies auf Fortschritte hin, die neue Heilmittel oder Veränderungen seiner Lebensweise erbracht hatten, doch das Asthma war wie eine Sprache der gegenseitigen Bewunderung oder wie eine gemeinsame Religion.

Einige von Prousts gewohnheitsmäßigen Vorsichtsmaßnahmen kamen Ritualen gleich. So bereitete er sich mit einem »Senken seiner Temperatur« auf den Übergang vom warmen Bett in das kühle Schlafzimmer vor, wobei er nach und nach die Bettdecke hob, um kühle Luft ins Bett zu lassen.[30] Da er wußte, wie absurd dies alles aussehen könnte, machte er später in der *Recherche* witzelnde Anspielungen auf Molières *Le Misanthrope*,[31] und stattete einen neurasthenischen Patienten des Dr. Boulbon mit seiner Gewohnheit aus.[32]

Um Freunde zu sehen, die ihm sehr wichtig waren, ging Proust auch aus, wenn er sich nicht wohl fühlte. So dinierte er zweimal mit Louisa. Marie Nordlinger vernachlässigte er eher und schob den Termin für einen Besuch bei ihr in Auteuil, der dann Ende August zustande kam, zweimal hinaus.[33] Dann versprach er ihr:

> [...] vielleicht sogar Donnerstagabend diese Woche, werde ich Ihnen ein Zeichen geben, nicht damit Sie zum Arbeiten kommen, sondern damit Sie für einen kleinen Besuch zu mir kommen, um zu plaudern, was – für mich – vielleicht zwar weniger vernünftig, aber doch viel angenehmer ist. Was mir an Ihrem Brief weniger Freude macht als die hübschen Gedanken und die hübschen Wendungen, ist die etwas vage Anspielung auf eine tiefe Traurigkeit, die Sie nicht aussprechen, an die Sie beim Schreiben vielleicht nicht einmal denken, die Ihren Brief jedoch wie ein unausweichlicher Horizont einzuschränken und zu verdüstern schien.[34]

Obwohl er wußte, daß seine Gleichgültigkeit der Grund für ihre Niedergeschlagenheit war, zögerte er den Besuch entgegen seiner Ankündigung immer weiter hinaus. Über zwei Wochen später entschuldigte er sich für den Aufschub.[35]

Große Anstrengungen unternahm Proust jedoch, um die Gesellschaft Albus zu genießen – er wollte ihn sogar zu seinen militärischen Manövern begleiten. Am 3. September wollte Proust Albu vom Bahnhof abholen, wartete ungeduldig auf eine Nachricht von ihm und sandte schließlich seinen Kutscher zu Albus Concierge. Als Proust per Telegramm erfuhr, Albu werde die Nacht im Hotel Moderne in Evreux verbringen, entschloß er sich, den Zug um 21.55 Uhr nach Evreux zu nehmen, verpaßte ihn jedoch, weil er für seine Vorbereitungen zuviel Zeit brauchte. Am Bahnhof erfuhr Proust, daß er mit dem nächsten Zug erst um zwei Uhr morgens in Evreux eintreffen würde. Er versuchte, Albu anzurufen, doch die Telephonzentrale in Evreux hatte ab neun Uhr geschlossen. Nachdem er sich achtundvierzig Stunden lang auf einen Abend mit Albu gefreut hatte, konnte Proust seine Tränen der Enttäuschung nicht mehr zurückhalten; sie lösten bei ihm einen Asthmaanfall aus – »ich sage zwar immer, es sei der schlimmste, den ich jemals gehabt habe, doch diesmal glaube ich wohl, daß das stimmt«. Er dauerte »ohne eine Sekunde Pause« neunzehn Stunden. Da er am folgenden Abend immer noch keuchend atmete, sagte er ein Abendessen mit Loche ab. Er tröstete sich mit dem Gedanken, daß Erlebnisse in der Erinnerung oder in der Vorstellung größere Realität gewinnen als in der Wirklichkeit. Seine immer wiederkehrenden Asthmaanfälle zwangen ihn dazu, Verabredungen abzusagen oder zu verschieben, und brachten ihn dazu, die Realität durch Imagination zu ersetzen. Dies wirkte aber auch auf sein Asthma zurück und verstärkte es. Als er den Zug verpaßte, verspürte er eine »intensive Verdoppelung, eine außerordentliche Steigerung der freundschaftlichen Gefühle für Sie. An dem Punkt, an dem ich mich seit einiger Zeit befinde, kann dieser Plan, Sie zu sehen, mit Ihnen zusammen den Abend in Evreux zu verbringen, dieses gute Gespräch dort mit Ihnen, das ich mir so gewünscht habe und das dann so rasch zunichte gemacht wurde, in der tiefen Enttäuschung, es nicht erlebt zu haben, vielleicht noch süßer und reizvoller sein, als es in der Wirklichkeit wahrscheinlich gewesen wäre, und dies alles hat noch einmal, mit einem heftigen

Ruck, die Bande gefestigt, die mich mit Ihnen verbinden, und gestern abend hat mich der Gedanke, Sie vielleicht für sehr lange Zeit nicht mehr zu sehen, ganz verzweifelt gestimmt.«[36] Jede literarische Tätigkeit nötigt den Schriftsteller dazu, sich im Augenblick des Schreibens von anderen Menschen zurückzuziehen. Prousts Art zu leben drängte ihn geradezu zur Literatur.

So wie an Albu hätte Proust weder an Reynaldo, Lucien, Constantin oder Antoine geschrieben, die alle zu intelligent und zu wortgewandt waren, um lediglich eine Projektionsfläche für seine Gefühle abzugeben. Albu war, ohne Prousts zwanghafte Zuneigung zu erwidern, tolerant und großzügig genug, um keine Einwände gegen dessen intensive Freundschaft zu haben, solange sie nicht zu einer Störung wurde. Außerdem war er froh, daß sich jemand um Louisa kümmerte. Vielleicht konnte Proust sie dazu überreden, Paris für die Tage, an denen d'Albuferas Hochzeit stattfand, zu verlassen. Louisa mußte jedoch in der Stadt bleiben, da sie im Vaudeville-Theater in der Komödie *Les Trois Anabaptistes* von A. Bisson und J. Berr eine kleine Rolle übernommen hatte.[37] Proust hatte die Absicht, zwischenzeitlich mit seiner Mutter zu verreisen und rechtzeitig zur Hochzeit zurückzukommen.[38]

Die Freundschaft zwischen Proust und Louisa festigte sich immer mehr, da sie beide von der Beziehung profitierten. So ließen sich ganz zufällig wirkende Zusammentreffen Prousts mit Fénelon arrangieren, da dieser eine Liebschaft mit Louisas Schwester hatte. Proust unterstützte seinerseits Louisas Karriere als Schauspielerin: Er stellte sie wichtigen Theaterleuten vor und sorgte dafür, daß in den Zeitungen über sie geschrieben wurde. Er bat nicht nur die Kritiker, ihre winzigen Auftritte nicht zu übersehen, sondern griff auch selbst zur Feder. So schrieb er ein Porträt Louisas für die Zeitschrift *Gil Blas*, nachdem Antoine sein diesbezügliches Angebot nicht in die Tat umsetzte.[39]

Seit dem Tod seines Vaters und der Hochzeit seines Bruders mußte Proust mit niemandem mehr um die Aufmerksamkeit seiner Mutter wetteifern, doch nun, da sie so krank und so niedergeschlagen war, erschien dies nicht mehr als eine Belohnung. Ihr Zustand bereitete ihm Sorgen, er war aber auch froh über ihre Abhängigkeit von ihm, und er stellte überdies fest, daß sie außer für ihn kaum Geld ausgab.[40] Jedesmal wenn er nach Hause kam, war seine erste

Frage: »Ist Madame da?« Gewöhnlich erschien sie dann, scheu und aufmerksam, und war sich unsicher, ob sie in sein Zimmer gehen sollte. Vielleicht hatte das Ausgehen ihn ermüdet, vielleicht war er für ein Gespräch zu sehr außer Atem, und er wiederum fühlte sich schuldig, ihr so viele Ängste zu bereiten.[41]

Eigentlich stand einem gemeinsamen Urlaub von Mutter und Sohn nichts im Wege, doch Proust war aufgeregt wie ein linkischer Liebhaber, der nicht weiß, ob seine Liebste auch wirklich mit ihm kommen will. Die Entscheidung für ein Reiseziel war schwierig: Evian war so weit weg, und Proust wußte nicht, ob er schon zum 8. Oktober, dem Tag, an dem Albu seinen Hochzeitsvertrag unterzeichnen würde, zurück in Paris sein wollte oder erst zur Hochzeitsfeier drei Tage später am 11. Oktober. Sowohl in Dieppe als auch in Trouville waren die Abende deprimierend, und mit Kreuznach verband Jeanne Proust schmerzliche Assoziationen. Sie sollte schließlich die Entscheidung treffen. War sie denn nicht der Ansicht, die Luft in Evian sei sauberer als in Trouville und unterscheide sich noch mehr von der Luft in Paris? Sie sollten sich erkundigen, ob die Hotelzimmer durch offenes Kaminfeuer oder Zentralheizung beheizt werden. Dieppe wäre vielleicht am besten, sofern sie im Hotel Royal bleiben würden. Vielleicht würde er sich aber in Evian entspannter und mehr zu Hause fühlen. Außerdem könnte er die oberitalienischen Seen besichtigen und herausfinden, wie gut er inzwischen darin geworden war, Landschaften mit den Augen Ruskins zu betrachten. Aber lohnte es sich denn überhaupt, so weit zu fahren, wenn sie nur zwei Wochen Zeit hatten? Vielleicht wäre Trouville geeigneter, weil Madame Straus und Charles Ephrussi in der Nähe sein würden. Und wenn sie nach Dieppe führen, wäre dann das Chalet Bois nicht ruhiger als das Hotel Royal? Nach Auskunft von Albu war das Hotel Royal irrsinnig teuer und das Roches Noires billiger. Sie möge doch Dr. Paul Faivre, einen der früheren Kollegen ihres Mannes, fragen, ob nur Brest ungesund sei? Waren Quimper, La Pointe du Raz, Roskof, Dinard, Trouville, Caen oder Dieppe besser? Albu zufolge war es in Chamonix feucht, Billy hingegen behauptete, es sei trocken. Albu sagte, Biskra sei im Winter perfekt und nicht zu warm.[42] Bald drängte Proust seine Mutter dazu, ohne ihn nach Dieppe zu fahren. Er könne ja in einigen Tagen nachkommen. Er hatte jedoch solche Angst, Albus Hochzeit zu versäumen, und sein unentschlossenes Hin und Her – das auch seine Mutter geärgert haben muß – zehrte so an seinen Kräften, daß er krank wurde. Damit war auch eine Entscheidung getroffen. Nun würde er zu Hause bleiben müssen, in der Hoffnung, sich rechtzeitig zur Hochzeit wieder zu erholen.

Marie Nordlinger hielt sich währenddessen immer noch in Paris auf und hatte weder ihre Absichten ihm gegenüber noch ihre Überzeugung aufgegeben, ihn von dem Leben als Kranker zu erlösen, das er als Entschuldigung dafür benutzte, echter Liebe auszuweichen. »Ich überfließe vor Gesundheit, vor Leben, vor Kraft, vor Energie, glücklich zu sein«: Diese ihre Worte kamen ihm, wie er ausweichend antwortete, dem »Angebot einer moralischen Bluttransfusion« gleich. Er habe die »Melancholie ihrer Einsamkeit« sehr wohl verstanden. »Aber ich war wohl der letzte Mensch, der sie durchbrechen könnte, da es mir in der Woche höchstens zwei Stunden lang gut geht, usw. usw.« Er ermutigte sie, ein Arbeitsangebot in den USA anzunehmen, und warf ihr vor, daß sie ihm ausweiche. Und warum wolle sie denn nicht, daß ihr Name neben dem seinen auf dem Umschlag von *Sésame et les lys* erscheine?

Seine Mutter war nach Dieppe abgereist, und Proust kämpfte gegen das alte Problem, in ungeheizten Räumen arbeiten zu müssen. Am Mittwoch, dem 21. September, stand er auf, sobald die Diener sein Abendessen zubereitet hatten, er nahm sich nicht einmal die Zeit zum »Senken der Temperatur«. Doch der Kamin im Eßzimmer brannte noch nicht, und schon als der Coiffeur eintraf, hatte Proust zu starke Halsschmerzen, um die Prozedur des Haareschneidens über sich ergehen zu lassen. Ebenso fühlte er sich eine Woche später für die Behandlung durch den Zahnarzt zu krank, gleichgültig ob sie in dessen Praxis oder bei Proust zu Hause stattgefunden hätte.[43] In einem Brief verspricht er seiner Mutter, sie nicht mit so vielen Einzelheiten über seinen Gesundheitszustand zu belasten, wenn sie nach Paris zurückkehre, auch wenn es »der Trost der Märtyrer ist, daß der Gott, für den sie leiden, ihre Wunden sieht«.[44]

Proust suchte den Graveur Bourcelet in der Rue des Fontaines auf, um die Empire-Lampe anzusehen, die seine Mutter als Hochzeitsgeschenk für Albu ausgesucht hatte, und schrieb ihr, daß alle Leute die Lampe bewunderten – sogar die Rothschilds, die Murats, die Ephrussis und auch die Leute in Versailles. »Dein außergewöhnlicher Geschmack, der Dich diese Lampe entdecken ließ, Deine unglaubliche Erfindungskraft, durch die ich sie für einen akzeptablen Preis erwerben konnte, Deine vortreffliche Restaurierungskunst und schließlich vor allem die grenzenlose Liebenswürdigkeit, die der Antrieb zu Deiner Suche und zu Deiner Arbeit war, erfüllen mich mit Bewunderung.«[45] Ein so großer Teil ihrer beider Beziehung fand in Briefen statt, daß sich formelle Höflichkeit wie selbstverständlich in die Vertraulichkeit mischte. Am selben Abend litt Proust an Schnupfen, Husten und vor allem Asthma. »Da ich hinuntergehen mußte, weil ich nicht pfeifen konnte, um dem Kutscher zu sagen, daß ich nicht mehr ausgehe, hat mich die Luft etwas beruhigt.«[46] Zwei Tage später schreibt er: »Mein Ausgehen von vorgestern hat mir wegen eines winzigen Stäubchens, das ich eingeatmet habe, eine Krise eingetragen, die sich über zwei Tage hinzog. [...] Ich bin in diesem Augenblick sehr unglücklich, in jeder Hinsicht, moralisch, physisch, intellektuell. [...]«[47] Antoine hatte Proust eingeladen, an einer Probe seines Stückes *Le Jaloux* teilzunehmen, das im Théâtre Marigny mit Aurélien Marie Lugné Poe[48] in der Hauptrolle aufgeführt werden sollte. Die Kostümprobe war für Samstag festgesetzt, für denselben Abend, an dem auch das Fest anläßlich der Unterzeichnung von Albus Ehevertrag stattfinden sollte. Vielleicht könnte Antoine Proust schon zu der Probe am Mittwoch mitnehmen, dann könnte er sich rechtzeitig zur Unterzeichnung des Ehevertrags erholen. Wenn er sich darauf verlassen könne, gesund genug zu sein, um am Dienstag an der Hochzeit teilzunehmen, würde er auf die Feier am Samstag verzichten,[49] aber wie gewöhnlich müsse er seine Unternehmungen auf ein Minimum beschränken. Als Louisa in dem Stück *Les Trois Anabaptistes* zusätzlich die umfangreichere Rolle einer erkrankten Schauspielerin übernahm und ihre Köchin mit einer Eintrittskarte zu Proust schickte, sagte er unter dem Vorwand der Trauer jeden Theaterbesuch ab,[50] doch er wäre zur Probe von *Le Jaloux* gegangen, wenn Antoine ihn mitgenommen hätte. Er wollte jedoch hilfreich sein, führte mit Antoine ein Gespräch und schrieb ein Porträt für die Presse: »Denn sein köstlicher Geist ist grausam. Gewiß ist es kein wohlwollender Autor [...]. Eine große psychologische Komödie im Stil der ›Charakter‹-Komödien des 18. Jahrhunderts – und zwar eine von wirklich köstlicher Feinheit der Beobachtung, Strenge der Beweisführung,

Durchsichtigkeit des Stils –, darum handelt es sich vor allem.« Statt seine Aufzeichnungen selbst zu veröffentlichen, übergab er sie Antoine, der sie überarbeitete.[51] Sie wurden in einen Artikel von Serge Basset für den *Figaro* vom 8. Oktober 1904 eingefügt.[52] Proust hatte kein Urteil über Antoines Begabung abgegeben, und im privaten Kreis blieb er unverbindlich: »Ich habe das Stück von Bibesco nicht gesehen. [...] ich kenne keine einzige Zeile von ihm, und seine Briefe sind einfache telephonische Mitteilungen (so lang sie zuweilen auch sein mögen), ohne schlechten oder guten Stil, ohne ›Stilisierung‹, ›wie man heute sagt‹, für die es weder Talent noch Mangel an Talent braucht.«[53] In *Le Journal* lobte Catulle Mendès Antoines »sehr subtile Feinfühligkeit, seine überaus seltene Feinheit der psychologischen Beobachtung und seine sinnliche Neugier«,[54] und die Kritiken des *Echo de Paris* und des *Matin* fielen nicht weniger lobend aus.[55] Proust nahm an, diese Urteile seien wohlbegründet. Der Erfolg versetzte Antoine in eine »kindliche Freude, die überaus sympathisch ist«.[56]

Proust war wohl enttäuscht, aber nicht überrascht, daß sein Gesundheitszustand ihm die Teilnahme an allen Feierlichkeiten zu Albus Hochzeit verwehrte. Seine Trostpreise waren ein Besuch des Brautpaars bei ihm nach der Zeremonie und ein ansehnliches Geschenk, ein in Leder gefaßter Spazierstock mit einem vergoldeten Kupferring, auf dem die Initialen »M. P.« und die Inschrift »L. A. 11. Oktober 1904« eingraviert waren. Das Echo auf diese Hochzeit war in ganz Paris zu vernehmen; für Louisa hingegen war dieser Monat besonders traurig. Am Nachmittag des 21. Oktober sandte sie Albu ein Telegramm, das ihn beinahe davon abhielt, seine Hochzeitsreise zu beginnen, und in dem stand: »Über meine Kräfte, diese Reise zu ertragen«.[57] Proust gab trotz seines schlechten Gesundheitszustandes beiden seine Unterstützung. Er schickte ein dreiundachtzig Wörter umfassendes Telegramm an Albu: »Haben Sie nur einen Gedanken in jedem Augenblick Ihrer Frau auf der Reise alles mögliche Glück schenken. Gott wird es Ihnen vergelten.«[58] Er versprach Albu, ihn über Louisa auf dem laufenden zu halten, und er hielt dieses Versprechen nicht nur, sondern kümmerte sich mit noch mehr Hingabe um sie, als von jemandem zu erwarten gewesen wäre, der so krank war. Häufig hatte er hohes Fieber, schrieb aber trotzdem an Louisa wegen Beruhigungsmitteln [Trional] und bot ihr an,

für sie einen Arzt zu befragen, sobald es ihm wieder besser gehe.[59]
Gegen Louisas Niedergeschlagenheit gab es kein besseres Mittel als
Arbeit am Theater. Proust vermittelte, daß sie dem Dramatiker Henri
Bataille vorgestellt wurde, und sie erhielt die Rolle der Louisa in dessen Stück *Maman Colibri*, das ab dem 8. November 1904 im Vaudeville aufgeführt wurde.[60] Mit seinen Aufmunterungsversuchen
immer noch nicht zufrieden, erkundigte sich Proust bei Madame
Catusse nach dem Preis eines versilberten Tafelaufsatzes mit Spiegel
im Stil Louis XVI.[61] Als sich dieses Geschenk als zu teuer erwies,
kaufte Proust Kissen für Louisas Kanapee.[62]

Nun galt es aber ein weiteres Hochzeitsgeschenk zu besorgen.
Armand de Guiches Hochzeit war auf den 14. November festgesetzt, und als Proust ihn fragte, was er gerne als Geschenk haben
würde, antwortete er: »Ich glaube, ich habe alles, außer einem
Revolver.«[63] So kaufte Proust ihm einen teuren Revolver in einem
Lederetui, das Reynaldos Freund Frédéric (Coco) de Madrazo mit
kleinen Gouachemalereien dekorierte. In der Presse wurde die Liste
der Hochzeitsgeschenke veröffentlicht, wobei der *Figaro* die Malerei des Revolverkästchens irrtümlicherweise Madeleine Lemaire zuschrieb.[64] Die Braut war die zweiundzwanzigjährige Tochter der
Comtesse de Greffulhe, die am Hochzeitstag ein für Proust typi-
sches Kompliment zu hören bekam, als er zu ihr sagte, Guiche habe
die Heirat ihrer Tochter »als eine Möglichkeit (dies natürlich nur
einer der Gesichtspunkte) betrachtet [...], in den Besitz ihrer Photographie zu gelangen. Sie hat daraufhin so hübsch gelacht, daß ich
versucht war, es ihr zehnmal nacheinander zu wiederholen.«[65]

Albu und Guiche waren nicht die einzigen, die sich aus dem Jung-
gesellendasein in das Eheleben zurückzogen. Es gingen Gerüchte
über die bevorstehende Verlobung von Gabriel de la Rochefoucauld
um. Im August hatte sich seine Geliebte, die vierunddreißigjährige
Comtesse des Garets-Quiros, die von ihrem Mann, dem Vater ihrer
drei Kinder, getrennt lebte, mit einem Revolverschuß ins Herz
umgebracht.[66] Gabriels Verlobte war Odile de Richelieu, die Tochter des Prince und der Princesse de Monaco. Die beiden heirateten
allerdings erst im April 1905.

Während Prousts Freunde sich dem Eheleben zuwandten, dachte
Proust über den Tod nach. Am ersten Todestag seines Vaters, einem
Samstag, besuchte er zusammen mit der Mutter das Grab, um es zu

schmücken.[67] Da er sich dabei erkältet hatte, wollte er am Montag einen Arzt aufsuchen, schob dies jedoch hinaus. Am folgenden Montag, dem 5. Dezember, war er bettlägerig und dachte nicht vor Mittwoch wieder aufstehen zu können, um seine Ärzte zu besuchen. Wenn er wohlauf sei, könne er auch nach Neuilly fahren, wo Montesquiou einen Empfang zu Ehren der italienischen Schriftstellerin Mathilde Serao gab.[68] »Und meine Ausflüge versetzen mich inzwischen jedesmal in einen solchen Zustand, daß ich kaum hoffen kann, aufzustehen und einen Ton von mir zu geben, am Donnerstag und wahrscheinlich auch noch am Freitag.«[69] Dieser Ausflug war keine Ausnahme: »Meine Verabredungen mit diesen Ärzten waren festgelegt, und da ich krank war, hat mir dieses Ausgehen mehr Schaden zugefügt, als sie mir jemals Gutes werden tun können.«[70] Am nächsten Tag lag er mit einer starken Grippe im Bett,[71] und am Dienstag fühlte er sich kaum besser. Seine Temperatur war immer noch erhöht, und er hatte Halsschmerzen.[72]

Noch drei Tage zuvor, als Proust einen Abend in einem Restaurant mit Antoine und Loche plante, hatte er geschrieben, es sei ihm ebenso willkommen, bei Durand oder Larue oder im Café Anglais zu essen, doch am 14. Dezember schrieb er Antoine, wegen der schlechten Luft in den Restaurants ziehe er ein separates Zimmer vor.[73] Daraufhin lud Antoine ihn am 15. zu sich nach Hause zum Abendessen ein. Proust kam, konnte in dem warmen Raum nicht atmen, bekam einen Asthmaanfall und zog sich in ein ungeheiztes Nebenzimmer zurück.[74]

Proust mußte sich immer größere Sorgen um seine Gesundheit machen. Im Dezember 1904 befaßte er sich wieder mit Brissauds Buch *L'Hygiène des asthmatiques* und war verstört, als er las, daß das Asthma ebenso wie die Epilepsie »im Grunde einige Opfer auszusuchen scheint, um sie die Unverwundbarkeit der übrigen bezahlen zu lassen. Die Neurose ist dann nicht länger beschützend. Sie befällt den Organismus so gründlich und verdoppelt ihre Schläge so erbarmungslos, daß ihr selbst die kräftigsten Naturen zum Opfer fallen; und wenn sie nicht sterben, so werden sie zumindest auf einen Zustand der *völligen Entkräftung* reduziert [...]. Asthmatiker dieser Art, die zum Glück selten sind, sind von der Kachexie besonders bedroht. Sie bemächtigt sich ihrer nach und nach, läßt sie abmagern und schwächer werden, nimmt ihnen jeden moralischen

Antrieb; sie geben sich auf, hören auf zu essen und schlafen nicht mehr. Die Anasarkie setzt sich bei ihnen fest, ihr Herzmuskel erweitert sich, die Lungenbasis wird verstopft, die Gliedmassen werden von Zyanose befallen, erkalten, und sie sterben.«[75] Damit lebte die Angst wieder auf, die Proust die Reise nach Venedig in dem Glauben hatte unternehmen lassen, wenn er die Stadt jetzt nicht sehe, sehe er sie nie mehr. »Jeder der aufeinanderfolgenden Anfälle vernichtet irgend etwas im Organismus und beschleunigt das Ende«, schrieb er an Lucien.[76]

Er hatte Grund zum Selbstmitleid. Noch vor kurzem hatte er sich darüber beklagt, daß er jedes Ausgehen mit zwei Tagen Krankheit zu bezahlen habe; sechs Tage vor Weihnachten schrieb er, ein ungeplanter Ausgang werde mit vierzehn Tagen Fieber bestraft,[77] und so mußte er die Einladung von Fernand Gregh und seiner Frau, die Weihnachtstage in Dammarie-les-Lys zu verbringen, wo deren Eltern ein Haus im Stil Louis XVI. gemietet hatten, absagen.[78]

Auch seine Mutter konnte ihm keine große Stütze sein. Sie unternahm nur noch beschränkte Anstrengungen, um ihr normales Leben wieder aufzunehmen. Sie war in das Schlafzimmer ihres Mannes umgezogen[79] und ließ dessen Arbeitszimmer unverändert. Sie und Marcel hatten den Raum mit Photographien von ihm gefüllt.[80] An jedem 26. eines Monats gedachte sie seines Todestages; sie interessierte sich kaum noch für andere Menschen und weigerte sich, mehr als ein paar wenige gleichzeitig zu sehen. »Da ist ein Stück Parkett dicht am Zimmer von Mama, über das man nicht gehen kann, ohne daß es knarrt, und Mama, die es sofort hörte, gab mir mit dem Mund jenes kleine Zeichen, das hieß: Komm, gib mir einen Kuß.«[81] »Sie können sich vorstellen, in welchem Leid ich mich befinde, Sie, die mich immer gesehen haben, wie ich mit dem Herzen und den Ohren in Richtung von Mamas Zimmer lauschte, wohin ich unter dem kleinsten Vorwand immer wieder zurückkehrte, um ihr einen Kuß zu geben [...].«[82]

Als Proust für Fénelon, der auf einen kurzen Urlaub aus Petersburg zurückgekehrt war, ein Diner veranstaltete, war klar, daß seine Mutter daran nicht teilnehmen würde. Die übrigen Gäste waren Reynaldo, Lucien, Antoine, Gabriel de La Rochefoucauld, Loche, René Peter, Fernand Gregh. Albert Flament wurde von Proust wohl in der Hoffnung eingeladen, er werde im *Echo de Paris* über den

Abend berichten, was er dann auch tat, und zwar auf der Titelseite, wo er unter seinem Pseudonym ›Sparklet‹ schrieb und die Art und Weise pries, in der »Kunst und Literatur sich einer gesellschaftlichen Situation und einem aristokratischen Namen vollkommen anpassen«.[83] Das intellektuelle Gespräch verlief unter den »gleichsam schlaftrunkenen Augen von Monsieur Marcel Proust, einem der Männer, die das beste Französisch sprechen, der dafür jedoch nur selten einen schriftlichen Beweis abliefert«.

Gabriel de La Rochefoucauld hatte seine Erlebnisse mit der Comtesse in einen Roman mit dem Titel *L'Amour et le médecin* verarbeitet – wohl auch um seine Schuldgefühle wegen ihres Selbstmordes zu dämpfen. Der Roman sollte am 18. Januar 1905 erscheinen. Als Proust die Fahnen las, erkannte er sich in der Gestalt eines pessimistischen homosexuellen Hypochonders wieder. Doch ebenso wie bei seinem Umgang mit Montesquiou akzeptierte er Demütigungen als einen Teil des Preises, der für Freundschaften mit dem Adel zu entrichten war. Proust begann eine positive Kritik des Romans zu schreiben, die der Herausgeber von *Le Siècle* auch zu veröffentlichen bereit gewesen wäre. Doch Proust wollte gern in den Klub »Cercle de l'Union« aufgenommen werden und hatte von Gabriel gehört, eine Publikation seines Artikels in einer linken Zeitung könnte seinem Ziel abträglich sein. Er entzog sich dem Problem, indem er Krankheit vorschützte und angab, er müsse dringend an der Übersetzung von *Sesame and Lilies* weiterarbeiten.[84]

Leichter fiel es ihm, zwischen Albu und Louisa zu vermitteln und ihr eine Rolle in Brieux' Theaterfassung von Paul Hervieus Roman *L'Armature* zu verschaffen, das im April aufgeführt werden sollte. Auf Prousts Drängen hin brachte René Peter Hervieu dazu, bei der Besetzung der Rollen zu intervenieren.[85] Unter Mithilfe von zwei weiteren Vermittlern, Henri Vaucaire und der Schauspielerin Duluc, gelang es Peter schließlich, Louisa eine kleine Rolle zu verschaffen.[86] Doch selbst dann meinte Proust, noch nicht genug getan zu haben. Auguste Germain, der unter dem *nom de plume* Capitaine Fracasse eine Theaterkolumne für *L'Echo de Paris* schrieb, wollte Loche einen Gefallen erweisen und willigte ein, Louisa in seiner Kolumne zu erwähnen, wenn das Stück wieder ins Gespräch kommen sollte. Proust forderte Loche auf, mehr Druck auf Germain auszuüben, und drohte ihm andernfalls mit dem Ende ihrer Freundschaft.

»Ersparen Sie es mir, Ihnen meine Beschwerden vorzutragen. Sie
sind ernst und wohlbegründet.«[87] Diesen Brief schickte Proust
jedoch nicht ab.

13. Heimlicher Plan

Die Übersetzung des ersten Vortrags in *Sesame and Lilies* sollte im
März 1905 in *Les Arts de la Vie* erscheinen, und im Februar begann
Proust mit der Arbeit am zweiten, »Of Queen's Gardens«, diesmal
unter Mithilfe von Charles Newton Scott. »Mein alter und charmanter englischer Gelehrter, von dem ich Ihnen erzählt habe, wird
mir als ›Mary‹ dienen«, schrieb er an Marie Nordlinger, die sich in
den USA aufhielt.[1] Am Erscheinungstag des ersten Vortrags wurden
drei neue Mitglieder in den Klub »Cercle de l'Union« aufgenommen. Prousts Antrag wurde abgelehnt. Wie er später herausfand,
mißbilligte das Komitee seine Haltung in der Dreyfus-Affäre.[2]
Proust nahm sich nun vor, den Artikel über Gabriels Roman fertig-
zustellen. Er könne ihn möglicherweise in *Le Petit Parisien* oder im
Figaro unterbringen. Andererseits könnte er auch wieder auf *Le
Siècle* zurückkommen, da er ja nun nichts mehr zu verlieren habe,
wenn er sich mit dieser Zeitung einlasse.[3]

Proust dachte nach, ob er eine Kur in einer Berner Klinik machen
sollte. So sagte er Mitte Februar 1905 eine Einladung für den 2.
März ab, weil er dachte, zu diesem Zeitpunkt in der Schweiz zu sein,
plante dann jedoch seinerseits ein Abendessen für den 6. März: Es
sollte zwei getrennte Tischrunden geben, eine für seine bürgerlichen
Freunde wie die Yeatmans, und eine für die jungen Adligen, doch
auf den Wunsch seiner Mutter hin richtete Proust dann doch eine
große Tafel aus. Er bat Reynaldo, zusammen mit der Comtesse de
Guerne für ihn zu singen. Doch Reynaldo hatte schon eine andere
Einladung angenommen und lehnte es ab, am gleichen Abend zweimal aufzutreten, obwohl Madame Proust ihm einen Brief schrieb,
den Marcel für sie entworfen hatte.[4] Reynaldo willigte dann aber
ein, wenigstens zur Teezeit zu kommen. Das Abendessen wurde also
in einen Nachmittagstee umgewandelt, und um Guiche zu schmeicheln, bat Proust ihn um Rat. Ob es unschicklich wäre, Madame de
Tinand einzuladen, die Schwester der Comtesse Greffulhe, wenn er,

Proust, ihr und ihrem Gatten nur einmal vorgestellt worden war? Sollte er die Comtesse Greffulhe ebenfalls einladen? Um die Bitte um Rat zu rechtfertigen, setzte Proust einen Satz in Anführungszeichen: »Herzöge wissen besser als jeder andere, wie wir leben sollten«, und gab diesen als Balzac-Zitat aus.[5] Er lud die Duchesse de Gramont ein, Madame Straus sowie Anatole France, der ihm ein Exemplar seines neuesten Buches geschickt hatte. In seinem Dankesbrief spielte Proust auf Passagen aus dem Schlußkapitel an und vermittelte den Eindruck, das Buch schon zu Ende gelesen zu haben.[6]

Am Tag vor der Einladung gab es einen heftigen Streit unter dem Dienstpersonal, und Prousts bevorzugte Dienstmagd verließ das Haus. Während der Einladung war er nicht gerade in bester Form: »[...] ich hatte zwei Tage nichts gegessen, so daß ich mich wie in einem Dämmerzustand oder besser gesagt, im Zustand eines Alptraums befand, was mich meinen Gästen wohl sehr seltsam erscheinen ließ«.[7] Reynaldo und Comtesse de Guerne sangen ein Mozart-Duett und das Duett aus *Un cœur qui t'aime*. Es waren mindestens zweiundzwanzig Gäste anwesend, darunter Albu und seine Frau, Gabriel mit seiner Mutter, Comtesse Aimery de la Rochefoucauld, Madame Lemaire und ihre Tochter, Princesse de Brancovan, die Guiches, Comte und Comtesse de Ludres, Comtesse de Briey, Comte und Comtesse Adhéaume de Chevigné und Princesse Alexandre de Chimay, Comte Ferdinand de Montesquiou, Comte Henri de Ségur, Baron Théodore de Berckheim und Francis de Croisset, der seiner künftigen Schwiegermutter, Madame de Chevigné, begegnete.[8] Croisset schrieb inzwischen zusammen mit Robert de Flers leichte Komödien, und um die Verwandlung abzuschließen, die mit dem gewitzten Verzicht auf seinen wirklichen Namen – Franz Wiener – begonnen hatte, kleidete er sich dandyhaft im englischen Stil. Proust sollte später seiner jüdischen Figur Bloch nicht nur den Namen Jacques du Rozier geben, sondern sie auch völlig verändert erscheinen lassen: »Eine Art von englischem *chic* hatte tatsächlich seine Gestalt vollkommen verändert und abgehobelt, was sich zum Verschwinden bringen ließ.«[9] Nach der Einladung war Proust erschöpft, ging jedoch abends trotzdem aus, vielleicht um Louisa in dem Stück am Vaudeville-Theater zu sehen, und ohne sich erholt zu haben, ging er drei Tage später auf Einladung Reynaldos zu einem

Souper im Café de l'Univers, wo der Variété-Sänger Fragson auftrat. Proust blieb so lange, bis er um halb vier Uhr morgens einen Asthmaanfall bekam: »Ich habe den ganzen Staub und Rauch des Universums geschluckt und ich weiß, daß ich dafür mit mehreren Tagen Bettruhe büßen muß.«[10]

Er besuchte immer noch die musikalischen Soireen bei Madame Lemaire und machte Eindruck auch auf Menschen, die ihn nicht persönlich kannten. Eine junge Frau bemerkte die »bewundernswerten« Augen in dem ganz blassen Gesicht. »Alle seine Bewegungen waren von einer graziösen Müdigkeit; seine Gesten waren gewandt, seine langen schmalen Hände beschrieben harmonische Gesten. Manchmal war eine Hand unter seinem Kinn und stützte es, manchmal schob sie sich vor seinen Mund, um sein Lachen zu verbergen und dann zeigte nur ein Funkeln seiner Augen, wie erheitert er war.« Seine Augen wanderten ständig, ohne irgendwo zur Ruhe zu kommen, und seine Stimme variierte zwischen volltönender Fülle und leiser Vertraulichkeit. Es gelang ihm offensichtlich immer, die Aufmerksamkeit der Menschen zu wecken und sie in ein Gespräch zu verwickeln, und wenn er Musik hörte, schienen seine im Gespräch immer hellwachen Augen sich in die Ferne zu richten; der unbewegliche Kopf, leicht nach hinten geneigt, »schien von der Masse des dunklen Haars erdrückt zu werden. Seine Glieder waren flexibel wie die eines Kindes, seine Handgelenke doppelt biegsam und seine Beine schlangen sich ineinander wie tropische Schlingpflanzen.«[11]

Da Proust kaum ausging, sah er Montesquiou nur noch selten. Dieser war zu Prousts Nachmittagstee nicht eingeladen worden und schrieb eine beleidigte Nachricht, in der er sich nach Prousts Auferstehung erkundigte. Proust antwortete, er habe geglaubt, Montesquiou sei verreist, und er sei bedrückt über den »fetten rosa Steinbutt, den ich meinen Gästen hätte servieren können, den ich nun aber dabei beobachten kann, wie er sich hinter das Glas des Aquariums ›Zu spät‹ zurückzieht«. Und jedenfalls sei es keine Auferstehung gewesen, sondern ein Abschied vom Gesellschaftsleben, bevor er sich zu einer Erholungskur zurückziehe, »[...] damit man nicht sagen kann, ich hätte einen Anfall von Wahnsinn erlitten, und man habe mich eingeliefert, habe ich Leute versammelt, um ihnen zu zeigen, daß ich geistig gesund (wenn ich es jemals gewesen bin) und aus freiem Willen (sofern man überhaupt etwas aus freiem Willen tut) abreisen werde.«[12]

Was die Klinik betraf, zögerte er jedoch weiterhin, obwohl der März für ihn ein schlechter Monat war. Ohne Schlaf während eines lang anhaltenden Anfalls von Atemnot rauchte er weiterhin Zigaretten gegen Asthma und erwog, ein Beruhigungsmittel auf Heroinbasis zu nehmen. Schließlich entschied er sich dagegen.[13] Als er einmal in der Nacht für eine halbe Stunde ausging, steigerte dies seine »Krise dermaßen, daß ich nicht absehe, wann ich mich hinlegen kann. Folglich auch nicht, wann ich wieder aufstehen kann.«[14] Ende des Monats nahm er seine Kraft zusammen, um der Comtesse de Guerne zu danken, indem er für den *Figaro* einen Artikel über sie schrieb. Er nannte sie »eine der zwei oder drei größten lebenden Sängerinnen«. Sie habe »eine nicht nur reine, sondern derart vergeistigte Stimme, daß sie eher eine Art Naturharmonie zu sein scheint, ich würde nicht einmal sagen, das Seufzen einer Flöte, sondern eines Schilfrohrs im Wind«.[15] Obwohl er drei Wochen lang zu Hause blieb, war er darauf bedacht, andere zu unterstützen, und zwar nicht nur Louisa, sondern auch Madame Straus, die sich von ihrer Neurasthenie in Territet am Genfersee erholte. »Wenn Sie irgendwelche Besorgungen in Paris zu erledigen haben oder wenn Sie irgendwelche Dinge wissen möchten oder wenn es sonst irgend etwas gibt und Sie Monsieur Straus nicht strapazieren oder stören wollen, wäre ich nur zu froh, wenn Sie sich an mich wenden würden.«[16] Er ließ seine Mutter für ihn Botengänge machen,[17] ohne zu wissen, wie schwach sie war.

Da er für jedes Ausgehen einen so hohen Preis zu zahlen hatte, entschloß er sich – auch auf die Gefahr hin, Montesquiou zu beleidigen –, dessen Vortrag »Über Fragmente von Hugos *Fin de Satan*« am 21. April 1905 nicht beizuwohnen.[18] Da es Montesquiou nicht genügte, Proust für sein Ausbleiben zu schelten, drohte er ihm, ihn Anfang Juni zu besuchen und ihm einen viertelstündigen Vortrag zu halten, um das Erscheinen seines neuen Buches, *Professionnelles Beautés*, zu feiern. Proust wurde angewiesen, »zwei oder drei Freunde und Freundinnen einzuladen, über deren Auswahl man sich einigen könnte«.[19] Proust versuchte höflich, Montesquiou auszureden, sich so viel Mühe zu geben, doch die Vorbereitungen für diesen Vortrag – die Korrespondenz über Datum, Zeitpunkt und

Gäste – nahmen im April und im Mai einen großen Teil von Prousts
Kräften in Anspruch, obwohl er mit der Vorbereitung von *Sésame et
les lys* für den Verlag im Rückstand war. Am 23. April arbeitete er
von Mitternacht bis neun Uhr morgens, obwohl er sich krank
fühlte.[20] »Weil ich so viele Nächte bei elektrischem Licht ohne Lampenschirm gearbeitet habe, fühle ich plötzlich (nicht erst heute
abend, schon seit acht Tagen) eine außerordentliche Schwächung
der Sehkraft, die bislang ausgezeichnet war, und nur mit Mühe kann
ich beim Schreiben meine Buchstaben erkennen. So kann ich so gut
wie gar nichts schreiben. Wenn ich einen Augenarzt finde, der bereit ist, mich einmal um elf Uhr abends zu empfangen, werde ich
ihn konsultieren.«[21] Trotz des Arbeitsdrucks, des andauernden Un-
wohlseins und einer Reihe von lange andauernden Asthmaanfällen
fand er einen guten Weg, um die Spannung zu lösen, die sich durch
den großen Zeitaufwand für die Übersetzung anstelle eines mehr
schöpferischen Arbeitens ergab. »Sur la lecture«, die lange Einleitung, die er für *Sésame et les lys* schrieb (und der Zeitschrift *La
Renaissance latine* für eine Vorabveröffentlichung im Juni versprach), ist im Grunde eine selbständige Arbeit – eine Brücke von
Ruskin zur *Recherche*. In derselben Weise, wie er in *Contre Sainte-
Beuve* literaturkritisches und schöpferisches Arbeiten mischte, begann er *gegen* Ruskin zu schreiben, indem er seine eigenen Ideen
denen des Lehrers entgegenstellte.

Die Arbeit als Übersetzer hatte ihn darüber nachdenken lassen,
daß das Schreiben ein Vorgang des Übersetzens von Substanz in
Wörter ist.

> Zwischen den Ideen in einem seiner Bücher und zwischen den
> Büchern selbst gibt es Zusammenhänge, die er zwar nicht
> zeigt, aber doch für einen Augenblick aufscheinen läßt und
> die er vielleicht erst nachträglich hergestellt hat, doch sie sind
> niemals künstlich, weil sie stets dem Wesen seines Denkens
> entstammen, das mit sich identisch bleibt. Die so vielfälti-
> gen und doch dauerhaften Beschäftigungen seines Denkens
> sichern diesen Büchern eine authentischere Einheit als die
> Einheit der Komposition, die, das muß gesagt sein, auch häu-
> fig fehlt.[22]

Ruskin hatte das Leben des Geistes nicht nahe genug erfaßt. Wenn
man kränkelnd im Bett liegt, ist das Buch ein natürlicher Begleiter,

und aus den Stunden des Lesens, die sich über Tage und Wochen erstreckten, wußte Proust, daß die Sätze auf einer Buchseite wertvoller sind, wenn sie nicht als Ersatz für die Erfahrungen genommen werden, die sie beschreiben, sondern als ein Anreiz für verwandte geistige Erfahrungen.[23] Ruskin hatte sich der »Idolatrie«, der Götzenverehrung, schuldig gemacht, weil er so schrieb, als ob Wahrheit ein materieller Gegenstand wäre, der durch den Autor in ein Buch hineingesteckt wird und vom Leser daraus unverändert entnommen werden könnte.

Ebenso wie Ruskin, der dazu neigte, Arbeiten unvollendet zu lassen, sie wie unter Zwang immer wieder zu überarbeiten und aus Unzufriedenheit einen bereits zurückgelegten Weg noch einmal abzuschreiten, kämpfte Proust darum, das Bewußtsein der Erfahrung näher an die Erfahrung selbst und die Literatur näher an das Bewußtsein zu rücken. Er, ein Erwachsener, der in der Wohnung der Eltern wie ein Kind zu leben pflegte, reagierte auf die Arbeit anderer Schriftsteller wie auf Zimmer, an deren Möblierung er nicht mitgewirkt hatte. Er war an Zimmer gewöhnt, die weder seinen Geschmack noch sein Bewußtsein widerspiegelten: »Was mich angeht, so fühle ich mich in einem Zimmer nur leben und denken, in dem alles die Schöpfung und der Ausdruck eines Lebens ist, das von dem meinigen zutiefst verschieden ist, und in dem alles von einem dem meinigen entgegengesetzten Geschmack ist; in dem ich nichts von meinem bewußten Denken wiederfinde, in dem meine Vorstellungskraft sich begeistert, während sie sich in den Schoß des Nicht-Ich versenkt fühlt [...].«[24] Vertraut waren ihm auch Hotelzimmer, »wo jedes Geräusch nur dazu dient, die Stille hervortreten zu lassen«, wo »man den Herrn in diesem von dem Wesen der andern bis zum Rand erfüllten Zimmer spielt, das bis in die Form des Feuerbocks und die Muster der Vorhänge den Abdruck ihrer Träume bewahrt hat«.[25] Die Unzufriedenheit über sich selbst und die fortwährende Überzeugung, es fehle ihm an Willenskraft, zeigen sich dann, wenn er über Nervenkrankheiten schreibt, bei denen der Kranke »wie versunken ist in der Unmöglichkeit, etwas zu wollen, daß er wie in einem tiefen ausgefahrenen Geleise steckt, aus dem er sich nicht selbst befreien kann und in dem er umkommen würde, wenn sich ihm nicht eine kraftvolle helfende Hand entgegenstreckte. Sein Gehirn, seine Beine, seine Lungen, sein Magen sind in Ordnung. Es liegt keinerlei wirkliches Unvermögen vor zu arbeiten, zu gehen, Kälte zu ertragen oder zu essen. Doch diese verschiedenen Tätigkeiten, die er sehr wohl ausführen könnte, vermag er nicht zu wollen.« Er braucht einen Arzt, der ihn wieder in seine Willenskräfte einübt.[26] Proust hatte sich mehrere Bücher über Psychoneurose gekauft, darunter eines von Théodule Ribot,[27] der über das andauernde Versagen des hochbegabten Coleridge schrieb, dem es nie gelang, die ihm vorschwebenden gigantischen Projekte auszuführen. Proust verglich sich nicht nur mit Coleridge, sondern in der Einleitung zu *Sésame et les lys* implizit auch mit dem Adligen, der schon so lange unter Strauchdieben lebte, daß er sich fast nicht mehr an seinen Namen erinnerte.[28] Die Passage erinnert an »Violante«, seine Erzählung von 1893 über das Mädchen, das die Kontrolle über sich selbst verlor.[29] Zwölf Jahre später benutzt Proust sein Schreiben immer noch als ein Mittel, um die mahnende Stimme der Eltern mit der Stimme in seinem Kopf zu verschmelzen.

Die Einleitung zu *Sésame et les lys* geht in den Versuch über, erinnerte Tatsachen mit improvisierter Fiktion zu vermischen. Er beschrieb Dordrecht so, wie er die Stadt von einem Besuch 1902 in Erinnerung hatte, und ging ohne weitere Prüfung davon aus, daß der Weg nach Utrecht an Dordrecht vorbeiführe. Zudem vermischte er seine Erinnerung an einen Bootsausflug auf einem mit Schilf bewachsenen Kanal in Vollendam und versetzt einen Kanal, den er in Delft gesehen hat, nach Utrecht und beschreibt ihn liebevoll: »[...] und während wir [in der Klosterbibliothek] arbeiten, betäubt das Glockenspiel aus dem 17. Jahrhundert so zärtlich das naive Wasser des Kanals, das schon durch ein bißchen blasse Sonne zwischen der doppelten Reihe der bereits Ende des Sommers kahlen Bäume, die die Spiegel der Giebelhäuser auf beiden Ufern streifen, zum Glitzern gebracht wird.«[30] Als er an dieser Seite der Einleitung arbeitete, fragte er bei Francis de Croisset nach, der Holland gut kannte: »Für eine Seite, die ich geschrieben habe, bei der es zwar nicht um Genauigkeit geht, die jedoch echt ist (empfundene Eindrücke, geänderte Namen), möchte ich indessen keine topographischen Ketzereien begehen, die (für diejenigen, welche das Land kennen) die sogenannte ›Evokation‹ zu sehr behindern würden.«[31]

Ohne dies als eine Rückkehr zum fiktiven Schreiben zu betrachten, charakterisierte Proust Individuen und gesellschaftliche Kontexte, indem er in seinen langen Briefen selektiv aus mitgehörten Gesprächen zitierte. »Meine Liebe, was wollen Sie machen, Madeleine hat gern eine gute Küche, ich dagegen biete meinen Gästen lieber gute Musik. Sie zahlt ihrem Koch zweitausend Francs, ich dagegen lasse sie lieber Künstlern zukommen. Es handelt sich um dieselbe Summe. Madeleine möchte, daß man sie ihr in den Mund steckt, ich habe lieber, daß man sie in mein Ohr tut. Jeder nach seinem Geschmack, meine Liebe, wir sind doch frei, denke ich.«[32] Geschrieben wurde dies zwar hauptsächlich, um seine Verärgerung über die Marquise de Saint-Paul auszudrücken, die sich nach einem Konzert lautstark äußerte, doch der anhaltende Zorn, ein gutes Gedächtnis und ein gutes Gehör für die Rhythmen gesprochener Sprache lassen Proust eine satirische Fiktion verfassen.

Während des vierwöchigen Briefwechsels mit Montesquiou, der sich entschlossen hatte, aus seinem Buch vorzulesen statt einen Vortrag zu halten, ließ Proust keinerlei Zeichen der Ungeduld erkennen. Da seine Mutter allen gesellschaftlichen Zusammenkünften aus dem Weg ging, mußte sie für diesen Anlaß aus der Wohnung »exiliert« werden. Wie um seinen Mangel an Begeisterung zu kompensieren, bot Proust an, etwas über das Buch zu schreiben.[33] Er hatte zugesagt, am 25. Mai ein Konzert, bei dem Reynaldos Suite für Blasinstrumente, zwei Harfen und Klavier aufgeführt wurde, zu besuchen, so konnte die Lesung am 23., 29. oder 30. Mai stattfinden.[34] »Sie umgeben den Fisch mit so viel Sauce, daß er ein wenig verschwindet«, antwortete Montesquiou, sprach sich indessen für den 23. Mai aus. Da er das Kapitel über Madame Aubernon lesen wollte, fand er es passend, Leute einzuladen, die sie kannten,[35] und so schlug er einige vor, darunter Madeleine Lemaire, die jedoch sagte, daß sie vor dem 30. Mai keinen freien Abend mehr habe und den 2. Juni vorziehen würde.[36] Beunruhigt darüber, daß sie nach so vielen Verpflichtungen vielleicht ein Schlafbedürfnis verspürte, schlug Montesquiou den 3. Juni vor,[37] doch das paßte ihr nicht, und so legte er sich auf den 2. Juni fest.[38] In der zweiten Maihälfte hatte Proust einen längeren Asthmaanfall, und er machte sich Sorgen für den Fall, daß Lucien, wenn er ihn besuchen würde, um sich nach seinem Befinden zu erkundigen, die Mäntel in der Garderobe sehen würde und dann beleidigt wäre, nicht eingeladen zu sein.[39] Als es schließlich soweit war, war Proust an dem Abend zu krank und erschöpft, um sich zu rasieren, doch alles ging gut und dem *Gaulois* zufolge war es »ein großer literarischer Erfolg für Comte Robert de Montesquiou, der zufällig vorbeigekommen war und eine Lesung aus seinem neuen Werk und aus unveröffentlichten Studien über Kunst hielt«.[40]

Proust hatte sich noch immer nicht erholt, als Marie Nordlinger in Paris eintraf: »[...] ich fand ihn bettlägerig, mit brennenden Augen, sein bleiches Gesicht von einem dichten schwarzen Bart eingerahmt [...] Nur seine Stimme lächelte: ›Küssen Sie mich doch einmal, Mary. Ich denke immer noch oft an Sie. Sagen Sie mir, was haben Sie gesehen? Haben Sie in Amerika etwas Schönes gesehen?‹ Aber *Sésame* wartete. Eile war geboten. [...] Wir arbeiteten bis zur Morgendämmerung.«[41] Ihr Besuch heiterte ihn auf, doch er hatte nur wenige Fragen an sie.[42] Sobald sie aus Paris abgereist war, sah er ein, daß er sie zu vielen anderen Punkten hätte befragen müssen. »Sie sind in Paris angekommen wie der Messias, doch abgereist sind Sie wie ein Dämon und Sie sind vorbeigegangen wie ein Traum, der rasch verfliegt.«[43]

Anfang Juni dachte er an sein Versprechen, über Montesquiou zu schreiben. Ohne Namensnennung verweisen die Anmerkungen zu *Sésame et les lys* auf ihn als einen großen zeitgenössischen Bewunderer, den der Übersetzer häufig mit Ruskin vergleicht, doch in der neuen Kritik, der Proust den Titel »Un professeur de beauté« gab, lobte er die Kunstkritik in dem neuen Buch Montesquious nachdrücklich: »Dazu noch muß man zugeben, daß in jedem dieser kurzen Essays vielleicht mehr Richtigkeit im künstlerischen Urteil, mehr Sicherheit im Geschmack liegt als in den großen Büchern von Ruskin.«[44] Montesquious Begabung »besteht zunächst darin, dort genau zu sehen, wo andere nur ungenau sehen«; jeder dieser Essays »ist eine ursprüngliche Schöpfung, völlig verschieden von seiner mündlichen Lehre, lange erwogen, weit entfernt davon, nur einen Transkriptionswert zu haben, sondern gedacht, ›geschrieben‹, und mit welch wunderbarem Reichtum, welcher Kraft und welcher Originalität!«[45]

Im Juni brach Anna de Noailles das lange Schweigen, indem sie Proust ihren neuen Roman *La Domination* schickte. Auf das über

zwei lange Briefe ausgebreitete schmeichelhafte Lob, das mit vielen
Zitaten gespickt war, um zu zeigen, wie sorgfältig er das Buch gelesen hatte,[46] antwortete sie mit einer Einladung zum Diner für den
10. Juni. Er fühlte sich zu schwach, um die Einladung anzunehmen:[47] Er hustete »wie ein Unglücklicher« und hatte Halsschmerzen, doch nachdem er die ersten zehn Junitage ohne ernsten Anfall
überstanden hatte, mietete er von 18.30 Uhr bis 1.15 Uhr eine ge-
schlossene Kutsche, dinierte allein im Larue und fuhr dann zum
Haus der Noailles, wo er sich nicht nur mit ihnen versöhnte, sondern auch mit Barrès.[48] Als fünf Tage später, am 15. Juni 1905, »Sur
la lecture« in der Zeitschrift *La Renaissance latine* erschien, konnte
Anna ihn endlich für seine uneingeschränkte Großzügigkeit ihrem
Werk gegenüber belohnen. »Mein lieber Freund, ich sehe nur noch
Menschen, die verzückt, bewegt, berührt und moralisch gebessert
sind durch die kostbaren göttlichen Seiten, die Sie geschrieben
haben. [...] Ich danke Ihnen für jede Zeile auf diesen Seiten wie für
ein vollkommenes und zartes Glück.«[49] Ihre Begeisterung spornte
den Kritiker André Beaunier an, der im *Figaro* eine so ausführliche
und lobende Besprechung schrieb, daß Proust beinahe den Eindruck
bekam, Anna de Noailles habe Beaunier den Artikel diktiert.[50] Dieser beschrieb Prousts Essay als »bezaubernd, anrührend, in manchen Passagen wunderbar«, und über den Stil heißt es: »Diese langen Sätze, befrachtet mit allen Einzelheiten und allen Besonderheiten, haben einen eigenartigen und delikaten Zauber: Er rührt von
der übergenauen Wahrheit her, und sie beunruhigen, wegen des
Erschreckenden, das selbst die geringste, vollkommen zutreffende
Wahrheit an sich hat.«[51]

Am nächsten Tag kam Anna de Noailles zu ihm nach Hause, ging
aber wieder weg, ohne ihn gesehen zu haben, und sie schrieb einen
weiteren Brief zu seinem Essay: »Und zu dem, was Sie über die Lektüre geschrieben haben, schwöre ich Ihnen, daß in Paris ein *großer*
und tiefer Eindruck herrscht. Jedermann, ich meine die Köpfe, die
wichtig sind, da ich nicht weiß, ob der Rest existiert, kurzum, jedermann hat diese einmaligen Seiten gelesen.«[52] Er hatte geschlafen, als
sie vorbeigekommen war: »Ich schlafe ein, ich träume, daß die
größte Dichterin aller Zeiten mir schreibt, ich sei wunderbar, ich
hätte Talent, ich wache auf, ich bin schon ungeduldig darüber, den
Brief dieser erhabenen Dichterin noch nicht zu haben. Ich muß

jedoch nur zwei Sekunden warten, denn ich läute und sofort bringt man mir ihren Brief.«[53]

Reynaldo war von der Proustschen Syntax weniger beeindruckt. Auf die Bitte hin, die Fahnen von »Sur la lecture« zu kommentieren, erhob er Einwände gegen einen Satz, der sich über fünfundfünfzig Zeilen erstreckte, und er machte einige Vorschläge, doch abgesehen von der Umformulierung eines Satzes, in dem das Wort ›avoir‹ zu nahe bei dem Wort ›avait‹ stand, ließ Proust die Ratschläge unbeachtet.[54] Die Erfahrung der Fahnenkorrektur brachte ihn jedoch auf eine wichtige Einsicht, die er in einer Anmerkung zu Ruskins Motto – einem Zitat aus Lukian – festhielt: »You shall each have a cake of sesame, – and ten pound.«[55] Für Proust strahlte dieser Satz »wie ein zusätzlicher Lichtstrahl, der nicht nur die letzten Sätze des Vortrags streift, sondern nachträglich alle vorhergehenden beleuchtet.« Lesen konnte das Tor zu Schätzen öffnen, die Weisheit enthielten, so wie das Wort ›Sesam‹ das Tor zur Höhle der Räuber öffnete. Indem das Motto nun aber das Sesamkorn hervorhob, wies es auf die ursprüngliche Bedeutung des Wortes hin, während die Bedeutung in Ruskins Titel um zwei Stufen davon entfernt ist. Die dritte Bedeutung ist das, was Proust als ›Allegorie einer Allegorie‹ bezeichnet:

> Von Anfang an macht Ruskin auf diese Weise seine drei Themen deutlich, und am Ende des Vortrags wird er sie im Schlußsatz, wo der Schlußakkord an die Tonart des Anfangs erinnert, unlösbar miteinander verbinden. [...] Er bewegt sich scheinbar zufällig von einer Idee zur anderen. In Wirklichkeit aber folgt die Einbildungskraft, die ihn leitet, seinen tiefen Neigungen, die ihm gegen seinen Willen eine höhere Logik aufzwingen, und zwar so sehr, daß er am Ende meint, einer Art Geheimplan gefolgt zu sein, der, wenn er schließlich aufgedeckt wird, dem Ganzen im Rückblick eine gewisse Ordnung auferlegt und es so wunderbar organisiert erscheinen läßt, daß es in dieser Apotheose gipfeln muß.[56]

Eben dies war Prousts Prinzip in seinen langen Sätzen. Da er dem Verstand mißtraute, glaubte er eher von tiefen Neigungen gelenkt zu werden, wenn er der bewußten Kontrolle seines Materials entsagte und so lange wie möglich an seiner Unwissenheit darüber festhielt, wohin jeder Satz ihn tragen würde. Sobald er einen Satz begonnen

hatte, versuchte er, die Mitte frei schweben zu lassen. Er schrieb sehr
rasch und versuchte, aus den Wassern der Lethe solide Besitztümer
zurückzugewinnen und beinahe unbemerkt das Selbst zu erhaschen,
das er mit der Vergangenheit gleichsetzte, wobei er seine Existenz
als untrennbar von seinen Erinnerungen ansah. Er bewegte sich
zwar nicht zufällig von einer Idee zur anderen, glaubte aber, daß
eine höhere Logik sich von selbst durchsetzen werde, wenn er dies
nur zulasse. Auf die Gefahr hin, den Leser zu verwirren, läßt er die
Erzählung von einer Zeit zur anderen, von einem Ort zum nächsten
fließen. Wie im Traum werden die Toten wieder lebendig; er läßt
einen Ort, einen Abschnitt seines Lebens mit einem anderen verschmelzen, ohne den Übergang zu markieren. Die Idee dahinter
kommt Freuds Prinzip der freien Assoziation nahe: Sage alles, was
dir einfällt, und es werden signifikantere Muster entstehen als jene,
die sich planen und strukturieren lassen. Vielleicht hatte Proust
bereits eine Anwendungsmöglichkeit von Ruskins Ideen darin
erahnt, seine Einbildungskraft den eigenen tiefen Neigungen nicht
bloß in langen Sätzen, sondern in einem ganzen Buch folgen zu lassen, das so lang sein würde wie jedes Buch Ruskins.

14. Katastrophe

Von den Hochzeiten, die das Ende so mancher Junggesellenfreund-
schaft bedeuteten, war diejenige Loches die einzige, bei der Proust
gedemütigt wurde. Wie er in seinem Porträt des Prince angedeutet
hatte, war ihre Freundschaft gefährdet. Loches Persönlichkeit hatte
wie diejenige Albus beinahe nichts mit der Prousts gemeinsam, doch
war Loche weniger gutmütig. Trotz des nicht abgesandten Briefs, in
dem ihm mitgeteilt wurde, daß ihre Freundschaft zu Ende sei,[1] hatte
Proust ihn zu dem Nachmittagstee eingeladen und schickte ihm
außerdem ein sorgfältig ausgesuchtes Hochzeitsgeschenk: eine
Christusfigur aus Alabaster mit einem eingravierten Ruskin-Zitat.
Das Geschenk, das er als Erwiderung erhielt, war zweideutig: eine
goldene Krawattennadel in der Form eines Jagdhorns, das Familien-
wappen der Radziwills. Es herrschte damals der Glaube, daß Kra-
wattennadeln Unglück bringen, und als keine Einladung zur Hochzeit am 27. Juni 1905 eintraf, fragte Proust seine Mutter, ob er die

Krawattennadel zurückschicken solle. Sie riet ihm davon ab. »Es ist
das Einzige, was ich tun kann, um zu zeigen, soweit es die anderen
betrifft, daß ich ein Vorgehen nicht akzeptiere, dessen Motiv ich
nicht verstehe, obwohl es offensichtlich ein solches gibt.«[2] Freilich
scheint die Nadel eher dem Schenkenden Unglück gebracht zu
haben: Eine Woche, nachdem er seine neunzehnjährige Cousine
Claude de Gramont geheiratet hatte, verließ er sie, und auf die
Scheidung im Juli 1906 folgte die päpstliche Aufhebung der Ehe.

Die einzige engere freundschaftliche Beziehung in Prousts Leben
war die zu Montesquiou – eine Annäherung, die weder durch die
Lesung in Prousts Wohnung noch durch den lobenden Artikel über
Montesquious Kunstkritik verursacht wurde, sondern durch den
Tod dessen treuen Dieners Yturri. Er litt an Diabetes, für das es
damals keine Heilung gab. Yturri war zur Erholung in ein Frankfurter Sanatorium geschickt worden, bestand jedoch darauf, zu der
Lesung seines Herrn am 21. April zurückzukommen. Er war äußerst
geschwächt, und die Hitzewelle im Juni 1905, die nach einem kalten
Frühjahr plötzlich hereinbrach, verschlimmerte seinen Zustand
noch. Ohne darauf zu achten, daß seine Mutter eigentlich zu krank
war, um Botengänge zu erledigen, schickte Proust sie zweimal aus,
um Erkundigungen über Yturri einzuholen. Beim zweiten Mal kam
sie in Neuilly zu spät an. Statt ihrem Sohn die Nachricht sofort zu
überbringen, bereitete sie ihn darauf vor, indem sie ihm sagte, Yturri
gehe es sehr schlecht. Erst am Abend eröffnete sie ihm, daß er gestorben war.[3] Wie er schon nach dem Tod von Reynaldos Vater, von
Antoines Mutter und von Luciens Vater gezeigt hatte, war Proust in
bester Form, wenn es darum ging, einen trauernden Freund zu trösten. Montesquiou fand es keineswegs leicht, in Gefühlsdingen
direkt zu sein, doch in seinen Antworten auf Prousts verständnis-
volle Briefe ging er das unerhörte Risiko ein, ihm ohne jede Ironie
und Formelhaftigkeit zu schreiben.

Seit dem Tod des Vaters lebte Proust mit der Angst, seiner Mutter
könne die Kraft zum Weiterleben ausgehen, obwohl sie zu dem Zeitpunkt, als sie Witwe wurde, erst vierundfünfzig Jahre alt gewesen
war. »Mama, die uns so sehr liebt, versteht nicht, wie grausam es
von ihr ist, sich nicht kurieren zu lassen.«[4] Im Sommer hatte er nicht
mit ihr zusammen in die Ferien fahren können, und nun war er wieder zu krank. Die Hitzewelle, die sich für Yturri als tödlich erwies,

war für Proust eine Erleichterung, auch wenn die Belebung nur kurze Zeit dauerte. Als er Mitte Juli an Louisa de Mornand schrieb, hatte er seit drei Wochen die Wohnung nicht mehr verlassen. »Es geht mir zusehends schlechter, seit drei Wochen habe ich keinen Fuß mehr vor die Tür gesetzt, ich habe einen Bart, der nicht einmal mehr schmutzig aussieht, so lang ist er.«[5]

Unvorsichtigerweise stand er auf, um am Vormittag des 28. Juli zur Trauerfeier für die Duchessse de Gramont zu gehen; anschließend suchte er Dr. Brissaud auf, der ihm eine Behandlung im Sanatorium des Neurologen Paul-Auguste Sollier in Boulogne-sur-Seine vorschlug. »Aber leider kann man die Ärzte nur am Tage aufsuchen. Und jeden Ausgang bei Tage bezahle ich mit einem Monat Fieber.« Der zusätzliche Preis für dieses Ausgehen war eine Bronchitis;[6] außerdem schmerzten ihn die Augen mehr denn je. Im Laufe des Sommers veränderte sich seine Handschrift: Die Buchstaben wurden größer.[7] Es wurde nichts unternommen, um ihm besseres elektrisches Licht zu beschaffen. »Ich schreibe Ihnen nicht sehr lange, weil meine Sehkraft immer noch geschwächt ist durch die Manegen- oder vielmehr Menagerie-Beleuchtung, bei der ich arbeite, mit einem ungefilterten Licht, das von oben her auf mich fällt wie auf das Gesicht der armen abgestumpften Löwen.«[8]

Es ging ihm immer noch nicht gut, als er im September mit seiner Mutter zusammen nach Evian fuhr. Er selbst kam in einem kollaps-ähnlichen Zustand an, doch ihr ging es noch schlechter. Wie so viele Menschen, die dem Tod nahe sind, hatte sie sich mit den Kräften der Zerstörung verbündet und ihren Körper noch dadurch geschwächt, daß sie sich beharrlich weigerte zu essen. Die Eisenbahnfahrt hatte eine schwere Nierenentzündung zur Folge. »Zwei Stunden nach unserer Ankunft bekam meine Mutter Anfälle von Übelkeit und Schwindel und sie wurde schwer krank. Man mußte sie nach Paris zurückbringen.«[9]

Wie üblich versuchte sie, die Symptome zu ignorieren, und tat so, als ginge es ihr ganz gut. Nur verweigerte sie weiterhin jede Nahrungsaufnahme. »Als die Schwindelanfälle am schlimmsten waren, mußte ich trotz allem, was ich zu ihr gesagt hatte, mit Kummer zusehen, wie sie am Morgen in die Halle hinunterging, wobei sie sich auf zwei Menschen stützen mußte, damit sie nicht hinfiel. Sie läßt sich in einem so schwachen Zustand, von dem Ihnen nur die Tatsache eine

Vorstellung geben kann, daß sie zwei Wochen lang nichts zu sich genommen hat, weiterhin jeden Tag wecken, waschen und sorgfältig ankleiden, was für sie abscheulich ist. Unmöglich, sie dazu zu bewegen, ein Medikament oder etwas Nahrung zu sich zu nehmen.«[10] Sie weigerte sich weiterhin zuzugeben, daß sie krank war, und als Madame Catusse, die sich in der Nachbarschaft aufhielt, auf den Anruf Prousts hin eintraf, schien seine Mutter nichts anderes zu wollen, als daß man eine Photographie von ihr machte. »Sie wollte photographiert werden, aber auch wieder nicht, einerseits aus dem Wunsch heraus, ein letztes Bild zu hinterlassen und andererseits aus Furcht, daß es allzu traurig aussehen würde [...].«[11] In der *Recherche* ist es die sterbende Großmutter, die unschlüssig ist, ob ihr Enkel ein Bild von ihr behalten soll oder ob sie sich nicht doch so stark verändert hat, daß eine Photographie »nur noch schlimmer wäre als gar keine Photographie«.[12]

Weil Proust zu krank war, um mit ihr nach Paris zurückzufahren, kam Robert nach Evian, und ihre Unschlüssigkeit, ob sie abreisen sollte, wurde durch ihr Gefühl der Nutzlosigkeit neutralisiert. »Ich denke daran, wie meine arme Mama in Evian zu mir sagte: ›Ich werde nach Paris zurückkehren, da ich keine Kraft mehr habe und dir nicht mehr nützlich sein kann, wenn es dir schlecht geht‹«.[13] Obwohl die Reise ihren Zustand noch mehr verschlechterte, konsultierte sie nur auf Roberts Drängen hin einen Arzt. Ihre Urämie war so akut, daß sie Paris gar nicht hätte verlassen dürfen. Als Proust nach Hause zurückkam, schien es ihr etwas besser zu gehen, und der Arzt sagte, wenn sie diese Krise überlebe, werde ihr Gesundheitszustand nicht schlechter sein als zuvor. »Ich bin jedoch sicher, daß sie vom Gegenteil überzeugt ist und daß sie innerlich furchtbar leidet. Ich hatte mir immer gewünscht, nach ihr zu sterben, damit sie nicht den Kummer erleiden muß, mich zu verlieren. Ich weiß jedoch nicht, ob dies alles, die Angst, in der sie sich befindet, im Gedanken, daß sie uns vielleicht verlassen wird, mich so unfähig zurückzulassen, allein zu leben, vielleicht nur noch bruchstückhaft, gebrechlich weiterzuleben, sie nicht noch viel mehr quälen muß.«[14]

Literaturbeflissen bis zum Ende, kommunizierte die sterbende Frau mit ihrem im Herzen gebrochenen Sohn mittels Zitaten. »Nie sah ich einen mehr gelegenen Abgang« stammte aus Molières *Le Misanthrope*,[15] und etwas undeutlicher wiederholte sie die Zeile aus

Corneille, die sie in seiner Kindheit so oft zitiert hatte, wenn er bei einer bevorstehenden Trennung den Tränen nahe war: »Wenn ihr kein Römer seid, so zeigt euch eines Römers würdig.« Am Ende, im Koma, erzitterte sie jedesmal, wenn sie die Glocke läuten hörte. Am 26. September 1905 starb sie, »mit sechsundfünfzig Jahren und dem Aussehen von dreißig, seitdem die Krankheit sie hatte mager werden lassen und vor allem seitdem der Tod ihr die Jugend vor der Zeit ihres Kummers zurückgegeben hatte, als sie kein einziges weißes Haar hatte.«[16] »Die Schicksalsschläge der anderen Menschen erscheinen mir weniger erschütternd als der Ihre«, schrieb Anna de Noailles.[17]

Das Begräbnis fand am 28. September statt. Es wurden keine Gebete gesprochen, doch der Leichenwagen, der um die Mittagszeit von der Rue de Courcelles wegfuhr, war über und über mit Kränzen bedeckt. Im Bericht des *Figaro* hieß es: »Zu den schönsten gehörten die des Marquis d'Albufera, von Madame Félix Faure, von Madame Gaston Thomson.«[18] Unerwähnt blieb »der riesige Kranz herrlicher Blumen« von Louisa de Mornand.[19] Viele der bekanntesten Kollegen von Dr. Proust kamen zum Begräbnis, wie auch Albu mit seiner Frau, Anna mit ihrem Mann, Comte und Comtesse Adhéaume de Chevigné, Vicomte und Vicomtesse de Grouchy, Baron Robert de Rothschild, Reynaldo Hahn, Lucien Daudet, Henri Bergson, Abel Hermant und Francis de Croisset.

Proust blieb in der Wohnung allein mit den Dienstboten, die sich so lautlos bewegten, wie die Mutter es ihnen beigebracht hatte. Er konnte nicht schlafen, und sie erinnerten ihn fortwährend daran, wie sehr sie sich darum bemüht hatte, ihn vor jeder Störung zu bewahren. Er wußte, daß er nicht in dieser Wohnung bleiben konnte, die ihn unablässig an sie erinnern würde. »Ich bin in einige Zimmer gegangen, die ich aus Zufall nie aufgesucht habe, und ich habe unbekannte Bereiche meines Kummers erkundet, der sich immer unendlicher ausbreitet, je weiter ich vordringe.«[20] An Montesquiou, der sich vom Tode Yturris noch nicht erholt hatte, schrieb Proust: »Mein Leben hat fortan sein einziges Ziel verloren, seine einzige Süße, seine einzige Liebe, seinen einzigen Trost. [...] Ich bin mit allen Schmerzen überhäuft, ich habe sie verloren, ich habe sie leiden sehen, ich darf glauben, daß sie gewußt hat, daß sie mich verließ und daß sie mir keinen Rat mehr geben konnte, daß es ihr vielleicht Angst gemacht hat, zu verstummen, ich habe den Eindruck, daß ich wegen meiner schlechten Gesundheit der Kummer und die Sorge ihres Lebens gewesen bin.«[21]

Tagelang blieb er im Bett, weinte, trauerte, aß nichts mehr und schrieb nur kurze Mitteilungen an enge Freunde, in denen er sie bat, nicht zu kommen.[22] Der einzige willkommene Gast war sein Onkel Georges. Proust war oft mit seiner Mutter zum Abendessen in die Wohnung ihres Bruders am Boulevard Haussmann gegangen, und es war ein überraschender Trost für ihn, mit ihm lange Gespräche über sie zu führen: Noch nie zuvor hatte er aus einer anderen Perspektive soviel über sie zu hören bekommen. Der Onkel besuchte ihn fast jeden Abend, bis sein Gesundheitszustand ihn daran hinderte – auch er litt an Urämie.[23]

Den ganzen November über war Proust nur zu den elementarsten lebensnotwendigen Verrichtungen fähig. Wenn er in niedergeschlagener Stimmung in den Papieren der Eltern blätterte, erlebte er beinahe glückliche Augenblicke – er wurde zurückversetzt in die Vergangenheit, als sie noch lebten, und noch weiter zurück, wenn eine Photographie oder ein Brief eine Verbindung bot. Sie hatten zum Beispiel häufig mit Monsieur d'Osmond diniert, dem Neffen von Madame de Boigne, die für ihn ihre Memoiren geschrieben hatte. Seine Photographie erinnerte Proust deshalb an Bälle, auf denen Marie-Antoinette getanzt hatte.[24]

Sehr lange dachte er darüber nach, wie seine Mutter gezögert hatte, für ihn eine Photographie aufnehmen zu lassen. Sie hatte ihm viele Bilder von sich hinterlassen, doch das eine, das er niemals vergessen würde, war ihr Gesicht als Tote. Im Roman bezieht er sich auf den Tod seines Vaters, wenn er den Schlaganfall der Großmutter in einer öffentlichen Bedürfnisanstalt beschreibt, und auf den Tod seiner Mutter, wenn er das tote Gesicht plötzlich jung erscheinen läßt.

> Als ich mit den Lippen meine Großmutter berührte, bewegten sich ihre Hände und ein langer Schauer durchlief ihren ganzen Körper, vielleicht war es ein Reflex, vielleicht aber haben auch gewisse zärtliche Gefühle ihre Hyperästhesie, die durch den Schleier der Unbewußtheit hindurch erkennt, was zu lieben sie der Sinne beinahe nicht bedarf. Plötzlich richtete meine Großmutter sich halb auf und machte eine heftige

Bewegung wie jemand, der sein Leben verteidigen will. [...]
Meine Großmutter war tot.

Einige Stunden darauf konnte Françoise, ohne ihr damit
Schmerzen zu bereiten, ein letztes Mal das schöne Haar meiner Großmutter kämmen, das eben erst ergraute und bislang
weniger alt gewirkt hatte als sie selbst. Jetzt dagegen war es
das einzige, was das junggewordene Gesicht mit der Krone
des Alters versah: die Runzeln mit allem, was so viele Jahre
des Leidens ihm Verkrampftes, Angeschwollenes, Gespann-
tes oder Erschlafftes hinzugefügt hatten, waren daraus verschwunden. Wie in der fernen Zeit, da ihre Eltern für sie einen
Gatten ausgesucht hatten, zeichneten ihre Züge das sanfte
Bild von Reinheit und Fügsamkeit, ihre Wangen glühten von
keuscher Hoffnung, einem Traum von Glück, ja unschulds-
voller Fröhlichkeit, die die Jahre nach und nach zerstört hatten. Das entschwundene Leben hatte die Enttäuschungen des
Lebens mit sich fortgetragen. Ein Lächeln schien auf den Lippen meiner Großmutter zu liegen. Wie die Bildhauer des Mittelalters hatte der Tod sie auf dieses letzte Lager in der Gestalt
eines jungen Mädchens gebettet.[25]

Vierter Teil

FREIHEIT ZUM SCHREIBEN

1905-1909

15. Betäubt

Der Verlust der Mutter war die größte Herausforderung, der Proust sich jemals zu stellen hatte. Der Tod hatte den Spiegel zerbrochen, den er vierunddreißig Jahre lang – zwei Drittel seines Lebens – benutzt hatte. Das Gesicht, das sich darin gespiegelt hatte, war das Gesicht eines Kindes, des kleinen Marcel,[1] und seine heftigsten Kämpfe hatte er gegen seine Eltern ausgefochten: War er bei der ersten Beziehung zu einem Mädchen gescheitert, als die Eifersucht seiner Mutter ihn von Marie trennte, so blieb er doch siegreich bei seiner Flucht vor einer Arbeitsstelle, und trotz seiner Niederlage im Kampf um Ruskin hatte er die Arbeit als Übersetzer weitergeführt.

Die Frage war nun, welche Art von Reife er erlangen würde. Für Baudelaire war das Genie »l'enfance nettement formulée«, »deutlich formulierte Kindheit«[2] und »*l'enfance retrouvée* à volonté«, die willkürlich oder willentlich »wiederentdeckte Kindheit«.[3] Proust wird zwar an die Stelle von Baudelaires Willen die *mémoire involontaire*, die unwillkürliche Erinnerung, setzen, doch die Zeit, nach der er sucht, ist hauptsächlich die Kindheit. Das Genie, sagt Baudelaire, verbindet die Artikulationsfähigkeit des Erwachsenen mit jenem analytischen Geist, der die angehäufte Erfahrung zu ordnen vermag. Prousts Beobachtungs- und Erinnerungskraft war durch die Übung, die er sich selbst auferlegt hatte, verstärkt worden. Er war bereits eine erwachsene Version des Baudelaireschen Kindes, das mit einer animalischen Neugier hinsah, wenn es vor etwas Neuem stand. Wird diese Suche nach der Vergangenheit nun aber eine Ausflucht sein? Wird er nur die tote Mutter, die tote Großmutter, den toten Vater wiederzubeleben suchen, als ob die Erinnerungen an sie genauer und realer wären als die Menschen zu Lebzeiten? Wird er mit dem »gespannten, animalisch verzückten Blick« des Kindes auf die Außenwelt starren oder die Augen verschließen, um die Erinnerungen so heraufzuholen, als ob sie präziser wären, als sie es in Wirklichkeit sind.

Als Liebhaber wird er sich nun zwar nie mehr durch die Fragen seiner Mutter oder durch ihren unausgesprochenen Argwohn gehemmt fühlen, aber als Kranker wird er allein sein. Ärzte werden Rezepte ausstellen, Freunde werden Mitgefühl zeigen, Dienstboten werden Aufträge ausführen und vorsichtige Ratschläge geben, doch niemand wird mit ihm in jene Gemeinsamkeit eintreten, wie die Mutter und die Großmutter sie hergestellt hatten. Als er in *A l'ombre des jeunes filles en fleurs* die Mutter des Erzählers weiterleben lassen will, verlagert er die Erinnerungen an seine eigene Mutter auf die tote Großmutter :

> [Ich wußte], wenn ich mit meiner Großmutter war, daß mein Kummer, mochte er auch noch so groß sein, von einem noch umfassenderen Erbarmen aufgefangen wurde; daß alles, was mein war, meine Sorgen, mein Wollen, bei meiner Großmutter in ihrem stärker als mein eigener Selbsterhaltungstrieb entwickelten Bedürfnis, mein Leben zu erhalten und seine Kraft zu mehren, aufgehoben war; meine Gedanken setzten sich unmittelbar in ihr fort, weil sie aus meinem Geist in ihren übergingen, ohne eine Veränderung der Person oder des Milieus zu erfahren. […] Hielt ich meinen Mund […] auf ihre Wangen, auf ihre Stirn gedrückt, so schöpfte ich daraus etwas so Wohltuendes, eine solche nährende Kraft, daß die unbewegliche, ernste, ruhige Gier eines Kindes in mir war, das an der Mutterbrust trinkt.[4]

Sein Asthma wird ihn zwar nie mehr loslassen, doch die siebenundzwanzig Jahre der alltäglichen Verhandlungen mit seiner Mutter waren zu einem festen Bestandteil der Krankheit geworden. Unfähig, sie in eine Jokaste zu verwandeln, machte er sie zur Krankenschwester und ließ es zu, von einem Bedürfnis abhängig zu sein, das niemand sonst zu befriedigen vermochte. Kein Liebhaber wird mit ihm jemals die Wohnung teilen, männliche Dienstboten ausgenommen, und er wird an die weibliche Seite deren Wesens unrealistische Ansprüche stellen. Bei dem wichtigsten von ihnen, Alfred Agostinelli, wird es ihm gelingen, die Gewohnheit des Gutenachtkusses einzuführen, und selbst wenn es ihm in der Realität mißlingt, Alfred in eine Frau zu verwandeln, wird er, wenn er Alfred in Albertine verwandelt, daraus einen größeren fiktionalen Gewinn ziehen als bei der Übersetzung von Reynaldo in Françoise.

Von nun an wird Proust ein eigenes Zuhause und eigenes Geld besitzen. Nach dreiunddreißig Jahren finanzieller Abhängigkeit, und nachdem er doppelt so lange wie die meisten bei seinen Eltern gewohnt hatte und von ihren Dienstboten versorgt worden war, hat er nunmehr die Kontrolle über Vermögen und Lebensraum sowie eine unangefochtene Machtposition gegenüber dem Personal. Niemand wird den Dienstboten mehr die Anweisung erteilen, in seinem Zimmer kein Feuer zu machen oder ihm das Essen nicht aufs Zimmer zu bringen. Kann er sich nun aber vertrauensvoll der Zukunft zuwenden, oder wird er parasitär von der Vergangenheit leben? Seine größte Leistung, die sich auf die letzten fünfzehn seiner zweiundfünfzig Lebensjahre konzentriert, wird ein gewaltiger Roman über die Wiederaneignung der Vergangenheit sein, und seine Ambivalenz wird sich in Abschnitten zeigen wie jenem, wo er der geliebten Frau, Albertine, ihre Anwesenheit übelnimmt, weil sie ihn von den Erinnerungen an seine Großmutter ablenkt.

Immer wieder kommt er auf die Frage zurück, ob vergangene Freuden und Leiden in unserem Besitz bleiben. Auch wenn sie es tun, sind sie doch die meiste Zeit unzugänglich und wir selbst nicht mehr die Person, die sie erfahren hat. Der Tod der Mutter hatte ihn schließlich zu der Überzeugung gebracht, daß es nichts gibt, was wir jemals vollständig erfahren, außer in der Erinnerung. Die Präsenz dessen, was wir lieben, sei es ein Mensch, ein Gegenstand oder eine Landschaft, regt die Sinne an; die Einbildungskraft funktioniert dagegen nur in ihrer Abwesenheit. Als seine Mutter noch lebte, hätte er niemals von einem schrankenlosen Übergang der eigenen Gedanken in die ihren schreiben können oder von dem Gefühl des Getränktwerdens, wenn er sie küßte. Für ihn war es oft unsicher gewesen, ob er die kommende Stunde, den Tag oder die Woche ohne sie überstehen werde; und doch war die ungeduldige Erwartung ihrer Anwesenheit stets der Ungeduld über ihre tatsächliche Präsenz gewichen: Erst als er sie für immer verloren hatte, vermochte er zu erkennen, was ihm fehlte. Dieser Verlust war der Ausgangspunkt für sein ganzes hervorragendes Werk.

Dieses Werk konnte nur in der Abgeschiedenheit geschaffen werden. Zwar hatte er schon 1897 einen entscheidenden Schritt unternommen, sich von den anderen Menschen zurückzuziehen, als er begann, nachts wachzubleiben und tagsüber zu schlafen, doch erst die seit acht Jahren nachlassende Gesundheit hatte seine Verbindungen zur Außenwelt allmählich gelockert. Es gab Tage, an denen er

sich bis zu sechs Stunden lang mit Asthmapulver einräucherte, so
daß die Luft für andere Menschen fast nicht mehr erträglich war.
Der Rauch hielt sich hartnäckig in seinem Zimmer und erleichterte
ihm zwar das Atmen, doch alle anderen begannen zu husten und
bekamen tränende Augen.

Über kurz oder lang mußte er wohl seinen Entschluß, eine Klinik
aufzusuchen, in die Tat umsetzen. Er reservierte für drei Monate ein
Zimmer in der Klinik von Dr. Déjerine[5] in der Rue Blomet, doch an
dem Tag, als er dort hätte eintreffen sollen, bat er Dr. Sollier um
einen Hausbesuch, in der Hoffnung, er könnte sich vielleicht im
eigenen Bett behandeln lassen. Das kam natürlich nicht in Frage,
wie der Arzt ihm sagte, aber statt in die Klinik von Dr. Déjerine zu
gehen, fuhr er zu Dr. Sollier[6] nach Boulogne-sur-Seine (auch Billan-
court genannt). Dort gelang es dem Arzt jedoch nicht, sein Vertrauen zu gewinnen, auch wenn ein Wortgefecht, das die beiden
über Bergson austrugen, wohl kaum jene entscheidende Bedeutung
gehabt haben kann, die Proust ihm zuschrieb.[7] Vielleicht hatte Dr.
Déjerine einen entscheidenden taktischen Fehler begangen, als er
seinem Patienten das Schreiben verbot. Briefe hatten Proust immer
schon als Sicherheitsventil für Gefühle gedient, die unter Kontrolle
zu halten waren, wenn er im Bett bleiben mußte. Er widersetzte sich
dem Verbot und schrieb einen Brief an Louisa[8] und eine kurze Notiz
an Marie Nordlinger[9], und noch vor Mitte Dezember war er überzeugt: »Meine Behandlung fügt mir den größten Schaden zu, und
ich glaube, daß ich sie ohne weiteres Abwarten beenden werde.«[10]
Doch er wartete ab.

Ein Mittel, um mit der Isolation fertigzuwerden, war sein redseli-
ges Briefeschreiben. Kraft ärztlichen Verbots seiner Ersatzkontakte
mit Freunden beraubt, verlor er rasch den Glauben an die Zukunft
und wurde unglücklich und pessimistisch. Lucien besuchte ihn
zweimal; beide Male kam es zum Streit.[11] War Proust anfänglich
noch hoffnungsvoll gewesen, so begriff er bald, daß die Krankheit
unheilbar war, auch wenn er unrealistische Vorstellungen darüber
hatte, wie schnell sie ihn umbringen würde. Er war froh darüber,
daß seine Mutter gestorben war, ohne erkannt zu haben, wie düster
seine Aussichten waren.[12] Er verstieß im Januar 1906 erneut gegen
die Regeln und schrieb einen Kondolenzbrief an Francis de Croisset,
der seine Mutter verloren hatte: »Wie tief ich Sie bedaure! Aber

wie sehr beneide ich Sie auch darum, daß Sie durch Ihre Begabung und Ihren Ruhm Ihrer Mutter so oft eine große Freude machen konnten, daß Sie an die Vergangenheit mit einer Milde denken können, die mir versagt bleibt.«[13]

Er verließ die Klinik in der letzten Januarwoche 1906 und fühlte sich jetzt schlechter als zu Beginn der Kur. Allerdings wäre es ihm noch übler ergangen, wenn er in der Wohnung geblieben wäre. Die sechs Wochen Ruhe unter Aufsicht hatten ihm über das schlimmste Leiden hinweggeholfen. Zurück in der Wohnung und allein mit den Dienstboten, blieb er im Bett. Dr. Sollier kam zweimal zu einer Untersuchung vorbei, doch im Februar begann er um fünf Uhr nachmittags aufzustehen. Albu besuchte ihn jeden Tag, und bald übernahm Proust wieder jene hilfreiche Rolle, die er im Leben seiner Freunde gerne spielte. Antoine, der sein neues Stück[14] dem Direktor des Théâtre du Gymnase, Alphonse Franck, vorlegen wollte, erhielt den Rat, Madame Lemaire einen Gratulationsbrief zu ihrer Auszeichnung der Ehrenlegion zu schreiben.[15] Im März war Proust wieder soweit, daß er täglich von siebzehn Uhr an mit fünf guten Stunden rechnen und Freunde empfangen konnte.[16]

Proust war begierig darauf, mit Madame Catusse weitere Gespräche über seine Mutter zu führen. Sie fand ihn gewöhnlich in Pullover gekleidet vor – er konnte keine eng anliegenden Kleider tragen – und er ermahnte sie, niemandem zu sagen, daß er wieder gesund genug war, um Besucher zu empfangen.[17] Außer ihr, Albu und Lucien empfing er auch Madame Straus und Madame Lemaire, die versprach, bei Franck vorstellig zu werden, sobald Antoines Stück fertig sei.[18]

Sein erster Gang ins Freie wurde sorgfältig vorbereitet. Wenn er allein spazierenging, konnte er es vermeiden, den Mund zu öffnen und kalte Luft einzuatmen.[19] In der Abgeschiedenheit Therapiepläne aufzustellen war zwar weniger lustig als früher mit seiner Mutter zusammen, doch zumindest hatte er das Vergnügen, mit seinen Freunden brieflich zu plaudern. In der zweiten Märzwoche fühlte er sich schlechter als je zuvor in den vergangenen zwei oder drei Jahren,[20] doch als er Antoines Stück las, nahm es ihn so gefangen, daß er ein medizinisches Getränk vergaß, das er aufwärmen wollte. Die überhitzte Flasche explodierte, und die Flüssigkeit spritzte auf die Zimmerwände, den Manuskriptumschlag und den Brief.[21] Obwohl das Schreiben ihm schwerfiel, füllten die Notizen zu dem Stück schließlich elf Seiten. Am nächsten Tag stand er nicht auf,[22] und nachdem er sich am Ostersonntag eine Grippe geholt hatte, als er ausgegangen war, um Guiche zu treffen, mußte er zwei Wochen das Bett hüten[23] und durfte drei Wochen lang das Haus nicht mehr verlassen. Wie Reynaldo sagte, brauchte er offensichtlich einen Arzt, doch weil er Sollier nicht mehr in Anspruch nehmen wollte, ließ er Maurice Bize kommen, den er im August 1903 während der Abwesenheit seines Vaters konsultieren wollte. Er hatte dann Dr. Vaquez nur deshalb aufgesucht, weil Bize unabkömmlich gewesen war. Bize, der zusammen mit Robert Medizin studiert hatte, war ein »kleiner Mann, sehr ruhig, sehr seriös, sehr nett, sehr höflich«.[24] Proust nahm freilich die »tausend Medikamente«, die er ihm verschrieb, nicht ein. »Gekommen ist erst die Stunde der Konsultation. Die Stunde des Gehorsams wird später kommen.«[25] Sie kam nie: Für den Rest seines Lebens ließ er Bize holen, diskutierte mit ihm die Symptome und mißachtete seinen Rat. Es war beinahe so, als ob Proust darauf aus gewesen wäre, der Mutter gegenüber seine Gefolgschaft zu demonstrieren, die ihren Krankenzimmerinstinkten mehr vertraut hatte als den Rezepten irgendeines Arztes. Auf Prousts Nachttisch fanden nur zwei Sorten von Tabletten ihren Platz: Veronal als Beruhigungsmittel und Koffein zum Gebrauch als Stimulans.[26]

Seit seinem Klinikaufenthalt hatte er mit Montesquiou keinen Kontakt mehr gehabt, und als der Comte ihm im Mai schrieb, lud Proust ihn ein, abends nach neun Uhr zu ihm zu kommen, »wenn ein sehr warmes Zimmer Sie nicht erschreckt«.[27] Zwei Wochen später, als Montesquiou anläßlich einer Gustave-Moreau-Ausstellung in der Galerie Georges Petit in der Rue de Sèze einen Vortrag hielt, gab Proust an, er habe vorgehabt zu kommen, sei jedoch wegen Fieber verhindert gewesen. Er war so begierig, die Ausstellung zu sehen – sie dauerte vom 9. bis 28. Mai 1906 –, daß er versuchte, noch am letzten Tag um halb zehn Uhr abends Einlaß zu finden. Ein alter Schulfreund Antoines – Jacques Copeau, der sich später in der Theaterwelt einen Namen machen sollte – war Mitarbeiter der Galerie. Proust konnte die Ausstellung jedoch nicht besuchen.[28]

Als er Anfang Juni auf das Erscheinen seiner Übersetzung von *Sesame and Lilies* wartete, war er depressiv und neidisch auf Lucien, der ihm so begabt vorkam. »Es wäre so tröstlich, bevor ich sterbe, etwas zu machen, das Mama gefallen hätte. Und wenn ich Sie sagen höre, Sie seien entmutigt und Sie möchten ihre Bilderrahmen zerschlagen, sage ich mir, was für ein kleiner Undankbarer gegenüber dem Leben und gegenüber dem lieben Gott.«[29] Proust hatte sich noch immer nicht daran gewöhnt, keine Mutter mehr zu haben. »[…] ich höre keine Minute auf, an sie zu denken selbst im Schlaf, so daß ich sie immer neben mir sehe und nicht aufhöre, sie zu allem zu befragen, was ich mache, und ich glaube, sie antworten zu hören«.[30] »Ich träume von ihr, sobald ich einschlafe, und da ich mehrmals einschlafe, träume ich von ihr mehrmals am Tag. Doch fast immer ist sie so krank und so traurig, daß ich einen unendlichen Schmerz verspüre, und im Gegensatz zu dem, was man gemeinhin empfindet, ist es beinahe eine Erleichterung, beim Aufwachen zu wissen, daß das nicht stimmt, daß sie nicht traurig ist, daß sie nicht mehr leidet.«[31]

Depression und Krankheit vermischten sich. »Durch die vielen Monate ohne Luft bin ich zu rasch entkräftet.«[32] Obwohl er immer noch zu krank war, um sich anzuziehen oder auszugehen[33] oder auch nur vor dem Diner aufzustehen, entschloß er sich, die Widmungsexemplare von *Sésame et les lys* selbst zu versenden, da der Verlag Mercure de France sich beim Versand der *Bible d'Amiens* als unfähig erwiesen hatte, »so daß ich seit einigen Tagen ohne Unterlaß die Arbeit eines Händlers mache, mit Schnurrollen und Einwikkelpapier und den Pariser Adressbüchern.«[34] Wieder einmal nahm er sich vor, mit kleinen Spaziergängen zu beginnen, auch wenn er dabei nur einen Mantel über die Kleidung anziehen würde, die er im Bett trug. Die Pläne blieben jedoch Phantasie; allerdings war er »entschlossen, nächstes Jahr jeden Tag auszugehen und mich anzukleiden […]«.[35]

Er schrieb an Gaston Calmette und fragte ihn, ob *Sésame et les lys* im *Figaro* besprochen oder wenigstens erwähnt werden könnte, und er bot sich an, selbst etwas zu schreiben. Die ideale Rezensentin wäre Anna de Noailles, doch sollte Calmette ihr nicht sagen, daß er sie vorgeschlagen habe, und er sollte auch Beaunier nicht bitten, der »mir gegenüber bereits so liebenswürdig war (daß es besser wäre, ihn nicht zu belästigen)«.[36] Am 5. Juni erschien im *Figaro* auf der Titelseite ein »Instantané«:[37] »M. Marcel Proust. Einer unserer anspruchsvollsten und feinsinnigsten Schriftsteller. Prosaist und

Dichter. [...] Seine Übersetzungen sind sehr originalgetreu und von
einer solchen Qualität, daß sie dem schönen Ruskinschen Werk ein
schönes französisches Werk hinzufügen. [...] Ein Gelehrter, der es
versteht, zugleich Essayist zu sein; was gibt es Selteneres und Kost-
bareres?« Der Text war nicht namentlich gekennzeichnet.[38] Begeistert schrieb Proust einen Dankesbrief an Calmette,[39] und als er
erfuhr, daß Beaunier der Verfasser war, dankte er diesem überschwenglich und betonte, er sei weder »gelehrt« noch »anspruchsvoll« noch »feinsinnig« und »auch sonst nichts von dem, was Sie in
Ihrer unfaßlichen Güte sagen«.[40]

Calmette und Beaunier waren jedoch noch nicht zu Ende gekommen. An auffälliger Stelle des Titelblatts der Ausgabe vom 14. Juni
1906 stand eine lange Besprechung. Von der Übersetzung heißt es:

> Sie ist das Musterbeispiel einer gelungenen Übersetzung, ein
> Meisterwerk intelligenter Schmiegsamkeit, ein erstaunlicher
> Erfolg. [...] Er liest Ruskin ein wenig so wie Montaigne Plu-
> tarch las: er ›versucht‹[41] in der Berührung mit einem anderen
> Denken sein eigenes Denken; er befragt sich selbst danach,
> wieviel Glaubwürdigkeit die Ansicht eines anderen, den er
> achtet, in ihm weckt; er hat Zweifel, nimmt vielfältige Unter-
> schiede wahr zwischen der Aussage des anderen und jener, die
> er selbst gerne formuliert hätte: unmerklich gelangt er dazu,
> über sich selbst Rechenschaft zu geben. Es ist das Spiel eines
> zartfühlenden Moralisten, der unschlüssig ist, weil er den
> *esprit de finesse*, den intuitiven Geist des Subtilen besitzt und
> die Kehrseite der Dinge sieht.[42]

Soviel Lob anzunehmen war schwer. Wegen des Leidens, das er
erdulden müßte, wenn es zurückgezogen würde, war dieses Lob beinahe so unerträglich wie mütterliche Liebe. »Ich habe Angst davor,
daß Beaunier eine Abneigung gegen mich faßt, und ich mag ihn so
sehr, daß mich dies außerordentlich schmerzen würde. Ich werde nie
mehr eine Zeile von mir veröffentlichen (was leider in mancher Hinsicht höchst wahrscheinlich ist), ohne von ihm vorher die schriftliche Verpflichtung zu erbitten, daß er sich nicht darüber äußern
wird.«[43] Proust bedankte sich bei Calmette mit einem Gemälde von
Madeleine Lemaire. »Da es mir nicht so gut ging, daß ich mich aufmachen konnte, um mich bei Ihnen für all Ihre bezaubernden Lie-
benswürdigkeiten mir gegenüber zu bedanken, wollte ich, daß Blu-

men Ihnen meine Botschaft und meine Dankbarkeit überbringen. Und damit sie sich ebenso lange halten können wie das, was sie ausdrücken, und nicht welken, habe ich Madame Lemaire gebeten, sie zu malen, da ich weiß, daß Ihnen ein Bukett willkommener ist, wenn es ihre Signatur trägt, die Sie wertschätzen.«[44]

In sein Glück über die Zeitungsnotiz und die lange Besprechung mischte sich Skepsis, sobald er entdeckte, daß keiner der Freunde, die ihn besuchten, die beiden Zeitungstexte gelesen hatten. Reynaldo waren beide irgendwie entgangen, während Albu, nachdem er bemerkte, es sei doch seltsam, daß der *Figaro* von *Sésame* überhaupt nicht gesprochen habe – woraufhin Proust erwiderte, es sei dort im Gegenteil zuviel darüber gesprochen worden –, sagte: »Du mußt dich täuschen, denn meine Frau liest jeden Morgen den *Figaro* von Anfang bis Ende, und es stand absolut nichts über Dich darin.« Lucien, der den *Figaro* ebenfalls jeden Morgen las, hatte beide Texte übersehen und bat Proust, sie ihm zu senden.[45]

Trotz Beauniers Besprechung hatte Proust den Eindruck, nicht so gut zu schreiben wie zur Zeit von *Les plaisirs et les jours*. »Was die Anmerkungen betrifft, so ist das reines Geschwätz, und ich wollte gerne ernsthafter arbeiten. Doch ein Minimum von physischem Wohlbefinden ist notwendig, nicht allein um arbeiten zu können, sondern auch um poetische Eindrücke aus der Außenwelt aufzunehmen. Und verläßt einen das unbehagliche Gefühl einmal für eine Sekunde und stellen sich jene Eindrücke ein, dann genießt man sie, wie ein Genesender sich freut, ohne daß die Kräfte, die unaufhörlich damit beschäftigt sind, die Verheerungen der Krankheit zu bekämpfen, anderen Zwecken zugeführt und frei werden könnten, um das, was man fühlt, Fleisch und Blut werden zu lassen.«[46] Da ihm teilweise bewußt war, daß seine Zukunftspläne eher Tagträume waren, unternahm er sporadische Bemühungen, sie in die Realität umzusetzen, doch als er am 18. Juni eine Viertelstunde spazierenging, ohne entsprechend bekleidet zu sein, bekam er einen so heftigen Asthmaanfall, daß er ganz niedergeschlagen zu seiner alten Gewohnheit zurückkehrte, um zehn Uhr abends aufzustehen.[47]

Trotz seiner Krankheit machte sich seine Sexualität wieder bemerkbar. Nachdem er so lange Zeit eng mit seinen Eltern zusammengelebt hatte, genoß er nun zumindest soviel Freiheit wie 1894 in den Ferien mit Reynaldo oder während der Venedigreise, die er im Jahre 1900 ohne seine Mutter unternommen hatte. Die meisten Freundschaften mit gutaussehenden jungen Adligen waren platonisch gewesen, doch nun war er frei, mit Männern aus den unteren Gesellschaftsschichten intim zu werden. In einem Brief an Reynaldo Hahn vom Juni 1906 wird nach einem jungen Mann namens Bardac gefragt: »Ist der junge Bardac, dieses Meerschweinchen aus rosa Koralle, in Paris? wie ist sein Vorname? Ich würde ihm schreiben …«[48]

Im Juli wird Lucien gebeten, den Namen eines jungen Hausangestellten der schwedischen Gesandtschaft herauszufinden.[49] Im August gab Robert Ulrich, der einunddreißigjährige Neffe von Prousts Köchin Félicie Fitau, über einen Freund Reynaldos tausend Francs zurück, die Proust ihm entweder geliehen oder geschenkt hatte.[50] Nach etwa zwölf Jahren Dienst im Gendarmeriekorps war Ulrich Gefreiter, und Proust fragte, ob Billy eine Anstellung für ihn finden könnte. Im November bat Proust ihn erneut, seine Verbindungen spielen zu lassen, um für einen anderen jungen Mann eine Stelle im Kriegsministerium zu finden, einen Fünfundzwanzigjährigen, »sehr distinguiert, und von erfreulichem Äußeren, gute Handschrift, Buchführung recht gut, sehr gute Manieren, sehr ernsthaft, aber ohne größere Bildung«.[51] Und im Dezember versuchte Proust über Reynaldo zwei Theaterkarten für Ulrich zu bekommen.[52]

Im Juli bat Proust Lucien um eine Gefälligkeit, und zwar sollte dieser herausfinden, wer der Rezensent des *Gaulois* war, der mit »Salz und Pfeffer« unterzeichnete und der geschrieben hatte: »M. Marcel Proust hat recht, die merkwürdigen Werke des Dichter-Philosophen bei uns populär zu machen, der bald mit der feurigen Stimme der Inspiration, bald mit dem harten Akzent des Pädagogen spricht, der sowohl aus dem Herzen spricht als auch gewundene Erklärungen liefert, der gut im Empfinden und weniger gut im Schlußfolgern ist.«[53] Der Rezensent war Léon Daudet, doch das erfuhr Proust von Lucien, dem Bruder Léons, nicht. Proust zog den Schluß, daß Léon wohl eher von gutem Willen als von gutem Geschmack geleitet war, »daß Ruskin und ich ihn wütend machen und daß er darauf losging wie ein Hund, den man peitscht oder der sich vielmehr selber anpeitscht«.[54]

Die Julinummer der Monatszeitschrift *Le Mouvement* enthielt eine positive Besprechung von *Sésame et les lys*, verfaßt von Marcel

Cruppi, einem entfernten Verwandten: Seine Mutter war die Enkelin von Madame Prousts Großonkel.[55] Proust wandte sich in seinem Dankesbrief gegen Cruppis Unterscheidung zwischen Schriftstellern, die eine blinde Liebe auslösen, und solchen, die zu langen Kommentaren Anlaß geben. »Ich glaube, es sind dieselben, allerdings erfaßt in einem jeweils anderen Zeitabschnitt unserer Bewunderung für sie. Ich glaube nämlich, daß sie nur im ersten Zeitabschnitt fruchtbar sind, das heißt dann, wenn wir sie blindlings lieben, weil sie in diesem Augenblick tief auf unser Empfinden einwirken. Später sprechen sie nur noch unseren Sinn für Kritik an, der eine eher unbedeutende Fähigkeit ist, in der die Persönlichkeit sich kaum bemerkbar macht.« Proust schrieb außerdem: »Es gibt eine große Anzahl von Schriftstellern, deren Ansichten ich alle teile, die ich aber keineswegs bewundere. Umgekehrt denke ich über fast keinen einzigen Gegenstand so wie Ruskin, bewundere ihn aber unendlich [...].«[56]

Eine weitere Rezension erschien in der neuen Zeitschrift *Les Lettres*: »Prousts Übersetzung ist in einem vortrefflichen Französisch geschrieben [...]. Eine solche Übersetzung ist im Grunde eine Zusammenarbeit. Dazu ist der bezaubernde Verfasser von *Les Plaisirs et les jours* zu beglückwünschen.« Fernand Gregh war einer der wichtigsten Beiträger zu *Les Lettres*, und da die Rezension mit Henry Chalgrain unterzeichnet war, einem Pseudonym, das Gregh in *Le Banquet* benützt hatte, nahm Proust an, daß er der Rezensent war. Die Rezension war jedoch von Greghs Frau verfaßt worden.[57]

Proust, der Louisa noch immer helfen wollte, empfing ihren Besuch am 12. Juli 1906. Die Schauspielerin Réjane stellte eine Truppe für ihr neues Theater zusammen, das sie im Dezember eröffnen wollte, und Louisa hoffte, dort mitarbeiten zu können. Proust bat Reynaldo, »Réjane anzuraten, zu Mornand etwas Nettes zu sagen«. Der Vorstoß führte jedoch zu nichts.[58] Am Tag von Louisas Besuch hob das Appellationsgericht das sieben Jahre zuvor in Rennes gefällte Urteil auf, in dem Alfred Dreyfus für »schuldig, unter Zubilligung mildernder Umstände« erklärt worden war. Es war deutlich erkennbar, daß das Gericht sich bei der Überprüfung des Falles sehr viel Zeit gelassen hatte, und als die Abgeordnetenkammer abstimmte, um Dreyfus und Picquart zu rehabilitieren, war dies lediglich ein opportunistisches Manöver im Anschluß an den im Mai errungenen Wahlerfolg der Radikalen und der vereinigten Sozialisten, die darauf aus waren, der Armee und der Kirche zu schaden. Sechs Tage später wurde der zum Major beförderte Dreyfus im Hof der Militärschule zum Ritter der Ehrenlegion ernannt. Picquart, 1898 zum Rücktritt gezwungen, wurde General und noch im selben Jahr Kriegsminister. Ebenso unvergessen blieb Zola. Am 13. Juli 1906 stimmten die Abgeordneten dafür, seine sterblichen Überreste in das Pantheon überzuführen. Reinach hingegen wurde übergangen, obwohl er »viel mehr getan hat als Zola«, wie Proust schrieb.[59]

Proust wußte, daß die Rehabilitierung von Dreyfus und Picquart mit Gerechtigkeit nichts zu tun hatte. Ohne zu vergessen, was General Mercier getan hatte, empfand Proust Mitleid mit dem fünfundsiebzigjährigen Mann, als dieser in der Kammer von Männern beleidigt wurde, die erst seit wenigen Wochen Dreyfus-Anhänger waren[60], und als die Presse einen Vernichtungsfeldzug gegen ihn führte, als ob er für das Fehlverhalten der Justiz der Alleinschuldige wäre. »Das ist schrecklich zu lesen, denn auch noch im bösesten Menschen steckt ein armes, unschuldiges Pferd, das auch Schmerzen empfindet, stecken ein Herz, eine Leber, Adern, in denen kein Falsch ist und die leiden. Und die Stunde der schönsten Triumphe ist getrübt, weil es immer jemand gibt, der leidet.«[61] Für die beiden Hauptopfer der Affäre war das Leben »nach Art der Märchen und der Zeitungsromane von der Vorsehung begnadet«. Doch dies war eine Ausnahme. »Wir alle haben leider in den vergangenen zehn Jahren in unserem Leben viel Kummer, viele Enttäuschungen, viele Qualen erlitten. Doch keinem von uns wird je die Stunde schlagen, wo Kummer in jubelnde Freude, Enttäuschung in unverhoffte Erfüllung und Qual in überschäumenden Triumph sich wandeln. Ich werde immer mehr der Krankheit verfallen, immer mehr werden jene, die ich verloren habe, mir fehlen, immer unerreichbarer wird, was ich mir vom Leben habe erträumen können, für mich werden.«[62]

Die einzige Therapie, die er sich selbst anbieten konnte, waren weitere Planungen für einen Urlaub, den er nie antreten sollte. Sein erster Gedanke war, ein Schiff zu mieten und an der Küste der Normandie und der Bretagne entlangzufahren, doch eine große Jacht konnte er sich nicht leisten, und die kleineren erschienen ihm wohl zu unsicher. Warum nicht eine Villa in der Nähe von Cabourg mieten, zusammen mit Albu und dessen Frau? Wenn er ihre Adresse erfahren würde, könnte Madame Straus vielleicht herausfinden, ob die Region für ihn gesund wäre. Oder er könnte in Trouville ein Haus mieten und Félicie mitnehmen. Ob Madame Straus vielleicht wisse, ob das Chalet d'Harcourt zu mieten wäre, und wenn ja, ob es dort nicht zu zugig sei? Oder er könnte ein Appartement mit zwei Zimmern im Hotel Roches Noires mieten, sofern dort die Wände nicht zu dünn sind. Außerdem waren die Seeluft und der Abendnebel aus dem Tal für ihn schädlich. »Wenn ich jedoch etwas finden könnte, das gut gebaut ist, ein nicht zu feuchtes Haus, nicht staubig, modern und knapp möbliert, nicht hinter andere Häuser gedrängt, sondern entweder am Strand oder auf der Höhe, und für den August nicht teurer als tausend Francs, dann würde ich es vielleicht nehmen.« Für ein Hotel wäre er freilich bereit, etwas mehr zu bezahlen, weil dort das Essen ja im Preis inbegriffen wäre. Doch selbst dann, wenn er einen dieser Pläne in die Tat umsetzen würde, könnte er ja krank werden und müßte dann vielleicht schon nach zwei Tagen wieder abreisen.[63] Über den Anteil der Phantasie an seinen Vorbereitungen war er sich bewußt. »In dieser Zeit der ›Ferien‹ habe ich einen erschreckenden (und platonischen) Verbrauch an Fahrplänen, und ich arbeite tausend ›Rundreisen‹ bis ins kleinste Detail aus, die ich dann zwischen zwei und sechs Uhr morgens auf meiner Chaiselongue unternehme.«[64] In der *Recherche* wird Swann, als Odette ihn verläßt, sich »in den berauschendsten Liebesroman (versenken), den es gibt, den Fahrplan, der ihn über die Möglichkeiten, am Nachmittag, am Abend, am Morgen sogar in ihrer Nähe zu sein, unterrichtete!«[65]

Zwei Tage später verdoppelte Proust den Betrag, den er für eine Villa in Trouville zu bieten bereit war, vorausgesetzt, sie sei »wirklich trocken, *nicht unter Bäumen*, in der Höhe, aber nicht dem Tal zugewandt, wo es Nebel gibt (mit ›in der Höhe‹ meine ich nicht im Ort, doch am Strand würde mir passen), Elektrizität wenn möglich, ein neuerer Bau, nicht staubig (der *modern style* ist das, was ich brauche, um unbeschwert zu atmen – welcher Stil –), nicht feucht; ich brauche nur mein Schlafzimmer, zwei Dienstbotenzimmer, ein Eßzimmer, eine Küche. Ein Badezimmer ist nicht entscheidend, wenn auch sehr angenehm. Ein Salon überflüssig. So viele WCs wie möglich.«[66]

Drei Tage später zögerte er immer noch, obwohl die Möglichkeit, eine Villa mit den Albuferas zu teilen, sich beinahe schon verflüchtigt hatte. Albu war nach Deutschland abgereist, wo sein Schwager, Prince Eugène Murat, bei einem Automobilunfall ums Leben gekommen war. Proust teilte seine Unschlüssigkeit mit Madame Straus, so wie er sie früher mit seiner Mutter geteilt hatte: »[…] doch würde es nicht lächerlich sein, meine alte Köchin in ein Hotel mitzunehmen? […] Wohin ich auch käme, ich wünschte, daß dort Gas nicht unbedingt notwendig wäre, denn selbst wenn es installiert ist, muß ich es unbenutzt lassen, da ich es nicht vertrage.«[67]

Fünf Tage später, am Montag, dem 6. August 1906, zog er in das Hôtel des Réservoirs in Versailles, etwa zwanzig Kilometer vom Pariser Stadtzentrum entfernt. Da er von der schweren Krankheit seines Onkels Georges wußte, war er zu dem Schluß gekommen, daß er nicht weiter weg fahren könne. »Nun hat mich der sehr ernste Zustand meines Onkels daran gehindert, eine Entscheidung zu treffen. Und trotzdem fühlte ich meinen Willen entschwinden, meine Kräfte dafür verraucht.«[68] Kaum hatte er sich in dem Hotel eingerichtet, in dem Reynaldo gelegentlich wohnte, wenn er sich auf seine Arbeit konzentrieren wollte, wurde Proust krank. »Ich glaube nicht, daß ich hier bleiben werde, sobald ich imstande bin, Versailles zu verlassen, werde ich dies wohl tun. Aber selbst wenn ich nach Trouville gehen sollte, könnte das nicht sofort geschehen, weil ich zu abgespannt bin.« Das Hotel, ein Herrschaftssitz aus dem 18. Jahrhundert, war einst für Madame de Pompadour gebaut worden, und Proust hatte dort »ein riesiges Prachtappartement (das jetzt viel kostspieliger für mich wird als Trouville!), aber es ist sehr trist, düster und kalt mit Ölbildern, Tapetenbehängen und großen Standspiegeln. […] Ich weiß gar nicht, wie man so etwas hat anlegen können, daß die Sonne niemals, zu keiner Stunde, eindringt. […] Ich habe jedoch zwei Klaviere, mit einer entzückenden Büste auf dem einen […].«[69]

Er schrieb an Reynaldo, um ihn zu fragen, wieviel Trinkgeld er dem Zimmermädchen, dem Diener, der Telephonistin, dem Portier mit der theatralischen Perückenfrisur und dem Oberkellner Hector, der nebenher ein Antiquitätengeschäft[70] betrieb, geben sollte. Einer der Hotelgäste war ein Maler, der Reynaldo kannte: Hans Schlesinger.[71] Er sagte zu Proust, sein Bart stehe ihm sehr gut, »weil das immer gut zu alten Gesichtern und zu Gesichtern mit Altersspuren paßt«.[72]

Wenn Proust an die Urämie seines Onkels dachte, mußte er auch an die seiner Mutter denken. Bei Georges Weil hatte die Krankheit die Form einer Muskellähmung angenommen, und beinah zwei Monate lang schrie er bei fast jeder körperlichen Bewegung vor Schmerzen. Bei der Krankheit der Mutter hatte der körperliche Schmerz eine so geringe Rolle gespielt, daß niemand ahnen konnte, wie schwer es ihr fiel, mit dem Fortgang der Krankheit fertigzuwerden. »Ich weiß, daß meine Worte barbarisch klingen, aber ich, der ich seit ihrem Tod keine Stunde ohne den Versuch habe verstreichen lassen, das noch einmal zu durchleben, was sie seit ihrer Rückkehr aus Evian mag gedacht und gelitten haben, kann dadurch eine derartige Summe Schmerz rekonstruieren, daß ich tausendmal lieber physische Schmerzen für sie gewollt hätte, die ihr, ich weiß es, so wenig bedeuteten.«[73] Wie er erkennen mußte, war sein Leben ohne sie weniger quälend. »Ich leide schrecklich darunter, daß ich Mama verloren habe, aber andererseits zittere ich nicht mehr ständig um sie. Das geht so weit, daß ich eine entsetzliche Ruhe, eine herzzerreißende Heiterkeit empfinde, seit sie nicht mehr da ist. Eine große Liebe ist eine immerwährende Angst.«[74]

Obwohl Proust sich Sorgen um seinen Onkel machte, hatte der Sterbende keinen Nutzen von der Nähe seines Neffen, der durch eigenes Verschulden krank wurde, als er sich dazu zwang, aufzustehen und auszugehen. »[...] alles erscheint mir finster und unmöglich, wenn ich eine Krise habe.«[75] Als sein Onkel am 22. August starke Schmerzen hatte, zog Proust einen Mantel über sein Nachthemd, reiste nach Paris,[76] kam jedoch zu spät an: »Während seiner Agonie bin ich bei ihm gewesen, ohne daß er mich erkannt hätte [...].«[77] Auf der Rückfahrt bekam er einen Asthmaanfall, so daß er sich zwei Stunden lang im Bahnhof Saint-Lazare ausruhen mußte, und dann versuchte, sich mit Koffein zu stärken. Der beschämende Vorfall, der ihm dann zustieß (und den zu beschreiben er sich weigerte), war wohl auf die diuretische Wirkung des Koffeins zurückzuführen. Ein freundlicher junger Eisenbahner kam ihm zu Hilfe. »Und diese Reise nach Paris hat mich in einen derartigen Zustand versetzt – beinah ein Unfall am Bahnhof –, daß ich nicht zum Begräbnis meines armen Onkels habe gehen können.«[78]

Der Mietvertrag für die Wohnung in der Rue de Courcelles lief im September aus, und dies führte erneut zu einem ebenso wilden wie nutzlosen Pläneschmieden: Georges de Lauris, Robert de Billy und René Peter wurden mobilisiert, um für ihn Wohnungen zu besichtigen. Peter wurde gebeten, das freie Zwischengeschoß am Boulevard Haussmann zu inspizieren, wo Onkel Georges gelebt hatte, und weitere Wohnungen an der Place Louvois, in der Rue de Prony und in der Rue Lapérouse anzusehen.[79] Georges de Lauris erhielt den Auftrag, sich in Straßen wie der Rue Cambacérès, Rue de la Ville l'Evêque, Rue Châteaubriand, Rue Lord Byron, Rue Washington und Rue d'Artois nach Wohnungen in Neubauten zu erkundigen, die einen Lift hatten, und dabei auf Komfort, Lärm und Staub zu achten.[80] Lauris machte sich viel Mühe und geizte nicht mit seiner Zeit. »Diese erschreckende Liste mit Wohnungen aus Ihrer Feder nimmt, wenn man daran denkt, daß Sie alle besichtigt haben, etwas Episches an, etwas Heroisches, und ich fühlte mich angesichts Ihrer Güte sehr klein.«[81] An Robert de Billy schrieb er: »Ich habe kaum die Kraft zu schreiben und werde Ihnen einfach nur mit einem Wort sagen, daß mich Ihre Güte zu Tränen rührt«, doch der Brief enthält sogleich eine weitere Bitte: ob er, Robert, für ihn ein Dessertservice aus Kopenhagener Porzellan als Hochzeitsgeschenk für Luciens Schwester Edmée besorgen könnte, das freilich nicht mehr als hundert Francs kosten dürfte?[82] Auch dieser Auftrag wurde ausgeführt, doch die vielen Stunden, die Robert de Billy, René Peter und Georges de Lauris für die Wohnungssuche aufbrachten, waren alle umsonst. Da Proust großen Wert auf eine vertraute Umgebung legte, entschied er sich für die Wohnung seines verstorbenen Onkels und schrieb darüber an Madame Straus:

> Ich habe mich schließlich nicht dazu entschließen können, in ein Haus zu ziehen, das Mama nicht gekannt hat, und als Übergangslösung habe ich für dieses Jahr eine Wohnung in unserem Haus Boulevard Haussmann als Untermieter akzeptiert, wohin ich oft mit Mama zum Abendessen eingeladen war, wo wir zusammen meinen alten Onkel [Louis Weil] in dem Zimmer haben sterben sehen, das ich bewohnen werde. Ach, es ist wie verhext, ich werde aber auch alles haben! Den

grauenhaften Staub, die Bäume unter meinem Fenster, die sogar daran stoßen, den Lärm des Boulevard zwischen dem Printemps und Saint-Augustin![83]

Auf dem Boulevard fuhr sogar eine Straßenbahn.

Vor einem Jahr hatte Proust in »Sur la lecture« geklagt, in Zimmern leben zu müssen, die weder seinem Geschmack noch seinem Bewußtseinsstand entsprachen und bei deren Ausstattung er nicht hatte mitwirken können. Jetzt vermochte er die Chance, seiner Umgebung den eigenen Stil aufzuprägen, nicht zu nutzen. Das Haus, das Louis Weil gehört hatte, war gemeinsamer Besitz von Georges Weil und Madame Proust; Georges Anteil war seiner Frau Emilie zugefallen, Madame Prousts Anteil zur Hälfte Marcel und zur Hälfte Robert. Als die drei Freunde Prousts auf Wohnungssuche waren, hatte Proust zwar seine Anforderungen genau formuliert, doch er selbst entzog sich jeder Verpflichtung, sie zu respektieren. »Ich habe mich nicht dazu entschließen können, ohne Übergang in einem für Mama wildfremden Haus zu wohnen, und habe für dieses Jahr die frühere Wohnung meines Onkels, 102, Boulevard Haussmann als Untermieter übernommen, wohin ich mit Mama einige Male zum Abendessen ging, wo ich meinen Onkel in dem Zimmer habe sterben sehen, das fortan das meine wird, dessen goldene Verzierungen auf einer fleischfarbenen Wand aber, dessen Staub durch das Stadtviertel, dessen ständiger Lärm, bis hin zu den gegen das Fenster gedrückten Bäumen – ohne diese Erinnerungen offensichtlich äußerst wenig der Wohnung entsprechen, nach der ich suchte!«[84] Nur wenige Menschen, insbesondere Kranke, möchten wohl in einem Zimmer schlafen, das sie an ein Totenbett erinnert, doch Proust, der glaubte, es würde ihn seiner verstorbenen Mutter näherbringen, ging bereitwillig das Risiko vermeidbarer Asthmaanfälle ein. »Wenn ich dort nicht bleiben kann, werde ich wieder ausziehen.«

Es war eine große Wohnung in der Nummer 102 am Boulevard Haussmann, mit zwei Salons, einem Vorzimmer, einem Eßzimmer, einem Rauchzimmer und zwei Schlafzimmern nebst Zimmern für Dienstboten, und er meinte, sie werde für ihn auf die Dauer wohl zu teuer sein. »Dieses Jahr aber habe ich sie relativ günstig bekommen, da ich sie von einer Mieterin in Untermiete übernahm, die sie bezahlte, ohne die Wohnung zu bewohnen.«[85]

Seit dem Tod der Mutter waren seine Freunde für ihn weniger wichtig geworden. Was er hauptsächlich wünschte, war der Umgang mit Menschen, die ihr nahe gewesen waren, und seit dem Tod von Onkel Georges waren die besten Gespräche, die er über seine Mutter führen konnte, die mit Madame Catusse. Er wünschte sich, daß sie ihn in Versailles besuche, während er andere Menschen mit Varianten einer Formulierung abwimmelte, die er gegenüber Antoine gebrauchte: »[...] es ist unmöglich, mich dort vor acht Uhr abends zu besuchen, und danach schwierig.«[86] Reynaldo rief ihn ständig an, weil er ihn besuchen wollte,[87] und ohne die ablehnende Haltung Prousts zu beachten, stattete er ihm mindestens einen Besuch ab, bei dem er Bücher mitbrachte. Die einzige Einladung, die Proust aussprach, galt Monsieur und Madame Catusse: »Würden Sie in einigen Tagen, wenn ich etwas weniger erschöpft bin, damit einverstanden sein, um acht Uhr (mit Charles, wenn er in Paris ist) zum Abendessen hierherzukommen (Hôtel des Réservoirs), indem Sie gegen fünf bei mir anfragen lassen, ob ich nicht zu leidend bin, es wäre die einzige Möglichkeit, uns zu sehen (aber sagen Sie es niemandem, damit Sie nicht Nachahmer haben – derart gefährlich ist die Anstrengung für mich). Ich verfüge über einen kleinen Salon, Sie müßten nur bitte wegen meines Nachthemdes und meiner Pullover ein Auge zudrücken.«[88]

Sie war es auch, mit der er sich auf sein nächstes kompliziertes Planungsspiel einließ. Weil Robert und Marthe von den Möbeln aus der Rue de Courcelles nichts haben wollten, mußte Marcel entscheiden, was wohin kommen sollte, und er selbst wollte so viele Möbel übernehmen, wie seine neue Wohnung aufnehmen konnte.[89] Einiges von dem roten Mobiliar seiner Großeltern sollte in der Wäschekammer und im Badezimmer aufgestellt werden. Im Schlafzimmer wollte er entweder die Möbel aus dem väterlichen Schlafzimmer oder die blauen Möbel seiner Mutter haben, jedoch nicht den schwarzen Spiegelschrank aus ihrem Zimmer – er zog den Spiegelschrank aus der Abstellkammer vor –,[90] und auch nicht ihr Porträt in Öl von Madame Beauvais. Er fand es nicht besonders gut: »[...] ich fürchte aber, daß seine vage Ähnlichkeit, die sich erst dann deutlicher zeigte, als meine Mutter durch den Tod so unwahrscheinlich verjüngt wurde, für mich überaus schmerzlich sein würde.« Er wollte es zwar an die Wand hängen, aber nicht im Schlafzimmer,

sondern im großen Salon, wo er es weniger oft zu sehen bekam.[91]
Die alten Photographien wollte er alle behalten, »um eine Auswahl
zu treffen, denn ich will meine Großeltern und sogar deren Eltern,
die ich zwar nicht kannte, die Mama aber liebte, bei mir haben.«[92]

Was die Einrichtungsgegenstände betraf, bis hin zu den Teppichen, so war Proust ›sentimental‹. Der Teppich aus dem Eßzimmer
»ist so etwas wie ein alter Diener. Könnte er nicht einen ehrenvollen
Ruheplatz in einem der Zimmer bekommen?« Allerdings war er
bereit, einige Bronzefiguren an Leute wegzugeben, »deren Ästhetik
nicht auf der Höhe ihrer Herzensgüte ist«.[93] Das Zimmer, das neben
seinem Schlafzimmer am häufigsten benutzt werden sollte, war der
kleine Salon, und hier könnte er die Möbel aus dem kleinen Salon in
der Rue de Courcelles aufstellen. Sollte der Straßenbahnlärm und
der übrige Verkehr auf dem Boulevard das große Schlafzimmer
unerträglich machen, so würde er in das kleine Schlafzimmer umziehen, das neben dem Eßzimmer lag und auf den Hof hinausging. Der
Spiegelschrank aus dem Raucherzimmer könnte darin seinen Platz
finden. Falls er sich entschließen sollte, dort zu schlafen, ließe sich
das große Schlafzimmer in einen dritten Salon umwandeln. Den
größten Teil der blauen Möbel wollte er einlagern. Um mit den
Lärm- und Staubproblemen fertigzuwerden, plante er Teppiche und
Läufer in jedes Zimmer zu legen und einen jener ›vacuum-cleaner-
Apparate‹ zu kaufen, die eine solche Neuigkeit waren, daß er nicht
einmal wußte, wie man das Wort buchstabierte.[94] Außerdem sollten
die Teppiche seines Zimmers regelmäßig ausgeklopft werden, und
deshalb durfte man sie nicht mit Nägeln befestigen.[95] Wie seine
Tante Elisabeth, die in Illiers das Leben der anderen von ihrem Bett
aus dirigierte, schrieb der bettlägerige Proust aus Versailles ausführliche Anweisungen für Madame Catusse, die die Rolle einer Innen-
dekorateurin übernahm und sich um die Anordnung, Aufstellung
und Montage der Möbel, Teppiche, Vorhänge und Wandbehänge
kümmerte.

Im Oktober begann er für die Wohnung Miete zu bezahlen,
konnte aber einen Monat später immer noch nicht einziehen, weil
Robert und Emilie Weil beschlossen hatten, die leere Wohnung
unterhalb der seinen zu vermieten, und die Handwerker verursachten bei den Umbauten für den neuen Mieter, der Arzt war, großen
Lärm,[96] »was mich zwingen wird, auf unabsehbare Zeit hier zu blei-

ben und zu erfrieren und Geld in Versailles auszugeben, wo ich von meinem Bett aus nicht einmal ein totes Blatt oder einen Springbrunnen gesehen habe«.[97] Weder Fenster noch Türen seiner Räume in Versailles ließen sich richtig schließen, und da er die meiste Zeit im Bett verbrachte, sah er weder das Schloß noch das Trianon.[98] Auch Yturris Grab, wo Montesquiou ein eindrucksvolles Grabmal hatte errichten lassen, besuchte er nicht.[99] Das Leben war äußerst deprimierend. »Ich habe mein Bett nicht verlassen, ich konnte kein einziges Mal zum Schloß und zum Trianon oder sonst irgendwohin gehen, ich mache erst in der Dunkelheit die Augen auf und frage mich oft, ob der hermetisch abgeschlossene und mit elektrischem Licht beleuchtete Ort irgendwo anders als in Versailles liegt, wo ich kein einziges totes Blatt in den Wasserbecken schwimmen sah. Das ist meine schöne Jugend und mein schönes Leben.«[100]

Kaum mehr als einen flüchtigen Anblick erhaschte er auch von der berühmten Schönheit Gladys Deacon, die in dem Zimmer über ihm wohnte. Hingegen hatte er Robert Dreyfus in Verdacht, das Gerücht in die Welt gesetzt zu haben, er, Proust, pflege Umgang mit ihr. Eines Abends faßte er Mut, ging hinauf und klopfte an die Türe ihrer Suite, doch Gladys war schon im Bett und er konnte nur mit ihrer Mutter sprechen. Ein einziges Mal erblickte er sie ganz kurz von seinem Bett aus, als sie, in dichte Schleier gehüllt, in ein Auto stieg.[101]

Die meiste Zeit seines Lebens hatte es zu seinem Ausschließlichkeitsanspruch auf die Mutter gehört, so zu tun, als ob sein jüngerer Bruder gar nicht existierte. Hatte sie zunächst noch versucht, die Beziehung zwischen den beiden zu verbessern, so mußte sie dies wohl schon aufgegeben haben, als beide noch jung waren, und im Kampf um ihre Aufmerksamkeit hatte Robert keine Waffe gegen Marcels Krankheit einzusetzen. Die einzige Hoffnung des jüngeren Sohnes, ihre Liebe zu gewinnen, war der Kampf um den Erfolg als Arzt. Zweifellos waren beide Eltern stolz auf seine Leistungen. Der Gegensatz zwischen den Brüdern hätte kaum größer sein können, und sie versuchten nach wie vor, jede direkte Auseinandersetzung zu vermeiden, wenn auch auf ganz verschiedene Weise. Roberts Strategie bestand darin, alle Entscheidungen über Möbel und Teppiche Marcel zu überlassen, der immer wieder zu hören bekam: »Was du auch immer entscheidest, ich bin damit einverstanden.« Marcels Strategie war es, mit Robert auf dem Umweg über verschiedene Mittler zu verkehren. Madame Catusse wurde gebeten, mit ihm über die Wandteppiche zu verhandeln. »Ihre Idee, mit Robert zu sprechen, ist großartig. Er wird Ihnen nämlich sehr viel direkter sagen, was er wünscht, und was er wünscht, wünsche ich auch.« Sie sollte sich mit ihm in der Wohnung am Boulevard Haussmann treffen, ihm zeigen, was sie angeordnet hatte, und ihm ausrichten, Marcel wünsche, daß er die Hälfte der Teppiche und Wandbehänge übernehme, aber sogleich hinzufügen, daß ihr dies unglücklich vorkomme, um so mehr, als diese Dinge am Boulevard Saint Germain gar nicht richtig zur Geltung kommen würden. »Sollte er jedoch Enttäuschung zeigen, dann geben Sie ihm alles, was er haben will.« Sie dürfe jedoch nicht zu sehr auf Roberts Einwände achten, daß Marcel »nach eigenem Gutdünken« verfahren solle, denn das könnte von ihm unaufrichtig gemeint sein. Wenn sie mit Robert und seiner Tante spreche, dann dürfe sie die Wohnung am Boulevard Haussmann nicht zu sehr loben, »denn sie sind meine Vermieter, und falls ich dort bleibe, möchte ich doch, daß sie mir erhebliche Reduzierungen einräumen.«[102]

Daß die beiden seine Vermieter waren, hatte große Nachteile. Die so lange verborgen gehaltene Geschwisterrivalität trat nun zwangsläufig zutage. Sie stritten sich um zwei Möbelstücke mit Intarsien,[103] von denen Marcel behauptete, die Mutter habe sie ihm geschenkt, und Robert kam es absurd vor, daß Marcel sich weigerte, von den übrigen Möbeln auch nur irgend etwas zu verkaufen. Marcel wiederum kam es ungehörig vor, daß Robert nichts davon in seine Wohnung nehmen wollte, abgesehen von Vaters Schreibtisch und der Hälfte der Teppiche und Wandbehänge. Marcel hätte gar nicht mehr übernehmen können, ohne andere Möbel, die er gekauft hatte, wieder abstoßen zu müssen. Er gelangte zu der Überzeugung, Robert habe ihn gezwungen, eine größere und teurere Wohnung zu nehmen, als er eigentlich wollte. Doch selbst diese Wohnung am Boulevard Haussmann war nicht groß genug, um alle geerbten Möbelstücke unterzubringen. »Bringe am Boulevard Haussmann soviel unter, wie du kannst, und laß das, was nicht hineingeht, einlagern, dann werden wir später weitersehen.«[104] Proust wußte zwar, daß er ›sentimental‹ war, konnte aber diese Gegenstände, die seine

Vergangenheit verkörperten, nicht verkaufen. Er wollte im Bett seiner Mutter schlafen und zögerte anfänglich, es aufbetten zu lassen.
»Ich hatte angeordnet, nichts anzufassen, um alles in dem Zustand
zu belassen, in dem es in den letzten Tagen gewesen war.«[105] Etwas
von ihrer Gegenwart schien um den kleinen Marmortisch mit den
vergoldeten Ziegenbock-Füßen zu schweben, wie auch um die
kleine Kommode, von der er annahm, sie stamme aus Ceylon oder
Japan, und deren Schubladen mit Metallapplikationen versehen
waren.[106] Allerdings machte er sich Sorgen darüber, ob die Möbel
der Mutter noch etwas nach ihrem Parfüm riechen könnten, denn
er vertrug kein Parfüm.[107]

    In seiner Beziehung zu Marthe, die nunmehr die einzige Madame
Proust in der Familie war, gab es bald Spannungen. Noch bevor er
die Wohnung bezog, dachte er schon daran, wieder auszuziehen, da
es ihm unerträglich erschien, daß sie zu den Hausbesitzern gehören
sollte: »[…] ich werde zweifellos etwas Größeres in Richtung Rue
du Cherche-Midi oder auch in Neuilly nehmen […].«[108] Er hatte
seine Möbel in das untere Geschoß am Boulevard Haussmann bringen lassen und hoffte, sie dort stehenlassen zu können, bis die Teppiche gelegt waren, doch die Hausbesitzer ließen ihn alles wegräumen.[109] Die feindselige Haltung ihnen gegenüber vermischte sich
mit dem Ärger über sich selbst: Dank Madame Catusse hatte er die
doppelte Gefahr erkannt, Staub anzuhäufen und mit Möbeln zu
leben, die er zwar behalten, aber nicht benutzen wollte.[110] Da er
ständig Wärme brauchte und tagsüber schlief, mußte die Wohnung
gereinigt werden, ohne daß die Fenster geöffnet und Lärm gemacht
werden durfte, außer vielleicht nachts. Das Ideal wäre eine Wohnung, die so spärlich eingerichtet ist wie ein Krankenhaus.[111] Außerdem hatte William Morris gesagt: »Behalte nichts in deiner Wohnung, von dem du nicht weißt, ob es einen Nutzen hat, oder das du
nicht für schön hältst.«[112] Da er selbst nicht die Entscheidung treffen wollte, welche Möbel behalten und welche eingelagert werden
sollten, bat Proust Madame Catusse, auf »Qualität« zu achten,
»nur die wirklich besten« Möbel auszusuchen und alles andere einzulagern. Vielleicht werde er einmal auf dem Land leben müssen,
und dann werde sich ihm die Möglichkeit bieten, mehr von den
Möbeln zu benutzen. Im Augenblick wisse er noch nicht einmal, ob
er einen Schreibtisch brauche. Würde er denn je anderswo als im

Bett schreiben? Er entschied, den Schreibtisch seines Großonkels wieder an den ursprünglichen Platz im kleinen Salon nahe dem Fenster zu stellen. Hier werde er »vielleicht wieder etwas von dem zwar unästhetischen, aber doch anrührenden Leben fortsetzen, das er in meiner Erinnerung bewahrt hatte, der einzigen Inneneinrichtung, wo die Orte dieselben bleiben«.[113]

Die Notwendigkeit, über Möbel entscheiden zu müssen, hatte ihn noch mehr von der Arbeit abgehalten. Seit September hegte er den Wunsch, zusammen mit dem freundlichen René Peter, der seine keineswegs außergewöhnliche Begabung in beneidenswerte Erfolge am Boulevardtheater umsetzte, ein Stück zu schreiben. Warum sollte Proust nicht seinen Theatererfolg teilen, statt immer nur neidisch zu sein? Seine Idee für die Handlung war folgende:

Ein Ehepaar liebt sich leidenschaftlich, unendliche, heilige, reine (wohlgemerkt nicht keusche) Zuneigung des Ehemanns zu seiner Frau. Aber dieser Mann ist sadistisch veranlagt und unterhält, neben der Liebe zu seiner Frau, Beziehungen zu Dirnen, mit denen er Vergnügen daran findet, seine eigenen guten Regungen zu beschmutzen. Und weil der Sadismus nach immer mehr verlangt, zieht er schließlich seine Frau in den Schmutz, indem er diesen Dirnen von ihr erzählt, Schlechtes über sie sagt und zuläßt, daß diese sie beschimpfen, wobei er schließlich mittut (fünf Minuten später packt ihn der Ekel). Während er eines Tages so redet, betritt seine Frau unbemerkt das Zimmer, sie glaubt ihren Ohren nicht zu trauen und nicht ihren Augen und sinkt um. Dann verläßt sie ihren Mann. Er fleht sie an – umsonst. Die Dirnen wollen wiederkommen, aber der Sadismus wäre zu schmerzlich jetzt, und nach einem letzten Versuch, seine Frau, die ihm nicht einmal antwortet, zurückzugewinnen, bringt er sich um.[114]

Die Mischung von hartem psychologischem Realismus und weichherzigem Boulevard-Melodrama war zwar nicht vielversprechend, doch die beiden Freunde brachten das Stück, zu dem Proust zwei Akte beitrug, zu Ende. Mitte November schickte er ein Exemplar an Reynaldo und wollte dessen Reaktionen erfahren.[115]

Proust widmete sich jedoch mehr dem Lesen als dem Schreiben, und er fand Gefallen an einem der Bücher, die Reynaldo ihm mitgebracht hatte: *Le Chevalier d'Harmental* von Alexandre Dumas und

Auguste Marquet, erschienen 1843.[116] Er klagte zwar, das Buch sei
»ziemlich schlecht geschrieben«, doch die Hauptfigur mietet ein
Zimmer bei einer Familie, die »zugleich eines Balzac und eines Paul
de Cocke [sic] würdig« sei.[117] Gewisse Kritiker hatten Paul de Kock
mit Dostojewskij[118] verglichen, und die Familie Denis lebte in der
Rue du Temps-Perdu.

16. Ein eigenes Zuhause

Ende 1906 hätte niemand voraussagen können, daß der vierunddreißigjährige Proust ein großer Romanautor werden würde. Er
hatte zwar begonnen, sich aus dem Bann Ruskins[1] zu lösen, doch
sein Leben als Kranker hatte ihn zur Untätigkeit verurteilt, und
wenn es um das Pläneschmieden ging, war er weniger realistisch
denn je. Entweder war er auf eine aufgeregte Weise unschlüssig, verwandelte die Tagträumerei in eine doppelte Buchhaltung und ver-
wickelte seine Freunde in die Berechnungen über das Für und Wider,
oder er handelte mit einer draufgängerischen Impulsivität, weil er
seinem Zögern ein Ende machen wollte. Die Entscheidung, sich
endlich in der neuen Wohnung einzurichten, traf er noch rascher als
die, nach Versailles zu ziehen. Nach den einsamen Weihnachtstagen
im Hotel faßte er den Entschluß in weniger als einer Stunde.[2]

Da er sich keineswegs besser fühlte, meinte er, wenn er schon auf
unabsehbare Zeit im Bett bleiben müsse, dann werde er sich in der
eigenen Wohnung weniger unbehaglich fühlen, und zog deshalb am
27. Dezember ein, ohne Antoine, dem Concierge, und Jean Blanc,
dem früheren Diener von Dr. Proust, die Möglichkeit zu geben, die
Wohnung vorzubereiten. (Von den Dienstboten der Eltern behielt er
außer Blanc nur die Köchin Félicie, die mit ihm zusammen in Versailles gewesen war.) Er kam einfach an, hatte Fieber und konnte
sich nur noch ins Bett fallen lassen. Als er drei Tage später Madame
Catusse benachrichtigte, bat er sie, seine Ankunft geheimzuhalten.

Obwohl er wußte, daß er sich mit dem Staub und dem Lärm von
der Straße abfinden mußte, zog er zu einem Zeitpunkt ein, als er
noch zusätzlichen, von den Handwerkern in der darunterliegenden
Etage verursachten Lärm und Staub zu erdulden hatte. Er hoffte,
das andauernde Hämmern zum Stillstand zu bringen, indem er bei

dem neuen Mieter, Dr. Gagey,[3] dagegen protestierte, doch am Silvestermorgen wurde er durch einen Möbelschreiner geweckt, der den Auftrag hatte, bei ihm Möbel abzuholen. Wie konnte er dem Arzt glaubhaft machen, seine Krankheit zwinge ihn den ganzen Vormittag hindurch zu schlafen, wenn man einen Handwerker in seine eigene Wohnung gehen sah? Im darunterliegenden Geschoß fing also das Hämmern wieder an,[4] und Mitte Januar war sein Zustand »tausendmal schlechter als je zuvor, wirklich scheußlich«.[5] »Zum ersten Mal in meinem Leben habe ich Anfälle bekommen (schon viermal), die sechsunddreißig, vierzig, fünfzig Stunden dauerten! Und während dieser Zeit – der Tod! [...] (ich habe seit drei Tagen nichts zu mir genommen).«[6]

Die Verschlechterung seines Zustandes ging zum Teil wohl auch auf die Panik angesichts der Erkenntnis zurück, daß er nun ganz auf sich allein angewiesen war. In der Klinik und in Versailles, als sich die Krankenschwestern und das Hotelpersonal dauernd um ihn kümmerten, konnte er noch vergessen, daß außer Félicie und anderen bezahlten Dienstboten fortan niemand mehr für ihn sorgen würde. Auch jetzt vermochte er sich noch nicht ganz einer Zukunft zu stellen, in der er allein leben würde. Er sprach mit Dr. Bize über die Idee, sich in Versailles[7] niederzulassen oder in Südfrankreich – möglicherweise in Nizza.[8] Der Arzt stimmte zu: Wenn sein Gesundheitszustand sich nicht besserte, sollte Proust nicht in Paris bleiben. Nach und nach richtete er sich aber in der großen Wohnung ein.

Er brauchte dringend einen Diener. In Versailles hatte ihn die alternde Félicie bedient und sich um alles gekümmert, was er nicht vom Hotelpersonal besorgen lassen wollte. Sie hatte ihm auch beim Einzug in die Wohnung geholfen. Da er aber seine Zeit von nun an hauptsächlich im Bett verbringen würde, brauchte er einen Diener, der sich sowohl um seine alltäglichen Bedürfnisse kümmern als auch für eine kompetentere Vermittlung zwischen ihm und der Welt außerhalb des Schlafzimmers sorgen konnte, als Félicie dies vermochte. Der dreiunddreißigjährige Nicolas Cottin, der früher bei seinen Eltern in Diensten gewesen war, hatte seine Stelle aufgegeben und war in einem eleganten Club Croupier geworden. Madame Proust, die ein gutes Auge für Dienstboten hatte, sagte damals voraus, er werde eines Tages wieder den Wunsch haben, in häusliche Dienste zu treten, doch sie hatte ihren Sohn davor gewarnt, ihm eine

Stelle zu geben. Er werde nicht mehr derselbe sein.[9] Félicie, die Nicolas nicht mochte, erinnerte Proust an diese Warnung und drohte zu kündigen, wenn Nicolas zurückkomme. Cottin schien sich aber nicht verändert zu haben, er war immer noch angenehm, diskret, intelligent und respektvoll. Er gebrauchte stets die Höflichkeitsform der Anrede, und es war für ihn ebenso selbstverständlich wie früher für die Dienstboten der Familie in der alten Wohnung, Proust mit ›Monsieur Marcel‹ statt mit ›Monsieur Proust‹ anzureden.[10] Vor allem war er von Madame Proust dazu ausgebildet worden, die Art von Dienstleistung und Aufmerksamkeit zu erbringen, die Monsieur erwartete. Ähnlich wie die Möbel aus der Wohnung der Eltern stellte auch er für Proust eine Verbindung zur Vergangenheit dar. Einzig Cottins krankes Aussehen machte Proust Sorgen. Litt er vielleicht sogar an einer ansteckenden Krankheit? Dr. Bize wurde geholt, um ihn zu untersuchen. Der Arzt sagte, »er sei weder krank noch ansteckend; er habe nur ein Herz wie ein alter Mann und müsse es schonen«.[11] Es gab somit keinen Anlaß zur Sorge.

Mehr als jeder Freund oder Liebhaber sollte Nicolas Cottin einen zentralen Platz in Prousts Leben einnehmen. Neben dem Bett gab es drei birnenförmige Schalter – einen für die Nachttischlampe, einen für den elektrischen Heizkessel und einen für die Klingel, mit der Nicolas herbeigerufen wurde.[12] Eine seiner wichtigsten Arbeiten bestand darin, das Bett aufzuräumen. Es war stets mit Zeitungen, Briefen, Notizheften und Manuskriptseiten überhäuft, und Proust bemühte sich kaum darum, Ordnung zu halten. Nicolas hatte ferner die Aufgabe, Kaffee zu kochen, die Wohnung sauberzumachen, Lebensmittel einzukaufen und andere notwendige Dinge für den Haushalt zu erledigen, außerdem mußte er Briefe austragen, Anrufe erledigen, das Holzfeuer im Kamin des Schlafzimmers unterhalten, die Bettücher wechseln, die Frottiertücher vorwärmen und das warme Wasser für Monsieur Marcels Fußbad vorbereiten.

Proust verlangte die strenge Einhaltung eines regulären Tagesablaufs. Da ihm die Mutter fehlte, die den Haushalt seinen exzentrischen Bedürfnissen gemäß organisiert hatte, mußte er nun seinen eigenen Tagesplan festlegen, in Abhängigkeit von einem Diener, der die durch den Tod der Mutter entstandene Leere freilich nicht ausfüllen konnte. Allerdings kam es überhaupt nicht in Frage, bestimmte Gewohnheiten abzuschaffen, die sich im Laufe von vierunddreißig Jahren eingespielt hatten, und deshalb sollte Proust sich zwangsläufig wieder jenem Lebensstil annähern, den er in den beiden elterlichen Wohnungen entwickelt hatte.

Weil Proust die meiste Zeit über bewegungslos dalag und kaum etwas zu sich nahm, fror er ständig. Wer ihm die Hand reichte, war überrascht, wie kalt die seine war. Er hatte nur zwei Decken auf dem Bett, eine wollene und eine Steppdecke. Er trug lange Wollunterhosen und eine dicke weiche Strickjacke unter dem Pyjama, und um sich aufzuwärmen, behalf er sich hauptsächlich mit Wärmflaschen und Pullovern. Den Kopf lehnte er gegen zwei Kissen. Auf dem Sessel stapelten sich die Pullover, und wenn es ihm kalt war, pflegte er zu läuten und sich einen davon wie einen Umhang über die Schultern legen zu lassen. Fiel dieser herunter, dann läutete er nach einem frischen, und so kam es, daß manchmal vier oder fünf Pullover zwischen ihm und den Kissen eingeklemmt waren.[13]

»Frappierend war der Gegensatz zwischen all den großen Möbelstücken mit ihren vergoldeten Bronzebeschlägen und den anderen Möbeln, die in dem Winkel zwischen seiner Wand und der Kaminwand seine Ecke bildeten. Abgesehen von einem sehr schönen, fünfteiligen Paravent mit chinesischen Motiven hinter dem Kopfende des Bettes war alles einfach. Erstens das Bett aus Messingstangen, die trübe geworden waren durch den Niederschlag des Räucherpulvers Legras. Dann seine drei Tische, in Reichweite aufgestellt. Einer aus geschnitztem Bambus mit zwei Tischplatten, auf denen er einen Haufen Bücher liegen hatte und auf den die Wärmflaschen kamen. Ständig lag dort ein Stoß Taschentücher. Dann war da ein altmodischer Nachttisch aus Palisander mit Tischklappen, auf dem immer die Sachen für seine Arbeit lagen – seine Manuskripte, seine Notizbücher, sein Schüler-Tintenfaß, seine Federhalter, seine Uhr, die Nachttischlampe und später mehrere Brillen. Schließlich ein dritter Tisch aus Nußbaum für sein Kaffeetablett oder das Evian-Wasser und den Lindenblütentee für die Nacht. Und all das war, wie gesagt, sehr bescheiden und klein – fast ein geschützter Winkel in diesem riesigen Zimmer und im Vergleich zu den riesigen Ausmaßen des übrigen Mobiliars«.[14] Den Mahagonitisch bezeichnete er auch als sein »Ruderboot«.[15] Der Raum war auf die einzige Tätigkeit ausgerichtet, die zählte: das Schreiben. Als Horace Finaly ihm einen prachtvollen alten und sehr kostbaren Bett-Tisch als Schreibunterlage schenkte – »Schauen Sie nur, wie schön und gut er gearbeitet ist, Céleste« –, ließ er ihn wegstellen. »Damit verhielt es sich wie mit allem anderen. Es hätte bedeutet, eine Gewohnheit aufzugeben, um eine neue anzunehmen, und er war der Meinung, daß sich das nicht lohnte. Es hätte Zeit gekostet, sich umzugewöhnen und seine Bewegungen darauf abzustellen, und das hätte seinen Arbeitsrhythmus gestört.«[16] Er war ein Opfer von Gewohnheiten, und seine Schreibgewohnheiten waren bereits festgelegt. Er hatte etwa fünfzehn Federhalter in Reichweite, denn wenn ihm einer davon herunterfiel, war es verboten, ihn aufzuheben – es könnte dabei Staub aufgewirbelt werden. Die Wohnung durfte nur während seiner Abwesenheit saubergemacht werden. Er benutzte nur gerade und spitze Federn und einfache Holzfederhalter, und auch das Tintenfaß war einfach, »aus Glas und viereckig mit vier Rillen obendrauf, um den Federhalter nach Belieben abzulegen und mit einem runden Flaschenhals für den Stöpsel«.[17] Er konnte sehr schnell schreiben, obwohl er in einer unbequem anmutenden Position dalag: »Jedesmal wenn ich ihn arbeitend antraf, war es in derselben Stellung; ich glaube nicht, daß er zum Schreiben aufstand, wenn ich nicht da war. Er blieb mehr als halb liegen; er hob nicht einmal den Kopf vom Kissen; zudem hatte er als Stütze die Pullover, die sich auf seinen Schultern häuften und eine Art Sessellehne in seinem Rücken bildeten, wie ich schon erwähnt habe. Als Schreibpult hatte er nur seine Knie.«[18] »Nach zehn Seiten bin ich wie erschlagen.«[19] Zwar gab es damals schon Bett-Tische, doch leise Schuldgefühle wegen des Masturbierens und der elterlichen Vorwürfe der Willensschwäche hatten in seinem Charakter einen masochistischen Zug entstehen lassen. Zu Lebzeiten seiner Mutter war die Arbeit immer auch ein Friedensangebot an sie gewesen. Als er 1896 einmal einen ganzen Tag lang nicht gearbeitet hatte, versprach er, keinen einzigen Tag mehr zu versäumen.[20] Zehn Jahre später hielt er das Versprechen noch immer, und wenn das Schreiben höchst unbequem war, um so besser. Unbestreitbar, daß er ein Opfer brachte.

Die Läden an den beiden großen Fenstern blieben »immer hermetisch verschlossen, wenn er da war. Auch die Gardinen und Vorhänge aus blauem Satin, mit Molton gefüttert, waren stets zugezogen. Die großen Korkplatten, mit denen die Wände und die Decke verkleidet waren, sorgten für Schallschutz.« Er lebte in dem großen, vier Meter hohen Raum nur beim Licht der elektrischen Lampe. Der großen Kronleuchter wurde nur eingeschaltet, wenn Besuch kam, ebenso die beiden Kandelaber mit blauen Glaskugeln auf dem weißen Kaminsims aus Marmor, die links und rechts von einer Bronzeuhr standen. »Die einzige Lichtquelle war [...] die kleine Nachttischlampe mit einem ziemlich hohen Fuß – ähnlich wie der einer Schreibtischlampe –, damit er für die Arbeit im Bett Licht hatte, das Gesicht aber im Schatten blieb; sie hatte einen grünen Lampenschirm aus gefälteltem Stoff, mit weißer Seide gefüttert, und wurde mit einem Schlüssel ein- oder ausgeschaltet.«[21] Die Besucher waren überrascht, daß er bei so wenig Licht so viel schrieb. In der elterlichen Wohnung hatte er sich darüber beklagt, wie in einer »Menagerie« arbeiten zu müssen, in der das nackte elektrische Licht von oben auf die armen geblendeten Löwen fällt, doch nun, da er Lampen nach seinen Wünschen aufstellen lassen konnte, verhielt er sich gleichermaßen selbstquälerisch, wenn er bei dieser unzulänglichen, einseitigen Beleuchtung arbeitete und sich gegen jede Veränderung sperrte, auch wenn seine Freunde praktische Vorschläge machten oder wenn die Augen protestierten, indem sie ihm Schmerzen bereiteten.

Auf dem blanken Eichenparkett diente ein einziger Orientteppich als Bettvorleger. Der Raum war mit schweren Möbeln angefüllt. Die Wand zwischen den beiden Fenstern wurde ausgefüllt von einem wohlproportionierten Spiegelschrank aus Palisander mit Bronzeapplikationen und einer Zierleuchte auf dem Frontgiebel. »Vor dem Schrank stand der Flügel seiner Mutter, auf dem Monsieur Proust manchmal spielte, selten nur, und gelegentlich auch sein Freund, der Komponist Reynaldo Hahn. Der Flügel stand so dicht an dem Schrank, daß dieser nie geöffnet wurde.«[22] Neben dem Flügel ein schwerer, mit Büchern vollgestellter Schreibtisch aus Eiche; an der Wand rechts an jedem Ende eine zweiflügelige Tür, die in den großen Salon führte. »Durch die Tür nahe dem Fenster betrat man normalerweise das Schlafzimmer, indem man eine Portière beiseite schob; der eine Türflügel blieb immer geschlossen. Die andere Tür wurde niemals benutzt; im übrigen war sie versperrt durch zwei drehbare Bücherregale, die ebenso voller Bücher waren wie der große Eichentisch.«[23] Vor den beiden drehbaren Bücherregalen stand der Nähtisch seiner Mutter mit ihren Initialen. »An der Wand links von der

Tür, die man benutzte, kam zuerst ein sehr hübsches kleines chinesisches Möbel, auf dem Photographien standen, vor allem Kinderbil-
der von seinem Bruder und ihm; es hatte Schubladen, in denen er
sein Geld und seine Bankauszüge aufbewahrte [...]. Anschließend
an das kleine Möbel kam eine große Kommode in Palisander, passend zu dem Spiegelschrank und bedeckt mit einer weißen Marmor-
platte, auf der zwei weiße Schalen mit ausgezacktem Rand standen;
sie rahmten eine ebenfalls weiße kleine Statue eines mit Weintrauben bekränzten Jesuskindes ein. Dahinter erhob sich ein großer
Spiegel bis zur Decke.«[24] Inmitten all dieser Möbel gab es abgesehen
vom Klavierhocker nur eine einzige Sitzgelegenheit: einen mit Samt
bezogenen Sessel aus dem Arbeitszimmer seines Vaters. Eine einflü-
gelige Tür führte auf einen Flur und gewährte den Zugang zu einem
weiteren großen Zimmer, das er als Ankleidezimmer benutzte,
sowie zur Toilette. Die beiden Salons, ein großer und ein kleinerer,
waren zwar beide benutzbar, doch benutzt wurde der große nie,
ebensowenig wie das Eßzimmer, das als Abstellkammer für Möbel
diente.

Zu Hause trug Proust einen Pullover, lange Unterhosen, eine Py-
jamajacke und darüber einen schwarzen Mantel sowie Pantoffeln.[25]
Ein alter Pelzmantel, den er über die Beine zog, wenn ihm kalt war,
»durfte niemals von der Messingstange am Fußende seines Bettes
entfernt werden, ebenso wie ein prachtvoller schwarzer Überzieher,
mit schwarzweiß kariertem Tuch gefüttert, sehr elegant und keineswegs abgetragen, den seine Mutter ihm einst hatte arbeiten lassen
und der jetzt gleichfalls für den Hausgebrauch reserviert war als
Morgenrock – denn er besaß keinen Morgenrock [...].«[26] Zum
Waschen benutzte er keine Seife, sondern tupfte sich nur das Gesicht
mit feuchten Handtüchern ab. Er rasierte sich nie selbst und ließ den
Bart wachsen, wenn er nicht ausging. Der Friseur, der vom Boulevard Malesherbes kam, hatte ständig eine »ganze Garnitur seines
Handwerkszeugs [...] am Boulevard Haussmann: Bürsten, Scheren,
Rasierpinsel und Messer. War ein Haarschnitt nötig, erledigte er
auch das an Ort und Stelle.«[27] Seinen Schnurrbart brannte er mit
einer Schere.[28]

Proust erwartete nicht, daß Nicolas die ganze Nacht aufblieb:
Bevor er zu Bett ging, ließ er das Silbertablett entfernen und das
Evian-Wasser bringen, eine kleine Tasse, Lindenblüten und die Zuk-

kerdose, für den Fall, daß er nachts einen Tee machen wollte. Der elektrische Teekessel wurde nur selten eingeschaltet, es sei denn, wenn er aus Zerstreutheit den falschen Schalter betätigte und seinen Irrtum erst bemerkte, wenn der überhitzte leere Kessel zu riechen begann.

Félicie verwirklichte ihre Drohung zwar nicht sofort, kochte aber nur noch wenig. Wenn er eine Mahlzeit wünschte, dann gewöhnlich um fünf oder sechs Uhr abends; gelegentlich bat er sie, ihm eine Seezunge zuzubereiten. Da der Küchengeruch ihn störte, ließ er das Essen für sich immer häufiger aus dem Restaurant Larue holen, während das Essen für die Dienstboten beim Restaurant Louis XIV. in der Nähe des Boulevard Haussmann geholt wurde.[29] Seine Hauptbedürfnisse waren Ruhe zum Schreiben – und Kaffee: »Der sehr fein gemahlene Kaffee [immer von derselben Firma und aus demselben Laden] wurde in den Filter gefüllt und festgedrückt; damit der Kaffee so stark wurde, wie Monsieur Proust ihn wünschte, mußte das Wasser sehr langsam, Tropfen für Tropfen, durchlaufen, während das Ganze natürlich im Wasserbad warmgehalten wurde.«[30] Nach dem Aufwachen klingelte er nach Milchkaffee und einem Croissant. Der Kaffee wurde in einer silbernen Kanne mit seinem Monogramm serviert, die heiße Milch in einer Porzellankanne mit Deckel, der Zucker in einer Dose mit Goldrand und Monogramm. Das Croissant kam immer von derselben Bäckerei in der Rue de la Pépinière. Wenn es klingelte, mußte Nicolas Prousts Zimmer betreten, ohne anzuklopfen oder zu sprechen, und das Tablett auf den Nachttisch stellen. Mit dem Einschenken wartete Proust immer, bis er allein war. Wenn er mehr als die üblichen anderthalb Tassen trank, verlangte er dazu frische heiße Milch, und es mußte ein zweites Croissant bereitliegen, das er aber nicht immer aß.

Wegen seiner Staubempfindlichkeit konnten das Schlafzimmer und die übrigen Räume nur gereinigt werden, wenn er nicht da war, und wegen seiner Geruchsempfindlichkeit war es untersagt, das Parkett zu bohnern.[31] Statt in einem »Rauch«-Zimmer nahm er seine »Räucherungen« nach dem Aufwachen im Bett vor, noch vor dem Kaffee. Die Messingstangen des Bettes waren von dem Rauch des Legras-Pulvers matt geworden. Das Pulver ließ er stets in mehreren Packungen, die jeweils zehn Schachteln enthielten, aus der Apotheke Leclerc in der Rue Vignon kommen. Um den Schwefelgeruch

zu vermeiden, benutzte er niemals Streichhölzer: Auf einem kleinen
Tisch im Korridor standen immer zwei Leuchter mit Kerzen, von
denen eine immer brannte. Er schüttete etwas Pulver auf eine Untertasse und zündete es mit einem Stück weißen Papier, das er an der
Kerze in Brand gesteckt hatte, an: »dann war die Luft im Zimmer
voller Rauch und zum Schneiden«. »Natürlich stellte dieser ganze
Legras-Rauch ein Problem dar, da es nicht in Frage kam, die Fenster
zu öffnen, solange Monsieur Proust da war. Zum Glück gab es in
dem Haus am Boulevard Haussmann große, tiefe Kamine mit aus-
gezeichnetem Zug. Es wurde also jeden Tag Feuer gemacht, sogar
mitten im Sommer – selbstverständlich nur Holzfeuer, denn den
Geruch von Kohle hätte er nicht ertragen –, und auf diese Weise ver-
flog der Legras-Rauch sehr schnell. Er gab mir das Zeichen, das
Feuer anzuzünden, ohne ein Wort, mit einer Handbewegung – er
sprach nicht nach dem Räuchern [...].«[32]
 Wahrscheinlich war es ihm bewußt, daß das Pulver süchtig
machte – gelegentlich versuchte er mit dem »Rauchen« aufzuhören –, doch erkannte er nicht, daß in einem allein durch den Zug
im Kamin mitgelüfteten Schlafzimmer das Kohlenmonoxyd, das
durch Verbrennen von Pulver und Holz entstand, jene Beschwerden
verursachte, an denen er zusehends litt: Kopfschmerzen, Schwindelgefühle, Erschöpfung, Sehschwäche und Veränderungen im Zen-
tralnervensystem. Das Pulver enthielt Atropin und Hyosciamin, das
zwar durch Erweiterung und Entschleimung der Bronchien das
Asthma linderte, aber aufgrund der Pupillenerweiterung auch das
Blickfeld verschwimmen ließ, und außerdem trug es wohl auch zu
dem Schwächezustand, den Schwindelgefühlen, den Herzrhyth-
mus- und den Sprechstörungen bei, an denen er später litt. Koffein
ist ein Trimethylxanthin, das zwar die verkrampften Bronchien ent-
spannt, doch der starke Kaffee war wohl auch die Ursache für
Schlaflosigkeit und Herzklopfen.[33] Er fügte sich im Schlafzimmer
größeren Schaden zu, als der Küchengeruch hätte anrichten können.

In der ersten Zeit der Trauer nach dem Tod seiner Mutter identifizierte er sich mit beiden Eltern, indem er Handlungen nachzuahmen
versuchte, die sie beide unternommen hätten – »die Briefe, die ich
jetzt schreibe, sind zum größten Teil solche, die sie meiner Ansicht

nach geschrieben hätten« –, und im Frühsommer 1906 schrieb er an einen Mann, den er gelegentlich bei Diners getroffen hatte, Henri van Blarenberghe, der vor kurzem seinen Vater, einen Bekannten von Prousts Eltern, verloren hatte. Wenn es um Bekundungen der Trauer gegenüber den Hinterbliebenen ging, konnte sich niemand mit dem Einfühlungsvermögen Prousts messen. Dieser Brief erzeugte beim Sohn das Gefühl, »daß Sie [Marcel Proust] uns gleichsam eine Botschaft von jenseits des Grabes von ihnen [den Eltern Prousts] gesandt haben.«[34] Blarenberghe war Vorsitzender des Aufsichtsrates der Chemins de fer de l'Est, und in der Hoffnung, den jungen Eisenbahner ausfindig zu machen, den er am Bahnhof Saint-Lazare kennengelernt hatte, bat Proust ihn um Auskunft. Blarenberghe konnte nichts herausfinden, doch er zeigte Mitgefühl für den trauernden Proust und Verständnis für die Zusammenhänge zwischen der Trauer und der verminderten Widerstandskraft gegen Krankheiten. Der Brief, vom Hotel in Versailles nach Paris weitergeleitet, erreichte Proust erst am 17. Januar 1907, und acht Tage später las er im *Figaro*, daß Blarenberghe seine achtzigjährige Mutter ermordet, sich danach zu erdolchen versucht und sich schließlich eine Kugel in den Kopf geschossen hatte.

Als er sich an den jungen Mann zu erinnern versuchte, stieß Proust auf die folgende »Momentaufnahme«: »ich sehe immer ein lächelndes Gesicht, lächelnd vor allem mit dem – ungewöhnlich feinen – Blick, während der Mund noch ein wenig offen steht, nachdem er eine glänzende Entgegnung hingeworfen hat.«[35] Calmette, dem zu Ohren gekommen war, daß Proust mit dem Muttermörder korrespondiert hatte, bat Proust brieflich um einen Artikel für den *Figaro*. Der Brief traf am Vormittag des 30. Januars ein, doch Proust konnte ihn wegen eines Asthmaanfalls erst abends um zehn Uhr lesen. Er ruhte sich bis zwei Uhr nachts aus, stand dann auf und machte sich um drei Uhr an die Arbeit.[36] Als er über die Liebe des Sohns zur getöteten Mutter nachdachte, dachte er an sich selbst. Und als er die Briefe Blarenberghes an ihn abschrieb, »hätte ich gern etwas von der außerordentlichen Zartheit und überdies der unglaublichen Festigkeit der Hand vermittelt, die jene so klaren und zierlichen Buchstaben schrieb ...« Vielleicht waren die beiden Söhne in ihrer Mutterbeziehung gar nicht so verschieden. Die letzten Worte der sterbenden Achtzigjährigen waren: »Henri, Henri,

was hast du getan!« Proust schreibt: »Wenn wir darüber nachdenken mögen, gibt es vielleicht keine wahrhaft liebende Mutter, die
nicht in ihrer letzten Stunde, oft viel früher, ihrem Sohn diesen Vorwurf machen könnte. Im Grunde machen wir alles, was uns liebt,
altern, töten es, durch die Sorgen, die wir ihm bereiten, durch eben
die zärtliche Unruhe, die wir hervorrufen und in dauernde Aufregung versetzen.« Und Proust beschreibt in den anschließenden Zeilen nicht den Zerfall eines Körpers von achtzig Jahren, sondern den
eines viel jüngeren: »Wenn wir vermöchten, in einem Körper, den
wir liebhaben, das langsame Werk der Zerstörung zu sehen, das die
schmerzliche Zärtlichkeit verrichtet, die ihn beseelt, die verbliche-
nen Augen, die lange unzähmbar schwarz gebliebenen Haare, die
schließlich besiegt wie alles andere und weiß geworden, die verhär-
teten Arterien, die verstopften Nieren, das überanstrengte Herz, den
besiegten Lebensmut, den verlangsamten, beschwerten Gang, den
Geist, der nicht weiß, daß er nichts mehr zu erhoffen hat [...].«[37]

Das Gefühl, für den Tod seiner Mutter verantwortlich zu sein, ist
in der *Recherche* gegenwärtig. Nach dem Tod von Albertine empfindet der Erzähler zunächst Mitleid, verbunden mit der »Scham, sie
zu überleben«:

> Es schien mir tatsächlich in den Stunden, in denen ich am
> wenigsten Schmerz verspürte, daß ich in gewisser Weise von
> ihrem Tode profitierte, denn eine Frau ist von großem Nutzen
> für unser Leben, wenn sie darin statt eines Glückselements
> für uns ein Werkzeug des Leidens ist, und es gibt keine ein-
> zige, deren Besitz so köstlich wäre wie der jener Wahrheiten,
> die sie uns entdeckt, indem sie uns leiden macht.[38]

Proust war an Schwierigkeiten mit der rechten Hand gewöhnt,
wenn er im Bett schrieb, doch beim Schreiben des Artikels für den
Figaro schmerzte ihn die rechte Hand so sehr – besonders der kleine,
einwärts gekrümmte Finger –, daß er um acht Uhr nicht mehr weitermachen konnte. Er legte sich wieder schlafen, nachdem er gebeten hatte, man möge ihn im Laufe des Tages wecken, damit er den
Artikel fertigstellen könne. »Da aber grauenhafte Arbeiten, die man
in der Etage unter mir ausführt, um 8 1/2 begonnen haben, fühlte ich
mich in so üblem Zustand, daß ich darauf verzichtet habe, den Artikel zu beenden, und ihn unvollendet abgeschickt habe, ohne ihn
noch einmal gelesen zu haben, damit er so, wie er ist, gedruckt

werde. Um elf Uhr abends hat man mir die Druckfahnen gebracht, die um Mitternacht zurückgeschickt werden mußten, ich wollte gleich damit beginnen, sie zu korrigieren. Ich hatte aber plötzlich die Idee für einen wirklich guten Schluß«:[39]

> Erinnern wir uns daran, daß es bei den Alten keinen heiligeren, von größerer Verehrung und tieferem Wunderglauben umgebenen Altar gab, kein deutlicheres Zeichen von Größe und Ruhm für das Land, das sie besaß und teuer erkämpft hatte, als das Grab des Ödipus in Kolonnos und das Grab des Orest in Sparta, jenes Orest, den die Furien bis hin zu den Füßen Apollos und Athenas verfolgt hatten mit den Worten: ›Wir jagen ihn weg von den Altären, den Muttermörder.‹«[40]

»Da ich nicht die Zeit hatte, alles zu erledigen, habe ich es vorgezogen, auf die Korrektur zu verzichten, und habe einen Schluß angefügt. Um Mitternacht hat man die Korrekturfahnen zum *Figaro* zurückgebracht (ich gehe weder aus noch stehe ich auf – nur einmal wöchentlich stehe ich auf, ohne mich anzukleiden), und ich habe ausrichten lassen, man möge überall dort Streichungen vornehmen, wo man wolle, hingegen kein einziges Wort des Schlusses verändern. Nun hat man zwar alles – fast alles – veröffentlicht, hat aber den Schluß weggelassen, kein einziges Wort ist davon übrig. Und ich wage den Grund der Streichung nicht zu nennen, da ich ihn offiziell gar nicht wissen darf. Er liegt aber in folgendem: Cardane [der Redakteur vom Dienst] war der Auffassung, daß mein Schluß unmoralisch sei und ein Lob des Elternmordes darstelle. Das ist ungelogen.«[41] In seinem Protestbrief an Calmette schrieb Proust, die Griechen hätten Elternmörder zwar stets bestraft, aber »um eine höhere Gerechtigkeit wiederherzustellen, als ob sie nur unfreiwillig zu Verbrechern geworden wären, wurde ihr Andenken geehrt, geheiligt«. Hatte das Orakel nicht vorausgesagt, daß allein Ödipus und Orestes die Größe der Stadt sichern könnten?[42] Proust kannte Freuds Theorie vom Ödipuskomplex nicht; der Muttermord hatte ihn ganz unabhängig davon zu den Griechen zurückverwiesen.

Der Artikel trug ihm mehr Rückmeldungen ein, und zwar ausnahmslos positive, als alle früheren Beiträge für den *Figaro*,[43] doch sein geschwächtes Selbstgefühl wurde dadurch nicht stärker. Es war seine erste Arbeit nach der Übersetzung von *Sesame and Lilies*, und da er sich schuldig fühlte – als ob es die fehlende Willenskraft gewesen wäre, die ihn von einer besseren Nutzung seiner Zeit abgehalten hätte –, neigte er stärker als sonst dazu, die Begabung seiner Freunde zu überschätzen und die eigene zu mißachten. Er vermutete, Robert Dreyfus' lobender Brief sei nur »eine barmherzige Lüge einem Kranken gegenüber«, und auf die Komplimente Luciens, der nach wie vor ein produktiver Maler war, antwortete er: »[...] und wenn ich finde, daß ich kein Talent besitze, daß ich aus manchen Gründen es nicht verstanden habe, aus dem, was ich mitbekommen habe, ein Talent zu schaffen, daß mein Stil verfault ist, ohne zu reifen, so weiß ich umgekehrt sehr wohl, daß in dem, was ich mache, mehr wahre Ideen, mehr empfundene Dinge stecken, als in fast allen Artikeln, die man veröffentlicht. [...] ich möchte Ihnen sagen, wenn ich Sie als mir überlegen ansehe, so glaube ich, daß Sie vielen sehr hoch eingeschätzten Leuten noch viel weiter überlegen sind.« Die Bescheidenheit ist echt, doch wenn in dem Brief der Ausdruck »temps perdu« vorkommt, dann spricht Proust eigentlich mit sich selbst: Ganz ungeachtet der verlorenen Zeit sei es immer noch nicht zu spät: »Sie machen einen Fehler, wenn Sie sich immer nur *in der Zeit* betrachten. Der Teil von uns, der etwas taugt, ist in den Augenblicken, in denen er etwas taugt, außerhalb der Zeit. Denken Sie an sich nur als ein Werkzeug, das die von Ihnen gewollten Erfahrungen der Schönheit oder der Wahrheit zu machen vermag, und Ihre Traurigkeit wird verschwinden.« La Fontaine habe erst mit vierzig Jahren zu arbeiten begonnen, Frans Hals sei achtundvierzig gewesen, als er die schönsten Werke schuf, Corot über sechzig. Lucien dürfe zwar keine Zeit verschwenden, aber nicht der Zeit nachtrauern, die bereits verloren sei.[44]

Zeit verlor Proust seit dem Tod seiner Mutter. Er stand jetzt zwar einmal in der Woche auf, ohne sich jedoch anzukleiden,[45] und es war schwieriger denn je, mit Freunden und Bekannten in Verbindung zu bleiben – selbst mit Madame Catusse, die soviel Zeit damit verbracht hatte, die Wohnung für ihn vorzubereiten.[46] Zum Jahresanfang hatte Louisa, deren Photographien inzwischen in allen Zeitschriften erschienen, ihm eine kleine Glocke geschenkt, mit der er die Bediensteten herbeiklingeln konnte.[47] Er fragt sie um Rat, welches Geschenk Albufera wohl am besten gefiele: ein Auto, ein Schmuckstück?[48] Als Albufera später an Typhus erkrankte, stattete Proust ihm einen Besuch ab: »Mir wird eine schwere Last vom Herzen fallen, wenn er wieder gesund ist. Ich schlafe überhaupt nicht mehr. Und wenn ich einschlafe, träume ich, daß er leidet. Sie kennen diese Träume, die einen sofort aufwecken.«[49]

Um die Verbindung zu Anna de Noailles wieder aufzunehmen, bot er Mitte März an, ihre neue Gedichtsammlung zu besprechen: *Les Eblouissements*. Als ob sie ein des Vergleichs mit Voltaire und Claude Monet würdiges Genie wäre, pries er das Buch als »eine der erstaunlichsten Leistungen – vielleicht das Meisterwerk des literarischen *Impressionismus*«,[50] doch jedes der zahlreichen Exzerpte enthält erbärmliche Banalitäten. Proust schreibt von »Bildern, die würdig sind der schönsten von Hugo. Man müßte das ganze Gedicht über den Glanz, den Rausch, den Aufschwung jener Sommermorgen gelesen haben, wo man den Kopf nach hinten neigt, um mit den Augen einem in den Himmel steigenden Vogel zu folgen, um das schwindelerregende Gefühl von dem Geheimnis dieser beiden letzten Verse voll zu empfinden:

> ›Tandis que détaché d'une invisible fronde,
> Un doux oiseau jaillit jusqu'au sommet du monde.‹
> [Während von unsichtbarer Schleuder abgelöst,
> Ein süßer Vogel bis zum Weltengipfel stößt.]

> Kennen Sie ein glänzenderes und vollkommeneres Bild als das folgende (es handelt sich um jene bewundernswerten Wasser von Damaskus, die im Holzschaft der Brunnenröhre aufsteigend nach oben drängen, dann zurücksinken, um die feuchten Linnen ihrer Frische und den Geruch von Melone und Bergamotte gepaart mit Rosenduft überallhin zu tragen):

> > ›Comme une jeune esclave
> qui monte, qui descend, qui parfume et qui se lave!‹
> > [Wie eine junge Sklavin,
> Die auf- und abgeht, die Duft verteilt und wäscht!][51]

Jeder Lyrik- oder Prosaleser könnte antworten: Tausende. In seiner kritiklosen Begeisterung schrieb Proust einen Artikel, der für den *Figaro* viel zu lang wurde. Er blieb die ganze Nacht wach, nahm Kürzungen vor und zählte die Zeichen. Nach seiner Berechnung enthielt die Besprechung 16 900 Zeichen, und auf vier Spalten des *Figaro* ließen sich 18 000 Zeichen unterbringen. Er schrieb an Anna

de Noailles, sie möge Calmette bitten, ihm vier Spalten auf der Titelseite einzuräumen,[52] doch wurde Proust aufgefordert, den Text um
zwei Drittel zu kürzen.[53] Der Artikel wurde dann für die Literaturbeilage bestimmt und erschien schließlich Mitte Juni. Proust versuchte, Montesquiou zu verheimlichen, daß er seine Aufmerksamkeit Anna de Noailles widmete, doch der eifersüchtige Comte kam
dahinter.

Zwei Jahre waren vergangen, seitdem sie einander zum letzten-
mal gesehen hatten; Montesquiou hatte auf *Sésame et les lys*, das
Proust an ihn gesandt hatte, nicht geantwortet. In einem Brief vom
Januar an Reynaldo schrieb Proust, bei keinem anderen geniere er
sich so wie bei Montesquiou. Nichts könnte ihn dazu bringen, ihn
einzuladen, denn Montesquiou würde nur wütend werden, wenn er
ihn eines Anfalls wegen nicht empfangen könne, während andere
Freunde doch zu Zugeständnissen bereit seien.[54] Reynaldo zeigte
den Brief Montesquiou,[55] der nicht wußte, daß Proust Versailles
verlassen hatte. Am 23. März schrieb Montesquiou ihm in das
Hotel und machte den Vorschlag, gemeinsam Yturris Grab zu besuchen.[56] Er bemerkte seinen Irrtum und sandte einen weiteren Brief,
dem er den ersten hinzufügte.[57] Proust bedankte sich telephonisch,
schlug jedoch kein Treffen vor und erhielt einen dritten Brief: »Seien
Sie also nicht zu dankbar, seien Sie vielmehr stets zugeneigt.«[58] Am
19. April versprach Montesquiou, ihre beiden Namen miteinander
zu verbinden. Drei Wochen später fand Proust heraus, was er damit
meinte. Montesquiou hatte vor, in seinem neuen Buch, *Altesses
Sérénissimes*, Prousts Artikel »Un professeur de beauté« abzudruk-
ken,[59] ohne Proust um Erlaubnis zu fragen oder ihm die Möglichkeit zu einer Überarbeitung zu geben.[60]

Wie ein vor kurzem geheilter Drogenabhängiger sich besonders
im Kreis von Menschen wohlfühlt, die auch Abhängigkeit und Heilung erlebt haben, fühlte Proust sich jenen Menschen am nächsten,
die um einen Hinterbliebenen trauerten oder einem Sterbenden bei-
standen. Yturris Tod hatte zwar zu einer Annäherung zwischen
Proust und seinem Meister geführt, doch die Wirkung ließ bald
nach, und Georges de Lauris, dessen Mutter im Sterben lag, hatte
nun den größten Anspruch auf Prousts Zuneigung. »Mein Herz
spaltet sich oder vielmehr teilt sich in drei, kaum bin ich bei Ihnen
gewesen, um die Angst um Ihre Mutter mitzuerleben, und dann

muß ich an Ihren armen Vater denken.«[61] Als die verwitwete Marquise im Alter von nur dreiundfünfzig Jahren am 15. Februar 1907 starb, schrieb Proust: »Mir scheint, ich verliere Mama ein zweites Mal.«[62] Am nächsten Tag sandte er Blumen und war zu erschüttert, um an dem Nachruf zu arbeiten, der am Tag der Beerdigung im *Figaro* erscheinen sollte, doch um Georges zu trösten, schrieb er: »Als Sie Ihre Mutter noch besaßen, dachten Sie viel an die gegenwärtigen Tage, da Sie sie nicht mehr haben würden. Jetzt dagegen werden Sie viel an frühere Tage zurückdenken, als Sie sie noch besaßen. Sobald Sie sich an die grauenhafte Tatsache gewöhnt haben, für immer in die Vergangenheit zurückgeworfen zu sein, werden Sie spüren, wie Ihre Mutter, ganz sacht zu neuem Leben erwacht, zurückkommt, um ihren Platz einzunehmen, den ungeschmälerten Platz an Ihrer Seite. [...] Sagen Sie sich auch, denn es ist ein Trost, es zu wissen, daß man sich niemals trösten wird, daß man sich zunehmend erinnern wird.«[63] Prousts Suche nach der verlorenen Zeit war auch die Suche nach der verlorenen Mutter. In seinem vierten Brief an Georges innerhalb von vier Tagen heißt es: »Die Augen der Erinnerung sehen schließlich gar nichts mehr, wenn man sie zu starr auf etwas richtet. Versuchen Sie im Augenblick lediglich zu leben, zu überleben, indem Sie alles in sich gewähren lassen, ohne Beteiligung Ihres Willens, und die wohltuenden Bilder werden von selbst wiederkehren, um Sie nie wieder zu verlassen.« Wenn Proust auf dem Weg zu Formulierungen über das unwillentliche Erinnern war, so mit beispielhafter Geistesabwesenheit. »Sie müssen wissen, Georges, daß ich in keiner Minute an etwas anderes denke und daß mein Bedürfnis, Sie zu sehen, im Augenblick vor allem ein Bedürfnis ist, Sie von ihr sprechen zu hören. Wenn Sie frühzeitig heute abend bei mir vorbeikommen könnten (gegen neun, halb zehn), mir scheint, meine Nächte würden sehr viel ruhiger verlaufen.«[64] Proust teilte den Kummer seines Freundes, erlebte den Tod seiner Mutter nach und legte das Fundament für die *Recherche*.

Das Lob von seiten Georges' war jedoch genausowenig annehmbar wie das Lob anderer. Der Artikel »Journées de lecture« – der zweite mit diesem Titel – erschien am 20. März 1907 im Figaro. Proust kokettiert mit der Unfähigkeit, zur Sache zu kommen:

Ach, da bin ich schon in der dritten Spalte dieser Zeitung angelangt und habe meinen Artikel noch nicht einmal ange-

fangen. Er sollte heißen ›Snobismus und Nachwelt‹, ich
werde den Titel nicht beibehalten können, habe ich doch den
ganzen mir vorbehaltenen Platz ausgefüllt, ohne Ihnen ein
einziges Wort über den Snobismus oder die Nachwelt gesagt
zu haben, zwei Figuren, denen jemals begegnen zu sollen Sie
wohl kaum geglaubt haben, zum höchsten Glück der letzteren, und über die ich Ihnen einige von der Lektüre der
Memoiren der Madame de Boigne inspirierte Überlegungen
vorzulegen gedachte. Das wird das nächste Mal geschehen.
Und wenn dann eins der Gespenster, die sich unablässig zwischen mein Denken und seinen Gegenstand schieben, wie es
in Träumen geschieht, noch einmal meine Aufmerksamkeit
angezogen und sie von dem abgelenkt hat, was ich Ihnen zu
sagen habe, werde ich es entfernen, wie Odysseus die Schatten mit dem Schwert fernhielt, die sich um ihn drängten, um
Gestalt oder Grab zu erflehen.[65]

In dieser vorgeblichen Rechtfertigung konzentriert Proust sich auf
den Akt seines Schreibens, um zu erhellen, wie das Bewußtsein
arbeitet. Ohne jede Hilfe von seiten Freuds betreibt er freie Assoziation und schreibt unterhaltsam wie ein Journalist. Als Georges de
Lauris ihn beglückwünschte und mit Francis Jammes verglich,
erhob Proust den Einwand: »Ihre wohltuenden Irrtümer, auch was
Jammes und mich betrifft, sind mir sehr kostbar, weil mir scheint,
daß Sie wohl mehr an Freundschaft für mich übrighaben, als ich
zuweilen glaube, da Ihr unfehlbarer Sinn für Kritik, was mich
betrifft, sich so liebenswürdig und so vollständig täuscht.«[66]

Im Februar berichtete er Reynaldo: »[...] meine Nase ist zu einem
solchen Brunnen usw. usw. geworden, daß ich buchstäblich die
Augen [*sic*] nicht mehr öffnen kann.« Beim Schreiben dieses Briefes
mußte er sich dreiundachtzigmal die Nase putzen.[67] Bei jedem
Schreibversuch beeinträchtigt der Schmerz im kleinen Finger seine
Handschrift.[68] Seit dem Einzug in die neue Wohnung leidet er pausenlos unter Asthmaanfällen, deren einzige Linderung der Schlaf ist
– ein Luxus, der infolge des Lärms unerreichbar geworden ist. In der
Wohnung unter ihm, wo Dr. Gagey mittlerweile eingezogen war,
herrschte jetzt zwar Ruhe, doch die Wohnung im Nebenhaus war an
eine Madame Katz vermietet worden, die wenige Meter von Prousts
Bett entfernt neue Klosettschüsseln einbauen ließ. »Sie soll folgen-

des wissen: Ihre Arbeiter (sowohl die, die auf ihre Rechnung arbeiten als auch die des Hausbesitzers) treffen um sieben Uhr morgens ein und bestehen darauf, sofort ihre gute Morgenlaune zu demonstrieren, indem sie furchtbare Schläge plazieren und mit der Säge hinter meinem Bett kratzen, dann Pause machen, dann ungefähr jede halbe Stunde erneut furchtbare Schläge wiederholen, so daß ich nicht wieder einschlafen kann, und sobald die Mittagszeit gekommen ist, hämmern sie etwas weiter entfernt, und von zwei Uhr an ist kein Geräusch mehr zu hören«, es sei denn, die Teppichleger nageln nachmittags Teppiche fest.[69] Proust hatte seinen Tagesablauf geändert und blieb tagsüber wach, doch nachmittags, die einzige Zeit, in der er hätte schlafen können, war auch die Zeit, in der er sich am besten auf das Schreiben oder Lesen konzentrieren konnte. Sein Alltagsleben wurde jetzt genauso gestört wie vorher durch die Arbeiter in der Wohnung unter ihm.

Als er herausbekam, daß der Sohn von Madame Katz ein Richter war, der Emile Straus kannte, bat er Madame Straus um Hilfe: Ob denn ihr Gatte nicht beim Sohn wegen der Mutter vorsprechen könnte? Proust bot an, die Handwerker dafür zu bezahlen, daß sie nachmittags arbeiteten, damit die Umbauten rascher abgeschlossen werden konnten. Madame Straus solle doch erklären, daß Proust dringend frische Luft brauche, doch jedes Ausgehen bedeute eine Anstrengung, die er nur dann riskieren dürfe, wenn er am folgenden Tag ohne Unterbrechung schlafen könne.

Die wenigen Menschen, die Proust zu einem Besuch einlud, bat er, nicht zu rauchen, sich nicht zu parfümieren und keine Blume im Knopfloch zu tragen.[70] Sein einziger regelmäßiger Gast war Reynaldo, der manchmal in Stundenabständen viermal wiederkommen mußte. Wenn Proust dann nicht sprechen konnte, da er gerade seine Räucherungen vornahm, schrieb er seine Antworten im Dialog mit Reynaldo auf Zettel.[71] Auch telephonisch war er nicht leicht zu erreichen, da er das Telephon häufig unten beim Concierge ließ. Dieser konnte Proust zwar Nachrichten überbringen, fand ihn aber häufig schlafend oder bei einer Räucherung vor. Einer der Freunde, die ihn gelegentlich besuchten, war Illan de Casa-Fuerte, ebenfalls Asthmatiker, Sohn der Nichte von Kaiserin Eugénie, Flavie Lefebvre de Clunières de Balsorano.[72] Lucien hatte die beiden 1899 im Theater Grand-Guignol miteinander bekanntgemacht, doch erst jetzt empfand Proust die »beharrliche Zuneigung« zu einem Mann, den einige Bekannte als Verkörperung von Oscar Wildes Dorian Gray bezeichneten.[73] Proust sah außerdem Georges de Lauris, wohingegen Robert Proust zu beschäftigt war, um mit Besuchen, die sich vielleicht als schädlich erwiesen, Zeit zu verlieren, und Albu war seit dem Jahresende weder zu Besuch gekommen noch hatte er – trotz Prousts Zureden – die *Bible d'Amiens* gelesen.

Dr. Bize riet Proust, die Wohnung zu verlassen, statt weiterhin auf Schlaf zu verzichten. Proust war sich sicher, daß Madame Katz auch nach dem Einzug »monatelang weitermachen wird mit ihren Installationen und Dinge annageln läßt, die sie für schön oder luxuriös hält und die mich ins Grab bringen werden!«[74] Das Ehepaar Straus lud den Sohn von Madame Katz zum Mittagessen ein, doch die Handwerker hämmerten den ganzen März über »wie die Wahnsinnigen weiter, so daß man meinen könnte, sie hätten etwas so Majestätisches wie die Cheops-Pyramide gebaut«. Die Hammerschläge verdoppelten die Intensität seiner Asthmaanfälle, wie Proust schrieb, und verkürzten sein Leben »um mehrere Jahre«.[75] Als die Arbeiten für einige Tage ausgesetzt wurden, damit die Farbe trocknen konnte, fühlte er sich so viel besser, daß er auf den Balkon ging und sich für kurze Spaziergänge auf die Straße wagte.[76] Doch Anfang Mai, als er mit den Kürzungen seines Artikels über das Buch von Anna de Noailles beschäftigt war, erreichte das Hämmern im Nebenhaus seinen Höhepunkt darin, daß in seinem Schlafzimmer der Kamin einstürzte und ein großes Loch entstand, durch das Staub eindrang: »[…] trotz der füchterlichen Anfälle, die ich gestern hatte, mußte ich die Handwerker kommen lassen, und da ich überhaupt nicht in der Lage war, das Bett zu verlassen, mußte ich den Kamin reparieren lassen, mit allem was dazugehört, Pflaster, Ziegelsteine und Staub, vor meiner Nase.«[77]

Als Montesquiou ihn bat, *Altesses Sérénissimes* für den *Figaro* zu besprechen, war Proust nicht zu einer Zusage aufgelegt und verdarb seine diplomatisch gefaßte Ablehnung durch den Zusatz: »Ich müßte Ihnen noch weitere Gründe angeben, die mit der Sache selbst zusammenhängen (nicht das *Buch*, sondern *Sie*), weshalb mich das besonders erschöpfen würde.«[78]

Ende Mai erlitt er eine Reihe von heftigen Asthmaanfällen, traf dann aber Montesquiou auf einer Soirée bei Madame Lemaire. Am

11. Juni lud er aus Dankbarkeit gegenüber Calmette diesen überstürzt zu einem Diner ein. Proust hatte um Mitternacht die Redaktion aufgesucht, um sich für die Aufnahme seiner langen Artikel zu
bedanken. Er werde eines Tages ein Diner geben, womit er meinte,
in einigen Jahren, woraufhin Calmette seinen Kalender hervorholte
und einen freien Tag aussuchte.[79]

Proust ließ für den 1. Juli im Ritz einen kleinen Salon reservieren
und lud Gäste ein, von denen er annahm, daß Calmette sie gerne
sehen würde – Marquis und Marquise de Clermont-Tonnerre,
Madame d'Haussonville, Aimery de la Rochefoucauld, Princesse de
Monaco und Jean Béraud, nicht aber Reinach, weil Clermont-Tonnerre ein strikter Dreyfus-Gegner war. Die Comtesse de Chevigné
versprach zu kommen, änderte ihren Entschluß, um dann nach dem
Essen zu erscheinen. Da Reynaldo zu dem Zeitpunkt in London sein
würde, engagierte Proust Gabriel Fauré als Pianisten. Zu den übrigen Gästen gehörten Guiche, der die Auswahl des Menus und der
Weine übernahm, Albufera, Emmanuel Bibesco, Jacques-Emile
Blanche, Beaunier, die Comtesse de Brantes, die Marquise de Ludre
und Anna de Noailles.

Obwohl er die telephonischen Einladungen zum größten Teil
durch Ulrich erledigen ließ, gab es für Proust drei Wochen anstrengender Vorbereitungen. Madame Straus würde zwar nicht kommen, doch er bat sie um Rat wegen der Sitzordnung für die nichtadligen Gäste. Da es für Fauré zu anstrengend wäre, nur Solo zu spielen, engagierte Proust die Harfenistin und Pianistin Marguerite
Hasselmans, die mit Fauré im Duo spielen und den Geiger Maurice
Hayot begleiten sollte. Fauré wurde jedoch plötzlich krank. Proust
erfuhr dies erst am Vorabend[80] der Einladung, doch gelang es ihm,
Edouard Risler, einen bekannten Konzertpianisten, zu engagieren.

Proust behielt den ganzen Abend seinen Pelzmantel an, ebenso
Anna de Noailles, vielleicht aus Solidarität. Auf Elisabeth de Cler-
mont-Tonnerre wirkten die beiden wie Eskimos.[81] Zu dem Konzert
nach dem Essen waren eingeladen: Illan de Casa-Fuerte und die
Marquise, Vicomte und Vicomtesse d'Humières, Princesse de Poli-
gnac, Robert Proust, Robert Dreyfus, Maurice Barrès mit Gattin,
Albert Henraux und Joseph Primoli. Als Musik wünschte sich
Proust Stücke von Reynaldo Hahn, Schumanns *Carneval* und von
Liszt *Soirées de Vienne*. Da Risler nichts spielen wollte, was er nicht

auswendig konnte, trug er Kompositionen von Schumann, Beethoven, Chopin, Chabrier, Couperin, Fauré und (auf Wunsch Prousts) Arrangements von Wagners »Liebestod« aus *Tristan und Isolde* sowie die Ouvertüre zu den *Meistersingern* vor. Hayot spielte zwei Stücke von Fauré. Der Abend kostete Proust 2300 Francs, von denen tausend an Risler gingen. Für das gleiche Geld hätte er die Pariser Société des Instruments à vent[82] engagieren können, wie er sagte. Der Abend wurde indessen zum Erfolg, und Proust freute sich zu sehr, um übermüdet zu sein oder bedrückt über den Weggang seines »Pseudo-Sekretärs« Ulrich am Tag der Einladung, sowie seiner Köchin Félicie, die ihre Kündigung mit etwas Verspätung in die Tat umsetzte.[83] »Am nächsten Tag habe ich mich aber in meinem Bett erkältet, und es geht mir nicht gut.«[84]

Der Juli brachte warmes Wetter, und Proust stand nun nicht nur häufiger auf, sondern begann auf Anregung von Dr. Bize sogar, einen Urlaub zu planen. Natürlich löste dies eine ganze Lawine von Phantasien aus, darunter auch die einer Schiffsreise mit seinem Bruder.[85]

Robert de Flers war nicht zu dem Diner eingeladen worden. Nach dem Tod von Flers' Großmutter mütterlicherseits, Madame de Rozière, begann Proust seinen Kondolenzbrief mit den Worten: »Ich kann kaum schreiben, weil meine Augen so voller Tränen sind«,[86] und am Tag der Beerdigung, am 23. Juli, veröffentlichte der *Figaro* einen Artikel von Proust: »La vie de Paris: Une grand-mère«. Krank wie er selbst war auch sie gewesen: »So zerbrechlich, so leicht, blieb sie doch nach den schrecklichsten Launen der Krankheit stets obenauf, und sobald man sie am Boden glaubte, gewahrte man sie, geschwind immer auf der Höhe, wie sie dichtauf der Barke folgte, die ihren Enkel zur Berühmtheit und zum Glück führte, nicht damit etwas davon auf sie abstrahle, sondern um zu schauen, ob es ihm auch an nichts fehle, ob er nicht noch ein wenig ihrer großmütterlichen Hilfe bedürfe, was sie im Grunde wohl hoffte. Der Tod muß wahrlich sehr stark gewesen sein, daß er sie hat trennen können!«[87] In Anlehnung an eine Äußerung von Madame de Sévigné über ihren siebzehnjährigen Enkel, der keine Bücher las – »Seine Jugend lärmt in ihm, er hört nichts«[88] –, sagt Proust, der dabei ebensosehr an sich selbst wie an Madame de Rozière denkt, so ergehe es »vielen Kranken, denen man Stille empfiehlt, denen aber – wie die

Jugend dem Enkel von Madame Sévigné – ihr Denken ›Lärm
macht‹.« Wenn er im aufschlußreichsten Abschnitt des Artikels die
Beziehung zwischen Großmutter und Enkel erörtert, wiederholt er
die nachdrückliche Eröffnung seines Aufsatzes über den Fall Blarenberghe.

> Derart vollkommene Freundschaften [...] sollten nie aufhö-
> ren dürfen. Wie denn? Zwei so gänzlich übereinstimmende
> Wesen, daß nichts in einem war, was nicht im andern seinen
> Seinsgrund,[89] sein Ziel, seine Befriedigung, seine Erklärung,
> seinen zärtlichen Kommentar gefunden hätte, zwei Wesen,
> die eins des anderen Übersetzung schienen, während doch ein
> jedes ein Original war, diese beiden Wesen sollten sich einfach
> zufällig für einen Augenblick begegnet sein, im Unendlichen
> der Zeit, darin sie einander nichts mehr sein würden, nichts
> Persönlicheres, als sie für Milliarden anderer Wesen sind?
> Muß man das wirklich annehmen? Alle Buchstaben jenes
> geistvollen und leidenschaftlichen Buches, das Madame de
> Rozière war, sind sie plötzlich zu Schriftzeichen geworden,
> die nichts mehr bedeuten, die kein einziges Wort mehr bil-
> den?[90]

Prousts Weigerung zu glauben, daß seine Mutter etwas Unlesbares
geworden sei, wird sich als einer der Hauptgründe dafür erweisen,
verlorene Zeit als rettbar zu schildern.

Wie üblich war Proust lange unschlüssig, wo er den Urlaub verbringen sollte. Mitte Juli wäre er beinah nach Lozère in den Ceven-
nen gefahren, aber er fühlte sich zu krank, und er würde ja ohnehin
zum Begräbnis wieder nach Paris zurückkehren.[91] Am 1. August
schwankte er, ob er in Paris bleiben oder in die Bretagne, nach Cabourg, in die Touraine oder nach Deutschland fahren sollte.[92] Wie
so oft endete die Unentschlossenheit in impulsivem Handeln, und so
reiste er am 4. oder 5. August nach Cabourg, nachdem er gehört
hatte, das Grand-Hotel sei komfortabler als jedes andere Hotel an
der Küste.[93] Außerdem entschied er sich im Gedanken an seine Mutter für dieses Reiseziel, denn sie hatte ihm 1903 vorgeschlagen, dorthin zu fahren. Proust hatte Cabourg schon im vergangenen Sommer
in Erwägung gezogen, war jedoch seit 1891 nie mehr dort gewesen.
Damals war er plötzlich von Trauer um seine zwei Jahre zuvor
gestorbene Großmutter ergriffen worden, die in Cabourg die Beglei-

terin seiner Kindheit gewesen war. Vielleicht ging der Entschluß
aber auch auf das Mitgefühl für den trauernden Robert de Flers
zurück und auf eine Vermischung von Gefühlen für die beiden
Großmütter und Prousts verstorbene Mutter.

17. Wiederbelebung an der See

Cabourg hatte sich während des Zweiten Kaiserreichs zum Badeort
entwickelt, war aber um 1907 nicht sonderlich in Mode, so daß das
Erscheinen so bekannter Persönlichkeiten wie Francis de Croisset
Aufsehen erregte, während die Anwesenheit Prousts unbemerkt
blieb.[1]

Die Eisenbahnfahrt vom Pariser Bahnhof Saint-Lazare dauerte
fünfeinhalb Stunden. Im Express nach Cherbourg traf er den
berühmten Chirurgen Eugène-Louis Doyen, der ganz hingerissen
von der Comtesse Greffulhe erzählte,[2] und in Mézidon stieg Proust
in den Zug nach Trouville um, der fast an jedem Bahnhof und in
jedem Badeort hielt.

Das Hotel und das angebaute Kasino bilden die Spitze des fächer-
förmigen Straßennetzes von Cabourg, und die herrliche, über drei
Kilometer lange Seepromenade hat in Frankreich kaum ihresgleichen. Das Hotel, in dem Proust abstieg, verfügte über zweihundert
Zimmer, über palastartige Hallen und einen prachtvollen Speisesaal
mit Kristalleuchtern und riesigen Fenstern zur Promenade hin, wo
die Urlauber ihren täglichen Spaziergang *en famille* machten – eher
um gesehen zu werden als um die Aussicht zu bewundern. In den
zum Meer hin liegenden Zimmern hörte man das endlose Rauschen
der Wellen, und am Strand direkt vor dem Hotel stand der Musik-
pavillon. Die heitere Musik, das Gelächter und die lauten Gespräche der Schwimmer und Sonnenbadenden mischten sich in Prousts
wehmütige Erinnerungen an die Ferien, die er mit der Mutter und
der Großmutter am Meer verbracht hatte.

Am 6. August 1907 war er immer noch krank und von der Reise
erschöpft,[3] und zwei Tage später überlegte er, ob er nach Paris
zurückkehren sollte,[4] doch da geschah etwas, das ihn nachdrücklich
veranlaßte, sein gewohnheitsmäßiges Krankenleben aufzugeben.
Im Hotel hatte er die üblichen Möglichkeiten für sexuelle Abenteuer

wie damals um 1900, als er sich von dem unausgesprochenen mütterlichen Veto gegen homosexuelle Aktivitäten kurzzeitig beurlaubte. Seit ihrem Tod hatte es die Episode mit Félicies Neffen
Ulrich, dem Pseudo-Sekretär, gegeben, doch meist war er durch sein
Krankenleben, das ihn an die Wohnung fesselte, eingeschränkt
gewesen.

Im Hotel wimmelte es von Kellnern, Portiers, Pagen und Liftjungen, die mit den Trinkgeldern mehr verdienten als mit ihrem Lohn
und die auch einen absolut sicheren Weg kannten, sich ein großzügiges Trinkgeld zu sichern. Proust, überaus wählerisch, fühlte sich in
einem Hotelzimmer – das für die Dauer seines Aufenthaltes ihm
gehörte – weitaus wohler, als er sich in einem Männerbordell je
hätte fühlen können. Später beschrieb er einmal, wie ein auf der
Jagd befindlicher Homosexueller in einem Hotel nach möglichen
Partnern Ausschau hält:

> Er sprach nur zu seiner Frau, das übrige Hotel schien für ihn
> gar nicht zu existieren. Aber in dem Augenblick, als ein Kell
> ner ganz dicht vor ihm stehend seine Bestellung entgegen
> nahm, hob er rasch seine lichten Augen und warf auf den jun
> gen Menschen einen nicht länger als zwei Sekunden währen
> den Blick, der in seiner durchscheinenden Hellsichtigkeit von
> einer Art forschender Neugier zu zeugen schien, die völlig
> verschieden von dem Ausdruck eines Blickes war, den ein
> anderer Gast, und wäre es noch so lange, auf einem Hoteldie
> ner oder Kellner ruhen ließ, um hinterher über ihn humoristi
> sche oder sonstige Bemerkungen zu machen.[5]

In dem Brief, den er vor neunzehn Jahren als Schüler über die »verschiedenen Herren, aus denen ich mich zusammensetze«, geschrieben hatte,[6] nutzte er voller Heiterkeit die Gelegenheit, über sich
selbst zu schreiben – und sich herabzusetzen –, so als ob er irgend
jemand anderer wäre. »Was mich betrifft, so mag ich ihn eigentlich
nicht besonders.« Seine fiktionale Prosa stellte ein anderes Mittel
bereit, heiter über sich selbst zu schreiben und sich herabzusetzen,
als ob er jemand anderer wäre. Während er zum einen jede Vorsichtsmaßnahme traf, um seine Homosexualität geheimzuhalten,
konnte er zum anderen ausführlich über die Gewohnheiten und Verhaltensweisen von Homosexuellen schreiben.

Über seine sexuellen Beziehungen in Cabourg wissen wir nichts, doch er fühlte sich rasch so weit verjüngt, daß er ein aktiveres Leben führen konnte. Er genoß die Aussicht aus seinem Zimmerfenster. Im Roman ist der Erzähler darüber so entzückt, daß er am Morgen, nachdem er sich das Gesicht gewaschen hat, immer wieder hinausschaut:

> Unaufhörlich kehrte ich mit meinem steifgestärkten Handtuch [...] an das Fenster zurück, um noch einmal einen Blick auf die gleißende, bergig schwellende weite Arena und die schneeigen Gipfel der stellenweise in durchscheinender Glätte leuchtenden Wogen aus Smaragd zu werden, die mit gelassener Wucht und löwenhaft gefurchter Stirn das Niederbrechen und Niederströmen ihrer Hänge spielen ließen, auf die das Sonnenlicht sein gesichtsloses Lächeln setzte. Durch dieses Fenster sollte ich künftig jeden Morgen meine ersten Blicke werfen, wie ein Reisender, der aus einer Postkutsche schaut, in der er geschlafen hat, um zu sehen, ob sich während der Nacht eine ersehnte Bergkette genähert oder entfernt hat – nur waren es hier die Hügelfolgen des Meeres, die, bevor sie tanzend wieder auf uns zukommen, so weit zurückweichen können, daß ich erst nach einer langen sandigen Ebene ihre ersten Wellenlinien bemerkte, fern, in durchschimmernder Weite, duftig und bläulich wie jene Gletscher, die man auf dem Hintergrund der Bilder früher toskanischer Maler erkennt.[7]

Proust genoß das Theatralische des Hotellebens und den Luxus, ein ganzes Bataillon folgsamer und adrett uniformierter Diener um sich zu haben, die seine Anweisungen befolgten. Es war wie das Leben in einem Restaurant, mit der zusätzlichen Annehmlichkeit, unter demselben Dach zu schlafen wie die übrigen Gäste und mit Kellnern, Portiers, Pagen und Liftjungen über die Beobachtungen zu plaudern. Er pflegte der Rechnung von zehn Francs für eine Mahlzeit ein Trinkgeld von zwanzig Francs hinzuzufügen, und wenn er um Mitternacht in sein Zimmer ging, nahm er jemanden vom Personal mit, um Dame zu spielen und über die Gäste zu plaudern. Wenn es eine Hierarchie des Personals gab, so bestand auch eine weniger sichtbare Hierarchie unter den Gästen: Einige von ihnen kamen im Restaurant in den Genuß von Fensterplätzen und wurden aufmerksamer bedient. Er genoß es, dies alles zu beobachten, auch wenn er die meisten Gäste anstrengend und vulgär fand – besonders den Direktor eines großen Warenhauses und einen alten Croupier.[8]

Einen Gast mochte er besonders: den Kunsthändler René Gimpel,[9] der – wie alle anderen – auf ihn aufmerksam geworden war, weil Proust stets seinen alten Überzieher anbehielt, der mehrfach gefüttert und so verblichen war, daß er fleckig aussah. Seine großen Augen und der leicht gelockte Bart ließ Gimpel an Männer denken, die in der afrikanischen Wüste lebten. Proust sprach verächtlich über Ärzte, einschließlich seines Vaters, die behauptet hatten, die salzige Meeresluft sei für ihn schädlich; offenkundig tat sie ihm gut. Einer der Bekannten, die Proust im Hotel besuchten, war der Dramatiker Henry Bernstein,[10] der ein unterhaltsamer Begleiter war. Gimpel sah ihn jedoch nie mit anderen Hotelgästen reden; trotzdem wußte er viel über sie, weil er beim Personal eine ganze Menge von Fakten und Gerüchten gesammelt hatte.[11]

Im Kasino gab es ein Theater und einen Konzertsaal, doch Proust wollte lieber Ausflüge in die Umgebung machen und schrieb an Emile Mâle, den Autor von *L'Art religieux du XIIe siècle en France*, das Robert de Billy ihm 1899 geliehen hatte, und bat ihn um Rat.[12] Was sollte er abgesehen von Kathedralen und Denkmälern in der Normandie besichtigen? Während seiner Fahrt nach Evian im Jahre 1903 hatte Proust vom Zug aus einen Blick auf eine kleine mittelalterliche Stadt erhascht: Semur. Gab es in der Umgebung von Cabourg interessante alte Städte? Was hatte es mit Fougères, Vitré, Saint-Malo und Guérande auf sich? Waren sie einen Besuch wert? Welche Ausflugsziele in der Bretagne würde Mâle ihm als lohnend im Hinblick auf die Kunst, die Landschaft, die Geschichte und die Welt der Sagen empfehlen; Proust könnte ein Taxi mieten, um sie zu besichtigen?[13] Er schrieb auch an Emmanuel Bibesco und fragte ihn, welche Landschaften oder Baudenkmäler er empfehlen könne.[14]

Der erste Freund, mit dem Proust zusammentraf, war Georges de Lauris, der sich nur wenige Kilometer entfernt bei seinem Vater in Houlgate aufhielt. Proust hatte auch Kraft genug, um mit Georges einen Marsch von zwanzig Kilometern nach Trouville zu unternehmen, wobei sie in Houlgate haltmachten, wo Proust den Vater von Georges besuchte. In Bénerville hatten Guiche und seine Duchesse eine Villa gemietet, und Marcel und Georges statteten ihnen dort einen Besuch ab. In Trouville machten sie ihre Aufwartung bei Loui-

sa de Mornand und bei dem Ehepaar Straus. Bevor Proust sich von
Georges verabschiedete, lieh er sich eine Photographie der verstorbenen Marquise aus. »Verzeihen Sie meine Forderung, ich hatte das
Bedürfnis, sie allein zu sehen, und angesichts der Gemütsbewegung,
die sie mir vermittelt hat und die alles übertrifft, was ich mir vorstellte, bedauere ich es nicht, sie Ihnen entzogen zu haben, als ich sie
mitnahm.« Zusammen mit dem Gesicht des Marquis versetzte das
Gesicht der Mutter auf der Photographie Proust in die Lage, »die
Genealogie und nacheinander alle *Titel* Ihres intellektuellen, moralischen und physischen Adels wiederzuentdecken«.[15]

Proust machte auch einen spätabendlichen Besuch bei den Clermont-Tonnerres auf ihrem Schloß in Glisolles in der Nähe von
Evreux, und als die Gastgeberin ihn einlud, am nächsten Morgen
wiederzukommen, um die Rosen zu besichtigen, sagte er: »Zeigen
Sie sie mir heute abend.« Er konnte Agostinelli dazu bewegen, die
Scheinwerfer des Autos als Beleuchtung einzusetzen. »Die Rosen
sahen aus wie Schönheiten, die man aus ihrem Schlummer geweckt
hatte«, schrieb sie.[16] Er lud die Clermont-Tonnerres zu einem Diner
ein, engagierte einen Tenor und mietete einen separaten Raum für
die musikalische Unterhaltung nach dem Essen.[17]

Es sieht so aus, als ob sich zu dieser Zeit in Proust ein bizarres
Tauziehen abspielen würde. Zwar ist er von der Fassade der Würde
und des vornehmen Verhaltens der Aristokratie beeindruckt, es
gefällt ihm aber auch, im engen Umgang mit dem Hotelpersonal
und den Dienern ihre Ideale und Verhaltensmaßstäbe zu verraten –
so wie die Aristokraten sie auch selber verrieten. Es gibt einen
Zusammenhang zwischen seiner frühen Erzählung »La confession
d'une jeune fille« und dem unbestätigten Gerücht, er soll später
Zufallsbekanntschaften in Männerbordellen Photographien von
seiner Mutter gezeigt haben.[18] Er hatte das Bedürfnis, das Bild des
kleinen Marcel zu verletzen, an das sie geglaubt hatte, und fühlte
sich gereizt und erregt, wenn er als Doppelagent zwischen den Nie-
derungen des Lebens und der vornehmen Gesellschaft wirken
konnte. Die fast morbide Anteilnahme an Trauerfällen und sein von
Liebe nicht weit entferntes Gefühl gegenüber Georges komplizierten seine ambivalente Haltung noch weiter. Georges war die uner-
reichbare aristokratische Alternative zu einem Geliebten aus der
Arbeiterklasse, und Proust gefiel Georges' körperlicher Ausdruck

von Zuneigung: »[…] Ihre schönen und sanften Hände, die manchmal, wenn ich einen Zweifel an Ihrer Freundschaft äußere, in einer
Bewegung von überzeugender Beredsamkeit die meinen suchen […]
Ihren ganzen Körper möchte ich jetzt sehen und berühren, weil ich
schon zu sehr vergessen habe, daß er die unentbehrliche Bedingung
dieser ganzen geistigen Spontaneität ist, die *Sie* sind und die wir lieben und für die wir die Ganzheit dieses Symbols Ihrer selbst bewundern müssen, dieses Körpers, dem Ihr Geist innewohnt […].«[19]

Die anstrengende Bewegung in der frischen Luft muß für die an
solche Aktivitäten im Freien nicht gewohnten Lungen und Muskeln
wie ein Schock gewirkt haben, doch er war ausdauernd genug, um
jeden Tag aufzustehen und auszugehen. Er war sehr darauf bedacht,
die Umgebung zu erkunden, doch statt lange Spaziergänge zu unternehmen, ließ er sich im Taxi chauffieren: Er mietete sich einen
Wagen der Firma Taximètres Unic de Monaco, die Jacques Bizet[20]
leitete, der einmal Medizin studiert hatte und nun Geschäftsmann
geworden war. »Zur Rechten, zur Linken und vor mir setzten die
Fenster des Automobiles, die ich geschlossen hielt, den schönen Sep-
tembertag, den man selbst im Freien nur durch eine Art Transparent
hindurch schaute, gleichsam hinter Glas.«[21] Acht Jahre waren seit
seiner Fahrt nach Coppet mit Constantin de Brancovan und Abel
Hermant im Wagen von Prince Alexandre vergangen, und Proust
war seitdem so selten Auto gefahren, daß die wirbelnden Perspekti-
venwechsel ihn von neuem erregten. 1899 war er von den »Riesen in
Siebenmeilenstiefeln«[22] begeistert gewesen, der Kirchtürme, Burg-
friede und alte Gärten herbeischaffte, deren Anblick man früher niemals an einem einzigen Nachmittag hätte genießen können, und
jetzt, auf der Fahrt nach Caen, war er glücklich, den langsamen
Tanz zu beobachten, den die Kirchtürme vollführten:

> Allein, sich aus der gleichförmigen Fläche der Ebene erhebend
> und wie verloren im flachen Lande, stiegen die beiden Kirch-
> türme von Saint-Etienne gen Himmel. Bald darauf sahen wir
> drei, weil sich der Turm von Saint-Pierre ihnen zugesellt
> hatte. […] Die Minuten verrannen, wir fuhren schnell, und
> dennoch blieben die drei Kirchtürme vor uns allein, wie in der
> Ebene abgesetzte reglose Vögel, die sich im Sonnenlicht
> abzeichnen. Dann, als die Entfernung schwand, wie der Ne-
> bel eine Gestalt, die einen Augenblick zuvor noch unsichtbar

war, gänzlich und in allen Einzelheiten enthüllt, erschienen
die Türme der Trinité, oder eher ein einziger Turm, so genau
verdeckte der eine den anderen. Aber er verschob sich, der
andere trat hervor, und beide stellten sich in eine Reihe.
Schließlich gelang es einem Nachzügler (dem Turm von Saint-
Sauveur, nehme ich an) mittels einer kühnen Drehung, ihnen gegenüberzutreten. [...] Wir fuhren weiter auf unserer
Straße, wir hatten Caen schon lange verlassen, und die Stadt,
die uns einige Sekunden lang begleitet hatte, war verschwunden, als, allein geblieben am Horizont und unser Entfliehen
betrachtend, die beiden Türme von Saint-Etienne und der
Turm von Saint-Pierre ihre besonnten Spitzen noch als
Abschiedszeichen bewegten. Manchmal trat der eine zurück,
damit die beiden anderen uns noch einen Augenblick lang
wahrnehmen konnten; bald sah ich nur noch zwei.[23]

Wie bei der Beschreibung der Gondelfahrt in Venedig, als er zu seiner Mutter zurückkehrte, liegt diesen Gedanken die Vertauschung
von Beobachter und Beobachtetem zugrunde: »Dann drehten sie
sich noch ein letztes Mal, wie zwei goldene Türangeln und ent-
schwanden meinen Blicken.«[24] Bei späteren Fahrten mit demselben
Chauffeur, Alfred Agostinelli, sah Proust die Türme oft wieder, aber
aus einer solchen Entfernung, daß sie aussahen wie »zwei Blumen
an den Himmel gemalt, über der flachen Linie der Felder«.

Beim Ausflug nach Lisieux fuhren sie erst spät in Cabourg ab, und
die Sonne ging bereits unter, als sie eine steil abfallende Straße
erreichten,

an deren Ende, in dem vor Sonne blutroten Kessel, wohinein
wir mit voller Geschwindigkeit fuhren, ich sah, wie Lisieux,
das vor uns dahin gelangt war, in Eile seine verwundeten
Häuser, seine purpurgefärbten hohen Kamine aufrichtete
und ordnete; augenblicklich hatte alles seinen Platz wiedergefunden, und als wir ein paar Sekunden später an der Ecke der
Rue aux Fèvres hielten, schienen die alten Häuser, deren feine
geäderte Holzbalken sich an der Brüstung der Fenster zu Hei-
ligen- und Dämonenköpfen entfalteten, sich seit dem 15.
Jahrhundert nicht gerührt zu haben.

Das Taxi konnte wegen einer Panne nicht weiterfahren, und es war
dunkel, als sie schließlich zur Kathedrale von Notre-Dame kamen,

doch Proust wollte »einige der Blattwerke wiedersehen, von denen Ruskin spricht«.

Dennoch ging ich weiter, um zumindest mit der Hand den berühmten Hochwald aus Stein zu berühren, der am Portal eingepflanzt steht und zwischen dessen beiden so edel gebildeten Reihen vielleicht der Hochzeitstag Heinrichs II. von England und Eleonore de Guyennes hindurchführte. Doch als ich mich eben tastend näherte, wurde er von plötzlicher Helligkeit überflutet; Stamm für Stamm traten die Pfeiler aus dem Dunkeln hervor und enthüllten in vollem Licht vor beschattetem Hintergrund die großzügige Modellierung ihrer steinernen Blätter. Es war ein Chauffeur, der einfallsreiche Agostinelli, der den alten Skulpturen den Gruß der Gegenwart schickte, deren Licht nur dazu diente, die Lektionen der Vergangenheit um so genauer zu lesen, indem er, je nachdem, was ich sehen wollte, den Scheinwerfer des Automobils nacheinander auf alle Teile des Portals richtete.[25]

Agostinelli wiederholte seinen Trick, den er bei der mitternächtlichen Inspektion der Rosen gelernt hatte.

Da für Proust ein Leben als Kranker schon selbstverständlich geworden war, wirkte dieses tätige Leben künstlich und übertrieben aktiv: wie »das Leben einer abgefeuerten Kanonenkugel«.[26] Um in Schwung zu bleiben, nahm Proust Koffein und trank gelegentlich mehr als zwölf Tassen Kaffee. »Ich führe jedoch ein so künstliches (im Hinblick auf die Gesundheit) und so bewegtes Leben, daß ich nicht weiß, was ich denke und empfinde, und nicht einmal einen Brief schreiben kann«.[27] Am Ende einer Autofahrt stellte er fest: »[...] eine Art von Zittern, ähnlich dem des Motors, hört nicht auf, in mir zu dröhnen und zu beben, wenn ich aus dem Wagen gestiegen bin, und hindert meine Hand, ruhig zu bleiben und mir zu gehorchen.«[28] Er schlief gut, doch wenn er wach war, stiegen Erinnerungen an seine Mutter in ihm auf, und er wünschte sich, daß sie ihn im jetzigen Zustand hätte sehen können, doch das fortwährende Zittern der Hand machte ihm das Schreiben schwer. »Ich bin noch nie so aufgewühlt, so steril, so unglücklich gewesen«, schrieb er und verglich sich mit Antoine, von dem er hoffte, er sei »ruhig, fleißig, glücklich. Alles das, was ich nicht bin!«[29]

Er besichtigte die Kathedrale in Bayeux, die er den Kirchen von

Caen vorzog.[30] »Die orientalischen Figuren der Kathedrale von Bayeux (im romanischen Teil des Schiffs) haben mich bezaubert, doch verstehe ich sie nicht, ich weiß nicht, worum es geht. Und außen gab es offenbar einige bewundernswerte Statuen auf dem First, doch schwierig zu erkennen und zu identifizieren.«[31] Der Maler Paul Helleu, ein Schützling von Montesquiou, hielt sich in Deauville auf, das unmittelbar an Trouville angrenzt und nur zwanzig Kilometer von Cabourg entfernt ist. Proust konnte sich von seinen Ferien mit der Großmutter her nicht an den Hafen erinnern, doch nachdem er Helleu besucht und mit ihm zusammen den Hafen besichtigt hatte, der »wie die perlmuttfarbene Vorhalle zur Unendlichkeit« aussah, vergaß er ihn nie mehr.[32] Die beiden fuhren außerdem zusammen nach Balleroy,[33] um die Wandteppiche von Boucher anzusehen, die dem Marquis de Balleroy gehörten, dem Erben des Comte de Balleroy.[34]

Auf der anderen Flußseite von Cabourg liegt Dives: »Die Kirche von Dives war ein mächtiger Bau mit eckigen Türmen aus dem 14. Jahrhundert, die Proust wahrscheinlich als Junge mit seiner Großmutter besichtigt hatte, wenn er dort auf der Fahrt nach Cabourg oder Trouville umstieg.«[35] Diese Kirche, Vorbild für die Kirche von Balbec, »ist vielleicht das merkwürdigste Beispiel normannischer Gotik und von so ausgesprochener Eigenart, daß sie beinahe wie ein Werk der persischen Baukunst anmutet.«[36] Außerdem besichtigte er das Schloß Norrey in Bretteville-l'Orgueilleuse, hörte ein Konzert im Hotel und besuchte den Maler Vuillard, einen Freund Bibescos.[37] Robert Dreyfus war bei den Straus zu Besuch, und sie gerieten in einen Streit über den deutschen Kaiserhof.[38] Proust besuchte außerdem ein Polospiel und spielte jeden Abend Baccarat, wobei er meistens verlor.[39] Francis de Croisset hielt sich ebenfalls in Cabourg auf, zusammen mit seiner Geliebten, einer Schauspielerin, derentwegen er sich mit ihrem anderen Liebhaber, Alfred Edwards, duellierte.[40] Obwohl Proust ihn kaum sah, bot er an, für eine gemeinsame Rückreise nach Paris ein Schiff zu mieten: »Das wäre mich nicht teurer zu stehen gekommen als die Taxis und das Baccarat.«[41]

Einen Monat nach seiner Ankunft in Cabourg hielt er noch immer an diesem anstrengenden neuen Tagesablauf fest, halb erschrocken und halb erfreut darüber, von neuen Gewohnheiten beherrscht zu werden: »Seit ich hier bin, und seit vielen Jahren zum ersten Mal bin ich fast täglich aufgestanden, habe mich angezogen und bin ausgegangen. Und ich habe das Gefühl, daß ich nicht mehr Geist oder Herz besitze, sondern nur noch ein jeden Tag müder werdendes, stärker klopfendes und schmerzendes physisches Herz. Doch es ist Training, das Gewohnheit zu werden verspricht, so wie das Bett eine war. Und ich spüre, daß ich dabei meine letzten Kräfte verbrauche und verschwende.«[42] Er blieb jedoch, bis das Hotel in der dritten Septemberwoche schloß. Die Clermont-Tonnerres hatten ihn auf ihr Schloß in Glisolles eingeladen, doch er entschied sich, in Evreux zu bleiben, und sie von dort aus zu besuchen.

Unterwegs nach Evreux fuhr der Chauffeur durch ein nebliges Tal, wo Proust soviel feuchte Luft einatmete, daß er chronisches Asthma bekam. Nachdem er im Wagen fast erstickt wäre, versuchte er den Lärm im Hotel dadurch einzudämmen, daß er auch das über dem seinen liegende Appartement mietete. Er besuchte den neben der Kathedrale von Evreux liegenden Bischofspalast aus dem späten 15. Jahrhundert und die romanische Abtei Saint-Taurin. Er ließ sich auch zu der Kirche von Conches[43] chauffieren, wo er die Glasfenster aus dem 16. Jahrhundert bewunderte, doch das Asthma verschlimmerte sich, und am vierten Tag, als er mit dem Taxi zum Schloß fuhr, kurierte er sich unterwegs mit siebzehn Tassen Kaffee.[44] Das Schloß bereitete ihm große Freude, und er bedankte sich besonders dafür, daß der Marquis ihn auf den dunklen Treppen ohne Geländer »wie ein Kind« bei der Hand nahm.[45]

Er hatte vorgehabt, den Garten von Claude Monet in Giverny[46] zu besichtigen, doch sein Asthma war so schlimm geworden, daß er den ganzen Weg zurück nach Paris in einem von Agostinelli gesteuerten Taxi zurücklegte. Da er an dauernder Atemnot litt, wußte er, daß ihm bei der Ankunft ein neuer Krankheitsschub bevorstand. Er blieb sechs Tage im Bett und ging nur am 7. Oktober aus, um Mayol singen zu hören. Mit seinem feisten Körper, seiner Lockenperücke, den tänzerischen Bewegungen und dem ewigen Maiglöckchen im Knopfloch, war Mayol einer der populärsten Sänger des Café-Théâtre.[47]

Als die Brüder Bibesco ihn zu einer Englandreise im Automobil einluden, fühlte er sich immer noch zu krank.[48] In den ersten beiden Wochen in Paris stand er nur zweimal auf.[49] Beim Treppensteigen geriet er rascher als früher außer Atem,[50] und er gewann die Überzeugung, daß es unvernünftig wäre, weiterhin in Paris zu leben.[51]

Am 8. November 1907 wurden die Anteile, die seine Tante, Robert und er am Haus seiner Eltern besaßen, versteigert, Proust nahm jedoch nicht an der Versteigerung teil und besuchte statt dessen einen Vortrag Montesquious über Versailles.[52] Später bereute Proust, die Versteigerung versäumt zu haben, auf der seine Tante sämtliche Eigentumsrechte erwarb, da dadurch sein Einkommen geschmälert wurde, ohne daß sich sein Vermögen wesentlich vergrößert hätte.[53] Er versuchte das Jahr zu beschließen, indem er das Grab seiner Eltern besuchte, doch unterwegs fühlte er sich so krank, daß er umkehrte, bevor er den Friedhof erreicht hatte.

18. Der Literat

Sechsunddreißig Jahre lang war die Vorbereitung auf die Niederschrift der *Recherche* zum größten Teil unbewußt[1] vor sich gegangen, doch im Jahre 1908 begann sich eine Entscheidung abzuzeichnen.[2] Als Proust am 2. Februar bekanntgab: »Ich möchte mich an eine ziemlich lange Arbeit machen«,[3] hatte er bereits in eines der fünf eleganten Notizhefte zu schreiben begonnen, die Madame Straus ihm zum Neujahr geschenkt hatte. Diese Hefte, die so schmal waren, daß sie sich in die Tasche stecken ließen, benützte er für vorläufige Notizen.[4] Die ersten beiden Seiten zeigen, wie eng das Unternehmen der *Recherche* mit seiner Mutter zusammenhing. Auf ein Zitat aus Thomas Carlyles Bekenntnis gegenüber der Mutter – »Ich bin nicht so krank, wie ich dir gegenüber behaupte« – folgen Notizen über einen Traum, in dem Madame Proust wiederkehrt, die vor Schmerzen stöhnt und ihren Sohn anfleht, ihr Leiden nicht noch durch eine weitere Operation zu verlängern.[5]

Es war nicht die ursprüngliche Intention Prousts gewesen, Robert aus der fiktiven Familie auszuschließen. Anfang Januar, als die *Chronique des arts* Stiche preiswert zum Verkauf anbot, bat er den Herausgeber, ihm »*mit Rückgaberecht* einige englische Stiche zu senden, besonders solche, auf denen ein Tier neben einer oder mehreren Personen dargestellt ist, deren Porträt sie wiedergeben«.[6] Er plante, den Roman mit einem Kapitel zu beginnen, das die Überschrift trug: »Robert und das Zicklein, Mama geht auf Reisen.«[7] Proust beschreibt seinen kleinen Bruder, der das Zicklein auf die unschuldige Nase küßt, und verweist auf »die englischen Maler, die häufig Gruppenbildnisse gemalt haben, auf denen ein Kind ein Tier streichelt.«[8]

Er wurde von der Arbeit an der *Recherche* wieder abgelenkt, als er mit einer Reihe von Pastiches begann, doch er verschwendet keine Zeit. Später bezeichnete er die Pastiches als »Literaturkritik ›in Aktion‹«.[9] Der Roman begann als eine Kritik an Sainte-Beuve. Ausgelöst wurden die Pastiches durch die täglichen Zeitungsberichte über den größten Skandal seit der Dreyfus-Affäre. Ein französischer Elektroingenieur namens Lemoine hatte behauptet, aus Kohlenstoff Diamanten herstellen zu können, sich an Sir Julius Werner, einen Direktor der großen Diamantminengesellschaft De Beers herangemacht und ihm nach und nach 64 000 englische Pfund entlockt. Proust, der Aktien von De Beers besaß, befürchtete zunächst einen Wertverlust, entwickelte dann aber bald ein mehr literarisches Interesse an dem Skandal.[10] 1898, nachdem Oberst Henry sich umgebracht hatte und Cavaignac zurückgetreten war, fiel Proust auf, daß die vormals so balzacsche Dreyfus-Affäre »mit ihrer Anhäufung von überstürzten Auflösungen nunmehr so shakespearsch geworden ist.«[11] Er sah jetzt eine Möglichkeit, wie öffentliche Ereignisse, die häufig die Literatur nachzuahmen scheinen, sich literarisch nutzen ließen: Warum nicht eine Reihe von Parodien schreiben, die zeigen, wie Balzac, Flaubert, die Goncourts und andere Schriftsteller den Lemoine-Skandal behandelt hätten?

Das Pastiche war in den durch Stilbewußtsein geprägten neunziger Jahren – dem Jahrzehnt, in dem Proust erwachsen wurde – besonders wichtig. Für ihn war es eine literarische Form, die ihm gleichsam in den Schoß fiel. Jahrelang hatte er an Reynaldo Briefe in einem Stil geschrieben, der die Orthographie und die Syntax von Montaigne und Pascal imitierte; 1906 hatte er sogar versucht, in einer Reihe von etwa dreißig Zeichnungen verschiedene Schulen der Malerei zu parodieren.[12]

Bei der Einkleidung der Nachrichten über die Affäre Lemoine in eine Reihe verschiedener literarischer Gewänder konnte er eine ganze Menge lernen. Die einem Leser übermittelte Information hängt stets davon ab, welche Gesichtspunkte und Vorfälle der Schriftsteller auswählt. Das Komödiantische, das in jeder Parodie vorherrschen muß, hatte in *Jean Santeuil* freilich gefehlt. Auch wenn Proust verstanden hatte, daß Stil immer eine Haltung voraussetzt, hatte er nicht erkannt, wieviel der Stil über den gesellschaftlichen Hintergrund aussagt.

Früher hatte Proust Eigenheiten von Menschen imitiert, die er verehrte, und war dadurch in seinem eigenen Verhalten freier geworden. Jetzt hoffte er, daß die Pastiches bei seiner Prosa zum gleichen Effekt führen und ihn vor Eklektizismus bewahren würden.

Rebellische Autoren wie Rimbaud, Sartre, Brecht oder Beckett neigen weniger zum Eklektizismus, doch Proust, der nach wie vor Anatole France, Montesquiou, Anna de Noailles und sogar Lucien Daudet als ihm überlegen ansah, mußte seine literarischen Muskeln schmeidigen. Er schrieb: »Ich bin ein Feind jedes Pastiches, ausgenommen dann, wenn es gewollt ist, doch wohl auch dann noch.«[13] Und später hieß es: »[…] ohne jeden Versuch, zu ›brillieren‹, lasse ich in diese Pastiches großzügig Dinge einfließen, denen ein besserer Verwalter der eigenen Gaben die persönliche Ehre und die eigene Signatur vorziehen würde.«[14] Und noch später schrieb er: »Das Ganze war für mich vor allem eine Sache der Hygiene: Man muß sich von dem so natürlichen Laster der Götzenverehrung und der Nachahmung purgieren. Und statt heimlich auf Michelet oder auf Goncourt zu machen und mit seinem eigenen Namen zu signieren (hier die Namen dieser oder jener unserer allerliebsten Zeitgenossen), ist es besser, offen die Form des Pastiche zu pflegen, um wieder darauf zurückzukommen, nichts anderes als Marcel Proust zu sein, wenn ich meine Romane schreibe.«[15] Als er mit kritischen Untersuchungen über die von ihm parodierten Autoren begann, kombinierte er wirkungsvoll seine kritischen und seine schöpferischen Kräfte, um seiner literarischen Identität feste Form zu geben.

Im Balzac-Pastiche erging er sich (ohne viel Feingefühl) in einer Satire auf aristokratische Umgangsformen. »Athénaïs wußte sich vor Freude nicht zu fassen, als sie den Geliebten zu sich zurückkehren sah, den sie ihrer besten Freundin zu entreißen dachte. Deshalb drückte sie die Hand der Fürstin und behielt jene undurchdringliche Ruhe, die die Frauen der großen Gesellschaft selbst noch in dem Augenblick besitzen, da sie einem den Dolch ins Herz stoßen.« Und er macht sich lustig über Balzacs Detailgenauigkeit: »Madame Firmiani schwitzte in ihren Pantoffeln, einem der Meisterstücke der polnischen Industrie.«[16]

Die Goncourt-Parodie umfaßt zwei Tage des Tagebuchs der beiden Brüder. Am ersten Tag, als sie Lemoines Erfindung für echt halten, betrachten sie den Skandal als mögliches Thema für »ein Theaterstück, in dem es starke Dinge über die Macht der heutigen Großindustrie geben könnte, eine Macht, die im Grunde die Regierung und die Gerechtigkeit lenkt und sich jedem widersetzt, was jede neue Erfindung für sie an Unheilvollem besitzt. Als Schlußbukett bringt man Lucien die Nachricht, die mir die Lösung des schon skizzierten Stücks gibt, daß ihr Freund Marcel Proust sich infolge der Baisse der diamantenhaltigen Werte umgebracht habe. Ein merkwürdiges Wesen, dieser Marcel Proust, versichert Lucien, ein Mensch, der völlig in Verzückung leben soll, in der *Sakralverkitschung* gewisser Landschaften, gewisser Bücher, ein Mensch, der zum Beispiel ganz und gar verliebt sein soll in die Romane Léons.«[17] (Wie in dem Schülerbrief über die Multiplizität der Persönlichkeit macht er sich einen Spaß daraus, verächtlich über sich selbst zu schreiben.) Doch am zweiten Tag erhalten sie die Nachricht, daß Proust sich nicht umgebracht und Lemoine nichts erfunden hat.

Nachdem das Balzac-Pastiche zusammen mit den Pastiches über die Goncourts, Michelet und Faguet in der Literaturbeilage des *Figaro* am 22. Februar 1908 veröffentlicht worden war, antwortete Proust auf die Glückwünsche von Anna de Noailles, indem er die Pastiches »eine leichte und vulgäre Übung« nennt. »Aber ich glaube doch, daß [...] es gute ›Kopien‹ sind, wie man in der Malerei sagt.«[18]

Was Proust auch immer gemeint haben mag, als er sich selbst als »merkwürdiges Wesen« bezeichnete, so war er zwar großzügig im Schenken, nahm jedoch nicht gern Geschenke an. Er geriet in einen freundschaftlichen Streit mit Helleu, nachdem er Ende Februar dessen Atelier besucht und ein Gemälde mit dem Titel *Herbst in Versailles* bewundert hatte. Helleu schickte es ihm, und Proust wollte es auch gern annehmen, aber nicht als Geschenk. Ob er es denn nicht kaufen könne? Helleu lehnte ab, schickte das Gemälde aber mit einer Widmung versehen nochmals an Proust.[19] Da Proust sich mit einem Geschenk bedanken wollte, bat er Madame Catusse, sich nach dem Preis eines silbernen Tellers zu erkundigen, in den das Bild einer alten holländischen Karavelle eingraviert war.[20]

Weitere Pastiches konnte Proust nur zwischen verschiedenen

Asthmaanfällen schreiben, die immer schwerer wurden und manchmal länger als vierundzwanzig Stunden dauerten. Sie »glichen nicht dem Tod, da sie nichts von Ruhe an sich hatten, sondern dem Todeskampf, so daß ich hinterher kaum noch ›Schwung‹ hatte.«[21] Zwei der neuen Pastiches erschienen in der Beilage des *Figaro* vom 14. März 1908: einen Auszug aus einem angeblichen Roman Flauberts über die Lemoine-Affäre und eine Kritik dieses Romans, angeblich von Sainte-Beuve. Das Flaubert-Pastiche beginnt mit einer Szene im Gerichtssaal: »Die Hitze wurde stickig, eine Glocke ertönte, Turteltauben flogen auf, und da die Fenster auf Order des Vorsitzenden geschlossen worden waren, breitete sich ein Geruch nach Staub aus. Er war alt, mit einem Clownsgesicht, einer für seine Beleibtheit zu engen Robe, mit Ansprüchen im Kopf, und sein gleichmäßiger Bakkenbart, den ein Tabaksrest besudelte, gab seiner ganzen Person etwas Dekoratives und Vulgäres. [...] Ein Neger erwarb sich Ansehen, indem er eine Apfelsine aus der Tasche zog, und weil er sich allgemein beliebt machen wollte, bot er, sich dafür entschuldigend, seinen Nachbarn die Schnitze auf einer Zeitung an: zuerst einem Geistlichen, der versicherte, ›niemals etwas so Feines‹ gegessen zu haben; das ist eine vortreffliche Frucht, so erfrischend; eine ältere Dame setzte jedoch eine beleidigte Miene auf, untersagte ihren Töchtern, das geringste anzunehmen ›von jemandem, den sie nicht kannten‹, während andere Leute, die nicht wußten, ob die Zeitung bis zu ihnen gelangen würde, sich Haltung zu geben versuchten: mehrere zogen ihre Uhr, eine Dame nahm ihren Hut ab. Ein Papagei saß darauf. [...] Der Anwalt Lemoines faßte sich kurz in seiner Replik. Er hatte aber einen südländischen Akzent, appellierte an die großmütigen Gefühle, nahm ständig sein Augenglas ab.«[22] Im Französischen gibt die rasche Abfolge dreier Verben im Imperfekt die Flaubertsche Kombination von rascher Zusammenfassung mit einer zufälligen Auswahl von Einzelheiten wie in einem behäbigen Gespräch prägnant wieder.

In der Parodie auf Sainte-Beuve macht Proust manche der Argumente deutlich, die er in seiner expliziten Analyse der Literaturkritik schon häufig vorgetragen hatte. In hochmütiger Herablassung gegenüber einem Autor, der einer Schule angehört, »die an der Menschheit nie etwas Würdiges oder Schätzbares findet«, moniert Prousts Sainte-Beuve das »Clownsgesicht«, »was schon genügt, das

Interesse des Lesers erlöschen zu lassen«; die »für seine Beleibtheit zu enge Robe (eine ziemlich linkische Stelle, die gar nichts
besagt)«,[23] und den Neger mit der Orange. Trotz seines Anspruchs
auf Objektivität und Unpersönlichkeit hat Flaubert seine Schilderung mit farbenprächtigen Einzelheiten aus dem Karthago von
Salammbô überlagert. Hinter dem Spaß, den Proust sich auf Kosten Flauberts und Sainte-Beuves leistet, verbirgt sich eine ernsthafte Kritik an der Art und Weise, wie die Subjektivität in den
Realismus eindringt.

Das letzte und längste Pastiche – auf Ernest Renan, den Autor von
La vie de Jésus – erschien am 21. März 1908. Lemoine hatte behauptet, die Diamanten in einer Fabrik in Lille herzustellen, und Proust
läßt Renan bei einer liebevollen Beschreibung der ländlichen Umgebung eines Tales in der Nähe von Lille verweilen. »Noch in unseren
Tagen ist es nach all den Rodungen, die es erlitten hat, ein wahrhafti-
ger Garten, bepflanzt mit Pappeln und Weiden, übersät mit Brunnen und Blumen. [...] Ein Engländer, der damals lebte, John Ruskin,
den wir leider nur in der erbärmlich platten Übersetzung lesen können, die Marcel Proust uns hinterlassen hat, preist die Anmut seiner
Pappeln, die eisige Frische seiner Quellen.«[24]

Pastiches zu schreiben gleicht dem Schauspielern mit einer
Maske, und in seiner Renan-Komödie bringt Proust es endlich fertig, sich auch über Anna de Noailles lustig zu machen. »Wenn die
Comtesse de Noailles die Autorin der Gedichte ist, die ihr zugeschrieben werden, dann hat sie ein außergewöhnliches Werk hinterlassen, das dem Kohelets und den Liedern Bérangers hundertfach
überlegen ist. Aber welch falsche Stellung mußte ihr das in der Welt
verschaffen! Sie scheint es übrigens genau verstanden und in dem
kleinen Obstgarten, der ihr für gewöhnlich als Gesprächspartner
dient, vielleicht nicht ohne eine gewisse Langeweile ein ganz einfaches und zurückgezogenes Leben auf dem Lande geführt zu
haben.«[25]

Proust freute sich über dieses Pastiche. »Es ist mir derart in Strö-
men eingefallen, daß ich an die Fahnen ganze Seiten angeklebt habe,
und zwar auf die letzte Minute, so daß ich die Zitate von Madame
de Noailles nicht mehr überprüfen konnte. Ich hatte mein inneres
Metronom auf seinen Rhythmus eingestellt, und ich hätte auf diese
Weise zehn Bände schreiben können.«[26] Er war jedoch nicht sicher,

ob es sich lohnte. »Ich bin noch tiefer in die Unterwelt des Pastiche hinabgestiegen. Aber nun ist es zu Ende, ich mache keine mehr. Welch blödsinnige Übung!«[27] Einem anderen Briefpartner, der die Pastiches gelobt hatte, schrieb er: »Unter geschickteren Händen als den meinen könnte es, wie mir scheint, vielleicht eine diskretere, kürzere und elegantere indirekte Form der Literaturkritik werden.«[28] Allerdings war er nicht bescheiden genug, um die Pastiches nicht gern in Buchform erscheinen sehen zu wollen, und er war auch bereit, die Kosten dafür selbst zu übernehmen.[29] Nachdem der *Mercure de France* und Eugène Fasquelle das Projekt abgelehnt hatten, bot er es Calmann-Lévy an.[30]

Zu den Freunden, die ihm gratulierten, gehörten Anna de Noailles[31] und Madame Léon Fould,[32] die Gattin eines prominenten Bankiers. Über ihren Brief freute sich Proust besonders, weil sie ihn vielleicht mit Oriane, der zwanzigjährigen Tochter des Comte de Goyon, bekanntmachen konnte, die Proust an Gladys Deacon erinnerte. Ihr Familienname kommt auch in Chateaubriands *Mémoires d'Outre-Tombe* vor.[33] Ihr Vater, Comte de Goyon, war der jüngere Bruder des Duc de Feltre. Proust interessierte sich sehr für Genealogie – dies wurde durch sein Romanprojekt noch verstärkt – und studierte den *Almanach de Gotha*, der unmittelbar hintereinander Eintragungen über die Familien Essling, Feltre und Fezensac enthielt.[34] Allerdings wußte er nicht, daß Orianes Tante, die Duchesse de Feltre, die Schwester von Louis d'Albuferas Mutter war.[35] Im März fragte Proust Madame Fould, ob ihre Tochter Elisabeth mit Oriane bekannt sei, die am 30. März bei einem Musikabend der Comtesse de Saussine anwesend sein sollte. Er versuchte, eine Einladung zu bekommen, holte jedoch erst Mitte April bei Albufera Erkundigungen über sie ein.[36]

Albu konnte ihm vielleicht auch beim Arrangement eines anderen Treffens nützlich sein. »Träume ich oder hast Du mir nicht einmal Briefe schicken lassen durch einen jungen Telegraphisten, der mit jemandem von Deinen Dienstboten verwandt ist? Wenn ja, könntest Du mir nützlich sein, weil ich für etwas, das ich schreiben werde, einen Telegraphisten kennenlernen muß.«[37] Er wollte jedoch nicht, daß Albu zu Besuch kam: »Ich verlasse Paris endgültig im Juli und werde dort auch keine Wohnung mehr nehmen. Ich werde schon traurig genug sein, wegen der Abreise so viele starke freundschaftliche Verbindungen aufzulösen. Weil es mir etwas von dem Leiden an diesem Augenblick der endgültigen Trennung erspart, und weil unsere freundschaftlichen Verbindungen sich doch etwas gelockert haben, hielt ich es für unnötig, Dich wiederzusehen und mir dadurch die ganze Stärke des Bedauerns zurückzugeben. Da Du Dich jedoch anders entscheidest, weißt Du, solange es darum geht, Dich zu sehen und Dein Freund zu sein, daß mein Herz, das noch immer voller Erinnerungen an unsere einstige Freundschaft ist, nicht verlangen wird, daß ihm Gewalt widerfahre!«[38] Sie könnten einander ja schreiben. Doch Albufera war ein unachtsamer Briefschreiber: Auf einer Postkarte hatte er vergessen, die Hausnummer am Boulevard Haussmann anzugeben.[39]

In der letzten Zeit hatte Proust Georges de Lauris häufiger gesehen, der ihn im Winter regelmäßig besuchte, dann aber im Frühling krank wurde. Prousts Gesundheitszustand war nach wie vor schlecht. Wenn er ausgehen wollte, stärkte er sich mit Koffein, das ihm für einige Stunden das Atmen erleichterte,[40] allerdings wurde dadurch sein Gang unsicher. Als Proust Albufera besuchte und dessen »entzückender Frau« begegnete, schrieb er hinterher, er schäme sich wegen des Eindrucks, den er bei ihr hinterlassen haben müsse, »taumelnd wegen des Koffeins und mit dem Aussehen eines ›verrückten Bettlers‹«.[41]

Nachdem er Ende März wegen Bronchitis und Fieber eine Woche lang im Bett geblieben war,[42] wurde er fast den ganzen April über wieder durch Lärm belästigt: Diesmal war es der Mieter über ihm, Monsieur Pernolet, der aus seiner Wohnung auszog, und die Störungen dauerten oft den ganzen Vormittag.[43]

Gesundheitlich ging es ihm im Mai besser, und wenn er auch dank der Empfehlung Guiches in den Polo-Klub aufgenommen wurde, so erschien er dort nur selten. Die vornehme Gesellschaft interessierte ihn jetzt hauptsächlich im Hinblick auf seinen Roman. Wie die Aufzeichnungen in seinen Notizheften zeigen, hatte er inzwischen die wichtigste Beziehung des Erzählers skizziert: »Im 2. Teil des Romans wird das Mädchen verdorben sein, ich werde sie aushalten, ohne zu versuchen, sie zu besitzen, aus Ohnmacht des Glücks.«[44] Diese Wendung greift auf einen Satz auf der ersten Seite seiner Notizhefte zurück: »Ich liebe Sie nicht, wenn ich Sie sehe, werde ich Sie lieben; List. Nicht zu besitzen versuchen, aus Unfähigkeit, zu

gefallen und Glück zu schenken. Chartres.«[45] Ursprünglich wollte
er das Mädchen »Maria« nennen (nach Marie Benardaky) und im
Erzähler, bevor dieser ihr begegnet, die Vorstellung entstehen lassen, daß der Wind ihm ihre Liebesbotschaften aus Chartres bringt.

   Ein entscheidender Schritt war der Kauf von Schulheften, wie sie
im Lycée Condorcet benutzt wurden.[46] Solange Proust auf lose Blätter schrieb, die leicht verlorengehen konnten, fühlte er sich nicht so
sehr dazu verpflichtet, etwas von größerem Umfang zu schreiben.
Mit dem Kauf von Schulheften versetzte er sich emotional in eine
Zeit zurück, als seine Mutter noch lebte und er ganz bestimmte Aufgaben zu erfüllen hatte. Er vernichtete später zwar manche von diesen Heften, doch die siebente Seite des *Carnet de 1908* enthält eine
Liste jener Kapitel, die er ungefähr bis Juli entworfen hatte:

   Robert und das Zicklein. Mama geht auf Reisen.

   Der Weg nach Villebon und der Weg nach Méséglise.

   Das Laster […] Siegel und Offenheit des Gesichts. Die Enttäuschung des Besitzens, des Küssens eines Gesichtes.

   Meine Großmutter im Garten, das Diner von Monsieur Bretteville, ich steige hinauf, Mamas Gesicht von damals und seit-
   her in meinen Träumen, ich kann nicht einschlafen, Zuge-
   ständnisse usw.

   Die Castellanes, die normannischen Hortensien, die englischen Burgherren, Deutsch; die Enkelin von Louis-Philippe,
   [Schloß] Fantaisie, das Gesicht der Mutter in einem lasterhaf-
   ten Enkel.

   Was die Welt von Villebon und die Welt von Méséglise mir
   beigebracht haben.[47]

Bretteville war Prousts ursprünglicher Name für Swann, und das
Diner sollte in die Episode mit dem Gutenachtkuß münden. Zum
ersten Mal werden auch die beiden Spaziergänge erwähnt, die sich
zu *Du coté de chez Swann* und *Le coté de Guermantes* fortentwik-
keln: auf der einen Seite die Welt der Bourgeoisie, auf der anderen die
des Adels. Proust plante den Roman als *Bildungsroman* [deutsch im
Original: Der Erzähler lernt aus seinen Erfahrungen]. Boni de Castellane, ein blonder, hellhäutiger Dandy, verkörperte das aristokratische Leben. Das prachtvolle Schloß Villebon liegt in der Nähe von
Illiers, und Fantaisie[48] ist ein weiteres Schloß, das Proust für »ebenso aristokratisch wie bestimmte Familien« hielt. Das Thema der

unschuldigen Mutter mit dem bösartig gewordenen Kind wird im Zusammenhang mit dem Baron de Charlus wiederaufgenommen, und die kryptische Bemerkung über das Siegel des Lasters und die Offenheit des Gesichts zeigt, daß Proust bereits mit einem Problem kämpft, das sich als entscheidend herausstellen wird. Deutet der Erzähler ein Gesicht falsch, so folgt auf die Enttäuschung schließlich vorteilhafte Aufklärung. Proust befindet sich auf einer frühen Stufe jenes Denkens, das zur Entfaltung seiner sogenannten »präparierten Charaktere« dient – Charaktere, die sich auf den ersten Blick anders darstellen, als sie sind. Charlus erscheint nicht sofort als Homosexueller. Legrandin scheint in der ersten Szene das einfache Leben zu lieben und den Adel zu verachten, doch bald erweist er sich als ein Snob und wird schließlich geadelt. Dieses Bildungserlebnis einer Enttäuschung über bestimmte Individuen wird zum Bestandteil eines umfassenderen Themas; der Erzähler wird entdecken, daß es naiv war, so viel Vertrauen in die Macht der Liebe und in die Aristokratie zu setzen.

In den Notizen, die diese neuen Einsichten festhalten, verbirgt sich eine ausgeprägte Neigung zu schöpferischer Didaktik: Ähnlich wie Darlu wird Proust andere dazu einladen, die Früchte seiner Aufklärung zu teilen, und etwas von dieser ursprünglichen Formulierung über das Laster wird in einer jener Schlüsselpassagen erhalten bleiben, die das Thema Schein und Wirklichkeit mit dem Thema des Alterns verbinden. Madame Sazerats Name bleibt unverändert, nicht aber die Person:

> Gleichwohl bemühte ich mich – wie ich es mit der Vorstellung von der Würde eines Königs oder von einem Laster gemacht hätte: eine Vorstellung, die auf der Stelle einem unbekannten ein neues Gesicht vorlegt, demgegenüber man so leicht, als man ihn noch gleichsam mit verbundenen Augen ansah, den Taktfehler hätte begehen können herablassend oder liebenswürdig zu sein, in dessen gleichen Zügen man jetzt aber etwas Distinguiertes oder Verdächtiges entdeckt – in das Gesicht einer Unbekannten, einer völlig Unbekannten, die Vorstellung einzuführen, sie sei Madame Sazerat, und es gelang mir schließlich, die ehemals bekannte Deutung dieses Gesichts wiederherzustellen, das freilich, da es so weit alle menschlichen Attribute, die ich daran gekannt, verloren hatte wie ein

Mensch, der wieder zum Affen geworden ist, wirklich völlig fremd, ganz und gar das einer anderen Person für mich geblieben wäre, wenn nicht der Name und die ausdrückliche Bestätigung der Identität mich trotz der Beschwerlichkeit des Problems auf den Weg zu einer Lösung geführt hätte.[49]

In den frühen Notizen wird Sainte-Beuve nicht erwähnt, doch in einem Brief vom Mai hatte Proust eine Liste mit acht Projekten aufgestellt:

> eine Studie über den Adel
> ein Pariser Roman
> einen Essay über Sainte-Beuve und Flaubert
> einen Essay über Frauen
> einen Essay über Päderastie
> (nicht leicht zu veröffentlichen)
> eine Studie über Glasmalerei
> eine Studie über Grabsteine
> eine Studie über den Roman.[50]

Als Proust diese Liste zusammenstellte, hoffte er, Albu werde ihm Alben mit alten Familienphotos und die Ahnenreihe der beiden Abstammungslinien[51] zeigen. Sie ist freilich nicht so zu verstehen, daß der Roman, die vier Studien und die drei Essays als acht voneinander getrennte Texte geplant waren. Die Kritik des Kritikers sollte sich in die Kritik des Romanciers einfügen, und die Studie über den Adel war vom Pariser Roman nicht streng abzugrenzen. Proust konnte Material sammeln und es durch seine Bearbeitung kommentieren. Viele der besten Werke der modernen Kunst sind aus einer negativen Reaktion auf andere Kunstwerke heraus entstanden – die Ready-mades von Duchamp zum Beispiel oder die ersten Theaterstücke von Beckett und Ionesco. Ein Brief an Robert Dreyfus macht deutlich, daß sich Prousts Plan für einen Roman aus der Abneigung gegen eine Erzählweise entwickelte, die lediglich die Oberfläche von Ereignissen wiedergibt: »In der Zwischenzeit nimmt mein Projekt jedoch festere Formen an. Es wird eher eine Novelle, und so werde ich Zeit haben, Dich erneut um Rat zu fragen. Derselbe Grund aber, der mich glauben läßt, daß die Wichtigkeit und übersinnliche Realität der Kunst gewisse anekdotische Romane, mögen sie noch so ansprechend sein, hindern, vielleicht völlig den Rang zu verdienen, den Du ihnen beizumessen scheinst (denn die Kunst ist dem Leben zu sehr überlegen, wie wir es durch unsere Intelligenz beurteilen und in der Unterhaltung schildern, als daß sie sich damit begnügen könnte, es nachzuahmen) – dieser Grund also erlaubt mir nicht, die Verwirklichung eines Kunsttraumes von Gründen abhängig zu machen, die gleichermaßen zu anekdotisch und zu unmittelbar dem Leben entlehnt sind, als daß sie nicht an seiner Zufälligkeit und Unwirklichkeit teilhätten.«[52] Und die Abneigung gegen eine solche Erzählweise sollte sich schließlich mit der Abneigung gegen Sainte-Beuve vereinen.

Am 8. Mai 1908 starb Madame Straus' Bruder, Ludovic Halévy, und Proust begann einen Nachruf zu schreiben, vollendete ihn jedoch aus Rücksicht auf Dreyfus, der auch einen Artikel über den Verstorbenen geschrieben hatte, nicht. In Sorge um Madame Straus schrieb er ihr am 10. Mai, und sechs Tage später, als Robert de Billys Frau ihren Vater verlor, zeigte er erneut, wie gut er trauernde Freunde zu trösten verstand: »Ich weiß, was Sie alles verloren haben, und ich bitte Sie zu glauben, daß meine traurigen Gedanken Sie nicht verlassen und nicht aufhören, für ihn zu beten.«[53] Und als im Juni Pierre Lavallées Mutter starb, schrieb er ihm: »Die ganze Zuneigung früherer Tage wird in meinem Herzen wach, um mit Dir diese bewundernswerte Mutter zu beweinen, die so schön, so intelligent, so gutherzig, so beständig und so sanft war und an die ich immer ein inniges und ehrerbietiges Andenken bewahren werde.«[54]

Ende Mai plante Proust immer noch, auf dem Land zu leben, getrennt von allen Freunden. An Albu, der gerade dabei war, in die Avenue Hoche umzuziehen, schrieb Proust, wie sehr er die Bälle vermissen werde: »[…] und in allen meinen gegenwärtigen Träumen von jungen Mädchen denke ich nur an die Bälle und bin tief betrübt, dazu nicht mehr eingeladen zu werden. Und wenn Du welche gibst, werde ich leider nicht mehr in Paris sein und in irgendeinem Loch leben.«[55] Zur Zeit schrieb er noch für die Gesellschaftsspalte im *Figaro*, doch da er kaum noch ausgehen konnte, war er auf die Informationen von Albu angewiesen, der die berühmtesten Gäste angab, die auf den Festen zugegen waren, welche er besuchte. Proust wollte ihn dafür belohnen, entweder mit einem schönen Leuchter oder einem Möbelstück. »Antworte mir offen und schnell, was Dir Freude machen würde, und wenn Du mir nichts Gewichtiges angibst, werde ich daraus schließen, daß Du nicht willst, daß es in Deinem neuen Heim etwas Schönes gibt, das Dich an mich denken läßt.«[56]

Albu hatte Proust noch immer nicht die Bekanntschaft mit Oriane de Goyon vermittelt, und als er hörte, daß sie einen Ball besuchen werde, den die Princesse de Polignac im Washington Palace in der Rue Megallan gab, bat er Madame de Caraman-Chimay, ihm eine Einladung zu verschaffen: »Ich möchte Sie um etwas bitten, das vielleicht dumm aussieht, doch es ist folgendes *Für eine Sache, die ich schreibe, und auch aus Herzensgründen, möchte ich auf einen Ball gehen*, doch habe ich noch nie von ›Privatleuten‹ eine Einladung zu erbitten gewagt.«[57] Schwer zu sagen – vielleicht war sich auch Proust selbst nicht sicher –, ob er Oriane als Modell benutzen wollte, oder ob er ihr nachstellte, um Gerüchten über seine Homosexualität entgegenzutreten. Jedenfalls ermöglichte ihm Madame Chimay den Zugang zu dem Ball, und der *Figaro* pries den Anlaß als »wahrhaft wunderbar und von großer Eleganz [...]. In dem von bunten Lampions märchenhaft beleuchteten Garten ertönten von Zeit zu Zeit die Jagdhörner ...«[58] Für Proust war der Abend jedoch eine Katastrophe: Seine Motive wurden mißverstanden, als er den Vicomte de Paris wegen seines Aussehens lobte. Proust ging niedergeschlagen weg und wartete nicht einmal darauf, Mademoiselle Goyon vorgestellt zu werden.[59]

Er lernte sie am 22. Juni 1908 auf einer Soirée der Princesse Marie Murat kennen, doch in seine Begeisterung mischte sich Verwirrung, ausgelöst durch die Lemaires und André de Foucquières, der ihn mit ihr bekanntmachte. »Suzette, zeige mir doch das Mädchen, von dem Marcel spricht«, sagte Madeleine Lemaire, und nachdem sie sie angestarrt hatte, äußerte sie: »Sie ist sehr häßlich und sieht so ungewaschen aus.« Suzette machte alles noch schlimmer, als sie laut lachte und Proust beiseite nahm, um das Mädchen aus einem anderen Blickwinkel anzusehen. Fouquières, der schon betrunken war, fragte vernehmlich: »Was sagst Du zu diesen kleinen Wangen? Möchtest sie wohl gerne zwicken, was? Und was würdest du von einem kleinen Kuß sagen? Das möchtest du wohl, du Schuft, du möchtest doch in diese roten Äpfelchen beißen, was? (Ich sagte nichts), du hast übrigens recht, siehst heute gut aus, hast den Bart etwas gestutzt, du gefällst mir, usw. [...] Der Ausdruck ›vor Scham im Boden versinken mögen‹ reicht nicht aus, um den Zustand zu beschreiben, in dem ich mich befand, in dem das Mädchen sich befand, und ihr Verlobter, der auch da war.«[60] »Weil Du so gut zu mir bist, sollst Du wissen, daß ich endlich Mademoiselle de Goyon vorgestellt wurde, es war für mich eine gewaltige Aufregung, ich glaubte zu Boden zu fallen, aber auch eine recht große Enttäuschung, weil sie mir aus der Nähe nicht mehr so gut gefiel und etwas unangenehm war, sobald sie sprach, eher kokett als liebenswürdig. Ich werde mit etwas mehr Ruhe über sie nachdenken, meine Gedanken sind alle etwas durcheinander. […] Ich hätte ihrem Vater vorgestellt werden sollen, habe jedoch den Kopf verloren. Außerdem hätte er mir vielleicht eine gewischt, weil seine Tochter meinetwegen zur Zielscheibe für alle Anwesenden wurde.«[61] Proust hätte nicht mehr schlafen können, wenn er nicht Albu, Reynaldo und Madame Straus über die Geschehnisse hätte schreiben und sich dadurch von ihnen hätte distanzieren können. An Madame Straus schrieb er von einem »jungen Mädchen, das ich liebe«.[62] Albu wurde gefragt, ob er wisse, wo Oriane de Goyon ihre Sommerferien verbringe.

Prousts eigene Pläne für den Sommer waren noch nicht festgelegt. Vielleicht würde er sich in der Umgebung von Paris in Albus Nähe niederlassen; vielleicht würde er »ein kleines Haus oberhalb von Florenz kaufen und irgendeiner armen Italienerin zu erzählen versuchen, zu was mich diese oder jene und insbesondere Mademoiselle de Goyon inspiriert«.[63] Als Alternative schlug Fouquières einen Aufenthalt in Dinard vor,[64] doch Ende Juni hatte er sich noch immer nicht entschieden. Zudem wollte Proust, entweder noch vor oder in Unterbrechung seiner Reise, den Vicomte de Pâris besuchen. Prousts Interesse an ihm hing zum Teil mit dem Namen Guermantes zusammen, der ihm wegen eines alten Liedes, das ein Kindermädchen ihm einst vorgesungen hatte, im Kopf herumging.[65] Das Schloß Guermantes, in der Nähe von Ligny, dreißig Kilometer von Paris entfernt, gehörte der Baronin Lareinty, der Großmutter des Vicomte, sowie seinen Eltern. Obwohl es für Proust eine große Anstrengung bereitete, tagsüber auszugehen, schlug er dem Vicomte vor, ihn dort zu besuchen.[66] Proust hoffte, daß sich durch die Besichtigung des Schlosses seine bisher vagen Ideen, wie er es in seine Texte verarbeiten könne, konkretisieren würden: »Schloß Guermantes, eine Art verbotenes Paradies – Phantasieort, um erotische Träume des Erzählers zu befriedigen. Zuerst ist es eine mittelalterliche Burg, dann ein Kloster, das die Überreste des Hl. Hilarius birgt.«[67]

Prousts Ungeduld darüber, mit dem Buch voranzukommen, war ausschlaggebend für seine Entscheidung, in Paris zu bleiben. Es bestand zwar die Gefahr, daß sich sein Gesundheitszustand verschlechterte, aber er war bereit, sein Leben der Kunst zu opfern. Wenn er jetzt verreiste, würde vielleicht zuviel Zeit vergehen, bis er sich wieder stabil genug fühlte, um sich ernsthaft auf die Arbeit zu konzentrieren, die nun schon so lange aufgeschoben wurde. Anfang Juli 1908 verlängerte er den Mietvertrag für die Wohnung.

Am Sonntag, dem 12. Juli, stand er zum ersten Mal in diesem Jahr tagsüber auf. Er hatte vor, seinen Bruder Robert in Louveciennes in der Nähe von Bougival zu besuchen, wo dieser sich häufiger mit Frau und Tochter Suzy in einer kleinen Villa aufhielt, die sie von einer Schauspielerin gemietet hatten. Prousts Reisevorbereitungen liefen jedoch schief, und am Ende einer anstrengenden Reise gelang es ihm nicht, seinen Bruder zu finden.[68] Die Entscheidung, den Bruder aus dem Roman wegzulassen, muß um diese Zeit gefallen sein. Proust dachte immer noch neidisch darüber nach, wie erfolgreich sein Bruder war, gemessen an den Maßstäben, die der Vater festgelegt hatte. Im Juli zeichnete Proust die folgenden Notizen über einen Traum auf: »Traum. Papa bei uns. Robert spricht mit ihm, bringt ihn zum Lächeln, läßt ihn auf alles exakt antworten. Absolute Vortäuschung des Lebens. Du siehst also, auch wenn man tot ist, ist man fast lebendig. Vielleicht irrte er sich bei den Antworten, aber schließlich doch Abbild des Lebens. Vielleicht ist er nicht tot.«[69]

Vielleicht war es seine Mutter auch nicht. Sie kam immer noch in seinen Träumen vor. »Traum, rasch einigen Leuten folgen entlang einer Klippe, bei Sonnenuntergang, man überholt sie, man erkennt sie nicht genau, da ist Mama, doch sie bleibt gleichgültig gegenüber meinem Leben, sie sagt mir Guten Tag, ich spüre, daß ich sie auf Monate hinaus nicht mehr wiedersehen werde. Würde sie mein Buch verstehen. Nein. Und dennoch hängt die Kraft des Geistes nicht vom Körper ab. Robert sagt mir, ich sollte mich nach ihrer Adresse erkundigen, für den Fall, daß man mich bei ihrem Tod herbeiruft, ich kenne ihren Aufenthaltsort nicht und auch nicht den Namen der Person, die für sie sorgt.«[70] Dieses Gefühl, in seinen Pflichten gegenüber der verstorbenen Mutter versagt zu haben,

klingt in einem Traum des Erzählers über die verstorbene Großmutter an, doch hier kommt kein Bruder vor, der ihn an seine Verantwortung erinnert. »Große feierliche Gestalten« tauchen auf,

> entfernen sich wieder und lassen uns in Tränen zurück. Ver-
> geblich suchte ich nach der meiner Großmutter, sobald ich in
> die düstere Eingangshalle eingetreten war; ich wußte, daß sie
> noch existierte, aber mit einem verminderten Leben, das blaß
> wie das der Erinnerung war. Das Dunkel nahm zu, und auch
> der Wind; mein Vater kam nicht, der mich zu ihr führen
> sollte. Da plötzlich stockte mein Atem, ich fühlte, wie mein
> Herz sich in mir verhärtete, ich erinnerte mich, daß ich seit
> langen Wochen vergessen hatte, meiner Großmutter zu
> schreiben. Was mußte sie wohl denken von mir? ›Mein Gott‹,
> sagte ich mir, wie unglücklich mußte sie sein in dem kleinen
> Zimmer, das man für sie gemietet hatte, so klein wie für einen
> früheren Dienstboten, wo sie ganz allein ist mit der Pflegerin,
> die man für sie bestellt hat, damit sie nach ihr sieht [...]. Sie
> muß glauben, ich vergesse sie, seitdem sie gestorben ist; wie
> allein und verlassen sie sich fühlen muß! Oh! Ich muß unbe-
> dingt zu ihr hinlaufen und sie sehen, ich kann nicht eine
> Minute warten, ich kann nicht warten, bis mein Vater
> kommt, aber wo ist sie? Wie habe ich nur ihre Adresse verges-
> sen können?[71]

Drei oder vier Tage vor dem mißglückten Besuch in Louveciennes
war Proust um Mitternacht aufgestanden, um Henry Bernstein zu
treffen, der versprochen hatte, ihn in ein Bordell mitzunehmen –
vielleicht plante er eine Bordellepisode im Roman –, doch Bernstein
fand, daß er in zu schlechter Verfassung war: »Ich werde diese Erinnerung sorgsam aufbewahren für die Stunden, in denen ich vielleicht versucht bin, Sie übermäßig zu bewundern. Denn in dieser
Hinsicht sind Sie François de Pâris und noch vielen anderen unterlegen.«[72]

Obwohl Prousts Kleidung häufig einen schlechten Eindruck
machte – es fiel ihm schwer, elegant auszusehen, wenn er so viele
Wollschichten übereinander tragen mußte –, waren Kleider für ihn
wichtig. Als er einen Mantel mit hellviolettem Futter bestellte,
schrieb er: »Ich werde ihn stets in der Garderobe abgeben, denn
selbst wenn ich meinerseits nichts gegen Possen habe, will ich sie

doch nicht gegen meine Freunde richten. Wenn ich diesen Mantel
aufknöpfe, während ich in einem Wagen sitze, wird jeder glauben,
ich sei ein Bischof auf Dienstreise.«[73] Und an Bernstein schrieb er:
»Ich habe im Carnaval de Venise eine Kollektion karnevalesker und
venezianischer Kleidungsstücke gekauft, mit denen ich versuchen
werde, meine irreparable Unschicklichkeit wiederherzustellen,
wenn Sie sich an meiner Seite zeigen [...].«[74] Er kaufte alle seine
Kleider im Carnaval de Venise, einem Kleidergeschäft in der Nähe
der Oper, das für die Anproben einen älteren englischen Schneider
schickte. Abgesehen von Frack und Smoking besaß Proust mehrere
Cutaways, die er mit gestreiften Hosen trug, und dazu kam noch
eine schwarze, paspelierte Jacke, natürlich alles Maßarbeit.[75]

Mitte Juli versuchte Proust sich zu entscheiden, ob er den Sommer
in Cabourg verbringen sollte, obwohl im Hotel die Direktion und
das Personal gewechselt hatten und ein Aufenthalt von zwei Monaten mindestens 9000 Francs kosten würde.[76] Er läßt den Erzähler
der *Recherche* sagen:

> Zuerst zeige ich, daß ich das erste Mal gekommen war, um
> dort das Unbekannte zu suchen, ich komme das Bekannte
> suchen [...], ich war gekommen, um ewigen Dunst zu suchen
> usw., ich komme dort Erinnerungen an das Mittagessen mit
> den blauen Fensterscheiben suchen, an die Sonne auf dem
> Laden [...]. Ich war gekommen, um eine persische Kirche zu
> suchen, ich kam, um zu suchen, was Elstir mir über die Kirche
> gesagt hatte und die Seestücke, die er gemalt hatte und *die ich
> entgegen meinem Willen wiederfinden würde* (das wird, ohne
> es zu sagen, die Beschreibungen erklären: Seestücke Turner
> usw.). Ich war in eine unbekannte Welt gekommen. Ich kam
> vor allem dorthin, weil ich dort jedermann kannte.[77]

Die ›persische Kirche‹ war die orientalisch aussehende Kirche in
Dives.

Mit Nicolas als Begleiter reiste er am Samstag, dem 18. Juli, ab
und kam mit Fieber an, das ihn für mehrere Tage ans Bett fesselte. Er
hatte erwartet, daß die Meerluft und die verschiedenen Annehmlichkeiten des Hotels ihn ebenso wiederbeleben würden wie im vergangenen Sommer, doch er war enttäuscht: Wie ihn Paris stand er
diesmal nicht vor dem Abend auf.

Das Hotel war voll, und die Gäste ärgerten ihn noch mehr als im vergangenen Jahr: »Welch eine Gesellschaft! Keine einzige Person, der man einen Namen zuordnen könnte. Einige jüdische ›Händler‹ bilden die auch noch dünkelhafte Aristokratie des Hauses.«[78] Hatten ihn während der Dreyfus-Affäre judenfreundliche Gefühle bestimmt, so war er nunmehr zu einem Antisemitismus ähnlich dem seiner jüdischen Mutter zurückgekehrt. Es machte ihm nicht einmal etwas aus, für eine antisemitische Zeitung zu schreiben, sofern er nur anonym bleiben konnte. Bevor er aus Paris abreiste, hatte er eine begeisterte Besprechung von Luciens Roman *Le chemin mort* geschrieben. »In dem hervorragenden und starken Buch, mit dem er sein glänzendes Debüt vollzieht, finden sich wohl manche Qualitäten von Alphonse Daudet wieder, der unermüdliche Verstand, die divinatorische Beobachtungsgabe, eine Sensibilität, die die Lustigkeit der Menschen und die Traurigkeit der Dinge noch verstärkt und gewisse Seiten elektrisiert, ›ozonisiert‹, bis sie unerträglich und beängstigend werden wie ein Gewitterabend.«[79] Doch als Proust in die Redaktion des *Figaro* ging, war Calmette gerade in die Schweiz gereist, und es war so schwierig, die Besprechung unterzubringen, daß er sie von Cabourg aus an Lucien schickte und ihn bat, sie an *Le Gaulois*, *L'Intransigeant* oder auch an die *Libre Parole* weiterzugeben: »[...] in diesem Fall würde ich es vorziehen, daß mein Name nicht darunter steht, weil ich befürchte, daß es nach fehlender Achtung für Mama aussehen könnte, wenn ich in einer Zeitung schreibe, deren Ziel, deren Programm allein der Antisemitismus ist.«[80]

Im Hotel lernte er Vicomte Alton, den Präsidenten des örtlichen Golfklubs, und dessen Frau und die beiden Töchter kennen; die Vicomtesse ließ sich auf seine Befragungen über Sprache und Gewohnheiten des französischen Adels ein.[81]

Kurz bevor sie Paris verließen, waren Proust und Nicolas zu einem zweiwöchigen Militärdienst einberufen worden. Proust ließ sich befreien, konnte jedoch für Nicolas keine Befreiung erwirken, obwohl er Reynaldo bat, seine Beziehungen im Kriegsministerium spielen zu lassen. An dem Tag, an dem Nicolas ihn allein in Cabourg zurückließ, erlitt Proust einen Asthmaanfall, und da er im Krankheitsfall nicht allein für sich sorgen wollte, ließ er Ulrich kommen, für den er in einem anderen Hotel ein Zimmer mietete.[82] Seine Anwesenheit war Proust jedoch so wenig nützlich, daß er ihn wieder wegschickte.

Ende Juli gab Proust im Hotel ein Diner für sieben Gäste, darunter Louisa de Mornand, ihre Schwester, Léon Radziwill und dessen Freundin Christiane Lorin.[83] Robert de Billy wollte kommen, doch da Proust ihm von einem Aufenthalt im Hotel abriet, blieb er bei den Finalys in »Les Frémonts« bei Trouville, wo Proust ihn besuchte. Er hatte vor, auf dem Rückweg nach Cabourg Louisa de Mornand und ihren neuen Liebhaber Robert Gangnat zu besuchen, die eine Villa in Bénerville gemietet hatten, doch er fühlte sich für den Besuch zu krank. Gangnat war ein zweiundvierzigjähriger Rechtsanwalt und Generalagent für die Société des Auteurs Dramatiques. Er hielt sie seit Februar 1906 aus, sie verheimlichte ihm jedoch, daß sie nach wie vor von Albu Unterhalt bezog.[84]

Die meiste Zeit seiner Ferien verbrachte Proust im Bett, ging jedoch das Risiko einer Erkältung ein, weil er eines Abends sehr lange auf der Promenade stehenblieb, als er die Schauspielerin Lucy Gérard erblickte. »Es war ein herrlicher Abend, dem Sonnenuntergang fehlte nur eine einzige Farbe: Rosa. Aber ihr Kleid war ganz rosa, und von fern warf es auf den orangefarbenen Himmel die ergänzende Farbe des Abendrots. Ich blieb lange Zeit stehen, um diesen zarten rosigen Farbtupfer zu betrachten, und kam erkältet heim, nachdem ich erlebt hatte, wie sie mit dem Horizont verschmolzen war, zu dem hin sie gleich einem Zauberschleier entschwebte.«[85] So beschrieb er sie in einem Brief an Reynaldo, doch die Eintragung in seinem Notizbuch lautet: »Rosafarbener Fleck der Lucie Gérard. Ich weiß nicht, was die Gesellschaft der ehrenwerten Leute ist, doch die der Schurken ist köstlich. Sie hielt meinem Blick weniger gleichgültig stand als die anderen. Häufig ging sie abends allein spazieren, ich betrachtete sie, im Vorbeigehen, sie betrachtete mich. Ich sagte mir, morgen wird diese Frau vielleicht meine Freundin sein usw. vielleicht wird sie morgen (und immer) eine Unbekannte sein. Ich sah sie hineingehen bei … Es war ihre beste Freundin. Sie ging jeden Tag dorthin. Wenn sie gewußt hätte, wenn ich gewußt hätte. Sie würde an mich denken, betrübt darüber, mich nicht zu kennen. Wenn sie erfährt, daß ich zwischen den 4 schwanke […]. Allerdings ging sie Bd. Batignolles. Ich habe sie geliebt, weil ich glaubte, sie sei eine andere. Ich möchte nur, daß das Individuum mir nicht entgeht, bis jetzt wollte ich ihn nur darum bitten, die anderen kennenzulernen, jetzt ist sie es, die ich liebe. Das 1.

Mal hatte ich sie nicht gut gefunden.«[86] Schwer zu sagen, ob er mit dem Gedanken einer Liaison spielte oder ob er das Gefühl des Erzählers einer verallgemeinerten Liebe zu der »Mädchenschar« ausprobierte. Sicherlich erinnerte sie ihn an Laure Hayman, er verwendet nämlich den Ausdruck »verlorene Zeit« im Zusammenhang mit seinem Onkel Louis Weil: »Mein Onkel, der sein Leben damit verbringt, sich mit der kleinen Welt der Frau zu verbinden, die er liebt, verlorene Zeit usw.«[87] Eben dies tut Swann im Roman. Vielleicht hat Proust beim Anblick von Lucy Gérard sich in die Art und Weise eingefühlt, mit der er Swann Odette betrachten läßt. Vielleicht hat er aber auch die Schauspielerin mit Mademoiselle Goyon verglichen und die beiden Bilder zu einer Vorform des späteren Romanschlusses verschmolzen, wo er Bourgeoisie und Adel in der schönen Erscheinung eines jungen Mädchens vereint, welches das attraktive Äußere von Gilberte und von Saint-Loup in sich verbindet. Vor allem aber dachte er an die Sinnlosigkeit unerwiderter Liebe, an das Verlangen nach jemandem, der vielleicht nichts empfindet: »Wir, wir würden alles tun, um dorthin zu gehen, wo sie sind, sie gehen wegen einer belanglosen Verpflichtung dorthin und kämen nicht eine Minute auf den Gedanken, ihre Pläne unseretwegen zu ändern.« Er skizziert auch den Grundsatz, den er in *Le temps retrouvé* erläutern wird: die Subjektivität der selbstgefälligen Überzeugung des Liebenden zu durchkreuzen. »Zärtlich bedeutet nicht zu sagen ›Außerdem ist sie so intelligent, so nett‹ – das besagt ›sie‹ und nicht ›ich‹ liebe sie‹, und eben dies will es um so mehr besagen.«[88]

Er ließ etwa vier Wochen verstreichen, ohne Louisa zu besuchen, »obwohl ich mir jeden Tag sage: Morgen werde ich es schaffen.«[89] Er hoffte immer noch zwischen ihr und Albu, der von seiner Abhängigkeit nicht ganz geheilt war, vermitteln zu können. Indem Albu den Kontakt mit ihr zu erhalten suchte, gab er ihr die Macht, ihn mit langen Schweigepausen zu reizen, die ihn zwischen Betrübtheit und Zorn schwanken ließen. Nachdem zehn Briefe von ihm unbeantwortet blieben, griff Proust ein: »Seine Freundschaft ist völlig aufrichtig, völlig uneigennützig [...], warum verweigern Sie ihm das einzige, worum er Sie bittet, zu wissen, wie es Ihnen geht, ihm Neuigkeiten von Ihnen mitzuteilen?«[90]

Als Proust sie und Gangnat schließlich im Chalet Russe besuchte, hatten die beiden gerade einen anderen Gast: den Sohn der Nachba-

rin Madame Gallimard, der das Manoir de Bénerville gehörte. Der
siebenundzwanzigjährige Gaston war erstaunt über Prousts ver-
schlissenen Strohhut, den zu engen schwarzen Anzug und den langen, mit Samt eingefaßten Umhang. Proust sah so staubig und
erschöpft aus, als er davon sprach, unterwegs an Bauernhäusern
angehalten, sich ausgeruht und Kaffee getrunken zu haben, daß
Gaston Gallimard annahm, er habe den ganzen Weg von Cabourg
aus zu Fuß zurückgelegt.[91]

Proust lud alle drei zum Diner ins Hotel ein, wo zu den übrigen
Gästen Louisas Schwester, Loche Radziwill und Christiane Lorin
gehörten, nebst einem alten Marquis, der an Lähmungen litt: Proust
half ihm nicht nur, sich fortzubewegen, sondern lenkte das
Gespräch auch auf Themen, bei denen er glänzen konnte.[92]

In Trouville besuchte Proust das Ehepaar Straus, bei dem Hervieu
und Madame de Pierrebourg zu Besuch waren, und er lernte das
Ehepaar Daireaux kennen, das eine Villa in Cabourg gemietet hatte,
sowie ihren vierundzwanzigjährigen Sohn Max, den jüngsten von
vier Brüdern. Den älteren Brüdern war Proust schon in seinem
Freundeskreis um Gaston de Caillavet und Jeanne Pouquet begegnet.

Von den jungen Männern, die er in Cabourg kennenlernte, bevorzugte er den neunzehnjährigen Marcel Plantevignes, den die Vicomtesse d'Alton ihm im Casino vorgestellt hatte. Marcel Plantevignes
war mit seinen Eltern zusammen in den Ferien; sein Vater Camille
war ein reicher Krawattenhändler. Der jüngere Marcel besuchte den
älteren bald jeden Abend im Hotel, wo Proust ihm aus seiner entste-
henden Arbeit vorlas. Eines Tages begegnete Plantevignes auf der
Strandpromenade einer Dame, die Proust schon oft wegen seiner
Gleichgültigkeit gegenüber Frauen geneckt hatte, und wurde von
ihr gewarnt, daß Proust homosexuell sei. Er schnitt ihr das Wort ab
und lief davon. Doch bei ihrer nächsten Begegnung mit Proust witzelte die Frau über seinen jüngeren Freund. Bald darauf schrieb
Proust einen Brief an Plantevignes, in dem er ihn beschuldigte, er
lasse sich »feige dazu herab, ihm den Dolch in den Rücken zu stoßen. Da ich für diese Renaissancesitten noch nie viel übrig hatte,
spreche ich Ihnen gegenüber unverzüglich meine Verachtung aus
und daß ich Sie nie mehr wiedersehen werde. Sie haben auf linkische
Weise eine Freundschaft zerstört, die sehr schön hätte sein können.

Und ich empfinde keinerlei Bedauern darüber, Ihnen nicht einmal Lebewohl zu sagen.«[93] Dem Jungen war unverständlich, wie er denn Proust beleidigt haben sollte, und als sein Vater ins Hotel kam, um den Grund herauszufinden, lehnte Proust nicht nur jede Erklärung ab, sondern forderte ihn sogar zum Duell heraus. Als der fassungslose Vater ihm einen zweiten Besuch abstattete, ließ Proust ihm nur ausrichten, so rasch wie möglich Sekundanten zu besorgen. Widerwillig bat dieser den Vicomte d'Alton um diesen Gefallen, jedoch nur um zu erfahren, daß dieser bereits eingewilligt hatte, als Prousts zweiter Sekundant zu wirken. Vicomte d'Alton und der zweite Sekundant, der Marquis de Pontcharra, versprachen, sich um eine friedliche Beilegung des Streits zu kümmern. Obwohl Proust hartnäckig blieb, war es seine Absicht, in die Luft zu schießen, falls das Duell mit Pistolen ausgetragen werden sollte, und es vergingen mehrere Tage, bis er gegenüber Alton andeutete, daß sein Konflikt auf ein Gespräch zwischen Marcel Plantevignes und einer Dame zurückging. Der Vater besuchte Proust ein drittes Mal im Hotel und bat ihn, Marcel zu treffen und sich dessen Erklärungen anzuhören.

Als der junge Marcel der Dame ins Wort fiel, hatte er den Ausdruck »Ich weiß, ich weiß« gebraucht, Proust verstand ihn so: Marcel weiß, daß er, Proust, homosexuell ist. Der Junge wollte jedoch nur sagen: »Ich weiß, ich weiß, was Sie mir sagen werden, doch für mich hat das keine Bedeutung.« »Sie würden dem zustimmen, was sie Ihnen sagen wollte – doch wie haben Sie es denn überhaupt erfahren?« fragte Proust. Verwirrt gib ihm Plantevignes zur Antwort: »Weil das alle auf der Promenade flüstern.« Prousts Gesicht, ohnehin schon blaß wie Elfenbein, schien noch bleicher zu werden und nahm die Färbung von poliertem Marmor an. Betrübt und sarkastisch sagte er: »Wie reizend, an einem Ort anzukommen, wo einem der Ruf schon vorausgegangen ist.« Dann fragte er den Jungen, was er denn selbst glaube und was seine Eltern glaubten. Als er zur Antwort bekam, keiner von ihnen glaube auch nur ein Wort davon, wurde er versöhnlich gestimmt, ermahnte jedoch Marcel dazu, diskreter zu sein. »Unsere Freundschaften und unsere Liebe sind dazu bestimmt, verspottet und niedergemacht zu werden. Sagen Sie niemandem, daß Sie mich besuchen kommen. Noch besser, Sie sagen, daß Sie mich überhaupt nicht mehr sehen.«[94]

Proust wäre gerne geblieben, um im Hotel auch dann noch wei-
terzuschreiben, als es schon geschlossen hatte, doch man erklärte
ihm, dies sei unmöglich, und so reiste er ab, nachdem er am 25. September erfahren hatte, daß Georges de Lauris bei einem Autounfall
verletzt worden war und sich einen Oberschenkelknochen gebrochen hatte.[95] Statt in seine Wohnung zurückzukehren, reservierte
Proust ein Zimmer im Hôtel des Réservoirs in Versailles und unternahm die Reise dorthin in Agostinellis Taxi. Unterwegs hielt er an,
um in der Ruine der Abtei von Jumièges die merowingische Krypta
und die Grabsteine der Äbte zu besichtigen. Erschöpft kam er im
Hotel an. »Treppe um im Réservoirs ins Bad zu gehen weiße Blumen
des Teppichs antworten auf die sanften weißen Blumen an der
Wand, Treppe stummes Warten, man spricht leiser, der Geruch des
Hauses schwitzt, Zinerarien bei der Ankunft.«[96]

In Versailles hielt er Gedanken fest, die für den Roman grundlegend sind. Einige Notizen beziehen sich auf die später so genannte
»unwillentliche Erinnerung« und auf die Krankheit als Antrieb zur
Niederschrift des Romans.

> Wir halten die Vergangenheit für mittelmäßig, weil wir sie
> *denken*, doch die Vergangenheit ist das nicht, sie ist jene
> Unebenheit der Steinplatten im Baptisterium von San Marco
> (Photographie des Baptisteriums von San Marco, an die wir
> nicht mehr gedacht haben, die uns die blendende Sonne über
> dem Kanal wiedergibt.)
>
> Vielleicht sollte ich meiner schlechten Gesundheit dankbar
> sein, die mir durch den Ballast der Müdigkeit, der Bewe-
> gungslosigkeit, der Stille die Möglichkeit zu arbeiten beige-
> bracht hat. Die Ankündigungen des Todes. Bald wirst du dies
> alles nicht mehr sagen können. Die Trägheit oder der Zweifel
> oder die Ohnmacht flüchten sich in die Ungewißheit über die
> Form der Kunst. Muß man daraus einen Roman machen,
> eine philosophische Untersuchung, bin ich Romancier?[97]

Er wird die Theorie der unwillkürlichen Erinnerung in einer Weise
entfalten, daß der von einer Photographie ausgehende Erinnerungs-
reiz darin unzulässig sein wird. In *Le temps retrouvé* stolpert der
Erzähler über einen unebenen Pflasterstein, und genau diese Empfindung bringt seine Erinnerung in Gang, doch Proust selbst ist
offensichtlich durch eine Photographie an das Baptisterium erinnert

worden. Vorahnungen des Todes hatte er schon in Cabourg gespürt, wo er Marcel Plantevignes häufig Baudelaires Vers zitierte: »Courte tâche! La tombe attend; elle est avide«.[98]

In Versailles machte er Notizen über den Nutzen der Literatur als Ersatz für den direkten Umgang mit Freunden: Ihm wurde deutlicher bewußt, welcher Funktion seine Korrespondenz diente. In einem Brief aus dem Jahre 1908 schrieb er: »Es ist das Vorrecht derer, die immer allein leben, in ihrem Geist Ersatzformen für wirkliche Menschen zu bilden und sie lieben zu können, ohne sie jemals zu sehen.«[99] Briefeschreiben erzeugt die Illusion eines direkten Kontaktes ohne Konfrontation. In einem gewissen Sinne ist der ganze Roman eine Erweiterung seiner Korrespondenz: Er wollte »das alles« seinen Freunden »sagen«, bevor es zu spät war. Eine der Figuren sollte ein »homme de lettres«, ein Literat sein, der mit seinen Freunden über die Literatur Kontakt aufnimmt: »Homme de lettres in der Nähe von Cabourg, arbeitet mit der Hoffnung, von Zeit zu Zeit Freunde zu sehen, um ihnen durch das, was er macht, groß zu erscheinen, dann setzt sich der Gedanke an sie an ihre Stelle, er sieht sie niemals mehr.«[100] Vorbild für diesen *homme de lettres* war Alexander Harrison, und Marcel – der Hinweis ist zweideutig: Marcel kann entweder der Erzähler oder Marcel Plantevignes sein – sollte sich ihm so nähern, wie Santeuil und Henri einst den Romancier C. kennengelernt hatten, indem sie ihm in einem Restaurant ein Billet zukommen ließen, nur daß Marcel den Schriftsteller besuchen wird, ohne irgend etwas von ihm gelesen zu haben.[101]

Für manche dieser Gedanken ist Elstir der Kristallisationskern: Der Erzähler und Saint-Loup lassen ihm in einem Restaurant eine Mitteilung zukommen. Als sie ihn in seinem Atelier besuchen, läßt die echte Großzügigkeit eines großen Künstlers den Reiz der Aristokratie künstlich aussehen. »Sicher hatte er in den ersten Zeiten gerade in seiner Einsamkeit mit Vergnügen daran gedacht, er werde durch das Medium seiner Werke aus der Entfernung denjenigen, die ihn verkannt oder beleidigt hatten, eine höhere Meinung von sich geben können. Vielleicht lebte er damals nicht aus Gleichgültigkeit so zurückgezogen, sondern aus Liebe zu den anderen […].«[102] Diese Passage steht zwar in *A l'ombre des jeunes filles en fleurs*, geschrieben zum größten Teil 1912, doch die Kernpunkte weichen von der Formulierung im Carnet von 1908 nicht ab.

Als Reynaldo in das Hotel kam, erkannte er an Proust keinerlei
Anzeichen der Fortschritte, die dieser machte. Gewöhnlich sah man
ihn mit Nicolas oder Agostinelli Domino spielen. Georges de Lauris
war nach dem Autounfall nach Paris zurückgebracht worden und
lag bewegungslos in einem Schlafzimmer der elterlichen Wohnung
in der Rue Washington. Dem asthmatischen Proust fiel es sehr
schwer, die beiden Stockwerke dort hinaufzusteigen. Am 28. September machte Proust den ersten Besuch bei Georges und blieb in
Paris, um Marcel Plantevignes und vier andere junge Bekannte aus
Cabourg in eine Komödie mitzunehmen: *Le Roi* von Gaston de
Caillavet, Robert de Flers und Emmanuel Arène. Das Stück hatte im
April im Théâtre des Variétés Premiere gehabt und wurde nun nach
der Sommerpause wieder aufgeführt.[103]

Am 2. oder 3. Oktober fuhr Proust wieder nach Paris, um Georges zu besuchen, fühlte sich aber nach der Fahrt sehr viel schlechter.
Obwohl er starke Dosen von Koffein zu sich nahm, fand er die Treppen immer noch unüberwindlich und entschuldigte sich brieflich bei
Georges: Er führte die überraschende Verschlechterung seines Zu-
stands auf den Höhenunterschied zurück – Versailles liegt dreiundachtzig Meter höher als Paris.[104]

In Versailles fühlte er sich wohl, zuweilen fast euphorisch: »Tag
mit Sonne und Kälte, wo die Sonne in den kahlen gelbroten Bäumen
in bestimmten Augenblicken, wenn es gewisse Farben gibt, einen
Zauber auf die Häuser (Versailles) legt, Wagen genommen am
Bahnhof, man fährt zum Schloß. Oder zu Fuß, glücklich bei jedem
Schritt auf dem Stein.«[105] In Paris verließ ihn jedoch die Energie. Er
versuchte ein Diner für Marcel Plantevignes, der in zehn Tagen aus
Paris abreisen mußte, zu arrangieren, damit dieser Albu, Loche und
Gabriel kennenlernen konnte, und schickte Agostinelli mit einer
Mitteilung zu ihm, er möchte entweder an den Boulevard Hauss-
mann kommen oder mit ihm im Auto plaudern.[106] Am 7. Oktober
unternahm er einen weiteren Ausflug nach Paris, blieb jedoch erneut vor den Treppen in der Rue Washington stehen.

Der Oktober war der schlimmste Monat, den Proust je erlebt
hatte. In Cabourg hatten die Asthmaanfälle aufgehört, doch nun
setzten sie unnachgiebig wieder ein und trafen ihn im Anschluß an
die drei Fahrten nach Paris besonders hart. In Versailles fühlte er
sich nur selten gesund genug, um im Bett zu schreiben, und wenn er

einmal etwas geschrieben hatte, neigte er dazu, es zu verlegen oder zu verlieren.[107] Und wenn er sich die Mühe machte, Briefe zu schreiben, konnte er nicht sicher sein, daß sie auch zur Post gebracht wurden: Er übergab sie einem Kellner, der nicht immer eine Briefmarke besorgte, und zumindest einer der Briefe kam überhaupt nicht an.[108]

»Es geht mir sehr schlecht, mein kleiner Robert, ich stehe fast nie mehr auf und habe schreckliche Anfälle ohne Ende, ich habe auch nicht einmal mehr ein Gehirn.«[109] »Doch mein Leben besteht aus Kummer.«[110] »[…] denn seit einem Monat kann ich auch nicht einen Tag aufstehen, werde stärker als je zuvor von unablässiger Atemnot gequält […]«.[111] Er befand sich in einem »Zustand des Elends, verursacht durch die Medikamente, die ich die ganze Zeit einnehme, ohne Wirkung. Aber ich glaube, es würde mir noch schlechter gehen, wenn ich keine nähme.«[112] Bei früheren Krankheitsschüben hatte er immer noch Reynaldo zu sich kommen lassen, doch auch er wurde nun gebeten, keine Besuche bei Proust mehr zu machen.[113] Er denke an Albu mehr als einmal am Tag, sehe ihn aber kaum mehr als einmal im Jahr.[114] Und an Madame Straus schrieb er: »[…] da seit dem letzten Abend, an dem ich Sie gesehen habe, selten vier oder fünf Stunden vergangen sind, ohne daß ich an Sie denke […]«.[115]

Da er sich nicht mehr in der Lage sah, seine Erinnerungen an die Freunde durch den direkten Umgang mit ihnen aufzufrischen, fühlte er sich mehr als je zuvor genötigt, etwas zu Papier zu bringen. »In meinen weniger schlechten Monaten habe ich (zweimal zwanzig Minuten) zu arbeiten begonnen. Es ist so ärgerlich, so viele Dinge zu denken und zu spüren, daß der Geist, in dem sie sich rühren, bald vergehen wird, ohne daß irgend jemand sie kennt. Sicher, sie haben nichts Kostbares an sich und andere werden sie besser aussprechen.«[116] Er kam sich vor wie eine Schwangere, die nicht sicher ist, ob sie noch lange genug leben wird, um zu gebären.

> Alles ist fiktiv, mühsam weil ich keine Einbildungskraft habe, doch alles ist erfüllt von einem Sinn, den ich seit langem in mir trage, zu lange, da mein Denken davon vergessen hat, mein Herz ist erkaltet und ich habe für es mühsam diese linkischen Verhaltensweisen gezimmert, die es einsperren, wovon aber Wärme ausgeht.
>
> Die Arbeit macht uns ein wenig zu Müttern. Manchmal, wenn ich mich meinem Ende nahe glaubte, sagte ich, das

Kind spürend, das in meinen Flanken entstand, und nicht
wissend, ob ich die Kräfte zusammenbringen würde, die notwendig sind, um es zu gebären, zu ihm mit einem traurigen
und sanften Lächeln: ›Würde ich dich jemals sehen?‹«[117]
Ende Oktober schrieb er: »Leidender als je zuvor, kann ich weder
aufstehen noch sprechen noch essen noch atmen noch schlafen«,
und wie so oft in seiner Pariser Wohnung wurde er durch hartnäckigen Lärm gestört. Auf der Straße legten Arbeiter ein neues Pflaster
»und das ist grauenhaft.«[118] Trotz beginnender Bronchitis[119] entschloß er sich zur Rückkehr in seine Wohnung und verließ Versailles
am 3. oder 4. November 1908.

19. Die unsichtbare Substanz

»Eine Krankheit zum Beispiel kann ebenso kräfteraubend, ebenso
hartnäckig, ebenso ermüdend sein und einen ebenso altern lassen
wie der härteste aller Berufe, auch der manuellen. Welches auch
immer die Ursache und die Natur der Beschäftigungen sein mögen,
die mein Leben pausenlos bedrängen, ich habe dennoch keine
Muße, verfüge kaum über einige wenige Arbeitsstunden, ich würde
nicht sagen, pro Woche, sondern pro Monat, genauer gesagt, pro
Jahr.«[1] Unter diesem Zustand litt Proust besonders, als er nach seinem Aufenthalt in Versailles wieder in Paris ankam. In der Wohnung des Zahnarztes in der dritten Etage waren Handwerker an der
Arbeit, und Proust war »buchstäblich am Ersticken wegen eines
schlecht funktionierenden Wasserheizkörpers. Sobald ich aufstehen
kann, werde ich fliehen, ich weiß nicht wohin, aber zuerst werde ich
Sie besuchen.«[2]
   Seine Beschwerden waren oft so schlimm, daß sie ihn selbst eine
mögliche Verschlechterung seines Zustandes vergessen ließen. Sobald die Heizung repariert war – Proust sah sich gezwungen, »zum
ersten Mal in seinem Leben die Fenster in einer Winternacht zu öffnen« –,[3] blieben die Fensterläden für immer geschlossen und die Vorhänge zugezogen.[4] »Wenn Du ahnen könntest, in welchem Gesundheitszustand ich bin, würdest Du verstehen, daß ich Hemmungen
habe, die kleinste Bewegung zu machen, den Arm auszustrecken
usw. [...] ich habe seit vier Tagen nichts gegessen, seit zehn Tagen

nicht geschlafen, bin keine Minute ohne Schmerzen«.[5] Koffein hatte
er früher nur genommen, wenn er vorhatte auszugehen, doch nun
begann er es auch zu nehmen, wenn er schreiben wollte. Manchmal
mußte er einen Brief abrupt beenden, weil ein Anfall bevorstand.[6] Er
hielt sich jedoch über den Börsenhandel auf dem laufenden und korrespondierte mit Albufera und mit Lionel Hauser, dem Pariser Vertreter der Hamburger Bank Warburg und des New Yorker Hauses
Kuhn-Loeb, über Aktien.[7] Auch fühlte Proust sich nicht zu krank,
um seine Beiträge für die Gesellschaftsspalte des *Figaro* fortzusetzen,
doch als er Emmanuel Bibesco bat, ihm ebenso wie Albu die wichtigsten auf Festlichkeiten anwesenden Gäste zu nennen, weigerte sich
der Prinz, ihm mit diesen Informationen zu helfen.[8]

Proust sah sich erneut herausgefordert, über Literatur nachzudenken, als der *Figaro* einen Artikel über eine Briefsammlung von
Bizet brachte. Der Artikel stammte von Ganderax, dessen pompöse
Pleonasmen Proust zu zornigen Formulierungen über die Notwendigkeit sprachlicher Erneuerung provozierten.

> Die Vorstellung, es gebe eine französische Sprache, die von
> den Schriftstellern unabhängig sei und die es zu schützen
> gelte, ist unglaublich. Jeder Schriftsteller ist dazu verpflichtet,
> sich seine eigene Sprache zu schaffen, so wie jeder Geiger
> dazu verpflichtet ist, seinen eigenen ›Ton‹ zu erzeugen. [...]
> Die Korrektheit, die Vollkommenheit des Stils gibt es zwar,
> aber jenseits der Originalität, nachdem man durch die Fehler
> hindurchgegangen ist, und nicht diesseits. [...] Die einzige
> Art, die Sprache zu verteidigen, ist sie anzugreifen, ja gewiß,
> Madame Straus! Weil ihre Einheit nur aus neutralisierten
> Gegensätzen besteht, aus einer scheinbaren Unbeweglichkeit,
> hinter der sich ein schwindelerregendes und unaufhörliches
> Leben verbirgt.[9]

Proust war immer noch unentschieden, ob er weiter in Paris bleiben
sollte. Mindestens zweimal in der Woche hatte er schwere Asthmaanfälle – einige dauerten über vierzig Stunden –, die es ihm unmöglich machten, sich zu bewegen oder zu atmen. In zwei Monaten war
er nur ein einziges Mal aufgestanden,[10] hatte zweimal seinen Bruder
zu Besuch kommen lassen und nur ganz wenige andere Besuche empfangen.[11] Allerdings trafen zahlreiche Briefe von Reynaldo ein.[12]
Im Durchschnitt aß er nur einmal alle achtundvierzig Stunden,[13]

manchmal fastete er drei Tage lang.[14] Auf nächtliche Ausgänge[15] verzichtete er allerdings nicht, und da ihn sein körperlicher Zustand kaum aus dem Gleichgewicht brachte, dachte er nüchtern über sein Buch nach. Im Vorwort zu *Sésame et les lys* hatte er 1905 geschrieben: »Sainte-Beuve hat alle großen Schriftsteller seiner Zeit verkannt.«[16] Sollte Proust ihn nun in einer direkten Kritik korrigieren oder Kritik mit Fiktion mischen? Vielleicht würde er eine Erzählung schreiben: »vom Morgen, vom Aufwachen. Mama kommt zu mir ans Bett, ich sage ihr, ich hätte die Idee, eine Studie über Sainte-Beuve zu schreiben, ich lege sie ihr dar und entwickle sie ihr.«

Er fragte Anna de Noailles und Georges de Lauris um Rat.[17] Georges sprach sich für einen einfachen Essay aus, doch Proust bewegte sich bereits in Richtung der fiktionalen Alternative, weil zum einen seine Erinnerungen an Sainte-Beuve nachließen,[18] vor allem aber, weil er seine Mutter durch eine Verschmelzung von Autobiographie und Fiktion zum Leben erwecken wollte. Zwanghaftes Wiedererleben von Enttäuschungen verband sich mit Schuldgefühlen aufgrund der Rachephantasien, die Proust seiner Mutter gegenüber entwickelt hatte. Da er immer noch ihren Tod betrauerte und sich Vorwürfe machte, sie mit den Ängsten um seine eigene Gesundheit zu sehr belastet zu haben, versuchte er, seine sich mit ihr beschäftigenden Gedanken und Träume durch eine literarische Nachschöpfung ihrer beider Beziehung zu beruhigen. Literarische Zitate und Anspielungen hatten in ihren Gesprächen von früher Kindheit an einen so wichtigen Platz eingenommen, daß es nur natürlich war, wenn er sein kritisches Denken zum Teil in einem imaginären Dialog, in dem er ihr seine Ideen darlegte, entfaltete.

Gegen Ende des Jahres hatte er zwar ein weiteres Pastiche abgeschlossen – über Chateaubriand[19] –, aber noch immer nicht zwischen den Alternativen Essay oder Erzählung für seine Auseinandersetzung mit Sainte-Beuve entschieden. »Wenn ich mich bewegen könnte, würde ich in einigen Tagen von hier weggehen und mich irgendwo in einem Kloster einschließen, um zu schreiben, da ich aber niemanden sehe, bin ich hier eingeschlossen.«[20]

Er konnte sich nicht länger vormachen, daß er sich nicht gesund genug fühlte, um zu schreiben. Er fühlte sich kaum einmal gut genug, und wenn er sein Vorhaben mit dieser Entschuldigung immer weiter hinausschob, dann würde das Buch wohl niemals geschrieben werden. Anfang 1909 konnte er nicht mehr als zehn Zeilen zu Papier bringen, ohne Kopfschmerzen zu bekommen, die tagelang anhielten und mit Schlaflosigkeit[21] einhergingen. Zugleich wurden seine Asthmaanfälle immer schmerzhafter, angsterregender und länger. »Ich habe eben Tage verbracht, die, da ich kein Mitleid mehr für andere empfinden kann, wohl die schlimmsten meines Lebens sind, weil ich zum ersten Mal völlig mutlos bin, das Leben ist in so dauerhaften Krisen unmöglich.«[22] Anfang Februar klagte er über »zehn Erstickungsanfälle pro Tag, die mich umbringen«.[23]

Sollte er es jemals schaffen, das Buch zu beenden, dann würde er wohl dasselbe sagen können wie Joubert: »hinter vieler Menschen Stärke verbirgt sich eine Schwäche, aber hinter meiner Schwäche steht eine Stärke«.[24] Doch nachdem Nicolas für ihn sieben Bände von Sainte-Beuves *Port-Royal* besorgt hatte, konnte er sich nicht zur Lektüre entschließen. Sein Leben war durch die Beschwerden nicht nur zu unstet, sondern entbehrte auch jeder Organisation. Er wollte Georges bitten, seine Pastiches über Régnier und Chateaubriand zu lesen, konnte sie aber nicht finden und meinte dann, sie seien ohnehin unleserlich.[25] Notizen und Aufzeichnungen verschwanden häufig, und manchmal passierte es ihm, daß er Briefe verlor, die er selbst geschrieben hatte, wie auch solche, die er empfangen hatte.[26] »Wenn ich zerstreut meine Korrespondenz öffne, passiert es mir manchmal, wenn der Brief vom Bett gerutscht ist und ich ihn nicht wiederfinde, daß ich nicht mehr weiß, ob ich einen solchen Brief im Traum gesehen habe oder ob er wirklich angekommen ist.«[27] Das Chaos trug indessen auch dazu bei, ihn zu einem Roman anzuspornen, der Erinnerungen, Einsichten und Träume besser als jedes Archivsystem in einer zusammenhängenden Struktur organisierte. Einen entscheidenden Schritt hatte er unternommen, als er die Schulhefte kaufte.[28]

Er hätte sich von dem Buch ablenken lassen können, als die Affäre Lemoine erneut Schlagzeilen machte: Am 1. Februar 1909 wurde der Betrüger in Abwesenheit zu zehn Jahren Gefängnis verurteilt. Als Proust etwas später bei einem seiner seltenen Ausflüge die Daudets besuchte, traf er Montesquiou und Jules Lemaître bei ihnen an. Lemaître war von den Pastiches begeistert. »Wenn der Mechanismus [eines literarischen Werks] sich auf diese Weise demontieren und wieder zusammensetzen läßt, wagt man nicht zu schreiben [...], das ist nicht nur außergewöhnlich, sondern *angsterregend*.«[29] Er sagte, Proust solle mit Pastiches auf Mérimée und Voltaire fortfahren. Maurice Barrès hatte ihm einen ermutigenden Brief geschrieben: »Mit Ihren so gelungenen Pastiches sind Sie einer köstlichen Form der Literaturkritik nahegekommen, die Sie sich zu eigen machen sollten und die mühelos beweisen würde, was Buffon wußte: daß es nicht um den Unterschied zwischen Substanz und Form geht, daß in einer bestimmten Manier zu schreiben bedeutet, in einer bestimmten Manier zu denken und zu empfinden [...].«[30] Nachdem Proust sein Manuskript über Régnier wiedergefunden hatte, wurde es – um einige deftige Passagen gekürzt – in der Literaturbeilage des *Figaro* vom 6. März 1909 gedruckt. Montesquiou war davon beeindruckt: »Welch eine *Verblüffung*, ihr letztes Pastiche!«[31] Proust hatte jedoch keine Zeit, noch mehr Pastiches zu schreiben.

Das Lesen war für Proust inzwischen ebenso gefährlich geworden wie das Schreiben, weil es ihm langwierige Kopfschmerzen verursachte. Seine Bücherregale waren ziemlich weit vom Bett entfernt, und nachts zögerte er, Nicolas herbeizuklingeln, wenn er selbst zu schwach war, um aufzustehen.[32] Er las dann alles, was in Reichweite lag, und so griff er unter den Zeitungen nach den *Cahiers de la quinzaine*, die am 16. und 23. Februar das zweite Buch von Romain Rollands Roman *Jean Christophe à Paris – Dans la maison* veröffentlichten. Ebenso wie der Artikel von Ganderax rief dieser Text Prousts energischen, aber fruchtbaren Widerspruch hervor. Er notiert: »wenn wir einen Schriftsteller sehen, der auf jeder Seite, bei jeder Situation, in der sich seine Figur befindet, diese niemals vertieft, sie nie nach eigenen Maßstäben neu überlegt, sondern vorgefertigte Ausdrücke benutzt [...], dann empfinden wir, daß ein solches Buch, selbst wenn es auf jeder Seite die manierierte Kunst, die unsterbliche Kunst, die materialistische Kunst anprangert, selbst viel materialistischer ist.«[33]

In der Absicht, seine kritischen Gedanken über Sainte-Beuve zu formulieren, hatte er so lange über sie nachgedacht, daß jede literarische Provokation einen neuen Ansporn bedeutete. Im März schrieb er: »Die größte Chance, eines Tages zu erscheinen, hat Sainte-Beuve (nicht das zweite Pastiche, sondern die Studie), weil dieser Koffer mitten in meinem Kopf mich behindert, und man sich entscheiden müßte, ihn entweder fahrenzulassen oder auszupacken. Ich habe jedoch schon so viel vergessen, und obwohl ich überhaupt nicht mehr lesen dürfte, lese ich viel und in einer ganz anderen Ordnung. Trotzdem, wenn ich diesen Herbst noch am Leben bin, bestehen einige Chancen, daß *Sainte-Beuve* erschienen sein wird, und ich glaube, es wird Ihnen gefallen.«[34]

Eine Passage in einem der Notizbücher, die sich hauptsächlich mit Sainte-Beuve befaßt, zeigt, wie Proust sich zum Schreiben zwang. Seit seiner Kindheit hatte er sich Sorgen über seine angebliche Willensschwäche gemacht. Vergeudete er sein Talent? Als ob er einen gemächlichen Artikel in der Art der zweiten »Journées de lecture« schreiben wollte und als ob es nicht darauf ankäme, ob er jemals sein Ziel erreichen würde, schrieb er: Auch wenn er erst achtunddreißig sei, könne er bald tot sein.

> Ich bin an einen Punkt gelangt, oder besser: Ich befinde mich in einer Lage, in der man fürchten muß, daß man die Dinge, die zu sagen man am meisten wünschte [...] plötzlich nicht mehr sagen kann. Man betrachtet sich nur noch als den Träger von geistigen Geheimnissen, der jeden Augenblick verschwinden kann, wobei diese mit ihm verschwinden werden. Und man möchte das Beharrungsvermögen der früheren Tätigkeit überwinden, indem man ein schönes Gebot Christi aus dem Johannesevangelium befolgt: ›Arbeitet, dieweil ihr das Licht habt.‹[35]

Vieles von dem, was er sagen wollte, war »à propos de« Sainte-Beuve und nicht »über ihn«: »Es scheint mir, daß ich so über Sainte-Beuve [...] Dinge zu sagen haben werde, die vielleicht ihre Bedeutung besitzen, wenn es mir, indem ich zeige, worin er [Sainte-Beuve] nach meiner Meinung als Kritiker und Schriftsteller gesündigt hat, gelingt, über das, was der Kritiker sein soll und was Kunst ist, einige Dinge zu sagen, an die ich oft gedacht habe. Beiläufig und von ihm ausgehend, so wie er es so oft getan hat, würde ich ihn zum Anlaß nehmen, um von bestimmten Formen des Lebens zu sprechen [...].«[36]

Der Entschluß zu arbeiten, ›derweil er das Licht hatte‹, fiel beinahe mit einer Erfahrung zusammen, die in seinem ganzen Nachdenken über die unwillentliche Erinnerung einen entscheidenden Übergang darstellte.

Neulich abends, als ich vom Schnee durchfroren nach Hause
gekommen war und mich nicht aufwärmen konnte, als ich in
meinem Zimmer unter der Lampe angefangen hatte zu lesen,
schlug mir meine Köchin vor, mir eine Tasse Tee zu machen,
den ich sonst nie trinke. Und der Zufall wollte, daß sie mir ein
paar Scheiben geröstetes Brot brachte. Ich ließ das Brot in der
Tasse aufweichen, und in dem Augenblick, als ich es in den
Mund steckte und an meinem Gaumen die Empfindung seiner vom Teegeschmack durchdrungenen Weichheit hatte,
verspürte ich eine Verwirrung, Gerüche von Geranien, von
Orangenbäumen, eine Empfindung von außergewöhnlichem
Licht, von Glück; ich verharrte reglos, in der Furcht, durch
eine einzige Bewegung das anzuhalten, was sich in mir voll-
zog und was ich nicht verstand, mich weiterhin auf den
Geschmack des aufgeweichten Brotes konzentrierend, der
solche Wunder hervorzubringen schien, als plötzlich die ins
Wanken geratenen Trennwände meines Gedächtnisses nach-
gaben, und jene Sommer, die ich in dem besagten Haus auf
dem Land verbrachte, stürmten in mein Bewußtsein mit ihren
Morgenstunden, die das Vorbeiziehen, den unaufhörlichen
Zustrom der glücklichen Stunden mit sich führten. Da erinnerte ich mich: jeden Tag ging ich, nachdem ich mich ange-
kleidet hatte, in das Zimmer meines Großvaters hinunter, der
eben aufgewacht war und seinen Tee trank. Er tauchte einen
Zwieback hinein und gab ihn mir zu essen. Und als jene Sommer vergangen waren, war die Empfindung des im Tee aufgeweichten Zwiebacks eine der Zufluchtstätten, in der die toten
Stunden – tot für den Verstand – sich verbargen und wo ich
sie gewiß niemals wiedergefunden hätte, wenn an diesem
Winterabend, als ich vom Schnee durchfroren nach Hause
gekommen war, meine Köchin mir nicht das Getränk vorgeschlagen hätte, mit dem das Auferstehen kraft eines mir unbekannten magischen Paktes verbunden war.[37]

Dies war ein Augenblick grundlegender Einsicht, und Proust hielt in
verschiedenen Entwürfen zu der Episode in *Swann* an dem Zwieback fest, bis er ihn schließlich durch die Madeleine ersetzte.[38] Seine
Entscheidung ist auf vielfache Weise erklärt worden: Das Wort
›Madeleine‹ habe religiöse Anklänge, während seine Beschreibung

der »kleinen Muschel aus Kuchenteig, die so füllig und sinnlich wirkt unter ihrem strengen, frommen Faltenkleid«, auf die weibliche Körperöffnung hinweise. Für Serge Doubrovsky wiederum ist Prousts Betonung des »beinahe unfaßbaren Tröpfchen[s]« des Geruchs und des Geschmacks, welches »das unermeßliche Gebäude der Erinnerung« trägt, eine nachdrückliche Erinnerung an die Spermatropfen, die in der früheren Erzählung über die Masturbation erwähnt und mit dem unterdrückten Verlangen nach der Mutter assoziiert werden.[39]

Sainte-Beuve mag zwar ein Erneuerer gewesen sein, wenn er »in die Geistesgeschichte die Verfahren der Naturgeschichte eingeführt« hat,[40] doch er verkennt den Bruch zwischen dem Werk eines Schriftstellers und dessen Alltagsleben. Darüber ärgert sich Proust, für den der Schriftsteller zwei Ichs hat: »[…] ein Buch [ist] die Hervorbringung eines anderen *Ichs* als desjenigen, das wir in unseren Gewohnheiten, in der Gesellschaft, in unseren Lastern zutage treten lassen. Wenn wir versuchen wollen, dieses Ich zu verstehen, so kann uns das nur im Innersten von uns selbst gelingen, indem wir versuchen, es in uns nachzuschaffen. Nichts kann uns von dieser Anstrengung unseres Herzens entbinden.«[41] Im Akt des Schreibens sollte es darum gehen, in Berührung zu kommen mit dem »wahren Ich«, »das man nur findet, wenn man die anderen [Menschen] und das Ich, das die anderen [Menschen] kennt, ausschaltet, des Ichs, das gewartet hat, während man mit den anderen zusammen war, das man sehr wohl als das einzige wirkliche fühlt und für das lediglich die Künstler letztlich leben, wie für einen Gott, den sie weniger und weniger verlassen und dem sie ein Leben opfern, das nur dazu dient, ihn zu ehren.«[42] Das Schreiben geht aus einem untergründigen Strom tiefer Nachdenklichkeit hervor; die alltäglichen Formen des Austauschs und des Umgangs sind ebenso oberflächlich wie die aller anderen Menschen.

Der Gebrauch der religiösen Wörter »Gott« und »Opfer« ist keineswegs zufällig, sondern erklärt, warum es Proust gelang, auch dann hart zu arbeiten, als das Lesen und Schreiben für ihn so beschwerlich wurde. »Selbst wenn ich keinen Glauben habe, wie Du sagst, fehlt das religiöse Denken doch an keinem Tag in meinem Leben«, schrieb er.[43] Von seinem Vater hatte er eine gewisse Fähigkeit zu jener Hingabe geerbt, die des Vaters frühe Berufung zum Priesterstand und das spätere Engagement für die öffentliche Hygiene inspirierte. Sein Sohn war vom Materialismus ebenso weit entfernt wie vom Christsein. »Ich habe eine deutliche Sicht des Lebens bis zum Horizont«, schrieb er in einer unveröffentlichten Notiz, »interessiert bin ich jedoch nur an der Schilderung dessen, was dahinter liegt.«[44] Sainte-Beuve war nur in negativer Hinsicht hilfreich: Seine selbstgefällige Beschäftigung mit der oberflächlichen Materie war so abstoßend, daß Proust zu der Alternative überging, Literatur als Mittel zum Leben einzusetzen – sein Leben dem inneren Ich zu opfern, als ob es ein Gott wäre.

Sainte-Beuve wollte von einem inneren Ich nichts wissen: »Die Literatur ist für mich nicht unterschieden oder zumindest nicht abtrennbar vom übrigen Menschen oder von der übrigen Organisation [...] Man kann sich nicht auf genug Arten und Weisen und von nicht genug Seiten her bemühen, einen Menschen, das heißt etwas anderes als einen freien Geist, zu erkennen. Sobald man sich in Bezug auf einen Autor nicht eine bestimmte Anzahl von Fragen gestellt und sie beantwortet hat, [...] ist man nicht sicher, ihn ganz zu haben, mögen diese Fragen auch als dem Wesen seiner Schriften sehr fernliegend erscheinen: Was dachte er über die Religion? Wie berührte ihn das Schauspiel der Natur? Wie verhielt er sich in Bezug auf die Frauen, in Bezug auf das Geld? War er reich oder arm? Welches war seine Lebensordnung? seine alltägliche Lebensweise? Welches war sein Laster oder seine Schwäche? Keine Antwort auf diese Frage ist unwichtig, um den Autor eines Buches und dieses Buch selbst zu beurteilen, wenn es nicht eine Abhandlung der reinen Geometrie ist, und insbesondere, wenn es sich um ein literarisches Werk handelt, das heißt ein Werk, in das alles eingehen kann.«[45]

Prousts Abneigung gegen diese Ansicht wurde noch bestärkt durch den ausgeprägten Ehrgeiz, aus seinem Buch etwas mehr zu machen als nur ein Gegengewicht zu dem ihn unbefriedigenden Leben. Er hatte bisher keine angemessene literarische Fassung für die Erinnerungen, Bilder und Ideen gefunden, die ihm durch den Kopf gingen, wenn er im Bett lag, doch nun, da er in seinem Angriff auf Sainte-Beuve den Versuch unternahm, Kritik und Autobiographie zu verschmelzen, machte er die ersten Schritte in Richtung

jener autobiographischen Fiktion, die seine Vergangenheit wiederbeleben und gleichzeitig seine eigenen literarischen Grundsätze in
die Praxis umsetzen sollte.

Seine Gleichsetzung von Ich und Vergangenheit, seine Theorie
der unwillentlichen Erinnerung, seine Vorstellungen über die Wir-
kungsweise des Bewußtseins waren Ideen, die er entweder erklären
oder demonstrieren konnte: Die Erklärung erforderte Illustration,
die Demonstration hingegen theoretische Interpolationen. Wie bei
Nietzsche und Freud war sein Ausgangspunkt der, das eigene Bewußtsein auf Verallgemeinerungsfähigkeit hinsichtlich des menschlichen Bewußtseins genau zu untersuchen. Zum Teil in Anlehnung
an Darlu, der moralisierende Verallgemeinerungen in seinen Unterricht einbaute, ließ Proust seinen theoretisierenden Verstand mit
bruchstückhaften Erinnerungen an die »verlorene« Zeit spielen,
indem er Philosophie, Psychologie, Literaturkritik und Autobiographie miteinander verknüpfte: Die Freude darüber, endlich mit einem
größeren Werk begonnen zu haben, verlieh ihm neue Kraft.

Auch Sainte-Beuve hatte seinen Lebensstil geändert, als er mit den
Causeries du Lundi begann und erkannte, »daß ein Leben der
Zwangsarbeit, wie das seine, im Grunde fruchtbarer und manchen
gern untätigen Naturen notwendig ist, die sonst nicht ihren Reichtum entfalten würden.«[46] Proust war an einem Wendepunkt angelangt. Noch nie hatte er solch große Lust wie jetzt verspürt, hart zu
arbeiten statt dessen hatte er sich immer mit dem Gefühl gequält,
nicht genug zu tun. Von nun an würde er alles tun, um seine Möglichkeiten auszuschöpfen, bevor der Tod sich näherte, um sein
Bewußtsein auszulöschen. Er will die Welt – von der er annimmt,
daß sie aus Lesern und in erster Linie aus Bekannten bestehe – wissen lassen, daß sein Leben nicht mehr nur aus *Les Plaisirs et les jours*
besteht, aus den Ruskin-Übersetzungen und dem Journalismus. Er
muß diese unsteten Erinnerungen und Ideen in einem Kunstwerk
festhalten. Wenn er von der Ungleichheit zweier Ichs bei einem großen Schriftsteller sprach, dachte er an sich selbst: »Der Mensch, der
im gleichen Körper lebt wie ein großes Genie, hat kaum eine Affini-
tät zu ihm, doch das ist der Mensch, den seine Freunde kennen. Deshalb ist es absurd, das zu tun, was Sainte-Beuve tat, nämlich den
Dichter anhand des Menschen zu beurteilen oder anhand dessen,
was seine Freunde über ihn sagten.«[47] Die Äußerungen seines inner-

sten Ichs lassen sich nur dem Leser mitteilen, der über genügend Einbildungskraft verfügt, das heißt, im Akt des Lesens schöpferisch
genug ist, um sie in sich selbst nachzuvollziehen.

Ebenso wie das Engagement für Ruskin diente auch die Arbeit
über Sainte-Beuve als Hilfsmittel zur Entdeckung des eigenen Ichs.
Proust war bei Ruskin so lange und so voller Hingabe in die Lehre
gegangen, daß der Augenblick kommen mußte, in dem er nur
dadurch er selbst sein konnte, daß er von seinem Mentor Abstand
nahm. Das Engagement im Hinblick auf Sainte-Beuve war kürzer
und weniger eng, doch als er sich von ihm distanzierte, legte Proust
wiederum ein früheres Ich ab. Es war wie eine Bekehrung, und vielleicht wäre er dazu nicht in der Lage gewesen, wenn er sich dem Tod
nicht so nahe gefühlt hätte. Während der langen Zeit seines Lebens,
die er im Bett verbrachte, glichen seine Wachgedanken häufig Träumen, in denen Vergangenheit und Gegenwart miteinander verschmolzen. Wenn Erinnerungen, Wünsche und Reue sich gegenseitig durchdrangen, dann waren die Gefühle für seine Mutter fast
ebenso stark wie einst in den Augenblicken der Kindheit, in denen er
von ihr getrennt war. Abgeschnitten von den Verankerungen in
Raum und Zeit verkennt das freischwebende Bewußtsein seine
Beziehungen zu Orten, Gegenständen und Menschen. Es ist kein
Zufall, daß die *Recherche* mit den Beschwörungen von Zimmern
beginnt, in denen er einst geschlafen hatte, und von Übergängen des
Wachzustandes in den Schlaf während der Kindheit. Das tastende
Bewußtseins schwebt – ebenso wie damals – zwischen festen Objekten.

> Jedenfalls, wenn ich in dieser Weise erwachte, und mein Geist
> erfolglos herauszufinden versuchte, wo ich mich befand,
> kreiste in der Dunkelheit alles um mich herum, die Dinge, die
> Länder, die Jahre. Noch zu benommen vom Schlaf, um sich
> zu rühren, suchte mein Körper nach der Art seiner Müdigkeit
> die Stellung seiner Glieder auszumachen, um daraus die Rich
> tung der Wand, den Platz der Möbel abzuleiten, um die Woh
> nung, in der er sich befand, im Geist wiederherzustellen und
> zu benennen. Sein Gedächtnis, das Gedächtnis seiner Rippen,
> seiner Knie, seiner Schultern, zeigte ihm nacheinander meh
> rere Zimmer, in denen er geschlafen hatte, während rings um
> ihn her die unsichtbaren Wände je nach der Form des vorge-

stellten Raumes ihre Lage änderten und sich wirbelnd in der Finsternis drehten.[48]

Proust experimentierte mit neuen Arbeitsweisen, dabei war der Kauf der Schulhefte ein entscheidender Schritt gewesen. Aus dem Jahre 1909 sind sechs dieser Hefte erhalten geblieben, und sie zeigen, wie er von Anfang an sein Raumempfinden mit den Figuren verband. Sie enthalten Skizzen von Combray (sein Name für Illiers), Balbec (sein Name für Cabourg), Doncières (hauptsächlich Evreux, die Garnisonstadt), Paris, Padua und Venedig, außerdem Skizzen über Swann, die Verdurins, die Guermantes und den Marquis de Guercy (sein ursprünglicher Name für Charlus), nebst einem ersten Entwurf für die Passage über den Kostümball, die er schon jetzt für den Schluß vorsah.

Entwerfen, Überarbeiten, Umschreiben und Umordnen sind für viele Schriftsteller Tätigkeiten, die sich überschneiden, doch Proust schrieb Textbruchstücke nieder, ohne zu wissen, wo er sie später unterbringen würde. Von den erhalten gebliebenen Schulheften – er gab seiner Haushälterin den Auftrag, zweiunddreißig davon zu vernichten – enthält jedes eine zusammenhanglose Reihe von Passagen, und bevor er sie in eine Ordnung zu bringen versuchte, verwandte er eine erstaunliche Energie darauf, sie immer wieder umzuschreiben, unbekümmert darum, wo er sie einordnen würde, wobei er sich immer tiefer in die Erinnerungen und Einsichten versenkte. Häufig folgte er der Regung des Augenblicks, ob sie ihm nun zu beginnen oder aufzuhören gebot. Manchmal schrieb er in direkter Rede, dann wieder in *oratio obliqua*; er pflegte Vorder- und Rückseiten der Blätter in den Heften unabhängig voneinander zu beschriften, als ob er nicht wollte, daß die rechte Seite wußte, was die linke tat. Gelegentlich drehte er eines der Hefte auf den Kopf und begann, vom Ende her zu schreiben. Eines der Hefte enthält sechzehn Fassungen der Passage über die Bewegungen des Bewußtseins zwischen Schlaf und Wachzustand. Und manchmal schrieb er eine einzige Passage dreißigmal um.

Wenn er Gedanken festhielt, die zur Kennzeichnung von Figuren beitrugen, hatte er noch nicht festgelegt, welche Figur ihr Träger sein würde. Eine Notiz im zweiten Heft beginnt wie folgt: »Für Bloch oder Guercy oder jemand anderen«, und eine im vierten Heft: »Wichtig für Madame Guermantes oder für Albertine oder für

Saint-Loup.«[49] Bei den Skizzen zur Beschreibung eines rosafarbenen Satinkleides ist er noch nicht sicher, wer es tragen wird: »Wenn ich diesen Absatz nicht für Madame de Guermantes benutze, werde ich ihn für Madame Swann verwenden.«[50]

Seine Methode entsprach seinen Denkgewohnheiten. Da er so selten ausging und so lange bettlägerig war, hatte er zwar weniger Erlebnisse außer Haus als die meisten Menschen, aber er dachte intensiver über sie nach. Indem er Eindrücke immer wieder durcharbeitete, ständig über Sinnesempfindungen nachdachte und für sie nach Worten und Ausdrucksweisen suchte, ob er sie später nun benutzte oder nicht, bereitete er sich unaufhörlich auf die *Recherche* vor. Untilgbare, doch undeutlich gewordene Erinnerungen an Autofahrten, die die Baumwipfel am Himmel tanzen ließen, vermischten sich mit Erinnerungen an Kirchtürme, die sich zu immer neuen Anordnungen fügten, und jedesmal, wenn er darüber nachdachte, veränderte sich die Erinnerung ein wenig. Im Bett zu liegen und ein und dieselbe Passage immer wieder neu zu entwerfen, war gleichbedeutend damit, im Bett zu liegen und ein und dieselbe Erfahrung fortwährend zu wiederholen.

Allerdings stellte er jetzt eine dauerhafte Aufzeichnung her. Seine Arbeit an den Pastiches, besonders an dem über Flaubert, hatte ihn gelehrt, daß beim Schreiben nichts wichtiger ist als die Anordnung der Wörter. Sainte-Beuve hatte nicht zu erkennen vermocht, was in Flauberts Werk die bedeutsamste Neuerung war. »Da er sich so sehr mit seiner Syntax geplagt hat, hat er gerade in ihr seine Originalität für alle Zeiten untergebracht. Er ist ein Genie der Grammatik.« Flauberts Syntax gab der äußeren Erscheinung den Vorrang vor den dramatischen Konflikten des Willens. »Und die Revolution der Sichtweise, der Darstellung der Welt, die aus seiner Syntax hervorgeht – oder durch sie ausgedrückt wird – ist vielleicht ebenso groß wie diejenige Kants, die den Mittelpunkt der Welterkenntnis in die Seele verlegt. In seinen großen Sätzen existieren die Dinge nicht als Zubehör einer Geschichte, sondern in der Realität ihrer Erscheinung; sie sind im allgemeinen das Subjekt des Satzes, da die menschliche Figur nicht eingreift, sondern die Sichtweise erduldet: ›Ein Dorf erschien, Pappeln reihten sich aneinander‹ usw. Und selbst wenn das dargestellte Objekt menschlich ist, wird das, was von ihm erscheint – da es als Objekt erkannt wird –, als etwas Erscheinendes beschrieben und nicht als ein Produkt des Willens.« Diese Form, die Flaubert schon in *Madame Bovary* gefunden hatte, »ist vielleicht die neuartigste, die es in der ganzen Geschichte der französischen Literatur gibt.«[51]

Prousts Originalität baut auf der Originalität Flauberts auf und wird auf dieselbe Weise erlangt – durch die unendliche Bemühung um die Syntax. Darin liegt jedoch nicht der einzige Zusammenhang zwischen den Lemoine-Pastiches und dem Roman. Ein großer Teil der Dialoge in der *Recherche* ist ein Pastiche auf die Konversation seiner Freunde. Charlus spricht wie Montesquiou, und zu Madame Straus, die Proust nicht nur als Quelle für den »Esprit von Guermantes«, sondern auch als Vorbild für die Herzogin benutzt, schreibt er: »Nicht nur die zitierten Worte sind von ihr (sie wollte nicht, daß ich im Roman ihren Namen angebe), sondern ich habe auch ihre Art, Konversation zu machen, nachgeahmt [pastiché].«[52]

Freilich hatte er immer noch nicht genügend Selbstvertrauen und hielt seine Freunde für begabter als sich selbst. Ebendies trieb ihn dazu an, ihnen einen lesbaren Beweis dafür zu liefern, daß mehr in ihm steckte, als es den Anschein hatte. Je mehr er über das unbewußte Gedächtnis nachdachte, desto deutlicher zeigte sich, daß sein früheres Schreiben unzulänglich war, um die Einfälle auszudrücken, die er während der langen Zeitabschnitte intensiver Beobachtung hatte, etwa als er die Rosensträucher in Réveillon betrachtete. Wenn das unbewußte Gedächtnis die Oberhand gewann, konnte der Blick auf die Vergangenheit beinahe der Betrachtung eines Rosenstrauchs gleichkommen. Es war fast so, als könnte das Bewußtsein zugleich opak und durchsichtig sein. Sich seiner selbst als Sehender bewußt, aber konzentriert auf das, was er sah, konnte er sich mit dem Objekt in all seiner Komplexität identifizieren, konnte sich so erinnern, als ob er gerade erst wahrnehmen würde, und von einer Einzelheit des betrachteten Objekts zur anderen mit jener malerischen Leidenschaft überwechseln, die Ruskin in ihm gefördert hatte.

Er versuchte, Literaturkritik mit autobiographischer Fiktion zu verbinden: ein Vorzug besonders in solchen Passagen, die er – dem Intellekt mißtrauend und der unwillkürlichen Erinnerung vertrauend – in der Überzeugung verfaßte, in der Prosa lasse sich die wirkliche Bewegung seines Bewußtseins spiegeln. Er schreibt lange Sätze und schützt sich damit vor dem Stillstand des Gedankengangs, der

eher eine Wiederherstellung visueller Gedächtnisinhalte als verstandesmäßige Erkenntnis ist. Und da ein visuelles Detail das nächste
heraufbeschwört, zieht die Assoziation die Erzählung wie einen Bal-
lon in die Höhe und hebt wie im Traum die Grenzen von Zeit und
Raum auf. Während eines Gesprächs mit Mama lenkt der Sonnenschein auf den Straßen von Paris seinen Blick auf den mattgoldenen
Schimmer der eisernen Wetterfahne des gegenüberliegenden Hauses
und läßt ihn an Illiers denken – das er in der Fiktion bereits in Combray umbenannt hat –, wo vielleicht gerade zu dieser Stunde an dem
Tuchladen, der für die Zeit der Messe bald schließen wird, der Hitze
wegen die Markise heruntergelassen wurde, und dies läßt ihn an die
Eier- und Geflügelhändler auf dem Marktplatz denken, und dann
fliegen seine Gedanken zu dem Sonnenlicht, das den goldenen Engel
auf dem Campanile von San Marco in Venedig überstrahlt und
dann wieder zurück zur Markise des Tuchhändlers und zum Aus-
hängeschild des Barbiers in Combray.[53] Die rasche, unerklärliche
Bewegung wird den Leser vielleicht verwirren, doch er schrieb
hauptsächlich noch für sich selbst: Er hätte diese Passage niemals
veröffentlichen wollen, ohne sie viele Male überarbeitet zu haben.
Was wir vor uns haben, sind lediglich Bruchstücke eines Entwurfs.
Er überprüfte sein Erinnerungsvermögen und seine Technik, fand
heraus, wie reich sein Gedächtnis an Einzelheiten war, die sich evo-
zierend in mäandernden Sätzen unterbringen ließen, wenn er über
die erzählerische Chronologie hinaus sich einer Verbindung von
drei Zeitabschnitten näherte. Mehr als dreißig Jahre sind seit seinen
Schulferien in Combray vergangen, und neun Jahre ist es her seit
seinem Aufenthalt in Venedig, während das erinnernde Bewußtsein
in einer Gegenwart situiert ist, die beiden Vergangenheiten fern
liegt. Proust weist die statische Perspektive in der Zeit ebenso
zurück wie die im Raum. In diesem – eingeschränkten – Sinne läßt
sich sein Werk mit Einstein vergleichen.[54] Wie die Ansicht von
Kirchtürmen oder Bäumen, wenn man schnell an ihnen vorbeifährt,
hängt auch der Eindruck jedes beliebigen Ereignisses in der Vergangenheit von unserer gegenwärtigen Situation ab. Die Gegenwart hat
sich immer schon in Vergangenheit verwandelt, bevor man eine
Aussage über sie machen kann, und sei es für einen selbst, und die
französische Sprache ist besser ausgerüstet als das Englische, um mit
dieser Kluft zwischen Sinneseindruck und sprachlicher Formulie-

rung fertigzuwerden. Das Imperfekt, das zwar einen Eindruck reproduziert, hält fest, daß dieser bereits versank. Etwas, das geschah, geschieht nicht länger. »Mes yeux se fermaient si vite que je n'avais pas le temps de me dire: ›Je m'endors.‹«[55] Wir können entweder sagen: »My eyes used to close so fast I had no time to tell myself ›I'm going to sleep‹« oder: »My eyes closed«, aber nicht »My eyes were closing ...«, weil dies besagen würde, daß es nur einmal geschah. Nach dem Vorbild Flauberts[56] machte Proust vom Imperfekt einen so überreichen Gebrauch, daß jede englische Übersetzung mit der Schwierigkeit zu kämpfen hat, einen kontinuierlichen Zusammenhang in der Vergangenheitsform wiederzugeben.

Schon die frühesten Notizen gewinnen ihre Qualität zum Teil aus Prousts empfindsamer Annäherung an die Präzision der Überprüfung visueller Gedächtnisinhalte, als ob sie immer noch physisch zugänglich wären, wie alte Photographien. In einer Hinsicht benutzt er die visuellen Inhalte, um das Unbehagen zu erkunden, das er immer schon dabei empfunden hatte, zwischen zwei gesellschaftlichen Klassen hin- und hergerissen zu sein. Die Karriere seines der höheren Gesellschaft abgeneigten Vaters war am Ende zum Teil von gesellschaftlichen und beruflichen Verbindungen abhängig; ohne gegen den Vater bewußt konkurrieren zu wollen, hatte Proust bewiesen, daß er als gesellschaftlicher Aufsteiger glänzende Erfolge erzielen konnte, und so sehr er es auch genoß, Fürsten und Herzöge zu seinen Freunden zu zählen, so war er doch ständig unter Anspannung, und es traf ihn tief, als weder Loche noch Georges de Lauris ihn zu ihrer Hochzeit einluden. Seine Ambivalenz gegenüber bürgerlichen wie aristokratischen Salons spiegelt sich zuerst im Verhalten Swanns und dann im Verhalten des Erzählers. Swann gleicht Charles Haas darin, daß er der Sohn eines jüdischen Börsenhändlers ist und daß er trotzdem in den exklusivsten Salons willkommen geheißen wird. Im Gegensatz zu Haas läßt er seine Herzoginnen zugunsten des schlichten Salons von Madame Verdurin fallen, weil er dort die schöne Odette de Crécy treffen kann. Auch wenn Madame Verdurins Grobheit, Anmaßung und Unaufrichtigkeit satirisch dargestellt werden, lenken sie nicht von der Kraft des Kommentars ab: »[...] die geistigen Verdienste eines Salons und seine Eleganz [stehen im allgemeinen] eher im umgekehrten als im direkten Verhältnis zueinander [...].«[57]

Nachdem der Erzähler Swann als Hauptfigur ersetzt hat, wird die Erzählung mehr zu einem *Bildungsroman*, in dem die Unschuld und die Unwissenheit des empfindsamen Helden nach und nach Schaden nehmen. Die Einsicht, die Proust mit dem Tod der Mutter zuteil wurde, gewinnt der Erzähler der *Recherche* mit dem Tode der Großmutter. Davon überzeugt, ohne sie nicht leben zu können, sieht er, wie die Krankheiten des Alters ihre Erscheinung verwüsten, und als sie im Sterben lag, war es so, als ob eine Art von Tier, das ihr Haar angelegt zu haben schien, unter ihren Bettdecken lag.[58] Obwohl er sich nun dem Leben ohne seine wichtigste Beschützerin stellen muß, hat er seinen Glauben an die romantische Liebe oder an die in der Aristokratie verkörperte menschliche Größe noch nicht verloren. Hat Swann (im ersten Band) seinen gesellschaftlichen Erfolg erreicht, bevor wir ihn kennenlernen, so steigt der Erzähler in die Welt der oberen Zehntausend auf und sammelt allmählich Erkenntnisse über ihre Wertlosigkeit. Ungläubig darüber, zu einem Ball eingeladen zu sein, den der Prinz und die Prinzessin von Guermantes geben, findet sich der Erzähler hinter dem Herzog von Chatelleraut in der Schlange der Gäste, die darauf warten, vom Ausrufer vorgestellt zu werden. Der Herzog ist ein Homosexueller, der die Nacht zuvor mit dem Ausrufer verbracht hatte, doch erst jetzt findet er den Namen seines Geliebten heraus. Später wird auch vom Prinzen bekannt, daß er überwiegend homosexuell ist, und in der Schlußsequenz ist er so senil, daß man ihn beinahe nicht wiedererkennt. Der Erzähler wußte von Anfang an, daß der Prinz ein Antisemit und ein strikter Dreyfus-Gegner war, doch spielt dies im Unterschied zur Homosexualität und zum Alter bei seiner Herabsetzung keine Rolle. Die Erziehung des Erzählers verläuft über eine Reihe von desillusionierenden Erfahrungen, die Proust vorwiegend mit den Mitteln der Komik behandelt. Wenn die Komödie in den Passagen über Albertine am meisten zurücktritt, dann deshalb, weil sie bald nach dem Tod Agostinellis geschrieben wurden.

Im Frühsommer 1909 hatte Proust sich noch immer nicht für den Namen »Guermantes« entschieden, und im Mai bat er erneut Freunde um Rat. »Wissen Sie, ob der Name *Guermantes*, den es früher gegeben haben muß, damals schon in die Familie Pâris wies oder besser, um mich einer herkömmlichen Sprache zu bedienen, ob der

Name eines Grafen oder Marquis von Guermantes ein Titel von Verwandten der Pâris war und ob er völlig erloschen ist und von einem Literaten benutzt werden kann? Kennen Sie andere hübsche Namen von Schlössern und Leuten? Wie hieß Ihr Stammsitz?«[59] »Ich möchte nur Unbekannte ärgern, die nicht mit Leuten verwandt sind, die ich kenne, und ich bin nicht so unverschämt wie Balzac. [...] Ich möchte jedoch, daß das Schloß nicht der Familie gehört, deren Namen es trägt [...].« Georges vermutete, daß er sich mit einem Roman befasse, doch Proust leugnete: »Nein, Georges, ich schreibe keinen Roman, das ist zu lang, um es Ihnen zu erklären. [...] Es erweckt den Eindruck, als ob ich einen Roman schreiben würde. Erstens *mache* ich nichts. Ich *möchte* aber etwas machen.«[60]

Sein nächtlicher Tag fing immer später an: in der zweiten Märzhälfte wachte er um zwei Uhr morgens auf und frühstückte um drei Uhr, allerdings nur jeden zweiten Tag, so daß er achtundvierzig Stunden nacheinander nichts zu sich nahm.[61] Asthmaanfälle konnten nunmehr bis zu vierundfünfzig Stunden dauern.[62] Er ließ eine Reihe von Spezialisten kommen und entschied sich schließlich für Paul Dubois, den Schweizer Neurologen, den er schon 1904 auf Empfehlung Greghs hatte konsultieren wollen.[63] Proust schrieb, daß er kaum einmal im Monat aufstand.[64] Als er am 9. Mai aufstehen wollte, um Manets *Seerosen* in der Galerie Durand-Ruel anzusehen, bekam er einen Anfall, der ihn völlig lähmte.[65] Am Abend des gleichen Tages stand er noch einmal auf und versuchte erfolglos mit Reynaldo zu telephonieren.[66]

Am 18. Juni wollte er Montesquious Nachmittagsempfang besuchen und nahm um elf Uhr vormittags ein Bad. »Und dann war ich so krank wie noch nie. Welch ein Tag, welch eine Nacht!«[67] Er war immer isolierter und konnte nicht einmal mehr telephonisch mit seinen Freunden in Verbindung bleiben. »Ich kann selber nicht telephonieren, weil mir die Stimme und der Atem fehlt, aber ich würde anrufen lassen, wenn Sie mir sagen, daß es nicht stört.«[68] Mitte Juni stürzte er sich verzweifelt in die Arbeit. In dem langen Kampf, den er in seinen Notizheften zwischen Literaturkritik und Fiktion führte, gewann die Fiktion zwar eindeutig die Oberhand, aber wenn er das Buch in seinen Briefen an die Freunde erwähnte, nannte er es *Sainte-Beuve*: »Georges, ich bin so erschöpft, nachdem ich *Sainte-Beuve* angefangen habe (*ich bin mitten in der Arbeit*, die übrigens abscheu-

lich ist), daß ich nicht weiß, was ich Ihnen schreibe. Ich kann buchstäblich nicht schreiben.«[69]

Die Verzweiflung ließ alles schwierig, aber nichts unmöglich
erscheinen. »Georges, wenn ich Paris verlasse, dann wird es vielleicht mit einer Frau sein. Ist das sehr lächerlich!«[70] »Frau« ist vielleicht ein Euphemismus für »Mann«; vielleicht wollte Proust aber
auch den Gerüchten über seine Homosexualität entgegenwirken.
Schwer zu sehen, wie eine Beziehung hätte beginnen sollen, da er
doch so krank, so erschöpft und so beschäftigt war. Obwohl er die
Arbeit an dem Roman gerade begonnen hatte, ließ er sie Ende Juni in
der Hoffnung ruhen, Anfang Juli weiterschreiben zu können. Georges, der einen Roman geschrieben hatte – *Ginette Chatenay* –, wartete darauf, daß Proust ihn las. »Wenn es wichtig ist, zum Teufel mit
Sainte-Beuve.«[71]

Die zweite Ablenkung war das neuerwachte Interesse an der
Affäre Lemoine. Fünf Monate nach dem in Abwesenheit des
Schwindlers gefällten Urteil erschien er zwischen dem 16. Juni und
dem 5. Juli 1909 vor der zehnten Kammer des Strafgerichts. Proust
kündigte an, bis zum 2. Juli einige neue Parodien fertiggestellt zu
haben. Er arbeitete jedoch auch am Roman weiter. »Arbeiten, die
ich daneben noch angefangen habe, haben mich so krank gemacht,
daß es mir unmöglich war, meine Pastiches zu schreiben, und jetzt
sind sie zwar fertig, aber sie werden frühestens in zwei Wochen
erscheinen können.«[72] Seine Energie kam schubweise: Da er nicht
schlafen konnte, nutzte er den Wachzustand, um nicht nur am
Roman und die Pastiches, sondern auch Briefe zu schreiben. »Lieber
Robert, dieser Brief ist nicht angenehm. Aber wenn Du meinen Körper sehen könntest, während ich Dir schreibe, dann ist er [der Brief]
... mutig! Es sind nun über sechzig Stunden, seit ich, ich würde nicht
einmal sagen, nicht geschlafen, sondern meine Elektrizität nicht
ausgeschaltet habe.«[73] Er vollendete eine Parodie auf Ruskin, »La
bénédiction du sanglier«,[74] und entwarf Pastiches auf Maeterlinck
und Chateaubriand.[75] Während er über ihren Nutzen immer noch
unschlüssig war, langweilten die Pastiches ihn allmählich – und er
brachte dies in einer Parodie auf Taine zum Ausdruck:

> Erklärung von seiten H. Taines für die Gründe, weshalb Du
> mich langweilst, wenn Du mir etwas von Pastiches erzählst.
>
> ›Sie schlagen ein Buch auf und Ihr Blick fällt auf die erste

Seite: *Die Lemoine-Affäre von Balzac.* Gut, sagen Sie, das ist doch ein Schriftsteller, der die Stärke und Schwäche der anderen Schriftsteller kennt, der sich einen Scherz daraus macht, mit der allgemeinen Haltung dieselbe Gestikulation des Stils zu reproduzieren. Er weiß, daß nichts von dem außer Acht bleiben darf, was einen Typ erhellen oder über eine bestimmte Zeit Auskunft geben kann; er vernachlässigt keine einzige jener Eigentümlichkeiten der Syntax, die den Gang der Phantasie, die gängigen Bräuche, die übernommenen Vorstellungen, das ererbte Temperament und die Hauptfähigkeit verraten. Es ist dies eine gute Karikatur. Und das geht auch gut. Doch die Karikatur ermüdet rasch und Sie werden nicht gern müde. Sie blättern um und möchten zu ernsteren Dingen übergehen. Sie lesen die erste Zeile. *Die Lemoine-Affäre von Renan.* Guter Gott, denken Sie, das ist doch übertrieben. Sie schätzen zwar eine oder zwei Karikaturen im Vorraum, bevor Sie in die Bibliothek eintreten. Aber es ist langweilig, auf unabsehbare Zeit im Vorzimmer zu bleiben.‹

So kann das noch lange weitergehen! M. P.[76]

Da er an den Pastiches nicht so begeistert weiterschrieb wie an dem Roman, hatte er keines davon rechtzeitig für den *Figaro* fertig, der abgesehen von der Parodie auf Régnier seit fünfzehn Monaten nichts mehr von ihm veröffentlicht hatte. Von den neuen Pastiches sollte kein einziges zu Lebzeiten Prousts erscheinen.

Am meisten hatte ihm bei der Abfassung der früheren Pastiches die Möglichkeit gefallen, in einem einzigen Text so viele kritische und schöpferische Gedanken unterbringen zu können, doch inzwischen bereitete ihm der Roman, in dem sich kritische und kreative Elemente fruchtbarer verbinden ließen, eine tiefere Befriedigung. Nichts von dem, was in seinem Schlaf- oder Wachleben passierte, war ohne Belang. Träume, Erinnerungen und flüchtige Phantasievorstellungen ließen sich allesamt in dem Gewebe unterbringen, genauso wie eine gute Mahlzeit, zubereitet von Nicolas' Frau Céline, die es beneidenswert einfach fand, ihre Aufträge zu erledigen. »Ich sende Ihnen mein aufrichtiges Kompliment und meinen herzlichen Dank für den wunderbaren Bœuf mode. Ich möchte in dem, was ich diese Nacht tun werde, ebenso erfolgreich sein wie Sie; möchte, daß mein Stil ebenso glänzend, ebenso klar, ebenso fest wie ihr Fleischgelée sei – meine Ideen ebenso schmackhaft wie Ihre Karotten, ebenso bekömmlich und köstlich wie Ihr Rindfleisch. In der Hoffnung, mein eigenes Werk einst zu vollenden, gratuliere ich Ihnen zu dem Ihren.«[77]

Seinen Kampf gegen Sainte-Beuve, in dem er nachzuweisen versuchte, wie altmodisch die Auffassungen des Kritikers waren, focht er in der neuen Fiktion ebenso energisch aus wie zuvor in dem aufgegebenen kritischen Essay. Eingeschoben in Prousts Erzählung finden sich kritische Bemerkungen und allgemeine Aussagen:

> Doch selbst im Hinblick auf völlig unbedeutende Dinge des Lebens sind wir nicht ein materiell konstituiertes Ganzes, identisch für jeden, und von dem jeder nur Kenntnis zu nehmen braucht wie von einem Lastenheft oder einem Testament; unsere gesellschaftliche Personalität ist eine Schöpfung des Denkens der anderen. Selbst der so einfache Vorgang, den wir als ›jemanden sehen, den wir kennen‹ bezeichnen, ist zum Teil ein Akt des Verstandes. Wir statten die physische Erscheinung des Wesens, das wir sehen, mit allen Kenntnissen aus, die wir von ihm haben, und in dem Gesamtaspekt, den wir uns vorstellen, spielen diese Kenntnisse sicherlich die Hauptrolle. Sie füllen schließlich so vollkommen die Wangen aus, sie halten sich so eng an die Linie der Nase, sich vermischen sich so gut mit der Färbung der Stimme, als ob diese nur eine durchsichtige Hülle wäre, daß es jedesmal, wenn wir dieses Gesicht sehen und diese Stimme hören, eben jene Kenntnisse sind, die wir wiederfinden und die wir hören.[78]

An dieser Stelle befindet sich Proust im Epizentrum des Konflikts der Moderne mit dem neunzehnten Jahrhundert.

Gleichzeitig erleichterte ihm diese Beschäftigung mit der inneren Wirklichkeit das Schreiben über sich selbst, auch wenn es von außen den Anschein hat, er schreibe über ganz andere Menschen. Es besteht ein Zusammenhang zwischen der Einsicht des Schülers von 1888 über die »verschiedenen Herren, aus denen ich mich zusammensetze«, und Prousts Äußerung gegenüber Gide von 1921: »Alles können Sie erzählen, allerdings unter der einen Bedingung, niemals ›ich‹ zu sagen.«[79] Sein Zugang zur eigenen Geschichte ist in *Swann* noch indirekter als in den Bänden, die den Erzähler als Zentralfigur haben: Anfänglich benötigt Proust eine Maske, die undurchdringlicher ist als die später benutzte, denn Swanns Alter bleibt im allgemeinen so vage und seine Erscheinung so diffus, daß seine Glatze fast immer überraschend wirkt, wenn sie erwähnt wird – der erste Hinweis auf sein Toupet findet sich auf Seite 314 –,[80] doch indem Proust jemanden schildert, der sich körperlich von ihm so stark unterscheidet, fabriziert er eine *persona*, eine Theatermaske, durch die hindurch er gefahrlos von sich selbst sprechen konnte.

Die meiste Zeit seines Lebens hat Swann eine Ähnlichkeit mit Violante:[81] seine Eitelkeit hatte ihn »zu dieser mondänen Laufbahn hingeführt [...], in der er in frivolen Vergnügungen die Gaben seines Geistes verschwendet und seine Kunstgelehrsamkeit dazu verwendet hatte, die Damen der Gesellschaft beim Ankauf von Bildern und bei der Ausstattung ihrer Palais zu beraten [...].«[82] Proust hatte zwar viel Zeit für die Konversation mit Damen aus der Gesellschaft aufgebracht, doch gibt es hier auch einen Zusammenhang mit der Episode um Marie Benardaky. Sobald der Erzähler Gilberte sieht, wünscht er sich, in das Haus der Swanns eingeladen zu werden. Als der Botschafter Norpois ihm verspricht, mit Madame Swann darüber zu sprechen, hat er die niederdrückende Gewißheit, daß das Versprechen nicht eingehalten wird – Madame Swann wird von seiner Sehnsucht nichts erfahren. Viel später, nach seiner Entscheidung, Gilberte nicht mehr zu sehen, geht er regelmäßig zu ihrer Mutter und ist froh, sie besuchen zu dürfen, auch wenn sie, als ehemalige Mätresse, in der Gesellschaft eine fragwürdige Stellung einnimmt.

In *Jean Santeuil* hatte Proust die Erinnerungen an Marie Benardaky fast ohne jede Veränderung aufgenommen, doch als er Marie in Gilberte[83] verwandelte, veränderte er ihre gesellschaftliche Stellung. Die Benardakys standen über den Prousts, doch Gilberte stammt aus einer Ehe, die den Status des Mannes mindert und ihn am Aufstieg hindert. Wenn Proust Swanns Obsession in bezug auf Odette und die des Erzählers in bezug auf deren Tochter schildert, greift er auf eine reichhaltige Mischung früherer Ambivalenzen und Erfahrungen zurück, zu denen auch frühe Begegnungen mit Laure Hayman sowie die Erkenntnis gehörten, daß seine Eltern ihn daran zu hindern versucht hatten, die bezaubernden Mätressen seines Onkels Georges kennenzulernen. Der Erzähler und seine Eltern gingen Onkel Adolphe »nur an gewissen Tagen besuchen, [...] weil an anderen [Tagen] Frauen zu ihm kamen, die seine Familie – wenig-

stens von ihrem Standpunkt aus – nicht hätte treffen [dürfen]«.[84]
Und wenn Proust angesichts der Hingabe Swanns an Odette von
Verschwendung schrieb, dachte er wohl an seine eigenen Gefühle,
wenn er Männer aus dem Dienstpersonal zu Liebhabern nahm.

Daß er homosexuelle Liebesbeziehungen als Vorbild benutzte,
wird in der Beschreibung von Swanns Promiskuität deutlicher.
Obwohl Swann fraglos viele Affären hat, scheint die mit der Köchin
eines Bekannten nicht zu ihm zu passen;[85] Proust hingegen scheint
tatsächlich eine Menge von Affären mit Dienstboten gehabt zu
haben. Bemerkenswert ist, daß er so selten einen falschen Ton trifft,
wenn er homosexuelle Erfahrungen in heterosexuelle Fiktion übersetzt. Swanns besitzergreifende Eifersucht wirkt überzeugend. Er
haßt es, in so vielen Bereichen aus dem Leben Odettes ausgeschlossen zu sein, die Qual verstärkt seine Liebe zu ihr, und am Ende heiratet er sie unter anderem, um sie der Herzogin von Guermantes vorstellen zu können. Es gehört zur Ironie des Romans, daß es ihm nie
gelingt, Odette mit der Herzogin bekanntzumachen, die beiden
Frauen jedoch nach seinem Tod Freundinnen werden.

Weniger gesund als je, doch um so beschäftigter, steckte Proust in
seiner ersten Phase intensiver Arbeit der *Recherche*, als die Comtesse de Greffulhe sich an ihn wandte: Sie hatte es seinerzeit abgelehnt, daß er in seiner verschiedene Salons schildernden Artikelfolge
über sie schrieb, doch nun wollte sie, daß er über das Fest im Bagatelle berichtete, das die Société des Grandes Auditions de Musicales
France organisierte. Als er wegen Krankheit absagte, schickte sie
ihm nicht nur einen üppig mit Trauben behangenen Weinstock, sondern bot ihm auch an, ihn zu besuchen.[86] Niemand, nicht einmal
Montesquiou, hätte ihn mit der Anwesenheit in seinem Schlafzimmer mehr verstören können als sie, doch seine Ideen zum Romanschluß – er war nach dem Anfang direkt zum Entwurf des Schlusses
übergegangen – sind wohl durch die Freundlichkeit dieser einst fernen Schönheit beeinflußt worden, die zu einem seiner wichtigsten
Vorbilder für die Herzogin von Guermantes wurde.

Proust setzte sich selbst unter einen solchen Druck, daß er Anfang
August die Arbeit unterbrechen mußte, und dies steigerte seine Ver-
bitterung über »die unendliche Ohnmacht meines Lebens«. Seine
Temperatur lag regelmäßig über 39 Grad, »ohne jeden Grund«, und

die Asthmaanfälle dauerten bis drei Uhr morgens. Außerdem hatte er einen Schmerzen verursachenden Abszeß an einem hohlen Zahn, den der Zahnarzt im Juni nicht hatte behandeln wollen, weil sein Allgemeinzustand zu schlecht war. Da er wußte, daß er eine Luftveränderung brauchte, dachte er daran, nach Cabourg zu fahren, doch mehr noch beschäftigte ihn das Problem, einen Verleger zu finden.

Er wollte keine zweite Ablehnung von seiten des *Mercure de France* riskieren und hätte sich auch an Calmann-Lévy gewandt, wenn sein Buch »nicht obszön wäre. Doch das ist es, und deshalb geht das nicht.«[87] Was er damit meinte, erklärte er, als er das Buch Alfred Vallette anbot: »Ich beende ein Buch, das trotz seines vorläufigen Titels: *Contre Sainte-Beuve, Souvenir d'une matinée* ein echter Roman ist und an einigen Stellen ein äußerst unzüchtiger Roman. Eine der Hauptfiguren ist ein Homosexueller.«[88] Ohne diese unzüchtigen Stellen hätte er das Buch in zwei wöchentlichen Teilabdrucken im *Figaro* veröffentlichen können. »Doch das Weglassen der obszönen Stellen wäre mir äußerst unangenehm, und schließlich handelt es sich um ein Buch mit Ereignissen, mit den wechselseitigen Einwirkungen dieser Ereignisse aufeinander im Abstand von Jahren, und so etwas kann nur in großen Teilen erscheinen.« Er bat Vallette, ihm vom 1. oder 15. Oktober 1909 an im *Mercure* jeweils dreißig Seiten zu reservieren; Platz genug für 250 oder 300 Buchseiten. »Der Romanteil wäre damit publiziert.« Als er 1908 mit der Arbeit am Roman begann, wollte er die Kindheitserinnerungen des Erzählers an den Anfang stellen. Nun hatte er die Absicht, dem »Romanteil« ein langes Gespräch zwischen dem Erzähler und seiner Mutter über Sainte-Beuve anzuschließen. Der ganze Band sollte etwa so lang werden wie Régniers Buch *La Double Maîtresse*, das der *Mercure* im Jahre 1900 veröffentlicht hatte – 425 Seiten. Proust bot außerdem an, die Druckkosten zu übernehmen, falls Vallette das Buch veröffentlichen möchte; außerdem wollte er das Papier auswählen und die Werbung organisieren.[89] Vallette lehnte jedoch ab, und Proust, der wieder einmal eine abrupte Entscheidung traf – acht Stunden vor der Abreise war er noch nicht sicher, ob er fahren sollte –,[90] reiste zusammen mit Nicolas nach Cabourg ab.

In der Eisenbahn saß Proust zufälligerweise mit Camille Plantevignes im selben Abteil, und sie sprachen zwei Stunden lang miteinander.[91] Bei der Abreise aus Paris war Proust krank gewesen, und deshalb enttäuschte es ihn, daß die Seeluft in Cabourg ihm keine Besserung verschaffte. »[…] ich konnte dort nicht ein Tausendstel von dem tun, was ich noch vor einem Jahr tun konnte.«[92] Er befürchtete, daß die Krankheit wie schon 1907 seine Ferien vorzeitig beenden könnte.[93] Die Zimmer, die man ihm gab, hatten überall dunkle Flecken auf den Tapeten und waren so feucht, daß sich jedes Stück Papier bald weich anfühlte.[94] Da er von lauter Musik und lärmigen Hotelgästen gestört wurde, machte es ihm diesmal keine Freude, das Meer zu sehen, und außerdem hatte er oft Fieber. Wenn er zwischen halb zehn und zehn Uhr abends aufstand, konnte er ins Kasino gehen, ohne das Haus verlassen zu müssen. Zwei Wochen später war er noch nicht einmal an der frischen Luft gewesen.[95]

In einem Brief von Mitte August an Madame Straus schrieb er: »[…] denn ich habe unlängst ein ganz langes Buch begonnen – und es schon beendet. Leider hat die Abreise nach Cabourg meine Arbeit unterbrochen, aber ich werde mich wieder daran setzen. Vielleicht wird ein Teil als Feuilleton im *Figaro* erscheinen, aber nur ein Teil, denn es stößt zu sehr vor den Kopf und es ist zu lang, als daß man es ganz bringen könnte. Aber ich möchte damit zu Ende kommen, ans Ziel gelangen. Wenn alles geschrieben ist, wird noch vieles umzuarbeiten sein.«[96] Mit »beendet« meinte er, daß er zwar den Schlußteil, noch nicht aber den mittleren Teil geschrieben hatte. Wegen Vallettes Ablehnung deprimiert, fragte er sich, ob das Buch überhaupt jemals veröffentlicht werden würde; er versprach, es Georges vorzulesen, den er inzwischen als seinen engsten Freund betrachtete.[97] Außerdem erwartete er eine Reaktion von Madame Straus[98] und hatte vor, sie in Trouville zu besuchen, sobald er sich hinreichend gesund fühlte. Er lud Georges zu einem Aufenthalt im Hotel in Cabourg ein und versprach ihm, ein besseres Zimmer zu besorgen als dasjenige, das man ihm nach seinen Beschwerden über die Feuchtigkeit gegeben hatte. Obwohl er von der Qualität des Geschriebenen noch nicht überzeugt war, hatte er doch einen Rahmen für den Roman festgelegt, indem er den Anfang und das Ende schrieb. Zwar sollte das Werk sehr viel länger werden, als er im Augenblick vorhersah, doch von dem festgelegten Muster wich er nie mehr ab.

Die für den Romanschluß geschriebenen Fragmente sollten die Welt der Guermantes etwas weniger überirdisch darstellen, als sie nach außen hin aussah, und durch die Konzentration darauf, wie der

Lauf der Zeit jene Menschen prägte, die früher so vornehm und beneidenswert erschienen waren, zugleich die Eigenart der Zeit enthüllen. Nach langer Abwesenheit von Paris besucht der Erzähler einen Ball des Prinzen und der Prinzessin von Guermantes, der ihn an einen anderen Ball erinnert, den sie in seiner Jugendzeit gegeben hatten. Die Zeit ist ein Zauberer, und einer ihrer Tricks besteht darin, »eine Statue von Madame de Forcheville aus dem Körper ihrer Tochter hervorgehen zu lassen und diesen zu deformieren und ins Riesenhafte zu vergrößern«.[99] Beim Vergleich der aktuellen Erfahrung und mit den Erinnerungen an den früheren Ball erkennt der Erzähler mit einem Schwindelgefühl, wie viele Jahre vergangen sind.

> [...] plötzlich verspürte ich unter mir diese dreiundzwanzig Jahre, die sich hintereinander in der Tiefe verloren, bis sie unsichtbar wurden, und das alles war immer noch ich, von mir gelebt, was ich mit dreiundzwanzig Jahren Abstand gewahrte, war immer noch ich, schon sehr weit weg, und ich verspürte gleichsam eine Angst davor, nicht die Kraft zu haben, lange auf der Höhe eines solchen bereits verflossenen Lebens zu bleiben und daß ich unter mir, in ständiger Verbindung mit mir, einem Ich mit dem Gefühl meiner Kontinuität bis hinunter in jene Tiefe der dreiundzwanzig Jahre, eine vollständige Kontinuität des Lebendigen, des Gelebten aufrechterhalten mußte, die hinabstieg, sich versenkte und verlängerte bis zu einer Tiefe von dreiundzwanzig Jahren, nachdem ich aufgehört hatte, ein Halbwüchsiger zu sein und selbständig war, mir selbst gehörte.[100]

Als Proust später seine Intentionen erläuterte, schrieb er: »Sie wissen, daß es eine Geometrie der Fläche und eine Geometrie des Raumes gibt. Nun, für mich ist der Roman nicht nur die Psychologie der Fläche, sondern die Psychologie in der Zeit. Diese unsichtbare Substanz der Zeit habe ich zu isolieren versucht, aber dazu war es nötig, daß das Experiment von einer gewissen Dauer war. Ich hoffe, am Ende meines Buches wird das eine oder andere bedeutungslose gesellschaftliche Ereignis, eine Heirat zwischen zwei Personen, die im ersten Band klar unterschiedenen Welten angehörten, veranschaulichen, daß Zeit vergangen ist, und die Schönheit mancher patinierter Bleie in Versailles annehmen, denen die Zeit ein smaragdenes Kleid übergezogen hat.«[101]

Er wohnte inzwischen im obersten Stockwerk des Hotels, mit Ausblick auf einen kleinen Innenhof. »Mein Zimmer ist zwar klein und läßt sich schlecht lüften, doch ich habe es genommen, weil es einen Kamin hat, Nicolas hingegen hat ein herrliches Zimmer mit Bad, weswegen ich auf ihn angewiesen bin.«[102] Der andere Freund neben Georges, den Proust vermißte, war Reynaldo. Als Proust eines Abends allein in dem riesigen Speisesaal aß, »fragte er das Zigeunerorchester, ob sie etwas von Reynaldo Hahn spielen könnten, und als sie daraufhin sofort mit Reynaldos *Rêverie* aufwarteten, löste er sich in Tränen auf; die zwanzig müßig herumstehenden Kellner setzten betrübte Mienen auf, und der Oberkellner stürzte davon, um ein Glas Wasser zu holen.«[103]

Calmette hielt sich zu der Zeit in der Gegend um Cabourg auf, und als er von dem Roman hörte, bot er an, ihn in der Literaturbeilage des *Figaro* in Fortsetzungen abzudrucken. Proust zögerte. Da er sich ungeduldig wünschte, seinem Leben durch die Verwirklichung des Buches einen neuen Wert zu geben, hätte er es gerne sofort gedruckt und von seinen Freunden gelesen gesehen. Wie er sich andererseits vor dem Gespräch mit Calmette überlegt hatte, würde eine Veröffentlichung im *Figaro* die Streichung von Stellen erfordern, die man als »obszön« einstufen könnte. Jedenfalls sollte der Text doch zuerst in Buchform erscheinen. Abgesehen davon könnte Beaunier, der einen kritischen Essay über Sainte-Beuve schreiben wollte, auf den Gedanken kommen, Proust bewege sich auf einem Gelände, das er selber besetzen wollte. Doch auch als Proust Bedenken erhob, wußte er, daß er seine Meinung vielleicht ändern würde.[104]

Ende August zog er wieder in ein anderes Zimmer, hatte aber wieder Pech, denn das Zimmer war feucht und es gab zu beiden Seiten laute Nachbarn. Er hätte lieber eine Suite ohne Nachbarn gehabt, ausgenommen Nicolas und Ulrich, den er als Sekretär hatte kommen lassen.[105] Gegen Ende September brauchte Proust immer noch einen ungestörten Monat, um *Sainte-Beuve* abzuschließen, doch waren in den Wänden Risse aufgetreten, die repariert werden mußten. Der Gedanke, nach Paris zurückkehren zu müssen, beunruhigte ihn: Die Zentralheizung, der Zahnarzt und die Aussicht auf schwere Asthmaanfälle schreckten ihn ab. »Ich habe Angst. Ich spüre, wie mein Kalvarienberg vom letzten Winter noch höher geworden ist.

Wie soll ich so leben, ohne arbeiten zu können, ohne jemanden zu sehen, ohne essen und atmen zu können. Und ich bin einfach zu müde, um neue Orte auszuprobieren, wenn man mich hier nicht behalten kann, ich weiß nicht, was ich denken soll.«[106] Es wurde ihm jedoch erneut verwehrt, nach Saisonende im Hotel zu bleiben, und da er keine Lust auf einen weiteren Hotelaufenthalt in Versailles hatte, kehrte er Ende September oder Anfang Oktober in seine Pariser Wohnung zurück.[107]

20. Mechanismus der Freundschaft

War früher die Korrespondenz ein Ersatz für persönliche Beziehungen gewesen, so hatte nun der Roman diese Funktion übernommen. Das Nachdenken über diese Beziehungen war von ihrer Verwendung als Modell nicht mehr zu trennen. »Mein einsames Leben hat es mir erlaubt, durch Nachdenken diejenigen wieder zu erschaffen, die ich liebte, und ich habe stets einen lieben Antoine bei mir, wie in den Tagen, als er so gut zu mir war.«[1]

Fénelon war zum Vorbild für eine Figur geworden – Saint-Loup –, die nach Balbec kommt, um ihre Tante zu besuchen: Comtesse de Marsantes. Obwohl Saint-Loup stattlich und auffallend elegant ist, wirkt er zunächst kalt und arrogant. Sobald er sich mit dem Erzähler angefreundet hat, erweckt er jedoch einen ganz anderen Eindruck. Wie Fénelon verachtet er die vom gesellschaftlichen Rang abhängenden Privilegien und stellt sich auf die Seite der Dreyfus-Anhänger. Die nachsichtige Behandlung seiner Mätresse Rahel geht auf Albu zurück, dessen warmherzige Großzügigkeit er mit Fénelons nachdenklicher Fürsorglichkeit vereint. Mit der ihm eigenen Verbindung von körperlicher Anmut und der Offenheit von Geist und Herz wird Saint-Loup als typisch französisch beschrieben. Sein Äußeres wirkt anziehend; seine Nasenflügel sind so zart gezeichnet wie Schmetterlingsflügel.

Als Fénelon wie vorgesehen nach Paris zurückkehrte, wollte Proust ihn natürlich sehen, doch da er nun Saint-Loup ins Leben gerufen hatte, schwand sein Bedürfnis nach persönlichem Kontakt. Fénelon war jetzt weniger wichtig als Georges de Lauris, dem mitgeteilt wurde: »Und wenn er auf Ihre Freundschaft zu mir einen

ebenso schlechten Einfluß hätte wie Sie einst auf die seine für mich,
dann würde ich gegen ihn dasselbe Ressentiment empfinden, wie ich
es einst Ihnen gegenüber hatte.« Georges war aus einem besonderen
Grund wichtig: Proust erwartete ungeduldig seine Reaktion auf das
bisher Geschriebene. »[...] während ich mich ein wenig von der
Rückkehr erhole, werde ich für Sie anhand der groben Skizzen den
ersten Absatz des ersten Kapitels von *Sainte-Beuve* abschreiben lassen (dieser erste Absatz ist fast schon ein Band!) und könnten Sie
dann, sobald dies kopiert sein wird, mir einen Abend schenken und
es bei mir vorlesen? Auch wenn ich selbst kaum sprechen kann, so
wird doch das, was ich geschrieben habe, zu Ihnen sprechen.
Zumindest wünschte ich es.«[2]

Seinen anderen Freunden sollte der Text zwar noch nicht zugänglich gemacht werden, doch abgesehen davon, daß dieser Text ihre
Gegenwart evozierte, bot er Proust auch die Möglichkeit, sich mit
all dem zu befassen, was ihm an ihnen mißfiel. Nachdem Proust
sechzehn Jahre lang alle Vorbehalte gegenüber Montesquiou unterdrückt hatte, konnte er sie nun zumindest zum Ausdruck bringen,
indem er Montesquiou in den Baron de Charlus verwandelte. Wahr-
heitsgetreu, doch ohne jedes Risiko, verstanden zu werden, sagt ihm
Proust: »[...] da meine Bewunderung für Sie und meine Freundschaft zu Ihnen sich verzehren, weil sie kaum zum Ausdruck kommen, wollte ich Ihnen, da ich so sehr an Sie denke, Ihre Sachen neu
lese und mir Ihre Aussprüche und Ihre Gesten wieder in Erinnerung
rufe, diese paar Zeilen senden [...].«[3]

Er dachte auch über die andere Funktion des Romans nach: als
die eines Rades in der Maschinerie der Freundschaft. Bei emotionalen Auseinandersetzungen und Transaktionen mit Freunden hatte
er immer Gefallen an der Intrige gefunden und sich sein eigenes
Leben wie einen Roman zurechtgelegt. Da er nun in noch größerer
Isolation lebte, gefiel ihm die einseitige Kontrolle über einen ausge-
tüftelten Mechanismus, der unangreifbar in seine Beziehungen ein-
gebaut war. Er konnte Wertschätzung oder Unmut in Porträts von
Freunden und Bekannten zum Ausdruck bringen, die sich selbst
vielleicht wiedererkannten oder auch nicht; er konnte Freunde und
andere Leser damit reizen, daß er eine bestimmte Seite eines Charakters offenlegte, der sich später als völlig anders erweisen sollte.
»Der kleine Saint-Loup, den Sie so nett finden, wird Sie noch

erschaudern lassen.«[4] Hinter dieser Lust, Freunde zu überraschen und eine Variation über Ruskins Idee des geheimen Plans zu konstruieren, der erst am Ende aufgedeckt wird, lauerte etwas noch Dunkleres – eine schwache Ahnung dessen, wie seine Mutter erschauert wäre, wenn sie die Wahrheit über den kleinen Marcel entdeckt hätte. Seine überreiche Erfahrung des Sichverstellens[5] war eine ausgezeichnete Vorbereitung für die Niederschrift eines Romans, in dem die Hauptfiguren sich im Vergleich zu dem, was sie anfänglich zu sein scheinen, als etwas völlig anderes entpuppen.

Die Erinnerung daran, seine Mutter getäuscht zu haben, kommt wieder in seiner Behandlung der lesbischen Liebe zum Ausdruck, die seiner Homosexualität entspricht. Hinter den Reaktionen des Komponisten Vinteuil auf die lesbischen Beziehungen seiner Tochter verbergen sich Spekulationen darüber, ob Madame Proust ihre Liebe zurückgezogen hätte, wenn sie die Wahrheit über ihren Sohn entdeckt hätte. »Die Tatsachen dringen in den Bezirk nicht ein, in dem unser Glaube wohnt, sie haben ihn weder erzeugt, noch zerstören sie ihn; sie können ihn unaufhörlich widerlegen, ohne ihn abzuschwächen, und eine Lawine von pausenlos aufeinanderfolgenden Unglücks- und Krankheitsfällen in einer Familie läßt in dieser selbst keinen Zweifel an der Güte Gottes oder der Vortrefflichkeit ihres Arztes aufkommen. Wenn aber Vinteuil seine Tochter und sich selbst mit den Augen der anderen betrachtete, wenn er sich vorstellte, welchen Ruf sie genossen und welchen Platz sie in der allgemeinen Achtung annahmen, dann urteilte er vom gesellschaftlichen Standpunkt aus genau in der Weise, wie es jeder Einwohner von Combray, ja sogar ein persönlicher Feind von ihm getan hätte: er sah sich mit seiner Tochter tief gesunken [...].«[6] Im allgemeinen werden in Prousts Roman nur die unattraktiven Aspekte der homosexuellen Liebe dargestellt, wie André Gide bemerkte, und die lesbische Liebe wird stets mit noch größerer Mißbilligung betrachtet als die männliche Homosexualität. Wenn Odette »zwei oder drei« Erlebnisse lesbischer Liebe gegenüber Swann eingesteht, so lesen wir, daß »er sich selbst in seinen Stunden des ärgsten Mißtrauens mit der Phantasie niemals so weit [wörtl.: in das Böse] vorgewagt hatte«.[7] Die beiden schmutzigsten und sadistischsten Szenen im Roman sind jene, wo der Erzähler Mademoiselle Vinteuil beobachtet, wie sie ihre Freundin dazu anspornt, auf die Photographie ihres

Vaters zu spucken, und die andere, in der Baron de Charlus sich im
Männerbordell auspeitschen läßt. Die Männer, die sich als bi- oder
homosexuell erweisen, nachdem sie zunächst als Heterosexuelle
auftraten – Saint-Loup, Charlus, Morel, Legrandin, der Prinz von
Guermantes und viele andere –, finden alle eine weniger sympathi-
sche Darstellung als am Anfang, während die »Invertierten« generell als eine »Rasse, auf der ein Fluch lastet«,[8] behandelt werden.
Abgesehen von der Kindheitsromanze mit Gilberte gehen fast alle
glücklicheren Augenblicke der Sexualität auf homosexuelle Erlebnisse zurück und werden in die Sprache der Heterosexualität übersetzt, während fast alle homosexuellen Episoden mit einen Hauch
von Verdammnis ausgestattet sind.[9] Die unerquicklichste Beziehung im Roman ist diejenige zwischen Charlus und Morel. Es überrascht nicht, daß die meisten Leser gar nicht auf die Vermutung
kamen, daß Proust homosexuell war.

Natürlich wollte er nicht, daß sie dies vermuteten, und darin liegt
einer der Gründe, weshalb er in seiner Schilderung der homosexuellen Liebe so negativ war. Die Gewohnheit der Verstellung war zwar
tief in ihm verankert, doch wollte er auch, daß die Freunde mehr
über ihn wissen sollten, als sie tatsächlich wußten. Er vertraute
Anna de Noailles seinen Wunsch an, »recht viel von mir in eine
Sache hineinzulegen, damit Sie mich ein wenig kennenlernen und
beurteilen können«. Obwohl er sie wiedersehen wollte – oder
dies zumindest sagte –, war es dringlicher, das Buch zu beenden:
»[Ich will] nicht die kleinste Anstrengung wagen, die, bei meinem
so schwierigen Gesundheitszustande, große Gefahren für mich
birgt.«[10] Er werde »unter einer Glasglocke leben«, bis das Buch fertig sei.[11] Dann versprach er: Jedenfalls will ich mich, »bevor ich
diese Erde verlasse, der Aufgabe widmen, einige der ›Gefährten, die
die größte Freude meines Lebens auf Erden geschenkt haben‹ wiederzusehen (denn ich fürchte, in der anderen Welt ist es unmöglich,
›ihnen wieder in die Augen zu sehen und die Hände zu drücken‹)«.[12]

Die ungeduldige Erwartung, daß andere seine Arbeit lesen sollten, besiegte schließlich seinen Widerstand gegen den Abdruck in
Fortsetzungen. Calmette, der den Roman gerne veröffentlichen
wollte, bot an, von der üblichen Praxis abzuweichen: Er würde die
Fortsetzungen jeweils drucken, sobald Proust sie ablieferte – auch
nachdem das fertige Buch ausgeliefert sei. Nachdem Calmette die

Nachricht bekommen hatte, er werde den ersten Teil wahrscheinlich im November erhalten, versprach Calmette, ihn innerhalb einer Woche drucken zu lassen.[13]

Trotz eines gesundheitlichen Rückschlags im November, als die Zentralheizung eingeschaltet wurde, machte Proust rasche Fortschritte. Der Heizkörper in der Nähe seines Bettes hatte bei ihm Anfälle von Orthopnoe, einer schweren Atemnot, bei der das Atmen nur noch im aufrechten Sitzen oder im Stehen möglich ist, ausgelöst.[14] Der Roman wuchs unterdessen so schnell an, daß Proust Mitte November glaubte, er werde schließlich drei Bände umfassen.[15]

Es ging ihm zwar nicht so gut, daß er jeden Tag hätte arbeiten können, doch der Umstand, daß seine Anstrengungen auf das Verfassen von Fiktion – die Validierung der Phantasie – gerichtet waren, ließ bei ihm den Wunsch wieder aufleben, mit einem Partner zusammenzuleben, auch wenn ihm halbwegs bewußt war, wie unrealistisch dies war. Er bat Georges um Rat: »Ein entzückendes Mädchen zu bewegen, mein schreckliches Leben zu teilen, auch wenn sie davor nicht zurückschreckt, wäre das nicht ein Verbrechen?«[16] Wenn er wirklich an ein Mädchen dachte, so handelte es sich vermutlich um Estie oder Anita Nahmias; es kann aber auch ihr dreiundzwanzigjähriger Bruder Albert gewesen sein: er war gutaussehend und gefühlvoll, hatte jedoch wenig Selbstvertrauen und er war schüchtern. Ihr Vater, ein Finanzier, besaß ein Haus in Cabourg; Proust hatte sie über seinen Bekannten Constantin Ullmann kennengelernt. Proust unternahm alles, um Albert davon abzuhalten, sein künftiges Glück dadurch zu zerstören, daß er mit dem Mädchen, das er heiraten wollte, schon vor der Ehe zusammenlebte.[17] Alexander Bibesco zufolge dienten sowohl Albert als auch seine Schwestern als Modelle für Albertine. »Als man Nahmias fragte, ob er selbst ein Vorbild für Albertine gewesen sei, antwortete er: ›Wir waren mehrere.‹«[18]

Es war typisch für Proust, daß er die Frage an Georges de Lauris wegen des entzückenden Mädchens in Klammern setzte: Der Hauptzweck des Satzes war nämlich der, einen Theaterbesuch zu organisieren.[19] Proust hatte dafür den Samstagabend, den 27. November 1909, vorgesehen. Freilich konnten alle seine Pläne hinfällig werden, wenn er in letzter Minute einen Anfall bekam. In Cabourg war er allerdings jeden Tag aufgestanden, wenn auch erst

abends. Weil er Marcel Plantevignes und auch einige andere junge
Männer, die er in Cabourg kennengelernt hatte, wiedersehen wollte,
darunter auch Pierre Parent[20] – kein »Salaismus« im Spiel, wie er
versicherte –, lud er sie zusammen mit anderen Freunden ins Theater ein: Georges de Lauris, Reynaldo Hahn, Louisa de Mornand,
Emmanuel Bibesco, Fénelon, François de Paris, Loche Radziwill
und Christiane.[21]

Er arbeitete regelmäßig und rasch. Inzwischen hatte er ungefähr
zweihundert Seiten verfaßt – den Teil mit dem Titel »Combray«.
Mehr als bei jedem früheren Text profitierte er von dem Training,
das er sich selbst auferlegt hatte, indem er visuelle Einzelheiten dem
Gedächtnis einprägte. Was er früher gemacht hatte, wenn er einen
Rosenstrauch oder eine Landschaft betrachtete, läßt er nun seinen
Erzähler bewerkstelligen, wenn dieser den Weißdorn anschaut: In
der Annahme, daß an dem komplizierten Muster Naturgesetze
beteiligt sind, bemüht er sich, das ihnen zugrundeliegende Geheimnis zu lösen und gleichzeitig – als Teil derselben Bemühung – die
visuellen Einzelheiten in seinem Geist festzuhalten.

> Ich mochte mich indessen noch so lange vor dem Weißdorn
> aufhalten, ihn riechen, in meinen Gedanken, die nichts damit
> anzufangen wußten, seinen unsichtbaren, unveränderlichen
> Duft mir vorstellen, ihn verlieren und wiederfinden, mich
> eins fühlen mit dem Rhythmus, in dem sich seine Blüten in
> jugendlicher Munterkeit und in Abständen, die so unerwartet
> waren wie gewisse musikalische Intervalle, hierhin und dort-
> hin wendeten; sie entfalteten für mich immer nur den gleichen
> Reiz in unerschöpflicher Fülle, aber ohne daß ich tiefer in ihn
> einzudringen vermochte, so wie es gewisse Melodien gibt, die
> man hundertmal hintereinander spielt, ohne in der Entdek-
> kung ihres Geheimnisses einen Fortschritt zu machen. [...]
> Dann kehrte ich zu dem Weißdorn zurück, wie zu einem
> Kunstwerk, von dem man meint, man könne es besser be-
> trachten, wenn man es einen Augenblick inzwischen nicht
> angesehen hat; doch es nützte nichts, daß ich meinen Blick
> mit den Händen abschirmte, um nichts weiter zu sehen: das
> Gefühl, das er in mir weckte, blieb dunkel und unbestimmt,
> versuchte vergebens, sich loszulösen und die Verbindung mit
> den Blüten einzugehen.[22]

Er nimmt stillschweigend an, daß er etwas in sich birgt, das zwar zu dem Betrachteten gehört, von ihm jedoch abgetrennt wurde, den Liebenden in Platons *Gastmahl* gleich, die zwei Hälften eines Selbst sind und darum kämpfen, ihre Körper wieder zu vereinigen. Ruskin hatte Prousts Glauben an die Einheit der Natur zwar noch bekräftigt, doch die Gewohnheit der liebevollen Beobachtung war bereits ausgebildet gewesen. Manches in der *Recherche* verdankt seine Lebendigkeit Prousts Genialität bei der Wiedergabe visueller Einzelheiten, die er wohl vergessen hätte, wenn er in den Augenblicken der Betrachtung weniger aufmerksam und weniger diszipliniert gewesen wäre. Trotz – oder gerade wegen – seiner Lebensweise eines Kranken hatte er nach wie vor kräftigen Appetit auf die visuellen Freuden, die in der Speisekammer seines Gedächtnisses gelagert waren.

Er projiziert sein Selbst als Kranker auf Tante Léonie. Sie ist geformt nach dem Modell seiner Tante Elisabeth, die das von ihm befolgte Muster festgelegt hatte: sich immer mehr von der Außenwelt abzukapseln, immer weniger Besucher zu empfangen, immer mehr Zeit im Bett zu verbringen, immer weniger hypochondrisch zu sein und immer mehr richtig krank zu werden.[23] War es ihm zuvor nicht bewußt, wie weit er dieses Muster wiederholte, so mußte er es wohl entdeckt haben, als er sich immer mehr mit der Figur verschmelzen ließ:

> Was für sie schon begonnen hatte – nur früher als üblich –, war der große Verzicht des Alters, das sich zum Sterben rüstet, sich sozusagen verpuppt; bei langen Lebensläufen kann man selbst zwischen einstigen Liebenden, die leidenschaftlich einander zugetan waren, unter Freunden, die durch die stärksten geistigen Bande geeint waren, feststellen, daß sie von einem gewissen Jahr an die Reise oder den Ausgang nicht mehr unternehmen, die notwendig wären, um sich zu sehen, daß sie aufhören, sich zu schreiben, und wissen, daß in dieser Welt die Verbindung zwischen ihnen aufgehört hat. [...] doch diese endgültige Zurückgezogenheit fiel ihr wahrscheinlich ziemlich leicht, aus dem gleichen Grund, der sie in unseren Augen eher schmerzlich hätte erscheinen lassen: nämlich daß diese Zurückgezogenheit ihr durch die Verminderung ihrer Kräfte, die sie täglich feststellen mußte, gebieterisch auferlegt wurde, da allmählich jede Tätigkeit, jede Bewegung für sie

von Ermüdung, ja Schmerzen begleitet waren, wohingegen
Untätigkeit, Einsamkeit und Schweigen für sie die tröstliche,
gesegnete Süße der Ruhe hatten.[24]

Für ihre Charakterisierung paraphrasiert er Briefe, in denen er
Freunden seinen eigenen Zustand geschildert hatte.

Möglicherweise unter dem Eindruck von Monets Wasserpflan-
zen vergleicht er an einer späteren Stelle die neurasthenischen
Gewohnheiten des Hypochonders mit den Bewegungen der Seerosen auf der Vivonne:

> Bald gerät der Lauf der Vivonne durch Wasserpflanzen ins
> Stocken. Erst tauchten nur vereinzelte auf, wie jene Seerose,
> der die Strömung, in der sie auf eine höchst unglückliche
> Weise ihren Standort gewählt hatte, so wenig Ruhe ließ, daß
> sie wie eine mechanisch betriebene Fähre an das eine Ufer nur
> anstieß, um gleich darauf an das eben verlassene wieder
> zurückzukehren, und endlos diese doppelte Überfahrt voll-
> zog. Wenn sie nahe ans Ufer geriet, dehnte, streckte und
> spannte sich ihr Stiel bis zu seiner äußersten Grenze, bis zum
> Rand aus, wo ihn die Strömung von neuem erfaßte, das grüne
> Tauwerk sich zusammenzog und die arme Pflanze bis zu dem
> zurückführte, was man mit um so größerem Recht als ihren
> Ausgangspunkt bezeichnen kann, als sie dort keine Sekunde
> verharrte, sondern sofort wieder zur Wiederholung des glei-
> chen Manövers aufbrach. Ich fand sie von einem Spaziergang
> zum anderen wieder vor, immer in gleicher Lage, so daß ich
> an gewisse Neurastheniker denken mußte – zu denen mein
> Großvater auch meine Tante Léonie rechnete –, die uns durch
> Jahre hindurch immer das gleiche Schauspiel ihrer bizarren
> Gewohnheiten gewähren, von denen sie stets annehmen, daß
> sie sie in kürzester Zeit wieder aufgeben werden, und die sie
> stets beibehalten; einmal vom Räderwerk ihres Mißbehagens
> und ihrer Schrullen erfaßt, machen sie unnütze Anstrengun-
> gen, um sie abzulegen, und sichern dadurch nur um so zu-
> verlässiger das Funktionieren, das Auslösungssystem ihrer
> seltsamen, unausweichlichen und verhängnisvollen Lebens-
> weise.[25]

Zumindest vermochte er die komische Seite seiner eigenen miß-
lichen Lage zu erkennen, und vielleicht hegte er sogar die Hoffnung,

daß eine so präzise Formulierung ihm helfen könnte, sich daraus zu befreien.

Die Lebensweise des Kranken benutzt er auch als Bild für den Verzicht auf die Kontrolle über das eigene Leben: Man begibt sich in die Hände anderer, die kompetenter und kundiger erscheinen. Aber sind sie es wirklich? Ihm geht es um die Bedeutung der Treue zum eigenen Urteil. Sainte-Beuve wird verurteilt, weil er sich auf herkömmliches Wissen, auf die gesellschaftliche Personalität, auf das Klischee stützt; der originelle Künstler wird gelobt, weil er die Kruste des allgemeinen Einverständnisses durchbricht und die Stereotypen zurückweist, die die Öffentlichkeit sich angeeignet hat.[26]

Nicht weniger wichtig und für Prousts Denkweise elementar war eine andere Art der Zurückweisung. Da er sich selbst »aus verschiedenen Herren bestehen« sah, konnte er einige von ihnen mögen, andere nicht. In einem Aufsatz von 1896 über die Abwehr-Neuropsychosen begann Freud seine Untersuchungen darüber, wie Paranoiker – und nicht nur diese – mit unlustvollen Erlebnissen fertigwerden: Sie projizieren unerträgliche Gedanken nach außen. Erlebnisse und Gedanken können auf Wünsche, Gefühle oder Gefühlsqualitäten zurückgehen; weil der Neurotiker sich weigert, diese als innerlich anzuerkennen, schiebt er sie von sich weg, indem er sie in anderen Menschen lokalisiert. Der Romanschriftsteller kann einen parallelen Vorgang nutzen, indem er sie auf erfundene Charaktere projiziert.

Von den »Herren«, die zusammengenommen Proust ausmachen, scheint er den Juden und den Homosexuellen am wenigsten geschätzt zu haben. Proust, eitel auf seine äußere Erscheinung bedacht, hatte Jean Santeuil darauf stolz sein lassen, ebenso »nachdenklich und schön« zu sein wie der junge Herzog von Richmond auf dem Gemälde Van Dycks. Prousts ansehnliche, dunkle Erscheinung war jedoch ohne Zweifel ein Erbstück von der jüdischen Seite seiner Vorfahren her; er zeigt sich indessen nirgendwo stolz darauf, Halbjude zu sein. Die Dreyfus-Affäre hatte der positiven Seite seines jüdischen Selbstbewußtseins nur kurzzeitig Auftrieb gegeben. Wenn der Erzähler jüdische Schulfreunde nach Hause bringt, summt sein Großvater mißbilligend »O Dieu de nos Pères« aus *La Juive* vor sich hin,[27] und der Erzähler sagt über Swann: »Man wird vielleicht einwenden, daß die Schlichtheit des eleganten Swann nur eine raffi-

nierte Form von Eitelkeit bei ihm gewesen sei und daß, wie es
manchmal bei Juden der Fall ist, der ehemalige Freund meiner
Eltern abwechselnd die verschiedenen Stadien aufgewiesen haben
mochte, die die Angehörigen seiner Rasse durchlaufen hatten, vom
naivsten Snobismus und von gröbster Flegelei bis hin zur erlesensten
Höflichkeit.«[28] Zwei der unsympathischsten Charaktere im Roman, Bloch und Rahel, sind Juden, und obwohl Bloch wegen seines
demonstrativen Antisemitismus lächerlich gemacht wird,[29] scheint
Proust den Antisemitismus, den Albertine und Charlus an den Tag
legen, wenn sie Bloch und dessen Familie verunglimpfen, nur halb-
herzig zu verurteilen.[30]

Manche der attraktiven Adligen, die zunächst in einem freundlichen Licht als Heterosexuelle präsentiert werden, erweisen sich
später als homosexuell und als weniger bewundernswert. An einer
Stelle werden Juden mit Homosexuellen verglichen: Die Angehörigen beider Minderheiten gehen einander aus dem Weg und suchen
die Gesellschaft von Menschen, die nicht ihresgleichen sind, »deren
rauhe Ablehnung sie aber zu verzeihen bereit sind und an deren Entgegenkommen sie sich förmlich berauschen«.[31] Implizit, und zuweilen auch explizit, bringt Proust seine Verachtung gegenüber Juden
zum Ausdruck, die Juden verurteilen, sowie angesichts von Homosexuellen, die gegenüber der Homosexualität Abscheu bekunden; er
selbst ist indessen nahe daran, beide Sünden zu begehen.

Insgesamt war Prousts Homosexualität für den Roman jedoch
von Vorteil. Wie Freud nahm auch er an, daß es so etwas wie Nor-
malität, wie einen eindeutigen Unterschied zwischen Heterosexualität und den Abweichungen davon nicht gibt. »Bei keinem Gesunden
dürfte irgendein pervers zu nennender Zusatz zum normalen Sexu-
alziel fehlen, und diese Allgemeinheit genügt für sich allein, um die
Unzweckmäßigkeit einer vorwurfsvollen Verwendung des Namens
Perversion darzutun.«[32] Proust schrieb: »Nun aber gleichen Verirrungen [aberrations] gewissen Formen der Liebe, bei denen der
Makel der Krankhaftigkeit alles überdeckt, alles angesteckt hat.«[33]
Als Asthmatiker neigte er dazu, die Liebe als eine unheilbare Krankheit zu betrachten, deren Symptome einer genauen Untersuchung
bedürfen.

Niemand hätte auf die romantische Vorstellung, das sexuelle
Begehren sei eine Folge des Verliebtseins, stärker reagieren können.

Ohne Hilfe von Freud gelangte Proust zu der Überzeugung, daß zwischen dem Sexualtrieb und dessen Objekt keine Gefühlsbeziehung besteht: »Wenn man liebt, ist die Liebe zu groß, um ganz in uns enthalten zu sein; sie strahlt aus auf die geliebte Person, trifft in ihr auf eine Fläche, die sie anhält, sie zum Ausgangspunkt zurückzukehren zwingt, und eben diesen Aufprall, als Erwiderung unserer eigenen Zärtlichkeit, bezeichnen wir als die Empfindungen des anderen, und er verzaubert uns mehr als auf dem Hinweg, weil wir nicht erkennen, daß sie von uns ausgeht.«[34]

Auch wenn die in der *Recherche* dargestellten sexuellen Beziehungen diesen Gedanken stützen, können wir nicht behaupten, die Tatsachen würden zurechtgestutzt, um sich der Theorie einzufügen, weil die Tatsachen meist – oder teilweise – Fiktion sind, doch es ging ja nicht darum, die erzählte Geschichte abzuwarten, um die Theorien voranzutreiben. Prousts Theorien und seine Fiktion gehen zwar aus seinem Leben hervor, aber die Entwicklung seiner Theorien hatte schon vor der Entwicklung seiner Fiktion begonnen. In der *Recherche* verlieben sich Männer in Frauen, die zwar ihre Gegnerinnen bei sadomasochistischen Machtspielen sein können, aber nichts anderes. Die kokettierenden Figuren Odette und Rahel bestehen aus groberem Stoff als der empfindsame Swann und der rücksichtsvolle Saint-Loup. Swann ist zwar klug, scharfsinnig und geistreich, befindet sich aber ebenso wie Saint-Loup hilflos in der Umklammerung einer Leidenschaft, die genährt wird von der quälenden Ungewißheit, ob die Geliebte untreu sei. Abwesenheit macht das Herz mißtrauisch. »So kommt es, daß eine Frau durch jedes neue Leiden [souffrance], das sie uns zufügt, oft ohne es zu wissen, ihre Macht über uns vermehrt, aber auch unsere Ansprüche an sie. Durch das Leid [ce mal; das Übel, das Böse], das sie uns antut, umschließt sie uns immer stärker, verdoppelt sie unsere Ketten, aber auch die, mit denen es uns bis dahin genügte, sie gefesselt zu wissen, um uns beruhigt zu fühlen.«[35] Wenn Proust das Wort ›Leiden‹ im Sinne von ›Tortur‹ benutzt, ist die Nebenbedeutung der sadistischen Boshaftigkeit unbeabsichtigt. Er hatte das Wort an einer anderen Stelle gebraucht, um seine Reaktionen auf die Anzeichen des Unbehagens bei der Mutter zu beschreiben. »Jedesmal, wenn ich Mama schlecht gelaunt sehe, empfinde ich ein komplexes Gefühl für sie. Ich werfe ihr vor, mich zu quälen [tourmenter; foltern, peinigen]. Ich befinde

mich ihr gegenüber in der Situation des Gefolterten gegenüber seinem Peiniger. Doch hier liebt der Gefolterte den Peiniger und verachtet ihn, gerade weil er ihn liebt.«[36]

Niemand hat eindringlicher als Proust über Eifersucht und Ungewißheit als notwendige Ingredienzien der leidenschaftlichen Liebe
geschrieben. Samuel Beckett schrieb: »Gewiß gibt es in der ganzen
Literatur keine Studie über diese Einöde der Einsamkeit und gegenseitigen Beschuldigung [that desert of loneliness and recrimination],
von den Menschen Liebe genannt, die mit solch diabolischer Skru-
pellosigkeit dargestellt und entwickelt wird.«[37] Und Proust schreibt:
»Es kann in der Liebe keinen Seelenfrieden geben, denn alles, was
man erreicht, ist immer nur Ausgangspunkt für neues Begehren. Das
Begehren, das immer nach dem ausgreift, was uns am meisten entge-
gengesetzt ist, zwingt uns, das zu lieben, was uns Leiden bereiten
wird. [...] Bei der Liebe von falscher Wahl zu sprechen ist ein Fehler,
sobald es eine Wahl gibt, kann es nur eine schlechte sein.«[38] Aufgrund seiner Beobachtungen an Albu und Louisa konnte er kenntnisreich über Anziehung und lustvolle Reize, über besitzergreifende
Eifersucht und über die Marterqualen schreiben, die Liebende einander zufügen, doch er hätte sie wohl nicht so beobachtet, wenn seine
Gefühle für die Mutter ihm nicht schon vorher beigebracht hätten,
daß eine große Liebe unaufhörliche Agonie bedeutet.

Da Prousts Asthma schlimmer war als je zuvor, war er verzweifelt
entschlossen, dagegen zu kämpfen. Er war weiterhin darauf eingestellt, früh zu sterben, doch dieser Gedanke bedrückte ihn nicht länger. 1907, in den Sommerferien in Cabourg, hatte er sich selbst
geprüft, indem er ein überaus anstrengendes Leben führte; nun, da
er sich im Schreiben sowohl geistig als auch körperlich anstrengte,
projizierte er seine Situation auf die Kindheit des Erzählers: Nach
langen Lektürestunden pflegte er zu einem raschen Spaziergang auf-
zubrechen: »[...] mein so lange zur Unbeweglichkeit verurteilter
Körper, der im Ruhezustand Bewegungsdrang gespeichert und sich
mit Energie aufgeladen hatte, empfand alsdann das Bedürfnis, wie
ein Kreisel, der endlich aufgesetzt wird, sie nach allen Seiten zu entfalten.«[39]

Die zusätzliche Energie steigerte die Ungeduld, mit der er auf die
Reaktion seiner Freunde wartete. Er las das Geschriebene Reynaldo

vor, der begeistert reagierte.[40] Das Manuskript bestand aus drei Schulheften, und die von Proust mit der Abschrift beauftragten Schreibkräfte hatten Schwierigkeiten, seine Schrift zu entziffern.[41] Er hatte das vollständige Typoskript dieses Teils dem *Figaro* für den 24. November versprochen, doch am 25. war es noch nicht fertig. Die beiden Sekretäre versprachen, es am 2. Dezember abzuliefern. Er gab die drei Hefte Georges zu lesen,[42] der tief beeindruckt war und seinem Vater Auszüge daraus vorlas. Proust freute sich, und er bat Georges, dafür zu sorgen, daß zumindest dieser Teil zum Druck gelangte, falls sein plötzlicher Tod ihn davon abhalten sollte, das Buch zu vollenden.[43]

Fünfter Teil

ZURÜCKGEZOGENHEIT

1910-1914

21. Blick von der Arche

Als Proust 1897 anfing, nachts zu arbeiten und tagsüber zu schlafen, war dies der erste Schritt dazu, sich selbst zu isolieren. Der zweite Schritt erfolgte 1910. Robert Proust zufolge war dies das Jahr, in dem Marcel sich aus der Gesellschaft zurückzog. »Man kann sagen, daß das Jahr 1910 das Datum einer eigentlichen Transformation seiner Lebensweise markiert; bis zu dieser Zeit hatte er trotz seines anfälligen Gesundheitszustands ein ziemlich mondänes Leben geführt; von diesem Augenblick an gab es eine *zweite Periode*, eine zweite Lebensphase. Von nun an war es ein Leben des Verzichts, ein wahrhaft asketisches oder klösterliches Leben bei ihm zu Hause, inmitten seiner Notizhefte; er ging fast nie mehr aus und errichtete dieses erstaunliche Werk, an dessen Vollendung ihm so viel lag.«[1]

Grund dafür war nicht so sehr Prousts schlechte körperliche Verfassung; weder wollte er die Gegenwart der Vergangenheit unterordnen noch aus der Zeit fliehen, sondern er wollte seine kurz bemessene Lebenszeit nicht für Erlebnisse opfern, die keine Spur hinterlassen würden. Im Januar schrieb er eine Notiz über Musset:

> ### Musset
>
> Man spürt in seinem Leben, in seinen Briefen, wie in einem Mineral, wo sie kaum erkennbar sind, einige Umrisse seines Werkes, des einzigen Zwecks seines Lebens; seine Liebschaften, die nur soweit Bestand haben, als sie die Materialien sind, die zu ihm hinführen, und die nur darin erhalten bleiben. [...] Er war verliebt, und wenn er es war, war er im Wahn und berichtete Gott über seinen Fieberzustand. Dies alles ging ein, abgeklärt, in seine Gedichte, in *On ne badine pas* usw.[2]

Prousts Begabung zur Geselligkeit beruhte größtenteils auf jenen Eigenschaften, die ihm den Zugang zur vornehmen Welt ermöglicht hatten. Zwar sollte keine dieser Eigenschaften plötzlich verschwinden, doch inzwischen legte er weniger Wert auf Freundschaften. Der loyale, großzügige, rücksichtsvolle und lebhafte Saint-Loup ist zwar der beste Gesellschafter, doch wenn er, in *A l'ombre des jeunes filles en fleurs*, voller Ergebung von »unserer Freundschaft« spricht, fällt es dem Erzähler schwer, darauf zu antworten: »[...] denn weder das Beisammensein mit ihm noch unsere Gespräche – zweifellos wäre es mit jedem anderen genau das gleiche gewesen – verschafften mir irgend etwas von dem Glück, das ich nur zu empfinden vermochte, wenn ich ihnen Gefährte war.«[3] Und wie um zu beweisen, daß der Erzähler mit seiner Entwertung der Freundschaft recht hat, schildert er Saint-Loup als jemanden, der sich schlecht benimmt: »›Weißt du, ich habe Bloch erzählt‹, sagte Saint-Loup zu mir, ›daß du ihn gar nicht so sehr magst und verschiedenes an ihm recht gewöhnlich findest. So bin ich nun einmal, ich liebe klare Situationen‹, setzte er mit selbstzufriedener Miene hinzu.«[4] Saint-Loups Charakter erhält immer negativere Züge, je mehr seine Homosexualität offenbar wird. »Nur solange er Frauen liebte, war er wirklich zur Freundschaft fähig.«[5] In *Le temps retrouvé* spitzt Proust seine Verurteilung der Freundschaft noch zu und vergleicht die gesellschaftlichen Vergnügungen mit dem Unbehagen, wie es »durch die Unverdaulichkeit einer unzuträglichen Speise entsteht«: [...] so die Freundschaft auch, die in sich eine Täuschung ist, da der Künstler, der – aus welchen moralischen Gründen auch immer – auf eine Stunde Arbeit zugunsten einer Stunde verzichtet, in der er mit einem Freunde plaudert, sich bewußt sein muß, daß er eine Wirklichkeit für etwas opfert, was nicht existiert (da die Freunde nur dank einem holden Wahn Freunde sind, dem wir im Laufe unseres Lebens huldigen, dem wir uns überlassen, von dem wir aber in der Tiefe unseres Herzens wissen, daß er der Irrtum eines Narren ist, der etwa glauben würde, die Möbel könnten leben und mit ihm sprechen) [...].«[6]

Da Proust seine eigenen Fähigkeiten stets niedriger einschätzte als die anderer, mußte er in Gesellschaft einen großen Teil seiner Energie dafür aufwenden, seine Zurückhaltung zu überwinden. Nunmehr fühlte er sich verpflichtet, seine Energie vorwiegend für sein Werk aufzusparen, und er konzentrierte sich mehr und mehr auf die Vorgänge in seinem Inneren und auf die Wechselwirkungen zwischen Selbst und Umwelt. »An gewissen schönen Tagen war es derart kalt, man befand sich in so ausgedehntem Kontakt mit der Straße, daß es schien, als hätten die Mauern des Hauses sich zerteilt, und das Klingeln der Straßenbahn, wenn sie vorüberfuhr, jedesmal wie ein silbernes Messer klirrte, mit dem man an ein Haus mit gläsernen Wänden schlägt.« Statt mit Albertine auszugehen, bleibt der Erzähler lieber im Bett.

> Dieser ideelle Morgen erfüllte meinen Geist mit ständiger Gegenwart, da er identisch mit allen ähnlichen Morgenstunden war, und teilte mir eine Beschwingtheit mit, der mein geschwächter Zustand gar nichts anhaben konnte: da unser Wohlbefinden sehr viel weniger aus unserem guten Gesundheitszustand als aus dem ungenutzten Überschuß unserer Kräfte resultiert, können wir ebensogut wie durch Vermehrung der letzteren durch Beschränkung unserer Aktivität dazu gelangen. Diejenige, von der ich überströmte und deren Potential ich in meinem Bett liegend intakt erhielt, machte mich springlebendig im Innern, so wie eine Maschine, die sich nicht vom Platz rühren kann.[7]

Indem er die Aufmerksamkeit auf sich selbst lenkte, weg von dem einen bestimmten Morgen und hin zu dem Gedanken, was er mit anderen Morgenstunden gemeinsam hatte, wandte er sich von der Welt ab, die vor dem Fenster lag, wenn auch nur zur Hälfte aus freien Stücken. Er war nicht nur in seinem Tagesablauf als Kranker gefangen, sondern auch zwischen den gegensätzlichen Positionen einer Ablehnung der Natur durch die Vertreter der *Décadence* und einer Verherrlichung des Meeres, des Himmels und des Tageslichts durch die Impressionisten. In einem bestimmten Stadium hatte Proust sich selbst nach dem Beispiel jenes Mannes geprägt, der das Modell für Huysmans Figur des Esseintes gewesen war. »Wie er [des Esseintes] sagte, hat die Natur ausgedient; sie hat durch die abstoßende Eintönigkeit ihrer Landschaften und ihrer Himmel die aufmerksame Geduld der Kenner endgültig erschöpft.«[8] So hätte Proust zwar nicht gesprochen, doch sein Leben lief inzwischen so ab, als stimme er damit überein. Ein Literaturwissenschaftler, der 4578 sprachliche Bilder in der *Recherche* untersuchte, fand heraus, daß 944 ihren Ursprung in der Natur haben (326 davon beziehen sich auf das Wasser und das Meer), 203 in der Malerei und 171 in der Musik.[9] Mit zunehmendem Alter griff Proust immer mehr auf die Bilder zurück, die in seinem Geist gespeichert waren. Damit verpflichtete er sich auch immer mehr der romantischen Vorstellung, daß die Einbildungskraft den Zugang zu einer anderen Seinsweise eröffnet und daß diese, wenn sie einmal wahrgenommen wird, sich

als Kunst wiedergeben läßt. Wenn ein Schriftsteller sich auf die
Worte vor seinen Augen richtet, trennt er sich zwar eine Zeitlang
von den Anblicken, von den Geräuschen und von den Menschen in
der Außenwelt ab, aber Proust hatte an der Wechselwirkung zwischen Welt und Werk ein anderes Interesse als die meisten Romanschriftsteller.

Diese Entwicklung ist keineswegs neuartig, sondern vielmehr die
Intensivierung einer alten. In einem der vier Notizbücher, die er
1908 zu benutzen anfing, steht die folgende Aufzeichnung:

> Im letzten Teil meiner Auffassung der Kunst hinzuzufügen.
> Was sich auf diese Weise dem Grund des Bewußtseins dunkel
> präsentiert, muß man, vor seiner Realisierung als Werk,
> bevor man es nach außen dringen läßt, eine Region zwischen
> unserem dunklen Ich und dem Äußeren, unserem Verstand,
> durchlaufen lassen, doch wie soll man es bis dorthin bringen,
> wie soll man es erfassen. Man kann Stunden damit verbrin-
> gen, den ersten Eindruck für sich zu wiederholen, das unfaß-
> bare Zeichen, das auf ihm lag und das besagte: vertiefe mich,
> ohne sich ihm zu nähern, ohne es zu einem selbst kommen zu
> lassen. Und dennoch ist dies die ganze Kunst, es ist die einzige
> Kunst. Ausgedrückt zu werden verdient einzig das, was in
> den Tiefen und gewohnheitsmäßig erschienen ist – außer in
> der Erhellung durch einen Lichtblitz oder in außergewöhn-
> lich klaren, belebenden Zeiten sind diese Tiefen dunkel. Diese
> Tiefe, diese Unzugänglichkeit für uns selbst, ist das einzige
> Kennzeichen des Wertes – wie vielleicht auch einer gewissen
> Freude. Es ist kaum wichtig, worum es sich handelt. Ein
> Glockenturm, wenn er tagelang nicht zu erfassen ist, hat
> mehr Wert, als eine vollständige Theorie der Welt.[10]

Manche der wichtigsten Passagen der Erzählung befassen sich
damit, unwillentliche Erinnerungen an spezifische Erlebnisse freizu-
legen, doch die Anlage des Romans ist idealistisch. »In derselben
Weise wie ich als Erleuchtung in der Art des *Parsifal* die Entdeckung
der wiedergefundenen Zeit in den Empfindungen Löffel, Tee usw.
präsentieren werde, wird dies eine zweite Erleuchtung sein, die die
Komposition dieses Kapitels beherrscht, doch dem ersten unterge-
ordnet, und vielleicht wenn ich mich frage, was das Material des
Buches sichern wird, das mir wahrzunehmen hilft, daß alle Episo-

den meines Lebens eine Lektion in Idealismus waren.«[11] Mit diesen Prioritäten hatte er das Gefühl, daß er mehr gewann als verlor, wenn er in seinem Zimmer blieb. Ähnlich wie die Blindheit eine stärkere Konzentration auf Geräusche ermöglicht, war er von der Ablenkung durch neue Eindrücke isoliert. Einmal sagte er, er fühle Mitleid mit Noah, der vierzig Tage lang in der Arche eingeschlossen bleiben mußte, doch später erkannte er, »daß Noah die Welt niemals so gut hätte sehen können wie von der Arche aus, obwohl er eingeschlossen war und Finsternis über der Erde lag«.[12]

An Beschreibungen in der Literatur war er jedoch nicht interessiert, außer wenn sie als Mittel dienten, um nach geheimnisvollen, unter der Oberfläche verborgenen Gesetzen zu suchen.

> Denn von dem Instinkt bewogen, der ihm innewohnte, unterließ der Schriftsteller, lange bevor er eines Tages ein solcher zu werden meinte, mit Regelmäßigkeit, soundsoviele Dinge zu registrieren, die andere zu beobachten pflegten, worauf er von jenen der Zerstreutheit, von sich selbst jedoch des Mangels bezichtigt wurde, weder zuhören noch beobachten zu können: während dieser Zeit jedoch gebot er seinen Augen und Ohren, Dinge für immer festzuhalten, die andere als kindische Nichtigkeiten abgetan hätten: den Tonfall, in dem jemand einen Satz gesagt, den Gesichtsausdruck und die Schulterbewegung, die bei einer bestimmten Gelegenheit diese oder jene Person, von der er vielleicht nichts anderes weiß, vor vielen Jahren an sich gehabt, und das nur, weil er diesen Tonfall schon einmal vernommen hatte oder weil er spürte, daß er ihn werde wiederhören können, daß er etwas darstellte, was wiederholbar und von Bestand sein würde; das Gefühl für das Allgemeingültige ist die Funktion, die in dem künftigen Schriftsteller selbst auswählt, was allgemeingültig ist und in das Kunstwerk einmal wird eingehen können.[13]

Hierzu gehört das Gefühl einer Berufung, die gar keine andere Folge als die seiner Isolation haben konnte.

Im Moment löste sich Proust von seinen Mitmenschen nicht ganz, sondern wählte eine andere Strategie, um ihnen seinen Willen aufzuzwingen, indem er immer stärker die alltäglichen Lebensgewohnheiten eines Kranken annahm. Diese Entwicklung entsprach seinem Erfolg in der Kindheit, einen Gutenachtkuß zu erhalten, indem er nachdrücklich wiederholte, ohne ihn nicht auszukommen. Mit sieben Jahren hatte er nämlich entdeckt, wie man der Schwäche eine Stärke abgewinnt. Der Familienmythos über seinen Mangel an Willenskraft hatte ihn die Schwäche in eine Waffe verwandeln lassen. Hatte er Alkohol trinken wollen, dann hatte er seine asthmatischen Symptome so lange übertrieben, bis man ihm den Alkohol verabreichte. Und nun pflegte er dieselbe Taktik gegen den Rest der Welt einzusetzen.

Unglücklicherweise machte ihn die Lebensweise, die ihn von der Welt trennte, immer mehr von Betäubungsmitteln abhängig, die seiner Absicht entgegenwirkten, für die Arbeit einen klaren Kopf zu behalten. Er gab dies auch als Grund an, weshalb er so wenig aß. Er hatte inzwischen angefangen, auf Opiumbasis hergestelltes Asthmapulver zu benutzen,[14] während er gleichzeitig immer noch Koffein als Anregungsmittel einnahm und auch ein neues Beruhigungsmittel verwendete: Veronal (Firmenname für ein Barbiturat), das als Schlafmittel verschrieben wurde, wobei die normale Dosis ein halbes Gramm nicht überstieg.[15] Proust sprach jedoch davon, mehrere Gramm einzunehmen. Ein Freund sagte zu ihm, er trete »gleichzeitig auf Bremse und Gas«.[16] Proust steckte zweifellos in einem Teufelskreis. Ohne frische Luft und ohne Bewegung konnte sein Körper keine eigenen Rhythmen finden. Ohne Veronal konnte Proust nicht schlafen, ohne Koffein nicht wachbleiben.

Wenn er einen gesellschaftlichen Anlaß nutzte, um auszugehen, dann meist mit folgendem Motiv: Er war mit dem Sammeln neuer Fakten und mit der genaueren Erfassung seiner Erinnerungen an Menschen beschäftigt, die er als Modelle benutzte, und verbrachte deshalb gerne auch Zeit mit Bekannten, die er eigentlich nicht mehr mochte. Die herrische und selbstgefällige Madame Verdurin formte er hauptsächlich nach dem Vorbild von Madame Lemaire, die er Mitte Januar besuchte; anschließend wurde er krank.[17] Er wollte auch gerne Simone kennenlernen, die fünfzehnjährige Tochter von Gaston de Caillavet, die etwa im selben Alter war wie Gilberte zu der Zeit, als der Erzähler ihr begegnet. Als Madame Arman de Caillavet starb, schrieb er nicht nur an Gaston, an Jeanne und an den trauernden Gefährten Anatole France, sondern auch an die Enkelin Simone, die als einzige nicht antwortete. Als er den Brief ihrer Mutter beantwortete, schrieb er: »Ich hoffe, daß Mademoiselle Simone meinen Brief bekommen hat; sie braucht sich freilich nicht die Mühe zu machen, mir zu antworten.«[18] Dies zwang sie jedoch zu einer Antwort, und im Briefwechsel mit ihr bereitete er den Boden für ein Treffen vor.[19]

Der fünfundsechzigjährige Anatole France schrieb, er werde für Prousts Brief »dankbar sein während der wenigen allzulangen Tage, die mir noch zu leben bleiben«.[20] Obwohl erst achtunddreißig, hatte Proust bessere Gründe zu glauben, daß nur noch wenige Jahre vor ihm lägen. In einer Diskussion über Schuldverschreibungen, die nicht vor 1912 konvertierbar sein würden, schrieb er: »Ich habe kaum eine Chance, dann noch am Leben zu sein.«[21]

Im Januar 1910 wurde das Pariser Alltagsleben plötzlich durch Überschwemmungen gestört. Nach langen und schweren Regenfällen trat die Seine über die Ufer, und in der Nacht des 22. Januar blieben alle pneumatischen Uhren um zehn nach elf stehen. Weil die Keller der Firma Popp am Quai National unter Wasser standen, war in ganz Paris die Preßluftzufuhr unterbrochen.[22] Die Rohrpost wurde beschädigt, die Stromversorgung und das Telefonnetz brachen zusammen.[23] Die Métro war überschwemmt, manche Theater mußten schließen und in einigen anderen wurde die Bühne mit Azetylenlampen[24] beleuchtet. Von der Trinité bis zum Bahnhof Saint-Lazare sahen die Straßen wie Kanäle aus.[25] Nach dem Bruch eines Abflußrohrs in der Rue du Havre sah man ganze Rudel von Ratten, und es verbreitete sich das Gerücht über die drohende Cholera. Fünfzigtausend Obdachlose wurden in öffentlichen Gebäuden untergebracht, und man richtete Suppenküchen ein.

Am 29. Januar erreichte die Überschwemmung die Rue d'Arcade. Es wurden Zementbarrieren errichtet, um das Wasser vom Boulevard Haussmann fernzuhalten. Die Rue de Rome glich einem Fluß, und vor dem Hôtel Terminus stieg die Flut stündlich um einen Zentimeter. Proust witzelte über die Gefahr des Ertrinkens.[26]

Am 30. Januar begann der Wasserspiegel zu sinken, und während es den meisten anderen Einwohnern von Paris inzwischen besser ging, verschlimmerte sich sein Zustand. Mitte Februar, als die Keller ausgepumpt wurden, verursachten ihm die bei den Desinfizierungsmaßnahmen entstandenen Karboldämpfe mehrere Asthmaanfälle, »für die es keinerlei Linderung gibt«. Ebensowenig konnte er sich durch Ausruhen erholen: Im Parterre hatte das Wasser das

Parkett zerstört, und nun wurde mit lauten Hammerschlägen neues Parkett gelegt. Der durch die Überschwemmung beschädigte Lift mußte repariert werden; der Arzt Dr. Gagey ließ neue Abflußleitungen legen. Die Installateure begannen schon frühmorgens mit der Arbeit.[27] Proust hatte Eiweiß im Urin und verschlimmerte seinen Zustand noch durch die Einnahme von Veronal und Asthmapulver.[28]

Am 13. Februar stand er auf, um die Kostümprobe für *La Fête chez Thérèse* – Ballett in zwei Akten von Catulle Mendès, Musik von Reynaldo Hahn – zu besuchen. Proust war zwar noch fähig zu lesen und zu schreiben, aber zu krank, um am 16. Februar zur Première zu gehen.[29]

Thomas Hardys Roman *The Well-Beloved*, der in einer französischen Übersetzung[30] erschienen war, erinnerte ihn an seine eigene Arbeit, auch wenn er den englischen Roman für »tausendmal besser« hielt. Hardys Hauptfigur, ein Bildhauer, strebt nach Vollkommenheit in Kunst und Leben. Er verliebt sich nacheinander in eine schöne Frau, in ihre Tochter und in ihre Enkelin. Sie tragen alle denselben Namen – Avice –, doch er heiratet keine von ihnen und landet schließlich bei einer älteren Witwe, nachdem die Liebenden wie der Fels auf der Insel von der Zeit zermürbt worden waren.[31] Proust hatte sich bereits auf das Muster festgelegt, nach dem der Erzähler in seiner Liebe zu Gilberte derselben Enttäuschung entgegengeht wie Swann bei seinem Werben um Odette. Auf Hardy ist wohl auch der Einfall zurückzuführen, daß Odette dem Erzähler anbietet, ihn mit ihrer Tochter bekanntzumachen.

»Es ist merkwürdig, daß es in all den verschiedensten Gattungen, von George Eliot bis zu Hardy, von Stevenson zu Emerson, keine Literatur gibt, die auf mich eine mit der englischen und amerikanischen Literatur vergleichbare Wirkung hat. Deutschland, Italien und oft auch Frankreich lassen mich gleichgültig. Doch zwei Seiten von *The Mill on the Floss* bringen mich zum Weinen.«[32] Er bat Robert de Billy, der einen hohen Beamten an der britischen Botschaft kannte, diesen zu fragen, »ob er Thomas Hardy und Barrie kenne, was für Männer sie seien, ob aus der oberen Gesellschaft, Liebhaber von Frauen usw.«[33] Er vergaß seinen Grundsatz, nach dem biographische Fakten bedeutungslos seien, und entwickelte eine an Sainte-Beuve erinnernde Neugier.

Mitte Februar faßte Montesquiou den Entschluß, Proust zu besuchen: Sie hatten sich seit 1905, als er zu einer Lesung aus seinem Werk in Prousts Wohnung gekommen war, nicht mehr gesehen. Der Comte hatte 1909 seinen Pavillon des Muses aufgegeben und sich in Le Vésinet niedergelassen, einem etwa fünfzehn Kilometer nordwestlich von Paris liegenden Vorort.[34] Wie schon häufig zuvor, versuchte Proust ihn auch diesmal von dem Besuch abzubringen, was ihm jedoch nicht gelang. Montesquiou traf am 7. oder 8. März ein und schilderte Proust seine Eindrücke von Reynaldos Ballett, das er für den *Gil Blas* besprochen hatte, wobei er über die Beine von Carlotta Zambelli schrieb: Gibt es »einen Abguß von Mademoiselle Zambellis Beinen, die sich wie die bewundernswerten, lebendigen und geistvollen Säulen erheben, auf denen diese Phantasie ruht. Ich wünschte mir eine Ecke in einem Ballettmuseum, wo man die wunderbaren Wadenbeine dieser Säulen vom Tempel der Terpsichore aufbewahrte.«[35] Proust bezeichnete die Besprechung als »köstlich«, erhob jedoch einen leisen Vorwurf wegen der Art und Weise, »in der Sie über meinen liebsten Freund sprechen«: »sie [die Besprechung] wäre köstlich, wenn sie nicht auch noch boshaft wäre«.[36]

Nach wie vor sah er Reynaldo, der sowohl hartnäckiger war als alle übrigen Freunde und ihn mitten in der Nacht besuchte und dem es auch nichts ausmachte, fünf oder sechs Mal hintereinander weggeschickt zu werden. Proust war auch noch immer über Louisas Lebensdramen außerhalb der Bühne informiert. Robert Gangnat, der ihre Eignung zur Monogamie zu hoch und ihr Doppelspiel zu niedrig einschätzte, litt nun auf die gleiche Art wie früher Albu. Von ihrer Untreue überzeugt, beklagte er sich bei Albu, der die Nachricht an Proust weitergab und sich darauf verließ, daß dieser taktvoll intervenierte. Das tat er auch, allerdings ohne seine Informationsquelle bekanntzugeben. »In zwei Worten, meine liebe kleine Louisa, es scheint, daß R[obert Gangnat] glaubt – zu Unrecht, wie ich annehme –, daß Sie in sehr gutem Einvernehmen mit einem sehr bekannten Künstler stehen.« Er lobt Gangnats »vornehmes Wesen« und warnt sie davor, wie unglücklich sie sein werde, wenn sie eine Trennung provoziere.[37] In der Fiktion, die er zu dieser Zeit verfaßte, ging er jedoch viel scharfsinniger mit ihrer Begabung, Eifersucht zu wecken und auszunutzen, um: Etwa wenn er Swanns wachsenden Zorn schildert, als Odette immer weniger Zeit für ihn hat, weniger oft mit ihm schläft und immer mehr Anzeichen dafür liefert, daß sie mit anderen Männern schläft.

Abgesehen davon, daß er seine Freunde als Modelle benutzte, konnte Proust es sich kaum leisten, einen anderen Umgang mit ihnen zu pflegen als über Briefe. Als er in der dritten Aprilwoche mit Lionel Hauser über bestimmte Investitionen sprechen wollte, stand er auf, nachdem er sich auf seine übliche Art mit großen Mengen von starkem Kaffee auf den Ausgang vorbereitet hatte. Das Ergebnis war eine Folge von Anfällen mit Symptomen, die auf Herzstörungen und Angina pectoris hinzuweisen schienen. Von nun an mußte er den Kaffeekonsum einschränken, und als er am Tag danach sich zu erholen versuchte, wurde er durch ein Geräusch in der Wand gestört. Er rief nach Nicolas und Céline, die ihm erst nicht glauben wollten, doch es war eine große Taube in den Kamin geflogen und hatte sich dort verfangen: »so etwas passiert auch nur mir«.[38]

Er wußte immer noch nicht, ob nun der Roman im *Figaro* in Fortsetzungen gedruckt werden würde. Proust war über das lange Schweigen Calmettes verärgert, scheute jedoch davor zurück, es zu brechen. Obwohl Calmette versprochen hatte, dem Abdruck in Fortsetzungen oberste Priorität einzuräumen, waren schon vier Monate seit der Abgabe des Manuskripts vergangen, mehrere andere Fortsetzungen hatten zu erscheinen begonnen und Proust hatte noch immer nichts über die an Beaunier geschickten Episoden gehört. Am 27. April 1910, dem Tag der Parlamentswahlen,[39] hatte Proust sich von seinem letzten Anfall zwar noch nicht ganz erholt, stand aber um elf Uhr abends auf und ging in die Redaktion, wo sich fast alle Anwesenden mit den Wahlergebnissen befaßten. Calmette, der zu beschäftigt war, um ihn zu empfangen, hatte offenbar das Interesse an dem Roman verloren.

Als er Louisa wegen ihrer Männerbeziehungen ansprach, war Proust zwar diplomatisch wie immer, doch im Umgang mit seinen eigenen Angelegenheiten hatte er einen großen Fehler begangen, als er das Typoskript an Beaunier schickte. Da er bei ihm den Eindruck verhindern wollte, alle Vereinbarungen würden ohne seine Kenntnis getroffen oder der Roman überschneide sich vielleicht gar mit dem, was Beaunier selbst über Sainte-Beuve schreiben wollte, hatte Proust die Gefahr verkannt, Calmette zu verärgern. Beaunier war vergleichsweise unwichtig, denn selbst wenn ihm das Buch nicht gefallen hätte, hätte er Calmettes Entscheidung nicht rückgängig machen können. Proust wußte dies zwar, doch er wußte nicht, wie unsicher Calmette selbst war. Ohnehin schon eifersüchtig auf Beauniers Ansehen in der literarischen Welt, mißfiel Calmette die Unterstellung, er brauche den Ratschlag von jemandem, der über Literatur besser Bescheid wisse als er. Als Proust endlich verstand, was geschehen war, bat er Beaunier, gegenüber Calmette kein Wort mehr über den Roman zu verlieren, doch auch dies wurde mißverstanden – es sah so aus, als dächte er, Beaunier habe Calmette vom Fortgang der Dinge abzuhalten versucht.[40]

Hätte Proust diesen taktischen Fehler nicht begangen, dann hätte die *Recherche* eine ganz andere Form angenommen, als der Roman, den wir kennen. Als er die Hoffnung auf einen Abdruck in Fortsetzungen aufgab, ging er zu einem langsameren Arbeitsrhythmus über. Solange ihn die Aussicht auf eine unmittelbare Rückmeldung von seinen Freunden ansporte, hatte sich sein Arbeitstempo gesteigert. Bald würden seine Freunde mehr Achtung vor seinem Geschmack, seinem Temperament, der Arbeitsweise seines Geistes und vor der Vergangenheit haben. Er würde ihnen zeigen, daß er ein ernsthafter Schriftsteller war und kein Dilettant. Auch wenn er auf Ereignisse zurückgriff, die tatsächlich passiert waren, auf Bemerkungen, die in seiner Gegenwart gefallen waren, hatte er sie nach seiner Auffassung doch so umgeformt, als ob sie »aus dem Innersten meiner selbst« hervorgegangen wären.[41] Er war sehr enttäuscht, als er nicht mehr damit rechnen konnte, unverzüglich mit seinen Lesern in Berührung zu kommen, doch er tröstete sich damit, daß es besser sei, ohne den Zwang eines Abgabetermins zu arbeiten. Seit dem Beginn seiner Arbeit vor zwei Jahren hatte er zwar sehr viel umgeschrieben, doch in dem Beaunier zugeschickten Material hatte er sorgfältig ausgearbeitete Fragmente hastig zu einer zusammenhängenden Erzählung verbunden. Nun konnte er sich mit dem Aufbau und vor allem mit der Umarbeitung mehr Zeit lassen. Er ging dieselben Passagen immer wieder durch und versenkte sich immer tiefer in seine Erinnerungen. Nie hat Calmette einen größeren Einfluß auf die französische Literatur ausgeübt als durch seinen Sinneswandel im Hinblick auf den Abdruck in Fortsetzungen. Proust hätte sich zu einem anderen Romancier entwickelt, wenn dieser Plan zur Ausführung gekommen wäre. Er bat Beaunier, den Text zu kommentieren, und arbeitete ihn daraufhin sorgfältig um. Mitte April kündigte er an, er werde noch mehrere Monate brauchen, um den Roman abzuschließen,[42] doch am Ende des Monats war er zu einer anderen Vorstellung über den Zeitaufwand gelangt.[43]

Der Roman war auch der Grund, weshalb er Ende des Monats die Caillavets besuchte; Proust wollte die junge Simone kennenlernen. Seit seiner Leidenschaft erst für Oriane de Goyon und dann für Lucy Gérard, die Schauspielerin aus Cabourg, war er nicht mehr so begierig darauf gewesen, die Bekanntschaft einer Frau zu machen. Obwohl es bei seiner Ankunft schon fast Mitternacht war, überredete er Jeanne, ihre Tochter aufzuwecken und sie nach unten zu bringen. Danach sagte er, Simones Lächeln habe ihn in sie verliebt gemacht; allerdings hegte er keine anderen Absichten als die, sie zum Modell zu nehmen. Hatte die Bekanntschaft mit Oriane und mit Lucy Gérard ihn auf die Idee gebracht, ein sechzehnjähriges Mädchen gleichzeitig die Bourgeoisie und den Adel verkörpern zu lassen, so ließ Simones Ähnlichkeit mit ihrer Mutter die Vergangenheit wieder aufleben. Es hatte nie eine realistische Chance gegeben, daß er Jeanne Pouquet heiraten oder gar ein Kind mit ihr haben würde, doch wenn die beiden zusammen ein Kind gehabt hätten, dann würde es ungefähr so ausgesehen haben. Am Ende des Romans, siebzehn Jahre nach der Heirat von Saint-Loup und Gilberte, wird der Erzähler sagen, ihre Tochter gleiche seiner Jugend.

Die körperliche Anstrengung seines nächtlichen Ausgangs und die emotionale Anspannung wegen der schlechten Nachrichten über den Abdruck im *Figaro* ließen Proust wieder krank werden: er litt an einer »schweren Bronchitis, die sein Emphysem vergrößerte«.[44] Kurz nachdem König Edward VII. an Bronchitis gestorben war, schrieb Proust: »Ich war fest davon überzeugt, daß es mir wie dem König von England ergehen wird.«[45] »Entschuldige mein Schweigen: Es ist mir gelungen, eine schwere Bronchitis aufzulesen, seit gut zwei Wochen habe ich Schüttelfrost und huste herzzerreißend, und das hat mir keine Möglichkeit gelassen, auch nur zwei Zeilen hinzukritzeln.«[46] Als Antoine Bibesco, dessen Stück am Théâtre Réjane aufgeführt werden sollte, Proust darüber zu schreiben bat, versprach dieser einen anonymen Artikel und wollte eine Probe besuchen.[47] Anfang Juni ging er ins Ballet russe, um *Schéhéra-*

zade, *Carnaval*, *Le Festin* und *Fürst Igor* zu sehen. Die allgemeine Begeisterung für Nijinsky teilte er zwar nicht, nahm jedoch eine Einladung der Comtesse de Greffulhe an, mit ihr zusammen in ihrer Loge *Les Sylphides*, *Cléopâtre* und noch einmal *Schéhérazade* anzusehen.[48] Als er vor siebzehn Jahren die Comtesse mit malvenfarbenen Orchideen gesehen hatte, die ihr in den Nacken fielen, hielt er sie für die schönste Frau, die er jemals gesehen hatte. Der Abend, an dem Proust mit ihr zusammen das Ballett besucht, spiegelt sich in dem Abend, den der Erzähler mit den Guermantes im Theater verbringt. Er erkennt nun, daß er ihre Bedeutung zu hoch und seine Bedeutung für sie zu niedrig eingeschätzt hatte. »Doch jetzt wußte ich, daß dies keine Göttinnen waren, sondern Frauen, die noch unpoetischer waren als sonst eine, daß ihr Leben keine Köstlichkeiten und kein Mysterium enthielt, daß es darin nichts anderes gab als sonst auch, daß es dieses köstliche Leben, von dem ich mir vorstellte, daß sie daran teilhaben, nicht gab [...].«[49] Nun, da er ihre Freundschaft leicht erlangen konnte, erschien sie Proust nicht mehr so wertvoll, doch er war froh, die Einladung angenommen zu haben.

Im allgemeinen ging er ebenso ungern aus, wie er Besucher empfing. Regelmäßig schaute allein Reynaldo vorbei: So kam er im Juli und spielte auf dem Flügel Wagner. Proust dankte ihm mit einer Reihe von Zeichnungen, die Karikaturen glichen und wie die Segmente einer gotischen Glasmalerei angeordnet waren. Unter die einzelnen Zeichnungen schrieb er »Erklärungen«. Auf der ersten Zeichnung liegt Proust im Bett und hört Musik. Auf der zweiten spielt Reynaldo hinter der Tür die Ouvertüre zu den *Meistersingern*. Auf der dritten kocht Céline in der Küche eine Seezunge. Reynaldo, verärgert darüber, daß er sich zum Spielen überreden ließ, geht eilig weg; Proust weint aus Dankbarkeit. Nicolas und Ulrich klopfen an die Tür. Proust telephoniert mit seinem Bruder. Er studiert die Partitur eines Marsches, den Reynaldo für die Hochzeit seiner Nichte Olga im August komponiert hat. Bei Sonnenaufgang zieht Proust die Vorhänge zu und geht wieder ins Bett. Die »Erklärung« zur dreizehnten Zeichnung lautet: »Das Bild von Bunibuls [Prousts Spitzname für Reynaldo] erscheint der dankbaren Seele von Buncht [Reynaldos Spitzname für Proust], der die Hände zum Himmel erhebt aus Dank dafür, einen solchen Freund zu haben.« Ein Arzt

mit Brille sagt zu Buncht, daß er sterben werde: er stirbt. Auf der
letzten Zeichnung ist das mit Blumen und Weißdorn bedeckte Grab
von Buncht zu sehen. Reynaldo, mit Zylinder auf dem Kopf, nimmt
von seinem Freund Abschied.[50]

Proust trat seine Sommerferien gewöhnlich erst dann an, wenn er
lange darüber gegrübelt hatte, ob es ihm denn auch wirklich so gut
gehe, daß er Paris verlassen könne. Falls er dieses Jahr nach Cabourg fahren würde, schrieb er Anfang Juli 1910, dann wegen der
Arbeit am Roman, der bald beendet sein werde.[51] Außerdem war es
auch von Vorteil, die Wohnung den Handwerkern zu überlassen.
Seit seinem Einzug hatte er so sehr unter Lärm gelitten, daß er sich
entschlossen hatte, die Schlafzimmerwände mit Korkplatten tape-
zieren zu lassen. Der Einfall ging auf einen literarischen Witz
zurück. Vor zwei Jahren hatte er in seinem Flaubert-Pastiche über
Menschen geschrieben, die ihre Zimmerwände im Schlafzimmer
mit Kork belegten, um sich vor lauten Nachbarn zu schützen.[52]
Warum den Einfall also nicht in die Wirklichkeit umsetzen?

Ohne Reynaldo von seiner Abreise zu benachrichtigen, fuhr er
am 17. Juli nach Cabourg, nachdem er so eilig gepackt hatte, daß
nicht nur der Concierge Antoine, sondern auch dessen Frau und
Sohn ihm zu Hilfe eilen mußten. Nicolas nahm er mit, und Céline
sollte inzwischen die Wohnung bewachen, auch wenn anzunehmen
war, daß sie wohl Bekannte in die Wohnung einladen würde.[53] Es
ging ihm für eine Reise kaum gut genug, und bei der Ankunft gegen
Mitternacht im Hotel war er völlig verstört, als er entdeckte, daß
das Gepäck verlorengegangen war. Antoine mußte bei der Aufgabe
des Gepäcks einen Fehler gemacht haben. Proust hatte nur seinen
Handkoffer und die Hutschachteln einer Dame, die aus Versehen
seine Reisekoffer in die Bretagne mitgenommen hatte:[54] »weil man
so dumm gewesen war, alles in die Reisekoffer zu packen und nichts,
was man braucht, in den Handkoffer!, konnte ich mich weder hinlegen noch mich entkleiden noch sonst etwas. Daß ich die Nacht, den
Vormittag und den Abend so verbringen mußte, dafür werden Sie
mich sicher bedauern.«[55]

Aufregung und Erschöpfung führten zu einem leichten Herzan-
fall, den er ignorierte; allerdings erwog er, die Ferien abzukürzen,
weil Albu an einer akuten Blinddarmentzündung litt und sein Leben

in Gefahr war. Ein weiterer Grund für die Rückkehr nach Paris waren Prousts Zahnschmerzen, doch dann traf ein beruhigender Brief von Albus Arzt ein, und nachdem auch die Zahnschmerzen nachgelassen hatten, begann Proust sich allmählich besser zu fühlen als gewöhnlich, wenn auch nicht gut genug, um innerhalb von zehn Tagen mehr als einen Tag am Roman weiterarbeiten zu können.[56]

Daß Cabourg nicht dazu beitrug, seinen Gesundheitszustand zu verbessern, enttäuschte ihn. »Vor drei Jahren konnte ich jeden Tag im geschlossenen Wagen ausfahren, vor zwei Jahren ging es mit dem Auto zwar nicht mehr, aber ich stieg an den Strand hinunter. Im letzten Jahr konnte ich nicht mehr ausgehen, ging aber jeden Tag gegen neun Uhr abends ins Hotel (oder in das Kasino, das sich im Hotel befindet und wo man hinkommt, ohne ins Freie zu gehen). Dieses Jahr kann ich nur alle zwei bis drei Tage für zwei, drei Stunden aufstehen und hinuntergehen. Doch das ist immer noch sehr viel besser als in Paris.«[57] Er arbeitete immerhin so viel, daß er glaubte, ein Ende sei abzusehen. Er hätte es gerne gesehen, wenn die *Grande Revue* Fortsetzungen gedruckt hätte, doch der ganze Roman sollte in kurzer Zeit fertig sein, so daß er es für zu spät hielt, einen Zeitschriftenredakteur anzusprechen, und außerdem hätte die Veröffentlichung in der Zeitschrift einen längeren Aufschub bis zum Erscheinen des Buches bedeutet.[58]

Das Buch sollte nach wie vor Calmette gewidmet werden: Proust hatte es ihm versprochen und mit der Widmung war kein bestimmtes Ziel verbunden.[59] Als die beiden Männer einander an der See begegneten, war der Verleger voll des Lobes über das bisher Gelesene. Er hielt sich in Houlgate auf, und als sie eines Abends Arm in Arm mit Prousts Cousine Valentine Thomson spazierengingen, die in Cabourg wohnte, sagte Calmette zu ihr: »Wußten Sie, daß dieser Bursche ein Genie ist? Er hat etwas Großes und Wunderbares geschrieben.« Als sie ihn im Kasino beobachtete, dachte sie: »Marcel sieht mit seinem schwarzen Bart und den schwarzumrandeten Augen wie ein orientalischer Zauberer aus. Seine einzige Zauberei bestand jedoch darin, Zwanzigfrancs-Goldmünzen aus der Tasche zu holen und den Mädchen zu überreichen, die sie fröhlich auf den Spieltischen einsetzten.«[60]

Da er einen Sekretär brauchte, hätte er gerne Robert Ulrich kom-

men lassen, doch der junge Mann versteckte sich nach einer komplizierten Liebesgeschichte vor seinen Eltern, und Proust wollte nicht
den Eindruck vermitteln, einen Flüchtling zu beherbergen.[61]

Obwohl er Georges in der letzten Zeit nicht gesehen hatte, tat er
sein Bestes, um die Freundschaft aufrechtzuerhalten. Als er Lucien
Daudets Sammlung von vier Novellen, *Le Prince des cravates*, für
den *Intransigeant* rezensierte, verglich er die Beschreibung einer
Straße in Carentan mit den »normannischen Wegen von Georges de
Lauris in seiner schönen und tiefen *Ginette Chatenay*, die in den
Herzen der Elite einen so großen Widerhall findet und in der sich
bereits der ganze Wert seiner köstlichen Begabung als Psychologe
und als Schriftsteller zeigt [...].«[62] In Cabourg erhielt Proust einen
Brief von Georges de Lauris, der seine bevorstehende Hochzeit mit
der schönen Madeleine de Pierrebourg ankündigte. Madeleine hatte
eine unglückliche Ehe mit Louis de la Salle hinter sich. »Und dann
Georges, wenn ich Ihnen gegenüber einmal meine intimsten Gedanken über Sie aussprechen darf, ich bin glücklich, daß dieses entzückende und etwas angeschlagene Geschöpf jenem Mann begegnet
ist, den ich für den intelligentesten, den schönsten, ja den besten
auch in dem Sinne halte, daß er, indem er seine Empfindsamkeit dem
Geist aufpropfte, das Heranreifen einer sanften Güte erreichte, die
vielleicht nicht angeboren war.«[63]

Proust kehrte Ende September nach Paris zurück, wobei er die
Strecke von zweihundert Kilometern im Taxi zurücklegte. Er strebte
nach einem ruhigeren Leben, doch statt von der Schallisolierung aus
Kork zu profitieren, die er im Schlafzimmer hatte anbringen lassen,
erlitt er eine Reihe von Asthmaanfällen, und er hatte den Verdacht,
daß der Kork die Ursache dafür sei.

Als er am 4. Oktober den *Figaro* las, freute er sich darüber, daß er
in einem Artikel über das Straßburger Münster erwähnt wurde. Der
Verfasser, der mit dem Namen Louis Chevreuse zeichnete, wies auf
Ruskins *Bible d'Amiens* hin, »die vor einigen Jahren von Marcel
Proust so wunderbar und so sorgfältig übersetzt und kommentiert
wurde«. Proust, der natürlich wissen wollte, ob Chevreuse ein *nom
de plume*, ein Pseudonym war, bat Robert Dreyfus, der immer noch
regelmäßig für den *Figaro* arbeitete und mit *D* zeichnete, sich zu
erkundigen.[64] Dreyfus gestand, er selbst sei Chevreuse, und bot
Proust einen nächtlichen Besuch an, »zu der Zeit, da Du *Deine*

1. Jeanne Proust (1849-1905),
Prousts Mutter

2. Adrien Proust (1834-1903),
Prousts Vater

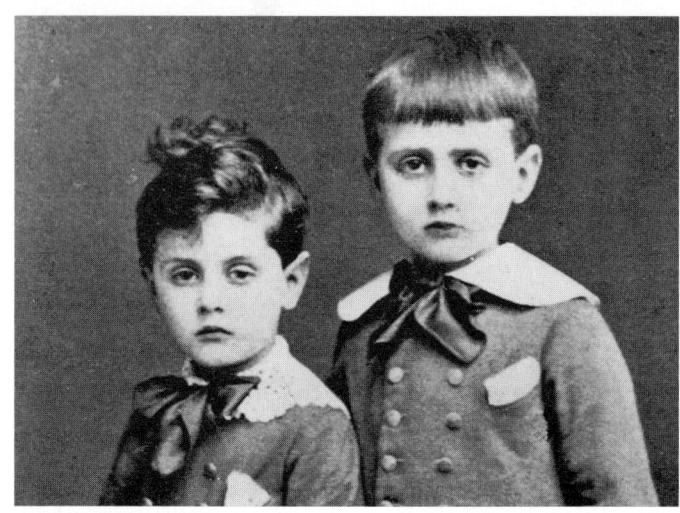

3. Robert und Marcel Proust im Alter von fünf und sieben Jahren

4. Marcel Proust im Alter von
etwa 14 Jahren

5. Haus von Jules und Élisabeth
Amiot in Illiers, in dem die
Familie Proust oft die Ferien
verbrachte

6. Eisentisch im Garten
von Illiers

7. Eingang des Lycée Condorcet an der Rue du Havre

8. Robert de Flers (1872-1927), Lucien Daudet (1878-1946)
und Marcel Proust

9. Robert de Montesquiou (1855-1921)

10. Reynaldo Hahn (1875-1947)

11. Anna de Noailles (1876-1933) und ihre Schwester
Hélène de Caraman-Chimay (1878-1929)

12. Laure de Chevigné (1860-1936)

13. Robert de Billy (1869-1953)

14. Madeleine Lemaire (1845-1928) in ihrem Salon

15. v.l.n.r.: Charles Haas (1832-1902), Léon Ganderax,
Madame Granval, Edgar Degas, Geneviève Straus (1849-1926),
Monsieur Cavé, Madame Hallez-Claparède

16. Léontine-Charlotte Arman de Caillavet (1844-1910)

17. Anatole France (1844-1924) in seinem Arbeitszimmer

18. Emmanuel Bibesco
(1875-1917)

19. Antoine Bibesco
(1878-1951)

20. Elisabeth de Greffulhe (1860-1952)

21. Louis d'Albufera
(1877-1953)

22. Louisa de Mornand
(1884-1963)

23. Eingang des Grandhotels in Cabourg

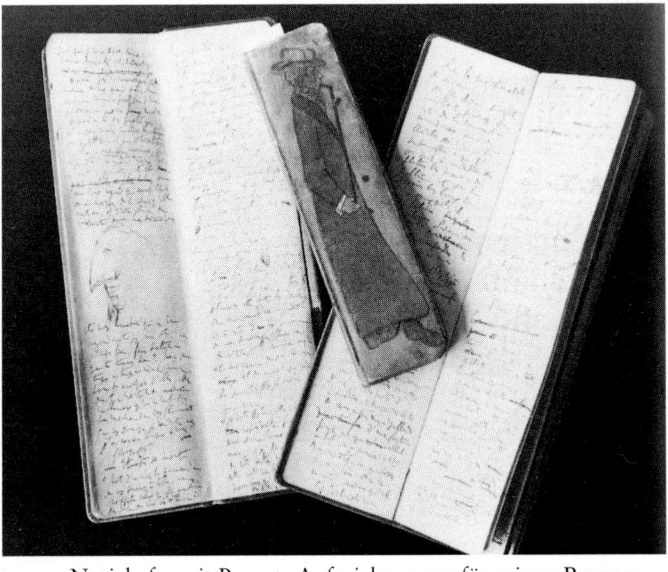

24. Notizhefte mit Prousts Aufzeichnungen für seinen Roman

25. Céleste Albaret

26. Alfred Agostinelli (1888-1914)

7 février 1914

102 boulev.d Haussm

Monsieur,

Enfin je trouve un lecteur qui dev...
que mon livre est un ouvrage dogmal...
et une construction! Et quel bonheur
pour moi que le lecteur, ce soit vo...
Car les sentiments que vous voulez bi...
exprimer, je les ai souvent ressentis en
vous lisant; de sorte que chacun de notr...
côté nous avons fait les premiers pas l'...
... vers l'autre et pour... je jours d'...

28. Der berühmte erste Brief Prousts an Jacques Rivière

29. Marcel Proust in Evian, 1905

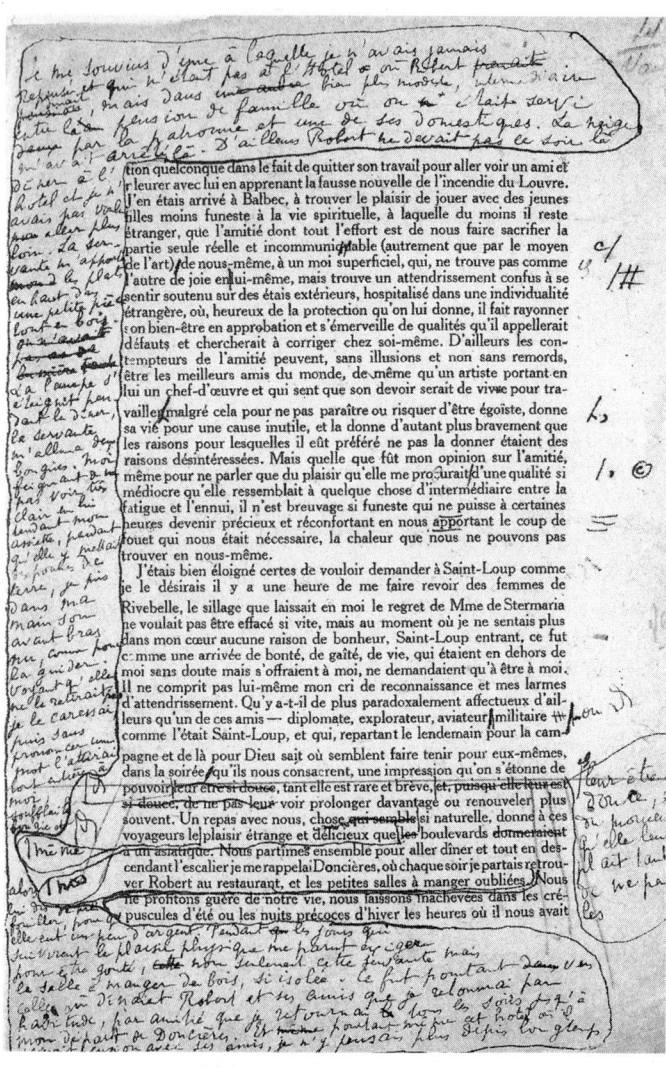

30. Druckfahne zu »Le côté de Guermantes«,
von Marcel Proust korrigiert und ergänzt

31. + 32. Letzte bekannte Photos
von Marcel Proust

33. Prousts Schlafzimmer, in dem sich auf dem Kaminsims und auf dem Nachttisch die Korrekturbögen und Manuskripte stapelten

Freunde empfängst«. »So preise ich Dich, liebe Dreieinigkeit, ich bin voller Dankbarkeit sowohl für *D* als auch für Chevreuse, und von allen dreien mag ich Robert Dreyfus am liebsten. [...] Danke für Deinen Vorschlag eines nächtlichen Besuches. Es kommt jedoch nur selten vor, daß ich abends keinen Anfall habe. Telephoniere in jedem Fall (292 05) (die Telephonverwaltung wird die Nummer ändern, wenn die Zentrale Gutenberg wiederhergestellt wird, sagt man). Du sagst: ›zu der Zeit, da Du *Deine Freunde* empfängst.‹ Außer Reynaldo und Dir hat jedoch niemand die Erlaubnis und kommt niemand.«[65]

Zurückweisungen konnten ihn aber immer noch schwer treffen. Nach all der Mühe, die er sich gegeben hatte, um die Freundschaft mit Georges zu pflegen, konnte er einfach nicht glauben, daß man ihn nicht zur Hochzeit am 26. Oktober 1910 einlud. »[...] Ihr Schweigen erweckte so sehr den Eindruck eines Alibi-Schweigens, jenes Schlaumeier-Schweigens, das man bei einer Situation vorschützt, in der man weder eingeladen wird noch gesagt bekommt, daß man nicht eingeladen wird.« Proust blieb jedoch versöhnlich. Er sei froh, zu erfahren, daß Fénelon zu den Trauzeugen gehört habe, schrieb er, und Georges sei mit seiner neuen Comtesse willkommen. »Wenn Sie kommen, dann natürlich kein Wort über meinen Vorwurf wegen der Hochzeit vor Nicolas usw. und auch nicht am Telephon. Dies würde meine Selbstachtung empfindlich treffen.«[66]

Einen noch schwereren Schlag mußte er hinnehmen, als Robert de Gangnat im Alter von vierundvierzig Jahren starb. »[...] ich glaubte nicht, so sehr um jemanden weinen zu können, den ich so wenig kannte«.[67] »Bevor ich dieses Leben verlassen muß oder vielmehr eine Existenz, die dem Leben kaum ähnlich ist, werde ich wohl alles sterben sehen müssen, was gut, vornehm, großzügig, liebenswürdig und lebenswert war. Und die, die bleiben, werde ich an immer neuen Gräbern trauern sehen, verwundet und in Tränen.«[68] Die alltäglichen Tätigkeiten seiner Freunde hatten zwar nicht gerade mit einer Existenz zu tun, »die dem Leben kaum ähnlich ist«, doch ihr Tod traf ihn mit außergewöhnlicher Wucht, zum einen, weil sein ganzes eigenes Leben so sehr in Todesnähe verlief, und zum anderen, weil der Tod seiner Mutter ihn so tief geprägt hatte. Die Zuneigung zu Albu hatte ihn wohl davon abgehalten, Gangnat so

zu mögen, wie er es sonst vielleicht gekonnt hätte, doch das Bewußtsein davon ließ den Schlag nur noch heftiger wirken. »O Sie, die ich
so sehr liebe, Louisa, ich bedaure Sie von ganzem Herzen, ich weiß,
was Sie verloren haben. Trotzdem können Sie stolz sein und Gott
preisen, denn Sie haben zuerst bei Louis und dann bei Gangnat […]
vielleicht die beiden reinsten, ritterlichsten und großartigsten Formen der Hingabe inspiriert, die eine Frau jemals inspirieren
konnte.«[69] Das Kompliment steht in einem merkwürdigen Verhältnis zu der Art, wie er im Roman über sie schrieb.

Auch wenn nicht sicher ist, wie rasch er mit der Arbeit an der
Recherche vorankam, so liefert doch sein Wunsch, die Erzählung
»L'Indifférent« von 1893 wiederzulesen, einen Hinweis. Sie wurde
erst mehr als zwei Jahre nach ihrer Niederschrift in *La Vie contemporaine* veröffentlicht. Da er kein Exemplar mehr besaß, schrieb er
an Robert de Flers: »Hast Du nicht zufällig bei Dir zu Hause *La Vie
contemporaine*, die Redaktion war, glaube ich, in der Rue Boissy
d'Anglas (ich glaube zumindest, daß die Zeitschrift so heißt, Henri
de Rothschild hatte damit zu tun). Ich hatte dort eine schwachsin-
nige Novelle veröffentlicht, von der es sich nun aber herausstellt,
daß ich sie brauche, und Du würdest mir einen Gefallen tun, wenn
Du mir dieses Heft schicktest.«[70] Proust hatte den Text aus *Les plaisirs et les jours* herausgenommen, weil er zu sehr nach einem ersten
Entwurf zu »Mélancolique villégiature« aussah. Beide Erzählungen
waren entstanden, nachdem er die Comtesse Greffulhe kennengelernt hatte, und der Gedanke, der ihn damals erregte, war immer
noch wichtig, auch wenn das Thema der Homosexualität nun in der
entgegengesetzten heterosexuellen Variante entwickelt wird. In beiden Fällen wird eine Frau von unheilbarer Liebe zu einem ganz
durchschnittlichen Mann erfaßt. In »L'Indifférent« war Madeleine
de Gouvres bereit, das Vergnügen, Monsieur de Lepré mittelmäßig
und der Gefühle unwürdig zu finden, die er bei ihr geweckt hatte,
wie eine bittere Frucht zu pflücken. Proust fällt es nicht schwer, bei
den Lesern den Eindruck zu erwecken, daß Odette trotz ihrer
Schönheit der Gefühle, die sie bei Swann erweckt, unwürdig ist.
Obwohl beide Geschichten sich nur knapp und lakonisch mit dem
mangelnden *rapport*, dem Fehlen einer unmittelbaren Gegenseitig-
keit der Empfindungen, zwischen den Liebenden befassen, zeichnet
Proust die Entwicklung von Swanns verhängnisvoller Leidenschaft

in aller Ausführlichkeit nach. Indem er die besitzergreifende Liebe und die leidenschaftliche Eifersucht in eine Strategie einrückt, die zum Teil von einer unsichtbaren Metaphorik abhängt, welche die Fixierung mit einer Krankheit gleichsetzt, verlangt er vom Leser nicht mehr, seine summarischen Urteile über den Wert des einen Liebenden und die Mittelmäßigkeit des anderen zu akzeptieren. Wir erkennen für uns selbst, wir leiden mit Swann, und wir sind Zeugen von Odettes Rücksichtslosigkeit. Die Stärke des männlichen Gefühls ist nicht an die Eigenschaften der Frau gekoppelt, die dieses Gefühl anzuregen scheint.

Am Montag, den 7. November 1910 wollte Proust Robert Dreyfus in der Redaktion des *Figaro* aufsuchen. Er traf ihn jedoch nicht an und ging deshalb in das Restaurant Larue. Am nächsten Morgen zeigte sich wieder einmal, welchen Preis er für das Ausgehen zu zahlen hatte: Er fühlte sich so krank, daß er nicht einmal die Zeitung las. Wenn er sie gelesen hätte, dann hätte er den Grund für Dreyfus' Abwesenheit erfahren. Am Morgen war dessen Bruder im Alter von dreiundfünfzig Jahren gestorben. Proust war mit seinem Kondolenzbrief zwar spät dran,[71] schrieb jedoch zehn Tage später einen zweiten Brief.[72] Am 7. Dezember schickte er Blumen und schrieb dazu, es sei »der erste siebente des Monats nach jenem fürchterlichen Tag«.[73]

Proust konnte keine Pläne machen, weil er nie wußte, wie krank er am nächsten Tag sein würde; deshalb räumte er dem Roman weiterhin den Vorrang ein. Das bedeutete, daß er alles andere aufschob, und zwar noch mehr als zuvor. Nach Beendigung des Romans würde er dann die Freiheit haben, alle Projekte nachzuholen, die sich angehäuft hatten.[74] Doch das Ende, das schon in Blickweite zu liegen schien, entschwand wie eine Luftspiegelung: »Das Werk wird immer länger und meine Kräfte lassen nach«, schrieb er im November.

Am 13. Dezember stand er um zwei Uhr nachts auf, um zu schreiben, und um neun Uhr, als er erschöpft war, fühlte er sich zwischen dem Bedürfnis zu schlafen und dem plötzlichen Wunsch, Montesquiou in Le Vésinet zu besuchen, hin- und hergerissen. Da er die Fensterläden nie aufmachte, verließ er sich beim Wetterbericht auf Céline und Nicolas. Nach einer langen Zeit mit Regen und Wolken herrschte jetzt strahlender Sonnenschein. In Paris war er zwar seit zehn Jahren nie mehr morgens ausgegangen, doch im Vertrauen auf seine innere Regung bestellte er ein Taxi, um nach Le Vésinet zu fahren. Unterwegs sah er im Schaufenster eines Blumenhändlers blühende Wicken. Arglos ließ er das Taxi anhalten und kaufte für Montesquiou einen Strauß davon. Der Blütenduft löste jedoch einen so schweren Asthmaanfall aus, daß er nach Hause zurückkehren mußte, wo er sich so krank fühlte, daß er sich nicht einmal mehr hinlegen konnte.[75]

Im März hatte eine neue Freundschaft begonnen, als er bei einem Abendessen bei Madame Straus den zwanzigjährigen Jean Cocteau kennenlernte. Dieser war mit neunzehn berühmt geworden, als er auf der Bühne des Théâtre Fémina seine Gedichte vortrug. Ende des Jahres nannte Proust den jungen Dichter beim Vornamen, doch dann hatten sie einen so heftigen Streit, daß Cocteau einen Brief Prousts mit einem zornig eloquenten Begleitbrief zurückschickte, der Proust berührte, »freilich nicht wegen seiner schönen Stellen: für jeden von uns ist Eloquenz ein Abwehrmittel, um Charakterschwächen zu tarnen«.[76] Er berührte ihn, weil er ihn an einen zornigen Brief erinnerte, den er selbst einst an seine Mutter geschrieben hatte und den sie aufbewahrte, damit er eines Tages bedauern würde, ihn geschrieben zu haben.[77] Cocteaus Geste war ohne Zweifel der Anlaß für jene Stelle im Roman, an der Swann dem Erzähler einen Brief zurückschickt. Der Antwortbrief Prousts an Cocteau beginnt wie folgt: »Ihre stummen Zeilen richten sich an mich mit einem freundlichen und fernen Sternenfunkeln, das mich mit Zärtlichkeit und Träumerei erfüllt. Ich danke Ihnen.«[78]

Als Cocteau sich mit Anna de Noailles anfreunden wollte, machte er sich Proust zum Verbündeten, um sie zu überzeugen, einige ihrer Gedichte für ihn aufzuschreiben. Sie tat dies gerne, und Proust riet Cocteau, sich bei seinem Dank nicht zu sehr zurückzuhalten. »Sie ist zugleich himmlisch einfach und erhaben stolz.«[79]

Cocteau hatte sich auch mit Reynaldo und mit Lucien angefreundet, der Proust nie besuchte. Doch am 9. Januar 1911, als der *Figaro* einen begeisterten Artikel des Literaturkritikers Marcel Ballot über ihn veröffentlichte, wollte Proust ihn unbedingt wiedersehen und ihm zu dem Artikel gratulieren. »Obwohl ich zwischen Koffein, Aspirin, Asthma und Angina schwebe und sechs von sieben Tagen zwischen Leben und Tod stecke, wollte ich Ihnen sagen, wie sehr ich mich freue.«[80] Er bemühte sich zwar, aufzustehen, doch er war zu krank, und als er am folgenden Tag an Lucien schrieb, hatte er große Zweifel, ob er den Roman jemals beenden würde, »und sei es auch nur in verpfuschter und bescheidener Form«.[81]

Bald darauf fand er einen neuen Weg, um die Monotonie des langen Aufenthalts im Bett zu unterbrechen. Heutzutage ist das Fernsehen eine permanente Quelle der Ablenkung für Bettlägerige; was dieser Ablenkung im Jahre 1911 am nächsten kam, war das Théâtrophone. Nach Bezahlung eines monatlichen Beitrags von sechzig Francs konnte man über das Telephon Aufführungen in der Oper, der Opéra Comique, der Comédie Française, der Concerts Colonne, des Théâtre des Variétés, Théâtre des Noveautés, des Châtelet oder der Scala mithören.[82] Auch wenn die Tonqualität dürftig war und es anstrengte, die ganze Zeit über den Hörer an das Ohr zu halten, fand Proust doch sein Vergnügen daran, wenn er zum Arbeiten zu schwach war. »Ich habe ein Abonnement für das Théâtrophone abgeschlossen, von dem ich nur selten Gebrauch mache. Bei den Opern Wagners, die ich fast auswendig kenne, ergänze ich die Unzulänglichkeiten der Akustik. Und neulich eine bezaubernde Offenbarung, die mich sogar ein wenig tyrannisiert: *Pelléas*. Ich hatte keine Ahnung! […] Adieu, lieber Georges, ich schlafe nicht mehr, esse nicht mehr, arbeite nicht mehr, und es gibt noch viele andere Dinge, die ich nicht mehr mache, doch erstere schon ziemlich lange nicht mehr.«[83]

Am Théâtrophone hörte er eher Opern als Theaterstücke, Konzerte oder Variétéaufführungen. Nachdem er sich einen Akt der *Meistersinger* angehört hatte, war er überzeugt, daß Reynaldo diese Oper überschätze.[84] Dagegen war er von Debussys *Pelléas et Mélisande* hellauf begeistert. Bei jeder Wiederholung bat er darum, die Aufführung über das Théâtrophone mithören zu können.[85] »Und die ganze übrige Zeit gibt es nicht ein Wort, das mir nicht ständig wieder in den Sinn käme.«[86] An den Abenden, an denen eine andere Oper aufgeführt wurde, probte er sie nach dem Gedächtnis und sang häufig laut die Rolle des Pelléas.[87] Am besten gefielen ihm die reinen Orchesterstellen, und obwohl er ein *Fidelio*-Plagiat dahinter vermutete, liebte er jene Stelle am meisten, wo Pelléas bei den Worten »Ach! endlich atme ich wieder auf« [IV. Akt, 3. Szene] die unterirdischen Gewölbe verläßt und ans Tageslicht zurückkehrt. »[…] es gibt einige Zeilen, die wirklich von der Kühle des Meeres erfüllt sind und von dem Rosenduft, den eine Brise für ihn herbeiträgt.«[88] Nachdem er im März von Reynaldo einen sehr herzlichen Brief bekommen hatte, der ihn zu Tränen rührte, schickte Proust ihm ein Pastiche auf das Libretto: Reynaldo war darin Pelléas, er selbst war Markel (eine Verbindung von *Arkel*, Golos Vater, und *Marcel*). Markel zu Pelléas: »Ihr Gesicht, Pelléas, ist ernst und tränenvoll wie bei denen, die schon seit langer Zeit Schnupfen haben.« Pelléas, der seinen Hut verloren hat, klagt: »Mir scheint, mein Kopf beginnt für immer zu frieren.«[89]

Auch wenn Proust nicht den Wunsch hatte, für den Rest seines Lebens im Bett zu bleiben, schlug er Antoine Bibescos Einladung aus, in London sein Gast zu sein.[90] Da er nicht sicher war, ob er jemals wieder nach Cabourg fahren werde, erkundigte er sich nach dem Travellers Club in London: ob er auch spätabends noch geöffnet sei, ob man dort essen könne, ob Zimmer vermietet werden und ob man Klubmitglied sein müsse, um Einlaß zu finden.[91]

Ende März bemühte er sich einmal mehr aufzustehen. Nachdem er am 23. März 1911 die Nachricht über den Tod von Madame Fould gelesen hatte, wollte er am 24. zum Begräbnis gehen, bekam jedoch unterwegs Schwindelgefühle und Herzbeschwerden.[92] Er mußte innehalten; sein Arzt riet ihm, die Augen zu schonen, doch Proust hörte nicht auf ihn. In tiefer Niedergeschlagenheit darüber, daß er mit dem Roman kaum vorankam, betrachtete er die vergangenen vierzehn Jahre als eine Zeit, »in der sich mein Leben stark verändert hat, ich habe alle verloren, die ich liebte, meine Gesundheit ist endgültig ruiniert, und nun bin ich schon seit zehn Jahren bettlägerig, stehe einmal im Monat für ein paar Stunden auf, sehe niemanden mehr, nicht einmal meinen Bruder, öffne weder Fenster noch Vorhänge und esse nicht.«[93]

So lautete seine Bilanz, als er sich dazu entschloß, wieder mit Louis de Robert in Verbindung zu treten, einem Schriftsteller, den er seit dem Zola-Prozeß nicht mehr gesehen hatte. Robert hatte 1909 den Prix Fémina für seinen psychologischen Roman *Roman d'un malade* erhalten, der wohl den Anstoß zur Wiederannäherung gab.[94] An Antoine Bibesco hatte Proust geschrieben, daß er keinen Augenblick mehr schlafe.[95] Er dachte oft über die glückliche Vergangenheit nach, und um spontane Erinnerungen an seine erste

Begegnung mit Madame Straus anzuregen, bestellte er in einer Papeterie malvenfarbenes Schreibpapier und in derselben Farbe gefütterte Briefumschläge, wie sie sie verwendet hatte, als sie ihm das erste Mal schrieb. Die Papeterie lieferte jedoch nur eine dürftige Nachahmung.[96]

Nach so vielen mißglückten Versuchen, aus dem Bett zu kommen, gelang es ihm in der zweiten Maiwoche – angespornt durch die Aussicht, daß Fénelon anwesend sein würde –, einen Ball zu besuchen, den die Zeitung *L'Intransigeant* im Hotel Carlton organisierte. Er traf dort Princesse Marthe Bibesco, die vierundzwanzigjährige Cousine der Brüder Bibesco und von Anna de Noailles. Mit neunzehn hatte sie einen anderen Cousin geheiratet, Prince Georges Bibesco, und ein Buch geschrieben, *Les Huit Paradis*, das Proust bewunderte. Er hätte gern mit ihr gesprochen, doch sie ging ihm aus dem Weg. »Was wollte er hier, dieser seltsame Mann, der innerlich fröstelte?« In seinem Pelzmantel mit dem hochgeschlagenen Kragen schien er Kaltluft zu verströmen. »Mit seinem Körper, wie ein Gefangener in dem zu großen Pelzmantel, sah er aus, als ob er soeben aus dem Sarg gestiegen wäre.« Sie tanzte am anderen Ende des Saals, und als sie ihn hinter den tanzenden Paaren erblickte, hielt sie ihn für anämisch, und sein schwarzer Bart erinnerte sie an einen armenischen Christus im Grab. Proust schickte Fénelon, um sie zu holen, und widerwillig folgte sie. Er fragte sie, ob sie ein neues Buch schreibe, und begann »ausführlich etwas zu erklären, das, soweit die Musik und die Füße der Tanzenden mir zu hören erlaubten, nach einem Lob der Niederlage klang, dessen, was hätte sein können und nicht eingetreten ist. Alle seine Investitionen seien schlecht angelegt, sagte er; er wollte erklären, im Glücksspiel komme es auf das Verlieren und nicht auf das Gewinnen an.« Sie hörte ungeduldig zu und wollte weitertanzen.[97]

Als er sich elf Tage später für einen weiteren Ausgang wohl genug fühlte, ging er zur Hauptprobe von d'Annunzios Stück *Le Martyre de Saint-Sébastien*; die Musik war von Claude Debussy, das Bühnenbild und die Kostüme stammten von Léon Bakst, Regie führte Armand Bour und die Choreographie war von Fokine. Proust fand außer den Beinen von Ida Rubinstein, die den Heiligen spielte, nichts Bewundernswertes an dem Stück: Es war langweilig, die Musik gehaltlos und »die Werbung und das Orchester für diese paar

Fürze doch ziemlich gewaltig«.[98] Er sah Montesquiou im Publikum und setzte sich in der Pause zu ihm. Als er danach hörte, daß Montesquiou lobend über das Stück schrieb, schickte er ihm einen unaufrichtigen Brief: »Ich war so glücklich, Ihnen während der Pausen zuhören zu dürfen und Ihnen nahe zu sein während des letzten Akts, bei dem ich, durch Ihre Manschette wie mit einer Metallelektrode an ihre Begeisterung angeschlossen, auf meinem Sitz von Gefühlsaufwallungen bewegt wurde, als ob er elektrisch gewesen wäre.«[99]

22. Zurückweisung

»[…] es ist wirklich widerwärtig, sein ganzes Leben der Herstellung eines Buches unterzuordnen und damit seit über einem Monat aufgehalten zu werden!«[1] Die Erfahrung der Literatur unterzuordnen hatte freilich schon lange vor dem Arbeitsbeginn an dem Buch begonnen. Die Lust daran, den Handlungsfaden zu verlängern, war in der raffinierten Verwicklung und den Intrigen der Beziehungen Prousts zu Fénelon und den Bibescos vorgeprägt worden, und als er einen großen Teil dieser Intrigen in den Briefen an sie entfaltete, befand er sich bereits auf dem Weg, sie zu Literatur zu machen. Indem er sich immer mehr von der Gesellschaft zurückzog und sich für den Kontakt zu seinen Freunden hauptsächlich auf die Korrespondenz verließ, hatte er in sein Leben die Spitze jenes literarischen Keils hineingetrieben, den er auch deshalb konzipiert hatte, um bestimmten Augenblicken, die sonst keine Spur hinterlassen hätten, Dauer zu verleihen. Briefe konnten nichts Denkmalhaftes annehmen. Ein Buch hingegen hatte bessere Überlebenschancen, doch er hätte es bestimmt nicht verwirklichen können, wenn ihm der damit verbundene Arbeitsprozeß keine Freude bereitet hätte. Die Erfahrung des Erinnerns, Nachforschens und Planens war ebenso befriedigend wie das Briefeschreiben – und schloß das Briefeschreiben auch häufig mit ein –, weil sie seine imaginative Vertrautheit mit Erlebnissen und mit Menschen steigerte, die ihm wichtig waren. Je mehr er die Gewohnheiten eines Kranken annahm, desto abhängiger wurde seine Beziehung zur Außenwelt von der komplexen Maschinerie, deren wichtigste Bestandteile die Korrespondenz und das Buch waren.

Hauptproblem des Buches war der Aufbau. Proust vertraute zwar der Qualität der Ingredienzien, die in das Buch eingehen sollten, doch das Chaos aus Erinnerungen und Ideen in seinem Geist mußte in einer mitteilungsfähigen Form zusammengefügt werden. Die Notwendigkeit, sehr lange Sätze zu schreiben und jeden einzelnen davon ebenso häufig umzuschreiben, spiegelte die Notwendigkeit, für die Komplexität dessen, was zu sagen war, eine syntaktische Entsprechung zu finden. Auch wenn es darum ging, in dieser Komplexität eine Ordnung durchzusetzen, durfte nichts simplifiziert werden. Die Schwierigkeit wurde sichtbar in dem Durcheinander von Büchern, Zeitungen, Notizheften und losen Blättern auf seinem Bett. Aufräumen war noch nie seine Stärke gewesen, und mit der Verschlechterung seines körperlichen Zustandes gab er sich immer weniger Mühe, seine Papiere in Ordnung zu halten, und es ist überhaupt erstaunlich, daß aus dem Papierchaos auf seinem Bett so viel gute Literatur hervorging. Er neigte auch oft dazu, Briefe zu verlegen. Als der Duc de Gramont starb, schrieb Proust Kondolenzbriefe an seinen Sohn Guiche und an die Tochter, die Marquise de Clermont-Tonnerre. Der Brief an Guiche enthielt ein Postskriptum über seine »bewundernswerte« Schwester; der Brief an sie lobte die vortrefflichen Eigenschaften ihres Bruders. Die beiden Briefe steckte er jeweils in den falschen Umschlag.[2]

Da sein Zimmer nur dann gelüftet und gereinigt werden konnte, wenn er ausging, wurde es schmutziger und unordentlicher. Cocteau war bei einem Besuch über die Unordnung entsetzt: Überall lagen Decken herum, die Gaslampe war in ein Baumwolltuch eingewickelt, das Théâtrophone stand mitten unter Arzneifläschchen und Schulheften, auf den übrigen Möbeln, sogar auf dem mit Photographien von berühmten Schönheiten, Aristokraten und Dienern vornehmer Häuser überhäuften Mahagonitisch lag eine dicke Staubschicht. Auf dem Kaminsims stand ein blinder Spiegel, und der Raum roch nach Asthmapulver.

Proust, mager und leichenblaß, sah wie ein Kalif aus, wenn er einen Bart hatte, und wie ein Ei, wenn er rasiert war, schrieb Cocteau. Besucher empfing er angezogen – nicht nur in steifem Kragen und Krawatte, sondern auch in Handschuhen – auf dem Bett liegend. Er fürchtete sich immerzu vor Parfüm. »Lieber Jean, Sie haben nicht etwa die Hand einer Dame gehalten, die vielleicht eine

Rose angefaßt hat?« Und halb im Scherz sagte er, Debussys orchestrale Nachahmung einer Meeresbrise in *Pelléas et Mélisande* könne bei ihm einen Asthmaanfall auslösen. Oft pflegte er aus *Swann* vorzulesen, wobei er zufällig eine Passage auswählte, eine Seite überblätterte, sich selbst unterbrach, um zu erklären, wie eine Geste im ersten Band dann im letzten Band erläutert werde, hinter der behandschuhten Hand lachte und innehielt, um sich dafür zu entschuldigen, wie schlecht er vorlese. Eigentlich hätte er gar nicht damit anfangen sollen. »Das ist zu dumm. Nein, ich werde nichts mehr lesen. Es ist zu dumm.« Er ließ sich jedoch gerne zum Weiterlesen überreden. Manchmal stand er auf, zog sein Jackett aus, fuhr mit der Hand durch das Haar, ging in sein Ankleidezimmer und stand in Hemdsärmeln da, mit einem Teller Nudeln in der Hand, die er mit einer Gabel aß.[3]

Bei seinem schlechten Gesundheitszustand war es absurd, daß er immer noch militärdienstpflichtig war, doch es gelang ihm nicht, sich für immer von der Dienstpflicht befreien zu lassen, bis er herausfand, daß Calmettes Bruder Henri Chef des militärischen Sanitätsdienstes war. Proust, niemals abgeneigt, die Hilfe einflußreicher Freunde zu erbitten, wandte sich an Calmette. In der zweiten Maihälfte kam ein Militärarzt um neun Uhr morgens zu ihm nach Hause, und vier Monate später war sein Name von der Einberufungsliste gestrichen.[4]

Im selben Monat tauchte auch der Chauffeur Alfred Agostinelli wieder auf. Obwohl er stattlich war und Proust ihn mochte, hatte es niemals so ausgesehen, als ob dieser Mann in Prousts Leben eine wichtige Rolle spielen sollte, und es sah auch jetzt nicht danach aus. Agostinelli wollte eigentlich nur um Hilfe bitten, damit seine Freundin Anna im Théâtre Réjane eine Stelle als Platzanweiserin erhielt.[5] Innerhalb von vierzehn Tagen schrieb Proust zwei Briefe an Francis de Croisset und bat ihn, seine Beziehungen spielen zu lassen. Bald darauf traf ein Brief vom Generalsekretär des Theaters ein, der eine Stelle anbot. »Wie liebenswürdig Sie sind! Ich bin vom Briefkopf des Théâtre des Variétés, von der Unterschrift Brasseurs, der Schnelligkeit des Arrangements und der Anzahl der beteiligten Berühmtheiten so beeindruckt, daß die unglücklichen Agostinellis mir plötzlich ganz klein vorkamen und völlig unwürdig, diesen erhabenen

und schwindelerregenden Apparat in Gang gesetzt zu haben.«[6]
Dann verschwanden die kleinen Agostinellis wieder einmal aus
Prousts Leben.

Vielleicht ist es kein Zufall, daß Proust nach dieser Begegnung
wieder daran dachte, einen Sekretär zu verpflichten. Auch wenn er
im Durchschnitt nur einen Tag pro Monat am Roman arbeitete,[7]
gewann er doch die Überzeugung, daß er ihn schneller beenden
könnte, wenn er für zwei oder drei Monate die Hilfe eines Sekretärs
in Anspruch nehmen würde. Gegen Ende Juni setzte er sich um vier
Uhr morgens hin, um einen langen Brief an einen jungen Mann zu
schreiben, den er bei Constantin Ullmann kennengelernt hatte. Die
Arbeitsbedingungen würden unerträglich sein, warnte Proust: »Ein
Zimmer voller Rauch von meinen Räucherungen, unmögliche Ar-
beitszeiten, die Unmöglichkeit, wegen der Plötzlichkeit der Anfälle
auch nur einen Tag vorauszuplanen, das sind noch die geringeren
Schrecken dieses Lebens.« Die Arbeit, um die es ging, beschrieb er
als »Roman oder Essayband«. Er besaß bereits eine Reinschrift des
Combray-Teils und wollte den Rest einem Sekretär diktieren, der
den Text stenographieren und dann in Prousts Abwesenheit mit der
Maschine abschreiben würde. Statt vor dem Stellenangebot zu fragen, ob denn der junge Mann stenographieren könne, bot Proust
ihm an, so zu lesen, daß er auch ein handschriftliches Diktat aufnehmen könne. Der junge Mann würde vormittags und nach dem Mittagessen frei haben; zusammen arbeiten würden sie am frühen
Abend oder nach dem Abendessen, und zwar bis spät in die Nacht.[8]

Als Proust am 11. Juli 1911 wie stets überstürzt entschied, nach
Cabourg abzureisen, war noch keine Antwort eingetroffen. Es war
sein vierzigster Geburtstag, doch von Feiern konnte keine Rede sein,
und auch die See vermochte ihm keine Besserung zu bringen. »Ich
sterbe hier dieses Jahr vor Asthma.«[9] Inzwischen hatten sich zwei
»neue Fakten« ergeben: »Erstens habe ich im Gegensatz zu meinen
sonstigen Aufenthalten in Cabourg fortwährende und schreckliche
Asthmaanfälle, so daß ich, falls es so weitergeht, zu einer Isolations-
kur in *La Colline* beim Doktor Widmer (am Genfer See) fahren
werde. Die zweite Neuigkeit ist, daß eine sehr geschickte Stenotypistin im Hotel ihren Dienst aufgenommen hat, wovon ich keine
Ahnung hatte.«[10] Er war unschlüssig, ob er unter diesen Umständen
von einer Verpflichtung des jungen Mannes nicht Abstand nehmen

sollte. Großzügig und rasch verunsichert, wie er war, bot er ihm 300 Francs an – das war die Differenz zu seinem vorherigen Verdienst –, »als Ausgleich für den Verdruß, Ihre Briefe schreiben und meine so trockenen Antworten ertragen zu müssen.«[11] Wenn er unerschrocken genug sei, trotz Prousts Asthma und trotz des Risikos, daß dieser bald wieder abreisen würde, nach Cabourg zu kommen, würde er 400 Francs im Monat erhalten und außerdem 250 oder, falls notwendig, 300 Francs zusätzlich für die Mahlzeiten. An Robert de Billy schrieb Proust: »Kommen Sie nicht nach Cabourg, ohne mich vorher zu benachrichtigen, denn ich bin sehr leidend und glaube nicht, daß ich bleiben kann«;[12] dem jungen Mann schlug er dagegen vor: »Was das Zimmer betrifft, so wäre es das beste, vorausgesetzt, Sie rauchen nicht und schlafen nicht bei geöffnetem Fenster (zwei Dinge, die ich fürchte), wenn Sie in meinem Appartement des Hotels übernachteten. Sie hätten dort ein nettes Zimmer.«[13]

Wahrscheinlich erkannte der junge Mann das mit der Übernachtung in Prousts Appartement verbundene Risiko, und so tauchte er auch gar nicht erst auf. Proust tröstete sich jedoch, indem er die Freundschaft zu dem fünfundzwanzigjährigen Albert Nahmias erneuerte, der zwar den von Proust angebotenen Sekretärsposten nicht akzeptierte, ihm dafür aber bei Finanzangelegenheiten half und die Herstellung des Typoskripts durch die Stenotypistin des Hotels überwachte. Sie entpuppte sich als Engländerin mit beschränkten Französischkenntnissen; ihr Name war Cecilia Hayward. Proust diktierte ihr trotzdem, und zwar an den Tagen, an denen er sich wohl genug fühlte, um aufzustehen: »Da sie kein Französisch kann und ich kein Englisch, wird mein Roman in einer Art Zwischensprache geschrieben, von der ich annehme, daß Sie Geschmack daran finden werden, wenn Sie den Band erhalten.«[14]

Das Diktieren eines fiktionalen Textes, der zum einen eine glücklichere Vergangenheit wiederbeleben und zum anderen eine neue Perspektive auf sie eröffnen sollte, hielt ihn nicht davon ab, über Vergnügungen nachzudenken, die aus seinem Leben verschwunden waren. »Ach, lieber Antoine, es gab an der Rue Courcelles einige Monate, als ich wirklich krank war, als ich mehr litt als heute, doch damals existierte für mich noch das Glück. Und ohne es mit dem einzigen Glück vergleichen zu wollen, nämlich dem, welches eine

Freundschaft geben kann, wurde jenes Jahr für mich noch verschönert durch den Zauber Deiner ersten Besuche, durch Deine Freundschaft, an die ich damals glaubte, auf die ich hoffte. Wie weit weg ist das alles.«[15] Und an den einen loyal gebliebenen Freund schrieb er: »Stelle dir vor, mein Bunibuls, daß ich jeden Abend, wenn die Sonne untergeht und ich die Elektrizität noch nicht eingeschaltet habe, in meinem kleinen Bett mit ein wenig Kummer an Dich denke, und in diesem Augenblick kommen dicke Damen, die weit weg am Strand auf Jagdhörnern und Englischhörnern Walzer spielen, bis es dunkel wird. Man könnte sich in das Meer der Melancholie stürzen.«[16]

Einen gewissen Trost fand er in der Überzeugung, daß die Zeit nicht völlig verloren sein mußte; außerdem ließ sich jedes Gespräch in Dialoge umwandeln: »Ich glaube, ich habe Dir schon gesagt, daß das Substantiv, das am häufigsten an *ewig* angeklebt wird, *Zigarette* ist. [...] Eine andere Wendung, die häufig ausgesprochen wird (analog zu ›Ich hatte keinen Erfolg mit meinem Tee‹): ›Das sieht gut aus, was Sie da essen‹.«[17] Er verwendete diese Sätze, um Odettes Konversation im ersten Teil der *Jeunes filles en fleurs* zu kennzeichnen.[18] Calmette hielt sich in Cabourg auf, doch Proust traf ihn erst Mitte August, und sie sprachen über Reynaldo, der im Juli bei der Nominierung für die Ehrenlegion übergangen worden war. Calmette lud Proust ein, etwas mit ihm zu trinken. »Ich sagte ziemlich grob, daß ich es sei, der ihn einladen wollte, worauf er mir in diesem Tonfall, den Sie ja kennen, sagte: ›Das hat keine Bedeutung, *sofern wir nur zusammen sind*.‹ Ich glaube aber vielmehr, daß es ihm zuwider ist, mich zu treffen.«[19]

In den elf Wochen in Cabourg war das einzige größere gesellschaftliche Ereignis, an dem er teilnahm, ein Ball im Golfclub, den der Clubpräsident Vicomte d'Alton organisierte. Proust begegnete dort François de Pâris, Anna de Noailles und ihrem Ehemann sowie Calmette. Hier bot sich auch die Gelegenheit, die Frage nach dem Namen ›Guermantes‹ an François de Pâris zu richten, der bald zu erkennen gab, daß Georges de Lauris das Problem ihm gegenüber noch überhaupt nicht angesprochen hatte. »Ich habe überhaupt kein Vertrauen mehr in Ihre Besorgungen«, schrieb er an Georges. Von nun an konnte er sich jedoch frei fühlen, den Namen ›Guermantes‹ zu verwenden.

Obwohl die Sopranistin Maggie Teyte, die die Mélisande gesungen hatte, im Kasino regelmäßig Konzerte gab, ging Proust nicht hin.[20] Ein einziges Mal war er dort, in der Hoffnung, Calmette anzutreffen, um ihm für die Intervention zu danken, die dazu geführt hatte, daß Prousts Name von der militärischen Einberufungsliste gestrichen wurde.[21]

Die Stenotypistin Cecilia Hayward reiste im September nach Paris ab, doch Proust, der fast bis zum Monatsende in Cabourg blieb und Nahmias als Vermittler einsetzte, beschäftigte sie weiter, mußte aber einer anderen Stenotypistin diktieren. Ende des Sommers war ein Fünftel oder ein Viertel des Buches getippt. Gegen Ende September erlitt er eine Reihe von schweren Asthmaanfällen, die ihn schließlich nach Paris zurücktrieben. Diesmal legte er den Weg jedoch nicht im Taxi zurück. Auf dem Weg zum Bahnhof ging er zum ersten Mal seit seiner Ankunft in Cabourg vor elf Wochen an die frische Luft. Am 1. Oktober 1911 kam er um sechs Uhr morgens in Paris an und fühlte sich so schwach und erschöpft, als ob sein Körper mehr aus Knochen als aus Fleisch bestünde.[22]

Außer Nicolas und Céline sah er niemanden, und so dachte er oft an Reynaldo und dessen neuen Hund, der den Voltaireschen Namen Zadig erhalten hatte. Proust wollte Reynaldo den Hund gern zum Geschenk machen[23] und ihn deshalb bezahlen, doch Reynaldo verabscheute Geschenke ebenso wie Proust. Proust, der eifersüchtig war, weil der Hund so viel mehr Zeit mit Reynaldo verbringen durfte als er, schrieb dem Hund einen langen Brief.

> Als ich klein war und Kummer hatte, weil ich meine Mutter verlassen, oder weil ich verreisen sollte, oder weil ich schlafen gehen mußte, oder eines jungen Mädchens wegen, das ich liebte, war ich unglücklicher als heute, zunächst weil ich damals, wie Du heute, noch nicht die Macht besaß, meinen Kummer anderwärts zu zerstreuen, und weil ich mit ihm allein war, aber auch deshalb, weil ich mit meinem Kopf auskommen mußte, in dem weder ein Gedanke, noch die Erinnerung an ein Buch, noch ein Plan für die Zukunft waren, in die ich mich hätte flüchten können. Und so bist Du, Zadig: Du hast nie ein Buch gelesen und hast keine Gedanken. Und Du mußt recht unglücklich sein, wenn Du traurig bist. Aber Du mußt wissen, mein liebster Zadig, der kleine Schnurps, der ich bin, einer von Deiner Art, spricht zu Dir deshalb, weil er

Mensch gewesen ist und Du nicht. Diese Intelligenz dient zu nichts anderem, als jene Eindrücke, die Dich lieben und leiden lassen, durch schwache Abbilder zu ersetzen, die weniger Kummer bereiten und weniger Zärtlichkeit verschaffen. In den seltenen Augenblicken, wo ich meine ganze Liebe, mein ganzes Leid wiederfinde, hat sich mein Gefühl nicht von jenen falschen Ideen leiten lassen, sondern sich etwas anvertraut, das gleichermaßen in Dir und in mir vorhanden ist, mein kleiner Schnurps. Und das scheint mir dem übrigen so überlegen zu sein, daß ich erst dann, wenn ich wieder Hund geworden bin, ein armer Zadig wie Du, mich ans Schreiben mache, und nur die so entstandenen Bücher habe ich gern.[24]

Der Schlußsatz ist auch eine Reaktion auf einen Artikel in der *Nouvelle Revue Française*, wo ein Romanideal beschrieben wird, das sich von seiner eigenen Schreibweise völlig unterscheidet.

Es gibt im französischen Roman eine Tradition, die auf die *Princesse de Clèves* zurückgeht und auf diese Literaturgattung eine sehr entschiedene und sehr präzise Ästhetik überträgt, die sich von jener des englischen oder des russischen Romans stark unterscheidet. Einige Schriftsteller und zwar nicht die unbedeutendsten – muß man Balzac und Flaubert auch nur erwähnen? – wollten darauf verzichten, und ihr energischer Genius vermochte eine neue Gattung neben dem alten Roman zu schaffen. Der französische Geschmack ist trotzdem immer wieder auf diese Erzählungen zurückgekommen, die im allgemeinen kurz sind, streng aufgebaut und auf geradem Weg zum Ziel führen; wo einige Personen entweder mit scharf ausgeprägten oder feinfühlig abgestuften, jedoch immer präzisen Zügen ihren Charakter auf logische Weise entwickeln und obendrein ein moralisches Problem ins Licht rücken. In diesen Werken wird das Leben weder in all seinen Einzelheiten noch in seiner Komplexität betrachtet, sondern in seinen großen Linien. Ein Verstand hat Ordnung in dieses Leben hineingebracht, und zwar eine bestimmte Ordnung, und die eindringlichen Blicke, die der Autor in die menschliche Seele werfen, und die Einsichten, die er gewinnen kann, sind stets deutlich zu verstehen. Diese Technik wird auf ganz unterschiedliche Eingebungen angewandt: es ist die Technik von *Vie de Marianne* [Marivaux], von *Adolphe* [Benjamin Constant], von *Dominique* [Fromentin] und der Romane Stendhals; es ist die Technik von *Colette Baudoche* [Maurice Barrès] und der *Porte étroite* [André Gide]. Sie eignet sich ebenso für die am deutlichsten ausgeprägten Züge wie für die zartesten Abstufungen. Allerdings steht sie im Gegensatz zu der – zuweilen übrigens wunderbaren – Unordnung der englischen und der slawischen Schriftsteller. Genau zu dieser Tradition gehört der neue Roman [*La maîtresse servante*] von Jérôme und Jean Tharaud. [...] Ich mag es, daß ihr Stil schmucklos ist und nichts anderes anstrebt als Nüchternheit, Verbindlichkeit, Schnelligkeit und Präzision. Hier haben wir den wahren Stil des französischen Romans [...].«[25]

Proust, immer bereit, seine eigenen Leistungen gegenüber denen der anderen herabzusetzen, fand diesen Artikel bedrückend. War es wirklich das, was das französische Publikum wollte? »Im übrigen fragt man sich, für wen man schreibt.«[26]

Den ganzen Winter über kam er kaum aus dem Bett, und obwohl er versprochen hatte, wieder mit Lucien Daudet, Georges de Lauris und Montesquiou Verbindung aufzunehmen, sobald es ihm besser gehe, fühlte er sich zu dieser Anstrengung unfähig.[27] Er wollte nicht einmal mehr von Nicolas oder Céline das Essen aufs Zimmer gebracht haben. Sie wurden angewiesen, Milch und Eier bereitzustellen, die er selbst zubereiten wollte, wenn er Hunger hatte.

Am 5. Dezember stand er jedoch rechtzeitig auf, um mit Lucien Henraux, dem Freund der Bibescos, die Eröffnung einer Ausstellung alter chinesischer Gemälde und Lack-Wandschirme in der Galerie Durand-Ruel zu besuchen. Proust war recht begeistert und dachte daran, einen der Wandschirme zu kaufen, falls seine jüngsten Investitionen in Aktien genügend Profit abwarfen.[28] Die beiden trafen dort Georges Rodier, einen reichen Kunstliebhaber und früheren Stammgast bei Madame Lemaires Montagsveranstaltungen: Er sah »gealtert [aus], nicht wiederzuerkennen unter dem Hut, angegriffen, rotgelb wie ein Stück unregelmäßig geschmolzene Honigwabe, beinahe mürrisch (solange er uns nicht sah), dann aber ganz gut, sehr viel besser«.[29] Dies war eine von vielen Begegnungen, die Proust dazu bewegten, die Skizze zu überarbeiten, die er für jenen

Abschnitt in *Le temps retrouvé* entwarf, der beschreibt, wie die Zeit alle seine Bekannten verändert hatte.[30]

Rodier, eines von Prousts Modellen für den snobistischen und provinziellen Bildungsbürger Legrandin, sprach auch über Cocteau. »›Was ich im Hinblick auf ihn befürchte, ist die mondäne Gesellschaft, er begibt sich zu oft in diese Gesellschaft, und wenn er sich in die mondäne Gesellschaft begibt, ist er verloren.‹ Ich sah jedoch, daß er dies nicht so aussprach, wie ein Angehöriger der mondänen Gesellschaft, der den Grund für seine Schwäche beklagt, sondern wie ein Solitär, der das Rezept für seine eigenen Tugenden angibt.«[31]

Allerdings war Proust weit davon entfernt, aus seinen neuen Investitionen soviel Profit zu schlagen, daß er einen chinesischen Wandschirm kaufen konnte: weil er dem Rat von Albert und nicht dem von Lionel Hauser gefolgt war, hatte er schwere Verluste zu verzeichnen. »Ich habe gut daran getan, Sie nicht an meiner umfangreichen Spekulation zu beteiligen, denn was vom Umfangreichen übrigbleibt, sind die enormen Verluste, mit denen sie endet.«[32] Er freute sich jedoch bei dem Gedanken, welchen Eindruck der Roman auf Reynaldo machen würde: »Ich habe soeben die ganze Nacht mit Dir geplaudert und mich gefragt: ›Ist das schön? Gefällt es Dir?‹«[33] Er genoß auch die Vorfreude auf den Eindruck, den er auf andere Freunde machen würde. Allerdings war dies nicht die einzige Form, in der sie für ihn weiterhin wichtig waren, auch wenn sie ihn nicht mehr besuchten. Nachdem der Roman für einen einzelnen Band zu umfangreich geworden war, begann er sie um Rat zu fragen. Sollten die beiden Bände verschiedene Titel tragen? Sollten sie gleichzeitig oder separat veröffentlicht werden? Konnte es sein, daß der Verleger dreihundert Seiten als Maximum für einen Band ansehen würde? In diesem Fall würden zwei Bände nicht ausreichen.[34]

Albert Nahmia half Proust weiter bei der Herstellung der maschinenschriftlichen Fassung und wurde auch dafür bezahlt.[35] Die Handschrift war schwer zu entziffern, und sie wechselten zwischen zwei Vorgehensweisen ab. Zum einen pflegte Proust ihm zu diktieren und zum anderen übergab er ihm die Schulhefte, um sie zu transkribieren. In beiden Fällen arbeitete die Daktylographin nach Alberts Manuskript. Anfang 1912, als Cecilia Hayward, die Stenotypistin aus Cabourg, in Paris eintraf, forderte Proust Nahmias auf,

sie einzusetzen und sicherzustellen, daß sie auch ohne Pause arbeitete.[36] Zu Anfang des Jahres sandte er Albert ein rotes und ein
blaues Schulheft mit der Beschreibung von Tante Léonies Zimmer,
Berichten über einen Theaterbesuch, einer Episode über einen Brief
von Odette an ihren Liebhaber Forcheville sowie mit Bruchstücken
von weiteren Episoden aus *Swann*. Er bat darum, die erste Seite des
Typoskripts mit der Seitenzahl 560 zu versehen.[37]

Das Wissen, daß der Roman nun mit der Maschine geschrieben
wurde, war für ihn ein zusätzlicher Ansporn, weiteres Material
zu liefern, um den Prozeß in Gang zu halten.[38] Ende Februar hatte
er einen »richtigen Band«[39] für die Stenotypistin fertig, und Ende
März glaubte er, der Roman werde acht- bis neunhundert Seiten
lang werden.[40] Seine Arbeit bestand nun hauptsächlich darin, Fragmente umzuschreiben, die er in Schulheften notiert hatte, doch da er
bei jeder neuen Fassung neue Wendungen, Sätze und Ereignisse hinzufügte, revidierte er fortwährend seine eigene Schätzung über die
Seitenzahl. In einem Brief vom April oder Mai 1912, als er ankündigte, der erste Band werde 650 und der zweite wohl 500 Seiten
umfassen, strich er 650 durch und schrieb statt dessen 700, und statt
500 schrieb er 600.[41]

Seine Finanzen vernachlässigte er nicht. Er las Zeitungsberichte
über Aktiengesellschaften, die ihn interessierten, und fragte in Geld-
dingen informierte Freunde um Rat. Der Goldpreis war im Fallen,
und im Dezember 1911 hatte Proust bei einem Termingeschäft mit
Aktien von Goldminen, bei dem er auf das erneute Ansteigen des
Goldpreises gehofft hatte, fast 300 000 Francs aufs Spiel gesetzt, indem er Aktien kaufte, die in Höhe einer vorher bestimmten Summe
erst später zu bezahlen waren. Der Kurs war jedoch gefallen, und
um Ende Januar und Ende Februar die Differenz bezahlen zu können, mußte er sein Kapital antasten. Möglicherweise hat Robert de
Billy ihm durch den Kauf einiger Aktien geholfen, obwohl er wußte,
daß Proust bei der Schilderung seiner finanziellen Schwierigkeiten
gerne übertrieb.[42] In einem der Briefe an Robert de Billy verglich er
seine Leidenschaft für Investitionen mit seiner Leidenschaft für das
Baccarat.[43]

Ende Januar 1912 versuchte er, mit dem Veronal aufzuhören, das
seinen Zustand zu verschlechtern schien, doch obwohl er den Entschluß faßte, es nie mehr zu nehmen, hielt er sich nicht daran.[44] Der

einzige regelmäßige Besucher war wie üblich Reynaldo Hahn.[45] Proust sah weder seinen Arzt noch seinen Bruder. Er stand kaum noch auf[46] und ging selten aus, bis auf die Besuche in der Redaktion des *Figaro*. Im April behauptete er, seit dem letzten Sommer nicht mehr ausgegangen zu sein.[47] Calmette hatte als Entschuldigung angeboten, einen Auszug aus dem Roman zu veröffentlichen, und am 11. März überreichte ihm Proust nachsichtig eine Passage über den Weißdorn. Zehn Tage später erschien er auf der Titelseite, doch Prousts Titel »Épines blanches, épines roses« war ersetzt worden durch »Au seuil du printemps« (»An der Schwelle des Frühlings«) und ein Redakteur hatte in den ersten Satz den folgenden, kursiv gesetzten Einschub eingefügt: »Vor kurzem las ich im Zusammenhang mit diesem vergleichsweise milden Winter – *der heute zu Ende geht –*, es habe in früheren Jahrhunderten Winter gegeben, in denen der Weißdorn schon im Februar blühte.«[48] Proust war erbost,[49] doch Calmette versprach, den Roman Eugène Fasquelle, dem Verleger von Flaubert, Zola und den Goncourts zu empfehlen.

Im April schickte Albert einen neuen Auftrag an Miss Hayward, nämlich den Teil über den Aufenthalt in Criquebec (später Balbec) und die Begegnung mit Montargis (Saint-Loup) und Fleurus (Charlus). Albert nahm seine Aufgabe ernst, fragte bei jeder zweifelhaften Stelle gewissenhaft bei Proust nach und mühte sich geduldig mit den Problemen der schwer lesbaren Handschrift ab.[50] Montesquiou, der über eine vortreffliche Handschrift verfügte, sagte, den meisten Menschen gelinge es, entweder lesbar oder gefällig zu schreiben: »Einzig Marcel findet das Mittel, in seiner Handschrift Häßlichkeit und Unleserlichkeit zu verbinden«.[51] »Haben Sie immer noch Lust, mit Ödipus zu rivalisieren und die sphinxhaften Rätsel meiner Handschrift zu entziffern?« fragte Proust Albert Nahmias.[52] Als der junge Mann ihm ein Geschenk machte, schickte Proust es zurück: »Sie wissen doch, daß ich keine Geschenke will. Und ich bin fast froh, daß dieses hier, das ich auch dann an Sie zurückgesandt hätte, wenn es etwas mit Gefühlen Verbundenes gewesen wäre, etwas Elektrisches ist, bei dem Sie weniger böse sein werden, wenn Sie es zurückkommen sehen. Ich kann es jedoch keinesfalls annehmen. Verzeihen Sie mir, aber das ist allein Ihr Fehler!«[53]

Im Mai nahm er wieder eine Theatereinladung der Comtesse Greffulhe an. In der Loge wurde er ihrer fünfundsechzigjährigen

Cousine und früheren Schönheit, Madame Henry Standish, vorgestellt, die einst die Mätresse von General Gallifet und von Edward VIII. gewesen war, bevor dieser König von England wurde. Früher einmal hatte die Königin Alexandra ihren französischen *chic* nachgeahmt, doch jetzt sah es so aus, als ob sie sich immer noch im Stil der Königin kleiden würde: »[...] ich fand sie (bei allen Vorbehalten wegen des Alters) in ihrer marinierten Eleganz, ihrer artifiziellen Einfachheit verblüffend«.[54] Proust wollte eine Beschreibung ihrer Art, sich zu kleiden, in den Roman aufnehmen, und hätte gern mit Madame Straus darüber gesprochen. »[...] darüber, wie sie sich kleidet, hätten Sie mir sicherlich kostbare Dinge für mein Buch gesagt.«[55] Proust war immer noch überzeugt davon, daß sich Madame Straus sprachlich besser ausdrückte als er: »Meine Briefe sind nicht wie die Ihren, es fehlt ihnen der Charme.«[56] Er machte sich Gedanken über den Unterschied zwischen den beiden Arten der Eleganz und befragte Jeanne Caillavet, die die beiden Damen kannte, ob sie sie jemals in Opern-Toilette gesehen habe. Sie dürfe aber nicht sagen, daß er sich über sie erkundigt habe, sonst würden sie wohl annehmen, Modelle für Figuren zu sein, die er in ihre Kleidung stecken wollte.[57]

»Noch besser gekleidet als Madame Standish« fand er drei blühende Apfelbäume, die er eines Abends um sechs Uhr an einer schlammigen Straße sah.[58] Er ließ sich mehrmals an den Bäumen vorbeifahren, um »den Besatz dreier Apfelbäume im Ballkleid unter einem grauen Himmel« zu sehen, und wenn er die echten Ballkleider sah, verglich er ihre Farben mit denen der Apfelbäume. »Denn wenn ich einen Eindruck habe, wären exakte Wörter notwendig, um ihn zu erläutern. Ich kenne sie jedoch nicht. Also blättere ich in Botanikbüchern, in Architekturbüchern oder in Modezeitschriften. Und natürlich ist es nie das Richtige.«[59]

Die Comtesse wollte der ersten Einladung eine weitere folgen lassen – diesmal, um Schaljapin als Basilio in Rossinis *Il barbiere di Siviglia* zu hören –, lud Proust jedoch erst am Tag der Aufführung ein. Proust war zu spät wach geworden, erhielt also die Nachricht zu spät, um zur Oper zu gehen.[60]

Zu den Artikeln, die er an den *Figaro* sandte, gehörte auch »Rayon de soleil sur le balcon«, mit der Erinnerung an die Jugendliebe zu Marie Benardaky, und noch bevor der Text am 4. Juni 1912 erschien, schrieb Proust an Jeanne Caillavet und erklärte ihr, er habe Marie früher kennengelernt als sie.[61] Er schrieb auch an Anna de Noailles, nachdem er in der *Revue de Paris* einige Gedichte von ihr gelesen hatte. Er berichtete ihr von seinen Gefühlen, nachdem er ein Schulheft gefunden hatte, in das die Mutter ein stundengenaues Protokoll über die letzte Krankheit ihres Vaters, ihrer Mutter und von Papa eingetragen hatte; »Berichte, die ohne jede Absicht, einem etwas nahezulegen, von einer solchen Verzweiflung erfüllt sind, daß nach ihrer Lektüre das Weiterleben schwerfällt«.[62] In einer solchen Stimmung nahm er endgültige Revisionen an *Le temps retrouvé* vor, bevor er diesen Teil Ende Juni an die Stenotypistin sandte.

Obwohl er im Juli nach einer Erkältung Husten und leichten Rheumatismus hatte, lud er im Postskriptum zu einem Brief über seinen Gesundheitszustand Reynaldo ein, bei ihm zu wohnen. Reynaldos Mutter war im März gestorben, und er verlor seine Wohnung, als der Mietvertrag Ende Juni auslief. »Ich würde mein Eßzimmer, das sehr groß ist, ohne daß Sie es bemerken, zu einem Schlafzimmer für Sie herrichten lassen. Ich würde eine Doppeltür zum kleinen Salon machen lassen, der Ihr Salon wäre und wo Sie musizieren könnten so laut, wie Sie möchten. Sie hätten ein Badezimmer und ein Klosett. Céline würde die Küche besorgen, und so hätten Sie keinen Ärger mit Ausgaben, Haushalt usw. Und wenn Sie die Wohnung nicht mögen, werde ich umziehen, und wir werden hingehen, wo immer Sie möchten. Was halten Sie davon?«[63] Das Angebot war ernst gemeint, und der Gedanke an ein Zusammenleben, das vielleicht vor achtzehn Jahren möglich gewesen wäre, wenn ihre Eltern nicht mehr gelebt hätten, gehörte zu denselben Phantasien wie Prousts Pläne, aus Paris wegzuziehen. Reynaldo kannte ihn zu gut, um auf das Angebot ernsthaft einzugehen oder gar die Einladung anzunehmen, die leere Wohnung zu benutzen, solange Proust in Cabourg war.[64]

Seit dem Frühjahr schwankte Proust, ob er den Sommer dort verbringen sollte. »Das Leben ist so kurz und ich möchte gerne andere Orte sehen. Es gibt dort aber so manches Gute, was mich hinzieht.«[65] Mit der üblichen Abruptheit entschloß er sich am 7. August, noch am selben Tag abzureisen. Er bat Albert mitzukommen und lud Jean-Louis Vaudoyer ein, später im Hotel sein Gast zu sein, wo er, um die Lärmquellen zu reduzieren, fünf nebeneinander-

liegende Zimmer in der obersten Etage mietete. Vaudoyer nahm
zwar die Einladung nicht an, doch die beiden trafen einander später
in Cabourg, wo er bei Freunden wohnte.[66] Viele Bekannte von
Proust lebten in der unmittelbaren Umgebung. Reynaldos Freund,
Henri Bardac, war in Cabourg, die Guiches in Bénerville und die
Strausens in Trouville. Calmette, der bei Freunden in Houlgate
wohnte, ging oft ins Kasino des Grandhotels Cabourg. Eines
Abends brachte er Marie Scheikévitch mit, die achtundzwanzigjährige Tochter eines russischen Advokaten und Geliebte von Adrien
Hébrard, dem Herausgeber von *Le Temps*. Sie kannte Reynaldo
und war Proust bei Madame Lemaire begegnet. »Ich war überrascht, Marcel Proust zu sehen, der verloren und schlotternd unter
den Kronleuchtern einherging, trotz der Hitze in einen schweren,
halb offenen Mantel gekleidet, darunter einen zu großen Smoking,
der mehrere Wollwesten sehen ließ. Er hatte einen Bart, der sein
Gesicht länger machte und wie einen El Greco aussehen ließ. In der
Hand hielt er einen erstaunlichen Strohhut.« Calmette, begierig darauf, Baccarat zu spielen, versprach Proust mehr Platz im Feuilleton
und ließ die beiden allein. Nachdem sie den Abend mit Gesprächen
zugebracht hatten, sahen sie einander häufig.

> Er sprach Swanns Namen ganz sanft aus, *Suane*, als ob etwas
> Vertrauliches über seine Lippen käme. Er legte die Grundideen
> des geplanten Buches dar, das zum Teil schon geschrieben war,
> beschrieb in langen Abschweifungen seinen Aufbau, hielt
> unvermittelt inne, um ein wichtiges Detail zu erklären, und
> dies alles mit Einschüben und mit Vergleichen im Blick auf das
> Leben von Menschen, die wir beide kannten. Es war so, wie
> wenn man einen Wandteppich von der Rückseite betrachten
> würde. [...] Ein sehr merkwürdiger Gegensatz bestand zwi-
> schen seiner hartnäckigen Bescheidenheit, ja Demut, und sei-
> nem Sarkasmus, seinen unnachsichtigen Bemerkungen, wenn
> er einige Zeitgenossen mit beißenden Kommentaren versah,
> doch dann wieder schien es so, als ob er diese Bemerkungen
> durch andere ersetzen wollte, die wohlwollender und zuwei-
> len fast übertrieben nachsichtig waren.[67]

Proust tanzte sogar mit ihr. »Ich tanze ein wenig, jeden zweiten Tag,
um meine Gelenke zu entrosten [...]«, schrieb er an Reynaldo.[68] Am
20. August nahm er am Diner des Golfclubs teil. Nachdem er von

zwei Autounfällen gehört hatte, war er nervös, wenn er an Ausflüge im Automobil dachte. Am Tag vor dem Diner hatte er angeordnet, daß Albert Nahmias ihn nach Trouville fahren sollte, wo er Madame Straus besuchen wollte. Sie sollten sich zwischen sechs und sieben Uhr auf der Promenade in Cabourg treffen. Proust war so wütend, als der junge Mann nicht erschien, daß er einen Brief schrieb und bekanntgab, von einer Fortsetzung ihrer Freundschaft könne nicht mehr die Rede sein. »Mich, der ich für Sie eine lebhafte Zuneigung empfand, bringt dies bald zum Gähnen, bald zum Weinen und manchmal dazu, mich zu ertränken.«[69] Auf dem Weg nach Deauville hatte Albert ein Mädchen überfahren, das ihm vor den Wagen gelaufen war. Es starb zwei Tage später. In Houlgate überfuhr am selben Tag der Chauffeur, den Proust einstellen wollte, ein zehnjähriges Mädchen, das auf der Stelle tot war. »Ich habe das Hotel seit meiner Ankunft kein einziges Mal verlassen«, schrieb Proust am 22. August an Madame Straus, die ihm daraufhin ihren Wagen anbot, damit er sie in Cabourg besuchen konnte, doch dann erfuhr er, daß der Hotelomnibus zu mieten war, der zwar groß und unelegant, dafür aber sicher war. »Doch das würde mir vielleicht ermöglichen, allein zu kommen, was für mich natürlich vortrefflich wäre, da ich Sie besser sehen kann.«[70] Er fuhr jedoch nicht vor Mitte September, zwei Tage bevor er nach Paris abreiste.

Das revidierte Typoskript war nun bereit, und er ließ sich auf eine lange Reihe von fruchtlosen Verhandlungen mit Verlegern ein. Er bevorzugte die indirekte Annäherung, verabscheute Telephongespräche, bezog gerne Freunde mit ein und liebte die verschwörerische Intrige, die schon seine Freundschaften mit Bibesco und Fénelon kompliziert werden ließ. Trotz seiner Feinfühligkeit und seiner Fähigkeit zur Einfühlung war er ziemlich linkisch, wenn es darum ging, Freunde als Vermittler einzusetzen, so auch dann, als er mit Louis de Robert in Verbindung trat. Obwohl sie einander fünfzehn Jahre nicht mehr gesehen hatten, fühlte sich Proust aufgrund ihres warmherzigen Briefwechsels berechtigt, seine Hilfe in Anspruch zu nehmen. Doch als Robert das Buch Fasquelle empfahl, wurde er gebeten, seine Intervention zu verschweigen, um Calmette in dem Glauben zu lassen, der einzige zu sein, der Fasquelle angesprochen habe.[71]

Ebenso ungeschickt war Proust im Umgang mit Verlegern, wenn er den indirekten Zugang suchte und die Menschen gerade dadurch abgeneigt machte, daß er dies durch übertriebene Maßnahmen zu verhindern suchte, wie zum Beispiel dann, als er das Typoskript an Beaunier sandte. Durch sein Angebot, die Druckkosten zu übernehmen, erweckte Proust den Eindruck eines reichen Dilettanten, der sich gesellschaftliches Ansehen erkaufen will, indem er ein Buch zum Druck befördert.

Ende Oktober, als er noch immer keine Nachricht von Fasquelle hatte, fragte er sich, ob er sich nicht besser an einen »rein literarischen Verleger« wenden sollte.[72] Antoine, der Prousts Artikel für den *Figaro* Jacques Copeau gezeigt hatte, berichtete, daß Copeau sie »für eine Zeitung zu gut« finde. Damit wurde Prousts Aufmerksamkeit auf die *Nouvelle Revue Française* gelenkt. Nach Gründung der Zeitschrift im Jahre 1909 bauten André Gide, Jacques Copeau und Jean Schlumberger zwei Jahre später einen eigenen Verlag unter der Leitung von Gaston Gallimard auf, der für sie als Kunstkritiker arbeitete. Proust gelangte bald zu der Überzeugung, daß die *NRF* ein »besseres Milieu für die Reifung und die Verbreitung der Ideen in meinem Buch« bieten konnte als Fasquelle, doch statt Copeau oder Gallimard anzusprechen, bat er Antoine, herauszufinden, ob sie daran interessiert wären, den Roman auf seine Kosten zu veröffentlichen.[73]

Er war immer noch besorgt wegen des Umfangs. Als er an Antoine schrieb, gab er 1300 Seiten an, strich diese Zahl jedoch durch und ersetzte sie durch 1250. Er würde es gerne sehen, wenn der erste Band 700 und der zweite 550 Seiten haben würde, oder aber, wenn es zwei Bände mit je 600 oder drei Bände von 400 Seiten gäbe. Der Brief enthält drei Postskripta; im dritten bittet er Antoine, noch nicht bei der *NRF* vorzusprechen. Proust schwankte mehr denn je. An Madame Straus schrieb er, in vier Tagen keine Stunde geschlafen zu haben und an Asthma, Fieber und Schlaflosigkeit zu leiden. Er versuchte aufzustehen, doch er konnte nicht, und wahrscheinlich werde er tagelang im Bett bleiben. Wie konnte er für den Roman Pläne machen, wenn er nicht wußte, wie lange er noch am Leben bleiben würde? Er wollte von ihr aber, daß sie Calmette einen neuen Anstoß gab. »Es geht nicht darum, ihn um etwas zu bitten, sondern nur darum, ihn daran zu erinnern, damit er das Angebot an mich nicht vergißt.« Falls sie nicht eingreifen möchte, könnte er über Madame Lemaire oder Reynaldo an Calmette herantreten, doch um sie zu ermutigen, schrieb er, daß Madame de Guermantes, die im ersten Band nur einen flüchtigen Auftritt hatte, ihr rotes Kleid und die roten Schuhe im zweiten Band tragen werde.[74]

Freunde und Bekannte in die Erzählung einzubeziehen war ein Weg, um die Beziehung zu ihnen aufrechtzuerhalten. Statt an sie zu schreiben, schrieb er an sich selbst über sie, auch wenn ihn dies nicht davon abhielt, ihnen von dieser Bezugnahme zu schreiben, während man sagen konnte, daß alle seine Briefe hauptsächlich an ihn selbst geschrieben waren. Ebenso wie seine Zeitungsartikel trugen sie ihm eine reiche Ernte der Bewunderung und Zuneigung ein, doch es fiel ihm nach wie vor schwer, an seine eigene Begabung oder auch nur an seine Identität zu glauben. »Es gibt keinen einzigen Text von mir, auf den hin ich nicht Briefe [von Madame de Noailles] bekommen hätte, die der Prosa, welche der Anlaß für sie war, nicht merklich überlegen gewesen wären.«[75] »Und bei den allermeisten *bin ich vollkommen unbekannt*. Wenn mir, selten genug, Leser auf einen Artikel hin an den *Figaro* schreiben, schickt man die Briefe an Marcel Prévost, weil mein Name lediglich ein Druckfehler zu sein scheint.«[76]

Unsicher war er auch darüber, ob das Buch ein Roman sei. »Ich habe, Sie wissen es vielleicht, seit ich krank bin, an einem langen Werk gearbeitet, das ich Roman nenne, weil es nicht die Zufälligkeit von Erinnerungen besitzt (es ist nichts Zufälliges in ihm außer dem, was den Anteil des Zufälligen im Leben widerspiegeln muß) und das eine sehr strenge, wenn auch schwer greifbare, weil komplexe Komposition hat; ich bin unfähig, seine Gattung anzugeben.«[77] Er hatte die Absicht, dem ersten Band den Titel »Le temps perdu« und dem dritten »Le temps retrouvé« zu geben, und schrieb unter dem Einfluß von Physiologen wie Pierre-Henri Roeser, der in *Vieillesse et longévité* geschrieben hatte, das Alter sei eine Krankheit. Proust versicherte gegenüber Madame Straus, die, als er sie in Trouville traf, gesünder ausgesehen hatte: »[...] Sie haben in diesem Sommer gewiß einen ›Sieg über die Vergangenheit‹ davongetragen. [...] Die Philosophen haben uns davon überzeugt, daß die Zeit ein Zählvorgang ist, dem in der Wirklichkeit nichts entspricht.«[78] Vielleicht dachte er an Bergson, der in *L'evolution créatrice* zwischen realer und abstrakter Zeit unterschied, wobei er die reale Zeit als ein Fließen beschrieb, in dem »die Beweglichkeit des Seins selbst« sich der Erfassung durch die wissenschaftliche Erkenntnis entzieht.[79]

In Prousts raffiniertem und zu Enttäuschungen führendem Spiel der indirekten Annäherung und der umständlichen Briefe, in denen die vorgetragenen Bitten selbst wieder rückgängig gemacht wurden, steckte etwas unverkennbar Zögerliches, doch Antoine beschleunigte die Dinge, indem er das dritte Postskriptum überging und sich an Copeau wandte. Proust sandte ihm unverzüglich einen langen Brief voller Verlegenheiten und erklärte, Bibesco müsse wohl das Postskriptum übersehen haben. Copeau traf sich daraufhin mit Proust und schlug ihm vor, sich direkt an Gallimard zu wenden. Inzwischen hatte Calmette an Fasquelle geschrieben[80] und ihn gebeten, Proust an einem späten Nachmittag aufzusuchen; außerdem schrieb er zwei Tage später an Madame Straus, Fasquelle habe Proust gebeten, das Manuskript zu schicken.[81] Calmette zufolge hatte Fasquelle versprochen, den ersten Band zu veröffentlichen. »Was die beiden anderen Bände betrifft, so wird er nach Veröffentlichung des ersten Bandes darüber sprechen.«[82]

So begierig Proust darauf war, den ersten Band im Druck zu sehen, machte er sich doch Gedanken darüber, daß der Verleger den Roman danach vielleicht fallenlassen könnte. In einem Brief an Fasquelle schrieb er: »[...] ich halte es für klüger [Ihnen zu sagen, daß das Buch unanständige Dinge enthält], weil sie von hier aus meine Situation sehen, was ein Werk betrifft, das sicherlich das letzte ist, das ich schreiben werde und in dem ich versucht habe, meine ganze Philosophie zur Geltung zu bringen, meine ganze ›Musik‹ zum Tönen zu bringen, wenn Sie nach dem ersten Band mein Werk entzweibrechen, wie man eine Vase zerschlägt, wenn Sie dann mit der Veröffentlichung aufhörten ...« Er ließ den Satz unvollendet, als ob er den Gedanken für unvorstellbar hielte. Die Gefahr erschien ihm um so größer, als der zweite Band das im ersten Band noch unerforschte Gebiet der Homosexualität erkundete. Das Typoskript des ersten Bandes, das er dem Brief beifügte, war »bis auf einige seltene Passagen sehr keusch«, doch im zweiten Band »entdeckt sich ein alter Herr aus einer großen Familie als Päderast, was auf eine komische Art, doch ohne ein grobes Wort beschrieben wird, und ihn zeigt, wie er einen Conciergen verführt und einen Pianisten aushält«. Die Figur sei jedoch neuartig, ein »*viriler* Päderast, ohne Illusionen über effeminierte junge Männer, die ihn über die Qualität des Warenangebots täuschen, weil sie doch nur Frauen sind«. Er bat Fasquelle, alle Informationen vertraulich zu behandeln,[83] und ohne eine Antwort abzuwarten, schrieb er ihm einige Tage später nochmals: ob Fasquelle den Band im März herausbringen und ihm unverzüglich die ersten Druckfahnen zusenden könne?[84]

Obwohl er Anfang November von Fasquelle immer noch nichts gehört hatte, erwartete Proust insgeheim die Fahnen.[85] In einer ebenso abrupten Handlungsweise wie bei seiner Abreise in die Ferien entschloß er sich dazu, ein Treffen mit Gallimard zu arrangieren, schrieb drei Briefe an ihn, versuchte ihn telephonisch zu erreichen und bat außerdem Antoine, ihn anzurufen. Schließlich erhielt er eine Antwort und schrieb unverzüglich einen vierten Brief voller voreiliger Fragen. Könnten die Bände jeweils 550 Seiten mit 35 Zeilen zu 45 Zeichen enthalten? Ließe der Preis sich auf 3 Francs 50 pro Band beschränken? Wann könnte der zweite Band zum Verkauf gelangen?[86] Dies alles, bevor Gallimard das Typoskript gesehen hatte. Diesmal erhielt er eine Antwort, und in seinem nächsten Brief an Gallimard schlug er den Titel »Les intermittences du cœur« als Obertitel für den Roman vor. Der erste Band sollte möglichst im Februar erscheinen, der zweite, mit dem Titel »L'adoration perpetuelle« oder vielleicht »A l'ombre des jeunes filles en fleurs«, sollte im November folgen, und der dritte, »Le temps retrouvé«, im Februar 1914. Um Gallimard vor dem Thema Homosexualität im dritten Band zu warnen, faßte Proust die Geschichte des alten Päderasten kurz zusammen, wobei er fast dieselben Worte wie in dem Brief an Fasquelle gebrauchte. Unschlüssig darüber, ob er die Hefte mit dem Manuskripttext dem Brief beilegen sollte, schrieb er ein Postskriptum mit der entsprechenden Ankündigung, entschied sich dann aber dagegen.

Es war ihm zumindest halbwegs bewußt, daß er gegen seine eigenen Interessen handelte. »Fast gelange ich dahin, zu wünschen, mein Werk möge Ihnen mißfallen und Sie lehnten es ab, um mir auf diese Weise meine gegenwärtige Ratlosigkeit und das Bedauern zu ersparen, das ich empfände, wenn ich morgen Druckfahnen von Fasquelle erhielte, im Augenblick, da eine Zusammenarbeit mit Ihnen in Aussicht steht. Und ich bin wie jene Reisenden, die, weil sie

sich nicht entschließen können, aus eigener Kraft auf eine verlok-
kende Reise zu verzichten, sich zu verspäten, den Zug zu versäumen
trachten, um gezwungen zu sein, nicht abzureisen.« Im vorletzten
Absatz des Briefes übernimmt er eine Wendung aus einer Besprechung Gallimards für die *NRF*,[87] und einen oder zwei Tage später
sandte er Auszüge aus dem Buch zur Veröffentlichung in der Zeitschrift an Copeau.[88] Sie wurden jedoch abgelehnt, und als sich
Proust, um sich bei Calmette für dessen Hilfe zu bedanken, in die
Redaktion des *Figaro* begab, lehnte der Herausgeber es ab, ihn zu
empfangen.[89]

Danach fühlte Proust sich zu krank, um aufzustehen: »Und die
letzten toten Blätter sind gefallen, ohne daß ich sie habe sehen können, und schon wieder ein Herbst, in dem ich die Farbe der Jahreszeit nicht kennengelernt habe.«[90] Er tröstete sich mit der Erinnerung
an die blühenden Apfelbäume. »Letztes Jahr konnte ich zum ersten
Mal seit zwanzig Jahren blühende Apfelbäume besichtigen: Mit mir
geht es gleichzeitig vorwärts und abwärts!«[91]

Mitte November ging es ihm wieder so gut, daß er die Einladung
von Madame Straus zu der Aufführung eines Stücks von Robert
de Flers und Gaston Armand de Caillavet im Théâtre des Variétés[92]
annehmen konnte, und im Dezember besuchte er mit ihr zusammen
die Hauptprobe für Edward Knoblauchs *Kismet*.[93] Er kam an und
hatte einen Cutaway über sein weißes Frackgilet angezogen. Zu den
übrigen Gästen in ihrer Loge gehörten Calmette, Paul Hervieu und
Jacques Bizet. Kurz nach Ankunft in der Loge geriet Bizet mit einem
Mann namens Hubert de Pierredon in Streit, ohrfeigte ihn und
nahm trotz der Schlichtungsversuche seiner Freunde die Aufforderung zum Duell an.[94] Als Proust nach Hause kam und Nicolas ihn
fragte, ob er den pelzgefütterten Mantel im Theater ausgezogen
habe, wurde ihm erst klar, wie er gekleidet war.[95] »Was müssen
Hervieu und Calmette wohl gedacht haben; und was muß vor allem
Jacques gedacht haben! Es ist sehr liebenswürdig von ihm, daß er
mir keine Ohrfeige gegeben hat, besonders da ich nicht so stämmig
bin wie Monsieur de Pierredon.«[96]

Nach diesem Ausgang mußte Proust fast vierzehn Tage im Bett
bleiben,[97] und einige Tage krankte er »an etwas Erstaunlichem, das
ich zunächst für eine Angina hielt und das doch nur etwas Müdigkeit und Erkältung ist«.[98] Ungeduldig wartete er auf Nachrichten

von Fasquelle und Gallimard, bis er schließlich kurz vor Weihnachten von beiden eine Ablehnung erhielt. Fasquelle schickte das Typoskript am Heiligabend zurück, einen Tag, nachdem Gallimard es abgelehnt hatte. Weihnachten war für Proust schon oft eine glücklose Zeit gewesen, doch noch nie zuvor war er so niedergeschlagen gewesen.

23. Ein Geschäft abwickeln

Nach der doppelten Abfuhr durch Fasquelle und Gallimard war Proust mutlos und beunruhigt. Fünf Jahre lang hatte er mutig die Schmerzen ertragen, um am Roman zu arbeiten, und ihn mit der Überzeugung, er werde in einem ereignislosen und unbefriedigenden Leben als uneinholbare Leistung bestehen bleiben, allem anderen vorangestellt. Nun sah es so aus, als ob er niemals einen Verleger finden würde, selbst wenn er für die Kosten der Veröffentlichung selber aufkam. Er hatte keinen Geliebten und keinen Freund, bei dem er Trost finden konnte. Statt Madame Straus die Wahrheit zu sagen, behauptete er, die von Fasquelle gewünschten Änderungen abgelehnt und das Buch bei Gallimard zurückgezogen zu haben, weil es Calmette gewidmet war, der es nicht gerne gesehen hätte, wenn es bei der *NRF* erschienen wäre.[1]

Louis de Robert gegenüber sagte Proust jedoch die Wahrheit, da er ihn weiterhin als Vermittler einsetzen wollte, und er verlor auch keine Zeit. Robert, der früher schon Paul Ollendorff als Verleger vorgeschlagen hatte, wurde gebeten, sich an diesen zu wenden und zu bitten, daß der erste Band von 650 Seiten im Frühjahr und der zweite etwa zehn Monate später veröffentlicht werde. Gegenüber Fasquelle empfand Proust keine Verbitterung, wie er sagte. »Ich halte seinen Standpunkt zwar für falsch, aber man kann sich auch auf eine intelligente Art irren.«[2] Er bot Fasquelle sogar eine Sammlung von Essays und Pastiches zur Veröffentlichung an.[3]

Robert meinte, Proust solle Ollendorff nichts von Fasquelle sagen und auch keine Übernahme der Kosten anbieten. Als Proust Anfang Januar das Typoskript an den Geschäftsführer des Verlages, Alfred Humblot, sandte, konnte er sich nicht zurückhalten, einen Druckkostenzuschuß anzubieten. Besorgt darüber, daß Robert sich vielleicht aufregen würde, erklärte er, das Angebot sei in einem Postskriptum zu seinem Brief gemacht worden, und dieses am Rand quer hinzugefügte Postskriptum sei nicht gut leserlich. »Für den Fall, daß er es ablehnt, für die Veröffentlichung aufzukommen, müßten Sie mich jedoch bevollmächtigen, ihm den Vorschlag zu machen, daß er sie auf meine Kosten vornimmt [...].«[4]

Wenn Robert ihn schon für exzentrisch hielt, so machte er auf einen einundzwanzigjährigen jungen Mann einen noch seltsameren Eindruck. Maurice Rostand, dessen Vater Edmond der Autor von *Cyrano de Bergerac* war, schrieb einen Brief, den Proust für »köstlich und sehr schön«[5] hielt; allerdings schlug er ihm in seiner Antwort ein Rendezvous vor der Kirche Notre-Dame frühmorgens um sechs Uhr vor. Immer noch beeindruckt von Emile Mâles Buch über die religiöse Kunst des 13. Jahrhunderts,[6] wollte er einen Ausflug in die Sainte-Chapelle im Palais de Justice machen und dort besonders die Glasfenster und die zwölf Säulen mit ihren Heiligenstatuen besichtigen.[7] Außerdem wollte er Notre-Dame besuchen, um dort das Sankt-Annen-Portal zu sehen, »wo seit acht Jahrhunderten eine sehr viel reizvollere Menschheit versammelt ist als diejenige, mit der wir verkehren«.[8] Er mußte jedoch warten, bis es ihm wieder so gut ging, daß er tagsüber ausgehen konnte, und das kam so selten vor, daß er dann gleich zwei oder drei Dinge auf einmal erledigen wollte. Es fiel ihm gar nicht ein, daß Rostand seinen Vorschlag für unvernünftig halten könnte.

Mit dem pelzgefütterten Mantel über seinem Schlafanzug machte Proust sich Ende Januar auf, um die Sainte-Chapelle zu besuchen und danach zwei Stunden mit der Betrachtung des Sankt-Annen-Portals von Notre-Dame zu verbringen.[9] Details der Sainte-Chapelle gingen in die Beschreibung der Kapelle ein, während die Schilderung des Portals der Kirche von Balbec zum Teil auf das Sankt-Annen-Portal von Notre-Dame zurückgeht. Für die Beschreibung, die Elstir dem Erzähler von dem Portal gibt, stützt Proust sich auf das Buch von Mâle und beruft sich auf den Grundgedanken von Ruskins *Bible of Amiens*: »Das ist doch die schönste Bilderbibel, die das Volk je lesen konnte. Diese Heilige Jungfrau und all die Bas-Reliefs, die ihr Leben schildern, sind der zarteste und inspirierteste Ausdruck jenes langen Gedichts von Anbetung und Lobpreisung, das vom Mittelalter zum Ruhme der Gottesmutter immer weiter ausgesponnen wurde. Wenn Sie wüßten, über welche Eingebungen von Feingefühl, welche tiefen Gedanken, welche köstliche Poesie – ganz abgesehen von der ungemein gewissenhaften Genauigkeit in der Abbildung der heiligen Geschichte) – dieser alte Steinmetz in sich getragen hat! [...] Einfach irre [c'est fou], göttlich, tausendfach großartiger als alles, was man in Italien sehen kann, wo übrigens auch dieses Tympanon kopiert worden ist von Steinmetzen, die weit weniger genial waren. Denn verstehen Sie, das alles ist eine Frage des Genies. Es hat niemals eine Epoche gegeben, in der jedermann genial ist, das ist alles Geschwätz, so etwas wäre ja unerhörter als das Goldene Zeitalter. Der Kerl, der diese Fassade da gemacht hat, glauben Sie mir, war ebenso stark, er hatte ebenso tiefe Ideen wie die heutigen Künstler, die Sie am meisten bewundern.«[10]

Dieser Ausgang war für Proust so gewinnbringend, daß er sich wünschte, häufiger die Energie aufbringen zu können, um die Welt bei Tageslicht zu sehen, erschöpfte ihn jedoch auch so sehr, daß er erneut in seine alltägliche Routine zurückfiel, die keinen Raum ließ, um Menschen zu sehen oder Kathedralen und Museen zu besichtigen. »Ich glaube, in fünfzehn Jahren war ich in der Lage, gerade zweimal in den Louvre zu gehen.«[11] Diese grämliche Feststellung sagt nichts über die Fülle von Ideen aus, die ihm durch den Kopf gingen, wenn er ein Meisterwerk betrachtete. Er war für Malerei und Skulptur ebenso empfänglich wie für Literatur und hatte gelernt, eine Landschaft oder eine Stadt ebenso liebevoll und schöpferisch zu betrachten wie ein Maler, doch seine Alltagsroutine hatte ihn praktisch aus der Welt des Tageslichts verbannt.

Wenn er das Haus überhaupt einmal verließ, nahm er ein Taxi, dessen Fenster geschlossen blieben und das von seinem Lieblingschauffeur Odilon Albaret gesteuert wurde. Proust, der außer Nicolas, Céline und Odilon Albaret fast niemanden mehr sah, meinte, daß sich bei ihm allmählich »die Geisteshaltung älterer kranker Damen entwickelt; ich bin mißtrauisch gegenüber den Menschen in meiner unmittelbaren Umgebung, und wenn ich etwas persönlichere Briefe überbringen oder Besorgungen erledigen lassen will, warte ich auf einen Boten, dem ich trauen kann.«[12]

Der erste abendliche Ausflug im Jahre 1913 hatte die Redaktion des *Figaro* zum Ziel. Trotz der Ablehnung durch Fasquelle fühlte er sich Calmette gegenüber schuldig wegen der Vorstöße, die dieser unternommen hatte, und weil er sich mit einem Geschenk bedanken wollte, hatte Proust bei Tiffany ein Zigarettenetui aus schwarzem Moiré mit einem Monogramm aus Diamanten in Auftrag gegeben. »Es ist ganz schlicht, sehr hübsch und kostet etwas weniger als vierhundert Francs. [...] Ich weiß, daß Calmette nicht nur nicht dankbar für Geschenke ist, sondern daß es ihn ausgesprochen weniger liebenswürdig macht. Ich habe es aber meinetwegen getan.«[13] Das Zigarettenetui war in das Papier von Tiffany eingewickelt.

»Möchten Sie wissen, wie mein Zigarettenetui (350 Francs) von Calmette aufgenommen wurde. Ich habe es ihm in der Schachtel hingebracht und gesagt: ›Ich wollte am Silvesterabend mit einem ganz einfachen kleinen Zigarettenetui vorbeikommen‹, und habe es hingelegt (neben ihn, in der Schachtel). Er zuckte gefühlvoll mit den Schultern, ohne etwas zu sagen, ich sah das Päckchen an, wie um zu sagen: ›Öffnen Sie‹. Er schaute beiläufig auf das Päckchen und öffnete es nicht. Er sagte zu mir: ›Ich hoffe sehr, daß Poincaré gewählt wird‹, führte mich zur Tür zurück und sagte mit einer warmen und modulierten Stimme: ›Vielleicht wird es Deschanel sein.‹ Ich warf einen Blick auf das in seinem Päckchen verborgene Zigarettenetui: *Aimez ce que jamais on ne verra deux fois.* Ich bin weggegangen, Poincaré ist gewählt worden, doch Calmette hat mir nie geschrieben.«[14]

Raymond Poincaré gewann also die Wahl vom 17. Januar 1913, und auch wenn Proust nie einen Dankesbrief von Calmette erhielt, blieb ihm doch wenigstens die Demütigung erspart, daß ihm das Geschenk zurückgeschickt wurde. Er war jedoch weiterhin besorgt. Weil er wußte, daß ein Notizzettel von Tiffany in dem Päckchen geblieben war, dachte er, es könnte entweder die Rechnung sein oder eine noch höhere Abrechnung mit Tiffany, die Calmette als Kaufpreis mißverstehen könnte.[15] So wie die Dinge lagen, faßte Proust das hartnäckige Schweigen des Redakteurs als Bestätigung für seinen Verdacht auf, daß Fasquelle nie versprochen hatte, den Roman zu veröffentlichen.

Je länger er an dem Roman arbeitete, desto mehr war er davon überzeugt, daß die Wahrheit, die er über die äußere Welt auszusagen hatte, mit der Wahrheit über das innere Selbst identisch war. Höher noch als das Können, eine Erzählung zu komponieren, wertete er die Fähigkeit, tief und genau in das eigene Erleben einzudringen – so wie Francis Jammes es vermochte. »Selbst wenn er es nicht verstünde, seine Empfindungen zu ordnen, ein Buch zu schaffen, nicht einmal eine Erzählung, nicht einmal einen Abschnitt, nicht einmal einen Satz, bliebe ihm die Zelle selbst, das Atom, das heißt das Epitheton und das Bild, die bei ihm von einer Tiefe und Treffsicherheit sind, die sonst niemand erreicht. Im Innersten unseres Ichs fühlen wir sehr wohl, daß die Dinge so sind, wir haben aber nicht die Kraft, bis zu dieser äußersten Tiefenschicht vorzustoßen, wo die Wahrheit liegt, das wirkliche Universum, unser authentischer Eindruck.«[16] Mit dieser Haltung stand Proust im Widerspruch zu den damals vorherrschenden literarischen Gepflogenheiten. Die *Nouvelle Revue Française* war wohl sicherlich die weitaus beste Literaturzeitschrift, doch ihre Herausgeber veröffentlichten und bewunderten auch die Prosa von Charles Péguy, »in der eine Geisteshaltung dominiert, die das genaue Gegenteil von Inspiration und künstlerischer Verdichtung ist, eine Art Indolenz, in deren Verlauf man ein Wort aus dem anderen hervorgehen läßt, und wobei man nicht den Mut aufbringt, seine tastenden Versuche preiszugeben«.[17]

Die Unzufriedenheit Prousts mit der zeitgenössischen französischen Kunst war einer der Gründe, die ihn zur Erfindung imaginärer Künstler bewegten. Die im Roman dominierende Literatur, Malerei und Musik nimmt zum einen auf zeitgenössische Werke Bezug, zum anderen aber auch auf Werke, die allem überlegen waren, was die Zeitgenossen hervorbrachten. Die Quellen für den Strom seiner imaginären Kunst lagen vorwiegend in früheren Epochen. 1912 hatte Proust weder die Ausstellung der Impressionisten der Galerie Manzi im Hôtel des Arts noch die Sammlung des Degas-Freundes Henri Rouart gesehen.[18] Anfang 1913, als er gewöhnlich nur einmal in der Woche aufstand und auch dann nur für eine oder zwei Stunden,[19] war er begierig, die späten Streichquartette Beethovens[20] zu hören. Allerdings war er zu krank, um ins Konzert zu gehen. Doch »zum Glück hat die wohltätige Natur mir etwas geschenkt, das mehr wert ist als die Gesundheit, nämlich die Illusion«.[21] Die Fähigkeit, die ihn seine Kräfte für einen Ausflug oft zu optimistisch einschätzen ließ, war nicht abzutrennen von der Einbildungskraft, mit der er Kunstwerke als Ersatz für jene Werke schuf, die er nicht selbst genießen konnte. Ohne das eigene Talent mit demjenigen Beethovens zu vergleichen, behauptete er, die Natur so zu erleben wie der taube Beethoven seine eigene Musik: »Haben Sie das Théâtrophone abonniert? Sie bringen jetzt die *Concerts Touche* und ich kann mich in meinem Bett von dem Bächlein und den Vögeln der *Pastoralsymphonie* besuchen lassen, die der arme Beethoven ebensowenig direkt genießen konnte wie ich, da er völlig taub war. Er tröstete sich mit dem Versuch, den Gesang der Vögel, den er selbst nicht mehr hörte, zu reproduzieren. Vom Genie weit entfernt und ohne Talent, mache auch ich Pastoralsymphonien auf meine Art, indem ich das, was ich nicht mehr sehen kann, schildere.«[22]

Trotz der Unzulänglichkeiten der *NRF* hätte er dort gerne Auszüge aus dem Roman veröffentlicht und führte deshalb einen energischen Briefwechsel mit Jacques Copeau. In einem zornigen Brief forderte Proust ihn wegen der Frage, ob die Redaktion die Subskribenten bevorzuge, zum Duell.[23] Schließlich mäßigte sich die Feindseligkeit, und es entwickelte sich ein freundschaftlicher Briefwechsel.

Obwohl Fasquelle kein Interesse an einer Sammlung von Essays und Pastiches gezeigt hatte, versuchte Proust, Abdrucke seiner Essays zu sammeln. Er hatte kein Archiv, auch nicht für seine eigenen Arbeiten, sondern nur sein unordentliches Schlafzimmer, »wo sich alles auftürmt und wo alles durcheinander gerät«.[24] Als er beim *Figaro* nachfragte, wurde ihm ausgerichtet, daß dort kein Archiv geführt werde – »Nach vier Jahren wird alles vernichtet« –, und während er sich im Februar bei Anna de Noailles erkundigte, ob sie seine Besprechung von *Les Eblouissements* oder seinen Essay »Sur la lecture«[25] aufbewahrt habe, wurde der Roman zum dritten Mal abgelehnt.

Der Brief von Humblot an Louis de Robert war eine so grobe Abfuhr, daß Robert zurückschrieb und um einen anständigeren Brief bat, den er Proust vorlegen konnte.[26] Der Lektor bei Ollendorff war Georges Boyer, Theaterkritiker des *Petit Journal* und früher achtzehn Jahre lang Generalsekretär an der Pariser Oper. Unterzeichnet waren die beiden Briefe an Robert jedoch von Humblot. Der zweite begann so: »Lieber Freund, vielleicht bin ich völlig vernagelt, aber ich kann nicht verstehen, daß ein Mensch dreißig Seiten braucht, um zu beschreiben, wie er sich vor dem Einschlafen im Bett hin und her wälzt.« Diesen Brief legte Robert Marcel Proust vor, der ihn »etwas vulgär und selbst im Hinblick auf die oberflächlichsten Literaturkenntnisse noch mangelhafter« fand, »als ich es für möglich gehalten habe«. Als Robert ihm ankündigte, einen neuen Verleger für seine eigenen Bücher zu suchen, riet Proust ihm ab, von Ollendorff wegzugehen.[27] Diese Episode stärkte die Freundschaft zwischen Louis de Robert und Proust, und als Robert drei Monate später von seiner Geliebten verlassen wurde, bot Proust, der wieder einmal als Vermittler agieren wollte, ihm an, als Freund mit ihr so über ihn zu sprechen, daß sie sich ernsthafte Gedanken darüber machen müsse, ob sie seine Liebe nicht unwiderruflich verloren habe.[28]

Proust, der fest entschlossen war, keine Zeit mehr damit zu verlieren, *Swann* zum Druck zu befördern, bewies seine Fähigkeit, rasch zu handeln. Er versuchte Léon Blums Bruder René anzurufen, der in freundschaftlicher Verbindung mit Bernard Grasset stand, dem jungen Verleger, der Georges de Lauris' Roman *Ginette Chatenay* veröffentlicht hatte, und als er ihn telephonisch nicht erreichte, schrieb er ihm einen Brief. Vor zehn Jahren war Blum Stammgast im Café Weber gewesen, und als Redaktionssekretär der Zeitung *Gil Blas* hatte er vor kurzem versucht, über Antoine als Mittelsmann bei Proust wegen eines Auszugs aus dem Roman anzufragen. Dadurch fiel es Proust leichter, an Antoine diese Grasset betreffende Bitte zu richten, und ohne auf Louis de Roberts Warnung zu achten, bot Proust an, sowohl den Druck als auch die Werbung für das Buch selbst zu bezahlen. Für den Fall, daß Grasset ablehnen würde, wollte er sich an *Vers et prose* wenden, eine Vierteljahreszeitschrift, herausgegeben von dem Dichter Paul Fort, und sollte Fort ebenfalls ablehnen, dann wollte er Robert bitten, einen Drucker zu suchen, »der darauf spezialisiert ist, Bücher von Leuten zu drucken, die keinen Verleger finden«.[29]

»Aber, lieber Freund«, schrieb er an Blum, »ich bin sehr krank, ich brauche Gewißheit und Ruhe [...]. Was ich will, wäre, daß Sie mir in acht Tagen genau sagen: die Sache ist abgemacht, Ihr Buch wird dann und dann erscheinen. Und das ist nur möglich, wenn ich die Kosten übernehme. [...] Schließlich wäre mir daran gelegen, daß die ganze Angelegenheit eine Zeitlang zwischen Ihnen, Monsieur Grasset und mir bliebe (nämlich meine Bitte, auf eigene Kosten verlegt zu werden). Nicht aus Eigenliebe; zu gegebener Zeit werde ich das Geheimnis freimütig enthüllen. Nur für den Augenblick fürchte ich gewisse Komplikationen. Ich habe nämlich bestimmten Personen gesagt (und die Briefe, die ich Ihnen zeigen will, werden beweisen, daß ich die Wahrheit sage), ein sehr berühmter Verleger habe dieses Buch auf seine Kosten und zu für mich glänzenden Bedingungen verlegen wollen. Jedermann würde glauben, ich hätte gelogen, wenn er sähe, wie ich nun, als wäre es eine Gunst, um eine Herausgabe auf Kosten des Verfassers nachsuche. Oder man wird mich für närrisch halten [...].« Ohne zu wissen, ob Blum als Vermittler agieren würde oder ob Grasset überhaupt interessiert war, begann Proust bereits eine Intrige zu spinnen. »Kurzum, mein lieber Freund, und dies als Letztes – denn einen Brief schreiben, das erschöpft mich so, daß ich gleich alles darin sagen möchte (und dabei habe ich schon dreiviertel weggelassen) –: notieren Sie sich bitte, mich keinesfalls in dieser Sache anzurufen (oder wenigstens, wenn Sie telephonieren, nur mit mir zu sprechen, und wenn mein Kammerdiener Ihnen antwortet, ihm keine Erklärungen zu geben) und Ihre Briefe zu siegeln (auch Monsieur Grasset bitte).«[30]

Einen Tag nachdem er den Brief an Blum geschrieben hatte, meinte Proust, daß dies möglicherweise keine gute Idee gewesen sei.[31] Grassets Antwort war jedoch positiv: Er wollte das Buch veröffentlichen – auf Prousts Kosten. Nach zehn Monaten der Enttäuschung konnte Proust tatsächlich einen Vertrag abschließen. Bald darauf erklärte er den Aufbau des Werks. Die Figuren »werden in diesem ersten Band ›vorbereitet‹, das heißt, sie werden im zweiten Band genau das Gegenteil dessen tun, was man nach dem ersten Band von ihnen erwarten würde. Aus der Sicht des Verlegers wird der erste Band leider sehr viel weniger ›narrativ‹ sein als der zweite. Und was die Komposition betrifft, so ist sie so kompliziert, daß sie erst spät sichtbar wird, wenn die ›Themen‹ sich allmählich miteinander verbinden.«[32]

Am 24. Februar 1913, dem folgenden Tag, sandte Proust das Typoskript des ersten Bandes an Grasset. Es fehlte nichts, außer der Widmung für Calmette, »die vielleicht ein paar Seiten umfassen wird«. Proust machte Vorschläge für die Schrifttype.[33] In der Absicht, »mein Denken in die größtmögliche Zahl der aufnahmefähigen Köpfe eindringen zu lassen«, widersetzte er sich, als Grasset den Ladenpreis für *Le temps perdu* (so sollte nach Proust der Titel lauten) pro Band auf zehn Francs festlegen wollte. Nach seiner Erfahrung mit der teuren – und einzigen – Erstausgabe von *Les plaisirs et les jours* bestand Proust darauf, daß der Preis nicht über 3 Francs 50 liegen sollte. Da er mit Grasset aber ins Geschäft kommen wollte, akzeptierte er ein Honorar von 1 Franc 50 pro verkauftem Exemplar (anstelle der angebotenen 50%). Die Druckauflage sollte 1200 Exemplare betragen.[34] Nach Unterzeichnung des Vertrags zahlte Proust am 11. März 1750 Francs.[35]

Er sorgte sich um das Buchformat und machte erneut Vorschläge zu der Zeilenzahl pro Seite und der Anzahl Zeichen pro Zeile.[36] Mit Jean-Louis Vaudoyer beriet er sich darüber, ob jede Seite rot eingerahmt werden sollte – Vaudoyer riet davon ab.[37]

Sobald Proust zuversichtlich war, daß das Geschäft kein Reinfall war, wurde er unruhig. Da er den »unwiderstehlichen Wunsch, Florenz zu sehen« verspürte, dachte er daran, sich in einem Sanatorium in Valmont an das tägliche frühe Aufstehen zu gewöhnen, um dann von der Schweiz aus nach Italien zu fahren. Es war jedoch schon zu spät: Der Heuschnupfen hätte ihn gezwungen, Anfang April Florenz wieder zu verlassen.[38] Als Robert de Billy im April in Rom war, dachte er daran, ihn dort zu treffen, aber auch hier hielt ihn die Angst vor dem Heuschnupfen ab.[39]

Zumindest gab er seinem Drang nach, Beethoven zu hören, und besuchte zusammen mit Georges de Lauris eine Aufführung zweier später Streichquartette und der *Großen Fuge* durch das Capet-Quartett in der Salle Pleyel. Proust hatte versucht, sich die Musik seines fiktiven Komponisten Vinteuil vorzustellen, und diese Darbietung bereitete ihn auf die Violinsonate von César Franck vor, »die ich so sehr liebe«: Sie wurde am 19. April in der Salle Villiers an der Rue du Rocher von Paul Goldschmidt und Georges Enesco gespielt. »Ich fand sie *bewundernswert*; das schmerzliche Schilpen seiner Geige, die seufzenden Rufe antworteten auf das Piano wie aus einem Baum, aus einem geheimnisvollen Blattwerk.«[40]

Inzwischen waren die ersten Fahnen aus der Druckerei Charles Colin eingetroffen. Für Proust bedeutete Fahnenlesen eher, Zusätze anzufügen als Druckfehler zu korrigieren, und nun führte er Vindeuil (später Vinteuil) ein, indem er zwei Figuren ineinander aufgehen ließ: den Naturforscher Vington als Vater der Lesbierin sowie den Komponisten Berget. Eines Abends wird Vinteuils Sonate

gespielt: »Erst klagte das Klavier wie in Verlassenheit gleich einem
Vogel, der seine Gefährtin vermißt; die Geige hörte und gab Antwort wie von einem benachbarten Baum. Es war wie am Anfang der
Welt, als gäbe es noch nichts als diese beiden Wesen auf Erden, oder
vielmehr in jener für alles andere verschlossenen, aus der Logik
eines Schöpfers gebauten Welt, in der nur immer sie beide existieren
würden, in der Welt nämlich dieser Sonate. War es ein Vogel, war es
die noch unfertige Seele des kleinen Themas, dessen Klage das Klavier dann so zärtlich eindringlich wiederholte?«[41]

Im April lernte Proust die junge, schüchterne Ehefrau von Odilon
Albaret kennen. Als Odilon im März ankündigte, für zwei oder drei
Wochen wegzufahren, um zu heiraten, fragte Proust, wann die
Hochzeit denn sein werde. Bevor Braut und Bräutigam sich zur Kirche begaben, wurden sie von einem Telegramm mit Prousts Glück-
wünschen überrascht.[42] Die Verbindung zu Proust beeinflußte Odilon auch bei der Wahl einer neuen Wohnung. Bisher hatte Proust ihn
durch Nachrichten zu sich bestellt, die er in dem kleinen von Odilons Schwester geführten Lokal abgeben ließ, doch diese Nachrichten trafen immer spät nachts ein, und sie kamen immer häufiger, so
daß Odilon nach einem neuen Lokal Ausschau hielt: »Bisher hatte
Odilons Schwester in ihrem Lokal an der Ecke Rue Montmartre
und Rue Feydau die Gespräche für ihn entgegengenommen; aber
mein Mann hatte für uns Levallois vorgezogen, weil es dort einfacher war, sein Taxi zu parken; und dann gab es ganz in der Nähe
eine Kneipe mit Telephon, die lange geöffnet war, genau das, was er
suchte.«[43] Nachdem sie sich in Levallois eingerichtet hatten, nahm
Odilon seine Frau mit, als er zu Nicolas ging, um ihm auszurichten,
daß er von nun an wieder Aufträge von Monsieur Proust annehmen
könne. »Nicolas bestand darauf, zu ihm [Proust] zu gehen und ihm
zu sagen, daß Odilon da sei.«[44]

Die einundzwanzigjährige Céleste Albaret hatte bis zu ihrer
Hochzeit ihr Heimatdorf Auxillac im Departement Lozère nie verlassen. Als Proust nun in die Küche kam, war sie sehr beeindruckt:
»Ich sehe diesen Grandseigneur hereinkommen. Er wirkte sehr jung
– schlank, aber nicht mager, mit einer sehr schönen Haut, überaus
weißen Zähnen und mit der kleinen Locke auf der Stirn, die ich
immer bei ihm sehen sollte. Und dann diese unerhörte Eleganz und

diese merkwürdige Haltung, diese Art von Gemessenheit, die mir später bei vielen Asthmatikern aufgefallen ist, als ob sie haushälterisch mit ihrer Kraft und ihrem Atem umgehen müßten.«[45]

Er hatte in der Tat seine ganze Energie in den ersten Arbeitsgang der Fahnenkorrektur hineingelegt. Mitte Mai schickte er die ersten fünfundvierzig Fahnen zurück, und es war ihm klar, daß er außergewöhnlich viele Korrekturen vorgenommen hatte. »Ich muß mich damit abfinden, Ihnen diese betrüblichen Fahnen zurückzuschikken, die mich durcheinanderbringen. [...] Ich empfehle Ihnen, darauf achten zu lassen, daß meine Fahnen sehr empfindlich sind; ich habe Papierstücke angeklebt, die leicht abreißen können, woraus sich endlose Komplikationen ergeben könnten.«[46] So sehr er den Titel »Les intermittences du cœur« mochte, er verzichtete schließlich darauf und gab als Grund dafür an, daß ein Buch mit dem Titel *Le cœur en désordre* erschienen sei, obwohl dieses bereits vor sechs Monaten veröffentlicht worden war, als Proust »Les intermittences du cœur« vorschlug, und zwischen den beiden Titeln ohnehin keine große Ähnlichkeit besteht.[47]

Er nahm jede Gelegenheit wahr, um seinen Freunden und Bekannten die dem Roman zugrundeliegenden Intentionen zu erläutern. Er pflegte viele Freundschaften per Brief und war seinen Freunden gegenüber immer wohlgesonnen und großzügig, auch wenn diese auch andere als freundschaftliche Motive hatten, sich für ihn zu interessieren. So suchte beispielsweise Jacques Copeau für sein neues Theater Subskribenten, denen er Anteile an der Société du Théâtre des Vieux-Colombiers verkaufte. Es sollten zweihundert Anteilscheine zu je 1000 Francs verkauft werden.[48] Proust kaufte drei davon, nicht weil er Copeaus Hilfe brauchte, sondern hauptsächlich deshalb, weil er sich über die Gelegenheit freute, dem ehemaligen Verleger zum Thema der unwillentlichen Erinnerung zu schreiben. Diese war etwas völlig anderes als die »unwichtigen und zufälligen« Umstände, welche die Wohnungstür der alten Wucherin der Erinnerung von Dostojewskijs Raskolnikow eingeprägt hatten.[49]

Proust interessierte sich weniger für den Aufbau eines Dramas, sondern dafür, zu erklären, wie das Bewußtsein arbeitet, wenn es von der Einzelbeobachtung zu allgemeinen Gesetzen übergeht.

Ich kann jedoch sagen, daß die Erinnerung der Dostojewskij, Tolstoj (Sie werden gewiß verstehen, daß ich, wenn ich große

Namen zitiere, mich keineswegs ihnen gleichsetzen will! Ich
will mich ihnen nicht einmal auf tausend Meilen nähern!),
das ›Später, wenn er sich daran erinnerte, mit aller Deutlichkeit und Klarheit, denn so hatte sich dieser Augenblick ihm
auf ewig eingeprägt‹, immer noch etwas äußerst Unwichtiges
und Zufälliges ist im Vergleich zu ›meiner‹ Erinnerung, in der
alle für den früheren Eindruck konstitutiven materiellen Elemente modifiziert werden und die Erinnerung im Hinblick
auf das Unbewußte dieselbe Allgemeinheit, dieselbe Kraft der
höheren Wirklichkeit annimmt wie *das Gesetz* in der Physik,
mittels der Veränderung der Umstände. Es ist ein *Akt* und
keine passive Wollust [volupté]. Übrigens gibt es für mich den
Begriff der Lust [plaisir] nicht. Nicht daß mein Leben ohne
jede Lust wäre, wie man glaubt, ich suche sie nur nie, sie
begleitet einfach die glühende Liebe, die ich für die Dinge
habe und die durch den Entzug vielleicht tatsächlich etwas
übererregt ist.[50]

Für so lange Zeit an dasselbe Bett gefesselt, den Blick auf dieselben
Bettücher, dieselben Wände, dieselben Papierhaufen auf seinem Bett
gerichtet, stürzten sich seine Augen voller Entzücken auf alles, was
sie außerhalb seiner Wohnung sahen.

Nach einem weiteren langen Zeitraum der Entbehrung fühlte er
sich in der zweiten Maihälfte gesund genug, um häufiger auszuge-
hen. Am 15. Mai ging er in das russische Ballett im Théâtre des
Champs-Elysées, wo er Marie Scheikévitch traf, die nach seinem
Eindruck wie eine »erdolchte Taube« aussah.[51] »Colombes poi-
gnardées«, »erdolchte Tauben« sollte später einer der Titel sein, die
er anstelle von »Les intermittences du cœur« in Erwägung zog.[52]
Zwei Tage später, als er wieder zu den Ballets russes ging, sah er
Nijinski in *L'après-midi d'un faune*; danach dinierte er mit ihm und
Maurice Rostand im Restaurant Larue.[53]

An einem Abend war er bei Madame Scheikévitch zum Diner eingeladen, die ihm später einen riesigen Fliederstrauß schickte. Er antwortete, indem er aus den Druckfahnen vier Passagen über Flieder
ausschnitt, die er etwas unsorgfältig auf Briefpapier klebte und ihr
schickte. Niemand außer ihr habe sie vorher zu Gesicht bekommen,
erklärte er.[54]

Am 22. Mai besuchte er im Théâtre des Champs-Elysées die

Erstaufführung von *Boris Godunow* mit Fjodor Schaljapin. Er traf dort Jacques Copeau und Anna de Noailles. Eine Woche später ging er zur Erstaufführung des *Sacre du Printemps* und dinierte hinterher mit Strawinsky und Cocteau im Restaurant Larue.[55] Diese außergewöhnlichen vierzehn Tage voller Aktivität fielen mit einer Zeit der intensiven Arbeit an den Druckfahnen zusammen. Ende Mai fühlte er sich »zerschlagen wegen der Korrektur meiner Fahnen, mit der ich nicht zu Ende kommen kann, ich ändere alles, der Drucker erkennt seine Sachen nicht wieder, mein Verleger bedrängt mich Tag für Tag, und währenddessen schwindet meine Gesundheit völlig dahin, ich bin so mager geworden, daß Du mich nicht wiedererkennen würdest.«[56] Nachdem er die ersten Fahnen zurückgeschickt hatte, mußte er 595 Francs für die Kosten der zusätzlichen Änderungen bezahlen.[57]

24. Rituale weltlicher Liebe

Als Alfred Agostinelli auftauchte und darum bat, als Chauffeur eingestellt zu werden, wurde Prousts Leben plötzlich auf den Kopf gestellt. Proust wollte gar keinen Chauffeur – Albarets Taxi war alles, was er brauchte –, aber er wollte Agostinelli auch nicht einfach abweisen. Agostinelli sah gut aus und hatte im Gespräch ebenso wie in seinen Briefen gezeigt, daß er sprachlich begabt war.[1] Auch wenn Proust ihn für einen Mechaniker und die Schreibmaschine für ein mechanisches Gerät hielt, gab es keinen Grund anzunehmen, daß Agostinelli als Typist kompetent und mit der Arbeit zufrieden sein würde, doch Proust hatte vom Zusammenleben mit Nicolas und Céline genug, wie schon damals deutlich wurde, als er Reynaldo einlud, zu ihm in die Wohnung zu ziehen. Mit einer jener abrupten Entscheidungen, die seinem üblichen Zögern völlig zuwiderliefen, bat er Agostinelli, sein Sekretär zu werden und am Arbeitsplatz zu wohnen.

Jeder andere Schriftsteller, der dringend darauf angewiesen war, ein Manuskript in ein exaktes Typoskript umzuwandeln – der Drucker wartete nämlich schon –, hätte bei der Einstellung eines neuen Sekretärs ohne Schreibmaschinenkenntnisse gezögert. Agostinelli stand vor der Aufgabe, mit der schwierigen Handschrift und den extrem langen Sätzen zurechtzukommen, und Proust mußte mit der Anwesenheit eines Mannes fertigwerden, der ihn von der Arbeit, auf die sich doch beide konzentrieren sollten, eher ablenken würde.

Agostinelli behauptete, er und Anna hätten geheiratet. Das stimmte zwar nicht, doch beide sprachen voneinander als »mein Mann« und »meine Frau«, und Proust entdeckte die Wahrheit erst lange nach ihrem Einzug in die Wohnung. Anna war auffallend häßlich, und er mochte sie nie, doch sie und Agostinelli waren einander zugetan, auch wenn er regelmäßig untreu war.[2] Obwohl Proust auf ihre Beziehung eifersüchtig war, konnte er von den beiden doch ebenso lernen wie aus seinen Beobachtungen an Albu und Louisa.

Nun war er von dem Drama eines streitenden Paares nicht nur umgeben, sondern er war auch darin verwickelt. Statt nach der verlorenen Zeit zu suchen, verteidigte er sich gegen die Gegenwart, indem er sie in seine Fiktion verwandelte. Bruchstücke von Agostinellis Leben mit Anna und von Prousts Leben mit Agostinelli ließen sich unmittelbar in die Zusätze einfügen, die er beim Korrigieren der Fahnen anfertigte.

Das Lebenstempo hatte sich plötzlich verändert. Nach einem langen Adagio wurde er plötzlich zu einem verwirrenden Presto agitato angetrieben. Er konnte sich niemandem anvertrauen, außer in Briefen, und mit Reynaldo wollte er über die neue Beziehung nicht sprechen. Als er an Robert schrieb, der nunmehr Georges Stelle als wichtigster Vertrauter eingenommen hatte, verbarg er mehr, als er enthüllte.

> Wie manches möchte ich Ihnen sagen; ich bin so unglücklich, daß mir Ihre Nachsicht unentbehrlich ist; mir geht es *sehr schlecht* und außerdem habe ich großen Kummer. Vielleicht ist das aber sogar besser; denn ich habe nicht die notwendige Kraft, mich dem Glück zu stellen. (Sie verstehen, ich spreche von Kummer und Glück in der Liebe. Sie werden nicht annehmen, daß ich mir vorstelle, von *Karriere* zu sprechen! Das hat mich immer gleichgültig gelassen, und besonders jetzt!)[3]

Er stand dem Glück jedoch näher als jemals zuvor in seinem Leben als Erwachsener. Obwohl er Reynaldo einmal sehr zugetan war, ungläubig und zugleich entzückt darüber, daß seine Gefühle erwidert wurden, hatte ihrer jugendlichen Liebe doch die leidenschaftliche und verzweifelte Intensität von Prousts einseitigen Gefühlen für Agostinelli gefehlt. Zum ersten Mal lebte er mit dem Mann zusammen, den er liebte, und im Wissen, daß er nicht mehr lange leben würde, war er bereit, für das Glück jeden Preis zu bezahlen. Seit dem Ende der Affäre mit Lucien hatte es kein Glück mehr gegeben, für das er nicht hätte zahlen müssen. Die meisten früheren Beziehungen mit Liebhabern aus der Arbeiterschicht waren recht unbefangen gewesen, doch nie hatte er sich so wohl gefühlt wie mit Agostinelli.

Sie verbrachten Stunden eines ekstatischen Glücks, auch wenn sie im Vergleich zu Prousts Anfällen einer schmerzenden Eifersucht kurz waren. Über seine Reaktionen auf Agostinellis Anwesenheit in der Wohnung spricht Proust manches durch den Bericht des Erzählers über dessen Beziehung zu Albertine aus, die bei ihm wie eine Gefangene lebt. Obwohl Albertines Verhalten hauptsächlich nach dem Vorbild von Agostinelli und Anna gestaltet ist, so waren die beiden doch viel lauter als Nicolas und Céline, weniger respektvoll und weniger rücksichtsvoll, wenn es darum ging, ihn nicht zu stören. Sie mußten sich unverzüglich einem exzentrischen Tagesablauf anpassen, der für sie noch beschwerlicher war als früher für die Dienerschaft in der Wohnung seiner Eltern. Es ist wohl anzunehmen, daß Agostinelli ebenso wie Albertine die Türen nie zumachte und niemals zögerte, ein Zimmer zu betreten, wenn die Türe offenstand.[4] Daß er unentwegt vor sich hin summte und einen schlechten Musikgeschmack hatte.[5] Daß Proust endlich einen Ersatz für das Ritual des Gutenachtkusses gefunden hatte – zudem einen auf befriedigende Weise frevelhaften Ersatz.[6] Bevor die beiden Männer sich nächtens trennten, schob Agostinellis Zunge sich wie ein Stück Brot in Prousts Mund.[7] Kein früherer Liebhaber, ob aus der Bourgeoisie oder aus der Arbeiterschaft, hatte für die Erinnerung an die Mutter jemals eine solche Bedrohung dargestellt.[8] Der Sohn einer Frau, die niemals einem Lakaien die Hand gereicht hätte, lebte mit einem Chauffeur zusammen. In sexueller Hinsicht fühlte er sich meist unterlegen und kämpfte um Gleichheit. Er empfand es als äußerst lustvoll, das zu tun, was er zu Lebzeiten der Mutter niemals hätte tun dürfen, und die Ablehnung ihrer Werte war keineswegs beiläufig. Er entweihte das Andenken an sie, und das genoß er.

Das Badezimmer, das Agostinelli benutzte, lag demjenigen Prousts so nahe, daß sie ihr Gespräch weiterführen konnten, während sie sich, in ›doppelter Intimität‹ wuschen.[9] Proust unternahm alles, was in seiner Macht stand, um Agostinelli glücklich und seine Situation angenehmer zu machen; er verwöhnte ihn mit teuren Geschenken: aus Angst, ihn zu verlieren, aber auch im Bewußtsein, daß er eine dauernde Gefahr verkörperte. Eben dies meint er, wenn er in Bezug auf Albertine sagt, sein Leiden sei weniger unerträglich als der Gedanke, es könnte aufhören. Proust opferte bereitwillig seinen Seelenfrieden, schlief weniger und nahm ab.

> Sobald Albertine ausgegangen war, spürte ich, wie ermüdend für mich diese unaufhörliche Gegenwart war, unersättlich auf Bewegung und auf Leben aus, die mit ihren Bewegungen meinen Schlaf störte, mich der Türen wegen, die sie ständig offen ließ, in dauernder Erkältung leben ließ, und mich zwang (um Vorwände zu finden, die es rechtfertigten, sie nicht zu begleiten, aber doch begleiten zu lassen, ohne dabei allzu krank zu wirken), jeden Tag einen noch größeren Einfallsreichtum als Scheherezade zu entfalten. Schob die persische Märchenerzählerin ihren Tod durch diesen Einfallsreichtum auf, so beschleunigte ich leider den meinigen. Es gibt im Leben somit gewisse Situationen, die nicht wie jene ganz und gar durch Liebeseifersucht und eine schwache Gesundheit, die uns nicht erlaubt, das Leben eines tätigen und jungen Wesens zu teilen, geschaffen werden, in denen aber das Problem, entweder das gemeinsame Leben fortzusetzen oder zum getrennten Leben von früher zurückzukehren, sich auf eine fast schon medizinische Weise stellt: welcher der beiden Ruhearten soll man sich opfern (indem man entweder mit der täglichen Überlastung weitermacht oder zu den Ängsten der Abwesenheit zurückkehrt) – der des Hirns oder der des Herzens?[10]

Agostinelli ließ sich nicht in Besitz nehmen. War er anwesend, so konnte Proust nicht erkennen, ob seine Gefühle mit dem übereinstimmten, was er zum Ausdruck brachte; war er abwesend, konnte Proust nicht in Erfahrung bringen, was er sagte oder tat. Es gab so viele verschiedene Möglichkeiten für Agostinelli, den Mann zu betrügen, der von ihm besessen war, doch keine einzige für Proust, sich zu befreien. Ebensowenig war seine Eifersucht auf die Gegen-

wart beschränkt: Er war in jeden Augenblick der Vergangenheit und
der Zukunft Agostinellis verliebt.

> Trotzdem dachte ich nicht daran, daß ich schon seit langem
> hätte aufhören sollen, Albertine zu sehen, da sie für mich in
> die beklagenswerte Periode eingetreten war, in der ein in
> Raum und Zeit verstreutes Wesen für uns nicht länger eine
> Frau ist, sondern eine Reihe von Ereignissen, die wir nicht
> erhellen können, eine Reihe unlösbarer Probleme, ein Meer,
> das wir für das, was es verschlungen hat, wie Xerxes auf
> lächerliche Weise zu schlagen versuchen.[11]

Proust wollte vermeiden, daß Besucher Agostinelli begegneten oder
argwöhnten, er lebe in der Wohnung. Agostinelli hielt sich taktvoll
zurück, Prousts Zimmer zu betreten, wenn dieser Besuch hatte. In
den Qualen der Eifersucht setzte Proust ihn einem Verhör über die
Vergangenheit und über seine Unternehmungen außer Haus aus.
Dies führte bei Agostinelli zu einer merklichen Persönlichkeitsver-
änderung.

> Ich erinnerte mich; ich hatte eine erste Albertine gekannt,
> dann hatte sie sich plötzlich in eine zweite verwandelt, die
> gegenwärtige. Für die Verwandlung aber konnte ich einzig
> mich selbst verantwortlich machen. Alles, was sie mir beden-
> kenlos, dann immerhin noch gern gestanden hätte, solange
> wir gute Kameraden waren, hatte aufgehört, ihr über die
> Lippen zu kommen, seitdem sie glaubte, ich liebte sie, oder
> nachdem sie – ohne daß sie dabei das Wort Liebe gebrauchte
> – ein inquisitorisches Verlangen bei mir erriet, das wissen
> will, dennoch aber darunter leidet, daß es weiß, und gleich-
> wohl immer mehr in Erfahrung zu bringen sucht. Von jenem
> Tage an hatte sie mir alles verborgen. Sie bog vor meiner
> Zimmertür ab, häufig sogar, wenn sie meinte, ich sei nicht
> einmal mit einer Freundin, sondern einem Freund dort
> zusammen, sie, deren Augen einst so großes Interesse verrie-
> ten, wenn ich von einem jungen Mädchen sprach. [...] Die
> Seiten ihres Lebens, die ich nicht kannte, stellte sie in einem
> Lichte dar, dem ich in meiner Unwissenheit nur allzu bereit-
> willig alles zugute hielt, was ihre Harmlosigkeit unterstrei-
> chen konnte. Jetzt aber war die Umwandlung abgeschlossen
> [...].[12]

Nie sollte Prousts Großzügigkeit ihm mehr schaden. Vom Glück berauscht und bereit, alle seine Bindungen zu lösen, gab er sich immer mehr seiner lebenslangen Gewohnheit hin, sich das Wohlwollen anderer erkaufen zu wollen. Selbst wenn er körperlich liebte oder geliebt wurde, vermochte er nicht zu glauben, daß er liebenswert sei. Selbst wenn Agostinelli einen weniger beschränkten Wortschatz und ein größeres Handlungsrepertoire für den Ausdruck der Zuneigung besessen hätte, hätte er Prousts Überzeugung, Wohlwollen mit großzügigen Trinkgeldern und teuren Geschenken erkaufen zu müssen, nicht entkräften können. Proust wiederum wollte nichts mehr, als Agostinelli in Abhängigkeit zu halten, doch es gab nichts, das Agostinelli rascher unabhängig werden ließ als große Geldgeschenke. Zunächst schien es einfach darum zu gehen, seine und Annas Extravaganz zufriedenzustellen. »Andererseits gehören die Agostinellis zu den Leuten, die, sobald sie fünfzig Francs in Händen haben, zwanzig Francs für Pfirsiche ausgeben, zwanzig Francs fürs Taxi usw. und am nächsten Tage nichts mehr haben.«[13] Proust war jedoch so außergewöhnlich großzügig, daß Agostinelli sogar noch mehr sparen konnte, als er ausgab.

Die beschauliche und zurückgezogene Lebensweise, die Robert Proust als »ein Leben der Entsagung, ein wahrhaft asketisches Leben« bezeichnete, hatte sich ganz unverhofft zu einem Höhepunkt profaner Sinnlichkeit entwickelt. Seit 1910 hatte Proust fortwährend nach seinem Grundsatz gelebt, daß der Künstler, der eine Stunde Arbeit gegen eine Stunde Gespräch mit einem Freund eintausche, etwas Reales für etwas Illusionäres opfere. Nun aber opferte er ganze Stunden der Arbeit für die körperliche Liebe und für das Plaudern und ließ zum schlechtesten Zeitpunkt einen Einbruch in sein Leben zu, denn nach sechs Jahren intensiver und mühevoller Arbeit stand er kurz davor, seinen Roman gedruckt zu sehen.

Noch unsicherer, als er es ohne Agostinelli gewesen wäre, bat er Freunde um Rat. Sollte er Kürzungen vornehmen? Sollten einige der weniger interessanten Passagen als Fußnoten gedruckt werden? War es richtig, Dialoge zu drucken, ohne jeden Redebeitrag mit einer neuen Zeile beginnen zu lassen?[14] Einige Gleichnisse überprüfte er, indem er Fragen von wissenschaftlichem Charakter an Max Daireaux richtete.[15] Agostinelli, der die Maschinenabschrift des zweiten Teils anfertigte, brauchte wohl mehr Unterstützung als ein erfahrener Typist, und Proust muß sich wohl sehr viel mehr Zeit für die Beantwortung von Fragen genommen haben, als er es getan hätte, wenn er nicht in seinen Typisten verliebt gewesen wäre. Er wußte zwar, daß er mit der Fahnenkorrektur unverantwortlich langsam vorankam, aber es gab nichts, womit er sich hätte antreiben können.

Als er im Juli an Grasset 595 Francs für die zusätzlichen Korrekturen bei den ersten 45 Fahnen bezahlte, schrieb er, er sei mit der »Korrektur der zweiten Fahnenlieferung fast fertig«, nämlich jener Fahnen, die mit der Seitenzahl 96 begannen.[16] Als Grund, weshalb er die ersten Fahnen (mit der Paginierung 46-95) noch nicht zurückgesandt hatte, gab er an, daß, wenn das Buch sämtliche 95 Fahnen enthalten sollte, es über 700 Seiten umfassen würde. Etwa zehn Fahnen müßten auf den zweiten Band verschoben werden, was bedeutete, für den ersten Band einen neuen Schluß zu finden. »Das erfordert Nachdenken und Organisation.« Er versprach, das Problem zu lösen und die Fahnen innerhalb weniger Tage zurückzusenden,[17] hielt dieses Versprechen jedoch nicht: Er hatte mit der Korrektur der zweiten Fahnenlieferung noch gar nicht begonnen.[18]

Die Entscheidung, nach Cabourg in die Sommerferien zu fahren, wie er es fünf Jahre lang hintereinander getan hatte, war schwieriger als je zuvor. Wenn er allein fuhr, plagte ihn die ängstliche Eifersucht auf Agostinellis Aktivitäten; wenn er Agostinelli mitnahm, mußte er auch Anna mitnehmen, und welchen Eindruck würde dies wohl auf seine Freunde und Bekannten in Cabourg machen? Als er Madame Bizet anrief, weil er helfen wollte, für den arbeitslosen und notleidenden Robert Ulrich eine Anstellung als Chauffeur zu finden, sagte er, er werde zweifellos den ganzen Sommer über in Paris bleiben. Eine Stunde später reiste er nach Cabourg ab und nahm nicht nur Agostinelli und Anna, sondern auch Nicolas mit. Sie reisten mit dem Auto, verfuhren sich aber und kamen erst morgens um fünf Uhr an. Bevor Proust ins Bett ging, schrieb er noch an Reynaldo, allerdings ohne Agostinelli zu erwähnen.[19]

Es wäre vernünftiger gewesen, an einen anderen Ort zu fahren. Agostinelli, der in Cabourg als Taxifahrer gearbeitet hatte, war sowohl den Portiers als auch den Kellnern im Hotel bekannt. Proust hatte vor, die meiste Zeit mit der Fahnenkorrektur zu verbringen, doch wenn er und Agostinelli alle Mahlzeiten im Schlafzimmer einnahmen, wurde Agostinelli unruhig, und andererseits war es unmöglich, ihn in den Speisesaal, ins Kasino oder auf die Promenade mitzunehmen, ohne Bekannte von Proust zu treffen. Proust nahm nicht einmal mit dem Vicomte d'Alton Kontakt auf.

Nach kaum einer Woche entschloß er sich, nicht mehr viel länger zu bleiben, und seine Entscheidung zur Abreise wurde ebenso abrupt getroffen wie die zur Anreise. Am 3. August war er mit Agostinelli im Auto[20] unterwegs nach Houlgate, als sie entweder Streit bekamen oder Agostinelli sich ungeduldig zeigte, nach Hause zurückzufahren. Wie ein Vater, der einem verzogenen Kind nachgibt, ließ Proust Agostinelli vor einem Café anhalten, wo er im Hotel anrief und Nicolas und Anna anwies, die Koffer zu packen, die Hoteldirektion über seine Abreise zu informieren und ihnen dann nachzureisen. Er und Agostinelli fuhren daraufhin direkt zum Bahnhof von Trouville und nahmen den ersten Zug nach Paris.[21]

Weil der Vicomte d'Alton inzwischen von seinem Aufenthalt in Cabourg gehört haben mußte, schrieb Proust eine Entschuldigung für seine plötzliche Abreise, wobei er einen ausgeklügelten Vorwand für die Bitte fand, Agostinelli keinem ihrer Freunde gegenüber zu erwähnen.[22] Dieselbe Bitte richtete er auch an Albert de Nahmias: »Vermeiden Sie es, über meinen Sekretär (Ex-Mechaniker) zu sprechen. Die Leute sind so dumm, daß sie darin etwas Päderastisches sehen könnten (wie sie es in unserer Freundschaft gesehen haben). Mir wäre das zwar völlig egal, aber es würde mir sehr leid tun, diesem Jungen zu schaden.«[23] Gegenüber Georges de Lauris erklärte er seine plötzliche Rückkehr nach Paris so: »Bei der Abreise nach Cabourg hatte ich eine Person [une personne] zurückgelassen, die ich in Paris nur selten sehe, von der ich aber zumindest weiß, daß sie sich dort aufhält, und in Cabourg fühlte ich mich weit weg und machte mir Sorgen.«[24]

Er hatte vor, in wenigen Tagen wieder abzureisen, doch er fühlte sich so schwach, daß eine weitere Reise ihn »umbringen« würde – so schrieb er zumindest an Albert und Georges.[25] Er neigte zwar zu Übertreibungen, doch sein Zustand war schon vor dem Eintreffen Agostinellis sehr geschwächt. In den sieben Jahren seit seinem Einzug in die Wohnung am Boulevard Haussmann hatte er immer unregelmäßiger gegessen, ganz besonders seit dem Weggang von Félicie. Nicolas wurde gelegentlich gebeten, eine Seezunge zuzubereiten

oder bei Larue etwas Warmes zu holen, doch Proust hatte merklich abgenommen, und die emotionale Beziehung zu Agostinelli verursachte eine solche Anspannung, daß er glaubte, er müsse entweder Agostinelli loswerden oder selbst auszuziehen, wenn er überleben
wollte. Wenn er in der Wohnung blieb, hatte er nur ein einziges
Mittel zur Verteidigung – den Roman, der »auf Dinge verweist,
die mir solches Leiden bereiteten, daß es mir unmöglich erscheint,
daß meine Prosa nicht ein wenig von meinen Tränen getrunken
hat und ihren bitteren Geschmack zurückbehält«.[26] Agostinelli
sollte er zwar erst später in Albertine übersetzen, doch schon bei
der Fahnenkorrektur von *Swann* schrieb er komplizierte Zusätze
und fügte »einige kleine, aber sehr wichtige Fakten [hinzu], die
die Schlingen der Eifersucht um den armen Swann zusammenzie-
hen«.[27]

Noch hatte er keine Zeit gehabt, einen neuen Schluß für den
ersten Band zu finden,[28] doch neben allem »moralischen Kummer,
materiellen Sorgen, körperlichen Leiden und literarischen Schere-
reien«[29] fand er einen gewissen Trost in dem Wissen, daß seine
Freunde bald das Buch lesen und unerwartete Tiefen in ihm entdek-
ken würden. Eine der Freundschaften, deren Potential nicht zur Entfaltung gelangte, war die mit Lucien: Proust fühlte sich ihm gegenüber nicht frei genug, um ihn bei der Überprüfung bestimmter Fakten für seinen fiktionalen Text zu befragen, und außerdem hatte er
sich darüber geärgert, daß er für die Hochzeit von Luciens Tochter
Edmée keine Einladung erhalten hatte. Als Proust jedoch anbot,
ihm den ersten Band zur Lektüre zu überlassen, reagierte Lucien –
der darum bat, die Fahnen so rasch wie möglich lesen zu dürfen – so
begeistert, daß Proust ihm nicht glauben wollte. »Nach Empfang
dieses Briefes bat ich Proust, mir die Fahnen so schnell wie möglich
zu schicken. Ich erhielt sie am übernächsten Morgen und verbrachte
den ganzen Tag und einen Teil der darauffolgenden Nacht damit,
Swann zu lesen. »Ich kam zurück von dort (ich hatte nämlich den
Eindruck sowohl einer Reise als auch einer Lektüre) voller Begeisterung. Ich versuchte ihm sofort zu sagen, warum ich begeistert
war.«[30] Ganz hingerissen schrieb er ihm einen zehnseitigen Brief
voller Lob über das Buch, erhob einige geringfügige, konstruktive
Einwände und bot an, sofort nach Erscheinen des Buches eine
Rezension zu schreiben. Erfreut schlug Proust ihm vor, es für den

Figaro zu rezensieren,[31] und später fragte er ihn um Rat wegen unterschiedlicher Schlüsse für den ersten Band.[32]

Dieser sollte am 14. November 1913 erscheinen, doch statt sich über die kurz bevorstehende Veröffentlichung zu freuen, litt Proust wegen jenes Freundes, der »neben Vater und Mutter der Mensch ist, den ich am meisten liebte«. Agostinelli, der diese Leidenschaft nicht zu erwidern vermochte, profitierte von Prousts erstaunlicher Großzügigkeit und genoß die komplizierten Verhandlungen über Geschenke. Proust investierte vorbehaltlos Geld und emotionale Energie und war trotzdem »zu unglücklich, um die Freude zu genießen, die es mir sonst vielleicht bereitet hätte, das Buch vollendet und von jenen Menschen gelesen zu sehen, für die es bestimmt ist«.[33] Auch wenn er das Gefühl hatte, »alle meine Gedanken, mein ganzes Herz und mein Leben selbst« in das Buch eingebracht zu haben[34] und ihm »unendlich mehr Bedeutung [beimaß] als allem anderen, was ich bis jetzt gemacht habe«,[35] viel wichtiger war ihm doch seine alltägliche Beziehung mit Agostinelli, der seit der Rückkehr aus Cabourg nicht wieder zur Ruhe gekommen war. Er war zu ehrgeizig und abenteuerlustig, um sich mit seiner Arbeit als Sekretär zufriedenzugeben. Als er Chauffeur war, waren die Autos etwas Neuartiges gewesen; jetzt wollte er fliegen lernen.[36]

Es war offenkundig, daß die Beziehung niemals dauerhaft werden konnte, und Proust gedachte, durch die Abreise aus Paris Abstand zu gewinnen, doch er war für eine solche Reise zu krank. Agostinelli ergriff Anfang Dezember die Initiative und verließ ihn. Céleste zufolge, die eben erst eingezogen war, um als Haushälterin zu arbeiten, lag der Hauptgrund darin, daß es Anna in Paris nicht gefiel.[37]

Als Proust diese Erfahrung in der Schilderung des Erzählers über den Verlust Albertines nachvollzog, schrieb er: »Aber die Worte: ›Albertine ist fort‹ senkten ein Leid in mein Herz, dem ich, wie ich deutlich spürte, nicht lange würde standhalten können«; ein Leid, das ihm unbegreiflich erschien »beim Vergleich der mäßigen Vergnügungen, die Albertine mir verschaffte, mit der Fülle der Sehnsüchte, um deren Befriedigung sie mich betrog«.[38]

Als er sich überlegte, daß nichts ihn daran hinderte, den Flüchtigen wiederzufinden und vielleicht einen Privatdetektiv zu engagieren,[39] erhielt Proust einen Brief, aus dem hervorging, daß Agostinelli sich bei seinem Vater in Monaco aufhielt. Albert, hilfsbereit wie immer, wurde als Bote gesandt und erhielt in langen Telegrammen – die entweder nicht oder konspiratorisch mit einem falschen Namen unterzeichnet waren – seine Unterweisungen über die Strategie, die er bei den Verhandlungen mit dem Vater Eugenio Agostinelli anwenden sollte. Albert hatte den Auftrag, Agostinelli nach Paris zurückzubringen.[40] Proust bat Nicolas, ihn sofort zu wecken, wenn Albert aus Monaco anrufen sollte, doch als der Anruf kam, war die Verbindung so schlecht, daß sie einander kaum verstehen konnten. Prousts Telegramme an Albert enthalten genaue Adressen und so ausführliche Einzelheiten über die Tätigkeiten von Vater und Sohn, daß er wohl die Dienste eines Detektivs in Anspruch genommen haben muß. »[Als] ich zum ersten Mal, gemartert von der Gewißheit der Gegenwart und der Ungewißheit der Zukunft, mir Albertine vorstellte, wie sie ein Leben begann, das sie sich fern von mir vielleicht für lange Zeit, vielleicht für immer wünschte und in dem sie jenes Unbekannte verwirklichen würde, das mich früher so oft beunruhigt hatte, als ich immerhin noch so glücklich war, das, was sie mir nach außen hin darbot, ihr undurchdringliches und von mir gleichsam erschlichenes süßes Antlitz besitzen und liebkosen zu können. Dies Unbekannte gerade machte den tiefsten Grund meiner Liebe aus.«[41]

Wie so häufig, wenn er in Bedrängnis war, griff Proust auf die Mittel des Geldes und der Intrige zurück. Albert wurde gebeten, Eugenio Agostinelli eine monatliche Zahlung anzubieten, wenn es ihm gelingen würde, seinen Sohn nach Paris zurückzuschicken und ihn dort bis April bleiben zu lassen, doch Alfred Agostinelli durfte von diesem finanziellen Arrangement nichts erfahren, und Albert durfte ihm keinesfalls Geld anbieten, »denn er hat keins verdient«.[42] Die Verhandlungen scheiterten natürlich und Albert wurde am 7. Dezember nach Paris zurückbeordert.[43] Im Dezember schrieb Proust:»Ich durchlebe zur Zeit den schmerzlichsten Abschnitt meines Lebens seit dem Tod meiner Mutter.«[44]

Er war zu deprimiert, um zu schreiben oder an den Fahnen zu arbeiten, die nicht in den ersten Band aufgenommen werden sollten.[45] Als das Buch schließlich erschien und Montesquiou in einem Gratulationsbrief schrieb: »[…] Ihr Roman mit seiner Überfülle an Ideen und Wörtern gleicht jenem Weißdornbusch, den Sie lieben und der nur so wimmelt von spitzen Blütenblättern, deren Duft,

wollüstig und fromm zugleich, Sie berauschte«,[46] gab Proust zur
Antwort: »[...] Ärgernisse, von denen ich keine Vorstellung hatte,
und ein großer Kummer haben seit einem Jahr mein Leben auf den
Kopf gestellt, und dieses Buch ist erschienen, ohne mir auch nur die
geringste Freude zu machen«.[47]

Einen kleinen Trost fand er darin, Musik zu hören, und als er sich
gesund genug fühlte, um aufzustehen, besuchte er Konzerte mit
Beethovens Streichquartetten.[48] Er hatte sich außerdem ein elektrisches Klavier, ein Pianola, gekauft, doch es gab keine Aufnahmen
von jenem Stück, das er am liebsten hören wollte: Beethovens
Streichquartett in cis-moll, Opus 131.[49] Wie gewöhnlich waren das
Vergnügen und die Arbeit am Roman nicht voneinander getrennt.
Unter der Überschrift »Für Vinteuil« enthält sein damaliges Notizheft Eintragungen über Beethoven, César Franck, Schumann, Wagner und Schubert.

Von dem anschließenden Band war erst der Anfang gesetzt, und
von dem Rest hatte Agostinelli vor seiner Abreise – die es Proust
unmöglich gemacht hatte, das Typoskript auch nur wiederzulesen –
erst einen Teil abgetippt.[50] Ebensowenig hatte Proust die Lücke ausgefüllt, die durch die Episode entstanden war, die er aus dem zweiten Band übernommen hatte, um den ersten abzuschließen.[51]

Am 30. Mai 1914, nachmittags um fünf Uhr, stürzte Agostinelli mit
seinem Flugzeug ins Meer. Als Schüler der Flugschule Garbero
befand er sich auf einem Übungsflug zwischen Antibes und Cagnes.
Wie der *New York Herald* berichtete, befand sich auch seine Frau
unter den entsetzten Zuschauern, die sehen konnten, daß die
Maschine nicht ganz gesunken war, und einige Minuten später
sahen sie, wie der Pilot sich an den Rumpf klammerte. Um Hilfe
rufend winkte er verzweifelt, bis das Flugzeug im Meer versank.[52]

Proust war auf die Möglichkeit, daß Agostinelli bei einem Flug-
zeugabsturz umkommen würde, nicht völlig unvorbereitet. Da er
wußte, daß Agostinelli seine Ersparnisse für Flugstunden ausgab,
hatte Proust ihm geschrieben: »Sagen Sie Ihrer Frau für den unglücklichen Fall, daß Sie einen Flugzeugunfall haben sollten, daß sie
in mir weder einen Beschützer noch einen Freund finden und von
mir niemals auch nur einen Sou erhalten wird.«[53]

Anna hatte Alfred zu der Fliegerausbildung ermutigt, weil sie glaubte, er würde sehr viel Geld verdienen,[54] und im März 1914 hatte er sich bei einer Fliegerschule in der Nähe von Antibes angemeldet, wobei er den Namen Marcel Swann benutzte. Proust hatte jedoch die Hoffnung noch nicht aufgegeben, ihn zur Rückkehr zu bewegen, und es war auch ein gewisser Bestechungsversuch, ihm zwei extravagante Geschenke zu kaufen: Das eine war ein Flugzeug, das andere vermutlich ein Rolls-Royce.[55] Proust war trotz seiner finanziellen Schwierigkeiten bereit, für den Liebesvollzug auf Distanz ebenso üppig Geld auszugeben, wie er Zeit für seine Korrespondenz aufwandte.

Im Briefwechsel mit Agostinelli hatte Proust erfolglos versucht, ihn von der Pilotenausbildung abzubringen,[56] und als er ihm nun ein Flugzeug schenkte, fiel Proust in die Rolle des allzu nachsichtigen Elternteils zurück, indem er sich bei dem unkontrollierbaren Kind für den früheren Versuch, Kontrolle auszuüben, entschuldigt. Die Taktik war jedoch nicht weniger subtil als die vom Erzähler praktizierte: Obwohl er Albertine mehr als alles andere auf der Welt haben will, ist er zu der beinahe religiösen Überzeugung gelangt, seine Gefühle verbergen und nichts so nehmen zu müssen, wie es erscheint. Statt ihrem Brief zu glauben, der besagt, sie hätte sich nur zu sehr gefreut, zurückzukommen, wenn er ihr geschrieben und nicht einen Freund als Botschafter zu ihrer Tante geschickt hätte, antwortet er ausweichend. Da er darauf vertraut, sie bald wieder zu besitzen, und nicht ungeduldig erscheinen will, schreibt er, so als ob er ihre Entscheidung, ihn zu verlassen, billigte. Das Leben hatte sie voneinander entfernt, sagt er. Als er sie zu heiraten beabsichtigte, hatte er zwar vor, ihr eine Jacht und ein Auto zu schenken, aber keine Zeit mit ihr darin zu verbringen. Nachdem er erfahren hatte, daß sie keines der Geschenke annehmen würde, und da er selbst keine Verwendung dafür hatte, wollte er, daß sie die Bestellungen rückgängig machte – die ein Dritter in ihrem Namen aufgegeben hatte –, doch dann zieht er es vor, sie zu behalten, auch wenn die beiden teuren Geschenke für ihn völlig nutzlos sind.

Wenn er so gewunden schreibt, versucht er ihre Launenhaftigkeit auszunutzen: Sie gab ihm stets genau das Gegenteil dessen zur Antwort, was er erwartete. Diesmal antwortet sie jedoch mit dem Angebot, ihm jede Hilfe zu gewähren, um die Geschenke abzubestellen. »Ich bin sehr gerührt, daß Du unseren letzten Ausflug in so gutem

Andenken hast. Glaube mir, daß ich selbst ihn nicht vergessen
werde, da er in zweifacher Weise eine Fahrt in die Dämmerung war
[cette promenade deux fois crépusculaire] (da die Nacht auf ihn
folgte und wir uns außerdem gleich darauf trennen sollten) und daß
er mir nicht aus der Erinnerung schwinden wird, bevor es vollkommen Nacht wird.«[57] Die letzten Sätze sind dem Brief Agostinellis
entnommen: Proust schreibt in seinem Dankesbrief: »ein Satz war
bezaubernd (crépusculaire etc.)«.[58] Und wenn Proust fortfährt,
indem er schreibt, es wäre von seiner Seite wohl nicht sehr zartfühlend, wenn er einen solchen Dienst in Anspruch nehmen würde,
lehnt er wohl Agostinellis Angebot ab, die Bestellungen rückgängig
zu machen, die in seinem Namen aufgegeben wurden. Er weist nämlich darauf hin, daß der Mittelsmann, über den die Bestellungen aufgegeben wurden, Monsieur Collin, so großzügig sei, ihn aus seiner
Verpflichtung zu entlassen, daß er diese Großzügigkeit nicht auszunutzen wage. Schließlich richtete Proust an Agostinelli noch die
Bitte, den Brief zurückzuschicken. Vielleicht war dies eine Vorsichtsmaßnahme, oder es bedeutet, daß er bereits daran dachte,
diese Episode – vielleicht sogar wörtlich – in den Roman aufzunehmen.[59]

Wenn er alle diese Ereignisse umarbeitete, entwickelte er gleichzeitig den Charakter Albertines mittels Hintergrund und Metaphorik. In einer Notiz hält er für sich selbst fest: »Äußerst wichtig. Was
ich nämlich in Albertine zu besitzen glaube« – er meint, was der
Erzähler besitzt –, »müssen einige der schönsten Bilder von Balbec
sein, zum Beispiel die blauen Hügel des Meeres (die vielleicht wieder
entstehen, wenn ich am Morgen die Musik höre), so daß Albertine,
die mich an die Musik erinnert, mich an die blauen Hügel erinnert
[…]. In jedem Fall haltbare Metaphern und zwar dieselben, gut miteinander verbunden.«[60]

Bereits 1913 hatte er mit der Arbeit an der Erzählung über einen
zweiten Aufenthalt in Balbec begonnen, doch nun verschmolz er die
beiden Episoden miteinander – indem er Albertine als eines der
»blühenden Mädchen« einführt, die sich immer in einer Gruppe
bewegen –, und er begann einen zweiten Abschnitt über Balbec, in
dem der Erzähler mit ihr allein ist.[61] Die scheinbare Unabhängigkeit
der Mädchen erhöht ihren Reiz: Als Außenseiter will der Erzähler
nichts weiter, als von der Gruppe anerkannt zu werden. Die spätere

Beziehung zu Albertine ist in erster Linie eine Rekonstruktion seiner qualvoll verlockenden Erlebnisse mit Agostinelli.[62]

Proust hatte bereits 27 000 Francs für das Flugzeug ausgegeben, das er als Überraschung gedacht hatte, und in Paris hätte ein Rolls-Royce ungefähr gleichviel gekostet. Hinter dieser Großzügigkeit verbarg sich die Erkenntnis, daß er nach nichts im Leben mehr verlangte als nach Agostinelli und daß, wenn dieser sich denn bestechen ließ, es für Proust keine bessere Art des Geldausgebens gab. Proust handelte nach jener Auffassung der Liebe, die er im Roman andeutet, doch alle diese ironischen Hintergründigkeiten wurden hinfällig, als Agostinelli genau an jenem Tag getötet wurde, als Proust ihm den Brief schrieb.

Anna teilte die Nachricht in einem Telegramm mit, und als Agostinellis Halbbruder Jean Vittoré[63] aus Antibes in Paris eintraf, weinte Proust in seinen Armen.[64] Jean bat um 5000 Francs, um Taucher zu bezahlen, die nach der Leiche Agostinellis suchen sollten, der sein ganzes Bargeld bei sich gehabt hatte. Proust war untröstlich und machte sich sogar Vorwürfe, für den Tod verantwortlich zu sein. »Ach, ich leide jetzt unter dem Gedanken, daß er, wenn er mir nie begegnet wäre und nicht soviel Geld durch mich verdient hätte, nicht die Mittel besessen hätte, um die Fliegerei zu lernen.«[65] Als Anna nach Paris kam, ließ Proust sie bei sich wohnen und versuchte ihr »den Mut zuzusprechen, der mir selbst fehlt«, doch sie unternahm mehrere Selbstmordversuche.[66]

Die Leiche Agostinellis wurde am 7. Juni gefunden. Die Beerdigung fand auf dem Friedhof von Nizza statt, und Proust gab 400 Francs für einen Kranz aus, doch die Familie war enttäuscht darüber, daß er keine künstlichen Blumen gekauft hatte.[67]

25. Auftritt Swanns

Proust fürchtete, manche Leute könnten sein Buch lediglich für eine Sammlung von Artikeln halten, die zuvor schon in Zeitungen erschienen waren, und versuchte deshalb, eine Vorauswerbung sicherzustellen, indem er an befreundete Journalisten wie Robert de Flers schrieb.[1] Abgesehen vom *Figaro* hatten die meisten wichtigen Zeitungen bis zum 12. November 1913 das baldige Erscheinen des

Buches angekündigt, und nachdem Proust an Calmette[2] geschrieben hatte, fand er sich auf der Titelseite des *Figaro* als jemand beschrieben, der eine »künstlerische Seele und ein wirklich unvergleichliches literarisches Talent« besitze.[3]

Der Journalist Elie-Joseph Bois, dem eine Woche vor der Veröffentlichung ein Interview gewährt wurde, durfte die ausführliche Erklärung Prousts lesen, die dieser ein Jahr zuvor geschrieben hatte, als er das Typoskript bei der *Nouvelle Revue Française* einreichte. Bois schreibt in seinem Artikel für *Le Temps*: »In dem Zimmer, wo die Fensterläden fast immer geschlossen sind, liegt Proust im Bett. Elektrisches Licht hebt die Blässe seiner Haut noch hervor, doch unter der haarbedeckten Stirn senden zwei wunderbare Augen voller Lebenskraft und Erregung ihre Strahlen aus.«[4] Proust bezeichne das Buch als den Versuch einer Folge von »Romanen des Unbewußten« und vergleiche das Buch mit der Geometrie des Raumes, wobei die Zeit die dritte Dimension darstellt. Er unterscheide sich von der Person des Erzählers, »die ›Ich‹ sagt (und die nicht ich selbst bin). [...] [Das Werk] ist in keinem Grade ein Werk der Reflexion, weil noch seine kleinsten Elemente mir von meiner Sensibilität zugeflossen sind, weil ich sie zunächst auf dem Grunde meiner selbst wahrgenommen habe, ohne sie zu verstehen, und soviel Mühe hatte, sie in etwas Verständliches umzuwandeln, als seien sie der verstandesmäßigen Welt so fremd wie, was soll ich sagen, ein musikalisches Motiv«.[5]

Als die Zeitschrift *Excelsior* Proust bat, einen Autor anzugeben, der ihn porträtieren könne, schlug er Cocteau vor; dieser beschrieb das Buch als »riesenhafte Miniatur, voll von Trugbildern, Figuren, übereinandergelegten Gärten, Spielen zwischen Raum und Zeit, großflächigen frischen Pinselstrichen wie von Manet«,[6] und am 27. November erschien Lucien Daudets Artikel auf der Titelseite des *Figaro*. »Noch nie, glaube ich, wurde die Analyse alles dessen, was unsere Existenz ausmacht, so weit vorangetrieben. [...] die Analyse Prousts, die das Unerkennbare erkennt, das Unerklärliche erklärt, ist von einer solchen Klarheit, daß sie an den reinen und blauen Äther gewisser Sommertage denken läßt [...].«[7] Das war aber noch nicht alles: im *Figaro* folgte am 8. Dezember eine Besprechung, geschrieben von François Chevassu.[8]

Proust verwandte große Mühe darauf, all seinen Freunden

signierte Exemplare zuzusenden. Céleste Albaret, die sich sonst allein in der Wohnung in Levallois langweilte, wurde mit dem Austragen der Widmungsexemplare beauftragt. Nach den Anweisungen Prousts packte Nicolas die Bücher je nach Geschlecht des Empfängers sorgfältig in rosafarbenes oder blaues Papier ein. Céleste, die am liebsten mit der Droschke fuhr – »Damals gab es in Paris noch sehr viel Pferde, Droschken, kleine Kutschen; das gefiel mir ausnehmend gut; es war so schön, daß ich fast nie ein Taxi nahm« –, lieferte die Bücher ab und holte sich anschließend das Fahrgeld bei Nicolas ab. Proust, in großzügiger Weise bemüht, das Leben für Céleste weniger langweilig zu gestalten, ließ sie jeden Tag in die Wohnung kommen, für den Fall, daß Briefe auszutragen waren.[9]

Proust begann, Céleste der herrschsüchtigen Céline vorzuziehen, die zwar gut kochte, aber versuchte, ihre eigenen Vorstellungen über die Organisation des Haushaltes durchzusetzen. Als sie ins Krankenhaus mußte, richtete es Proust ein, daß Robert, inzwischen Assistent von Dr. Pozzi, sie als seine Patientin im Hôpital Broca aufnahm. Nicolas erhielt die Erlaubnis, sie jeden Nachmittag zu besuchen, dann übernahm Céleste seine Aufgaben. Nicolas gab ihr die entsprechenden Anweisungen. Um zwei Uhr nachmittags war Proust gewöhnlich wach, hatte seine erste Tasse Kaffee getrunken und seine beiden Croissants gegessen. Für den Fall, daß er ein weiteres Croissant wünschte, mußte immer eines auf einer zum Kaffeegeschirr passenden Untertasse bereitliegen. Céleste mußte in der Küche sitzen und auf das zweimalige Klingelzeichen warten. Wenn es ertönte, mußte sie durch den Korridor gehen, »›dann durch die Diele und den großen Salon, und da gibt es noch eine Tür, sozusagen die vierte. Wenn Sie an diese Tür gelangt sind, klopfen Sie unter keinen Umständen an. Sie gehen direkt hinein. Wenn es wegen des Hörnchens [croissant] ist, dann werden Sie auf einem Tisch neben dem Bett ein großes silbernes Tablett mit einer kleinen, ebenfalls silbernen Kaffeekanne, der Tasse, der Zuckerdose und dem Milchkännchen sehen. Sie stellen die Untertasse mit dem Hörnchen auf das Tablett und gehen wieder.‹ Und sehr nachdrücklich hatte er hinzugefügt: ›Und vor allem, reden Sie nicht mit ihm, es sei denn, er fragt Sie etwas.‹«[10]

Drei Tage lang war kein Klingeln zu hören, und als sie zum ersten

Mal in das große, mit Kork ausgeschlagene Schlafzimmer ging, konnte sie durch den Rauch des Legras-Pulvers hindurch kaum etwas erkennen.

> Das Zimmer war sehr groß, und trotzdem war es ganz erfüllt von dieser undurchdringlichen Wolke. Er hatte lediglich eine Nachttischlampe angeknipst; sie verbreitete nur spärliches Licht, das grün durch den Lampenschirm schimmerte. Ich sah ein Messingbett und ein Stück Laken, wo das grüne Licht auf Weiß fiel. Von Monsieur Proust konnte ich nur das weiße Hemd unter einem dicken Pullover und den durch zwei Kissen gestützten Oberkörper erkennen. Das Gesicht blieb im Schatten und in den Rauchschwaden völlig unsichtbar, mit Ausnahme der Augen, die mich ansahen – ich spürte sie mehr, als daß ich sie sah. Zum Glück leuchtete das silberne Tablett und die kleine Kaffeekanne auf dem Tisch neben dem Bett. Darauf bin ich zugegangen, ohne mich umzuschauen; als ich hinausging, wäre ich wohl nicht imstande gewesen, die mir später so vertraute Einrichtung des Zimmers zu beschreiben; alles verschwamm in der Düsternis, und ich war zu sehr beeindruckt von seinen Augen. Ich habe diesem unsichtbaren Gesicht zugenickt und die Untertasse mit dem Hörnchen auf das Tablett gestellt. Er hat nur eine Handbewegung gemacht, die wohl ein Zeichen des Dankes sein sollte, aber kein Wort gesprochen. Und ich bin wieder gegangen.[11]

Er war so niedergeschlagen[12] und hatte so stark abgenommen, daß Dr. Bize ihm verboten hatte, Briefe zu schreiben.[13] Grasset reichte das Buch für den Prix Goncourt ein, doch wie man Proust sagte, wurden gewöhnlich Schriftsteller bevorzugt, die unter fünfunddreißig waren und wenig Geld hatten.

Wenn ihn überhaupt etwas von seiner Trauer über den Verlust Agostinellis hätte ablenken können, dann wäre er sicher sehr glücklich gewesen über den Brief, den er am 19. Dezember von Francis Jammes erhielt: Dieser schätzte »die Unberechenbarkeit der Romanfiguren, die in ihrer scheinbaren Unlogik so logisch ist, diesen *Satzbau* wie bei Tacitus, kunstvoll, subtil, ausgewogen«.[14] Jammes stellt Proust auf die eine Stufe mit Shakespeare, Cervantes, Molière und Balzac.[15] Geschmälert wurde seine Freude allerdings durch eine ablehnende Besprechung von Paul Souday, die am selben

Tag in *Le Temps* erschienen war. Grasset hatte die Druckfahnen nach den Korrekturen Prousts ohne weitere Durchsicht direkt an den Drucker weitergegeben, mit dem Ergebnis, daß das Buch mit Hunderten von Druckfehlern erschien. Souday kritisierte sie unnachsichtig als grammatische und syntaktische Fehler.[16]

Glücklicherweise wurde diese Besprechung von Gabriel Astruc gelesen, Gründer des Théâtre des Champs-Elysées und früherer Lektor bei Ollendorff. Nachdem er gleich am folgenden Tag das Buch gekauft hatte, schrieb er darüber in *Gil Blas* und nannte es »bewundernswert«. Gewohnt, mit dem Stift in der Hand zu lesen, strich er die Druckfehler[17] an und machte Randbemerkungen. Proust konnte sich später von ihm das korrigierte Exemplar ausleihen, um die Fehler für die Neuauflage, die Grasset unverzüglich in die Hand nehmen wollte, zu beseitigen.[18]

Proust ärgerte sich jedoch über Grassets Bemühungen, das Buch als einen »philosophischen« Roman zu propagieren. In einer Anzeige hieß es: »Ein solches Werk ist die bewegendste Illustration der berühmten Theorien Bergsons. Es ist der Roman der *Intuition* und Marcel Proust ist der *Realist der Seele*.«[19]

Es gab zwar viele positive Besprechungen, doch einige der begeistertsten waren beinahe ebenso ärgerlich wie die negativen. Maurice Rostand schrieb in *Comoedia*: »Marcel Proust kommt zu uns und spricht diese Sprache, die nur er allein spricht und die er selbst geschaffen hat, um seine Seele zum Ausdruck zu bringen, von der sie alle Nuancen und alle Feinheiten der Wahrnehmung besitzt. Als Einzigartiger drückt er sich mit einzigartigen Mitteln aus, und das zugleich so klare und so geheimnisvolle Meisterwerk, worin er das Mittel zum Ausdruck des scheinbar Unausdrückbaren und zur Aussprache des scheinbar Unaussprechlichen gefunden hat, ist eine Seele im Gewand eines Buches.«[20] Der Artikel stellt Proust dann auf eine Stufe mit Leonardo da Vinci, Goethe, Platon, Nietzsche, Dostojewskij und Shakespeare. Das gefiel Proust nun überhaupt nicht. »Von allen [Artikeln], die über mein Buch geschrieben haben, ist er wohl derjenige oder einer der zwei oder drei, deren lächerliche Übertreibung mich am meisten schockiert.«[21]

Ebensowenig gefiel ihm die Besprechung in der *NRF*, die der Dramatiker und enge Freund von André Gide, Henri Ghéon, geschrieben hatte. Er warf Proust vor, zu viel Muße zu haben und

unterschiedslos sowohl jedes Erlebnis zu reproduzieren, das ihm
Vergnügen bereitete, als auch jede Bekanntschaft, die ihm Eindruck
machte.[22] Dies forderte Proust zu einem zwölfseitigen Brief heraus,
worin er – nicht um die Veröffentlichung zu verteidigen, sondern
um sich persönlich an Ghéon zu wenden –, erklärte, wie er versucht
habe, zwischen verstreuten Erinnerungen an »leidenschaftliche und
klarsichtige Stunden« vor einem Kunstwerk oder in der Natur Verbindungen herzustellen. Was er suche, seien die »tiefen Gesetze des
Lebens oder der Natur«.[23] Ghéon hatte ihn verletzt, weil seine Aussagen unzutreffend waren. Das Buch war (mangels Archiv) ein
Behältnis für alles, was Proust nicht verlieren wollte. »Wenn ich
mich völlig vergesse und an nichts anderes denke als an das *Objekt*,
das ich erkennen will, dann mache ich aus dieser partiellen Erkenntnis nicht das, was so manche Ihrer Freunde machen würden (und
hier denke ich gar nicht an Sie), ich erzähle nicht, daß ich das und
das empfunden habe und umgebe dieses Stückchen Wahrheit nicht
mit einem lyrischen Umhang. Wenn ich jedoch weitere Wahrheits-
stückchen gefunden habe, füge ich sie zusammen, um das Objekt
wiederherzustellen oder zu restaurieren, und sei es eine Glasmalerei.
Mit Hilfe der leidenschaftlichen und klarsichtigen Stunden, die ich
im Laufe verschiedener Jahre in der Sainte-Chapelle, in Pont-Aude-
mer, in Caen und in Evreux verbringen durfte, habe ich, indem ich
die kleinen Eindrücke zusammenfügte, die mir geschenkt worden
waren, *die Glasmalerei* wiederhergestellt.«[24] Ghéons freundliche
Antwort stimmte Proust »viel froher, als es der schmeichelhafteste
Zeitungsartikel vermocht hätte«.[25]

Der zweite wichtige Anlaß zur Dankbarkeit war Gides Kehrtwen-
dung. »Mein lieber Proust, seit einigen Tagen lasse ich Ihr Buch
nicht mehr aus den Händen; ich sättige mich daran mit Vergnügen;
ich schwelge darin. [...] Die Ablehnung dieses Buches wird der
schwerste Fehler sein, den die NRF je begangen hat – und (da ich zu
meiner Schande weitgehend dafür verantwortlich bin) eines der
größten Kümmernisse, ja einer der größten Gewissensbisse meines
Lebens. [...] Für mich waren Sie derjenige geblieben, der bei Madame X und Z ein- und ausging, derjenige, der im *Figaro* schreibt.
Ich glaubte Sie, darf ich es Ihnen gestehen?, ›auf der Seite der Verdurins‹; ich hielt Sie für einen Snob, einen Amateur der mondänen Welt
[...] Ich kann nicht weiterschreiben ... Meine Betrübnis ist zu groß,

es ist mir zu peinlich [...].«[26] Proust schrieb ihm, »daß die Freude,
Ihren Brief zu empfangen, jene andere weit übertrifft, die mir mit
einer Veröffentlichung in der NRF zuteil geworden wäre«,[27] doch er
verhält sich ablehnend, als Gide ihn besuchen möchte,[28] obwohl es
ihm so gut ging, daß er Besucher empfangen konnte und Lucien aufsuchen wollte.[29] Er riet indessen auch einem anderen Freund von
einem Besuch bei ihm ab: Henry Bordeaux. »Ich erinnere mich sehr
wohl an die kurzen Augenblicke, die wir miteinander verbracht
haben, ich verlängere sie und habe auf diese Weise die Verjährung
der Freundschaft immer wieder aufgehoben.«[30] Es war so, als
fürchte er die direkte Begegnung und ziehe die literarische Alternative – Korrespondenz und Fiktion – vor.

Proust gab Agostinelli mehr Geld, als er sich leisten konnte, und
erlitt außerdem an der Börse schwere Verluste, ohne jedoch mit dem
Spekulieren aufzuhören. Im Januar verkaufte er seine Royal-Dutch-
Aktien, und kurz darauf forderte er Hauser auf, mit ihm bei einer
neuerlichen Spekulation Risiko und Gewinn zu teilen. Er meinte,
ohne jedes Risiko einen Gewinn von 6000 Francs erzielen zu können,[31] doch das Ergebnis war ein Verlust. Im Mai hatte Proust
den Verkauf der Royal-Dutch-Aktien vergessen und bat Hauser,
durch den Verkauf dieser Aktien 10000 Francs flüssig zu machen.[32]
Prousts finanzieller Engpaß schränkte seine Großzügigkeit gegenüber Grasset jedoch keineswegs ein. Grasset hatte innerhalb von
zwei Monaten vier Auflagen des *Swann* herausgebracht, und jedesmal begnügte sich Proust mit der Hälfte des Geldes, das ihm angeboten wurde.[33]

Das Buch machte auf ganz unterschiedliche Leser einen tiefen
Eindruck. Edith Wharton, die in Frankreich lebte, beschrieb in
ihren Memoiren, daß sie von einer Gefühlsbewegung erschüttert
wurde, die nur ein Genie hervorrufen konnte, und daß sie das Buch
an Henry James übersandte, der »eine neue Meisterschaft, eine neue
Sichtweise und eine Art des Aufbaus erkannte, die ihm zwar noch
nicht verständlich, doch ebenso unbezweifelbar vorhanden war wie
bei einem lebendigen Organismus das harte Knochengerüst unter
dem weichen Fleisch«.[34] Aus Paris schrieb Rilke an den Verleger
Anton Kippenberg: »Ein sehr bedeutendes Buch ist da, Marcel
Proust, Du coté de chez Swann (chez Bernard Grasset); ein unver-

gleichlich merkwürdiges Buch von einem neuen Autor, sollte eine
Übersetzung angeboten werden, wäre sie unbedingt zu nehmen;
freilich 500 Seiten des eigensten Ausdrucks und zwei ebenso starke
Bände stehen bevor!«[35]

Die Reaktion einiger Freunde Prousts war enttäuschend. Jeanne
de Caillavet schrieb, sie lese immer wieder die Passage über Swanns
Kommunion, weil sie die gleichen Ängste und Enttäuschungen
erlebt habe.[36] Eine solche Passage enthält das Buch jedoch gar
nicht.[37] Noch absurder war ein Telephongespräch mit Albufera:
»Mein lieber Louis, hast du mein Buch gelesen? – Dein Buch gelesen, du hast ein Buch gemacht? – Aber ja doch, Louis, ich habe es dir
sogar geschickt. – Ach, mein kleiner Marcel, wenn du es mir geschickt hast, habe ich es sicherlich gelesen. Ich war mir nur nicht
sicher, ob ich es auch bekommen habe.«[38]

Zwar blieben ihm Antworten von alten Freunden versagt, doch
führten begeisterte Reaktionen zu neuen Freundschaften. Jacques
Rivière, fünfzehn Jahre jünger als Proust und mit der Schwester von
Alain-Fournier verheiratet, arbeitete seit 1910 als Sekretär der NRF.
Sein erster Brief an Proust ist zwar verlorengegangen,[39] doch er
führte zu der Antwort: »Endlich finde ich einen Leser, der *errät*,
daß mein Buch ein dogmatisches, durchkonstruiertes Werk ist!«[40]
Rivière schrieb später über seine erste Reaktion auf *Swann*: »Ich
werde niemals die Bezauberung vergessen, die tiefe Erschütterung,
die mich sofort erfaßte«.[41] In einem anderen, etwa zehn Tage später
geschriebenen Brief hebt Proust erneut den »im Grunde dogmati-
schen« Charakter seines Romans hervor.[42] Womit er meinte, daß er
eine Verteidigung des Idealismus darstelle.

Er liebte es, brieflich über sein Buch zu diskutieren. Im Briefwechsel mit Gide äußerte er Lob über die Gestalt des Lafcadio in *Die Verliese des Vatikan*. »Aber bei der Schaffung des Cadio [Lafcadio] war
niemand so unabhängig im Urteil gegenüber soviel Perversion seit
Balzac und den *Splendeurs et Misères*. Außerdem glaube ich, kam
Balzac, um Lucien de Rubempré zu erfinden, eine gewisse persönliche Vulgarität zustatten. In den Worten Luciens, dessen Wesen uns
bezaubert, ist eine gewisse ›Grobschlächtigkeit‹ [›grain de peau‹],
die man jedoch bei Balzac oft wiederfindet, selbst in seinen Briefen.
Während Sie, um Cadio zu schaffen …!«[43] Mit dem Wort ›Grobschlächtigkeit‹ spielt Proust auf Mallarmés Bewunderung für Zola

an: »Er hat wirkliche kraftvolle Qualitäten; sein unerhörter Sinn für das Leben, seine Bewegungen der Masse, *die Haut Nanas, deren Poren wir alle gestreichelt haben.*«[44] Was Proust an den *Verliesen des Vatikan* jedoch nicht mochte, waren die »unzähligen sachlichen Einzelheiten; ich kann, sei es, weil ich zu rasch ermüde, von Natur aus zur Faulheit neige oder leicht die Lust verliere, beim Schreiben nichts erzählen, was nicht auf mich mit der Gewalt poetischer Verzauberung eingewirkt hat oder bei dem ich nicht eine allgemeine Wahrheit zu begreifen geglaubt habe. Meine Personen legen niemals ihre Krawatte ab, knüpfen sie auch nicht wieder nach der alten Façon zurecht [...]«.[45]

Mitte März, als Proust allmählich wieder sein Gleichgewicht fand, wurde Calmette ermordet. Er hatte im *Figaro* eine polemische Kampagne gegen den unpopulären Finanzminister der Linken, Joseph Caillaux, geführt, der versucht hatte, die Einkommensteuer einzuführen, um die durch die Aufrüstung Deutschlands notwendig gewordene Wiederbewaffnung zu finanzieren. Die französische Regierung hatte 1913 ein Gesetz erlassen, das im Anschluß an eine allgemeine dreijährige Wehrpflicht sieben Jahre Dienst in der Armee und sieben Jahre Dienst in der Reserve vorschrieb. Proust schätzte das Vorgehen Calmettes keineswegs. Am 13. März standen auf der Titelseite des *Figaro* die Schlagzeilen: »BEWEIS FÜR CAILLAUX' HEIMLICHE MACHENSCHAFTEN / SEINE HANDSCHRIFT ENTHÜLLT SEINE DENKWEISE / DAS VERNICHTENDE DOKUMENT«. Der Artikel enthielt das Faksimile eines alten Briefes von Caillaux an seine erste Frau, in dem er sich seines Erfolges rühmte, durch die Abschaffung der Einkommensteuer beim Zentrum und bei der Rechten Unterstützung gefunden zu haben. »Mir persönlich gefiel die Kampagne des *Figaro* nicht uneingeschränkt, und ich bedauerte, daß die Politik, ja sogar der Patriotismus einen so guten Menschen wie Calmette zur Härte trieben.«[46] Die Nemesis war jedoch noch härter. Caillaux' zweite Frau erschien am Abend des 16. März in der Redaktion des *Figaro*. Nachdem sie Calmette ihre Karte hatte bringen lassen, wurde sie in sein Büro geführt. Sie machte einen ruhigen Eindruck, hatte aber beide Hände in einem Muff versteckt, und sobald sie allein waren, fielen fünf Schüsse. Am nächsten Tag ging Proust, tief erschüttert über die Nachricht, in die Redaktion des *Figaro*, wo er Robert Dreyfus, Jacques Bizet und dessen Frau antraf.

Die Bizets brachten ihn davon ab, einen Kondolenzbrief an Calmettes Geliebte Henriette Ballot zu senden, die immer noch mit dem
Literaturkritiker des Figaro, Henri Ballot, verheiratet war.[47]

Proust hatte sich von dem Schock noch nicht erholt, als er über
ein verlockendes Angebot Gides entscheiden mußte, der den zweiten und dritten Band im Verlag der NRF veröffentlichen, alle Kosten
übernehmen und den ersten Band sofort nach dem Verkauf des Lagerbestands von Grasset nachdrucken wollte.[48] Anstelle von »Mein
lieber Gide« schrieb er »Lieber Freund«: »Es ist die Ehre, die ich am
meisten angestrebt habe, wie Sie wissen, und Sie werden sich für
mich bei Ihren Freunden dafür bedanken, daß sie mir gewährt
wurde. Der Wunsch, ja zu sagen, darf mich indessen nicht dazu veranlassen, gegenüber Grasset schlecht zu handeln. Ich werde darüber
nachdenken und Ihnen in einigen Tagen schreiben. (Falls ich mich
dazu entscheiden sollte, was ich nicht glaube, halte ich es jedoch für
eine absolute Bedingung, daß die Kosten der Ausgabe *völlig zu meinen Lasten gehen*.)« Am Schluß des Briefes schreibt er etwas hoff-
nungsfroher über die Möglichkeit, einander zu einer Aussprache zu
treffen.[49]

In seinem nächsten Brief gestand Gide, unter einem großen persönlichen Schmerz zu leiden. Nachdem Claudel eine Fortsetzung
der *Verliese des Vatikan* in der Märznummer der NRF gelesen hatte,
schrieb er, ohne zu wissen, daß Gide homosexuell war: »Muß ich
denn annehmen, was ich niemals wollte, daß Sie sich selbst an
solchen abscheulichen Praktiken beteiligen?«[50] Ohne zu wissen,
warum Gide so aufgebracht war, bot Proust seine Hilfe an.

> Ich bin vielleicht der Mensch mit der geringsten Neugierde,
> dem jede Indiskretion fern liegt. Wenn mir jemand ein ver-
> trauliches Geständnis machen will, suche ich ihn davon abzu-
> halten, solange ich kann. Und doch habe ich, der ich so unfä-
> hig bin, für mich selbst etwas zu erreichen, das kleinste Übel
> von mir abzuwenden, schon so manches Mal die Kraft in mir
> verspüren dürfen (und gewiß ist das meine einzige Gabe), den
> anderen Glück zu verschaffen, Pein zu ersparen. Ich habe
> nicht allein Gegner, sondern sogar Liebende wieder miteinan-
> der versöhnt, ich habe Kranke geheilt, während ich mein eige-
> nes Leiden nur schlimmer machen konnte, ich habe Faule
> zum Arbeiten gebracht und bin es dabei doch selber geblie-

ben. Falls Sie meinen, ich könnte Ihnen auf irgendeine Weise
in der Sache behilflich sein, die Ihnen Kummer verursacht, so
bin ich bereit, überallhin zu gehen, wo Sie mich brauchen,
bereit auch, für Sie zu verreisen, wenn es sein muß, selbst von
heute auf morgen. Mein Gesundheitszustand darf Sie nicht
bedenklich stimmen; regelmäßige Strapazen auf mich zu nehmen, bin ich zwar unfähig, keineswegs jedoch brauche ich
außergewöhnliche zu scheuen. […] Es liegt zwar nicht auf der
Hand, aber während ich mein Buch schrieb, hatte ich das
Gefühl, daß, wenn Swann mich gekannt und sich meiner
hätte bedienen können, ich imstande gewesen wäre, ihm
Odettes Liebe zu verschaffen […][51]

Nur die Rückkehr Agostinellis hätte Proust eine größere Freude
bereiten können als Gides Angebot. Am 24. März fragte er Emile
Straus, ob der Vertrag mit Grasset ihn daran hindere, den zweiten
und dritten Band bei einem anderen Verlag zu veröffentlichen.
Noch bevor Straus antwortete, traf ein Brief von Grasset ein. Da
dieser die Gefahr erkannt hatte, Proust zu verlieren, bot er an, den
zweiten Band Ende Mai oder Anfang Juni auf den Markt zu »lancieren«. Mit »lancieren« hatte er möglicherweise nur gemeint, die
ersten Ankündigungen zu veröffentlichen, doch das Angebot war
trotzdem unrealistisch, da das Buch noch lange nicht fertig war.

Proust regte sich darüber auf, daß Grasset, ohne ihn zu fragen, für
die Subskription[52] aller drei Bände geworben hatte, doch in den
anschließenden Verhandlungen brachten Grassets guter Wille und
seine Großzügigkeit Proust schließlich davon ab, zu Gide und zum
Verlag der NRF zu wechseln. »[…] halten Sie sich bitte in keinem
Punkt für verpflichtet, da ich Sie gerne von allem entbinde, was in
unserer ersten Übereinkunft auch nur den Schatten einer Verpflichtung bedeuten könnte, und entscheiden Sie völlig selbständig. Eben
dies wollte ich Ihnen gestern schon schreiben und ich beeile mich, es
Ihnen gegenüber deutlich zu machen, damit Sie völlig beruhigt sein
können.«[53] Dies war gut überlegt, um Proust zu entwaffnen. »Es ist
also genau das eingetroffen, was ich am meisten zu befürchten
hatte, denn gegen Höflichkeit bin ich wehrlos. Er schrieb mir, daß
ich machen könne, was mir beliebe, daß er mich von allen vertrag-
lichen Bindungen befreie […]. Unter diesen Umständen konnte ich
gar nicht anders, als auf die Freiheit zu verzichten, die er mir anbot,

und so habe ich ihm also gesagt, daß ich bei ihm erscheinen werde und mir vorbehalte, andere Ausgaben anderswo zu machen, wozu er mir die Erlaubnis kraft des Vertrages auch zugesteht.«[54] Gide konnte er für die *NRF* lediglich einen Abdruck in Auszügen anbieten.[55]

Nach wie vor erschienen in der Presse schmeichelhafte Besprechungen. Im *Echo de Paris* vom 15. April 1914 lobte Jacques-Emile Blanche den ersten Band als »einen Leckerbissen, als einen Luftzug, der die einschläfernden Dünste der gegenwärtigen Produktion auflöst. Schon bei seinem Erscheinen bezauberte er die einen und schreckte die anderen auf, denn angeblich ist er schwer zugänglich. Wie jedes außerordentliche Werk erweist er sich als originell und schön«.[56] Proust bezahlte dafür, daß eine Pressemeldung als Werbung im *Figaro*[57] und im *Journal des Débats* erschien,[58] und die Tageszeitung für den Pferdesport, *Criterium*, veröffentlichte einen Artikel von Henry Bernstein, der das Buch als »bewundernswert« bezeichnete, als »großes Buch unter den größten«.[59]

Noch erfreulicher war es für Proust, gegen Monatsende zu erfahren, daß Rivière in der *NRF* nicht nur einen Auszug aus dem neuen Band abdrucken wollte, sondern das ganze Buch. »[…] wenn Sie wirklich meinen gesamten zweiten Band vollständig (mit einigen Kürzungen) abdrucken wollen, dann stimme ich dem zwar gerne zu, aber es erscheint mir doch als eine gewaltige Überlastung Ihrer Zeitschrift […].«[60] Schließlich wurden lediglich einige Auszüge veröffentlicht. Als Rivière, der Proust gerne kennenlernen wollte, die ersten Fahnen persönlich abgeben wollte, wurde er aufgefordert, telephonisch nachzufragen, ob Proust auch gesund genug sei, um ihn zu empfangen. »Das Problem ist, daß die Luft in meinem Zimmer wegen der Räucherungen, die ich vornehmen muß, oft sehr unangenehm ist. Ich werde mich jedoch bemühen, in den Stunden vor Ihrem Besuch darauf zu verzichten.«[61] Bevor sie einander begegneten, stritten sie höflich darüber, wer die Kosten der Änderungen, die Proust an den Fahnen vornahm, übernehmen sollte.[62]

Prousts Ansehen war so sehr gewachsen, daß er wohl keine Schwierigkeiten mehr haben würde, einen Verleger für eine Sammlung von Pastiches und Essays zu finden. Als erstem bot er sie Grasset an, der befand, daß die *NRF* der besser geeignete Verlag dafür wäre.[63]

Nicolas Cottins Frau Céline war aus der Wohnung ausgezogen. Als sie im Januar aus dem Krankenhaus entlassen worden war, fuhr sie zur Erholung aufs Land, und da Nicolas sie nun nicht mehr jeden Nachmittag besuchen ging, konnte er seinen üblichen Dienst wieder aufnehmen, während Céleste sich um die Wäsche kümmerte. Als Céline zurückkam, schien sie eifersüchtig auf Céleste zu sein und führte sich noch herrischer auf als zuvor, wobei sie auch Prousts Extravaganzen kritisierte. Er gab ihr zu verstehen, daß er ihren Rat nicht brauchte, und schickte sie erneut zur Erholung weg, doch als sie zurückkam, versuchte sie wieder, sich überall einzumischen, woraufhin Proust sie entließ. Vor die Entscheidung gestellt, entweder mit ihr zusammen wegzugehen oder allein dazubleiben, entschloß sich Nicolas zu bleiben. Céleste kam nun jeden Tag in die Wohnung, um ihm zu helfen.[64]

Im Juli setzte Proust Emile als Typisten ein. Proust war jedoch nicht in der Lage, an der Korrektur der Fahnen weiterzuarbeiten. Sie trafen täglich in dicken Umschlägen ein, die ungeöffnet blieben und sich zu Stapeln anhäuften.[65] Seine finanziellen Angelegenheiten durfte er jedoch nicht in der Schwebe lassen.[66] Die Aktienkurse fielen immer weiter, und am Ende jedes Monats mußte er den bei Termingeschäften entstandenen Wertverlust ausgleichen.[67] Proust mußte auf sein Kapital zurückgreifen und monatlich über dreißig- oder vierzigtausend Francs bezahlen.[68] Seine Schwierigkeiten spitzten sich durch die Extravaganz der beiden Geschenke an Agostinelli noch zu. Als er an Robert de Flers schrieb, der die Redaktionsleitung des *Figaro* übernommen hatte, erklärte er sich für »beinahe ruiniert« und bat darum, berücksichtigt zu werden, falls ein Posten für einen regelmäßigen Kolumnisten frei werden sollte. Er könnte über das Wetter schreiben, über die mondäne Welt, über die Börse, über Musik und Theater und sogar über Hunde, die bei Verkehrsunfällen getötet wurden: »[…] und Du würdest sehen, daß ich mich der Literatur enthalten und knapp und sachlich sein kann.«[69] Flers rief an, um ihm ein Angebot zu machen, doch Proust hatte seine Meinung wieder geändert,[70] zum Teil, weil es einfacher war, Geld zu borgen, als er erwartet hatte. Im Juli eröffnete er ein Konto beim Crédit Industriel, der ihm einen Überziehungskredit von 218 000 Francs einräumte.[71]

Unterdessen brach der Strom der Glückwünsche nicht ab. »Ich

bin voller Bewunderung«, schrieb Gide nach Erscheinen der Balbec-Episode in der *NRF* am 1. Juni. »Durch die energische und eigenartige Beweglichkeit Ihres Stils habe ich den Eindruck, hier meine eigenen Erinnerungen und meine persönlichsten Empfindungen zu lesen. Ich sehe alles noch einmal; ich erlebe alles von neuem, sowohl diese Ankunft in Balbec als auch diese Einschüchterung des ganzen Wesens beim Eintreten in das Hotel. [...] Und was das Porträt von Charlus betrifft, so ist es wirklich wunderbar.«[72]

In seiner Antwort an Gide schrieb Proust: »Ich danke Ihnen auch für die freundliche Nachsicht Monsieur de Charlus gegenüber. Ich versuchte, den Homosexuellen zu zeichnen, der in die Männlichkeit verliebt ist, weil er, ohne es zu wissen, eine Frau ist. Ich behaupte keineswegs, daß dies der einzige Homosexuelle ist. Aber es ist ein sehr interessanter Typ, der, wie ich glaube, noch nie zuvor beschrieben worden ist. [...] Ebenso wie man sagen kann: ›Zwischen der Veranlagung zu Gicht oder Nervenschwäche einer bestimmten Person und ihrer Empfindungsfähigkeit usw. besteht ein gewisser Zusammenhang‹, bin ich überzeugt, daß Monsieur de Charlus es seiner Homosexualität verdankt, wenn er für so viele Dinge, die seinem Bruder, dem Duc de Guermantes, verschlossen bleiben, Verständnis hat und um soviel feinfühliger, empfindsamer ist.«

Er vertraute sich Gide wegen dem »Tod eines jungen Freundes [an], den ich wohl mehr geliebt haben mag als alle anderen, da sein Tod mich so elend zurückläßt. Obwohl von bescheidenstem ›Stande‹ und über keinerlei Bildung verfügend, besitze ich Briefe von ihm, wie sie nur ein großer Schriftsteller schreibt. [...] Aber nun ist er tot, bevor er wirklich wußte, wer er war, ja sogar, ehe er völlig er selbst war.«[73]

Wieder einmal drang Proust auf dem Weg des Briefes zur Intimität vor. In seinem folgenden Brief aus Cuverville par Criquetot l'Esneval machte sich Gide den Vorwurf, bei Proust nicht angeklopft zu haben, als er in Paris gewesen war: »Ich verfluche diese übertriebene Diskretion, die mich andauernd lähmt und mein ganzes Leben erstarren läßt.«[74]

Sechster Teil

PROBEN ZUM STERBEN

1914-1922

26. Krieg

Am 28. Juni 1914 wurden der Erzherzog Ferdinand und seine Gattin in Sarajewo von einem serbischen Nationalisten ermordet. Als die Österreicher die serbische Regierung beschuldigten, das Komplott angezettelt zu haben, konnte man sich kaum noch vorstellen, daß ein Krieg sich abwenden ließ. Proust hatte Aktien verkauft, um an jedem Monatsende die Börsenmakler zu bezahlen, doch Mitte Juli hatte er noch nicht genug verkauft, um sich vor schweren Verlusten zu schützen, als die Nachrichten über Truppenbewegungen die Kurse zu Fall brachten. Als die österreichischen Truppen sich an der russischen Grenze sammelten, hoffte Proust immer noch auf eine Besserung am Aktienmarkt,[1] doch am ersten August, drei Tage nachdem Österreich Serbien den Krieg erklärt hatte, erklärte Deutschland den Krieg gegen Rußland. Die Franzosen begannen mit der Mobilmachung, und zwei Tage später erklärte Deutschland Frankreich den Krieg. »In den grauenhaften Tagen, die wir durchleben, hast Du sicher anderes zu tun, als Briefe zu schreiben und Dich um meine armseligen Belange zu kümmern, die – ich schwöre es Dir – mir wirklich ohne Bedeutung zu sein scheinen, wenn ich bedenke, daß bald Millionen von Menschen in einem *Krieg der Welten*, vergleichbar dem von Wells beschriebenen, hingemordet werden, weil es für den österreichischen Kaiser vorteilhaft ist, einen Zugang zum Schwarzen Meer zu haben.« Er hoffte jedoch immer noch, »daß ein höchstes Wunder in letzter Sekunde das Einsetzen der alles vernichtenden Maschinerie aufhält«.[2]

Sein Bruder wurde als Sanitätsoffizier einberufen, und Proust begleitete ihn zur Gare de l'Est, wo er um Mitternacht den Zug nach Verdun nehmen mußte.[3] Die vorrückende deutsche Armee besetzte am 20. August Brüssel und eine Woche später Lille. Man erwartete die baldige Belagerung von Paris, und Proust, der meinte, seine Schwägerin und seine Nichte beschützen zu müssen, zögerte länger als üblich, ob er nach Cabourg in die Ferien reisen solle.[4] Als Odilon Albaret einberufen wurde, blieb Céleste allein in der Wohnung in Levallois zurück. Proust fragte sie, ob sie in die Wohnung am Boulevard Haussmann einziehen und ganztags für ihn arbeiten möchte, doch sie zog es vor, täglich von Levallois aus zu ihm zu kommen. Nicolas gehörte zur Reserve, und als er einberufen wurde, sprach Proust erneut mit Céleste, bot ihr das leere Dienstbotenzimmer an und bat sie, sich um ihn zu kümmern, bis er für Nicolas einen Ersatz gefunden hatte. Es sei sicherlich unschicklich für eine junge Frau, einen Mann zu bedienen, der die meiste Zeit im Bett verbrachte, doch sie würde kaum mehr zu tun haben, als für ihn den Kaffee zuzubereiten.

> Dann hatte er hinzugefügt und mich dabei scharf fixiert, und diesen Blick werde ich nie vergessen: ›Madame, ich sage Ihnen nichts Neues, wenn ich behaupte, daß Sie nichts wissen und nichts können, das weiß ich. Aber seien Sie auch da unbesorgt: Ich werde nichts von Ihnen verlangen, ich werde keine Hilfe brauchen und mich selbst um meine Angelegenheiten kümmern. Sie werden mir nur meinen Kaffee machen, was das Allerwichtigste ist.‹ Und dann hat er noch gesagt und mich dabei wieder scharf angeschaut: ›Sie können nicht einmal in der dritten Person sprechen.‹ Darauf habe ich ihm geantwortet: ›Nein, Monsieur, und das werde ich niemals können.‹ Das hatte seinen Grund: Ich wußte gar nicht, was die dritte Person ist. Er hat das bestimmt gemerkt und sich sehr amüsiert. ›Und ich, Madame, werde es niemals von Ihnen verlangen‹, sagte er. […] Ich erinnere mich, daß ich mir sogar ein Herz faßte und ihn fragte: ›Monsieur, warum nennen Sie mich nicht Céleste? Es macht mich verlegen, wenn Sie mich »Madame« rufen.‹ Das war die reine Wahrheit. Aber er hat geantwortet: ›Weil ich nicht anders kann, Madame.‹ Dagegen ließ sich nichts einwenden, und so blieb ich still.[5]

Sie bemerkte, daß sich nur seine Augen bewegten, wenn sie das Zimmer betrat. »In dieser Zeit rührte er den Kaffee nicht an, ehe ich gegangen war. Niemals sah ich ihn nach einem Stück Zucker greifen oder eine Bewegung machen, um sich aufzurichten und sich im Bett ein wenig aufzusetzen. Nein, er blieb liegen, den Oberkörper leicht erhöht durch die Kopfkissen, gleichsam in sich selbst zurückgezogen und nur mit der Handbewegung und dem Blick, den er einem schenkte, aus sich herausgehend.«[6]

Er stellte einen jungen Mann ein, den Frédéric de Madrazo ihm empfohlen hatte und der an »galoppierender Schwindsucht« zu leiden schien.[7] Er verlor den jungen Mann jedoch rasch wieder, als dieser einberufen wurde. Als er eine Anzeige für einen Kammerdiener aufgab, meldete sich ein gutaussehender junger Schwede. Ernst Forssgren[8] war neunzehn Jahre alt, blond und großgewachsen. Er hatte vor, an der Sorbonne Französisch und Latein zu studieren, um später Sprachlehrer zu werden. Er war 1913 nach Paris gekommen und vom Fürsten Orloff als Diener eingestellt worden, verlor jedoch seine Stelle, als der Fürst bei Kriegsausbruch in sein Landhaus abreiste. Neugierig geworden durch Ernsts Aussehen und seine Interessen für Sprachen, dachte Proust, ihn möglicherweise als Typisten beschäftigen zu können. Sobald Marthe Proust mit Suzy nach Pau abgereist war, entschied sich Proust, zusammen mit Ernst und Céleste nach Cabourg zu fahren.[9]

Die deutsche Armee, die am 30. August Amiens eingenommen hatte, rückte an die Marne vor, und die von Panik erfaßte französische Regierung plante eilig ihren Rückzug nach Bordeaux. Vor der Abreise nach Cabourg ging Proust auf einen Spaziergang »im hellen, strahlenden, vorwurfsvollen, heiteren, ironischen und mütterlichen Mondschein, und als ich dieses unermeßliche Paris sah, das ich nicht so sehr zu lieben vermochte, wie es in seiner nutzlosen Schönheit auf den Ansturm wartete, den scheinbar nichts mehr aufhalten konnte, da vermochte ich mein Schluchzen nicht zu unterdrücken.«[10]

Ernst wurde zur Gare du Nord geschickt, um drei Fahrkarten für die erste Klasse zu besorgen, während Céleste unter Prousts Aufsicht die Koffer packte. Die Manuskripte kamen in einen alten abgenutzten Koffer aus »stahlhartem Karton, mit einem beigen Stoff bezogen«. Prousts Reisekoffer war groß genug, um zwei Mäntel aus Vicunja-Wolle, die Proust eigens für die Reise ans Meer hatte anfertigen lassen, seine Jacketts, Hosen, Hemden, ausreichend viel Wäsche, um täglich gewechselt zu werden, Pullover sowie seine Bettdecken aufzunehmen. Die Bettdecken des Hotels röchen nach Naphtalin, behauptete er.[11] Als sie am Donnerstagabend, dem 3. September, abreisten, konnten sie kein Taxi zum Bahnhof bekommen – die meisten Pariser Taxis waren für den Krieg konfisziert worden – und so mußte der große Reisekoffer zurückbleiben. Sie konnten lediglich drei Handkoffer mitnehmen: Ernst trug den von Proust und seinen eigenen, Céleste den ihren.[12]

Der völlig überfüllte Zug brauchte dreizehn oder vierzehn Stunden bis nach Mézidon, wo sie umsteigen mußten. Céleste hatte für Proust eine Thermosflasche mit heißer Milch mitgenommen, doch sie hatten sonst nichts zu essen oder zu trinken dabei, und als sie den Zug verließen, war Proust so schwach, daß Ernst ihn in den Wartesaal tragen mußte. Zwei englische Soldaten auf dem Weg an die Front stellten ihre Sitzplätze zur Verfügung, und Ernst nahm im benachbarten Hotel für Proust und Céleste zwei Zimmer für die Übernachtung, während er selbst die Nacht im Bahnhof verbrachte, um auf Nachrichten über den nächsten Zug nach Cabourg zu warten.[13]

Der nächste Zug fuhr um vier Uhr nachmittags, und als sie endlich im Hotel ankamen, war Proust zu erschöpft, um die Begrüßung vom Personal, das sich an seine üppigen Trinkgelder erinnerte, entgegenzunehmen.[14] Der Speisesaal und die ersten beiden Stockwerke waren in ein Spital für verwundete Soldaten umgewandelt worden. Proust und seine Begleiter hatten drei Zimmer in der obersten Etage. Da Ernst wußte, daß die Arbeit für Proust ihn nicht den ganzen Tag beschäftigen würde, bot er an, bei der Pflege der Verwundeten mitzuhelfen, und Proust ermutigte ihn dazu: »Natürlich können Sie das. Sie sind ein charmanter junger Mann.«[15]

Proust hielt einen regelmäßigen Tagesablauf ein, wachte früher auf als in Paris und klopfte an die Wand, wenn er wollte, daß Céleste in der kleinen Etagenküche, die vom Hotelpersonal benutzt wurde, den Kaffee zubereitete. Er ging selten aus und schrieb wenig. Meistens blieb er, in einen dicken wollenen Morgenmantel gehüllt, auf dem Zimmer, wo er auch seine Mahlzeiten einnahm, die sie ihm servierte. Um zehn Uhr vormittags machte sie sein Bett, lüftete und putzte das Zimmer, während er im Zimmer von Ernst wartete. Ernst arbeitete jeden Tag von acht bis zwölf Uhr im Spital und verbrachte täglich eine Stunde mit Proust, um ihm aus Zeitungen und Büchern vorzulesen. Proust pflegte ihn ab und zu zu unterbrechen, um seine Aussprache zu korrigieren, und schien Vergnügen daran zu finden, Feinheiten der französischen Sprache zu erläutern. Sie verbrachten außerdem viel Zeit damit, Dame und Schach zu spielen. Proust war stets von ausgesuchter Höflichkeit: Wenn Céleste ein Spiel unterbrach, um einen Brief zu bringen, entschuldigte er sich so, als ob Ernst ein enger Freund wäre. Proust beklagte sich darüber, daß das

Schachspiel das Gehirn zu sehr anstrenge; Ernst brachte ihm einige neue Kartenspiele und Zauberkunststücke bei, die er von seinem Vater, einem Amateurzauberer, gelernt hatte.[16]

Céleste zufolge war Ernst »so eingebildet, daß er sich wohl mindestens für den König von Schweden, wenn nicht für Gott gehalten hat«.[17] Doch er mochte sie: Sie und Proust seien die nettesten Menschen, die er jemals kennengelernt habe, behauptete er, doch zuweilen nervte ihn Prousts Verhalten. Als er mit ihm eines Abends Schach spielte, kam Céleste mit einem Brief herein; Proust las ihn und reichte ihn dann an Ernst weiter. Als Céleste nochmals anklopfte, warf Ernst den Brief auf das Bett, bevor sie hereinkam, und erklärte später, daß es sich für einen Diener ja wohl nicht gehöre, die Korrespondenz seines Herrn zu lesen. Proust, der darauf bestand, daß Ernst kein Diener sei, sondern Privatsekretär und Vertrauter, wollte seinen Takt mit dem Geschenk von fünfhundert Francs belohnen. Ernst zögerte: »Monsieur, wie Sie wissen, haben wir ein Abkommen getroffen, das Ihnen untersagt, mich auf diese Weise in Versuchung zu bringen.« Proust überredete ihn jedoch dazu, das Geld zu nehmen. »Für mich ist es nicht wichtig, für Sie aber schon. Es kann Ihnen helfen, die glänzende Zukunft zu erreichen, die Sie anstreben.« Als Proust das Geld überreichte, glaubte Ernst in seinem Ausdruck »eine gewisse Enttäuschung« zu sehen. Ernst versuchte, ihn mit einem Zaubertrick aufzuheitern, den er ihm auch beibringen wollte. »Ernst, Sie sind eine Stärkung«, sagte er zu ihm und streckte die Arme aus, um ihn zu umarmen. »Ich habe niemals jemanden wie Sie gekannt.«[18]

Ernst benutzte das Geld, um für die verwundeten Soldaten Geschenke zu kaufen, und er erklärte ihnen, sie stammten von Proust. Das Spital wurde von einer Comtesse geleitet, die zusammen mit drei anderen Damen Proust in seinem Zimmer aufsuchte, um sich bei ihm zu bedanken. Proust, zunächst verwirrt, begriff rasch, was passiert war.[19]

Obwohl sich Montesquiou, die Greffulhes, die Clermont-Tonnerres und die Strausens in der Nähe aufhielten, nahm Proust keinen Kontakt mit ihnen auf. Montesquiou kam einmal im Hotel vorbei, Greffulhe zweimal, doch man richtete ihnen aus, es gehe Proust zu schlecht, als daß er Besuche empfangen könnte, auch wenn er nachmittags die Vorhänge öffnen ließ und sich so sehr entspannte, daß er nun sogar ›Céleste‹ statt ›Madame‹ zu sagen begann. Beide, Proust und Céleste, hatten eine große Begabung, andere Menschen nachzuahmen, und wenn der etwas steife Ernst nicht da war, machten sie sich lustig über ihn.[20]

Gelegentlich arbeitete Proust nachmittags oder abends am Roman, schrieb in seine Notizhefte und ging gelegentlich hinunter, ohne jedoch zu speisen. Unter den verwundeten Soldaten befanden sich auch Schwarze aus dem Senegal und aus Marokko. Nach der Verwirrung wegen der Geschenke ging er sie jeden Tag besuchen und brachte ihnen Spielkarten und Brettspiele mit.[21] Lucien gegenüber erklärte er, fast sein ganzes Geld für sie ausgegeben zu haben.[22]

Proust blieb etwa sechs Wochen in Cabourg. Vor der Abreise fuhr er nach Trouville, wo die Schauspielerin Réjane bei Madame Straus zu Gast war. Obwohl Réjane Proust schon einmal getroffen hatte, hielt sie ihn für einen Deutschen und bezeichnete ihn als ›Boche‹.[23] Ihr Sohn, Jacques Porel, der Proust in seinem malvenfarben gesäumten Mantel auf dem Golfplatz hatte spazieren sehen und der ein Verehrer des *Swann* geworden war, verhielt sich sehr viel freundlicher.

Auf der Rückreise nach Paris erlitt Proust kurz nach Mézidon einen schweren Asthmaanfall. Seine Medikamente und das Legras-Pulver befanden sich in einem Koffer im Gepäckwagen, und der Schaffner verweigerte Ernst den Zutritt. Céleste hingegen, die Angst hatte, ihr Herr könnte sterben, verschaffte sich den Zugang zum Gepäckwagen und kehrte triumphierend mit dem Räucherpulver zurück.[24] Als sie in Paris ankamen, war die jährliche Wohnungsreinigung mit großen Staubsaugern in vollem Gang. Er schickte die Leute weg, fiel ins Bett und ließ sich Wärmflaschen kommen.

> Dann habe ich ihn gefragt, was ich noch tun könne. Er hat geantwortet: ›Lassen Sie mich allein, rufen Sie niemanden. Ich brauche nichts als mein Bett. Und vor allem kommen Sie nur, wenn ich läute.‹ Ich habe ihn allein gelassen. Ich sehe noch, wie er ausschaute, als ich hinausging: Er war schweißgebadet und rang immer noch nach Luft, zusammengekrümmt im Bett über den Räucherschwaden. Ich war voller Angst. Ich habe in der Küche gewartet, überzeugt, daß ich ihn nicht lebend wiedersehen würde. Aber allmählich hat der Anfall nachgelassen.[25]

Er war mehrere Tage krank, schrieb dann aber, er heiße dieses Leiden willkommen, weil er dadurch »etwas weniger gedemütigt sei, nicht die Risiken der anderen auf sich nehmen zu müssen«.[26] Die deutsche Armee, die Anfang September Reims besetzt hatte, war von den Alliierten zurückgeschlagen worden, und in Polen hatten die Deutschen schwerste Kämpfe mit den Russen auszufechten.

Als Proust in Cabourg bemerkte, daß er manche Stunde verbringen konnte, ohne an Agostinelli zu denken, bekam er Schuldgefühle und schrieb an Reynaldo: »Mein Liebster, Sie sind wirklich zu nett, daran gedacht zu haben, Cabourg hätte mir wegen Agostinelli schmerzlich sein müssen. Zu meiner Schande muß ich gestehen, daß es mir nicht in dem Maße zu schaffen gemacht hat, wie ich geglaubt hatte, und daß diese Reise vielmehr die erste Etappe der Loslösung von meinem Kummer bedeutet hat, eine Etappe, hinter die ich glücklicherweise zurückgewichen bin, nachdem die Schmerzen in ihrer ersten Stärke wieder eingesetzt hatten.«[27] Nach der Rückkehr fand er jedoch rasch heraus, daß ihm diese Distanzierung nicht gelungen war: »Bitte verfallen Sie durch meinen Brief nicht auf die Idee, ich hätte Alfred vergessen. Trotz der Entfernung, die ich leider mitunter spüre, würde ich selbst in jenen Augenblicken nicht zögern, mir einen Arm oder ein Bein amputieren zu lassen, wenn ich ihn dadurch wieder zum Leben erwecken könnte.«[28] Und einige Zeit später schrieb er: »Niemand hat mehr als ich mit der unstillbaren Trauer über zwei oder drei Wesen gelebt, oder vielmehr lebe ich in Wirklichkeit damit nicht, sondern sterbe daran.«[29]

Er sonderte sich nun noch viel stärker vom gesellschaftlichen Leben ab. »[...] ich werde das Haus nie mehr verlassen. Ich werde nie mehr nach Cabourg oder anderswohin fahren.«[30] Gegen Ende des Jahres hatte er »sogar beschlossen, sein Telephon aufzugeben. Nach außen hin hat er es vielleicht, wie berichtet wurde, damit erklärt, daß er ruiniert sei.«[31] Als er dies Albu gegenüber behauptete, bot dieser ihm Geld an, doch Proust lehnte ab.[32] Seine finanziellen Probleme waren weniger ernst, als er glauben machen wollte; auch das Telephon wurde nie abgestellt, selbst dann nicht, als er außerordentlich viel Geld für Mahlzeiten im Ritz ausgab. Es ging ihm vielmehr darum, weniger gestört zu werden und sich noch stärker auf den Roman zu konzentrieren.

Dies hielt ihn freilich nicht davon ab, seinerseits Freunden seine

Hilfe anzubieten. Zusammen mit Robert Dreyfus und Fernand Gregh war Reynaldo in einem Regimentszeughaus in der Provence stationiert. Als er an die Front versetzt werden wollte, griff Proust ein und schrieb an den zuständigen Sanitätsoffizier. Gegenüber Reynaldo sagte er, es sei kriminell, dem diensthabenden Offizier den geschwächten Zustand seiner Bronchien und seine Ohnmachtsanfälle zu verheimlichen.[33] Die Behörden waren jedoch in solcher Panik, daß Krankheit kaum ins Gewicht fiel. Gabriel de la Rochefoucauld entging zwar der Mobilmachung, weil er erblindet war,[34] doch es schien sogar möglich, daß man Proust einberufen würde. »Ich werde vor einen Musterungsausschuß kommen und wahrscheinlich genommen werden, denn man nimmt jeden.«[35]

Die wichtigste praktische Konsequenz des Krieges für ihn war, daß die Veröffentlichung des Romans unterbrochen wurde. Grasset war einberufen und der Verlag geschlossen worden. Proust schrieb zwar weiter, aber ohne die Aussicht auf eine baldige Veröffentlichung war das Schreiben doch völlig anders. Ebenso wie Calmettes Gesinnungswandel im Hinblick auf den Abdruck in Fortsetzungen, hatte auch diese Unterbrechung weitreichende Folgen für den Gesamtaufbau. Der Roman wurde dreimal so lang und viel besser. Der Unterschied zu jedem früheren Roman ist der, daß die Erzählung uns so viele verschiedene Ansichten von jeder Figur auf so vielen verschiedenen Entwicklungsstufen zeigt.

Als ein Sonnenstrahl auf einem Balkon[36] ihn dazu bewegt hatte, den gegenwärtigen Augenblick in Paris ebenso mit Venedig wie mit Illiers zu verknüpfen, sah er sich einen triangulären Vergleich vornehmen, der sich sowohl durch den Raum als auch durch die Zeit erstreckte. Dieses Mittel sollte auch Auswirkungen auf die Methode haben. Von der ständigen Hoffnung bewegt, aus einzelnen Umständen allgemeine Gesetze ableiten zu können, sah er, daß die Metapher, der Vergleich und andere rhetorische Figuren die Erfahrung sowohl der Zeit als auch der Zufälligkeit zu entrücken vermochten.

Man kann unendlich lange in einer Beschreibung die Gegenstände aufeinanderfolgen lassen, die an einem ebenfalls beschriebenen Ort eine Rolle spielen: Die Wahrheit beginnt erst in dem Augenblick, in dem der Schriftsteller zwei verschiedene Objekte nimmt, die Beziehung zwischen ihnen herstellt, welche – in der Welt der Kunst – dem einmaligen Kausalnexus

in der Welt der Wissenschaft entspricht, und sie in die uner-
läßlichen Ringe eines schönen Stiles faßt; oder sogar erst,
wenn er, wie es das Leben tut, auf eine Qualität verweist, die
zwei Empfindungen gemeinsam ist, und ihre Essenz erst
dadurch freimacht, daß er die eine mit der anderen, um sie der
bloßen Zufälligkeit der Zeit zu entheben, in einer Metapher
vereinigt und beide durch das unbeschreiblich wirksame
Band einer Wortverbindung verknüpft.[37]

Dadurch erklärt sich auch seine Abneigung gegen den photographischen Realismus.[38] Die Kamera kann lediglich Oberflächen in
einem bestimmten Augenblick wiedergeben. Weil sie niemals zwei
verschiedene Oberflächen oder Gegebenheiten vergleicht, kann sie
keinen Zugang zu der Wahrheit bieten, die in das Blickfeld rückt,
wenn man über die Zufälligkeit hinausgeht, auch wenn man dies
dadurch erreicht, daß man zwei Photographien – oder Erinnerungen – einer Person in verschiedenen Umständen miteinander vergleicht.

Die Menschen verändern uns gegenüber unaufhörlich ihre
Position. In der zwar unmerklichen, aber unablässigen Bewegung der Welt betrachten wir sie in einem Augenblick, der zu
kurz ist, als daß wir die Bewegung feststellen könnten, die sie
vorantreibt, als unbeweglich. Wir müssen jedoch aus unseren
Erinnerungen nur zwei zu verschiedenen Zeiten aufgenom-
mene Bilder auswählen, die für sie so weit ähnlich sind, daß
sie sich an sich nicht verändert haben, zumindest nicht merklich, und der Unterschied zwischen den beiden Bildern wird
zu einem Maßstab für die Veränderung, die sie uns gegenüber
vollzogen haben.[39]

Dieses Mittel hatte der Roman traditionellerweise angewandt, um
die Entwicklung der Charaktere zu erfassen, doch kein Romancier
war bisher bei der Übernahme einer Vielfalt von Gesichtspunkten,
die in der Zeit verstreut waren, so systematisch und so beharrlich
vorgegangen.

Charlus zum Beispiel ist bereits ein reifer Mann, wenn wir ihm
zum erstenmal begegnen; ein Gentleman, in Drillichzeug gekleidet,
mit hervortretenden Augen den Erzähler anstarrend, dessen Meinung über ihn sich etwas ändert, als sich herausstellt, daß Charlus
der Bruder des Duc de Guermantes ist, und die sich erneut ändert,

als sein Neffe Saint-Loup über Charlus' Ruf als Frauenheld spricht. Der Erzähler sieht ihn dann wieder vor dem Kasino, zusammen mit seiner Tante, Madame de Villeparisis, dann wieder, als Charlus ihn zum Tee einlädt, und erneut dann, als der Baron zu ihm ins Schlafzimmer kommt, um ihm ein Buch auszuleihen. Bei jeder Begegnung werden zwar alle früheren Eindrücke abgeändert, doch obwohl wir ihm im Laufe von *A l'ombre des jeunes filles en fleurs* und *Le côté de Guermantes* recht häufig begegnen, erkennt der Erzähler erst am Anfang von *Sodome et Gomorrhe*, als er unfreiwilliger Zuhörer eines Gesprächs zwischen ihm und Jupien wird – dem Schneider, der angeblich im Gefängnis saß –, daß Charlus homosexuell ist. Wiederum anders erscheint er, als er auf einem Bahnhof beobachtet wird, wie er eine Liaison mit dem jungen Geiger Morel anzuknüpfen versucht, und nachdem er in höhere Gesellschaftsschichten aufgestiegen ist, beginnt er, regelmäßig Madame Verdurins Salon zu besuchen, wo er zunächst wie ein Ehrengast behandelt und später dann gedemütigt wird. Während des Kriegs erweisen ihn weitere Modifikationen in der Charakterzeichnung als einen Anhänger der Flagellation und als einen Freund der Deutschen.[40] Auf Morels Denunziation hin wird er verhaftet und später wieder freigelassen. Am Ende der Erzählung sieht er mit seinem Bart und dem schneeweißen Haar wie König Lear aus. Obwohl von einem Schlaganfall gezeichnet, bemüht er sich, gegenüber einer bisher von ihm verachteten Frau eine ausgesuchte Höflichkeit an den Tag zu legen, und wie Jupien sagt, ist er jetzt »nur noch ein großes Kind«.[41] Sein Charakter hätte wohl kaum eine noch größere Anzahl von gründlichen Wandlungen erleben können, doch wenn der Krieg nicht gewesen wäre, hätte es auch nicht so viele Wechsel gegeben.

Man könnte jedoch den folgenden Einwand erheben: Weil die Arbeit am Roman sich über fünfzehn Jahre erstreckte, ist das Buch das Ergebnis der Zusammenarbeit zwischen verschiedenen Prousts. Der siebenunddreißigjährige, der den *Swann* schrieb, unterscheidet sich deutlich von dem einundfünfzigjährigen, der die letzten Zusätze einfügte. *Le temps retrouvé*, obwohl unmittelbar im Anschluß an *Swann* entworfen, wurde durch diese Eingriffe grundlegend verändert, und die Beschäftigung mit dem Tod, mit der Krankheit und dem Zerfall veränderte den Textaufbau gegenüber *Swann* erheblich. Im Idealfall würde ein Romancier niemals versuchen, neues

Material in einen Entwurf einzubauen, ohne sich zu fragen, ob das übrige ihm nicht angepaßt werden müßte. Alle Teile müssen zueinander in Beziehung stehen. Gewiß, Prousts Zusätze verbessern viel mehr, als sie schaden, und sie vermehren die vielfältigen Gesichtspunkte, von denen aus alle wichtigen Figuren betrachtet werden, doch obwohl er sorgfältig auf Brüche in ihrer Entwicklung achtete, versäumte er es, den Bruch in sich selbst zu berücksichtigen, der Interessen- und Akzentverschiebungen am erzählerischen Standort zur Folge hat. Das Gefühl des Zerfalls gegen Ende des Buches breitet sich von einzelnen Figuren ausgehend nachdrücklich auf die gesamte Gesellschaft aus, doch diese Wirkung wäre noch größer gewesen, wenn es durch Überarbeitung der früheren Teile gelungen wäre, diese darauf auszurichten. Auch veränderte sich die Funktion des Romans in Prousts Leben. Bisher hatte er stets dessen Erweiterung gedient, doch seit 1914 spielten Freundschaften darin eine geringe Rolle, und auch wenn Proust im Roman den Krieg nicht in derselben Weise dominieren ließ wie in *Jean Santeuil* die Dreyfus-Affäre, benutzte er die *Recherche* doch wie ein Fernglas, um den Krieg zu beobachten: Zwischen ihm und dem Beobachteten war der Krieg stets gegenwärtig. Jeder Luftangriff auf Paris, jede Begegnung mit einem Soldaten auf Urlaub bot sich als Rohmaterial an.

Ganz allgemein veränderte der Krieg die Lebensgewohnheiten Prousts stärker als erwartet, und er ärgerte sich, als er hörte, daß ein Ausspruch, von ihm im Umlauf sei: »Der Krieg? Ich habe noch keine Zeit gehabt, darüber nachzudenken. Zur Zeit befasse ich mich mit der Affäre Cailleaux.«[42] Als Urheber dieses Ausspruchs hatte er Cocteau im Verdacht.[43] Richtiger sei es zu sagen, er denke an nichts anderes mehr. »Tag und Nacht denkt man an den Krieg, vielleicht mit noch größerem Schmerz, wenn man nicht mitmacht, so wie ich. Dieses Leid hört nicht auf, selbst wenn man an etwas anderes denkt, und sogar dann, wenn man schläft, so wie diese Neuralgien, die sich im Schlaf bemerkbar machen.«[44] Er bezeichnete die Deutschen nie als ›Boches‹ und gab sich auch nie dem französischen Hurra-Patriotismus hin.[45] Jeden Tag las er sieben Zeitungen[46] und verfolgte die beschriebenen Militäraktionen »strategisch« auf den Landkarten, die auf seinem Bett ausgebreitet waren, außerdem sah er voller Unruhe die Todesanzeigen durch. Allerdings fand er die Presse »ziemlich minderwertig im Vergleich mit den großen Dingen, von denen sie spricht«.[47]

Fénelon hatte sich freiwillig an die Front gemeldet. Obwohl die Regierung ihn lieber an der Botschaft in Christiania weiterarbeiten lassen wollte, kämpfte er im Dezember 1914 als Leutnant in Artois und verschwand am 17. Dezember bei einem Kampf in Mametz. Vielleicht hatte man ihn gefangengenommen, und Proust schwankte zwischen Optimismus und Pessimismus, bis schließlich Mitte März die Zeitungen berichteten, er sei durch einen Kopfschuß getötet worden.[48]

Am 13. Januar 1915 starb Gaston de Caillavet an Urämie, nachdem er monatelang gegen die Krankheit angekämpft hatte. Am folgenden Tag schrieb Proust an Jeanne, er habe Gaston bewundert und könne nicht aufhören zu weinen und nicht glauben, ihn niemals wiederzusehen. »Ach Madame, wenn wir doch zusammen weinen könnten.«[49]

So absurd es erscheinen mochte, einen Kranken einzuberufen, Proust schien wirklich davon bedroht zu sein. Ende Januar hatte er seit fast drei Monaten die Wohnung nicht mehr verlassen,[50] er aß fast nichts mehr und nahm fast stündlich Medikamente ein,[51] doch für den 3. April wurde er auf halb vier Uhr morgens in das Rathaus vor eine medizinische Kommission bestellt; die Aufforderung endete mit dem Hinweis, wer nicht erscheine, der werde als wehrdiensttauglich eingestuft.[52] Er schickte Céleste zu Dr. Bize, der bestätigte: »Der unterzeichnende Arzt bestätigt, daß Monsieur Marcel Proust, wohnhaft am Boulevard Haussmann 102, an sehr heftigen, täglichen Asthmaanfällen, an einem tiefreichenden körperlichen Verfall und an Nervenschwäche leidet. Monsier Proust hütet seit Jahren das Zimmer und verläßt nur in ganz seltenen Abständen und unter außergewöhnlichen Vorsichtsmaßnahmen das Haus. Monsieur ist von seinen Wehrdienstpflichten bisher stets befreit worden und konnte auch nicht vor einer Einberufungskommission erscheinen. Er ist absolut nicht in der Lage, irgendwelchen Dienst in der Armee zu leisten.«[53]

Er wußte, daß es ihn umbringen würde, wenn er in die Armee zurückkehren müßte.[54] »Zweifellos hat das Leben, das ich führe, nichts Angenehmes, und obwohl ich weiß, daß ich in der Armee zu nichts nütze wäre, würde ich doch zumindest mir selbst nützen, wenn ich mich beseitigen ließe. Aber ich wünsche doch sehr, das

begonnene Werk zu beenden und darin die Wahrheiten niederzule-
gen, von denen ich weiß, daß viele sich davon nähren, und die ohne
sie zusammen mit mir vernichtet sein werden.«[55]

Daß sein Leben nichts Zufriedenstellendes mehr bot, stimmte beinahe. Das Essen, früher ein Anlaß für so manche Freude, war immer
unwichtiger geworden, besonders seit dem Tod seiner Mutter, dem
Auszug Félicies und der Ankunft Célestes, die nie gelernt hatte zu
kochen. Dieses allmähliche Nachlassen des Interesses am Essen
gehörte zu einer neuen Orientierung, bei der er eine beinahe sinnliche Lust am Wiedererinnern der Vergangenheit erlangte und sich
immer weniger um andere sinnliche Vergnügungen in der Gegenwart kümmerte. Im Jahre 1914 bat er nur noch ein oder zweimal
monatlich um eine warme Mahlzeit, gewöhnlich um sich für einen
Ausgang zu stärken, und wenn er plötzlich Lust auf eine bestimmte
Speise bekam, stellte Céleste fest, daß sein Appetit für kurze Zeit
durch die Erinnerung an Félicies *Boeuf à la mode* oder eine andere
Lieblingsspeise angeregt wurde. Seine Augen leuchteten dann vor
Freude, und er sagte, er könnte augenblicklich etwas davon essen,
doch wenn sie anbot, etwas zu holen, lehnte er ab.[56] Da er sich mit
derselben Genauigkeit an eine bestimmte Geschmacksverbindung
erinnern wollte, wie er sich visuelle Einzelheiten ins Gedächtnis rief,
wollte er keine ungenaue Annäherung an die erinnerte Speise vorge-
setzt bekommen. Céleste hatte den Eindruck, daß er auch dann
wenig aß, wenn er mit Freunden zusammen in Restaurants ging,[57]
doch darin irrte sie sich. Dem Oberkellner zufolge dinierte er im
Ritz mit erstaunlichem Appetit und bestellte stets zwei Fleisch-
gänge, die er mit bestem Wein hinunterspülte.[58] Er aß jedoch nicht
oft genug auswärts, um sich bei Kräften zu halten, und wenn ein
Gast zu ihm nach Hause zum Essen kam, mußte Céleste den Nachttisch abräumen und ein Gedeck auflegen. Die Mahlzeit bestand
gewöhnlich aus einer Seezunge, Hähnchen und Eis. Ganz selten
wurde sie gebeten, spät nachts Pommes frites zuzubereiten, wenn er
jemanden mit nach Hause gebracht hatte. Wenn sie ihm jedoch
wegen des unberührten Essens auf dem Tablett zusprechen wollte,
erhielt sie zur Antwort: »Céleste, überlegen Sie sich das. Denken Sie
daran, wenn man eine gute Mahlzeit eingenommen hat, ist man
träge; man hat den Kopf nicht klar, verstehen Sie? Und ich muß den
Kopf klar haben.«[59] Das Argument, er müsse essen, um für seine

Arbeit bei Kräften zu bleiben, machte auf ihn keinen Eindruck. Einmal bat er Céleste darum, bei Tanrède in der Rue de Sèze, wo seine Mutter immer eingekauft hatte, Johannisbeersaft zu holen. »Als ich später wieder in sein Zimmer gekommen bin, war das Glas kaum angerührt. Ich habe mich erkundigt: ›Hat er Ihnen geschmeckt, Monsieur?‹ Er hat mich angeschaut und seufzend geantwortet: ›Nicht sehr, Céleste. Es ist merkwürdig. Ich glaubte, er sei besser.‹«[60]

Mitte April starb Célestes Mutter. Céleste kam in sein Zimmer und »schrie vor Schmerz«,[61] und als er sie zu ihrer Familie in Auxillac schickte, ließ sie ihre Schwägerin da, die sich bis zu ihrer Rückkehr um ihn kümmern sollte. Die Ersatzhaushälterin »kennt sich in der Wohnung nicht aus, findet kaum mein Zimmer, wenn ich läute, und sie könnte nicht einmal mein Bett machen, wenn ich aufstehen würde.« Ebensowenig konnte er sie mit Botengängen beauftragen, die immer wichtiger geworden waren, seitdem er kein Telephon mehr hatte.[62]

Eine neue Freundschaft entwickelte sich in dieser Zeit mit Comte Louis Gautier-Vignal, der früher einmal Flugstunden bei Roland Garros genommen hatte.[63] Die Verbindung begann, als Proust ihn eines Abends um elf Uhr anrief und sich erhoffte, von ihm Hintergrundinformationen über die letzten Lebenswochen Agostinellis zu erhalten. Als Gautier-Vignal Prousts Zimmer betrat, sah die Einrichtung so aus, als ob Proust eben eingezogen wäre, und die Korkplatten an den Wänden waren dunkel vor Staub. Proust hatte vorgehabt, die Korkplatten mit Tapete oder Stoff überziehen zu lassen, war jedoch nie dazu gekommen. Er beklagte sich darüber, wie unbequem es sei, im Bett zu liegen, und daß er seine eigene Handschrift nicht mehr lesen könne, zögerte jedoch, als Gautier-Vignal ihm anbot, seine Diktate abzutippen. Anderen Freunden gegenüber behauptete er zwar, Gautier-Vignal stürze sich auf die Menschen wie ein riesiges Insekt,[64] doch sie sahen einander ein- oder zweimal die Woche, und Proust ließ sich gern von Gautier-Vignal in einem geschlossenen Wagen herumkutschieren. Sie fuhren in den Bois de Boulogne, an die Seineufer, zu Notre-Dame, zum Louvre, in die Tuilerien, nach Versailles – Orte, die Proust seit einiger Zeit nicht mehr gesehen hatte, auch wenn er in seinem Roman über sie schrieb. Gautier-Vignal, den er über Velazquez, Goya und El Greco ausfragte, wunderte sich darüber, daß er auch über Maler sprach, deren Werk er nicht kannte. Auch wenn er Maurice Duplay gegenüber behauptete, in seinem Inneren ein sehr gutes Museum zu besitzen, und zu Gautier-Vignal sagte, er gleiche jenen Menschen, die auf dem Lande lebten und ihre eigene Elektrizität erzeugten,[65] war er doch in hohem Maße abhängig von Informationen aus zweiter Hand, schal gewordenen Erinnerungen und vom Klatsch des Dienstpersonals. Freilich fehlte es ihm nicht an dem Genius, diesen Unrat in gute Literatur zu verwandeln.

Eine von den alten Freundinnen, die er besonders gerne wiedersehen wollte, war Jeanne de Caillavet, die ihm geschrieben und um ein Treffen gebeten hatte, weil Gaston ihr vor seinem Tod das Versprechen abgenommen hatte, Proust einige Dinge mitzuteilen. An einem der seltenen Abende, an denen er sich wohl genug fühlte, um auszugehen, versuchte er, sie vom Café aus anzurufen, ohne Erfolg; er nahm jedoch trotzdem ein Taxi, um zu ihrer Wohnung zu fahren. Es war schon viertel vor elf, als er eintraf, doch es war kein Licht mehr zu sehen, und da sie wohl schon schlief, fuhr er wieder weg, ohne zu klingeln. »Jetzt weiß ich nicht, wann ich wieder einmal aufstehen kann, und sicherlich werden Sie dann wieder abgereist sein. Vielleicht ist es besser so. Für mich sind die Toten am Leben. Für mich gilt dies auch für die Liebe, aber auch für die Freundschaft. In einem Brief kann ich das nicht erklären. Wenn der ganze *Swann* erschienen sein wird und Sie ihn jemals lesen sollten, werden Sie mich verstehen.«[66] Sie kam ihn jedoch besuchen. Ihr blondes Haar, an das er sich erinnerte (sie hatte es einst in Zöpfen getragen), war weiß geworden. Die Mitteilung, die Gaston ihr für Proust anvertraut hatte, war, daß Gaston sich in eine andere Frau verliebt und das Verhältnis seiner Frau und seiner Tochter wegen zwar aufgegeben habe, aber niemals darüber hinweggekommen sei.[67]

Ein weiterer Tod, der Proust trauern ließ, war derjenige von Robert d'Humières, der ihm einst bei den Ruskin-Übersetzungen geholfen hatte. Als Leutnant in einem Zuaven-Regiment war Humières im Mai bei einem Angriff an der Spitze seiner Kompagnie erschossen worden. Obwohl Proust in der letzten Zeit Fénelon kaum noch und d'Humières gar nicht mehr gesehen hatte, schrieb er an Madame Catusse: »Leider fehlt mir aber die Gabe des Vergessens, und ich beweine Tag und Nacht Fénelon und Humières, als ob ich mich gestern erst von ihnen getrennt hätte.«[68]

Zum Gedenken an Agostinellis Tod am 30. Mai 1914 ließ er an dessen Jahrestag am Grab auf dem Friedhof in Nizza einen Kranz niederlegen. Madame Catusse wurde gebeten, den Kranz zu besorgen und ihn an Agostinellis Schwester weiterzuleiten. Doch statt vierhundert Francs, wie für den Kranz beim Begräbnis, gab er jetzt nur noch vierzig aus.[69]

Als er sich im Juni wohl genug fühlte, um häufiger auszugehen, verbrachte er einen Abend mit Georges de Lauris, seiner Marquise und einer weiteren Adligen im Restaurant Larue, wo er Georges de Porto-Riche begegnete. Am Ende des Monats besuchte er die Comtesse de la Beraudière, die Geliebte des Comte de Greffulhe, die Jacques Emile Blanche half, einen Artikel zu veröffentlichen, außerdem suchte er seinen alten Freund Henri Bardac auf, von dem er glaubte, er werde bald an die Front abreisen.

Anfang Juli fuhr Proust in einem Taxi nach Auteuil, um Blanche zu besuchen, und versprach ihm, bei der Fahnenkorrektur seines Buches *Cahiers d'un artiste* zu helfen, in welchem viele Freunde unter einem Decknamen beschrieben wurden. Obwohl Blanche sehr aufmerksam war und »wie ein Samariter« Proust einen Mantel lieh, als dieser sich über den Luftzug am Fenster beklagte, stellte Proust fest: »Doch von dem Lächeln der Zuneigung, das einst Zufriedenheit darüber ausstrahlte, mich wiederzusehen [...], nichts mehr. Ein tadelloser und eisiger Empfang.«[70] Noch schlimmer war, daß er anschließend eine Erkältung bekam und wegen eines Fiebers im Bett bleiben mußte, das mit einer Nierenentzündung zusammenhing.[71]

Montesquiou, der eine neue Gedichtsammlung beendet hatte – *Les offrandes blessées, élégies guerrières* –, die im Juli erscheinen sollte, signierte ein Vorausexemplar für Proust, das er ihm Anfang Juni schickte, und er bestand darauf, Proust zu besuchen, als dieser sich dafür entschuldigte, nicht an der Lesung teilnehmen zu können, die Montesquiou für seine Freunde veranstaltete. Nachdem Montesquiou versprochen hatte, den Kranken nicht zu ermüden und nur fünf Minuten zu bleiben, stattete er den angedrohten Besuch am 13. Juli ab und blieb so lange, daß der Besuch in der Erinnerung Prousts sieben Stunden dauerte.[72] Ein weiterer Besucher im Juli war Grasset, der Urlaub hatte. Proust hatte nun seit über einem Jahr die Druckfahnen.

Ende Juni war er gewarnt worden, daß ein Militärarzt ihn untersuchen würde. Er erwartete den Offizier am 7. Juli, doch dieser erschien nicht vor Anfang August, und als dieser Proust abhorchte, gaben seine Lungen ein so schlimmes Rasseln von sich, daß ihm der Offizier einen Aufschub von sechs Monaten gewährte.[73] Die Spannung war niederdrückend gewesen, und er litt unter dem Lärm, als das benachbarte Haus abgerissen wurde. Er behauptete, jede Nacht nicht mehr als eine Viertelstunde Schlaf zu bekommen, weil seine Asthmaanfälle bis sieben Uhr morgens dauerten, um halb acht die Arbeiter eintrafen und er zu »fürchterlichen – und nutzlosen – Dosen von Betäubungsmitteln« gezwungen werde.[74] Er bekam einen weiteren, unerwarteten Besuch von Militärärzten, die ihn für einen Architekten hielten; allerdings war er so unverkennbar krank, daß sie seine Entlassung beantragten.[75]

Inzwischen schrieb er Lionel Hauser häufiger als sonst jemandem und erörterte mit ihm nicht nur seine finanziellen Angelegenheiten, sondern auch seine persönlichen Überzeugungen. »Doch je religiöser man ist, desto weniger weit wagt man mit seinen Behauptungen über das hinauszugehen, was man glaubt. Nun, ich verneine nichts, ich glaube an die Möglichkeit von allem, die auf der Existenz des Bösen usw. beruhenden Einwände erscheinen mir absurd, weil für mich einzig das Leiden aus dem Menschen ein klein wenig mehr als ein rohes Tier gemacht hat und weiterhin zu machen scheint. Doch von hier aus bis zur Gewißheit oder gar zur Hoffnung ist ein langer Weg. Ich habe ihn noch nicht zurückgelegt. Werde ich ihn jemals zurücklegen?«[76] Dies führte zu der Frage, ob es in seinen spekulativen Überlegungen ein religiöses Element gab – den Wunsch, sich Kräften auszuliefern, die außerhalb seiner Kontrolle lagen, und bestraft zu werden, falls er es verdiente. Seit fünf Jahren schrieb er nun lange Briefe an Hauser über bestimmte Geschäfte, wobei er seine Lage insgesamt absichtlich im Dunkeln ließ und höflich ablehnte, wenn Freunde ihm anboten, seinen gesamten Wertpapierbesitz zu verwalten.[77] Die französischen Börsengeschäfte waren Ende Juli 1914 suspendiert worden, doch als man für den 20. September 1915 einen neuen Zahlungstag festgelegt hatte, war er entsetzt über die Feststellung, daß er neben den üblichen Verzugszinsen für sein Konto zusätzliche sieben Prozent Zinsen pro Monat zahlen mußte.[78] Eine Aktie, die keinen Ertrag abwarf und im Wert auf weniger als die Hälfte gesunken war, kostete ihn 18 000 Francs Zins pro Jahr. Er war mit 150 000 Francs im Minus, und obwohl er zehn Monate Zeit hatte, um zu bezahlen, bedeutete dies, daß er Monat für Monat 15 000 Francs aufbringen mußte. Die Differenz zwischen dem aktuellen Wert seiner Aktien und dem Preis, den er für sie bezahlt hatte, mußte während der Zeit des Aufschubs nicht beglichen werden, doch dieser Aufschub konnte bald ein Ende haben.[79]

In der zweiten Oktoberhälfte traf er sich mit Hauser, um die Lage zu besprechen, und Hauser bot ihm – für ein Honorar von 150 Francs – an, seinen Wertpapierbesitz zu überprüfen, während sein Kassierer die Konten durchging. Diese Arbeit war noch nicht abgeschlossen, als Proust um Rat fragte, ob er Aktien der United States Steel kaufen sollte.[80] »Ich habe Dir keinen Rat zu geben«, antwortete Hauser, »aber wenn Du Dich dazu entscheidest, diese Aktien zu kaufen, riskierst Du das wenige, was Du hast, auch noch zu verlieren.« Entgegen dem eigenen Vorsatz fuhr er fort:

Laß mich diesbezüglich eine optische Täuschung beseitigen, der Du leider zum Opfer gefallen bist. Wie so viele andere stellst Du Dir vor, daß der Ertrag, den man an einer Börse realisiert, vor allem von den Wertpapieren abhängt, die man dort kauft. Nun denn, so widersinnig es erscheinen mag, ich kann Dir versichern, daß er in erster Linie von der Person abhängt, die die Geschäfte betreibt. Ich kenne Leute, die sich an der Börse bereicherten, indem sie mit zehntklassigen Wertpapieren handelten, und andere, die sich mit absolut sicheren Wertpapieren ruinierten. Das ist eine ganz persönliche Sache. Es gibt Leute, die für dieses Geschäft geboren sind, und es gibt welche, die nur dazu geboren sind, sich die Finger daran zu verbrennen. Ich glaube nicht zu übertreiben, wenn ich Dir sage, daß Du zu den letzteren gehörst, aber wenn Du nicht davon überzeugt bist, steht es Dir frei, die Erfahrung fortzusetzen, ich verlange nur, vom Gegenteil überzeugt zu werden.[81]

Statt sich darüber zu ärgern, entschuldigte sich Proust dafür, daß er ihm wegen so unbedeutender Posten so viel Arbeit aufbürdete, und sie wechselten weiterhin lange Briefe. Hauser, gebildet und literarisch interessiert, war froh darüber, die angebotene briefliche Freundschaft pflegen zu dürfen, und Proust wiederum schätzte den *homo duplex*, der sich nicht allein auf die Arbeit beschränkte, sondern zu unterhalten vermochte, was Montaigne allzu bescheiden als »arrière boutique toute nostre«, als »Hinterstübchen ganz für uns selber« bezeichnete. Proust versuchte einige seiner adligen Freunde, darunter Guiche, zu überreden, Hausers Kunden zu werden.[82]

Obwohl Hauser und Proust einander duzten, hatte der Financier keine Warnung geäußert, als Proust sie am nötigsten gehabt hätte, und erst jetzt bekannte er: »Die Interessen eines Bankiers, der für einen Kunden ein Konto führt, stehen allgemein in einem umgekehrten Verhältnis zu den Interessen des Kunden«.[83] Nachdem er die Zahlen durchgegangen war, rechnete er aus, daß Proust nach Begleichung seiner Verbindlichkeiten ein jährliches Einkommen von 27 390 Francs übrigblieb. Proust erschrak zwar darüber, war aber nicht so niedergeschlagen, um sich einer literarischen Anspielung zu enthalten: »Comment en un plomb vil, l'or pur s'est il changé?«[84]

Er hätte gerne einen weiteren Sommer in Cabourg verbracht, aber weil er sich nicht im Hotel aufhalten wollte, bat er Albert, zu fragen, ob dessen Vater bereit wäre, seine Villa zu vermieten. Nach langem Zögern lautete die Antwort, Nahmias sei gerne bereit, sie an Proust zu vermieten, doch er wolle keine Miete dafür nehmen. Für Proust, der stets darauf bestand, zu bezahlen, kam dies einer Ablehnung gleich.[85]

Die meisten Tage verbrachte er kaum eine Viertelstunde außerhalb des Bettes, und bevor er zu einem seiner seltenen Ausgänge aufbrach, rechnete er aus, wie sehr ihn dies anstrengen würde. Als er Madame Catusse besuchen wollte, fragte er schriftlich nach, ob es in dem Haus einen Fahrstuhl gab.[86] Im August und Anfang Oktober besuchte er zweimal den betagten Comte Clary, den ehemaligen Kammerherrn der im Exil lebenden Kaiserin Eugénie. Clary, inzwischen gelähmt und fast blind, muß ihn wohl an den hinfälligen Prince de Sagan erinnert haben, und vielleicht lag der Grund dafür, so viel Zeit mit dem alten Comte zu verbringen und so viele Fragen an seinen japanischen Diener Mineguishi zu stellen, darin, daß er den Zerfall Charlus' genau beschreiben wollte. Später sandte Proust dem Diener ein signiertes Exemplar des *Swann*, »weil er meinetwegen bis zu den unmenschlichsten Stunden aufbleiben mußte«.[87]

Seitdem Comte Adhéaume de Chevigné 1911 gestorben war, lebte

die Comtesse im Haus von Cocteaus Familie an der Rue d'Anjou,
wo Proust im Oktober zweimal zu Besuch kam. Beim zweiten
Besuch – immer auf der Suche nach Details für seinen Roman –
fragte er sie über Kleidung und Küche aus.

Ähnlich wie seine Nachschöpfung der Kindheit half ihm auch der
Verwandlungsprozeß von Alfred in Albertine und der ihrer Beziehung in eine heterosexuelle dabei, Erlebnisse unter Kontrolle zu
bringen, die er seinerzeit nicht in den Griff bekommen konnte. Sie
existierten jetzt nur noch in seinem Gedächtnis, und Erinnerungen,
die ihn hätten quälen können, wurden nun in formbares Material
umgewandelt. Außer bei der Arbeit am Roman dachte er jetzt weniger über Alfred nach, und in den Augenblicken der Untätigkeit verweilte er jetzt in Gedanken immer länger bei den Freunden, die er im
Krieg verloren hatte. »Ich weiß nicht, ob ich Ihnen von allen meinen
Freunden erzählt habe, die im Krieg getötet wurden; ich wiederhole
dieses Thema unablässig, weil ich an nichts anderes denke.«[88]

Er bekämpfte die Depression durch Arbeit und freute sich unmä-
ßig über die Reaktion anderer auf seinen Roman, wie Madame
Scheikévitch feststellte, als er sie besuchte:

> In der Art, wie er über sich selbst sprach, verbarg sich zuwei-
> len eine nachdrückliche Bescheidenheit, besonders zu Beginn
> eines Besuchs, aber wenn er sicher war, daß die an ihn gerich-
> teten Komplimente auf einer tiefen Vertrautheit mit seinem
> Werk beruhten, verwandelte sich sein Mißtrauen in wahre
> Ausbrüche von Herzlichkeit und Aufrichtigkeit. In solchen
> Augenblicken zeigte niemand eine reinere Freude oder eine
> noblere Haltung als er. Er vergaß seine Krankheit, seinen All-
> tag, seine Traurigkeit, und gab sich einer kindlichen Ausge-
> lassenheit hin.[89]

Vielleicht dachte sie an sich selbst, als sie sich danach erkundigte,
wie denn die alternde Odette wirke. Sie werde immer schöner, sagte
er, doch er war mehr daran interessiert, ihr von Albertine zu erzählen. Wie er schrieb, verspürte er das »heftige Verlangen, Ihnen jenen
Teil meines Ichs zu enthüllen, der Ihnen am unbekanntesten ist und
den der erste Teil des *Swann* schon im Keime, wenn auch unsichtbar
enthält«.[90] Auf die leeren Seiten ihres Exemplars schrieb er eine ausführliche Zusammenfassung der Albertine-Episoden, wobei er Aus-
schnitte aus seinen Notizheften abschrieb.[91]

Der Wunsch, durch sein Schreiben die Außenwelt zu erreichen, lief seiner zunehmenden Neigung zum Rückzug zuwider; eine Neigung, die Ende Oktober und Anfang November durch andauernden Nebel, Regen und Schneefall noch verstärkt wurde. Dr. Bize machte ihn darauf aufmerksam, daß dieses Wetter für Menschen wie Proust, die an einem Emphysem leiden, tödlich sein könne.[92] Das Wetter hatte zweifellos Folgen. Als Reynaldo zum ersten Mal auf Urlaub nach Hause kam, hielten die täglichen Asthmaanfälle Proust davon ab, mehr als eine der Einladungen zu besuchen, auf denen Reynaldo Kompositionen spielte, die er an der Front geschrieben hatte. Am Tag vor der Rückreise besuchte er Proust, konnte ihn jedoch durch die Rauchwolken hindurch kaum erkennen.[93] Zwei Wochen später richtete Proust an Henri Bardac die Bitte, seine Angelegenheiten mit Lionel Hauser zu besprechen.

Proust, der kein Solipsist war, wußte, was er tat, wenn er dem Buch den Vorrang vor allem anderen einräumte. Insbesondere bedauerte er es, sein Talent zur Freundschaft vergeuden zu müssen.

> Niemand würde die Freundschaft lieber mögen als ich, und ich glaube auch, niemand könnte sie besser praktizieren. Doch ich würde lügen. Warum dies im Konditional formulieren, da doch dieser oder jener sagen wird, ich sei ein vollkommener Freund. Ich lüge also. Mein Schicksal will es, daß ich nur aus mir selber Nutzen ziehen kann. Ich versuche damit nicht, das absurde Leben zu rechtfertigen, das ich führe (übrigens zum größten Teil gegen meinen Willen). Diese Art der Einsamkeit erstickt mich eher, statt mich zu beflügeln, ich kann darin niemals arbeiten, und alles, was ich gemacht habe, geschah in anderen Augenblicken. Ich selbst bin ich aber nur allein, und von den anderen profitiere ich nur insofern, als sie es mir erlauben, Entdeckungen in mir selbst zu machen, entweder indem sie mich leiden lassen (also eher aus Liebe als aus Freundschaft), oder durch ihre Lächerlichkeiten (die ich bei einem Freund nicht sehen will), über die ich nicht spotte, sondern die mich die Charaktere verstehen lassen.[94]

Während der letzten zehn Jahre hatte er kaum Zeit mit Freunden verbracht, und in den letzten fünfzehn Jahren hatte er nicht mehr als dreimal versucht, Anna de Noailles zu sehen:

> Unter den Freunden, von denen Sie sprechen, gibt es einen

(einen, der diesmal übrigens eine ist), der uns gemeinsam ist. Ich meine Madame de Noailles. Ich kenne sie schon sehr lange, ich habe sie als kleines Mädchen gekannt. Ich bewundere keinen Schriftsteller mehr als sie, ich empfinde ihr gegenüber eine tiefe Freundschaft und ich anerkenne, daß ihr Gespräch Dinge erbringt, die man in ihren Büchern nicht finden würde. Trotzdem (und das sage ich Ihnen jetzt ganz im Vertrauen, nicht wahr) habe ich in fünfzehn Jahren nicht drei Mal versucht, sie zu sehen. Noch in dem Augenblick, da ich Ihnen schreibe, empfinde ich Bedauern, ein heilsames Bedauern, weil es mich auf die Frage bringt, ob ich denn in ihrer Nähe nicht unendlich viel mehr ›gewonnen‹ hätte (wir sprechen hier ja nur vom intellektuellen Gewinn). Ist das nun aber das Lieben in der menschlichen Bedeutung von Liebe, wie Sie sagen. Nein, ich glaube nicht.[95]

Das Schreiben des Romans ging aus solchen Fragen hervor, die er sich über Freunde stellte, welche ihm keine Lebensbegleiter mehr waren, während er, was die Lebensbegleitung betraf, immer mehr von Céleste abhängig wurde.

Ihre Gespräche zogen sich zuweilen über Stunden hin. Sie war warmherzig, aber einfach. Er mußte ihr erklären, daß Napoleon und Bonaparte ein und derselbe Mann waren, und als sie ihm erzählte, sie habe eine große schwarze Frau in der Rue Tronchet mit der Handtasche am Arm ziellos auf- und abgehen sehen, lachte er vergnüglich und sagte, das sei eine jener Frauen, die ihr Geld verdienten, indem sie auf- und abgehen. Céleste war ergeben, gewissenhaft, diskret und sorgte gut für ihn. Zwar hätte niemand tun können, was die Mutter für ihn getan hatte, doch Céleste war ein besserer Ersatz als jeder männliche Diener, und außerdem war sie eine gute Zuhörerin. Wenn es ihm zu schlecht ging oder wenn er zu müde war, um über die Vergangenheit zu schreiben, stellte er sie durch die Erinnerung wieder her. Wenn er von einem Ausgang zurückkam, plauderte er über die Menschen, die er getroffen hatte, und sie war ein gutes Publikum für seine Imitationen. Er fragte gerne um Rat, und weil Céleste immer da war, wurde sie häufig befragt. Eines Tages kam er mit einem Schnurrbart à la Charlie Chaplin zurück. »›Liebe Céleste, finden Sie nicht, daß ich lächerlich aussehe, mit diesem Pinsel von Schnurrbart unter der Nase?‹ – ›Aber nein, Mon-

sieur, ganz und gar nicht; Sie sehen wirklich jünger aus.‹«⁹⁶ Fast
ebenso erfreut war er, als sie ihm sagte, er arbeite wie ein Acker-
bauer. Er konnte nie genug Beweise sammeln, um sich selbst davon
zu überzeugen, daß seine Eltern unrecht hatten, was seine fehlende
Willenskraft betraf.

In Célestes Anwesenheit zeigte er kaum jemals Gefühle, und er
ließ sie nur selten dabei sein, wenn er sich an- oder auszog, außer
wenn die Knopflöcher der Hemdbrust zu hart waren und sie ihm
deshalb helfen mußte. Als er sie eines Abends kurz vor dem Ausgehen bat, ihm seine Stiefel zu reichen, kniete sie nieder, um sie zu
schnüren. »Er hat sich fast zurückgeworfen und mit schmerzerfüll-
ter Stimme gesagt: ›Oh nein, nein, das nicht, Céleste!‹ Und ich erwiderte ganz munter: ›Aber ja, Monsieur, ich bin sofort fertig. Warum
soll mir das unangenehm sein?‹ Als ich wieder aufgestanden war,
hatte er fast Tränen in den Augen, und ich höre noch, wie er ganz
gerührt sagte: ›Ach, Céleste, wie lieb Sie sind!‹«⁹⁷ Sie hatte soeben
etwas getan, das seine Mutter zu tun pflegte.

Von den Freunden, die er nie mehr sehen konnte, war Fénelon der
wichtigste. Die allmähliche Verwandlung der Ungewißheit über seinen Tod in sichere Gewißheit war schmerzlich gewesen. »Was sie
erträglich gemacht hat, war, daß ich Bertrand zehn Jahre lang nicht
mehr gesehen hatte, daß die Erinnerung das Herz speist und daß sie
beide zusammen schwächer werden. […] Trotzdem, seit man weiß,
was aus Bertrand geworden ist, ist es mir unmöglich, ohne Unmen-
gen von Veronal im Bett zu bleiben, so grausam ist meine Angst
(nicht mehr die vor der Ungewißheit, sondern vor der Erinnerung
angesichts der widersprechenden Realität).« In Wirklichkeit war es
weniger als fünf Jahre her, daß sie einander auf dem Ball im Hotel
Carlton begegnet waren. »Ich rechnete nicht mehr damit, ihn wiederzusehen, und hätte es sogar vorgezogen (deshalb habe ich ihn bei
seinen kurzen Aufenthalten in Paris auch nicht gesehen), die Erinnerung an ein Leben festzuhalten, als wir uns den ganzen Tag und den
ganzen Abend sahen, und das es nie mehr geben konnte.«⁹⁸ Trotzdem empfand er großen Schmerz über den Verlust:

> Und dabei ist es von den dreien noch der am wenigsten grau-
> same Tod, denn seit zwölf Jahren hatte ich Bertrand nicht
> mehr gesehen, und es ist für mich eine zusätzliche Traurig-
> keit, daß ich die derart verlängerte Abwesenheit, verbunden

mit dem Leben fortwährender Vergiftung, die mein Hirn zerstört und meine Erinnerung vernichtet hat, meine Fähigkeit
abschwächt, Mitleid zu empfinden, und zugleich auf den
Tod vorbereitet. Trotzdem und ohne ihn mit meinen beiden
letzten Trauerfällen vergleichen zu können – wenn Sie den
Schmerz zusammenfügen, den drei Viertel aller Leute beim
Tod ihrer besten Freunde, ja selbst ihrer Verwandten empfinden, erreichen Sie nicht die Stufe des Schmerzes, den er mir
verursacht.[99]

Im Februar erhielt er einen langen Brief von Albufera, der nach seiner Rolle als Chauffeur für den Oberbefehlshaber als Leutnant in
der schweren Artillerie diente.[100] Er hatte von Proust immer noch
»keine Zeile« gelesen,[101] und die beiden hatten einander seit acht
Jahren nicht mehr gesehen, doch war er immer noch ein Freund,
was sich von Guiche oder Radziwill kaum noch behaupten ließ.
Obwohl es Proust einst als sehr erstrebenswert vorgekommen war,
daß Guiche und Radziwill ihn als Mitglied des Polo-Clubs empfah-
len, war er kein einziges Mal dort gewesen, ja er hatte noch nicht
einmal herausgefunden, wo sich der Club befand.[102]

Das Gefühl der Freundschaft ist in Prousts Briefen immer noch
spürbar; einige davon sind von derselben kindlichen und warmherzigen Begeisterung erfüllt, die er damals zeigte, als er mit Madame
Scheikévitch über seinen Roman sprach. Als er Madame Madrazo
um Auskünfte über den Einfluß Carpaccios auf den venezianischen
Couturier Fortuny bat, schrieb er: »Im Prinzip spreche ich bei der
Fortsetzung meines *Swann* über keinen einzigen Künstler, weil es
kein Buch über Kunstkritik ist, sondern über das Leben.« Eine Ausnahme hatte er jedoch bereits vorgesehen, wobei er stets ›Ich‹ sagt
und nicht ›der Erzähler‹: »Wenn Albertine später (dritter Band) mit
mir verlobt ist, berichtet sie mir über Roben von Fortuny (den ich
von diesem Augenblick an immer namentlich anführe), und ich
überrasche sie damit, ihr eine zu schenken.«[103] In seiner Phantasie
war er noch immer in die Beziehung zu Alfred verstrickt, als ob sie
noch eine Zukunft haben würde, doch während die Mutter des
Erzählers niemals stirbt, fügte er Alfreds Tod in die Phantasievorstellung ein. »Der Roman nimmt seinen Lauf, sie verläßt mich, sie
stirbt. Lange Zeit danach, nach großem Leiden, dem ein bedingtes
Vergessen folgt, reise ich nach Venedig, finde jedoch auf den Gemäl-

den von XXX (sagen wir Carpaccio) ein ähnliches Kleid wieder, wie ich es ihr geschenkt habe. Einst beschwor dieses Kleid für mich Venedig herauf und regte mich dazu an, Albertine zu verlassen, nunmehr beschwört Carpaccio, bei dem ich sie sehe, für mich Albertine herauf und läßt mir Venedig schmerzvoll erscheinen. [...] Madame Straus hat mir angeboten, einen Mantel [von Fortuny] auszuleihen«, doch viel wichtiger wäre für ihn ein Buch *über* Fortuny, um die »Berechtigung« zu haben, über ihn zu sprechen: »(bedenken Sie, das Resultat wird hie und da eine Zeile sein, doch selbst um nur ein Wort über etwas zu sagen und zuweilen sogar um überhaupt nichts darüber zu sagen, muß ich mich daran endlos sättigen.) [...] Es vergeht jedoch kein Tag, an dem ich nicht Reproduktionen von Carpaccio ansehe, ich werde mich also auf vertrautem Gelände bewegen.«[104]

Briefe an Freunde dienten häufig als erste Entwürfe für bestimmte Passagen im Roman. In einem weiteren Brief an Madame Madrazo vom März 1916 beschrieb er Carpaccios Gemälde *Der Patriarch von Grado heilt einen Besessenen:*[105] »Wenn Sie sich an das Bild erinnern, es gibt da ein richtiges Aufblühen sich weitender Kamine, ebenso schön wie das Aufblühen von Tulpen, und bei denen ich nicht überrascht wäre, wenn es in einem gewissen Maße einige Venedig-Veduten von Whistler inspiriert hätte.«[106] In *La Prisonnière* schreibt Proust: »Meine Augen ruhten auf dem wundervollen rotvioletten Himmel, von dem sich diese hohen inkrustierten Kamine abheben, deren nach oben sich erweiternde Form und das tulpenförmige Aufblühen an so viele Venedig-Veduten von Whistler gemahnen.«[107]

Auch als er sich dazu entschloß, mit Gide »Frieden zu schließen«, wäre es unmöglich gewesen, mit ihm eine echte Freundschaft zu beginnen. Proust schickte Céleste im Taxi mit einer brieflichen Einladung zu ihm und fragte sie hinterher:

›Und wie fanden Sie Monsieur Gide selbst?‹ – ›Oh, sehr liebenswürdig, Monsieur, ich weiß nicht, wie ich es ausdrücken soll ... etwas an ihm gefällt mir nicht. Nein, ich mag den Mann nicht.‹ ›Warum denn, Céleste, Sie müssen es doch wissen.‹ – ›Nachdem ich ihn gesehen habe, wundert es mich nicht, daß er Ihnen diese Antwort auf Ihr Manuskript gab,

ohne es gelesen zu haben. Das paßt zu ihm.‹ Ich merkte, daß
er sich amüsierte, während er mich prüfend ansah. Dann kam
es mir plötzlich; ich sagte: ›Er sieht nämlich aus wie ein
scheinheiliger Mönch, Monsieur. Sie wissen schon, wie diese
Mönche, die einen besonders fromm ansehen, um ihren Mangel an Aufrichtigkeit zu verbergen.‹[108]

Gide kam am Abend des 24. Februar an und trug wieder sein Woll-
stoffcape, wie schon beim Besuch Célestes. Die beiden »sprachen
über Homosexualität, über Prousts Roman, über die Nachricht,
daß Rivière in einem deutschen Kriegsgefangenenlager mit Vergnügen den *Swann* wiederlese, und sie sprachen auch darüber, daß
Grasset den zweiten Band nicht veröffentlichen könne.«[109] Gide
sagte, mit der Ablehnung des Romans habe er den größten Fehler
seines Lebens begangen, und sie erörterten die Frage, ihn beim Verlag der *NRF* unterzubringen, der im Gegensatz zum Haus Grasset
immer noch aktiv war. Obwohl Proust sich über die Unterbrechung
der Publikation geärgert hatte, war er jetzt keineswegs darauf
bedacht, die übrigen Teile vor Kriegsende erscheinen zu lassen. Da
er wußte, daß er nicht mehr lange zu leben hatte, und meinte, wenn
die Vorbereitungen schon sehr frühzeitig begännen, könnte die
NRF alle drei Bände gleichzeitig herausbringen, fühlte er sich durch
seine Verpflichtungen gegenüber Grasset weniger gebunden als
noch vor zwei Jahren.

Seit dem Frühjahr 1915 war seine Sehkraft schwächer geworden,
und im März 1916 taten ihm die Augen weh, wenn er längere Zeit
schrieb. Die Konsultation beim Augenarzt schob er jedoch immer
weiter hinaus; er fühle sich nicht gut genug, um ihn tagsüber aufzusuchen.[110] Ein weiterer Grund, im Bett zu bleiben, war der bevorstehende Besuch eines weiteren Armeearztes, denn Proust wollte nicht
den Eindruck erwecken, wieder gesund geworden zu sein.[111]

Seine finanziellen Erfahrungen des Jahres 1915 und sein Briefwechsel mit Hauser hatte ihn zu größerer Vorsicht im Hinblick auf
sein Einkommen und auf seine Ausgaben veranlaßt. Seine Einkünfte
aus Wertpapieren im Jahre 1915 betrugen 32 778 Francs, während
die Zinsen auf 22 000 Francs angewachsen waren. Er zahlte eine
jährliche Miete von 7000 Francs für die Wohnung – und wie sollte
er damit dem Finanzamt plausibel machen, daß er von 10 000
Francs Einkommen lebte? Freilich mußte er dies auch nicht. Ende

März hatte er den Börsenmaklern 80% seiner Verbindlichkeiten
bezahlt, und nach Bezahlung der Restschuld erwartete er, über ein
Jahreseinkommen um 30000 Francs verfügen zu können. Er hatte
keineswegs Selbstmitleid, vielmehr tat es ihm leid, »daß Mama von
dieser Besserung nichts erfahren und sie nicht vorhersehen konnte,
sie hätte ihr so viel Sorgen erspart«.[112]

Als er am Roman weiterarbeitete, nahm die imaginäre Musik
Vinteuils immer größeren Raum ein.[113] Am Nachmittag des 14.
April besuchte er im Odéon ein Konzert mit Kammermusik von
Fauré, aufgeführt vom Komponisten, von Lucien Capet, André
Hekking und Raymond Pétain. Das Programm umfaßte das erste
Quartett für Klavier und Streicher, und weil er es nochmals hören
wollte, entschloß sich Proust, eine Aufführung in seiner Wohnung
zu organisieren. Er mußte sein Klavier stimmen lassen, und obwohl
er an einem Nachmittag ausging, konnte er zunächst keinen Kla-
vierstimmer finden. Er bezahlte den Musikern Gaston Poulet,
Louis Ruyssen, Victor Gentil und Amable Massis 250 Francs für
die Darbietung von Beethovens Streichquartett op. 130 und des
Streichquartetts von César Franck. Anschließend schrieb er an
Pétain und bat ihn um einen Besuch (»unter der Bedingung, daß
Sie mir erlauben, Ihnen eine Entschädigung für diese Unannehm-
lichkeit anzubieten«), um weitere private Aufführungen zu besprechen.[114]

Bei der Sitzung des Verlagskomitees der *NRF* am 14. April 1916
gewann Gide Unterstützung für die Idee, die Veröffentlichung des
Romans zu übernehmen, und als René Blum während eines
Urlaubs nach Paris kam, bot er an, zwischen der *NRF* und Grasset
zu vermitteln.[115] Unterdessen schrieb Gallimard an Proust, der eine
Bestätigung brauchte. Was würde geschehen, wenn er Grasset ver-
löre und dann feststellen müßte, daß die *NRF* das Buch doch nicht
drucken oder umfangreichere Veränderungen verlangen würde? Er
sei nicht nachtragend wegen der Ablehnung vor drei Jahren, und er
bestehe auch nicht darauf, daß die *NRF* das Buch jetzt sofort veröf-
fentliche, wenn das einzige Motiv darin bestünde, Schadensersatz
zu leisten. Er schrieb, daß das Buch sehr wahrscheinlich sowohl
Kritiker als auch Leser schockieren werde, insbesondere Homosexuelle, die die Darstellung von Charlus schonungslos finden wür-

den, und er fragte nach, ob die *NRF* bereit wäre, Grasset eine Entschädigung zu bezahlen.[116]

Er war nicht sicher, ob er nach den Gesprächen mit Grasset im
Jahre 1913 über einen Verlagswechsel einen neuen Vertrag unter-
schrieben hatte – das Veronal und andere Medikamente beeinträch-
tigten sein Gedächtnis –, und als er Blum für die Verhandlungen
instruierte, war er weniger großzügig als vor drei Jahren, indem er
darauf hinwies, daß erst ein kleiner Teil des zweiten Bandes in Fahnen vorlag und daß diese Fahnen so viele Fehler enthielten, daß der
Setzer nochmals von vorn beginnen müsse. Außerdem wollte er, daß
Blum bei Grasset den Eindruck erweckte, er, Proust, brauche dringend Geld und die NRF werde das Buch noch vor Kriegsende veröffentlichen.[117]

Durch den Verkauf von Wertpapieren in der Höhe von etwa
100 000 Francs reduzierte Proust seine Schulden beim Crédit Industriel, und Lionel Hauser fand eine andere Bank, die die Restschuld
zu einem Zins von nur 5,5 % übernahm. Damit waren die Geschäfte
mit dem Crédit Industriel allerdings noch nicht zu Ende. Im Juni
rechnete Lionel Hauser aus, daß Prousts Jahreseinkommen etwa
24 000 Francs betragen werde.[118] Anfang Juli, als Proust hörte, daß
Nicolas in einem Militärkrankenhaus an Pleuritis gestorben war,
war er Céline gegenüber weniger großzügig als sonst bei solchen
Anlässen. Obwohl er sie viel mehr mochte als Anna, war es unmöglich, ihr eine Unterkunft in seiner Wohnung anzubieten, weil sie und
Céleste einander haßten.[119] Sechs Wochen später wußte sie immer
noch nicht, ob sie von der Armee eine Rente bekommen würde.

Es war schwierig, mit Grasset, der sich nach einer Typhuserkrankung[120] zur Erholung in der Schweiz aufhielt, Kontakt aufzunehmen. Er hatte einen längeren Urlaub wegen Krankheit bekommen
und wurde anschließend zeitweise aus der Armee entlassen; das Personal in den Verlagsbüros an der Rue des Saints-Pères bestand
inzwischen nur noch aus zwei Frauen. Proust, der immer noch gerne
Intrigen spann, bat Blum, an Grasset zu schreiben. Proust würde
den Brief zum Verlag bringen und mit Hilfe eines Trinkgeldes an die
Concierge dann von dort aus als Einschreiben an Grasset weiterleiten lassen.[121] So sorgfältig er sonst in manchen Angelegenheiten
auch war, so verzweifelt war er jetzt auf das baldige Erscheinen des
Buches bei der *NRF* bedacht und verzerrte einige Tatsachen. Gras-

set war nach seiner Aussage für den Druck von 749 Seiten bezahlt worden, konnte aber nur 525 Seiten des ersten Bandes sowie einige wenige Seiten des zweiten Bandes, die erst im Mai 1916 gedruckt worden waren, in Rechnung stellen.[122] Dies stimmt nicht mit dem überein, was Proust an Gallimard schrieb, der sämtliche Fahnen des zweiten Bandes erhalten sollte.[123] Blums Brief an Grasset wurde am 11. Juli geschrieben, und die Antwort, datiert vom 1. August, zeigt, wie betroffen Grasset über die Aussicht war, Proust zu verlieren, »einen der Autoren, die mir am wichtigsten sind«. Er schrieb auch, daß der zweite Band wegen der vielen Änderungen[124] bereits große Kosten verursacht habe und daß er in seiner momentanen Situation – er hatte sich von der Typhuserkrankung noch immer nicht erholt –, nicht in der Lage sei, auf alle Einzelheiten einzugehen: »Wenn Marcel Proust trotz dieser Bedenken auf einem Bruch besteht, so habe ich zuviel Stolz, glauben Sie mir, um einen Autor festzuhalten, der kein Vertrauen mehr zu mir hat, und ich werde ihm alle Erleichterungen gewähren, um ihm seine volle Freiheit zurückzugeben. Zuvor bestehe ich jedoch darauf, daß Sie ihm meinen Brief übermitteln und daß er alle Einzelheiten des Problems sorgfältig erwägt.«[125]

Ängste wegen der Verzögerung erhöhten bei Proust den Zustand der Anspannung, der Anfang August zu einer Herzattacke führte, die wohl mehr schmerzhaft als gefährlich war, und während einigen Tagen fiel ihm die kleinste körperliche Bewegung überaus schwer.[126] Zehn Tage lang litt er an einer Neuralgie, hatte Fieber und konnte nicht einmal mehr seine gewohnte Milch zu sich nehmen.[127] Er hatte Augenschmerzen, die ihm das Schreiben erschwerten, und außerdem hatte er Probleme mit den Zähnen. Mit dem Roman kam er kaum voran, obwohl er sich in Gedanken mit den Episoden über die jungen Mädchen beschäftigte und plante, Albert über die Mädchen auszufragen, die er in Cabourg gekannt hatte, und über die Kleider, die sie trugen, wenn sie abends am Meer zum Essen gingen.[128]

Immer noch krank und körperlich geschwächt, weil er nichts zu sich nehmen konnte, machte sich Proust Gedanken darüber, daß Grasset möglicherweise eine Pressekampagne gegen den zweiten Band auslösen und bekanntgeben könnte, er habe sich »geweigert, solchen Schmutz zu veröffentlichen«.[129] Proust begann seinen Brief an Grasset anstelle des üblichen »Cher ami« mit »Cher Monsieur« und schrieb dann, Grassets Brief an Blum habe ihn »sehr ver-

letzt«.[130] Als Grasset ihm vor zwei Jahren völlige Freiheit einge-
räumt habe, sei er ihm treu geblieben, obwohl er unter keinerlei
rechtlichen Verpflichtungen stand. Grasset müsse jedoch zugeben,
daß der Krieg alles verändert habe. Für einen Verleger, der so viele
Autoren habe, sei das Werk eines einzelnen doch nur ein »unmerk-
liches Sandkorn«; wenn Grasset jedoch eine Entschädigung wünsche, brauche er ihm nur eine Zahl zu nennen, die hoffentlich
bescheiden sein möge. Nach fünfzehn Briefseiten entschuldigte sich
Proust dafür, daß er die letzte Seite auf einem Blatt begann, auf dessen Rückseite die Worte »Madame la duchesse« standen, die er
durchstrich.[131]

In der letzten Augustwoche fühlte er sich zwar besser, war aber
immer noch schwach und hatte nach wie vor Augenschmerzen.[132]
Lionel Hauser empfahl ihm einen Augenarzt und ermahnte ihn,
nicht länger zu warten. Er sei ja schon einmal nachmittags ausgegangen, als er einen Klavierstimmer suchte, und falls er tagsüber
nicht aufstehen könne – der Augenarzt könne ja nicht seine ganze
Ausrüstung zu ihm in die Wohnung bringen –, lasse sich doch ohne
weiteres eine Konsultation am Abend arrangieren.[133] Zwölf Tage
später schrieb Proust in seinem Antwortbrief, Dr. Bize kümmere
sich um einen Augenarzt, der zu ihm in die Wohnung kommen
werde.[134]

Grassets Antwortbrief, in dem er auf seine Ansprüche auf den
zweiten Band verzichtet, ist datiert vom 29. August 1916. Danach
kehrte Proust wieder zu seiner früheren Anrede »Cher ami« zurück,
schrieb jedoch, Grasset verlange zu viel Geld und das sei ungerecht
gegenüber der NRF. Schließlich sei er, Proust, für die Druckkosten
selbst aufgekommen und bleibe Eigentümer des Romans.[135] Im
Oktober sandte er das Manuskript von *A l'ombre des jeunes filles en
fleurs* an Gallimard, zusammen mit den ersten zwanzig Seiten von
Guermantes und einigen Bemerkungen über die restlichen Bände.

Als die Comtesse Greffulhe im Oktober den Fehler wiederholte,
ihm eine Einladung zu spät zukommen zu lassen, bot sie ihm als Entschädigung an, ihn eines Abends zwischen fünf und sechs Uhr zu
besuchen, und räumte ihm ein, das Treffen telephonisch abzusagen,
falls er unpäßlich wäre,[136] doch er wies das Angebot elegant zurück:
»Es ist natürlich unmöglich, daß Sie sich in meinen Graben in die
erstickenden Gase meiner Asthmaräucherungen hineinwagen.«[137]

Sein Bruder Robert, der im Rang eines Leutnants in die Armee eingetreten war, war als Major zurückgekehrt. Er war von seinem Kommandanten für eine Tapferkeitsauszeichnung vorgeschlagen worden, hatte aber mit seiner rastlosen Arbeit die eigene Gesundheit gefährdet.[138] Nachdem Proust ihn seit seinem Weggang von zu Hause kaum mehr gesehen hatte, unternahm er nun ungewöhnliche Anstrengungen, um ihn zu treffen, für die er mit einer weiteren Krankheitsperiode bezahlen mußte.[139] Im Durchschnitt konnte er kaum mehr als zwei- oder dreimal pro Monat ausgehen,[140] doch zur Feier des Jahresendes ging er auf eine Diner-Einladung, die Madame Daudet am 27. Dezember zu Ehren von Francis Jammes gab. Unter den übrigen Gästen befanden sich Paul Claudel und Misia Edwards. Es wurden Lieder von Darius Milhaud nach Texten von Claudel und Jammes dargeboten.[141]

27. Letzter Versuch

Bei allen großen Schriftstellern ist es einfach – wenn auch gefährlich – anzunehmen, daß das Leben wie die Klavierbegleitung zu einem großartigen Lied der beste nur denkbare Hintergrund für die Stimme sei, die wir im Werk vernehmen. Es wäre zwar zu einfach, zu behaupten, nur ein Kranker habe die *Recherche* schreiben können, aber niemand hätte sie schreiben können, der nicht zwischen der Isolation des Kranken und der Überschwenglichkeit des Geselligen hin und her wechselte.

Zu Lebzeiten seiner Mutter war eine entscheidende biographische Frage, wie weit er seine Symptome steigerte, um ihre Liebe zu gewinnen. Nach ihrem Tod, als seine Krankheit sich verschlimmerte und seine Selbsterkenntnis wuchs, wurde das Wechselspiel zwischen willentlichen und unwillentlichen Anteilen komplexer. Mit wachsendem Bewußtsein im Hinblick auf die willentlichen Elemente wurde er auch selbstkritischer, und dies war gefährlich, weil es ihn dazu verleitete, die Symptome zu verkennen, wenn er mit der Willenskraft des Erwachsenen Neigungen zu bekämpfen versuchte, deren Wurzeln in der Kindheit lagen. Wohl unbewußt trachtete er danach, sich selbst zu bestrafen; bewußt ging er große Risiken ein, als ob das, was von seiner Gesundheit noch übrigblieb, so geringfügig wäre, daß er auch dann nicht mehr viel zu verlieren hätte, wenn er alles aufs Spiel setzte, was ihm noch geblieben war.

Außerdem langweilte er sich. Natürlich war es angenehm, Beifall von bewunderten Schriftstellern zu bekommen. Seine zermürbenden Krankheitssymptome waren seit seiner Kindheit die gleichen geblieben, sie nahmen zwar an Schwere zu, wurden aber wegen mangelnder Variation einfach langweilig – das Asthma war von einer ebenso bohrenden Langeweile wie die selbstgefälligsten Schriftsteller –, und langweilig war es auch, Céleste als einzige Zuhörerin für seine Erinnerungen und seine Imitationskünste zu haben. Anfang 1917 entschloß er sich zu genießen, was ihm vom Leben noch blieb.

Offensichtlich hatten früher getroffene Entscheidungen seine Leiden verschärft. Seine Mutter, die lieber ihren Ahnungen als Rezepten und professionellen Ratschlägen folgte, wenn sie ihn liebevoll umsorgte, hatte ihm den Gedanken eingeflößt, daß instinktive Ahnungen beim Kurieren von Krankheiten die bestmögliche Anleitung darstellten. Sein Widerstand gegen den gewöhnlichen Menschenverstand war allerdings überentwickelt. Fast zwei Jahre lang hatten ihn Augenschmerzen bei der Arbeit behindert, doch selbst wenn er in der Lage war, an einem Nachmittag aufzustehen, um nach einem Klavierstimmer zu suchen, widersetzte er sich allen Ratschlägen und lehnte es ab, einen Augenarzt aufzusuchen. Überdies hatte er Zahnschmerzen, ohne daß er einen Zahnarzt konsultierte. Offensichtlich hatte er die falschen Entscheidungen getroffen. Deshalb war es jetzt an der Zeit, genau das Gegenteil dessen zu tun, was er bisher getan hatte.

Wie die meisten anderen Jahre fing auch das Jahr 1917 schlecht an. Anfang Januar kam er mehr als zwei Tage lang nicht mehr zur Ruhe, und seine Hyperaktivität schlug beinahe in Euphorie um, als er sie für die Arbeit am Roman nutzbar machen konnte. »Mein lieber Kleiner, in diesem Augenblick schreibt Dir eine seltsame Figur von Wells, denn ich habe mich seit fünfzig Stunden nicht mehr hingelegt. Ja sogar von Jules Verne, denn ich habe mich auch nicht mehr hingesetzt (man kann sich nicht mehr hinsetzen, wenn man sich schon zu lange nicht mehr hingelegt hat), und ich habe auch nicht mehr geschwiegen, was nicht heißen will, daß ich gedacht hätte, denn ich, wenn ich rede, denke nicht, entgegen dem bewundernswerten Ausspruch Deines Vaters für die andere Familie des

Geistes.«[1] Wie Flaubert prüfte er das Geschriebene nach, indem er es laut vorlas.[2] Das Bett zu verlassen war so erfreulich, daß er sich entschloß, aktiver zu werden. Sogar Herzanfälle konnten als irreführende Botschaften aufgefaßt werden, die ihn ans Bett fesseln sollten. Warum nur sollte er es zulassen, daß sie ihn an die Wohnung fesselten? In der ersten Märzwoche erlitt er »schreckliche Herzanfälle, die mich zwischen Leben und Tod versetzten«,[3] doch er hatte sich schon so lange zwischen Leben und Tod schwebend gefühlt, daß ihn nichts dabei aufhielt, seinen Tagesablauf zu ändern. Die Höchststrafe war der Tod, der ihm keine Angst mehr machte. Gegen Mitte März war sein Körpergewicht auf fünfundvierzig Kilogramm gesunken, doch trotz Schlaflosigkeit amüsierte er sich: Er lud Freunde in seine Wohnung ein und ging zum Diner ins Larue. Er war mit dem Roman so gut vorangekommen – das überarbeitete Manuskript von *A l'ombre des jeunes filles en fleurs* wurde jetzt in den Büros der *NRF* abgetippt –, daß er einen Anspruch auf Belohnung zu haben glaubte. Beinahe zehn Jahre waren seit dem Diner für Calmette im Ritz vergangen, doch seine Erinnerungen an das Hotel waren so angenehm, daß er sich danach sehnte, dort wieder zu dinieren, »sofern es unter derselben Leitung steht«. Seitdem er nicht mehr nach Cabourg in die Sommerferien fuhr, hatte er nichts mehr von dem Hotelluxus genossen, den er so sehr liebte, außer im Ritz, und er spielte sogar mit dem Gedanken, sich dort als Dauergast niederzulassen.[4]

Eines Abends sah ihn Colette dort, als er vier oder fünf Freunde empfing. Er trug seinen Pelzmantel über dem Abendanzug und der Knoten seiner Batistkrawatte hatte sich halb gelöst.

> Er hörte niemals auf zu reden und versuchte fröhlich zu sein. Weil es kalt war, behielt er unter Entschuldigungen seinen Zylinder auf, der nach hinten gerutscht war, und eine fächerförmige Locke bedeckte seine Augenbrauen. Komplette Abenduniform, durcheinandergewirbelt von einem heftigen Wind, der über die Hutkrempe strömte und das Futter und die losen Enden seiner Krawatte zerdrückte, die Falten seiner Wangen, die Augenhöhlen und den atemlosen Mund mit grauer Asche füllte und diesen schwankenden jungen Mann von fünfzig zu Tode gejagt hatte.[5]

Es kam vor, daß der Oberkellner des Ritz, Olivier Dabescat, nach einem Diner, zu dem Proust eingeladen hatte, ein Trinkgeld von 300

Francs erhielt, was Prousts Freunde zu dem Protest veranlaßte, er gebe ein schlechtes Beispiel.[6] Allerdings gelang es ihm, bevorzugt bedient zu werden. Wenn er zum Schreiben ins Ritz ging, bestand er auf einem Zimmer mit einer konstanten Temperatur von 30 Grad und saß dann im Mantel vor dem gewaltigen Kaminfeuer. Olivier mußte ihm auf die gleiche Weise dienen, wie er es vom Hotelpersonal in Cabourg gewohnt war: Er fragte ihn aus und sammelte Klatschgeschichten über die illustre Kundschaft.[7] Olivier fühlte sich in dem überheizten Raum zwar nicht wohl, konnte aber nicht ausweichen, wenn Proust ihn zu bleiben bat und ihn ausfragte. Er sagte, er werde Olivier genau so, wie er sei, in den Roman aufnehmen. Der Oberkellner kam auch in Prousts Wohnung, traf dort um Mitternacht ein und blieb bis drei oder vier Uhr morgens: Prousts Charme lenkte ihn vom langsamen Verstreichen der Zeit in dem stickigen Zimmer ab.[8]

Proust schloß auch neue Freundschaften. Als ihm zu Ohren kam, daß ein Freund Henri Bardacs und Cocteaus, der achtundzwanzigjährige Paul Morand, ein junger Diplomat, den *Swann* schätzte, besuchte Proust ihn eines Abends um halb zwölf. Morand war schon im Schlafanzug.

> Sie werden es mit Recht ungehörig finden – bitte gehen Sie wieder ins Bett, Sie werden sich erkälten (ich war im Pyjama immer noch im Eingangsraum) –, daß jemand Sie zu dieser Nachtzeit aufweckt, aber ich gehe nur selten aus, ich stehe spät auf – übrigens begehe ich einen Fehler, wenn ich aufstehe, denn am nächsten Tag zahle ich dafür mit schrecklichen Leiden und mit viel zu vielen lächerlichen und übertriebenen Maßnahmen, die allerdings notwendig sind, denn eine chronische Krankheit ist eine alte Dame, die es mag, wenn man auf sie Rücksicht nimmt (Sie hätten das Recht, sich zu beklagen, auch Sie – obwohl Sie ein junger Mann und keine alte Dame sind –, daß es mir Ihnen gegenüber an Rücksicht fehlt, wenn ich um Mitternacht an Ihrer Türe klingele); wenn ich mir diese Freiheit herausgenommen habe, dann deshalb, weil ich den lebhaftesten Wunsch verspürte, denjenigen kennenzulernen (das sind Sie), der über mich – so hat man mir gesagt – (ich kenne Sie noch nicht so gut, daß mir jemand sagen könnte, Sie hätten über mich etwas anderes als ange-

nehme oder sogar höchst erfreuliche Äußerungen getan), oder genauer gesagt, über mein Buch Urteile ausgesprochen hat, die ich nicht als die »trefflichsten« (im Stil von du Bos) zu bezeichnen wagte, sondern als die feinfühligsten …

Das war erst der Anfang des Satzes. Er sollte nicht vor Mitternacht zu Ende kommen. Dieser melodiöse, spitzfindige, widerspruchsreiche Satz, auf Einwände antwortend, an die man nicht einmal im Traum dachte, auf unvorhergesehene Schwierigkeiten hinweisend, subtil in seinen Mechanismen und Wendungen, überwältigend mit seinen Parenthesen, die ihn wie Ballons in der Luft schweben ließen, schwindelerregend durch seine Länge, überraschend durch seine unter der Ehrerbietung verborgene Sicherheit, und trotz seiner Zusammenhanglosigkeit wohlgebaut, verstrickte einen in ein Netz von so verwickelten Einschüben, daß seine Musik einen betäubt hätte, wenn man nicht plötzlich durch einen Gedanken von unerhörter Tiefe oder von einer funkelnden Komik herausgefordert worden wäre.[9]

Morand war eines Abends bei Proust in der Wohnung, als Antoine Bibesco eintraf. Er war zwar noch in London stationiert, hatte aber Urlaub bekommen. An Proust richtete er die Frage, ob er sich verändert habe. »›Ja, du bist weniger.‹ – ›Weniger was? Weniger intelligent? Weniger gut aussehend?‹ – ›Eben weniger‹, antwortete der unerbittliche Marcel.« Das machte Antoine angst.[10] Clément de Maugny, auch er auf Urlaub, war im Februar ebenfalls bei ihm zu Gast. Am 14. Februar kam Antoine mit Morand zurück. Als Proust am nächsten Tag hörte, daß Cocteau krank sei, ging er ihn besuchen. Die Temperatur in Paris war minus sieben Grad, und als Proust nach Hause kam, »hatte er große Herzschmerzen (physische)«.[11]

Prousts Freundschaft mit Morand entwickelte sich rasch, als der junge Diplomat ein Exemplar des *Swann* kaufte und es Proust mit einer Widmung zuschickte.[12] Proust deutete diesen Scherz so, daß es sich hier wohl um ein Buch handle, das Morand gerne geschrieben hätte, wenn er mit seiner Zeit nichts Besseres anzufangen gewußt hätte. Als Proust am 22. Februar mit Henri Bardacs Bruder Jacques bei Larue dinierte, hörte er, daß Morand bei Viel am Boulevard Saint-Germain mit einer schönen Frau speiste. Er ließ Morand unverzüglich eine Nachricht zukommen, daß er zwar nicht stören, ihn aber doch bald sehen möchte.[13]

Die Frau war die achtunddreißigjährige Prinzessin Soutzo.[14] Sie war in Rumänien geboren, von griechisch-rumänischer Abstammung, und hatte den Prinzen Dimitri Soutzo-Dudesco geheiratet. Er war Militärattaché an der rumänischen Botschaft in Paris gewesen und jetzt an der rumänischen Front, während sie im Hotel Ritz lebte.[15] Proust dinierte mit ihr und Morand am 4. März im Ritz: »Er studierte ihren schwarzen Schal und ihren Hermelinmuff wie ein Entomologe die Adern auf den Flügeln eines Leuchtkäfers, während die Kellner in Kreisen um ihn herumflattern.«[16] Hinterher war er entsetzt, als er entdeckte, daß er ein Hemd getragen hatte, das von der Seife des Friseurs befleckt war, sowie ein altes Gilet. »Was mußte die wunderbare Dame wohl von mir denken?«[17] Als er durch Antoine Bibesco ein Diner für alle vier, Antoine, Proust, Morand und Hélène Soutzo, arrangieren ließ, erschien er in einem gestärkten Hemd mit einem sehr hohen und engen Kragen.[18] Zum einen verliebte er sich wieder einmal in ein Paar, wie schon bei Albu und Louisa,[19] und zum anderen war er, wie Morand feststellte, hoffnungslos in die Jugendlichkeit verliebt. »In seinen Augen nahm der glanzvolle Beginn eines Heranwachsenden eine unvergleichliche Schönheit an; er verfolgte ihn mit einer Neugier, einer Verzweiflung und einem Neid von der reinsten und vornehmsten Art. Auf seine schwächliche und welke Person warf ein blühendes Geschöpf einen Schatten, der ihn nicht kränkte.« Der unwiderstehliche Zauber der Jugend verlockte ihn dazu, mehr und mehr von seiner beschränkten Zeit außerhalb des Bettes zu verbringen, in Gesellschaft neuer, junger Freunde, anstelle der alten.[20] Den Ausgleich versuchte er durch Briefe herzustellen. Als er hörte, daß Mary Finaly gestorben war, schrieb er an ihre Mutter: »Ich denke an Sie mit einer Zärtlichkeit, mit einem Schmerz, den Sie sich nicht vorstellen können. Von der Vergangenheit ist für mich nichts verloren [...]«.[21] Und an Madame de Chevigné schrieb er: »Ich werde Sie nie vergessen. Sagen denn Ihre Augen nicht zu allen: Vergeßt mich nicht, denn es sind zwei Vergißmeinnicht.«[22]

Nach einem abendlichen Ausgang am 22. oder 23. März zog er sich eine Grippe zu, »die mein Asthma auf seinen Gipfelpunkt brachte, so daß meine Nachbarn glauben, wenn sie ein dauerndes

Gebrumm und krampfartiges Bellen hören, ich hätte eine Kirchen-
orgel oder einen Hund gekauft, es sei denn, ich hätte als Folge
unzüchtiger (und vollkommen imaginärer) Beziehungen zu einer
Dame ein Kind, das jetzt Keuchhusten hätte.«[23] Er erholte sich
rechtzeitig zur Dinereinladung der Prinzessin am 30. März im Ritz.
Sie versprach ihm, einen Wagen zu schicken, vergaß dies aber, so
daß er sich arg verspätete, doch ein weiterer Gast, nämlich Prinzessin Murat verspätete sich ebenfalls, und so war es schon halb zehn,
als sie sich zu Tisch begaben. Lucien Daudet befand sich ebenfalls
unter den Gästen, während Antoine Bibesco, den man auch erwartete, mit einer Grippe im Bett lag.[24] Danach nahmen beide Prinzessinnen und Morand Prousts Einladung zu einem weiteren Diner im
Ritz am 3. April an, doch bei solchen Anlässen sprach Proust nun
weniger als früher. Seine Stimme war nicht mehr kräftig genug, um
sich gegen Unterbrechungen zur Wehr zu setzen.[25]

Am 6. April 1917 traf Emmanuel Bibesco in Paris ein. Drei Jahre
zuvor, nach der Rückkehr aus Japan, hatte bei ihm eine Lähmung
eingesetzt, und nun war eine Hälfte seines Gesichts unbeweglich
geworden. Antoine hatte dies Proust gegenüber nie erwähnt, der
überrascht war, als er Ende April eines Abends an der Haustüre
läutete.

> Antoine, den ich niemals nach dem Befinden Emmanuels
> fragte, da er mir nie dessen Krankheit anvertraut hatte, sagte
> mir eines Abends, als er mich mit Morand abholen kam: ›Du
> mußt wissen, Emmanuel ist unten, doch er ist im Wagen
> geblieben, da er nicht gesehen werden möchte.‹ Als wir unten
> ankamen, wollte sich Emmanuel, ohne den Wagen zu verlas-
> sen, aus Höflichkeit auf den Klappsitz setzen. Hierauf hätte
> ich was drum gegeben, daß Sie die sanfte und zugleich gebie-
> terische Autorität hätten sehen können, mit der Antoine ihn
> auf den Hintersitz setzte und sagte, um ihm zu zeigen, daß es
> so völlig natürlich sei, auch um ihm als Abschirmung zu die-
> nen: ›Die beiden Brüder Bibesco setzen sich auf den Hinter-
> sitz.‹ Vielleicht verstehe ich es nicht, Sie fühlen zu lassen, wel-
> che Größe und Güte darin lag, aber ich weiß, daß ich in jenem
> Augenblick nicht hätte sprechen können, wenn ich es gemußt
> hätte, meine Stimme wäre mir in der Kehle steckengeblieben.
> Emmanuel erwiderte lachend darauf: ›Dann muß aber der

Kutscher rückwärts fahren, damit Marcel Proust und Paul Morand sich in Fahrtrichtung befinden.‹[26]

Proust begann sich zu fragen, wie lange Emmanuel noch weiterleben mochte, doch als dieser nach London zurückgekehrt war, wurden die Nachrichten über ihn zuversichtlicher.

Proust dinierte immer wieder im Ritz, wenn er sich für einen Ausgang wohl genug fühlte. Anschließend ging er hinauf zu Madame Soutzo. Der Liftboy war instruiert worden, ihn ohne Voranmeldung hinaufzubringen. Wenn sie zusammen speisten, bestand er darauf, die Hälfte der Rechnung zu übernehmen.[27] Diese freundschaftliche Beziehung war am 23. April der Anlaß eines Streits, als Proust zusammen mit Morand, Comtesse de Chevigné, Cocteau, Marquise de Ludre und Abbé Mugnier bei ihr zum Essen eingeladen war. Madame de Chevigné, die meinte, daß Proust »abends nie ausging«, konnte ihren Zorn nicht mehr zurückhalten, als die Prinzessin ihr die Wahrheit offenlegte, und Proust, der seit sechs Tagen kaum geschlafen hatte, war zu erschöpft, um noch taktvoll zu sein. Noch am selben Abend begann er einen Entschuldigungsbrief an Madame de Chevigné zu schreiben; er versicherte ihr, sie sei »hübscher als je zuvor«.[28]

Durch diese drastische Änderung seiner Lebensgewohnheiten emanzipiert, konnte Proust seine neue Freiheit nun sowohl auf höchstem als auch auf niedrigstem sozialem Niveau genießen. Er investierte Geld in ein Männerbordell. Seit 1911 war er bekannt mit Albert Le Cuziat, der damals als einunddreißigjähriger Diener bei Comte Orloff arbeitete.[29] Proust, der herausfand, daß Albert »in Fragen der Etikette und Genealogie des Adels außerordentlich bewandert war«, bezeichnete Albert als seinen »wandernden Gotha« und »stellte ihn mit imaginären Situationen aus seinem Roman auf die Probe«: »›Die Herzogin von Guermantes gibt ein Diner für einen General und einen Bischof: Wem muß sie den Ehrenplatz geben?‹ ›Der Bischof hat den Vortritt‹, antwortete Albert unverzüglich, ›und muß zur Rechten der Herzogin sitzen.‹« Proust stellte seine Fragen oft brieflich, und manchmal ließ er Albert mit dem Taxi herkommen.

Proust ließ oft mit Taxis Leute holen, die ihm nützliche Informationen liefern konnten. Sylvain Bonmariage, der in Italien Kriminalpsychologie und Anthropologie studiert hatte, hatte etwa 700 Fallgeschichten auf Karteikarten gesammelt. Nachdem er bei einem Gespräch Prousts Interesse geweckt hatte, wurde er mit dem Taxi zu Prousts Wohnung gefahren und gebeten, seine Geschichte über einen homosexuellen Grafen aufzuschreiben, der sich gerne auspeitschen ließ und einen jungen Liebhaber, der heiraten wollte, zu erdrosseln versucht hatte. Proust scheint diese Fallgeschichte zur genaueren Schilderung der Beziehung zwischen Charlus und Morel benutzt zu haben.[30] Der Charakter des Barons war um 1908-1909 skizziert worden, doch Proust war noch nicht auf den Namen Charlus gekommen: Er übernahm ihn von dem Sänger eines billigen Konzertcafés, der nebenher als Prostituierter arbeitete. Maurice Duplay zufolge hatte der echte Charlus den Körper eines Jahrmarkt-Herkules und den Kopf einer alten Frau. »Noch nie zuvor hatte man so viele Narben auf einem einzigen Gesicht versammelt gesehen.«[31] Die Nobilitierung seines Namens war ein Scherz, den wohl nur wenige Freunde verstanden, doch Proust fand eine perverse Freude daran, den Namen eines männlichen Prostituierten einer Figur zu geben, die Montesquious Stimme und den Körper des kraftlosen alten Barons Albert-Agapit Doäzan[32] hatte, dem Proust zum ersten Mal 1892 im Salon von Madame Aubernon de Merville begegnet war. Er war übergewichtig, hatte ein aufgedunsenes Gesicht und einen schwarzgefärbten Schnurrbart.[33] Er haßte Montesquiou, der ihm Yturri weggenommen hatte.

Proust brüstete sich mit seinem Bedürfnis, schmutzige Einzelheiten für den Roman finden zu müssen. »Siehst Du, der Schriftsteller ist eine seltsame Biene, die ihren Honig unterschiedslos aus Blüten und aus Exkrementen gewinnt. Das einzige, was zählt, ist die Qualität des Honigs.«[34] Oft waren die Forscherinstinkte unauflösbar mit sexuellem Begehren verbunden, so zum Beispiel, als er Le Cuziat bei der Einrichtung des Bordells half, zu der er mit Möbeln und mit Geld beitrug. Das Haus lag in bequemer Nähe – in der Rue de l'Arcade, einer Nebenstraße des Boulevard Haussmann. Proust verbrachte dort viel Zeit, und kurz nach der Eröffnung 1917 wurde Charlus mit der Vorliebe des italienischen Grafen für Flagellation ausgestattet. Proust erzählte Céleste, die Le Cuziat haßte, von Bordellbesuchen, bei denen er »durch ein kleines Fenster in der Wand« zusah, wie ein Großindustrieller aus Nordfrankreich an die Wand gekettet und ausgepeitscht wurde, »bis das Blut überall hinspritzt«.[35] Proust sagte ihr, daß er es hasse, solche sadistischen Szenen anzusehen; er tue es nur wegen seines Buches. Das entspricht wohl nicht der Wahrheit; vielmehr wollte er nicht übertroffen werden.

Seine Aktivitäten in dem Bordell wurden von Marcel Jouhandeau beschrieben, der damals etwa dreißig Jahre alt war, dort arbeitete und ein Notizbuch führte. Ihm zufolge pflegte Proust im Frühjahr 1917 dort zu erscheinen und sich einen Partner auszusuchen, indem er durch ein Fenster junge Männer beim Kartenspiel beobachtete. Als Jouhandeau ausgewählt wurde, mußte er in ein Zimmer nach oben gehen, wo Proust im Bett lag, das Leintuch bis ans Kinn gezogen. Der junge Mann mußte sich entkleiden und masturbieren. Während Proust ihn beobachtete, tat er das gleiche, und wenn er zum Höhepunkt kam, mußte der Mann ihm zulächeln und das Zimmer verlassen, ohne ihn zu berühren. Erreichte er keinen Höhepunkt, so gab er ein Zeichen, das bedeutete, daß Le Cuziat zwei Käfige herbeischaffen mußte, in denen sich jeweils eine Ratte befand, die man drei Tage lang nicht gefüttert hatte. Die Käfige wurden dicht nebeneinander auf das Bett gestellt, und die Falltüren wurden geöffnet. »Die beiden ausgehungerten Tiere fielen sofort übereinander her, stießen herzzerreißende Schreie aus und zerfleischten einander mit Zähnen und Krallen.«[36] Gide schrieb in seinen Aufzeichnungen, daß Proust, um zum Orgasmus zu gelangen, die unterschiedlichsten Sinnesempfindungen und Gemütsbewegungen miteinander verbinden mußte. »Unter anderem ist so seine Jagd auf Ratten zu verstehen; jedenfalls bat Proust mich darum, den Vorgang so zu sehen. Ich sah darin hauptsächlich das Eingeständnis einer gewissen physiologischen Unzulänglichkeit. Welche Hilfsmittel er doch brauchte, um zum Höhepunkt zu gelangen!«[37]

Die Möbel, die Proust zum Bordell beisteuerte, waren eingelagert gewesen, und Proust sagte hinterher, indem er sie weggegeben habe, habe er zum Glück anderer Menschen beigetragen. Wenn aber der Erzähler im Roman einige von seiner Tante Léonie geerbte Möbelstücke einer Bordellbesitzerin schenkt,[38] hat er hinterher Schuldgefühle. »Als ich sie nun aber in dem Hause wiedersah, wo diese Frauen sich ihrer bedienten, traten mir alle Tugenden vor Augen, die das Zimmer meiner Tante in Combray durchduftet hatten, und schienen mir Qualen auszustehen in diesem martervollen Kontakt,

dem ich sie wehrlos ausgeliefert hatte! Hätte ich eine Tote der Verge-
waltigung preisgegeben, ich hätte nicht so gelitten.«[39] Vielleicht
wollte Proust sich quälen, indem er der Toten durch die Möbel
Gewalt antat, und vielleicht steckt doch – trotz Célestes Aussage,
die Photographien seiner Mutter seien nur dann aus der Kommo-
denschublade in seinem Zimmer genommen worden, wenn er sie ihr
zeigte[40] – eine gewisse Wahrheit in der Anekdote, daß er sie in das
Bordell mitnahm, um sie dort Besuchern zu zeigen, von denen
erwartet wurde, daß sie mit Fragen reagierten wie »Und wer zum
Teufel ist diese kleine Nutte?«[41] Dies würde zu der Zwangsvorstellung passen, die in einem frühen fiktionalen Text festgehalten wird:
jemanden zu erniedrigen, den man zugleich bewundert. In der
Erzählung »La confesssion d'une jeune fille« stirbt die Mutter an
einem Schlaganfall, nachdem sie ihre Tochter in den Armen eines
jungen Mannes erblickte, während für das Mädchen die sinnliche
Lust nicht zu trennen ist von der Lust, »die Seele meiner Mutter, die
Seele meines Schutzengels, die Seele Gottes« zum Weinen zu bringen. »Ich hatte niemals, ohne vor Entsetzen zu erschauern, Berichte
über die Folterqualen lesen können, die von Unholden den Tieren,
der eigenen Frau, ihren Kindern zugefügt werden; nun begann ich
zu ahnen, daß der Körper, der sich dem Genuß hingibt, in jeder wol-
lüstigen und sündhaften Handlung eine ebensolche Grausamkeit
begeht und ebenso viele gute Vorsätze, ebenso viele reine Engel
gemartert werden und weinen.«[42]

Es gibt viele Wege, um vor einer Mutter zu fliehen, die zwar absolut bewundernswert, aber auf eine unerfüllbare Weise anspruchsvoll ist, doch sie führen alle in Sackgassen. Proust entwickelte einen
Geschmack an körperlicher Befriedigung durch Partner, die keinerlei Ansprüche stellten, da sie ohne Geist waren. Unter dem Dienstpersonal, bei Arbeitern, Bauern und Seeleuten konnte er Partner finden, die auf Bezahlung hin bereit waren, sich benutzen zu lassen. Da
ihm das Essen einmal große Lust bereitet hatte, verglich er die sexuelle Aktivität gerne mit dem Essen. Ein früher Entwurf zu *Sodome et
Gomorrhe* enthält eine Passage, die er später wegließ: »Man liebt
eine Frau in derselben Weise, wie man das Hähnchen liebt, dem man
zufrieden den Hals umdreht, um es am Abend zu essen, nur daß man
die Frauen weniger der Lust wegen töten will, sondern vielmehr um
sie der Lust zu berauben, die sie mit anderen haben können.« Neben

der sadistischen Entmenschlichung des Sexualobjekts gibt es die
Angst vor besitzergreifender Eifersucht. Er suchte verzweifelt nach
einem Punkt zwischen diesen beiden Positionen. Entweder reduziert
man die Person auf den Objektstatus, oder man resigniert in der
endlosen Enttäuschung angesichts der Unfähigkeit, ungeteilte Aufmerksamkeit zu finden.

Gleichzeitig scheint Proust aber auch Freundschaft, Achtung und
sogar Bewunderung für einige der jungen Soldaten empfunden zu
haben, denen er im Bordell begegnete, wenn sie auf Urlaub waren.
Im Gegensatz zu ihm waren sie im Krieg nützlich und setzten sogar
ihr Leben aufs Spiel. »Man muß die Menschen doch mehr lieben als
die Dinge, und ich beweine und bewundere die Soldaten mehr als
Kirchen, die nur die Verfestigung einer heroischen Geste waren,
welche heute in jedem Augenblick von neuem einsetzt.«[43] Den Soldaten, die er am meisten schätzte, schickte er wöchentliche Pakete
an die Front – Tabak, Kuchen und Schokolade.[44]

Die Männer, denen er in dem Bordell begegnete, hatten zweifellos
einen Einfluß auf seine Sprache. Wir finden nämlich erst in späteren Zusätzen zum Text Argot-Ausdrücke wie »foutre le camp«
[abhauen, verduften, zugrunde gehen] oder »zigouiller« [abmurk-
sen, umlegen]. Die Art und Weise, wie Albertines Wortschatz sich in
Guermantes verändert, ist wohl auch auf das Bordell zurückzuführen. Der Erzähler schließt aus ihrer ordinären Ausdrucksweise, daß
sie sich für seine Avancen nun zugänglicher zeigen werde.[45]

War für Proust der Roman das gedankenreiche Destillat seines
Lebens, so ärgerte es ihn, wenn er entdeckte, daß andere über ihn
schreiben konnten, indem sie gemeinsame Erfahrungen nacherzähl-
ten und oberflächliche Eindrücke wiedergaben. Im Restaurant
Larue sprach Léon Daudet am 22. Februar von seinem neuen Buch,
Salons et journaux, das demnächst erscheinen sollte. Als Proust
nach der Beschreibung, welche Figur er damals abgegeben hatte, als
er regelmäßig das Restaurant Larue besuchte, las, sein *Swann* sei
»verblüffend und vielversprechend«,[46] war er durch dieses herab-
lassende Lob tief verletzt, schrieb dann aber an Léon, um ihn zu seinem Aussehen zu beglückwünschen: »Lieber Freund, schlagen Sie
niemals den *Swann* auf, lassen Sie uns doch wieder zusammen speisen, und wenn ich bei Kräften bin, lassen Sie uns wieder zusammen
spazierengehen, ich war so erfreut darüber, sie neulich wiederzuse-

hen, so jung, so schön (sogar noch schöner), so höflich, so schlicht.« Proust schrieb, er »schwimme im Glück« über die Bekundung der Freundschaft, die Léon für ihn empfinde oder vielleicht zu empfinden vermöge, doch der Brief gipfelt in einer Aussage über literarische Wahrheit: »Die Wahrheit, auch die literarische, ist kein Zufallsprodukt; man könnte sich fünfzig Jahre lang ans Klavier setzen und alle Tonkombinationen ausprobieren, ohne jemals dieses eine bestimmte Thema eines großen Musikers zu finden. Ich glaube, die (literarische) Wahrheit wird jedesmal gefunden, wie ein physikalisches *Gesetz*. Man findet sie oder man findet sie nicht.« Erneut greift er Péguy an – diesmal, weil er dreimal etwas Ungefähres über etwas sage, statt es einmal so auszusprechen, wie es ist. Offenbar hat er den Eindruck gewonnen, daß sich gegen Léon derselbe Einwand erheben läßt.[47]

Prousts Grundsatz war das genaue Gegenteil. Wie einige impressionistische Maler behauptete auch er, bei einem Kunstwerk spiele das Sujet keine Rolle.[48] Wenn der Schriftsteller fähig ist, die Wahrheit zu erfassen, wird sie sich von selbst durchsetzen. Im Roman ist der Maler Elstir der Wortführer für die Ansicht, daß »Regatten und sportliche Veranstaltungen, bei denen gutangezogene Frauen in dem seegrünen Licht einer maritimen Rennbahn baden, für einen modernen Künstler ebenso interessante Motive abgeben können wie für Veronese und Carpaccio die Feste, die sie so gern geschildert haben.«[49]

Die praktisch gesinnten Freunde, die Proust davon abraten wollten, sich auf ein so aktives Gesellschaftsleben einzulassen, hätten wohl vorausgesagt, daß er es nicht durchhalten werde, doch im Mai ging er immer noch sehr häufig aus, trotz der unbehandelten Augenprobleme und des im Frühjahr typischen Heuschnupfens – Proust schreibt *hay fever* –, der sein Asthma noch verschlimmerte. Einmal hatte er achtundvierzig Stunden lang das Gefühl zu ersticken.[50] Er erholte sich jedoch rechtzeitig zum Diner mit Guiche Mitte Mai. Proust wollte ihn verabschieden, bevor er in die USA reiste. Die Vereinigten Staaten hatten Anfang April Deutschland den Krieg erklärt, und Guiche hatte den Auftrag, die Amerikaner bei der Herstellung von Militärflugzeugen zu beraten.[51]

Bei einem weiteren Ausgang dinierte Proust im Restaurant Larue, als der Hausherr zu ihm sagte: »Der Herr gegenüber ist der Sohn des

Königs von England.« Proust wußte nicht, ob er ihm glauben sollte, doch »wenn es wahr ist, dann ist er reizend, und er hat eine Reihe von äußerst liebenswürdigen Dingen getan, die Prinzen nie tun«.[52] Es war der Prince of Wales, später für kurze Zeit König Edward VIII.

Etwa eine Woche nach dem Diner bei den Guiche besuchte Proust das Théâtre du Châtelet, um Cocteaus neues Ballett *Parade* – Musik von Satie, Choreographie von Massine und Bühnenbild von Picasso – anzusehen.[53] Am Samstag, dem 25. Mai 1917, erhielt Morand eine telephonische Einladung von Céleste zu einem Diner mit Proust – ohne Damen, weil Monsieur Proust noch nicht rasiert sei. Morand war unabkömmlich, doch sie trafen sich zwei Tage später,[54] wohl die Ursache für das, was Proust als einen »langen und schrecklichen Anfall« beschrieb.[55] Allerdings vermochte auch dies ihn nicht zu größerer Vorsicht zu bewegen.

Eine weitere neue Freundschaft zu einem jungen Mann entwikkelte sich mit Jacques Truelle, einem Diplomaten, der zu Beginn des Krieges ein Bein verloren hatte. Nachdem sie im März zusammen diniert und einen Briefwechsel begonnen hatten, ermutigte ihn Proust bei seinen literarischen Plänen, und als Truelle im Mai seinen Vater verlor, sandte Proust ihm einen warmherzigen Kondolenzbrief.[56] Noch vor dem Monatsende besuchte er den Baron und die Baronin Robert de Rothschild, »und ich wurde von dem alten Butler wie von Eurydike wiedererkannt«.[57]

Als Madame Scheikévitch ihm leise Vorwürfe machte, seine alten Freunde zu vernachlässigen,[58] versuchte er ein Treffen mit ihr zu vereinbaren,[59] achtete jedoch nicht auf ihren Hinweis, daß sie bereits Gäste eingeladen hatte. Eines Abends beglückwünschte ihn der Bühnenbildner der Ballets russes, Léon Bakst, im Ritz zu seinem *Swann* und wiederholte mehrmals, das Buch sei »manchen berühmten Werken überlegen«.[60]

Das Ritz war ein Treffpunkt für aristokratische Flüchtlinge aus den Salons und Schlössern, die wegen des Krieges geschlossen werden mußten, und Proust begegnete hier oft Menschen, die er jahrelang nicht mehr gesehen hatte, zum Beispiel den Clermont-Tonnerres.[61] Der größte Nachteil lag darin, daß das Hotel dem Justizpalast gegenüber lag und deshalb die durch die Kriegssituation bedingten Restriktionen nicht einfach ignoriert werden konnten: Es war unmöglich, das Abendessen über halb zehn hinaus auszudehnen, weil dann das Licht ausgemacht wurde, manchmal schon gegen neun Uhr. Im Restaurant Ciro und im Hotel Crillon brannte das Licht bis zwei Uhr morgens, und so konnte Proust auch nach dem Essen noch bleiben und Fahnen korrigieren, beobachtet nur von einigen Amerikanern, die er nicht kannte. Allerdings mochte er die Kellner im Crillon nicht[62] und fühlte sich im Ritz eher zu Hause, hauptsächlich wegen Olivier, der jederzeit bereit war, für Proust unter der Treppe zum ersten Stock einen Tisch decken zu lassen, wenn dieser erst eintraf, nachdem das Restaurant geschlossen hatte.[63]

Louisa de Mornand hatte er schon so lange nicht mehr gesehen, daß er eines Tages im Restaurant eine andere Frau mit ihr verwechselte. Sie schrieb ihm jedoch, als ihr Bruder im April an der Front getötet worden war, und Proust antwortete voller Mitgefühl, kondolierte und sagte, wie neugierig er gewesen sei, ihren Bruder kennenzulernen, nachdem er eine Photographie von ihm gesehen hatte: »[...] ich war immer schon neugierig, zu sehen, was die Verlagerung eines befreundeten oder geliebten Gesichts männlichen Geschlechts auf das weibliche – und umgekehrt – ergeben würde«.[64]

Im Glauben, kaum noch etwas zu verlieren zu haben, ging Proust mit seiner Gesundheit und mit seinem Geld weiterhin verschwenderisch um, riskierte Herzanfälle, aß im Ritz, verwöhnte dort auf extravagante Weise seine Freunde, fuhr ständig mit dem Taxi und verteilte mit sorgloser Großzügigkeit Trinkgelder, obwohl er schon Möbel verkaufen mußte, um zu Bargeld zu kommen.[65] Der Juli war mit gesellschaftlichen Aktivitäten ausgefüllt, obwohl Proust jeden Ausgang mit einer Erschöpfung bezahlen mußte, die es ihm schwer machte, am Abend aufzuwachen und seine Räucherungen vorzunehmen,[66] und zu Beginn des Monats war es schwierig, sich in Paris zu bewegen, weil die Taxifahrer ihre Arbeit nach sieben Uhr einstellten, aus Protest gegen die von der Polizeipräfektur allen Fahrern beim Kauf von mehr als zwei Kanistern Treibstoff auferlegten Zusatzsteuer.[67]

Am 5. Juli gehörte Proust zu den neun Gästen, die Prinzessin Soutzo im Ritz zum Diner eingeladen hatte. Anwesend waren außerdem Morand, Comtesse Etienne de Beaumont, Walter Berry und Abbé Mugnier, der Priester, der 1892 Joris-Karl Huysmans bekehrt hatte.[68] Er war Vikar einer aristokratischen Kirchgemeinde an der Kirche Sainte-Clothilde und seit dreißig Jahren regelmäßiger Gast bei Diners der aristokratischen Gesellschaft. Proust sandte dem Abbé später einige Pastiches, die er für den *Figaro* geschrieben hatte. Am 14. Juli sah er die Beaumonts wieder, als er im Ritz ein Diner für sie, die Prinzessin und Morand gab. Danach luden ihn die Beaumonts am 17. und nochmals am 21. Juli ein. Am 27. Juli ging er erneut zu einem Diner der Prinzessin Soutzo im Ritz. Zu den Gästen gehörten diesmal auch Cocteau und Joseph Reinach, der inzwischen ergraut war. Prousts Bewunderung für ihn hatte sich inzwischen in heftige Ablehnung verwandelt: »Selbst bei dem armen Reinach, der etwas ergraut ist, schien die Majestät des Alters angekommen zu sein, bei diesem minderen Bruder, und in gewissen Augenblicken leuchtete in seinen Augen ein beinahe menschlicher Glanz auf [...].«[69]

Comte de Beaumont erzählte beim Essen von einem Amateur-Hypnotiseur aus Compiègne, der zwar nicht intelligent, aber erfolgreich war, und lud ihn nach dem Essen telephonisch ein. Er versetzte den Comte rasch in Schlaf, doch als er die Wangen seines Opfers mit Nadeln und Scheren zu traktieren begann, schrie die Comtesse auf.[70] Proust war skeptisch, was die Fähigkeiten des Hypnotiseurs betraf: Als die Prinzessin Murat wieder zu Bewußtsein kam, versuchte er, mit eiligen Gesten Kontrolle über die Sache vorzutäuschen; von Anatomie schien er keine Ahnung zu haben. Als er die Zuschauer aufforderte, ein in Trance versetztes Opfer mit Nadeln zu stechen, sagte er: »Passen Sie auf, daß Sie nicht in eine Arterie stechen.«[71]

Die Vorführung wurde durch einen Luftangriff unterbrochen. 1916 hatte es zwar Zeppelinangriffe gegeben, doch dies war der erste Luftangriff, bei dem die Deutschen ihre großen Bomber, die ›Gothas‹,[72] einsetzten. Die Lichter gingen aus und in den beweglichen Strahlen der Suchscheinwerfer glitten die französischen Flugzeuge in Aktion. Als am Eiffelturm die Sirenen ertönten, sagte Cocteau: »»Da ist wohl einer dem Eiffelturm auf die Füße getreten, er heult.‹ Proust, völlig ruhig, setzt das Gespräch fort; er sagt, die Leute, die man hypnotisiere, wollen ihre Zukunft vorausgesagt haben, um zu vermeiden, sich ihre Vergangenheit eingestehen zu müssen.«[73]

Während sich am Himmel ein leuchtendes Treiben abspielte,

glich das Innere des Ritz dem Hotel in einem Schwank von Feydau: »Damen im Nachthemd oder im Bademantel duchstreiften das ›Gewölbe‹ der Hotelhalle und drückten ihre Perlenketten an die Brust.«[74] Die Handlung auf zwei Ebenen erinnerte ihn an El Grecos Gemälde *Grablegung des Grafen von Orgaz*,[75] auf dem das apokalyptische Geschehen am Himmel parallel zu der Handlung auf der Erde abläuft. Den Hinweis gibt er in *Le temps retrouvé*, als der Erzähler mit Saint-Loup über Luftangriffe spricht, der sagt: »Ich bin sicher, daß man in allen großen Hotels amerikanische Jüdinnen sehen kann, wie sie die Perlenkette, die ihnen einmal erlauben soll, einen völlig verarmten Herzog zu heiraten, an ihre welken Brüste drücken. Das Hotel Ritz muß an solchen Abenden einer Art von Warenbörse gleichen.«[76]

Obwohl Proust mit seinen Kräften absichtlich verschwenderisch umging, wurde er Anfang August, als der Lift in seinem Haus defekt war und jeden Ausgang um zwei Treppenaufstiege verlängerte, dazu gezwungen, seine Exkursionen etwas sorgfältiger zu planen. Als er die Einladung von Valentine Gross, einer Freundin von Jean Cocteau, annehmen wollte, nahm er sich vor, die Treppen langsam und ohne zu sprechen hinaufzugehen.[77]

Am 22. August 1917 nahm sich Emmanuel Bibesco im Alter von vierunddreißig Jahren in London das Leben. Ein Telegramm von Antoine teilte Proust die nackte Tatsache seines Todes mit; die Einzelheiten erfuhr er erst später. Emmanuel hatte sich in einem Hotel erhängt. Als er Madame de Caraman-Chimay zu trösten versuchte, schrieb er, daß jemand, der so intelligent war und so gut über Gifte Bescheid wußte wie Emmanuel, wohl kaum eine so »sinnlos schmerzhafte und in der Erinnerung der anderen so scheußliche und prekäre Todesart« gewählt hätte, wenn er in jenem Augenblick im Vollbesitz seines Verstandes und seiner Willenskraft gewesen wäre. »Ich dachte, daß er wohl in einem Fieberanfall gehandelt haben mußte.«[78] In einem Brief an die Prinzessin Marthe Bibesco beging Proust einen wohl bedeutsamen Fehler – er schrieb von »Antoines Tod«.[79] Einen Monat später hatte er sich immer noch nicht an den Gedanken gewöhnt, Emmanuel nie mehr zu sehen. Zu Antoine sagte er, Céleste sei nach dem Selbstmord Emmanuels in Tränen ausgebrochen,[80] und in ihrem Buch schrieb sie: »Monsieur Proust weinte nicht so leicht, wie man es ihm gern in den

Mund gelegt oder wie er es manchmal selbst in seinen Briefen geschrieben hat.«[81]

Seit Gides erstem Besuch waren zwar schon vierundzwanzig Jahre vergangen,[82] doch im Briefwechsel drängte Proust nachdrücklich auf eine größere Nähe und Vertraulichkeit. Warum sprach Gide ihn immer noch mit »Mon cher Proust« statt mit »Cher ami« an? Da seine Sehkraft nachlasse, habe er Céleste aus *Les nourritures terrestres* vorlesen lassen, und seitdem spiele sie im Gespräch immer wieder darauf an.[83] Nachdem er Gide zu einem weiteren Besuch eingeladen hatte, schrieb er, er liebe Gides Gesicht und erinnere sich an ein Lächeln darauf, das ihm ›Moralische Schönheit‹ offenbart habe.[84] Unter Anwendung seiner Strategie, aus dem Werk fast jedes Schriftstellers, dem er einen Brief schrieb, zu zitieren oder darauf anzuspielen, behauptete er, Gides Vorschrift – »Was ein anderer genauso gut wie Du hätte schreiben können, das schreibe nicht.« – befolgt zu haben. Proust zitierte dabei aus dem Gedächtnis. Gide hatte geschrieben: »Was ein anderer ebenso gut wie Du hätte tun können, das tue nicht. Was ein anderer ebenso gut wie Du hätte sagen können, das sage nicht – was er ebenso gut hätte schreiben können, das schreibe nicht.«[85] Damit hatte Gide wiederum nur einen Ausspruch von Rémy de Gourmont wiederholt: Die einzige Entschuldigung, die jemand für sein Schreiben anführen könne, sei die, anderen jene Welt zu enthüllen, die in seinem individuellen Spiegel reflektiert wird. Er soll Dinge sagen, die noch nie jemand gesagt hat, und sie in einer noch nie benutzten Form artikulieren.[86] Mit Gide gut auszukommen war für Proust einfacher, als den Verpflichtungen gegenüber der *NRF* nachzukommen. Am 13. Oktober trafen 5000 Seiten Fahnen ein. Sie zu korrigieren wäre schon bei normaler Sehkraft mühsam gewesen, doch jetzt »wird dies 15 000 Seiten gleichkommen, da sie dreimal korrigiert werden müssen. Ohne Brille, mit sehr schwachen Augen. Es wird eine verrückte Arbeit sein.«[87] Doch selbst das genügte noch nicht, um ihn dazu zu bewegen, sich endlich ein Rezept für eine Brille zu besorgen, die er dringend benötigte, wie er selbst wußte. Fünf Tage später kündigte eine Pressenotiz im *Excelsior* die Fortsetzung seines Romans in fünf Bänden an: *A l'ombre des jeunes filles en fleurs*, *Le côté de Guermantes*, *Sodome et Gomorrhe* in zwei Teilen und *Le temps retrouvé*.[88]

Auch wenn Emmanuels Selbstmord ihn tief getroffen hatte, änderte sich sein Leben jedoch kaum. Ende November kündigte sich indessen an, daß Proust bald den jungen Mann verlieren würde, der sein bester Freund geworden war: Paul Morand war auf einen Posten als Sekretär an der französischen Botschaft in Rom versetzt worden. Als Proust die Nachricht bekam, bevor sie öffentlich wurde, schrieb er: »Ich bin sehr gerührt, daß Sie sich die Mühe genommen haben, mir Ihre Ernennung und mein Unglück mitzuteilen.«[89]

Seit der Bekanntschaft mit Morand und der Prinzessin hatte er ein seit der Dreiecksbeziehung mit Albu und Louisa nicht wieder erreichtes Vergnügen und eine Hochstimmung erlebt, die an Intensität nur durch die kurze und unglückliche Affäre mit Alfred übertroffen worden war. Nun stand ihm jedoch der Verlust Morands bevor. Anfang November verschlimmerte sich Prousts depressiver Zustand durch Herzanfälle und das neblige Wetter. »[...] da ich nur noch wenig Zeit habe, bevor ich sterbe (was nichts Trauriges an sich hat, da ich ja seit einigen Jahren zu nichts mehr tauge, nicht einmal zur Korrektur meiner Fahnen), dürfte man nicht zu lange zögern«.[90] In der letzten Novemberwoche schrieb er: »Obwohl ich nur jeden zweiten Tag aufstehe (was nicht lange so weitergehen kann, mein Herz ist heute abend in einem schrecklichen Zustand) werden diese Tage sehr kompliziert sein. [...] Prinzessin, mein kardialer Zustand heute abend ist so schlecht, daß ich fürchte, mein Herz bricht auf einen Schlag. Diese Möglichkeit war mir immer schon sehr gleichgültig gewesen. Ich hänge jedoch mehr am Leben, seit ich Sie kenne.«[91]

Er setzte indessen sein geschäftiges Gesellschaftsleben fort. Als er am Abend des 7. November aufstand, war er zwar unsicher, ob es ihm am kommenden Tag gut genug gehen werde, um zum Diner mit der Prinzessin und den Beaumonts zu gehen, aber er war in guter Verfassung und hätte hinterher sogar noch Comte Louis Gautier-Vignal besucht, wenn der Portier des Ritz nicht über eine Stunde gebraucht hätte, um ein Taxi für ihn zu finden.[92] Gautier-Vignal war ein schwerreicher Freund Lucien Daudets, den Proust seit zwei Jahren kannte. Bevor er 1982 starb, gestand er, eine intime Beziehung mit Proust gehabt zu haben.[93]

Als Proust am 9. November ausging, um sich mit Robert de Billy zu treffen, erkältete er sich, als er hinterher auf ein Taxi wartete, das ihn nach Hause bringen sollte.[94] Am 14. speiste er im Ritz allein, hatte jedoch Truelle und vier Freunde zu einem Treffen nach dem Essen eingeladen. Sie kamen spät an. Da sie kein Taxi hatten finden können, waren sie zu Fuß gegangen, was für den einbeinigen Truelle sehr beschwerlich gewesen war, und Proust war unglücklich darüber, daß er sie nicht mehr in das Restaurant einladen konnte, weil die Küche bereits um halb zehn schloß.[95] Am folgenden Abend speiste er mit der Prinzessin und mit Walter Berry im Crillon und wurde anschließend krank, weil er auf dem Nachhauseweg lange durch den Nebel gegangen war.[96] Am 21. November speiste er dort jedoch wieder mit ihr und Marie Scheikévitch, und nach dem Essen setzten sich sieben oder acht Bekannte zu ihnen an den Tisch. Die Prinzessin, der es wegen einer bevorstehenden Blinddarmoperation nicht gut ging, mußte deshalb dem Diner Prousts mit Berry am 23. und dem mit Berry und Guiche am 25. November fernbleiben. Guiche nahm Proust später noch zu einem Besuch bei Madame Jean Hennessy mit, der Tochter von Albert de Mun, dem Führer der katholisch-sozialen Bewegung.[97] Abends speiste Proust wieder im Crillon, diesmal mit der Prinzessin sowie Morand, Truelle und Madame Catusse, und sowohl am 27. als auch am 29. November traf er Guiche bei Madame Hennessy. Dies alles war höchst riskant, und so hieß es in einer seiner Einladungen an Berry denn auch: »Ich habe nämlich, ob tot oder lebendig, die Absicht, Sie morgen Donnerstag im Crillon zum Abendessen zu bitten.«[98] Marie Scheikévitch gegenüber beklagte er sich über Guiche: »Und ich habe unsinnige Verabredungen getroffen wegen der Abreise von Guiche, der zwar sehr nett ist, mich aber, ohne es zu wissen, krank macht, weil er nicht einsieht, daß ich gar nicht in der Lage bin, so oft auszugehen.«[99]

Er hatte ausgerechnet, daß er inzwischen fast zehnmal so viel Geld ausgab wie vor Beginn seiner häufigen Ausgänge, und sein erster Gedanke, wie an Geld zu kommen sei, war, Auszüge aus den bevorstehenden Bänden an Zeitungen und Zeitschriften zu verkaufen.[100] Als er sich dazu entschloß, einige Möbel zu verkaufen, wollte er nicht nur eigene finanzielle Probleme lösen. Marie Scheikévitch hatte offen darüber gesprochen, daß sie ihr Vermögen in der russischen Revolution verloren hatte,[101] und außerdem gab es noch eine alte Bekannte, der er helfen wollte, eine Künstlerin, die von ihren Werken nichts mehr verkaufen konnte – vermutlich Madeleine

Lemaire oder Laure Hayman.[102] Da er sich »moralisch verpflichtet« fühlte, erinnerte er sich daran, daß Madame Catusse ihm einst gesagt hatte, als er sich wegen der Einkommenssteuer Sorgen machte, daß seine vier Louis-XVI-Sessel und das Sofa einen guten Preis erzielen würden. Sie standen unbenutzt in der Wohnung und würden den Motten zum Opfer fallen. Außerdem konnte er einige Wandteppiche – einen Gobelin wollte er jedoch behalten –, zwei eingelagerte Teppiche sowie die Lederstühle aus dem Eßzimmer, wo er noch nie eine Mahlzeit eingenommen hatte, verkaufen. Proust bat außer Madame Catusse, die bei seinem Umzug so viel Zeit aufgewandt hatte, auch Walter Berry und das Ehepaar Straus um Hilfe. Marie Scheikévitch war gerührt, als er ihr anbot, den Verkaufserlös mit ihr zu teilen, und obwohl sie sagte, sie könne dies nicht annehmen,[103] machte er mit dem Verkauf weiter. Berry kam in die Wohnung, um die Gegenstände zu besichtigen, und Madame Catusse schickte zwei Antiquitätenhändlerinnen vorbei, für die um zwei Uhr nachmittags die Fensterläden geöffnet wurden – »das einzige Mal, daß dies vorgekommen ist, seit ich am Boulevard Haussmann wohne«.[104] Abgewickelt wurde der Verkauf am Ende aber durch Emile Straus. Er transportierte die Teppiche und die Sessel zu sich nach Hause, zeigte sie den Händlern und bekam 10000 Francs für die Möbel und 4000 für die Teppiche.[105]

Proust ging nach der Abreise Guiches jedoch nicht weniger häufig aus. Der Dezember begann für ihn mit einem von der Prinzessin gegebenen Diner im Ritz. Er ging früh weg, da er sich immer noch krank fühlte, und obwohl er kein Taxi finden konnte, bis fast alle Gäste weggegangen waren – »ohne von ihnen gesehen zu werden« –, schrieb er ihr noch einen langen Brief, bevor er sich schlafen legte.[106] In den letzten zehn Tage vor Morands Abreise grämte er sich so, daß er »sich am liebsten gegen die Wand drehen, eine große Dosis Veronal nehmen und nicht mehr aufwachen würde, bis er in Rom angekommen sein wird«. Der Kummer über Morands Abreise werde aber noch von der Vorstellung übertroffen, daß dieser Kummer nicht dauern würde. Er bat die Prinzessin, sich nicht zu sehr anzustrengen: »Auf Wiedersehen Prinzessin, denken Sie an Ihren Körper, an diesen lebendigsten Körper, den ich kenne und den man nicht ermüden darf.«[107] In einem anderen Brief riet er ihr, die Operation vor Morands Abreise vornehmen zu lassen. Er dachte daran,

wie er seine Mutter nach ihrer Operation besucht hatte, und erinnerte sich an »den außerordentlichen Zuwachs an Schönheit, den
der Tag nach einer Operation bringt. Ich brauche Ihnen nicht zu
sagen, daß Sie für mich nicht einfach ein Kunstwerk sind und daß
diese zusätzliche Schönheit, die erkauft wird um den Preis des Leidens oder zumindest durch die Mißlichkeiten des Chloroforms, daß
ich alles dafür geben würde, daß Sie sie nicht erlangen. Ich leide
schon im voraus, wenn ich an diese wunderbare Blässe am Morgen
nach der Narkose denke, und kann meine Gedanken davon nicht
abwenden, nicht wegen der Bewunderung, zu der sie mich jetzt
schon anregt, sondern wegen des Schreckens, den sie mir einjagt.
Aber schließlich ist es doch eine Schönheit, und sie macht aus Ihnen
eine kurzzeitige Marmorskulptur, die alle diejenigen, die sie sehen,
niemals vergessen werden. [...] Sie werden (hoffentlich) keine andere Gelegenheit mehr haben, sich so zu zeigen, verwandelt in den
durchsichtigsten und erhabensten Alabaster.«[108]

Um Morand wissen zu lassen, wie sehr er ihn vermissen werde,
konnte Proust gar nichts Besseres tun, als ihn auf eine Passage in
Guermantes hinzuweisen, die bereits in der *NRF* erschienen war.

> Wenn eine Erinnerung, ein Kummer zuweilen so sehr von uns
> weichen können, daß wir sie nicht mehr bemerken, so kehren
> sie doch auch wieder zurück und lassen uns lange nicht los. Es
> gab Abende, an denen ich auf meinem Weg zum Restaurant,
> quer durch die Stadt, eine so starke Sehnsucht nach Madame
> de Guermantes empfand, daß ich kaum atmen konnte: Es
> war, als habe ein geschickter Anatom einen Teil meiner Brust
> entfernt und ihn durch einen gleichen Teil unkörperlichen
> Schmerzes ersetzt, durch ein gleiches Maß an Sehnsucht und
> an Liebe. Wurden auch die Nahtstellen noch so gut miteinan-
> der verbunden, lebt man doch mit großem Unbehagen in sei-
> ner Haut, nachdem das Verlangen nach einem fernen Wesen
> den Platz unserer innersten Organe eingenommen hat; es
> scheint dort mehr Raum auszufüllen als sie, man fühlt es
> unaufhörlich, und welch Widersinn liegt zudem darin, einen
> Teil seines Körpers *denken* zu müssen![109]

Am 2. Dezember speiste er im Hause von Robert de Billy. Am 4.
dinierte er mit Truelle und einigen anderen Bekannten im Ritz, und
am 6. ging er wieder aus. Am Abend des 9. Dezember, als Morand

abreiste, sagte er eine Einladung der Prinzessin Edmond de Polignac ab, traf sie jedoch einige Tage später, und am 16. nahm er eine Einladung zum Essen in ihrem Haus an, wo hinterher ein Orgelrezital dargeboten wurde. Mit der Korrektur der Fahnen, die er Mitte Oktober erhalten hatte, kam er nur langsam voran; Mitte Dezember begann die *NRF*, Druck auf ihn auszuüben.[110]

Er hatte seine Bescheinigung der Dienstunfähigkeit verlegt und konnte sie nicht wiederfinden: »[...] wenn ein Polizist meine Papiere verlangte, würde man mich als Deserteur festnehmen.«[111] Sein depressiver Zustand machte ihn noch unbekümmerter, und sein Herz war in so schlechtem Zustand, daß ihm deutlich wurde, wie sehr er durch seine häufigen Ausgänge sein Leben gefährdete. »Ich verschaffe mir in diesem Moment schreckliche Herzanfälle (es wird nicht lange so weitergehen können!), wenn ich wegen einer erkrankten Person zweimal in der Woche ausgehe«,[112] schrieb er am 29. Dezember. Und an Dr. Bize schrieb er: »[...] wenn ich versuchen will, dieses Buch zu beenden, muß ich mehr aufpassen als ein Greis von achtzig Jahren.«[113]

28. Ausgestoßen

Anfang 1918 lag in Paris tiefer Schnee, und die Strahlen des Mondes »ergossen sich über den – von keinem Schaufler mehr weggeschafften – Schnee des Boulevard Haussmann, wie sie es auf einem Alpengletscher getan hätten«,[1] und obwohl Proust gerne Madame Soutzo besuchen wollte, die sich von ihrer Operation erholte, hatte er »nicht den Mut«, die »hundert Schritte« bis zum Hotel Ritz zurückzulegen.[2] Als von dem mit Trinkgeldern überhäuften Olivier Dabescat ein Neujahrsbrief eintraf, las dieser sich eher wie ein Empfehlungsschreiben, das ein Bediensteter seinem Herrn ausstellt, doch Proust begrüßte ihn als ein »vortreffliches Beispiel dafür, sich den schlechten Manieren der anderen zu widersetzen«.[3] Er wechselte Briefe mit Walter Berry und sandte diesem eine Kiste Zigarren als »ironische Erinnerung an die Wolken, die Sie nicht an das Dekkenfirmament der Beaumonts steigen lassen konnten«.[4]

Ende Januar hatte Proust nach einer Privataufführung des Streichquartetts N° 2 von Borodin[5] gerade das Haus von Gabriel de

la Rochefoucauld verlassen, als die Sirenen einen neuen Luftangriff
ankündigten. Statt ins Haus zurückzugehen, stieg er in ein Taxi, das
jedoch in der Avenue de Messine mit einer Panne liegenblieb, wo er
ausstieg, sich auf die Straße stellte und dem Lärm der Geschütze und
der fallenden Bomben zuhörte. Als das Taxi schließlich am Boulevard Haussmann ankam, bot Proust dem etwas betagten Fahrer an,
im kleinen Salon zu übernachten, falls er Angst vor der Rückfahrt
haben sollte, doch der Mann mußte wohl taub gewesen sein: »O
nein, ich fahre zurück Richtung Grenelle, das ist bloß falscher
Alarm, und Paris hat überhaupt nichts abbekommen.« Er redete
immer weiter, als plötzlich in der Nachbarschaft eine Bombe explodierte.[6]

Wie Proust der Prinzessin schrieb, war der Krieg für ihn »weniger
ein Objekt (im Wortsinn der Philosophie verstanden) als eine Substanz zwischen mir und den Dingen. [...] Hinsichtlich der Kanonen-
schüsse und Gothas muß ich Ihnen gestehen, daß ich noch nie eine
Sekunde daran gedacht habe; Angst habe ich vor sehr viel weniger
gefährlichen Dingen – z. B. vor Mäusen –, da ich aber keine Angst
vor Bombardements habe und noch nicht einmal den Weg zu meinem Luftschutzkeller kenne (was die anderen Mieter mir nicht verzeihen), wäre es albern, wenn ich vorgäbe, sie zu fürchten.«[7] Céleste
hingegen, die sonst sehr tapfer war, hatte Angst vor Bomben und
Kanonen. Wenn die Sirenen ertönten, ging sie in den Luftschutzkeller, und Proust, der ihre Ergebenheit unterschätzte, befürchtete, daß
sie Paris verlassen könnte.[8]

Bei Madame Daudets Empfang zu Ehren von Francis Jammes
lernte er François Mauriac kennen, der befand, Proust sei ziemlich
klein, habe runde Schultern und hervortretende Augen. Die ge-
stärkte Hemdenbrust unter dem hohen Kragen trat hervor »wie ein
Brustbein«, schrieb Mauriac.[9] Zwei Tage später war er erneut bei
den Daudets zum Essen eingeladen, und zweimal speiste er im
Februar mit der Prinzessin Soutzo.

Die Erinnerungen an Emmanuel Bibescos letzten Besuch wurden
in Proust wieder lebendig, als seine Krankheit Anfang April in eine
neue Phase trat: Er stellte Sprechstörungen und Gesichtslähmungen
fest. »Auch fällt es mir schwer, gewisse Symptome zu deuten. Die
Ärzte gehen einem auf die Nerven und sagen nicht die Wahrheit.
Zum Glück verfüge ich über die Kunst, sie ihnen zu entwinden, was

freilich noch immer nicht dasselbe ist, wie wenn sie selbst sie aussprechen, denn sie sagen ja nichts, allein ihre Verlegenheit verrät sie, und so bleibt man zugleich bedroht und uninformiert.«[10] Da die neuen Symptome ihm anzuzeigen schienen, daß er nur noch wenig Zeit haben werde, den Roman zu korrigieren, fügte er sie, zusammen mit seiner eigenen Ungewißheit, in die Handlung des Romans ein. Auf einem Gang über die Champs-Elysées erinnert sich der Erzähler an den Schlaganfall, der eines Nachmittags seine Großmutter niederstreckte, als sie ihn auf einen Spaziergang mitnahm. Ihre heitere Arglosigkeit wird mit der Arglosigkeit von Uhrzeigern verglichen, die ja auch nicht wissen, wann ihre Bewegung die Stunde schlagen läßt.

> Vielleicht war die Furcht, schon fast ganz die Minute durchlaufen zu haben, die dem letzten Stundenschlag vorangeht, zu dem die Uhr bereits ansetzt, vielleicht war diese Furcht vor dem Schlag, der sich in meinem Gehirn in Bewegung setzen würde, war diese Furcht etwas wie ein dunkles Wissen um das, was sein würde, ganz als spiegle sich der prekäre Zustand des Gehirns, dessen Arterien nachgeben würden, im Bewußtsein wider, was nicht unmöglicher ist als das plötzliche Sichabfinden mit dem Tode, dem man bei Verwundeten begegnet, wenn diese, obwohl die Ärzte und ihr eigener Lebensdrang sie zu täuschen versuchen, im Angesicht dessen, was sein wird, erklären: ›Ich muß sterben, ich bin bereit‹ und einen Abschiedsbrief an ihre Frau verfassen.[11]

Dr. Bize riet ihm, sich auszuruhen und nicht zu schreiben, doch Proust ließ sich nicht von der Arbeit abhalten.[12]

Im April sprach ihn ein Mann an, der ihn bat, ihm eine Widmung in sein Exemplar des *Swann* zu schreiben – es war eines der fünf auf Velin gedruckten Exemplare. Jacques de Lacretelle hatte ihm schon vorher Fragen nach den Quellen seiner Prosa gestellt, und nun schrieb Proust auf drei leeren Velin-Seiten eine ebenso lange Erklärung: »Zu den Figuren dieses Buches gibt es keinen Schlüssel, oder vielmehr gibt es für jede einzelne Figur deren acht oder zehn; ebenso für die Kirche von Combray; mein Gedächtnis hat mir viele Kirchen als ›Modelle‹ zu Verfügung gestellt (aufstellen lassen).«[13] In der Beschreibung des Bois de Boulogne am Schluß von *Swann* erinnert Odette ihn einmal an die berühmte Kurtisane Léonie de Closmenil.[14] Von den Glasfenstern in der Kirche von Combray stammten einige aus Evreux, andere aus der Sainte-Chapelle und aus Pont Audemer. In den Angaben zu den Quellen von Vinteuils Musik verwies Proust auf »das wohl reizvolle, im Grunde aber mittelmäßige Thema in einer Sonate für Violine und Klavier von Saint-Saëns, eines Musikers, den ich nicht mag«, sowie auf César Franck, Schubert und Wagner.[15]

Proust arbeitete an einem Vorwort zu Jacques-Emile Blanches Buch *Propos de peintre* und fügte darin einen Teil des nicht benutzten Materials zu Sainte-Beuve ein, so die These über dessen Vermischung von innerem Ich des Künstlers – das die schöpferische Arbeit leistet – mit dem äußeren Ich, dem die anderen Menschen begegnen. Als er Auteuil beschrieb, wie es in den Kindheitstagen aussah, und auch die langen Aufenthalte im Haus seines Onkels im Frühling und zu Beginn des Sommers, benutzte er seine schon früher verfaßte Beschreibung des dortigen Eßzimmers und des Gartens, der inzwischen durch den Bau einer Straße geteilt worden war.[16]

Zu den Malern, die Blanche erörterte, gehörte Fantin-Latour, der sich als manischer Anhänger der bürgerlichen Seßhaftigkeit verstand. Proust verbindet diese Haltung mit dem Lebensstil seines Großvaters, der Auteuil nur ein einziges Mal verlassen hatte, nämlich während der Belagerung von Paris.[17] In einer Passage, die Blanches Unmut erregen sollte, kam Proust auf sein altes Thema zu sprechen, den Konflikt zwischen ernsthafter künstlerischer Arbeit und gesellschaftlicher Zerstreuung. Blanche sei ein geistvoller und eleganter Mann, der vielleicht zu viel Zeit in der Gesellschaft verbracht habe. »Aber die Natur, die nach Bedarf schützende Neurosen erfindet, hilfreiche Mißgeschicke, damit die notwendige Gabe nicht brach liegen bleibe, wollte, daß dieser Ruf, Böses über andere zu sagen, ihn schnell genug mit den Leuten auseinanderbrachte, die ihn am Malen hätten hindern können, und trieb ihn so an Tagen, wo er lieber zu einer Garden-Party gegangen wäre, gewaltsam in sein Atelier zurück, mit der Grobheit des Baudelaireschen Engels: *Car je suis ton ange, entends-tu, je le veux*.«[18]

Er dachte dabei vor allem an sich selbst. Kühn hatte er die schützende Krankheit bekämpft, die ihn am Ausgehen hinderte, doch Ende Mai schlug sie ungestüm zurück und schien ihn von weiteren Besuchen bei seinen Freunden abhalten zu wollen.[19] Als die jüngsten

Symptome sich verstärkten, bekam er Schwierigkeiten beim Sprechen und verspürte eine leichte Lähmung im Gesicht. Er war so sehr überzeugt davon, eine Gehirnstörung zu haben, daß er den Neurologen Joseph Babinski um eine Operation bat, doch der Arzt lehnte ab: Proust irre sich.²⁰

Mitte Juni erholte er sich wieder. Bedrückend war für ihn die Nachricht, daß ein geisteskranker Patient den Arzt Dr. Pozzi ermordet hatte. Der charismatische Dr. Pozzi, einst ständiger Tischgast am Boulevard Malesherbes, hatte Proust in die Gesellschaft eingeführt, hatte Robert während seiner ganzen Laufbahn gefördert und für Marcel das Attest der Dienstuntauglichkeit ausgestellt. In einem nachdenklich gestimmten Brief an Pozzis frühere Geliebte, Madame Straus, schrieb er, dieser Mord erinnere ihn an die Ermordung Calmettes: »Wie man beim Tode Calmettes, jenes unschuldigen und mystischen Opfers, das Nahen des Krieges spürte, so kann man nach dem Tode Pozzis nicht umhin sich zu fragen, ob der Friede nahe ist, ob diese beiden Männer nicht die beiden blutbefleckten Säulen waren, die Anfang und Ende des Krieges markierten.«²¹

An der Westfront war die deutsche Armee jedoch im Vormarsch. Soissons und Reims waren Ende Mai gefallen, und Paris schien gefährdet. Prinzessin Soutzo fuhr nach Biarritz zurück, und Proust dachte daran, sie dort zu treffen, doch wie immer fand er gute Gründe, die Reise aufzuschieben, und außerdem war Céleste krank geworden. Zum Glück war Proust im Juni in Paris: Gaston Gallimard, der in den USA lebte, kam zu einem Besuch zurück und organisierte den Rückkauf des Lagerbestands der Exemplare von *Swann*, die jetzt, mit einem neuen Umschlag der NRF versehen, in die Buchhandlungen kamen.²² Gallimard war außerdem einverstanden, die Pastiches und die Essays zu veröffentlichen, die Proust schon seit zehn Jahren in einem Sammelband gedruckt sehen wollte. Proust schrieb an Lucien und Robert Dreyfus²³ und bat sie, ihm bei der Suche nach den Zeitungstexten zu helfen. Im Sommer schrieb er die Parodie auf Saint-Simon um, die dadurch sechs- bis siebenmal so lang wurde wie die ursprüngliche Fassung. In der Nachahmung des Stils und in der Identifizierung mit dem bedeutenden Hofmann schwelgend, vermengt Proust aktuelle Ereignisse mit der Geschichte und eigene Bekannte mit Figuren aus dem frühen achtzehnten Jahrhundert.

Er fügt die Eroberung von Château-Thierry durch die vorrücken-
den deutschen Truppen im Mai 1918 ein und erwähnt Albu, Guiche
sowie Madame Straus, die sich wohl darüber freuen werde, sich am
Hofe Ludwigs XIV. wiederzufinden.[24] In dem Pastiche empfängt sie
die Prinzessinnen des königlichen Hauses, erwidert jedoch ihre
Besuche nicht. Nichts genoß Proust mehr, als seine literarischen
Energien in seine Freundschaftsbeziehungen einfließen zu lassen; in
seinen Zusätzen zu dem Pastiche führt er außerdem die Hinnisdaels,
Madame Standish, die Prinzessinnen Soutzo und Murat an, ja selbst
Olivier, der zum obersten Diener des Königs wird. Proust bat
Madame Straus um Erlaubnis für den Druck – nicht aber Prinzessin
Murat, weil er ihr Veto befürchtete.[25] Die Parodie dreht sich um die
Ansprüche der Murats auf den Rang souveräner Fürsten.[26]

Im Juli, mehr als vier Jahre nach Agostinellis Flucht, verlor Proust
sein Herz erneut an einen jungen Mann, der schließlich zum Sekretär ernannt werden und in die Wohnung einziehen sollte: Henri
Rochat, der unter Olivier im Ritz gearbeitet hatte, war Schweizer,
schweigsam und unauffällig. Er hatte eine schöne Handschrift und
wollte eigentlich Maler werden. Proust nahm ihn gelegentlich mit,
um Gemälde zu betrachten, doch Henri hatte eine Affäre mit einem
in der Nähe wohnenden Mädchen. Die Beziehung bereitete Proust
keine große Freude. Im Oktober schrieb er, sie vergifte jede Minute
seines Lebens und er werde sicherlich noch daran sterben.[27] Sechs
Wochen später hatte sich die Situation nicht gebessert. An Madame
Straus schrieb er, er habe sich auf eine »Herzensangelegenheit eingelassen«, die »aussichtslos ist, ohne Freude, ein immerwährender
Anlaß zur Ermüdung, zum Leiden und zu sinnlosen Ausgaben«.[28]
Die Beziehung schmälerte sogar sein Selbstwertgefühl. »Ich mag
mich selbst kaum noch«, schrieb er.[29] Als Reynaldo auf Urlaub in
Paris war, lud Proust ihn mit Jean-Louis Vaudoyer ein, um halb zehn
Uhr abends in seinem Schlafzimmer zu speisen, zusammen mit
einem »jungen Mann, den ich seit einigen Monaten beherberge, der
uns aber nicht stören wird, da er nichts sagt«.[30] Céleste, die den jungen Mann natürlich nicht mochte, meinte, daß er wie Ernst eine
überlegene Haltung zu demonstrieren und sich über seinen Stand zu
erheben versuche. Proust pflegte ihm zu diktieren, fand dies aber
eher anstrengend als hilfreich, wie sie behauptet.[31]

Proust hatte noch immer kein Honorar für die während des Krieges verkauften Exemplare des *Swann* erhalten und beklagte sich bei Grasset, der sich zu zahlen weigerte, solange seine Verhandlungen mit Gallimard nicht abgeschlossen waren. Proust schrieb ihm am 18. Juli 1918, an dem Tag, als die Alliierten ihren großen Gegenangriff begannen;[32] vier Tage später überquerten sie die Marne. Da Madame Straus sich in Trouville aufhielt, dachte Proust daran, nach Cabourg zu reisen, doch erneut benutzte er Céleste, die zu ihrer Familie nach Hause gefahren war und nicht vor der zweiten Augustwoche zurückkommen würde, als Vorwand, um in Paris zu bleiben.[33] Zwar trank er immer noch den Kaffee im Bett, hatte aber aufgehört, im Bett zu essen.[34] Mehrmals speiste er allein im Ritz, einmal mit Madame de Chevigné. An Madame Straus schrieb er weiter: »Ich habe trotzdem drei oder viermal in der Stadt gegessen und dort einige Ihrer Bekannten von früher getroffen, die ganz andere Menschen geworden sind, einen massigen, ehrwürdigen und weißen Duc de Grammont, dafür mit einer viel jüngeren Frau (es stimmt, daß es nicht dieselbe ist, und vielleicht ist es ihre übergroße Jugend, die ihn hat altern lassen); von den Castellanes, bei denen ich mich zu glauben weigere, daß sie einmal jung gewesen sind, und die Söhne haben, die sich im Krieg befinden [...].«[35]

Kurz danach war der Krieg jedoch zu Ende. Der Waffenstillstand mit Österreich-Ungarn wurde am 3. November, der mit Deutschland am 11. November 1918 unterzeichnet. »Welch wunderbares *allegro presto* in diesem Finale nach den endlosen *lenti* am Anfang und der ganzen Suite.«[36] Mit den Siegesfeiern war er jedoch nicht einverstanden: »Man darf nicht mit dem Schicksal hadern, zumal es uns nun durch ein Uhrwerk mit Zeitauslöser, das seit vier Jahren stillzustehen schien, diese Schlußkaskade von Triumphen schenkt. Dennoch glaube ich, der ich ein so glühender Friedensfreund bin, weil ich zu sehr das Leid der Menschen mitempfinde, daß es trotzdem besser gewesen wäre, die Friedensbedingungen etwas härter zu machen, da man doch einen totalen Sieg und einen strengen Frieden gewollt hat.« »Das erlebt man nur in den Dramen Shakespeares, daß in einer einzigen Szene alle Ereignisse sich überstürzen und man in einer einzigen Szene vernimmt: Wilhelm II.: ›Ich danke ab.‹ Der König von Bayern: ›Ich bin der Erbe des ältesten Geschlechts der Welt, ich danke ab.‹ Der Kronprinz weint, unterschreibt, seine Soldaten bringen ihn um.«[37]

Odilon Albaret kam aus dem Krieg zurück, offenbar schwer krank. Proust willigte nicht nur ein, ihn in der Wohnung aufzunehmen – »er soll hier wohl hospitalisiert werden«,[38] beklagte er sich bei Lucien –, sondern half ihm auch bei der Genesung und verschrieb ihm Tee aus Kirschstielen, die therapeutisch zu wirken schienen.[39]

Die vornehme Gesellschaft war nach dem Krieg, der sowohl nivellierend als auch demoralisierend gewirkt hatte, nicht mehr dieselbe wie früher. Der Erzähler in der *Recherche* betrachtet die gesellschaftlichen Veränderungen mit den Augen einer reizenden Amerikanerin, einer Freundin Blochs und der Herzogin von Guermantes. Auch wenn die Menschen, von denen sie spricht, den Kern der neuen Gesellschaft bilden, sind ihre Namen dem Erzähler nicht vertraut, während seine Geschichten, die er ihr über die Gesellschaft von früher erzählt, voller Namen sind, die ihr nichts bedeuten.[40]

Zum großen Bedauern Prousts war vieles verschwunden, doch gab es einen gewissen gesellschaftlichen Ausgleich durch die diplomatische Betriebsamkeit, die eine Reihe von aufgeweckten jungen Männern nach Paris brachte. Er freundete sich mit einem zwanzigjährigen englischen Diplomaten an, der 1917 eingetroffen war. Robert Rhodes James weist in seiner Einleitung zu Henry (Chips) Channons Tagebüchern vorsichtig darauf hin, daß Proust sich für den charmanten und attraktiven Chips »interessierte«. Das Interesse war groß genug – und auch gegenseitig genug –, um Proust zu veranlassen, an die sechshundert *billets doux* und Postkarten zu schreiben. Bevor Channon sie vernichtete, suchte er Rat bei einem Freund, der ihm empfahl, sie – mit einer »Restriktion« für etwa dreißig Jahre – dem British Museum zu überlassen, doch im Januar 1944 schrieb Channon: »Gone are all the Proust letters which in my youth and folly I burnt.«[41]

Kurz nach dem Waffenstillstand saß Channon bei einem Essen zwischen Proust und Cocteau. Schon mit siebenundzwanzig Jahren wirke Cocteau abgezehrt, stellte er fest.

> Sie schienen miteinander zu wetteifern, welcher von beiden einnehmender wirke. Proust ist ruhiger, langatmiger und penibler. Seine blutunterlaufenen Augen haben einen fiebrigen Glanz, während er ohne Ende Gift und Galle über Berühmtheiten speit. Seine Schwächen sind Ruskin, die Genealogie

und die Heraldik. Er kennt die Wappenzeichen und Wappen-
schilder jedes Herzogs in Europa. Sein schwarzes Haar war
sorgfältig frisiert, doch sein Hemd war verwahrlost und die
reichverzierten Hemden- und Manschettenknöpfe waren von
schmutzigen Fingern angebracht worden. Proust war mir
gegenüber immer liebenswürdig ... Ob die Welt wisse, daß er
Tausendfrancscheine als Trinkgeld gebe und daß er den
abendlichen Tratsch im Ritz mit dem Friseur des Figaro fort-
setze? Mit zweifelhaftem Geschmack fragte ich ihn beim
Essen, ob es stimme, und er nickte.[42]

An einem dieser Abende im Ritz lernte Proust den Schriftsteller Sydney Schiff kennen, der unter dem Pseudonym Stephen Hudson[43]
schrieb, sowie dessen Frau Violet. Sie hatten während des Krieges
Swann gelesen und mit Proust korrespondiert und wollten sich nun
mit ihm treffen, hatten ihn aber vorher noch nie gesehen. Als sie ihre
Mahlzeit beendet hatten, sagte ihnen Olivier, Proust befinde sich im
Restaurant und erwarte sie. Er saß mit weißen Handschuhen und
offenem Pelzmantel, unter dem eine bunte, bis zum Hals zuge-
knöpfte Weste zu sehen war, am Tisch und aß Spargel. Violet Schiff
hielt ihn erstaunlicherweise für erst fünfunddreißigjährig, und nach
seinem Tod erschien es ihr bemerkenswert, daß er in *Le temps retrouvé* so vortrefflich über das Alter geschrieben hatte, obwohl er
selbst nur zweiundfünfzig wurde. Er fuhr mit ihnen in Odilons Taxi
zu seiner Wohnung. »Die Eingangshalle war schmutzig, das Treppenhaus finster und wer beim Aufstieg nicht den Lift benutzte,
mußte sich beeilen, um den Lichtschalter auf der nächsten Etage zu
erreichen, bevor das Licht ausging.«[44]

Nachdem der Krieg nun zu Ende und der Roman abgeschlossen
war, hätte Proust eigentlich etwas ausruhen können, er litt an anhal-
tender Schlaflosigkeit und an Schmerzen in der Herzgegend. Außerdem versetzte ihn die Mitteilung seiner Tante, sie habe das Haus, in
dem Proust wohnte, an einen Bankier verkauft, der es in eine Bank
umbauen wolle, in Angst und Schrecken. Da Proust keinen gültigen
Mietvertrag mehr besaß, bestand die Gefahr, daß er innerhalb weniger Tage ausziehen mußte. Er hatte 1916 aufgehört, seine Miete zu
zahlen, und angekündigt, er werde nach Kriegsende weiter bezahlen, wenn er den Scheck über 30000 Francs für deutsche Aktien,
die er 1914 zurückgegeben hatte, bei der Warburg-Bank einlösen

könne.[45] Dies konnte bedeuten, daß der neue Hausbesitzer Miet-
rückstände von etwa 25000 Francs nachfordern durfte.[46] Die Panik
verschlimmerte Prousts Sprechstörungen, und er bekam eine Laryn-
gitis, die mit 39 Grad Fieber einherging und jedesmal wiederkehrte,
wenn er aufstand.[47]

Ein Umzug würde teuer werden, und der Roman brachte ihm
noch kein Geld ein, auch wenn die Druckerei Ende November die
Arbeit an *A l'ombre des jeunes filles en fleurs* beendete. Der Band
umfaßte nun 433 Seiten. Proust hatte den späteren Bänden seit
Sodome et Gomorrhe soviel hinzugefügt, daß er im Dezember
meinte, der Roman werde sechs Bände füllen (und nicht bloß
fünf).[48] Um Geld aufzutreiben, fiel ihm nichts anderes ein, als noch
mehr Möbel zu verkaufen. Er besaß immer noch den Teppich, den
der Schah von Persien seinem Vater geschenkt hatte, sowie einen
Teppich aus Smyrna. Zwar hatte er einmal versucht, die beiden Teppiche den Strausens zu schenken,[49] doch sie hatten abgelehnt und
erlösten für den Smyrna-Teppich 3000 Francs für ihn, während
Walter Berry die Wandteppiche und die Möbel in die Kellerräume
der amerikanischen Handelskammer transportieren ließ, wo jedermann sie besichtigen konnte. Außerdem besaß Proust eine Menge
Silberzeug, das er nie benutzte.

Céleste war die einzige Frau, die Proust sehen durfte, wenn er im
Bett lag, doch nachdem Antoine Bibesco sich mit Elizabeth Asquith
verlobt hatte, brachte er sie in Prousts Wohnung und mittels einer
kleinen List sogar in sein Schlafzimmer.

> In der Annahme, daß er [Proust] die junge Dame nicht emp-
> fangen würde, bat der Fürst sie, im Treppenhaus zu warten,
> kam allein herein und fragte mich: ›Kann ich in sein Zimmer
> gehen?‹ ›Ich muß Monsieur erst fragen.‹ Ich gehe hin, und
> während ich unterwegs bin, nimmt er seine Verlobte wie eine
> Puppe in den Arm und kommt hinter mir ins Zimmer. Nur er
> konnte sich eine Überspanntheit dieser Art erlauben, obwohl
> er ganz genau wußte, wie sehr Monsieur Proust es haßte, von
> einer anderen Frau als mir im Bett gesehen zu werden – ich
> habe seinen Blick im Halbdunkel des Kopfkissens und seine
> Hände auf dem Pullover und dem Laken noch vor Augen –, es
> war ihm entsetzlich peinlich.[50]

Sobald er sich aber in Gegenwart der neuen Prinzessin etwas entspannter fühlte, mochte er sie so sehr, daß er dem Pastiche auf Saint-Simon, das bereits in Druckfahnen vorlag, eine Ergänzung hinzufügte: »Eine andere und größere Heirat verzögerte die Ankunft des Königs von England, die nicht nur dieses Land interessierte. Fräulein Asquith, die wahrscheinlich die intelligenteste Person welchen Landes auch immer war, und einem dieser schönen al fresco gemalten Gesichter glich, die man in Italien sieht, heiratete den Prinzen Antoine Bibesco, der das Idol derer gewesen war, woselbst er residiert hatte.«[51]

Albu, im Pastiche auf Saint-Simon als »enger Freund«[52] bezeichnet, schickte einen Zeitungsausschnitt, in dem stand, daß Hausbesitzer Mietern, die schriftlich mitteilten, daß sie zwei Jahre länger wohnen bleiben wollten, nicht kündigen dürfen.[53] Da Proust den neuen Besitzer jedoch nicht daran hindern konnte, den Innenhof zu überdachen und das Haus in eine Bank umzuwandeln, war es zwecklos, noch länger bleiben zu wollen, wenn der Lärm der Bauhandwerker unerträglich werden würde. Von seinen Freunden erwies sich Guiche als der hilfreichste: Er verhandelte mit dem Bankier, der nicht nur auf den Mietrückstand verzichtete, sondern Proust auch noch eine beträchtliche Entschädigung zahlte. Guiche arrangierte außerdem den Verkauf der Korkplatten, die an den Wänden angebracht waren, an einen Hersteller von Flaschenkorken. Zumindest behauptet Proust dies gegenüber Walter Berry.[54] Céleste zufolge wurden die Korkplatten in einer Garage eingelagert.[55]

Der Hilfsbereitschaft seiner Freunde entsprach seine Hilfsbereitschaft ihnen gegenüber. Marie Scheikévitch, die immer noch finanzielle Probleme hatte, hoffte mit ihrer Malerei Geld zu verdienen, und nach dem zarten Hinweis, daß dies wohl unrealistisch sei, machte ihr Proust einen ebenso unrealistischen Vorschlag. Sie habe doch Verbindungen zu der Zeitung *Le Temps*: Warum machte sie nicht das Angebot, eine tägliche Kolumne zu schreiben? Um sie vor der Plackerei des Schreibens zu bewahren, würde er für sie schreiben und jeden Tag Céleste mit dem Text vorbeischicken. Daß sie ein solches Angebot annehmen würde, war unwahrscheinlich, und ebenso unwahrscheinlich war es, daß sein Gesundheitszustand – der inzwischen noch schlechter war als vor fünf Jahren, als er selbst für den

Figaro eine regelmäßige Kolumne zu schreiben vorhatte – ihm erlauben würde, eine tägliche Kolumne zu schreiben. Ernst gemeint waren allerdings sowohl das Angebot als auch der Vorschlag, daß sie das gesamte Honorar behalten könne und nicht etwa mit ihm teilen müsse.[56]

Dieselbe zwanghafte Großzügigkeit gegenüber Freunden bewog ihn, ein zweites Pastiche auf Saint-Simon zu planen, obwohl er Ende Januar mehrere Tage krank war: Er hatte Halsschmerzen und Fieber.[57] Was die Freunde – besonders die Reichen unter ihnen – mehr schätzten als jedes Geschenk, das er ihnen machen konnte, war der literarische Tribut, den er ihnen zollte, indem er sie in seinen Texten erwähnte. Er wollte sich noch ausführlicher über die Prinzessin Soutzo äußern, über die er in seinem Saint-Simon bereits geschrieben hatte: »Es ist jedem zur Genüge bekannt, daß sie die einzige Frau ist, die mich zu meinem Unglück hat aus meiner Zurückgezogenheit herausholen können, worin ich seit dem Tod des Dauphin und der Dauphine lebte.«[58]

Auf einer ihrer Dinereinladungen im Ritz lernte Proust den jungen Harold Nicolson kennen, einen Angehörigen der britischen Delegation, die in den Regierungsgebäuden am Quai d'Orsay über den Friedensvertrag verhandelte. Nicolson beschrieb den Gast, der ihn eifrig über die englische Etikette ausfragte, als »leichenblaß, unrasiert, verwahrlost, das Gesicht sehr mitgenommen«,[59] und als sie einander im April wieder sahen, sprachen sie über Homosexualität. Nicolson fragte, »[…] ob sie eine Sache der Drüsen oder Nerven sei. Er meint, sie sei eine Angewohnheit. ›Sicherlich nicht‹, sage ich.« Proust, dessen Beziehung zu Rochat zu Ende ging, erwiderte: »›Nein, das war dumm von mir – ich wollte sagen, sie sei eine Sache des Feingefühls.‹ Er ist nicht sehr ergiebig über das Thema.«[60] Proust stellte Fragen über das Verhalten englischer Damen der Oberschicht gegenüber Angehörigen der Unterschicht, und als Nicolson ihm versicherte, sie seien stets höflich, hielt Proust dies für einen Scherz.[61] Als Proust in einem Brief Nicolsons Namen erwähnte, schrieb er »L. A. Nicholson«.[62]

Prousts letzte Begegnung mit Montesquiou fand mitten in der Nacht statt, als der Comte sich fast schon mit Gewalt den Zugang zur Wohnung verschaffte, zwei Stunden blieb, eigene Verse rezitierte und dabei »jedesmal mit dem Fuß aufstampfte, wenn er die

Bedeutung des Satzes oder des Verses unterstreichen wollte – und das geschah oft. Und er hat das auch während der ganzen Unterhaltung fortgesetzt. Monsieur Proust war nachher noch ganz erregt und sagte: ›Ich war unglücklich über dieses Stampfen, denn alle Mieter sind so freundlich, morgens bei der Hausarbeit keinen Krach zu machen, um mich nicht aufzuwecken oder zu stören.‹« Er kündigte an, im Süden Frankreichs leben zu wollen, und versprach Proust, aus Nizza Pralinen zu schicken. »Ich sehe Monsieur Prousts Gesicht, als er mir diesen letzten Satz berichtete, noch immer vor mir. Schon früher hatte er mir einmal anvertraut: ›Wissen Sie, Céleste, ich übertreibe nicht, der Graf wäre imstande, mir vergiftete Blumen zu schicken.‹ Diesmal hat er zu mir gesagt: ›Wenn er jemals Schokolade schickt, werfen Sie sie sofort in den Mülleimer, ohne die Packung zu öffnen. Wenn sie vergiftet wäre, würde es mich nicht wundern.‹ Es ist niemals Schokolade angekommen, und auch die Briefe blieben aus.«[63]

Als Gallimard sich auf den Roman festlegte, hatte er die Probleme unterschätzt, die durch die Zusätze in den Fahnen entstehen würden, obwohl er dabei gewesen war, als Copeau die Korrekturfahnen für Grasset durchsah. »Aber das ist ja ein neues Buch!« hatte Copeau damals gesagt.[64] 1919 erinnerte sich Gallimard jedoch nicht mehr daran, und Proust mußte sich zur Wehr setzen: »Da Sie die Güte haben, in meinen Büchern einen gewissen Reichtum zu finden, der Ihnen gefällt, sagen Sie sich bitte, daß dies genau jener Überernährung verdankt wird, die ich ihnen immer wieder am lebendigen Leibe einflöße, was sich materiell in jenen Hinzufügungen ausdrückt.«[65]

Als Proust Mitte März Gallimard den Text für die Sammlung *Pastiches et mélanges* schickte, widmete er sie Walter Berry.[66] Gegenüber Antoine gab er als Grund an, Berry habe den Krieg gewonnen, weil er die USA zum Kriegseintritt überredete.[67] So hilfreich Berry auch gewesen war, als er die Möbel Prousts im Keller der amerikanischen Handelskammer ausstellen ließ, so wenig sprachen Interessenten darauf an, und der Verkaufserlös war mehr als enttäuschend. Ein schönes, fast neues Sofa erbrachte vierzig Francs; der Kronleuchter aus dem Eßzimmer der Eltern achtunddreißig.[68]

Enttäuscht war er auch über die Verzögerungen bei der Buchveröffentlichung. Die Monatszeitschrift *Nouvelle Revue Française*, die 1914 eingestellt worden war, sollte am 1. Juni 1919 wieder erscheinen, und Jacques Rivière fragte bei Proust nach, ob er Auszüge aus den neuen Bänden des Romans im ersten Heft bringen könne. Gallimard versprach, die Bücher nur ein paar Tage nach der Veröffentlichung der Zeitschrift erscheinen zu lassen, doch sie gelangten nicht vor Ende Juni in die Buchhandlungen.

Für Proust war es jedenfalls ein Alptraum, Vorkehrungen für den Auszug aus der Wohnung zu treffen. Seine beiden Hauptgründe für den Einzug waren ja gewesen, daß erstens der Onkel dort gelebt hatte und daß zweitens das Haus der Familie gehörte. Nun war er mit achtundvierzig Jahren zum ersten Mal gezwungen, eine Wohnung zu suchen, die ihm völlig unvertraut sein würde. Hinzu kam noch, daß er zu krank war, um sich nach einer Wohnung umzusehen. Er litt an Sprechstörungen, die sich noch verschlimmerten, wenn er unter Druck stand. Er hätte gerne geglaubt, was die Ärzte ihm sagten – daß er nämlich die Sprechstörungen durch zu große Dosen Veronal selbst verursacht habe;[69] inzwischen brauchte er davon noch anderthalb Gramm pro Tag. Besondere Angst hatte er jedoch davor, daß die Aphasie, die seine Mutter vor ihrem Tod befallen hatte, ihn einholen würde, bevor er den noch ausstehenden Teil des Romans zum Druck befördern konnte.[70]

In der Zwischenzeit konnte er immerhin seine Ausgänge noch genießen. Den Vorteil einer Wohnung im fünften Stock an der Rue de Rivoli sah er in der Nähe zum Ritz.[71] Der Schriftsteller Jean-Louis Vaudoyer, der bei ihm das Interesse am russischen Ballett geweckt hatte, ging die Wohnung für ihn besichtigen, doch Proust konnte sich nicht so rasch entscheiden. Er mußte Ende Mai aus der Wohnung am Boulevard Haussmann ausziehen, und in den letzten Wochen vor dem Umzug bekamen weder er noch Céleste viel Schlaf. Da sie die Anspannung mit ihm teilte, war sie übermüdet und gereizt.[72] Am 29. Mai, zwei Tage vor dem Auszugstermin, hatte er immer noch keine neue Wohnung. Aus dieser Not rettete ihn ein Angebot von Jacques Porel, dem Sohn der Schauspielerin Réjane, der mit seiner Frau und einem kleinen Kind im Haus seiner Mutter an der Rue Laurent-Pichat wohnte, einer kleinen Seitenstraße der Avenue Foch. Réjane wohnte in der zweiten Etage, die Porels in der dritten und in der vierten befand sich eine große möblierte Woh-

nung, die die Schauspielerin für ihre Tochter behalten hatte. Sie ver-
mietete sie für einen Monat an Proust, der alle seine Möbel loswerden mußte, die mehr als dreizehn Jahre lang seine Wohnung gefüllt
hatten.[73] Der Flügel, der riesige Kleiderschrank mit Spiegel, die
große Kommode und einige weitere Stücke wurden eingelagert,
doch die Ausstattung des Eßzimmers und der größte Teil der Erb-
stücke wurden versteigert. Proust nahm an der Auktion nicht teil,
sondern schickte Céleste hin, die es allerdings nicht ertragen konnte,
daß der Kronleuchter für fünf Francs verschleudert werden sollte,
und ihn deshalb für ihn zurückkaufte.[74]

In den angstvollen Tagen, in denen die Wohnung geräumt wurde,
war eines der kleineren Probleme, das nach einem größeren aussah,
die Frage, was mit vier Kleidern geschehen sollte, die seiner Mutter
gehört hatten. Er schickte Céleste mit dreien davon zu Familienangehörigen und das vierte bekam Madame Catusse. Es war ein Kleid,
das die Mutter nur ein einziges Mal getragen hatte, nämlich bei
Roberts Hochzeit. Als Marthe ihn früher einmal um das Kleid gebeten hatte, hatte er sich nicht davon trennen können.[75]

Nach dem Einzug in die neue Wohnung hatte er über Tage hinweg
über 39 Grad Fieber und glaubte, eine Besserung würde sich erst
dann einstellen, wenn er eine dauerhafte Wohnung gefunden haben
würde.[76] Der in der Nähe gelegene Bois de Boulogne, der höher lag
als die Wohnung, verschlimmerte sein Asthma, und die Wände
waren ohne die Korkplatten so dünn, daß Proust durch eine
Unmenge von Geräuschen belästigt wurde.[77] Den Strausens schrieb
er, er wohne »in einem Haus, wo man jedes Wort hört, das die
Nachbarn sagen, wo man jedesmal weiß, wenn ein Fenster geöffnet
wird, wo ich zwanzig Tage nicht geschlafen habe«.[78] Auf der anderen Seite des Hofes konnte man den Schauspieler Le Bargy von der
Comédie Française »in seinem Badezimmer auf und ab gehen
[sehen], wobei er manchmal laut schrie – ob er deklamierte oder sich
mit seiner Frau stritt, war oft schwer zu entscheiden; und das amüsierte Monsieur Proust«.[79] Später regte es ihn auf.

Als der Monat Juni sich dem Ende näherte, hatte Proust immer
noch keine andere Unterkunft gefunden. Er dachte daran, nach
Nizza zu ziehen, doch Dr. Bize war dagegen. Selbst wenn er mit einer
Krankenschwester reiste, die ihm unterwegs Spritzen geben würde,
war es zweifelhaft, ob es ihm für einen Aufenthalt in Nizza oder

auch für die Rückfahrt gut genug gehen würde. Konnte er aber einen Winter im Haus der Réjane überstehen? Konnte er sich an die Zentralheizung gewöhnen?[80]

Er vertraute Madame Catusse seine neue Adresse an – sonst fast niemandem von seinen Freunden, nicht einmal Lucien Daudet –, und weil sich die Weiterleitung der Post vom Boulevard Haussmann verzögerte, waren seine Beziehungen zu ihnen noch angespannter als gewöhnlich. Ebensowenig war er in der Verfassung, das literarische Paris auf die lange aufgeschobene Veröffentlichung des zweiten Bandes der *Recherche* vorzubereiten. Statt die Leute ringsum anzuschreiben, wie er es vor Erscheinen des *Swann* getan hatte, wandte er sich lediglich an Robert de Flers und bat ihn um eine Besprechung auf der Titelseite des *Figaro*. Zu den Rezensenten, die er vorschlug, zählten Gide, Léon Blum und Louis de Robert, doch nachdem *A l'ombre des jeunes filles en fleurs* zusammen mit einer Neuauflage des *Swann* und der Sammlung *Pastiches et mélanges* in der letzten Juniwoche erschienen war, schwieg der *Figaro* bis zum 7. Juli, als auf der Titelseite eine Meldung erschien, deren Schrift Proust für zu klein hielt.[81]

Ebenso wie 1914, als die erste Auflage des *Swann* erschien, machte er sich Gedanken darüber, ob das Publikum eine richtige Vorstellung vom Gesamtaufbau habe. »Im übrigen fürchte ich, die Architektur von *Auf der Suche nach der verlorenen Zeit* wird in diesem Buch nicht deutlicher werden als im *Swann*. Ich sehe schon, wie manche Leser sich einbilden, ich schriebe hier, auf willkürliche und zufällige Gedankenassoziationen vertrauend, die Geschichte meines Lebens nieder.«[82] Die Architektur des riesigen Romans ist von der Architektur der Kathedralen, für die Proust sich so lebhaft interessierte, inspiriert, und in einer bestimmten Phase dachte er sogar daran, den Bänden Titel zu geben wie »Portal I Glasmalerei in der Apsis«.[83]

Während der ersten beiden Monate in der neuen Wohnung stand er kaum auf und fand nicht die Kraft, um die Fahnen zu korrigieren.[84] Drei oder vier Mal dinierte er im Ritz, aber nicht vor halb elf Uhr abends.[85] Seine dringlichste Aufgabe bestand darin, eine neue, feste Wohnung zu finden, und vom Bett aus konnte er wenig unternehmen. Er wollte nicht, daß die neue Wohnung auf einen Innenhof oder Garten ging, und er konnte sich nicht entscheiden, ob er kurzfristig etwas mieten und dann weitersuchen sollte, bis er eine Wohnung in der obersten Etage an der Rue de Rivoli oder Rue de Castiglione gefunden hatte – »um den Lärm der Straßenbahn und vor allem den Staub unter mir und niemanden über meinem Kopf zu haben […] ich wünschte mir eine sechste Etage, um sehr hoch über der Feuchtigkeit der Seine zu sein […] Ich hätte mir auch sehr gerne die Rue de Castiglione gewünscht, habe aber nichts gefunden, zumindest nicht in dem Teil, wo die Nähe der Seine den Staub auflöst«.[86] Als am Boulevard Malesherbes eine Wohnung in der vierten Etage frei wurde, gefiel ihm der Gedanke, in einen vertrauten Stadtteil zurückzukehren. Er hätte zwar noch lieber eine höher gelegene Wohnung gehabt, weiter weg vom Staub und vom Lärm der Straßenbahn, doch der Straßenlärm[87] störte ihn weniger als die Geräusche der Nachbarn. Außerdem wäre er Nachbar von Robert Dreyfus geworden, den er nach der Feuchtigkeit, der Dicke der Wände und nach dem Rauch der nahegelegenen Eisenbahnlinie nach Auteuil befragte und danach, ob in der nächsten Zeit Bauarbeiten wegen des Einbaus einer Zentralheizung zu erwarten seien.[88] Er zögerte jedoch zu lange, und der Makler vergab die Wohnung an jemand anderen.[89]

Die erste Auflage von *A l'ombre des jeunes filles en fleurs* war rasch verkauft, und es gab eine Neuauflage, die ihm mehr Ärger als Freude bereitete, weil er Widmungsexemplare an seine Freunde verschicken wollte, und obwohl er bei Gallimard protestierte, als er nur noch Exemplare der zweiten Auflage erhielt, hatte ein Buchklub sämtliche verfügbaren Exemplare der Erstausgabe aufgekauft.[90] Proust konnte nicht einmal Céleste beauftragen, in den Buchhandlungen nach der Erstausgabe zu suchen, da er ihr wegen der Hochzeit einer Nichte freigegeben hatte.[91] Daß auf die zweite Auflage rasch eine dritte folgte, war nur ein kleiner Trost. Weil es ihm nicht einmal gelang, für Madame Straus, Anna de Noailles und Maurice Barrès Erstausgaben zu finden, konnte er drei Wochen lang kaum schlafen. Erst Ende des Jahres konnte er sich einige Erstausgaben verschaffen.[92]

Im Sommer 1919 begann eine öffentliche Diskussion über die Gründung einer neuen politischen »Partei der Intelligenz«.[93] Am 19. Juli erschien in der Literaturbeilage des *Figaro* ein Manifest, das für eine »intellektuelle Föderation Europas und der Welt unter der Ägide des siegreichen Frankreich als Hüter aller Zivilisation«[94] eintrat. Zu den vierundfünfzig Unterzeichnern gehörten Francis Jammes, Henri Ghéon, Jacques Maritain, Paul Bourget und Daniel Halévy. Proust hielt die Idee einer »intellektuellen Föderation« für stumpfsinnig,[95] und er schrieb an Jacques Rivière: »Soll ich Ihnen sagen, daß ich nicht einmal glaube, der Intelligenz komme in uns der *erste* Platz zu (dies steht in keinerlei Beziehung mehr zum Manifest [der Partei der Intelligenz im *Figaro*]), ich ordne ihr das Unbewußte über, das zu klären sie bestimmt ist – das aber die Realität, die Originalität eines Werkes ausmacht.«[96]

Das Asthma war im Juli besonders quälend;[97] »das Rasseln in meinem Hals übertönt die Geräusche meiner Feder und die eines Nachbarn, der in der Wohnung unter mir ein Bad nimmt«, schrieb er.[98] Odilon holte ihm mit seinem Taxi jeden Tag und häufig auch noch nachts Eiskrem, die Prousts Halsschmerzen linderte. Daneben nahm er kaum etwas zu sich, und er fühlte sich so schlecht, daß er keinen Sinn mehr darin sah, weiterzuleben, außer, um den Roman zu beenden. Seine Sprechstörungen schienen schlimmer zu werden, doch er war zuversichtlich, daß es sich dabei nicht um das Symptom einer allgemeinen Lähmung handelte. »Ich befürchte, eines Tages überhaupt nicht mehr sprechen zu können. Dann wird mir nur noch eines übrig bleiben, keinen lebenden Menschen mehr zu sehen und mich in das Schweigen zu hüllen, das die Krankheit mir auferlegt.«[99]

Jacques-Emile Blanche erfuhr zufällig, bei einem Besuch bei der Schauspielerin Réjane vom Concierge, daß Proust im selben Haus wohnte, und ging hinauf, um auch ihn zu besuchen. Er meinte, Proust sehe aus wie mit neunundzwanzig – nicht älter als auf dem Porträt von 1891, das an der Wand hing, »aber seine Wangen waren bleicher, bronziert vom Schmelzofen, in dem er das Metall seines Buches gegossen hat«.[100]

Proust plante, am 15. August nach Cabourg zu fahren, änderte dann aber seinen Entschluß, nachdem er am 14. mit Berry im Ritz diniert hatte: »[...] der Champagner war allzu gut, er ging in den Bois, der ›herrlich war in der Stille, der Einsamkeit und dem Mondlicht‹, um sich von den Wirkungen des Champagners zu erholen, und entschied, daß er in Paris am glücklichsten war; so verzichtete er für immer auf das Auto und auf Cabourg.«[101] Er hatte einen

Makler an der Place Victor Hugo beauftragt, eine Wohnung zu suchen, und im September, als Réjane und die Porels in Venedig waren, erhielt er die Nachricht von einer Wohnung im vierten Stock an der Rue Hamelin, einer vornehmen und ruhigen Straße nahe der Place Kléber.[102] Das Haus, mit einem Lift ausgestattet,[103] war kürzlich von einer gewissen Madame Boulet gekauft worden, die darin möblierte Mietwohnungen einrichten wollte. Proust schickte Céleste zur Besichtigung und entschloß sich dann, die Wohnung unbesehen zu mieten. Er hatte zwar nicht vor, auf Dauer dort zu bleiben, fühlte sich jedoch im Haus der Réjane nicht wohl, und konnte sich hier nun etwas bequemer einrichten.

29. Kleinerer Raum

Obwohl Proust für eine möblierte Wohnung bezahlte, ließ er die Möbel von Madame Boulet entfernen. Zur Geräuschdämpfung wollte er überall Teppiche gelegt haben, die festgenagelt werden mußten. Céleste beaufsichtigte die Handwerker.[1] Wie am Boulevard Haussmann wurden drei Schalter über dem Bett installiert: einer für die Klingel, einer für die Lampe und einer für den Wasserkessel. Die Einrichtung glich jener der alten Wohnung, nur waren die Räume hier kleiner.

Am 1. Oktober 1919 zog er ein. Sein Schlafzimmer lag am einen Ende der Wohnung, dasjenige Rochats am anderen. Das Zimmer Célestes »lag gleich neben der Wohnungstür«. Es gab außerdem zwei Salons, einen großen und einen kleinen sowie ein viertes Schlafzimmer, das sich bald mit Büchern und unbenutztem Silber füllte. Prousts großes, von den Räucherungen stark angelaufenes Messingbett wurde mit dem dahinter stehenden Wandschirm so nahe wie möglich an den Kamin gerückt, obwohl sich dann die Zimmertür kaum noch öffnen ließ. Der kleine chinesische Schrank wurde an den gleichen Platz gestellt wie früher, ebenso die drei Tische für die Hefte und das Schreibpapier, für Taschentücher, das Papier zum Anzünden des Legras-Pulvers, die Brillen und die Uhr.[2]

Auf dem Kaminsims stand eine Reihe Bücher. Am Fenster hingen blaue Satinvorhänge. Zu den Bildern, die er behalten hatte, gehörten die Porträts seiner Eltern, Blanches Porträt von ihm sowie das

Gemälde von Helleu. War sein früheres Schlafzimmer den Besuchern überfüllt vorgekommen, so erschien dieses Zimmer nun fast kahl. Es gab nur ein Fenster, und das Holz, das man nicht neu gestrichen hatte, war arg zerkratzt, doch am schlimmsten war der Umstand, daß man den Raum außer mit der Zentralheizung, die Proust nicht vertrug, kaum heizen konnte. Die Kamine waren klein, und der Rauch drang ins Zimmer: »Dieser Rauch macht mich krank, Céleste. Ich habe einen Geschmack von Holz im Mund und in den Bronchien. Ich kann nicht mehr atmen. Damit müssen wir aufhören.«[3] Unablässig, fast inbrünstig arbeitete er in dem ungeheizten Zimmer und beklagte sich nie über die Kälte, sondern bat lediglich um ein paar Pullover mehr, die er jedoch nie anzog. Wie früher legt er sie sich über die Schultern, und wie früher rutschten sie hinunter und sammelten sich hinter ihm an.

Im November war er krank, so daß er einige Tage »zur geringsten Bewegung unfähig« war.[4] Obwohl man ihm wegen seiner Sprechstörungen davon abgeraten hatte, nahm er noch mehr Veronal ein.[5] Allerdings war er nicht so krank, daß er einen Artikel von Albert Thibaudet im Novemberheft der *NRF* übersehen hätte. Unter dem Titel »Ein literarischer Streit um den Stil Flauberts« hieß es darin: »[...] Flaubert n'est pas un grand *écrivain de race* et [...] la pleine maîtrise verbale ne lui était pas donnée dans sa nature même«.[6] Da Prousts Bücher eingelagert waren, mußte er zwar aus dem Gedächtnis zitieren, wie er auch in seinen Briefen zu tun pflegte, aber er verteidigte Flaubert in einem fünfzehnseitigen Essay »Über den ›Stil‹ Flauberts«: »Erst jetzt eben las ich (und das hindert mich, eine gründliche Untersuchung vorzunehmen) den Artikel des trefflichen Kritikers der *Nouvelle Revue Française* über Flauberts Stil. Ich gestehe, daß ich verblüfft war, einen Mann als wenig begabt zum Schreiben behandelt zu sehen, der durch den vollkommen neuen Gebrauch des *passé défini*, des *passé indéfini* und des Präsenspartizips sowie mancher Pronomen und Präpositionen unsere Ansicht von den Dingen fast im gleichen Maß erneuert hat wie Kant durch seine Kategorien, die Theorien über die Erkenntnis und die Realität der äußeren Welt.«[7] Wie Thibaudet später einwandte, hatte La Fontaine schon im 17. Jahrhundert dieselbe Form des erzählerischen Imperfekts benutzt, doch Flaubert setzte sie systematischer ein.[8] Proust schrieb: »Nicht daß ich Flauberts Bücher über alles liebte oder auch nur Flauberts Stil. Aus Gründen, die zu entwickeln hier zu weit führen würden, glaube ich, daß allein die Metapher dem Stil eine Art Ewigkeitswert verleihen kann, und im ganzen Werk Flauberts gibt es vielleicht keine einzige schöne Metapher. Ja, noch mehr, seine Bilder sind im allgemeinen so schwach, daß sie sich kaum über solche erheben, die von seinen unbedeutendsten Personen hätten gefunden werden können.«[9]

Prousts Ansicht über Flaubert hatte sich geändert. Wenn er sich beim Schreiben seines Pastiche gefragt hätte, »ob der Gesang, den ich in mir hörte, von der Wiederholung der Imperfektformen oder der Präsenspartizipien herrührte«, wäre er nicht in der Lage gewesen, ihn nachzuahmen. Das Pastiche mag zwar eine Form der Literaturkritik sein, doch ein Pastiche zu schreiben ist das Gegenteil des Schreibens von Literaturkritik, so befriedigend es auch sein mag, zwischen beiden Tätigkeiten hin und her zu wechseln. »Unser Geist ist nie befriedigt, wenn er nicht eine klare Analyse dessen geben kann, was er zunächst unbewußt hervorgebracht hat, oder eine lebendige Nachschöpfung dessen, was er zunächst geduldig analysiert hat.«[10]

Proust konnte sich die Gelegenheit nicht entgehen lassen, in dem Essay für seinen eigenen Roman zu werben.

> Manche, selbst literarisch gebildete Leute glaubten bei *Du côté de chez Swann* unter Verkennung der strengen, wenn auch verschleierten Komposition (die vielleicht schwieriger erkennbar war, weil ihr eine weite Öffnung des Zirkels eigen ist und das symmetrische Gegenstück zu einer früheren Passage, weil Ursache und Wirkung sich in einem großen Abstand voneinander befinden), daß mein Roman eine Art Sammlung von Erinnerungen sei, die sich nach den zufälligen Gesetzen der Ideenassoziation miteinander verknüpfen. Sie zitierten zur Unterstützung dieser Gegenwahrheit Seiten, wo ein paar Krümel einer in Tee eingetauchten ›Madeleine‹ mir (oder doch wenigstens dem Erzähler, der ›ich‹ sagt, der ich aber nicht immer bin) eine ganze Zeit meines Lebens ins Gedächtnis rufen, die im ersten Teil des Werkes vergessen ist. Ohne nun im Augenblick von dem Wert zu sprechen, den ich solchen unbewußten Wiedererinnerungen beimesse, auf die ich im letzten […] Band meines Werkes meine ganze Kunst-

theorie stütze, und wenn ich mich einmal nur an den Gesichtspunkt der Komposition halte, so habe ich lediglich, um von einer Ebene auf die andere überzuwechseln, nicht eine Tatsache benutzt, sondern etwas, was ich als Verbindung reiner und kostbarer gefunden habe. Schlagen Sie die *Mémoires d'outre tombe* oder die *Filles du feu* von Gérard de Nerval auf, und Sie werden sehen, daß diese beiden großen Schriftsteller [...] dieses Verfahren des plötzlichen Übergangs vollkommen beherrschten. Als Chateaubriand [...] in Montbessier ist, hört er plötzlich eine Drossel singen. Und dieser Gesang, den er in seiner Jugend so oft hörte, läßt ihn sogleich nach Combourg zurückkehren und treibt ihn – und den Leser mit ihm –, in eine andere Zeit und in eine andere Provinz überzuwechseln. Ebenso verhält es sich bei *Sylvie*, deren erster Teil vor einer Bühne spielt, in dem die Liebe Gérard de Nervals zu einer Schauspielerin beschrieben wird. Plötzlich fällt sein Blick auf eine Ankündigung: ›Morgen werden die Bogenschützen von Loisy ...‹ Diese Worte erwecken eine Erinnerung, oder vielmehr zwei Zuneigungen aus seiner Kindheit: Unverzüglich wird der Ort der Novelle verändert. Dieses Phänomen des Gedächtnisses hat Nerval als Überleitung gedient, diesem großen Genie, dessen Werke fast alle den Titel haben könnten, den ich zunächst einem der meinigen gegeben hatte: *Les intermittences du cœur.*[11]

Der Essay wurde am 10. Dezember der *NRF* übergeben, an dem Tag, da die Jury des Prix Goncourt sich versammelte. Im September hatte Proust gegenüber Louis de Robert angekündigt, daß er sich bewerben wolle. Keine andere Vorahnung hätte inspirierter sein können. Als Reynaldo Hahn die Daudets in ihrem Landhaus in der Nähe von Tours besuchte, erfuhr er von Léons Absicht, Proust seine Stimme zu geben,[12] und sowohl Robert de Flers als auch Louis de Robert waren in guter Position, um einen entsprechenden Einfluß auszuüben. Daudet kam am Nachmittag des 10. Dezember 1919 zusammen mit den anderen Jurymitgliedern bei Proust mit der Nachricht an, daß er gewonnen habe. Sie waren noch anwesend, als Gallimard in Begleitung von Jacques Rivière und dem Geschäftsführer Gustave Tronche eintraf, um ihn zu beglückwünschen.[13] Proust konnte sein Glück kaum fassen, besonders als er in den Zeitungen die Anzeigen las: »Prix Goncourt: Raymond Dorgelès. *Les croix de bois*.« Die Worte »4 von 10 Stimmen« standen im Kleindruck darunter.[14] Sechs Jurymitglieder hatten für Proust gestimmt.

Mit neunundvierzig Jahren war er nun auf einmal berühmt. Am Morgen enthielten neunundzwanzig Zeitungen Artikel über ihn. Der scharfsinnigste fand sich im *Excelsior*, wo Rivière den Roman als das »größte Monument der Psychologie« seit den Memoiren von Saint-Simon begrüßte und Proust dafür lobte, daß er mit so großer Geduld und Gewissenhaftigkeit in die Empfindungen seiner Figuren eindringe. »Er ist ein Anatom. Trägheit fehlt ihm ebenso wie einem Gelehrten. Und wie ein Gelehrter hat auch er eine tiefe Abneigung gegen jedes allzu große Wort, gegen jede Maßlosigkeit. Er ist im Grunde ein Antiromantiker von großer Ernsthaftigkeit.«[15]

Bis zum Monatsende erhielt er 870 Glückwunschbriefe.[16] Réjane ließ ihn durch ihren Sohn, Jacques Porel, den Monsieur Proust gut kannte und schätzte, fragen, was sie ihm zum Zeichen ihrer Freude über den Goncourt schenken könne. Er antwortete, das schönste Geschenk wäre eine Photographie von ihr, wenn sie eine habe, im Kostüm des Prinzen von Sagan, der Starrolle in einer berühmten Revue im Theater L'Epatant. An dem Abend, an dem Jacques Porel ihm die Photographie mit einer Widmung der Réjane brachte, hat er sie mir gezeigt und wie üblich Erklärungen dazu abgegeben.

›Schauen Sie, Céleste ... Von allen Frauen konnte nur sie sich die Kühnheit erlauben, mit dieser Eleganz und Raffinesse Männerkleidung zu tragen, Frack, Zylinder und Monokel. Und sehen Sie sich die Gardenie im Knopfloch an ... Nur eins ist schade, daß sie ihre Perlenohrringe anbehalten hat.‹

Er war beglückt wie ein Kind.[17]

Die Preissumme betrug 5000 Francs, von denen ein großer Teil im Ritz ausgegeben wurde,[18] doch wie bei den meisten Literaturpreisen war die wichtigste Belohnung die Steigerung der Verkaufszahlen.[19] Die Bestände von *A l'ombre des jeunes filles en fleurs* in den Buchhandlungen waren rasch ausverkauft, doch am 21. Dezember war eine Neuauflage gedruckt, die sich mit der Banderole ›Prix Goncourt‹ schnell verkaufte.

Proust wurde als Berühmtheit gefeiert. Harold Nicolson schreibt:

»Abends pflegte er sich in seinen raffinierten Anzug zu kleiden (mit den weißen Glacéhandschuhen, die einen Klappzylinder umklammerten) und die Empfänge für die Teilnehmer der Friedenskonferenz zu besuchen. Er trat dort auf wie Beethoven auf dem Wiener Kongreß ... Er eilte von Mister Balfour zu Monsieur Venizelos, von Marschall Foch zu Monsieur Berthelot. Er war sehr freundlich, er war krank, und er war erheiternd. Er hörte sich gerne Geschichten von der Friedenskonferenz an. Des frühen und dauerhaften Monuments seines bevorstehenden Ruhmes schien er sich völlig unbewußt zu sein.« Auf einem dieser Empfänge bestand Proust darauf, Nicolson einem Mann vorzustellen, den dieser schon kannte, dem Marquis de Chaumont. Nicolson würde sicherlich verstehen, »wieviel Freude es ihm machen würde, einen Engländer am Arm zu fassen, ihn quer durch den Raum zu zerren und zu sagen: ›Mein lieber Jacques, erlauben Sie mir ...‹« Nicolson zögerte. »Sehen Sie nicht? Es ist so einfach! Gehen wir! Seien Sie nicht unverständig.« Und als Nicolson nachgab, »schnurrte er wie ein kleiner Siamkater«. Als er dann Chaumont schriftlich um die Erlaubnis bat, ihn in dem Pastiche auf Saint-Simon namentlich zu erwähnen, lehnte der antisemitische Marquis ab, weil er befürchtete, daß dies seine Chancen bei der Aufnahme in den Jockey Club schmälern könnte.[20]

Obwohl der Prix Goncourt Prousts finanzielle Lage verbesserte, war das Problem mit dem Scheck der Warburg-Bank so kompliziert wie eh und je. Als Robert de Billy im Oktober davon hörte, bot er an, den Scheck über seine Bank einzulösen, die ihn jedoch nur als Sicherheit für einen Kredit akzeptieren wollte, für den er selbst zu bürgen hätte. Er tat es aber trotzdem und übergab das Geld an Proust, der es jetzt aber nicht mehr dringend brauchte, hauptsächlich dank seiner Aktien der Royal Dutch. Er hatte vorgehabt, sie zu verkaufen, wußte aber nicht mehr genau, wie viele er besaß: Noch immer waren drei davon in seinem Besitz. Aufgrund eines Bonus waren aus den drei Aktien inzwischen elf geworden, und wegen der Nachkriegsinflation bei den Ölpreisen war jede einzelne von ihnen jetzt 34 000 Francs wert.[21]

Als bedeutendster unter den vielen Bewunderern, die er durch den Preis gefunden hatte, sollte sich Jacques Boulenger erweisen, der Herausgeber von *L'Opinion*, der in seinem Blatt ein scharfsinniges Lob des Romans veröffentlichte[22] und Proust einen Brief schrieb, in dem er sich als Prousts »Fürsprecher« bezeichnete.[23] Proust wußte noch nicht, daß er nach Jahren des Aufbaus und der Pflege von Freundschaften, die nur ein Minimum an direkten Begegnungen zur Folge hatten, einen Mann gefunden hatte, der seine Neigung teilte, auf schriftlichem Wege Freunde zu gewinnen und persönlichen Begegnungen aus dem Weg zu gehen. Proust, der neugierig darauf war, seinen Fürsprecher kennenzulernen, lud Boulenger für den 4. Januar 1920 zu einem kleinen Nachtessen in seinem Schlafzimmer und zu einem späteren Diner ins Ritz ein.[24] Boulenger nahm keine der Einladungen ins Ritz an,[25] verhielt sich jedoch in seinen Briefen weiterhin freundlich, und noch freundlicher äußerte er sich in seinen veröffentlichten Kritiken. Proust, der kaum einen Rivalen hatte, wenn es um das Vermeiden persönlicher Begegnungen ging, versuchte in den nächsten Monaten weiterhin erfolglos, ein Treffen mit Boulenger zu verwirklichen.

In seiner Begeisterung für die briefliche Nähe präsentierte sich Proust so, als ob er noch einmal die Fragen in einem Bekenntnisalbum beantworten würde. Er war ein Mensch geworden, der nachts gar nicht und tagsüber nur für wenige Minuten zu schlafen versuchte.[26] Sein regelmäßiger Veronalkonsum hatte sich verdoppelt, und er hatte den Versuch, die Fahnen zu korrigieren, aufgegeben. Seine größte Kraftanstrengung war das Damespiel mit Henri Rochat. Seine besten Freunde traf er alle zehn Jahre einmal, und sein einziger Ehrgeiz war es, ein Quell der Aufklärung zu sein.[27] Noch immer zweifelte er, ob er überhaupt Talent besitze.[28]

Sein zweiter Fürsprecher war Jacques Rivière, dessen Essay, »Marcel Proust et la tradition classique«, in der Februarnummer der *NRF* erschien. Seit Stendhal, hieß es dort, seien die einzigen psychologischen Einsichten in der Literatur impressionistische gewesen, doch indem Proust das Bewußtsein ins Zentrum der Aufmerksamkeit rücke, knüpfe er an die Tradition Racines an: ein nachdrückliches Argument gegen jene Kritiker, die den Roman entweder für zu innovativ oder zu selbstgefällig hielten.[29]

Proust konnte sich nicht daran erinnern, wann er zum letzten Mal im Louvre gewesen war. An Boulenger schrieb er, es sei vor sechsundzwanzig Jahren gewesen, an Vaudoyer, »vor fünfzehn Jahren«.[30] Die Frage stellte sich, als Daniel Halévy berühmten Schriftstellern einen Fragebogen zukommen ließ, in dem sie gefragt wurden, welche acht Gemälde ausgestellt werden sollten, wenn der Louvre eine Auswahl französischer Meisterwerke zu präsentieren hätte.[31] In einem langen Brief an Vaudoyer erklärte er, daß er Halévy krankheitshalber nicht habe antworten können, und schlug die folgenden Gemälde vor: von Chardin ein Selbstporträt, ein Porträt seiner Frau und ein Stilleben; Millets *Der Frühling*, Manets *Olympia*, *Die Steilküste von Etretat* von Monet, einen Renoir oder die *Dantebarke*[32] oder Corots *Cathédrale de Chartres*, von Watteau *Der Gleichgültige* oder *Die Einschiffung nach Kythera*.[33]

Renoir war Proust wegen der Brille eingefallen, die er sich nach so vielen Jahren endlich gekauft hatte.[34] Beim Maler wie beim Schriftsteller bestehe die Originalität darin, Zusammenhänge zwischen Dingen zu finden, die man normalerweise nicht als verbunden ansieht, und am Anfang fällt es dem Publikum schwer, darauf verständnisvoll zu reagieren. Der »originelle Maler und der originelle Schriftsteller [gehen] wie Augenärzte vor«, schrieb Proust, wobei er selbst zwei Dinge miteinander verband, die normalerweise nicht in Verbindung gebracht werden, und der Widerstand des Publikums werde schließlich überwunden, wenn es zum Hinschauen gebracht wird. »Und siehe, die Welt, die nicht nur einmal geschaffen wurde, sondern sooft ein neuer Künstler auftaucht, erscheint uns – so sehr zwar von der alten unterschieden – doch vollkommen klar.«[35] Nachdem er jahrelang beim Lesen und Schreiben seine Augenschmerzen hingenommen hatte, konnte Proust plötzlich wieder klar sehen, und auch im Roman spricht der Erzähler davon, wie der Optiker seinen Kunden zu einer neuen Sicht der Welt verhilft.[36] Proust war jedoch immer noch zu eitel, um die Brille außerhalb des Schlafzimmers aufzusetzen.

Ständig hielt er Ausschau nach Gelegenheiten, um bedürftigen Freunden zu helfen, und als im März Pierre de Polignac die Adoptivtochter des Fürsten von Monaco, Charlotte Grimaldi, Duchesse de Valentinois, heiratete,[37] hatte Proust die Idee, für den mittellosen Rivière, dessen Frau gerade ein Kind zur Welt gebracht hatte, in Monaco einige Lesungen zu organisieren.[38] Allerdings konnte Proust seinem Freund erst gegen Jahresende finanziell helfen, und obwohl er Rivières Herausgebertätigkeit bei der *NRF* mit Skepsis betrachtete, war ihre Freundschaft doch ein wichtiger Faktor bei den Vereinbarungen mit dem Verlag, da Rivière zwischen Proust und Gallimard als Mittler diente.

Proust hatte große Schwierigkeiten, bei der Korrektur der Fahnen voranzukommen, und suchte nach Hilfe. Der vierundzwanzigjährige Dadaist André Breton übernahm die Aufgabe, erledigte sie jedoch sehr großzügig. Immerhin soll er seine Dadaistenfreunde mit seiner Begeisterung über das Buch angesteckt haben.[39] Um einen weiteren Band ohne ungebührliche Verzögerung in die Buchhandlungen zu bringen, versicherte Gallimard sich der Mithilfe Rivières, um Proust zu überreden, *Guermantes* in zwei Bänden zu veröffentlichen. Nachdem Proust zugestimmt hatte, wurde er bei der Korrektur für den ersten Teil zur Eile gedrängt; er lieferte die Fahnen Mitte Mai ab.[40]

Inzwischen hatte die *NRF* fünfzig Exemplare von *A l'ombre des jeunes filles en fleurs* in einer Luxusausgabe mit handschriftlichem Material für 300 Francs veröffentlicht.[41] Die mit Korrekturen übersäten Fahnen der Grasset-Ausgabe von 1914 waren zerschnitten und zusammen mit handschriftlichen Aufzeichnungen in fünfzig Exemplare eingebunden worden.[42] Prinzessin Soutzo kaufte eines der Exemplare, Berry drei, doch Sydney Schiff wollte keines subskribieren,[43] weil ihn der Gedanke ärgerte, daß irgend jemand anderer ein Exemplar zum gleichen Preis kaufen konnte.[44]

Proust ließ sich durch die Korrekturarbeit nicht bei seinen Ausgängen einschränken, und ohne bewußten Vorsatz sammelte er weiteres Material für die Kostümball-Episode. Als er Ende April eine Aufführung der Ballets russes[45] besuchte, stellte er fest, daß ihn das Geschehen auf der Bühne kaum interessierte, wohl aber der siebenundsiebzigjährige Comte d'Haussonville, der im Publikum saß. »Ich habe ihn kaum erkannt (und er hat mich nicht gesehen), doch schien es mir, daß die Jahre seinem Kopf, ohne dessen Rundung zu verändern, eine Erhabenheit verliehen, die er in diesem Maße zuvor nicht besessen hatte«, schrieb er an Madame Straus.[46] Die gleichen Worte benutzt er in seiner Beschreibung des alten Herzogs von Guermantes: »Er war nur noch eine Ruine, aber eine großartige, oder eigentlich weniger noch als eine Ruine, eher das romantische Bild eines Felsens im Sturm. Auf allen Seiten von Wogen des Leidens, des Zorns über seine Leiden und der steigenden Flut des Todes, die ihn rings einzuschließen drohte, gepeitscht, bewahrte er

auf seinem gleich einem Felsblock verwitterten Gesicht den Stil, den
Schnitt, den ich immer bewundert hatte.«[47] Obwohl er Ende Mai so
krank war, daß er Briefe nur diktieren konnte, glaubte er aufgrund
seiner Auszeichnung mit dem Prix Goncourt auf die Aufnahme in
die Académie Française hoffen zu können. Rivière erhielt einen
Brief in Rochats schöner Handschrift, mit der Frage: »Wäre es für
die *NRF* eher angenehm oder eher unangenehm, für meine Bücher
eher vorteilhaft oder eher nachteilig, wenn ich mich (bei Aussicht
auf Erfolg, ohne die ich es nicht tun würde) für die Académie bewerben würde?«[48] Rivière wußte, daß die Bewerbung aussichtslos war.
»Glauben Sie wirklich, daß Sie Chancen haben? […] Vergessen Sie
nicht die Kraft, von der Ihr Werk so erfüllt ist. Sie sind kein aggressi-
ver Schriftsteller und auch nicht wutschnaubend, das versteht sich,
und das ist einer der Vorzüge, die ich an Ihnen am meisten schätze;
aber Sie könnten sich noch so sehr bemühen, Sie sind zu dicht, zu
positiv, zu wahrhaftig für die Leute dort. Die können Sie allesamt
nicht verstehen: Ihr Schlaf ist zu tief.«[49]

Mitte Juni ging es ihm wieder so gut, daß er die Einladung der
Prinzessin Soutzo in ihre Opernloge zur Hauptprobe von Shakespeares *Antonius und Cleopatra*, in der Übersetzung von Gide,
annehmen konnte. Ein weiterer Gast war Henri Bardac, der sich
darüber beklagte, daß Proust pausenlos redete.[50] Als Proust in der
Pause die Nachricht vom Tod der Schauspielerin Réjane erreichte,
eilte er in das Haus, wo er vor so kurzer Zeit noch gewohnt hatte.[51]

Ende Juni las Rivière die Fahnen von *Guermantes*. »Als ich aus
Paris abreiste, habe ich die Fahnen von *Guermantes* mitgenommen.
Ich habe sie in der Eisenbahn zu lesen begonnen, sogleich unwiderstehlich mit Emotion, Begeisterung und Gefühlsaufwallung erfüllt.
Sie sind ein großer Schriftsteller, und in diesem Anfang Ihres neuen
Buches, das noch mehr poetisch als psychologisch ist oder das
zumindest Passagen mit äußerlichen Beschreibungen enthält, die
noch ausführlicher sind als die früheren […], entwickeln Sie Quali-
täten des Stils, die noch erstaunlicher sind als jene, die Sie bereits
demonstriert haben.«[52] Nach einem herablassenden Artikel von
Pierre Lasserre in der Julinummer der *Revue universelle*, »Marcel
Proust humoriste et moraliste«, entwarf Proust etwa zehn Zeilen
einer Widerlegung, die in die »Revue des Revues«, eine regelmäßige
Kolumne in der *NRF*, aufgenommen werden sollten. Manchmal

war diese Kolumne nicht namentlich gezeichnet, doch für den Fall, daß man sie zeichnen würde, wollte er es so aussehen lassen, daß der Unterzeichnende die zehn jedoch von Proust stammenden Zeilen geschrieben hätte.[53] Rivière willigte ein, bot an, den Artikel zu zeichnen und den übrigen Teil davon selbst zu schreiben.[54]

Rivière, der sich nicht weniger nachdrücklich als Boulenger für Proust einsetzte, hatte eine Schlüsselposition inne. »Ich halte es für einen wichtigen Teil meiner Aufgabe als Herausgeber, Ihren Werken den Weg zu bahnen. [...] Wenn ich zu etwas fähig bin, dann nehme ich es auf mich, in den Köpfen nach und nach eine Neigung zu wecken, die zu einem immer tieferen und leidenschaftlicheren Verständnis Ihres Werkes führt. [...] Ich will zu einer Renaissance der Psychologie beitragen. Und Sie werden zwangsläufig nicht nur als ihr Vorläufer, sondern als der wichtigste Protagonist auftreten.«[55]

Proust sandte Rivière schließlich einen Text, der viel länger als zehn Zeilen war und dessen Mittelpunkt ein längeres Zitat aus dem Artikel von Jacques-Emile Blanche bildete.[56] Wie in der *NRF* bekannt sei, verabscheue er, Proust, den Obertitel *A la recherche du temps perdu*. Er hätte den Titel *Le temps perdu* vorgezogen, diesen jedoch fallengelassen, als er gehört hatte, daß Francis Carco ihn als Titel für eine neue, von ihm herausgegebene Zeitschrift benutzen wollte.[57] Rivière, der sich sträubte, Blanche zu zitieren – der in verschiedenen Auseinandersetzungen ein häufiger Gegner von ihm war –, und zögerte, Prousts Vorbehalte gegenüber einem bereits festgelegten Titel öffentlich zu machen, schrieb eine eigene, lebhafte Verteidigung Prousts, wobei er allerdings dem Vorwurf Lasserres zustimmte, es gebe bei Proust zu viele »lebendige, persönliche, originelle Eindrücke, die es wert sind, aufgeschrieben zu werden«. Proust müsse sich fortwährend gegen eine Flut von Eindrücken wehren: »[...] seine ganze Kunst beschränkt sich vielleicht gerade darauf, seinem Gedächtnis standzuhalten, ihm die Stirn zu bieten – einem Gedächtnis, das wohl zu den reichhaltigsten gehört, die man jemals kennengelernt hat.«[58] Nachdem er Rivière dessen hartnäckige Weigerung vorgeworfen hatte, Blanche zu zitieren,[59] schrieb Proust an Boulenger: »Jacques Rivière ist zwar sanft und gut wie das Jesuskind, aber störrisch wie die Eselin.«[60]

Proust war freilich nicht zu sehr verärgert, um ihn für einen mit 12 000 Francs dotierten Literaturpreis vorzuschlagen. Eine reiche

Amerikanerin, Mrs. George Blumenthal, hatte eine Stiftung gegründet, die mit einem Literaturpreis einen jungen französischen Schriftsteller unterstützen sollte, und sie wählte Proust in die Jury, der auch Bergson, Gide, Valéry, Robert de Flers, Anna de Noailles, René Boylesve, Emile Boutroux und Edmond Jaloux angehörten. Als die Jury sich Ende September versammelte, stand Proust zwar auf, traf aber verspätet ein. »›Seine Erscheinung und sein Lächeln glichen dem einer Wahrsagerin‹, war Boylesves hartes Urteil.«[61] Proust hatte nicht nur Schmerzen – seine Ohrenpropfen verursachten wiederholt Mittelohrentzündung –, sondern auch große Schwierigkeiten, zu stehen und zu sprechen. Proust stellte jedoch das einstimmige Urteil für Rivière sicher.

Bergson war inzwischen einundsechzig geworden und litt an Schlaflosigkeit. Als die beiden über diese Krankheit und ihre jeweiligen Gegenmaßnahmen sprachen, sahen sie aus, schrieb Jaloux, »wie zwei schwarze Nachtvögel, die in der Dunkelheit gewöhnlich gut sahen, wunderbare Schürfer der Schätze des Geistes und des unbewußten Denkens«,[62] die aus ihrer Krankheit so verblüffende Schlüsse über das Wirken geheimnisvoller Gesetze, über die Auswirkungen auf den Intellekt und das Unbewußte herleiteten, »daß die Schlaflosigkeit beinahe ein Segen zu sein schien«.[63]

Um eben diese Gesetze aufzudecken und zu formulieren, hatte Proust seinen eigentümlichen Prosastil entwickelt. Als er Paul Morand für dessen »einzigartigen Stil« lobte, dachte er an sein eigenes Schreiben und an seine Kennzeichnung der Originalität als einer Begabung, unerwartete Verbindungen herzustellen. »Selbst die Schönheit des Stils ist ein untrügliches Zeichen dafür, daß der Gedanke sich erhebt, daß er den notwendigen Zusammenhang zwischen Gegenständen, die ihre Zufälligkeit getrennt belassen hatte, entdeckt und geknüpft hat.«[64] »Dieser neue Schriftsteller ist im allgemeinen ziemlich mühsam zu lesen und schwer zu verstehen, weil er die Dinge durch neue Zusammenhänge verbindet.«[65] Wir werden hier an seine frühere Aussage über Renoir und den Optiker erinnern.

Als dieser elfseitige Essay in *La Revue de Paris* veröffentlicht wurde, zahlte ihm Calmann-Lévy dafür nur 200 Francs – den Betrag, den Calmette für einen kurzen Artikel zu zahlen pflegte –, und Proust fragte bei Boulenger nach, ob man ihm nicht zu wenig bezahlt habe.[66] Das war nicht der Fall; außerdem konnte er seine

Überlegungen zum Tod in *La prisonnière* und in *Le temps retrouvé* wiederverwerten. Diese Überlegungen hatten zwar nichts mit Morands Erzählung zu tun, doch schon seit seiner journalistischen Tätigkeit für den *Figaro* neigte Proust zu Abschweifungen über eigene Themen.

Obwohl er inzwischen weniger häufig ins Ritz ging, verbrachte er dort einen Abend zusammen mit Walter Berry, Marthe Bibesco und ihrem Ehemann. Zuerst erkannte sie ihn nicht.

> Als ich die lange Galerie betrat, an deren Ende vor der Glaswand des Restaurants ein rotes Kanapee steht, erhob sich Berry gerade, um uns zu begrüßen. Er wurde von jemandem begleitet, den ich nicht kannte. Er war, ohne Bart, geradezu unwahrscheinlich jung, nur mit einem schwarzen Schnurrbärtchen auf der Oberlippe, der junge Mann aus dem Buch, der Marcel Proust von Combray [...]; dies war nicht mehr der Mann mit dem schwarzen Bart aus meinen Jugendtagen. Er durchforschte mein Gesicht ohne jeden Versuch einer konventionellen Tarnung, vielmehr mit ruhigem, von Neugier beseeltem Ernst. Dann sprach er, zu Walter Berry gewendet, von der Zeichnung meiner Nasenflügel, als wäre ich ein unbelebtes Bildwerk. – An diese Linie, sagte er zu ihm, erinnerte ich mich. Nach ihr habe ich gesucht. Man hätte meinen können, ein Bildhauer spreche von einer Arbeit, die er gerade unter Händen hat. Hatten wir nicht alle einen der winzigen Steine herbeigetragen, die ihm zur Errichtung seiner Kirche dienten?[67]

Bei einer Dinereinladung im Ritz gegen Ende September war einer seiner Gäste Paul Souday, der in einem am 1. Oktober in *Paris-Midi* erscheinenden Artikel über ihn schrieb.[68] Am 25. September 1920 wurde Proust zum Ritter der Ehrenlegion ernannt, was für ihn weniger Gewicht hatte als sein allgemeines Unwohlsein. Ohne die Korkverkleidung an den Wänden mußte er ständig entweder den Lärm ertragen oder Ohrenpfropfen benutzen, die bei ihm Mittelohrentzündungen verursachten. Ende September litt er erneut daran,[69] und um die Oktobermitte hatte er zehn Tage lang 40 Grad Fieber.[70]

Während der nun schon lange andauernden Zeit, in der Proust an Fieber und an nachlassender Sehkraft litt und in der seine Energie immer mehr schwand, hatte sich die Unordnung in seinem Schlafzimmer noch vergrößert. Auch wenn Céleste ihr Bestes tat, um das Schlafzimmer in Ordnung zu halten, und seine Briefe in Schachteln einsortierte,[71] war Rochat zu träge, um die Papiere zu ordnen. Da Proust bei der Wahl seiner Sekretäre mehr Wert auf ihr Aussehen als auf ihr Können legte, mußte er hinnehmen, weiterhin von einem Papierchaos umgeben zu sein. Wegen seiner Staubempfindlichkeit durfte Céleste die Papiere auf dem Bett nicht ordnen, wenn er im Zimmer war[72] – und häufig säuberte sie das Zimmer um Mitternacht, wenn er ausgegangen war –, und wie immer kam es vor, daß Briefe, die er schrieb oder diktierte, verlegt wurden, um dann ein Jahr später wieder aufzutauchen.[73] Auch Briefe, die an ihn adressiert waren, erhielt er nicht immer, weil die Concierge ihre vierjährige Enkelin beauftragte, sie hinaufzutragen, und gelegentlich fand diese es lustiger, sie zu zerreißen.[74] Proust gingen auch Exemplare seiner eigenen Bücher verloren. Die Druckerei stellte den ersten Band von *Guermantes* Mitte August fertig, doch die Hälfte der an Proust geschickten Exemplare verschwanden.[75]

Die *NRF* erwies sich bei der Zahlung der Honorare als ebenso unpünktlich wie Grasset. Der erste Teil von *Guermantes* kam Ende Oktober in die Buchhandlungen. Bei Erscheinen jedes neuen Bandes mußte er 150 Exemplare signieren, weil es bei der *NRF* üblich war, vom Autor signierte Rezensionsexemplare zu verschicken.[76] Außerdem signierte er Exemplare für seine Freunde und Bekannten. In seiner Widmung für Vaudoyer lud er diesen zu einer Aufführung des XIV. Streichquartetts von Beethoven in seinem Schlafzimmer ein.[77] Das Novemberheft der *NRF* enthielt einen nicht gezeichneten Text im Anzeigenteil: »Es gibt zwanzig verschiedene Arten von Überraschungen. Bei Marcel Proust erleben wir vor allem die der psychologischen Vertiefung, wie Wesen komplizierter werden, fortdauern, sich oft auch widersprechen, oder in einem Wort, menschlicher werden; Wesen, deren Geheimnis und deren endgültige Gestalt wir doch zu kennen glaubten. In diesem dritten Band seines unermeßlichen und wunderbaren Romans stellt der Autor uns nur wenige neue Personen vor. Trotzdem überrascht er uns immer wieder von neuem; wir dringen in sein Werk wie in den innersten Kern eines Märchens vor. [...] Von neuem, und mit mehr Grund als jemals zuvor, wird man die langsame und ausführliche Vorgehensweise bewundern, die Kunst, von innen heraus zu konstruieren, Wesen zu erschaffen allein durch die Analyse ihrer Manien, ihrer Tics, ihrer Sprache: die meisterhaften Fähigkeiten des großen Psychologen, den Marcel Proust verkörpert.«[78] Offensichtlich hatte Rivière dies geschrieben.[79] Zwar setzten beide Fürsprecher Prousts sich vorteilhaft für ihn ein, doch einige andere Rezensenten waren kritischer. Paul Souday, der für *Le Temps* schrieb, warf ihm vor, allmählich snobistisch und »feminin« zu wirken.[80] Proust wandte ein:

> Wie konnten Sie, der Sie vermutlich wissen, daß ich mein Leben lang Herzoginnen von Guermantes gekannt habe, nicht verstehen, welche Mühe ich mir hatte geben müssen, um mich an die Stelle eines Menschen zu versetzen, der sie nie kennenlernen wird und doch gerne kennenlernen möchte? Hier, wie für den Traum usw. usw. habe ich versucht, die Dinge von innen her zu sehen, die Phantasie zu studieren. Snobistische Romanautoren sind jene, die den Snobismus, den sie selbst praktizieren, von außen her schildern.[81]

Am 3. Dezember hatte er nachmittags um fünf einen Anfall, und um sieben Uhr ging es ihm immer noch so schlecht, daß man ihm nicht ausrichten konnte, daß Gallimard und Rivière vorbeigekommen waren. Sie gingen wieder weg, ohne ihn gesehen zu haben. Am nächsten Morgen las er jedoch die Rezension von Boulenger in *L'Opinion*. Proust schrieb in seinem Dankesbrief an Souday: »Es gibt darin Passagen von einer wahrhaft überraschenden Tiefgründigkeit und eine verblüffende Trefflichkeit des Ausdrucks für Dinge, die kaum auszudrücken sind.« Aus Dankbarkeit kaufte Proust zwei Exemplare der Luxusausgabe von *Guermantes I*, eines für Boulenger und eines für dessen Bruder, den Romancier Marcel Boulenger.[82]

Zu seinem Asthma, der Schlaflosigkeit und den Augenschmerzen kam im Januar 1921 eine Bronchitis hinzu, und von seinem hartnäckigen Husten fühlte er sich »durchgeschüttelt wie auf einem Schiff«.[83] Über zwei Wochen lang hatte er Fieber und war so heiser, daß er nicht mehr diktieren konnte,[84] doch der Roman hatte inzwischen ein Eigenleben entwickelt. Anfang Januar erschien in der *NRF* die Erzählung über den Tod seiner Großmutter;[85] Ende Februar veröffentlichte die *Revue hebdomadaire* unter dem Titel »Une soirée de brouillard« eine Episode, in der der Erzähler zusammen mit Saint-Loup an einem nebligen Abend in einem Restaurant speist.[86] Und am 1. Februar wurde »Un baiser« in der *NRF* gedruckt – Albertines erster Besuch und der erste Kuß der beiden.[87]

Alle Pläne Prousts über die Zukunft des Romans mußten provisorisch bleiben – sie waren von seinem Überleben abhängig. In seinem Brief vom 11. Januar 1921 an Gallimard kündigte er an: »Die zweite Hälfte des zweiten Bandes [von *Guermantes*] soll *Sodome et Gomorrhe I* sein. Nach diesem Band, dessen Schlußteil auf das Folgende hinweist, werden wir von den mondänen Geschichten, den handlungsarmen Längen usw. endgültig losgekommen sein (deren Notwendigkeit man später, vom Ende her begreifen wird); und *Sodome II*, *Sodome III*, *Sodome IV* und *Le temps retrouvé*, vier umfangreiche Bände, die in ziemlich weiten Abständen aufeinander folgen werden, (wenn Gott mich am Leben läßt), werden, so hoffe ich, Ihnen dann vielleicht von dem, was man mein Talent nennen mag, einen Begriff geben, der jede Reue, mich unter Ihre Autoren eingereiht zu haben, bei Ihnen unterdrücken wird.«[88] Die Hoffnung auf eine gleichzeitige Veröffentlichung aller Bände hatte er endgültig aufgegeben. Ende Januar erhielt er ein Honorar von 7500 Francs für *Guermantes*; *Sodome et Gomorrhe I* war jedoch immer noch im Manuskriptstadium.[89]

Da er befürchtete, Montesquiou werde sich im Band II von *Guermantes*, der am 2. Mai 1921 erscheinen sollte, als Charlus wiedererkennen, schrieb Proust ihm am 9. März, versprach, beide Bände zu schicken[90] und ihm die »beiden einzigen falschen Schlüssel des ganzen Werkes« anzuvertrauen, die jedoch »nur zwei Kapitel aufschließen«.[91] Montesquious Brief zeigte, daß er über die Vorbilder nachgedacht hatte. In Swann erkannte er Charles Ephrussi und in Saint-Loup eine Mischung aus Albu und Guiche, während er den Comte und die Comtesse Greffulhe für die Vorbilder des Herzogs und der Herzogin von Guermantes hielt.[92] Von Charlus nahm er an, er beruhe auf Balzacs kriminellem Helden Vautrin.[93] In seiner Antwort gibt Proust an, daß er sich bei der Restaurantszene mit Saint-Loup an Bertrand de Fénelon erinnert habe, und bei Charlus in der Kasinoepisode in Balbec habe er »eine Sekunde an den verstorbenen Baron Doäzan gedacht, der Stammgast im Salon Aubernon war und dem so etwas gleichsieht. Doch ich habe ihn dann fallenlassen und einen viel breiter angelegten Charlus geformt, der völlig eigene Erfindung ist.«[94]

Um sein Gewissen zu beruhigen und Montesquiou zu Dankbarkeit für einen Gefallen zu verpflichten, empfahl er ihn Jacques Boulenger, der inzwischen die *Revue de la semaine* und *L'Opinion* herausgab, als Kunstkritiker. Proust will geschrieben haben: »Welch ein Jammer, daß dem größten Kunstkritiker unserer Zeit, Monsieur de Montesquiou, nicht eine bedeutende Kunstkritik anvertraut ist.«[95] Proust beschrieb Montesquiou als den »größten Kunstkritiker unserer Epoche« und sich selbst als jemanden, der »während fünfundzwanzig Jahren ohne die geringste Trübung sein Freund gewesen ist, was bei einem Charakter wie dem seinen einmalig ist«.[96] Im Alter isoliert und ohne den erwarteten Ruhm,[97] war Montesquiou jedoch eifersüchtig auf Prousts Erfolg und wies Boulengers Vorstöße verärgert zurück.[98]

Seit dem Winter litt Proust an Urämie,[99] und Anfang April bekam er rheumatisches Fieber, erneut hatte er große Schmerzen und konnte sich kaum rühren.[100] Bevor er sich erholte, zog er sich noch eine Erkältung zu, die Tag und Nacht andauernde Atemstörungen und Erstickungsanfälle auslöste.[101] Er kämpfte jedoch hartnäckig gegen sein Unwohlsein, gegen das Fieber und die Erschöpfung an und schrieb für die *NRF* einen langen Essay über Baudelaire in Form eines Briefes an Jacques Rivière, wobei er ausgiebig aus Gedichten Baudelaires und Victor Hugos zitierte. Da er jedoch zu krank war, um die Zitate selbst zu überprüfen, verließ er sich ausschließlich auf sein ausgezeichnetes, wenn auch zuweilen fehlbares Gedächtnis. Sein Urteil lautet, Hugo habe über die Liebe mit größerer Genauigkeit als Baudelaire geschrieben, indem er sie als einen Konflikt darstelle:

> Elle me regarda de ce regard suprême
> Qui reste à la beauté quand nous en triomphons.
> [Sie sah mich an mit jenem letzten Blick,
> Der der Schönheit bleibt, wenn wir sie besiegen.]

Proust hielt diese Verse für besser als die folgenden Baudelaires:

> ... cette gratitude infinie et sublime
> Qui sort de la paupière ainsi qu'un long soupir ...
> [... diese unendliche und erhabne Dankbarkeit,
> Die wie ein langer Seufzer aus der Wimper bricht.]

Baudelaire, jedem anderen Dichter des 19. Jahrhunderts überlegen, hatte indessen die Rhythmen der Sprache verändert, um die Abgründe zwischen den unscharfen Rändern des Gefühlslebens und den glatten Oberflächen jener Schicklichkeiten zu erkunden, die das Christentum und die Sittlichkeit auferlegt hatten. Sein ursprünglicher Titel für *Les fleurs du mal* lautete »Les Lesbiennes«, und nach Prousts Ansicht nahm Baudelaire mit der »Verbindung zwischen Sodom und Gomorra« die Aussage vorweg, die Proust mit Morel, dem bisexuellen, nach dem Vorbild von Léon Delafosse gestalteten Geiger, traf. Morel ist jedoch vulgär und ein Rohling, während Baudelaire, ohne eine andere Figur als Vermittler zu benutzen, nur sich selbst einsetzen konnte, und Proust verkannte, weshalb Baudelaire so vorging.[102]

Indem er Baudelaire dafür bewundert, die dunkle Kehrseite des Stadtlebens dargestellt zu haben, lobt Proust ihn als Lektion

> für die eleganten Damen der letzten zwanzig Jahre [...], die in ihrem Haus nicht den geringsten geschmacklichen Fehler duldeten. Sie mögen angesichts der vorgeblichen Stilreinheit, die sie mit soviel Mühe zu erreichen suchen, daran denken, daß man der größte und der künstlerischste Schriftsteller hat sein können, ohne anderes zu schildern als Betten mit schließbaren Vorhängen [in den *Pièces condamnées*], Hallen, die Treibhäusern gleichen [*Une martyre*], Betten voll leichter Düfte, Diwane, die tief sind wie Grabmäler, Etageren mit Blumen und Lampen, die nicht sehr lange brannten [*Pièces condamnées*], so daß man nur noch durch ein Kohlenfeuer Licht bekam.[103]

Proust dachte an seinen eigenen Versuch, die zeitgenössischen Beispiele für *Sodom und Gomorrah* ebenso ins Licht zu rücken wie die aufwendig demonstrierte Eleganz der Salons.

Seine Verwandtschaft mit Baudelaire reicht freilich tiefer. Nietzsche hatte gezeigt, auf welche Weise körperliche Krankheit den Geist zu Spekulationen über den Sinn des Leidens und über die Beziehung zwischen Schmerz und Bewußtsein sowie zwischen Bewußtsein und Selbst antreiben konnte. Als Proust im April über Baudelaire schreibt, nennt er ihn und Dostojewskij als Schriftsteller, »die in dreißig Jahren zwischen epileptischen und sonstigen Anfällen alles schaffen, wovon eine Nachkommenschaft von tausend nur gesunden Künstlern keinen einzigen Absatz hätte schaffen können.«[104]

T. S. Eliots Worte über Baudelaire gelten auch für Proust: »Er war einer von denen, die große Stärke besitzen, aber Stärke nur zum *Leiden*. Er konnte nicht umhin zu leiden und konnte nicht darüber hinauskommen: so zog er selber die Pein an sich heran. Aber was er vermochte, mit jener ungeheuren passiven Stärke und Empfindlichkeiten, die keine Pein herabmindern konnte, das war die Erforschung seines Leidens.«[105] Aus christlicher Sicht einen antiromantischen Dichter betrachtend, lobt Eliot Baudelaire dafür, daß er sich mit dem »wirklichen Problem von Gut und Böse«[106] befasse und begreife, »daß Sünde und Erlösung die Dinge sind, auf die es eigentlich ankommt«.[107] »[Die] Möglichkeit der Verdammnis ist in einer Welt der Wahlreformen, Volksabstimmungen, Sexualreformen und Kleiderreformen eine so unermeßliche Erleichterung, daß die Verdammnis selber eine unmittelbare Form der Erlösung ist – der Erlösung vom *ennui* des modernen Lebens, insofern als sie schließlich dem Leben einige Bedeutung gibt.«[108]

In seinem Versuch, die »Städte der Ebenen«[109] der Perspektive der Salons anzugleichen, war Proust näher bei Baudelaire als bei Eliot, aber ebenso wie Eliot wollte er die unsichtbare Substanz der Zeit erkennen. *Four Quartets* nimmt einen proustianischen Anfang:

> Time present and time past
> Are both perhaps present in time future,
> And time future contained in time past.
> If all time is eternally present
> All time is unredeemable.[110]

Als F. R. Leavis das dritte Gedicht der Folge, »The Dry Salvages« im Jahre 1942 besprach,[111] charakterisierte er das Verfahren der Eliotschen Dichtung seit *Ash Wednesday* als »Technik zur Aufrichtigkeit – um der ›Aufrichtigkeit‹ Bedeutung zu geben. Das Ziel liegt darin, aus den Illusionen, Vergänglichkeiten und Unwirklichkeiten des Lebens in der Zeit die Erfassung einer gesicherten Wirklichkeit zu begründen – einer Wirklichkeit, die, obwohl sie notwendigerweise in der Zeit erfaßt wird, dieser nicht zugehört.« In »Burnt Norton« führt Eliot eine radikale und ergebnisreiche Untersuchung über seine eigenen Methoden zur Erforschung von Begriffen und Erlebnissen durch. Die Aussage des Gedichtes »Little Gidding«[112] hingegen liegt nicht auf derselben Ebene, zum einen, weil Eliot die persönlichen Wurzeln seines Bedürfnisses nach Unpersönlichkeit verkennt, zum anderen, weil die Suche nach Spiritualität auf so all-

gemeinen und ungesicherten Behauptungen beruht wie dieser:
»Bewußt sein heißt nicht in der Zeit sein«.[113] Es gibt keine dichteri-
sche Verwirklichung des Raumes außerhalb der Zeit, wonach der
Dichter trachtet.

Prousts Ziel lag zwar nicht weniger darin, die Erfassung einer
gesicherten Wirklichkeit aus den Illusionen, Vergänglichkeiten und
Unwirklichkeiten des Lebens zu begründen, doch er erkannte die
persönlichen Wurzeln seines Bedürfnisses, über die Zufälligkeiten
des persönlichen Erlebens hinaus vorzudringen, und obwohl er
schon vor Eliot denselben Gedanken einer Situation irgendwo
»außerhalb der Zeit« benutzte, um »das Wesen der Dinge« in
Augenblicken zu erkennen, da die Erinnerung unwillentlich arbeitet, ist die außerzeitliche Existenz dieser Augenblicke bloß ein Dia-
gramm, das eine persönliche Perspektive für alle konkret erkannten
Erlebnisse festlegte, welche die Erzählung präsentiert.

Indem Proust vom persönlichen Erleben Gebrauch macht, erzählt
er die Geschichte dessen, was zugleich die Wiederentdeckung der
Vergangenheit und das Entdecken jener Berufung ist, die über die
Zukunft verfügen wird. Wenn das Buch endet, hat der Erzähler seinen Weg bis zu dem Punkt gefunden, an dem er mit dem Erzählen
seiner Geschichte beginnen kann, aber die Geschichte ist von eben
jenem Buch erzählt worden, dessen Lektüre wir gerade beendet
haben. Indem er dramatisierte, was Eliot später über die ewige
Gegenwärtigkeit aller Zeit aussagen sollte, versuchte Proust das
Gegenteil dessen zu demonstrieren, was Eliot behauptete: Alle Zeit
ist erlösbar. Das Kunstwerk kann das Leben des Künstlers aus der
Zusammenhangslosigkeit retten, indem es ihm eine Festigkeit gibt,
die das Schwindelgefühl des Künstlers kuriert. Da das Buch mit
einer Erklärung dafür endet, warum der Erzähler in seinem Leben
alles andere für die Niederschrift eines Buches opferte, verkörpert
Prousts Vollendung – oder Beinahe-Vollendung – des Romans den
Gipfelpunkt eines Lebens, in dem er seine Gesundheit und die gesellschaftlichen Vergnügungen bewußt dahingab, um den Vorrang der
Kunst zu behaupten.[114] Ohne den Versuch zu machen, sich selbst
aus dem Bild zu tilgen, wie Eliot es tat, hatte Proust eine Technik
entwickelt, um der Aufrichtigkeit Bedeutung zu geben. Als Proust
die Bemühung Baudelaires um die finsteren Blumen des Bösen mit
der schriftstellerischen Tätigkeit Dostojewskijs verglich, hielt er den

Romanautor zwar für »aufrichtig«,[115] doch als Rivière ihn bat, für die *NRF* etwas über Dostojewskij zu schreiben, zog Proust es vor, alles, was er über ihn sagen wollte, in einem Gespräch mit Albertine unterzubringen. Der Erzähler sagt, Dostojewskijs Eintauchen in das Elend »scheint mir von mir selbst so weit wie nur möglich abzuliegen, es sei denn, ich hätte in mir Seiten, von denen ich nichts weiß, denn man gewinnt nur ganz schrittweise Kenntnis von seiner eigenen Natur. Bei Dostojewskij stoße ich auf tiefe Abgründe, die sich aber nur an vereinzelten Stellen der menschlichen Seele auftun.«[116] Proust schreibt: »Die Romane, die ich von ihm kenne, könnten alle ›Geschichte eines Verbrechens‹ heißen.« Er vergleicht Dostojewskijs Welt mit Rembrandts »Nachtwache«:

> Alle diese grotesken Gestalten, die immer wieder bei ihm vorkommen, die Lebedew, Karamasow, Iwolgin, Segrew, diese ganze unglaubliche Schar führt uns eine phantastischere Menschheit vor Augen als die ›Nachtwache‹ von Rembrandt. Vielleicht aber ist sie auch auf die gleiche Weise phantastisch, das heißt durch Beleuchtung und Kostüm, jedoch sonst im Grunde ganz alltäglich. Auf alle Fälle ist sie gleichzeitig reich an Wahrheiten, tief und einzigartig und ganz Dostojewskis Eigentum. Diese Gestalten kommen einem fast wie eine nicht mehr bestehende Zunft vor, wie gewisse Personen der antiken Komödie, die unerhörte Aspekte der menschlichen Seele enthüllen! Was mich tödlich langweilt, ist der feierliche Ton der Sprache, in der man von Dostojewski spricht und auch über ihn schreibt. Ist dir aufgefallen, welche Rolle Eigenliebe und Hochmut bei seinen Personen spielen? Man sollte meinen, daß für ihn Liebe und sinnloser Haß, Güte und Verrat, Schüchternheit und Unverschämtheit nur zwei Zustände einer gleichen Natur sind [...].[117]

Proust entwickelte diese Einsichten in Augenblicken der Hellsichtigkeit zwischen heftigen Schmerzattacken. Unter diesen Umständen kam es ihm entgegen, sie in einfache, dem Gespräch zwischen dem Erzähler und Albertine angemessene Sätze zu fassen. Da er ja immer noch einen Sekretär beschäftigte, ist schwer zu erklären, warum er den Essay über Baudelaire mit ungeprüften Zitaten und Paraphrasen an die *NRF* schickte, es sei denn, daß Rochat nicht in der Lage war, diese zu überprüfen.[118]

Wenn auch keine Gefahr bestand, einen noch lebenden Dichter durch falsche Zitate zu verärgern, so brachte Proust mit diesem Essay immerhin Jacques Boulenger gegen sich auf. Er hatte ihn als den »bei weitem besten Kritiker – und mehr als Kritiker – seiner Generation« bezeichnet, ihm jedoch vorgeworfen, er wage »uns zu sagen, daß es der Dichtung Baudelaires an Gedanken fehle!«[119] Boulenger hatte sich zwar über Baudelaires Dandytum in den *Journaux intimes* beklagt,[120] aber nie behauptet, seiner Dichtung fehle es an Ideen. Proust hatte Boulenger nicht vor den Kopf stoßen wollen und bot ihm an, ihn André Gide vorzustellen.[121] Außerdem erkundigte er sich, ob die *NRF* Boulengers Sammelband mit kritischen Aufsätzen, *Mais l'art est difficile*, positiv besprochen hatte. Der Rezensent war Louis Martin-Chauffier,[122] und Rivière, der auf Prousts Anfrage hin das Typoskript flüchtig durchblätterte, behauptete, sie sei positiv.[123] Diese Nachricht gab Proust an Boulenger weiter, der wütend wurde, als die Rezension schließlich erschien und er den Vorwurf lesen durfte, er habe einen Aufsatz über René Boylesve nur deshalb in sein Buch aufgenommen, weil er auf dessen Stimme bei der Wahl in die Académie Française hoffte.[124]

Erst nach diesem Vorfall machte Boulenger endlich einen Besuch bei Proust.[125] Dieser schlug ihm wohlmeinend vor, der *NRF* eine Replik zu senden. Boulenger nahm diesen Rat an, doch dann vergaß Proust, was er gesagt hatte, und richtete Boulenger aus, er solle die Anschuldigung lieber ignorieren. Boulengers Replik wurde in der folgenden Nummer der *NRF* veröffentlicht, begleitet von einer Anmerkung Rivières, der sich auf die Seite Martin-Chauffiers stellte.[126] Boulenger setzte sich zwar nach wie vor für Proust ein, besuchte ihn jedoch nie wieder.[127]

30. Ein Fremder in meinem Gehirn[1]

»Wieviel Zeit doch vergangen ist, seit ich Sie gesehen habe! Eine glückliche Zeit für Sie, die Sie, so sagt man mir, einen vortrefflichen Gatten haben, eine scheußliche für mich, der ich fortwährend im Sterben liege, ohne jedoch wirklich zu sterben«.[2] »Lamartine hat ganz recht, wenn er sagt, öfter als einmal zu sterben sei lästig.«[3] Der letzte Tod sei »der gute Tod, der den Mut gibt, ›bis zum Abend fortzuwandern‹.«[4] Seine Beziehung zum Tod hatte sich 1917 verändert, als er die kleinen Herzanfälle zu ignorieren begann und ohne jede Rücksicht seine Ausgänge machte, und im Herbst 1920 veränderte sie sich noch einmal, wie auch die Anzeichen des bevorstehenden Todes. Er begann ›Tod‹ und ›Sterben‹ fast gleichbedeutend mit ›Krankheit‹ zu verwenden:[5] Nach einem heftigen Anfall schrieb er, er »lag auf eine besonders schreckliche Weise im Sterben«.[6] Zwar übertrieb er bei der Mitteilung, er sei während sieben Monaten nicht mehr aufgestanden,[7] aber er hatte die Besuche im Ritz fast völlig eingestellt, und um der Menschenmenge im Speisesaal zu entgehen, wenn er trotzdem hinging, mietete er gewöhnlich für ein paar Stunden ein Zimmer.[8]

Er schrieb, daß er nicht genügend Kraft habe, um die Fahnen zu korrigieren, er befinde sich in einem halbtoten Zustand, in dem er wochenlang weder die Augen öffnen noch eine Feder halten könne.[9] In einem Aufsatz über Paul Morands Kurzgeschichten *Tendres Stocks* schrieb er: »Ein Fremder hat sich in meinem Gehirn niedergelassen. Er kam, ging und kam wieder; bald kannte ich dank seines Treibens alle seine Gewohnheiten. Im übrigen bestand er wie ein allzu freundlicher Mieter darauf, direkte Beziehungen zu mir aufzunehmen. Ich war überrascht, daß er nicht schön war. Ich hatte immer gedacht, der Tod sei schön. Wie könnte er sonst Macht über uns haben?«[10]

Die Beziehung zum Tod war von derselben Eindringlichkeit wie eine Liebesbeziehung. Im Roman heißt es: »Die Idee des Todes nistete sich endgültig in mir ein wie eine Liebe.« Sie lähmt den Erzähler so, daß er nichts anderem mehr seine Aufmerksamkeit schenken kann. »Nicht daß ich den Tod etwa liebte, ich haßte ihn vielmehr. Aber nachdem ich zweifellos von Zeit zu Zeit an ihn gedacht hatte wie an eine Frau, die man noch nicht liebt, haftete das Denken an ihn jetzt so vollständig in der tiefsten Schicht meines Gehirns, daß ich mich mit keiner Sache beschäftigen konnte, ohne daß diese erst durch die Idee des Todes hindurchgegangen wäre, und selbst wenn ich mich mit nichts beschäftigte und mich völliger Ruhe hingab, leistete mir die Idee des Todes so unaufhörlich Gesellschaft wie die Vorstellung von meinem eigenen Ich. Ich glaube nicht, daß an dem Tage, an dem ich ein Halbtoter geworden war, die äußeren Zufälle, die dazu führten, die Unfähigkeit, eine Treppe hinabzusteigen, mir einen Namen ins Gedächtnis zu rufen, mich zu erheben, durch eine auch nur unbewußte Logik die Idee des Todes und die, daß ich selbst schon fast tot sei, herbeigezogen hatten, sondern daß das alles vielmehr zusammen eingetreten war und daß damit der große Spiegel des Geistes unausweichlich eine neue Wirklichkeit auf mich zurückstrahlen ließ.«[11]

Proust, stets ein rücksichtsvoller Gastgeber, hieß seine Gäste willkommen, indem er weniger aß. Zum Frühstück nahm er nichts außer Milchkaffee zu sich. Zum Teil beeinflußten zwar die Medikamente seinen Appetit, doch war er sich seiner Unterernährung bewußt. Gelegentlich bat er um etwas Kompott oder warme Milch, ließ aber beides fast immer unberührt stehen. Céleste tat ihr Bestes, um ihn gegen die Kälte des Zimmers zu wappnen, doch seine Nahrungsaufnahme hatte er fast völlig eingestellt. Das einzige, was er noch zu mögen schien, trotz der Kälte, war eisgekühltes Bier, das aus dem Ritz geholt werden mußte.[12] Er meinte, das Bier aus dem Ritz unterscheide sich von dem Bier, das man aus der Brasserie an der Ecke hätte besorgen können. Wenn er über das Sterben sprach, unternahm Céleste alles, um ihn zu überzeugen, daß er ewig leben werde, doch er sagte: »Unseren Tod tragen wir in uns und spüren ihn, wenn er da ist ... ich mehr als jeder andere, denn ich führe ein Leben, das nicht normal ist, ohne Luft, ohne Nahrung. Schon seit meiner Kindheit haben die Asthma-Anfälle meine Gesundheit völlig ruiniert. Ich weiß nicht, wie oft ich es Ihnen schon gesagt habe: Meine Bronchien sind nur noch wie gekochter Gummi, mein Herz atmet nicht mehr; es ist verbraucht durch die Anstrengung, so viele Jahre lang die Luft herbeizuschaffen, die mir fehlt. Ich bin ein sehr alter Mann, Céleste ... alt wie meine alten Bronchien und wie mein altes Herz. Ich werde nicht mehr lange leben.«[13] Er war neunundvierzig Jahre alt.

Er schlug ihren Rat mit derselben Hartnäckigkeit aus wie den des Arztes, Dr. Bize. Ohne Zweifel verkürzte er selbst sein Leben. Auf seine selbstzerstörerische Haltung fällt etwas Licht in einigen Bemerkungen gegenüber Lionel Hauser, er lasse keinen Tag ohne religiöse Gedanken verstreichen, sowie gegenüber Marthe Bibesco, daß er alles auf ein Spiel setze: »Der Verlierer gewinnt«. Er wollte sein Leben der Kunst opfern, und der Hauptpreis war die Unsterblichkeit, die nicht allein aus postumem Ruhm bestand. Was er über

Bergotte schrieb, zeigt, wie offen sein Geist für die Möglichkeit eines Lebens nach dem Tode war. »Die Natur scheint kaum befähigt zu sein, etwas anderes als verhältnismäßig kurze Krankheiten hervorzubringen. Aber die Medizin hat die Kunst erworben, sie in die Länge zu ziehen. Die Heilmittel, die Linderung, die sie verschaffen, das Unbehagen, welches sich einstellt, wenn man in ihrem Gebrauch nachlässig wird, bringen eine Kopie der Krankheit zustande, welcher die Gewöhnung des Patienten eine gewisse Form und Festigkeit verleiht, ebenso wie Kinder regelmäßig noch lange an periodischen Hustenanfällen leiden, nachdem sie vom Keuchhusten geheilt sind. Dann wirken die Mittel weniger, man steigert die Dosis, man erreicht nichts Gutes mehr damit, sondern in Gestalt jener nun Dauer gewordenen Indisposition vielmehr etwas Schlechtes.« Ebenso wie Proust hatte Bergotte aufgehört auszugehen:

Schon seit Jahren hatte Bergotte seine Wohnung nicht mehr verlassen. Im übrigen hatte er niemals die Gesellschaft geliebt oder doch nur kurze Zeit, um sie dann zu verachten wie alles übrige, auf ganz die gleiche Art sogar, die ihm eigentümlich war, nämlich nicht etwas zu verachten, wenn man es nicht erlangen kann, sondern gerade dann, wenn man es erlangt hat. Er lebte so einfach, daß niemand ahnte, wie reich er eigentlich war, und hätte man es gewußt, so hätte man sich dennoch getäuscht, denn man würde ihn für geizig gehalten haben, während niemand so freigiebig war wie er. Er war es besonders Frauen, genauer gesagt kleinen Mädchen gegenüber, die sich schämten, so viel für so weniges zu erhalten. Er entschuldigte sich vor sich selber damit, daß er sich niemals so sehr zum Schaffen aufgelegt fühle wie in der Atmosphäre des Verliebtseins. Liebe wäre zuviel gesagt; das Vergnügen, das einem dennoch ein wenig tiefer geht, hilft bei schriftstellerischer Tätigkeit, weil es alle übrigen Unterhaltungen wesenlos macht, zum Beispiel die der Gesellschaft, welche für alle die gleichen sind. Sogar wenn diese Liebe zu Enttäuschungen führt, bewegt sie doch auch dann noch die Oberfläche der Seele, die sonst Gefahr liefe, in völlige Stagnation zu geraten. Das Verlangen erfüllt also seinen Zweck für den Schriftsteller, indem es ihn zunächst von den anderen Menschen entfernt, ihn aber auch veranlaßt, sich ihnen anzupassen, dann aber die Maschinerie des Geistes in einige Bewegung versetzt, während diese, wenn ein gewisses Alter überschritten ist, eine Tendenz in sich trägt, einfach stehenzubleiben. Zwar gelingt es einem nicht, dadurch glücklich zu werden, doch macht man Beobachtungen über die Gründe, die einen hindern, es zu sein, ohne diese jähen Durchbrüche der Enttäuschung jedoch nicht sichtbar geworden wären. [...] Ich habe gesagt, daß Bergotte nicht mehr aus dem Haus ging, und wenn er eine Stunde in seinem Zimmer aufstand, so nur in Schals und Plaids, in alles eingehüllt, womit man sich bedeckt, wenn man sich großer Kälte aussetzen oder in die Eisenbahn steigen will. Er entschuldigte sich deshalb bei den wenigen Freunden, die er noch zu sich vorließ, und bemerkte heiter, indem er auf Plaids und Decken wies: ›Was wollen Sie, mein Lieber, schon Anaxagoras hat gesagt, das Leben sei eine Reise.‹ So kühlte er fortschreitend immer mehr aus, ein kleiner Planet, der ein vorweggenommenes Bild des anderen, großen bot zu dem Zeitpunkt, wenn nach und nach zuerst die Wärme und endlich auch das Leben sich aus der Erde zurückziehen wird.[14]

Seine Alpträume sind noch schwerer zu ertragen als die Schlaflosigkeit. »Wenn er früher von Alpträumen sprach, so verstand er darunter unangenehme Dinge, die sich in seinem Hirn zutrugen. Jetzt aber nahm er, wie von außen her kommend, eine mit einem feuchten Lappen bewehrte Hand wahr, die, von einer bösen Frau über sein Gesicht hingeführt, ihn zu wecken bemüht war, oder einen unerträglichen Kitzel an den Hüften oder auch die Wut eines Kutschers – weil Bergotte im Schlaf vor sich hingemurmelt hatte, dieser Mann fahre schlecht – der sich wie ein bösartiger Irrer auf den Schriftsteller stürzte und ihm die Finger zerbiß, ja sie ihm absägte.«[15] Die Ärzte führen seinen Zustand auf Überanstrengung zurück, obwohl er seit zwanzig Jahren nichts mehr gemacht hatte. Sie empfehlen ihm, »mehr die Sonne zu nutzen, ›die für das Leben so unerläßlich ist‹«, obwohl er »einige Jahre relativer Besserung« allein dem Umstand verdankt, »daß er sich vollkommen auf seine Wohnung beschränkte«. Sie empfehlen ihm, mehr zu essen, »woraufhin er abmagerte und einzig seine Alpträume nährte«. Wenn er den Ärzten gehorcht, verschlechtert sich sein Zustand. Zwar fühlt er sich besser, wenn er nichtverordnete Medikamente einnimmt, doch er konsumiert sie in übergroßen Mengen.[16] Nach seinem Tod wird in der Erzählung die Frage gestellt:

> Tot für immer? Wer kann es sagen. Gewiß erbringen spiritistische Experimente nicht deutlicher als religiöse Dogmen den Beweis für das Fortleben der Seele. Man kann nur sagen, daß alles in unserem Leben sich so vollzieht, als träten wir bereits mit der Last in einem früheren Dasein übernommener Verpflichtungen in das derzeitige ein; es besteht kein Grund in den Bedingungen unseres Erdendaseins selbst, weshalb wir uns für verpflichtet halten, das Gute zu tun, zartfühlend, ja, auch nur höflich zu sein; auch nicht für den Künstler, der nicht an Gott glaubt, weshalb er sich gedrungen [obligé; gedrängt, verpflichtet] fühlen soll, zwanzigmal ein Werk von neuem zu beginnen, dessen Bewunderung seinem von Würmern zerfressenen Leib wenig ausmachen wird, ein Werk wie die gelbe Mauerecke, welche mit so viel Können und letzter Verfeinerung ein auf alle Zeiten unbekannter und nur notdürftig unter dem Namen Vermeer identifizierter Maler einmal geschaffen hat. Alle diese Verpflichtungen, die im gegenwärtigen Dasein nicht hinlänglich begründet sind, scheinen einer anderen, auf Güte, auf Gewissenhaftigkeit, auf Opferbereitschaft basierenden Welt anzugehören, einer Welt, die vollkommen anders als unsere hiesige ist, aus der wir aber gekommen sind, um auf dieser Erde geboren zu werden, bevor wir vielleicht in jene zurückkehren, um wieder unter der Herrschaft jener unbekannten Gesetze weiterzuleben, denen wir gehorchen, weil wir ihr Gebot in uns trugen, ohne zu wissen, wer es dort eingeschrieben hat – Gesetze, denen alle vertiefte Arbeit des Geistes uns näherbringt und die unsichtbar – vielleicht sogar noch weniger erkennbar als das unsichtbare – einzig den Narren bleiben. Der Gedanke, Bergotte sei nicht für alle Zeiten tot, ist demnach nicht völlig unglaubhaft.[17]

Im Heft der *NRF* vom Mai 1921, das einen Tag vor dem zweiten Teil von *Guermantes* veröffentlicht wurde, begrüßte André Gide das neue Buch mit einer Antwort auf Einwände, die inzwischen erhoben worden waren. Die Länge von Prousts Sätzen werde durch ihren Aufbau ausgeglichen, schrieb er, und das verborgene Muster in der

Struktur des Romans rücke diesen in die Linie des Werks von Montaigne und Balzac.[18] Dies weckte bei Proust den Wunsch, Gide wiederzusehen, und an vier aufeinanderfolgenden Abenden schickte er Albarets Taxi los, um ihn abzuholen, was dreimal mißlang, am 13. Mai 1921 jedoch glückte. Als Gide eintraf, wurde er indes von Céleste begrüßt, die sagte, Proust könne ihn nicht empfangen, und hinzufügte: »Monsieur bitte Monsieur Gide zu versichern, daß er unaufhörlich an ihn denke.« Dann erschien Proust aber fertig angezogen zum Ausgehen. Nach langer Bettlägerigkeit hatte er sich mit einem Freund verabredet und das Taxi losgeschickt, ohne im Grunde Gide zu erwarten, der mitgeteilt hatte, daß er wahrscheinlich nicht frei sein werde.[19]

Sie saßen in einem unbehaglich warmen Raum zusammen, doch Proust, in dessen Schlafzimmer es noch wärmer war, fröstelte unaufhörlich. Gide trank nur Mineralwasser. Sie sprachen eine Stunde lang miteinander. Als sie gerade über Homosexualität sprachen, hielt Proust inne und beklagte sich, sein Leben sei nur noch ein langer Todeskampf. Er bat Gide, ihm die Lehre des Evangeliums zu erläutern, da er hoffte, darin Trost und Erleichterung für sein Leiden zu finden;[20] er hatte gehört, daß Gide besonders gut darüber zu sprechen wußte. Gide hatte früher immer den Verdacht gehabt, Prousts Krankheit sei lediglich ein Vorwand, um bei der Arbeit nicht gestört zu werden [»was mir legitim erscheint«], doch jetzt konnte ich mich überzeugen, daß er wirklich sehr leidend ist. Er sagt, daß er stundenlang daliege, ohne auch nur den Kopf bewegen zu können; er ist den ganzen Tag und häufig viele Tage hintereinander bettlägerig. Zuweilen streicht er mit der Hand, die mit seltsam starren und gespreizten Fingern wie tot erscheint, über einen Nasenflügel, und nichts ist eindrucksvoller als diese manische und linkische Geste, die wie die Geste eines Tieres oder eines Verrückten aussieht.«[21]

Gide hatte ihm ein Exemplar von *Corydon* mitgebracht und sprach darüber, seine Lebenserinnerungen zu schreiben. Proust sagte: »Sie können alles sagen, unter der Bedingung, daß Sie niemals ›Ich‹ sagen.« »Er ist weit davon entfernt, seinen Uranismus [die Homosexualität] zu leugnen oder zu verbergen, sondern zeigt ihn und ich möchte fast sagen, brüstet sich damit. Er behauptet, er habe die Frauen immer nur geistig geliebt, und er habe die Liebe nur mit Männern kennengelernt.«[22] Gide bezweifelte dies. Proust sagte,

Baudelaire sei ein Homosexueller gewesen: »Allein die Art, wie er über lesbische Liebe spricht, und auch sein Bedürfnis, darüber zu reden, würden mir als Beweis schon genügen«. Als Gide seine Zweifel äußerte, schien Proust zu glauben, Gide wolle Baudelaire damit beleidigen.

Vier Tage später wollte Gide gerade zu Bett gehen, als es an der Tür klingelte. Albaret brachte das Exemplar von *Corydon* zurück und wollte Gide zu einem weiteren Besuch abholen: Es gehe Monsieur Proust so gut, daß er ihn empfangen könne, falls es Gide passe. Diesmal drehte sich das ganze Gespräch um Homosexualität, wobei Proust sich die »Unentschiedenheit« vorwarf, die ihn veranlaßt habe,

> die heterosexuelle Seite seines Buches zu pflegen, indem er alles das, was seine homosexuellen Erinnerungen ihm an Anmut, Zärtlichkeit und Charme vorgaben, so in den ›Schatten junger Mädchenblüte‹ rückte, daß für *Sodom* nur noch das Groteske und Abscheuliche übrig blieb. Er scheint jedoch tief getroffen zu sein, als ich ihm sage, er habe den Uranismus zu stigmatisieren beabsichtigt; er protestiert, und schließlich begreife ich, daß ihm das, was wir schändlich, lächerlich oder ekelhaft finden, keineswegs so abstoßend erscheint. Als ich ihn frage, ob er uns diesen Eros jemals in seinen jugendlichen und schönen Aspekten zeigen wolle, sagt er, zunächst einmal sei das Anziehende fast niemals die Schönheit, und er glaube, sie habe wenig mit dem Begehren zu tun – und was die Jugendlichkeit betreffe, so sei sie das, was er am einfachsten transponieren könne (was sich für die Transposition am besten eigne).[23]

Rivière hingegen, der nach wie vor annahm, daß Proust ebenso wie sein Erzähler heterosexuell sei, schrieb über *Guermantes II/Sodome et Gomorrhe I*: »Ich werde mit Ihnen über dieses *Guermantes* und vor allem über dieses *Sodom* erst nach und nach sprechen können. Die Überlegungen moralischer Art, die dieser letzte Teil in mir ausgelöst hat, sind so zahlreich, daß sie mich für den Augenblick erstikken. Ich genieße unter anderem (es ist böse, so etwas auszusprechen, Sie werden es nicht weitersagen) so etwas wie Rache beim Lesen dieser schrecklichen Seiten (die gerade durch ihre Gerechtigkeit noch schrecklicher werden), wo Sie die Rasse der Sodomiten beschrieben haben. Ich brauchte geradezu eine solche Entlastung, wie sie diese Seiten mir verschaffen. Ohne davon in irgendeiner Weise erschüttert zu werden, hatte ich um mich herum doch allzu oft gehört, wie der Gedanke der Liebe verfälscht wurde, um nicht eine angenehme Erleichterung zu empfinden, jemanden darüber sprechen zu hören, der so gesund und in einer so glücklichen Weise ausgeglichen ist wie Sie.«[24] Und als Roger Allard später in der *NRF* über Proust und Homosexualität schrieb, lag seinem Aufsatz dieselbe Annahme zugrunde: »Diese Seiten, von einer so glühenden Beredsamkeit, einer so bitteren und noblen Poesie, brechen mit einem Zauber, dem Zauber der sexuellen Inversion, dem die Künste und die Literatur so lange erlegen sind.«[25] Ohne Absicht bestätigten die beiden Rezensenten Gides Vorwurf, Proust projiziere im Zusammenhang mit der Homosexualität ausschließlich negative Gefühle.

Gide war nicht der einzige, der den Eindruck gewann, daß bestimmte Körperteile Prousts bereits tot waren. Als François Mauriac im März zu einem Diner an Prousts Bett eingeladen wurde, beschrieb er das Schlafzimmer als »eine finstere Höhle« und Prousts Gesicht als eine wächserne Maske, an der nur das Haar lebendig zu sein schien.[26] Als Proust im selben Jahr später einmal die amerikanische Schriftstellerin Natalie Clifford Barney besuchte, meinte diese, er sehe aus wie ein »aufgebahrter Leichnam«, die Augen »schwarz gerändert von den Vampiren der Einsamkeit«.[27]

Den Gedanken, daß der Tod sich allmählich bestimmten Teilen seines lebenden Körpers bemächtigte, benutzte er in späteren Zusätzen zum Roman. Von der gealterten Odette heißt es: »Sie hatte das Aussehen einer sterilisierten Rose«; »etwas wie der wirre Schopf einer großen mechanischen Puppe erhob sich über einem verwunderten und unbeweglichen, ebenfalls puppenhaften Gesicht«.[28] Auf einem der Papierstreifen, die an das Typoskript von *Sodome et Gomorrhe* angeklebt wurden, wird Morel, als er erkennt, daß Charlus ihm im Bordell von Maineville nachspioniert, wie folgt beschrieben: »[…] es war eher der Schatten Morels, ein einbalsamierter Morel, nicht einmal ein wie Lazarus auferweckter Morel, eine Erscheinung von Morel«; »Morel hatte, als wäre er tot, alle Farbe verloren«.[29] Und die schlafende Albertine wird in einem späteren Zusatz als Leichnam beschrieben: »Sie war eingeschlafen, sobald sie sich hingelegt hatte; die Bettücher, die sich wie ein Leichentuch um ihren Körper rollten, waren in ihrem schönen Faltenwurf gleichsam zu Stein erstarrt. Wie bei gewissen Darstellungen des Jüngsten Gerichts aus dem Mittelalter schien es, als rage einzig der Kopf, der im Schlaf der Posaune des Erzengels harrt, aus dem Grabe hervor.«[30]

Ein weiterer Besucher, den er kurze Zeit nach Gide empfing, war Bernard Fay, ein junger Mann, der nicht nur Lucien kannte, sondern auch die Beaumonts und einen Soldaten, den Proust im Bordell getroffen hatte. Auf die Gefahr hin, seine Familie zu wecken, ließ Fay sich von Odilon rechtzeitig abholen, damit er um halb drei Uhr morgens in Prousts Zimmer eintraf. »Prousts Gesicht, bleich und aufgeschwemmt, erschien wegen des kaum rasierten Bartes, der darauf sproß, gräulich; auch seine Stimme wirkte so.« Neben den Medikamenten auf dem Nachttisch warteten eine Flasche Champagner und Teller mit Speisen. Das Bett war mit halb korrigierten Fahnen bedeckt. »Ich konnte nicht begreifen, daß das fahle Licht einer so schwachen Lampe ihm für diese aufreibende und anspruchsvolle Arbeit genügte. Und ebensowenig konnte ich verstehen, wie man in dieser überhitzten, übelriechenden und raucherfüllten Atmosphäre leben konnte.«

Fay stellte fest, daß Proust herausfinden wollte, welche Gefühle er gegenüber gemeinsamen Bekannten hegte. »Ich bemerkte bei Proust rasch eine Gewohnheit, die ich von mir selbst kannte: Niemals jemanden kennenzulernen, ohne deutlich den Punkt zu markieren, an dem Freundschaft, Vertrauen und Zuneigung enden müssen.« Proust sprach voller Liebe von Reynaldo und Léon Daudet, während er dem »kleinen Lucien« gegenüber etwas kühler erschien. Er sprach geringschätzig über Gide – »trotz seines Scharfsinns kann er keine Prosa schreiben« – und beschrieb die vor kurzem stattgefundenen Begegnungen so, als ob es nur eine einzige gewesen wäre und als ob sie sich im Streit getrennt hätten. Während des Gesprächs ging Fay mehrmals in ein Nebenzimmer, um ein Fenster zu öffnen und frische Luft einzuatmen, bevor er wieder in Prousts Zimmer zurückkehrte.[31]

Proust ließ das Kaminfeuer in seinem Zimmer sommers wie winters brennen, und er hatte sieben wollene Decken und seinen Pelzmantel auf dem Bett sowie drei Wärmflaschen im Bett.[32] Daß sein Gesundheitszustand sich verschlechterte, war indes unverkennbar.

Seine Artikulationsschwierigkeiten waren noch größer geworden, und als er eines Tages in einem Restaurant Mineralwasser bestellte, mußte er das Wort ›Contrexéville‹ fast zehnmal wiederholen, bis der Kellner verstand, was er sagen wollte.[33] Er ging weniger oft aus, verließ kaum das Bett und aß auch weniger. Manchmal nahm er zehn Tage lang nichts zu sich,[34] oder er lebte wochenlang von nichts anderem als von Eiscrème.[35]

Er konnte kaum noch vom Bett bis zur Türe gehen, ohne hinzufallen,[36] doch seine Leidenschaft für Vermeer machte es ihm unerträglich, die Ausstellung holländischer Gemälde im Jeu de Paume zu versäumen. Damals gab es in den Gemäldegalerien keine angemessene elektrische Beleuchtung, und da er die Ausstellung bei Tageslicht sehen, aber nicht morgens aufstehen wollte, blieb er die ganze Nacht in einem Sessel sitzen und aß am Morgen Kartoffeln, um sich zu stärken.[37] In der letzten Maiwoche schickte er Céleste los, um Vaudoyer abzuholen, und einen Schwindelanfall mißachtend, als er das Haus verließ, ließ er sich von Vaudoyer am Arm stützen und ging unsicheren Schritts dem entgegen, was er seit seinem gemeinsamen Besuch mit Fénelon 1902 in Den Haag als »das schönste Bild der Welt« in Erinnerung hatte: Vermeers *Ansicht von Delft*. Als seine Nichte Suzy begeistert von der Ausstellung sprach, wurde sie gefragt, ob sie »den rosafarbenen Sand und die kleinen Figuren und die Dächer« gesehen habe, »die so sorgfältig gemalt sind, daß man meinen könnte, es seien Lackarbeiten«.[38] Später schrieb er an Vaudoyer, daß er die »leuchtende Erinnerung an den einzigartigen Morgen« bewahre, »an dem Sie so liebevoll meine Schritte gelenkt haben, als sie zu sehr schwankten angesichts jenes Vermeer, auf dem die Hausgiebel ›sich wie kostbare chinesische Dinge ausnehmen‹«.[39] Anschließend ließ Proust sich von Vaudoyer zu der Ingres-Ausstellung in der Rue de la Ville-l'Evêque führen, wo er eine Ansicht von Rom betrachtete, die den Hintergrund eines Porträts bildete.[40] Er speiste anschließend mit Vaudoyer im Ritz, doch nach der Rückkehr an die Rue Hamelin sagte er zu Céleste, er wisse nicht, ob er jemals wieder ausgehen werde.[41]

Die schon veröffentlichten Teile der *Recherche* gefährdeten so manche Freundschaft Prousts. Von seiten Montesquious kam kein Protest gegen das neue Buch, doch blieb abzuwarten, ob er sich in

Sodome et Gomorrhe wiedererkennen würde. Der Freund, den Proust jetzt verlor, war Albu. In neunzehn Jahren hatte er keines von Prousts Büchern gelesen, und als er nun den zweiten Teil von *Guermantes* las, verzieh er es Proust nicht, daß dieser seine Streitigkeiten mit Louisa als solche zwischen Saint-Loup und Rachel verwertet hatte.[42]

Eine andere Art Freundschaft endete im Juni, als Proust Henri Rochat verlor, der in Schwierigkeiten steckte, nachdem er sein Versprechen gebrochen hatte, die Tochter einer Concierge zu heiraten. In der Hoffnung, eine Stelle im Ausland für ihn zu finden, schrieb Proust an mehrere Bekannte, ohne zu verheimlichen, daß Rochat träge war und schlecht rechnen konnte. Dank Horace Finaly fand der junge Mann schließlich eine Stelle in einer Bank in den USA.[43]

Unterdessen versuchte Proust nach wie vor für seinen Roman zu werben. Er brachte Boulenger dazu, in *L'Opinion* einen Auszug aus Gides Artikel »Billet à Angèle« aus der *NRF* zu veröffentlichen,[44] und da er ebensowenig Bedenken hatte, mit der *Action Française* zu verhandeln, wie mit einem ihrer Mitbegründer, Léon Daudet, freundschaftlichen Umgang zu pflegen – ohne dessen Mithilfe hätte er den Prix Goncourt nicht bekommen –, veranlaßte er, daß das antisemitische Blatt einen Auszug aus einem Artikel von Vandérem abdruckte, der in *La Revue de France* erschienen war.[45] Als die *Action française* sich weigerte, den Namen des »schmutzigen Juden« zu erwähnen, der den Artikel geschrieben hatte, faßte Proust die Wendung »schmutziger Jude« als »homerisches Epitheton des Hauses« auf und stimmte – falls Vandérem keine Einwände erhebe –, dem geänderten Text zu, bei dem auch der Titel *Sodome et Gomorrhe* weggelassen wurde, den der Herausgeber anstößig fand.[46]

Als er Mitte Juni Madame Hennessys Einladung zum Verlobungsdiner von Gladys Deacon und dem Herzog von Marlborough annahm, der endlich die Scheidung von seiner ersten Herzogin durchgesetzt hatte, wurde Proust überraschend nach England eingeladen, und als der Herzog hörte, daß Proust bettlägerig sei, versprach er, ihm einen Schlafwagenplatz ab dem Pariser Bahnhof Gare du Nord zu besorgen. »Auf dem Nordbahnhof bringe ich Sie ins Bett, auf dem Schiff bringe ich Sie ins Bett, und in Blenheim bleiben Sie im Bett liegen.«[47] Der Herzog riet ihm, sich in der Zwischenzeit einzureden, es gehe ihm sehr gut. »Obwohl mir nämlich Herr von

Marlborough erklärt hat, man sei von dem Augenblick an gesund,
da man es glaube, habe ich mir vergeblich wiederholt, es gehe mir
prächtig, denn tatsächlich ging es mir immer schlechter.«[48] Dieses
Diner sollte jedoch für mindestens drei Monate sein letzter Ausgang
gewesen sein.[49]

Zu den Gästen gehörte auch Guiche, und im Gespräch wurde die
gefährliche Frage gestreift, ob seine Schwiegermutter, Comtesse
Greffulhe, das Modell für die Herzogin Guermantes gewesen sei,
die im zweiten Teil von *Guermantes* als unsympathische Figur dargestellt wird. In *Swann* war sie das strahlende Objekt der Tagträume
des Erzählers gewesen, und im ersten Teil von *Guermantes* liebt er
Madame de Guermantes »wirklich«.[50] Im zweiten Teil erkennt er
ihre Verdorbenheit: »Verdorben durch die Nichtigkeit des Lebens
in der Gesellschaft, waren Geist und Empfindungsfähigkeit bei
Madame de Guermantes allzu flackernd geworden, als daß nicht
Abneigung sehr schnell bei ihr auf Begeisterung folgte [...].«[51] Nein,
wandte Proust mit allem Nachdruck ein, Madame de Guermantes
sei keineswegs die Herzogin von Guermantes, sondern ihre Cousine, die Prinzessin von Guermantes, wie er kurz darauf an Guiche
schrieb: »Die Herzogin von Guermantes ist das genaue Gegenteil
der Prinzessin von Guermantes. Abgesehen davon, daß die Herzogin von Guermantes tugendhaft ist, sagte Proust, ähnelt sie etwas
einem zähen Huhn, das ich einst für einen Paradiesvogel hielt, und
der mir gleich einem Papagei nichts anderes zu antworten wußte als:
›Fitz-James erwartet mich‹, als ich ihn unter den Bäumen der Avenue Gabriel einfangen wollte.«[52] Bald danach bat Madame de Chevigné ihn um ein Exemplar des Buches, kündigte jedoch an, daß sie
es nicht lesen werde. Proust beklagte sich bei Cocteau: »Als ich
zwanzig war, verweigerte sie mir ihre Liebe, will sie mir jetzt versagen, mich zu lesen, wo ich vierzig bin und nach ihr alles geschaffen
habe, was an der Herzogin von Guermantes das Beste ist?« Cocteau
erwiderte: »Fabre hat zwar ein Buch über Insekten geschrieben,
erwartete aber nicht, daß diese es läsen.«[53] Es war wohl kaum zu
erwarten, daß sie die Art, wie sie in dem Buch behandelt wurde,
schätzen würde, doch Proust fühlte sich ebenso zurückgewiesen wie
vor neunundzwanzig Jahren, als er sie auf der Avenue de Marigny
verfolgte: »[...] mein Debut du côté de l'Avenue de Marigny konnte
mich eigentlich in keiner großen Illusion belassen über seine diesmal

rein literarische Weiterentwicklung du côté de Guermantes. Wenn man dennoch innerhalb von zwanzig Jahren von ein und demselben Menschen in so unbegreiflicher Weise mißverstanden wird, ohne daß die albernen Reden gehässiger Rivalinnen als Entschuldigung gelten könnten, so ist das eines der seltenen großen Leiden, die einem Manne, der auf alles verzichtet hat, am Ende seines Lebens widerfahren können.«[54]

Im September verletzte er sich bei einem Sturz im Schlafzimmer.[55] Bald darauf nahm er sieben Tabletten ein, Opium, Veronal und ein weiteres Beruhigungsmittel, in der Meinung, sie enthielten jeweils ein Zehntelgramm, während es in Wirklichkeit ein Gramm war.[56] Man sagte ihm, sein Magen müsse ausgepumpt werden. Das geschah zwar nicht, aber er hatte mehrere Wochen lang Fieber und konnte sich im Bett kaum umdrehen.[57] Wie seine Mutter, als sie im Sterben lag, beschleunigte er den Vorgang halb unbewußt, indem er sich weigerte zu essen, und er stellte sich seiner Situation nur sehr selten, wenn er dazu gezwungen wurde, so zum Beispiel durch eine Stelle in einem Brief von Sydney Schiff.

> Eine Stelle Ihres Briefes hat mich in eine tiefe Verzweiflung gestürzt, nämlich der bewundernswerte Satz über die Freundschaft, die nicht in einem materiellen Sinn realisiert werden dürfe (der Satz, der mit den herzzerreißenden Worten endet, die eines ganz Großen würdig sind: ›Um nicht das Ende erleiden zu müssen.‹) Sie können sich den Kummer, den mir dieser Satz bereitet hat, nicht vorstellen. Sie können sich nämlich darüber klar werden, daß ich, der ich seit Jahren nicht einmal meine Familie sehe, weder lesen noch schreiben noch essen oder aufstehen kann, mit ganz seltenen Ausgängen ab und zu, wie das eine Mal, als ich Sie kennenlernte, in einer so scheußlichen Existenz nur dank der jeden Tag enttäuschten und jeden Morgen erneuerten Illusion ausharren kann, daß sich dies ändern wird. Ich lebe seit fünfzehn Jahren in einer Hoffnung von heute auf morgen. Und die Wirklichkeit, die ich nicht sehen will, vor die hat mich Ihr Brief für einige Augenblicke, in einem Schwindelgefühl der Traurigkeit, gestellt. Bedauern Sie es nicht, die Wahrheit ist immer heilsam, und außerdem habe ich rasch meinen Mut und meine Arbeit wiedergefunden, um nicht nachdenken zu müssen.[58]

Er hatte mit den Zusätzen zur zweiten Hälfte von *Sodome* begonnen, konnte jedoch nur sporadisch arbeiten. Im September meinte er, er könne unmöglich weiterarbeiten.[59] Im Oktober erschien in der *NRF* ein Auszug mit dem Titel »Les intermittences du cœur«,[60] doch da Proust bei Boulenger die Sache mit der Rezension in der *NRF* wiedergutmachen und Rivière dafür bestrafen wollte, daß er sich auf die Seite Martin-Chauffiers gestellt hatte, reagierte er positiv, als Boulenger als Vermittler für Henri Duvernois auftrat, den Herausgeber von *Les Œuvres libres*,[61] der für seine Publikation einen Auszug aus dem Roman haben wollte. Nachdem Gallimard widerwillig zugestimmt hatte, erhielt Duvernois von Proust 150 Seiten, die in der Novembernummer erschienen.[62] Fälschlicherweise wurde der Auszug als vollständiger, unveröffentlichter Roman angekündigt,[63] doch Proust erhielt 10 000 Francs dafür.[64] Er bestand darauf, den Auszug, der im Dezemberheft der *NRF* erscheinen sollte, Boulenger zu widmen.[65]

Montesquiou, der sich durch diese Auszüge aus *Sodome et Gomorrhe* verletzt fühlte, füllte ein ganzes Notizheft mit bissigen Kommentaren. Zunächst hatte er keine Ähnlichkeit gesehen zwischen ihm und dem abstoßenden alten Baron, einem gescheiterten Künstler, der sich mit so niederen Leuten in so schmutzigen Situationen einließ, doch bald zweifelte er nicht mehr daran, daß er Proust als Vorbild gedient hatte und daß die Leser, die ihn erkannten, das Porträt für zutreffend halten würden. »Werde ich darauf reduziert werden, mich Montesproust zu nennen?«[66] Als er krank und bettlägerig war, schrieb er, um seinen bevorstehenden Tod anzukündigen, an Proust, der ihm antwortete: »Mit dem Tonfall eines fünfundzwanzigjährigen verkünden Sie diese traurige Nachricht Ihrem Freund, der selbst über hundert ist.«[67] Montesquiou behauptete jedoch, die Veröffentlichung des Romans habe ihn niedergestreckt.[68] Am 11. Dezember 1921 starb er. Zwei Monate später gab Proust, der sich unbehaglich fühlte, immer noch vor, zu zweifeln, ob er denn wirklich tot sei. »Wieder einmal habe ich jeden Grund, an einen letzten Trick zu glauben, meisterlich vorgeführt von diesem wunderbaren Mann des Theaters.«[69]

Man kann Proust nicht beschuldigen, ihn getötet zu haben.[70] Der Baron de Charlus ist eine der großartigsten komischen Schöpfungen in der Literatur, doch Proust wußte, daß er die letzten Wochen im

Leben seines alten Freundes vergiftet hatte.[71] Montesquiou hatte
sein Denken beeinflußt und ihm Zugang zur vornehmen Gesellschaft verschafft. Es war, als hätte er sich entschlossen, reinen Tisch
zu machen und dem alten Mann eine übertriebene Rechnung dafür
zu präsentieren, ihn mit Delafosse bekannt gemacht zu haben,
sowie für die Schmeicheleien, die immer wieder angeboten wurden,
wenn es zu gefährlich gewesen wäre, beide Seiten seiner Ambivalenz
zu zeigen. Sowohl für Charlus als auch für die Homosexualität gilt,
daß hauptsächlich die negativen Seiten in die Erzählung eingehen.
Ohne Zweifel war Montesquiou schamlos arrogant und in grotes-
ker Weise affektiert gewesen: Proust hatte das getan, was alle guten
Komödienschreiber tun, nämlich sein Augenmerk in aller Schärfe
auf Absurditäten zu richten, die sie gar nicht selbst erfunden haben
konnten. Erfüllt von bitterem und ohnmächtigem Zorn warf sich
Montesquiou auf seinem Sterbebett vor, zu tolerant gewesen zu
sein, als ihm zu Ohren kam, daß Proust ihn nachzuahmen pflegte.
Diese vergleichsweise harmlose private Darbietung war zu einem
Monument erhoben worden, von dem sein Ruhm sich nie mehr
erholen würde.[72]

Im November sandte Proust korrigierte Fahnen von *Sodome II*
zurück und bat um eine größere Schrifttype.[73] Gallimard protestierte, gab dann jedoch nach, als Proust anbot, daß alle zusätzlichen Kosten von seinem Honorar abgezogen werden dürften. Der
erste Teil mußte also neu gesetzt werden.[74] Proust hatte es sich
inzwischen zwar zur Gewohnheit gemacht, Interviews abzulehnen,
doch Ende des Jahres antwortete er schriftlich auf zwei Fragen des
Schriftstellers und Kritikers André Lang, der eine Sammlung von
Interviews plante: »1. Gibt es noch literarische Schulen?, 2. Wenn
man zwischen analytischem Roman und Abenteuerroman unterscheidet, bedeutet das Ihrer Meinung nach etwas? Und was?«[75]

> Aber ich hatte das Unglück, ein Buch mit dem Wort ›ich‹
> anzufangen, und sogleich war man der Ansicht, ich strebte
> nicht nach der Entdeckung allgemeiner Gesetze, sondern
> wollte ›mich analysieren‹, im individuellen und abscheu-
> lichen Sinne des Wortes. Ich möchte daher, wenn es Ihnen
> recht ist, den Terminus *analytischer Roman* durch den des
> *introspektiven Romans* ersetzen. Was den *Abenteuerroman*

betrifft, so steht einigermaßen fest, daß es auch im Leben, im
äußeren Leben, große Gesetze gibt, und wenn der Abenteuerroman sie herauszuarbeiten vermag, ist er ebensoviel wert
wie der introspektive Roman. Alles, was helfen kann, Gesetze
zu entdecken, Licht ins Unbekannte zu werfen, das Leben
besser zu begreifen, ist gleichermaßen wertvoll.

Sein Geist arbeitete immer noch so wie der des Botanikers am *lycée*,
der aus einzelnen Beobachtungen allgemeine Gesetze abzuleiten
versucht. Der analytische Roman dürfe keineswegs ein Roman des
reinen Verstandes sein.

Es geht darum, aus dem Unbewußten eine Realität zu ziehen,
um sie in den Bereich des Verstandes einzubringen, aber im
Bemühen, ihr Leben zu bewahren, sie nicht zu verstümmeln,
sie so wenig wie möglich zu verderben, eine Realität, die, wie
es scheint, durch das bloße Licht des Verstandes zerstört
würde. Um dieser Bergungsarbeit zum Erfolg zu verhelfen,
sind sämtliche Geisteskräfte und selbst Körperkräfte erfor-
derlich. Es ist etwa dieselbe Art von umsichtiger, gelehriger,
kühner Anstrengung, die jemand nötig hat, der noch im
Schlaf diesen mit dem Verstand untersuchen möchte, ohne
durch solchen Eingriff aufzuwachen. Dazu bedarf es Vorsichtsmaßnahmen. Obwohl dem Anschein nach in sich widersprüchlich, ist diese Arbeit nicht unmöglich.[76]

Der Ausdruck *analytischer Roman* gefiel Proust nicht besonders.
»Er hat den Sinn einer mikroskopischen Studie angenommen, ein
Wort, das selber in der Umgangssprache verfälscht wird, ermangeln
die unendlich kleinen Wesen doch keineswegs – die Medizin belegt
es – der Bedeutung. Meinerseits ziehe ich als Handwerkszeug das
Teleskop dem Mikroskop vor.«[77] Einige Monate später schrieb er:
»Ich möchte, daß man meinem Buch ansieht, daß es ganz und gar
aus dem Gebrauch eines besonderen Sinnes hervorgeht (wie ich
zumindest glaube), der denen schwierig zu beschreiben ist, die ihn
noch nie benutzt haben (etwa so, wie einem Blinden den Gesichtssinn). Doch das ist bei Ihnen nicht der Fall und Sie werden mich verstehen (Sie werden es jedenfalls besser selbst herausfinden), wenn
ich Ihnen sage, daß das (höchst unvollkommene) Bild, das mir
zumindest für den Augenblick am besten erscheint, um verständlich
zu machen, was dieser besondere Sinn ist, ist vielleicht das eines

Teleskops, das auf die Zeit gerichtet ist, denn das Teleskop zeigt Sterne, die für das bloße Auge unsichtbar sind, und ich habe versucht (wobei ich mich keineswegs an das Bild halte), dem Bewußtsein unbewußte Phänomene zu zeigen, die, völlig vergessen, manchmal weit zurück in der Vergangenheit liegen.[78]

Er wußte, daß der Umfang seines Romans enorme Anforderungen an die Leser stellte und von ihnen verlangte, für die Lektüre andere Tätigkeiten aufzugeben. Er hätte ihn nicht schreiben können, ohne den größten Teil seines gesellschaftlichen Lebens aufzugeben, und von den Lesern wurde erwartet, daß sie darin die Ermutigung fänden, zumindest einen Schritt oder zwei in der gleichen Richtung entgegen der Gesellschaft zu gehen. »Würden Sie mein Buch lesen, so könnten Sie darin lesen, wie voreingenommen und übellaunig die Menschen jener Gesellschaft sind, von der ich mich im Alter von zwanzig Jahren abgewandt habe, was freilich die *Nouvelle Revue Française* zwanzig Jahre später nicht gehindert hat, *Swann* als das Werk eines Gesellschaftsmenschen abzulehnen. Aber Sie lesen ja mein Buch nicht, weil Sie – wie alle Gesellschaftsmenschen, die es nicht mögen – in Paris zu nervös, in London zu beschäftigt sind und auf dem Lande zu oft Gäste haben.«[79] Proust brauchte eher Leser wie Madame Straus: »[…] ich muß Ihnen ein Phänomen beschreiben, das sich jedesmal einstellt, wenn ich eines Ihrer Bücher erhalte. Das geht so: Ich nehme den Band, schneide ihn auf und sage mir: ›Ich werde eine Viertelstunde lesen‹, und dann geht die Viertelstunde vorbei … ich lese … ich lese immer noch. Man ruft mich zum Essen, ich sage: ›Ich komme‹, und dann lese ich weiter. Der Diener kommt, schüchtern, noch einmal und geht nicht mehr weg … dann erst, durch seine herabsetzende Gegenwart beschämt, gehe ich hinunter. Nach dem Essen gehen wir wieder hinauf und ganz vorsichtig, ohne irgendwie den Eindruck zu erwecken, greife ich von neuem zu dem kostbaren Buch … und da bin ich wieder, vertieft in die Lektüre, bis zu dem Zeitpunkt, da der gebieterische Anwalt, den Sie ja kennen, mit jener Heftigkeit, die Ihnen ebenfalls nicht unbekannt ist, ausruft: Das ist doch scheußlich, diese Frau, die immer nur liest, morgens, tagsüber, abends, nachts liest sie, liest sie, immer liest sie.«[80]

Durch Gallimards zögerliches Verhalten bei der Bezahlung der Honorare konnten die Buchverkäufe, auch wenn sie beträchtlich waren, Prousts angespannte finanzielle Lage kaum verbessern, und als Anfang 1922 Walter Berry von den beträchtlichen Honoraren berichtete, die von amerikanischen Zeitschriften gezahlt wurden, hielten Prousts Schuldgefühle gegenüber Montesquiou ihn nicht von der Frage ab, ob »ein anekdotenreicher und mondäner Artikel über ihn drüben Anklang finden« würde.[81]

Proust begann das Jahr 1922, indem er eine ganze Nacht auf dem Ball der Beaumonts verbrachte.[82] Zwei Wochen später besuchte er einen weiteren Ball im Ritz, wo er Morand begegnete.[83] Die Einladungen vom Antoine Bibesco zu einem Essen zu Hause oder an einem anderen Ort und mit Gästen seiner Wahl lehnte er jedoch ab. Er sandte Antoine auch keines seiner Bücher.[84] Er gab Sydney und Violet Schiff den Vorzug, traf sie bei jedem ihrer Besuche in Paris, und wenn sie nicht da waren, schrieb er ihnen Briefe, die einem Gespräch glichen; erörterte, ob er Korrekturfahnen an Sammler geben sollte, und erging sich in ausgeklügelten Komplimenten an Violet – »Liebe Madame Violet, verborgene Blume, duftend und wunderbar«[85] – und beneidete Sydney um seine Arbeitsfähigkeit. »Welch ein Glück haben Sie oder hast Du, arbeiten zu können! Ich kann nichts tun, nicht einmal lesen«.[86] Manchmal dachte er an Selbstmord: sein schlechter Gesundheitszustand, schrieb er an Gallimard, habe den Punkt erreicht, an dem er es bedauere, kein Zyankali zu besitzen.[87]

Auf einer Soirée bei der Prinzessin Soutzo lernte er am 7. Februar 1922 Maurice Martin du Gard[88] kennen, den Herausgeber der Zeitschrift *Ecrits nouveaux*, in der ein »bösartiger Artikel« über *Guermantes II* erschienen war. Der Rezensent André Germain verglich Proust mit einem »ältlichen Fräulein, Erzieherin bei unendlich feinen Leuten, die es zur Geliebten eines Kammerdieners gebracht hat«.[89] Immer noch stolz auf seine Bereitschaft, Duelle auszutragen, hatte Proust den Gedanken nicht aufgegeben, Germain herauszufordern, auch wenn er, wie Morand schrieb, am liebsten im Mantel gekämpft hätte.[90] Er ließ sich jedoch davon abbringen und freute sich offensichtlich über das Gespräch mit Martin du Gard und erklärte, daß er »nicht nur Romanschriftsteller sei, sondern ein Dichter mit moralischen Tendenzen«. Er fragte den Herausgeber auch nach seinen Überzeugungen und »bestand darauf, seinen neuen Bekannten in Odilons Taxi nach Hause bringen zu lassen«.[91]

Seit dem Weggang Rochats mußte Céleste häufig Diktate aufnehmen, doch Proust wurde eine bessere Hilfe zuteil, als Célestes Schwester Marie Gineste in die Wohnung einzog, zusammen mit deren Tochter Yvonne,[92] einer Sekretärin, die sich mit der Korrespondenz befaßte und die maschinenschriftliche Fassung des damals noch als dritter und vierter Teil von *Sodome* bezeichneten Textes anfertigte, der später *La Prisonnière* und *Albertine disparue* heißen sollte.[93] Den neuen Titel, *La Prisonnière*, kündigte Proust Mitte Mai in einem Brief an Jacques Boulenger an.[94]

Im Februar 1922 erschien in der Zeitschrift *Der Neue Merkur* ein Aufsatz des deutschen Kritikers Ernst Robert Curtius.[95] Unter Hinweis auf Stendhals Beschreibung des Romans als beweglicher Spiegel, lobte Curtius die »schöne Unordnung« von Prousts Prosa, verglich ihn mit Monet und sagte, er fasse den Symbolismus und den subjektiven Idealismus zusammen.[96] Proust freute sich darüber ebenso wie über die Äußerungen des Mathematikers Camille Vettard.[97] Nachdem Vettard *Swann*, *A l'ombre des jeunes filles en fleurs* und *Guermantes* gelesen hatte, schrieb er an Proust einen Brief voller Bewunderung und lobte ihn im Vorwort zu einem unveröffentlichten Roman als literarisches Pendant Einsteins.[98] Nachdem es Proust zunächst nicht gelang, Jacques Rivière für die Veröffentlichung dieses Vorworts als Artikel in der *NRF* zu gewinnen,[99] konnte er Jacques Boulenger dafür interessieren,[100] doch Vettard lehnte eine Veröffentlichung in der *Revue de la semaine* ab, und schließlich erschien sein Vorwort doch in der *NRF*.[101]

Bei Frühlingsbeginn schrieb Proust das Wort »Ende« nieder und sah sich nun bereit, zu sterben. Er hatte Céleste bei sich behalten, um die ganze Nacht über mit ihr zu reden, und als sie ihn schließlich verließ, war es neun Uhr morgens.

> Es war etwa vier Uhr, als er läutete. [...] Er hatte nur einmal geläutet, ich kam also mit leeren Händen – wenn ich das Tablett bringen sollte, läutete er zweimal. [...] Er wirkte sehr erschöpft, aber er lächelte, als er mich kommen sah. Mir fiel sofort sein strahlender Ausdruck auf. Als ich in die Nähe des Bettes kam, drehte er den Kopf ein wenig zu mir, seine Lippen öffneten sich, und er sprach. Seit ich bei ihm lebte, war es das erste Mal, daß er nach dem Aufwachen und noch vor der ersten Tasse Kaffee das Wort an mich richtete. Bis zu seinem

Tod ist es auch nicht wieder vorgekommen. Ich war so überrascht, daß ich wie angewurzelt dastand. ›Guten Morgen,
Céleste …‹ Er hielt einen Augenblick inne; sein Lächeln
schien meine Überraschung auszukosten. Dann fuhr er fort:
›Wissen Sie, heute nacht hat sich etwas Wichtiges ereignet.‹
›Was ist geschehen, Monsieur?‹ ›Raten Sie.‹ Er amüsierte sich
sehr. […] Ich sagte: ›Monsieur, ich habe keine Ahnung, was
das sein mag; ich kann es nicht erraten. Es muß ein Wunder
sein, Sie müssen es mir verraten.‹ Er sah ganz glücklich und
verjüngt aus und jubilierte wie ein Kind, das sich einen lusti-
gen Streich ausgedacht hat. ›Nun, meine liebe Céleste, ich
werde es Ihnen sagen. Es ist eine große Neuigkeit. Heute
nacht habe ich das Wort ›Ende‹ geschrieben.‹ Immer noch
lächelnd und mit strahlenden Augen hat er hinzugefügt: ›Jetzt
kann ich sterben.‹ Ich hörte, wie seine Stimme die letzten
Worte betonte: Man hätte es für einen Ausbruch von Befriedigung und Freude halten können. Ich habe gesagt: ›Ach, Monsieur, reden wir nicht davon. Ich sehe sehr wohl, daß Sie so
glücklich sind, und auch ich bin sehr froh, daß Sie geschafft
haben, was Sie schaffen wollten! Aber so, wie ich Sie kenne,
fürchte ich, daß wir noch nicht damit fertig sind, die kleinen
Papiere einzukleben und Korrekturen anzufügen.‹ Er hat gelacht. ›Das, Céleste, ist eine Sache für sich. Wichtig ist nur,
daß ich von jetzt an nicht mehr besorgt bin. Mein Werk kann
erscheinen. Ich werde mein Leben nicht umsonst geopfert
haben.‹[102]

Seine Beziehung zu ihr hatte sich verändert. Da sie naturgemäß eine
sehr viel größere Bedeutung in seinem Alltagsleben hatte als sonst
jemand, war sie für ihn wie eine Mutter geworden.[103] Er fühlte sich
oft unfähig, selbst kleine Entscheidungen ohne ihren Rat zu treffen.
Ob es denn schon zu spät sei, die Prinzessin Soutzo anzurufen? Er
hatte begonnen, sich von Céleste beim Ankleiden helfen zu lassen,
und sie intervenierte, wenn Gäste zu lange bleiben wollten. Wenn sie
meinte, daß er erschöpft sei, öffnete sie die Schlafzimmertür ein
wenig und gab ihnen ein Zeichen.[104] Sie war recht willensstark, und
häufig kapitulierte er. Eines Abends beschwerte er sich über lauwar-
men Tee, doch als sie eine ungeduldige Geste machte, gab er nach.
Natürlich hatte sie recht, den Tee so zu servieren. Wenn er darüber

nachdachte, konnte er einsehen, daß es für ihn besser war, ihn so zu trinken.[105]

Oft stritt er sich mit ihr wie mit seiner Mutter und setzte das Kranksein als Waffe ein. Erkennbar wird dies an einigen Notizzetteln, die er ihr schrieb, wenn er seine Stimme schonen wollte.[106] »Sie haben mir die ganze Brust aufgerissen, weil Sie mich zwangen, in der Morgenluft zu sprechen.« »Tun Sie nie wieder, was Sie jetzt unglücklicherweise tun. Eintreten, wenn ich nicht geklingelt habe (diesmal um einen Pullover zu bringen). Treten Sie nie wieder ein, wenn ich nicht geklingelt habe. Sie wissen nicht, wie sehr Sie mir für den ganzen Tag schaden. Jetzt kann ich nicht mehr im Bett bleiben und ich muß schon wieder mit dem Räuchern beginnen.«[107]

Die meiste Zeit war sie jedoch seine Verbündete, wie es auch seine Mutter gewesen war, und er war nie glücklicher, als wenn er ihr von seinen ausgeklügelten Maßnahmen gegen die Krankheit erzählte. Aus Beunruhigung über die Enkelin der Concierge, die Masern und Keuchhusten hatte, verlangte er, daß jeder Brief an ihn zwei Stunden lang in einen Behälter mit Formalin[108] gelegt wurde, bevor er ihn öffnete. Sie gehorchte, doch wenn er die Briefe schließlich öffnete, war er oft in einem Zustand der Benommenheit. Vielleicht aus diesem Grund ergab sich am 28. April ein weiteres jener Mißverständnisse, die auf ihn zu lauern schienen. Als er einen Brief von Sydney Schiff las, in dem es hieß: »Wir sind hier«, verstand er dies als »wir sind in Paris angekommen«, d. h. im Ritz. Trotz hohen Fiebers zum Aufstehen entschlossen, begann er, sich Injektionen zu verabreichen. Da es ihm zu umständlich war, sich in einen Abendanzug zu kleiden, reservierte er ein Zimmer im Ritz, doch das einzige, das frei war, hätte wegen neuen Gästen am nächsten Morgen um sieben Uhr wieder geräumt werden müssen. Er dachte, die Schiffs dort treffen und anschließend zum Schlafen wieder nach Hause fahren zu können. Als er im Ritz ankam, war Sydney Schiff nicht da. Proust fuhr wieder nach Hause, sah sich den Briefumschlag noch einmal an und sah, daß darauf die Adresse des Hotel-Restaurants Foyot stand. »Wann werde ich nach dem vergeblichen Ausflug ins Ritz wieder aufstehen können? Auch wenn die Dinge sich gut entwickeln, und es sieht nicht danach aus, brauche ich mindestens acht Tage Erholung. Und werde ich in acht Tagen diese Injektionen wiederholen können?«[109]

Sein nächster Versuch, sie zu treffen, war ebenso erfolglos: Er nahm anstelle seines üblichen Stimulans Koffein[110] eine Überdosis Adrenalin ein. Er empfahl Sydney Schiff – dem er den Alkohol ausreden wollte –, eine Ampulle davon einzunehmen, wenn er sich erschöpft fühle. »Es wird Sie besser stimulieren als Champagner.«[111] Als er sich bereit machte, um die Schiffs am 2. Mai 1922 zu treffen – an diesem Tag wurde *Sodome II* ausgeliefert –, vergaß er, die Adrenalindosis zu verdünnen, verbrannte sich Magen und Darm und bekam solche Schmerzen, daß er das Bewußtsein verlor.[112] Schließlich gelang es ihm, sie am 18. Mai zu sehen.[113] Sie gaben eine Einladung im Anschluß an die Uraufführung von Strawinskys Ballett *Renard* für Diaghilev und die Tänzer des Ballets russes, Picasso, Proust und James Joyce, die alle nach Paris gekommen waren. Proust, der den falschesten Moment erwischt hatte, um Strawinsky zu fragen, ob er Beethoven möge, erhielt zur Antwort, er verabscheue ihn und die letzten Streichquartette seien das Schlechteste, was Beethoven jemals komponiert habe.[114]

Es fällt schwer, sich für eine der widersprüchlichen Wiedergaben seines Gesprächs mit Joyce zu entscheiden:

> Im Mai 1921 [sic] lud ihn [Joyce] Sydney Schiff (›Stephen Hudson‹), der englische Romancier, den Joyce ein paarmal getroffen hatte, zu einer Abendgesellschaft für Strawinsky und Diaghilew ein, die auf die Erstaufführung eines ihrer Ballette folgen sollte. Joyce erschien spät und entschuldigte sich, daß er nicht korrekt gekleidet sei; zu dieser Zeit besaß er keinen Gesellschaftsanzug. Joyce trank viel, um seine Verlegenheit zu verbergen, als sich die Tür öffnete und Marcel Proust in einem Pelzmantel erschien, ›wie der Held der *Sorgen Satans*‹, wie Joyce später erzählte. Schiff hatte Proust gegenüber das Fest erwähnt, hatte aber wegen Prousts sprichwörtlicher Unwilligkeit, aus seinem Bau herauszukommen, nicht gewagt, ihn einzuladen. Joyce folgte Schiff und seiner Frau zur Tür, wurde Proust vorgestellt und blieb neben ihm sitzen. Die Unterhaltung wird in verschiedenen Versionen wiedergegeben. Nach einem Bericht, den William Carlos Williams hörte und niederschrieb, sagte Joyce: ›Ich habe jeden Tag Kopfschmerzen. Meine Augen sind fürchterlich.‹ Proust erwiderte: ›Mein armer Magen. Was soll ich nur tun. Er bringt

mich fast um. Ich muß eigentlich gleich wieder gehen.‹ ›Mir geht es genau so‹, versetzte Joyce, ›wenn ich nur jemanden finden könnte, der mich am Arm hält. Auf Wiedersehen.‹ ›*Charmé*‹, sagte Proust, ›ach, mein Magen.‹ Margaret Anderson schreibt, Proust habe gesagt: ›Ich bedauere, daß ich Joyces Werk nicht kenne‹, und Joyce parierte: ›Ich habe Proust nie gelesen‹, womit die Unterhaltung zu Ende gewesen sei. Joyce erzählte Arthur Power, Proust habe ihn gefragt, ob er Trüffel möge, und er habe geantwortet: ›Ja.‹ Er bemerkte darüber: ›Hier treffen sich die zwei bedeutendsten literarischen Gestalten unserer Zeit, und sie fragen einander, ob sie gern Trüffeln essen.‹ Budgen gab eine etwas ausführlichere Version: ›Unser Gespräch bestand einzig aus dem Wort ›nein‹. Proust fragte mich, ob ich den Duc de soundso kenne. Ich sagte: ›Nein.‹ Unsere Gastgeberin fragte Proust, ob er das und das Stück aus dem *Ulysses* gelesen habe. Proust sagte: ›Nein.‹ Und so fort. Natürlich war die Situation unmöglich. Prousts Tag fing gerade an. Meiner war zu Ende.‹[115]

Am 18. Mai versuchte Proust, die beleidigte Laure Hayman zu beschwichtigen, die zu der Überzeugung gelangt war, das Vorbild für Odette zu sein. Er versicherte ihr: »Odette de Crécy ist nicht nur nicht Sie, sondern genau das Gegenteil von Ihnen. [...] Ich bin am Ende meiner Kräfte; indem ich der grausamen Briefschreiberin, die mir nur schreibt, um mir Kummer zu bereiten, Lebewohl sage, lege ich meine Verehrung und mein herzliches Gedenken jener zu Füßen, die mich einst besser verstanden hat.«[116] Wie die Comtesse de Chevigné gehörte sie zu den Frauen, die er am meisten bewundert hatte, und es war schmerzlich zu erfahren, daß der Roman beide so feindselig gestimmt hatte. Als Proust in einem Artikel für *Le Gaulois* (27. Mai 1922) über Edmond de Goncourt schrieb, erinnerte er ironisch daran, auf welche Kniffe die eingeladenen Frauen verfielen, um ihm nicht sagen zu müssen, wann sie ihren »jour« [Besuchstag] hatten. »Er hört zu, wiederholt und macht dann seine Memoiren über uns.«[117] Nun stand Proust selbst unter Anklage, private Erlebnisse öffentlich gemacht zu haben, und er beklagte sich: »Eine Frau, die ich vor dreißig Jahren geliebt habe, schreibt mir einen wütenden Brief, um mir zu sagen, Odette sei sie, ich sei ein Scheusal. Solche Briefe (und die Antworten darauf) nehmen einem alle Lust zum

Arbeiten, von der Freude an ihr ganz zu schweigen: auf sie habe ich
seit langem verzichtet.«[118]

Violet Schiff erinnerte sich an Proust als einen Menschen, dessen
»erste Regung immer darin bestand, zu versuchen, alle, die in seine
Nähe kamen, glücklicher zu machen, als sie vorher gewesen waren,
und ihnen auf jede erdenkliche Weise zu helfen […].«[119] Als die Zeit
für eine neue Verleihung des Blumenthal-Preises gekommen war,
wollte er sich für Rivères Assistenten Jean Paulhan einsetzen, doch
gab es eine Altersgrenze von fünfunddreißig Jahren, und Paulhan war
siebenunddreißig. Proust versuchte Madame Blumenthal unter Hinweis auf Paulhans Militärdienst zu einer Ausnahme von der Regel zu
bewegen – »ich habe zwanzig Seiten voller unwiderlegbarer Gründe
geschrieben«[120] –, doch sie lehnte ab, und als die Jury am 13. Juni
zusammentrat, wurde der Preis an Benjamin Crémieux vergeben.[121]

Drei Tage zuvor hatte sich Proust, als er in seinem überheizten
Zimmer Eiscreme aß und geeistes Bier trank, Halsschmerzen zugezogen,[122] und obwohl er aufstand, um am Abend des 12. Juni einer
Einladung von Madame Hennessy[123] Folge zu leisten, versäumte er
die Jurysitzung. Bei dem Anlaß begegnete er Marcel Prévost, und sie
sprachen über die Möglichkeit, *La Prisonnière* in der *Revue de
France* als Fortsetzungsroman zu veröffentlichen. Als Proust an
Rivère schrieb, kündigte er die Zusage für Prévost an, änderte dann
jedoch seine Meinung nach einem heftigen Protest Rivères und
einem Besuch von André Gide, der ihm vorwarf, dem Verlag der
NRF gegenüber auf empörende Weise undankbar zu sein.[124]

Zu den Gästen von Madame Hennessy gehörte auch Jeanne de
Caillavet, die wieder geheiratet hatte. Er bot ihr an, sie in seinem
Taxi nach Hause zu bringen, und als sie ablehnte, sagte er zu ihr, sie
würden einander nie mehr wiedersehen.[125] Als Lucien Daudet ihn
besuchen kam, brauchte man es ihm gar nicht zu sagen. Scheu und
traurig saß Daudet da und sprach kaum. Als er über das Andenken
sprach, das Proust ihm vor sechsundzwanzig Jahren überreicht
hatte, ein Elfenbeinkästchen mit den eingravierten Worten »Auf die
Freundschaft«, rief Proust aus: »Gott, wie konntest du dieses Kästchen nur aufbewahren. Es muß doch sehr häßlich sein. Gibt es denn
nichts Schöneres, was dir Freude machen würde?« »Ich antwortete
ihm, daß ich keinen Rivalen für sein Kästchen wünschte. […] Als ich
ihn verließ, schnürte mir die Vergangenheit den Hals zu und das

kleine Elfenbeinkästchen rührte mich zu Tränen, ich weiß nicht warum, und ich wollte ihn umarmen; er lehnte sich in seinem Bett ein wenig zurück und sagte mir: ›Nein, umarme mich nicht, ich bin nicht rasiert ...‹, da ergriff ich gerührt seine linke Hand und küßte sie. Im Türrahmen sah ich seinen Blick auf mich gerichtet.«[126] Prousts Annahmen, wieviel Lebenszeit noch vor ihm liege, schwankten jedoch ständig: In einem Brief an Gaston Gallimard vom 25. Juni 1922 schrieb er: »Aber ich habe kaum mit der Überarbeitung dieser Maschinenabschrift begonnen, bei der ich überall Zusätze mache und alles ändere.«[127]

Im Juni erklärte er sich bereit, einen Schützling von Curtius im Ritz zu treffen. Empfangen wurde Jacques Benoist-Méchin in einem nur von einer kleinen Lampe mit rosafarbenem Schirm erhellten Zimmer. Proust trug ein gestärktes Hemd unter seinem Abendanzug und lag auf dem Diwan, die Füße in eine karierte Decke gehüllt. »Seine Wangen, obwohl rasiert, hatten eine kohlschwarze Färbung und die Hand, die er ausstreckte, steckte in einem grauen Baumwollhandschuh. Er sah aus wie ein persischer Magier mit schweren Lidern.« Benoist-Méchin vergaß niemals die »dunklen, samtenen Augen, tief und durchdringend ... strahlend, sanft und vor Intelligenz leuchtend«.[128]

In der dritten Juniwoche litt Proust an einem rheumatischen Fieber, das seine Temperatur konstant über 39 Grad hielt,[129] doch Mitte Juli ging es ihm wieder so gut, daß er zusammen mit Edmond Jaloux, Paul Brach und einigen anderen Bekannten die Bar *Le bœuf sur le toit* besuchen konnte, die durch Cocteau in Mode gekommen war. Der Abend begann friedlich, doch nachdem Jaloux zu einer Einladung weggegangen war, kam es zwischen einer Gruppe von Brachs Freunden, zu welcher der Comte de Maleissy-Melleville gehörte, und einer anderen Gruppe, die Proust als eine Schar von »Zuhältern und Schwuchteln« bezeichnete, zum Streit: »Alle hatten getrunken (ich nicht), es war schrecklich.«[130] Nach Prousts Eindruck hielt der Patron Moïse zu der zweiten Gruppe. »Ich habe geglaubt, die reizvolle Zeit der Duelle sei für mich wiedergekommen, aber es scheint, daß die Angreifer nicht zu den Leuten gehören, mit denen man sich schlägt.« Einer der Angreifer schickte am nächsten Tag einen eindrucksvollen Entschuldigungsbrief an Proust, für den die Sache damit beigelegt war.[131]

Als er wieder arbeiten konnte, sah er sich geneigt, die Veröffentlichung des folgenden Bandes aufzuschieben.

Wenn Sie etwa meine zwei nächsten Bände [*La Prisonnière*]
für 1923 ankündigen wollen, so tun Sie es bitte, lieber
Freund. Wenn jedoch die Ankündigung sie zwingt, diese zum
festgesetzten Datum herauszubringen, so muß ich Ihnen
erklären, daß ich keinerlei Verpflichtungen auf mich nehmen
kann. Denn noch ist keiner der beiden Teile ›fertig‹, was man
so ›fertig‹ nennt. Und Sie wissen, selbst wenn es ein Teil ist,
wieviel Verzögerung es immer noch ergibt. Ich will Ihnen in
keinem Falle Pfuscharbeit liefern, sondern die bestmögliche
nach Maßgabe meiner Kräfte. Nun ja, an beiden Teilen ist
noch viel zu tun. Zur Zeit geht es mir ein wenig besser, das
erlaubt mir, mich wieder an die Arbeit zu machen. Aber wer
weiß, was morgen auf mich warten mag. Wenn also mich
ankündigen, dem Publikum versprechen heißt, nein, dann
kündigen Sie mich lieber nicht an. Im übrigen wird das für Sie
nur vorteilhaft sein. Die Leute sind ein wenig übersättigt von
meinen drei Bänden. Die angegebene Buchstabenziffer wirkt
leicht abschreckend. Es ist besser, ich lasse meinen Lesern eine
Atempause, damit der Appetit wiederkehrt.[132]

Als er erfuhr, daß der Titel *La Fugitive* für die Übersetzung eines
Gedichtbandes von Tagore[133] benutzt wurde, wollte er ihn aufgeben, wurde aber überredet, ihn beizubehalten. Im Briefwechsel mit
Gallimard philosophierte er über das Verhältnis von Mittel und
Zweck oder Ziel. »Glück gibt es nur unter der Bedingung, daß man
es nicht als Ziel [Zweck], sondern als eine große Ursache [Mittel]
auffaßt. Ich kenne Leute, die unglücklich sind, weil sie nachrechnen,
daß sie ein Jahr älter geworden sind, oder ähnliches mehr. Das
Glück, als Ziel genommen, zerstört sich selbst bis zum Rande. Es
fließt randvoll bei jenen, die die Befriedigung nicht suchen und, los-
gelöst von ihrem Selbst, einer Idee leben.«[134] Etwas Moralisierendes
steckt auch in der Großzügigkeit der späten Zusätze zum Roman,
als ob Proust eine Abschiedsbotschaft an die Menschen einfügen
wollte. Je stärker die Berufung betont wird, desto geringer die
Selbstbehauptung und um so größer der Altruismus.

Im Juli und August schrieb er zwei letzte Zeitungsbeiträge. Am
22. Juli veröffentlichte *La Renaissance politique et littéraire* seine

Antwort auf eine Umfrage über die »Erneuerung des Stils«. Schriftsteller sollten sich nicht um die Originalität der Form bemühen. »Die Augen des Geistes sind nach innen gewandt, man muß sich anstrengen, mit der größtmöglichen Treue das innerliche Modell wiederzugeben.«[135] Mitte August gehörte er zu den Autoren, die auf eine Frage des *Intransigeant* antworten sollten: »Une petite question: Et si le monde allait finir ... que feriez vous?« »Ich glaube, das Leben würde uns auf einmal köstlich erscheinen, wenn wir bedroht wären, so zu sterben, wie Sie sagen. Stellen Sie sich nur vor, wie viele Pläne, Reisen, Lieben, Studien es – unser Leben – in aufgelöster Form enthält, unsichtbar für unsere Trägheit, die, der Zukunft gewiß, sie unablässig aufschiebt.«[136]

Die Sekretärin Yvonne war im Juni entlassen worden,[137] doch Ende August stellte er sie wieder ein, um *La Prisonnière* neu tippen zu lassen.[138] Allerdings fühlte er sich zu krank, um ihr Anweisungen zu geben. Anfang September hatte er einige der schlimmsten Asthmaanfälle seines Lebens, nach denen ihm schwindlig war und er hinfiel, wenn er aufstehen wollte.[139] Die Artikulations- und Gedächtnisstörungen[140] nahmen zu. »Nach und nach habe ich die Fähigkeit zu sprechen, zu sehen und mich zu bewegen (es sei denn, ich nehme in Kauf, bei jedem Schritt hinzufallen), mehr und mehr eingebüßt«, schrieb er an Curtius und fuhr fort: »Die schlechte Literatur nimmt den Dingen ihren Wert. Aber die wahre öffnet die Augen für das unbekannte Reich des Seelischen. Ich meine das etwa im Sinne von Pascal, den ich ungenau zitiere, weil ich keine Bücher zur Hand habe: ›Ein wenig Wissenschaft entfernt von Gott, viel Wissenschaft führt zu ihm zurück.‹ Man soll sich nie davor fürchten, zu weit zu gehen; denn die Wahrheit liegt jenseits.«[141]

Häusliche Probleme präsentierten sich ihm stets in der schlimmstmöglichen Form und im falschesten Augenblick: Er war nämlich inzwischen davon überzeugt, daß sein Kamin Risse hatte, durch die Kohlenmonoxyd in das Schlafzimmer drang. »Welches auch immer die Ursache sei, die Folge ist eine Verzweiflung, schlimmer als der Tod. Und der Zwang, damit zu arbeiten, ohne einen Tag Ruhe. Ich beklage mich nicht gern und ich schreibe dies alles (vielleicht schon einmal Gesagte) nur auf, weil Du mich um eine Antwort bittest. – Ich weiß nicht, worauf.«[142] In einem Brief, den Céleste am 20. oder 21. September an Rivière schrieb, hieß es, daß Proust drei Tage lang

Asthmaanfälle hatte.[143] Als er wieder ins Ritz gehen konnte, fühlte er sich besser und nahm dies als Bestätigung dafür, daß tatsächlich das Kohlenmonoxyd die Ursache für seine Beschwerden war.[144] Er ließ den Kamin nicht mehr heizen, und da er sich nunmehr mit Pullovern und Bettflaschen behalf, setzte der Körper, den er an eine überheizte Atmosphäre gewöhnt hatte, seinen Gang zum Tod in einem ungeheizten Zimmer fort.[145]

Er war sich weiterhin unschlüssig darüber, ob er weiterleben wollte. Und da er weiterlebte, wurden seine Hoffnungen durch ein neues Medikament gegen Asthma genährt, das auf den Markt gekommen war: Evatmine, eine Mischung aus Adrenalin und einem Extrakt der Hirnanhangdrüse, das subkutan, mittels Injektion, angewandt wurde. Proust benutzte eine Mischung aus Evatmine und Kola, einem Stimulans für Herz und Muskeln.[146] Die Mischung hatte zwar direkt nach der Injektion eine anregende Wirkung, doch nach etwa einer Stunde fühlte er sich noch erschöpfter als zuvor. Er kämpfte jedoch nach wie vor darum, arbeiten zu können. Dreimal nahm er tiefgreifende Änderungen am Anfang von *La Prisonnière* vor.[147]

Sein Unbehagen zu dieser Zeit wurde durch die Nachrichten von Sydney Schiff über die englische Übersetzung des Romans durch Scott-Moncrieff nur noch größer. Der Titel, »Remembrance of Things Past«, ein Zitat aus einem Shakespeare-Sonett, ist in dreifacher Hinsicht unpassend, da die drei Schlüsselwörter, »remembrance«, »things« und »past« den französischen Wörtern »recherche«, »temps« und »perdu« nicht entsprechen.[148] Proust erklärte in einem Brief dem hartnäckigen Scott-Moncrieff, er zerstöre das Gleichgewicht zwischen dem Gesamttitel und dem Titel des letzten Bandes.[149] Der englische Titel für den ersten Band, »Swann's Way« ärgerte Proust so sehr, daß er an Schiff schrieb: »Ich werde ganz bestimmt nicht zulassen, daß *Du coté de chez Swann* unter dem Titel erscheint, den Sie mir genannt haben. Ich wußte nichts von dieser Übersetzung. Ich müßte sie kennen.«[150]

Er hatte nach wie vor finanzielle Probleme und dachte ungeduldig über Möglichkeiten nach, sie zu lösen. Serge André, Eigentümer der Zeitschriften, die Jacques Boulenger redigierte, bot ihm 10000 Francs für die Korrekturfahnen und das Manuskript von *Sodome II* an, und obwohl Proust nichts gegen einen solchen Verkauf hatte, konnte er von jemandem, der sich ihm gegenüber freundlich zeigte, kein Geld annehmen, und da er spürte, daß André Sympathien für ihn hegte, lehnte er den Verkauf an ihn ab.[151] Um einen Betrag in gleicher Höhe zu verdienen, willigte er ein, den Text von *La Prisonnière* für die Reihe *Les Œuvres libres* auf 127 Seiten zu komprimieren. Ein Grund, weshalb er Geld brauchte, war, daß er bereits fünftausend Francs an Leute verliehen hatte, die er als »aufdringliche Pechvögel« beschrieb.[152] Wie Dr. Bize ihm erklärt hatte, war er nicht arbeitsfähig. Zu Beginn des Herbstes zog er sich hauptsächlich aufgrund des ungeheizten Schlafzimmers eine Grippe zu und weigerte sich dann, den Vorschlägen von Dr. Bize zu folgen, um sie zu kurieren. Aus Angst vor ansteckenden Keimen achtete er peinlich genau darauf, daß die Briefe an ihn desinfiziert wurden, doch er weigerte sich, auszuruhen. Selbst wenn er gelegentlich um etwas Kompott oder frisches Obst bat, rührte er fast nichts an. Abgesehen von der Milch zu seinem Kaffee nahm er keine Nahrung zu sich und behauptete, Fieber lasse sich durch Fasten heilen. Das einzige, was ihm behagte, war geeistes Bier, das er fortwährend verlangte und das Odilon aus dem Ritz holen mußte. Wenn Dr. Bize Medikamente verschrieb, schickte Proust seine Haushälterin Céleste regelmäßig in die Apotheke, um sie zu besorgen, doch sie wurden fast immer unbenutzt weggeworfen. Er behauptete: »Ich bin ein besserer Arzt als die Ärzte.«[153] Um die Bronchitis und die angegriffene Lunge zu entlasten, schlug Dr. Bize Injektionen von Kampferöl vor. »›Maître, ich versichere Ihnen, daß diese Grippe nicht so schlimm ist. Wenn Sie einverstanden sind, sich behandeln zu lassen, wie ich es vorschlage, dann ist es eine Sache von acht Tagen.‹ Und mit leiser Stimme und nach Luft ringend hat Monsieur Proust geantwortet: ›Lieber Doktor, ich will und muß diese Fahnen korrigieren; Gallimard wartet darauf.‹ ›Schonen Sie sich erst einmal, Meister, Sie können sie nachher korrigieren.‹ Als Dr. Bize ging, ließ er seine Rezepte da. Wie üblich hat Monsieur Proust mich gebeten, alle Medikamente holen zu lassen; so pflegte es zu sein: was verordnet war, wurde gekauft, selbst wenn es nie genommen wurde, und zu guter Letzt wurde es weggeworfen. Aber die Kampferölampullen wurden nicht geholt, denn Monsieur Proust lehnte grundsätzlich alle Spritzen ab.«[154]

Er nahm nicht nur umfangreiche Änderungen an den Korrekturfahnen vor, sondern bereitete mit Hilfe der Sekretärin Yvonne einen neuen, viel kürzeren Schluß der Albertine-Episode vor, wobei er den Titel *Albertine disparue* anstelle von *La Fugitive* benutzte und das Buch um etwa zwei Drittel kürzte. Es gibt eine eindeutige Notiz, die eine Kürzung vom Ende des ersten Kapitels bis zum Anfang der Venedig-Episode anzeigt. *Albertine disparue* ist zwar ein sehr kurzes Buch, doch Proust hatte 1922 an Gaston Gallimard geschrieben, es sei sicher, »daß, materiell gesehen, im allgemeinen die kurzen Bücher sich besser verkaufen«.[155] Als Robert Proust und Jacques Rivière die letzten Bände für die Veröffentlichung vorbereiteten, wußten sie von diesen Veränderungen der Albertine-Episode. Das Typoskript von *Albertine disparue* enthält Anmerkungen in Rivières Handschrift, doch obwohl Proust es als definitiv ansah und obwohl er nur drei Monate vor seinem Tod sagte, daß er mit *La Fugitive* nicht zufrieden sei, veröffentlichten sie 1925 eben diesen Band, der stets für den sechsten von den sieben Bänden des Romans gehalten wurde. Nach dem Tod von Robert Proust schloß sich Suzy Mante-Proust dieser Verschwörung des Schweigens an. *Albertine disparue* wurde erst 1987, nach ihrem Tod, veröffentlicht.[156]

Offenbar gab es zwei Gründe für Robert Prousts und Jacques Rivières Entscheidung. Der eine war, daß sie *Albertine disparue* nicht einfach anstelle von *La Fugitive* einsetzen konnten, weil die Neufassung nicht direkt zu *Le temps retrouvé* überleitet. Der zweite ist der, daß sie es im Interesse Prousts für nützlicher hielten, den Eindruck zu vermitteln, daß er die Arbeit an seinem Roman vor seinem Tode im großen und ganzen habe abschließen können, daß der Text, den sie veröffentlichten, endgültig sei. Dies war eine Irreführung. Prousts Briefwechsel mit Gallimard, 1989 veröffentlicht, läßt keinen Zweifel daran, daß Proust zwar das Wort »Ende« geschrieben hatte, aber immer noch vorhatte, zahlreiche Änderungen an seinem Roman vorzunehmen. Im Februar 1922 schrieb er an Gallimard: »Und da ich Ihnen so viele Bücher anzubieten habe, die nie erscheinen werden, wenn ich sterbe« – was deutlich darauf hinweist, daß er vorhatte, zwischen *Albertine disparue* und *Le temps retrouvé* ganze Bände einzuschieben: »*A la recherche du temps perdu* hat noch kaum angefangen«.[157]

Unklar bleibt, wieviel er von dem aus *La Fugitive* gestrichenen Material wieder neu verwendet hätte. Obwohl allen anderen klar war, daß ihm nicht mehr viel Zeit blieb, war er selbst sich dessen nur in bestimmten Augenblicken bewußt, und da er während der Arbeit stets an mindestens 39 Grad Fieber litt,[158] war er gar nicht in der Lage, die vorgenommenen Veränderungen folgerichtig aufeinander abzustimmen. In *La Fugitive* stirbt Albertine bei einem Reitunfall in der Touraine, und Aimé, der Oberkellner, für den Olivier Modell stand, wird dorthin geschickt, um Erkundigungen über ihre sexuellen Aktivitäten einzuholen. Die Eifersucht des Erzählers lebt über ihren Tod hinaus weiter. In *Albertine disparue* stirbt sie an den Ufern der Vivonne, und die Frage nach ihrer Bisexualität wird viel rascher durch den Hinweis aufgeklärt, daß sie entfloh, um sich mit Mademoiselle Vinteuil und ihrer Freundin zu treffen. Allerdings sind nicht alle Hinweise auf die Touraine getilgt, obwohl Proust sie offensichtlich alle streichen wollte.

1921 hatte er an Gallimard geschrieben, der Tod Albertines und die Schilderung, wie sie vergessen werde, überträfen alles, was er bisher geschrieben habe. Daraus geht hervor, daß er in einem der neuen Bände wohl einen großen Teil dieses Materials wieder aufgenommen hätte. Bei allen Überarbeitungen, die er seit 1914 vornahm, war es stets seine Gewohnheit gewesen, hinzuzufügen und nicht zu streichen. Kurz vor der Stelle, an der die 250 Seiten gestrichen wurden, erinnert sich der Erzähler daran, daß es nicht unmöglich sei, an den eigenen Tod zu glauben: Der Tod ist an jedem Tag unseres Lebens am Werk. Der Schlußsatz des Kapitels besagt, daß Albertine ein Hindernis zwischen ihm und jenen Halbgöttinnen bildete, die uns mit dem Verlangen erfüllen, ihre mythologische Existenz zu ergründen. Sie stand zwischen ihm und seiner Berufung. Die Episode nach der umfangreichen Kürzung dreht sich um die Reise nach Venedig. Was wir nun vor uns haben, ist ein folgenreicher Sprung von den Halbgöttinnen zu dem glänzenden goldenen Engel auf dem Campanile von San Marco, der mit seinen ausgestreckten Armen künftige Freuden verspricht.

Zum Teil wenigstens glaubte Proust immer noch daran, daß er die Freude, seine Berufung erfüllt zu haben, noch erleben würde. In seinem Fieberzustand glaubte er vielleicht sogar, daß ihm, wenn er einige der besten Episoden, die er jemals geschrieben hatte, herausnähme, genügend Zeit bliebe, um sie später noch in das Gewebe seiner Erzählung einzuflechten. Konnte Gott von ihm verlangen, diese

250 Seiten zu verschwenden, die die Erinnerungen an eine sanftmütig unschuldige Albertine enthalten, die forschenden Gespräche mit
Albertines Freundin Andrée, die unglaubliche Entdeckung, daß der
an den *Figaro* gesandte Artikel veröffentlicht worden war; das
Gespräch, aus dem hervorgeht, wie sehr sich die Einstellung der
Herzogin von Guermantes zu Swann seit dessen Tod verändert
hatte; die Rolle Gilbertes, wenn sie dem Erzähler hilft, Albertine zu
vergessen, und die Entdeckung der Homosexualität Saint-Loups?
Ein guter Grund zu der Annahme, daß Proust diese Entdeckung
nicht streichen wollte, liegt darin, daß er den ersten Vorfall, der zu
ihr hinführt, nicht getilgt hat: ein mitgehörtes Gespräch, aus dem
hervorgeht, daß Saint-Loup ein freundschaftliches Verhältnis zu
einem Lakaien pflegt.

Heute müssen wir freilich zugeben, daß es niemals eine definitive
Fassung von *A la recherche du temps perdu* geben wird.

31. Abgang des Erzählers

Mitte September unternahm Proust ohne Rücksicht auf seine
Grippe den mißglückten Versuch, Ernst Forssgren zu treffen, der
sich vor einer Schiffsreise nach New York kurz in Paris aufhielt und
im Hôtel Riviera an der Rue Papillon wohnte. Als Forssgren feststellte, daß das Haus am Boulevard Haussmann in eine Bank umge-
baut worden war, suchte er Prousts Concierge auf, die ihm die
Adresse Prousts nicht herausgab, jedoch anbot, einen Brief weiterzuleiten, falls Forssgren schreiben wollte. Das tat er auch und
dachte, zwei oder drei Tage warten zu müssen, bis er Proust errei-
che, doch als er zwei Tage später in sein Hotel zurückkam, fand er
eine Mitteilung von Proust vor, der eben weggegangen war. Nach
Auskunft des Hoteliers war Proust am Nachmittag vorbeigekommen, um zu fragen, wann Forssgren abends gewöhnlich zurückkomme. Gestern sei er um elf Uhr eingetroffen, sagte der Hotelier.
Als Proust kurz vor Mitternacht im Hotel Riviera ankam, wartete er
etwa drei Stunden lang. Er trug zwar einen schweren Pelzmantel,
doch ihm fröstelte bald. Auf der Mitteilung Prousts stand:

Leider habe ich Sie verfehlt. Sie sind nicht zurückgekommen!
Kommen Sie jetzt nicht in meine Wohnung, sondern lassen

Sie mich wissen, wann Sie abreisen. Schreiben Sie mir Hôtel
Ritz, Place Vendôme, bitte nachsenden
Tausend gute Erinnerungen
Marcel[1]

Vielleicht wollte Proust Ernst im Hotel treffen, weil Céleste ihn nicht
mochte, doch zwei Tage später schrieb Proust einen Brief und bat
ihn, in die Wohnung zu kommen.[2] Céleste öffnete die Tür, »starr,
bleich, wie ein Geist. ›Sie sind es, Ernst. Sehen Sie, ich bin immer
noch da.‹« Sie führte ihn in den Salon, erzählte ihm, wie berühmt
Proust inzwischen geworden sei, erlaubte ihm aber nicht, das
Schlafzimmer zu betreten. Monsieur Proust sei krank geworden,
weil er nachts ausgegangen sei.[3]

   Anfang Oktober ging er jedoch wieder aus. Diesmal wollte er eine
Episode überprüfen, die er bereits niedergeschrieben hatte: Auf der
Soirée der Beaumonts begegnete er fast allen Überlebenden der Pari-
ser High Society.[4] Die Nacht war neblig, und auf dem Nachhause-
weg erkältete er sich von neuem. Céleste zufolge, der einzigen
Augenzeugin, war dies ein Wendepunkt. Während der letzten sieben
Wochen seines Lebens schlief er kaum noch.

   Wenn er nicht von Husten- oder Erstickungsanfällen geplagt
   war, arbeitete er unter der Zwangsvorstellung, er könne der
   Nouvelle Revue Française nicht rechtzeitig die korrigierten
   Fahnen der *Gefangenen* liefern. Er läutete dauernd, bald
   wollte er eine warme ›Bolle‹ [Bettflasche], bald einen Pullover, dann dieses, jenes; ein Buch, ein Zettel mußte eingeklebt
   werden. Ich ging, ich kam. Später mußten Telephongespräche
   mit Dr. Bize und Professor Robert Proust (als Bruder, nicht als
   Arzt wie Dr. Bize) geführt werden. Ich ging hinunter, ich kam
   wieder herauf. Ich machte ihm eine heiße Milch, den Kaffee.
   Er wollte Kompott, es mußte sofort sein. Er verlangte eiskal-
   tes Bier; ich schickte Odilon los. Aber was machte das schon?
   Was war meine Müdigkeit im Vergleich zu seinem Leiden? Ich
   hätte mir lieber den kleinen Finger abgehackt, als ihn nicht
   zufriedenzustellen.
   Diese letzten Wochen waren wie ein langer Tunnel, mehr
   denn je ohne Tage und Nächte – eine anhaltende Dunkelheit,
   kaum erhellt durch den grünen Lichtschein der kleinen
   Lampe, in der sich indes die Einzelheiten des Endes jetzt mit

einer Deutlichkeit abhoben, die ich nicht vergessen werde, solange ich lebe.[5]

Er hustete »sehr viel, ohne zu expektorieren. Er sagte zu mir: ›Ich kann es nicht, Céleste. Ich habe die Kraft nicht ... Ich ersticke daran.‹«[6] Am 19. Oktober versuchte er am späten Nachmittag auszugehen, kehrte jedoch gleich wieder um. Ihm war kalt, er hustete und nieste.[7] Er blieb in enger Verbindung mit Rivière, der seinen Roman *Aimée* für den Prix Balzac eingereicht hatte. Proust versuchte erfolglos, sich bei der Preisverleihung für ihn durchzusetzen. Von Rivières Bruder, dem Arzt Dr. Marc Rivière, der Proust am 25. Oktober einen Brief schrieb, erhielt er Informationen über Kokken.[8] Proust, der die Informationen zum einen für seinen Roman haben wollte, zum anderen, um Aufschluß über den eigenen Zustand zu gewinnen, beschrieb die Antworten des Arztes als »anmutige Pastoraldichtungen aus dem Bordeaux, in denen jede Mikrobe ein Anzeichen von Gesundheit ist«. Er bat Jacques Rivière überdies darum, Robert Proust zu verheimlichen, daß er mit einem anderen Arzt in Verbindung getreten war.[9]

Schließlich bat Dr. Bize aus Sorge, sein Patient könnte vielleicht an Lungenentzündung sterben, Robert darum, zu intervenieren. Als Robert unerwartet in der Wohnung eintraf, versuchte er seinen Bruder zu überreden:

›Mein lieber Marcel, du mußt dich unbedingt behandeln lassen. Ich bin Arzt und dein Bruder. Was ich darüber sage, ist zu deinem Besten und im Interesse deiner Arbeit.‹ Als alles nichts fruchtete, hat er schließlich erklärt: ›Dann mußt du also gegen deinen Willen behandelt werden.‹ Dieser Satz hat Monsieur Proust sehr verdrossen, und er erwiderte: ›Wie? Du möchtest mir etwas aufzwingen?‹ ›Ich will dir nichts aufzwingen, mein lieber Marcel, das weißt du genau. Ich möchte dich nur aus diesem eisigen Zimmer herausholen. Hier ganz in der Nähe, in der Rue Piccini, gibt es eine großartige Klinik, sehr gut geführt, sehr gut geheizt, mit guten Ärzten. Du hättest eine Krankenschwester, die dich pflegt, wie es nötig ist. Und im Handumdrehen wirst du gesund sein.‹ Monsieur Proust hat geantwortet: ›Ich brauche deine Krankenschwestern nicht. Nur Céleste versteht mich, ich will nur Céleste.‹ ›Aber Céleste kannst du bei dir behalten, lieber Bruder. Sie wird ein

Zimmer neben deinem bekommen. Sie wird dich nicht verlassen.‹ Worauf Monsieur nicht ›gebrüllt‹ hat, wie erzählt worden ist, sondern wütend wurde. Er hat zu seinem Bruder gesagt: ›Geh, ich will dich nicht mehr sehen. Ich verbiete dir, wieder herzukommen, wenn du mir bloß etwas aufzwingen willst.‹ Professor Robert Proust ist gegangen. Er hat sich nichts anmerken lassen, aber ich glaube, er war erschüttert. Ehe er ging, hat er mich gebeten, ihn zu verständigen, wenn sich der Zustand seines Bruders verschlechtern sollte.

Kaum war er fort, da hat Monsieur Proust mich gerufen. Ehe er mir auch nur erzählte, was geschehen war, erklärte er: ›Liebe Céleste, Sie werden niemanden mehr hereinlassen, weder meinen Bruder noch Dr. Bize oder sonst jemanden. Ich will nur Sie hier haben.‹ [...] Und er hat es wiederholt: ›Ich will nur Sie hier haben. Und ich verbiete Ihnen, Dr. Bize zu rufen.‹[10]

Hinterher bedauerte Robert, nicht daran gedacht zu haben, seinem Bruder einen Umzug ins Ritz vorzuschlagen.[11] Er bat Reynaldo darum, einzugreifen, und obwohl er wußte, wie hartnäckig Proust sein würde, schrieb Reynaldo ihm einen langen Brief und berichtete ihm, was sein Bruder ihm gesagt hatte. »Marcel hat nichts *Ernstes*. Es geht um Pneumokokken, das heißt, um etwas, das sich wieder bessert und leicht heilen läßt.«[12] Im letzten Absatz des Briefes brachte Reynaldo sein Bedauern darüber zum Ausdruck, nicht den geringsten Einfluß auf Marcel zu haben; »mich schmerzt der Gedanke, daß Du nicht einmal versucht hast, ein wenig Püree zu essen, wie Du versprochen hast, und daß Du mit Deiner Fastenkur weitergemacht hast, die für Dich jetzt nicht gut sein kann.«[13]

Proust, der jedoch nicht wollte, daß es ihm besser gehe, nahm an, sein Gesundheitszustand hätte sich auch dann nicht bessern lassen, wenn er dies gewollt hätte. Im Gespräch mit Céleste sagte er:

›Céleste, es ist ein fürchterlicher Gedanke, daß Ärzte einen Kranken quälen können, indem sie ihm Spritzen geben oder ihm Serum injizieren. Und warum? Um ihn länger am Leben zu erhalten? Um ein elendes Leben um zehn Minuten, vielleicht um einen halben Tag zu verlängern?‹ Und wie früher schon, wenn er davon sprach, bat er mich: ›Céleste, versprechen Sie mir, daß Sie nie zulassen werden, daß mir eine Spritze gegeben wird.‹[14]

Einige Tage später bat er sie, Robert anzurufen, der sah, daß er willkommen war und so oft kommen konnte, wie er wollte, solange er
nichts durchzusetzen versuchte. Ein anderer regelmäßiger Besucher
war Reynaldo Hahn, doch meist mußte er wieder gehen, ohne
Proust gesehen zu haben. Morand kam vorbei, konnte jedoch seine
Traurigkeit nicht verhehlen, als er sah, wie sehr sich Proust verändert hatte.[15] Lange Zeit hatte Proust versucht, mit seinen Kräften
sparsam umzugehen und sie ausschließlich in sein Werk einfließen
zu lassen; gegen Ende versuchte er, seine Stimme so wenig wie möglich zu benutzen. Céleste konnte meist durch ein Zeichen oder einen
Blick verstehen, was er wollte; zuweilen pflegte er auf kleine Zettel
zu schreiben, und sie war mit seiner Schrift so vertraut, daß sie sie
umgekehrt lesen konnte.[16] »Mir ist vom Husten so heiß geworden,
daß ich vielleicht einen heißen Tee versuchen werde«, »Ich habe soeben mehr als 3000mal gehustet und habe keinen Rücken, keinen
Magen, nichts mehr«,[17] »Céleste, ich hätte gerne eine leere Teetasse
und etwas Zucker«, »Kann jemand hingehen und mir aus dem Ritz
einen Pfirsich oder eine Aprikose holen?«, »Ich brauche ganz heiße
Tücher und auch Pullover. *Achten Sie doch darauf.* Alle Ihre Tücher
haben einen beißenden Geruch, der mich zu so nutzlosen Hustenanfällen reizt. Ich hoffe, Sie werden *meine Anweisung* strikt befolgen.
Sonst werde ich mehr als ärgerlich sein«.[18] »Aber während er das
Wort ›ärgerlich‹ schrieb, blickte er lächelnd zu mir auf, um anzuzeigen, daß es so war, als ob er es laut gesagt und zum Spaß ›örgerlich‹
ausgesprochen hätte – das gehörte zu dem scherzhaften Vokabular,
das Reynaldo Hahn und er in ihrer Jugend gebrauchten.«[19]

In der zweiten Novemberwoche bat er sie, Dr. Bize einen Blumenstrauß senden zu lassen und einen weiteren Strauß zu Léon Daudet
zu bringen, »der gerade einen weiteren großen Artikel über ihn veröffentlicht hatte«:

> Ich erzählte ihm, daß ich Léon Daudet selbst gesehen habe,
> daß er lange mit mir gesprochen, mich bis zur Treppe
> gebracht und gesagt habe: ›Ich liebe Monsieur Proust so, daß
> ich alles für ihn hergeben würde. Ich kenne keinen Menschen
> und keinen Freund, der sich in Bezug auf Intelligenz, Sensibi-
> lität und Herz mit ihm vergleichen ließe. Madame, ich weiß,
> was Sie ihm bedeuten. Ich bitte Sie, wenn Sie mich brauchen,
> nicht zu zögern: ich komme zu jeder Tages- und Nachtzeit.‹

Ich erinnere mich, daß ihm die Tränen in den Augen standen, als er das sagte. Monsieur Proust hat zugehört. Er hat sich nicht dazu geäußert. Er schien gerührt und befriedigt zu sein. Er hat nur gesagt: ›Sehr schön, also noch ein Punkt, der erledigt ist.‹[20]

Als eine letzte Geste der Versöhnung für Marie Scheikévitch instruierte er Céleste, ihr nach seinem Tod das Feuerzeug zurückzugeben, das sie ihm geschenkt hatte.[21] Er erklärte Céleste eines Nachts: ›Céleste, wenn ich einen Brief schriebe, mit Ihrem Namen darauf, und ihn in mein kleines chinesisches Möbel legte, versprechen Sie mir, daß Sie ihn nicht aufmachen, ehe ich tot bin. Ich würde diesen Brief gern schreiben und dort hinlegen.‹ Ich, die ich nie einen Schrank oder eine Schublade aufmachte, wenn er mich nicht darum gebeten hatte, antwortete, um ihn zu necken: ›Nun, Monsieur, alle Frauen sind neugierig. Wie soll ich da widerstehen? Natürlich werde ich ihn aufmachen, diesen Brief!‹[22]

Am Freitag, dem 17. November, hat sich noch ein herzzerreißender Vorfall ereignet. War es vor oder nach dem Besuch seines Bruders? Ich kann es nicht genau sagen. Jedenfalls hat Monsieur Proust im Laufe des Abends geläutet, um mich etwas zu fragen. Während ich im Zimmer war, bat er mich, beiseite zu treten und ihm den Rücken zuzukehren, um ihn nicht anzuschauen. ›Ich würde gern aufstehen und mich auf den Bettrand setzen‹, fügte er hinzu. Einige Augenblicke später sagte er: ›Sie können sich umdrehen, Céleste, es ist vorbei.‹ Ich habe mich umgedreht. Er lag schon wieder im Bett, auf den Kissen und unter den Decken. Er hat mich angeschaut und mit matter und trauriger Stimme gesagt: ›Ach, Céleste, was wird mit mir, wenn ich nicht mehr ohne Hilfe anderer auskomme!‹ Ich habe erwidert: ›Das hat doch nichts zu bedeuten, Monsieur, das ist ein wenig Schwäche.‹ [...] Gewiß wütete in diesem Augenblick bereits die Lungenentzündung mit einem Lungenabszeß, die Dr. Bize und Professor Robert Proust so sehr gefürchtet hatten, obwohl sie sehr viel später zum Ausbruch gekommen ist, als behauptet wurde – in den allerletzten Tagen und nicht in der ersten Novemberwoche.[23]

Am Abend desselben Tages sagte er, er fühle sich besser, und bat Céleste, ihm eine Seezunge zuzubereiten. Seezunge hatte ihm die Mutter zubereitet, wenn er als Kind krank war. Céleste bereitete sie vor, als sein Bruder kam. Nachdem die Brüder eine Weile zusammen waren, ließ Proust Céleste holen und sagte: »Céleste, ich glaube, ich werde diese Seezunge doch nicht essen.«

> Dann ist der Professor aus dem Zimmer gekommen und hat mir in der Diele, ehe er ging, erklärt: ›Ich habe ihm von der Seezunge abgeraten, weil ich sein Herz, als ich ihn abhörte, etwas matt fand.‹[24]

Um Mitternacht rief er Céleste und wollte mit ihr zusammen arbeiten. Er machte einen fast heiteren Eindruck. »Wenn ich diese Nacht überstehe, werde ich den Ärzten beweisen, daß ich stärker bin als sie. Aber ich muß sie überstehen. Glauben Sie, daß ich es schaffe?« Nachdem er eine Weile mit ihr geplaudert hatte, begann er sich an die Zusätze zu machen, und diktierte ihr so lange, bis er sagte, es sei anstrengender zu diktieren, als zu schreiben. Er nahm seinen Federhalter und schrieb mehr als eine Stunde lang weiter. Als er sagte, er sei zu erschöpft, um weiterzuarbeiten, war es halb vier. Vermutlich war der Abszeß aufgebrochen und die Sepsis setzte ein. Er sagte ihr, wo die Papiere einzukleben waren, lehnte ab, etwas Warmes zu trinken, und sagte ihr immer wieder, wie nett sie sei. Er atmete schwer, und manchmal zuckten seine Augenlider. Gegen sieben Uhr morgens bat er um Kaffee.

> Ich erinnere mich, daß ich wie eine Schlafwandlerin aus dem Sessel aufgestanden bin, um in die Küche zu gehen. Ich konnte nicht mehr laufen. Zu meiner Schwester Marie habe ich gesagt: ›Bis jetzt habe ich durchgehalten, aber ich glaube, ich bin fertig; ich kann mich nicht mehr aufrechthalten.‹ [...] Ich bin mit dem Kaffee und der Milch auf dem Tablett zurückgekommen. Er war so schwach, daß ich ihm vorgeschlagen habe: ›Monsieur, wollen Sie, daß ich Ihnen helfe, daß ich Ihnen die Untertasse halte?‹ ›Nein, Céleste, danke, danke.‹ Er hat die Tasse genommen und sie an die Lippen geführt, dabei hat er mich angesehen und wiederholt: ›Um Ihnen eine Freude zu machen, Ihnen und meinem Bruder ...‹ Dann hat er ein wenig getrunken und mir die Tasse zurückgegeben, Ich habe sie auf das Tablett gestellt. Er sagte, ich solle

sie dort lassen. ›Ich glaube, ich werde jetzt einen Augenblick ruhen.‹ Und er hat mir ein Zeichen gegeben, daß er allein sein wollte.[25]

Céleste ging durch den Flur zwischen seinen Zimmern und dem Bad zurück und hielt den Atem an hinter der Tür, die gleich neben seinem Bett war. Als er läutete, ging sie außen herum und kam durch die Tür vom Boudoir in sein Zimmer. Er wußte, wo sie gestanden hatte, und bat sie, seine Lampe nicht auszuschalten.

›Monsieur, Sie wissen doch genau, daß ich mir nie erlauben würde, Ihre Lampe an- oder auszuknipsen. Sie befehlen hier doch.‹ ›Machen Sie das Licht nicht aus, Céleste ... Im Zimmer ist eine dicke Frau in Schwarz, entsetzlich ... Ich möchte deutlich sehen können ...‹ ›Warten Sie einen Augenblick, Monsieur, quälen Sie sich nicht; ich werde sie gleich weggejagt haben, diese garstige Frau. Macht sie Ihnen Angst?‹ Er hat gesagt: ›Ein bißchen, ja. Aber man darf sie nicht anrühren ...‹[26]

Als sie sah, daß er sich beruhigt hatte, schickte sie Odilon nach Dr. Bize und ging zum Bäcker hinunter, um Robert Proust anzurufen.

Mir stand noch ein anderes beunruhigendes Bild von Monsieur Proust vor Augen: Während er von der Frau in Schwarz sprach, hatte er eine Bewegung gemacht, um sein Laken heraufzuziehen, und begonnen, mit den Händen die Zeitungen zusammenzuraffen, die nicht vom Bett genommen werden durften, solange er da war, weil das Staub machen würde. Ich war noch nie bei einem Todeskampf dabeigewesen; aber in meinem Dorf hatte ich die Bauern sagen hören, daß ›die Sterbenden raffen‹. Und diese Bewegung der Finger von Monsieur Proust hatte mir Angst gemacht.[27]

Bevor der Arzt eintraf, hatte Proust wieder nach kaltem Bier verlangt, und Odilon fuhr nach seiner Ankunft weg, um es zu holen. Als der Arzt um zehn Uhr vormittags kam, sagte Céleste zu ihm: »Herr Doktor, ich bitte Sie, retten Sie ihn. Er ist jetzt noch schwächer. Geben Sie ihm eine Spritze.« Dr. Bize wollte sie ihm in den Schenkel injizieren. »Ich werde dann die Decke anheben, Herr Doktor.«

Wir sind dann alle auf das Bett zugegangen. Ich habe die Decke vorsichtig angehoben und mich bemüht, Monsieur

Prousts Schamgefühl nicht zu verletzen. Er lag am Rand des Bettes. Sein Arm hing herunter und war ein wenig geschwollen, zweifellos, weil der Kreislauf fast unterbrochen war. Ich legte seinen Arm wieder auf das Bett und hob die Decke an. Der Arzt beugte sich vor. Was dann geschah, hat sich mir für immer eingeprägt. Monsieur Proust hat den anderen Arm unter der Decke hervorgezogen und mit den Fingern die Haut an meinem Handgelenk gepackt und mich gezwickt. Gleichzeitig, – und wenn ich auch wollte, ich könnte den Ausruf nie aus meinen Ohren verdrängen – hat er gesagt: ›Ach, Céleste … ach, Céleste!‹ Es war schlimmer, als wenn er mir vorgeworfen hätte, mein ihm gegebenes Versprechen gebrochen zu haben, nie zuzulassen, daß ihm eine Spritze gegeben wird, wenn er nicht mehr in der Lage sei, sich selbst dagegen zu wehren. Und mein Gewissen ist um so schlechter, als die Injektion in diesem Stadium zwecklos war: die Flüssigkeit konnte in seinen Adern nicht mehr zirkulieren.[28]

Sobald Dr. Bize weggegangen war, kam Prousts Bruder Robert. »Ich war vor Dr. Bize unten, aber ich wollte ihn als ersten hinaufgehen lassen. Ich habe in meinem Wagen gewartet. Ich fürchtete, mein Bruder würde glauben, daß ich veranlaßt habe, was er nicht wollte.« Als Robert sagte: »Ich werde dir jetzt Adrenalin geben, weißt du, was das ist?«, antwortete Marcel mit einem Zitat aus einem Schüleraufsatz von Robert.[29] Robert blieb nicht lange und kam eine Stunde später wieder. Er bat Odilon, Schröpfköpfe zu besorgen; Céleste sollte ein Federbett und weitere Kissen holen.

Er hat Monsieur Proust so vorsichtig wie nur möglich angehoben, während ich die Kopfkissen zurechtlegte: ›Ich plage dich, mein kleiner Marcel …‹, sagte er. ›O ja, mein lieber Robert …‹ Es war ungefähr ein Uhr. Die Schröpfköpfe sind wirkungslos geblieben: Sie haben gar nicht gehaftet. Der Professor hat Odilon dann gebeten, ein Sauerstoffgerät zu holen, denn das Atmen fiel Monsieur Proust immer schwerer. Professor Proust hat ihm ein wenig Sauerstoff gegeben. Dann hat er sich über seinen Bruder gebeugt und ihn gefragt: ›Tut dir das gut, mein kleiner Marcel?‹ ›Ja, Robert.‹ Etwas später wollte der Professor, daß Dr. Bize wiederkommen sollte. Er kam gegen halb drei. Sie haben miteinander beraten und beschlossen, Professor Babinski hinzuzuziehen, eine der größten Kapazitäten der damaligen Zeit. Im Laufe seiner Krankheit hatte Monsieur Proust selbst zu mir gesagt. ›Ich würde gern Dr. Babinski bitten, zu mir zu kommen, Céleste. Was für einen Eindruck würde es machen, wenn ich mich jetzt an ihn wende?‹ Dr. Babinski ist gekommen. Es muß vier Uhr gewesen sein. Die drei Ärzte haben im Schlafzimmer konferiert. Monsieur Proust hörte alles – ich war da, ich sah es an seinen Augen. Sein Bruder hat seinerseits vorgeschlagen, ihm intravenös Kampfer zu spritzen. Professor Babinski hat abgewinkt und gesagt: ›Nein, mein lieber Robert, quäle ihn nicht, es lohnt sich nicht mehr.‹ Dr. Bize ist gegangen: Kurz danach hat Professor Babinski Professor Robert Proust die Hand gedrückt und sich verabschiedet. Ich habe ihn bis zur Wohnungstür begleitet. Ehe ich sie öffnete, habe ich mich zu ihm gedreht. Ich war verzweifelt, ich habe gesagt: ›Herr Professor, Sie werden ihn doch retten können?‹ Er war sehr bewegt. Er hat meine beiden Hände genommen und erwidert: ›Madame, ich weiß, was Sie alles für ihn getan haben. Seien Sie mutig. Es ist vorbei.‹ Ich bin wieder in das Schlafzimmer gegangen und neben Professor Robert Proust stehengeblieben. Nur noch wir beide waren da. Monsieur Proust hat uns nicht aus den Augen gelassen. Es war grausam. So blieben wir ungefähr fünf Minuten. Dann ist der Professor plötzlich vorgetreten, hat sich sacht über seinen Bruder gebeugt und ihm die Lider zugedrückt, während sein Blick immer noch auf uns gerichtet war. Ich habe gefragt: ›Ist er tot?‹ ›Ja, Céleste, es ist vorbei.‹ Es war halb fünf Uhr.

Sie richteten ihn zusammen her. Robert zog ihm ein frisches Nachthemd an, die Laken wurden gewechselt und die Kopfkissen neu bezogen. Robert bat sie, eine Locke für ihn und eine für sich abzuschneiden. Sie vergaß Prousts Bitte, den Rosenkranz in seine Hände zu legen, den Lucie Faure aus Jerusalem mitgebracht hatte;[30] hingegen erinnerte sie sich an seinen Wunsch, den Abbé Mugnier zu verständigen, damit er an seinem Totenbett bete, doch der Abbé war krank und konnte nicht kommen.[31]

Später traf Reynaldo Hahn ein. »Er hat dann die Freunde von Monsieur Proust angerufen, um sie zu unterrichten. Er ist die ganze

Nacht dageblieben. Zuerst hat er mit mir im Schlafzimmer Toten-
wache gehalten, dann hat er sich in ein anderes Zimmer zurückgezogen, um zu arbeiten; er hat komponiert. Von Zeit zu Zeit ist er
gekommen, um sich vor der sterblichen Hülle auf dem Bett zu sammeln.«[32] Der erste, der am Todestag nach ihm kam, war Léon Daudet, »der sehr weinte«.

»Monsieur Proust war am Samstag gestorben. Professor Proust
fand ihn ›so gut‹ – das waren seine Worte –, daß er beschloß, das
Begräbnis hinauszuzögern, um seinen Freunden Gelegenheit zu
geben, ihm die letzte Ehre zu erweisen.«[33]

Für Edmond Jaloux sah er »noch toter« aus als andere Leichen.
»Er war völlig abwesend. Seine magere, eingefallene Maske, ge-
schwärzt von dem Bart eines kranken Mannes, war in einen grün-
lichen, halb mysteriösen Schatten getaucht. Ein großer Veilchenstrauß lag auf seiner Brust ... So, wie er nicht wie andere Menschen
lebendig gewesen war, war er auch nicht tot wie andere, und der
Kummer seiner Freunde nahm Anteil an der unausdrücklichen
Größe, die von seinem bewegungslosen Gesicht ausstrahlte.«[34]

Am Sonntag, dem 19. November, kam Paul Morand. Er erzählte
Céleste, Proust habe manchmal zu ihm gesagt: »Entschuldigen Sie,
mein lieber Paul, wenn ich ein wenig die Augen schließe. Ich bin
müde. Aber sprechen Sie weiter, ich bitte Sie darum, ich werde auch
antworten. Ich ruhe mich nur aus.« Paul Morand fuhr fort: »Und er
schloß die Augen, nur daß er sie ein wenig offenhielt, um einen zu
beobachten. Nun, Céleste, falls Sie es bemerkt haben, das tut er
auch im Tode. Auf der einen Seite ist das Lid ein klein wenig hoch-
gezogen.«[35]

ANHANG

Anmerkungen

[...]: Anmerkungen in eckigen Klammern sind Anmerkungen des Übersetzers.

Abkürzungen

BL   *Briefe zum Leben.* Frankfurt a. M.: Suhrkamp, 1969
BW   *Briefe zum Werk.* Frankfurt a. M.: Suhrkamp, 1964
Corr.   *Correspondance de Marcel Proust,* éd. Philip Kolb, Paris: Plon, 1970-1993, 21 Bde.
CG   *Correspondance générale,* éd. Robert Proust, Paul Brach, Suzy Mante-Proust, Paris: Plon, 1930-1936, 6 Bde.
Recherche   *A la recherche du temps perdu,* éd. Jean-Yves Tadié, Paris: Gallimard (Bibliothèque de la Pléiade), 1987-1989, 4 Bde.
W   *Werke. Frankfurter Ausgabe,* hg. von Luzius Keller, Frankfurt a. M.: Suhrkamp, 10 Bde. seit 1989
WA   *Auf der Suche nach der verlorenen Zeit.* Übersetzt von Eva Rechel-Mertens. Werkausgabe in der edition suhrkamp, 1964, 13 Bde.

1. Mein kleiner Wolf

1 [Diesbach, S. 10: fünfhundert.]
2 Francis und Gontier, S. 57.
3 Gregh, S. 32 [zit. nach Michel-Thiriet, S. 105-106].
4 Brief an Madame Straus, kurz nach dem 21. 5. 1911 [*Corr.,* X, S. 290].
5 [Vgl. Painter, I, S. 24.]
6 [*Contre Sainte-Beuve,* éd. Fallois, 1954, S. 352; zit. in: Painter, I, S. 25; Tadié, 1996, S. 58.]
7 March, S. 20 [Robert Proust, »Marcel Proust intime«, in: *Hommage à Marcel Proust, NRF* 10, N° 112, 1923, S. 24, Übers. M. L.; vgl. Tadié, 1996, S. 59-61].
8 Albaret, S. 170; dt. Übers. S. 137. [Bei Painter, I, S. 83 hält Marcel, »verkrümmt und zitternd vor Kälte, zwei heiße Bratkartoffeln in seinen Händen«.]
9 Adrien Proust, *Traité d'hygiène,* Paris, 1881, *Eléments d'hygiène,* Paris, 1883.
10 *Contre Sainte-Beuve,* 1971, S. 575 [zit. in: Michel-Thiriet, S. 142].
11 Vgl. *Contre Sainte-Beuve,* S. 573.
12 *Recherche,* I, S. 113; W, II, 1, S. 169.

13 [Zit. in: Michel-Thiriet, S. 165.]

14 [*Jean Santeuil*, 1965, S. 190-191. Zu dieser Passage siehe Tadié, 1996, S. 71-72; Painter, I, S. 26.]

15 *Recherche*, I, S. 48; W, II, 1, S. 73.

16 [*Recherche*, I, S. 49; W, II, 1, 74.]

17 Duplay, S. 42 [zit. in: Diesbach, S. 21].

18 Brief an Montesquiou, kurz nach dem 28. 9. 1905; *Corr.*, V, S. 349, *BW*, S. 125.

19 *Contre Sainte-Beuve*, 1954, S. 286 [vgl. Diesbach, S. 24: »Von den gro-ßen antiken und modernen Klassikern erfüllt, bemüht sie sich, ihn mit Plutarch-Zitaten etwas männlicher zu machen. Um ihn auf eine unange-nehme Nachricht, einen Zahnarztbesuch oder einen Einlauf vorzuberei-ten, appellierte sie an seine Tapferkeit, indem sie die Tapferkeit antiker Helden heraufbeschwor: ›Leonidas wußte unter den schwierigsten Um-ständen seine Gelassenheit zu bewahren...‹, oder ›Regulus verblüffte durch seine Heiterkeit im Angesicht von Katastrophen...‹« (*Contre Sainte-Beuve*, 1954, S. 282, 291). Diesbach bezieht sich auf Duplay, S. 23.]

20 *Contre Sainte-Beuve*, 1954, S. 292 [*sursum corda* : ›empor die Herzen‹].

21 Francis und Gontier, S. 66 [Mme de Beausergent ist eine imaginäre Figur; vgl. *Recherche*, II, S. 13 und Anm. S. 1344 f.; W II, 2, S. 323 und Anm. S. 801. Prousts Inspirationsquellen waren Mme. de Rémusat, Autorin der *Mémoires* (1802-1808), die Prousts Mutter kannte, sowie *Les récits d'une tante: Mémoires de la comtesse de Boigne, née Osmond* (1781-1866), Paris: Plon, 1907-1908, über die Proust eine Rezension schrieb: W, I, 3, S. 306-314.]

22 *Recherche*, I, S. 12; W, II, 1, S. 19.

23 *Recherche*, I, S. 41; W, II, 1, S. 62.

24 *Corr.*, I, S. 95.

25 [*Corr.*, I, S. 96.]

26 [Vgl. W, II, 1, S. 59: Die Großmutter schenkt dem Erzähler vier Romane von George Sand, darunter *François le Champi*. Zu Saint-Simon siehe W, I, 2 Anm. zum Pastiche von Saint-Simon, S. 328: »Briefe und Notizen in verschiedenen ›Carnets‹ belegen, daß sich Proust um 1908-1909, das heißt zur Zeit der Pastiches über die Lemoine-Affäre und dann wieder von 1915 an mit Saint-Simon befaßt hat.« Vgl. auch Maurois, S. 30-33.]

27 Maurois, S. 18.

28 [Vgl. Maurois, S. 18.]

29 *Recherche*, I, S. 41-42; W, II, 1, S. 63-64.

30 [*Jean Santeuil*, 1965, I, S. 69.]

31 [Vgl. ebd., S. 68.]

32 *Jean Santeuil*, 1965, II, S. 29-30; vgl. W, III, 1, 286-287.

33 *Jean Santeuil*, 1965, II, S. 68; W, III, 1, S. 330.

34 *Recherche*, I, S. 473; W, II, 2, S. 80.

35 *Recherche*, I, S. 36.

36 [*Jean Santeuil*, 1965, I, S. 45; W, III, 1, S. 41.]

37 *Jean Santeuil*, 1965, I, S. 52-53; W, III, 1, S. 47-48.

38 Brief vom 19. 10. 1885 an Martha Bernays, in: Freud, *Brautbriefe*. Ausgewählt, herausgegeben und mit einem Vorwort von Ernst L. Freud. Frankfurt a. M.: Fischer, 1968, S. 104.

39 Maurois, S. 18.

40 *Jean Santeuil*, 1971, S. 211 ; 1965, S. 56; W, III, 1, 51 .

41 *Jean Santeuil*, 1965, S. 61; W, III, 1, S. 56.

42 *Contre Sainte-Beuve*, 1954, S. [vgl. Tadié, 1996, S. 61: Nach Tadié wohl die älteste Kindheitserinnerung Prousts, die bis heute unbeachtet geblieben sei und am Anfang der *Recherche* nur beiläufig erwähnt werde (*Recherche*, I, 4; W, III, 1, 9). In den Entwürfen zu Combray finden sich mehrere Beschreibungen dieses offenbar sehr nachhaltigen und im Traum wiederkehrenden Schreckenserlebnisses: »Unser Pfarrer schlich sich von hinten heran, um mich an den Locken zu ziehen, was der Schrecken und die Folterqual meiner Kindheit gewesen war. Ich wollte mich retten, er zog, ich versuchte mich umzudrehen, konnte es nicht, und wachte auf.« *Esquisse II,1* in: *Recherche*, I, 640. Urheber ist abwechselnd ein Geistlicher (curé), ein Onkel oder ein Großonkel. In *Esquisse II,2* wird das Lockenschneiden verglichen mit der »Beseitigung des Organs, das der Sitz des Schreckenserlebnisses war«, und wie in *Esquisse III* samt seiner Wirkung in mythologische Dimensionen gerückt: »Der Sturz des Kronos, die Entdeckung des Prometheus, die Geburt Christi hätten den Himmel der bis dahin darniederliegenden Menschheit nicht so hoch erheben können wie das Abschneiden meiner Locken, mit dem das Schreckbild von nun an für immer beseitigt war« (*Esquisse III*, *Recherche* I, 645)].

43 *Recherche*, I, S. 74; W, II, 1, S. 111. [Zu Marie van Zandt siehe Tadié, 1996, S. 51: Die Sängerin stand auch mit Louis Weil in Verbindung. Marcel erbte später die Photographie.]

44 *Recherche*, I, S. 72; W, II, 1, S. 109.

45 *Recherche*, I, S. 72-73; W, II, 1, S. 109-110.

46 [Robert Proust beschreibt den Vorfall in »Marcel Proust intime« und spricht von einem »fürchterlichen Erstickungsanfall«; *Hommage à Marcel Proust*, 1923, S. 24.]

47 *L'Indifférent/Der Gleichgültige*, 1984, S. 50-53. [Vgl. Tadié, 1996, S. 73-75; Michel, 1984, S. 55-88.]

2. Der fehlende Schüler

1 Louis Veuillot, *Les odeurs de Paris*. Paris, 1867, S. 22.

2 *Recherche* I, S. 581-582; W, II, 2, S. 238.

3 Bibliothèque nationale, Cahier 20, fol 294.

4 *Jean Santeuil*, 1971, S. 232; 1965, S. 105-106; W, III, 1, S. 84.

5 *Jean Santeuil*, 1971, S. 234; 1965, S. 108-109; W, III, 1, S. 86-87.

6 *Jean Santeuil*, 1971, S. 283; 1965, S. 132; W, III, 1, S. 159.

7 Albaret, S. 198-199; dt. Übers. S. 161.

8 [Vgl. Maurois, S. 30: »Im Gymnasium; Michel-Thiriet, S. 74-75; Painter, I, S. 76.]

9 Francis und Gontier, S. 146 [vgl. Michel-Thiriet, S. 158; Painter, I, S. 95].

10 *Jean Santeuil*, 1971, S. 230; 1965, S. 102; W, III, 1, S. 80-81.

11 [Nach Hayman, S. 22, und Tadié, 1996, S. 45, für Übersetzung aus dem Griechischen, nach Michel-Thiriet, S. 28-29 und de Diesbach, S. 44 für Übersetzung aus dem Lateinischen. – Zu »accessit«: Erläuterung des Übersetzers in Michel-Thiriet, S. 28-29: »acessit«, lateinisch: »er hat sich angenähert«: Auszeichnung für diejenigen, die ohne einen Schulpreis erhalten zu haben, sich diesem doch angenähert haben.]

12 [Proust schreibt: »cauterisations nasales détruisants le *tissu érectile* du néz«, nicht »la membrane muqueuse« bzw. »la membrane pituitaire« für »Nasenschleimhaut«; siehe *Corr.*, XX, S. 403.]

13 Brief an Léon Daudet, kurz nach dem 15. Juli 1921; *Corr.*, XX, S. 403.

14 *Recherche*, I, S. 646-647 (*Esquisse* III) [vgl. den Hinweis von Tadié, 1996, S. 69: An dieser Stelle findet sich ein Ansatz zum berühmten Titel des Romans: »L'exploration que je fis alors en moi-même *à la recherche d'un plaisir* que je ne connaissais pas, ne m'aurait pas donné plus d'émoi, plus d'effroi, s'il s'était agi pour moi de pratiquer à même ma moelle et mon cerveau une opération chirurgicale.« »Die Erkundung, die ich damals an mir vornahm, *auf der Suche nach einer Lust*, die ich nicht kannte, hätte mir keine größere Gefühlserregung und keine größere Angst verschaffen können, als wenn es darum gegangen wäre, selbst einen chirurgischen Eingriff in mein Mark und Gehirn vorzunehmen.«].

15 Persönliche Mitteilung von Elizabeth Russell Taylor. [Vgl. *Roche Lexikon Medizin*, 1984, Art. »Trimethylamin«: »(CH3)3N; tertiäres Amin mit intensivem ammoniakal. Fischgeruch; Vork. in Pflanzen, Heringslake, Scheidensekret (Zersetzungsprodukt).«]

16 *Recherche*, I, S. 12; W, II, 1, S. 20.

17 *Recherche*, I, S. 156; W, II, 1, S. 231. [Tadié, 1996, S. 69-71, berichtet über die Versuche von Adrien Proust, Marcel durch Bezahlung von Bordellbesuchen vom Masturbieren abzuhalten, und vermutet, daß »l'onanisme«, die Onanie, zeitlebens Prousts einzige sexuelle Tätigkeit gewesen sei.]

18 [Vgl. Richard von Krafft-Ebing, *Psychopathia sexualis. Mit besonderer Berücksichtigung der konträren Sexualempfindung* (1886). Nachdruck der vierzehnten, vermehrten Auflage von 1912. München, 1984, S. 227-229. Der noch bei Tadié 1996, S. 69-71 benutzte Ausdruck ›onanisme‹, Onanie, wurde eingeführt von dem Schweizer Arzt Simon André Tissot in: *L'onanisme ou dissertation physique sur les maladies pro-*

duites par la masturbation. Lausanne, 1760; vgl. A. Kronfeld und C. H. Rogge, Art. ›Onanie‹, in: Max Marcuse, Hg., *Handwörterbuch der Sexualwissenschaft.* Zweite, stark vermehrte Auflage Bonn, 1926, S. 530-532.]

19 [Brief, vermutlich vom 14. 6. 1888, an Jacques Bizet, kopiert und kommentiert von Daniel Halévy, in: *Corr.*, XXI, S. 555.]

20 Ferré, S. 90-99.

21 [Michel-Thiriet, S. 83.]

22 Ferré, S. 110-111.

23 »Le Gladiateur mourant«, in: *Essais et articles; Contre Sainte-Beuve,* 1971, S. 321-322; deutsch: »Der sterbende Gladiator«, in: *W*, I, 3, S. 18.

24 *Jean Santeuil*, 1971, S. 230; 1965, S. 101-102; *W*, III, 1, S. 80.

25 [*Corr.*, I, S. 50.]

26 *Jean Santeuil*, 1971, S. 230; 1965, S. 102; *W*, III, 1, S. 81.

27 Dreyfus, S. 23.

28 [Vgl. Painter, I, S. 90-92; Proust hat den Fragebogen zweimal beantwortet, 1886 und 1892. Fragen und Antworten sind abgedruckt in *W*, I, 3, S. 37-40 und in Michel-Thiriet, S. 24-27; vgl. de Diesbach, S. 53-54; Tadié, 1996, S. 67-69: Das Album Antoinette Faures hat den Titel »Confessions. An Album to record thoughts, feelings etc.«]

29 Albaret, dt. Übers. S. 135, 147.

30 [Vgl. Wiggershaus, S. 1992, Abb. S. 136: Fotografie der Handschrift.]

31 [Meissonier wird als einer der bevorzugten Maler Ruskins genannt: *Contre Sainte-Beuve*, 1971, S. 512, 524. – Pariser Sujets: »Barrikade« (1848, Louvre) und die Allegorie »Belagerung von Paris« (1870, Louvre); vgl. *Kindler Lexikon Malerei*, Bd. 9, S. 80-82, Abb.]

32 Bulletin 7, S. 272 [Vgl. Painter, I, S. 80].

33 Ferré, S. 132 [Vgl. Michel-Thiriet, S. 84].

34 *Recherche*, II, S. 34; *W*, II, 2, S. 356.

35 Brief an Madame Nathé Weil, Sommer 1885 oder 1886, in: *Corr.*, I, S. 97; *BL*, I, S. 7-8.

36 Catusse, S. 132 [Painter, I, S. 96].

37 Dreyfus, S. 14 [Painter, I, S 83].

38 Francis und Gontier, S. 114 [vgl. Painter, I, S. 108; Adams, 1988, S. 75-77; Vorwort von Lawrence Joseph zu Catherine Pozzi, 1995, S. 9].

39 Halévy, S. 132-133 [Painter, I, S. 106].

40 *Recherche*, III, S. 25; *WA*, 7, S. 40.

41 Halévy, S. 132; Dreyfus, S. 152. [Vgl. Painter, I, S. 107. – Das Wort »Päderastie« – »seelische und sinnliche Zuneigung zu einem pais« –, das außer Proust z. B. auch Gide benutzte, hatte und hat nicht die ihm heute zugeschriebene Bedeutung von »Kindesmißbrauch« und »Knabenliebe«; »⟨...⟩ vielmehr hat der pais die Pubertät bereits hinter sich. ⟨...⟩ Geschlechtlicher Verkehr mit einem Knaben, der noch minderjährig ist, unterlag auch im Altertume strenger Strafe und hat mit dem, was die

Griechen unter Päderastie verstanden, nichts zu tun.«: Paul Brandt, Art.
»Päderastie«, in: Max Marcuse, Hg. (1926), S. 534-543.]

42 *Jean Santeuil*, 1971, S. 677; 1965, II, S. 258; W, III, 2, S. 761.

43 Brief von Proust an Robert Dreyfus, 28.(?) 8. 1888; *Corr.*, I, S. 107-108;
BL, I, S. 15.

44 Ferré, S. 142-144.

45 Halévy, S. 122-123.

46 [Vgl. Tadié, 1996, S. 98.]

47 [Robert Dreyfus, »Marcel Proust aux Champs-Elysées«, in: *La Nouvelle Revue Française*, 10, N° 112, Januar 1923, S. 27-30; vgl. Painter, I,
S. 82-83; Tadié, 1996, S. 66-67.]

48 Dreyfus, a.a.O., S. 27.

49 [Brief an Madame Soutzo, *Corr.*, XVII, S. 175; *BL*, II, S. 541.]

50 [Proust, Brief an Antoinette Faure vom 15. 7. 1887; *Corr.*, I, S. 99; Vgl.
Tadié, 1996, S. 66.]

51 *Jean Santeuil*, 1971, S. 216; 1965, S. 73-74; W, III, 1, S. 59.

52 [*Jean Santeuil*, 1971, S. 252-253; 1965, I, S. 61; W, III, 1, S. 113-114.]

53 *Jean Santeuil*, 1971, S. 768; 1965, II, S. 357-358; W, III, 2, S. 900-901.

54 *Jean Santeuil*, 1971, S. 769; 1965, II, S. 359; W, III, 2, S. 902.

55 *Contre Sainte-Beuve*, 1954, S. 102.

56 Brief an Antoinette Faure vom 15. 7. 1887, *Corr.*, I, S. 99.

57 Ebd.

58 [Michel-Thiriet, S. 84.]

59 [Vgl. *Corr.*, I, S. 59; Painter, I, S. 92; Maurois, 1964, S. 23-24; Michel-
Thiriet, S. 144.]

60 *Contre Sainte-Beuve*, 1954, S. 283 [vgl. *Recherche*, W, II, 1, S. 95.]

61 Brief an Jeanne Proust, 24. 9. 1887; *Corr.*, I, S. 101-102; *BL*, I, S. 9-10
[Übersetzung nach *Corr.* ergänzt].

62 Brief an Robert Dreyfus, 28.(?) 8. 1888, *Corr.*, I, S. 105; *BL*, I, S. 12.

63 [Vgl. *Corr.*, I, S. 108, Anm. 2 und 3: Dauphiné war Anfang August 1888
als Ersatz für den am 24./25. 7. 1888 verstorbenen Maxime Gaucher
ernannt worden.]

64 Erinnerungen von Pierre Lavallée, in der Einleitung zum Band IV der
Correspondance générale, hg. v. Paul Brach, S. 3, abgedruckt in *Corr.*, I,
S. 109, Anm. 7.

65 Dreyfus, S. 25.

66 Proust, Brief an Robert Dreyfus, 28.(?) 8. 1888, *Corr.*, I, S. 107; *BL*, I,
S. 14.

67 Ebd.

68 Ebd.

69 Ebd.

70 Ebd.

71 Ferré, S. 198 [Michel-Thiriet, S. 85: »›neu‹ bezieht sich hier auf die
in diesem Schuljahr neue Aufsatzform der ›composition‹, eine Art

Abhandlung«. – Zu Prousts Beurteilung der Lehrer vgl. Tadié, 1996, S. 92].

72 [Philip Kolb sieht in dem Brief vom 7. 9. 1888 an Robert Dreyfus die »Ankündigung« »jener Theorie, die er [Proust] später über die Multiplizität des *moi* entwickeln wird; eine Theorie, welche die Grundlage seiner ›präparierten‹ Figuren darstellen wird. [...] Dieser Brief von 1888 liefert uns auch den Beweis, daß Proust die Ansätze zu seiner Theorie noch vor jeder Lektüre Bergsons entworfen hat. Dessen *thèse*, der *Essai sur les données immédiates de la conscience* [deutsch: *Zeit und Freiheit. Versuch über die unmittelbaren Bewußtseinstatsachen*, 191] erschien erst 1889.« Kolb vermutet, daß Proust 1886 durch einen Artikel seines Lieblingsautors Anatole France über *Hamlet* – das Grundmuster des multiplen Ichs – zu dieser »Theorie der multiplen Persönlichkeit« angeregt wurde. *Corr.*, I, S. 116-117, Anm 2. Siehe auch: Paul Desjardins, Dissolution de l'individu«, in: *NRF*, 10, N° 112 (»Hommage à Marcel Proust«), 1923, S. 146-150; über die Zusammenhänge zwischen literarischen und psychiatrischen Konzeptionen der multiplen Persönlichkeit unter dem Blickwinkel der Begriffs- und Wissenschaftsgeschichte informiert Ian Hacking, *Rewriting the Soul. Multiple Personality and the Sciences of Memory*. Princeton. N. J., 1995; deutsch: *Multiple Persönlichkeiten. Zur Geschichte der Seele in der Moderne*. Übersetzt von Max Looser. München, 1996.]

73 [Vgl. Tadié, 1996, S. 98.]

74 Brief an Robert Dreyfus, 7. 9. 1888; *Corr.*, I, S. 115; *BL* I, S. 20.

75 Anekdote von Gregh, bei Ferré, S. 170.

76 Halévy, zit. bei Ferré, 166-168 [vgl. de Diesbach, S. 63].

77 [*Corr.*, I, S. 119.]

78 *Recherche*, I, S. 74-76; W, II, 1, 112-115.

79 Albaret, 1974, S. 176-177.

80 Paul Bourget, zit. in Painter, I, S. 143 [Adams, S. 101].

81 *Corr.*, I, S. 120.

82 Brief vom 25. 9. 1888; *Corr.*, I, S. 119; *BL*, I, S. 22.

83 Ebd.

84 Proust, Brief an seine Mutter, 5. 9. 1888; *Corr.*, I, S. 110-111; *BL*, I, S. 16-17.

85 [Michel-Thiriet, S. 142.]

86 Brief an Jeanne Proust, 5. 9. 1888; *Corr.*, I, S. 111; *BL*, I, S. 17.

87 Brief an Robert Dreyfus, 7. 9. 1888; *Corr.*, I, S. 114-115; *BL*, I, S. 19.

88 [Dieser Satz findet sich im selben Brief: *Corr.*, I, S. 115; *BL*, I, S. 20.]

89 Brief an Robert Dreyfus, 10.(?) 9. 1888; *Corr.*, I, S. 118 [mit Auslassungen; siehe Tadié, 1996, S. 99: vollständig in *Ecrits de jeunesse*, S. 65-66.]

90 Vgl. Brief an Alphonse Darlu, 2. 10. 1888; *Corr.*, I, S. 122.

91 *Jean Santeuil*, 1971, S. 260; 1965, I, S. 242; W, III, 1, S. 126.

92 [*Les plaisirs et les jours*, 1971, S. 8; W, I, 1, S. 13; Painter, I, S. 102.]

93 [Zit. in Kolb, *Corr.*, I, S. 127, Anm. 6; vgl. Tadié, 1996, S. 104-108.]
94 Ebd. [vgl. Painter, I, S. 102: »was freilich das Taschentuch veranschaulichen sollte, ist nicht überliefert«].
95 Fernand Gregh, S. 141-143.
96 Manuskript in der Sammlung der University of Illinois.
97 *Jean Santeuil*, 1965, S. 349.
98 [Ebd.]
99 Preisrede, August 1890.
100 Ferré, S. 144.
101 *Contre Sainte-Beuve*, 1971, S. 333-334 [Juvenilia]; W, I, 1, S. 34-35.
102 *La Revue lilas (Le ciel est d'un violet sombre)*, in: *Contre Sainte-Beuve*, 1971, S. 333-334; deutsch: »Für die *Revue Lilas (Der Himmel ist dunkelviolett)*«, in: *W*, I, 3, S. 34-35 [vgl. Painter, I, S. 105-106].
103 Brief an Daniel Halévy, Herbst (?) 1888; *Corr.*, I, S. 123-124 [Übers. M. L., vgl. Michel-Thiriet, S. 90-91. Kolb schreibt in Anm. 1, S. 124, daß die Nähe dieses Briefes zu den beiden Briefen vom 28.8. und 10.9.1888 an Robert Dreyfus die Vermutung erlaubt, daß der hier zitierte Brief an Halévy kurz nach Beginn des neuen Schuljahres geschrieben wurde.]
104 [*Corr.*, I, S. 124; vgl. dazu die Anm. 6 von Kolb: »Proust wurde sich später klar darüber, daß er sich bezüglich Montaignes geirrt hatte«; siehe auch Tadié, 1996, S. 109: »In *Sodome et Gomorrhe* wird Proust die ›sokratische‹ Rechtfertigung der Homosexualität zurückweisen und Montaigne nicht mehr anführen.« In dem hier zitierten Brief heißt es: »Ich glaube, die beiden Meister irrten sich, ich werde Dir erklären, warum.« Die Erklärung folgt hier nicht, sondern nur die Bitte: »Behandle mich nicht wie einen Päderasten, das tut mir weh.« Nach Kolb folgte diese Erklärung der Homosexualität – als *Ungleichgewicht des Nervensystems* – erst in der *Recherche* (II, 616-617, 953-954; III, 205-207.)]
105 Sigmund Freud, *Eine Kindheitserinnerung des Leonardo da Vinci* (1910), in: Freud, *Studienausgabe*, Frankfurt a. M.: S. Fischer, 1969, Band X, S. 91-159.
106 Duplay, S. 14.
107 Brief an Madame Straus, kurz nach dem 21.5.1911. [Vgl. *Corr.*, I, S. 124; Painter, I, S. 147.]
108 Brief von seiner Mutter, 7.9.1889 und September (?) 1889 [*Corr.*, I, S. 128].

3. Soldatendienst und Salons

1 Theodore Zeldin, *France 1848-1945*. Oxford, 1877-1980, Bd. I, S. 405.
2 [Painter, I, S. 150.]

3 Brief an Madame Emile Straus, um den 17. oder 18. 2. 1902; *Corr.*, III, S. 33. [Proust erinnert hier auch an die Liedvorträge von Mme. Straus: »Ich kann Ihnen gar nicht sagen, wie sehr mich dieser ›Chasseur cruel aux yeux si doux‹ ‹›Der grausame Jäger mit den sanften Augen‹› bewegt hat, den ich seit der Zeit, da Sie nach dem Mittagessen am Boulevard Haussmann für Jacques Freunde sangen und dabei an etwas anderes dachten, an Ihre eigenen Freunde vielleicht. Es war die Zeit, als ich mir während zweier Monate vornahm, Ihnen am nächsten Tag die Hand zu küssen und es nicht wagte. Ich kann Ihnen gar nicht sagen, wie sehr diese Melodie mir den Eindruck eines Zaubers und einer Poesie, die ihr eigentlich fehlt, vermittelt, nicht etwa, weil sie mich an dies alles erinnert, denn ich denke sehr oft daran, sondern weil sie mich unversehens und ohne jede vorherige Träumerei in seine Gegenwart versetzt.«]

4 [Michel-Thiriet, S. 175: »Durch ein Dekret vom 19. Juni 1893 fügte er ‹Gaston, der Sohn von Albert und Léontine› seinem Familiennamen Arman den Namen Caillavet hinzu; später wurde er durch das Adelsprädikat ›de‹ erweitert, obwohl Gaston darauf keinen rechtlichen Anspruch hatte.« Vgl. Painter, I, S. 111-112.]

5 Elisabeth de Clermont-Tonnerre, *Mémoires*. Paris, 1928, Bd. 1, S. 4 [Painter, I, S. 119].

6 Fernand Gregh, *L'age d'or*. Paris, 1947, S. 179 [Painter, I, S. 113; Albaret, 1974, S. 153].

7 Morand, *Journal*, S. 224 [vgl. Painter, I, S. 115].

8 Brief an Anatole France, ca. 15. 5. 1889, Erstveröffentlichung 1960; *Corr.*, I, S. 125-126.

9 Gregh, *L'age d'or*, S. 175-176 [Painter, I, S. 111; 117: »Von Renan stammte Bergottes Nase, die ›wie ein Schneckenhaus aussah‹.«].

10 Brief an den Vater, 23. 9. 1890; *Corr.*, I, S. 161 [Painter, I, S. 132. Nach Kolb und Painter wurde Proust dem Schriftsteller Maupassant bei den Straus vorgestellt; *Corr.*, I, S. 162, Anm. 1; nach Claude und Vincent Pichois, Hg., *Album Colette*, Paris: Gallimard, 1984, S. 47, bei den Caillavets].

11 Colette, *En pays connu*. Paris, 1950, S. 84-85, [auch in: dies., *Trait pour trait*, in: *Œuvres*, Paris: Gallimard, Bibliothèque de la Pléiade, 1984, S. 1350; vgl. Tadié, 1996, S. 259-260].

12 Duplay, S. 24-25.

13 [Vgl. Painter, I, S. 120-123; Michel Thiriet, S. 93-96.]

14 Clarac und Ferré, S. 104-106. [Painter, I, S. 121-122].

15 »Tableaux de genre de souvenir«, in: *Les plaisirs et les jours*, 1971, S. 130; »Genrebilder der Erinnerung«, in: *Freuden und Tage, W*, I, 1, S. 178-179.

16 [Tadié, 1996, S. 125; Diesbach, S. 94.]

17 [Painter, I, S. 122.]

18 Brief an Madame Maurice Pouquet (Jeanne Arman de Caillavet), 19. 4. 1922, *Corr*, XXI, S. 137.

19 *Les plaisirs et les jours*, 1971, S. 130-131; *W*, I, 1, S. 179 [vgl. Tadié, 1996, S. 127].

20 Robert Proust, »Marcel Proust intime«, in: *NRF* 10, N° 112, Paris 1923, S. 25.

21 *Les plaisirs et les jours*, 1971, S. 130; *W*, I, 1, S. 178.

22 »Le côté de Guermantes«, *Recherche*, II, S. 429; *WA*, 5, S. 171 [vgl. Tadié, 1996, S. 129; Diesbach, S. 95-96].

23 Albaret, 1974, S. 149.

24 [Painter, I, S. 123; Michel-Thiriet, S. 95-96.]

25 *Jean Santeuil*, 1971, S. 541-543; 1965, S. 110-112; *W*, III, 2, S. 552-555.

26 *Jean Santeuil*, 1971, S. 577; *W*, III, 2, S. 607.

27 *Jean Santeuil*, 1971, S. 577; *W*, III, 2, S. 608.

28 *Jean Santeuil*, 1971, S. 578; *W*, III, 2, S. 609.

29 Brief von seiner Mutter, 14.12.1889; *Corr.*, I, S. 135.

30 [Diesbach, S. 97; Billy, S. 22.]

31 [»Ganz im Hintergrund meiner Erinnerung gewahre ich auch den aufge-knöpften Militärmantel Marcels, sein Tschako, die seltsame Verbindung seiner Frisur, des reinen Ovals seines Gesichts eines jungen Assy-rers, mit der Soldatenuniform, die mit Sicherheit keine Phantasie war.« Jacques-Emile Blanche, »Quelques instantanés de Marcel Proust«, in: *NRF*, 10, N° 112, Paris 1923, S. 52-53.]

32 *Cahiers Marcel Proust*, I, S. 46-47 [André de Billy, »Une amitié de trente-deux ans«, in: *Hommage à Marcel Proust*, *NRF*, 10, N° 112, S. 31-38; vgl. Painter, I, S. 124].

33 [Tadié, 1996, S. 130.]

34 Billy, a.a.O., S. 33 [zu Albert Cuyp, Paulus Potter, Antoine Watteau und Anton Van Dyck: »Porträts von Malern und Komponisten«, in: *Freuden und Tage, W*, I, 1, S. 111-113; vgl. Tadié, 1996, S. 174].

35 Brief von seiner Mutter, 23.4.1890; *Corr*, I, S. 138-139.

36 Brief von seiner Mutter, 28.4.1890; *Corr.*, I, S. 141. Das Zitat stammt aus Racine, *Esther*, II, 1 [»Ach, wie lang ist doch die Zeit für meine Unge-duld«].

37 Brief von seiner Mutter, 26.(?) 6.1890; *Corr.*, I, S. 144 [vgl. Painter, I, S. 127].

38 *Sodome et Gomorrhe* (II, 1), *Recherche* III, S. 165-166; *WA*, 7, S. 237-238.

39 Pouquet, S. 16-21 [Painter, I, S. 135-136].

40 [Painter, I, 136; Diesbach, S. 100: Proust wirkte als Souffleur und präsen-tierte sich mit einem Vierzeiler über seine Funktion: »Je ne suis rien ici, je souffle seulement, / Je suis souffleur … souffleur … je souffle des bêti-ses / Et je souffre en soufflant ce qu'il me faut souffler / Et je dois tant souffler que j'en suis essoufflé!«]

41 [Diesbach, S. 105.]

42 Brief an den Vater, 23.9.1890; *Corr.*, I, S. 161.

43 *Jean Santeuil*, 1971, S. 440; 1965, I, S. 288; W, III, 1, S. 396.

44 *Jean Santeuil*, 1971, S. 276; 1965, II, S. 215; W, III, 1, S. 150.

45 *Jean Santeuil*, 1971, S. 468; 1965, S. 386; W, III, 1, 439.

46 [Beispiele in: Painter, I, S. 148-148.]

47 [Painter, I, S. 150-152.]

48 [Vgl. Painter, I, S. 152, 156; Albaret, 1974, S. 154.]

49 [Painter, I, S. 155; vgl. *Recherche*, III, S. 705 und Anm. S. 1742; *WA*, 9, S. 267; Abb. des ganzen Gemäldes in: Tadié, 1996, nach S. 648; des Gemäldeausschnittes mit Charles Haas in: Wiggershaus, S. 230.]

50 »Quelques instantanés de Marcel Proust«, in: »Hommage à Marcel Proust«, NRF, 10, N° 112, Paris 1923, S. 56 [»Ohne Montesquiou, ohne Prince Edmond de Polignac, Charles Haas und einige andere, die das Publikum vergessen hat oder nicht kennt, wären die Manieren, die Sprechweise Marcels zweifellos anders gewesen.« Zu Haas vgl. bes. Tadié, 1996, S. 391-394].

51 Hayman, S. 57-58, ohne Nachweis.

52 Elisabeth de Clermont-Tonnerre, *Robert de Montesquiou et Marcel Proust*, S. 9-10.

53 Robert de Billy, »Une amitié de trente-deux ans«, in: *NRF*, 120, N° 112, Paris 1923, S. 36 [»Bei der Princesse Mathilde hörte er von der Vergangenheit reden und sah dort ein Milieu, in dem alle Überlieferungen freundlich zusammentrafen, wo die Leute jedoch den Mut zu ihren Meinungen und besonders zu ihren Vorurteilen hatten. Er hörte dort sprichwörtliche Wendungen und behielt sie. Mit seiner so vollkommenen visuellen Wahrnehmung bemerkte er kaum wahrnehmbare Unterschiede in den Haltungen der Leute, die sich in einem Salon wohl fühlten, und jenen, die dauernd daran denken mußten, in einem Salon zu sein.«]

54 *Essais et articles*, in: *Contre Sainte-Beuve*, 1971, S. 643; »Die Brüder Goncourt vor ihren Nachgeborenen: Monsieur Marcel Proust«, in: W, I, 3, S. 475.

55 Brief an Madame Straus, 15.-20. 3. 1891; *Corr*, I, S. 164.

56 Brief an Madame Straus, 22.(?) 3. 1891; *Corr.*, I, S. 164-165.

57 Albaret, 1974, S. 155.

58 Billy, S. 69-70 [vgl. Tadié, 1996, S. 142].

59 Brief an Madame Straus, 22. 11. 1890; *Corr.*, I, S. 163; *BL* 25. [Vgl. Anm. 2 und Brief an Laure Hayman vom 2. 11. 1892; *Corr.*, I, S. 190.]

60 Brief an Madame Straus, gegen 1891 (?); *Corr.*, I, S. 166.

61 Brief an Madame Straus, 13. 11. 1891; *Corr.*, I, S. 166-167.

62 [»Proustifizieren«, »auf Proust machen«; Gregh schreibt in »L'époque du banquet« (siehe Anm. 65): »Man hat die Länge seiner Sätze zu erklären versucht; die Erklärung ist ganz einfach: sie *proustifizieren* unvergleichlich. Man schreibt ebensosehr mit seinem Charakter wie mit seinem Geist.« Siehe Michel-Thiriet, S. 207.]

63 Zierereien, Getue, Gehabe.

64 Fernand Gregh, »L'époque du banquet«, in: *NRF*, 10, N° 112, Paris, 1923, S. 41-42.

65 *Recherche*, I, S. 532; W, II, 2. S, 167.

66 *Recherche*, I, S. 532-533; W, II, 2, S. 167 [vgl. Diesbach, S. 115-119; Tadié, 1996, S.159-162].

67 [Painter, I, S. 437.]

68 »Journées de lecture«, in: *Contre Sainte-Beuve*, 1971, S. 530, 532; »Tage des Lesens«, in: W, I, 3, S. 310, 312.

69 Brief an Robert de Billy, 10. 1. 1893; *Corr.*, I, S. 199.

70 [Michel-Thiriet, S. 198.]

71 [Abweichende Datierung bei Painter, I, S. 222.]

72 [Zur Abneigung Prousts gegen Léon Blum siehe Prousts Brief vom 2.(?) 6. 1892 an Fernand Gregh, in: *Corr.*, I, S. 170 und Anm. 4; Diesbach, S. 129-130; zu Barrès und Blum: Michel-Thiriet, S. 177, 184.]

73 [W, I, 3, S. 49-53; vgl. Tadié, 1996, S. 169-170.]

74 »Cires perdues«, in: *Jean Santeuil*, 1971, S. 41-42 [zu den Figuren siehe Anm. S. 921]; »Verlorene Formen«, in: W, I, 1, S. 57-58.

75 Anm. 2 zum Brief von Proust an Madame Straus, Dezember 1892/Anfang 1893; *Corr.*, I, S. 196.

76 *Corr.*, I, S. 196, Anm. 2; W, I, 1, S. 53-54.

77 Brief an Madame Straus, Dezember 1892/Anfang 1893; *Corr.*, I, S. 195; *BL*, S. 35.

78 Pierre-Quint, S. 46 [Painter, I, S. 176-177; Tadié, 1996, S. 184-186].

4. Ambivalenz

1 Kolb, Chronologie zur *Corr.*, I, S. 62 [Michel-Thiriet, S. 86].

2 Adrien Proust, *L'hygiène du neurasthénique*. Paris, 1897, S. 147.

3 [Vgl. George M. Beard, *Neurasthenia, or Nervous Exhaustion*. Boston Medical and Surgical Journal, New Series, Bd. 3, 1869, S. 217-221; ders., *A Practical Treatise on Nervous Exhaustion (Neurasthenia), its Symptoms, Nature, Sequence, Treatment*. New York: W. Wood, 1880; ders., *American Nervousness, its Causes and Consequences*. New York: Putnam's Sons, 1881. – Zur Begriffsgeschichte siehe Henry F. Ellenberger, *Die Entdeckung des Unbewußten. Geschichte und Entwicklung der dynamischen Psychiatrie von den Anfängen bis zu Janet, Freud, Adler und Jung*. Zürich: Diogenes, 1985, S. 344-348.]

4 Adrien Proust, a.a.O., S. 27-31.

5 »Violante ou la mondanité«, in: *Jean Santeuil*, 1971, S. 29-30; »Violante oder die mondäne Welt«, in: W, I, 1, 40-41.

6 »Violante«, 1971, S. 31; W, I, 1, S. 43.

7 »Violante«, 1971, S. 33; W, I, 1, S. 46.

8 »Violante«, 1971, S. 37; W, I, 1, S. 52-53.

9 Jacques-Emile Blanche, »Quelques instantanés de Marcel Proust«, in: *NRF*, 10, N° 112, Paris 1923, S. 57 [vgl. Albaret, 1974, S. 151; Diesbach, S. 111-112; Tadié, 1996, S. 155-156, und bes. 177-178 zu dem Gemälde].

10 Gregh, *L'age d'or*, S. 166 [vgl. auch: Jacques-Emile Blanche, *NRF*, 10, N° 112, S. 55].

11 Gregh, *L'age d'or*, S. 166 [zit. in: *Corr.*, I, S. 184, Anm. 2 (Brief an Robert de Billy, 19.(?) 8. 1892); Painter, I, S. 189].

12 Brief an Robert de Billy, 19.(?) 8. 1892; *Corr.*, I, S. 183.

13 »Sonate clair de lune«, in: *Jean Santeuil*, 1971, S. 118; »Mondscheinsonate«, in: *W*, I, 1, S. 162-163.

14 [*W*, I, 1, S. 190.]

15 »Après diner«, in: *Jean Santeuil*, 1971, S. 162; »Nach dem Diner«, in: *W*, I, 1, S. 141.

16 [»Portrait de Madame ***«, in: *Jean Santeuil*, 1971, S. 166; *W*, I, 1, S. 231. Als »Modell« für diesen Text wird in *Jean Santeuil*, 1971, S. 978, Anm., und in *W* I, 1, S. 239, Madame de Chevigné angegeben; Tadié, 1996, S. 168-169 schreibt: »Das ›Porträt von Madame ***‹ ist nicht dasjenige von Madame de Chevigné, sondern von Madame Guillaume Beer, geborene Elena Goldschmidt-Franchetti.« Vgl. Diesbach, S. 133-134; Dreyfus, S. 96.]

17 *Jean Santeuil*, 1971, S. 166-167; *W*, I, 1, S. 231-232.

18 [»Marcel Proust par lui-même«, in: *Contre Sainte-Beuve*, 1971, S. 336-337; »Marcel Proust über sich selbst«, in: *W*, I, 3, S. 38-40.]

19 »Le scandal Marie«, in: *Jean Santeuil*, 1971, S. 581; »Der Skandal um Charles Marie«, in: *W*, III, 1, S. 614-615. [Madame Marie wird als die »einzige Freundin« von Madame Santeuil geschildert. Auf dem Totenbett (sie stirbt überraschend mit dreißig Jahren an einer Lungenkrankheit) nimmt sie dieser das Versprechen ab, sich zeitlebens um Monsieur Marie und um den Sohn Gaston zu kümmern.]

20 *Jean Santeuil*, 1971, S. 605; *W*, III, 1, S. 651.

21 Duplay, S. 60 [zit. in Diesbach, S. 485].

22 [Vgl. Brief vom 13. 11. 1891 an Madame Straus; *Corr.*, I, S. 167, Anm. 2; Diesbach, 107-108; Michel-Thiriet, S. 198; 138; Tadié, 1996, S. 157: Cachard gehörte zu jener Reihe junger Männer, in die Proust sich verliebte, die jedoch nicht homosexuell waren.]

23 Brief an Robert de Billy, 26. 1.(?) 1893; *Corr.*, I, S. 202.

24 Brief an Robert de Billy, 10. 1. 1893; *Corr.*, I, S. 199. [Der Absatz endet mit den Worten: »Ach! Sie, der andere Robert, kommen Sie rasch nach Paris, um zu lernen, wie man seine Freunde lieben sollte.«]

25 [Vgl. Painter, I, S. 196; Diesbach, S. 138.]

26 »Une grand-mère«, in: *Contre Sainte-Beuve*, 1971, S. 547; »Eine Großmutter«, in: *W*, I, 3, S. 336.

27 [Siehe den Plan in dem Brief an Robert de Billy vom 9. 6. 1893; *Corr.*, I, S. 210.]

28 [»élégance pensive«, vgl.: »A mon ami Willie Heath«, in: *Jean Santeuil*, 1971, S. 6 ; »Meinem Freund Willie Heath«, in: *W*, I, 1, S. 10.]

29 Ebd.

30 [Painter, I, S. 171. Zit. in Prousts Artikel für den Figaro vom 11. 5. 1903, siehe Anm. 31. In Albaret, 1974, S. 152 wird diese Äußerung Montesquiou zugeschrieben.]

31 [»Marcel Proust, La cour aux lilas et l'atelier des roses. Le salon de Mme Madeleine Lemaire«, *Le Figaro*, 11. 5. 1903, in: *Contre Sainte-Beuve*, 1971, S: 457-464; »Fliederhof und Rosenatelier. Der Salon von Madame Madeleine Lemaire«, in: *W*, I, 3, S. 209-219. In seiner Schilderung des Salons greift Painter, I, S. 170-173, auf den Artikel von Proust zurück; siehe Tadié, 1996, S. 192, Anm. 1.]

32 *Journal des débats*, 14. 4. 1893 [vgl. Tadié, 1996, S. 192-194].

33 [Die Stelle aus *Le Gaulois* wird zit. in: *Corr., I*, S. 206, Anm. 2; vgl. Albaret, 1974, S. 246: Bei dieser Lesung lernte Proust Robert de Montesquiou kennen.]

34 Clermont-Tonnerre, S. 136-137.

35 Huysmans, 1992, S. 29-30.

36 *Journal des Goncourts*, Paris 1956-1959, Eintragung vom 7. 7. 1891 [zit. in: Painter, I, S. 202].

37 [Painter, I, S. 201.]

38 [Painter, I, S. 205.]

39 Brief an Robert de Montesquiou, 29. 4. 1893; *Corr.*, I, S. 207.

40 Brief an Robert de Montesquiou, 3. 7. 1893; *Corr.*, I, S. 220-221; *BL*, S. 41-42.

41 [Vgl. Tadié, 1996, S. 203.]

42 *Recherche*, II, S. 110; *W*, II, 2, S. 468.

43 *Recherche*, II, S. 582; *WA*, 5, S. 379.

44 [*Recherche*, II, S. 588; *WA*, 5, S. 387, 393.]

45 »Préface«, in: *Contre Sainte-Beuve*, 1971, S. 575-576; »Vorwort zu *Propos de peintre*«, in: *W*, I, 3, S. 375-376.

46 [*Contre Sainte-Beuve*, 1971, S. 574; *W*, I, 3, S. 374.]

47 *Contre Sainte-Beuve*, 1971, S. 576; *W*, I, 3, S. 376.

48 Brief an Robert de Montesquiou, 2. 7. 1893; *Corr.*, I, S. 219-220 [Adams, 1988, S. 125].

49 Adams, 1988, S. 128.

50 [Zit. in: Painter, I, S. 235. Montesquiou soll hinterher gesagt haben: »Ich bin froh, daß sie mich zuerst genannt hat.«]

51 *L'indifférent/Der Gleichgültige*, 1984, S. 43-45.

52 [Ebd., S. 65-67.]

53 [Ebd., S. 59.]

54 Ebd., 1984, S. 77.

55 [Mélancolique villégiature«, in: *Jean Santeuil*, 1971, S. 71; »Melancholische Sommertage in Trouville«, in: *W*, I, 1, S. 99.]

56 Ebd., S. 77; *W*, I, 1, S. 107.
57 [Ebd., S. 77; *W*, I, 1, S. 108.]

5. Wahlmöglichkeiten

1 Brief an den Vater, 28.9.(?) 1893; *Corr.*, I, S. 238; *BW*, S. 7.

2 Ebd. [»Es ist nicht so, daß ich immer noch glaube, alles andere außer Literatur und Philosophie sei für mich verlorene Zeit. Aber unter mehreren Übeln gibt es doch kleinere und größere.«]

3 Brief an Daniel Halévy, 20.7. 1893; *Corr.*, IV, S. 413. [Alice Julia Bourgogne, genannt Madame Lavigne, war eine berühmte Sängerin, die Proust als Gymnasiast im Oktober 1888 im Palais Royal gehört hatte. – Zu dem literarischen Projekt eines »vierstimmigen Briefromans« siehe Tadié, 1996, S. 210-211.]

4 [Vgl. Brief an Pierre Lavallée, Juli 1993; *Corr.*, I, S. 226 und Anm. 2: die Aufführung »war ein Triumph«. Eine abweichende Haltung zur allgemeinen Wagner-Begeisterung findet ihren Ausdruck in dem satirischen Pastiche »Bouvard und Pécuchet: Gespräche über die mondäne und über die musikalische Welt«: »›Pfui Teufel, was soll […] dieser Nebel von jenseits des Rheins, blickt doch nicht immer auf die andere Seite der Vogesen! […] ›Selbst daß die Walküre in Deutschland gefallen kann, bezweifle ich … Aber für französische Ohren wird sie immer die höllischste – und die kakophonischste! – aller Qualen sein und, fügen Sie hinzu, die erniedrigendste für unseren Nationalstolz. Verbindet diese Oper zudem nicht die gräßlichsten Dissonanzen mit dem revoltierendsten Inzest?‹« in: *Freuden und Tage*, *W*, I, 1, S. 90.]

5 »Pauline retrouvée«, in: *Le Monde*, 26.7. 1985; »Fragmente eines Briefromans«, in: *W*, I, 1, S. 270, 272.

6 [Im Original: »tant tu avais en moi une ›présence réelle‹« (»Présence réelle«, in: *Jean Santeuil*, 1971, S. 135). ›Présence réelle‹ ist eigentlich ein Pleonasmus oder eine Hyperbel: Thema ist der Begriff ›Präsenz‹; er hat im Anschluß an Augustinus (De praesentia Dei) die christlich-religiöse Bedeutung von ›Gegenwart‹ oder ›Anwesenheit‹ Gottes (Christi): »Denn wo zwei oder drei versammelt sind in meinem Namen, da bin ich mitten unter ihnen« (Matthäus 18, 20). Das Verhältnis Geistverkörperung/personifizierter Gott impliziert jedoch auch den Kontrast des ›Ärgernisses der Fleischwerdung‹ (vgl. Art. ›Abendmahl‹, in *RGG*, Bd. I, Sp. 12), die Polarität zwischen Geist und Fleisch. Vgl. C. Lavaud, Art. ›Présence‹, in: Sylvain Auroux, Hg., *Les notions philosophiques*. Dictionnnaire. Paris: PUF, 1990, Bd. 2, S. 2090-2091; vgl. Art. ›Präsenz‹ in: *HPW*, 1989, Bd. 7, Sp. 1259-1265. Ist die religiös-liturgische Bedeutung von ›Präsenz‹ die einer symbolisch vermittelten Wiederholung des Schöpfungsaktes mittels Zeichen (Eucharistie), so bedeutet ›reale Prä-

senz‹ bei Proust eine säkularisierte Variante der Spannung zwischen abstrahierender Erkenntnis einer objektiven Präsenz (geistige Allgegenwart eines Gedankens oder eines Etwas im denkenden Bewußtsein) und intuitiver, das heißt sinnlich-unmittelbarer Erkenntnis der aktuellen oder realen Präsenz (der unmittelbaren Anwesenheit eines sinnlich wahrnehmbaren Etwas), wie sie sich in der mémoire involontaire als unkontrollierbare Erscheinung oder mystische Schau darbietet und im Eingedenken der Erinnerung als wiedergefundene Zeit darstellt. – Zu weiteren Belegstellen für ›présence réelle‹ bei Proust siehe *Jean Santeuil*, 1971, S. 969 und *W*, I, 1, S. 326; *Corr.*, IX, S. 195, Anm. 6, *Corr.*, X, S. 201, Anm. 12; *Corr.*, XII, S. 387, Anm. 5 (Verweis auf Johannes 4,24: »... im Geist und in der Wahrheit«, Proust: »diese ›Realpräsenz‹ ist ebensoviel wert wie die andere«).]

7 »Présence réelle«, in: *Jean Santeuil*, 1971, S. 134-137; »Leibhaftige Gegenwart«, in: *W*, I, 1, S. 183-187.

8 *L'Intrus*, S. 30 der französischen Übersetzung; hier Rückübersetzung nach dem englischen Zitat, Hayman, S. 81. [»Egli era *multanime*«, »Er war *vielseelig*«: Übersetzung aus: Gabriele d'Annunzio, *L'Innocente* (1892). Milano: Mondadori, 1976, S. 30-31. – Ein untreuer Ehemann erfährt nach der endgültigen Rückkehr zu seiner Frau von ihrem einzigen Fehltritt und läßt ihr Kind, das daraus hervorgegangen ist, sterben. Ein Jahr später berichtet er in Form einer Selbstanklage und eines Geständnisses an einen unbekannten Adressaten über den Hintergrund seiner Tat: der Text dieses Geständnisses ist der Roman. Er diente als Vorlage für Viscontis Film *L'Innocente*; vgl. Tadié, 1996, S. 211, und Giovanni Macchia, »D'Annunzio e Proust: angeli notturni« (1988), in: ders., *Proust e dintorni*. Milano: Mondadori, 1989, S. 184-192.]

9 »Présence réelle«, S. 134; »Leibhaftige Gegenwart«, S. 183-184.

10 [Nach Painter, I, S. 215. Tadié moniert die Übernahme derselben Passage mit ihren Ungenauigkeiten durch Diesbach, S. 207-208: ›Alpgrun‹ findet sich in *Jean Santeuil*, 1971, S. 135; auf den Rigi führt eine Zahnradbahn von Vitznau aus, das von St. Moritz ziemlich weit entfernt ist: Proust war weder auf dem Rigi noch hat er, wie Diesbach schreibt, die Alpen in den Fußstapfen von Tartarin de Tarascon durchquert und eine Pilgerfahrt nach Sils-Maria unternommen. Siehe Brief an Robert de Billy, 6.-16. 9. 1893; *Corr.*, I, S. 235 und Anm. 3, S. 237. Vgl. jetzt Luzius Keller, 1998.]

11 [Painter, I, S. 215.]

12 [Painter, I, S. 216.]

13 Brief an Louisa de Mornand, 21. 5. 1905; *Corr.*, V, S. 165.

14 Brief an Louisa de Mornand, 14. 7. 1905; *Corr.*, V, S. 300.

15 Brief an Robert de Billy, zwischen dem 6. und dem 16. 9. 1893; *Corr.*, I, S. 236; *BL*, S. 44.

16 Brief an den Vater, 28.(?) 9. 1893; *Corr.*, I, S. 238; *BW*, S. 7.

17 Brief an Charles Grandjean, 13. oder 20.(?) 11. 1893; *Corr.*, I, S. 256.

18 Brief an Charles Grandjean, 12.(?) 11. 1893; *Corr.*, I, S. 253.

19 *Jean Santeuil*, 1971, S. 202-203; W, III, 1, S. 38.

20 Brief an Charles Grandjean, 12.(?) 11. 1893; *Corr.*, I, S. 252-253.

21 Brief an Robert de Billy, 5. 11. 1893; *Corr.*, I, S. 247; *BW*, S. 9.

22 Brief an Montesquiou, Oktober 1893; *Corr.*, I, S. 240-241; *BW*, S. 11.

23 Brief an Montesquiou, 13. oder 10.(?) 11. 1893; *Corr.*, I, S. 254.

24 [Painter, I, S. 223-224; Tadié, 1996, S. 216-217. Der Artikel wurde schließlich von beiden Zeitschriften abgelehnt. Von den drei Stücken – »Le souverain des choses transitoires«, »Robert de Montesquiou à Versailles« und »M. de Montesquiou, historien et poète«, in: *Contre Sainte-Beuve*, 1971, S. 405-412; deutsch in: *W*, I, 3, S. 137-149, scheint nur das erste in den Zusammenhang des hier angesprochenen Aufsatzes zu gehören.]

25 [Nach Painter, I, S. 226, und Tadié, 1996, S. 224, sind die Liedkompositionen von Delafosse, während Saussine eine Phantasie über *Les chauves-souris* für vier Singstimmen, Klavier und Instrumentalquartett komponiert hatte; siehe auch Brief an Montesquiou, 10. 2. 1894; *Corr.*, I, S. 276-7 und Anm. 2, sowie »Bouvard und Pécuchet: Gespräche über die mondäne und über die musikalische Welt«, in: *Freuden und Tage*, W, I, 1, S. 90.]

26 [Brief an Montesquiou, 10. 2. 1894; *Corr.*, I, S. 276.]

27 [Diesbach, S. 164.]

28 Zit. nach Jullian, S. 165. [Vgl. Diesbach, S. 164: Montesquiou hat in *Les pas effacés* geschrieben: »Die Intelligenz, die er in das Klavierspiel einbringt, verhindert nicht, daß er ein kleines Gesicht mit einem albernem Lachen hat, das sich freilich verklärt, wenn der Gott der Musik zu ihm heruntersteigt.«]

29 [Painter, I, S. 228.]

30 [Brief an Robert de Montesquiou, 18. 3. 1894; *Corr.*, I, S. 281.]

31 [Brief an Robert de Montesquiou, 6. 8. 1894; *Corr.*, I, S. 315.]

32 [Painter, I, S. 228; Diesbach, S. 166; Brief an de Montesquiou, um den 22. 3. 1894.]

33 Brief an Robert de Montesquiou, 6. 8. 1894; *Corr.*, I, S. 316.

34 Brief an Robert de Montesquiou, 18.(?) 6. 1894; *Corr.*, I, S. 305 [»Où d'être homme de goût on ait la liberté«, der zitierte Vers ist – was Kolb in seiner Anm. 2, S. 306, offenbar übersehen hat – ein abgewandeltes Molière-Zitat aus *Le Misanthrope*, V, iv, V. 1806: »Où être homme d'honneur on ait la liberté«; »Wo man als Mann *von Ehre* die Freiheit hat zu leben«].

35 »Mondanité et mélomanie de Bouvard et Pécuchet« (*Les plaisirs et les jours*), in: *Jean Santeuil*, 1971, S. 59-60; »Bouvard und Pécuchet: Gespräch über die mondäne und über die musikalische Welt«, in *Freuden und Tage*, W, I, 1, S. 83-84.

36 *Les plaisirs et les jours*, 1971, S. 60-61; W, I, 1, S. 84-85.
37 Gregh, *L'âge d'or*, S. 191-192 [Painter, I, S. 265].
38 [Proust lebte 1871-1909 am Boulevard Malesherbes in einem von Haussmann erbauten Haus; Michel-Thiriet, S. 105-106.]
39 [Hayman, S. 86, ohne Nachweis.]
40 Philippe Jullian, *Oscar Wilde*. Paris, 1967, S. 246.
41 Painter, I, S. 266.
42 »Sodome et Gomorrhe I«, *Recherche*, III, 17; WA, 7, S. 29.

6. Mein »Bunibuls«

1 *Jean Santeuil*, 1971, S. 749-752; 1965, S. 328-330; W, III, 2, S. 870-874.
2 Painter, I, S. 267-268. [Vgl. Kap. 7, Anfang; »Ein Park zur Zeit der Rosenblüte«, in: W, III, 1, S. 445-446. – Reynaldo Hahn beschreibt diesen Vorfall – als ein Beispiel unter vielen – in: »Promenade«, Hommage à Marcel Proust, 1923, S. 39-40; vgl. Tadié, 1996, S. 233.]
3 Brief an Reynaldo Hahn, 16. 9. 1994; *Corr.*, I, S. 327.
4 [Painter, I, S. 271 und Anm. 7 mit ausführlichen Spekulationen über Zusammenhänge und ›Verwandtschaften‹ zwischen den verschiedenen Figuren in Prousts Leben und Werk.]
5 [Vgl. »mondanité et mélomanie de Bouvard et Pécuchet«, in: *Jean Santeuil*, 1971, S. 63: »Saint-Saëns manque de fond et Massenet de forme«; W, I, 1, S. 89 »Saint-Saëns fehlt der Gehalt, Massenet die Form«. Vgl. Tadié, 1996, S. 234.]
6 *Corr.*, I, S. 361; *BW*, S. 15.
7 [Painter, I, S. 276-277.]
8 Daudet, S. 22.
9 Brief an Reynaldo Hahn; *Corr.*, I, S. 379-380.
10 *Recherche*, I, S. 224-228; »Eine Liebe Swanns«, W, II, 1, S. 329-336.
11 »Das Ende der Eifersucht«; W, I, 1, S. 203-204.
12 Brief an Reynaldo Hahn, 29. 5. 1895; *Corr.*, I, S. 394-395, Anm. 2.
13 [Vgl. Brief an Robert de Montesquiou, 16. 6. 1895; *Corr.*, I, S. 400; Diesbach, S. 194, und bes. Tadié, 1996, S. 263-265: »Un bibliothécaire fantôme«.]
14 Brief an Maria Hahn, August 1895; *Corr.*, I, S. 419; *BW*, S. 21.
15 *Le Gaulois*, 24. 8. 1895 [Painter, I, S. 282].
16 »Sous-bois«, in: *Les plaisirs et les jours*, 1971, S. 141; »Unterholz«, W, I, 1, S. 192-193.
17 [Zit. in Anm. 2 zu dem Brief von Madame Proust an Marcel, 28./ 29.(?)8. 1994; *Corr.*, I, S. 426.]
18 Brief an Gabriel de Yturri, September 1895; *Corr.*, I, S. 426-427.
19 Brief vom September 1895; *Corr.*, I, S. 42 [Der Satz bezieht sich auf den Ort Beg-Meil.]

20 [Tadié, S. 1996, S. 270-274.]

21 [Siehe Anm. 2 zum Brief N° 278; *Corr.*, I, S. 431-432.]

22 Brief an Robert de Billy, September 1895; *Corr.*, I, S. 428; *BL*, S. 57. [Bei der Carlyle-Lektüre handelt es sich um die französische Übersetzung von *On Heroes, Hero-Worship, and the Heroic* (1841), *Les héros: le culte du héro dans l'histoire.* Übersetzt und eingeleitet von J. B. J. Izulet-Labatières, Philosophieprofessor am Lycée Condorcet. Paris: Armand Colin, 1888.]

23 *Jean Santeuil*, 1965, S. 20; W, III, 1, S. 277.

24 Brief an George de Lauris, 20. 8. 1903; *Corr.*, III, S. 408; *BL*, S. 129.

25 *Jean Santeuil*, 1971, S. 366-367; W, III, 1. S. 284-285.

26 Brief an Reynaldo Hahn, März 1896; *Corr.*, II, S. 52.

27 [Brief des Hauptinspektors der Bahn Paris – Orléans an Marcel Proust, *Corr.*, I, S. 431; Painter, I, S. 309, Anm. 7.]

28 Brief von Reynaldo Hahn an Maria Hahn, 27. 9. 1996 [Painter, I, S. 285; Tadié, 1996, S. 274-275: Harrison hatte in dem Bauernhaus der Bénacs ein Atelier gemietet.]

29 [Vgl. Tadié, 1996, S. 616 und 632, wo eine Stelle aus dem *Carnet 1908* zitiert wird: »Harrison, von dem wir nichts gesehen hatten, waren bewegt, ihn kennenzulernen, Eindruck eines großen Mannes.«]

30 *Carnets de 1908*, S. 66.

31 [Gérard de Nerval, *Sylvie* (1853), in: ders., *Œuvres*. Paris: Gallimard (Bibliothèque de la Pléiade), Band I, paraphrasierter Satz auf S. 269; dt.: »Wenn ich einen Roman schrieb[e], konnte [könnte] ich nicht die Geschichte eines Herzens, das von zwei Lieben zur gleichen Zeit ergriffen ist, glaubhaft machen.« *Sylvia*. Weimar: Gustav Kiepenheuer, 1962, S 73-74.]

32 [Im Original S. 94-95: »Proust hadn't fallen out of love with Reynaldo when he fell in love with …« Den passivischen Charakter des sich Verliebens und Entliebens, das der Kontrolle des bewußt handelnden Subjekts entzogen ist, drückt das Englische mit dem Verb ›to fall‹ aus: to fall in love, sich Verlieben, und als analoges Wortspiel: to fall out of love, aus der Liebe herausfallen.]

33 Brief an Reynaldo Hahn, 3.(?) 7. 1896; *Corr.*, II, S. 88.

34 Brief an Reynaldo Hahn, 28. oder 29. 8. 1996; *Corr.* II, S. 110.

35 Brief an Reynaldo Hahn, 18. oder 20. 8. 1996; *Corr.*, II, S. 106.

36 Brief an Reynaldo Hahn, zwischen Mitte Juli und dem 8. 8. 1996; *Corr.*, II, S. 97; *BL*, S. 64.

37 Ebd., S. 100.

38 *Jean Santeuil*, 1965, II, S. 61; W, III, 1, S. 321.

39 *Jean Santeuil*, 1965, II, S. 62; W, III, 1, S. 322.

7. Geheimnisvolle Gesetze

1 »La poésie ou les lois mystérieuses«, in: *Contre Sainte-Beuve*, 1971, S. 417-422; »Die Poesie oder die geheimnisvollen Gesetze«, in: W, I, 3, S. 154-161.

2 In: *Contre Sainte Beuve*, 1971, S. 417-418; W, I, 3, S. 154-155.

3 *Recherche*, II, S. 79; W, II, 2, S. 421.

4 *Contre Sainte-Beuve*, 1971, S. 418; *»Die Poesie oder die geheimnisvollen Gesetze«,* W, I, 3, S. 156.

5 *Jean Santeuil*, 1971, S. 279; W, III, 1, S. 154.

6 *Recherche*, I, S. 111; W, II, 1, S. 165.

7 *Contre Sainte-Beuve*, 1971, S. 419-420; »Die Poesie oder die geheimnisvollen Gesetze«, W, I, 3, S. 157-158.

8 *Recherche*, I, S. 176; W, II, 1, S. 260-261.

9 *Jean Santeuil*, 1971, S. 472-473; W, III, 1, S. 446.

10 Adrien Proust, *De la paralysie labio-glosseo-laryngée* (1870), *De l'aphasie* (1871), *Aphasie et trépanation: localisations cérébrales* (1894).

11 Francis und Gontier, S. 92-93.

12 Cahier 20.

13 Cahier 20, S. 56 [vgl. *Contre Sainte-Beuve*, 1954, S. 46: hier hat ein Löffel, den er beim Frühstück fallen läßt, die Wirkung, das Geräusch zu reproduzieren, das die Eisenbahner erzeugen, wenn sie beim Halt des Zuges an den Bahnhöfen mit dem Hammer an die Räder schlagen: »In derselben Minute lebte für mich die brennend heiße und blendende Stunde wieder auf, in der dieses Geräusch erklang, und der ganze Tag mitsamt seiner Poesie ...«].

14 Brief an Suzette Lemaire, 25. oder 26. 9. 1894; *Corr.*, I, S. 338.

15 [Marcel Proust, *Freuden und Tage* (1896). Illustrationen von Madeleine Lemaire. Vorwort von Anatole France und vier Stücke für Klavier von Reynaldo Hahn. Übersetzt von Luzius Keller. Frankfurt a. M.: Suhrkamp, 1988.]

16 Brief an Suzette Lemaire, 25. oder 26. 9. 1894; *Corr.*, I, S. 338.

17 Gustave Schlumberger, *Mes souvenirs 1844-1928*. Paris: Plon, 1934, Band I, S. 305 ff. [Zit. in Tadié, 1996, S. 240].

18 *La Revue blanche*, 26. 12. 1893; »Vor der Nacht«; W, I, 1, 232-238. [Die in »Baldassare Sylvande«, W, I, 1, S. 27, aus »Vor der Nacht« übernommenen Stellen finden sich in W, I, 1, S. 233-234; vgl. W, I, 1, S. 293, Anm. 9 für den Hinweis, es handle sich hier um ein Selbstzitat Prousts.]

19 »La mort de Baldassare Silvande, vicomte de Sylvanie«, in: *Jean Santeuil*, 1971, S. 19; »Der Tod des Baldassare Silvande, Freiherrn von Sylvanien«, in: Freuden und Tage; W, I, 1, S. 28.

20 [Brief an Reynaldo Hahn, 18. 9. 1894; *Corr.*, I, S. 331.]

21 Brief von Montesquiou an Proust, 1. 10. 1894; *Corr.*, I, S. 340.

22 *Les plaisirs et les jours*, in: *Jean Santeuil*, 1971, S. 86; »Das Bekenntnis eines jungen Mädchens«, in: *Freuden und Tage*; W, I, 1, S. 118.

23 Ebd.; W, I, 1, S. 131.

24 [»Vor der Nacht«, W, I, 1, S. 232-238.]

25 [Michel-Thiriet, S. 222.]

26 [»Promenade«, *Les plaisirs et les jours*, in: *Jean Santeuil*, 1971, S. 106-108; »Spaziergang«, in: *Freuden und Tage*; W, I, 1, S. 147.]

27 *Jean Santeuil*, 1971, S. 107; »Spaziergang«, W, I, 1, S. 147-148.

28 Brief an Pierre Lavallée, 7. oder 8. 4. 1895; *Corr.* I, S. 377-378 [vgl. Painter, I, S. 278-279].

29 [Es handelt sich um die Solostücke für Klavier, die in der Luxusausgabe von *Les plaisirs et les jours* abgedruckt sind und die bei dem musikalischen Dienstag am 28. 5. 1895 von dem Pianisten Risler vorgetragen wurden; siehe Brief an Robert de Montesquiou, 27. 5. 1895; *Corr.*, I, S. 393-394. Zum Vortrag der Prosagedichte siehe Brief N° 240 von Colette an Proust: Auf der Soiree bei Madame Lemaire wurden die Gedichte von dem Schauspieler Le Bargy vorgetragen; Diesbach, S. 193.]

30 Brief von Colette Willy an Marcel Proust, Mai 1895; *Corr.*, I, S. 385.

31 [Diesbach, S. 194.]

32 *Textes retrouvés*, S. 209-210 [hier übersetzt nach *Esquisse XXI*, in: *Recherche*, II, S. 1174-1176 (Ausschnitt aus Cahier 39); siehe *Recherche* II, S. 553; vgl. Tadié, 1996, S. 267-268.]

33 [Dépôt légal: Pflichtexemplarstelle der Bibliothèque nationale; vgl. Brief an Pierre Lavallée, 25. 10. 1895; Painter, I, S. 287.]

34 »Chardin et Rembrandt«, in: *Contre Sainte-Beuve*, 1971, S. 372-373; »Chardin und Rembrandt«, in: *Essays und Chroniken*; W, I, 3, S. 89-90.

35 »Les marroniers«, *Jean Santeuil*, 1971, S. 142; »Die Kastanienbäume«, in: *Freuden und Tage*, W, I, 1. S. 194.

36 *Jean Santeuil*, 1971, S. 506-507; W, III, 1, S. 498.

37 »Chardin und Rembrandt«; W, I, 3, 91-92 und Anm. S. 554-555 [vgl. Tadié, 1996, S. 281-283; zu den angesprochenen Gemälden – »La Pourvoyeuse« (»Die Hausbesorgerin«, eine Fassung befindet sich im Schloß Charlottenburg, Berlin) und »La Mère labourieuse« (»Die fleißige Mutter«) – siehe Ausstellungskatalog Chardin, Paris: Grand Palais, 1979, Kat. N° 81 und 84; das Sujet »Fruits et animaux« (»Früchte/Obst und Tiere«) findet sich auf mehreren Stilleben, z. B. »Le Buffet«, ebd., Kat. N° 14. Vgl. jetzt auch die Kataloge zu den Chardin-Ausstellungen in Karlsruhe, Paris und Düsseldorf, 1999].

38 Jules Renard, *Journal 1887-1910*. Paris: Gallimard, 1965, S. 266 [Painter, I, S. 290].

39 Daudet, S. 13-18.

40 Brief an Reynaldo Hahn, 15. 11. 1895; *Corr.*, I, S. 443-445.

41 Ebd., S. 444.

42 Albert Flament, *Le bal du Pré Catelan*. Paris, 1946 [S. 39-42; Painter, I, S. 289].

43 Jacques-Emile Blanche, »Quelques instantanés de Marcel Proust«, in: *Hommage à Marcel Proust*, NRF, 10, N° 112, Paris, 1923, S. 56.

44 Ebd.

45 Brief an Montesquiou, 13.(?) 12. 1895; *Corr.*, I, S. 451-452; *BL*, S. 58.

46 Clermont-Tonnerre, *Robert de Montesquiou et Marcel Proust*.

47 Brief an Robert de Montesquiou, Dezember 1895 (?); *Corr.*, I, S. 450 [siehe Daudet, S. 31].

48 [Daudet, S. 27.]

49 *Jean Santeuil*, 1971, S. 420; 1965, S. 323-324; W, III, 1, S. 364.

50 Brief von J. Hubert an Anatole France, 28. 2. 1896; *Corr.*, II, S. 50.

51 [Anatole France, Vorwort zu *Freuden und Tage*; W, I, 1, S. 7. Vgl. Tadié, 1996, S. 302-306.]

52 [Proust hat 1902 die Arbeit an *Jean Santeuil* endgültig aufgegeben und lediglich fragmentarisches Material hinterlassen, das erstmals 1952 ediert wurde. Vgl. Nachwort in W, III, 2.]

53 Brief an Laure Hayman, 11. 5. 1896; *Corr.*, II, S. 63; *BL*, S. 59.

54 Brief an Laure Hayman, 12. 5. 1896; *Corr.*, II, S. 63; *BL*, S. 60.

55 Brief an Laure Hayman, kurz nach dem 12. 5. 1896; *Corr.*, II, S. 64; *BL*, S. 60-61 [Painter, I, S. 298-299; Tadié, 1996, S. 301-302].

56 Katalog G. Andrieux, Auktion vom 24. 11. 1928; *Corr.*, II, S. 123.

57 *Le Figaro*, 16. 5. 1896.

58 Brief an Robert de Montesquiou, 19. 5. 1896; *Corr.*, II, S. 66.

59 [Tadié, 1996, S. 315-316.]

60 [Painter, I, S. 196; Proust, Brief an Charles Maurras, 28. 8. 1896; *Corr.*, II, S. 108-109, Anm. 2 und 3 mit ausführlichen Zitaten aus dem Artikel von Maurras.]

61 Duc de Gramont, Bulletin [vgl. Tadié, 1996, S. 310-315].

62 Brief an Charles Maurras, 28. 8. 1896; *Corr.*, II, S. 108.

63 [Vgl. Tadié, 1996, S. 320-321; Brief vom 18.-20.(?) 8. 1896; *Corr.*, II, S. 105-108 und Anm. 1.]

64 *Jean Santeuil*, 1971, S. 386-387; 1965, II, S. 54; W, III, 1, S. 315.

65 Brief an Reynaldo Hahn, 18.-20. 8. 1896; *Corr.* II, S. 165; *BW*, S. 28.

66 [Vgl. *Corr.*, II, S. VII, Einleitung von Kolb; Brief N° 58 an Reynaldo Hahn, 28./29. 8. 1896; *Corr.*, II, S. 110-113 und Anm. 9; *BW*, S. 36.]

67 [Kolb (Anm. 9 zu Brief N° 58; *Corr.*, II, S. 114) vermutet, daß der Vorfall in Mont-Dore als Anregung für die beiden Duellszenen in *Jean Santeuil* gedient hat: *Jean Santeuil*, 1971, S. 684-688 und 726-731; W, III, 2, S. 772-777 und S. 836-845.]

68 Briefe an Pierre Lavallée, 29. 8. und 1. 9. 1896; *Corr.*, II, S. 114-115.

69 Brief an seine Mutter, 2. 9. 1896; *Corr.*, II, S. 115-117 und Anm. 4.

70 *Contre Sainte-Beuve*, 1954, S. 67.

71 Straus, S. 104-105.

72 Brief an Reynaldo Hahn, 3. oder 4. 9. 1896; *Corr.*, II, S. 118-121 und Anm; *BL*, 68-70.

73 Brief an seine Mutter, 16. 9. 1896; *Corr.*, II, S. 123-125 und Anm. 3 sowie S. 95, Anm. 6. [Vgl. Tadié, 1996, S. 337-346 und Painter, I, S. 310].

74 [Painter, I, S. 306: zusammen mit Léon Daudet für eine Woche in das Hotel de France et d'Angleterre.]

75 Brief an die Mutter, 22. 10. 1896; *Corr.*, II, S. 144 und Anm. 6.

76 Brief an die Mutter, 21. 10. 1896; *Corr.*, II, S. 137-140; *BW*, S. 39-41.

77 [Briefkarte der Mutter an Marcel, 20. 10. 1896; *Corr.*, II, S. 134-135 und Anm. 1.]

78 Brief vom 4. 12. 1902 an Antoine Bibesco, dessen Mutter verstorben war; *Corr.*, III, S. 182-186; *BL*, S. 106-107 [vgl. Tadié, 1996, S. 327-332: »Fontainebleau«, bes. S. 329 zu den Telephongesprächen; Hinweis auf *Le côté de Guermantes*, *Recherche*, II, S. 432: Die so nahe klingende Stimme am Telephon ist »présence réelle«, reale Präsenz, in vollkommener Trennung, aber auch Vorwegnahme einer ewigen Trennung].

79 *Jean Santeuil*, 1971, S. 360; 1965, II, S. 18; *W*, III, 1, S. 274-275.

80 [Brief an die Mutter, 21. 10. 1896; *Corr.*, II, S. 137. Siehe auch die Antwort der Mutter: Brief an Marcel: 21. 10. 1896, *Corr.*, II, S. 141: »Heute morgen habe ich Deinen kleinen Brief und Dein Manuskript erhalten. ⟨...⟩ Ich habe die Seiten eben gelesen, Sie sind sehr süß, aber auch sehr traurig, mein armer Wolf. Sie bereiten mir Schmerzen, wenn ich daran denke, welche Traurigkeit Du durchmachen mußtest. Der Bericht eines Verurteilten über seine Ankunft auf der Teufelsinsel könnte nicht verzweifelter sein.« Siehe auch Painter, I, S. 307-308.]

81 [Brief an die Mutter, 22. 10. 1896; *Corr.*, II, S. 144.]

82 [Ebd.]

83 [Brief an die Mutter, 21. 10. 1896; *Corr.*, II, S. 137.]

84 Ebd., S. 138.

8. Gefälschte Beweise

1 Flament, *Le bal du Pré Catelan*, S. 155-159 [Diesbach, S. 224-225].

2 [Painter, I, S. 334-335.]

3 »Sodome et Gomorrhe«, II, ii; *Recherche*, II, 331; *WA*, 8, S. 469-470.

4 Brief an Jacques-Emile Blanche, August/September 1902, *Corr.*, III, S. 112 [zu dem Vorfall mit den Hortensien siehe *Corr.*, II, S. 57 und Anm. 4].

5 Brief an Robert de Montesquiou, Anfang Januar 1897; *Corr.*, II, S. 169 [mit den Randbemerkungen von Montesquiou; vgl. Diesbach, S. 228].

6 *Le Journal*, 3. 2. 1897 [Painter, I, S. 324-325; Diesbach, S. 226].

7 *Le Figaro*, 6. 2. 1897 [Painter, I, S, 325-326].

8 Undatierter Brief an Gaston de Caillavet.

9 Pouquet, S. 24 [Painter, I, S. 330-331].

10 Albaret, 1974, S. 178.

11 [Madame Proust an Marcel, Donnerstag abend (1897?); *Corr.*, II, S. 160-161; Painter, I, S. 333-334.]

12 *Jean Santeuil*; *W*, III, 1, S. 370 [Diesbach, S. 216-218; Tadié, 1996, S. 350: der eigentliche Anlaß für den Streit sei eine Photographie gewesen, auf der Proust – einem unveröffentlichten Brief von Madame Proust zufolge – »dasitzt wie eine dicke Katze, von Robert de Fleurs freundschaftlich und von Lucien Daudet verliebt betrachtet wird«; siehe Abb. 12 bei Tadié].

13 Flament, *Le bal du Pré Catelan*, S. 109-113 [Painter, I, S. 332].

14 Jean-Denis Bredin, *The Case of Alfred Dreyfus*. London, 1987, passim.

15 Brief an Robert de Montesquiou, 29. 6. 1897 (?); *Corr.*, II, S. 198-199 [vgl. Painter, I, S. 355 und zu den Geheimakten: Siegfried Thalheimer, Hg. *Die Affäre Dreyfus* (1963); München: Deutscher Taschenbuchverlag, 1986, S. 116-119].

16 Brief an Lucien Daudet, Juni 1897 (?); *Corr.*, II, S. 193 [Postskriptum: »Waren Sie es, dem ich vom Arc de Triomphe bis zur Rue de Berri nachgelaufen bin ⟨...⟩, aber ohne Sie einzuholen, weil ich zu sehr außer Atem geriet, um weiterzulaufen. Wenn Sie es waren, waren Sie ganz in Kastanienbraun.«].

17 [Die übliche Anrede Prousts in seinen Briefen an Lucien Daudet; vgl. Daudet, passim.]

18 Brief an Lucien Daudet, 1897 (?); *Corr.*, II, S. 202 [»Trotz Ihres ›bien à vous‹ – das dem Regimentsbefehl ›garde à vous‹ ⟨›Stillgestanden‹⟩ ähnelt – bin ich zum Bahnhof gegangen, um Ihnen Adieu zu sagen.«]

19 Brief an Lucien Mühlfeld, Juli/Anfang August 1897; *Corr.*, II, S. 208-209.

20 Brief an Reynaldo Hahn, 16. 7. 1897; *Corr.*, II, S. 204 [Painter, I, S. 334].

21 [Brief an Madame de Brantes, 1. 9. 1897; *Corr.*, II, S. 213. – Vgl. Tadié, 1996, S. 355-356.]

22 [Siehe Tadié, 1996, S. 356-364: »Proust als Leser Balzacs«; Diesbach, S. 231.]

23 Brief an Madame de Brantes, 1. 9. 1897; *Corr.*, II, S. 214.

24 Brief an Léon Yeatman, 11. 9. 1897; *Corr.*, II, S. 216-217.

25 Brief an Madame Léon Yeatman, April 1901; *Corr.*, II, S. 422.

26 Brief an Madame de Brantes, 1. 9. 1897; *Corr.*, II, S. 214-215.

27 Brief von Robert de Flers an Marcel Proust, 20. 9. 1897; *Corr.*, II, S. 218 [ebd., Anm. 4: Von den 1500 Exemplaren der Erstauflage waren im Juni 1918 immer noch 1171 unverkauft. Siehe Tadié, 1996, S. 364].

28 Briefe an Marie Nordlinger, erste Februarwoche 1904; *Corr.*, IV, S. 54 und 9. oder 10. 2. 1905; *Corr.*, V, S. 42 [Painter, I, S. 335-337].

29 *L'Écho de Paris*, 26. 10. 1897.

30 Brief an Suzette Lemaire, 24. 10. 1897; *Corr.*, II, S. 219-220.

31 Daudet, S. 34.

32 Brief an Albert Flament, nach dem 18. 12. 1897; *Corr.*, II, S. 223 und Anm. 6.

33 [Painter, I, S. 345: Proust ließ ein Exemplar von *Les plaisirs et les jours* in Picquarts Zelle schmuggeln. Vgl. *Jean Santeuil; W*, III, 2, S. 691, 698.]

34 A. Silvera, *Daniel Halévy and His Times*. Ithaca, N. Y., 1969, S. 96.

35 *Jean Santeuil*, 1971, S. 633-634; *W*, III, 2, S. 679-680.

36 *Jean Santeuil*, 1971, S. 634-635; *W*, III, 2, S. 693.

37 *Jean Santeuil, W*, III, 2, S. 695-696.

38 [Ebd., S. 702.]

39 Ebd. S. 685-686.

40 [Brief an Abel Desjardins, 1898 (?); *Corr*, II, S. 230.]

41 Brief an Madame Alphonse Daudet, kurz nach dem 22. 3. 1898; *Corr.*, II, S. 228-229.

42 Brief an Lucien Daudet, 1. 1. 1898; *Corr.*, II, S. 225.

43 [Proust benutzt den medizinischen Ausdruck »crises d'orthopnée«, Anfälle von Orthopnoe: »höchstgradige, nur in aufrechter Haltung und unter Einsatz der Atemhilfsmuskeln einigermaßen kompensierbare Dyspnoe« (Atemstörung), *Roche Lexikon Medizin*, 1984; Brief an Abel Desjardins, 1898 (?); *Corr.*, II, S. 230 und Anm. 2.]

44 Brief an Jean Helleu, kurz nach dem 2. 6. 1898; *Corr.*, II, S. 233-234.

45 Brief an Madame Catusse, Juli 1898; *Corr.*, II, S. 238.

46 Brief an Constantin de Brancovan, Ende September 1898; *Corr.*, II, S. 258 [Painter, I, S. 354; Tadié, 1996, S. 378-379: es handelte sich um den chirurgischen Eingriff wegen eines Uterusfibroms. Siehe *Corr.*, VI, S. 320-321, Dez. 1906].

47 [Bei diesem Dokument handelt es sich um die als *faux Henry* bekanntgewordene Fälschung; Zitat aus Thalheimer, Hg., 1986, S. 109; zur Benutzung der drei Dokumente siehe ebd., S. 212-213.]

48 [Painter, I, S. 355-356.]

49 *Jean Santeuil*; 1971, S. 673-674; *W*, III, 2. S. 755-756.

50 [Kolb, Anm. 2 in *Corr*, II, S. 253.]

51 Brief an Madame Straus, September 1898; *Corr.*, II, S. 251-252 [sowie Anm. 9 (zu Esterhazy) und Anm. 10 (zu Labori und Du Paty)].

52 Die Liste wurde am 1. 1. 1899 in *Le Temps* veröffentlicht [Painter, I, S. 356-359].

53 Bief an Constantin de Brancovan, 30. 9. 1898; *Corr.*, II, S. 259.

54 Brief an Léon Daudet, kurz nach dem 25. 2. 1899; *Corr.*, II, S. 277-279 [Anm. 9, Kolb: »Diese Bemerkung ist seltsam, weil Proust insgeheim auf die Affäre Dreyfus anzuspielen scheint, während es sich doch gar nicht um den General Mercier handelt, sondern um die gleichnamige Figur des Schurken in dem Roman von Léon Daudet [...]«.

55 [Painter, I, S. 367-368.]

56 Telegramm an Fernand Labori. 15.(?) 8. 1899; *Corr.*, II, S. 295.

57 Brief an die Mutter, 10. 9. 1899; *Corr.*, II, S. 304-305; *BL*, 84-85 [Painter, I, S. 374].

58 Ebd.

59 Brief an seine Mutter, 12. 9. 1899; *Corr.*, II, S. 311.

60 [Ebd. S. 313; zu Bertillon siehe Anm. 12 in: *Corr.*, II, S. 356; Diesbach, S. 340; Metken, 2000.]

61 Brief an seine Mutter, 22. 9. 1899; *Corr.*, II, S. 340 [und Anm. 11; vgl. Painter, I, S. 379-380].

9. Fern von Paris

1 *Textes retrouvés*, S. 99.

2 »Rembrandt«, in: *Contre Sainte-Beuve*, 1971, S. 660; *W*, I, 3, S. 500-501.

3 »Rembrandt«, ebd., S. 663-664; *W*, I, 3, S. 505 [vgl. Painter, I, S. 402].

4 »Souvenir de la Manche au bord de la Baltique«, in: *Jean Santeuil*, 1971, S. 393-394; »Erinnerung an den Ärmelkanal angesichts der Ostseeküste«, in: *Jean Santeuil*; *W*, III, 1, S. 325-327 [vgl. Anm. 2, *W*, III, 2, S. 1144].

5 Brief an Marie Nordlinger, kurz nach dem 25. 12. 1898; *Corr.*, II, S. 269-270.

6 *Jean Santeuil*, 1971, S. 521; *W*, III, 1, S. 520 [Painter, I, S. 388-389: »Wesensessenz« hier übersetzt mit »das Tiefeigentliche«].

7 *Jean Santeuil*; *W*, III, 1, S. 322.

8 Brief an Louis d'Albufera und Louisa de Mornand, 30. 10. 1903; *Corr.*, III, S. 435 [und Anm. 2: »*Porphyrogenitus* bedeutet wörtlich *im Purpur geboren*. Es ist die Bezeichnung, die man im spätrömischen Reich für die Kinder von Kaisern benutzte, die nach der Thronbesteigung ihres Vaters geboren wurden; der Purpur ist das Zeichen der kaiserlichen Autorität«].

9 Flament, *Le Bal du Pré Catelan*, S. 217-219 [Painter, I, S. 363].

10 [Vgl. *Corr.*, III, S. 146, Anm. 3.]

11 [Brief an Robert de Montesquiou, 25. 4. 1899; *Corr.*, II, S. 286-287 und Anm. 2 und 3 mit den beiden Artikeln aus dem *Figaro* vom 25. und 26. 4. 1899.]

12 Brief an Constantin de Brancovan, 15. 8. 1899; *Corr.*, II, S. 296-297.

13 Brief an die Mutter, 28. oder 29. 9. 1899; *Corr.*, II, S. 350-352.

14 Brief an die Mutter, 12. 9. 1899; *Corr.*, II, S. 311; Brief an die Mutter, 13. 9. 1899; *Corr.*, II, S. 315.

15 Brief an die Mutter, 15. 9. 1899; *Corr.*, II, S. 322.

16 Ebd.

17 Ebd.

18 Brief an die Mutter, 28. oder 29. 9. 1899; *Corr.*, II, S. 351.

19 Brief an die Mutter, 2. 10. 1899; *Corr.*, II, S. 358-359.

20 [Brief von Anatole France an Marcel Proust, Januar 1900 (?); *Corr.*, II, S. 381, mit einem Faksimile des Briefanfangs auf S. 382: »Marcel, diese Verrücktheit kann ich Ihnen doch nicht erlauben.«]

21 [»Lettres de Perse et d'ailleurs«, in: *Contre Sainte-Beuve*, 1971, S. 427-430; »Briefe aus Persien und anderswoher«; *W*, I, 3, S. 163-172. – Siehe Brief an die Mutter vom 20. September 1899; *Corr.*, II, S. 335-338 und Anm. 7 und 11 und Brief an die Mutter vom 24. September 1899; *Corr.*, II, S. 344 und Anm. 13. Vgl. Tadié, 1996, S. 409.]

22 Brief an die Mutter, 22. 9. 1899; *Corr.*, II, S. 338-342. [In Prégny besaßen Adolphe de Rothschild und seine Frau eine Villa. – Die Reise im Automobil fand ihren literarischen Niederschlag in: »Impressions de route en automobile« und in der Chronik »Le Salon de la comtesse d'Haussonville«, in: *Contre Sainte-Beuve*, 1971, S. 485; »Der Salon der Gräfin von Haussonville«; *W*, I, 3, S. 247.]

23 *Recherche*, III, S. 385-386; »Sodom und Gomorrha«, II, iii; *WA*, 8, S. 545-546 [zum Automobil bei Proust vgl. W. Nitsch, »Phantasmen aus Benzin. Prousts Automobile in textgeschichtlicher Sicht«. in: R. Warning, Hg., 1984, S. 93-108; Brilli, 1999].

24 Brief an die Mutter, 28. oder 29.(?) 9. 1899; *Corr.*, II, S. 350. [Proust bittet seine Mutter zu sagen, was er tun soll: »Ich erfahre soeben, daß das Hotel von einem Tag auf den anderen schließen wird. Du mußt mir deshalb in Deinem *nächsten* Brief sagen, was ich tun soll, ob ich direkt zurückkommen soll, ob ich (für den Fall, daß ich einen Begleiter finden könnte) über die italienischen Seen und Venedig zurückkommen soll [...], ob ich mich (was ich nicht gutheißen würde) im Hotel in Thonon niederlassen soll.«]

25 Ebd. [nach Kolb, Anm. 3, S. 353, »die erste Erwähnung der Italienreise, von der Proust so sehr träumte. Ihre Realisierung wird er im kommenden Frühling erleben, wenn er mit seiner Mutter nach Venedig reist«].

26 Brief an die Mutter, 2. 10. 1899; *Corr.*, II, S. 357 [und Anm. 6: »La Sizeranne (Robert de La Sizeranne, *Ruskin et la religion de la beauté*. Paris: Hachette, 1897, 10. Aufl. 1920) enthält die Übersetzung zahlreicher Passagen aus verschiedenen Werken Ruskins. Häufig ist von den Alpen und von Italien die Rede.« Vgl. Tadié, 1996, S. 410].

27 Nach Aussage von Douglas Ainslie.

28 *Modern Painters* (1843-1860), 5 Bde.; *The Works of John Ruskin* (Library Edition, 39 Bde.), Hg. v. E. T. Cook und Alexander Wedderburn. London, 1903-1912, Bd. 5, S. 333. [Vgl. Nachwort zu *W*, I, 2, S. 295 ff.]

29 [Tadié, 1996, S. 422.]

30 [Emile Mâle, *L'art religieux du XIIe siècle en France. Etude sur l'iconographie du moyen âge et sur les sources de l'inspiration*. Paris, 1898 und 1931; deutsch: *Die kirchliche Kunst des 13. Jahrhunderts in Frankreich. Studie über die Ikonographie des Mittelalters und ihre Quellen*. Über-

setzt von L. Zuckermandl. Straßburg, 1907. – Vgl. Painter I, S. 394; Brief
an Antoine Bibesco, 3. oder 10. 10. 1901; *Corr.*, II, S. 456 und Anm. 2:
Proust möchte von Bibesco das besagte Buch von Mâle ausleihen. –
Tadié, 1996, S. 252, 344, 435.]

31 Brief an Pierre de Chevilly, 13. 10. 1899; *Corr.*, II, S. 366-368.

32 Brief an Robert de Montesquiou, Oktober 1899 (?); *Corr.*, II, S. 364.

33 Brief an Marie Nordlinger, 5. 12. 1899; *Corr.*, II, S. 376-377; *BL*,
S. 91-93. [Vgl. *Jean Santeuil*, *W*, III, 1, S. 471: »Und wir wissen nie, ob
wir nicht im Begriff sind, unser Leben zu verfehlen. In unserer Arbeit
zumal gleichen wir alle ein wenig jenem Mister Casaubon in *Middlemarch*, der sein ganzes Leben lang an einem unbedeutenden und sogar
sinnlosen Werk gearbeitet hat.«]

34 George Eliot, *Middlemarch. A Study of Provincial Life*. Edinburgh,
1871-72, 4 Bde.; franz. Übersetzung Paris: Calmann-Lévy, 1890, Bd. 5,
S. 59; deutsch: *Middlemarch*. Übersetzt von I. Leisi. Zürich: Manesse,
1962, S. 655-656 (Kap. 48) [vgl. Macchia, 1985, S. 301 ff.].

35 *The Works of John Ruskin*, Bd. 35, S. 116 [vgl. Painter, I, S. 395; zu den
Praeterita ebd. S. 430-431].

36 Ebd., S. 115.

37 [Siehe Clive Wilmer, Hg., *Unto this Last and Other Writings by John
Ruskin*. Harmondsworth: Penguin, 1985, S. 32-33, 289-293. *Fors Clavigera* (zur Wortbedeutung S. 292): 69 offene Briefe, veröffentlicht als
Monatszeitschrift zwischen 1871 und 1878 und danach mit Unterbrechungen von 1880-1884.]

38 [Siehe Kenneth Clark, Hg., *John Ruskin, Selected Writings* (1964). Harmondsworth: Penguin, 1991, S. 12; Tadié, 1996, S. 425.]

39 Brief an Pierre de Chevilly, 14. oder 21. 10. 1899; *Corr.*, II, S. 372-373.

40 *Revue générale*, 57, Oktober 1895, S. 481-499. [»Un chapitre de Ruskin: Les sept lampes de l'architecture«, vgl. Anm. 3 zum Brief an Pierre
de Chevilly, 13. Oktober 1999: *Corr.*, II, S. 368; Brief an die Mutter,
Oktober 1899; *Corr.*, II, S. 365: Proust bittet darin seine Mutter, ihm eine
Passage aus *The Seven Lamps of Architecture* zu übersetzen; vgl. ebd.,
Anm. 2. Die vollständige französische Übersetzung erschien im Frühjahr
1900. – Deutsch (gekürzt): *Die sieben Leuchter der Baukunst*. Übersetzt
von Wilhelm Schoelemann. Dresden: Diederichs, 1900; Reprint Dortmund: Harenberg, 1994. Hg. und mit einem Nachwort versehen von
Wolfgang Kemp.]

41 [Briefkarte an Pierre Lavallée, 30. 11. 1899; *Corr.*, II, S. 375 und Anm. 2.]

42 Brief an Marie Nordlinger, 7. oder 8. 2. 1900; *Corr.*, II, S. 387 [die fünf
Bücher, deren Titel Proust auf französisch angibt, sind: *Sept Lampes de
l'architecture* (*The Seven Lamps of Architecture*, 1849), *La Bible
d'Amiens* (*The Bible of Amiens*, 1880-1885), *Val d'Arno* (1874), *Lectures d'architecture et de peinture* (*Lectures on Architecture and Painting*,
1854), *Praeterita* (1889, nach Proust »eine Art Autobiographie, die

Dichtung und Wahrheit im Werk Goethes entspricht«: Tadié, 1996, S. 425; vgl. ebd., S. 480-481)].

43 [Vgl. Clive Wilmer, »Back to Nature. Ruskin's aspen and an art in the Service of the given«, *The Times Literary Supplement*, N° 4835, 1. 12. 1995: »Es wird behauptet, Proust habe *Praeterita* auswendig gewußt. Angesichts des Buchumfangs und der Beschränktheit von Prousts Englischkenntnissen erscheint die Anekdote unglaubhaft. Trotzdem ist zu erkennen, warum sie haften blieb. Proust verehrte Ruskin, und es ist sehr wahrscheinlich, daß er seine Autobiographie über alle anderen Bücher stellte, und ob er nun eine lückenlose Erinnerung an jede einzelne von den 500 Seiten hatte oder nicht, so können wir doch annehmen, daß er sie in einem gewissen Sinne ebenso sicher *erinnerte*, wie Marcel sich an den Geschmack der Madeleine erinnert.]

44 [»Pèlerinages Ruskiniens en France« (1900), in: *Contre Sainte-Beuve*, 1971, S. 441-444; »Ruskin-Wallfahrten in Frankreich«, W, I, 3, S. 187-191; »Journées de Pèlerinage«, in: *Contre Sainte-Beuve*, 1971, S. 69-105; »Tage der Wallfahrt«, W, I, 2, S. 95-144.]

45 [In *Stones of Venice*, zit. in W, I, 2, S. 112, Anm.]

46 [W, I, 2, S. 114.]

47 »Tage der Wallfahrt«; W, I, 2, S. 119-120.

48 W, I, 2, S. 121-123.

49 W, I, 2, S. 114.

50 [Brief an Douglas Ainslie, zweite Hälfte Dezember 1899; *Corr.*, II, S. 378.]

51 Brief an Marie Nordlinger, 21. 1. 1900; *Corr.*, II, S. 384-386.

52 [Zu Newton Scott siehe Kolb, Anm. 3 in *Corr.*, II, S. 385 und bes. Anm. 3 in *Corr.*, II, S. 403.]

53 [Vgl. Brief an Robert de La Sizeranne, April 1900; *Corr.*, XXI, S. 587-588: Proust dankt de La Sizeranne dafür, daß dieser seine beiden Artikel »John Ruskin« und »John Ruskin à Notre-Dame d'Amiens« an Newton Scott geschickt hat, der wiederum Proust in einem Brief auf eine Sinnwidrigkeit in der Übersetzung der *Bible of Amiens* aufmerksam macht. Proust bittet Sizeranne, ihm die richtige Schreibweise von Scotts Namen anzugeben, da sie auf dem Brief unleserlich sei. Siehe auch Kolbs Anm. 3: »Da Proust praktisch überhaupt kein Englisch konnte, als er mit den Übersetzungen anfing, wandte er sich an seine Mutter, die ihm eine Rohübersetzung anfertigen sollte, welche er dann bearbeitete. Doch auch Madame Proust konnte nur ungenügend Englisch, daher die zahlreichen *contresens*, Sinnwidrigkeiten, die man in der *Bible d'Amiens* findet. ⟨...⟩«]

54 Tim Hilton, »Ruskin retrouvée«, in: *New York Review of Books*, 22. 10. 1987 [vgl. Tadié, 1996, S. 429; S. 524, Anm. 9].

55 [Vgl. »Tage der Wallfahrt«; W, I, 2, S. 103, Anm.]

56 Brief an Marie Nordlinger, kurz nach dem 21. 1. 1900; *Corr.*, II, S. 384-385.

57 Ruskin, *Collected Works*, Bd. 8, S. 217 [zit. in: »Ruskin«; *W*, I, 2, S. 169-170].

58 »Ruskin«; *W*, I, 2, S. 171-172.

59 Brief an Marie Nordlinger, Anfang März 1900; *Corr.*, II, S. 391.

60 [Vgl. Anhang II zu *Die sieben Leuchter der Baukunst*, a.a.O., S. 405-406.]

61 Brief an Marie Nordlinger, 7. oder 8. 2. 1900; *Corr.*, II, S. 387.

62 *Le Figaro*, 13. 2. 1900.

63 [Vgl. Painter, I, S. 418-419, Anm.]

64 Painter, I, S. 419-420.

65 Brief an Marie Nordlinger, 25. oder 26. 4. 1900; *Corr.*, II, S. 395.

66 [Painter, I, S. 420. Die Äußerung wird zitiert in Anm. 3 zum Brief an Constantin de Brancovan vom Januar 1903; *Corr.*, III, S. 222. Vgl. Tadié, 1996, S. 445-447.]

67 »John Ruskin«, in: *Mélanges, Contre Sainte-Beuve*, 1971, S. 110; *W*, I, 2, S. 153.

68 »La poésie ou les lois mystérieuses«, in: *Contre Sainte-Beuve*, 1971, S. 420-421; »Die Poesie oder die geheimnisvollen Gesetze«; *W*, I, 3, S. 158-159.

69 *Lettres à une amie*, S. 14 [Painter, I, S. 421].

70 Brief an Antoine Bibesco, 20. 12. 1902; *Corr.*, III, S. 195.

71 Brief an Constantin de Brancovan, 2. Januarhälfte 1903; *Corr.*, III, S. 219-221 [und Anm. 3: »Proust ist um so wütender, als er weiß, wie sehr Brancovan recht hat.« Vgl. Tadié, 1996, S. 480-481; Painter, I, S. 421: »Dem Ruskin Prousts kann man eine andere Übersetzung an die Seite stellen, die gleichfalls von elementaren, aber unwichtigen Fehlern nicht frei ist, und doch eine meisterhafte Neuschöpfung ihrer Vorlage darstellt: Scott Moncrieffs englischer Proust.«]

72 Brief an Pol Neveux, 14.(?) 2. 1900; *Corr.*, II, S. 389.

73 [Painter, I, S. 407-408.]

74 [Tadié, 1996, S. 440-445.]

75 Vorwort zu *La bible d'Amiens*, S. 92 [zit. in Maurois, 1964, S. 102].

76 Brief an Léon Yeatman, kurz vor dem 3. 5. 1900; *Corr.*, II, S. 396-397 [»Feuersäule«: Anspielung auf 2. Mose 13, 21].

77 »Conversation avec maman«, in: *Contre Sainte-Beuve*, 1954, S. 112 [Übersetzung M. L.; vgl. *Recherche*, IV, S. 204-205; *WA*, 11, S. 294-295, Painter, I, S. 410].

78 Brief an Madame Straus, *CG*, 6, S. 123 [zit. in Painter I, S. 411].

79 [Vgl. jedoch Tadié, 1996, S. 441, Anm. 4: Nach Kolb wohnten sie im Hotel de l'Europe und nicht im Danieli.]

80 Painter, I, S. 411 [*Contre Sainte-Beuve*, 1954, S. 110].

81 Fußnote zu *La bible d'Amiens* [zit. in Painter, I, S. 411-412].

82 *Contre Sainte-Beuve*, 1954, S. 112; Übersetzung M. L.

83 Ebd.

84 [Painter, I, S. 415: vor allem die »Caritas«, die in *Swann* eine wichtige Rolle spielt.]

85 Brief an Montesquiou, *Correspondance générale*, Band I, S. 12 [zit. in Painter I, S. 416].

86 *Contre Sainte-Beuve*, 1954, S. 114 [zit. in Painter, I, S. 417. – Vgl. Recherche, »Die Entflohene«; *WA*, 11, S. 330-336].

87 Nachruf von Maurice de Fleury, *Le Figaro*, 27. 11. 1903.

88 Brief an Pierre Lavallée, kurz vor dem 29. 4. 1900; *Corr.*, II, S. 394-395.

89 »Un salon historique. Le salon de S. A. I. la Princesse Mathilde«, in: *Contre Sainte-Beuve*, 1971, S. 449; »Ein historischer Salon. Der Salon ihrer kaiserlichen Hoheit Prinzessin Mathilde«; *W*, I, 3, S. 199.

90 Brief an Lucien Daudet, Juni 1900; *Corr.*, II, S. 398.

91 Brief von Madame Proust an Marcel, um den 14. oder 15. 8. 1900; *Corr.*, II, S. 402 [Tadié, 1996, S. 448].

92 Brief von Madame Proust an Marcel, 17. 8. 1900; *Corr.*, II, S. 407.

93 »Albertine disparue«, *Recherche*, IV, S. 205-207, 229-235 sowie *Esquisse* XV, XVIII, 5, XIX, 3; »Die Entflohene«, *WA*, 11, 296-297, 329-336 [vgl. Diesbach, S. 282-283; Painter, I, S. 434-435].

94 *Contre Sainte-Beuve*, 1954, S. 113 [Painter, I, S. 434].

95 *Textes retrouvés*, S. 105, 107.

96 Brief an die Mutter, 24. 1. 1901; *Corr.*, II, S. 414.

97 »Le côté de Guermantes«; *Recherche*, II, S. 309; »Die Welt der Guermantes« I; *WA* 5, S. 9.

98 Brief an Constantin de Brancovan, 31. 1. 1901; *Corr.*, II, S. 415-417.

99 Brief an Lucien Daudet, 7. 2. 1901; *Corr.*, II, S. 417-418.

100 An seine Mutter, ohne Datum und Unterschrift; *Corr*, II, S. 419.

101 Brief an die Mutter, 11. 8. 1904; *Corr.*, II, S. 211-213.

102 Brief an die Comtesse Matthieu de Noailles, 1.(?) 5. 1901; *Corr.*, II, S. 422-425 [Kolb gibt in den Anmerkungen die vollständigen Strophen aus dem Gedichtband *Le cœur innombrable*, aus denen die zitierten Verszeilen stammen].

103 Brief an Madame de Noailles, 7.(?) 5. 1901; *Corr.*, II, S. 425-427 [Tadié, 1996, S. 453].

104 Brief an Madame de Noailles, 27. 5. 1901; *Corr.*, II, S. 428-430.

105 Ein medizinischer Ausdruck der Humoralpathologie (Säftelehre).

106 Léon Daudet, *Souvenirs des milieux littéraires et politiques*, Paris 1920, S. 614 [vgl. Painter, I, S. 442; Léon Daudet, *Salons et journaux*, Paris 1917, in: ders., *Souvenirs et polémiques*. Paris: Laffont, 1992].

107 Brief an Madame de Noailles, 8. 1. 1904; *Corr.*, III, S. 31.

10. Vornehme Freunde

1 »Le côté de Guermantes« II, ii, *Recherche*, II, S. 697-700; *WA*, 6, S. 537-540.

2 *Recherche*, III, 88; *W*, II, 2, S. 434.

3 *Recherche*, IV, S. 271; *WA*, 12, S. 16.

4 [»Le Salon de la comtesse Potocka«, in: *Contre Sainte-Beuve*, 1971, S. 492; »Der Salon der Gräfin Potocka«, *W*, I, 3, S. 258. Vgl. Painter, I, S. 448-451.]

5 Montesquiou, »Cahiers secrets«, *Mercure de France*, 15. 4. 1929, S. 313 [siehe Tadié, 1996, S. 500-502; vgl. Gabriel de la Rochefoucauld, »Souvenirs et aperçus«, in: *Hommage à Marcel Proust. NRF*, 10, N° 112, Paris 1923, S. 69-76. – Über ihn war auch das Bonmot im Umlauf, im Unterschied zu seinem Vorfahren, der die »Maximen« geschrieben hatte, sei er bloß der La Rochefoucauld des *Maxim*].

6 [Kolb, *Corr.*, II, S. 32; Diesbach, S. 289.]

7 Brief an Anna de Noailles, 8. 1. 1904; *Corr.*, IV, S. 31.

8 Brief an Lucien Daudet, 13. oder 20. 7. 1901; *Corr.*, II, S. 437-439 [vgl. Chronologie, ebd. S. 33].

9 Brief an die Mutter, 31. 8. 1901; *Corr.*, II, S. 443-447.

10 Brief an die Mutter, 8. 9. 1901; *Corr.*, II, S. 450.

11 Brief an Madame Alphonse Daudet, 18. 5. 1901; *Corr.*, II, S. 427-428.

12 Brief an Georges Linossier, September 1904; *Corr.*, IV, S. 248-254.

13 Brief an Antoine Bibesco, 6., 7., oder 8. 1. 1903; *Corr.*, III, S. 209-210 [vgl. Anm. 8: Proust erfährt bei einem Abendessen, daß die Princesse de Polignac Thoreau übersetzt: Es handelt sich um die Tochter der Nähmaschinen-Dynastie Singer, Winnarette Singer, verheiratet mit Prince Edmond de Polignac, deren Übersetzung von Thoreaus *Walden* im Dezember und Januar 1903/1904 in der Zeitschrift *Renaissance Latine* erschien. Vgl. Tadié, 1996, S. 455].

14 Ruskin, *Praeterita*, I, chapter 9, section 181 [deutsch in: *Praeterita*, I, § 181; abweichend zit. in: Painter, I, S. 447; vgl. Tadié, 1996, S. 459; Proust, Brief an die Mutter, 8. 9. 1901; *Corr.*, II, S. 450].

15 Brief an die Mutter, 8. 9. 1901; *Corr.*, II, S. 450.

16 [Painter, I, S. 454; Tadié, 1996, S. 460.]

17 [Kolb, »Avant-Propos«, *Corr.*, III, S. XVII; nach Diesbach, S. 297, stammt die Bezeichnung von Antoine Bibesco. – Vgl. Brief an Antoine Bibesco, 10. 8. 1902, *Corr.*, III, S. 88: »diese antike Sirene mit den meerblauen Augen, die in direkter Linie von Telemach abstammt«; Brief an Antoine Bibesco, 9. oder 10. 9. 1902, *Corr.*, III, S. 134-135; *Corr.*, III, S. 129, 132; Painter, I, S. 456.]

18 »Bertrand de Réveillon«, in: *Jean Santeuil*, 1971, S. 447-453; *W*, III, 1, 405-416.

19 [Painter, I, S. 453.]

20 Brief an Georges de Lauris, Anfang Oktober 1909; *Corr.*, IX, S. 192-193 [Tadié, 1996, S. 617].

21 Georges de Lauris, »Quelques années avant Swann«, in: *Hommage à Marcel Proust*, NRF, 10, N° 112, 1923, S. 44.

22 Ebd., S. 45.

23 Brief an Georges de Lauris, September 1904; *Corr.*, IV, S. 261; *BL*, S. 164.

24 Vgl. Georges de Lauris, a.a.O., S. 46: »Nie habe ich weniger Egoismus oder Egotismus erlebt.«

25 [Tadié, 1996, S. 477; Painter, I, S. 471.]

26 Brief an Antoine Bibesco, Dezember 1901 (?); *Corr.*, II, S. 479-481 [vgl. Anm. 4 zum Brief an Antoine Bibesco, März/April 1902; *Corr.*, III, S. 35. Das Stück wurde nie aufgeführt].

27 Brief an Antoine Bibesco, November 1901; *Corr.*, II, S. 462 [»es geht aufwärts mit Ihnen«, »Sie sind im Aufschwung« für »vous êtes en hausse«; vgl. *BL* 99: »Sie sind in Hausse«. – Brief an Antoine Bibesco, 10.8.1902, *Corr*, III, S. 86, über Fénelon: »il était bien moins en hausse«; Postkarte an Antoine Bibesco, 4.10.1902; *Corr.*, III, S. 155: »Tu es très en hausse, moschant«].

28 Clermont-Tonnerre, *Robert de Montesquiou et Marcel Proust*, S. 11.

29 Brief an Edouard Rod, Sommer 1902; *Corr.*, III, S. 78.

30 Brief an Antoine Bibesco, kurz nach dem 6.6.1902; *Corr.*, III, S. 62.

31 Verschiedene Briefe im Frühjahr und Sommer 1902 [siehe *Corr.*, III, N° 3, 12, 17, 19, 20, 21, 24, 25, 26, 27].

32 Léon Daudet, *Salons et journaux*, Paris 1917, S. 298-299 [vgl. Painter, I, S. 442 f.].

33 Léon Daudet, *Souvenirs*, S. 639-640; ders., *Paris vécu*, première série. Paris: Gallimard, 1929, S. 184 [Hayman kombiniert die beiden Fassungen Daudets, die zitiert werden in der Anm. 3 zu dem Brief an Jean Béraud – den Sekundanten bei Prousts Duell mit Jean Lorrain –, Ende 1902/Anfang 1903; *Corr.*, III, S. 32-33; vgl. auch Painter, I, S. 443].

34 [Brief an Madame de Noailles, 23.6.1902; *Corr.*, III, S. 68.]

35 Brief an Antoine Sala und Antoine Bibesco, Juni/Juli 1902; *Corr.*, III, S. 74-75 [zu den Ausdrücken »Salaist« und »Salaismus« siehe die Briefe N° 290 und 294 an Antoine de Bibesco (8. und 11.11.1901); *Corr*, II, S. 463 (Anm. Kolb: Salaïst: abgeleitet von dem Namen Sala; bedeutet ›Mensch von zweifelhafter Moral‹) und 470; *Corr.*, III, S. 134].

36 Brief an Antoine Bibesco, 10.8.(?) 1902; *Corr.*, III, S. 86.

37 [Ebd., S. 87: »pour un an, pour un an et demi (durée après laquelle l'affection, terme médical, rétrocède toujours et finit …)«.]

38 [*Corr.*, III, S. 89, Anm. 6.]

39 *Corr.*, III, S. 87-88.

40 [*Corr.*, III, S. 100, 102; vgl. auch *Corr.*, III, S. 85: »En tout cas serment tombeau pas d'Addison«; Anm. 3: »Bedeutet: kein indiskretes Ausplaudern. Anspielung auf den berühmten englischen Schriftsteller Joseph

Addison (1672-1719), einer der wichtigsten Mitarbeiter der Zeitschrift *The Tatler*, deren Titel bedeutet *le caquet, le bavard*, das Geschwätz, der Geschwätzige, der Plapperer.«]

41 Brief an Antoine Bibesco, 17.(?) 8. 1902; *Corr.*, III, S. 102-103; *BL*, S. 103-106.

42 Brief an Antoine Bibesco, 10. 8. 1902; *Corr.*, III, S. 85.

43 Brief an die Mutter, 14. 8. 1902; *Corr.*, III, S. 92.

44 Brief an Antoine Bibesco, August/September 1902; *Corr.*, III, S. 105.

45 Ebd.

46 Brief an Antoine Bibesco, Juni oder Juli 1902; *Corr.*, III, S. 73.

47 Brief an die Mutter, 15. 8. 1902; *Corr.*, III, S. 97-98.

48 Ebd., S. 99.

49 Brief an die Mutter, 1. 9. 1902; *Corr.*, III, S. 122-124.

50 Brief an Antoine Bibesco, 8. 9. 1902; *Corr.*, III, S. 132 und Anm. 2; Brief an Bertrand de Fénelon, 6. 9. 1902, *Corr.*, III, S. 129-130 [und Anm. 2 mit ausführlichen Zitaten der beiden Schilderungen von Prousts Aufenthalt in Pray (der von Hayman zitierte Satz findet sich hier nicht). – Vgl. Diesbach, S. 297 und die Briefe an Madame Alphonse Daudet vom 13. und 25. 9. 1902 über die Folgen von Prousts Besuch: *Corr.*, III, S. 139-141 und 151-152].

51 *Correspondance générale*, Bd. 2, S. 211 und Bd. 3, S. 398.

52 Brief an Madame Alphonse Daudet, 13. 9. 1902; *Corr.*, III, S. 140.

53 *Corr.*, III, S. 131.

54 [*Corr.*, III, S. 101, Anm. 4, und Brief an Alfred Vallette, Verlagschef des Mercure de France, 29. 9. 1902; *Corr.*, III, S. 152-153 und Anm. 2.]

55 [Siehe das Faksimile der Ansichtskarte an Antoine Bibesco, 10. 10. 1902; *Corr.*, III, S. 159.]

56 Brief an Reynaldo Hahn, Oktober 1902; *Corr.*, III, S. 160-162; Faksimile, S. 161 [»Dordrecht du schöner Ort / Grabstätte / meiner geliebten Illusionen«; vgl. Tadié, 1996, S. 473].

57 »Journées de lecture«, in: *Contre Sainte-Beuve*, 1971, S. 181 und Anm. S. 182; »Tage des Lesens«, *W*, I, 2, S. 250 und Anm. S. 251-252 [Painter, I, S. 467].

58 Brief an Marie Nordlinger, August 1904 (?); *Corr.*, IV, S. 205 und Anm. 2.

59 Brief an die Mutter, 17. 10. 1902; *Corr.*, III, S. 164.

60 [Proust sah im Mauritshuis Vermeers *Ansicht von Delft*, »das schönste Gemälde der Welt«; Michel-Thiriet, S. 366; vgl. Tadié, 1996, S. 473, Anm. 8: Tadié nimmt an, daß Proust den damaligen Baedeker, *Belgique et Hollande*, benutzt hat, der zehn Zeilen »höchsten Lobes« über Vermeer sowie ausführliche Hinweise auf den Kunsthistoriker Thoré-Bürger und dessen Ausführungen über die *Ansicht von Delft* enthält.]

61 Brief an Antoine Bibesco, 3. 11. 1902; *Corr.*, III, S. 168-169.

62 Brief an Antoine Bibesco, 10. 11. 1902; *Corr.*, III, S. 172.

63 Brief an Antoine Bibesco, 23. 11. 1902; *Corr.*, III, S. 177.

64 [Vgl. *Corr.*, III, S. 186, Anm. 8; Tadié, 1996, S. 477-480.]

65 Ungenaues Zitat aus Madame de Sévignés Brief vom 27. 5. 1680 über ihren Sohn [vgl. *Recherche*, III, S. 406 und Anm. S. 1573].

66 »Sodome et Gomorrhe«, II, iii; *Recherche*, III, S. 406-407; *WA*, 8, S. 575-576.

67 Brief an die Mutter, 9. 3. 1903; *Corr.*, III, S. 265; *BW*, S. 61-62.

68 Katalog der Galerie Wildenstein, *Marcel Proust and his Time*, London, 1955.

69 Brief an Marie Nordlinger, Anfang August 1903; *Corr.*, III, S. 391.

70 Brief an Marie Nordlinger, 27. 5. 1904; *Corr.*, III, S. 132-133.

71 Brief an die Mutter, 9. 3. 1903; *Corr.*, III, S. 267; *BW*, S. 65.

72 Ebd., S. 266-267; *BW*, S. 63.

73 Brief an die Mutter, 6. 12. 1902; *Corr.*, III, S. 190-191.

74 Ebd., S. 190.

75 Ebd., S. 191.

76 Brief an Constantin de Zeug, kurz vor dem 24. 11. 1902; *Corr.*, III, S. 175.

77 Brief an Antoine Bibesco, 20. 12. 1902; *Corr.*, III, S. 196.

78 Brief an Antoine Bibesco, zwischen dem 22. und 24. 12. 1902; *Corr.*, III, S. 199-200.

11. Für den »Figaro«

1 Brief an Antoine Bibesco, 16. 2. 1903; *Corr.*, III, S. 251.

2 Brief an Antoine Bibesco, 19. 1. 1903; *Corr.*, III, S. 212-215.

3 *Jean Santeuil*, 1971, S. 412; *W*, III, 1, S. 351.

4 Brief an Antoine Bibesco, 28. 1. 1903; *Corr.*, III, S. 227.

5 Brief an Antoine Bibesco, 16. 2. 1903; *Corr.*, III, S. 251.

6 Brief an Antoine Bibesco, 5. 2. 1903; *Corr.*, III, S. 240.

7 Brief an Bertrand de Fénelon, 10. oder 11. 3. 1903: *Corr.*, III, S. 269-270.

8 Ebd., S. 270.

9 Brief an Antoine Bibesco, zwischen dem 25. und 30. 3. 1903; *Corr.*, III, S. 280.

10 Bibesco, S. 120 [zit. in *Corr.*, III, S. 282, Anm. 2].

11 Brief an Constantin de Brancovan, zweite Januarhälfte 1903; *Corr.*, III, S. 219-220.

12 Ebd., S. 221.

13 Ebd., S. 220.

14 Brief an Constantin de Brancovan, 1. 2. 1902; *Corr.*, III, S. 233.

15 Valentine Thomson, »My Cousin Marcel Proust«, *Harper's Magazine*, Mai, 1932 [Painter, I, S. 474-475; Tadié, 1996, S. 4990; Diesbach, S. 304].

16 Brief an Louisa de Mornand, 4. 2. 1902; *Corr.*, III, S. 237.

17 Brief an Lucien Daudet, 14. 2. 1902; *Corr.*, III, S. 247.

18 »Un salon historique. Le salon des S. A. I. la princesse Mathilde«, in: *Contre Sainte-Beuve*, 1971, S. 446; »Ein historischer Salon. Der Salon Ihrer Kaiserlichen Hoheit Prinzessin Mathilde«, in: *W*, I, 3, S. 194.

19 Ebd., 1971, S. 447-451; *W*, I, 3, S. 195-201.

20 [Brief an die Mutter, 9. 3. 1903; *Corr.*, III. S. 206-207; *BW*, S. 63.]

21 Brief an die Mutter, Frühjahr (?) 1903; *Corr.*, III, S. 308-309.

22 Brief an Jacques Boulenger, 21. oder 22. 11. 1920; *Corr.*, XIX, S. 609.

23 [Tadié, 1996, S. 506.]

24 Brief an die Mutter, 9. 3. 1903; *Corr.*, III, S. 265-269; *BW*, S. 61-65.

25 [Painter, I, S. 484-485; Tadié, 1996, S. 488-489: »Salons«.]

26 [Diesbach, S. 307-308.]

27 [Painter, I, S. 484-485.]

28 »La cour aux lilas et l'atelier des roses«, in: *Contre Sainte-Beuve*, 1971, S. 499; »Fliederhof und Rosenatelier. Der Salon von Madame Madeleine Lemaire«; *W*, I, 3, S. 212.

29 [Painter, I, S. 488.]

30 [*Corr.*, III, S. 373 und Anm. 2.]

31 [Painter, I, S. 463, und Anm. 12: »Der Turm von Coucy« – nach Ruskin »das schönste mittelalterliche kriegerische Baudenkmal in ganz Frankreich« – »wurde von den Deutschen auf ihrem Rückzug zur Hindenburglinie im März 1917 gesprengt.«]

32 Brief an Lionel Hauser, 27. 3. 1916; *Corr.*, XV, S. 127-128 [Painter, I, S. 482].

33 Brief an Georges de Lauris, 29. 7. 1903; *Corr.*, III, S. 384, 386; *BW*, S. 72, 74 [siehe Diesbach, S. 315-317; Painter, I, S. 492-494; Tadié, 1996, S. 507-508].

34 [Painter, II, S. 498-499; Tadié, 1996, S. 504-505; *Corr.*, III, S. 415-417.]

35 [Painter, I, S. 490.]

36 Brief an die Mutter, 16. 7. 1903; *Corr.*, III, S. 373.

37 Ebd., S. 374.

38 *Contre Sainte-Beuve*, 1971, S. 461; *W*, I, 3, S. 209.

39 »Portrait du prince Léon Radziwill«, in: *Contre Sainte-Beuve*, 1971, S. 477; »Porträt des Fürsten Léon Radziwill«, *W*, I, 3, S. 236-237 [vgl. Painter, I, S. 480-481; Tadié, 1996, S. 502-504; Diesbach, S. 309-310].

40 Gramont, in *Bulletin de la Société des amis de Marcel Proust*, Nr. 6.

41 Brief an Georges de Lauris, 20. 8. 1903; *Corr.*, III, S. 409 [Painter, I, S. 495].

42 Brief an Georges de Lauris, um den 8. oder 9. 9. 1903; *Corr.*, III, S. 418.

43 Ebd., S. 418-419 [und Anm. 3, S. 420: Hinweis Kolbs, daß Proust die Eindrücke dieser Reise wohl für den Bericht des Erzählers über die Eisenbahnfahrt nach Balbec benutzte: *Im Schatten junger Mädchenblüte*, *W*, II, 2, S. 326-328].

44 Brief an Robert de Billy, 2. oder 3. 10. 1903; *Corr.*, III, S. 423.

45 Brief an Robert de Billy, 17., 18., oder 19. 8. 1906; *Corr.*, VI, S. 188.

46 Brief an Auguste Marguillier, 20.(?) 10. 1903; *Corr.*, III, S. 428-429 [vgl. Diesbach, S. 315].

47 Brief an Anna de Noailles, 26. 10. 1903; *Corr.*, III, S. 432; *BL*, S. 131.

48 *Corr.*, IV, S. XIII.

49 Brief an Anna de Noailles, 26. 10. 1903; *Corr.*, III, S. 432; *BL*, S. 132. Teilübers. [Proust zitiert aus dem 1903 erschienenen Roman von Anna de Noailles, *La nouvelle espérance*].

50 Brief an Anna de Noailles, 3. 12. 1903; *Corr.*, III, S. 447; *BW*, S. 79 [Painter, I, S. 507-508].

51 [Painter, I, S. 508-509; Tadié, 1996, S. 510-513].

52 Billet an Lucien Daudet, 25. 11. 1903; *Corr.*, III, S. 439-440.

53 Albaret, 1974, S. 143.

54 Albaret, 1974, S. 142-143.

55 Brief an Anna de Noailles, 3. 12. 1903; *Corr.*, III, S. 446-447.

56 *Recherche*, I, 473; *W*, II, 2, 80.

57 [Brief an Anna de Noailles, 3. 12. 1903; *Corr.*, III, S. 448; *BW*, S. 80. *Corr.*, III, S. XXII; vgl. Tadié, 1996, S. 512-513, gegen Diesbach, S. 320.]

58 [Es handelt sich um die Fahnen für *La Bible d'Amiens*; Painter, II, S. 10.]

59 Brief an Anna de Noailles, 8. 1. 1904; *Corr.*, IV, S. 32 [und Anm. 6 sowie Brief an dies., 13. 1. 1904; *Corr.*, IV, S. 35-36].

60 Zitiert in dem Brief an Anna de Noailles, 13. 1. 1904; *Corr.*, IV, S. 35 [Diesbach, S. 321-322; Painter, II, S. 14].

61 [»Vos scrupules font voir trop de délicatesse.« Jean de La Fontaine, *Die Fabeln*, 7. Buch, 1. Fabel: »Die pestkranken Tiere«: Übersetzt von Johannes Wege. Stuttgart: Reclam, 1991, S. 165.]

62 Brief an Anna de Noailles, 15. 1. 1904; *Corr.*, IV, S. 38; *BL*, S. 139 [›indécence‹: Unsauberkeit, Unziemlichkeit. Proust erfand in diesem Brief noch weitere Schmähungen für die *Renaissance latine*: *Inconstance latine* (Unbeständigkeit), *Jactance latine* (Prahlerei), *Indécence latine* (Unanständigkeit), *Méconnaissance latine* (Verkennung)].

63 Brief von Anna de Noailles an Marcel Proust, 14. 1. 1904; *Corr.*, IV, S. 37.

64 Brief an Antoine Bibesco, erste Januarwoche 1904; *Corr.*, IV, S. 27. [Der Brief beginnt mit dem Satz: »Il est absolument faux, que j'aie violé ce tombeau«, wörtlich: »Es ist absolut falsch, daß ich dieses Grab geschändet habe«. Kolb erinnert an die frühere Ausdrucksweise (siehe *Corr.*, II, S. 449, Anm. 8), in der ›tombeau‹ ›Geheimnis‹ bedeutete: ›serment-tombeau‹, etwas unter dem Siegel der Verschwiegenheit bis an das Grab für sich zu behalten. ›Violer un tombeau‹ bedeutet demnach, ›ein Geheimnis verraten‹, ›Vertrauensbruch begehen‹; im vorliegenden Fall: auszuplaudern, daß Antoine nach Petersburg versetzt worden war. Vgl. *Corr.*, IV, S. 106, Anm. 2].

65 Brief an Anna de Noailles, 15. 1. 1904; *Corr.*, IV, S. 38.

66 [Über Marie Nordlinger siehe Tadié, 1996, S. 423-424, gegen Painter

u.a.; über Samuel Bings *Art-Nouveau*-Werkstätte siehe Robert Schmutzler, *Art Nouveau – Jugendstil*. Stuttgart: Hatje, 1962, S. 73-74, 152-154: »Anglophilie in Frankreich«; *Art Nouveau*, Ausstellungskatalog Darmstadt 1999, darin bes. S. 116ff.: Rüdiger Soppien, »Siegfried Bings Kunsthaus ›L'art nouveau‹«.]

67 Brief an Marie Nordlinger, 24./25. 1. 1904; *Corr.*, IV, S. 49 [Painter, II, S. 18; Diesbach, S. 325].

68 Brief an Anna de Noailles, 8. 1. 1904; *Corr.*, IV, S. 31.

69 Brief an Marie Nordlinger, 30. 1. 1904; *Corr.*, IV, S. 50 [Tadié, 1996, S. 523 und Anm. 5].

70 Katalog der Galerie Wildenstein, London, 1955, N° 81 [Painter, II, S. 11-12].

71 Brief an Marie Nordlinger, 6.(?) 2. 1904; *Corr.*, IV, S. 57.

72 Brief an Madame Alphonse Daudet, Anfang März 1904; *Corr.*, IV, S. 75.

73 Brief an Madame de Noailles, 12. 3. 1904; *Corr.*, IV, S. 85-86; *BL*, S. 149-150.

74 Am 3. 4. 1904 [Tadié, 1996, S. 519; *Corr.*, IV, S. 114, Anm. 3].

75 Brief an Robert de Flers, 2. Aprilhälfte 1904; *Corr.*, IV, S. 113-114 und Anm. 3 [vgl. *Corr.*, IV, S. VI].

76 *Séances et travaux de l'Académie des Sciences morales et politiques* (Institut de France), Compte rendu; Paris, 1904, Bd. CLXII, S. 491-492. [Der Sitzungsbericht ist abgedruckt in *Corr.*, IV, S. 137-138, Anm. 2; siehe auch den Dankesbrief Prousts an Bergson vom 25.(?) 5. 1904; *Corr.*, IV, S. 128-129, und Bergsons Brief an Proust vom 2. 6. 1904; *Corr.*, IV, S. 139. – Vgl. Tadié, 1996, S. 520 und Anm. 1; Painter, II, S. 20; Diesbach, S. 325.]

77 Brief von Anna de Noailles an Marcel Proust, 25. 4. 1904; *Corr.*, IV, S. 116-117.

78 »Fête chez Montesquiou à Neuilly (Extraits des *Mémoires* du duc de Saint-Simon)«, publiziert unter dem Namen Horatio in *Le Figaro*, 18. 1. 1904 [abgedruckt in *Contre Sainte-Beuve*, 1971, S. 710-712; vgl. *W*, I, 2, S. 328; Diesbach, S. 323-324; Tadié, 1996, S. 521-522].

79 [»Fête chez Montesquiou à Neuilly«, *Contre Sainte-Beuve*, 1971, S. 710. Die – hier eingerückte – Fortsetzung dieser Stelle hat Proust aus dem *Figaro*-Artikel übernommen, vgl. *W.*, I, 2, S. 334, Anm. 40f.]

80 *W*, I, 2, S. 70 [diese Passage aus dem Text von 1904 für den *Figaro* wurde in das Saint-Simon-Pastiche für die Ausgabe der *Pastiches et mélanges* von 1919 übernommen].

81 [Diesbach, S. 323; Painter II, S. 16-18.]

82 [»Le salon de la comtesse Potocka«, in *Contre Sainte-Beuve*, 1971, S. 494; »Der Salon der Gräfin Potocka«, in *W*, I, 3, S. 260.]

83 [Ebd., S. 491; *W*, I, 3, S. 256.]

84 Briefe an François de Croisset, René Peter und Lucien Daudet, 29. 2. 1904; *Corr.*, IV, S. 68, 69 und 71-72 und Anm. 2, S. 72.

85 Louisa de Mornand, »Mon amitié avec Marcel Proust«, *Candide*,

1. 11. 1928. [Die Behauptung einer ›amitié amoureuse‹ wird von Tadié, 1996, S. 496, in Frage gestellt. Noch kritischer äußert sich Diesbach, S. 329-331: Louisa de Mornand verkaufte 1928 Prousts Brief an sie auf einer Auktion, einschließlich des Widmungsexemplars von *La Bible d'Amiens* mit den Versen : »A qui ne peut avoir Louisa de Mornand, / Il ne peut plus rester que le péché d'Onan.« – Widmung zit. in Painter, II, S. 25; vgl. Maurois, 1964, S. 108.]

86 [An Louisa de Mornand; *Corr.*, IV, S. 107-108.]

87 [»Wach sehn die Sèvre-Cupidos / Mit zartem Staunen unser Glück, / Als Mund mit Mund in Kuß vereint / und Herz nicht kann von Herzen los«; Übersetzung in Painter, II, S. 26.]

88 Katalog der Galerie Wildenstein, London 1955, Abb. 8.

89 *Recherche,* III, S. 23; *WA*, 7, S. 37.

90 Duplay, S. 138.

91 *Recherche*, II, S. 566; W, II, 2, S. 216.

92 *Recherche*, II, S. 659-660; *WA*, 6, S. 484-485.

93 Brief an Antoine Bibesco, um den 28. 3. 1905; *Corr.*, IV, S. 100-101 sowie Anm. 1 und 3.

94 Brief an Antoine Bibesco, zwischen dem 1. und dem 10. 12. 1904; *Corr.*, IV, S. 370-371 [vgl. *BL*, S. 147].

12. Marie und Louisa

1 Brief an Marie Nordlinger, um den 25. oder 26. 5. 1904; Corr., IV, S. 129-130.

2 Brief an Marie Nordlinger, 27. 5. 1904; *Corr.*, IV, S. 132-133.

3 Brief an Douglas Ainslie, Juni 1904; *Corr.*, IV, S. 162.

4 Brief an Antoine Bibesco, Juni 1904; *Corr.*, IV, S. 166-167.

5 Brief an Louisa de Mornand, 26.(?) 6. 1904; *Corr.*, IV, S. 169-170.

6 Brief an Louisa de Mornand, 3. 7. 1904; *Corr.*, IV, S. 173-174.

7 Brief an Louis d'Albufera, 4. 7. 1904; *Corr.*, IV, S. 175.

8 *Le Gaulois*, 5. 7. 1904 [die Meldung ist abgedruckt in *Corr.*, IV, S. 174, Anm. 3].

9 Brief an Louisa de Mornand, 3. 7. 1904; *Corr.*, IV, S. 173.

10 Brief von Louisa de Mornand an Marcel Proust, 13. 7. 1904; *Corr.*, IV, S. 185-188.

11 Brief an Louisa de Mornand, 13. 7. 1904; *Corr.*, IV, S. 188-189.

12 Brief an Louisa de Mornand, 18. 7. 1904; *Corr.*, IV, S. 192.

13 Brief an Antoine Bibesco, 17. 7. 1904; *Corr.*, IV, S. 195.

14 »La mort des cathédrales: une conséquence du projet Briand«, *Le Figaro*, 16. 8. 1904, in: *Contre Sainte-Beuve*, 1971, S. 141-149 und Anm. S. 770-783; »Der Tod der Kathedralen«; W, I, 2, S. 194-205 und Anm. S. 195.

15 [Albert Sorel, »Variétés: Pélerinages de beauté. La Bible d'Amiens de John Ruskin, traduite et annotée, avec une préface, par Marcel Proust; *Le Temps*, Montag, den 11. 7. 1904. Zit. in: Brief an Albert Sorel, 10. 7. 1904 (Sonntag, die Montagsausgabe erschien am Sonntagabend); *Corr.*, IV, S. 177, Anm. 8. – Proust schreibt in diesem Brief (S. 177): »Ihr Artikel enthält nur einen einzigen Irrtum: Ruskin hat mich nicht geheilt.«]

16 [*Corr.*, IV, S. 144, Anm. 2; Brief an Antoine Bibesco, kurz nach dem 17. 7. 1904; *Corr.*, IV, S. 195-196 und Anm. 8; vgl. auch den Brief an Dr. Linossier vom September 1904; *Corr.*, IV, S. 250-251 und Anm. 5; *BL*, S. 158-159. – Tadié, 1996, S. 532; Painter, II, S. 40.]

17 [Tadié, 1996, S. 532; Painter, II, S. 40.]

18 Brief an Antoine Bibesco, kurz nach dem 17. 7. 1904; *Corr.*, IV, S. 195.

19 [Painter, II, S. 40.]

20 [Tadié, 1996, S. 533.]

21 [Brief an die Mutter, 11. 8. 1904; *Corr.*, IV, S. 212.]

22 *Corr.*, IV, S. 215-216.

23 Briefe an die Mutter, 11. und 15. 8. 1904; *Corr.*, IV, S. 209-215 und S. 216-218.

24 Brief an die Mutter, 21. 9. 1904; *Corr.*, IV, S. 280.

25 Brief an Georges Linossier, September 1904; *Corr.*, IV, S. 250; *BL*, S. 158 [vgl. Michel-Thiriet, S. 116-117].

26 Ebd. S. 251; *BL*, S. 159 [vgl. Brief an die Mutter, 24. 9. 1904; *Corr.*, IV, S. 294].

27 Ebd.

28 [Kolb schreibt in der Anm. 8 zu dem Brief an Dr. Linossier – der Brief endete mit den Sätzen: »Ich fühle mich über eine Aufdringlichkeit beschämt, die ich jetzt viel stärker empfinde, als ich anfangs geglaubt hatte. Ich bitte Sie deshalb vor allem, mich zu entschuldigen und meiner beschämten und dankbaren Hochachtung versichert zu sein« –: »Der Brief umfaßte am Ende zwölf Seiten. Proust wird darauf verzichten, ihn abzuschicken. Er wurde nach dem Tod unter seinen Papieren gefunden.« Vgl. Diesbach, S. 336-337.]

29 [Psychotherapie: vgl. Brief an die Mutter, 21. 9. 1904; *Corr.*, IV, S. 279 und Anm. 3: »Proust erwägt, ob er sich von Dr. Paul Dubois, einem Neurologen aus Bern, behandeln lassen soll, der mit der bei Fernand Gregh angeordneten Behandlung gute Resultate erzielt hatte. Im Frühjahr hatte er ein Buch mit dem Titel *Les psychonévroses et leur traitement moral. Leçons faites à l'université de Berne, avec préface du professeur Déjerine*, Paris: Masson, 1904, veröffentlicht.« Vgl. auch *Corr.*, III, Anm. 3 zum Brief N° 203 und Anm. 6 zum Brief N° 254.]

30 Brief an die Mutter, 21. 9. 1904; *Corr.*, IV, S. 279 und Anm. 6; Brief vom 23. September 1904; *Corr.*, IV, S. 283.

31 [Nicht *Le Malade imaginaire*, wie Hayman, S. 200 schreibt.] *Corr.*, IV,

S. 281, Anm. 6: Vorwurf Alcestes an Philine (I, 1, V. 23): »Votre chaleur pour lui tombe en vous séparant / Et vous me le traitez, à moi, d'indifférent«; »all Eure Glut erlischt beim Auseinandergehn / und Ihr behandelt ihn vor mir wie irgendwen.« Molière, *Der Menschenfeind. Der Tartuffe.* Deutsch von Simon Werle. Frankfurt a. M.: Verlag der Autoren, 1993, S. 10.

32 *Recherche*, II, S. 600 und Anm. S. 1668-1669; *WA*, 5, S. 404.

33 Brief an Marie Nordlinger, 22. 8. 1904; *Corr.*, IV, S. 225; Brief an Louisa de Mornand, 24. 8. 1904; *Corr.*, IV, S. 228-229.

34 Brief an Marie Nordlinger, 31.(?) 8. 1904; *Corr.*, IV, S. 239 und Anm. 2.

35 Brief an Marie Nordlinger, 17. 9. 1904; *Corr.*, IV, S. 271-272.

36 [Brief an Louis d'Albufera, 4. 9. 1904; *Corr.*, IV, S. 240-242.]

37 Ebd.

38 Ebd.

39 Brief an Louisa de Mornand, 14. 9. 1904; *Corr.*, IV, S. 259 [Painter, II, S. 46].

40 Brief an Gabriel Mourey, erste Novemberhälfte 1905; *Corr.*, V, S. 365.

41 Brief an Madame Straus, 8. oder 9. 11. 1905; *Corr.*, V, S. 359.

42 Briefe an die Mutter, 16./17. 11. 1904 und 17. 11. 104; *Corr.*, IV, S. 265-270.

43 Briefe an die Mutter, 21. und 29. 9. 1904; *Corr.*, IV, S. 295 und 303 [Painter, II, S. 44-45; de Diesbach, S. 337-338].

44 Brief an die Mutter, 21. 9. 1904; *Corr.*, IV, S. 280.

45 Brief an die Mutter, 3. 10. 1904; *Corr.*, IV, S. 308 [Painter, II, S. 48].

46 Ebd.

47 Brief an Antoine Bibesco, 5. 10. 1904; *Corr.*, IV, S. 310.

48 [Vgl. *W*, I, 3. S. 579, Anm.]

49 Brief an Antoine Bibesco, 5. 10. 1904; *Corr.*, IV, S. 311.

50 [Brief an Louisa de Mornand, 9. 10. 1904; *Corr.*, IV, S. 313 und Anm. 2.]

51 [Mitteilung an Antoine Bibesco, 6.(?) 10. 1904; *Corr.*, IV, S. 312, Anm. 1; Tadié, 1996, S. 527.]

52 »Le prince Antoine Bibesco«, *Contre Sainte-Beuve*, 1971, S. 499-501; »Der Fürst Antoine Bibesco«, *W*, I, 3, S. 267-270 und Anm. S. 578-579.

53 Brief an Lucien Daudet, Mitte Oktober 1904; *Corr.*, IV, S. 316.

54 Ebd., Anm. 12: Zitat aus *Le Journal* vom 11. 10. 1904.

55 Ebd., Anm. 13 und 14: Zitate aus den Kritiken in *L'Echo de Paris* vom 11. Oktober (François de Nion) und aus *Le matin* vom 11. Oktober 1904 (René Maizeroy).

56 Brief an Lucien Daudet, Mitte Oktober 1904; *Corr.*, IV, S. 317.

57 [*Corr.*, IV, S. 319, Anm. 2.]

58 Telegramm an Louis d'Albufera, 23. 10. 1904; *Corr.*, IV, S. 320.

59 Brief an Louisa de Mornand, November (?) 1904; *Corr.*, IV, S. 327-328.

60 [Brief an Louisa de Mornand, 25. 11. 1904; *Corr.*, IV, S. 354-355 und Anm. 4.]

61 Brief an Madame Catusse, November 1904; *Corr.*, IV, S. 344-345.

62 Brief an Louisa de Mornand, 5.(?) 12. 1904; *Corr.*, IV, S. 372-373 und Anm. 2

63 [Diesbach, S. 338; Painter, II, S. 49.]

64 Brief an Lucien Daudet, 15. 11. 1904; *Corr.*, IV, S. 337-338 und Anm. 15 [siehe auch den Brief an Armand Duc de Guiche, 23. 11. 1904; *Corr.*, IV, S. 349-350 und Anm. 8; zu den Malereien siehe Brief an Lucien Daudet, 9. 11. 1904; *Corr.*, IV, S. 331 und Anm. 9: »Mein Kästchen für Guiche ist eine Verrücktheit!«; Painter, II, S. 49].

65 Brief an Armand Duc de Guiche, 23. 11. 1904; *Corr.*, IV, S. 350 und Anm. 12; *BL*, S. 172-173.

66 [Brief an die Mutter, 21. 9. 1904; *Corr.*, IV, S. 280 und Anm. 11, S. 282. Gerüchte über Gabriel de La Rochefoucaulds Verlobung waren seit Mitte 1903 im Umlauf. Painter, II, S. 52-53].

67 [Brief an Louisa de Mornand, 25. 11. 1904; *Corr.*, IV, S. 354-355 und Anm. 2.]

68 Brief an Louisa de Mornand, 5.(?) 12. 1904; *Corr.*, IV, S. 372-373 und Anm. 3; Brief an Robert de Montesquiou, 7. 12. 1904; *Corr.*, IV, S. 373-374 und Anm. 2.

69 Brief an Louisa de Mornand, 5.(?) 12. 1904; *Corr.*, IV, S. 372.

70 Brief an Robert de Montesquiou, 7. 12. 1904; *Corr.*, IV, S. 373 [Tadié, 1996, S. 536].

71 Brief an Francis de Croisset, 8. oder 9. 12. 1904; *Corr.*, IV, S. 375.

72 Brief an Antoine Bibesco, 13. 12. 1904; *Corr.*, IV, S. 385.

73 [Brief an Antoine Bibesco, 14. 12. 1904; *Corr.*, IV, S. 388.]

74 Brief an Lucien Daudet, 16. 12. 1904; *Corr.*, IV, S. 395.

75 Edouard Brissaud, *L'Hygiène des asthmatiques*. Paris 1896, S. 197-199, zit. in: *Corr.*, IV, S. 397, Anm. 8 [vgl. dazu Michel, 1995, und Maar, 1995].

76 Brief an Lucien Daudet, 16. 12. 1904; *Corr.*, IV, S. 395 [vgl. Brissaud, ebd., Anm. 8].

77 Brief an Robert de Montesquiou, 19. 12. 1904; *Corr.*, IV, S. 401.

78 [Brief an Fernand Gregh, kurz vor dem 24. 12. 1904; *Corr.*, IV, S. 406.]

79 Brief an Madame Catusse, Oktober 1906; *Corr.*, VI, S. 236-237.

80 Brief an Laure Hayman, September 1906 (?); *Corr.*, VI, S. 206.

81 Brief an Anna de Noailles, 28. 9. 1905; *Corr.*, V, S. 346 [zit. nach Painter, II, S. 85].

82 Brief an Louisa de Mornand, Anfang Oktober 1905; *Corr.*, V, S. 350.

83 *L'Echo de Paris*, 8. 1. 1905, zit. in *Corr.*, V, S. VI [Tadié, 1996, S. 537].

84 [Kolb, in *Corr.*, V, S. VIII-IX; Brief an Joseph Reinach, 1. 2. 1905; *Corr.*, V, S. 36-37 und Anm. 2.]

85 Briefe an René Peter, Januar/Februar 1905; *Corr.*, V, S. 33-34 und 34-35.

86 Briefe an René Peter, 1. Hälfte Februar, Februar/März 1905; *Corr.*, V, S. 38-39 und 46-47.

87 Brief an Prince Léon Radziwill, 28.(?) 2. 1905; *Corr.*, V, S. 19.

13. Heimlicher Plan

1 Brief an Marie Nordlinger, 9. oder 10. 2. 1905; *Corr.*, V, S. 42 [Painter, II, S. 59].

2 Brief von Jean Béraud an Marcel Proust, Anfang 1908; *Corr.*, VIII, S. 41-42.

3 Brief an Gabriel de La Rochefoucauld, 16. 3. 1905; *Corr.*, V, S. 81-84 [Proust schreibt, daß er ein für allemal auf den Gedanken an die Mitgliedschaft in einem Klub verzichtet habe].

4 [Brief an die Mutter, Ende Februar 1905; *Corr.*, V, S. 54-55.]

5 Brief an Armand de Guiche, 2. 3. 1905; *Corr.*, V, S. 58.

6 Brief an Anatole France, 4. 3. 1905; *Corr.*, V, S. 62-64; *BL*, S. 182-183.

7 Brief an Francis de Croisset, 8. 3. 19095; *Corr.*, V, S. 71-72.

8 [Die Gästeliste findet sich in der Gesellschaftskolumne des *New York Herald* vom 7. 3. 1905, zit. in *Corr.,* V, S. 72-73, Anm. 4.]

9 [*Recherche*, IV, S. 530; *WA*, 13, S. 386; Painter, II, S. 499; Tadié, 1996, S. 504.]

10 Brief an Louisa de Mornand, 10. 3. 1905; *Corr.*, V, S. 74.

11 Scheikévitch, S. 125-126.

12 Brief an Robert de Montesquiou, 6. 3. 1905; *Corr.*, V, S. 66-67.

13 Brief an die Mutter, Datum unbekannt; *Corr.*, V, S. 87.

14 Brief an Georges de Lauris, März 1905; *Corr.*, V, S. 93.

15 »La comtesse de Guerne«, *Le Figaro*, 7. 5. 1905, in: *Contre Sainte-Beuve*, 1971, S. 503-506; »Die Gräfin von Guerne«, *W*, I, 3, S. 275.

16 Brief an Madame Straus, 9. 4. 1905; *Corr.*, V, S. 100 [Painter, II, S. 55].

17 Brief an die Mutter, kurz vor dem 21. 4. 1905; *Corr.*, V, S. 102-103.

18 [Eine Schilderung von Montesquious Vortrag und Sprechweise findet sich in dem Zeitungsbericht von Sparklet, alias Albert Flamand, in *L'Echo de Paris* vom 23. 4. 1905, zit. in *Corr.*, V, S. 116, Anm. 8.]

19 Brief von Montesquiou an Proust, 3. 5. 1905; *Corr.*, V, S. 129.

20 Brief an Louisa de Mornand, 23. 4. 1905; *Corr.*, V, S. 110.

21 Brief an Madame Straus, 7. 5. 1905; *Corr.*, V, S. 135-136; *BL*, S. 191.

22 *Sésame et les lis*, Anm. zu S. 61.

23 [»Tage des Lesens«, *W*, I, 2, S. 243.]

24 »Journées de lecture«, *Contre Sainte-Beuve*, 1971, S. 167; »Tage des Lesens«, *W*, I, 2, S. 230.

25 Ebd.

26 Ebd., S. 178-179; *W*, I, 2, S. 246.

27 [Théodule Ribot, *Les maladies de la volonté*. Paris: Alcan, 1883.]

28 »Journées de lecture«, *Contre Sainte-Beuve*, 1971, S. 179; *W*, I, 2, S. 247-248.

29 [»Violante ou la mondanité«, in: *Jean Santeuil*, 1971, S. 29-37; »Violante oder die mondäne Welt«, *Freuden und Tage*, *W*, I, 1, S. 40-52.]

30 »Journées de lecture«, *Contre Sainte-Beuve*, 1971, S. 182-183; *W*, I, 2, S. 250-251.

31 Brief an Francis de Croisset, kurz nach Mitte Mai 1905; *Corr.*, V, S. 157.

32 Brief an Madame Straus, 28. 4. 1905; *Corr.*, V, S. 120 und Anm. 6; *BL*, S. 190.

33 Brief an Robert de Montesquiou, 4. 5. 1905; *Corr.*, V, S. 131.

34 Brief an Robert de Montesquiou, 16. 5. 1905; *Corr.*, V, S. 150 und Anm. 3.

35 Brief von Robert de Montesquiou an Marcel Proust, 17. 5. 1905; *Corr.*, V, S. 153.

36 Brief an Robert de Montesquiou, 20.(?) 5. 1905; *Corr.*, V, S. 160.

37 Brief von Robert de Montesquiou an Marcel Proust, 22.(?) 5. 1905; *Corr.*, V, S. 170.

38 Brief an Robert de Montesquiou, 23. 5. 1905; *Corr.*, V, S. 171.

39 Brief an Robert de Montesquiou, 29. 5. 1905; *Corr.*, V, S. 178; Brief von Robert de Montesquiou an Marcel Proust, 31. 5. 1905; *Corr.*, V, S. 185-186.

40 *Le Gaulois*, 4. 6. 1905, zit. in *Corr.*, V, S. 201, Anm. 3.

41 *Lettres à une amie*, Manchester 1942, S. X; zit. in *Corr.* V, S. 193-194, Anm. 3 [Painter, II, S. 65].

42 Brief an die Mutter, 2. 6. 1905; *Corr.*, V, S. 192-193.

43 Brief an Marie Nordlinger, 24. 6. 1905; *Corr.*, V, S. 259-260.

44 »Un professeur de beauté«, *Contre Sainte-Beuve*, 1971, S. 512; »Ein Lehrer des Schönen«, *W*, I, 3, S. 286.

45 Ebd., S. 514, 513; *W*, I, 3, S. 289, 288.

46 Briefe an Anna de Noailles, 3./4. und 4./5. 6. 1905; *Corr.*, V, S. 194-199 und S. 201-204.

47 Brief an Anna de Noailles, 6., 7. oder 8. 6. 1905; *Corr.*, V, S. 210-211.

48 Brief an die Mutter, 10. 6. 1905; *Corr.*, V, S. 213-214.

49 Brief von Madame de Noailles an Marcel Proust, 19. 6. 1905; *Corr.*, V, S. 229.

50 Brief an Anna de Noailles, 19. 6. 1905; *Corr.*, V, S. 232.

51 André Beaunier in *Le Figaro*, 19. 6. 1905, zit. in *Corr.*, V, S. 234, Anm. 3 [Tadié, 1996, S. 546-549].

52 Brief von Anna de Noailles an Marcel Proust, 20. 6. 1905; *Corr.*, V, S. 239-240.

53 Brief an Anna de Noailles, 20. 6. 1905; *Corr.*, V, S. 241.

54 [Brief von Reynaldo Hahn an Marcel Proust, 21. 6. 1905; *Corr.*, V, S. 244 und Anm. 2.]

55 [Ruskin, *Sesame and Lilies*, London: George Allen, 1900, S. 1: Motto zum ersten Vortrag, »Of King's Treasuries«, aus: Lukian von Samosata, *Der Fischer, oder Die Wiederauferstehenden*.]

56 Prousts Anmerkung zu Ruskins Motto in *Sésame et les lys* [Painter, II, S. 95: »Im letzten Abschnitt von *King's Treasuries* faßt Ruskin die

verschiedenen Bedeutungen zusammen, die der Titel *Sesam* enthält: es ist ein Samenkorn, eine geistige Nahrung, ein Zauberwort, das eine lange verborgene, unterirdische Schatzkammer öffnet, und anderes mehr«].

14. Katastrophe

1 [Brief an Prince Léon Radziwill, 28. 2.(?) 1905; *Corr.*, V, S. 49-50.]
2 Brief an die Mutter, kurz vor dem 27. 6. 1905; *Corr.*, V, S. 265-266.
3 Brief an Robert de Montesquiou, 9. 7. 1905; *Corr.*, V, S. 289-290 [Painter, II, S. 70-72].
4 Brief an Madame Straus, 26. 9. 1905; *Corr.*, V, S. 342.
5 Brief an Louisa de Mornand, 14. 7. 1905; *Corr.*, V, S. 301.
6 Brief an Anna de Noailles, Anfang August 1905; *Corr.*, V, S. 317-318; *BL*, S. 208-209.
7 Brief an Antoine Bibesco, Juli oder August 1905; *Corr.*, V, S. 322-326 [siehe Faksimile des Briefanfangs, ebd., S. 323].
8 Brief an Louisa de Mornand, 5. 8. 1905; *Corr.*, V, S. 331 [Wortspiel mit *manège/ménage*, Haushalt].
9 Brief an Madame Straus, 26. 9. 1905; *Corr.*, V, S. 342.
10 Ebd.
11 Brief an Madame Catusse, vermutlich im November 1910; *Corr.*, X, S. 215.
12 *Recherche*, III, S. 173; *WA*, 7, S. 248. [Vgl. *WA*, 6, S. 443-444.]
13 Brief an Georges de Lauris, 7. 10. 1910; *Corr.*, VIII, S. 237.
14 Brief an Madame Straus, 26. 9. 1905; *Corr.*, V, S. 343.
15 [Painter, II, S. 82, gibt als Quelle *Le Misanthrope*, III, 5 an – dort ist es nicht zu finden; in Maurois, 1964, S. 111 steht das französische Originalzitat: »Son départ ne pouvait plus à propos se faire«, ohne Quellenangabe, jedoch mit dem Hinweis auf Prousts *Cahiers*: »Unveröffentlichter Text. Im Besitz von Madame Mante-Proust.« Dieser Text findet sich im Anhang zu Marcel Proust, *Correspondance avec sa mère*. Paris: Plon, 1953, Nachdruck 10/18, S. 302, ohne Quellenangabe der Zitate; siehe auch Tadié, 1996, S. 42.]
16 Brief an Anna de Noailles, 27. 9. 1905; *Corr.*, V, S. 345.
17 Brief von Anna de Noailles an Marcel Proust, Anfang Oktober 1905; *Corr.*, V, S. 371.
18 *Le Figaro*, 29. 9. 1905 [der Zeitungsbericht ist abgedruckt in *Corr.*, V, S. 347, Anm. 2].
19 Brief an Louisa de Mornand, Anfang Oktober; *Corr.*, V, S. 350.
20 Brief an Anna de Noailles, 28. 9. 1905 oder kurze Zeit später; *Corr.*, V, S. 346.
21 Brief an Robert de Montesquiou, 28. 9. 1905; *Corr.*, V, S. 348.

22 Brief an Anna de Noailles, 28. 9. 1905 oder kurze Zeit später; *Corr.*, V,
    S. 346.
23 Brief an Reynaldo Hahn, 26. 8. 1906; *Corr.*, VI, S. 196 und Anm. 4.
24 »Journées de lecture«, *Le Figaro*, 20. 3. 1907; *Contre Sainte-Beuve*,
    1971, S. 532; »Tage des Lesens«, W, I, 3, S. 312-313.
25 *Recherche*, II, S. 640-641; W, II, 3, S. 483-484.

15. Betäubt

1 [Maurois, 1964, S. 111: »Die Nonne, welche die Sterbende pflegte, hat
   bezeugt, daß für Madame Proust ›ihr Sohn Marcel immer noch vier
   Jahre alt war‹.«]
2 [Charles Baudelaire, »Le génie enfant«, in: *Un mangeur d'Opium*
   (1860); *Œuvres complètes*, éd. Claude Pichois, Paris: Gallimard, 1975,
   Bd. I, S. 498; deutsch: »Der kindliche Genius«, in: *Der Opiumesser*;
   Sämtliche Werke, Hg. F. Kemp, C. Pichois, W. Drost, München: Hanser,
   1991, Bd. 6, S. 166.]
3 [Charles Baudelaire, »Le peintre de la vie moderne« (1863), *Œuvres
   complètes*, Bd. II, S. 690; deutsch: »Der Maler des modernen Lebens«,
   Abschnitt III: »Der Künstler, Mann von Welt, Mann der Menge und
   Kind«; *Sämtliche Werke*, Bd. 5, S. 221 (in der deutschen Übersetzung
   fehlt das Wort ›willentlich‹ oder ›willkürlich‹; für ›à volonté‹): »Nun ist
   aber das Genie nichts anderes als die *wiedergefundene Kindheit* (es
   müßte heißen: die *willentlich* wiedergefundene Kindheit), die jetzt,
   wenn sie sich ausdrücken will, mit männlichen Organen und einem analytischen Geist ausgestattet ist, der sie befähigt, all das viele unwillkür-
   lich angehäufte Material zu ordnen. Diese tiefe und freudige Neugier
   verleiht den Kindern den gespannten, animalisch verzückten Blick vor
   dem *Neuen*, was es auch sein mag, Gesicht oder Landschaft, Licht, Ver-
   goldung, farbige Stoffe ⟨…⟩.«]
4 *Recherche*, II, S. 28; W, II, 2, S, 346.
5 [Spezialist für Nervenkrankheiten; er sollte 1914 eine *Sémiologie des
   affections du système nerveux* veröffentlichen. Tadié, 1996, S. 536:
   »Proust scheint alle europäischen Neurologen zu kennen ⟨…⟩.« Vgl.
   Painter, II, S. 85. Nach Tadié, 1996, S. 552, war es Déjerine, der Proust
   drei Monate in der Klinik behalten wollte.]
6 [Vgl. Tadié, 1996, S. 552.]
7 [Vgl. Brief an Georges de Lauris, Ende April 1908; *Corr.*, VIII, 107: »Ich
   erinnere mich, daß eine der ersten Äußerungen Solliers, als ich in sein
   Sanatorium ging, Bergson betraf, den zu lesen er sich verpflichtet fühlte,
   weil er glaubt, ihr Arbeitsgebiet sei dasselbe: ›Was für ein verworrener
   und borniierter Geist!‹ Ich spürte, wie ein leonardeskes Lächeln des intellektuellen Hochmuts über mein Gesicht glitt. Zum Erfolg der psycho-

therapeutischen Behandlung hat das nicht beigetragen.« Painter, II, S. 88; Tadié, 1996, S. 553.]

8 Brief an Louisa de Mornand, Anfang Dezember 1905; *Corr.*, V, S. 374-375. [»Ich erhalte Ihren Brief in einem Sanatorium, wo ich soeben eingezogen bin und nicht werde schreiben können. Es ist eine absolute und einmalige Ausnahme, die ich Ihnen gegenüber aus Zuneigung mache, wenn ich Ihnen diese kleine Notiz hier schreibe.« – Vgl. Kolb, *Corr.*, V, S. V: »Es stimmt zwar, daß Proust einigen Leuten nach dem Einzug in das Sanatorium mitteilt, es sei ihm ›verboten zu schreiben‹. War das vielleicht aber nur ein Vorwand, da er einigen anderen trotzdem schreibt? Von Boulogne aus schreibt er einen Brief von acht Seiten an Maurice Barrès, ohne eine solche Einschränkung auch nur zu erwähnen.«]

9 An Marie Nordlinger, 6. 12. 1905; *Corr.*, V, S. 375-376 [Kolbs Anmerkung zufolge läßt sich die Handschrift nicht identifizieren].

10 Brief an Francis de Croisset, erste Hälfte Dezember 1905; *Corr.*, V, S. 377.

11 Brief an Lucien Daudet, gegen März 1906; *Corr.*, VI, S. 48-49.

12 Brief an Robert de Billy, Ende Januar 1906; *Corr.*, VI, S. 31.

13 Brief an Francis de Croisset, 6.(?) 1. 1906; *Corr.*, VI, S. 23.

14 [*Jacques Abran*, Stück in drei Akten. Proust erhielt das Manuskript Anfang März 1906. Es gelang Bibesco nicht, das Stück im Théâtre du Gymnase unterzubringen; es wurde elfmal am Théâtre Réjane aufgeführt; die Premiere war am 24. Mai 1906. Siehe Brief an Antoine Bibesco, kurz vor dem 9. 3. 1906; *Corr.*, VI, S. 51.]

15 [Brief an Antoine Bibesco, 22. 2. oder 1. 3. 1906; *Corr.*, VI, S. 45 und Anm. 4.]

16 Brief an Lucien Daudet, gegen März 1906; *Corr.*, VI, S. 49.

17 Brief an Madame Catusse, gegen März 1906; *Corr.*, VI, S. 50.

18 Brief an Antoine Bibesco, kurz nach dem 14. 3. 1906; *Corr.*, VI, S. 58.

19 Brief an Lucien Daudet, gegen März 1906; *Corr.*, VI, S. 49.

20 Brief an Antoine Bibesco, 9. 3. 1906; *Corr.*, VI, S. 54.

21 Ebd.

22 Brief an Edouard Rod, kurz nach dem 16. 3. 1906; *Corr.*, VI, S. 59.

23 Brief an Elaine de Guiche, 10. 4. 1906; *Corr.*, VI, S. 62.

24 Albaret, 1974, S. 68.

25 Brief an Reynaldo Hahn, 21. 4. 1906; *Corr.*, VI, S. 72.

26 Albaret, 1974, S. 69.

27 Brief an Robert de Montesquiou, 11. 5. 1906; *Corr.*, VI, S. 77.

28 Brief an Reynaldo Hahn, 28.(?) 5. 1906; *Corr.*, VI, S. 90-92 [vgl. Brief an Lucien Daudet, 17. 6. 1906; *Corr.*, VI, S. 125 und Anm. 5; zu Moreau vgl. *W*, I, 3, S. 510-520; Tadié, 1996, S. 556].

29 Brief an Lucien Daudet, Anfang Juni 1906; *Corr.*, VI, S. 100-101.

30 Brief an Ladislas Landowski, kurz nach dem 8. 6. 1906; *Corr.*, VI, S. 111.

31 Brief an Lucien Daudet, 17.6.1906; *Corr.*, VI, S. 124-125.

32 Brief an Lucien Daudet, Anfang Juni 1906; *Corr.*, VI, S. 100.

33 Brief an André Beaunier, 5.6.1906; *Corr.*, VI, S. 107 [vgl. Brief an Robert Dreyfus, 12. oder 13.6. 1906; *Corr.*, VI, S. 115].

34 Brief an Lucien Daudet, Anfang Juni 1906; *Corr.*, VI, S. 101 [Tadié, 1996, S. 557].

35 Brief an Robert Dreyfus, 12. oder 13.6. 1906; *Corr.*, VI, S. 115-116; *BW*, S. 132-133.

36 Brief an Gaston Calmette, um den 1.6.1906; *Corr.*, VI, S. 93.

37 [Instantané: wörtlich ›Momentaufnahme‹, hier: kurze Notiz.]

38 [Abgedruckt in: *Corr.*, VI, S. 105.]

39 Brief an Gaston Calmette, 5.6. 1906; *Corr.*, VI, S. 104-105.

40 Brief an André Beaunier, 5.6.1906; *Corr.*, VI, S. 106.

41 [Anspielung auf eine Bedeutung von ›Essay‹: ›Versuch‹.]

42 *Le Figaro*, 14.6.1906, abgedruckt in: *Corr.*, VI, S. 118.

43 Brief an Robert Dreyfus, 20.6.1906; *Corr.*, VI, S. 131.

44 Brief an Gaston Calmette, Juli 1906; *Corr.*, VI, S. 166.

45 Brief an Robert Dreyfus, 20.6.1906; *Corr.*, VI, S. 132; *BL*, S. 218-222.

46 Brief an Robert Dreyfus, 12. oder 13.6. 1906; *Corr.*, VI, S. 115; *BW*, S. 131-132.

47 Brief an Robert Dreyfus, 20.6.1906; *Corr.*, VI, S. 131-132.

48 Brief an Reynaldo Hahn, Juni 1906; *Corr.*, VI, S. 136.

49 Brief an Lucien Daudet, 5.7. 1906; *Corr.*, VI, S. 143-144.

50 Brief von Robert Ulrich an René Peter, 20.8.1906; *Corr.*, VI, S. 192.

51 Brief an Robert de Billy, Anfang November 1906; *Corr.*, VI, S. 268-269; *BL*, S. 248-249. [Painter, II, S. 109; Tadié, 1996, S. 565: »Proust stellt ⟨…⟩ als ›Pseudo-Sekretär‹, wie er selbst sagen wird, Robert Ulrich ein und begründet damit eine ganze Reihe dienstbarer Geister und *sigisbées**«.
Der Ausdruck ›pseudo secrétaire‹ für Robert Ulrich findet sich in dem Brief an Madame Straus vom 21. Juni 1907; *Corr.*, VII, S. 188 und Anm. 18.
* Franz. sigisbée, ital. cicisbeo: Ausdruck unklarer Herkunft (vielleicht von *chiche*, klein, und *beau*, schön): Begleiter, Galan, Hausfreund (mit unlauterer Absicht?)].

52 Brief an Reynaldo Hahn, 14.12.1906; *Corr.*, VI, S. 333.

53 Brief an Lucien Daudet, 5.7.1906; *Corr.*, VI, S. 143-144 und Anm. 3.

54 Ebd., S. 145.

55 [*Corr.*, VI, S. 147, Anm. 2.]

56 Brief an Marcel Cruppi, Juli 1906; *Corr.*, VI, S. 146-147 [Tadié, 1996, S. 558].

57 Brief an Fernand Gregh, 10.7. 1906; *Corr.*, VI, S. 148-149 und Anm. 2-6.

58 Brief an Reynaldo Hahn, kurz nach dem 12.7.1906; *Corr.*, VI, S. 152.

59 Brief an Madame Straus, 21.7.1906; *Corr.*, VI, S. 160.

60 Ebd.

61 Brief an Anna de Noailles, 16. 7. 1906; *Corr.*, VI, S. 155-156; *BW*, S. 133-134.

62 Brief an Madame Straus, 21. 7. 1906; *Corr.*, VI, S. 159; *BW*, S. 135.

63 Ebd., S. 160-161 [nicht in *BW*].

64 Brief an Georges de Lauris, 26. 7.(?) 1906; *Corr.*, VI, S. 167.

65 *Recherche*, W, II, 1, S. 424 [Hinweis in *Corr.*, VI, S. 168, Anm. 3].

66 Brief an Madame Straus, 28.(?) 7. 1906; *Corr.*, VI, S. 168.

67 Brief an Madame Straus, 1. 8. 1906; *Corr.*, VI, S. 171-173; *BL*, S. 226-229 [Diesbach, S. 376-377].

68 Brief an Robert de Billy, etwa 17. bis 19. 8. 1906; *Corr.*, VI, S. 187-188.

69 Brief an Madame Straus, 8.(?) 8. 1906; *Corr.*, VI, S. 178-179 [Painter, II, S. 98-99; Tadié, 1996, S. 561 mit Hinweisen auf die *Recherche*].

70 [Brief an Reynaldo Hahn, 9. 8. 1906; *Corr.*, VI, S. 180-181; *BW*, S. 137-138.]

71 [Hans Schlesinger, 1875-1932, Sohn eines Genremalers aus Frankfurt, Schwager von Hofmannsthal; vgl. *Corr.*, VI, S. 187, Anm. 6; Tadié, 1996, S. 562.]

72 Brief an Reynaldo Hahn, zwischen dem 14. und dem 20. 8. 1906; *Corr.*, VI, S. 185-186 [Painter, II, S. 99-100].

73 Brief an Madame Catusse, Anfang September 1906; *Corr.*, VI, S. 200-201; *BL*, S. 233-234.

74 Duplay, S. 79.

75 Brief an Georges de Lauris, 21. 8. 1906; *Corr.*, VI, S. 194.

76 [Brief an Robert Dreyfus, 23. 8. 1906; *Corr.*, VI, S. 195.]

77 Brief an Madame Catusse, Anfang September 1906; *Corr.*, VI, S. 200.

78 Brief an Reynaldo Hahn, 26. 8. 1906; *Corr.*, VI, S. 196; *BL*, S. 231 [vgl. Brief an Robert Dreyfus, 23. 8. 1906; *Corr.*, VI, S. 195; Brief an Madame Catusse, Anfang September 1906; *Corr.*, VI, S. 200; Painter, II, S. 100].

79 Briefe an René Peter, September 1906; *Corr.*, VI, S. 208 und 209.

80 Briefe an Georges de Lauris, September 1906; *Corr.*, VI, S. 209-210, 211-212, 223-225.

81 Brief an Georges de Lauris, 27. 9. 1906; *Corr.*, VI, S. 223.

82 Brief an Robert de Billy, Ende September oder Anfang Oktober 1906; *Corr.*, VI, S. 226.

83 Brief an Madame Straus, 9. 10. 1906; *Corr.*, VI, S. 230-231; *BL*, S. 245. [Painter, II, S. 101-102; Tadié, 1996, S. 566-569; Diesbach, S. 383-384].

84 Brief an Madame Catusse, Oktober 1906; *Corr.*, VI, S. 233; *BL*, S. 238-239.

85 Brief an Madame Straus, 9. 10. 1906; *Corr.*, VI, S. 231; *BL*, S. 245.

86 Brief an Antoine Bibesco, gegen Ende November 1906; *Corr.*, VI, S. 285 [vgl. Brief an Illan de Casa Fuerte, gegen Dezember 1906; *Corr.*, VI, S. 301].

87 Brief an Madame Catusse, 12. 12. 1906; *Corr.*, VI, S. 326.

88 Brief an Madame Catusse, Oktober 1906; *Corr.*, VI, S. 232; *BL*, S. 238.

89 Brief an Madame Catusse, 26. 10. 1906; *Corr.*, VI, S. 262.

90 Brief an Madame Catusse, 5. 11. 1906; *Corr.*, VI, S. 277.

91 Brief an Madame Catusse, kurz nach dem 26. 10. 1906; *Corr.*, VI, S. 262.

92 Brief an Madame Catusse, 5. 11. 1906; *Corr.*, VI, S. 278.

93 Ebd.

94 [Vacuum cleaner: Staubsauger; vgl. Brief an Madame Catusse, Oktober 1906; *Corr.*, VI, S. 239 und Anm. 3: »Damals eine große Neuigkeit. Proust lernte sie vielleicht durch Albufera kennen.« Louisa de Mornand hatte sich einen solchen Apparat gewünscht.]

95 Brief an Madame Catusse, kurz nach dem 26. 10. 1906; *Corr.*, VI, S. 261.

96 Brief an Robert de Billy, Anfang November 1906; *Corr.*, VI, S. 268.

97 Brief an Madame Straus, kurz nach dem 26. 10. 1906; *Corr.*, VI, S. 256 [vgl. Brief an Robert de Billy, Anfang November 1906; *Corr.*, VI, S. 269: »⟨…⟩ so daß ich gezwungen bin, auf unabsehbare Zeit hier ⟨in Versailles⟩ zu bleiben in der teuer bezahlten Kälte, Feuchtigkeit und Dunkelheit, während ich für nichts und wieder nichts meine Wohnung in Paris bezahle«].

98 Brief an Madame Catusse, Oktober 1906; *Corr.*, VI, S. 237.

99 Brief an Reynaldo Hahn, 7. 1. 1907; *Corr.*, VII, S. 22.

100 Brief an Madame Gaston de Caillavet, 8. 12. 1906; *Corr.*, VI, S. 311.

101 Brief an Madame Straus, kurz nach dem 26. 10. 1906; *Corr.*, VI, S. 257 [Painter, II, S. 107].

102 Brief an Madame Catusse, Anfang November 1906; *Corr.*, VI, S. 271-274.

103 [Von diesen beiden Stücken – »deux meubles en marqueterie, genre Riesener« (Riesener, 1734-1806, war ein berühmter Kunsttischler, der Hauptvertreter des Stils Louis XVI) ist des öfteren die Rede, so z. B. in dem Brief an Madame Catusse, kurz nach dem 26. Oktober 1906; *Corr.*, VI, S. 202-203 und Anm. 9-10.]

104 Brief an Madame Catusse, Anfang Dezember 1906; *Corr.*, VI, S. 292. [Vgl. Painter, I, S. 104.]

105 Ebd.

106 Brief an Madame Catusse, 4. 12. 1906; *Corr.*, VI, S. 303.

107 Brief an Madame Catusse, Anfang Dezember 1906; *Corr.*, VI, S. 293.

108 Ebd., S. 291.

109 Brief an Madame Catusse, 4. 12. 1906; *Corr.*, VI, S. 302.

110 [»Ach, was Sie mir da über die Wohnung am Boulevard Haussmann sagen, weiß ich nur zu gut! Es sind mindestens fünfzehn Jahre her, seit ich sie zuletzt gesehen habe, doch erinnere ich mich daran als etwas vom Häßlichsten, was ich jemals gesehen habe, der Triumph des schlechten bourgeoisen Geschmacks, zu einer Zeit, die noch zu nahe

liegt, um harmlos zu sein! Das ist noch nicht einmal im reizvollen Sinn des Wortes ›démodé‹ (›aus der Mode‹, ›veraltet‹). Démodé! Sie ist zu häßlich, um dies jemals zu sein. Ich habe Ihnen aber auch von der sanften und traurigen Anziehungskraft erzählt, die mich dorthin bewegt hat, trotz des noch größeren Schreckens des Viertels, des Staubes, des Bahnhofs Saint-Lazare und so mancher anderer Dinge.« Brief an Madame Catusse, 12. 12. 1906; *Corr.*, VI, S. 325-326.]

111 Brief an Madame Catusse, 10. 12. 1906; *Corr.*, VI, S. 317.

112 William Morris, *Hopes and Fears for Art. Five Lectures Delivered in Birmingham, London, and Nottingham, 1878-1881*. London, 1882, S. 108, *The Beauty of Life*; Brief an Madame Catusse, 12. 12. 1906; *Corr.*, VI, S. 328 und Anm. 9.

113 Brief an Madame Catusse, 10. 12. 1906; *Corr.*, VI, S. 317.

114 Brief an Reynaldo Hahn, 18. oder 19. 9. 1906; *Corr.*, VI, S. 216; *BW*, S. 143.

115 Brief an Reynaldo Hahn, 15. oder 16. 11. 1906; *Corr.*, VI, S. 282-283. [Wie bereits in der Anm. 4 zu *BW*, S. 144 festgehalten wird, schrieb Proust am 8. Dezember an Madame Gaston de Caillavet, er »habe nicht den Mut, das Stück zu schreiben« (*Corr.*, VI, S. 312). Was er Reynaldo zukommen ließ, war möglicherweise ein Märchenspiel in fünf Akten, von denen er zwei geschrieben hatte; siehe Tadié, 1996, S. 563-564: »Vielleicht handelte es sich aber auch nur um einen Scherz von wenigen Zeilen, besonders wenn er schreibt: ›Das Märchenspiel ist unsagbar schön, mit schrecklichen Grobheiten, doch zwei von fünf Akten sowie die Idee sind von mir‹ (*Corr.*, VI, S. 282) (und das übrige von Peter), denn Marcel schreibt zu dieser Zeit seinem Freund zahlreiche humoristische Verse.« Im selben Brief an Reynaldo (*Corr.*, VI, S. 283) heißt es ferner: »Bunchnibuls, jamais plus je ne vous ferai féeries, parce que fasché.« (›Bunchnibuls, nie mehr werde ich für dich Märchenspiele machen, weil böse.‹) – Vgl. auch Painter, II, S. 105-106: »Er hatte das Thema schon in der *Beichte eines junen Mädchens* in *Freuden und Tage* benutzt ⟨...⟩. Unter Umkehrung der Geschlechter benutzte er es noch einmal, als er Mademoiselle Vinteuil das Andenken ihres toten Vaters in Montjouvain entweihen läßt.«]

116 [Zur Lektüre im Jahre 1906 siehe Tadié, 1996, S. 539, 564.]

117 Brief an Reynaldo Hahn, 13. 12. 1906; *Corr.*, VI, S. 330-331 und Anm. 4-7.

118 [Schreibt Kolb in: *Corr.*, VI, S. 332, Anm. 6 unter Hinweise auf *La Prisonnière*, in: *Recherche*, III, S. 880; *Die Gefangene, WA*, 10, S. 511.]

16. Ein eigenes Zuhause

1 Brief an Jacques Hébertot, 31. 1. 1917; *Corr.*, XVI, S. 37-38 [vgl. Brief an Robert de Billy, April 1908; *Corr.*, VIII, S. 102-103 und Anm. 5: Proust hatte wegen Sizeranne auf die Veröffentlichung seiner Ruskin-Auswahl verzichtet; an ihrer Stelle erschien der Band *Pages choisies. Avec une introduction de Robert de la Sizeranne.* Paris: Hachette, 1908].

2 Brief an Madame Catusse, 30. 12. 1906; *Corr.*, VI, S. 345.

3 Brief an Madame Straus, Mitte März 1907; *Corr.*, VII, S. 101.

4 Brief an Madame Catusse, 31. 12. 1906; *Corr.*, VI, S. 347.

5 Brief an Robert de Flers, 14. 1. 1907; *Corr.*, VII, S. 33.

6 [Brief an René Peter, 14. 1. 1907; *Corr.*, VII, S. 34.]

7 Ebd., S. 35.

8 Brief an Madame Catusse, kurz nach dem 21. 1. 1907; *Corr.*, VII, S. 39.

9 [Albaret, 1974, S. 22-23; Brief an Paul Bacart, 9. 2. 1907; *Corr.*, VII, S. 78 und Anm. 2.]

10 [Albaret, 1974, S. 23; Nicolas hatte freilich auch »eine gewisse Dreistigkeit an sich«.]

11 [Albaret, 1974, S. 23.]

12 [Albaret, 1974, S. 56.]

13 Albaret, 1974, S. 72-73.

14 [Albaret, 1974, S. 64.]

15 Francis und Gontier, S. 165.

16 [Albaret, 1974, S. 259.]

17 [Albaret, 1974, S. 259.]

18 [Albaret, 1974, S. 258.]

19 Gautier-Vignal, S. 23. [Vgl. Albaret, 1974, S. 258-259: »Daß er in dieser Stellung keine Ankylose bekam, ist ein weiteres Rätsel.«]

20 Brief an die Mutter, September 1896; *Corr.*, II, S. 130.

21 [Albaret, 1974, S. 62.]

22 [Albaret, 1974, S. 62-63.]

23 Albaret, 1974, S. 63.]

24 [Albaret, 1974, S. 63.]

25 Albaret, 1974, S. 93-94.

26 Albaret, 1974, S. 61.

27 [Albaret, 1974, S. 91.]

28 [Albaret, 1974, S. 89.]

29 Albaret, 1974, S. 79.

30 [Albaret, S. 37; 1974, S. 32.]

31 [Albaret, 1974, S. 64-65.]

32 Albaret, 1974, S. 70-71.

33 Straus, S. 38 und 103.

34 Brief von Henri van Blarenberghe an Proust, 24. 9. 1906, in: »Sentiments

filiaux d'un parricide«, *Le Figaro*, 1. 2. 1907, in: *Contre Sainte-Beuve*, 1971, S. 151; »Sohnesgefühle eines Muttermörders«, *W*, I, 2, S. 207 [vgl. Tadié, 1996, S. 573-576].

35 »Sohnesgefühle eines Muttermörders«, *W*, I, 2, S. 208.

36 Brief an Robert Dreyfus, 3. 2. 1907; *Corr.*, VII, S. 62; *BL*, S. 262.

37 »Sohnesgefühle eines Muttermörders«, *W*, I, 2, S. 218 [vgl. Painter, II, S. 112-116].

38 *Recherche*, IV, S. 78; *WA*, 11, S. 114 [Übersetzung geändert].

39 Brief an Robert Dreyfus, 3. Februar 1907; *Corr.*, VII, S. 62-63; *BL*, S. 262-263.

40 »Sohnesgefühle eines Muttermörders«, *W*, I, 2, S. 349, Anm. 19.

41 Brief an Robert Dreyfus, 3. 2. 1907; *Corr.*, VII, S. 62; *BL*, S. 162.

42 Brief an Gaston Calmette, 1. 2. 1907; *Corr.*, VII, S. 56.

43 Brief an Reynaldo Hahn, 6. 2. 1907; *Corr.*, VII, S. 72.

44 Brief an Lucien Daudet, Anfang Februar 1907; *Corr.*, VII, S. 59-60 [Tadié, 1996, S. 576].

45 Brief an Robert Dreyfus, 3. 2. 1907; *Corr.*, VII, S. 62.

46 Brief an Madame Catusse, Februar 1907; *Corr.*, VII, S. 92.

47 Briefe an Louisa de Mornand, 1. 1. und 2. 1. 1907; *Corr.*, VII, S. 19 und 21 und Anm.

48 Ebd., S. 21.

49 Briefe an Louisa de Mornand, kurz nach dem 4. und dem 5. 3. 1907; *Corr.*, VII, S. 94-95 und 96-97.

50 »*Les Eblouissements* par la comtesse de Noailles«, *Contre Sainte-Beuve*, 1971, S. 543; *W*, I, 3, S. 329. [Proust vergleicht Anna de Noailles außerdem mit Baudelaire (S. 330). – Painter, II, S. 130, sieht Parallelen zu oder gar Vorwegnahmen von Valérys »La jeune Parque« (»Die junge Parze«) und »Le Cimetière marin« (»Friedhof am Meer«). – Vgl. Rilke, »Die Bücher einer Liebenden (Comtesse Anna de Noailles)« (1907), geschrieben unter dem Eindruck von *Les Eblouissements*, in: *Werke*, Zinn, Hg., Frankfurt a. M.: Insel, 1966, Bd. VI, S. 1016-1020 und Anm. S. 1463-1465: »Uns aber, die wir die Gestalt der Sappho kaum mehr zu erkennen vermochten, ist gewährt, die Wirklichkeit der großen Liebe in einem Werke zu bewundern« (S. 1020).]

51 *Contre Sainte-Beuve*, 1971, S. 542; *W*, I, 3, S. 327-328.

52 [Brief an Anna de Noialles, 18. 3. 1907, *Corr.*, VII, S. 108.]

53 Brief an Robert de Montesquiou, 15. 5. 1907; *Corr.*, VII, S. 158.

54 Brief an Reynaldo Hahn, 7. 1. 1907; *Corr.*, VII, S. 22.

55 Brief von Reynaldo Hahn an Montesquiou, 8. oder 9. 1. 1907; *Corr.*, VII, S. 25.

56 Brief von Montesquiou, 23. 3. 1907; *Corr.*, VII, S. 117.

57 [Brief von Robert de Montesquiou, 25. 3. 1907; *Corr.*, VII, S. 118.]

58 [Brief von Robert de Montesquiou, 26. 3. 1907; *Corr.*, VII, S. 119.]

59 [Brief von Robert de Montesquiou, 19. 4. 1907; *Corr.*, VII, S. 145.]

60 Brief an Robert de Montesquiou, 8.(?) 5. 1907; *Corr.*, VII, S. 148-149 und Anm.

61 Brief an Georges de Lauris, 10. 2. 1907; *Corr.*, VII, S. 81.

62 Brief an Georges de Lauris, 16. 2. 1907; *Corr.*, VII, S. 83; *BL*, S. 263.

63 Brief an Georges de Lauris, 18. 2. 1907; *Corr.*, VII, S. 85; *BL*, S. 265.

64 Ebd., S. 87-88; *BL*, S. 267.

65 »Journées de lecture«, *Le Figaro*, 20. 3. 1907, in: *Contre Sainte-Beuve*, 1971, S. 532; »Tage des Lesens«, *W*, I, 3, S. 313.

66 Brief an Georges de Lauris, 20. 3. 1907; *Corr.*, VI, S. 115.

67 Brief an Reynaldo Hahn, 6. 2. 1907; *Corr.*, VII, S. 71-72.

68 Brief an Paul Bacart, 15. 2. 1907; *Corr.*, VII, S. 83.

69 Brief an Madame Straus, gegen Mitte März 1907; *Corr.*, VII, S. 101-102.

70 Brief an Francis de Croisset, gegen Mitte Mai 1907; *Corr.*, VII, S. 160.

71 [Brief an Robert de Montesquiou, 3. 6. 1907; *Corr.*, VII, S. 172.]

72 [Tadié, 1996, S. 491-494.]

73 [Vgl. Painter, II, S. 126-127; Tadié, 1996, S. 493; Diesbach, S. 313; Catherine Pozzi, *Tagebuch 1920-1928*, S. 92, Eintragung vom 1. 4. 1921: »Sie ⟨Paul Valéry⟩ glichen unwahrscheinlich dem Illan de C., vor dem ich mit protestantischem Herzen und höchst merkwürdigen Illusionen über meinen Stolz geflohen war.« In der Anm. 43, S. 430, schreibt die Herausgeberin, Claire Paulhan: »Illan de C., dessen Identität sich nicht bestimmen ließ, war von 1903 bis 1904 die einzige wirkliche Liebe von Catherine Pozzi vor ihrer Heirat: Damals war sie einundzwanzig, zweiundzwanzig Jahre alt.« – Siehe Catherine Pozzi, *Journal de jeunesse 1893-1906*. Ed. Claire Paulhan. Lagrasse: Verdier, 1995, S. 219, 228: Hier ist Illan de Casa-Fuerte identifiziert.]

74 Brief an Madame Straus, gegen Mitte März 1907; *Corr.*, VII, S. 102.

75 Brief an Madame Straus, 1.(?) 4. 1907; *Corr.*, VII, S. 131.

76 Ebd., S. 132.

77 Brief an Georges de Lauris, 7.(?) 5. 1907; *Corr.*, VII, S. 147.

78 Brief an Robert de Montesquiou, 11.(?) 5. 1907; *Corr.*, VII, S. 151.

79 Brief an Madame Straus, um den 26. 6. 1907; *Corr.*, VII, S. 196.

80 Brief an Reynaldo Hahn, 3. 7. 1907; *Corr.*, VII, S. 211.

81 Elisabeth de Gramont, S. 105.

82 [Ein Bläserensemble mit zwei Harfen und Klavier, das im Frühjahr 1907 Reynaldo Hahns Komposition *Le Bal de Béatrice d'Este* aufgeführt hatte; siehe *Corr.*, VII, S. 139, Anm. 2.]

83 Ebd., S. 213.

84 Brief an Madame Straus, 3. oder 4. 7. 1907; *Corr.*, VII, S. 214.

85 Brief an Robert Proust, Juli (?) 1907; *Corr.*, VII, S. 220-221.

86 Brief an Robert de Flers, 21. 7. 1907; *Corr.*, VII, S. 227.

87 »Une grand-mère«, *Contre Sainte-Beuve*, 1971, S. 545; »Eine Großmutter«, *W*, I, 3, S. 333.

88 [Madame de Sévigné, 24. 1. 1689 (*Correspondance*, éd. Roger Duchêne.

Paris: Gallimard, 1978, Bd. III, S. 482: »Sa jeunesse lui fait du bruit, il n'entend pas.« (Anm., S. 1386: »Il est étourdi par le bruit de sa jeunesse«; Er ist vom Lärm seiner Jugend taub geworden). Proust verwendet den Satz als Motto für den III. Teil von *Der Tod des Baldassare Silvande*, W, I, 1, S. 24.]

89 [Raison d'être: Daseinsberechtigung, Daseinszweck; ›Seinsgrund‹ tönt heideggerisch nach ›Boden des Seins‹.]

90 »Une grand-mère«, *Contre Sainte-Beuve*, 1971, S. 547-548; »Eine Großmutter«, W, I, 3, S. 336.

91 Brief an Robert de Flers, kurz nach dem 23. 7. 1907; *Corr.*, VII, S. 233-234.

92 Brief an Reynaldo Hahn, 1. 8. 1907; *Corr.*, VII, S. 240.

93 Brief an Madame de Caraman-Chimay, August 1907; *Corr.*, VII, S. 259.

17. Wiederbelebung an der See

1 Gimpel, S. 173 [zu Proust und Cabourg siehe jetzt Péchenard, 1994].

2 Brief an Reynaldo Hahn, 6. 8. 1907; *Corr.*, VI, S. 245 [und Anm. 8: Auszug aus dem Porträt Doyens in *Salons et journaux* (1917) von Léon Daudet].

3 Ebd.

4 Brief an Emile Mâle, 8. 8. 1907; *Corr.*, VII, S. 248-250.

5 *Recherche*, IV, S. 259; *WA*, 11, S. 371.

6 [Brief an Robert Dreyfus, 7. 9. 1888; *Corr.*, I, S. 115; *BL*, S. 20; vgl. Anm. 74 zum 1. Kapitel.]

7 [*Recherche*, II, S. 33; *W*, II, 2, S. 353.]

8 Brief an Madame de Caraman-Chimay, August 1907; *Corr.*, VIII, S. 259. [Kolb kannte diesen Brief nur aus einem Auktionskatalog (Cat. Bérès N° 32, 1943). Die Eintragung enthält 7 Zeilen Zitat und 11 Zeilen Paraphrase. Die vollständige Fassung des Briefes findet sich in Péchenard, S. 79-80; Péchenard (der den Brief erworben hat) hält ihn für den »ausdrucksstärksten und bedeutsamsten« Brief aus dieser Zeit des ersten Aufenthalts in Cabourg:

»›Cabourg, Calvados
Grand Hôtel

Princesse,
Verzeihen Sie, daß ich nicht sofort geantwortet habe und daß ich Ihnen so schlecht antworte. Kurz gesagt, ich wollte eine große Anstrengung unternehmen und Caen, Bayeux, die Bretagne ansehen. Da ich gehört hatte, daß es in Cabourg, dem Ort, der Caen und Bayeux am nächsten liegt, ein sehr komfortables Hotel gibt, das komfortabelste der ganzen Küste, bin ich hingefahren. Und seit ich hier bin, kann ich jeden Tag aufstehen und ausgehen, was mir seit sechs Jahren nicht mehr passiert ist.

Und ich habe solche Angst, daß der Zauber verfliegt, wenn ich den Ort wechsle, daß ich die Abreise in die Bretagne Tag für Tag verschiebe, wobei ich an Mama denke, die mich nicht gerne von einem Ort hätte weggehen sehen, wo ich auf eine vergleichsweise erträgliche Art lebe. Es macht mir aber auch Kummer, daß Mama mich so nicht gesehen hat. Es zerreißt mir das Herz, aufzuwachen, nachdem ich ein wenig geschlafen habe, und daß sie es nicht weiß, von einem Spaziergang zurückzukommen, ohne die bisher unvermeidlichen Anfälle zu haben, die sie zur Verzweiflung brachten. Dieses Leiden des Gewissens [souffrance morale] ist nicht das einzige, das meinen Aufenthalt so grausam macht. Ich war glücklicher, wenn ich ruhig in meinem Bett lag, als fiebrig vor Koffein auf den Straßen zu sein, wo ich nichts sehe und nicht lieben kann, was ich als Schönstes ansehe. Die Gesellschaft im Hotel ist scheußlich, der Direktor der Galeries Lafayette und ein alter Croupier sind die beiden elegantesten Persönlichkeiten. Ich werde mich deswegen auch nicht beklagen, im Gegenteil. Aber diese Leute sind so unverschämt! Es gibt darüber eine göttliche Seite von Renan, die ich Ihnen nach meiner Rückkehr ohne weiteres werde vorlesen können, wenn mein gegenwärtiger Zustand anhält, denn ich kann jeden Tag aufstehen und ausgehen. Doch das wird nicht dauern. In der Umgebung gibt es die Guiche, sehr liebenswürdig, die Straus, und von Zeit zu Zeit gehe ich sie besuchen. Ich kann weder schreiben noch lesen noch gar einen Brief schreiben. Sie aber, Princesse, die Sie so wunderbare Dinge schreiben, schreiben Sie nicht über Holland? Ich habe den Eindruck, Sie würden Bayeux Caen Ballery bewundern. Ich werde auch nach Falaise und Jumièges fahren. Princesse, ich würde gerne Neuigkeiten von Ihnen hören, Neuigkeiten über Madame de Noailles, die mir seit dem Abend, an dem sie zu dem Diner ins Ritz kam, kein Zeichen mehr zukommen ließ. Guiche hat mich einmal mitgenommen, um ein Polospiel anzusehen, ich habe dort einen Cousin von Ihnen getroffen, mit dem ich übrigens nicht geplaudert habe, und der ebenfalls Chimay heißt. Es muß der sein, von dem Sie eine Photographie auf Ihrem Kamin haben, das Gesicht etwas verkrampft, vielleicht nur wegen des Monokels. Adieu, Princesse, ich würde sehr gerne Neuigkeiten erfahren, und wenn Sie mir Ratschläge zu geben haben, mich auf schöne Dinge hinweisen möchten, hier oder anderswo, dann möchte ich von diesen Tagen der Ruhe profitieren. Empfangen Sie, Princesse, meine ergebene Bewunderung.

Marcel Proust

(Ich habe Hervieu bei den Straus getroffen und Ihren Verwandten, M. Arenberg)‹

In diesen Zeilen finden sich alle Widersprüche durcheinandergemischt, die Marcel Proust während seines Aufenthaltes bewegten. Nichts fehlt: Mama, das Koffein, der Direktor des Warenhauses Galeries Lafayette.

Die Photographie, das Monokel, das Polospiel. Madame de Noailles, die Guiche, sehr liebenswürdig, das Ritz. Der Luxus des Hotels und das Elend des Feriengastes. Das Leiden des Gewissens, der grausame Aufenthalt, die Unverschämtheit der Leute. Die Unmöglichkeit zu arbeiten, zu lesen, gar einen Brief zu schreiben (!), die Zufallsbegegnungen, der Cousin Chimay, das Akademiemitglied Paul Hervieu und der Prince d'Arenberg, Präsident der Suezkanalgesellschaft. Die vergeblichen Bemühungen, in die Bretagne zu fahren, eine göttliche Seite von Renan, die Prinzessin, die so wunderbare Dinge schreibt. Der Text bringt einen Widerspruch zum Ausdruck, der Proust später bewußt werden und zum Sauerteig seines Werkes werden wird. Es genügt, einen einzigen Satz festzuhalten: ›Ich habe solche Angst, daß der Zauber verfliegt.‹« – Vgl. Tadié, 1996, S. 589.]

9 [Vgl. Tadié, 1996, S. 591.]

10 [Der Besuch erfolgte 1908: Brief an Henry Bernstein, 16.8.1908, *Corr.*, VIII, S. 209-210.]

11 Gimpel, S. 173-174.

12 Brief an Emile Mâle, 8.8.1907; *Corr.*, VII, S. 248-250; *BW*, S. 154-157 [Painter, II, S. 142; Tadié, 1996, S. 592-595; Diesbach, S. 402.]

13 Ebd., S. 248-250.

14 Brief an Emmanuel Bibesco, kurz vor Mitte August 1907; *Corr.*, VII, S. 252.

15 Brief an Georges de Lauris, kurz vor Mitte August 1907; *Corr.*, VII, S. 251.

16 Clermont-Tonnerre, *Robert de Montesquiou et Marcel Proust*, S. 101-102 [Painter, II, S. 152].

17 Duc de Gramont, Bulletin, S. 173.

18 [Painter, II, S. 420-421; Tadié, 1996, S. 791.]

19 Brief an Georges de Lauris, 7.10.1908; *Corr.*, VIII, S. 237-239.

20 [Brief an Madame Straus, 8.10.1907; *Corr.*, VII, S. 290, Anm. 10; Tadié, 1996, S. 592-593.]

21 »Impressions de route en automobile«, *Le Figaro*, 19.11.1907, in: *Contre Sainte-Beuve*, 1971, S. 63; »Tage im Automobil«, *W*, I, 2, S. 87 [vgl. Tadié, 1996, S. 596-597].

22 [Kap. 9., Anm. 23.]

23 *Contre Sainte-Beuve*, 1971, S. 64-65; *W*, I, 2, S. 88-90.

24 Ebd.

25 Ebd., S. 65-66; *W*, I, 2, S. 90-91.

26 Brief an Georges de Lauris, 27.8.1907; *Corr.*, VII, S. 263; *BL*, S. 287.

27 Brief an Reynaldo Hahn, zweite Augusthälfte 1907; *Corr.*, VII, S. 261 [vgl. Brief an Robert de Montesquiou, 7.(?)9.1907; *Corr.*, VII, S. 271].

28 Brief an Georges de Lauris, 27.8.1907; *Corr.*, VII, S. 263; *BL*, S. 187.

29 Brief an Emmanuel Bibesco, kurz vor Mitte August 1907; *Corr.*, VII, S. 254.

30 Brief an Georges de Lauris, 27. 8. 1907; *Corr.*, VII, S. 264; *BL*, S. 288.
31 Brief an Emile Mâle, kurz nach Mitte August 1907; *Corr.*, VII, S. 256 [siehe Anm. 2 in *W*, II, 1, S. 691; Painter, II, S. 145; Tadié, 1996, S. 593].
32 Brief an Paul Helleu, Ende Februar 1908; *Corr.*, VIII, S. 50.
33 [Painter, II, S. 146.]
34 [Brief an Georges de Lauris, 27. 8. 1907; *Corr.*, VII, S. 263; *BL*, S. 288-289; Painter, II, S. 145.]
35 [Painter, II, S. 136.]
36 [Painter, II, S. 136-137; Zitat aus *Recherche*, I, S. 378-379; *W*, II, 1, S. 555; Vgl. *W*, II, 2, S. 314, 598-599, *W*, II, 1, S. 691, Anm. und Brief an Emile Mâle von Mitte August 1907; *Corr.*, VII, S. 256.]
37 [Painter, II, S. 148.]
38 [Anspielung auf den Prozeß Moltke/Harden in Berlin, Oktober 1907 (?). Angesprochen wird diese Angelegenheit, bei der es u. a. um den Vorwurf der Homosexualität gegen Moltke und Eulenburg geht, in dem Brief an Robert de Billy vom 9. 11. 1907; *Corr.*, VII, S. 309 und Anm. 4-5. Von einem Streit mit Dreyfus in diesem Zusammenhang ist dort nicht die Rede. Zum Fortgang der Angelegenheit vgl. Briefe vom Mai und Juli 1908; *Corr.* VIII, S. 119, 123, 163-164. Siehe Painter, II, S. 168-170; Tadié, 1996, S. 599.]
39 Brief an Robert de Billy, Anfang Oktober 1907; *Corr.*, VII, S. 276 [Péchenard, S. 140].
40 [*Corr.*, VII, S. 290, Anm. 11.]
41 Brief an Francis de Croisset, 9. 10. 1907; *Corr.*, VII, S. 292.
42 Brief an Robert de Montesquiou, 7. 9. 1907; *Corr.*, VII, S. 271; *BW*, S. 159.
43 [Brief an Madame Straus, 8. 10. 1907; *Corr.*, VII, S. 287; *BW*, S. 161, hier wird der Brief auf den 28. 12. 1907 datiert.]
44 Ebd. und Brief an Madame de Clermont-Tonnerre, Oktober 1907; *Corr.*, VII, S. 295.
45 Brief an Madame de Clermont-Tonnerre, Anfang Oktober 1907; *Corr.*, VII, S. 275; Brief an dies., Oktober 1907; *Corr.*, VII, S. 295.
46 Brief an Madame Straus, 8. 10. 1907; *Corr.*, VII, S. 288; *BW*, S. 163 [dort datiert auf den 28. 12. 1907].
47 Brief an Reynaldo Hahn, 7. 10. 1907; *Corr.*, VII, S. 281 und Anm. 3 [vgl. Painter, II, S. 265; Brief an Reynaldo Hahn, 1.(?) 10. 1910; *Corr.*, X, S. 177 und Anm. 15-16; Tadié, 1996, S. 598].
48 Brief an Antoine Bibesco, Oktober 1907; *Corr.*, VII, S. 296.
49 Brief an Robert Dreyfus, 19. 10. 1907; *Corr.*, VII, S. 301.
50 Brief an Auguste Marguillier, Ende 1907; *Corr.*, VII, S. 307.
51 Brief an Madame Catusse, 7. 11. 1907; *Corr.*, VII, S. 308.
52 [Painter, II, S. 155; Diesbach, S. 405; Tadié, 1996, S. 598.]
53 Brief an Robert de Montesquiou, 8. 11. 1907; *Corr.*, VII, S. 311.

18. Der Literat

1 [Vgl. *Carnet de 1908*, S. 102: »Was sich also dunkel am Grund des Bewußtseins präsentiert, muß man, vor der Verwirklichung in einem Werk, bevor man es nach draußen läßt, eine Zwischenregion durchlaufen lassen zwischen unserem dunklen Ich und der Außenwelt, unserem Verstand, aber wie soll man es dahin bringen, wie erfassen. Man kann Stunden damit zubringen, sich den ersten Eindruck zu wiederholen, das ungreifbare Zeichen, das auf ihm lag und das besagte: vertiefe mich, ohne sich ihm zu nähern, ohne ihn zu sich kommen zu lassen. Und doch ist dies die ganze Kunst, es ist die einzige Kunst. ⟨...⟩ Diese Tiefe, diese Unzugänglichkeit für uns selbst ist das einzige Kennzeichen des Wertes – wie vielleicht auch einer gewissen Freude«; vgl. Tadié, 1996, S. 602.]

2 [Vgl. Péchenard, S. 150; *Carnet de 1908*, S. 7.]

3 Brief an Madame Straus, 2. 2. 1908; *Corr.*, VIII, S. 39 [*Carnet de 1908*, S. 12 (Introduction de Philip Kolb); Tadié, 1996, S. 611].

4 Marcel Proust, *Le Carnet de 1908*. Etabli et présenté par Philip Kolb. Paris: Gallimard, 1976 (Cahiers Marcel Proust, nouvelle série, N° 8) [vgl. Péchenard, S. 83: »Proust trug ein merkwürdiges kleines Notizbuch bei sich, das eher einem Federkasten glich. ⟨...⟩ Für jedermann so unpraktisch wie nur möglich, mit den viel zu schmalen Seiten, um darauf irgend etwas zu schreiben, wurde es für jemanden wie Proust, der sich nur auf endlosen Bändern aus Papier ausdrücken konnte, die aneinandergeklebt werden mußten, nach oben und nach unten, um den Ausdruck seiner Gedanken in alle Richtungen zu ermöglichen«].

5 *Carnet de 1908*, S. 47.

6 Brief an Auguste Marguillier, 8. 1. 1908; *Corr.*, VIII, S. 25 und Anm. 9-10.

7 *Carnet de 1908*, S. 13 (Introduction de Philip Kolb), 56 und Anm. 60, S. 141.
[Kolb vergleicht die Erleuchtung (illumination) Prousts über seinen zukünftigen Roman mit der Erleuchtung Pascals bei dessen Bekehrung; mithin Prousts *Carnet de 1908* mit dem berühmten *Mémorial* Pascals, dem handschriftlichen Dokument seiner Bekehrung, das er, auf Pergament geschrieben, in sein Rockfutter eingenäht hatte: »Das Merkwürdigste an dieser Parallele zwischen Pascal und Proust ist, daß in dem Augenblick, da Proust die Eingebung hat, aus der sein Werk hervorgehen wird, er ein Heft bei sich hat, das in gewisser Weise dem *Mémorial* entspricht, das Pascal in sein Rockfutter eingenäht hatte. Im Unterschied zu Pascals *Mémorial* ist Prousts *Carnet* uns vollständig überliefert.« – Text des *Mémorial* in: Albert Béguin, *Pascal*. Reinbek b. Hamburg: Rowohlt 1986 (Erstausgabe 1959), S. 111-112.]

8 *Contre Sainte-Beuve*, 1954, S. 287 [Painter, II, S. 170-171; Tadié, 1996, S. 612; Diesbach, S. 416; zum Sujet siehe Praz (1971)].

9 [Brief an Robert Dreyfus, 17. 3. 1908; *Corr.*, VIII, S. 61; vgl. *W*, I, 2, S. 306, Anm.; Tadié, 1996, S. 610.]

10 [Painter, II, S. 158.]

11 Brief an Madame Straus, September 1898; *Corr.*, II, S. 252.

12 Briefe an Reynaldo Hahn, 1906. [In *Corr.* VI (1906) und in *Lettres à Reynaldo Hahn,* 1954, Neuaufl. 1984, finden sich insgesamt nur zehn Zeichnungen, darunter zwei Karikaturen.]

13 Brief an Princesse Bibesco, 1908 oder 1909, zit. in *Contre Sainte-Beuve*, 1971, S. 691, Anm.

14 Brief an Georges de Lauris, Januar/Februar 1915, zitiert in ebd. [*Corr.*, XIV, S. 84].

15 Brief an Ramon Fernandez, August 1919, zit. ebd., S. 690, Anm. [*Corr.*, XVIII, S. 380; zur Gattung des Pastiche siehe Anm. in: *W*, I, 2, S. 304-305].

16 »L'affaire Lemoine. – Dans un roman de Balzac«, *Contre Sainte-Beuve*, 1971, S. 8, 10; »Die Lemoine-Affäre. – In einem Roman Balzacs«, *W*, I, 2, S. 12-13, 15.

17 »Dans le ›Journal des Goncourt‹«, *Contre Sainte-Beuve*, 1971, S. 26; »Im ›Tagebuch der Goncourt‹«, *W*, I, 2, S. 34-38.

18 Brief an Anna de Noailles, kurz nach dem 22. 2. 1908; *Corr.*, VIII, S. 46.

19 Briefe an Paul Helleu, Ende Februar 1908; *Corr.*, VIII, S. 50 und 51-52 und Anm. 5.

20 Brief an Madame Catusse, Anfang März 1908; *Corr.*, VIII, S. 55.

21 Brief an Robert Dreyfus, 21. 3. 1908; *Corr.*, VIII, S. 66; die zweite Hälfte des Briefes, ohne die hier zit. Stelle, in *BL*, S. 167-168.

22 »›L'affaire Lemoine‹ par Gustave Flaubert«, *Contre Sainte-Beuve*, 1971, S. 12-14; »›Die Lemoine-Affäre‹ von Gustave Flaubert«, *W*, I, 2, S. 18-20.

23 »Critique du roman de M. Gustave Flaubert sur ›L'Affaire Lemoine‹ par Sainte-Beuve, dans son Feuilleton du *Constitutionnel*«, *Contre Sainte-Beuve*, 1971, S. 17-18; »Kritik des Romans von Monsieur Gustave Flaubert über die ›Lemoine-Affäre‹ von Sainte Beuve, in seinem Feuilleton des *Constitutionnel*«, *W*, I, 2, S. 25-26.

24 »Par Ernest Renan«, *Contre Sainte-Beuve*, 1971, S. 32; »Von Ernest Renan«, *W*, I, 2, S. 45.

25 Ebd., S. 37-38; *W*, I, 2, S. 53-54.

26 Brief an Robert Dreyfus, 21. 3. 1908; *Corr.*, VIII, S. 67; *BW*, S. 168 [Übersetzung geändert].

27 Ebd.; *BW*, S. 168.

28 Brief an Maurice de Fleury, März oder April 1908; *Corr.*, VIII, S. 75.

29 Brief an Madame Gaston de Caillavet, 14. 4. 1908; *Corr.*, VIII, S. 91.

30 Brief an Georges de Lauris, gegen Ende April 1908; *Corr.*, VIII, S. 107 [vgl. Brief an Madame de Caillavet, 25. 4. 1908; *Corr.*, VIII, S. 99-100; Painter, II, S. 165-166].

31 Brief von Madame de Noailles an Marcel Proust, 21. 3. 1908; *Corr.*, VIII, S. 70.

32 [Brief an Madame Léon Fould, kurz nach dem 15. 3. 1908; *Corr.*, VIII, S. 62-63.]

33 Chateaubriand, *Mémoires d'Outre-Tombe*, Paris, 1948, Bd. I, S. 519 [zu Oriane de Goyon siehe *Corr.*, VIII, Einleitung von Kolb, S. IX-XIII; Briefe an Louis d'Albufera, S. 93 und 112: Proust holt bei ihm Erkundigungen über Mlle de Goyon ein, sowie Brief an François Vicomte de Paris, 12. 6. 1908; *Corr.*, VIII, S. 135 und 138: »(...) sie ist das schönste Mädchen, das ich je gesehen habe«. – Siehe Tadié, 1996, S. 607, 609, 639; *Recherche*, III, S. 1212-1214, Anm.].

34 Kolb, Einleitung zu *Corr.*, VIII, S. X-XI.

35 [Brief an Louis d'Albufera, 6. 5. 1908; *Corr.*, VIII, S. 113, Anm. 7.]

36 Brief an Louis d'Albufera, 15. 4. 1908; *Corr.*, VIII, S. 93.

37 Brief an Louis d'Albufera, 26. 3. 1908; *Corr.*, VIII, S. 76 [Diesbach, S. 419-420; Tadié, 1996, S. 607].

38 Brief an Louis d'Albufera, 21. 4. 1908; *Corr.*, VIII, S. 98.

39 Brief an Louis d'Albufera, 15.(?) 4. 1908; *Corr.*, VIII, S. 93.

40 Brief an Louis de la Salle, 13. oder 14. 4. 1908; *Corr.*, VIII, S. 89.

41 Brief an Louis d'Albufera, 18. 7. 1908; *Corr.*, VIII, S. 183.

42 Brief an Madame Catusse, kurz vor dem 29. 3. 1908; *Corr.*, VIII, S. 80.

43 Brief an Georges de Lauris, gegen Ende April 1908; *Corr.*, VIII, S. 106.

44 [*Carnet de 1908*, S. 49.]

45 [*Carnet de 1908*, S. 49, 48, Anm. 5.]

46 Francis und Gontier, S. 207.

47 *Carnet de 1908*, S. 56 und Anm. 60-65 [die Liste trägt die Überschrift *Pages écrites, Geschriebene (fertige) Seiten*].

48 *Carnet de 1908*, S. 56 und Anm. 64, S. 142: »Le côté de Guermantes«, *Recherche*, II, S. 825-826 und Anm. 1, S. 1804; *WA*, 6, S. 709.

49 »Le temps retrouvé«, *Recherche*, IV, S. 509; *WA*, 13, S. 356-357.

50 Brief an Louis d'Albufera, 5. oder 6. 5. 1908; *Corr.*, VIII, S. 112-113 [vgl. Kolb, Einleitung zu *Carnet de 1908*, S. 12-15; Tadié, 1996, S. 613-614; Diesbach, S. 424-425].

51 Brief an Louis d'Albufera, 5. oder 6. 5. 1908; *Corr.*, VIII, S. 112 [Diesbach, S. 420].

52 Brief an Robert Dreyfus, 16. 5. 1908; *Corr.*, VIII, S. 123; *BL*, S. 303-304.

53 Brief an Madame Robert de Billy, 16. 5. 1908; *Corr.*, VIII, S. 122.

54 Brief an Pierre Lavallée, kurz nach dem 19. 6. 1908; *Corr.*, VIII, S. 143.

55 Brief an Louis d'Albufera, 29. 5. 1908; *Corr.*, VIII, S. 130.

56 Ebd.

57 Brief an Madame de Caraman-Chimay, 8. 6. 1908; *Corr.*, VIII, S. 135.

58 *Figaro*, 14. 6. 1908; Brief an Madame de Chimay, 12./13. 6. 1908; *Corr.*, VIII, S. 138, Anm. 2-3.

59 Brief an François Vicomte de Pâris, 12. 6. 1908; *Corr.*, VIII, S. 136-138 [in

Painter II, S. 173-174, figuriert die junge Dame unter dem Namen Gontaut-Biron].

60 Brief an Reynaldo Hahn, 22. 6. 1908; *Corr.*, VIII, S. 151 [Diesbach, S. 421-423].

61 Brief an Louis d'Albufera, 22. 6. 1908; *Corr.*, VIII, S. 147-148.

62 Brief an Madame Straus, 22. 6. 1908; *Corr.*, VIII, S. 145.

63 Brief an Louis d'Albufera, 22. 6. 1908; *Corr.*, VIII, S. 149.

64 Brief an Louis d'Albufera, 15. 6. 1908; *Corr.*, VIII, S. 143 und Anm. 2 [siehe auch Brief an dens., 1. 6. 1908; *Corr.*, VIII, S. 159 und Anm. 10].

65 Larcher, S. 46 [Painter, II, S. 220; *Contre Sainte-Beuve*, 1954, S. 262; *Recherche*, WA, 5, S. 14.]

66 Brief an François de Pâris, erste Julihälfte 1908; *Corr.*, VIII, S. 172-173.

67 Cahier/Carnet 1, Bibliothèque nationale, Paris [zu St. Hilaire siehe *Recherche*, I, S. 103-104; W, II, 1, S. 152-153. – Zu ›Guermantes‹: erste Verwendung des Namens im Frühjahr 1909 als Ersatz für ›Villebon‹, siehe *Cahier de 1908*, Chronologie, S. 40 und 94 (Blatt 34) sowie Anm. 61 (S. 141) und 392 (S. 185); siehe auch den Brief an Georges de Lauris, 23. 5. 1909; *Corr.*, IX, S. 107 und Anm. 2].

68 [Vgl. *Carnet de 1908*, Chronologie, S. 38, S. 51 und Anm. 31.]

69 *Carnet de 1908*, S. 50.

70 *Carnet de 1908*, S. 50-51.

71 *Recherche*, III, S. 157-158; WA, 7, S. 226-227.

72 Brief an Henry Bernstein, 18. 7. 1908; *Corr.*, VIII, S. 185.

73 Marcel Proust, *A un ami* (Georges de Lauris), Paris 1948, S. 29.

74 Brief an Henry Bernstein, 18. 7. 1908; *Corr.*, VIII, S. 185.

75 Albaret, 1974, S. 90.

76 Brief an Georges de Lauris, 15. oder 16. 7. 1908; *Corr.*, VIII, S. 181; *BL*, S. 311.

77 [*Esquisse XVII*, »Deuxième séjour à Balbec«; *Recherche*, II, S. 1075-1076 und Anm., S. 1865-1866.]

78 Brief an Robert de Billy, gegen Ende Juli 1908; *Corr.*, VIII, S. 193 [Péchenard, S. 93; Tadié, 1996, S. 614; Painter II, S. 179-180].

79 »Le chemin mort«, *L'Intransigeant*, 8. 9. 1908; *Contre Sainte-Beuve*, 1971, S. 550; W, I, 3, S. 340.

80 Brief an Lucien Daudet, um den 1. 8. 1908; *Corr.*, VIII, S. 194-195.

81 Kolb, »Avant Propos«, *Corr.*, VIII, S. XXI [vgl. Péchenard, S. 107-119: »Le vicomte d'Alton du côté du Golf Club de Cabourg«].

82 Brief an Céline Cottin, um den 11. oder 12. 8. 1908; *Corr.*, VIII, S. 205-206.

83 Brief an Reynaldo Hahn, Juli 1908; *Corr.*, VIII, S. 191-192.

84 [*Corr.*, VI, S. 324, Anm. 4.]

85 Brief an Louisa de Mornand, erste Augusthälfte 1908; *Corr.*, VIII, S. 200-201; *BW*, S. 169-170 [vgl. *Carnet de 1908*, S. 55-56].

86 *Carnet de 1908*, S. 55.

87 Ebd., S. 55-56.

88 Ebd., S. 57.

[Die Formulierung in Hayman, S. 288 – »never writing ›She was so sweet‹ but always ›I enjoyed embracing her‹« (›Sie war so nett‹ und ›ich genoß es, sie zu küssen‹) entspricht nicht der Eintragung im *Carnet de 1908*, sondern ist eine verkürzte Wiedergabe der Proustschen Erläuterung in der *Recherche*, die Kolb in Anm. 69 zitiert: »*Theorie der Liebe*. Dieser Gedanke wird später in *Le Temps retrouvée** besser ausgedrückt. Proust will sagen, daß der Romanschriftsteller eine Art Übersetzung, eine Interpretation vornehmen muß.«

*Recherche, IV, S. 474-475; *WA*, 13, S. 309 (Übersetzung geändert): »Diese Arbeit des Künstlers, unter dem Material, unter der Erfahrung, unter den Worten etwas davon Verschiedenes wahrzunehmen zu versuchen, ist genau die umgekehrte Arbeit wie die in jeder Minute, solange wir von uns abgewandt leben, von der Eigenliebe, der Leidenschaft, dem Verstand und auch der Gewohnheit in uns vollzogene ⟨…⟩. Kurz diese so komplizierte Kunst ist gerade die einzige lebendige Kunst. Sie allein drückt unser eigenes Leben, das sich nicht ›beobachten‹ läßt, dessen ›beobachteter‹ äußerer Schein erst übersetzt, oft gegen den Strich gelesen und mühsam dechiffriert werden muß, für die anderen aus und macht es uns selber sichtbar. Zweifellos bedeutet es eine große Lockung, das wahre Leben wieder neu zu schaffen, die Eindrücke zu verjüngen. Aber es gehört Mut von jeglicher Art dazu, Mut sogar des Gefühls. Denn es bedeutet, daß man vor allem seine liebsten Illusionen ablegen, den Glauben an die Objektivität dessen, was man sich selbst mühsam erarbeitet hat, aufgeben und, anstatt sich ein hundertstes Mal in der Wendung zu gefallen: ›Sie war sehr lieb zu mir‹, die darunterliegende Wahrheit lesen muß: ›Sie zu küssen hat mir Vergnügen bereitet.‹« – Zu Prousts ›These der Doppeldeutigkeit des Realen‹ siehe Ernesto Grassi, *Die unerhörte Metapher*, Frankfurt a. M.: Hain, 1992, S. 123 ff.]

89 Brief an Louisa de Mornand, kurz vor dem 25.8.1908; *Corr.*, VIII, S. 211-212.

90 Ebd. [Painter, II, S. 180].

91 [Vgl. Gaston Gallimard, »Première rencontre«, *Hommage*, *NRF*, 10. N° 112, 1923, S. 62; Painter, II, S. 180-181; Péchenard (1992), S. 82-87.]

92 Painter, II, S. 181-182.

93 Brief an Marcel Plantevignes, August 1908; *Corr.*, VIII, S. 208 [vgl. Marcel de Plantevignes, *Avec Marcel Proust-Causeries – Souvenirs sur Cabourg et le boulevard Haussmann*. Paris: Nizet, 1966: nach Péchenard, S. 101, »Ein kostbares Buch, das einzige jedenfalls, das ein unmittelbares Zeugnis für das Leben Prousts im Grand Hotel von Cabourg darstellt, und ein seltenes Dokument, für das es in der Literatur keine anderen Beispiele gibt«].

94 Plantevignes, S. 98-114 [vgl. Diesbach, S. 427-429].

95 [Brief an Georges de Lauris, 25.9. 1908; *Corr.*, VIII, S. 220.]

96 *Carnet de 1908*, S. 60 [und Anm. 92; vgl. *Recherche*, III, S. 147 und Anm. 1, S. 1421; *WA*, 7, S. 212-213].

97 *Carnet de 1908*, S. 60-61 [und Anm. 93 zu den ungleichen Steinplatten in Venedig: »*le passé* (die Vergangenheit) (Theorie der unwillkürlichen Erinnerung), *Le temps retrouvé, Recherche*, IV, S. 446; *WA*, 13, S. 269. Proust will sagen, daß die Vergangenheit dann ›médiocre‹ (kümmerlich, dürftig armselig, schwach) ist, wenn man sie sich durch einen Willensakt heraufruft, statt sie durch die unwillkürliche Erinnerung wiederzufinden. Nur diese zweite Art von Erinnerung löst das Phänomen aus, durch welches der Erzähler, der auf den schlecht behauenen Pflastersteinen im Hof des Stadthauses der Guermantes stolpert, jene Empfindung wiederfinden wird, die er damals auf den beiden ungleichen Bodenplatten im Baptisterium von San Marco in Venedig gehabt hatte.« Siehe auch Esquisse XIV, in *Recherche*, I, S. 701 (Cahier 25): hier findet sich ebenfalls das Motiv der ungleichen Bodenplatten im Baptisterium von San Marco und der Ausdruck »nous disons souvent que la vie présente est médiocre«.]

98 [Brief an Marcel Plantevignes, 25. oder 26.9. 1908; *Corr.*, VIII, S. 222; Baudelaire, »Chant d'automne«, 7. Strophe, *Les fleurs du mal / Die Blumen des Bösen, Sämtliche Werke*, ed. Kemp/Pichois, Bd. 3, S. 168-169: »Wie rasch ist dies getan! Das Grab schon wartet; es ist voll Gier.« Übersetzung von Stefan George: »Ein kurzes werk ... das grab ist gierig lauernd«. Vgl. Compagnon, S. 192-197.]

99 Brief an Robert de Billy, *Cahiers Marcel Proust I* [1927], S. 31.

100 *Carnet de 1908*, S. 61.

101 Ebd.

102 »A l'ombre des jeunes filles en fleurs«, *Recherche*, II, S. 184; *WA*, 4, S. 528-529.

103 [Brief an Madame Gaston de Caillavet, 25. 5. 1908; *Corr.*, VIII, S. 99-101; Brief an Robert de Flers, 9. 10. 1908; *Corr.*, VIII, S. 240-241.]

104 Brief an Georges de Lauris, 7.(?) 10. 1908; *Corr.*, VIII, S. 236-237 und Anm. 3 [Tadié, 1996, S. 617].

105 *Carnet de 1908*, S. 62.

106 Brief an Marcel Plantevignes, um den 2. oder 3. 10. 1908; *Corr.*, VIII, S. 227-228.

107 Brief an Max Daireaux, kurz nach dem 6. 10. 1908; *Corr.*, VIII, S. 234.

108 Brief an Robert de Billy, Oktober 1908; *Corr.*, VIII, S. 262.

109 Brief an Robert de Flers, 9. 10. 1908; *Corr.*, VIII, S. 241.

110 Brief an Abel Desjardins, 11. 10. 1908; *Corr.,* VIII, S. 242.

111 Brief an Madame de Pierrebourg, 23. 10. 1908; *Corr.*, VIII, S. 249.

112 Brief an Madame Straus, 27. 10. 1908; *Corr.*, VIII, S. 259.

113 Brief an Marie Nordlinger, um den 18. 10. 1908; *Corr.*, VIII, S. 246; *BL*, S. 313.

114 Brief an Louis d'Albufera, 12. oder 13. 10. 1908; *Corr.*, VIII, S. 243.
115 Brief an Madame Straus 27. 10. 1908; *Corr.*, VIII, S. 259.
116 Ebd. [Diesbach, S. 433].
117 *Carnet de 1908*, S. 69 [*Recherche*, IV, S. 609-610; *WA* 13, S. 496-497].
118 Brief an Charles d'Alton, 30. 10. 1908; *Corr.*, VIII, S. 265 [Painter, II, S. 187].
119 Brief an Georges de Lauris, 8. 11. 1908; *Corr.*, VIII, S. 285.

19. Die unsichtbare Substanz

1 Brief an Henri Ghéon, 2. 1. 1914; *Corr.*, XIII, S. 23.
2 Brief an Georges de Lauris, 8. 11. 1908; *Corr.*, VIII, S. 285 [Painter, II, S. 187].
3 [Painter, II, S. 187.]
4 Brief an Joseph Primoli, 25. 12. 1908; *Corr.*, VIII, S. 329.
5 Brief an Louis d'Albufera, um den 11. 11. 1908; *Corr.*, VII, S. 293-297 [Diesbach, S. 432-433].
6 Brief an Lionel Hauser, 5. oder 6. 11. 1908; *Corr.*, VIII, S. 275.
7 [*Corr.*, IX, S. 93, Anm. 4. Zu Hauser siehe Diesbach, S. 437-439.]
8 Briefe an Emmanuel Bibesco, November 1908; *Corr.*, VIII, S. 299-301.
9 Brief an Madame Straus, 6. 11. 1908; *Corr.*, VIII, S. 276-277. [Bei dem Buch handelte es sich um *Lettres de Georges Bizet. Impressions de Rome (1857-1860). La Commune 1871.* Préface de Louis Ganderax. Paris: Calmann-Lévy. Der Artikel, auf den sich Proust bezieht, ist das Vorwort dazu: Louis Ganderax, »Lettres de Georges Bizet«, *Le Figaro*, 3. 11. 1908. – Vgl. Tadié, 1996, S. 619-620.]
10 Brief an Louis d'Albufera, 6. oder 7. 12. 1908; *Corr.*, VIII, S. 317.
11 Brief an Madame Catusse, Ende November oder Dezember 1908; *Corr.*, VIII, S. 302-303.
12 Brief an Lionel Hauser, um den 1. 12. 1908; *Corr.*, VIII, S. 310.
13 Brief an Louis d'Albufera, 6. oder 7. 12. 1908; *Corr.*, VIII, S. 317.
14 Brief an Georges de Lauris, nach Mitte Dezember 1908; *Corr.*, VIII, S. 323-324.
15 Brief an Georges de Lauris, gegen Ende Dezember 1908; *Corr.*, VIII, S. 331.
16 [»Journées de lecture«; *W*, I, 2, S. 262, Anm. 2.]
17 Brief an Georges de Lauris, gegen Mitte Dezember 1908; *Corr.*, VIII, S. 320; Brief an Madame de Noailles, gegen Mitte Dezember; *Corr.*, VIII, S. 320-321 [Proust stellt die beiden Möglichkeiten – entweder einen Artikel ›in klassischer Form‹ (Essay) oder eine Geschichte mit Mama, die an sein Bett kommt – in beiden Briefen zur Wahl; das Zitat stammt aus dem Brief an Madame de Noailles]; *BW*, S. 172-173.
18 Brief an Georges de Lauris, kurz nach Mitte Dezember 1908; *Corr.*, VIII,

S. 323; *BW*, S. 174; Brief an dens., gegen Ende Dezember 1908; *Corr.*, VIII, S. 331.

19 Brief an Georges de Lauris, gegen Ende Dezember 1908; *Corr.*, VIII, S. 331 und Anm. 2 [Kolb: »Es handelt sich um das Pastiche, das wir in einem der kleinen Notizbücher gefunden haben, die Madame Straus Proust geschenkt hatte, und das wir unter dem Titel *L'Affaire Lemoine, par Chateaubriand* veröffentlicht haben. Siehe *Le Carnet de 1908*, S. 127-128 und 200, Anm. 507«; auch in: *Textes retrouvés*, S. 72-75]; *BW*, S. 170-172.

20 Brief an Georges de Lauris, gegen Ende Dezember 1908; *Corr.*, VIII, S. 331.

21 Briefe an Robert de Montesquiou, 16. 2. 1909 und an Maurice Barrès, 17. 2. 1909; *Corr.*, IX, S. 33 bzw. 37.

22 Brief an Georges de Lauris, 15. 1. 1909; *Corr.*, IX, S. 20.

23 Brief an Lionel Hauser, 1. 2. 1909; *Corr.*, IX, S. 31.

24 Brief an Georges de Lauris, um den 15. 1. 1909; *Corr.*, IX, S. 21; *BW*, S. 177 [andere Datierung]: *Pensées de Joubert*, 1804, Bd. II, S. 8. [Vgl. *Corr.*, IX, S. 22, Anm. 11. Proust zitiert wohl aus dem Gedächtnis. Das Zitat findet sich in Sainte-Beuve, *Portraits littéraires*, II, S. 307: »Gut arbeiten kann ich nur langsam und mit äußerster Anstrengung. Hinter der Kraft vieler Menschen steckt Schwäche. Hinter meiner Schwäche steckt Kraft; die Schwäche liegt im Werkzeug.«]

25 Brief an Georges de Lauris, um den 15. 1. 1909; *Corr.*, IX, S. 20-21; *BW*, S. 176-178.

26 Brief von Lionel Hauser, 5. 1. 1917; *Corr.*, XVI, S. 31.

27 Brief an Max Daireaux, Mai 1909; *Corr.*, IX, S. 109.

28 [Tadié, 1996, S. 622, Anm. 2: Die Hefte, in die Proust schrieb, waren die Hefte, die im Lycée Condorcet benutzt wurden, wie Suzy Mante-Proust angibt: Francis und Gontier, S. 207.]

29 [Lucien Daudet, *Autour de soixante lettres de Marcel Proust*, S. 58, zit. in *Corr.*, IX, S. 66, Anm. 6; Painter, II, S. 193.]

30 Brief von Maurice Barrès an Marcel Proust, 9. oder 16. 11. 1908; *Corr.*, VIII, S. 292 [und Anm. 5-6; Anspielung auf Buffons Rede anläßlich seiner Aufnahme in die Académie française, 25. 8. 1753].

31 Brief von Robert de Montesquiou an Marcel Proust, 6. 3. 1909, *Corr.*, IX, S. 59 [Montesquious Lob bezieht sich auf das Pastiche »Die Lemoine-Affäre. Von Henri de Régnier«, *W*, I, 2, S. 30-34 und Anm. S. 314-316].

32 Brief an Henry Bordeaux, kurz nach dem 3. 3. 1909; *Corr.*, IX, S. 56.

33 Zit. in: Kolb, »Avant-propos«, *Corr.*, IX, S. VII-VIII.

34 Brief an Georges de Lauris, kurz nach dem 6. 3. 1909; *Corr.*, IX, S. 61-62.

35 »La méthode de Sainte-Beuve«, *Sainte-Beuve*, 1971, S. 219; »Die Methode Sainte-Beuves«, in: *Gegen Sainte-Beuve*, 1962, S. 7. [Das Bibelzitat hatte Proust bereits zweimal in Briefen an Georges

de Lauris verwendet: *Corr.*, VIII, S. 286 (Brief vom 8. 11. 1908) und *Corr.*, VIII, S. 316 (Brief von Anfang Dezember 1908) – Vgl. Tadié, 1996, S. 620 (dieser gibt – im Anschluß an Kolb, *Corr.*, VIII, S. 288 – als Quelle Joh 12,35 an: »Wandelt, dieweil ihr das Licht habt«; der Übersetzer von *Gegen Sainte Beuve* verweist überdies auf Joh 9,4: »Ich muß wirken die Werke des, der mich gesandt hat, solange es Tag ist; es kommt die Nacht, da niemand wirken kann«); siehe *W*, III, 3, S. 339-340, Anm. 2].

36 *Contre Sainte-Beuve*, 1971, S. 219; *Gegen Sainte-Beuve*, 1962, S. 8.

37 »Projets de préface«, *Contre Sainte-Beuve*, 1971, S. 211-212; W III, 3, S. 10-11.

38 Esquisse XIII (»La biscotte trempée dans le thé«) und Esquisse XIV (»La Petite Madeleine«), in *Recherche*, I, S. 695-702.

39 Doubrovsky, passim. [Vgl. Tadié, 1983, S. 253-258; Kristeva, 1994, S. 16-34, bringt den Namen ›Madeleine‹ mit dem heimlichen (intertextuellen) Motiv des Inzests in *François le Champi* sowie mit den subkulturellen Konnotationen von ›tasse‹ und ›thé‹ in der damaligen französischen Homosexuellenszene in Verbindung.]

40 *Contre Sainte-Beuve*, 1971, S. 220; *Gegen Sainte-Beuve*, 1962, S. 9.

41 Ebd., S. 221-222; S. 14.

42 Ebd., S. 224; S. 20.

43 Brief an Lionel Hauser, Sammlung Illinois.

44 Cahiers, Bibliothèque nationale.

45 *Contre Sainte-Beuve*, 1971, S. 221; *Gegen Sainte-Beuve*, 1962, S. 13-14.

46 [Ebd., S. 224; S. 20.]

47 *Gegen Sainte-Beuve* [dort nicht gefunden].

48 *Recherche*, I, S. 6; W, II, 1, S. 11 [siehe auch Esquisses I-V in *Recherche*, I, S. 633-662].

49 Cahiers, Bibliothèque nationale.

50 Cahier 42 [vgl. Inventaire du Fonds Proust, in: *Recherche*, I, S. CL-CLXIX].

51 »A ajouter à Flaubert«, *Contre Sainte-Beuve*, 1971, S. 299; W, III, 3, S. 215-216.

52 Brief an Paul Souday, 6. oder 7. 11. 1920; *Corr.*, XIX, S. 574 [vgl. Brief an Madame Straus, 18. 10. 1920; *Corr.*, XIX, S. 530].

53 [*Contre Sainte-Beuve*, 1954, S. 109-11: »Conversations avec Maman« (= Esquisse XV.2, Anfang). Cahier 3 enthält drei Entwürfe zu dieser Evokation des Sonnenlichts: *Recherche*, IV, S. 689-691, Esquisses XV.1-XV.3 (Venise); siehe »Séjour à Venise«, *Recherche*, IV, S. 202-205; *WA*, 11, S. 292-296.]

54 [Painter, II, S. 530-531; Tadié, 1996, S. 500, 866, 877.]

55 [»Combray«, *Recherche*, I, S. 3; W II, 1, S. 7: »Manchmal, die Kerze war kaum gelöscht, fielen mir die Augen so schnell zu, daß keine Zeit blieb, mir zu sagen: Ich schlafe ein.«]

56 [Siehe Marcel Proust, »A propos du ›style‹ de Flaubert«, in: *Contre Sainte-Beuve*, 1971, 586-600; »Über den ›Stil Flauberts‹, *W*, I, 3, S. 390-410. Vgl. »Tage des Lesens«, in: *W*, I, 2, S. 635, Anm. 1: »Ich gestehe, daß mancher Gebrauch des Imperfekts des Indikativs – dieser grausamen Zeit, die uns das Leben wie etwas Ephemeres und Passives zugleich darbietet, das in dem Augenblick, da es unsere Handlungen nachzeichnet, sie mit Illusion schlägt, sie in der Vergangenheit vernichtet, ohne uns, wie das Perfekt, den Trost der Aktivität zu lassen – für mich eine unerschöpfliche Quelle geheimnisvoller Traurigkeiten geblieben ist.«]

57 [*Recherche*, I, S. 595; *W*, II, 2, S. 257.]

58 *Recherche*, II, S. 631-632; *WA*, 6, S. 446-447.

59 Brief an Georges de Lauris, 23. 5. 1909; *Corr.*, IX, S. 102; *BW*, S. 178-179.

60 Brief an Georges de Lauris, kurz nach dem 23. 5. 1909; *Corr.*, IX, S. 107.

61 Brief an Maurice Duplay, Anfang April 1909; *Corr.*, IX, S. 71.

62 Brief an Lucien Daudet, Mai 1909; *Corr.*, IX, S. 100.

63 Brief an die Mutter; *Corr.*, IV, S. 281, Anm. 3.

64 Brief an Max Daireaux, Mai 1909; *Corr.*, IX, S. 87.

65 Brief an Lionel Hauser, 9. 5. 1909; *Corr.*, IX, S. 92.

66 Brief an Reynaldo Hahn, 9./10. 5. 1909; *Corr.*, IX, S. 94.

67 Brief an Robert de Montesquiou, 19. 6. 1909; *Corr.*, IX, S. 112.

68 Brief an Louisa de Mornand, Juni oder Juli 1909; *Corr.*, IX, S. 115.

69 Brief an Georges de Lauris, kurz vor dem 23. 6. 1909; *Corr.*, IX, S. 116.

70 Ebd., S. 117 [Kolb merkt an, die »Identität dieser Person« sei unbekannt. Painter, II, S. 227, Anm. 45: »›... avec une femme‹ ist zweideutig, es könnte auch heißen ›mit meiner Frau‹.«].

71 Brief an Georges de Lauris, nach dem 2. 7. 1909; *Corr.*, IX, S. 129.

72 Ebd., S. 130.

73 Brief an Robert Dreyfus, 7. 7. 1909; *Corr.*, IX, S. 134.

74 [»La Bénediction du sanglier. Etude des Fresques de Giotto/représentant l'affaire Lemoine ...«; *Contre Sainte-Beuve*, 1971, S. 201-205; »Die Segnung des Ebers. Studie über die Fresken Giottos/Die Lemoine-Affäre darstellend ...«; *W*, I, 2, S. 273-278.]

75 [»L'affaire Lemoine par Maeterlinck«, *Contre Sainte-Beuve*, 1971, S. 197-201; »Die Lemoine-Affäre von Maeterlinck«, *W*, I, 2, S. 278-283; »L'affaire Lemoine par Chateaubriand«, *Contre Sainte-Beuve*, 1971, S. 196-197; »Die Lemoine-Affäre in den ›Mémoires d'Outre-Tombe‹ von Chateaubriand«, *W*, I, 2, S. 284-285.]

76 Brief an Robert Dreyfus, 7. 7. 1909; *Corr.*, IX, S. 135.

77 Brief an Céline Cottin, 12. 7. 1909; *Corr.*, IX, S. 139 [zit. nach *W*, II, 2, S. 779, Anm. – *Bœuf mode en gelée* hat seinen Auftritt in der *Recherche* anläßlich des Besuchs von Norpois: *W*, II, 2, S. 46. Ein Rezept findet sich in Borrel, Anne u. a., *Zu Gast bei Marcel Proust*].

78 *Recherche*, I, S. 18-19; W, II, 1, S. 29-30, Übersetzung geändert. [Vgl. Brief an Robert Dreyfus, 7. 9. 1888, *Corr.*, I, S. 114-116; *BL*, S. 19-21; *Recherche*, I: Esquisse XI (»Les Deux Personnalités de Swann«), LXVIII.2 (»Madame de Guermantes aperçue dans l'église«), LXX (»La personne réelle et le nom«). – Zum philosophischen und soziologischen Hintergrund dieser Konzeption der Person (Schopenhauer, Gabriel Tarde) siehe Kristeva, 1994, S. 307-337: »Proust philosophe«, bes. S. 325-328. – Siehe Liebrucks 1963 und 1970. – Ein Vergleich zwischen Prousts Personbegriff und sprachanalytischen Versuchen zur Identifizierungsdifferenz zwischen Personen und materiellen Dingen (z. B. in Strawson, *Individuals*, mittels Anwendung kategorial verschiedener Prädikate) steht noch aus. Siehe dazu jetzt Robert Spaemann, *Personen. Versuche über den Unterschied zwischen ›etwas‹ und ›jemand‹*. Stuttgart: Klett-Cotta, 1996.]

79 [Siehe Louis-Martin Chauffier, »Proust et le double Je de quatre personnes«, 1943, in: Bersani, éd., S. 55 (Hinweis auf Gide, *Journal*, Eintragung vom 14. 5. 1921). – Maurois, 1964, S. 134.]

80 »Du côté de chez Swann, *Recherche*, I, S. 314-315 [›ce toupet‹ kommt in diesem Abschnitt zweimal vor, in W, II, 1, S. 463-464 steht dafür das erste Mal ›diese Tolle‹, das zweite Mal ›dieses Toupet‹ – ›Toupet‹ kommt nach Brunet, II, S. 1419 in der *Recherche* insgesamt neunmal vor].

81 [»Violante ou la mondanité« (1892), in *Jean Santeuil*, 1971, S. 29-37; »Violante oder die mondäne Welt«, W, I, 1, S. 40-52.]

82 *Recherche*, I, S. 188; W, II, 1, S. 279.

83 [Tadié, 1996, S. 634-635, stellt keinen Zusammenhang mit Marie Benardaky fest; die Figur heißt zunächst Mari*a* und ist als »Gegensatz in der Struktur« des Romans gedacht.]

84 *Recherche*, I, S. 74; W, II, 1, S. 111.

85 *Recherche*, I, S. 191-192; W, II, 1, S. 284.

86 Brief an Reynaldo Hahn, 17. oder 18. 7. 1909; *Corr.*, IX, S. 145; *BL*, S. 320 [Painter, II, S. 227-228; *Corr.*, IX, S. 142. Anm. 6: Bagatelle: Lustschloß am Rand des Bois de Boulogne in Paris].

87 Brief an Georges de Lauris, kurz vor Mitte August 1909; *Corr.*, IX, S. 150-152.

88 Brief an Alfred Vallette, gegen Mitte August 1909; *Corr.*, IX, S. 155.

89 Ebd. [Über die unvorteilhafte Präsentation und die entsprechende Wirkung dieses Briefes siehe Kolb, »Avant-propos« zu *Corr.*, IX, S. IX-XV; Diesbach, S. 444-445; Tadié, 1996, S. 623-624.]

90 Brief an Max Daireaux, Anfang Juli 1910; *Corr.*, X, S. 127 [und Anm. 15: Hinweis auf *Corr.*, IX, Brief N° 126 (um den 31. 12. 1909 an denselben), wo Proust die Gründe für seine Abreise erklärt].

91 Brief an G. de Lauris, nach dem 14. 8. 1909; *Corr.*, IX, S. 160-161.

92 Brief an Madame de Noailles, Oktober 1909; *Corr.*, IX, S. 197 [abweichende Übersetzung in *BW*, S. 184].

93 Brief an Max Daireaux, um den 31. 12. 1909; *Corr.*, IX, S. 235.

94 Brief an Madame Straus, um den 16. 8. 1909; *Corr.*, IX, S. 162-164; *BW*, S. 179-182 [Proust wechselte später offenbar mehrmals die Zimmer: siehe Brief an Georges de Lauris vom 16. 8. 1909; *Corr.*, IX, S. 165-166 und Anm. 2; Brief an Georges de Lauris, kurz nach dem 26. 8. 1909; *Corr.*, IX, S. 175-176].

95 Brief an Georges de Lauris, kurz nach dem 26. 8. 1909; *Corr.*, IX, S. 175.

96 Brief an Madame Straus, um den 16. 8. 1909; *Corr.*, IX, S. 163; *BW*, S. 180.

97 Briefe an Georges de Lauris, kurz nach dem 14. 8. und Anfang Oktober 1909; *Corr.*, IX, S. 165-166.

98 Brief an Madame Straus, kurz nach dem 16. 8. 1909; *Corr*, IX, S. 166-167.

99 Cahier 51 (1909), V° 65, in: *Matinée chez la princesse de Guermantes*, S. 34; jetzt auch in: *Recherche*, IV, S. 876 (Esquisse XLI.1).

100 Ebd., S. 36; jetzt auch in *Recherche*, IV, S. 877 (Esquisse XLI.1).

101 »*Swann* expliqué par Proust« (1913), *Contre Sainte-Beuve*, 1971, S. 557; »*Swann*, von Proust erläutert«, *W*, I, 3, S. 351.

102 Brief an Georges de Lauris, kurz nach dem 16. 8. 1909; *Corr.*, IX, S. 165-166.

103 Brief an Reynaldo Hahn, kurz nach dem 25. 8. 1909; *Corr.*, IX, S. 171 [Vgl. Painter, II, S. 233, Diesbach, S. 450].

104 Brief an Robert Dreyfus, gegen Ende August 1909; *Corr.*, IX, S. 179-181 und Anm. 4 [mit dem Hinweis auf einen Brief aus dem Jahre 1912 an Madame Straus über die Befürchtungen hinsichtlich Beauniers (*CG*, VI, S. 133)].

105 Brief an Francis de Croisset, kurz nach dem 26. 8. 1909; *Corr.*, IX, S. 177-178.

106 Brief an Georges de Lauris, 26. 9. 1909; *Corr.*, IX, S. 190-191.

107 Brief an G. de Lauris, Anfang Okt. 1909; *Corr.*, IX, S. 192-193.

20. Mechanismus der Freundschaft

1 Brief an Antoine Bibesco, 2. 11. 1909; *Corr.*, IX, S. 203.

2 Brief an Georges de Lauris, Anfang Oktober 1909; *Corr.*, IX, S. 192-193.

3 Brief an Robert de Montesquiou, kurz vor Mitte Dezember 1909; *Corr.*, IX, S. 227-228.

4 Morand, *Le Visiteur du soir*, S. 26 [Diesbach, S. 585].

5 [André Gide bezeichnete in seinem *Journal* Proust als »Großmeister der Verstellung«; zit. in: Michel-Thiriet, S. 171.]

6 *Recherche*, I, S. 146-147; *W*, II, 1, S. 217-218.

7 *Recherche*, I, S. 357 [»dans les heures de plus entière méfiance il avait rarement imaginé si loin dans le mal«; *W*, II, 1, S. 525].

8 *Recherche*, III, S. 16; *WA*, 7, S. 28 [»Race, sur qui pèse une malédiction et qui doit vivre dans le mensonge et le parjure ⟨…⟩«; »Eine Rasse, auf der ein Fluch lastet und die in Lüge und Meineid leben muß ⟨…⟩«. – Rechel-Mertens übersetzt: »Es ist ein *Geschlecht*, auf dem ein Fluch liegt, ein *Geschlecht*, das in Lüge und Meineid leben muß ⟨…⟩«].

9 [Zu dieser Inversion vgl. Maurois, 1964, S. 202-213; zu Charlus vgl. Tadié, 1996, 788-792.]

10 Brief an Madame de Noailles, Oktober 1909; *Corr.*, IX, S. 196; *BW*, S. 183.

11 Brief an Lucien Daudet, 16.10.1909; *Corr.*, IX, S. 200.

12 [Brief an Antoine Bibesco, 2.11.1909; *Corr.*, IX, S. 203. Proust zitiert auf englisch und leicht abgewandelt aus Ruskins *The Bible of Amiens*. Das vollständige Zitat und Prousts unvollständige Übersetzung in: Anm. 3 zu dem Brief an Antoine Bibesco vom 10.11.1902; *Corr.*, II, S. 173.]

13 Brief an Lionel Hauser, 13. oder 14.11.1909; *Corr.*, IX, S. 208 und Anm. 2; Brief an Georges de Lauris, 27.4.1910, *Corr.*, X, S. 81-83.

14 Brief an Antoine Bibesco, 2.11.1909; *Corr.*, IX, S. 203.

15 Brief an Lionel Hauser, 13. oder 14.11.1909; *Corr.*, IX, S. 208.

16 Brief an Georges de Lauris, kurz vor dem 27.11.1909; *Corr.*, IX, S. 216 [und Anm. 3; Diesbach, S. 452-453].

17 [Brief an Albert Nahmias, November 1909; *Corr.*, IX, S. 211-212.]

18 Michel-Thiriet, S. 232.

19 [Brief an Emmanuel Bibesco, kurz vor dem 27.11.1909; *Corr.*, IX, S. 215 und Anm. 3; Brief an Georges de Lauris, kurz vor dem 27.11.1909; *Corr.*, IX, S. 216-218.]

20 [Zu Pierre Parent siehe *Carnet de 1908*, passim; *Corr.*, VIII, S. 245, Anm. 9.]

21 Brief an Georges de Lauris, kurz vor dem 27.11.1909; *Corr.*, IX, S. 216-218; Brief an Reynaldo Hahn, 26.11.1909; *Corr.*, IX, S. 219-220.

22 *Recherche*, I, S. 136-137; *W*, II, 1, S. 203-204.

23 [Vgl. *Recherche*, III, S. 586; *WA*, 9, S. 102.]

24 *Recherche*, I, S. 141-142; *W*, II, 1, S. 210-211.

25 *Recherche*, I, S. 166-167; *W*, II, 1, S. 246-247. [Die Personifizierung der Seerose gipfelt übrigens in einem Vergleich mit den Gepeinigten in Dantes »Inferno«: »So war diese Seerose, die zugleich auch noch an jene Unglücklichen erinnerte, durch deren unaufhörlich in alle Ewigkeit sich erneuernde Qual die Neugier Dantes erregt wurde, der sich ihre Eigenart und die Gründe dafür noch ausführlicher von dem Gepeinigten selbst hätte erzählen lassen, wenn ihn nicht der mächtig ausschreitende Vergil gezwungen hätte, ihm schleunigst nachzueilen, so wie es mir mit meinen Eltern erging.« (Nach dem Register in *Recherche*, IV wird Dante in der *Recherche* nur fünfmal erwähnt; z.B. wird Swann später – *Recherche*, I, S. 283 – den Salon der Verdurins als neunten Kreis der Hölle bezeichnen.)]

26 *Recherche*, I, S. 209-210; *W*, II, 1, S. 309-310.

27 [*Recherche*, I, S. 90; *W*, II, 1, S. 134.]

28 *Recherche*, I, S. 424; *W*, II, 2, S. 8.

29 *Recherche*, II, S. 97; *W*, II, 2, S. 448.

30 Albertine: *Recherche*, II, S. 234-235; *W*, II, 2, S. 653-654; Charlus: *Recherche*, II, S. 583-584; *WA*, 5, S. 381-382.

31 *Recherche*, III, S. 17-19; *WA*, 7, S. 29-32. [Der Terminus ›race‹ für Homosexuelle, der in dem (im Original) über zwei Druckseiten langen Satz fünfmal vorkommt, wird hier übrigens viermal mit ›Rasse‹ und einmal mit ›Menschengruppe‹ übersetzt.]

32 [Sigmund Freud, *Drei Abhandlungen zur Sexualtheorie* (1905); *Studienausgabe*, Bd. V., S. 70.]

33 [*Recherche*, IV, S. 418; *WA*, 12, S. 219. Die von Hayman, S. 322-323, ohne Nachweis zitierte, ›erläuternde‹ Übersetzung in *Remembrance*, 3, S. 870 lautet: »And if there is something of aberration or perversion in all our loves, perversions in the narrower sense of the word are like loves in which the germ of disease has spread victoriously to every part.« – Der Terminus ›aberration‹ wird vor einem längeren Einschub in Klammern, der den Begriff des Individuellen anhand der körperlichen Krankheit verdeutlicht, am Beispiel der Liebe zum Individuellen, zum Besonderen an Albertine eingeführt: »Und welche Meeresweiten waren in meinen allerschmerzlichsten, eifersüchtigsten und wie es scheint individuellsten Liebe, der zu Albertine ausgespart! Gerade wegen dieses Individuellen übrigens, an dem man so leidenschaftlich hängt, ist schon die jeweilige Liebe zu Personen etwas Ähnliches wie gewisse Abirrungen [aberrations]. (Und sind nicht die Krankheiten des Körpers sogar, wenigstens diejenigen, die irgendwie mit dem Nervensystem zusammenhängen, ebenfalls gewisse, von unseren Organen und Gelenken angenommene Spezialneigungen oder -abneigungen, aufgrund deren diese vor bestimmten Wetterlagen ein Grauen empfinden, das ebenso unerklärlich und ebenso eigensinnig ist wie die Neigung gewisser Männer zum Beispiel zu Frauen, die einen Kneifer tragen, oder zu Kunstreiterinnen? Dieses Verlangen [désir], das dann jedesmal der Anblick einer Kunstreiterin erweckt – wer vermag zu sagen, mit welchem chronischen, aber unbewußten Traum es verbunden ist, ebenso unbewußt und geheimnisvoll wie zum Beispiel für jemanden, der sein ganzes Leben lang an asthmatischen Anfällen gelitten hat, der Einfluß einer ganz bestimmten Stadt, die scheinbar wie alle anderen ist, in der sich jedoch zum erstenmal wieder frei atmen läßt.
Nun aber gleichen Verirrungen gewissen Formen der Liebe, bei denen der Makel der Krankhaftigkeit alles überdeckt, alles angesteckt hat.« – Proust benutzte den Ausdruck ›aberration‹ auch für seine Einwände gegen die Literaturkritik: *Recherche*, IV, S. 472: »Cette constante aberration de la critique ⟨…⟩«; *WA*, 13, S. 305: »Diese beständige Verirrung der Kritik ⟨…⟩.]

34 [*Recherche*, I, S. 598; *W*, II, 2, S. 262.]

35 [*Recherche*, I, S. 614; *W*, II, 2, S. 285; *Remembrance*, I, S. 672: »That is how a woman by every fresh torture that she inflicts on us ⟨...⟩«, Hayman greift im folgenden die Übersetzung ›torture‹ (Tortur, Folter) für ›souffrance‹ auf.]

36 Duplay, S. 55-56. [vgl. Alfred de Musset, »A Mademoiselle .../An Fräulein ...« in *Poésies nouvelles* (*Dichtungen*, S. 188-189), letzte Strophe: »Quel que soit le mal qu'il endure, / Son triste rôle est le plus beau. / J'aime encor mieux notre torture / Que votre métier de bourreau«; »Mag noch so bittres Leid ihn [den unglücklich Liebenden] quälen, / Sein Los ist schöner trotz der Pein. / Ehr wollt ich unsre Marter wählen, / Als eurer Foltern Meister sein«].

37 [Beckett, 1989, S. 48.]

38 [Hayman, S. 324, ohne Nachweis.]

39 *Recherche*, I, S. 152; *W*, II, 1, S. 226.

40 [Die Angabe bei Hayman, S. 324, Anm. 27 – Brief an Reynaldo Hahn, 26. November 1909; *Corr.*, IX, S. 219-220 – ist unzutreffend. In diesem Brief kündigt Proust an, ihm den Schlußteil von *Combray* zu schicken. Die Reaktion Reynaldos wird vielmehr in dem Brief an Georges de Lauris, kurz vor dem 27. 11. 1909, *Corr.*, IX, S. 218, beschrieben: »Georges, ich werde mich wieder an die Arbeit machen, denn ich habe meinen Anfang (200 Seiten!) Reynaldo vorgelesen und seine Einstellung hat mich nachdrücklich ermutigt.« Es handelt sich um die erste Fassung von *Combray*; Vgl. Kolb, *Corr.*, IX, S. XXII und Anm. 14, S. 219.]

41 [Brief an Reynaldo Hahn, 26. 11. 1909; *Corr.*, IX, S. 219 und Anm. 4: Die beiden Brüder konnten Prousts Schrift nicht lesen und baten ihn darum, ihnen den Text zu diktieren, damit sie ihr eigenes Stenogramm abtippen konnten.]

42 [Kolb, *Corr.*, IX, S. XXIII.]

43 Brief an Georges de Lauris, um den 13. 12. 1909; *Corr.*, IX, S. 226.

21. Blick von der Arche

1 *Hommage à Marcel Proust*; *NRF*, 10, N° 112, 1923, S. 26.

2 *Cahier de 1908*, S. 108. [Anspielung auf Mussets Theaterstück: *On ne badine pas avec l'amour* (1834); (Man bändelt/spielt nicht mit der Liebe). Proust zitiert in dieser Notiz auch den Vers Mussets aus dem »Sonnet au lecteur« am Schluß der *Poésies nouvelles*: »Je veux, quand on m'a lu, / qu'on puisse me relire«; »Ich wünsche, wer mich liest, mag mich auch wieder lesen«; »Abschiedssonett an den Leser«, in: Musset, *Dichtungen*, S. 282-283.]

3 *Recherche*, II, S. 95; *W*, II, 2, S. 444.

4 *Recherche*, II, S. 693; *W*, II, 3, S. 559-560.

5 *Recherche*, IV, S. 261; *WA*, 11, S. 373.

6 *Recherche*, IV, S. 454; *WA*, 13, S. 280-281 [vgl. Esquisse XXVII, *Recherche*, IV, S. 838].

7 *Recherche*, III, S. 535-536; *WA*, 9, S. 30-32.

8 [Huysmans, *A rebours*, S. 107; *Gegen den Strich*, S. 52.]

9 Victor Graham, »The Imagery of Proust«, in: Hatzfield, Helmut, Hg., *Literature Through Art*. Oxford, 1952.

10 *Carnet de 1908*, S. 102.

11 Cahier 57 [nicht in Esquisse XXXIX; »L'idéalisme«, in *Recherche*, IV, S. 866-869 enthalten].

12 Widmung in Gautier-Vignals Exemplar von *Les Plaisirs et les jours*; Gautier-Vignal, S. 140.

13 [*Recherche*, IV, S. 479; *WA*, 13, S. 314-315. Vgl. *Matinée chez la princesse de Guermantes*, S. 374 und Esquisse XXXVII in *Recherche*, IV, S. 863-864.]

14 Brief an Robert de Montesquiou, 20./21. 2. 1910; *Corr.*, X, S. 51 und Anm. 3. [Kolb schreibt: »Céline Cottin hat bestätigt, daß das von Proust benutzte Asthmapulver auf Opium basierte. Dies erklärt zweifelsfrei, warum Léon Daudet glaubte, den Geruch von Opium wahrzunehmen, wenn er Proust besuchte. Mit seiner Schlußfolgerung, Proust sei opiumsüchtig, hatte er allerdings unrecht, denn Proust war in dieser Hinsicht besonders vorsichtig«.]

15 Straus, S. 71.

16 Morand, *Le visiteur du soir*, S. 24.

17 Brief an Reynaldo Hahn, kurz nach Mitte Januar 1910; *Corr.*, X, S. 30.

18 Brief an Madame Gaston de Caillavet, kurz nach Mitte Januar 1910; *Corr.*, X, S. 32.

19 [Brief an Simone de Caillavet, kurz vor dem 28. 1. 1910; *Corr.*, X, S. 40-41; *BL*, S. 329-330; Brief an dieselbe, um den 28. oder 29. 1. 1910; *Corr.*, X, S. 41-42.]

20 Brief von Anatole France, kurz nach dem 13. 1. 1910; *Corr.*, X, S. 28.

21 Brief an Lionel Hauser, kurz nach dem 25. 1. 1910; *Corr.*, X, S. 39 [und Anm. 4: Kolb schreibt, es sei unklar, ob Proust 1912 oder 1917 meine. Die fraglichen Schuldverschreibungen waren von 1912 an zum gleichen Wert in Aktien konvertierbar und sollten von 1917 an zum Wert von 110% einlösbar sein.]

22 [Brief von Lionel Hauser an Marcel Proust, 25. 1. 1910; *Corr.*, X, S. 38, Anm. 4. – Brief an Robert Dreyfus, 31. 1. 1910; *Corr.*, X, S. 47-48 und Anm. 3.]

23 *Le Journal des Débats*, 23. und 25. 1. 1910 [zit. in *Corr.*, X, S. 38, Anm. 4; siehe auch Anm. 3 zu dem Brief an Simone de Caillavet vom 28. oder 29. 1. 1910; *Corr.*, X, S. 43].

24 [An der Comédie française; siehe *Corr.*, X, S. 38, Anm. 3.]

25 [*Corr.*, X, S. 43: In der Anm. 3 ausführliche Beschreibung der Situation in Paris aus dem *Figaro* vom 25. 1. bis zum 2. 2. 1910.]

26 Brief an Simone de Caillavet, 28. oder 29. 1. 1910; *Corr.*, X, S. 42.

27 Brief an Georges de Lauris, 15. 2. 1910; *Corr.*, X, S. 49; *BL*, S. 335-336; Brief an Reynaldo Hahn, 21. 2. 1910; *Corr.*, X, S. 52-53.

28 Brief an Robert de Montesquiou, 20./21. 2. 1910; *Corr.*, X, S. 51-52; *BL*, S. 332-333.

29 Brief an Georges de Lauris, 15. 2. 1910; *Corr.*, X, S. 49.

30 [*Corr.*, X, S. 56, Anm. 10: *La Bien-aimée*, übersetzt von Eve Paul-Margu`eritte. Paris: Plon, September 1909.]

31 [Painter, II, S. 243; *Recherche*, III, S. 877-878 und Anm. 1782; *WA*, 10, S. 507-509.]

32 Brief an Robert de Billy, März 1910; *Corr.*, X, S. 54-56. [Vgl. Diesbach, S. 462-463: »Trotz dieser Gleichgültigkeit gegenüber der deutschen Literatur kann man sich fragen, ob er (Proust) nicht im *Hesperus*, dem berühmten Roman von Jean-Paul Richter, gewisse Ideen und bestimmte Metaphern gefunden hat, denn zwischen den beiden gibt es zuweilen erstaunliche Ähnlichkeiten in den Betrachtungen.« Belege für eine Jean-Paul-Lektüre lassen sich in der *Correspondance* nicht finden; auch im Register zur *Recherche* kommt der Name nicht vor. Ähnliche Parallelisierungen finden sich auch bei Albert Béguin, *L'âme romantique et le rêve*. Paris: Corti, 1939, S. 29-31: Karl Philipp Moritz und die Ortsnamen in *Anton Reiser*; S. 39: *Andreas Hartknopf* und die Madeleine.]

33 Ebd. [Vgl. Painter, II, S. 242-248.]

34 [Vgl. *Corr.*, IX, S. 228, Anm. 2; Diesbach, S. 475-476.]

35 Brief an Robert de Montesquiou, 9. 3. 1910; *Corr.*, X, S. 56-57, Anm. 4 [Proust zitiert diese Formulierung in seinem Brief].

36 Ebd.

37 Brief an Louisa de Mornand, kurz nach dem 9. 4. 1909; *Corr.*, X, S. 64-66; Telegramm an Louis d'Albufera, 12. 4. 1909; *Corr.*, X, S. 68.

38 Brief an Georges de Lauris, um den 21. oder 22. 4. 1910; *Corr.*, X, S. 73.

39 [*Corr.*, X, S. 81, Anm. 7.]

40 Brief an Georges de Lauris, 27. 4. 1910; *Corr.*, X, S. 73-77.

41 Brief an Fernand Gregh, 5. 6. 1910; *Corr.*, X, S. 107.

42 Brief an Madame Straus, 24. 4. 1910; *Corr.*, X, S. 80.

43 Brief an Georges de Lauris, 27. 4. 1910; *Corr.*, X, S. 83.

44 Brief an Gabriel Mourey, 30. 4. 1910; *Corr.*, X, S. 91.

45 Brief an Georges de Lauris, kurz nach dem 6. 5. 1910; *Corr.*, X, S. 96.

46 Brief an Lionel Hauser, 13. oder 14. 5. 1910; *Corr.*, X, S. 98.

47 Brief an Antoine Bibesco, kurz vor dem 22. 5. 1910; *Corr.*, X, S. 100-101.

48 Brief an Madame Greffulhe, 10.(?) 6. 1910; *Corr.*, X, S. 413.

49 Cahier 51, V° 60 [*Matinée chez la Princesse de Guermantes*, S. 39].

50 »Explication du vitrail« (»Erklärung der Glasmalerei«), gegen Anfang Juli 1910; *Corr.*, X, S. 122-124, Faksimile S. 123.

51 Brief an Max Daireaux, Anfang Juli 1910; *Corr.*, X, S. 127.

52 [»L'affaire Lemoine par Gustave Flaubert« (1908), *Contre Sainte-Beuve*, 1971, S. 15; W, I, 2, S. 21.]

53 Brief an Reynaldo Hahn, 18. 7. 1910, *Corr.*, X, S. 145.

54 Brief an Jean-Louis Vaudoyer, 18. 7. 1910; *Corr.*, X, S. 141; *BW*, S. 339-340.

55 Brief an Reynaldo Hahn, 18. 7. 1910, *Corr.*, X, S. 144-145.

56 [Brief an Maurice Duplay, kurz nach dem 8. 9. 1910, *Corr.*, X, S. 167.]

57 Ebd.

58 Brief an Jean-Louis Vaudoyer, 18. 8. 1910; *Corr.*, X, S. 163 [siehe S. 166, Anm. 4: *La Grande Revue* erschien jeden zweiten Monat; Painter, II, S. 259; Tadié, 1996, S. 651].

59 Brief an Georges de Lauris, 15. oder 16. 7. 1910; *Corr.*, X, S. 139.

60 Valentine Thomson, »My Cousin Marcel Proust«, in: *Harper's Magazine*, Vol. 164, Mai 1932 [Painter, II, S. 259-260; Diesbach, S. 475].

61 Brief an Reynaldo Hahn, 4. 8. 1910; *Corr.*, X, S. 157.

62 Brief an Georges de Lauris, um den August 1910; *Corr.*, X, S. 165 und Anm. 6 [Tadié, 1996, S. 652-653].

63 Brief an Georges de Lauris, um den August 1910; *Corr.*, X, S. 165 [Vgl. Painter II, S. 261].

64 Brief an Robert Dreyfus, 6. oder 7. 10. 1910; *Corr.*, X, S. 179; *BL*, S. 341-342.

65 Brief an Robert Dreyfus, 8. 10. 1910; *Corr.*, X, S. 182.

66 Brief an Georges de Lauris, 1. 11. 1910; *Corr.*, X, S. 194 [Diesbach, S. 474; Tadié, 1996, S. 653-654].

67 Brief an Robert de Flers, 2. 11. 1910; *Corr.*, X, S. 195 [Painter, II, S. 262-263].

68 Brief an Louisa de Mornand, 30. 10. 1910; *Corr.*, X, S. 190.

69 Ebd.

70 Brief an Robert de Flers, 3. 11. 1910; *Corr.*, X, S. 197 [»Der Gleichgültige« erschien am 1. 3. 1896 in *La vie contemporaine*. Proust benötigt den Text, weil er an *Un amour de Swann* arbeitet. Vgl. das Vorwort von Philip Kolb zu *L'Indifférent*, S. 22-36].

71 Brief an Robert Dreyfus, 10. 11. 1910; *Corr.*, X, S. 207-208.

72 Brief an Robert Dreyfus, 21.(?) 11. 1910; *Corr.*, X, S. 211-212.

73 Brief an Robert Dreyfus, 7. 12. 1910; *Corr.*, X, S. 219.

74 Brief an Madame Catusse, etwa November 1910; *Corr.*, X, S. 214.

75 Brief an Robert de Montesquiou, 14. 12. 1910; *Corr.*, X, S. 224.

76 [Brief an Jean Cocteau, Dezember 1910; *Corr.*, X, S. 231.]

77 Ebd.

78 Brief an Jean Cocteau, kurz vor dem 25. 12. 1910; *Corr.*, X, S. 233.

79 Brief an Jean Cocteau, 30. oder 31. 1. 1911; *Corr.*, X, S. 244. [Vgl. Brief von Anna de Noailles an Marcel Proust, 31. 1. 1911; *Corr.*, X, S. 241-243.]

80 Brief an Lucien Daudet, 10. Januar 1911; *Corr.*, X, S. 240.

81 Ebd.

82 *Le Tout Paris*, 1911 [vgl. Brief an Reynaldo Hahn, 21. 2. 1911; *Corr.*, X, S. 253, Anm. 22].

83 Brief an Georges de Lauris, kurz nach dem 21. 2. 1911; *Corr.*, X, S. 254.

84 Brief an Reynaldo Hahn, 4. 3. 1911; *Corr.*, X, S. 255-256.

85 [Brief an Robert de Billy, 8.(?) 4. 1911; *Corr.*, X, S. 280, Anm. 7: Proust hörte *Pelléas* im Februar 1911 zweimal und im März viermal.]

86 Ebd., S. 256.

87 [Brief an Antoine Bibesco, gegen Ende März 1911; *Corr.*, X, S. 273.]

88 Brief an Reynaldo Hahn, 4. 3. 1911; *Corr.*, X, S. 256-257. [In Balbec sagt der Erzähler zu Madame de Cambremer: »Das ist ganz wie in *Pelléas*, sagte ich, um ihrer Neigung zur Modernität entgegenzukommen, dieser Rosenduft, der bis zu den Terrassen aufsteigt. Er kommt einem so machtvoll aus der Partitur entgegen, daß ich selbst, da ich an Heuschnupfen und Rosenfieber leide, jedesmal niesen mußte, wenn ich diese Szene hörte.« *Recherche*, II, S. 208: »comme j'ai le hay-fever et la rose-fever«; *WA*, 7, S. 297; Painter, II, S. 265; Tadié, 1996, S. 659-660; Diesbach, S. 477-478.]

89 Brief an Reynaldo Hahn, kurz nach dem 4. 3. 1911; *Corr.*, X, S. 261 [»Pastiche de *Pelléas et Mélisande*, in: *Contre Sainte-Beuve*, 1971, S. 206-207; »Pastiche von *Pelléas et Mélisande*«, *W*, I, 2, S. 287-289. – Vgl. Tadié, 1996, S. 660-661; Diesbach, S. 477-478].

90 Brief an Antoine Bibesco, März 1911; *Corr.*, X, S. 263-264.

91 Ebd.

92 [Brief an Eugène Fould, 24. 3. 1911; *Corr.*, X, S. 266-267.]

93 Brief an Louis de Robert, kurz nach dem 24. 3. 1911; *Corr.*, X, S. 270-271.

94 [Diesbach, S. 478-479.]

95 Brief an Antoine Bibesco, gegen Ende März 1911; *Corr.*, X, S. 273.

96 Brief an Madame Straus, kurz nach dem 21. 5. 1911; *Corr.*, X, S. 291; Brief an dies., kurz nach dem 21. 5. 1911; *Corr.*, X, S. 292.

97 Marthe Bibesco, *Au bal avec Marcel Proust*, S. 80 [Painter, II, S. 266-268; Diesbach, S. 480; nach Tadié, 1996, S. 661, enthält das Buch von Marthe Bibesco nur ganz wenige authentische Erinnerungen].

98 Brief an Reynaldo Hahn, 23. 5. 1911; *Corr.*, X, S. 288-289.

99 Brief an Robert de Montesquiou, 1.(?) 6. 1911; *Corr.*, X, S. 300.

22. Zurückweisung

1 Brief an Albert Nahmias, zweite Junihälfte (?) 1912; *Corr.*, XI, S. 142.

2 Fay, S. 91.

3 Vgl. »La voix de Marcel Proust«, in *Hommage à Marcel Proust, NRF*,

10, N° 112, S. 90-92; »Nous deux Marcel«, in *Opium* (1930). Beides in: Cocteau, *Poésie critique*, Paris 1959, Band I.

4 [Brief des Kriegsministeriums an Marcel Proust, 6. 9. 1911; *Corr.*, X, S. 344-345, Proust erhielt den Brief zusammen mit einem Brief von Henri Calmette. Vgl. Brief an Gaston Calmette, 16. 9. 1911; *Corr.*, X, S. 347.]

5 Briefe an Francis de Croisset, erste Hälfte Mai 1911 und 1. 6. 1911; *Corr.*, X, S. 294 und 298.

6 Brief an Francis de Croisset, erste Julihälfte (?) 1911; *Corr.*, X, S. 311.

7 Ebd.

8 Brief an einen jungen Mann, Ende Juni oder Anfang Juli 1911; *Corr.*, X, S. 307-310.

9 Brief an René Gimpel, Juli/August 1911; *Corr.*, X, S. 320.

10 Brief an einen jungen Mann, gegen Mitte Juli 1911; *Corr.*, X, S. 315; *BL*, S. 352.

11 Ebd.; *BL*, S. 352-353.

12 Brief an Robert de Billy, 18.(?) 7. 1911; *Corr.*, X, S. 317.

13 Brief an einen jungen Mann, gegen Mitte Juli 1911; *Corr.*, X, S. 316; *BL*, S. 353-354.

14 Brief an René Gimpel, Juli/August 1911; *Corr.*, X, S. 320-321 [Tadié, 1996, S. 663].

15 Brief an Antoine Bibesco, 11. 8. 1911; *Corr.*, X, S. 330.

16 Brief an Reynaldo Hahn, 25. 7. 1911; *Corr.*, X, S. 323.

17 Brief an Reynaldo Hahn, 17. oder 18. 8. 1911; *Corr.*, X, S. 332.

18 *Recherche*, I, S. 498; *W*, II, 2, S. 117.

19 Brief an Reynaldo Hahn, um den 17./18. 8. 1911; *Corr.*, X, S. 333.

20 [Brief an Reynaldo Hahn, um den 17./18. 8. 1911; *Corr.*, X. S. 334; Maggie Teyte hatte 1908 im Théâtre de l'Opéra-Comique als Mélisande einen aufsehenerregenden Erfolg; siehe *Corr.*, VIII, S. 203-204, Anm. 7: Anläßlich des Mozart-Festivals 1906, dem Pariser Debüt von Miss Teyte, war Reynaldo Hahn der Dirigent gewesen.]

21 Brief des Kriegsministeriums an Marcel Proust, 6. 9. 1911; *Corr.*, X, S. 344-345; Brief an Gaston Calmette 16. 9. 1911; *Corr.*, X, S. 347-348.

22 Brief an Madame Charles Nathan, 2. 10. 1911; *Corr.*, X, S. 357.

23 [Briefe an Reynaldo Hahn vom 11.(?) 7. 1911; *Corr.*, X, S. 312; vom 17./18. 8. 1911; *Corr.*, X, S. 332; vom 2. oder 3. 11. 1911; *Corr.*, X, S. 371.]

24 Brief an Reynaldo Hahns Hund Zadig, nach dem 3. 11. 1911; *Corr.*, X, S. 372-373; *BW*, S. 198-199. [Proust benutzt in seinen Briefen dort, wo von dem Hund die Rede ist, anstelle von ›chien‹, ›Hund‹, einen der Kindersprache der Korrespondenz mit Reynaldo Hahn angepaßten Ausdruck, nämlich ›chouen‹, der in *BW* mit ›Schnurps‹ wiedergegeben wird.]

25 [L. D. W. (= Louis Constantin-Henry Dumont-Wilden), »Notes: *La maîtresse servante*, par Jerôme et Jean Tharaud«, *NRF*, 1. September 1911,

N° 33, S. 363-366; zit. in *Corr.*, X, S. 356, Anm. 24. zu dem Brief an Maurice Barrès vom 1. 10. 1911.]

26 Brief an Maurice Barrès, 1. 10. 1911; *Corr.*, X, S. 353 [»In den seltenen Pausen, die meine Anfälle mir gewähren, versuche ich den Stenographen ein Buch zu diktieren, das schon seit längerer Zeit skizziert ist und das ich mir Ihnen zu senden erlauben werde. Es ist eine Art immenser Roman. Ich habe oft voller Unruhe daran gedacht, ob Sie jemals die Geduld aufbringen, ihn durchzublättern und welche Meinung Sie dazu haben werden. Im übrigen fragt man sich, für wen man schreibt. Die *Nouvelle Revue française*, die intelligenter zu sein scheint als die anderen, sprach neulich recht vernünftig über den ›Roman‹. Als sie jedoch den russischen und englischen Roman der prägnanten Novelle der Franzosen gegenüberstellte, rückte sie die *Chartreuse de Parme* und *Le Rouge et le Noir* in die zweite Kategorie, zwischen der *Princesse de Clèves* und *Adolphe*. Was Maeterlinck betrifft, von dem Sie mir vorgeworfen haben, ich schätzte ihn zu sehr, so spricht er inzwischen vom *Unerkennbaren** so, als ob es sich um sein Badezimmer handelte, mit ausführlichen Beschreibungen. Zwar hat er bei einigen Punkten Zweifel, doch ›es besteht die vierzigprozentige Wahrscheinlichkeit, daß ...‹ und nur ›fünfundfünfzig, daß ...‹ Es gibt eine siegreiche Unendlichkeit** und eine feststehende. Und er rollt mit seinem wunderbaren Stil im Unfaßbaren, allerdings mit der schweren Karosserie eines Automobils von vierzig Pferdestärken; eines neuen Wagens Marke ›Mystère‹. Das hindert mich übrigens nicht daran, ihn nach wie vor aufs äußerste zu bewundern. Nun hat man mir aber gesagt, Sie würden Jammes nicht lieben? Am Ende weiß man überhaupt nicht mehr, was man denken soll. Entschuldigen Sie diese AEGRA SOMNIA***. Ihr dankbarer Marcel Proust.«

* Siehe den Brief an Georges de Lauris vom 23. oder 24. 8. 1911; *Corr.*, X, S. 337-338 und Anm. 2 und 4; *BW*, S. 196-198. Maeterlinck hat seine Auffassung des Unendlichen (l'infini)**, die Proust hier wie auch im Brief an Barrès diskutiert, in dem Zeitungsartikel »La Mort« im *Figaro* vom 6. 8. 1911 entwickelt. Proust verwendet in dem Brief an Barrès teilweise dieselben Formulierungen wie in dem Brief an Georges de Lauris.

** »Es gibt drei mögliche Formen des Unendlichen. Die zweite ist beinahe gewiß, die dritte ist noch wahrscheinlich. Die erste hat fast keine Chance, die echte zu sein.« Brief an Georges de Lauris, 23. oder 24. 8. 1911; *Corr.*, X, S. 337; vgl. Anm. 4 mit dem ausführlichen Zitat von Maeterlincks Darstellung dreier Aspekte des Unendlichen. – Painter, II, S. 273, faßt so zusammen: »da der Tod darin besteht, daß wir von einer endlichen Welt in eine unendliche versetzt werden, können wir einer Existenz mit unbegrenzten Möglichkeiten entgegensehen, die viel reicher ist als unser irdisches Leben.« Siehe *Recherche*, III, S. 668; *WA*, 9, S. 215. (Der Erzähler spielt *Tristan* auf dem Klavier und stellt Reflexionen über das Unendliche, das Über-Materielle der Kunst an): »Vielleicht muß man – so wie die Vögel, die am höchsten steigen und am schnellsten fliegen, den machtvollsten Flügelschlag haben – solche in Wahrheit stoffgebundenen Apparate besitzen, um die Unendlichkeit zu erforschen, solche hundertzwanzig Pferdekräfte (Marke ›Mystère‹!), in denen man, wie hoch man auch kreist, doch, wenn man das Schweigen des unendlichen Raums genießen will, durch das ungeheure Motorengedröhn ein wenig behindert wird.« – Vgl. den Brief an René Blum, um den 20. 2. 1913; *Corr.*, XII, S. 82; *BW*, S. 256; Tadié, 1996, S. 665.

*** Horaz, *De arte poetica liber*, 7: Velut aegri somnia; Wie die Alpträume eines Kranken.]

27 Brief an Lucien Daudet, gegen Anfang Dezember 1911; *Corr.*, X, S. 381.

28 [Brief an Albert Nahmias, 11. oder 12. 12. 1911; *Corr.*, X, S. 386-387: »Haben Sie die wunderbaren Wandschirme bei Durand Ruel, die wunderbaren chinesischen Malereien gesehen? Wenn die (Aktien der) Rand Mindes um 100 Francs steigen, kaufe ich den großen Wandschirm mit den rosafarbenen Säulen, wenn er noch da ist. Sie müßten hingehen und sich diese Herrlichkeiten ansehen. 40 000 Francs pro Wandschirm! Und der nicht ausgestellte mit den weißen Pfauen 220 000! Aber göttlich ist er.« – Tadié, 1996, S. 669 behauptet hingegen, die chinesische Kunst habe Proust kaum angesprochen. Zum Preisvergleich: Prousts jährliches Einkommen um 1906 betrug etwa 50 000 Francs, umgerechnet auf das Jahr 1990 entspricht dies einem Betrag von 917 000 Francs oder 80 000 Francs pro Monat: siehe Tadié, 1996, S. 559.]

29 Brief an Reynaldo Hahn, kurz nach dem 24. 12. 1911; *Corr.*, X, S. 387-388 [Painter, II, S. 277; Tadié, 1996, S. 668-669].

30 [Gemeint ist der Schlußteil, der zu dieser Zeit noch mit dem Titel »Le bal des têtes«, »Der Ball der Köpfe«, konzipiert war; Michel-Thiriet, S. 270-271.]

31 Brief an Reynaldo Hahn, kurz nach dem 24. 12. 1911; *Corr.*, X, S. 388 [Tadié, 1996, S. 668].

32 Ebd., S. 389.

33 Brief an Reynaldo Hahn, kurz vor Mitte Januar 1912; *Corr.*, XI, S. 29.

34 Brief an Jean-Louis Vaudoyer, kurz nach dem 31. 3. 1912, *Corr.*, XI, S. 67; *BW*, S. 206-208 (stark gekürzt); Brief an Georges de Lauris, um den 24. 3. 1912, *Corr.*, XI, S. 75-77; *BW*, S. 202-206; Brief an Jean-Louis Vaudoyer, April oder Mai 1912, *Corr.*, XI, S. 117-119; *BW*, S. 200-202 [Tadié, 1996, S. 674-676].

35 [Tadié, 1996, S. 676: Es wurden insgesamt 6 Daktylographen eingesetzt.]

36 Brief an Albert Nahmias, zwischen dem 2. und dem 11. 1. 1912; *Corr.*, XI, S. 26.

37 Ebd., S. 25.

38 Brief an Robert de Billy, 19. 1. 1912; *Corr.*, XI, S. 32.

39 [Brief an Albert Nahmias 23. 2. 1912; *Corr.*, XI, S. 46: »Un vrai volume!«]

40 Brief an Jean-Louis Vaudoyer, kurz nach dem 21. 3. 1912; *Corr.*, XI, S. 68; *BL*, S. 360.

41 Brief an Jean-Louis Vaudoyer, April oder Mai 1912; *Corr.*, XI, S. 118.

42 Brief an Albert Nahmias, kurz vor dem 23. 2. 1912; *Corr.*, XI, S. 43 und Anm. 3.

43 Brief an Robert de Billy, Anfang Februar 1912; *Corr.*, XI, S. 41; *BL*, S. 355. [Der Nominalwert der Aktien, die Proust gekauft hatte, betrug nach seiner Einschätzung 400 000 Francs. Proust hatte beim Aktienkauf übersehen, daß er den Differenzbetrag zwischen Nominalwert und aktuellem Handelswert zu bezahlen hatte; vgl. Brief an Reynaldo Hahn, 24. 12. 1911; *Corr.*, X, S. 389 und Anm. 26.]

44 Brief an Madame Charles Nathan, kurz nach dem 20. 1. 1912; *Corr.*, XI, S. 34 und Anm. 4.

45 Brief an Georges de Lauris, 24. 3. 1912; *Corr.*, XI, S. 76.

46 Brief an Robert de Montesquiou, kurz vor dem 20. 3. 1912; *Corr.*, XI, S. 58.

47 Brief an Robert Dreyfus, 14. oder 15. 4. 1912; *Corr.*, XI, S. 100.

48 [Siehe Brief an Robert de Montesquiou, 21. 3. 1912; *Corr.*, XI, S. 53 (und Anm. 26 mit dem Zitat aus dem *Figaro*; vgl. *Recherche*, I, S. 112 und S. 868, Esquisse LXIII, »Les aubépines«); *W*, II, 1, S. 167: »Mein Artikel für den *Figaro* ist erschienen, ich schicke ihn Ihnen nicht, da ich weiß, daß Sie diese Zeitung lesen. Man hat geglaubt, um ihn zu aktualisieren, einen Titel und einen Satz einfügen zu müssen, sehr zu meinem Verdruß, auch wenn dies bedeutungslos ist, da das ohnehin niemand liest.« Montesquiou antwortet am 22. 3.: »Ich habe Ihren schönen Weißdorn gepflückt; Sie haben aber nicht von dem *sexuellen* Duft gesprochen, der Ihnen erlaubt hätte, das *Substantiv* zu *kürzen* und zugleich die *Adjektive* zu bewahren und Nachdruck auszuüben.« Montesquiou bezieht sich auf den Satz: »Als ich vor dem Weggehen beim Altar niederkniete, roch ich beim Aufstehen einen bitteren und süßen Mandelduft, der den Blüten entströmte«: Mandelduft, odeur d'amande: *amande*, gekürzt, ergibt *amant* (Kolb). – Proust läßt sich auf diese Antwort in seinem Brief an Montesquiou vom 25. oder 26. 3. 1912 ein: »Was die Mischung von Litanei und Samen/Vögeln [foutre] angeht, von der Sie sprechen, so findet sich der delikateste Ausdruck davon, den ich kenne, in einem zwar etwas älteren, aber hinreißenden Klavierstück von Fauré, das, glaube ich, *Romance sans Parole* heißt. Ich nehme an, das ist es, was ein Päderast summen würde, wenn er einen Chorknaben vergewaltigte.« *Corr.*, XI, S. 79 – Siehe auch Painter, II, S. 275; Tadié, 1996, S. 677; Diesbach, S. 491 – In der Sammlung von Vorabdrucken zum Roman, *Der gewendete Tag* (München: dtv 1996, S. 9), wird kommentarlos die entstellte Zeitungsfassung des Anfangssatzes wiedergegeben.]

49 Brief an Jean-Louis Vaudoyer, kurz nach dem 21. 3. 1912; *Corr.*, XI, S. 67; *BL*, S. 360.

50 [Sechs Beispiele: die Briefe 47-49 und 59-61 in *Corr.*, XI, S. 96-97 bzw. 116-117.]

51 Zitiert in dem Brief an Madame Catusse vom November 1914; *Corr.*, XIII, S. 340. [Kolbs Ausgabe der *Correspondance* bietet zahlreiche Möglichkeiten, dies zu überprüfen: jeder Band enthält mehrere Faksimiles, auch solche von Briefen der Adressaten.]

52 Brief an Albert Nahmias, kurz nach dem 13. 5. 1912; *Corr.*, XI, S. 124.

53 Brief an Albert Nahmias, April 1912; *Corr.*, XI, S. 95.

54 [Brief an Robert de Billy, kurz nach dem 24. 5. 1912; *Corr.*, XI, S. 128. Zu Madame Standish siehe *Corr.*, V, S. 135, Anm. 6; Brief an Madame Gaston de Caillavet, kurz vor dem 4. 7. 1912; *Corr.*, XI, S. 154-155; *BL*, S. 366-368; Michel-Thiriet, S. 250; Tadié, 1996, S. 678.]

55 Brief an Madame Straus, 4. 6. 1912; *Corr.*, XI, S. 141.

56 Ebd.

57 Brief an Madame Gaston de Caillavet, kurz vor dem 4. 7. 1912; *Corr.*, XI, S. 85-86; *BL*, S. 366-368 [Painter, II, S. 279].

58 Brief an Robert de Billy, kurz nach dem 24. 5. 1912; *Corr.*, XI, S. 129.

59 Brief an Madame Gaston de Caillavet, kurz nach dem 4. 7. 1912; *Corr.*, XI, S. 157 [vgl. *Recherche*, III, S. 177; *WA*, 7, S. 254].

60 Brief an Madame Greffulhe, 26./27. Mai 1912; *Corr.*, XI, S. 131-132. [Zu Feodor Schaljapin: Hans Hotter, *»Der Mai war mir gewogen«. Erinnerungen.* München: Kindler, 1996, passim.]

61 Brief an Madame de Caillavet, kurz vor dem 4. 6. 1912; *Corr.*, XI, S. 136 [»Sonnenstrahl auf dem Balkon«, in: *Der gewendete Tag*, S. 15-19; siehe *Recherche*, I, S. 389-390; *W*, II, 1, S. 571-572 sowie *Recherche*, I, S. 963-966: Esquisse LXXIX, »Le rayon du soleil comme promesse du bonheur«; Tadié, 1996, S. 679-680; Painter, II, S. 280; Diesbach, S. 491].

62 Brief an Anna de Noailles, 3. 6. 1912; *Corr.*, XI, S. 138.

63 Brief an Reynaldo Hahn, 13.(?) 7. 1912; *Corr.*, XI, S. 164-165.

64 Brief an Reynaldo Hahn, kurz nach dem 19. 8. 1912; *Corr.*, XI, S. 191.

65 Brief an Charles d'Alton, gegen Ende April 1912; *Corr.*, XI, S. 111-112 [Diesbach, S. 493].

66 Brief an Reynaldo Hahn, 17. oder 18. 8. 1912; *Corr.*, XI, S. 182.

67 Scheikévitch, S. 131-162 [Diesbach, S. 495-496; Painter, II, S. 285-287].

68 Brief an Reynaldo Hahn, kurz nach dem 18. 8. 1912; *Corr.*, XI, S. 185.

69 Brief an Albert Nahmias, 20. 8. 1912; *Corr.*, XI, S. 188.

70 Brief an Madame Straus, kurz nach dem 23. 8. 1912; *Corr.*, XI, S. 203.

71 Brief an Madame Straus, kurz nach dem 28. 10. 1912; *Corr.*, XI, S. 262-263.

72 Brief an Louis de Robert, kurz vor dem 28. 10. 1912; *Corr.*, XI, S. 252; *BW*, S. 218.

73 Brief an Antoine Bibesco, kurz vor dem 25. 10. 1912; *Corr.*, XI, S. 234.

74 Brief an Madame Straus, kurz vor dem 26. 10. 1912; *Corr.*, XI, S. 240; *BW*, S. 221.

75 Brief an Louis de Robert, kurz nach dem 28. 10. 1912; *Corr.*, XI, S. 267.

76 Brief an Louis de Robert, kurz vor dem 28. 10. 1912; *Corr.*, XI, S. 252; *BW*, S. 218-219.

77 Ebd., S. 251; *BW*, S. 216.

78 Brief an Madame Straus, kurz vor dem 26. 10. 1912; *Corr.*, XI, S. 241-242; *BW*, S. 223. [Kurz vor dieser Stelle schreibt Proust: »Ich versichere Sie, in physischer Hinsicht – und wenn Sie die jüngsten Ausführungen der Physiologen gelesen haben, so muß man das Alter als ein physisches Übel betrachten –.« Kolb zum Wort ›Physiologen‹ (S. 241, Anm. 18): »Der Arzt P.-H. Roeser schrieb in seinem Werk *Vieillesse et longévité* (Alter und Langlebigkeit), Paris: A. Maloine, 1910: ›Diejenigen, die, unter bestimmten Umständen, das Alter als einen Krankheitszustand (état de maladie) erscheinen lassen, sprechen die Wahrheit aus, und man muß ihnen auch unbedingt recht geben, will man nicht einer Chimäre nachjagen, wenn man von Therapien oder auch nur von bestimmten hygienischen Maßnahmen spricht, die einen Zustand modifizieren sollen, den beheben zu wollen unvernünftig wäre, falls er physiologisch ist‹«.]

79 Henri Bergson, *L'Evolution créatrice*, Paris: Alcan, 1907, Kap. I, S. 23 und IV, S. 364 [zit. in *Corr.*, XI, S. 244-245, Anm. 19; vgl. *Corr.*, VIII, S. 106. – Deutsch: *Schöpferische Entwicklung*. Übersetzt von Gertrud Kantorowicz. Jena: Diederichs, 1912].

80 Brief von Gaston Calmette an Eugène Fasquelle, 26. 10. 1912; *Corr.*, XI, S. 249.

81 Brief von Gaston Calmette an Madame Straus, 28. 10. 1912; *Corr.*, XI, S. 253.

82 Ebd.

83 Brief an Eugène Fasquelle, 28. 10. 1912; *Corr.*, XI, S. 256.

84 Brief an Eugène Fasquelle, kurz nach dem 28. 10. 1912; *Corr.*, XI, S. 265.

85 Brief an Gaston Gallimard, kurz nach dem 5. 11. 1912; *Corr.*, XI, S. 279.

86 Ebd., S. 280; *BW*, S. 236-240.

87 [Brief an Gaston Gallimard, kurz nach dem 6. 11. 1912; *Corr.*, XI, S. 287-288; *BW*, S. 244. Gallimard hatte in der Galerie Bernheim ausgestellte Gemälde von Bonnard besprochen, vgl. Gaston Gallimard, »Œuvres récentes de Bonnard [galerie Bernheim]«, *NRF*, 44, August 1912, S. 374-376; zit. in *Corr.*, XI, S. 289, Anm. 9.]

88 Brief an Jacques Copeau, kurz nach dem 7. 11. 1912; *Corr.*, XI, S. 289-290.

89 Brief an Madame Straus, 10. 11. 1912; *Corr.*, XI, S. 292; *BW*, S. 227 [Painter, II, S. 289].

90 Ebd., S. 291.

91 Brief an Madame André Beaunier, 10. 11. 1912; *Corr.*, XI, S. 297.

92 [Flers und Caillavet, *L'habit vert*.]

93 [Siehe *Corr.*. XI, S. 313, Anm. 7: *Kismet*, arabisches Märchen in drei
Akten von Edward Knoblauch; französische Bühnenfassung von Jules
Lemaître, Literaturkritiker und Mitglied der Académie Française. Der
Autor, Edward Knoblauch (1874-1945), war gebürtiger New Yorker,
der sich 1916 in England einbürgerte. Das Stück war mit großem Erfolg
ein Jahr lang am Garrick Theatre in London gespielt worden und
erzielte auch in New York Triumphe.]

94 Brief an Albert Nahmias, um den 18. 12. 1912; *Corr.*, XI, S. 318; Brief an
Louis de Robert, kurz nach dem 24. 12. 1912; *Corr.*, XI, S. 336.

95 [Brief an Madame Straus 18. 12. 1912; *Corr.*, XI, S. 316: Proust erklärt,
warum es beim Aufbruch zu diesem Mißgeschick kam.]

96 Ebd. [Painter, II, S. 296; Tadié, 1996, S. 687. Der Vorfall inspiriert Proust
zu dem Streit zwischen Saint-Loup und dem Journalisten im Theater.
Vgl. *Recherche*, II, S. 478; W, II, 3, S. 249-250.]

97 Brief an Louis de Robert, kurz nach dem 24. 12. 1912; *Corr.*, XI,
S. 336-337.

98 Brief an Madame Straus, um den 22. 12. 1912; *Corr.*, XI, S. 326.

23. Ein Geschäft abwickeln

1 Brief an Madame Straus, 26. 12. 1912; *Corr.*, XI, S. 331.

2 Brief an Louis de Robert, kurz nach dem 24. 12. 1912; *Corr.*, XI, S. 335.

3 Brief an Eugène Fasquelle, kurz nach dem 24. 12. 1912; *Corr.*, XI,
S. 339-340.

4 Brief an Louis de Robert, Anfang Januar 1913; *Corr.*, XII, S. 23.

5 Brief an Louis de Robert, 25. 1. 1913; *Corr.*, XII, S. 37.

6 Emile Mâle, *L'Art religieux du* XIIIe siècle en France. Etude sur l'iconographie du moyen âge et sur les sources d'inspiration. Paris, 1898;
deutsch: *Die kirchliche Kunst des 13. Jahrhunderts in Frankreich. Studie
über die Ikonographie des Mittelalters und ihre Quellen.* Übersetzt von
L. Zuckermandel. Straßburg, 1907. [Vgl. Brief an Reynaldo Hahn,
31. 1. 1913; *Corr.*, XII, S. 45 und Anm. 18-19.]

7 [Tadié, 1996, S. 692.]

8 Brief an Madame Straus, 14. 1. 1913; *Corr.*, XII, S. 26; *BL*, S. 378 [Pain-
ter, II, S. 300; Tadié, 1996, S. 692].

9 [Brief an Reynaldo Hahn, 31. 1. 1913; *Corr.*, XII, S. 45.]

10 *Recherche*, II, S. 196-197; W, II, 2, S. 596-598.

11 Brief an Louis de Robert, 30. 1. 1913; *Corr.*, XII, S. 43.

12 Brief an Louis de Robert, 25. 1. 1913; *Corr.*, XII, S. 37.

13 Brief an Madame Straus, 14. 1. 1913; *Corr.*, XII, S. 26-27; *BL*,
S. 379-380.

14 Brief an Reynaldo Hahn, 1. 2. 1913; *Corr.*, XII, S. 48-49 [Die Verszeile –

Liebt, was man nie zweimal sehen wird – stammt aus Alfred de Vignys ›philosophischem Gedicht‹ »Les destinées«, in *La maison du berger*, Vers 308. – Painter, II, S. 299-300].

15 Brief an Madame Straus, 14. 1. 1913; *Corr.*, XII, S. 11; *BL*, S. 380-381.

16 Brief an Louis de Robert, 25. 1. 1913; *Corr.*, XII, S. 37; *BL*, S. 376.

17 Ebd.

18 [Zur Impressionistenausstellung der Galerie Manzi im Juni 1912: Brief an Louis de Robert, 30. 1. 1913; *Corr.*, XII, S. 42-43; zu Rouart vgl. Briefe an Georges de Lauris und den Kunsthändler Gimpel, beide um den 20. 11. 1912; *Corr.*, XI, S. 306-308 und Anm. 2-3; Tadié, 1996, S. 687: Rouart, gest. am 2. 1. 1912, ein enger Freund von Degas, hinterließ neben Gemälden von Chardin, Fragonard, Greco und Goya eine beträchtliche Sammlung französischer Malerei aus der zweiten Hälfte des 19. Jahrhunderts, darunter 47 Gemälde von Corot, 8 von Courbet, 14 von Daumier, 12 von Delacroix. – Vgl. auch den Brief an den Kunsthändler Gimpel, um den 20. 11. 1912; *Corr.*, XI S. 307-308.]

19 Brief an Louis de Robert, 30. 1. 1913; *Corr.*, XII, S. 41-43.

20 [Brief an Reynaldo Hahn, 3. 12. 1912; *Corr.*, XI, S. 309: »Seit drei Tagen pflegte ich mich nun, um drei Quartette von Beethoven hören zu gehen, die das Capet-Quartett heute abend in der Salle Gaveau gespielt hat.« Nach den Angaben von Kolb handelte es sich um die Quartette Nr. 8, 11 und 14. – Siehe Painter, II, S. 382.]

21 [Brief an Louis de Robert, 30. 1. 1913; *Corr.*, XII, S. 43.]

22 Brief an Madame Straus, gegen Mitte März 1913; *Corr.*, XII, S. 110.

23 Brief an Jacques Copeau, 3. oder 4. 2. 1913, *Corr.*, XII, S. 60.

24 Brief an Albert Nahmias, Anfang Dezember 1913; *Corr.*, XII, S. 356.

25 Brief an Anna de Noailles, gegen Mitte Februar 1913; *Corr.*, XII, S. 70.

26 Louis de Robert, 1925, S. 14 [Brief an Louis de Robert, 21. 2. 1913, *Corr.*, XII, S. 76 und Anm. 4; *BW*, S. 259. Vgl. Painter, II, S. 300-301; Diesbach, S. 510-511; Tadié, 1996, S. 688-689].

27 Brief an Louis de Robert, um den 21. 2. 1913; *Corr.*, XII, S. 86.

28 Brief an Louis de Robert, erste Maiwoche 1913; *Corr.*, XII, S. 165 [Brief von Louis de Robert an Marcel Proust, erste Maiwoche 1913; *Corr.*, XII, S. 167-169].

29 Brief an Louis de Robert, um den 19. 2. 1913, *Corr.*, XII, S. 17-18.

30 Brief an René Blum, gegen den 20. 2. 1913; *Corr.*, XII, S. 80-82; *BW*, S. 254-256.

31 Brief an Louis de Robert, um den 21. 2. 1913; *Corr.*, XII, S. 86.

32 Brief an René Blum, 23. 2. 1913; *Corr.*, XII, S. 92.

33 Brief an Bernard Grasset, 24. 2. 1913; *Corr.*, XII, S. 96.

34 Briefe an Bernard Grasset kurz nach dem 24. 2. und kurz vor dem 11. 3. 1913; *Corr.*, XII, S. 98-100 und S. 101.

35 Brief an Bernard Grasset, 11. 3. 1913; *Corr.*, XII, S. 102.

36 Brief an Bernard Grasset, kurz nach dem 24. 2. 1913; *Corr.*, XII, S. 98.

37 Brief an Jean-Louis Vaudoyer, kurz nach dem 18. 3. 1913; *Corr.*, XII, S. 114.

38 Brief an René Blum, 14. 3. 1913; *Corr.*, XII, S. 107.

39 Brief an Robert de Billy, April 1913; *Corr.*, XII, S. 129.

40 Brief an Antoine Bibesco, 19. 4. 1913; *Corr.*, XII, S. 147 und Anm. 1-4.

41 *Recherche*, I, S. 346; W, II, 1, 1, S. 509.

42 Albaret, 1974, S. 12-13.

43 [Albaret, 1974, S. 14.]

44 [Albaret, 1974, S. 15.]

45 Albaret, 1974, S. 15.

46 Brief an Bernard Grasset, nach Mitte Mai 1913; *Corr.*, XII, S. 176-177.

47 [Ebd., Postskriptum, und Anm. 6.]

48 [Brief an Jacques Copeau, 22. 5. 1913; *Corr.*, XII, S. 178-180 und Anm. 9.]

49 [Brief an Jacques Copeau, nach Mitte Mai 1913; *Corr.*, XII, S. 180 und Anm. 10.]

50 Ebd. [Kolb weist in Anm. 4 darauf hin, daß die Dostojewskij-Stelle aus dem Schluß des VI. Kapitels von *Verbrechen und Strafe* stammt; hier zit. nach der neuen Übersetzung von Swetlana Geier, Frankfurt a. M.: S. Fischer, 1996, S. 103].

51 [Brief an Marie Scheikévitch, zweite Maihälfte 1913; *Corr.*, XII, S. 174 und Anm. 13. Anspielung auf die Abendvorstellung der Ballets russes am 15. Mai 1913, bei der Madame Scheikévitch auf einem weißen Abendkleid ein Bukett roter Rosen trug. – Vgl. Painter, II, S. 309 und den Titel der Proust-Biographie von Citati: »La colomba pugnalata«.]

52 Brief an Louis de Robert, Juli 1913; *Corr.*, XII, S. 231.

53 Maurice Rostand, *Confessions d'un demi-siècle*. Paris, 1948, S. 175 [vgl. die Chronologie Kolbs in *Corr.*, XII, S. 12].

54 Brief an Madame Scheikévitch, zweite Maihälfte 1913; *Corr.*, XII, S. 173.

55 [Kolb, Chronologie, *Corr.*, XII, S. 12; Tadié, 1996, S. 694, schreibt, daß er keinen weiteren Hinweis auf den Besuch dieser »historischen Aufführung« gefunden habe, und findet es überraschend, daß sie kein Echo ausgelöst habe.]

56 Brief an Maurice Duplay, kurz nach dem 23. 5. 1913; *Corr.*, XII, S. 182.

57 Brief an Louis de Robert, zweite Junihälfte 1913; *Corr.*, XII, S. 211.

24. Rituale weltlicher Liebe

1 [Brief an Emile Straus, gegen Ende Juni 1914; *Corr.*, XIII, S. 257; *BL*, S. 416: »(Ich nehme an), Sie wären verblüfft gewesen, aus der Feder dieses Chauffeurs Sätze zu lesen, die den größten Schriftstellern zur Ehre gereichen würden«. – Vgl. Brief an André Gide, 10. oder 11. 6. 1914; *Corr.*, XIII, S. 245-246; Tadié, 1996, S. 695-697; Painter, II, S. 328.]

2 Brief an Emile Straus, 6. oder 7. 6. 1914; *Corr.*, XIII, S. 238-239 [Painter,

II, S. 326. – Photographie von Anna Agostinelli mit Odilon Albaret in Albaret, 1974, gegenüber S. 273].

3 Brief an Louis de Robert, zweite Junihälfte 1913; *Corr.*, XII, S. 212.

4 [*Recherche*, III, S. 524-525; *WA*, 9, S. 16.]

5 [*Recherche*, III, S. 521; *WA*, 9, S. 11.]

6 [*Recherche*, III, S. 584-585; *WA*, 9, S. 99-100.]

7 [*Recherche*, III, S. 520; *WA*, 9, S. 10.]

8 [*Recherche*, III, S. 618; *WA*, 9, S. 147.]

9 *Recherche*, III, S. 521; *WA*, 9, S. 11-12. [Painter, II, S. 327].

10 *Recherche*, III, S. 638; *WA*, 9, S. 173 [Übersetzung geändert].

11 *Recherche*, III, S. 612; *WA*, 9, S. 138-139. [Übersetzung geändert. – Der Perserkönig Xerxes (um 510-465 v. Chr.) ließ das Meer mit Ruten peitschen, als ein Sturm im Hellespont seine Flotte verschlang. Vgl. *Recherche*, III, S. 1710, Anm. zu S. 556 (wo Proust das Bild zum ersten Mal benutzt): »Die von Proust angeführte Szene erlaubt es ihm, gewisse Züge seiner Romanästhetik zu illustrieren. Er betont damit sein Interesse für die allgemeinen Gesetze des Moralisten, sein Gefallen an Allegorien und das Fehlen einer Unterscheidung zwischen dem Bereich des Poetischen und dem des höchst Prosaischen (siehe J.-Y.Tadié, *Proust et le roman*. Paris: Gallimard, 1971, chap. XIV: ›Du roman des lois au roman poétique‹).«]

12 *Recherche*, III, S. 565-566; *WA*, 9, S. 73-74.

13 Brief an Emile Straus, 3. 6. 1914; *Corr.*, XIII, S. 229; *BL*, S. 412.

14 Brief an Louis de Robert, Juli 1913; *Corr.*, XII, S. 217.

15 Brief an Max Daireaux, kurz nach dem 18. 6. 1913; *Corr.*, XII, S. 203-207. [Bild zum Sonnenaufgang als Symbol der Erneuerung: das goldene Ei der Sonne koaguliert beim Aufgang wie ein Eidotter (Anm. 4); psychologische Geometrie: Überlagerung von Wohnungsgrundrissen im Zustand der Eifersucht (Anm. 9); Gleichnis aus der Perspektivenlehre (Anm. 12) und aus der visuellen Wahrnehmung (Anm. 14).]

16 Brief an Bernard Grasset, Juli 1913; *Corr.*, XII, S. 233-234.

17 Ebd., S. 234.

18 Brief an Reynaldo Hahn, 26.(?) 7. 1913; *Corr.*, XII, S. 236. [Proust schrieb diesen Brief in Cabourg; mit der Korrektur an den dritten Fahnen begann er erst Ende Juli 1913.]

19 Ebd.

20 [Brief an Georges de Lauris, kurz nach dem 11. 8. 1913; *Corr.*, XII, S. 248-250, Anm. 5, 7, 8: Agostinelli war nicht mehr Taxifahrer und besaß keinen Wagen, deshalb müssen er und Proust, Kolb zufolge, die Reise nach Houlgate »in einem Taxi aus Cabourg unternommen haben (so wie der Erzähler für seine Spazierfahrten mit Albertine einen Wagen mietet). Somit konnte er seine Botschaft an Nicolas und Agostinelli die seine an Anna durch den Taxifahrer übermitteln lassen. Anschließend nahm er mit Agostinelli den Zug nach Paris (eine Reise, die Proust wohl

als Vorbild für jene Reise diente, die der Erzähler am Ende von *Sodome et Gomorrhe* mit Albertine unternimmt«.]

21 Brief an Charles d'Alton, kurz nach dem 4. 8. 1913; *Corr.*, XII, S. 242-244; Brief an Georges de Lauris, kurz nach dem 11.8. 1913; *Corr.*, XII, S. 250-252 [Tadié, 1996, S. 697-698].

22 Brief an Charles d'Alton, kurz nach dem 4. 8. 1913; *Corr.*, XII, S. 242-244.

23 Brief an Albert Nahmias jr., 11. 8. 1913; *Corr.*, XII, S. 249 [Diesbach, S. 520].

24 Brief an Georges de Lauris, kurz nach dem 11.8. 1913; *Corr.*, XII, S. 250. [Painter, II, S. 311-312, behauptet, Prousts ›personne‹ sei eine Frau und »diese Frau existierte tatsächlich ⟨…⟩ die Krise in Cabourg war das Äquivalent in Prousts Leben für die *Verzweiflung im Morgengrauen*. Hier war der Punkt, von dem aus es im Leben wie im Roman keine Rückkehr mehr gab; und in diesem Moment entstand aus dem Mädchen aus Cabourg und Agostinelli die Albertine des Romans.«].

25 Brief an Albert Nahmias jr., 11.8. 1913; *Corr.*, XII, S. 248; Brief an Georges de Lauris, kurz nach dem 11.8. 1913; *Corr.*, XII, S. 251.

26 Brief an Madame de Pierrebourg, gegen Ende November 1913; *Corr.*, XII, S. 347.

27 [Brief an Lucien Daudet, Anfang September 1913; *Corr.*, XII, S. 265. – Painter, II, S. 328: »Es ist deutlich geworden, daß eine Identifizierung von Albertine und Agostinelli, wie sie allgemein üblich ist, nicht den Tatsachen entspricht.« – Vgl. auch Maurois, 1964, S. 210-216.]

28 Brief an Georges de Lauris, kurz nach dem 11.8. 1913; *Corr.*, XII, S. 251.

29 Brief an Charles d'Alton, gegen Mitte August 1913; *Corr.*, XII, S. 252.

30 Lucien Daudet, *Autour de soixante lettres de Marcel Proust* (*Cahier Marcel Proust V*), 1929, S. 67 [vgl. Brief an Lucien Daudet, gegen Ende August 1913; *Corr.*, XII, S. 256, Anm. 6; Painter, II, S. 314-317].

31 Brief an Lucien Daudet, Anfang September 1913; *Corr.*, XII, S. 260 [Lucien Daudets Artikel »Du côté de chez Swann« erschien im *Figaro* vom 27. 11. 1913].

32 Brief an Lucien Daudet, zwischen Mitte Oktober und Mitte November 1913; *Corr.*, XII, S. 287-288.

33 Brief an Jean-Louis Vaudoyer, 4. 11. 1913; *Corr.*, XII, S. 291.

34 Brief an René Blum, 5., 6. oder 7. 11. 1913; *Corr.*, XII, S. 295.

35 Brief an Robert de Flers, 6., 7. oder 8. 11. 1913; *Corr.*, XII, S. 299 [Diesbach, S. 522].

36 [Painter, II, S. 331-337.]

37 Albaret, 1974, S. 188.

38 *Recherche*, IV, S. 3; *WA*, 11, S. 9. [Vgl. Nussbaum, »Love's Knowledge«, 1990.]

39 Brief an Albert Nahmias jr., um den 1. oder 2. 12. 1913; *Corr.*, XII, S. 355.

40 Telegramme an Albert Nahmias jr., 3.-7. 12. 1913; *Corr.*, XII, S. 357-366.

41 *Recherche*, IV, S. 15; *WA*, 11, S. 26.

42 Telegramm an Albert Nahmias jr., 7. 12. 1913; *Corr.*, XII, S. 366.

43 Ebd. S. 365-366.

44 Brief an Gabriel Astruc, 2. Dezemberhälfte 1913; *Corr.*, XII, S. 387.

45 Brief an Madame Straus, 5. 1. 1914; *Corr.*, XIII, S. 31; Brief an Bernard Grasset, 5. 1. 1914; *Corr.*, XIII, S. 33.

46 Brief von Robert de Montesquiou, Januar 1914; *Corr.*, XIII, S. 42.

47 Ebd., S. 45.

48 Brief an Antoine Bibesco, Januar 1914; *Corr.*, XIII, S. 49; *BL*, S. 391.

49 Brief an Madame Straus, 5. 1. 1914; *Corr.*, XIII, S. 31 [*Recherche*, I, S. 522 und Anm. S. 1378; *W*, II, 2, S. 151-152 und Anm. S. 789 mit einem Auszug aus dem Brief an Madame Straus vom 5. 1. 1914; Painter, II, S. 327].

50 Brief an André Gide, 6. oder 7. 4. 1914; *Corr.*, XIII, S. 139.

51 Brief an Bernard Grasset, 28. 3. 1914; *Corr.*, XIII, S. 127.

52 *New York Herald*, 31. 5. 1914 [zit. in: Brief an Robert de Montesquiou, kurz nach dem 6. 6. 1914; *Corr.*, XIII, S. 242, Anm. 3].

53 Zit. in: Brief an Emile Straus, 3. 6. 1914; *Corr.*, XIII, S. 228.

54 Ebd., S. 228-229.

55 [Kolb, in: *Corr.*, XIII, S. XV und Anm. 8 zum Brief an Agostinelli vom 30. 5. 1914, in: *Corr.*, XIII, S. 221. – Der Betrag von 27 000 Francs (soviel kostete das Flugzeug; der Rolls-Royce sollte 26 200 Francs kosten) entspricht nach Diesbach (S. 551) 410 000 Francs von 1990.]

56 Ebd.

57 *Recherche*, IV, S. 50-51; *WA*, 11, S. 76.

58 [Kolb, in *Corr.*, XIII, S. XV.]

59 [Brief an Alfred Agostinelli, 30. 5. 1914; *Corr.*, XIII, S. 217-221.]

60 Kolb, »The Making of a Novel,« in: Quennell, S. 13.

61 Cahiers 46 und 71, Esquisse zu *La Prisonnière*, Esqsuisse zu *La Fugitive*, in: Cahiers 54 und 71. – [*Recherche*, III, S. 1059-1075 (Esquisse XVI aus Cahier 71): Albertine à Balbec; S. 1075-1092 (Esquisse XVII aus Cahier 46): »Deuxième séjour à Balbec«; *Recherche* IV, S. 629-650 (Esquisse I-V aus Cahier 54.]

62 [Zur Entstehung der Figur der Albertine siehe Tadié, 1996, S. 718-721.]

63 [Die Angaben Haymans auf S. 384 sind unzutreffend: Es handelte sich nicht um Agostinellis »twin brother, Emile«; vgl. Kolb, *Corr.*, XIV, S. 138, Anm. 2: »frère utérin«; Painter, II, S. 337 und Diesbach, S. 552.]

64 G. Cattaui, »Albertine retrouvée«, in: *Adam International*, 1957, N° 260, S. 81.

65 Brief an Emile Straus, 3. 6. 1914; *Corr.*, XIII, S. 228.

66 Brief an Emile Straus, 6. oder 7. 6. 1914; *Corr.*, XIII, S. 239; *BL*, S. 414.

67 Brief an Madame Catusse, 27. 5. 1915; *Corr.*, XIV, S. 137; *BL*, S. 454.

25. Auftritt Swanns

1 Brief an Robert de Flers, 6., 7. oder 8. 11. 1913; *Corr.*, XII, S. 208-209; *BW*, S. 283-284.

2 Brief an Gaston Calmette, 12. 11. 1913; *Corr.*, XII, S. 308.

3 *Le Figaro*, 16. 11. 1913 [zit. in: Brief an Gaston Calmette, 16. 11. 1913; *Corr.*, XII, S. 325, Anm. 2].

4 [Ausführliche Wiedergabe des Interviews bei Diesbach, S. 523-526; vgl. Tadié, 1996, S. 707; Painter, II, S. 315.]

5 *Le Temps*, 13. 11. 1913 [vollständiger Text in: *Textes retrouvés*, 1971, S. 285-291, Zitate S. 288-290; hier zitiert nach der Teilübersetzung in *W*, I, 3, S. 351-354].

6 *Excelsior*, 23. 11. 1913 [in der Rubrik *La Galerie des Bustes*; Zitat in: Diesbach, S. 527; Painter, II, S. 318].

7 *Le Figaro*, 27. 11. 1913 [vgl. Brief an Lucien Daudet, 27. 11. 1913; *Corr.*, XII, S. 342-343 und Anm. 7; vollständiger Text in: Lucien Daudet, *Autour de soixante lettres de Marcel Proust*, S. 81-86, Zitat S. 82-83].

8 [Redakteur der Literaturbeilage des *Figaro*; Painter II, S. 317; Tadié, 1996, S. 708.]

9 Albaret, 1974, S. 19-20.

10 Albaret, 1974, S. 25.

11 Albaret, 1974, S. 26.

12 Brief an Madame de Noailles, kurz nach Mitte November 1913; *Corr.*, XII, S. 336-337.

13 Brief an Madame Hugo Finaly, um den 24. 11. 1913; *Corr.*, XII, S. 341.

14 [Zit. in: Kolb, »Avant-propos« zu *Corr.*, XIII, S. VI: Jammes vergleicht Proust »mit den Größten, mit Shakespeare, Cervantes, La Bruyère, Molière und Paul de Kocq.«]

15 Brief von Francis Jammes, um den 9. 12. 1913 [nach Kolb (Anm. 6 zum Brief an Jean-Louis Vaudoyer, 9. 12. 1913; *Corr.*, XII, S. 375, vgl. ebd., Anm. 5, zu Jammes' Tacitus-Vergleich) ist dieser Brief von Jammes verlorengegangen; Proust zitiert daraus in seinem Brief an Henri Ghéon vom 2. 1. 1914; *Corr.*, XIII, S. 26].

16 *Le Temps* 10. 12. 1913 [die Zeitung erschien am Vorabend; Brief an André Beaunier, 9. oder 10. 12. 1913; *Corr.*, XII, S. 375-376, Anm. 7-8: Auszüge aus der Besprechung Soudays].

17 [*Corr.*, XII, S. 386, Anm. 2: Astruc entdeckte im gesamten Band fast eintausend Fehler; Gabriel Astruc, *Le pavillon des fantômes*, Paris 1929, S. 306.]

18 Brief an Gabriel Astruc, kurz nach dem 9. 12. 1913; *Corr.*, XII, S. 383 und Anm. 3; Brief von Gabriel Astruc sowie Prousts Antwort, beide zweite Dezemberhälfte 1913; *Corr.*, XII, S. 385-387 [laut Anm. 4 in *Corr.*, XII, S. 384 wurden bis Januar 1914 vier Auflagen gedruckt; die vierte stand kurz bevor, als Proust zum ersten Mal an Astruc schrieb].

19 Anzeige im *Mercure de France*, 16. 12. 1913 [vollständiger Text dieser Anzeige in *Corr.*, XIII, S. 41, Anm. 41].

20 [Brief an Bernard Grasset, 5. 1. 1914: *Corr.*, XIII, S. 34, Anm. 5: Auszüge aus dem Artikel von Rostand.]

21 Brief an Jacques Rivière, gegen Anfang Juli 1914; *Corr.*, XIII, S. 258.

22 *NRF*, 1. Januar 1914 [Brief an Henri Ghéon, 2. 1. 1914; *Corr.*, XIII, S. 22-27 und Anm. 10: Ghéon macht von der Doppeldeutigkeit des Worts *connaissance* Gebrauch, um seinen Vorwurf der Muße – Muße des Lebensgangs und Müßigkeit des Schreibens – zu untermauern: »Nachdem die Muße der Lebensweise es Proust erlaubt hat, sich für jeden Augenblick des Lebens zu interessieren und sich daran zu erfreuen, führt die Muße des Schreibens ihn dahin, keinen einzigen dieser Augenblicke für überflüssig zu halten und das herzustellen, was genau das Gegenteil eines Kunstwerks ist, nämlich ein Inventar seiner Sinneseindrücke, eine Liste seiner *connaissances* ⟨Kenntnisse/Bekanntschaften⟩ und deren sukzessive Liste ⟨tableau⟩, nicht aber ein vollständiges ›Gesamtbild‹ ⟨tableau d'ensemble⟩ der Beweglichkeit der Landschaften und der Seelen«].

23 Brief an Henri Ghéon, 2. 1. 1914; *Corr.*, XIII, S. 24-25 [Kolb, in »Avant-propos« zu *Corr.*, XIII, S. VI].

24 Ebd., S. 24.

25 Brief an Henri Ghéon, 6. 1. 1906; *Corr.*, XIII, S. 37.

26 Brief von André Gide, 10. oder 11. 1. 1914; *Corr.*, XIII, S. 50-51.

27 Brief an André Gide, 12. oder 13. 1. 1913; *Corr.*, XIII, S. 56; *BW*, S. 289.

28 Brief an André Gide, 18. 1. 1914; *Corr.*, XIII, S. 64.

29 Brief an Lucien Daudet, 25. 1. 1914; *Corr.*, XIII, S. 73.

30 Brief an Henry Bordeaux, 5. 3. 1914; *Corr.*, XIII, S. 105.

31 Brief an Albert Nahmias jr., gegen Ende Januar, Anfang Februar 1914; *Corr.*, XIII, S. 89.

32 Brief an Lionel Hauser, 6. 5. 1914; *Corr.*, XIII, S. 185 [Kolb, »Avant-propos«, *Corr.*, XIII, S. XIV; Brief an Alfred Agostinelli, 30. 5. 1914; *Corr.*, XIII, S. 217-221 und Anm. 8; Tadié, 1996, S. 728].

33 Brief an André Gide, 22. 3. 1914; *Corr.*, XIII, S. 119.

34 Edith Wharton, *A Backward Glance*. New York, 1934, S. 323-324 [in der französischen Übersetzung Kolbs zitiert in »Avant-propos« zu *Corr.*, XIII, S, VII-VIII, und Anm. 10; vgl. Painter, II, S. 395-396. – Einen Vergleich mit Stendhal enthielt bereits die prophetische Rezension von Lucio d'Ambra in der *Rassegna contemporanea* vom 10. 12. 1913 unter der Rubrik *Cronaca di letteratura francese*: »Behalten Sie diesen Namen und diesen Titel im Gedächtnis: Marcel Proust und *Du côté de chez Swann*. In fünfzig Jahren werden unsere Enkel die beiden vielleicht Seite an Seite mit Stendhal finden, neben *Le Rouge et le Noir* und neben der *Chartreuse de Parme*.« Brief an Lucien Daudet, 25. 1. 1914; *Corr.*, XIII, S. 76, Anm. 7].

35 Rainer Maria Rilke an Anton Kippenberg, 3.2.1914, in: Rainer Maria Rilke, *Briefe*. Hg. vom Rilke-Archiv in Weimar in Verbindung mit Ruth Sieber-Rilke. Frankfurt a. M.: Insel, 1987, Bd. 2, S. 440, Postskriptum [Kolb, »Avant-Propos«, *Corr.*, XIII, S. VIII].

36 Brief an Robert de Montesquiou, Februar 1914; *Corr.*, XIII, S. 97 [Brief an Madame Gaston de Caillavet, 31.1.1914; *Corr.*, XIII, S. 91].

37 [Vgl. Kristeva, 1994, S. 29, Anm. 2.]

38 Brief an Antoine Bibesco, zwischen dem 16. und dem 23.5.1914; *Corr.*, XIII, S. 206 [Painter, II, S. 318-319].

39 [Brief an Jacques Rivière, 6.2.1914; *Corr.*, XIII, S. 100, Anm. 2; *Correspondance Proust-Rivière*, 1971, S. 267, Anm. 2.]

40 Brief an Jacques Rivière, 6.2.1914; *Corr.*, XIII, S. 98; *BW*, S. 292 [Tadié, 1996, S. 724; Erman, S. 177].

41 *NRF*, 1.4.1925, N° CXXXIX, S. 787 [Zitat in *Corr.*, XIII, S. 100, Anm. 2].

42 Brief an Henry Bordeaux, kurz nach dem 14.2.1914; *Corr.*, XIII, S. 103 [»mon livre (essentiellement *dogmatique* d'ailleurs …)«: dogmatisch: lehrhaft, streng, auf genau bestimmten Überzeugungen beruhend].

43 Brief an André Gide, 6.3.1914; *Corr.*, XIII, S. 107-108; *BW*, S. 295-296.

44 Ebd., S. 108 und Anm. 6 [grain de peau: Oberflächenbeschaffenheit, (Fein-)Porigkeit der Haut].

45 Ebd. und Anm. 10-11; *BW*, S. 296.

46 Brief an Madame Straus, Nacht vom Dienstag auf den Mittwoch [17./18.3.1914]; *Corr.*, XIII, S. 111; *BL*, S. 399 [in der Übersetzung fehlt der Abschnitt über Madame Ballot].

47 Ebd., S. 112; nicht in *BL*.

48 Brief von André Gide, 20.3.1914; *Corr.*, XIII, S. 114.

49 Brief an André Gide, 21.3.1914; *Corr.*, XIII, S. 115-116.

50 Brief von Paul Claudel an André Gide, 9.3.1914. [Vgl. *BW*, S. 300, Anm. 1.]

51 Brief an André Gide, 22.3.1914; *Corr.*, XIII, S. 119; *BW*, S. 297-298.

52 [Wohl ein Mißverständnis Haymans: Von ›souscription‹ ist im Brief an Grasset vom 28.3.1914 (*Corr.*, XIII, S. 128) zwar die Rede, aber von ›souscription du conseil municipal‹, ›Anleihe beim Stadtrat‹, d. h. ein Gesuch um öffentliche Unterstützung. Proust schreibt: »Ich habe einen Zeitungsausschnitt erhalten [Proust war Abonnent eines Pressedienstes], aus dem hervorgeht, daß Sie um eine ›souscription du conseil municipal‹, um eine Anleihe oder Spende beim Stadtrat ersucht haben.« In der Anm. 10 (*Corr.*, XIII, S. 129) zu diesem Satz schreibt Kolb: »Von diesem Gesuch haben wir weder in der Presse noch in der Korrespondenz des Hauses Grasset irgendeine Spur gefunden; sehr wahrscheinlich ist dieses Gesuch zwischen Mitte November 1913 und dem 2. März 1914 eingereicht worden, in einem Zeitraum also, für den im Archiv des Hauses Grasset eine Lücke klafft. Aus diesem Archiv geht ferner hervor, daß Grasset während des ganzen Monats März zahlreiche ›deman-

des de souscription‹ für Bücher einreichte, für die er als Verleger fungierte.«]

53 Brief von Bernard Grasset, 4. 4. 1914; *Corr.*, XIII, S. 134.

54 Brief an André Gide, 6. oder 7. 4. 1914; *Corr.*, XIII, S. 140 [vgl. Diesbach, S. 545].

55 Ebd. [vgl. Diesbach, S. 545].

56 Jacques-Emile Blanche, »Du Coté de chez Swann«, in *L'Echo de Paris*, 15. 4. 1914, S. 1 [zit. in: Brief an André Vallette, 16. 4. 1914; *Corr.*, XIII, S. 153, Anm. 5; vgl. Brief an Jacques-Emile Blanche, 15. 4. 1914; *Corr.*, XIII, S. 146-147].

57 [Brief von Bernard Grasset, 4. 5. 1914; *Corr.*, XIII, S. 180; vgl. die Briefe N° 95 und 96.]

58 [Nicht nur im *Figaro*, wie Hayman, S. 392, schreibt; Brief von Louis Brun, 27. 4. 1914; *Corr.*, XIII, S. 165. – Vgl. dazu die Briefe Nr. 76, 77, 78, 81, 82 in *Corr.*, XIII.]

59 [Brief an Henry Bernstein, 8. 5. 1914; *Corr.*, XIII, S. 189 und Anm. 6.]

60 Brief an Jacques Rivière, 30. 4. oder 1. 5. 1914; *Corr.*, XIII, S. 170.

61 Brief an Jacques Rivière, um den 9. 5. 1914; *Corr.*, XIII, S. 197; Brief an Jacques Rivière, 12. oder 13. 5. 1914; *Corr.*, XIII, S. 199-200 [vgl. die beiden Briefe von Jacques Rivière, erste Maiwoche 1914; *Corr.*, XIII, S. 184-185 und 11. 5. 1914; *Corr.*, XIII, S. 198-199].

62 Brief von Jacques Rivière, 15. 5. 1914; *Corr.*, XIII, S. 202 [vgl. Brief an Jacques Rivière, 12. oder 13. 5. 1914; *Corr.*, XIII, S. 199].

63 Brief von Bernard Grasset, 4. 5. 1914; *Corr.*, XIII, S. 179.

64 [Albaret, 1974, S. 29-32.]

65 Brief an André Gide, 19. 6. 1914; *Corr.*, XIII, S. 254.

66 [Diesbach, S. 557.]

67 [Brief an Lionel Hauser, 26. 7. 1914; *Corr.*, XIII, S. 271-273 und Anm. 5.]

68 Brief an Emile Straus, 3. 6. 1914; *Corr.*, XIII, S. 229.

69 Brief an Robert de Flers, zwischen dem 4. und 25. 5. 1914; *Corr.*, XIII, S. 195-196.

70 Brief an Robert de Flers, Anfang Juli 1914; *Corr.*, XIII, S. 260.

71 [Brief an Lionel Hauser, um den 28. 7. 1914; *Corr.*, XIII, S. 276 und Brief an dens., 28. 8. 1914; *Corr.*, XIII, S. 294 und Anm. 2.]

72 Brief von André Gide, 6. 6. 1914; *Corr.*, XIII, S. 235.

73 Brief an André Gide, 10. oder 11. 6. 1914; *Corr.*, XIII, S. 245-246; *BW*, S. 304-305 [zu Charlus siehe Maurois, 1964, S. 208-209].

74 Brief von André Gide, 14. 6. 1914; *Corr.*, XIII, S. 249.

26. Krieg

1 Brief an Lionel Hauser, um den 28.7.1914; *Corr.*, XIII, S. 275-276.
2 Brief an Lionel Hauser, 2.8.1914; *Corr.*, XIII, S. 283-284; *BL*, S. 417-419.
3 Ebd. [Diesbach, S. 559].
4 Brief an Madame Straus, kurz nach dem 16.8.1914; *Corr.*, XIII, S. 291-292; *BL*, S. 419-420 [Painter, II, S. 344].
5 Albaret, 1974, S. 36.
6 Albaret, 1974, S. 37-38.
7 Brief an Reynaldo Hahn, 30.8.1914; *Corr.*, XIII, S. 297 [vgl. Albaret, 1974, S. 38-39; Painter, II, S. 344].
8 [Diesbach, S. 562; Tadié, 1996, S. 732-735. – Die Erinnerungen Forssgrens finden sich in *Etudes proustiennes*, Bd. II, S. 119-142, eine Photographie von ihm auf S. 128.]
9 [Brief an Madame Catusse, 7.9.1914; *Corr.*, XIII, S. 302, Anm. 2.]
10 Brief an Louis d'Albufera, nach dem 8.3.1915; *Corr.*, XIV, S. 71 [Tadié, 1996, S. 733; Kolb, *Corr.*, XIII, S. XXI; *Corr.*, XIV, S. 16; *Recherche*, IV, S. 318].
11 Albaret, 1974, S. 40.
12 [Nach Tadié, 1996, S. 734, der sich auf Forssgrens Bericht stützt, wurde der riesige Reisekoffer sehr wohl nach Cabourg mitgebracht.]
13 *Cahiers Marcel Proust* [Etudes proustiennes], 7, S. 125-132.
14 Brief an Madame Catusse, 7.9.1914; *Corr.*, XIII, S. 302 und Albaret, 1974, S. 40.
15 *Cahiers Marcel Proust* [Etudes proustiennes] 7, S. 130.
16 Ebd., S. 132-133 [Tadié, 1996, S. 735].
17 Albaret, 1974, S. 39; vgl. S. 42-43.
18 *Cahiers Marcel Proust*, 7, S. 134 [Tadié, 1996, S. 735].
19 Ebd., S. 136 [Céleste Albaret behauptet (Albaret, 1974, S. 45), sie hätten die ganze Zeit über in dem Hotel in Cabourg keinen einzigen Verwundeten gesehen; Kolb hingegen hält Forssgrens Bericht für wahr; Célestes Erinnerung sei in diesem Punkt wohl fehlerhaft: *Corr.*, XIII, S. XXVII, Anm. 60].
20 Albaret, 1974, S. 42.
21 Brief an Madame de Madrazo, Anfang 1915; *Corr.*, XIV, S. 45.
22 Brief an Lucien Daudet, kurz nach dem 21.11.1914; *Corr.*, XIII, S. 354.
23 Painter, II, S. 347.
24 Albaret, 1974, S. 46.
25 Albaret, 1974, S. 46-47.
26 Brief an Madame Catusse, 17.10.1914; *Corr.*, XIII, S. 306 und Anm. 3 [vgl. Kolb, Avant-propos, *Corr.*, XIII, S. XXII]; Brief an Madame Straus, um den 22., 23. oder 24.10.1914; *Corr.*, XIII, S. 309: »Ich bin nach Cabourg gefahren und schrecklich krank wieder zurückgekehrt, glück-

lich darüber, somit nicht der einzige zu sein, der nicht leidet, wenn jedermann stirbt oder seine Nächsten sterben sieht«].

27 Brief an Reynaldo Hahn, kurz nach dem 24. 10. 1914; *Corr.*, XIII, S. 311; *BL*, S. 421 [Diesbach, S. 564; Tadié, 1996, S. 735].

28 Ebd., S. 313; *BL*, S. 423.

29 [Brief an Jean-Louis Vaudoyer, 3. 3. 1915; *Corr.*, XIV, S. 57.]

30 Albaret, 1974, S. 47.

31 [Albaret, 1974, S. 54.]

32 Brief an Lionel Hauser, 27. 5. 1916; *Corr.*, XV, S. 128.

33 Brief an Reynaldo Hahn, kurz nach dem 28. 10. 1914; *Corr.*, XIII, S. 319.

34 Brief an Lionel Hauser, 13. 9. 1916; *Corr.*, XV, S. 293.

35 Brief an Lucien Daudet, 16. 11. 1914; *Corr.*, XIII, S. 333 [Painter, II, S. 351].

36 [»Rayon de soleil sur le balcon«, *Le Figaro*, 4. 6. 1912, *Chroniques*, S. 100-105; »Sonnenstrahl auf dem Balkon«, *Der gewendete Tag*, S. 15-19; Esquisse LXXIX in *Recherche*, I, S. 963-966.]

37 [*Recherche*, IV, S. 468; Esquisse XXIV. 2, ebd., S. 821-822; *WA*, 13, S. 300; Kristeva, 1994, S. 264.]

38 [»Die photographische Kunst ist genau das, was ich am meisten verabscheue. Die Mikroskopie würde mir weit weniger mißfallen, weil das unendlich Kleine, dem sie sich nähert, die großen Ganzheiten steuert, und statt passiv zu sein, arbeitet sie an der Verifizierung umfassender Hypothesen und an der Entdeckung allgemeinster Gesetze mit.« Brief an Gaston de Pawlowski, 11. 1. 1914 oder kurz danach; *Corr.*, XIII, S. 54.]

39 [Hayman, S. 403, ohne Nachweis; vgl. Brief an Henri Ghéon, 2. 1. 1914; *Corr.*, XIII. S. 23: »Zweifellos war es [...] unvernünftig von mir, ein Werk in Angriff zu nehmen, das zum Ziel hat, die verschiedenen Positionen zu zeigen, die eine gewisse Anzahl von Personen im Laufe des Lebens gegenüber einer bestimmten anderen Person einnehmen, für die Psychologie das zu tun, was ein Geometer tun würde, der von der Geometrie der Fläche zur Geometrie des Raumes überwechseln würde, um das zu betreiben, was ich als Psychologie in der Zeit beschreiben würde.« – *Recherche* IV, S. 548-549 und Esquisse XLI, S. 888-889; *Matinée chez la Princesse de Guermantes*, 1982, S. 209-210. – *WA*, 13, S. 362-363, 410-411. Die Kritik Prousts an der Photographie als Realismusmodell für die Literatur erstreckt sich auch auf den Film; siehe z. B. *Recherche*, IV, S. 60, 461, 463, 468. – Zur Bedeutung der Photographie bei Proust siehe jetzt Brassaï, 1997.]

40 [Diesbach, S. 575: »Das Wort ›deutsch‹ war damals verboten und wurde durch das Wort ›boche‹ ersetzt, dessen Gebrauch Vorschrift war, wollte man nicht der Deutschfreundlichkeit oder des Verrats beschuldigt werden«. – Vgl. Brief an Lucien Daudet, 16. 11. 1916 oder kurz danach; *Corr.*, XIII, S. 336: »Ich weiß nicht, ob Sie den Artikel von General Zurlinden über den Ursprung des Wortes *boche* gelesen haben, das ihm

zufolge auf den vergangenen September zurückgeht, als unsere Soldaten usw. ⟨nach Zurlinden ist ›boche‹ daraus entstanden, daß die französischen Soldaten, die anläßlich der ersten Kriegshandlungen im Elsaß häufig das Wort ›Schwob‹ gehört hatten, nach ihrer Rückkehr in das frankophone Gebiet sich nicht mehr richtig daran erinnerten, es umdrehten und das W wegließen: ›Sch(w)ob‹/›boche‹⟩. Er muß wohl die ganze Zeit über nur mit ›guten Menschen‹ gesprochen haben, sonst würde er ebenso wie ich wissen, daß das Dienstpersonal und die Leute aus dem Volk immer schon gesagt haben: ›Une tête de Boche‹, ›C'est un sale Boche‹.« – Siehe Césaire Villatte, *Parisismen. Alphabetisch geordnete Sammlung der eigenartigen Ausdrücke des Pariser Argot.* Berlin: Langenscheidt: 1912, achte, vermehrte und verbesserte Auflage, s.v. ›boche‹: »a) liederlicher Mensch – b) Deutscher, *tête de boche* stumpfsinniger Mensch, Dickkopf«. *Le Petit Robert*, s.v. ›boche‹: 1889, Aphaeresis ⟨ein sog. Barbarismus, hier: Weglassen des Wortanfangs von *Alboche*, einer abweichenden Form von *Almoche*⟩ im Argot ›Deutscher‹, nach *tête de boche*.]

41 *Recherche*, IV, S. 443; *WA*, 13, S. 265.

42 [Brief an Lucien Daudet, 7. 3. 1915; *Corr.*, XIV, S. 66 und Anm. 3: der Name der Dame, deren Äußerung Proust zurückweist, ist durchgestrichen bzw. fehlt; Kolb fragt: »Serait-ce Mme de Chevigné?« – Vgl. Diesbach, S. 581.]

43 [Zit. in: Kolb, »Avant-propos« zu *Corr.*, XIV, S. I; Anspielungen darauf, ohne das Zitat und ohne Namensnennung: Briefe an Lucien Daudet, 7., 8. und 11. 3. 1915; *Corr.*, XIII, S. 66-67, 67-68, 68-69, 76-78 und bes. Anm. 7 zu Cocteau; Brief an Georges de Lauris, kurz vor dem 13. 3. 1914; *Corr.*, XIII, S. 84 und Anm. 8. – Tadié, 1996, S. 743, wiederholt die Vermutung; Diesbach, S. 581: »⟨...⟩ bald geht in Paris ein Madame de Chevigné zugeschriebener und von Cocteau kolportierter Ausspruch um: »Der Krieg? Ich habe noch keine Zeit gehabt, darüber nachzudenken. Im Augenblick befasse ich mich mit der Affäre Caillaux.«]

44 Brief an Charles d'Alton, kurz nach dem 12. 5. 1914; *Corr.*, XIII, S. 130.

45 [Brief an Lucien Daudet, 16. 11. 1914; *Corr.*, XIII, S. 227: »P. S. Hotel Brunswick me semble un peu ›boche‹«. – Anm. 26: Lucien Daudet, ausgemustert, wurde zu Beginn des Krieges zum Roten Kreuz in Tours geschickt. Er wohnte im Hotel Brunswick (= Braunschweig). – Brief an Lucien Daudet, 7. 3. 1915; *Corr.*, XIV, S. 66: »Es stimmt, daß ›Boche‹ nicht zu meinem Vokabular gehört und daß mir die Dinge nicht so einfach erscheinen wie einigen anderen Leuten ⟨...⟩. Vgl. Tadié, 1996, S. 736-737; Diesbach, S. 574-576.]

46 [Brief an Lucien Daudet, 11. 3. 1915; *Corr.*, XIV, S. 76; Kolb, in: *Corr.*, XIV, S. 16; *Corr.*, XIII, S. XXIII; Painter, II, S. 352.]

47 Brief an Louis de Robert, 3. 1. 1915; *Corr.*, XIV, S. 23 [Tadié, 1996, S. 737].

48 [Brief an Madame Gaston de Caillavet, 14. 1. 1915; *Corr.*, XIV, S. 29; Brief an Louis d'Albufera, kurz nach dem 8. 3. 1915; *Corr.*, XIV, S. 71; Brief an Georges de Lauris, 13. 3. 1915; *Corr.*, XIV, S. 88 und Anm. 2: Abdruck der Meldung im *Figaro* vom 13. März 1915. – Diesbach, S. 583-585; Tadié, 1996, S. 738-739; Painter, II, S. 355-357.]

49 Brief an Madame Gaston de Caillavet, 14. 1. 1915; *Corr.*, XIV, S. 29 [Diesbach, S. 583; Painter, II, S. 354; Tadié, 1996, S. 738].

50 Brief an Lucien Daudet, 30. oder 31. 1. 1915; *Corr.*, XIV, S. 43.

51 Brief an Jacques-Emile Blanche, erste Maihälfte 1915; *Corr.*, XIV, S. 121.

52 Brief von Marcel Delanney an Marcel Proust, 8. 4. 1915; *Corr.*, XIV, S. 96-97 [Diesbach, S. 586-587].

53 [Diese Bescheinigung trägt das Datum vom 23. 10. 1914; sie ist zitiert in dem Brief an Reynaldo Hahn, 24. 10. 1914; *Corr.*, XIII, S. 310, Anm. 2. Proust wollte von Dr. Bize ein zweites Attest auf einem vorgeschriebenen amtlichen Formular haben: Brief an Reynaldo Hahn, kurz nach dem 24. 10. 1914; *Corr.*, XIV, S. 357-360; Diesbach, S. 567. Der von Hayman auf S. 405 zitierte Brief von Dr. Bize an Proust vom 10. 4. 1915 ist in der *Corr.* nicht enthalten.]

54 Brief an Robert de Billy, März 1915; *Corr.*, XIV, S. 63.

55 Brief an Lionel Hauser, 27. 8. 1915; *Corr.*, XIV, S. 212-213 [Tadié, 1996, S. 737].

56 Albaret, 1974, S. 79-84.

57 [Albaret, 1974, S. 85.]

58 Gimpel, 1966, S. 179 und 265.

59 [Albaret, 1974, S. 86.]

60 Albaret, 1974, S. 84.

61 Duc de Gramont, *Bulletin*.

62 Brief an Madame de Caillavet, 20. 4. 1915; *Corr.*, XIV, S. 105-106 [Albaret, 1974, S. 115-116].

63 [Diesbach, S. 582-583.]

64 Morand, *Journal*, S. 306.

65 Morand, *Journal*, S. 136.

66 Brief an Madame de Caillavet, 23. 4. 1915; *Corr.*, XIV, S. 110-111.

67 Albaret, 1974, S. 181.

68 Brief an Madame Catusse, 27. 5. 1915; *Corr.* XIV, S. 138; *BL*, S. 455 Painter, II, S. 357-358].

69 Ebd., S. 136; *BL*, S. 453 [Painter, II, S. 359].

70 Brief an Jacques-Emile Blanche, kurz vor dem 7. 7. 1915; *Corr.*, XIV, S. 181.

71 Brief an Madame de Madrazo, 27. 6. 1915; *Corr.*, XIV, S. 162.

72 Brief an Jacques Boulenger, Ende Juni 1921; *Corr.*, XX, S. 372; *BW*, S. 450.

73 Brief an Lucien Daudet, 8. 8. 1915; *Corr.*, XIV, S. 202; *BL*, S. 469; Brief an Lionel Hauser, 23. 8. 1915; *Corr.*, XIV, S. 207.

74 Brief an Jacques-Emile Blanche, erste Augustwoche 1915; *Corr.*, XIV, S. 199.

75 Brief an Lionel Hauser, 27. 8. 1915; *Corr.*, XIV, S. 207; Brief an Lucien Daudet, September 1915; *Corr.*, XIV, S. 228 [Painter, II, S. 362].

76 Brief an Lionel Hauser, Anfang September 1915; *Corr.*, XIV, S. 218.

77 Brief an Camille Plantevignes, 6. 12. 1915; *Corr.*, XIV, S. 316-317.

78 Brief an Lionel Hauser, gegen Mitte September 1915; *Corr.*, XIV, S. 230-231.

79 Brief an Nicolas Cottin, 22. 10. 1915; *Corr.*, XIV, S. 247-248 [etwas anders lauten die Zahlen, die Lionel Hauser in seinem Brief an Marcel Proust vom 29. 10. 1915 angibt; *Corr.*, XIV, S. 257-260].

80 Brief an Lionel Hauser, 22. 10. 1915; *Corr.*, XIV, S. 244-246.

81 Brief von Lionel Hauser, 26. 10. 1915; *Corr.*, XIV, S. 255.

82 Brief an Lionel Hauser, kurz nach dem 14. 5. 1915; *Corr.*, XVI, S. 132-133; *BL*, S. 512, vgl. Montaigne, *Essais*, I, XXXIX, »De la solitude«; *Essais*, S. 260.

83 Brief von Lionel Hauser, 4. 11. 1915; *Corr.*, XIV, S. 277.

84 [Brief an Lionel Hauser, 29. 10. 1915; *Corr.*, XIV, S. 266: Zitat aus Racine, *Athalie*, II, vii, V. 1142. (»Wie hat sich denn das pure Gold in nichtswürdiges Blei verwandelt?«)]

85 Brief an Albert Ben Nahmias, 28. oder 29. 9. 1915; *Corr.*, XIV, S. 236-238.

86 Brief an Madame Catusse, 10. 10. 1915; *Corr.*, XIV, S. 241.

87 Painter, II, S. 362.

88 Brief an Madame Catusse, 10. 10. 1915; *Corr.*, XIV, S. 241.

89 Scheikévitch, S. 145.

90 Brief an Madame Scheikévitch, 2. oder 3. 11. 1915; *Corr.*, XIV, S. 273; *BW*, S. 317.

91 Ebd., S. 273-274; *BW*, S. 317. Die Zusammenfassung hatte er bereits im Sommer begonnen [der handschriftliche Text enthielt Fragmente aus *A l'ombre des jeunes filles en fleurs* und *Le côté de Guermantes*, die im Juni und Juli 1914 in der *NRF* erschienen waren; vgl. ebd., Anm. 3].

92 Brief an Lucien Daudet, kurz nach Mitte November 1915; *Corr.*, XIV, S. 294.

93 Brief an Lucien Daudet, kurz nach Mitte November 1915; *Corr.*, XIV, S. 293.

94 [Brief an Emmanuel Berl, 1916; *Corr.*, XV, S. 27. – Diesbach, S. 622.]

95 Ebd., S. 28.

96 [Albaret, 1974, S. 89.]

97 [Albaret, 1974, S. 95.]

98 Brief an René Blum, 30. 5. 1916; *Corr.*, XV, S. 147.

99 [Brief an Georges de Lauris, 13. 3. 1915; *Corr.*, XIV, S. 89; *BL*, S. 443.]

100 Brief an Charles d'Alton, kurz nach dem 14. 2. 1916; *Corr.*, XV, S. 53.

101 [Brief an Lionel Hauser, 29. 5. 1916; *Corr.*, XV, S. 140.]
102 Ebd., S. 141.
103 [*Recherche*, III, S. 871-872; *WA*, 10, S. 498-501; 532-533.]
104 Brief an Madame Madrazo, 17. 2. 1916; *Corr.*, XV, S. 56-58.
105 [Venedig: Galleria dell'Accademia.]
106 Brief an Madame de Madrazo, 9. 3. 1916; *Corr.*, XV, S. 62.
107 *Recherche*, IV, S. 225; *WA*, 11, S. 324; Übersetzung geändert.
108 [Albaret, 1974, S. 289-290.]
109 [Painter, II, S. 366-367.]
110 Brief an Madame Catusse, kurz nach dem 22. 3. 1916: *Corr.*, XV, S. 75;
    BL, S. 480; Brief an Madame Albert Hecht, 7. 3. 1916; *Corr.*, XV, S. 61.
111 Brief an Robert Dreyfus, 16. 3. 1916; *Corr.*, XV, S. 65.
112 Brief an Lionel Hauser, kurz nach dem 22. 3. 1916; *Corr.*, XV, S. 72;
    Brief an Madame Catusse, kurz nach dem 22. 3. 1916; *Corr.*, XV,
    S. 73-74; *BL*, S. 477-479.
113 [Painter, II, S. 382-389; Tadié, 1996, S. 753-755.]
114 Brief an Raymond Pétain, kurz nach dem 14. 4. 1916; *Corr.*, XV,
    S. 77-79; Brief an dens., 20. oder 27. 4. 1916; *Corr.*, XV, S. 80 [Painter,
    II, S. 382-384; Tadié, 1996, S. 753-755].
115 [Tadié, 1996, S. 758.]
116 Brief an Gaston Gallimard, kurz vor dem 30. 5. 1916; *Corr.*, XV,
    S. 129-133.
117 Brief an René Blum, 30. 5. 1916; *Corr.*, XV, S. 144-147.
118 Brief an Lionel Hauser, 22. 6. 1916; *Corr.*, XV, S. 190.
119 Brief an Lionel Hauser, 4. 7. 1916; *Corr.*, XV, S. 205; Brief an Albert
    Nahmias jr., August 1916; *Corr.*, XV, S. 256-257.
120 [Diesbach, S. 595: Grasset ließ sich in Neuchâtel wegen einer »nervö-
    sen Depression, schamhaft als ›typhusähnliches Fieber‹ bezeichnet«,
    kurieren. Das Verlagspersonal in Paris war angewiesen worden, die
    Schweizer Adresse nicht weiterzugeben.]
121 Brief an René Blum, 6. 7. 1916; *Corr.*, XV, S. 211-213 [Painter, II, S. 368].
122 Briefe an René Blum, 30. 5. 1916, 6. 7. 1916 und 14. 8. 1916; *Corr.*, XV,
    S. 144-147, 211-213, 258-260.
123 Brief an Gaston Gallimard, kurz vor dem 30. 5. 1916; *Corr.*, XV,
    S. 129-132 [wie Proust schreibt, hatte Grasset die Hälfte der Fahnen
    des zweiten Bandes drucken lassen, die Proust nun an Gallimard wei-
    terleiten wollte].
124 [Zum Umfang der Änderungen siehe Painter, II, S. 370-474.]
125 Brief von Bernard Grasset an René Blum, 1. 8. 1916; *Corr.*, XV,
    S. 245-247.
126 Brief an Lionel Hauser, 4. oder 5. 8. 1916; *Corr.*, XV, S. 252.
127 Brief an René Blum, 14. 8. 1916; *Corr.*, XV, S. 258.
128 Brief an Albert Nahmias, August 1916; *Corr.*, XV, S. 257.
129 Brief an René Blum, 14. 8. 1916; *Corr.*, XV, S. 259.

130 [Painter, II, S. 369.]

131 Brief an Bernard Grasset, 14. 8. 1916; *Corr.*, XV, S. 260-265.

132 Brief an Lucien Daudet, um den 20. 8. 1916; *Corr.*, XV, S. 267-268;
Brief an Lionel Hauser 27. 8. 1916; *Corr.*, XV, S. 275.

133 Brief von Lionel Hauser, 15. 9. 1916; *Corr.*, XV, S. 298 [vgl. Kolb,
»Avant-propos« zu *Corr.*, XV, S. XVIII; nach dem Bericht von Céleste
Albaret, 1974, S. 260, hat Proust nie einen Augenarzt aufgesucht, sondern sie einfach zum Optiker geschickt, um eine Auswahl von Brillen
zu besorgen: »Ich habe mir die Bemerkung erlaubt: ›Monsieur, glauben
Sie nicht, es wäre immerhin besser, wenn Sie zuerst Ihre Augen untersuchen ließen?‹ – ›Nein, nein, Céleste‹, hat er mir geantwortet. ›Das wäre
eine Riesenangelegenheit und würde Stunden kosten. Sie wissen genau,
daß ich keine Zeit habe.‹ – Und er hat hinzugefügt: ›Bringen Sie mir das
allergewöhnlichste Modell mit einer einfachen Stahlfassung.‹ – Er
hatte mir auf gut Glück einige Dioptrienzahlen genannt. Ich habe
mich, so gut ich konnte, mit dem Optiker auseinandergesetzt und bin
mit einem ganzen Sortiment von Gläsern in Stahlgestellen zurückgekommen. Er hat sie ausprobiert; nachdem er gefunden hatte, was ihm
einigermaßen paßte, behielt er wie üblich gleich alle. Das waren ungefähr zehn oder zwölf Brillen, von denen auf seinem Tisch jene lagen, die
ihm zusagten«].

134 Brief an Lionel Hauser, 27. 9. 1916; *Corr.*, XV, S. 306.

135 Brief an Bernard Grasset, 14. 9. 1916; *Corr.*, XV, S. 295-297.

136 Brief von Madame Greffulhe an Marcel Proust, Oktober 1916; *Corr.*,
XV, S. 313-314.

137 Brief an Madame Greffulhe, Oktober 1916; *Corr.*, XV, S. 315-316.

138 Brief an Charles d'Alton, Februar 1917; *Corr.*, XVI, S. 53 [Albaret,
1974, S. 168].

139 Brief an Lionel Hauser, 8. 11. 1916; *Corr.*, XV, S. 323.

140 Brief an Robert de Montesquiou, 16. 12. 1916; *Corr.*, XV, S. 336.

141 Madame Alphonse Daudet, *Journal de guerre et de famille.* Paris:
Charpentier, 1920, S. 161 [siehe Brief an Lucien Daudet, Anfang Januar
1917; *Corr.*, XVI, S. 30, Anm. 10; Tadié, 1996, S. 764].

27. Letzter Versuch

1 Brief an Lucien Daudet, Anfang Januar 1917; *Corr.*, XVI, S. 29 [Tadié,
1996, S. 767].

2 [Kolb, »Avant-propos«, *Corr.*, XVI, S. I.]

3 Brief an Lionel Hauser, 6. 3. 1917; *Corr.*, XVI, S. 70.

4 Brief an Paul Morand, Januar oder Februar 1917; *Corr.*, XVI, S. 50.

5 Colette, S. 85 [übersetzt nach Hayman, S. 422-423].

6 Clermont-Tonnerre, *Robert de Montesquiou et Marcel Proust*, S. 140.

7 [Tadié, 1996, S. 765, 779, 790; Brief an Jacques Truelle, 8. oder
9. 11. 1917; *Corr.*, XVI, S. 286-288; Brief an dens., Dezember 1917;
Corr., XVI, S. 339-340; Painter, II, S. 401-402.]

8 Morand, *Le visiteur du soir*, S. 11-12 [Painter, II, S. 401-402].

9 Ebd. [Diesbach, S. 612, schreibt, Morand imitiere hier für seine Analyse
bewußt oder unbewußt den Proustschen Satzbau].

10 Morand, *Journal*, S. 202-203 [Painter, II, S. 403].

11 Brief an Lucien Daudet, 15.(?) 2. 1917; *Corr.*, XVI, S. 51.

12 [Brief an Paul Morand, 22. 2. 1917; *Corr.*, XVI, S. 56, Anm. 6.]

13 Ebd.; Brief an dens., 1. 3. 1917; *Corr.*, XVI, S. 59-60 und Anm. 2.

14 [Vgl. Adams, 1988, S. 174-176, mit einer Photographie von Nadar;
Diesbach, S. 615-616.]

15 [Tadié, 1996, S. 768-769; Diesbach, S. 616.]

16 Morand, *Journal*, S. 185-186, 111-113, 161, 203 und 300; *Le visiteur du
soir*, S. 29-30, 36-37, 48-49 und 53 [Zitat aus Painter, II, S. 399].

17 Brief an Paul Morand, 16. 3. 1917; *Corr.*, XVI, S. 74 und Anm. 3 [Tadié,
1996, S. 768].

18 [Morand, *Journal*, S. 199, zit. in *Corr.*, XVI, S. 75, Anm. 3.]

19 [Diesbach, S. 616; Tadié, 1996, S. 765: »Dieses Paar regt ihn zu einer selt-
samen Leidenschaft an, als ob hier die Theorie des ›triangulären Wun-
sches‹ nach René Girard zur Anwendung käme: das Objekt seines Wun-
sches (Morand) wird dem Mann (Marcel) von einem Dritten zugewiesen (hier von der Prinzessin), mit der Beziehungen der Bewunderung und
der Rivalität geknüpft werden.« – Der Hinweis bezieht sich auf René
Girard, *Mensonge romantique et vérité romanesque*. Paris: Grasset,
1961.]

20 Morand, *Le visiteur du soir*, S. 17-19.

21 [Brief an Madame Hugo Finaly, um den 24. 10. 1917; *Corr.*, XVII, S. 427
und Anm. 2-3.]

22 Brief an Madame de Chevigné, kurz vor dem 8. 10. 1918; *Corr.*, XVII,
S. 380.

23 Brief an Lionel Hauser, kurz nach dem 22. 3. 1917; *Corr.*, XVI, S. 86; *BL*,
S. 504.

24 Brief an Antoine Bibesco, 2. 4. 1917; *Corr.*, XVI, S. 91-92 [vgl. *Corr.*,
XVI, S. 75, Anm. 2; Morand, *Journal*, S. 218].

25 Gautier-Vignal, S. 58 und 110 [Brief an Lucien Daudet, 3. 4. 1917; *Corr.*,
XVI, S. 94].

26 Brief an Madame de Caraman-Chimay, 23. 8. 1917; *Corr.*, XVI,
S. 211-212; *BL*, S. 527 [Painter, II, S. 404-405; Diesbach, S. 623-624;
Albaret, 1974, S. 220].

27 Brief an Madame Soutzo, 3. 9. 1917; *Corr.*, XVI, S. 223.

28 Entwurf zu einem Brief an Madame de Chevigné, 22. 4. 1922; *Corr.*,
XVI, S. 104 und Anm. 2-5 [in der Anm. 2 wird die Schilderung Morands
im *Journal*, S. 243, zitiert: »Er ⟨Proust⟩ hatte Madame de Chevigné

gegenüber behauptet, er gehe abends niemals aus ⟨...⟩.« – Vgl. Diesbach, S. 617-618].

29 Painter, II, S. 413-416 [Tadié, 1996, S. 788-790; Albaret, 1974, S. 189-194].

30 Sylvain Bonmariage, »Document sur la personnalité de M. de Charlus«, *Défense de M. Proust*, Le Rouge et le Noir, Paris, 1930 [Tadié, 1996, S. 792].

31 Duplay, S. 138-139.

32 Bonnet, 1985, S. 84-85 [Brief an Madame Straus, 3. 6. 1914; *Corr.*, XIII, S. 231 und Anm. 4; Brief an Robert de Montesquiou, 18. oder 19. 4. 1921; *Corr.*, XX, S. 194-195 und Anm. 7: »Le baron Albert-Agapit, *dit* Jacques Doäzan«; Brief an Robert de Montesquiou, kurz nach dem 17. 5. 1921; *Corr.*, XX, S. 281; Tadié, 1996, S. 869; Diesbach, S. 718].

33 [*Corr.*, XIII, S. 232, Anm. 4.]

34 Duplay, S. 72.

35 [Albaret, 1974, S. 193; Tadié, 1996, S. 790.]

36 Bonnet, 1984, S. 80 [lt. Diesbach, S. 632, zitiert Bonnet hier Aufzeichnungen von Jouhandeau].

37 Gide, »Ainsi soit-il«, in: *Journal (1939-1949) – Souvenirs*. Paris: Gallimard, Bibliothèque de la Pléiade, S. 1223 [Vgl. Tadié, 1996, S. 791; Painter, II, S. 422-424; Straus, *Maladies of Marcel Proust*, S. 117-118].

38 [Painter, II, S. 415.]

39 [*Recherche*, I, S. 568; W, II, 2, S. 217-218; Painter, II, S. 419-420.]

40 [Albaret, 1974, S. 144; Tadié, 1996, S. 791.]

41 [Painter, II, S. 42.]

42 »La confession d'une jeune fille«, in: *Les plaisirs et les jours*, 1971, S. 95; »Das Bekenntnis eines jungen Mädchens«, *W*, I, 1, S. 131.

43 Brief an Madame Straus, 31. 5. 1918; *Corr.*, XVII, S. 270.

44 Brief an Clément de Maugny, kurz nach dem 25. 4. 1918; *Corr.*, XVII, S. 203.

45 Winton, I, »Spoken Language«, S. 134-135.

46 Brief an Léon Daudet, Anfang März 1917; *Corr.*, XVI, S. 64-65 [und Anm. 12, mit Zitat aus Daudet, *Salons et journaux*, S. 298-299].

47 Brief an Léon Daudet, Anfang März 1917; *Corr.*, XVI, S. 65 [und Anm. 23].

48 Brief an Lionel Hauser, kurz nach dem 14. 5. 1917; *Corr.*, XVI, S. 132-133 [und Anm. 3 mit Hinweisen auf die entsprechenden »Lektionen« des Malers Elstir und der Schauspielerin Berma; *BL*, S. 511-513].

49 *Recherche*, II, S. 252; W, II, 2, S. 679.

50 Brief an Lionel Hauser, kurz nach dem 14. 5. 1917; *Corr.*, XVI, S. 133; *BL*, S. 513; Brief an Jacques Truelle, 15. 5. 1917; *Corr.*, XVI, S. 137; Brief an Antoine Bibesco, kurz nach dem 15. 5. 1917; *Corr.*, XVI, S. 138.

51 [Brief an Jacques Truelle, 15. 5. 1917; *Corr.*, XVI, S. 135 und Anm. 2.]

52 Brief an Lucien Daudet, um den 1. 5. 1917; *Corr.*, XVI, S. 111 [und Anm. 4].

53 [Brief an Jean Cocteau, 19. oder 20. 5. 1917; *Corr.*, XVI, S. 139-140 und Anm. 2-3.]

54 [Brief an Paul Morand, 29. 5. 1917; *Corr.*, XVI, S. 146, Anm. 2: Morand hält diese Einladung in seinem *Journal*, S. 276, fest.]

55 Brief an Madame de Guiche, 30. 5. 1917; *Corr.*, XVI, S. 147.

56 Brief an Jacques Truelle, 15. 5. 1917; *Corr.*, XVI, S. 136-137 und Anm. 2.

57 [Brief an Paul Morand, 29. 5. 1917; *Corr.*, XVI, S. 146 und Anm. 4-5.]

58 *Lettres* (1917), S. 132, Anm. 24 [siehe *Corr.*, XVI, S. 170, Anm. 2].

59 Brief an Madame Scheikévitch, 23. 6. 1917; *Corr.*, XVI, S. 169-170.

60 Brief an Madame de Clermont-Tonnerre, 11.(?) 6. 1917; *Corr.*, XVI, S. 154. [Hayman, S. 431 legt den zweiten Teil dieser Briefstelle nach den drei Punkten aus Versehen ebenfalls Bakst in den Mund: »⟨...⟩ Bakst m'assurait en passant beaucoup de fois sa langue sur ses dents, que *Swann* était supérieur à des ouvrages illustres ... auxquels je sais qu'il est infiniment inférieur.« – »Bakst versicherte mir beiläufig, wobei er mit der Zunge mehrmals über die Zähne fuhr, daß *Swann* manchen berühmten Werken überlegen sei ... denen es unendlich unterlegen ist, wie ich weiß«].

61 Ebd., S. 155.

62 Brief an Jacques Truelle, Dezember 1917; *Corr.*, XVI, S. 339-340 [Diesbach, S. 640-641].

63 Gautier-Vignal, S. 48.

64 Brief an Louisa de Mornand, gegen Juni 1917; *Corr.*, XVI, S. 162-163.

65 [Briefe an Madame Catusse, 23. 11. 1917; *Corr.*, XVI, S. 311-314; Diesbach, S. 638-640; Tadié, 1996, S. 779.]

66 Brief an Charles d'Alton, kurz nach dem 5. 7. 1917; *Corr.*, XVI, S. 183-184.

67 [Brief an Madame Catusse, 13. 10. 1917; *Corr.*, XVI, S. 257 und Anm. 6 mit der Zeitungsmeldung aus dem *Excelsior.*]

68 [Tadié, 1996, S. 774.]

69 Brief an Madame Straus, gegen Ende Juli 1917; *Corr.*, XVI, S. 196 [Painter, II, S. 426].

70 Morand, *Journal*, Brief vom 28. 7. 1917 [zit. in *Corr.*, XVI, S. 198, Anm. 7, vgl. Painter, II, S. 426-427].

71 Brief an Madame Straus, gegen Ende Juli 1917; *Corr.*, XVI, S. 197.

72 [Vgl. Brief an Madame Straus, kurz vor dem 13. 2. 1918; *Corr.*, XVII, S. 104: »Ich werde versuchen, an einem Abend ohne Gothas zu kommen ⟨...⟩.«. – Kolb, »Avant-propos« zu *Corr.*, XVII, S. IV; *Corr.*, XVII, S. 105, Anm. 17: Der erste Fliegerangriff auf Paris mit diesen Flugzeugen erfolgte in der Nacht vom 30. auf den 31. 1. 1918; eine Artikelüberschrift auf der Titelseite des *Figaro* vom 30. 1. 1918 lautete: »Gothas sur Paris«, und in der *Recherche* (IV, S. 356; *WA*, 13, S. 130) spielt Proust auf das Ende des Krieges an: »Es war die Zeit, in der unaufhörlich die sogenann-

ten ›Gothas‹ einflogen; die Luft rauschte ständig vom wachsamen Schwirren französischer Aeroplane.«]

73 Morand, *Journal*, zit. in *Corr.*, XVI, S. 199, Anm. 10 [Painter, II, S. 427].

74 Brief an Madame Straus, gegen Ende Juli 1917; *Corr.*, XVI, S. 196-197 [vgl. *Recherche*, IV, S. 339; *WA*, 12, S. 104].

75 [Painter, II, S. 427; Tadié, 1996, S. 775. – Das Gemälde El Grecos befindet sich in der Kirche S. Tomé in Toledo.]

76 *Recherche*, IV, S. 339; *WA*, 12, S. 104 [Warenbörse, wörtl. »Hôtel du libre échange«: Titel eines Vaudeville-Stücks von Georges Feydeau (1894); vgl. Painter, II, S. 427-428; Tadié, 1996, S. 774-775].

77 Brief an Paul Morand, 17. 8. 1917; *Corr.*, XVI, S. 207.

78 Brief an Madame de Caraman-Chimay, kurz nach dem 23. 8. 1917; *Corr.*, XVI, S. 216.

79 Marthe Bibesco, *Au bal avec Marcel Proust*, S. 102. [*Corr.*, XVI, S. 232.]

80 Marthe Bibesco, kurz nach dem 15. 9. 1917; *Corr.*, XVI, S. 226.

81 [Albaret, 1974, S. 220.]

82 [*Corr.*, XVI, S. 241, Anm. 10; Gide hatte Proust 1892 zum ersten Mal besucht, vgl. *Corr.*, XVI, S. 240.]

83 [Tadié, 1996, S. 777.]

84 [*Corr.*, XVI, S. 240: Proust erinnert sich an den ersten Besuch Gides 1892: »[…] quand tout d'un coup, à un certain sourire, j'ai vu se répandre sur votre visage (que j'aime d'ailleurs tant sans cela) ce que je croyais un mot vide de sens, au moins au point de vue physique et matériellement perceptible, la *Beauté Morale*« (Übers. in *BW*, S. 337: »[…] als ich plötzlich, bei einem gewissen Lächeln, das Sie zeigten, sah, wie sich auf Ihrem Gesicht (das ich auch ohne dies so liebe) voll ausbreitete, was ich bislang für ein leeres Wort hielt, ohne Sinn zumindest in physischer und materiell erkennbarer Hinsicht: die Geistige Schönheit«). – Zu der ›Vorschrift‹ Gides, siehe *Corr.*, XVI, S. 240: »Ce qu'un autre aurait écrit aussi bien que toi, ne l'écris pas.« (Übers. in *BW*, S. 338: »Was ein anderer genauso gut wie Du hätte schreiben können, das schreibe nicht.«]

85 André Gide, *Les nourritures terrestres*, 1960, S. 186.

86 Rémy de Gourmont, *Le livre des masques*. Paris, 1886 [Gides Buch, *Les nourritures terrestres*, endet nach dem angeführten Zitat so: »Nur was sich nirgend anders findet als in Dir, das halte fest, und schaffe Dich in einmaliger Tat oder in langsamem Werden zum unvergleichlich, ja zum unersetzlich Einzigen«].

87 Brief an Madame Catusse, 13. 10. 1917; *Corr.*, XVI, S. 257.

88 [Brief an Lucien Daudet, 3. 11. 1917; *Corr.*. XVI, S. 280 und Anm. 6 mit der Pressenotiz.]

89 Brief an Paul Morand, gegen Ende Oktober 1917; *Corr.*, XVI, S. 274.

90 Brief an Lucien Daudet, 3. 11. 1917; *Corr.*, XVI, S. 280.

91 Brief an Madame Soutzo, 23. 11. 1917; *Corr.*, XVI, S. 310.

92 Brief an Louis Gautier-Vignal, 10.(?) 11. 1917; *Corr.*, XVI, S. 289.

93 [Gautier-Vignal, 1976; Michel-Thiriet, S. 202.]

94 [Brief an Louis Gautier-Vignal, 10.(?) 11. 1917; *Corr.*, XVI, S. 289.]

95 Brief an Armand de Guiche, 14. 11. 1917; *Corr.*, XVI, S. 301 und Anm. 7.

96 Brief von Céleste Albaret an Madame Soutzo, 16. 11. 1917; *Corr.*. XVI, S. 306.

97 [Brief an Madame Hennessy, Ende November 1917; *Corr.*, XVI, S. 321-323; *Corr.*, XVI, S. 318, Anm. 6; Michel-Thiriet, S. 216. Nicht Comte Albert de Mun, sondern Comte Adrien-Albert-Marie de Man (1841-1914), Urenkel des Philosophen Helvetius, war Begründer des katholischen Arbeiterhilfswerks, Mitglied der Académie française, vgl. *Corr.*, VII, S. 230, Anm. 2.]

98 Brief an Walter Berry, 14. 11. 1917; *Corr.*, XVI, S. 303.

99 Brief an Madame Scheikévitch, 23. 11. 1917; *Corr.*, XVI, S. 316.

100 Brief an Robert de Flers, 12. 11. 1917; *Corr.*, XVI, S. 291-292.

101 [Die Banken in Rußland hatten die Überweisungen ihrer Einkünfte gesperrt; vgl. *Corr.*, XVI, S. 316.]

102 [Brief an Madame Scheikévitch, 23. 11. 1917; *Corr.*, XVI, S. 316-317; Brief von Madame Scheikévitch, 26. 11. 1917; *Corr.*, XVI, S. 318-319.]

103 Brief von Madame Scheikévitch, 26. 11. 1917; *Corr.*, XVI, S. 318-319.

104 Brief an Madame Catusse, Ende November 1917; *Corr.*, XVI, S. 324.

105 [Brief von Emile Straus, 9. 12. 1917; *Corr.*, XVI, S. 351-352; Briefe an Madame Catusse, 9. oder 10. 12. und 16. 12. 1917; *Corr.*, XVI, S. 353-354, S. 359-362; Briefe an Madame Straus, 16. 12., 25. 12., 29. 12. 1917; *Corr.*, XVI, S. 363-364, 372-376.]

106 Brief an Madame Soutzo, 1. 12. 1917; *Corr.*, XVI, S. 330-331.

107 Ebd., S. 331 [Tadié, 1996, S. 779-780].

108 Brief an Madame Soutzo, Anfang Dezember 1917; *Corr.*, XVI, S. 335 [vgl. Brief an dies., 1. 1. 1918; *Corr.*, XVII, S. 30: »Ich hatte Ihnen neulich einen langen Brief geschrieben, in dem ich Ihnen sagte, wie schön Sie nach Ihrer Operation sein würden, und ich versuchte dort Gründe der Koketterie zur Geltung zu bringen oder zumindest zu verhindern, daß Gründe der Koketterie Sie dazu verleiten könnten, die Sache zu lange hinauszuzögern. Und nun hat Antoinette zu Céleste gesagt, man könne sich gar keine Vorstellung davon machen, ›wie hübsch‹ Sie nach Ihrer Operation wären. Sie sehen, ich habe mich nicht geirrt.«].

109 *Recherche*, II, S. 418 und Anm. S. 1581; *W*, II, 3, S. 163-164 [vgl. Brief an Paul Morand, 6. 12. 1917; *Corr.*, XVI, S. 344; Zitat aus der NRF, Juli 1914, LVII, S. 95 in Anm. 8; deutsch in: *Der gewendete Tag*, S. 88].

110 Brief an Jacques de Lacretelle, 14. 12. 1917; *Corr.*, XVI, S. 356 und Anm. 5.

111 Brief an Madame Catusse, 22. 12. 1917; *Corr.*, XVI, S. 369.

112 Brief an Madame Straus, 29. 12. 1917; *Corr.*, XVI, S. 375 [Bei der ›kranken Person‹ handelt es sich um Prinzessin Soutzo; zu den Herzanfällen

vgl. Brief an Clément de Maugny, Ende Dezember 1917/Anfang Januar 1918; *Corr.*, XVII, S. 36].

113 Brief an Maurice Bize, 1916 oder 1917; *Corr.*, XVI, S. 385.

28. Ausgestoßen

1 *Recherche*, IV, S. 314; *WA*, 12, S. 72 [Vgl. Painter, II, S. 410-411].

2 Brief an Walter Berry, 4. 1. 1918; *Corr.*, XVII, S. 42.

3 Brief an Walter Berry, 6. 1. 1918; *Corr.*, XVII, S. 47 [Anm. 7: Die Briefe von Olivier Dabescat sind nicht erhalten].

4 Brief an Walter Berry, kurz nach dem 21. Juli 1917; *Corr.*, XVI, S. 188.

5 [Brief an Madame Straus, 13. 2. 1918; *Corr.*, XVII, S. 104 und Anm. 18; zu Borodin siehe auch *Corr.*, XVII, S. 78, Anm. 10.]

6 Brief an Madame Straus, kurz vor dem 13. 2. 1918; *Corr.*, XVII, S. 104.

7 Morand, *Le visiteur du soir*, S. 82 [= Brief an Prinzessin Soutzo, 9. 4. 1918; *Corr.*, XVII, S. 175-176; *BL*, S. 541-542; Painter, II, S. 429; Tadié, 1996, S. 785-788].

8 Brief an Clément de Maugny, 9. 4. 1918; *Corr.*, XVII, S. 179.

9 *Du côté de chez Proust*, S. 13-14 [Brief an Madame Daudet, 2. 2. 1918: *Corr.*, XVII, S. 93, Anm. 4; Brief an Jacques Truelle, kurz nach dem 4. 2. 1918; *Corr.*, XVII, S. 99; »Ich habe (am selben Abend) Ihren Freund, Monsieur Mauriac kennengelernt, der mir charmant schien«].

10 Brief an Lucien Daudet, 8. 4. 1918; *Corr.*, XVII, S. 169 [Brief an Madame Scheikévitch, 22. 3. 1918; *Corr.*, XVII, S. 147; Brief an Jacques Porel, Ende März 1918; *Corr.*, XVII, S. 152-153; Straus, *Maladies of Marcel Proust*, S. 62-63].

11 *Recherche*, IV, S. 616; *WA*, 13, S. 505-506.

12 Brief an Comtesse de Maugny, erste Januarhälfte 1918; *Corr.*, XVII, S. 55.

13 Widmung für Jacques de Lacretelle, *Corr.*, XVII, S. 193 [Tadié, 1996, S. 771].

14 Ebd., S. 194 und Anm. 38 [vgl. Brief an Reynaldo Hahn vom 23. 5. 1911; *Corr.*, X, S. 289 und Anm. 5].

15 Ebd., S. 193.

16 *Contre Sainte-Beuve*, 1971, S. 570-586; *W*, I, 3, S. 368-389 [Vorwort zu Jacques-Emile Blanche, *Propos de peintre – De Davis à Degas*. Paris: Emile Paul, 1919. Die Stelle über Auteuil und das Haus des Onkels findet sich auf S. 572-573; die Stelle über Sainte-Beuve S. 578-579: sie bezieht sich auf Prousts Essay »Die Methode Sainte Beuves«, deutsche Übersetzung S. 13-17: »Das *Ich*, das die Werke hervorbringt, wird ⟨...⟩ durch das andere verdunkelt, das dem äußeren Ich von sehr vielen Leuten weit unterlegen sein kann« (S. 15)].

17 Ebd., S. 575; *W*, I, 3, S. 375.

18 Ebd., S. 571; W, I, 3, S. 369-370 [Baudelaire, *Les fleurs du mal*, »Le Rebelle«, Vers 4: »Denn ich bin dein guter Engel, hörst du? Ich will es.«]

19 Brief an Madame Scheikévitch, 29. 5. 1918; *Corr.*, XVII, S. 261.

20 Brief an Clément de Maugny, 8. 6. 1918; *Corr.*, XVII, S. 283 [Proust wollte eine Trepanation vornehmen lassen; vgl. Brief an Lionel Hauser, 3. 6. 1918; *Corr.*, XVII, S. 279 und Anm. 8].

21 Brief an Madame Straus, 15. 6. 1918; *Corr.*, XVII, S. 284-285 [zit. nach Painter, II, S. 438; vgl. Tadié, 1996, S. 794].

22 [Diesbach, S. 642.]

23 Brief an Robert Dreyfus, kurz nach dem 13. 8. 1918; *Corr.*, XVII, S. 345 und Anm. 2.

24 Brief an Madame Straus, 8. 10. 1918; *Corr.*, XVII, S. 381 [Vgl. Briefe an dies., 18. 10., 11. 11., 20. 11. 1918; *Corr.*, XVII, S. 401-403, 450, 479-480, der letzte in: *BW*, S. 368-369; *Pastiches et Mélanges*, 1971, S. 52-53; W, I, 2. S. 75-76].

25 Brief an Madame Straus, 18. 10. 1918; *Corr.*, XVII, S. 403.

26 [W, I, 2, S. 63-64, 77-78; Brief an Madame Lemaire, 27. Oktober 1919; *Corr.*, XVIII, S. 440 und Anm. 2.]

27 Brief an Jacques-Emile Blanche, um den 8. oder 9. 10. 1918; *Corr.*, XVII, S. 384 und Anm. 3 [Briefe an Lionel Hauser, 15. 9., 24. 9. 1918; *Corr.*, XVII, S. 360-361, 367-368].

28 Brief an Madame Straus, kurz nach dem 20. 11.; *Corr.*, XVII, S. 483 [vgl. Brief an Olivier Dabescat, Dezember 1918; *Corr.*, XVI, S. 514 und Anm. 3; Painter, II, S. 451; Diesbach, S. 656, 671-673; Tadié, 1996, S. 798-900].

29 Ebd.

30 Brief an Jean-Louis Vaudoyer, 7. 5. 1919; *Corr.*, XVIII, S. 205 [Hayman schreibt in der Anm. 25 zu dieser Briefstelle: »Letter to Jean-Louis Vaudoyer, 18 (incorrectly dated 1919)«; der Brief findet sich jedoch an der angegebenen Stelle in *Corr.*, XVIII; Painter, II, S. 451, schreibt: Am 7. Mai ⟨1919⟩ lud er Vaudoyer ein, an seinem Bett zu speisen, zusammen mit Reynaldo und einem jungen Mann ...«; *CG* 4, S. 75: 1919].

31 Albaret, 1974, S. 186 [vgl. Diesbach, S. 673].

32 [Brief an Bernard Grasset, 18. 7. 1918; *Corr.*, XVII, S. 310-311.]

33 Brief an Madame Straus, 30. 7. 1918; *Corr.*, XVII, S. 330-332.

34 Brief an Madame Straus, 11. 11. 1918; *Corr.*, XVII, S. 449.

35 [Brief an Madame Straus, 30. 7. 1918; *Corr.*, XVII, S. 331.]

36 Brief an Madame Straus, 11. 11. 1918; *Corr.*, XVII, S. 448.

37 Brief an Madame Straus, 12. 11. 1918; *Corr.*, XVII, S. 453; *BL*, S. 556-557 [Tadié, S. 803].

38 Hayman, S. 444, ohne Nachweis.

39 [Tadié, 1996, S. 794: »Odilon Albaret war krank zu ihm zurückgekommen«; Painter, II, S. 429: »Die arme Céleste, die ohnehin vor Furcht verging und nun auch noch Odilon pflegen mußte, der Mitte April mit einer

Mandelentzündung auf Krankenurlaub kam, dachte daran, Proust den Dienst aufzukündigen.« – Ein entsprechender Brief an Lucien Daudet – mit dem Zitat Haymans – ist nicht zu finden.]

40 *Recherche*, IV, S. 541; *WA*, 13, S. 399.

41 »Dahin sind alle Proust-Briefe, die ich in meiner Jugend(lichkeit) und Verrücktheit verbrannte.« – Robert Rhodes James, Hg., *Chips. The Diaries of Sir Henry Channon*. London, 1967. [In *Corr.* wird Channon nur ein einziges Mal erwähnt: Brief an Madame Soutzo, 28. 7. 1918; *Corr.*, XVII, S. 323 und Anm. 7].

42 Henry Channon, Tagebucheintragung vom 16. 11. 1918.

43 [Tadié, 1996, S. 813: »Stephen Hudson ⟨…⟩ ist einer der großen Katastrophengeschädigten der englischen Literatur. Sein Name taucht in keinem Handbuch der Literaturgeschichte mehr auf, weder in einem *Oxford Companion* noch in dem *Dictionary of English Biographies*.« Er hatte einen vierbändigen Romanzyklus verfaßt, der 1935-1950 bei Gallimard in französischer Übersetzung erschien, sowie mehrere Novellen, darunter eine über Céleste. – Zu Sydney Schiff alias Stephen Hudson siehe auch Painter, II, S. 534-535; Diesbach, S. 732-734; Brief von Marcel Proust an Sydney Schiff, kurz vor dem 14. 4. 1919; *Corr.*, XVIII, S. 165-166; Brief von Sydney Schiff an Marcel Proust, 14. 4. 1919; *Corr.*, XVIII, S. 167-168.]

44 Violet Schiff, »A Night with Proust«, *London Magazine*, September 1956.

45 [Vgl. Painter, II, S. 446; Brief an Madame Straus, kurz vor dem 13. 2. 1918; *Corr.*, XVII, S. 102 und Anm. 5; *Corr.*, XIII, S. 281, Anm. 3 und S. 300, Anm. 6.]

46 Brief an Walter Berry, undatiert; *CG*, 5 [*CG*, 5, S. 6-10 = Brief an Walter Berry, 21. 1. 1919; *Corr.*, XVIII, S. 52; Painter, II, S. 449-450].

47 Brief an Clément de Maugny, 1918 [= Brief an Clément de Maugny, 18. 1. 1919; *Corr.*, XVIII, S. 44].

48 Brief an Madame Straus, Dezember 1918 [= Brief an Madame Straus, 25. 12. 1918; *Corr.*, XVII, S. 524 und Anm. 4].

49 Brief an Madame Straus, kurz vor dem 13. 2. 1918; *Corr.*, XVII, S. 103.

50 [Albaret, 1974, S. 219-220; Brief an Lionel Hauser, 4. 2. 1919; *Corr.*, XVIII, S. 90: »Die elementarste Koketterie verbietet es mir nämlich, eine Person weiblichen Geschlechts an meinem Krankenbett zu empfangen. Diese unumstößliche Vorschrift wurde vorgestern zum ersten Mal seit zehn Jahren durch den Verlobten von Mademoiselle Asquith verletzt, der sie (die Verlobte) dank einer teuflischen List in mein Zimmer führte, wo ich mit meinen angesengten Pullovern usw. im Bett lag.«]

51 Marthe Bibesco, *Au bal avec Marcel Proust*, S. 157; deutsche Übersetzung S. 127 [*Contre Sainte-Beuve*, 1971, S. 48; *W*, I, 2, S. 68 und Anm. 36, S. 332.

52 [Ebd., S. 47; *W*, I, 2, S. 67.]

53 [Brief an Walter Berry; *Corr.* XVIII, S. 98, Anm. 13; Brief an Walter Berry, 12. 2. 1919; *Corr.*, XVIII, S 105.]

54 Brief an Walter Berry, März 1919 [Hayman gibt als Nachweis »Brief an Walter Berry, 3. 19« an. Wie bei allen Nachweisen zu *Corr.* fehlen auch bei den Zitaten aus *CG* die Angaben von Band und Seitenzahl. In den drei Briefen vom März 1919 an Walter Berry (*Corr.*, XVIII, 5., 10. und 14. März; S. 128-129, 133-136 und 140-141) ist eine entsprechende Behauptung Prousts nicht zu finden.]

55 Albaret, 1974, S. 310.

56 Brief an Madame Scheikévitch, Januar 1919 [*CG*, 5, S. 262; Brief an Madame Scheikévitch, 21. 1. 1918; *Corr.*, XVII, S. 79-80. Nach Kolb, ebd., Anm. 1, in *CG* versehentlich auf »Januar 1919« datiert. Proust schreibt: »Vielleicht wäre jedoch etwas Literarisches möglich und zwar ohne daß Sie auch nur eine Zeile zu schreiben brauchten. Da Sie sehr eng mit *Le Temps* verbunden sind ⟨nämlich mit dem Herausgeber Adrien Hébrard; siehe ebd., Anm. 10⟩, schlagen Sie ihr doch vor, daß Sie es übernehmen, jeden Tag einen rein kommerziellen Artikel zu schreiben, von überfahrenen Hunden an aufwärts. Man wird Sie für diejenige halten, die das macht, aber damit Sie nicht der entmutigenden Langeweile anheimfallen, werde ich es sein, der ihn von der ersten bis zur letzten Zeile schreibt, mit einer Freude, von der Sie gar nichts ahnen.« Madame Scheikévitch lehnte das Angebot ab; siehe Brief an dies., 1. 2. 1918; *Corr.*, XVII, S. 88-89].

57 Briefe an Madame Soutzo und Madame Scheikévitch, 1. 2. 1919 [Brief an die Prinzessin Soutzo, 1. 2. 1919; *Corr.*, XVIII, S. 81-83; den Brief an Madame Scheikévitch – in *CG*, 5, S. 262 mit dem Datum des 1. 2. 1919 – datiert Kolb in *Corr.*, XVII, S. 88-89 auf den 1. 2. 1918, weil er Anspielungen auf den Brief mit dem Vorschlag eines täglichen Artikels für *Le Temps* enthält. Madame Scheikévitch hatte diesen Vorschlag mit den »überfahrenen Hunden« einer Freundin erzählt, die die Geschichte dann in Umlauf brachte, was Proust wiederum zu Ohren kam: »Ich bin mit der Antwort an Sie arg im Rückstand. Ich war nämlich krank. Doch Sie reden über meine Briefe, noch bevor Sie mir geantwortet haben. *Die Freundschaft verlangt etwas mehr Heimlichkeit.** Wenn ich mir erlaube, das Wort Freundschaft zu gebrauchen, dann deshalb, weil Sie es mir gütig erlaubten. Lassen Sie mich glauben, daß sie neu entstehen wird.«

* »L'amitié demande un peu plus de mystère«: Molière, *Le Misanthrope*, I, 2, V. 278 (Alceste an Oronte)].

58 *Contre Sainte-Beuve*, 1971, S. 46; *W*, I, 2, S. 65 [Brief an Paul Morand, kurz nach dem 10. 10. 1919; *Corr.*, XVIII, S. 423 und Anm. 19].

59 Nicolson, *Peacemaking*, London 1933, S. 275-276; deutsche Übersetzung S. 264. – Kolb zitiert Nicolsons Kennzeichnung von Proust in *Corr.*, XVIII, S. 123, Anm. 4: »White, unshaven, grubby, slip-faced

(blême, non rasé, malpropre, à figure de papier mâché)«; leichenblaß,
unrasiert, verwahrlost, das Gesicht sehr mitgenommen«]

60 [Nicolson, 1933, S. 318 (deutsche Übersetzung S. 304): »Zu Abend im
Ritz mit Jean le Gaigneron. Gladys Deacon ist da. Sehr attisch. Auch
Marcel Proust. Sehr hebräisch. Sitze neben ihm. Er fragt mich wieder
aus. Macht mir Spaß. Ich stelle die These auf, die Passion für Einzelheiten sei ein Kennzeichen des literarischen Temperaments. Das verletzt
seine Gefühle. Er sagt: ›Non pas!‹, ganz schroff, und wirft dann eine
zärtliche Kußhand quer übern Tisch zu Gladys Deacon. Aber er besänf-
tigt sich später wieder. Wir sprechen über Homosexualität.« – Painter, II,
S. 450-451.]

61 Nicolson, 1933, S. 318; deutsche Übersetzung S. 304 [Hayman stützt
sich hier auf Painter, II, S. 450-451, der neben *Peacemaking* (Nicolson,
1933) zwei weitere Texte Nicolsons benutzt: Nicolson 1955 und 1936].

62 [Brief an Madame Sydney Schiff, 5. 8. 1919; *CG*, 5, S. 11 (undatiert);
Corr., XVIII, S. 364 und Anm. 4].

63 Albaret, 1974, S. 254-255.

64 Tadié, 1987, S. 418 [Lettres à la *NRF*, Mai 1919, S. 115; Brief an Gaston
Gallimard, um den 22. 5. 1919; *Corr.*, XVIII, S. 226; *BW*, S. 385; vgl. Brief
an Gaston Gallimard, Anfang September 1916, in: Proust/Gallimard,
Correspondance, S. 53].

65 Brief an Gaston Gallimard, um den 22. 5. 1919; *Corr.*, XVIII, S. 227; *BW*
S. 385.

66 [Briefe an Walter Berry, 21. 1., 22./23. 1., 5. 2. 1919, dessen Antwort,
22. 1. 1919; *Corr.*, XVIII, S. 53, 58, 97, 56; vgl. Diesbach, S. 660; Tadié,
1996, S. 810.]

67 [Brief an Walter Berry, kurz vor dem 20. 2. 1919; *Corr.*, XVIII, S. 113:
»Jeder, der die *Pastiches* liest, muß erfahren, daß Sie der Urheber des Sie-
ges sind. Theorem: Frankreich konnte ohne die USA nicht gewinnen,
Walter Berry hat Amerika zur Teilnahme bewegt, also ist Walter Berry
der Sieger des größten aller Kriege.« – Siehe die Widmung in *W*, I, 2, S. 7:
»*Für Monsieur Walter Berry*. Rechtsanwalt und Literaturliebhaber, der
seit den ersten Kriegstagen angesichts des noch unentschlossenen Amerika mit unvergleichlicher Energie und ebensolchem Talent die Sache
Frankreichs vertreten und den Prozeß gewonnen hat.«]

68 [Brief an Madame Catusse, kurz vor dem 30. 6. 1919; *Corr.*, XVIII,
S. 278.]

69 [Brief an Walter Berry, kurz nach dem 10. 3. 1919; *Corr.*, XVIII, S. 135:
»Jedenfalls ist mir diese Sprechstörung äußerst peinlich. Meine einzige
Hoffnung ist, daß sie bloß auf die Vergiftung durch den Mißbrauch von
Veronal zurückgeht. Ich fürchte jedoch, daß kaum Chancen bestehen,
daß diese Ursache die wahre ist ...«; Brief an Jacques-Emile Blanche,
kurz nach dem 10. 3. 1919; *Corr.*, XVIII, S. 138-139: Proust teilt mit, daß
er sich von Dr. Babinski trepanieren lassen wollte. – Straus, 1980, S. 71,

86, schreibt von Überdosen bis zu 7 Gramm; die übliche Dosis war 0,3-0,5 Gramm.]

70 [Brief an Madame Catusse, kurz vor dem 26. 4. 1919; *Corr.*, XVIII, S. 117; vgl. Brief an Robert Dreyfus, 27. 4. 1919; *Corr.*, XVIII, S. 188.]

71 [Brief an Madame Catusse, 28. 4. 1919; *Corr.*, XVIII, S. 190; Brief an Walter Berry, 1. 5. 1919; *Corr.*, XVIII, S. 198-200.]

72 Brief an Madame Catusse, kurz vor dem 24. 5. 1919; *Corr.*, XVIII, S. 231.

73 [Tadié, 1996, S. 815-819; Diesbach, S. 671-672; Painter, II, S. 453-459.]

74 [Albaret, 1974, S. 309-310.]

75 Brief an Madame Catusse, 1. 6. 1919; *Corr.*, XVIII, S. 248.

76 [Brief an Madame Catusse, kurz vor dem 30. 6. 1919; *Corr.*, XVIII, S. 278-280.]

77 [Brief an Jacques Porel, kurz nach dem 15. 7. 1919; *Corr.*, XVIII, S. 331: »Sie werden so freundlich sein, Ihrer Madame Mutter zu sagen, daß ich an der Rue Laurent-Pichat weder ein Klavier noch eine Mätresse habe. Ich bin unschuldig, was die Geräusche in dem Haus betrifft, die zu Reklamationen vom einen Stockwerk zum anderen führen. Die Nachbarn, von denen mich eine dünne Wand trennt, vollziehen Tag für Tag den Liebesakt mit einer Raserei, die mich eifersüchtig macht. Wenn ich daran denke, daß diese Empfindung für mich schwächer ist als die, ein Glas frisches Bier zu trinken, beneide ich Leute, die solche Schreie ausstoßen können, daß ich beim ersten Mal an einen Mord dachte, doch das vom Mann eine Oktave tiefer wiederholte Geschrei der Frau hat mich über das Geschehen schnell beruhigt. Ich bin nicht verantwortlich für diesen Radau, der sicherlich ebenso weit zu hören ist wie der Schrei der verliebten Wale, von denen Michelet schreibt, daß sie sich wie die beiden Türme von Notre-Dame erheben ⟨…⟩. Ich kenne nur das Asthma.«]

78 Widmung für Madame Straus in *A l'ombre des jeunes filles en fleurs*, in: *CG*, 6, S. 262 [Painter, II, S. 456-458; Tadié, 1996, S. 815-818].

79 Albaret, 1974, S. 313.

80 [Brief an Madame Catusse, kurz vor dem 30. 6. 1919; *Corr.*, XVIII, S. 279.]

81 Brief an Robert de Flers, 7. 7. 1919; *Corr.*, XVIII, S. 310-311; Brief an Robert Dreyfus, 7. 7. 1919; *Corr.*, VIII, S. 311-312.

82 [Brief an Paul Souday, 10. 11. 1919; *Corr.*, XVIII, S. 463; *BW*, S. 396.]

83 [Brief an Comte Jean de Gaigneron, 1. 8. 1919; *Corr.*, XVIII, S. 359; vgl. Fraisse, 1990; Tadié, 1996, S. 669.]

84 [Ebd., S. 360.]

85 [Brief an Walter Berry, 16. 6. 1919; *Corr.*, XVIII, S. 263.]

86 [Brief an Robert Dreyfus, 23. 7. 1919; *Corr.*, XVIII, S. 344.]

87 [Brief an Madame Catusse, kurz vor dem 26. 4. 1919; *Corr.*, XVIII, S. 177.]

88 [Brief an Robert Dreyfus, 23. 7. 1919; *Corr.*, XVIII, S. 345; *BL*, S. 575-577.]

89 [Brief an Robert Dreyfus, 27.7.1919; *Corr.*, XVIII, S.352-353; *BL*, S.577-579.]

90 [Briefe an Madame Schiff, 2.7.1919 und 5.8.1919; *Corr.*, XVIII, S.293-296 (*BW*, S.388-392) und S.363-364; Brief an Robert Dreyfus, um den 30.6.1919; *Corr.*, XVIII, S.287-288. Es handelte sich um die »Société des bibliophiles«, die alle Vorzugs-Erstausgaben des Verlags *NRF* subskribiert hatte; vgl. Brief an Jacques-Emile Blanche, kurz vor dem 24.7.1919; *Corr.*, XVIII, S.342-344.]

91 [Brief an Madame Catusse, 1.7.1919; *Corr.*, XVIII, S.290.]

92 [Brief an Robert de Montesquiou, gegen Ende August 1919; *Corr.*, XVIII, S.385; Brief an Robert Dreyfus, 1. oder 2.7.1919; *Corr.*, XVIII, S.291-292; Brief an Madame Catusse, 1.7.1919; *Corr.*, XVIII, S.290; Brief an Madame Scheikévitch, 26.12.1919; *Corr.*, XVIII, S.561-562; Brief an Louis de Robert, gegen Mitte Juli 1919; *Corr.*, XVIII, S.328-329; Brief an Daniel Halévy, 19.7.1919; *Corr.*, XVIII, S.334; Brief an Jean-Louis Vaudoyer, gegen Ende Juli 1919; *Corr.*, XVIII, S.356-357; Brief an Antoine Bibesco, gegen Ende Juni 1919; *Corr.*, XVIII, S.283-284.]

93 [Tadié, 1996, S.825-826.]

94 [Brief an Daniel Halévy, 19.7.1919; *Corr.*, XVIII, S.334-335 und Anm. 5-10; Zitat aus dem *Figaro* in Anm. 8; *CG*, 4, S.279, Anm. 1: Formulierung eines Ziels der »Partei der Intelligenz«: »*Fédération intellectuelle de l'Europe et du monde sous l'égide de la France victorieuse, gardienne de toute civilisation*«. In seinem Brief an Daniel Halévy schreibt Proust, diese Formulierung lasse »unfreiwillig an ›Deutschland über alles‹ ⟨deutsch im Original⟩ denken und ist deshalb wohl etwas unangenehm« (*Corr.*, XVIII, S.335).]

95 Brief an Paul Souday, 10.11.1919; *Corr.*, XVIII, S.463.

96 Brief an Jacques Rivière, Anfang September 1919; *Corr.*, XVIII, S.388; *BL*, S.581.

97 Brief an Robert de Flers, 7.7.1919; *Corr.*, XVIII, S.310-311; *CG*, 4, S.271-272; Brief an Jacques Truelle, Anfang Juli 1919; *Corr.*, XVIII, S.298-299.

98 Brief an Robert Dreyfus, 7.7.1919; *Corr.*, XVIII, S.312.

99 Brief an Walter Berry, 10.3.1919; *Corr.*, XVIII, S.135 [Brief an Louis de Robert, kurz nach dem 21. Mai 1919; *Corr.*, XVIII, S.228; vgl. Tadié, 1996, S.811; Straus, 1980, S.62-63].

100 Jacques-Emile Blanche, *Propos de peintre*. Paris, 1919-1928, 3 Bde., Bd.2, S.XXXVII-XL [zit. in Painter, II, S.463].

101 [Painter, II, S.463; Brief an Walter Berry, 15.8.1919; *Corr.*, XVIII, S.376.]

102 [Brief an Jacques Porel, 23.9.1919; *Corr.*, XVIII, S.401-402.]

103 [Diesbach, S.673: »das Wohnhaus ist mit einem Fahrstuhl ausgestattet«; Albaret, 1974, S.313: »Es war im vierten Stock, mit Fahrstuhl«;

Tadié, 1996, S. 827: »Das Haus ist ohne Fahrstuhl«; Brief an Madame Edwards, kurz vor dem 28. 1. 1920; *Corr.*, XIX, S. 104: »le manque d'ascenseur«; ebd., Anm. 4: »Seit dem 1. Oktober wohnt Proust in der Rue Hamelin 44 auf der fünften Etage, ohne Fahrstuhl.«]

29. Kleinerer Raum

1 [Albaret, 1974, S. 313.]
2 [Albaret, 1974, S. 315.]
3 [Albaret, 1974, S. 316.]
4 Brief an Paul Souday, 10. 11. 1919; *Corr.*, XVIII, S. 462; *BW*, S. 394.
5 Brief an Madame Straus, 24. 12. 1919; *Corr.*, XVIII, S. 554 [Proust schreibt, daß er täglich 1,5 Gramm einnimmt, ohne jedoch schlafen zu können].
6 [*NRF*, N° 74, 1. 11. 1919, S. 943; zit. in *Corr.*, XIX, S. 177, Anm. 3. – »Flaubert ist kein reinrassiger Schriftsteller und die völlige Beherrschung des Wortes war ihm von seiner Natur her nicht gegeben.« – Vgl. Marcel Proust, Brief an Jacques Boulenger, 13. 1. 1920; *Corr.*, XIX, S. 64 und Anm. 8-9; *BL*, S. 585: »Was ›Schriftsteller von Rasse‹ (›écrivain de race‹) betrifft, das Wort (dessen exakter Sinn mir nicht klar ist) stammt nicht von mir, sondern von Herrn Thibaudet ⟨...⟩«.]
7 [Marcel Proust, »A propos du ›style‹ de Flaubert«, *NRF*, Januar 1920, jetzt in: *Contre Sainte-Beuve*, 1971, S. 586; *W*, I, 3, S. 390.]
8 Albert Thibaudet, »Lettre à Marcel Proust sur le style de Flaubert«, *NRF*, März 1920. [Beide Texte Thibaudets sind abgedruckt in Compagnon, Hg., *Marcel Proust: Sur Baudelaire, Flaubert et Morand*, 1987.]
9 »Über den ›Stil‹ Flauberts«, *Contre Sainte-Beuve*, 1971, S. 586-587; *W*, I, 3, S. 390-391.
10 Ebd., S. 594-595; *W*, I, 3, S. 403.
11 Ebd., S. 598-599; *W*, I, 3, S. 408-410.
12 [Painter, II, S. 464-465.]
13 [Kolb, »Avant-propos« zu *Corr.*, XVIII, S. XV-XVI; Brief der Académie Goncourt an Marcel Proust, 10. 12. 1919; *Corr.*, XVIII, S. 505.]
14 Brief an Jacques Boulenger, 20. 12. 1919; *Corr.*, XVIII, S. 542 und Anm. 4 [Brief an Gaston Gallimard, 21. 12. 1919; *Corr.*, XVIII, S. 550 und Anm. 12; Diesbach, S. 683; Tadié, 1996, S. 830].
15 Jacques Rivière, »Marcel Proust«, *Excelsior*, 11. 12. 1919 [Text in: Marcel Proust/Jacques Rivière, *Correspondance*, S. 327-328; siehe Brief an Jacques Rivière, 10. 12. 1919; *Corr.*, XVIII, S. 506-507].
16 Brief an Jacques-Emile Blanche, um den 31. 12. 1919; *Corr.*, XVIII, S. 574 [ebd., S. 547 und 554: 800 Briefe; Tadié, 1996, S. 829, Anm. 2].
17 Albaret, 1974, S. 297.

18 [Albaret, 1974, S. 297: »Ansonsten hat der Prix Goncourt nichts an seinem täglichen Leben geändert. In manchen Berichten wird behauptet, er habe die fünftausend Francs, die damals mit dem Preis verbunden waren, für Diners und Empfänge ausgegeben, um sich so erkenntlich zu zeigen. Ich kann mich ganz und gar nicht erinnern, daß sich an seinem gewohnten Lebensablauf auch nur das mindeste geändert habe. Wenn er Diners dieser Art gegeben hätte, dann wären die ersten Gäste doch gewiß jene Mitglieder der Académie Goncourt gewesen, die für ihn gestimmt hatten, vor allem Léon Daudet und Rosny der Ältere. Dem ist aber nicht so gewesen, das weiß ich genau.« – Tadié, 1996, S. 831, Anm. 1, gibt Céleste recht.]

19 [Tadié, 1996, S. 830-831: »Der Preis hat das Buch zwar bei einer Elite bekannt gemacht, aber keinen Massenerfolg bewirkt«.]

20 Harold Nicolson, in: *Travelers Library*, compiled by W. Somerset Maugham, London, 1933.

21 [Brief an Madame Catusse, kurz nach dem 22. 10. 1920; *Corr.*, XIX, S. 551: »Damit lassen sich die Cafés au lait bezahlen«; Brief an dies., gegen Dezember 1920; *Corr.*, XIX, S. 645; Brief an Madame Straus, 15. 3. 1920; *Corr.*, XIX, S. 160 und Anm. 9-10: »Sagen Sie Monsieur Straus, der in meinem Elend immer so gut zu mir gewesen ist, daß ich mit meinem Scheck immer noch nicht weiter gekommen bin, daß ich aber zwölf Royal Dutch bei mir entdeckt habe, von denen ich nichts wußte und die für Céleste ein überaus häßliches Vogelparadies auf ihrem Hut ermöglichten.« Proust kaufte Céleste als Geschenk einen Hut mit einer der damals so beliebten Paradiesvogel-Verzierung; Painter, II, S. 469-470.]

22 [Brief an Jacques Boulenger, 20. 12. 1919; *Corr.*, XVIII, S. 541-542 und Anm. 2-3; nach Kolb steht der Artikel in *L'Opinion*, 20. 12. 1919, S. 610-612.]

23 [Brief von Jacques Boulenger, 29. 12. 1919; *Corr.*, XVIII, S. 568: »Me voilà votre champion, malgré que vous en avez.« »Ich bin hiermit Ihr Fürsprecher, auch wenn sie schon welche haben.«]

24 [Brief an Jacques Boulenger, 1. 1. 1920; *Corr.*, XIX, S. 35. – »Ich bin sehr stolz, daß Sie mir anbieten, mein Fürsprecher (champion) zu sein. Die Bezeichnung gefällt mir unendlich.«]

25 [Kolb, »Avant-propos« zu *Corr.*, XIX, S. V: Boulenger akzeptierte eine einzige Einladung an das Bett des kranken Proust, aber erst viel später.]

26 [Brief an Robert de Billy, kurz nach dem 15. 12. 1919; *Corr.*, XVIII, S. 534. Proust beendet den Brief wie folgt: »Liebe Grüße von Ihrem Marcel, (der seit zehn Tagen keine Viertelstunde geschlafen hat, trotz Dial*, Veronal, Pantopon**, Beatol***, Digitalis usw. usw.)
* Schlafmittel; ** Opiumextrakt; *** Bétol, Antiseptikum für den Darmtrakt. – Vgl. Brief an Jacques Boulenger, 13. 1. 1920; *Corr.*, XIX, S. 63; *BL*. S. 584.]

27 Brief an Jacques Boulenger, 10./11. 1. 1919; *Corr.*, XIX, S. 58-61; Brief an dens., 13. 1. 1919; *Corr.*, XIX, S. 63-64; *BL*, S. 583-585.]

28 Brief an Jacques Boulenger, kurz nach dem 7. 11. 1920; *Corr.*, XIX, S. 588; *BL*, S. 613.

29 [Brief an Jacques Rivière, 26. 1. 1920; *Corr.*, XIX, S. 97-101.]

30 Brief an Jean-Louis Vaudoyer, Anfang Februar 1919; *Corr.*, XIX, S. 107; *BW*, S. 411.

31 [Fragebogen zit. in Anmerkung 4 zu dem Brief an Jean-Louis Vaudoyer, Anfang Februar 1920; *Corr.*, XIX, S. 109: Als Pendant zu einer vom Louvre organisierten ›Tribüne‹ mit acht italienischen Gemälden sollte eine ›Tribüne‹ mit acht französischen Gemälden zusammengestellt werden.]

32 [Nach Kolb, *Corr.*, XIX, S. 109-110, Anm. 8, handelt es sich wohl um das Gemälde von Delacroix (*Dante und Vergil**); vielleicht verwechsle Proust es aber auch mit dem ebenfalls von Delacroix stammenden und im Louvre befindlichen Gemälde *La barque de Don Juan***.

   * Zu dem programmatischen Bild, dessen vollständiger Titel lautet: *Dante und Vergil, von Phlegias geleitet, fahren über den See, der die Mauern der Höllenstadt Dis umgibt*, siehe James Henry Rubin, *Eugène Delacroix, Die Dantebarke. Idealismus und Modernität*. Übersetzt von Max Looser. Frankfurt a. M.: Fischer TB, 1987, S. 6. – *Eugène Delacroix*, Ausstellungskatalog Zürich (Kunsthaus)/Frankfurt a. M. (Städel), 1987-1988, S. 74-77, Abb. S. 75.

   ** *Der Schiffbruch des Don Juan*, 1840; Abb. in Kat. Zürich/Frankfurt, S. 53.]

33 »Une tribune française au Louvre«, in: *Contre Sainte-Beuve*, 1971, S. 601; [Text der Umfrage, auf die Proust antwortet, in Anm. 1, S. 947 und ist ein Auszug aus Brief an Jean-Louis Vaudoyer, Anfang Februar 1920; *Corr.*, XIX, S. 107-109; *W*, I, 3, S. 412, Anm. S. 602. – Vgl. Tadié, 1996, S. 846].

34 [Albaret, 1974, S. 260; vgl. Brief an Philippe Soupault, 6. 9. 1920; *Cott.*, XIX, S. 445-446; Diesbach, S. 690.]

35 »Préface«, *Contre Sainte-Beuve*, 1971, S. 615; »Vorwort zu ›Tendres Stocks‹«, *W*, I, 3, S. 432.

36 [Painter, II, S. 483; *Recherche*, IV, S. 610; *WA*, 13, S. 497-498; vgl. Shattuck, 1964.]

37 [Albaret, 1974, S. 126; Painter, II, S. 476; Diesbach, S. 697-698; Tadié, 1996, S. 841-843].

38 Brief von Jacques Rivière, 23. 3. 1920; *Corr.*, XIX, S. 165-166 und Anm. 6.

39 Painter, II, S. 471-472 [vgl. Brief von Jacques Rivière, 29. 6. 1920; *Corr.*, XIX, S. 336-338 und Anm. 3-4: Nach den Informationen Kolbs ist Breton nicht bei Proust erschienen (wie Painter schreibt), sondern in den Verlagsräumen der NRF, um bei der Fahnenkorrektur mitzuhelfen. – Tadié, 1996, S. 834, Anm. 4, schreibt, daß Breton diese »erstaunlichen

Äußerungen« Rivières an keiner Stelle in seinen Schriften bestätige. – Diesbach, S. 699, wiederholt Rivières Aussage. – Proust schrieb am 26. Oktober an André Breton – *Corr.*, XIX, S. 556 –, er habe ihn, Breton, für den Blumenthal-Preis vorgeschlagen: »Ich hatte keinen Erfolg.« – Tadié, 1996, S. 834].

40 Painter, II, S. 472.

41 Brief an Walter Berry, 6. 8. 1920; *Corr.*, XIX, S. 388-389 [Brief an Sidney Schiff, 30. 8. 1920; *Corr.*, XIX, S. 418-420 und Anm. 8-9].

42 [*Recherche*, I, S. 1295-1296; Painter, II, S. 472].

43 [Vgl. aber den Brief an Sydney Schiff, 1. oder 2. 9. 1920; *Corr.*, XIX, S. 436: »Sie sind zu liebenswürdig, ein Luxusexemplar der *Jeunes filles* bestellt zu haben. Ich hoffe sehr, daß Sie eines bekommen werden.«]

44 Brief an Sydney Schiff, CG, 3, S. 44*. [Vgl. Brief an Sydney Schiff, kurz vor dem 30. 8. 1920; *Corr.*, XIX, S. 418-419 und Anm. 8-9; Brief von Sydney Schiff, 30. 8. 1920; *Corr.*, XIX, S. 423: »Was die Luxusausgabe betrifft, so schreibe ich an die NRF, um mir ein Exemplar zu reservieren, sofern es noch welche gibt. Ich bin kein Freund dieser bibliophilen Ausgaben, die mir künstlerisch ungerechtfertigt erscheinen. Ich bin angewidert von dieser kommerziellen Ausbeutung der Persönlichkeit und der intimen Einzelheiten eines Autors, der so geliebt wird, wie wir Sie lieben.«

* Kolb datiert diesen Brief auf den 5. 7. 1922; *Corr.*, XXI, S. 341-343; *BW*, S. 473-475: »Ich erinnere mich, daß, als ich Sie bat, für ein Exemplar des Bandes *Im Schatten junger Mädchenblüte* zu subskribieren, Sie mir antworteten, die Vorstellung, jeder X-Beliebige könne diese Ausgabe zum gleichen Preis erwerben, erscheine Ihnen ärgerlich. Mit so einem Argument könnte man überhaupt nie ein Buch kaufen, und die Autoren, die keine Mittel mehr hätten, sich das leibliche Brot zu beschaffen, müßten sterben, und man selbst ginge zugrunde an der Weigerung, sich das geringste Brot zu erwerben.«]

45 [Galaabend in der Pariser Oper zugunsten hilfsbedürftiger russischer Flüchtlinge am 4. 5. 1920; *Corr.*, XIX, S. 258, Anm. 4.]

46 Brief an Madame Straus, 4. 5. 1920; *Corr.*, XIX, S. 257 [und Anm. 12-13 (Kolb): »Möglicherweise hat Proust sich von dem hier geschilderten Eindruck für den letzten Auftritt des alten Herzogs von Guermantes anregen lassen: *Le Temps retrouvé*, *Recherche*, IV, S. 594-595; *WA*, 13, S. 474-477].

47 *Recherche*, IV, S. 594; *WA*, 13, S. 476 [Painter, II, S. 472-473].

48 Brief an Jacques Rivière, kurz nach dem 20. 5. 1920; *Corr.*, XIX, S. 278 [Siehe Anm. 8 (Kolb): »Paul Morand zufolge soll Proust ihm am 28. April 1920 mitgeteilt haben: ›Man fordert mich auf, mich für die Académie zu bewerben; das müßte jetzt getan werden, denn nach *Sodome* wird es nicht mehr möglich sein.‹« – Albaret, 1974, S. 300: »Er wäre vermutlich auch in die französische Akademie aufgenommen worden, und

ich glaube mich bestimmt nicht zu irren, wenn ich sage, daß er stolz darauf gewesen wäre, weil dann die Voraussage seines Vaters wahr geworden wäre, der überall verkündet hatte: ›Sie werden sehen, daß Marcel
eines Tages in die französische Akademie aufgenommen wird.‹ Ich weiß,
daß Monsieur Proust es in einem Brief an den Schriftsteller Maurice Bar-
rès*, der Mitglied der Akademie war, erwähnte. Ich habe diesen Brief
gesehen. Mit mir hat er nie darüber gesprochen. Aber zweifellos hätte er
sich über die Ehre gefreut.«

* Brief an Maurice Barrès, Anfang Juni 1921; *Corr.*, XX, S. 308; ebd.,
»Chronologie 1921«, S. 24].

49 Brief von Jacques Rivière, 29. 5. 1920; *Corr.*, XIX, S. 284 [Diesbach,
S. 699-700; Painter, II, S. 488-490; Tadié, 1996, S. 853-854].

50 *Revue de Paris*, September 1948 [Painter, II, S. 474].

51 [Brief an die Prinzessin Soutzo, 10. 6. 1920; *Corr.*, XIX, S. 300-301 und
Anm. 3; Albaret, 1974, S. 312; Tadié, 1996, S. 839.]

52 Brief von Jacques Rivière, 29. 6. 1920; *Corr.*, XIX, S. 337. [Hier schließt
sich die bereits erwähnte Passage über André Breton an: »Habe ich Ihnen
gesagt (das wird Sie ohne Zweifel erheitern), daß André Breton, das
Dada-Oberhaupt, der uns bei der Korrektur Ihrer Fahnen geholfen hat,
mir erklärte, daß er für Sie eine tiefe Bewunderung hege, die gerade auf
den poetischen Schätzen beruhe, welche er in Ihrem Werk entdeckt hat?«]

53 Brief an Jacques Rivière, kurz nach dem 2. 7. 1920; *Corr.*, XIX, S. 349
[und Anm. 5: Auszug aus dem Verriß von Pierre Lasserre, *Revue universelle*, 1. 7. 1920].

54 Brief von Jacques Rivière, 13. 7. 1920; *Corr.*, XIX, S. 360-361.

55 Brief von Jacques Rivière, 13. 7. 1920; *Corr.*, XIX, S. 360. [Siehe Jacques
Rivière, »Quelques progrès dans l'étude du cœur humain (Freud et
Proust)« – »Les Trois Grands Thèses de la psychanalyse«; »Marcel
Proust. L'inconscient dans son œuvre«; »Marcel Proust et l'esprit posi-
tif: ses idées sur l'amour«; »Conclusions. Une nouvelle orientation de la
psychologie«, 1923-1924 –, in: Rivière, 1985, S. 86-189; »Un document
capital. La NRF répond. Une heure avec M. Jacques Rivière, Directeur
de la *Nouvelle Revue Française*, par Frédéric Lefèvre«, in Rivière. 1985,
S. 190-193 (Freud et Proust).]

56 [Brief an Jacques Rivière, 26. oder 27. 7. 1920; *Corr.*, XIX, S. 374-375. –
Jacques-Emile Blanche, »Les Arts et la Vie: Paul Gauguin et Charles
Morice, initiateurs«, *La Revue de Paris*, 1. 5. 1920, S. 123. Blanche
schreibt, in der bildenden Kunst Frankreichs gebe es derzeit kein Äquivalent zu den Romanen Marcel Prousts.]

57 Brief an Jacques Rivière, 26. oder 27. 7. 1920; *Corr.*, XIX, S. 375.

58 Jacques Rivière, »M. Pierre Lasserre contre Marcel Proust«, *NRF*, 1. 9.
1920, abgedruckt in Proust/Rivière, *Correspondance*, S. 330.

59 [Brief an Jacques Rivière, 17. 8. 1920; *Corr.*, XIX, S. 396: »Ich bedauere
es sehr (Sie sind sehr starrköpfig, lieber Jacques), daß Sie Blanche nicht

zitieren. Es war nämlich eine einmalige Gelegenheit, diese paar Zeilen bekannt zu machen.« – Brief von Jacques Rivière, 20. 8. 1920; *Corr.*, XIX, S. 405: »Mein lieber Marcel, ich bin wirklich untröstlich, daß ich das Blanche-Zitat nicht benutzen konnte und Ihnen starrköpfig vorkomme. (Ich behaupte übrigens nicht, daß ich es auf eine bestimmte Weise nicht sei.)«]

60 Brief an Jacques Boulenger, 3. oder 4. 5. 1921; *Corr.*, XX, S. 242; *BL*, S. 624.

61 Painter, II, S. 480 [Diesbach, S. 706; Tadié, 1996, S. 833.]

62 Jaloux, S. 18-19 [Painter, II, S. 512-513; Tadié, 1996, S. 840-841].

63 [Painter, II, S. 513.]

64 »Préface à ›Tendres Stocks‹«, *Contre Sainte-Beuve*, 1971, S. 607; *W*, I, 3, S. 420.

65 Ebd., S. 615; *W*, I, 3, S. 432.

66 Brief an Jacques Boulenger, 21. oder 22. 11. 1920; *Corr.*, XIX, S. 608-609 und Anm. 4; Brief an dens., 25. 11. 1920; *Corr.*, XIX, S. 621.

67 Marthe Bibesco, *Au bal avec Marcel Proust*, S. 153-154; *Begegnung mit Marcel Proust*, S. 124-125.

68 [Brief an Paul Souday, 8. 10. 1920; *Corr.*, XIX, S. 513-514 und Anm. 14 mit einem Auszug aus Soudays Artikel, »La promotion des Beaux-Arts«, in *Paris-Midi*, 1. 10. 1920, S. 3, Rubrik *La Vie intellectuelle*. – Bei Kolb, »Avant-Propos« zu *Corr.*, XIX, S. 28 steht: »Kurz nach dem 27. September: Er diniert mit Paul Souday im Ritz.« – Tadié, 1996, S. 838, über die Einladungen ins Ritz: »Eine Neuigkeit: Proust schmuggelt unter die übrigen Eingeladenen Literaturkritiker ein, die er für sich gewinnen möchte: Jacques Boulenger (der ablehnt), Paul Souday, Jean de Pierrefeu.«]

69 Brief an Robert Dreyfus, 30. 9. 1920; *Corr.*, XIX, S. 496; *BL*, S. 604.

70 Brief an Madame Straus, 18. 10. 1920; *Corr.*, XIX, S. 530 [Brief an Dr. Ladislas Landowski, kurz nach dem 18. 10. 1920; *Corr.*, XIX, S. 533-544; Brief an Madame de Maugny, um den 20. 10. 1920; *Corr.*, XIX, S. 534-545: »Ich spüre zwar die ganze Lächerlichkeit, einen Brief an Sie zu ›diktieren‹, aber ich habe 41° Fieber seit zehn Tagen, übrigens ohne die geringste Ahnung, woher ich es habe, doch es ist nicht anstekkend (Sie können mich also ohne Furcht lesen), es ist etwas völlig Neues und überhaupt nicht das, woran ich dachte, als ich zwei Tage, bevor ich wieder krank wurde, in einem noch unveröffentlichten Vorwort zu Morand meinen Tod ankündigte ⟨…⟩.«]

71 Brief an Jacques Rivière, 23. oder 24. 7. 1920; *Corr.*, XIX, S. 370.

72 [Albaret, 1974, S. 257, 259.]

73 Brief an Jean-Louis Vaudoyer, 12. 8. 1920; *Corr.*, XIX, S. 394-395.

74 Brief an Bernard Fay in Fay, S. 104 [vgl. dagegen Albaret, 1974, S. 314].

75 Brief an Jean-Louis Vaudoyer, kurz vor dem 29. 12. 1920; *Corr.*, XIX, S. 689.

76 Brief an Monsieur und Madame Schiff, um den 21.7.1922; *Corr.*, XXI, S.371.

77 Handschriftliche Widmung in einem Exemplar der Erstausgabe von *Du côté de Guermantes I*, für Jean-Louis Vaudoyer, kurz vor dem 29.12.1920; *Corr.*, XIX, S.689.

[XIV. Quartett: cis-moll, op. 131. – Kolb schreibt in Anm. 2: »Oder das XV. Quartett? Siehe *Corr.*, XVII, S.420 ⟨…⟩«. Dort schreibt Proust vom XV. Quartett (a-moll, op. 232). – Nach Tadié, 1996, S.754, fand das Hauskonzert 1916 statt. Céleste Albaret, 1974, S.319, schreibt, es habe 1920 stattgefunden und gespielt worden sei einzig das Streichquartett von César Franck, und zwar nicht im Schlafzimmer, sondern im Salon, wo alles für das Hauskonzert vorbereitet wurde. – Vgl. Brief an Madame Albert Hecht, 7.3.1916; *Corr.*, XV, S.61: »Seit einigen Jahren sind die späten Quartette von Beethoven und die Musik César Francks meine wichtigste geistige Nahrung ⟨…⟩.«. – Brief an Raymond Pétain, kurz nach dem 14.4.1916; *Corr.*, XV, S.77: »⟨…⟩ vor einigen Tagen waren die Herren Poulet, Ruyssen, Gentil und Massis (die Musiker des Poulet-Streichquartetts) gekommen, um für mich ganz allein das 13. Quartett von Beethoven und das Quartett von Franck zu spielen.« – Ein entsprechender Hinweis für eine Beethoven-Aufführung im Jahre 1920 ist in der *Correspondance* nicht zu finden. – Céleste Albaret stellt in dem Kapitel »Hauskonzert«, Albaret, 1974, S.317-321, die Behauptungen von Painter, II, S.383-384 – Proust habe sich hinter einer Terrine mit Kartoffelbrei und unter einer großen Daunendecke versteckt – richtig.]

78 *NRF*, 1.11.1920; abgedruckt in Proust/Rivière, *Correspondance*, S.331-332.

79 Brief an Jacques Rivière, 7. oder 8.11.1920; *Corr.*, XIX, S.581-582.

80 Brief an Paul Souday, um den 6. oder 7.11.1920; *Corr.*, XIX, S.573-575 [und Anm. 12: Auszug aus Soudays Artikel über *Guermantes I*, in *Le Temps*, 4.11.1920, wo Souday Proust mit Saint-Simon vergleicht]; *BW*, S.426-429 [zu ›feminin‹ vgl. Nachwort zu *W*, II, 3, S.850; zu ›snobistisch‹: Revel, S.315-324].

81 Ebd., S.574-575; *BW*, S.427-429 [vgl. Brief an dens., 15.11.1920; *Corr.*, XIX, S.594-595; *BW*, S.432; Tadié, 1996, S.837].

82 [Brief an Jacques Boulenger, 4.12.1920; *Corr.*, XIX, S.650.]

83 Brief an Jacques Rivière, 6.1.1921; *Corr.*, XX, S.49.

84 Brief an Jacques Rivière, 14.1.1921; *Corr.*, XX, S.59; Brief an Madame Catusse, 18.1.1921; *Corr.*, XX, S.76; Brief an Jacques-Emile Blanche, 16.1.1921; *Corr.*, XX, S.66.

85 [»Une agonie«, *NRF*, XVI, N° 88, S.5-30; *Recherche*, II, S.609-641; »Ein Todeskampf«, *Der gewendete Tag*, S.166-189.]

86 [»Une soirée de brouillard«, *La Revue hebdomadaire*, XXX, t. 2, N° 9, S.377-386; *Recherche*, II, S.687-708; deutsch: »Ein nebliger Abend«, *Der gewendete Tag*, S.216-235.]

87 [»Un baiser«, *NRF* XVI, N° 89, S. 129-156; *Recherche*, II, S. 641-665; deutsch: »Ein Kuß«, *Der gewendete Tag*, S. 190-215.]

88 Brief an Gaston Gallimard, 11. 1. 1921; *Corr.*, XX, S. 53; *BW*, S. 434.

89 Tadié, 1983, S. 426.

90 [Brief an Robert de Montesquiou, 9. 5. 1921; *Corr.*, XX, S. 249-250.]

91 [Nach Kolb ist dieser Brief auf den 9. 5. 1921 zu datieren: *Corr.*, XX, S. 249-250. – Montesquiou hatte bereits in seinem Brief vom 17. April Vermutungen über die Identität verschiedener Figuren in *Guermantes I* geäußert: Brief an Marcel Proust, 17. 4. 1921; *Corr.*, XX, S. 186-188; Proust schickt *Guermantes I* und *Guermantes II* zusammen mit *Sodome et Gomorrhe I* am 17. Mai an Montesquiou; vgl. Brief an Robert de Montesquiou, 17. 5. 1921, *Corr.*, XX, S. 280 und Anm. 2. – Albaret, 1974, S. 231: »Im übrigen hat er weder mir noch irgend jemand anderem jemals *den* Schlüssel geliefert. Wenn er es nicht getan hat, so geschah das, glaube ich, nicht aus Bosheit oder zum Spaß, nicht absichtlich oder weil er die Fährten verwischen und einen auf eine falsche Spur lenken wollte – in Wirklichkeit entsprach das der Realität seines Werks. Denn soviel kann ich sagen: selbst alle Schlüssel, die man seitdem ins Schloß stecken konnte, genügen nicht, um sämtliche Geheimfächer aufzuschließen. Für jede Romanfigur bräuchte man einen großen Schlüsselbund. Ich würde sogar sagen, daß ihm alle Schlüssel zu seinem Werk ebenso gleichgültig waren wie die zu seiner Wohnung.«]

92 [*CG*, I, 280-287; Kolb, 1949, S. 64-66; Painter, II, S. 502; Tadié, 1996, S. 869.]

93 Brief von Robert de Montesquiou, 17. 4. 1921; *Corr.*, XX, S. 187 [in diesem Brief ist nur von Vautrin/Charlus die Rede, nicht von den Vorbildern für Swann, Saint-Loup und die Guermantes. – Vautrin ist eine zentrale Figur in Balzacs *Comédie humaine*, gestaltet nach dem Vorbild des Abenteurers François-Eugène Vidocq (1775-1857), die in den Romanen *Le Père Goriot* (1834-35), *Illusions perdues* (1937-1844) und *Splendeurs et misères des courtisanes* (1838-1847) sowie in dem gleichnamigen Drama *Vautrin* (1840) vorkommt. Zur Charakterisierung Vautrins siehe E. R. Curtius, *Balzac*, S. 184-197. – In dem bei Curtius zitierten Abschiedsbrief Lucien de Rubemprés an Vautrin hört man, so Curtius, Baudelaires *Les fleurs du mal* »vorklingen« (S. 196). – Zu Vidocq siehe Chris Steinbrunner und Otto Penzler, Hg., *Encyclopedia of Crime and Detection*. New York: Mc Graw-Hill, 1976; S. 403; Boileau/Narcejac, *Le roman policier*. Paris: Payot, 1974; deutsch: *Der Detektivroman*. Aus dem Französischen, mit Anmerkungen und einer Bibliographie von Wolfgang Promies. Neuwied und Berlin, 1967, S. 38 und 65-66: »Poe hat die *Mémoires* (1829) von Vidocq gekannt«: *Les vrais mémoires de Vidocq*. Présentées, annotées et commentées par Jean Savant. Paris: Corréa, 1950. *KLL*, 14, S. 6188; *KNLL*, 17, S. 135-136 (mit bibliographischen Ergänzungen).]

94 Brief an Robert de Montesquiou, 18. oder 19. 4. 1921; *Corr.*, XX,
S. 194; *BW*, S. 440-441 [vgl. Brief an dens., kurz nach dem 17. 5. 1921;
Corr., XX, S. 281, zu Charlus: »Meine Figur war schon vorher gestaltet,
war rein erfunden (obwohl Sie von Vautrin sprechen) und ich glaube,
daß sie viel breiter angelegt ist, weit mannigfaltiger in ihrer menschlichen Fülle, als wenn ich sie auf Ähnlichkeiten mit Monsieur de Doäzan begrenzt hätte. Im übrigen gewinne ich, auch bei den unbelebten
(oder sogenannten unbelebten) Dingen ihren generellen Charakter aus
tausend unbewußten Reminiszenzen.« – Vgl. den Brief von Robert de
Montesquiou, 7. 6. 1921; *Corr.*, XX, S. 320; Tadié, 1996, S. 869].

95 Brief an Robert de Montesquiou, 18. oder 19. 4. 1921; *Corr.*, XX,
S. 195; *BW*, S. 441-442 [vgl. Brief an Jacques Boulenger, 18. 4. 1921;
Corr., XX, S. 192].

96 Brief an Jacques Boulenger, 18. 4. 1921; *Corr.*, XX, S.192.

97 [Brief von Robert de Montesquiou, 7. 6. 1921; *Corr.*, XX, S. 321.]

98 Brief an Jacques Boulenger, 12. 7. 1921; *Corr.*, XX, S. 397 [und Anm. 2:
der Brief Montesquious ist nicht erhalten].

99 Brief an Louis Martin-Chauffier, kurz vor dem 22. 3. 1922; *Corr.*, XXI,
S. 89-90; *BL*, S. 661. [Siehe *Corr.*, XX, S. 485; vgl. Brief von Paul
Morand, 2. 9. 1921; *Corr.*, XX, S. 428-429 und Anm. 2. – Straus, S. 33,
63-64: »Am 4. September 1922 stürzte er bei einem Schwindelanfall
mehrmals zu Boden; der Anfall beeinträchtigte seine Sprechfähigkeit
und sein Erinnerungsvermögen. Es gab Spekulationen darüber, ob
diese Symptome auf Urämie zurückzuführen seien« (S. 33); »Seine
ergebene und intelligente Haushälterin bestritt kategorisch, daß er
Urämie hatte, und es gibt keine zuverlässige Information, die dagegen
spräche.«]

100 Brief an Lionel Hauser, 7. 4. 1921; *Corr.*, XX, S. 163; Brief an Madame
Bugnet, 8. 4. 1921; *Corr.*, XX, S. 168; Brief an François Mauriac, kurz
vor dem 11. 4. 1921; *Corr.*, XX, S. 171.

101 Brief an Jacques Rivière, 21. 4. 1921; *Corr.*, XX, S. 197.

102 »A propos de Baudelaire«, *NRF*, 21. 6. 1921; in: *Contre Sainte-Beuve*,
S. 633; »Über Baudelaire«, *W*, I, 3, S. 460 [»Diese ›Verbindung‹ zwischen Sodom und Gomorra, die ich in den letzten Teilen meines Werkes
(nicht in dem ersten *Sodom*, das gerade erschienen ist) einem Rohling,
Charles Morel, zugewiesen habe (es sind im übrigen immer die Roh-
linge, denen gewöhnlich diese Rolle zufällt), scheint Baudelaire von
sich aus auf eine ganz besondere Weise ›affiziert‹ zu haben. Wie interessant wäre es gewesen zu erfahren, warum Baudelaire diese Rolle
gewählt und wie er sie erfüllt hat. Was bei Charles Morel verständlich
ist, bleibt bei dem Verfasser der *Fleurs du mal* zutiefst geheimnisvoll«.
– Diesbach, S. 722.]

103 Ebd., S. 628-629; *W*, I, 3, S. 453.

104 Ebd., S. 622; *W*, I, 3, S. 442 [vgl. »Dostoïevski«, *Contre Sainte-Beuve*,

1971, S. 644-645; »Dostojewskij«, *W*, I, 3, S. 476-478; Brief an Gaston Gallimard, 27. 9. 1921; *Corr.*, XX, S. 479; *BW*, S. 454].

105 T. S. Eliot, »Baudelaire« (1930) in: *Essays* 2. Übersetzt von H. H. Schaeder. Hg. Helmut Viebrock. Frankfurt a. M.: Suhrkamp, 1969; S. 227.

106 Ebd., S. 231.

107 Ebd., S. 231.

108 Ebd., S. 232.

109 [Der englische Titel für *Sodome et Gomorrhe* I/II lautet »Cities of the Plain«.]

110 [T. S. Eliot, »Burnt Norton« (1935), das erste Gedicht der *Four Quartets*:

> »Jetzige Zeit und vergangene Zeit
> Sind vielleicht gegenwärtig in künftiger Zeit
> Und die künftige Zeit enthalten in der vergangenen.
> Ist alle Zeit auf ewig gegenwärtig
> Wird alle Zeit unerlösbar.«

Übersetzt von Nora Wydenbruck, in: T. S. Eliot, *Gesammelte Gedichte 1909-1962*. Hg. E. Hesse. Frankfurt a. M.: Suhrkamp, 1972, Taschenbuchausgabe 1988, S. 279.]

111 [In *Scrutiny*; die Besprechung wurde später in Leavis' Buch *Education and the University*, London: Chatto & Windus, 1943, als Anhang abgedruckt. – Siehe Ian MacKillop. *F. R. Leavis: A Life in Criticism*. London: Allen Lane/The Penguin Press, 1995, S. 236, 241.]

112 [»Little Gidding« (1942) ist das letzte Gedicht der *Four Quartets*.]

113 [T. S. Eliot, »Burnt Norton«, S. 282-283: »To be conscious is not to be in time«.]

114 [Straus, 1980, schließt das 14. Kapitel, »Ideas on Ageing and Death«, mit dem Satz: »Time had been captured by art«; »Die Zeit war von der Kunst eingefangen/erobert worden«.]

115 *Recherche*, III, S. 881; *WA*, 10, S. 513. [»Ich bin schon einigermaßen entsetzt, wenn ich bei Baudelaire lese:

> ›Si le viol, le poison, le poignard, l'incendie ...
> C'est que notre âme, hélas! n'est pas assez hardie.‹

Aber da kann ich wenigstens noch glauben, daß Baudelaire nicht ganz aufrichtig war, während Dostojewski ...«. *Recherche*, III, S. 881; *WA*, 10. S. 513. Das Baudelaire-Zitat stammt aus dem einleitenden Gedicht der *Fleurs du mal*, »Au lecteur«, »An den Leser«, V. 25-28: »Si le viol, le poison, le poignard, l'incendie, / N'ont pas encor brodé de leur plaisants dessins / Le canevas banal de nos piteux destins, / C'est que notre âme, hélas! n'est pas assez hardie.« – »Wenn Notzucht, Gift, Dolch, Brand noch nicht mit ihren hübschen Mustern den banalen Stickgrund unsrer jämmerlichen Geschicke zierten, so nur, weil es unsrer Seele, leider! dazu an Kühnheit fehlt.«]

116 *Recherche*, III, S. 881; *WA*, 10, S. 513.

117 *Recherche*, I, S. 881-882; *WA*, 10, S. 513-514.

118 Brief an Jacques Rivière, 21. 4. 1921; *Corr.*, XX, S. 107-108.

119 Proust, »A propos de Baudelaire«, *Contre Sainte-Beuve*, 1971, S. 624; *W*, I, 3, S. 446 [Brief an Jacques Boulenger, 18. 4. 1921; *Corr.*, XX, S. 191; Brief an dens., 16. 5. 1921, *Corr.*, XX, S. 270-272; *BL*, S. 626-629].

120 [Jacques Boulenger, »Le dandysme de Baudelaire«, *L'Opinion*, 9. 4. 1921. Baudelaire schrieb in »Mon cœur mis à nu« (*Œuvres complètes*, éd. Pichois, Bd. I, S. 678): »Der Dandy muß ohne Unterlaß dem erhabenen Wesen sich anzunähern streben; er muß leben und schlafen vor einem Spiegel.« Zit. in Otto Mann, 1962. – Zur Wort- und Bedeutungsgeschichte von ›Dandy‹ siehe Mario Praz, 1960.]

121 Brief an Jacques Boulenger, 16. 5. 1921; *Corr.*, XX, S. 271; *BL*, S. 627; Brief an dens., 17. 5. 1921, *Corr.*, XX, S. 275-276.

122 [Als Rezensent war zunächst Albert Thibaudet vorgesehen (Brief an Jacques Boulenger, 12. 4. 1921; *Corr.*, XX, S. 179), der sich jedoch länger als vorgesehen in Schweden aufhielt, so daß die Besprechung schließlich an Louis Martin-Chauffier vergeben wurde (Brief an Jacques Boulenger, 3. oder 4. 5. 1921; *Corr.*, XX, S. 241-242).]

123 [Brief an Jacques Boulenger, Ende Juni 1921; *Corr.*, XX, S. 370.]

124 [Brief an Jacques Boulenger, 6. 6. 1921; *Corr.*, XX, S. 316-318 und Anm. 2 mit einem Auszug aus Martin-Chauffiers Besprechung von Boulengers Buch in der *NRF* vom 1. 6. 1921, S. 739-741.]

125 Fußnote von Jacques Boulenger in *CG*, 3, S. 252: »Erst im Juni 1921 besuchte ich eines Abends zum ersten Mal Marcel Proust. Ich bin nie mehr dorthin zurückgekehrt.« [= Brief an Jacques Boulenger, Ende Juni 1921; *Corr.*, XX, S. 370 und Anm. 4: Kolb wiederholt die Anm. Boulengers, fügt jedoch hinzu: »Das genaue Datum konnten wir nicht bestimmen.«]

126 *NRF*, 1. 7. 1921 [vgl. Brief an Jacques Boulenger, 6. 6. 1921; *Corr.*, XX, S. 317 und Anm. 8. – Der Brief Boulengers mit der Anmerkung Rivières ist abgedruckt in *CG*, 3, S. 250-251. Rivière nimmt hier Martin-Chauffier vor dem Vorwurf Boulengers in Schutz, die Académie française verunglimpft zu haben. – Vgl. Brief an Jacques Boulenger, 12. 7. 1921; *Corr.*, XX, S. 394-395: Proust kündigt an, daß er die Besprechung des zweiten Bandes von *Mais l'art est difficile* selbst übernehmen wolle].

127 Anm. von Jacques Boulenger in *CG* 3, S. 262. [= Brief an Jacques Boulenger, Anfang August 1921; *Corr.*, XX, S. 413: Proust wollte Boulenger durch Odilon Albaret mit dem Taxi abholen lassen. »Ich war nicht zu Proust gegangen.«]

30. Ein Fremder in meinem Gehirn

1 [»Préface« (à Paul Morand, *Tendres Stocks*, in: *La Revue de Paris*,
15. 11. 1920 unter dem Titel »Pour un ami: Remarques sur le style«), in
Contre Sainte-Beuve, 1971, S. 606: »Une étrangère a élu domicile dans
mon cerveau.« – »Vorwort zu ›Tendres Stocks‹«, *W* I, 3, S. 419: »Ein
Fremder hat sich in meinem Gehirn niedergelassen. Er kam, ging und kam
wieder; bald kannte ich dank seines Treibens alle seine Gewohnheiten. Im
übrigen bestand er wie ein allzu freundlicher Mieter darauf, direkte Beziehungen zu mir aufzunehmen. Ich war überrascht, daß er nicht schön war.
Ich hatte immer gedacht, der Tod sei schön. Wie könnte er sonst Macht
über uns haben?« – Painter, II, S. 484: »Eine seltsame Frau hat sich in
meinem Gehirn eingenistet.‹ (…) Die größte Bedeutung des Vorworts für
Morand liegt jedoch nicht in der Vorahnung seines Todes, sondern in der
Art, wie er den Tod personifiziert. Dieses dunkle Wort, das in den germa-
nischen Sprachen ein Maskulinum ist, ist im Französischen feminin, und
es ist daher ganz natürlich, daß der Tod in Frankreich als Frau erscheint.
Aber die gräßliche Frau, die in Prousts Gehirn hauste und eine ganz
besondere Gestalt annahm, läßt sich in anderen Zusammenhängen in den
Schreckensträumen am Ende seines Romans wiedererkennen.« – Sowohl
Madame Straus als auch Marthe Bibesco hielten die »étrangère« in
Prousts Vorwort für eine Frau aus dem realen Leben: Brief von Madame
Straus an Marcel Proust, 17. 11. 1920; *Corr.*, XIX, S. 596: »Die Fremde,
die sich diesen Winter bei Ihnen eingenistet hat, treibt sich auch sehr häufig bei mir herum, und es fällt mir sehr schwer, zu schreiben«; Prinzessin
Marthe Bibesco an Marcel Proust, 29. 11. 1920; *Corr.*, XIX, S. 634: »Ich
hoffe, daß keine Rede mehr davon ist, daß Sie diese ›Fremde‹ empfangen,
von der ich zunächst glaubte, sie sei H(élène). S(outzo).«; Marcel Proust
an Marthe Bibesco, kurz nach dem 16. 5. 1921; *Corr.*, XX, S. 277: »Die
Fremde‹, die keineswegs Madame Soutzo ist, wie Sie glauben, sondern
der herannahende Tod, hat mich seit einigen Monaten in einen solchen
Zustand versetzt, daß ich mich kein einziges Mal aus meinem Bett erheben, keinen Brief schreiben oder auch nur die Fahnen meines letzten
Buches korrigieren konnte.« – Diesbach, S. 710, 721; Tadié, 1996,
S. 852-853.]

2 Brief an Madame Scheikévitch, 8. oder 9. 6. 1921; *Corr.*, XX, S. 329.

3 Brief an Jacques Boulenger, 5. 3. 1921; *Corr.*, XX, S. 117 [Anm. 8: »Offenbar eine Anspielung auf Lamartines Gedicht *Novissima verba* (*Harmo-
nies*, livre IV, poème XI, 15e strophe):

> Triste comme la mort? Et la mort souffre-t-elle?
> Le néant se plaint-il à la nuit éternelle?
> Ah! Plus triste cent fois que cet heureux néant
> Qui n'a point à mourir et ne meurt pas vivant!

(Traurig wie der Tod? Und leidet denn der Tod? / Klagt das Nichts vor der ewigen Nacht? / Ach! hundertfach trauriger als dies glückliche Nichts / Wer nur noch sterben kann und nicht als Lebender stirbt.)

Dagegen schreibt Tadié, 1996, S. 857 und Anm. 2: »Eine Verwechslung mit *Lettre à M. de Lamartine* von Musset: ›Et qu'il faille ici-bas mourir deux fois.‹* Die Anmerkung 8 [von Kolb] ist falsch.« – Proust wiederholt die Wendung mit dem Hinweis auf Lamartine in dem Brief an Lionel Hauser, kurz nach dem 7. 3. 1921; *Corr.*, XX, S. 127; in dem Brief an Charles Bugnet, 25. oder 26. 3. 1921; *Corr.*, XX, S. 152; in dem Brief an Rosny Ainé, kurz nach dem 8. 3. 1921, *Corr.*, XX, S. 130.

* »Und daß man hienieden zweimal sterben muß.«]

4 Ebd. [Zitat: Baudelaire, »La mort des pauvres«, aus *Les fleurs du mal*:

> C'est la mort qui console, hélas, et qui fait vivre;
> C'est le but de la vie, et c'est le seul espoir
> Qui, comme un élixir, nous monte et nous enivre,
> Et nous donne le cœur de marcher jusqu'au soir.

(Der Tod ists, der uns tröstet, ach! und der uns leben macht; er ist des Lebens Ziel, und ist die einzige Hoffnung, die wie ein Zaubertrank uns stärkt und uns berauscht und uns beherzt macht, bis zum Abend fortzuwandern.)]

5 [Brief an Robert de Montesquiou, 4. 9. 1919; *Corr.*, XVIII, S. 394: »(...) trotz der Verzögerungen und Hemmnisse eines Gesundheitszustandes, der nur noch eine *meditatio mortis* ist.« – Siehe Anm. 8: »Meditatio mortis« ist ein Ausdruck Senecas im Zusammenhang mit dessen Beschreibung des Asthmas: »*Einer* Krankheit dennoch bin ich gleichsam zugewiesen; warum ich sie nicht mit ihrer griechischen Bezeichnung nennen soll, weiß ich nicht; hinreichend treffend nämlich kann sie Atemnot genannt werden. Sehr kurz, aber einem Wirbelsturm ähnlich ist der Anfall; innerhalb einer Stunde fast geht er vorbei: wer nämlich haucht lange die Seele aus. Alle körperlichen Beschwerden oder Gefahren sind durch mich hindurchgegangen: keine scheint mir beschwerlicher. Warum denn? Das andere nämlich, was immer es ist, heißt krank zu sein, dieses, um das Leben zu ringen. Daher nennen das die Ärzte ›Einübung des Todes‹ (›meditationem mortis‹): es tut nämlich endlich der Atem, was er oft versucht hat.« Seneca, *Ad Lucilium epistulae morales/An Lucilius. Briefe über Ethik*, Buch VI, Brief N° 54, in: Seneca, *Philosophische Schriften*. Lateinisch und deutsch. Übersetzt, eingeleitet und mit Anmerkungen versehen von Manfred Rosenbach. Darmstadt: Wiss. Buchgesellschaft, 1995, Band 3, *Briefe 1-69*, S. 432-435.]

6 [Vgl. Brief an Walter Berry, 27. 4. 1921; *Corr.*, XX, S. 218 und dessen Antwort, 2. 5. 1921; *Corr.*, XX, S. 237; Brief an Alberto Lumbroso, 27. 4. 1921: »Nach einer langen Krankheit, die eher eine Art Tod war (erst jetzt, da ich in meinem Bett wieder etwas auflebe, kann man es Krankheit

nennen, zuvor war es der totale, wenn auch nicht endgültige Tod, da ich Ihnen ja schreibe) ⟨...⟩.«; *Corr.*, XX, S. 219. – Kolb, Avant-propos zu *Corr.*, XIX, 1920, S. IV: »Während des ganzen Jahres 1920 beklagt er sich unaufhörlich über seinen Gesundheitszustand. Wir haben gesehen, wie Morand ihn peinigte, als er ihn in seiner *Ode à Marcel Proust* verspottete:

> Ich sage:
> ›Ihnen scheint es sehr gut zu gehen.‹
> Sie antworten:
> ›Lieber Freund, ich bin während des Tages dreimal fast gestorben.‹

Trotzdem kommt es nicht selten vor, daß er selbst schreibt: ›ich liege im Sterben und bin so müde‹ (*Corr.*, XIX, Brief N° 42) oder daß er von sich sagt, ›er stehe kurz vor dem Tod‹ (Brief N° 199), er sei ›beinahe lebendig tot‹ (Brief N° 205), ›ich bin knapp am Tod vorbeigegangen‹ (Brief N° 328), und an Madame de Noailles schreibt er: ›Was Sie für eine Besserung hielten, ist die Besitzergreifung meines ganzen Wesens durch den Tod‹ (Brief N° 365). – Diesbach, S. 708; Tadié, 1996, S. 847; Straus, 1980, Kap. 14: »Ideas on Aging and Death«.]

7 [Brief an Walter Berry, 8. 12. 1921; *Corr.*, XX, S. 570. Von diesem Brief – Proust: »Ich glaube, das ist der erste fünfzehnseitige Brief, den ich in meinem Leben geschrieben habe« – bringt *BL*, S. 649-650, nur einen kleinen Teil des Schlusses. – Vgl. Kolb, »Avant-propos zu *Corr.* XX, S. XXV: »Insgesamt verbringt Proust einen großen Teil dieses Jahres im Bett. Monatelang klagt er darüber, sich kaum aus seinem Bett bewegen zu können. In einem Brief an Gallimard vom 10. Mai ⟨...⟩ behauptet er, ›zum ersten Mal seit fünfunddreißig Tagen‹ aufgestanden zu sein. ⟨...⟩ Am 19. September schreibt er in einem Brief an Gallimard: ›seit vier Monaten bin ich nicht mehr ausgegangen‹. Am 12. Oktober wiederholt er in einem Brief an Sydney Schiff: ›Ich bin vier Monate ohne aufzustehen im Bett geblieben‹ ⟨...⟩.« – Daß er sieben Monate das Bett nicht mehr verlassen habe, schreibt Proust im März 1922 an Louis Martin-Chauffier: *Corr.*, XXI, S. 89-90.]

8 Brief an Philip Sassoon, Juni oder Juli 1922; *Corr.*, XXI, S. 323 [Brief an Clément de Maugny, kurz nach dem 4. 10. 1920; *Corr.*, XIX, S. 508].

9 [Die Quellenangaben der Anm. 3-5 und 7-8 im englischen Original, zu S. 469, sind unzutreffend; weder in *CG* noch in *Corr.* sind die von Hayman angegebenen Briefstellen zu finden.]

10 [Siehe Anm. 1.]

11 *Recherche*, IV, S. 619-620; *WA*, 13, S. 510-511.

12 [Albaret, 1974, S. 336.]

13 Albaret, 1974, S. 332-324, 336.

14 *Recherche*, III, S. 687-689; *WA*, 687-689; S. 242-244 [in der Anm. zu

Recherche III, S. 689 – ›Anaxagoras‹, S. 1739 –, heißt es, vielmehr habe Seneca und nicht Anaxagoras solche ›stoischen Redewendungen‹ benutzt. – Anaxagoras gehörte freilich nicht zu den Stoikern. Ein Beleg für den Hinweis auf Seneca findet sich in *De brevitate vitae*: »Wie Gespräch oder Lektüre oder irgendein angestrengteres Nachdenken Reisende täuscht und sie angekommen zu sein eher merken, als sich genähert zu haben, so wird diese *Reise des Lebens* ⟨iter vitae⟩, die unablässige und äußerst rasche, die wir wachend und schlafend mit demselben Tempo tun, vielbeschäftigten Menschen nicht bewußt, wenn nicht am Ende.« Seneca, *De brevitate vitae/Über die Kürze des Lebens*, in: ders., *Philosophische Schriften*. Lateinisch und Deutsch. Übersetzt, eingeleitet und mit Anmerkungen versehen von Manfred Rosenbach. Darmstadt: Wiss. Buchgesellschaft, 1995, Band 2, S. 201-203. – Hinweise auf eine Seneca-Lektüre Prousts finden sich weder bei Diesbach noch bei Tadié, Painter, Maurois und anderen Biographen; im Namenregister der *Recherche*, IV, kommt ›Sénèque‹ nicht vor. Vgl. dagegen Nussbaum, »Love's Knowledge«, 1990.]

15 *Recherche*, III, S. 689-699; *WA*, 9, S. 243.

16 *Recherche*, III, S. 690; *WA*, 9, S. 247.

17 *Recherche*, III, S. 693; *WA*, 9, S. 249-250.

18 *NRF*, Mai 1921 [Zitate aus dem Artikel von Gide, »Billet à Angèle«, finden sich in dem Brief an Gide vom 23. 4. 1921; *Corr.*, XX, S. 210 sowie in Anm. 7 zu dem Brief an Jacques Boulenger vom 3. oder 4. 5. 1921; *Corr.*, XX, S. 243; siehe auch Kolb, »Avant-propos« zu *Corr.*, XX, S. IX. – Tadié, 1996, S. 867].

19 Brief an Jacques Boulenger, 16. 5. 1921; *Corr.*, XX, S. 271. [Vgl. Albaret, 1974, S. 291-292.]

20 [Tadié, 1996, S. 868.]

21 Gide, *Journal*, S. 694 [zit. in Diesbach, S. 713].

22 Ebd., S. 693 [zit. in Diesbach, S. 713: Diesbach fährt fort: »Wie so viele alternde Homosexuelle, und übrigens auch wie Charlus, verdächtigt Proust die gesamte Menschheit, sich in dem einen oder anderen Augenblick ihrer Existenz dem *vice errant* ⟨unsteten Laster⟩ hingegeben zu haben oder sich hinzugeben. Nur wenige könnten sich der Macht oder der Nostalgie Sodoms entziehen, besonders diejenigen nicht, die ein Talent besäßen. Er führt als Beispiel Baudelaire an, dessen ätzender Genius ohne diese Veranlagung sich nicht erklären lasse. Als André Gide einwendet, wenn Baudelaire solche Neigungen gehabt haben mochte, dann ohne es zu wissen, und niemals sei er zum Handeln übergegangen, empört sich Proust: »›Wie denn! Ich bin vom Gegenteil überzeugt; wie können Sie nur bezweifeln, daß er es praktizierte? Er, Baudelaire?‹ Und im Ton seiner Stimme schien die Befürchtung anzuklingen, daß ich Baudelaire beleidigte.« Gide, *Journal*, S. 692; Diesbach, S. 713-714; Tadié, 1996, S. 868].

23 Ebd., S. 692 [Painter, II, S. 493-494].

24 Brief von Jacques Rivière an Marcel Proust, 24. 4. 1921; *Corr.*, XX, S. 211.

25 [Roger Allard, Besprechung von *Côté de Guermantes II/Sodome et Gomorrhe I*, *NRF*, 1. 9. 1921, S. 355-357; vgl. Brief an Roger Allard, 13. 9. 1921; *Corr.*, XX, S. 447: »Wenn ich Ihren Satz über Freud nicht verstanden habe, dann deshalb, weil ich seine Bücher nicht gelesen habe; er kann unter diesen Umständen eine Kränkungsabsicht vermuten lassen. Aber eine solche Absicht ist unmöglich, weil der Satz ja von Ihnen stammt.« – Allard hatte geschrieben: »Im Gefolge von Professor Freud betrachtet eine Schulrichtung den Traum als einen vom körperlichen Wesen unternommenen Versuch, einen uneingestandenen Wunsch zu realisieren, indem er ihm ein symbolisches Objekt anbietet. Man kann zugestehen, daß jedes Kunstwerk das Produkt eines ähnlichen Vorsatzes ist. In dieser Sicht fallen die falschen Beweggründe von dem Kunstwerk ab, mit denen der Künstler es gerne ausschmückt, und es erscheint uns in einer neuen Form. Dem einfachen und tiefen Wort Prousts zufolge – »Es ist die Vernunft, die die Augen öffnet« –, kann man sagen, daß ein aufgeklärter Irrtum uns eine zusätzliche Bedeutung vermittelt.«]

26 Mauriac, *Du côté de chez Proust*, 1947, S. 30-43 [Painter, II, S. 507].

27 Barney, *Aventure de l'esprit*, Paris 1929, S. 51-74 [Painter, II, S. 517-519; Diesbach, S. 727-728].

28 *Recherche*, IV, S. 528, 526; *WA*, 13, S. 382, 380.

29 *Recherche*, III, S. 466-467; *WA*, 8, S. 659-660.

30 *Recherche*, III, S. 862 [und Anm. S. 1776, wo als Beispiele für solche Darstellungen des Jüngsten Gerichts die Kathedrale von Laon und das ›Portal der Buchhändler‹ an der Kathedrale von Rouen angegeben werden, die Proust beide besichtigt und im Werk von Emile Mâle, *L'art religieux du XIIIe siècle*, Buch IV, Kap. VI studiert hatte]; *WA*, 10, S. 486.

31 Bernard Fay, *Les Précieux*, S. 93-104 [z. T. zit. in Diesbach, S. 696; siehe auch Tadié, S. 876. – Brief von Bernard Fay, erste Novemberhälfte 1921; *Corr.*, XX, S. 523: Fay wollte mit Proust über dessen Werk sprechen, das in den USA »in gewissen intellektuellen Kreisen sehr bewundert« werde: »Letztes Jahr haben einige meiner Studenten und Studentinnen an der Columbia University ihre Absicht geäußert, Ihr Werk zu studieren und Arbeiten und Dissertationen darüber zu schreiben. Ich möchte ihre Bemühungen unterstützen, Sie jedoch vorher fragen, was Sie davon halten, in welche Richtung man sie lenken müßte und welches Werk von Ihnen Sie gegebenenfalls übersetzt sehen möchten.« – Brief an Bernard Fay, kurz vor dem 17. 11. 1921; *Corr.*, XX, S. 524. – Brief an Comte Etiennne de Beaumont, kurz nach dem 17. 12. 1921; *Corr.*, XX, S. 589-591; Tadié, 1996, S. 876; Brief an Bernard Fay, 12. 8. 1922; *Corr.*, XXI, S. 413 und Anm. 7].

32 Brief an Jacques Boulenger, Anfang August 1921; *Corr.*, XX, S. 413 [»Ich hoffe, Sie haben unter der Hitze nicht zu sehr gelitten, da man sagt, es sei

heiß und die gewöhnlichen Leute litten darunter. Wenn ich Ihnen in meinem Bett schreibe, unter sieben Wolldecken, einem Pelz, mit drei Wärmflaschen und (Kamin-)Feuer, bedauere ich die Hitze nur ihretwegen.« – Nach Céleste Albaret, 1974, S. 316, wurden an der Rue Hamelin die Kamine nicht mehr angezündet].

33 [»Da ich nie eine Syphilis gehabt habe, ist diese peinliche Störung unerklärlich«: Brief an Robert de Montesquiou, 18. oder 19. 4. 1921; *Corr.*, XX, S. 195; Kolb, »Avant-propos« S. III-IV. – Aus *Contrexéville*, einem Ort in den Vogesen, stammt das gleichnamige Mineralwasser, das damals besonders bei Nierenkrankheiten verordnet wurde. – Vgl. auch den Brief an Fernand de Vandérem, um den 26. 4. 1921; *Corr.*, XX, S. 215.]

34 [Brief an Louis Martin-Chauffier, *CG*, 3, S. 395 = Brief kurz vor dem 22. 3. 1922, *Corr.*, XXI, S. 91: »Ich habe seit zehn Tagen keine Nahrung mehr zu mir genommen ⟨…⟩ und in diesen zehn Tagen insgesamt etwa drei Stunden geschlafen.«]

35 [Brief an Clément de Maugny, *CG*, 5, S. 115 = Brief vom 29. oder 30. 5. 1922; *Corr.*, XXI, S. 237: »⟨…⟩ seit einem Monat kann ich nichts anderes als Eiscrème zu mir nehmen, die man beim Teufel holen geht und die eine eher kostspielige als nahrhafte Speise ist«. Der Grund für diesen Eiskonsum war ein »Unfall«, den Proust am 1. Mai hatte: er nahm eine große Dosis reines Adrenalin ein, die ihm die Eingeweide »wie mit Vitriol verbrannte«: Brief an Gaston Gallimard, 3. 5. 1922; *Corr.* XXI, S. 168; Brief an René Bo3ylesve, 8. 5. 1922; *Corr.*, XXI, S. 177: »Ein schrecklicher Unfall, der mir vor acht Tagen zugestoßen ist, hat meine Sendungen verzögert«; ebd., Anm. 8: Proust war am 1. Mai dabei, Widmungsexemplare von *Sodome et Gomorrhe II* zu signieren. Das Buch war am 29. April erschienen. – Brief an Sydney Schiff, 14. 5. 1922; *Corr.* XXI, S. 185. Widersprüchlich ist die Darstellung der Einnahme des Adrenalins: Proust selbst schreibt in dem Brief an Gallimard »j'ai pris pure avant-hier un médicament très dangereux de cette façon«; Straus spricht von selbstverabreichter Injektion (er stützt sich auf eine Proust-Biographie von Richard H. Barker, *Marcel Proust: A Biography*. New York: Grosset & Dunlap, 1958): Straus, *Maladies of Marcel Proust*, S. 64: »Es kann sehr wohl sein, daß große Überdosen von Medikamenten, die Proust einnahm, Suizidversuche waren, die mit seinen wiederkehrenden Depressionen zusammenhingen. Eine sehr große Dosis selbst injizierten Adrenalins, die ihn am 2. Mai 1922 fast umbrachte, kann ein solcher Versuch gewesen sein«; siehe auch S. 34: »Adrenalin wird auch heute noch bei schweren Anfällen von Bronchialasthma benutzt«, und S. 104. Gegen die These des Suizidversuchs siehe Michel, 1995, S. 16-17, der eine Stelle aus dem Brief an Miss Barney vom 24. 11. 1920 zitiert – Proust hatte am 23. November eine ganze Schachtel Veronaltabletten zusammen mit Dial und Opium eingenommen: »⟨…⟩ ich habe mich vergiftet (nicht aus dem

Wunsch heraus, zu sterben, da ich das schreckliche Leben sehr liebe, an dem ich nur noch mit einem Faden hänge, sondern aus einer Wut heraus, nicht mehr zu schlafen ⟨...⟩ (*Corr.*, XIX, S. 618. Michel hat übrigens aus Versehen in dem Zitat die Negationspartikel weggelassen und schreibt »rage de dormir«, statt »rage de ne plus dormir«).

Albaret, 1974, S. 84: »Appetit auf Eis bekam er fast immer sehr spät am Abend. Als der Krieg vorbei und Odilon zurückgekommen war, mußte er es im Ritz holen – Himbeer- oder Erdbeereis, niemals ein anderes. Und das manchmal mitten in der Nacht, wenn Monsieur Proust ausgegangen war und spät zurückkam.«]

36 Brief an Jacques Boulenger, 4. 5. 1921; *CG* 3, S. 240-241 [= Brief vom 3. oder 4. Mai 1921; *Corr.*, XX, S. 241; *BL*, S. 623; dagegen Albaret, 1974, S. 329.]

37 Francis und Gontier, S. 167.

38 Ebd., S. 166-168 [Proust bezieht sich auf einen Artikel von Jean-Louis Vaudoyer, zit. in Anm. 6 und 8 zu: Brief an dens., kurz nach dem 17. 6. 1921; *Corr.*, XX, S. 292-293: »Im Handwerk Vermeers steckt eine chinesische Geduld, eine Fähigkeit, die Sorgfalt und den Arbeitsvorgang zu verbergen, wie man sie nur in den Malereien, den Lackarbeiten und den geschnittenen Steinen des fernen Ostens wiederfindet«].

39 Brief an Jean-Louis Vaudoyer, kurz nach dem 17. 7. 1921; *Corr.* XX, S. 291-292; *BL*, S. 670 [Anspielung auf Vaudoyers Artikel »Le mystérieux Vermeer«, der in drei Folgen in *L'Opinion* (30. April, 7. und 14. Mai 1921) erschien. – Zum Besuch der Vermeer-Ausstellung siehe die Briefe an Jean-Louis Vaudoyer: a) zwischen dem 18. und 24. 5. 1921; *Corr.*, XX, S. 289 und Anm. 3; b) 24. 5. 1921, *Corr.*, XX, S. 291-292. – Céleste schreibt: »Während des ganzen Jahres 1921 war nur ein Anlaß zum Ausgehen erinnernswert, und zwar, als er im Frühjahr in Begleitung von Jean-Louis Vaudoyer, den er sehr schätzte, die Ausstellung holländischer Gemälde im Museum Jeu de Paume besichtigte; und das tat er hauptsächlich, um dort die Bilder seines geliebten Vermeer wiederzusehen, und insbesondere die kleine gelbe Mauerecke. Jean-Louis Vaudoyer war um punkt elf Uhr vormittags gekommen, um ihn abzuholen. Soweit ich mich erinnere, kam er gegen Abend erschöpft nach Hause. Auf der Ausstellung hatte er Schwindelanfälle bekommen. Ich glaube nicht, daß er ohnmächtig geworden ist, wie man behauptet hat – er hätte es mir gewiß erzählt. Sicher ist, daß seine ganze Mattigkeit ihn nicht hinderte, mich in jener Nacht sehr lange bei sich zu behalten und davon zu sprechen, welche Freude ihm die Vermeers bereitet hatten; und es war ein junger Mann, den ich sah und hörte.« – In »Avant-propos« zu *Corr.*, XX, S. XII, schreibt Kolb: »Ich hatte Gelegenheit, Madame Céleste Albaret sehr lange zum Thema dieses Ausgangs zu befragen. Sie bestätigte mir, daß Proust an jenem Tag keinerlei ›Unwohlsein‹ ⟨›malaise‹⟩ hatte: vielmehr begab er sich nacheinander in beide Ausstellungen, speiste mit

seinem Freund anschließend im Ritz, kam am späten Nachmittag zurück und statt sich über Krankheiten zu beklagen, hielt er sie bis spät nachts bei sich fest, um ihr von seinem Ausflug und von den Eindrücken des Gemäldes von Vermeer zu erzählen« (Albaret, 1974, S. 326)].

40 [»Ich bedauere, die Ansicht von Rom nur unzulänglich betrachtet zu haben, auf der sich einer der von Ingres gemalten Männer abhebt. Da ich Rom nicht kenne, möchte ich es kraft solcher Ansichten und unter Beihilfe von Corot erraten.« Brief an Jean-Louis Vaudoyer, 24. 5. 1921; *Corr.*, XX, S. 292 und Anm. 8: es handelt sich um das Porträt des Malers Granet, das sich heute im Museum von Aix-en-Provence befindet; vgl. Painter, II, S. 505; zu den Ausstellungsbesuchen Diesbach, S. 721 und Tadié, 1996, S. 872-874.]

41 Marthe Bibesco, *Le voyageur voilé*, S. 99.

42 [Brief an Robert de Montesquiou, 18. oder 9. 4. 1921; *Corr.*, XX, S. 194-195; zu einer anderen Erklärung Prousts für diesen Streit ebd., Anm. 13.]

43 [Brief an Gaston Gallimard, 1. oder 2. 6. 1921; *Corr.*, XX, S. 165 und Anm. 4: Rochat fand eine Stelle bei der Banque de Paris in Buenos Aires; so auch Albaret, 1974, S. 186; Tadié, 1996, S. 874-875.]

44 Brief an Jacques Boulenger, 3. oder 4. 5. 1921; *Corr.*, XX, S. 242-243 und Anm. 7.

45 Brief an Gustave Tronche, 18. 6. 1921; *Corr.*, XX, S. 352-353.

46 Ebd. [vgl. Rohrpostbriefe von Léon Daudet, 17. und 18. 6. 1921; *Corr.*, XX, S. 347, 352; Brief an Gustave Tronche, 19. oder 20. 6. 1921; *Corr.* XX, S. 357-358].

47 [Brief an Sydney Schiff, 12. 10. 1921; *Corr.*, XX, S. 485; *BL*, S. 646.]

48 [Brief an Prinzessin Soutzo, 16. 6. 1921; *Corr.*, XX, S. 343-344; *BL*, S. 632. – Kolb weist in seiner Anmerkung zu dieser Briefstelle darauf hin, daß damals die Methode Coué, eine Anleitung zur Autosuggestion, in Mode war: Emile Coué, *La maîtrise de soi-même par l'autosuggestion consciente. Conférence faite par M. Coué à Chaumont en 1912, à Nancy en 1913-1915-1917-1918-1919 et 1920.* Nancy, 1921; deutsch: *Die Selbstbemeisterung durch bewußte Autosuggestion.* Basel: Schwabe, 1966; siehe Reinhard Lohmann, »Suggestive und übende Verfahren«, in: Thure von Uexküll, *Psychosomatische Medizin.* München: Urban & Schwarzenberg, 3. neubearb. u. erw. Aufl. 1986, S. 323-324: »Es würde im Rahmen dieser Abhandlung zu weit gehen, auf die zahlreichen speziellen wachsuggestiven Verfahren einzugehen, die zum Teil auf uraltes ärztliches Allgemeinwissen gegründet sind, zum Teil nicht mehr in unsere Zeit hineinpassen. Das gilt auch für die in den 20er Jahren bekannt gewordene und vorübergehend in große Mode gekommene Methode von Coué, eine passiv-autosuggestive Methode, bei der zweifellos aber auch hypnosuggestive und massensuggestive Faktoren mit wirksam waren.«]

49 Brief an Jacques Boulenger 26. 8. 1921; *Corr.*, XX, S. 421: »Da ich seit
   drei Monaten nicht ausgegangen bin [...]« [Proust war nach dieser
   Dinereinladung vom 15. Juni 1921 am Vormittag des 24. Juni bei der
   Ziviltrauung von Gladys Deacon mit dem Herzog von Marlborough
   anwesend, wo er sich eine »schreckliche Migräne« holte: Brief an
   Gustave Tronche, 25. 6. 1921; *Corr.*, XX, S. 363].

50 *Recherche*, II, S. 367; W, II, 3, S. 89.

51 *Recherche*, II, S. 762; W, II, 3, S. 660.

52 Painter, II, S. 495 [Brief an den Duc de Guiche, 17. 6. 1921; *Corr.*, XX,
   S. 349; *BL*, S. 635].

53 Cocteau, *Opium*, S. 165; ders., *Poésie critique*, S. 125-130 [zit. in Painter, II, S. 496. – Siehe auch den Brief an Madame de Chevigné, September
   1921; *Corr.*, XX, S. 473-474.
   Jean-Henri Fabre, 1823-1915, Insektenforscher, der lange vor der
   modernen Entwicklung im 20. Jahrhundert Methoden der Verhaltens-
   forschung anwandte (die 1996 in dem französischen Film *Mikrokosmos*
   zu Ehren kamen), schrieb seine Forschungsergebnisse in dem zehnbän-
   digen Werk *Souvenirs entomologiques* (1879-1907) nieder. Deutsche
   Auswahlausgabe: Jean-Henri Fabre, *Das offenbare Geheimnis. Aus
   dem Lebenswerk des Insektenforschers*. Hg. von Kurt Guggenheim und
   Adolf Portmann. Übersetzt von Kurt Guggenheim. Frankfurt a. M.:
   Insel, 1977. – Interessanterweise schreibt Proust in seinem Brief vom
   16. 6. 1921 an Fernand Vandérem (*Corr.*, XX, S. 345), Léon Daudet habe
   im Zusammenhang mit Prousts Werk die *Souvenirs entomologiques* von
   Fabre und die *Anatomie des Dr. Tulp* (Rembrandt) erwähnt. In Wirklichkeit kommt in dem Artikel von Léon Daudet (*Action française*,
   8. 10. 1920, zit. in *Corr.*, XX, S. 315-316, Anm. 4) Fabre gerade *nicht* vor:
   Daudets Vergleiche, insbesondere im Zusammenhang mit Charlus und
   der Homosexualität, beziehen sich vielmehr auf das invasive Verfahren
   der Histologie und der Sektion: Daudet bezeichnet Proust als *Histolo-
   gen am lebenden Körper* und als *Troubadour des Laboratoriums*: »seine
   Kenntnis des zweifüßigen und sprechenden Gesellschaftswesens ist tatsächlich eine fröhliche Wissenschaft«].

54 Marthe Bibesco, *Le voyageur voilé*, S. 110 [Stelle aus dem Schluß des
   Briefes an Madame de Chevigné, September 1921; *Corr.*, XX, S. 474;
   BL, S. 645].

55 [Brief an Gaston Gallimard, 19. 9. 1921; *Corr.*, XX, S. 462.]

56 [Brief an Gaston Gallimard, 14. 10. 1921; *Corr.*, XX, S. 491: »Verzeihen
   Sie mir, wenn ich diesen Brief diktiere, aber ich hatte gestern eine
   schreckliche Vergiftung. ⟨...⟩ Aufgrund eines Irrtums des Apothekers
   nahm ich, im Glauben, 7 Tabletten ⟨cachets⟩ zu 0,10 einzunehmen, 7
   Tabletten zu je einem Gramm ein, sofort nach dem Aufstehen hatte ich
   Schwindelanfälle usw.« – Kolb, Chronologie 1921, *Corr.*, XX, S. 28
   (nach der Eintragung S. 27 fand der Sturz im Schlafzimmer am 19. Sep-

tember statt) schreibt zum 13. Oktober: »Er vergiftet sich aufgrund eines Irrtums des Apothekers, hat Schwindelanfälle«; Straus, *Maladies of Proust*, S. 86: »Im Oktober 1921 nahm Proust eine enorme Überdosis von sieben Tabletten zu einem Gramm Veronal, Dial und Opium. Er behauptete, überzeugt gewesen zu sein, daß jede nur ein Zehntelgramm enthielt, doch selbst dann ist die übliche Dosis eine oder zwei Tabletten. Sieben auf einmal einzunehmen weist auf mehr als nur einen Unfall hin. Einige Jahre zuvor hatte er eine Überdosis Beruhigungsmittel genommen«; ebd., S. 158 (Chronology) »October, accidental poisoning with large overdoses of Veronal, Dial, and Opium«. – Michel, 1995, S. 16-17.]

57 [Brief an Clément de Maugny, 29./30. 5. 1922, Corr., XXI, S. 236-237; ursprünglich undatiert, in *CG*, 5, S. 113-115 in das Jahr 1921 eingeordnet.]

58 Brief an Sydney Schiff, *CG*, 3, S. 30 [= Brief vom, 21. 10. 1921; *Corr.*, XX, S. 502.

59 Brief an Gaston Gallimard, 19. 9. 1921; *Corr.*, XX, S. 464.

60 [*Recherche*, III, S. 148-161, 165-169, 171-178; »Das Aussetzen des Herzens«, in: *Der gewendete Tag*, S. 236-259.]

61 [*Les Œuvres libres* war eine Monatsschrift, die nur Unveröffentlichtes brachte. Gründer und Leiter der Reihe war der Verleger Arthème Fayard (1866-1939), Redakteur war Henri Duvernois. – Vgl. Brief an Gaston Gallimard, 20. 8. 1922; *Corr.*, XXI, S. 424; Diesbach, S. 723-726.]

62 [»Jalousie«, in: *Les Œuvres libres*, N° 5, November 1921, S. 7-156 (Auszüge aus *Sodome et Gomorrhe II*; siehe Bibliographie in *Textes retrouvés*, S. 391). Brief an Henri Duvernois, 10. September 1921; *Corr.*, XX, S. 443-446.]

63 [Brief an Henri Duvernois, 10. 9. 1921; *Corr.*, XX, S. 446, Anm. 5. Proust schlug als Titel »Une jalousie« vor und wollte mehrere Zwischentitel einfügen; der Titel in *Les Œuvres libres* lautete: *Jalousie roman inédit et complet*.]

64 [Brief von Arthème Fayard & Cie, 4. 9. 1921; *Corr.*, XX, S. 432.]

65 [Brief an Jacques Boulenger, 6. 11. 1921; *Corr.*, XX, S. 514-515 und Anm. 2-4; Brief an Jacques Rivière, 9. 11. 1921; *Corr.*, XX, S. 516-519. Das Stück, das Proust mit einer Widmung für Boulenger versehen wollte, bekam den Titel »En tram jusqu'à la Raspelière«. Es erschien als erster Text der *NRF* vom 1. Dezember 1921; die Widmung lautete: »A Jacques Boulenger«; deutsch: »Im Bähnchen bis zur Raspelière«, *Der gewendete Tag*, S. 260-291; die Widmung fehlt.]

66 Clermont-Tonnerre, *Robert de Montesquiou et Marcel Proust*, S. 212-216 und 240-243.

67 Ebd., S. 239.

68 Jullian, S. 266.

69 Clermont-Tonnerre, S. 239.

70 [Tadié, 1996, S. 869-870.]

71 [Brief an Jacques Boulenger, Ende Juni 1921; *Corr.*, XX, S. 370-373; *BW*, S. 447-450 (gekürzt).]

72 [Diesbach, S. 718-719: »Auf Soiréen liest Anna de Noailles Tiraden des Barons und imitiert dabei die Stimme des Barons so gut, daß die Gäste im Nebenraum glauben, der Baron selbst sei anwesend. Dank Proust ist die Marionette zu einem Monstrum geworden. Nachdem Montesquiou den von seinem undankbaren Schüler gereichten Kelch der Bitterkeit bis zur Neige ausgetrunken hat, weiß er, daß er an diesem Gift* umkommen wird. ›Ich liege im Bett, krank wegen der Veröffentlichung von drei Bänden, die mich umgeworfen haben‹, schreibt er an einen Freund.« (Philip Jullian, *Robert de Montesquiou*, S. 289).

* Tadié, 1996, S. 870, Anm. 1: »Das Gift, an dem Montesquiou starb, ist der Harnstoff.«]

73 [Brief an Gaston Gallimard, 4. oder 5. 12. 1921; *Corr.*, XX, S. 562; Brief an Gaston Gallimard, 4. oder 5. 9. 1922; *Corr.*, XXI, S. 458.]

74 Painter, II, S. 525.

75 [Zit. in: *Corr.*, XX, S. 498, Anm. 2; *W*, I, 3. S. 611.]

76 Brief an André Lang, zweite Oktoberhälfte 1921; *Corr.*, XX, 497; »Réponse à une enquête des *Annales*«; *Les annales politiques et littéraires*, 78, 26. Februar 1922; »Antwort auf eine Umfrage der *Annales*«, *W*, I, 3, S. 471-473.

77 Brief an André Lang, *Corr.*, XX, S. 496; *W*, I, 3, S. 471.

78 Brief an Camille Vettard, *CG*, 3, S. 195 [= Brief an Camille Vettard, etwa März 1922, *Corr.*, XXI, S. 77 und Anm. 4: »In seinem Artikel ›Proust et Einstein‹ wird Vettard auf diese Erklärung mittels des Teleskops anspielen. Siehe *NRF* 1. August 1922, S. 247.« – Brief an Camille Vettard, 2. 8. 1922; *Corr.*, XXI, S. 396; Brief an Gaston Gallimard, kurz vor dem 5. 8. 1922; *Corr.*, XXI, S. 400: »Wer bin ich denn neben einem Einstein!«].

79 Brief an Sydney Schiff, *CG*, 3, S. 44 [Brief an Sydney Schiff, 5. Juli 1922; *Corr.*, XXI, S. 342; *BW*, S. 473-474].

80 Brief von Madame Straus, 13. 5. 1922; *Corr.*, XXI, S. 183.

81 Brief an Walter Berry, 6. 1. 1922; *Corr.*, XXI, S. 28-29; *BL*, S. 654-656.

82 [Brief an Comte de Beaumont, 31. 12. 1921; *Corr.*, XX, S. 601-602; Diesbach, S. 728; Tadié, S. 877.]

83 Morand, *Le visiteur du soir*, S. 125-126 [Brief an Walter Berry, kurz nach dem 8. 1. 1922; *Corr.*, XX, S. 30: »Ich bin in einen Ball im Ritz hineingeraten und habe mich in die oberen Stockwerke geflüchtet, wo ich Lammkeule verzehrte.« – In der Chronologie Kolbs zu *Corr.*, XXI ist von diesem Ballbesuch nicht die Rede, wohl aber bei Diesbach, S. 728-729, bei Painter, II, S. 528; Brief an die Prinzessin Soutzo, 5. 2. 1922; *Corr.*, XXI, S. 58-59: Die Prinzessin verwechselte Ramon Fernandez mit Mademoiselle Hinnisdal, die Proust einige Tänze vorführte. Bei diesem

Anlaß wurde Proust auch der Cembalistin Wanda Landowska vorge-
stellt].

84 Brief an Sydney Schiff, *CG*, 3, S. 35 und 49 [Brief an Sydney Schiff,
22. 4. 1922; *Corr.*, XXI, S. 141-142 – hier ist von Antoine Bibesco nicht
die Rede –, und Brief an Sydney und Violet Schiff, um den 21. 7. 1922;
Corr., XXI, S. 371-375, zu Bibesco S. 372: »Wo ich hingegen unverzeih-
lich bin, das ist darin, nie auch nur eines meiner Bücher an Bibesco
gesandt zu haben, der sie bewundert. Das ist nicht Undankbarkeit. Aber
ich weiß doch, in welchem Land auch immer er sich befindet, macht er
sich ein Monopol daraus und verteilt sie an die Leute, die sie vielleicht
mögen, so daß ich mir sage: wozu sie ihm schicken. Und er hat mir in der
Tat auch nie vorgeworfen, es nicht getan zu haben«].

85 [Ebd.]

86 Ebd.; Brief an Sydney Schiff, 28. 8. 1922; *Corr.*, XXI, S. 441.

87 Brief an Gaston Gallimard, Anfang 1922, *Lettres à la NRF*, S. 194
[= Brief an Gaston Gallimard, 28. 12. 1921; *Corr.*, XX, S. 508].

88 [Nicht *Roger* Martin du Gard, wie Hayman in der Originalausgabe
S. 481 schreibt. – Brief von Jacques Rivière, 1. 11. 1921; *Corr.*, XX,
S. 508-509; Brief an Gaston Gallimard, 3. 5. 1922; *Corr.*, XXI, S. 116
und Anm. 4.]

89 *Les Ecrits nouveaux*, Juli 1921 [zit. in Diesbach, S. 715, deutsch in
Michel-Thiriet, 1992, S. 391; vgl. Brief an Gaston Gallimard, 5. 5. 1922;
Corr., XXI, 170-171; Brief von Jacques Rivière, 1. 11. 1921; *Corr.*, XX,
S. 507-509; Painter, II, S. 528; Tadié, 1996, S. 866].

90 [Painter, II, S. 529.]

91 Martin du Gard, 1957, Bd. I, S. 195-202 [zit. in Painter, II, S. 529].

92 [Brief an Clément de Maugny, Januar 1922; *Corr.*, XXI, S. 47, Anm. 4:
Bevor Yvonne um den 21. 2. 1922 in die Wohnung einzog, hatte Proust
daran gedacht, Clément de Maugny als Sekretär einzustellen. – Tadié,
1996, S. 879-880.]

93 [Albaret, 1974, S. 268.]

94 Brief an Jacques Boulenger, um den 15. 5. 1922; *Corr.*, XXI, S. 197.

95 »Marcel Proust«, *Der Neue Merkur* (München), Februar 1922,
S. 745-761; französische Teilübersetzung in der *NRF* vom 1. 7. 1922,
S. 125-126 [Brief an Prinzessin Soutzo, 28. 2. 1922; *Corr.*, XXI, S. 68;
Brief an Ernst Robert Curtius, 7. oder 8. 3. 1922, *Corr.*, XXI, S. 81; Brief
an Jacques Boulenger, 22. 3. 1922; *Corr.*, XXI, S. 93 und Anm. 3; Brief an
Gaston Gallimard, 24. 3. 1922; *Corr.*, XXI, S. 101; Brief von André Gide
an Marcel Proust, 5. 4. 1922; *Corr.*, XXI, S. 112; Brief an Sydney Schiff,
7./8. 4. 1922; *Corr.*, XXI, S. 117-118; Brief an André Gide, 11. 4. 1922;
Corr., XXI, S. 126; Brief von Ernst Robert Curtius an Marcel Proust
(französische Übersetzung von Katherine Whiteside Kolb), 12. 4. 1922;
Corr., XXI, S. 128-129; Brief von Jacques Rivière an Marcel Proust,
2. 5. 1922; *Corr.*, XXI, S. 167-168, Anm. 7; Brief an Gaston Gallimard,

22. oder 23. 5. 1922; *Corr.*, XXI, S. 215 und Anm. 7: Proust wartet seit drei Monaten auf die vollständige Übersetzung des Artikels von Curtius); Brief an Camille Vettard, kurz nach dem 24. 6. 1922; *Corr.*, XXI, S. 307-308: »Ich werde Ihnen die abenteuerliche Geschichte der Übersetzung des Artikels von Curtius erzählen, die ich auf Ihre Anregung hin angefordert habe.« – Brief an Ernst Robert Curtius, 17. oder 18. 9. 1922, *Corr.*, XXI, S. 478-479 (Proust sandte Curtius ein Exemplar von *Sodome et Gomorrhe II*); Brief von Ernst Robert Curtius an Marcel Proust, 16. 10. 1922 (französisch); *Corr.*, XXI, S. 506-508 (mit einem Faksimile)].

96 [Vgl. Curtius, »Marcel Proust«, 1964, S. 59-60: »Satzrhythmus«.]

97 [Brief an Jacques Boulenger, 21. 3. 1921; *Corr.*, XX, S. 144-145: Camille Vettard (1877-1947), Jurist, seit 1919 Unterpräfekt in Bagnères-de-Bigorre. Proust bezeichnet ihn (Vettard) in seinem Brief an Camille Vettard vom 30. 3. 1922, *Corr.*, XXI, S. 107, als Mathematiker. Das Widmungs-Vorwort, *Dédicace à Marcel Proust*, stellte Vettard seinem unveröffentlichten Roman *Pauper le Grand* voran. Siehe Brief an Camille Vettard, 21. 2. 1922; *Corr.*, XXI, S. 65-66 und Anm. 3-4. Nach Kolb läßt sich eine Veröffentlichung des Romans nicht nachweisen. Der Text der Widmung ist abgedruckt in: Marcel Proust, *Lettres inédites. Préface et Appendices par Camille Vettard*. Bagnères-de-Bigorre, MCMXXVI, Appendice II, S. 111-120: *Dédicace à Marcel Proust*.]

98 [Den Vergleich mit Einstein hatte bereits Paul Souday nach Erscheinen von *Guermantes II – Sodome et Gomorrhe I* im *Le Temps* vom 12. Mai 1921 gezogen: »un Bergson ou un Einstein de la psychologie romanesque« (»ein Bergson oder Einstein der Romanpsychologie«). – Brief an Emile Henriot, 1. 4. 1922; *Corr.*, XXI, S. 132: »Leider habe ich die Studie nicht zur Verfügung, wo der bedeutende Mathematiker einen Vergleich anstellt – wie man es in England und Amerika häufig macht – zwischen meiner Betrachtungsweise der Zeit, der Formen usw. und denjenigen Einsteins.« – Telegramm an Camille Vettard, 2. 8. 1922; *Corr.*, XXI, S. 396; Brief an Gaston Gallimard, kurz vor dem 5. 8. 1922; *Corr.*, XXI, S. 400: »Ich brauche Ihnen nicht zu sagen, wie glücklich ich war – und wie dankbar ich Ihnen bin für den Artikel von Vettard. Er schmeichelt mir zu sehr (Vettard), ohne mich übrigens zu kennen, als daß ich sagen könnte, ich finde seinen Artikel treffend. Wer bin ich denn neben einem Einstein!« – Brief von Roger Allard an Marcel Proust, 17. 8. 1922; *Corr.*, XXI, S. 419; Brief an Camille Vettard, um den 20. 8. 1922; *Corr.*, XXI, S. 425-427; Brief an Prinzessin Soutzo, 20. 8. 1922; *Corr.*, XXI, S. 427-428 und Anm. 4: Zitat aus einem Artikel des *Echo de Paris* zum Vergleich Vettards von Proust und Einstein.]

99 [Brief von Jacques Rivière, 25. 3. 1922; *Corr.*, XXI, S. 102-103: »⟨...⟩ der Autor betreibt ein wenig Mißbrauch mit wissenschaftlichen Vergleichen und läuft Gefahr, seinen Lesern den Eindruck zu vermitteln, Sie seien

ebenso abstrakt und unverständlich wie Einstein«. – Brief von Jacques
Rivière, 8. 4. 1922; *Corr.*, XXI, S. 119.]

100 [Brief an Jacques Boulenger, 12. 3. 1922; *Corr.*, XXI, S. 85.]

101 »Proust et Einstein«, *NRF*, 1. 8. 1922, S. 246-252 [Painter, II, S. 530].

102 [Albaret, 1974, S. 324-326; Diesbach, S. 736.]

103 [Albaret, 1974, S. 95: »Denn das war das Schöne bei ihm: Es gab
Augenblicke, da kam ich mir wie seine Mutter vor, und zu anderen Zeiten wie sein Kind.«]

104 Gautier-Vignal, S. 168.

105 Jaloux, S. 11.

106 [Albaret, 1974, S. 212-215, S. 336-337: »Als seine Erschöpfung den
Höhepunkt erreicht hatte, sprach er möglichst wenig. Ich war da, ich
lauerte auf die Zeichen oder den Blick, um seinem Wunsch zuvorzu-
kommen. Oder er schrieb auf die kleinen Zettel, was er wollte. Ich war
so daran gewöhnt, daß er mir das Blatt gar nicht zu reichen brauchte:
ich las, während er schrieb. Ich kannte seine (nicht immer einfache)
Schrift so gut, daß ich sie umgekehrt las, während er noch schrieb.
Diese kleinen Zettel habe ich fast alle weggeworfen – im Laufe der
Jahre hätten sie ein ganzes Buch ergeben.«]

107 [Hayman, S. 482, ohne Nachweis; vgl. Tadié, 1996, S. 882, zitiert Beispiele und weist darauf hin (Anm. 4), daß im Carlton Lake-Fond des
Harry Ransom University Center an der University of Texas 79 solcher
Notizzettel aufbewahrt werden. Weitere Beispiele für Notizen an Céleste Albaret in *Corr.*, XXI, S. 146, 228, 504, 505, 509, 530, 534. –
Michel, 1995, S. 188-189: »Als er schließlich nicht mehr sprechen
konnte, weil er jenen Grad der Atemlosigkeit erreicht hatte, den die
Lungenspezialisten als Sprech-Dyspnoe ⟨dyspnée d'élocution⟩ bezeichnen, das letzte Stadium der Atemstörung, wo der Einsatz des Atmens
zur Mobilisierung der Stimmbänder nur noch Husten auslöst, kommunizierte er mit ihr mittels kleiner Notizzettel. Der Band XXI der *Correspondance* von Kolb enthält zehn davon, doch an der Universität von
Austin in Texas befinden sich achtzig. Kurze, manchmal unverständ-
liche Texte, auf Notizzetteln ⟨…⟩ Man findet die üblichen Proustschen
Widersprüche: »Ich werde nichts zu mir nehmen, aber bereiten Sie
doch Milchkaffee vor, den ich vielleicht bestellen könnte, bereit, ihn
nicht zu nehmen«. Oder auch: »Kaufen Sie Spargel und kochen Sie sie,
aber vielleicht werde ich sie nicht essen.«]

108 [Albaret, 1974, S. 197-198; Brief an Sydney Schiff, 7./8. 4. 1922; *Corr.*,
XXI, S. 117; Painter, II, S. 526-527; Tadié 1996, S. 882.]

109 Brief an Sydney Schiff, 7./8. 4. 1922; *Corr.*, XXI, S. 116-118 [Kolb vermutet, daß es sich um Adrenalin-Injektionen handelte].

110 [Painter, II, S. 534.]

111 Brief an Sydney Schiff, 14. 6. 1922; *Corr.*, XXI, S. 266-267.

112 [Brief an Gaston Gallimard, 3. 5. 1922; *Corr.*, XXI, S. 168; Brief an Syd-

ney Schiff, 14. 5. 1922; *Corr.*, XXI, S. 185; Brief an Laure Hayman, 18. 5. 1922; *Corr.*, XXI, S. 208; Tadié, 1996, S. 895. Vgl. oben, Anm. 35.]

113 [Brief von Sydney Schiff an Marcel Proust, 15. 5. 1922, *Corr.*, XXI, S. 194-195; Brief an Henri Gans, 19. 5. 1922; *Corr.*, XXI, S. 212 und Anm. 5.]

114 [Painter, II, S. 537-538; Tadié, 1996, S. 895.]

115 Richard Ellmann, *James Joyce* (1959). New York, Oxford & Toronto: Oxford University Press, 1982, S. 508-509; deutsch: *James Joyce*. Übersetzt von Albert W. Hess, Klaus und Karl H. Reichert, hg. von Fritz Senn. Frankfurt a. M.: Suhrkamp, 1959, S. 496.

[Painter, II, S. 536-539; Diesbach, S. 734; Tadié, 1996, S. 895, zitiert eine Notiz von Joyce aus der französischen Übersetzung der Biographie von Ellmann: »Proust. Analytisches und unbewegliches Leben. Der Leser beendet die Sätze vor ihm«, sowie eine Stelle aus einem Brief an Sylvia Beach über die Lektüre von »A la recherche des Ombrelles perdues par plusieurs Jeunes Filles en Fleurs du côté de chez Swann et Gomorrhée et Cie par Marcelle Proyst et James Joust«. Acht Tage nach Prousts Tod schrieb Joyce an H. Shaw Weaver: »Sein Name wurde oft mit meinem in Verbindung gebracht. In Paris schienen die Leute über seinen Tod nicht überrascht zu sein, doch als ich ihn im vergangenen Mai sah, wirkte er nicht krank. In Wirklichkeit erschien er zehn Jahre jünger als ich.« – Vgl. Blumenberg, »Proust und Joyce«, in: ders., 1987, S. 191-193.]

116 Brief an Madame Laure Hayman, 18. 5. 1922; *Corr.*, XXI, S. 208-209; *BW*, S. 462-465 [Painter, II, S. 541-542; Tadié, 1996, S. 884].

117 »Les Goncourt devant leur cadets«, *Le Gaulois du dimanche*, 27. Mai 1922 [abgedruckt in: *Textes retrouvés*, S. 333; Tadié, 1996, S. 896; »Die Brüder Goncourt vor ihren Nachgeborenen: Monsieur Marcel Proust«, *W*, I, 3, S. 474: Die Übersetzung von »J'ai vu là des femmes, mêmes intelligentes, se livrer à des *manèges* ⟨Kniffe, Schliche⟩ pour éviter de lui dire leur ›jour‹« lautet: »Ich habe dort Frauen gesehe, selbst intelligente, die alle *Voltigierkünste* ⟨sic; Künste des artistischen Luftsprungs⟩ anwendeten, um ihm nicht ihren ›Tag‹ zu sagen« – *jour*, Abkürzung für ›jour fixe‹; festgelegter Tag der Einladung zum ›offenen Haus‹ (als Ersatz für den einstigen ›salon‹)].

118 *Lettres à la NRF*, S. 213-214 [= Brief an Gaston Gallimard, 17. oder 18. 5. 1922; *Corr.*, XXI, S. 204-206; Zitat aus dem Postskriptum, S. 206; *BW*, S. 462 (übersetzt ist nur das Postskriptum)].

119 Violet Schiff, *London Magazine*, September 1956.

120 Brief an Jacques Rivière, 8. 6. 1922.

121 [Brief von Madame Blumenthal, 10. 6. 1922; *Corr.*, XXI, S. 253-254; Brief an Walter Berry, 10. 6. 1922; *Corr.*, XXI, S. 254-255; Brief von Walter Berry, 10. 6. 1922; *Corr.*, XXI, S. 255-256; Brief an Benjamin Crémieux, 12. 6. 1922; *Corr.*, XXI, S. 257.]

122 Brief an Walter Berry, 10.6.1922; *Corr.*, XXI, S. 254-255.

123 [Brief an Madame Hennessy, 13.6.1922; *Corr.*, XXI, S. 261-262.]

124 [Brief an Camille Vettard, kurz nach dem 24.6.1922; *Corr.*, XXI, S. 307.]

125 Pouquet, S. 94-95 [Diesbach, S. 735].

126 Lucien Daudet, *Autour de soixante lettres de Marcel Proust*, S. 27 und 241; Albaret, 1974, S. 327 [Painter, II, S. 546-547].

127 Brief an Gaston Gallimard, 25.6.1922; *Corr.*, XXI, S. 310; *BW*, S. 471-472 [Tadié, 1996, S. 887-892; Winton].

128 Benoit-Méchin, 1977, S. 154-155 [Tadié, 1996, S. 896].

129 Brief an Jacques Rivière, 21. oder 22.6.1922; *Corr.*, XXI, S. 300.

130 Brief an Edmond Jaloux, 15.7.1922; *Corr.*, XXI, S. 351-352 [Proust schickte diesen Brief nicht ab. Einer der Beteiligten »Zuhälter« entschuldigte sich am nächsten Tag bei Proust, der Jaloux in einem Brief von Mitte September die Umstände erklärt: Brief an dens., Mitte September 1922; *Corr.*, XXI, S. 477-478].

131 [Brief an Jacques Delgado, 16.7.1922; *Corr.*, XXI, S. 252-253; *BL*, S. 681-682; Brief an Paul Brach, 16.7.1922; *Corr.*, XXI, S. 358-359.]

132 [Brief an Gaston Gallimard, 2. oder 3.7.1922; *Corr.*, XXI, S. 331; *BW*, S. 476. Die »Buchstabenziffer« (»le nombre de lettres«, Zahl der Buchstaben) bezieht sich auf den Artikel »Abondance« (Überfluß) in der Zeitschrift *Les Marges* vom 15. Juni 1922, wo ironisch auf eine Verlagsankündigung der NRF Bezug genommen wird: »⟨...⟩ drei Bände enthalten eine Million dreihundertfünfunddreißig Tausend Buchstaben ⟨lettres, Zeichen⟩.« *Corr.*, XXI, S. 332, Anm. 4.]

133 [Brief an Gaston Gallimard, 2. oder 3.7.1922; *Corr.*, XXI, S. 331-332 und Anm. 6: Rabindranath Tagore (Nobelpreis für Literatur 1913), *La Fugitive, poèmes*. Aus dem Englischen von Renée de Brimont.]

134 Brief an Gaston Gallimard, 20.7.1922; *Corr.*, XXI, S. 369; *BW*, S. 482 [Übersetzung des ersten Satzes im Zitat geändert.]

135 »Enquête sur le renouvellement du style«, *La Renaissance politique et littéraire*, 22.7.1922; *Contre Sainte-Beuve*, 1971, S. 645; »Umfrage über die Erneuerung des Stils«, *W*, I, 3, S. 678.

136 *L'Intransigeant*, 14.8.1922; *Contre Sainte-Beuve*, 1971, S. 645-646; Frage S. 963; *Textes retrouvés*, S. 337-338 [mit der vollständigen Frage, die in der deutschen Übersetzung fehlt]; »Eine kleine Frage: Und wenn die Welt unterginge ... was würden Sie tun?«, *W*, I, 3, S. 479.

137 [Vgl. dagegen: Brief an Monsieur Hardy, 18.8.1922; *Corr.*, XXI, S. 420-421 und Anm. 2.]

138 [Brief an Gaston Gallimard, 8. oder 9.9.1922; *Corr.*, XXI, S. 466 und Anm. 3; *BW*, S. 489.]

139 Brief an Jacques Rivière, 8. oder 9.9.1922; *Corr.*, XXI, S. 465.

140 [Brief an Gaston Gallimard, 8. oder 9.9.1922; *Corr.*, XXI, S. 466; *BW*, S. 489.]

141 Brief an Ernst Robert Curtius, 17. oder 18. 9. 1922; *Corr.*, XXI,
     S. 478-479 und Anm. 7: Keine Aussage von Pascal, sondern von Fran-
     cis Bacon, zitiert von Rivarol; vgl. *Corr.*, XIX, S. 77 und 80, Anm. 17.
142 Brief an Sydney Schiff, 14. 9. 1922; *Corr.*, XXI, S. 473. [Risse im Kamin
     vermutet Proust auch im Brief an Edmond Jaloux, Mitte September
     1922; *Corr.*, XXI, S. 477: »⟨...⟩ seit einem Monat bin ich ein echter
     Lebendig-Toter, dem nacheinander das Wort, die Sehkraft und die
     Bewegungsfähigkeit genommen wurden. Und da die Medizin eine
     unbeschreiblich komische Angelegenheit ist, glaubt man inzwischen,
     dies sei auf meinen an mehreren Stellen rissigen Kamin zurückzufüh-
     ren, wodurch sich in meinem Zimmer, das ich nie öffne, Kohlenmon-
     oxyd ansammle. Die Erklärung würde mir gefallen, weil sie mich auf
     eine sogar rasche Besserung hoffen ließe. Aber sie ist zu einfallsreich
     und zu tröstlich, um wahr zu sein. Ich glaube nicht, daß das Kohlen-
     monoxyd eine jedesmal auf den Boden fallen läßt, wenn man aus dem
     Bett zu steigen versucht.« – Michel, 1995, führt die Symptome auf das
     Datura stramonium (Stechapfel) zurück, das im Räucherpulver enthal-
     ten war, von dem Proust einen übermäßigen Gebrauch machte. Datura
     stramonium führt zu Vergiftungen, deren Auswirkungen einer Atro-
     pinvergiftung gleichen; Straus, S. 103: »Möglicherweise ist eine Über-
     dosis von Stramonium für mehrere Vorfälle verantwortlich, bei denen
     Schwäche- und Schwindelanfälle, Herzrhythmusstörungen, Störungen
     beim Stehen und Gehen und Sprechstörungen auftraten, alles Symp-
     tome einer Atropinvergiftung. Die Störung des Sehvermögens läßt
     sich ebenfalls auf Atropinvergiftung zurückführen, da das Atropin die
     Pupillen erweitert und die Sicht verschwimmen läßt.«]
143 Brief an Jacques Rivière, diktiert an Céleste, 20. 9. 1922; *Corr.*, XXI,
     S. 482.
144 [Albaret, 1974, S. 330: »Was das Ausströmen von Kohlenmonoxyd
     betrifft, so ist das überhaupt nicht vorgekommen. Von Anfang an
     wurde in der Rue Hamelin nicht geheizt, von dem Augenblick an, als
     wir gemerkt hatten, daß die Kamine zu eng waren und der Rauch ins
     Zimmer drang. Zweifellos ist es auf diese Eiseskälte in der ungünstigen
     Jahreszeit zurückzuführen, daß er sich im Frühjahr 1922 eine Grippe
     zuzog. Er arbeitete stundenlang bewegungslos im Bett mit keiner ande-
     ren Wärmequelle für seinen geschwächten Organismus als seinen Pull-
     overn und den ›Bollen‹ (Wärmflaschen).«]
145 [Vgl. Painter II, S. 558; Albaret, 1974, S. 332-333.]
146 Brief an Jacques Rivière, 23. 9. 1922; *Corr.*, XXI, S. 484 und Anm. 2.
147 Vgl. Winton; Painter, II, S. 558.
148 [Brief von Sydney Schiff, 9. 9. 1922; *Corr.*, XXI, S. 469 und Anm. 4:
     Schiff bemerkte die Anspielung auf das 30. Sonett von Shakespeare
     (Verse 1 und 2) nicht, die heißen: »When to the sessions of sweet silent
     thought / I summon up remembrance of things past«; »Wann vor dem

Richtstuhl süßer Trauer / Ich lade Schatten der Vergangenheit« (Übersetzung Gildemeister); die Fortsetzung (Vers 3-4) lautet: »I sigh the lack of many a thing I sought, / And with old woes new wail my dear times waste«; »Da seufz ich wohl um Träume flücht'ger Dauer, / Neu schmerzt der alte Schmerz verlorener Zeit«. – Painter, II, S. 554-556.]

149 [Brief an Charles Scott-Moncrieff, 9. oder 10. 10. 1922; *Corr.*, XXI, S. 499: »Ich hätte doch einen oder zwei Einwände gegen Sie vorzubringen. Zum Beispiel bedeutet *A la recherche du temps perdu* keineswegs das. Die Verse, die Sie hinzufügen, die Widmung an Ihre Freunde, ersetzen nicht den gewollten Doppelsinn von ›*Temps* perdu‹, der sich am Ende des Werks, *Le Temps retrouvé*, wiederfindet. Was *Swann's Way* betrifft, so kann dies heißen *Du côté de chez Swann*, aber auch ›die Manier von Swann‹. Wenn Sie ein *to* hinzufügten, hätten Sie alles gerettet.«

Auf den Doppelsinn von ›Temps perdu‹ hatte Schiff in seinem Brief vom 9. September an Proust aufmerksam gemacht: »Die Titel [der englischen Übersetzung von Scott-Moncrieff] gefallen mir nicht. ›Erinnerung an Vergangenes‹ und ›In der Manier von Swann‹. Ich glaube, man hätte Titel finden können, die den Deinigen, die hervorragend ausgewählt sind, näher kommen. In ›A la recherche du temps perdu‹ gibt es eine melancholische Nuance, etwas Quälendes und Andeutungsreiches – einen Doppelsinn im Wort ›perdu‹ – ist die Zeit verlorengegangen? wird sie bedauert? Und viele andere Gedanken. Und ›Du côté de chez Swann‹ enthält den Doppelsinn des Gesichtspunktes von Swann und der Örtlichkeit – ein wunderbar getroffener Doppelsinn, auf einen weiteren Doppelsinn hinweisend, welcher wiederum die Psychologie dieses bewundernswerten Burschen zum Ausdruck bringt, der auf der anderen Seite lebte, seine Träume, seine Wünsche, sein Bedauern und seine Hoffnungen.« – vgl. Painter, II, S. 554-556; Tadié, 1996, S. 901.]

150 [Brief an Sydney Schiff, 14. 9. 1922; *Corr.*, XXI, S. 473; Brief an Gaston Gallimard, 14. 9. 1922; *Corr.*, XXI, S. 476; *BW*, S. 492: »Englische Freunde von mir, die Schiffs – Freunde meiner Bücher vor allem –, schreiben mir einen bekümmerten Brief, den ich nicht zur Hand habe (er muß zwischen die Laken geraten sein). Sie haben mein Buch mit einem Titel ankündigen sehen, der statt *A la Recherche du temps perdu* (ungefähr) *Erinnerung an vergangene Dinge* bedeutet. Das zerstört den Titel. Aber was noch schlimmer ist (und ich muß diesen Brief finden, um nachzuschauen): *Du côté de chez Swann* sei im Englischen übersetzt mit: *In Swanns Art*. Das kann ich weder glauben noch zulassen.«]

151 [Brief an Gaston Gallimard, 20. 8. 1922; *Corr.*, XXI, S. 423.]

152 [»assommants infortunés«: Painter, II, S. 559, Anm. 3, stellt Vermutungen über die Identität dieser »verzweiflungsvoll Unglücklichen« an.] Brief an Sydney Schiff, 14. 9. 1922; *Corr.*, XXI, S. 474.

153 [Albaret, 1974, S. 336.]
154 Albaret, 1974, S. 335.
155 Brief an Gaston Gallimard, 22.7. 1922; *Corr.*, XXI, S. 379; *BW*, S. 485
[Allerdings »sollte man in meinem Fall«, fährt Proust fort, »da ich bisher ein Absinken habe vermeiden können, nicht behaupten, wenn ich
einmal ein weniger umfangreiches Werk herausbringe: ›Er läßt sehr
nach.‹«]
156 [Marcel Proust, *Albertine disparue*. Herausgegeben von Nathalie
Mauriac und Étienne Wolf. Paris: Grasset, 1987; vgl. Tadié, 1996,
S. 903-906: »Albertine disparue«. Giovanni Macchia vermutet, Proust
habe sein Buch nicht wegen Gallimard gekürzt, sondern für *Les
Œuvres libres*: Giovanni Macchia, *L'angelo della notte*, S. 237-258.]
157 Brief an Gaston Gallimard, 3.2. 1922; *Corr.*, XXI, S. 56.
158 Brief an Gaston Gallimard, 21. oder 22. 6. 1922; *Corr.*, XXI, S. 298.

31. Abgang des Erzählers

1 Mitteilung an Ernst Forssgren, kurz vor dem 19.9. 1922; *Corr.*, XXI,
S. 480.
2 Brief an Ernst Forssgren, 19.9. 1922; *Corr.*, XXI, S. 480-481.
3 [Vgl. Diesbach, S. 743: »Als Proust sich in einem Zustand kurz vor der
Agonie befindet, erhält er einen Brief von Ernst Forssgren, der ihn über
seine Durchreise in Paris informiert. Der junge Schwede ist im Riviera
Hôtel abgestiegen. Um ihn wiederzusehen, steht Proust auf, um in seinem Hotel von elf Uhr abends bis drei Uhr morgens auf ihn zu warten,
ohne ihn jedoch zu treffen. Als Forssgren erfährt, daß Proust sein
Leben riskiert oder vielmehr seinen Tod beschleunigt hat, um ihn wiederzusehen, begibt er sich an die Rue Hamelin. Dr. Proust verbietet ihm
jedoch den Zugang zum Schlafzimmer, wo Proust im Sterben liegt, und
beraubt ihn damit vielleicht einer letzten Freude.« – Tadié, 1996,
S. 901.]
4 [Vgl. Albaret, 1974, S. 330: »Anfang Oktober ist er zum letzten Mal
groß ausgegangen, und zwar zu einer Soiree beim Grafen und der Gräfin de Beaumont, zu der sich das damalige Tout-Paris einfand. Es war
für ihn ein höchst feierliches Defilee jener Gesellschaft, die er in seiner
Jugend hatte kennenlernen wollen, um zu sehen, wie sie lebte. Unter
den Anwesenden war er wahrscheinlich der einzige, der das Ende dieser Gesellschaft und auch das seine, das noch früher kam, vorausahnte.
Es peinigt mein Gewissen, daß ich keine Erinnerung mehr an den
Bericht habe, den er mir darüber gab. Damals war das nur eine unter so
vielen Gesellschaften. Ich weiß auch nicht, ob er selbst das Gefühl
hatte, daß es ein Abschied war. Darüber hat er mir nichts gesagt und
nichts erkennen lassen. Ebensowenig hat er mir gegenüber zugegeben,

daß er sich auf dem Nachhauseweg noch zusätzlich zu seiner Grippe erkältet hatte. Indes hat er, als er an jenem Abend ausging, den Fuß in das Vorzimmer des Todes gesetzt.« – Diesbach, S. 740-741; Tadié, 1996, S. 901.]

5 Albaret, 1974, S. 331-332.

6 Albaret, 1974, S. 336.

7 Scheikévitch, S. 164.

8 [Brief von Marc Rivière, 25. 10. 1922; *Corr.*, XXI, S. 521-522: »Mein Bruder Jacques hat mich gebeten, Ihnen freundlicherweise die Erklärung zu einigen barbarischen Wörtern anzugeben, die unserem medizinischen Vokabular angehören. Ich werde mich mit größter Freude bemühen, Ihre Neugier zu befriedigen. Mit ›Kokken‹ bezeichnet man in der Bakteriologie ein Vielzahl unterschiedlicher Mikroben, denen die Eigenschaft gemeinsam ist, fast punktförmig, ganz leicht eiförmig zu sein. Diese zu Zweiergruppen angeordneten Kokken bilden ›Diplokokken‹, in Ketten gegliedert nennt man sie ›Streptokokken‹. Der Pneumokokkus, eine pathogene Mikrobe, die fast immer im Hals und im Rachen der gesunden Individuen lebt, gehört zur Klasse der Diplokokken, ihre Elemente gruppieren sich jeweils zu zweien. Streptokokken und Pneumokokken finden sich in fast jedem Hustenauswurf und weisen nur ausnahmsweise eine deutliche Virulenz auf. Was den Terminus ›Euphylaxe‹ betrifft, so bin ich ihm in unserer Fachsprache noch nie begegnet. Hingegen ist der Ausdruck ›Anaphylaxe‹ gebräuchlich. Zweifellos ist es das Wort, nach dessen Bedeutung Sie fragen; hier ist sie ⟨…⟩.« – Jacques Rivière wiederholt diese Antworten auf Prousts Anfrage in seinem Brief an Proust vom 29. 10. 1922; *Corr.*, XXI, S. 525-526; Painter, II, S. 563.]

9 Brief an Jacques Rivière, 30. 10. oder 1. 11. 1922; *Corr.*, XXI, S. 528.

10 [Albaret, 1974, S. 334-335; Diesbach, S. 741; Tadié, 1996, S. 902.]

11 Francis und Gontier, S. 170.

12 [Vgl. Tadié, 1996, S. 906; Straus, S. 33.]

13 Francis und Gontier, S. 171-172.

14 Albaret, 1974, S. 335.

15 Cattaui, 1952, S. 138; Scheikévitch, S. 165.

16 [Albaret, 1974, S. 337.]

17 [Notiz an Céleste Albaret, kurz nach dem 10. 10. 1922; *Corr.*, XXI, S. 503.]

18 [Ebd., S. 503-504.]

19 Albaret, 1974, S. 337 [Tadié, 1996, S. 910].

20 Albaret, 1974, S. 339.

21 [Diesbach, S. 743.]

22 Albaret, 1974, S. 341.

23 Albaret, 1974, S. 338-339.

24 Albaret, 1974, S. 338.

25 Albaret, 1974, S. 342.

26 [Albaret, 1974, S. 342-343.]

27 [Albaret, 1974, S. 343; Painter, II, S. 570: »Céleste merkte, daß er krampfhaft nach seinen Bettüchern griff und die verstreuten Blätter seines Manuskripts an sich raffte, und sie erkannte, in den bäuerlichen Lebensregeln beschlagen, die unsichere, als ›pflücken‹ 〈Painter, engl. Ausg., Bd. II, S. 361: ›plucking‹〉 bekannte Reflexbewegung, ein untrügliches Zeichen des nahenden Todes.«]

28 Albaret, 1974, S. 345.

29 Francis und Gontier, S. 173.

30 [Nach Diesbach, S. 745, hat Robert Proust diese Geste verhindert; vgl. Painter, II, S. 567.]

31 Albaret, 1974, S. 346-347.

32 Albaret, 1974, S. 348.

33 Albaret, 1974, S. 348.

34 Albaret, 1974, S. 27-28.

35 Albaret, 1974, S. 348.

Zeittafel

1870

19. Juli   Beginn des Deutsch-Französischen Krieges
2. September   Napoleon III. wird in Sedan besiegt
3. September   Heirat von Dr. Adrien Proust (geb. 18. März 1834) und
                    Jeanne Clémence Weil (geb. 21. März 1849)
4. September   Proklamation der Dritten Republik

1871

28. Januar   Kapitulation von Paris und Unterzeichnung des Waffen-
                    stillstands mit Deutschland
15. Februar   Thiers wird zum Präsidenten gewählt
18. März   Aufstand der Kommune
März oder
April (?)   Dr. Proust wird beinahe von einer Gewehrkugel getötet
10. Juli   Marcel Proust wird geboren
5. August   Taufe Marcel Prousts

1873

24. April   Thiers tritt zurück, MacMahon wird zum Präsidenten
                    gewählt; Robert Proust wird geboren
1. August   Umzug der Familie an den Boulevard Malesherbes 9
19. Dezember   Dr. Proust wird Chefarzt des Hospizes Sainte-Perrine in
                    Auteuil

1877

20. Juni   Ernennung von Dr. Adrien Proust zum medizinischen Lei-
                    ter des Lariboisière-Krankenhauses

1878

September   Sommerferien der Familie in Illiers

1879

30. Januar   Rücktritt MacMahons, Jules Grévy wird zum Präsidenten
                    gewählt
1. Mai   Proust kommt in den Anlagen der Champs-Elysées zu Fall
                    und bricht sich die Nase

1880

(?)   Eintritt Prousts in die Grundschule Pape-Carpentier

1881
März oder
April (?)   Erster Asthmaanfall Prousts auf dem Rückweg vom Bois
                     de Boulogne
6. September   Abreise nach Dieppe
Herbst (?)   Erster Theaterbesuch

1882
2. Oktober   Eintritt in das Lycée Fontanes, das am 27. Januar 1883 in
                     Lycée Condorcet umbenannt wird

1883
3. August   Zweiter Preis in Naturwissenschaften, vierter Preis in
                     Übersetzung aus dem Lateinischen und fünfter Preis in
                     Französisch
Mai bis Juli   Proust fehlt in der Schule
8. August   *Certificat d'études de grammaire*
August   Ferien in Houlgate, nimmt Griechischstunden
Oktober   Proust wird in die dritte Klasse des *Lycée* versetzt

1885
14. Februar   Prousts Name steht auf dem *Tableau d'honneur*, der
                     Ehrenliste der Schule
31. März   Letzter Schultag: Proust fehlt während dreier Sommer-
                     monate
September   Proust verbringt seine Ferien in Sales-de-Béarn
Oktober   Proust kommt in die Sekunda, fehlt jedoch fast das ganze
                     Trimester
28. Dezember   Wiederwahl Grévys zum Präsidenten
31. Dezember   Proust verläßt das *Lycée*

1886
März   Hausunterricht bei der Mutter; Proust schreibt »Les Nua-
                     ges« und »L'éclipse«, einen Essay über Christoph Kolum-
                     bus
Herbst   Aufenthalt in Illiers
Oktober   Rückkehr in die Sekunda

1887
Juli   Proust lernt in den Anlagen der Champs-Elysées Marie
                     Benardaky kennen
14. Juli   Proust erlebt in Auteuil eine Demonstration für den Gene-
                     ral Boulanger
2. August   Zweiter Preis in Geschichte und Geographie

| Oktober | Beginn der zweijährigen Vorbereitung auf das *Baccalau-réat*, Bekanntschaft mit Robert Dreyfus, Jacques Bizet, Daniel Halévy und Pierre Lavallée |

1888

31. Juli	Erster Preis für Französischaufsatz
7. September	Aufenthalt bei Edouard Joyant in L'Isle-Adam
September	Proust nimmt Tanzstunden
1. Oktober	In der Philosophieklasse bei Darlu
Oktober (?)	Gründung der Zeitschriften *Revue lilas* und *Revue verte* am *Lycée*; Proust schreibt eine Theaterkolumne für die *Revue lilas*
Dezember	Proust lernt Laure Hayman kennen

1889

19. März	Tod der Großmutter väterlicherseits
1. April	Der Bau des Eiffelturms anläßlich der Weltausstellung ist abgeschlossen
15. Juli	*Certificat d'aptitude au grade de bachelier ès lettres* [Teilprüfung zum Abitur]
30. Juli	Erster Preis im Französischaufsatz
September	Aufenthalt bei den Finalys in Ostende
Oktober	Proust lernt Mme Arman de Caillavet und Anatole France kennen, Freundschaft mit Gaston de Caillavet
11. November	Proust meldet sich freiwillig zum Militärdienst

1890

3. Januar	Tod der Großmutter mütterlicherseits
Februar	Proust lernt Robert de Billy kennen
Sommer	Proust nimmt Reitunterricht, stürzt vom Pferd und gibt daraufhin das Reiten auf
September	Aufenthalt mit der Mutter in Cabourg
22. September	Rückkehr nach Paris
November	Proust schreibt sich an der juristischen Fakultät und an der *Ecole libre des sciences politiques* ein; Beginn der Freundschaft mit Madame Straus

1891

21. März	Proust sieht die Schauspielerin Réjane in *Germinie Lacerteux*
September	In Cabourg
1. Oktober	Aufenthalt bei Monsieur und Madame Arthur Baignères in »Les Frémonts« in Trouville

November/ Dezember	Proust lernt Oscar Wilde kennen

1892

7. Januar	Brautführer bei der Hochzeit von Henri Bergson und Louise Neuberger
Januar	Freundschaft mit Bernard Gregh; mit Robert Dreyfus, Jacques Bizet, Horace Finaly, Louis de la Salle und Daniel Halévy gründen Proust und Gregh die Zeitschrift *Le Banquet*
März bis Mai	Im Salon der Prinzessin Mathilde; Proust schreibt »Cydalise« und andere Stücke für *Le Banquet*
(?)	Proust stellt der Comtesse Laure de Chevigné auf der Straße nach
22. Juni	Proust absolviert die mündliche Prüfung an der *Ecole des Sciences Politiques*
Juli	Jacques-Émile Blanche malt sein Porträt
4./5. August	Proust fällt beim Juraexamen durch
14. August	Aufenthalt bei den Finaly in Trouville
August	Mit Madame Straus beim Pferderennen
September	Proust schreibt »Violante ou la mondanité« und »La mer«
November	Proust absolviert Juraexamen und nimmt Unterricht in Jura bei Pierre Lavallée

1893

Januar	Freundschaft mit Willie Heath und Comte Robert de Flers
Februar	Veröffentlichung von »Violante« in *Le Banquet*
13. April	Proust lernt bei einer Einladung von Madeleine Lemaire Robert de Montesquiou kennen
1. Juli	Begegnung mit der Comtesse de Greffulhe anläßlich einer Soiree bei der Princesse de Wagram
Juli	Proust absolviert den ersten und zweiten Teil des Juraexamens
August	Proust beginnt zusammen mit de la Salle, Gregh und Halévy einen Roman zu schreiben
August/ September	Einwöchiger Aufenthalt in Evian
September	Ferien zusammen mit seiner Mutter in Trouville
28. September	Rückkehr nach Paris
10. Oktober	Proust erhält sein Lizentiat in Jura
Oktober	Zweiwöchiges Praktikum bei dem Rechtsanwalt Gustave Brunet
19. November	Proust sieht Sarah Bernhardt in *Phèdre*

Dezember	Proust entscheidet sich für eine unbezahlte Arbeit als Bibliothekar

1894

	Gedicht zu Ehren von Madeleine Lemaire, die sich bereit erklärte, seine Sammlung von Prosastücken, *Les plaisirs et les jours*, zu illustrieren
April	*Mensonges*, vertontes Gedicht, veröffentlicht bei Heugel
Mai (?)	Proust lernt Reynaldo Hahn kennen
11. Mai	Proust erhält Aufforderung zu einem vierwöchigen Militärdienst, der am 28. Mai beginnen soll
20. Mai	Vierundzwanzigstündiger Asthmaanfall
23. Juni	Proust lädt Montesquiou und Anatole France zum Abendessen ein
August/ September	Proust verbringt zusammen mit Reynaldo Hahn vier Wochen in Madame Lemaires Schloß Réveillon
14./15.- 23. September	Aufenthalt mit der Mutter in Trouville
23.-25. September	Proust bleibt allein in Trouville
27. Dezember	Reynaldo nimmt ihn zum ersten Mal zu den Daudets mit

1895

5. Januar	Dreyfus wird degradiert
15.-17. Januar	Der Präsident der Republik, Casimir-Périer, tritt zurück, Félix Faure wird in das Amt gewählt
29. Mai	Proust bewirbt sich für eine unbezahlte Stelle an der Bibliothèque Mazarine
Juli	Aufenthalt mit seiner Mutter in Kreuznach, arbeitet an *Jean Santeuil*
Ende Juli	Proust erhält zwei Wochen Urlaub an der Bibliothek
Juli/August	Aufenthalt bei den Daudets in Champrosay und zusammen mit Reynaldo bei Madame Lemaire in Dieppe
August	Proust reicht seine Erzählung »La mort de Baldassare Silvande« bei der Zeitschrift *Revue hebdomadaire* ein
September	Proust reist mit Reynaldo nach Belle-Ile-en-Mer und Begmeil
31. Oktober	Aufenthalt in Réveillon, Proust schreibt »Les marroniers«
November	Proust schreibt einen Essay über Chardin, nachdem er im Louvre dessen Gemälde betrachtet hat

1896

um den 31. Januar	Proust bespricht Lemaîtres Stück *La Bonne Hélène* im Vaudeville

28. März	erhält die Fahnenabzüge seines Buches *Château de Réveillon* (das später den Titel *Les plaisirs et les jours* erhält)
15.-17. April	Proust erhält den Umbruch des Buches
10. Mai	Tod von Louis Weil
9. Juni	Vorwort von Anatole France zu *Les plaisirs et les jours* im *Figaro* veröffentlicht
12. Juni	*Les plaisirs et les jours* erscheint
30. Juni	Tod von Nathé Weil
8. August	Proust reist für fast drei Wochen mit seiner Mutter nach Le Mont-Dore, er arbeitet an *Jean Santeuil*
19. Oktober	Umzug nach Fontainebleau
25./26. Oktober	Rückkehr nach Paris
November	Beginn der Beziehung zu Lucien Daudet
Dezember	Proust lernt Marie Nordlinger kennen

1897
6. Februar	Proust duelliert sich mit Jean Lorrain, dessen Besprechung von *Les plaisirs et les jours* auf eine homosexuelle Beziehung mit Lucien Daudet anspielt
18.-20. März	Proust wird von Robert Dreyfus und Jacques Bizet in einer Revue verspottet
24. Mai	Proust lädt zu einem festlichen Abendessen ein
30. Juli (?)	Besuch im Atelier von Alexander Harrison
11. August	Proust reist mit der Mutter nach Kreuznach
9. September (?)	Rückkehr nach Paris
Oktober (?)	Veröffentlichung von *L'hygiène du neurasthénique* durch Adrien Proust und Gilbert Ballet
29./30. November	Die gefälschten Briefe Esterhazys werden im *Figaro* veröffentlicht

1898
13. Januar	Zola veröffentlicht *J'accuse*
22. Januar	Jaurès wird in der Chambre des Députés wegen seiner Verteidigung von Dreyfus angegriffen
7.-23. Februar	Proust wohnt dem Zola-Prozeß bei
6. Juli	Prousts Mutter unterzieht sich einer Krebsoperation und muß drei Monate im Krankenhaus verbringen
30. August	Die Fälschungen des Obersten Henry werden aufgedeckt; Henry begeht Selbstmord
Oktober	Proust reist nach Amsterdam, um die Rembrandt-Ausstellung zu sehen

1899
| 24. April | Proust gibt eine Einladung zum Diner |

3. Juni	Das Appellationsgericht hebt das Urteil im Dreyfus-Prozeß auf
Juni (?)	Proust lernt Antoine Bibesco kennen
7. August	Wiederaufnahme des Dreyfus-Prozesses vor dem Militärgericht in Rennes
um den	
1. September	Proust reist zu seinen Eltern nach Evian
9. September	Abreise der Eltern aus Evian
19. September	Dreyfus wird freigesprochen
8. Oktober (?)	Rückkehr nach Paris
Oktober/	Proust beginnt nach der Lektüre von Ruskin, *The Seven*
November	*Lamps of Architecture* für die *Revue de Paris* einen Essay über Ruskin und einige Kathedralen zu schreiben
Dezember	Proust beginnt Ruskins *The Bible of Amiens* zu übersetzen

1900

27. Januar	Proust veröffentlicht einen Nachruf auf Ruskin (der am 20. Januar gestorben war) in der *Chronique des arts*
April	Proust veröffentlicht in der *Gazette des beaux-arts* einen Teil des Essays, den er als Vorwort zur Übersetzung von *The Bible of Amiens* benutzen wird, und einen weiteren Teil im *Mercure de France*
28. April oder	
5. Mai	Proust reist mit seiner Mutter nach Venedig
Ende Mai	Proust und seine Mutter kehren nach Paris zurück
13. Oktober	Proust reist erneut nach Venedig
Mitte Oktober	Die Eltern beziehen eine neue Wohnung, Rue de Courcelles 45
Ende Oktober	Proust kehrt nach Paris zurück und richtet sich in der neuen Wohnung ein

1901

6. Mai (?)	Proust gibt eine Abendeinladung, auf der Gedichte von Anna de Noailles rezitiert werden
19. Juni	Proust gibt ein Diner zu Ehren von Anna de Noailles
7. September	Exkursion mit den Yeatmans nach Amiens und Abbeville

1902

Frühjahr	Arbeit an den Anmerkungen zur Ruskin-Übersetzung
Mai/Juni	Freundschaft mit Fénelon; Essen bei Larue
6. September	Besuch bei den Daudets in Pray
3. Oktober	Proust reist mit Fénelon nach Holland
19. oder	
20. Oktober	Rückkehr nach Paris
11. November	Proust wird zur Reserve der Landwehr abgestellt

November	Streit mit der Mutter, die ihm Kräftevergeudung vorwirft
6. Dezember	Proust verpflichtet sich, für den *Mercure de France* bis zum 1. Februar die Ruskin-Übersetzung fertigzustellen
8. Dezember	Fénelon wird nach Konstantinopel versetzt

1903
2. Februar	Heirat seines Bruders Robert
15. Februar	Ein Auszug aus der Ruskin-Übersetzung wird in Constantine de Brancovans Zeitschrift *La Renaissance latine* veröffentlicht
25. Februar	Prousts erster Artikel über Salons erscheint im *Figaro*
7. März	Er droht mit dem Auszug aus der Wohnung seiner Eltern
1. April	Proust gibt Einladung zum Abendessen
21. April	Automobilausflug mit Freunden
11. Mai	Proust veröffentlicht unter Pseudonym einen Artikel über den Salon von Madame Lemaire
Juni	Proust schreibt Postskriptum zum Vorwort für die Übersetzung
18. Juni	Beginn der Freundschaft mit Albufera und Louisa de Mornand, Proust schreibt ein langes Gedicht über Louisas Reize
16. Juli	Proust gibt eine Einladung zum Abendessen, Ehrengast ist Gaston Calmette, der Herausgeber des *Figaro*
31. August - 10. Okobter	Aufenthalt in Evian
26. November	Tod des Vaters mit knapp siebzig Jahren
2./3. Dezember	Proust beginnt wieder zu arbeiten: Fahnenkorrektur

1904
18. Januar	Pastiche von Balzac, unter Pseudonym im *Figaro* veröffentlicht
Februar	Marie Nordlinger hilft ihm bei der Ruskin-Übersetzung
10. April (?)	Proust verbringt eine Nacht mit Louisa
Ende Juni	Proust gibt eine Einladung für Fénelon
17. Juli	Proust konsultiert Dr. Merklen, der ihm zur Heilung des Asthmas eine deutsche Klinik empfiehlt
16. August	»La mort des cathédrales« wird im *Figaro* veröffentlicht
8. November	Louisa debütiert in der Rolle, die Proust ihr in Henry Batailles Stück *Maman Colibri* verschafft hat

1905
| 5. Januar | Proust gibt ein Diner zu Ehren von Fénelon |
| Februar | Proust beginnt mit der Übersetzung von Ruskins *Sesame and Lilies* |

2. Juni	Proust gibt eine Abendeinladung, auf der Montesquiou vorliest
15. Juni	»Sur la lecture« wird in *La Renaissance latine* veröffentlicht
28. Juni	Proust begegnet Comtesse Greffulhe bei der Prinzessin Murat
28. Juli	Konsultation bei Dr. Brissaud
August	In *Les arts et la vie* erscheint ein Aufsatz über Montesquiou
6. oder	Proust reist mit der Mutter nach Evian, beide sind krank;
7. September	Prousts Bruder Robert holt die Mutter nach Hause
13. September	Proust kehrt nach Paris zurück
26. September	Prousts Mutter stirbt im Alter von sechsundfünfzig Jahren
um den	Konsultation bei Dr. Sollier, einen Tag später Beginn des
2. Dezember	Klinikaufenthalts in Boulogne

1906
um den	
24. Januar	Proust kehrt nach Hause zurück
März	Freundschaft mit Illan de Casa-Fuerte
5. Mai	Die *Chronique des arts* veröffentlicht seine Besprechung von Ruskin, *The Stones of Venice*
12. Mai	Die Exemplare von *Sesame et les lys* sind fertig
Juni	Tagsüber zu schlafen und nachts zu arbeiten wird Proust zur Gewohnheit
6. August	Proust zieht in das Hôtel des Réservoirs in Versailles, er nimmt Félicie Fitau als Dienerin in seinen Dienst auf
7. August	Tod seines Onkels Georges
September	Proust plant, gemeinsam mit René Peter ein Theaterstück zu verfassen
Oktober	Proust entschließt sich, eine Wohnung am Boulevard Haussmann zu mieten
27. Dezember	Proust zieht in die Wohnung am Boulevard Haussmann ein

1907
24. Januar	Henri van Blarenberghe tötet seine Mutter und sich selbst
1. Februar	Prousts Artikel »Sentiments filiaux d'un parricide« erscheint im *Figaro*
März	Proust stellt Nicolas Cottin als Kammerdiener ein
9. März	Die *Chronique des arts* veröffentlicht Prousts Besprechung von Gabriel Moury, *Gainsborough*

Mitte März	Proust schreibt für den *Figaro* eine Besprechung von Anna de Noailles Gedichtband *Les Éblouissements*, die erst am 15. Juni erscheint
20. März	»Journée de lecture« erscheint im *Figaro*
April	Proust setzt sich für die Mitgliedschaft von Illan de Casa-Fuerte im »Cercle de l'Union« ein
11. April	Proust nimmt bei der Prinzessin de Polignac an der Aufführung des Balletts *Bal de Béatrice* teil
Anfang Mai	Proust nimmt die Ehefrau von Nicolas Cottin in seinen Dienst auf
1. Juli	Félicie Fitau scheidet aus Prousts Dienst aus; Proust gibt im Ritz ein großes Diner für Calmette
23. Juli	Der *Figaro* veröffentlicht »Une grand-mère«
Anfang August	Abreise nach Cabourg
September	Rückkehr nach Paris
19. November	Der *Figaro* veröffentlicht »Impressions de route en automobile«
26. Dezember	Prousts Nachruf auf Gustave de Borda erscheint im *Figaro*

1908

	Proust beginnt einen Essay »Contre la méthode de Sainte-Beuve«
Anfang Januar	Proust schreibt »Robert et le Chevrau«
9. Januar	Beginn der Lemoine-Affäre
22. Januar	Der *Figaro* veröffentlicht in der Literaturbeilage Prousts Pastiches von Balzac, den Brüdern Goncourt, Michelet und Faguet
Ende Februar	Proust besucht Helleu
14. März	Die Pastiches von Flaubert und Sainte-Beuve werden im *Figaro* veröffentlicht
21. März	Veröffentlichung des Pastiche von Renan im *Figaro*
Ende April	Beginn der Arbeit an der *Recherche*
Frühling	Proust wird dank der Fürsprache des Duc de Guiche in den Polo-Club aufgenommen
18. Juli	Abreise nach Cabourg
August	Proust lernt Gaston Gallimard kennen und lädt ihn zusammen mit Louisa de Mornand und Robert Gangnat zu einem Diner in Cabourg ein
September	Freundschaft mit Marcel Plantevignes
8. September	Proust veröffentlicht unter Pseudonym im *Intransigeant* die Besprechung von Lucien Daudet, *Le chemin mort*
Ende September	Proust zieht in das Hôtel des Réservoirs in Versailles
Anfang November	Rückkehr in die Pariser Wohnung

| Dezember | Arbeit am Essay über Sainte-Beuve, an der Parodie auf Chateaubriand, Proust liest Saint-Simon |

1909

Januar/Februar	Proust arbeitet trotz Erkrankung an den ersten Fassungen der *Recherche*
6. März	Pastiche von Regnier wird im *Figaro* veröffentlicht
Juni	Proust arbeitet erschöpft am Buch, schreibt Pastiche von Ruskin
August	Proust bietet das Buch dem Verlag Mercure de France an, der es ablehnt; Calmette bietet an, es als Fortsetzung im *Figaro* zu veröffentlichen
15. August	Abreise nach Cabourg
Ende September	Rückkehr
Mitte November	Proust liest Reynaldo und Georges de Lauris Teile der *Recherche* vor
Anfang Dezember	Proust reicht das Manuskript beim *Figaro* ein

1910

28. Januar	Überschwemmung in Paris
März	Proust überarbeitet auf Anraten Beauniers den Anfang der *Recherche*
18. März	Proust begegnet Jean Cocteau
Anfang Juni	Proust sieht Nijinski in *Scheherazade*
11. Juni	Proust sieht zusammen mit der Comtesse Greffulhe *Cléopâtre* und *Les Sylphides*
11. Juli	Proust holt beim *Figaro* sein Manuskript wieder ab
17. Juli	Abreise nach Cabourg
August	Freundschaft mit dem Vicomte d'Alton
Ende September	Rückkehr nach Paris im Taxi
November	Arbeit an *Swann* und an der »Matinée chez la princesse de Guermantes«

1911

10. Januar	Proust läßt sich in seinem Zimmer ein Theatrophon installieren
Ende Februar	Proust hört einen Akt der *Meistersinger* und *Pelléas et Mélisande*
März	Freundschaft mit Louis de Robert
11. Juli	Reise nach Cabourg mit Albert Nahmias
Ende September	Rückkehr nach Paris
Dezember	Eine Börsenspekulation trägt Proust schwere Verluste ein

1912

21. März	Der *Figaro* veröffentlicht einen Auszug aus *Swann*
Ende April	Proust schickt den Roman an verschiedene Verlage
April	Proust fährt in Odilon Albarets Taxi nach Rueil, um sich die blühenden Apfelbäume anzusehen
24. Mai	Proust sieht sich die unterschiedlichen Garderoben von Madame Standish und der Comtesse Greffulhe an
4. Juni	Proust veröffentlicht im *Figaro* weitere Auszüge aus der *Recherche*
7. August	Abreise nach Cabourg
3. September	Proust veröffentlicht »L'Église de village« im *Figaro*; Besuch in Honfleur mit Madame Straus
5. September	Rückkehr nach Paris
28. Oktober	Proust schickt das Typoskript des Romans an Fasquelle
Anfang November	Proust schickt das Manuskript des Romans an Gallimard und einen Auszug zur Veröffentlichung in der *NRF* an Copeau
um den 23. Dezember	Gallimard lehnt ab; Proust bittet de Robert, das Manuskript Ollendorff anzubieten

1913

Anfang Januar	Proust schickt das Manuskript an Ollendorff
Ende Januar	Proust betrachtet das Sainte-Anne-Portal der Kathedrale Notre-Dame
Mitte Februar	Ollendorff lehnt den Roman ab
um den 20. Februar	Proust bittet René Blum um Vermittlung bei Grasset
11. März	Unterzeichnung des Vertrags mit Grasset
25. März	Der *Figaro* veröffentlicht »Vacances de Pâques«
31. März	Druck der ersten Abzüge von *Swann*
19. April	Proust hört die A-dur-Sonate für Violine und Klavier von César Franck
Ende April	Beträchtlicher Verlust an der Börse
Mitte Mai	Proust schickt die Korrektur des ersten Abzugs zurück
17. Mai	Proust sieht Nijinski in *L'Après-midi d'un faune* und diniert anschließend mit ihm
29. Mai	Proust sieht die Premiere von *Le Sacre du printemps*; er diniert mit Strawinsky und Cocteau
30. Mai	Proust nimmt Agostinelli und Anne bei sich auf
26. Juli	Sie reisen zusammen nach Cabourg
4. August	Gemeinsame Rückkehr nach Paris
August	Proust schickt Abzüge von *Swann* an Louis de Robert und Lucien Daudet

13. November	In *Le Temps* erscheint ein Interview Prousts mit Élie-Joseph Bois
14. November	*Swann* im Buchhandel
November	Proust beauftragt Céleste Albaret, Exemplare von *Swann* an Freunde zu verteilen
1. Dezember	Agostinelli geht

1914

11. Januar	Gide schreibt ihm und verteidigt den Roman gegen die Besprechung von Henri Ghéon in der *NRF*
Ende Januar	Fasquelle bietet an, die Fortsetzung des Romans zu veröffentlichen
20. März	Gide macht das gleiche Angebot für die *NRF*
Mai	Proust bietet dem *Figaro* an, eine regelmäßige Kolumne zu schreiben
30. Mai	Agostinelli stürzt mit seinem Flugzeug ins Meer und ertrinkt
6. Juni	Die Fahnenabzüge der Fortsetzung treffen ein, doch Proust ist zu niedergeschlagen, um sie zu korrigieren
Juni/Juli	Auszüge im *Figaro*
28. Juli bis 4. August	Kriegsausbruch
August	Nicolas wird einberufen; Céleste zieht bei Proust ein
3. September	Abreise nach Cabourg mit Céleste und dem neuen Diener Ernst Forssgren
um den 13. Oktober	Da Proust kein Geld mehr hat – die Banken sind durch den Krieg lahmgelegt –, kehrt er nach Paris zurück
Oktober	Proust läßt das Telephon abstellen
17. Dezember	Fénelon fällt an der Front; sein Tod wird erst am 15. März 1915 offiziell bekanntgegeben

1915

14. Januar	Tod von Gaston de Caillavet
Januar	Die Veröffentlichung der *Recherche* wird unterbrochen, da Grasset an der Front ist
September	Proust wird nach Untersuchung durch Stabsärzte für sechs Monate vom Kriegsdienst zurückgestellt
November	Die Geschichte Albertines ist ausgearbeitet; Proust schickt eine Zusammenfassung an Madame Scheikévitch

1916

24. Februar	Gide bietet Proust an, die *Recherche* in der *NRF* herauszubringen
14. April	Das Redaktionskomitee bestätigt dieses Angebot

Frühjahr	Proust besucht das Männerbordell von Le Cuziat; er beendet *Le temps retrouvé*
31. Mai	Proust erklärt sich für bankrott und beklagt sich, für die fünf seit 1914 erschienenen Auflagen des *Swann* keinen Centime erhalten zu haben
Juni	Aufenthalt bei Jacques-Émile Blanche in Auteuil
29. August	Grasset verzichtet auf die weitere Veröffentlichung der *Recherche*
November	Das Poulet-Quartett gibt für ihn eine Privataufführung von Werken César Francks

1917

	Proust arbeitet an *Le temps retrouvé*
Januar	Freundschaft mit Paul Morand
März	Proust lernt die Princesse Soutzo kennen und diniert fortan regelmäßig im Ritz, wo sie eine Suite bewohnt
Frühjahr	Proust sorgt sich um das Schicksal der Kathedrale von Laon und verlegt Combray und Tansonville in die Nähe dieser Stadt; Freundschaft mit Emmanuel Berl
12. April	Letzte Begegnung mit Emmanuel Bibesco
Mai	Proust schreibt einen Text über Dostojewski, den er in die *Recherche* aufnimmt
27. Juli	Proust beobachtet von einem Balkon des Ritz aus den großen Luftangriff deutscher Kampfflugzeuge auf Paris
Ende August	Proust gibt zwei Tage lang kein Lebenszeichen
13. Oktober	Morand wird zum Botschaftssekretär in Rom ernannt
November	Proust verkauft Möbel, um die Zinsen eines Kredits aus dem Jahre 1911 zu bezahlen
31. Dezember	Langer nächtlicher Spaziergang mit zwei amerikanischen Soldaten

1918

	Proust stellt Henri Rochat als neuen Sekretär an
30. Januar	Proust geht während eines Fliegerangriffs in Paris spazieren
Februar	Freundschaft mit dem Abbé Mugnier
Anfang April	Proust konsultiert Dr. Babinski wegen Gesichtslähmung und Sprachstörung
Mitte April	Proust erhält die restlichen Fahnenabzüge von *A l'ombre des jeunes filles en fleurs*
Mai	Proust arbeitet am Vorwort zu Blanche, *Propos de peintre – De David à Degas*
Juni	Proust verhandelt mit Gallimard über einen Pastiches und Zeitungsartikel enthaltenden Sammelband

September	Proust sieht täglich seinen Bruder Robert, der sich von einem schweren Autounfall erholt, den er an der Front erlitten hat
30. November	Druck von *A l'ombre des jeunes filles en fleurs* beendet
Dezember	Proust erhält die ersten Abzüge von *Guermantes*; *Pastiches et mélanges* geht an die Druckerei

1919

Mitte Januar	Proust erfährt, daß seine Tante das Haus verkauft hat und daß er deshalb umziehen muß
März	Sprachstörungen
25. April	Proust stimmt einem Aufschub der Veröffentlichung zu, bis ein Auszug in der ersten Nachkriegsausgabe der *NRF* erschienen ist (1. Juni)
1. Juni	Auszüge aus *A l'ombre des jeunes filles* in der *NRF*
September	Proust entschließt sich für die Bewerbung um den *Prix Goncourt*
1. Oktober	Umzug in die Rue Hamelin 44
10. Dezember	Proust erhält die Mitteilung, daß er den Prix Goncourt gewonnen hat

1920

1. Januar	Sein Essay über Flaubert wird in der *NRF* veröffentlicht
März	Proust schreibt einen Artikel über Léon Daudet
Ende März	Proust stimmt einer separaten Veröffentlichung des ersten Teils von *Guermantes* zu
Anfang April	Luxusausgabe von *A l'ombre des jeunes filles en fleurs* erscheint
um den 23. Mai	Proust gibt die Schlußkorrekturen des ersten Teils von *Guermantes* zurück
25. September	Proust wird zum Ritter der Ehrenlegion ernannt
30. September	Proust setzt sich dafür ein, daß Jacques Rivière den Blumenthal-Preis bekommt
um den 21.10.	*Le côté de Guermantes* erscheint
15. November	Aufsatz über Paul Morand in der *Revue de Paris*

1921

1. Januar	Die *NRF* veröffentlicht einen Auszug aus der *Recherche*, die den Tod der Großmutter beschreibt
1. Februar	Die *NRF* bringt einen weiteren Auszug aus der *Recherche*
26. Februar	Auszug aus der *Recherche* in der *Revue hebdomadaire*
2. Mai	Veröffentlichung des zweiten Teils von *Guermantes* und von *Sodome et Gomorrhe* in einem Band

um den 24. Mai	Proust besucht in Begleitung von J.-L. Vaudoyer die Ausstellung im Jeu de Paume
1. Juni	Die *NRF* veröffentlicht Prousts Essay über Baudelaire
4. Juni	Henri Rochat verläßt ihn
1. Oktober	Auszug aus der *Recherche* in der *NRF*
Anfang Oktober	Überdosis Veronal
November	Die *Œuvres libres* bringen einen Auszug aus der Albertine-Geschichte; Proust sendet das Manuskript des zweiten Teils von *Sodome et Gomorrhe* an Gallimard
1. Dezember	Auszug aus der *Recherche* in der *NRF*
11. Dezember	Tod Montesquious

1922

15. Januar	Proust besucht einen Ball im Ritz
Ende Februar	Yvonne Albaret, die Nichte von Céleste, zieht in die Rue Hamelin ein, um als Sekretärin zu arbeiten
2. Mai	Veröffentlichung des zweiten Teils von *Sodome et Gomorrhe*; Proust nimmt versehentlich eine Überdosis Adrenalin
18. Mai	Proust sieht die Premiere des *Renard* von Strawinsky, diniert mit Diaghilew, Picasso, Strawinsky und James Joyce
13. Juli	Proust besucht das Konzertcafé »Le Bœuf sur le toit« und entgeht knapp einem Duell
Anfang Oktober	Proust besucht eine Soirée und zieht sich eine Erkältung zu, die sich zu einer Bronchitis entwickelt
24. Oktober	Proust beendet *La Prisonnière* und beginnt mit der Überarbeitung von *La Fugitive*
um den 8. November	Trotz einer Lungenentzündung steht er auf und wartet in einem Hotel vergeblich auf Forssgren
17.-18. November	Der Abszeß an der Lunge bricht auf
18. November	Marcel Proust stirbt
22. November	Beisetzung

Nachbemerkung des Übersetzers

> »Es ist die Höflichkeit Prousts, dem Leser die
> Beschämung zu ersparen, sich für gescheiter zu
> halten als den Autor.«
> Theodor W. Adorno, *Minima Moralia*[1]

Einwände gegen das literarische Genre der Biographie sind alt. Zuweilen kommt es aber auch vor, daß die schärfsten seiner Gegner ihren eigenen kritischen Intentionen zuwiderhandeln. So zum Beispiel Siegfried Kracauer. In seinem Essay »Die Biographie als neubürgerliche Kunstform« (1930)[2] kritisiert er zum einen, daß die Biographie – vor dem Ersten Weltkrieg das »seltene Werk der Gelehrsamkeit« – manchen Schriftstellern »zur Form der Aussage« wurde; ein Phänomen, das als Mode zu kritisieren jedoch zu kurz greifen würde: »Die Moral der Biographie ist, daß sie im Chaos der gegenwärtigen Kunstübungen die einzige scheinbar notwendige Prosaform darstellt.« Realisiert wird sie freilich unter Verkennung der Lage, in der vormals geltende Voraussetzungen außer Kraft gesetzt sind: »Allzu nachhaltig hat in der jüngsten Vergangenheit jeder Mensch seine Nichtigkeit und die der anderen erfahren müssen, um noch an die Vollzugsgewalt jedes einzelnen zu glauben. [...] Das Vertrauen in die objektive Bedeutung irgendeines individuellen Bezugssystems ist den Schaffenden ein für allemal verlorengegangen.«[3] Zum Beleg dieser These rekurriert Kracauer ironischerweise sogar auf den seit dem Ende des Ersten Weltkriegs beliebten Vergleich mit Einstein: Die auf den Krieg zurückzuführenden gesellschaftlichen und politischen Veränderungen haben »auf dem Gebiet, um das es hier geht«, nämlich dem der Biographie, »das Gleiche bewirkt wie die Relativitätstheorie in der Physik. Ist durch Einstein unser Zeit-Raum-System zum Grenzbegriff geworden, so durch den Anschauungsunterricht der Geschichte das selbstherrliche Subjekt.« ›Ironischerweise‹, weil der Held der vorliegenden Biographie, Marcel Proust, selbst einem solchen, von außen herangetragenen Vergleich mit Einstein ausgesetzt wurde.[4] Der Unterschied liegt freilich darin, daß Proust als Autor selbst als Urheber einer solchen Veränderung gilt, deren ›Radikalität‹ durch den Vergleich mit Einstein nur noch akzentuiert werden soll. Brassaï hat für das Resultat dieser Veränderung den Ausdruck ›a-humane Sichtweise‹ geprägt.[5] Die paradoxe Formulierung markiert den ersten von mehreren Punkten, an denen die Schwierigkeit, etwas darzustellen, das zugleich intramundan und extramundan sein soll, deutlich wird. Die Schwierigkeit beruht darauf, daß die Veränderung auch durch einen erweiterten Katalog visueller und optischer Metaphern vielleicht undeutlich vorstellbar, kaum aber darstellbar ist.

Der zweite Punkt hängt mit der Doppeldeutigkeit von ›Geschichte‹ zusammen: Ereignis und Beschreibung. Als Beschreibung, als Form der Prosa tritt sie in Konkurrenz zur Dichtung. In der Abgrenzung zwischen beiden, wie sie Aristoteles in der *Poetik* unternimmt, wird eine paradoxe Umkehrung kenntlich gemacht: Die Dichtung, die Poesie sei nämlich »philosophischer und gehaltvoller als die Geschichtsschreibung. Die Poesie stellt mehr das Allgemeine dar; der geschichtliche Bericht aber das Einzelne.« Die Schwierigkeit liegt also darin, mit den Mitteln der Geschichte als Geschichtsschreibung Geschichte als Lebensgeschichte so darzustellen, daß sie über das Einzelne, Triviale hinausweist, mithin die verallgemeinernde Geltung von ›Dichtung‹ beanspruchen darf. Kann nach den von Kracauer geschilderten Veränderungen, die nicht nur die Ausgangsbedingungen einer solchen biographischen Geschichtsschreibung scheinbar außer Kraft gesetzt haben, sondern auch ihren Gegenstand selbst, die Aufgabe einer Biographie überhaupt noch gelöst werden? In der Biographie als Schaustück eines »Museums der großen Individuen« sieht Kracauer »die Bestätigung für das Ende des Individualismus«. Folgerichtig schließt er seinen Essay mit dem Befund ab, »das einzige biographische Werk, das von der Summe der übrigen grundsätzlich geschieden ist«, sei das Trotzkis. In ihm seien als einzigem »die Bedingungen durchbrochen, denen die literarische Biographie untersteht«. Fazit der von Kracauer in den Mittelpunkt gerückten Veränderungen, die er im Begriff *Übergang* zusammenfaßt, kann nur die ›Aufhebung des Individuums‹ sein: »Es [das neue Individuum, als dessen Verkörperung Trotzki angesehen wird] besteht genau bis zu dem Grade, in dem es sich im Interesse der erkannten aktuellen Notwendigkeiten aufgehoben hat.« Die Konsequenzen solcher Aufhebung in Ideologie und geschichtlicher Praxis sind bekannt.

Kracauer handelt nun den eigenen Einsichten in seinem Offenbach-Buch zuwider: Innerhalb der literarischen Gattung Biographie sieht er den Ausweg in der *Gesellschaftsbiographie*.[6] Wiederum wird die Differenz zu herkömmlichen Biographien, »die sich in der Hauptsache darauf beschränken, das Leben ihres Helden zu schildern«, mit Hilfe einer optischen Metapher erläutert: »Solche Biographien gleichen photographischen Porträts[7]: die in ihnen porträtierte Gestalt erscheint vor einem verschwimmenden Hintergrund. Von derartigen Werken unterscheidet sich das vorliegende grundsätzlich. Es ist eine Gesellschaftsbiographie [...] in dem Sinne, daß es mit der Figur Offenbachs die der Gesellschaft erstehen läßt, die er bewegte und von der er bewegt wurde.«[8] ›Held‹ ist sozusagen nicht mehr ein einzelner, sondern eine Gesellschaft; zumindest eine programmatische Konsequenz der zuvor festgestellten ›Aufhebung‹ des Individuums. Kracauer selbst räumt ein, »rein musikalisch interessierte Leser« würden hier zu kurz kommen; das »eigentliche Thema« des Buches sei »viel eher die gesellschaftliche Funktion Offenbachs«.

Die intendierte Erweiterung des biographischen Objekts vom Individuum auf die Gesellschaft sieht von der ursprünglichen Bedeutung von *bios* ab: »*Bios* ist oft mit der eigentlich menschlichen Welt verknüpft und bezeichnet vorzugsweise die Lebensdauer, die Lebensart. Immer wieder wird dieses Wort benutzt, um die Biographie zu bezeichnen, die ›Vita‹ der Philosophen. Insbesondere dient es dazu, das alltägliche und gewöhnliche Leben zu bezeichnen derart, daß man bei Sextus Empiricus eine bemerkenswerte Entgegensetzung zwischen *hoi apo tou biou* (die im Leben stehen) und den Philosophen findet, die um so interessanter ist, als eines der Prinzipien des Skeptizismus gerade darin besteht, nicht ›nach einer philosophischen Theorie‹ zu leben, sondern ›das Leben als Führer zu nehmen‹.«[9] Sehen wir von der Konsequenz ab, daß eine Gesellschaftsbiographie einen organismischen Vergleich als Voraussetzung nehmen müßte, und wenden wir uns den Konsequenzen im Hinblick auf ›konventionelle‹ Biographien zu. Neben dem Vorwurf der ›Kammerdienerperspektive‹ könnte auch eingewandt werden, es handle sich bei Biographien ja bloß um eine Ansammlung von Schaffnergeschichten; langfädige Ausführungen, die noch nicht einmal in die Nähe ihres Objekts kommen und die zudem häufig aus einer Haltung der Unterwürfigkeit oder einer falschen Verehrung heraus geschrieben sind. Biographien sind oft langweilig; und der Vorwurf der ›Langeweile‹ wurde und wird oft gegen Prousts *Recherche* erhoben. Diese Art von Langeweile hat ein deutscher Proust-Leser, Max Unold, hervorgehoben und sie – im Blick auf Proust – mit der Langeweile sogenannter »Schaffner-Geschichten« in Verbindung gebracht: »Denken Sie sich, Herr Leser, gestern tunk ich einen Bissen in meinen Tee, da fällt mir ein, daß ich als Kind auf dem Land war – dafür verwendet er achtzig Seiten, und das ist so hinreißend, daß man nicht mehr der Zuhörende, sondern der Wachträumende selbst zu sein glaubt.«[10]

Nicht nur langweilig können Biographien im herkömmlichen Sinne sein, sondern sogar völlig unnötig: Die »eigentliche Biographie eines Schriftstellers oder eines Künstlers ist die seines Werks. Sie ist auch die einzige, die mit dem Tod nicht abgeschlossen ist«.[11] Der Autor dieser These hat nun selbst eine Proust-Biographie vorgelegt, für die er ein Programm formuliert, das eine andere Antwort auf Kracauers Befund von 1930 gibt: »Es geht darum, zu zeigen, in welcher Weise ein Individuum zunächst ein *Typus* ist: Kind einer bürgerlichen Familie, Schüler am Condorcet, Student der Sciences Po, Asthmatiker, ›Junger Dichter‹, der mehr Briefe schreibt als empfängt, Kurgast in den Seebädern. Was heißt es, um 1890 Schriftsteller zu sein oder Homosexueller, Kranker oder Arzt? Dann kommt der Augenblick, wo der große Künstler aufhört, ein Typus zu sein und, unwiderruflich verschieden, sich der Geschichte und den Strukturen entzieht.« Die Veränderung gegenüber der herkömmlichen Auffassung von Biographie liegt hier darin, das Werk in den Mittelpunkt zu rücken und die individuellen Momente seines Entstehens als beiläufige Umstände zu betrachten. *Bios* hat also das Werk, nicht der Autor; die Dauer oder Zeitspanne des *bios* ist die Wirkungsgeschichte: »Die Biographie eines großen Schriftstellers ist nicht die eines Mannes von Welt, oder die eines Perversen, eines Kranken: es ist die eines Menschen, der seine Größe aus dem gewinnt, was er schreibt, weil er diesem alles geopfert hat.« (Als letzte Konsequenz dieser Auffassung könnte man Heideggers Anfang einer Aristoteles-Vorlesung anführen, die zitiert wird – in einer Heidegger-Biographie: »Aristoteles wurde geboren, arbeitete und starb«; die Kürzestform von Biographie, Siegel des Verschwindens des Autors im Werk.)[12]

Hier finden wir einen weiteren von den oben angedeuteten Punkten bei der Schwierigkeit, etwas ›darzustellen‹, das zugleich intramundan und extramundan ist. Die biographische Erkenntnis, wie Proust sie im Hinblick auf Ruskin formulierte – »Die Ereignisse seines Lebens sind intellektueller Art und die wichtigen Daten sind jene, an denen er zu einer neuen Kunstform vordringt« – umfaßt mehr als eine individuelle Lebensgeschichte. So nimmt Jean Yves Tadié Prousts Formulierung zum Ausgangspunkt für seine veränderte Auffassung von Biographie, in der das Werk die Substanz, das Leben Akzidens ist. Vielleicht wäre der Ausdruck ›Lebenswerk‹ ein Hilfsmittel, um zum einen den Aspekt des ›Sich-Aufopferns‹ und zum anderen den Aspekt des Biographischen zu retten.

Als Versuch, die Differenz und die Eigenständigkeit der beiden Proust-Biographien von Hayman und Tadié zu kennzeichnen, könnte man auf zwei Metaphern zurückgreifen, die in Prousts Werk große Bedeutung haben: Die eine ist die des Sehens, des Gesichtspunktes, der Optik; die andere die des Bergwerks, des Erzabbaus.[13] Die Metaphern selber haben auch Hinweischarakter auf die sprachliche Differenz: Hayman macht sich ein Bild von Prousts *Vita* anhand der *Correspondance*, er schreibt Englisch und lebt in der angelsächsischen Tradition der Proust-Übersetzung (und der dazugehörigen Tradition der literarischen Biographie); Tadié bewegt sich im ›Bergwerk‹ des Proustschen Werkes wie auf eigenem Boden. Dieser Unterschied hängt mit einem zweiten zusammen, nämlich mit der Perspektive und der Haltung gegenüber der *Correspondance*. Sie macht die Eigenständigkeit von Haymans Biographie aus, auch gegenüber Diesbach (und naturgemäß gegenüber Painter).

Ronald Haymans Proust-Biographie ist die erste, die von der in Deutschland bisher weitgehend unbekannt gebliebenen Lebensarbeit Philip Kolbs Gebrauch macht: der ebenso umfassenden wie zuverlässigen Ausgabe des gesamten bisher zugänglich gewordenen Briefwechsels von Marcel Proust (daß hier immer noch Überraschungen möglich sind, zeigt das Auftauchen eines Konvoluts mit 60 bekannten und 40 unbekannten Briefen an Lucien Daudet; vgl. Christie's, 1996). Die seit Haymans Biographie erschienenen Biographien von Diesbach (1991) und Tadié (1996) stützen sich zwar ebenso auf diese Ausgabe der *Correspondance*, gehen jedoch von anderen Voraussetzungen im Hinblick auf die Aufgabe des Biographen und von einer anderen Bewertung der Briefe aus. Während Diesbach sein Buch mit dem Satz beginnt: »Die Biographie Prousts zu schreiben ist sicherlich der schlechteste Dienst, den man seinem Werk erweisen kann«, und den Briefwechsel als bloßes *lamento*, als eine Ansammlung von Lüge, Verstellung und Verschlagenheit, dem »Genie« des Schriftstellers gegenüberstellt, das in dem »essentiellen Werk jede Seite durchdringt«, ist für Tadié der Brief-wechsel nur für den Nachweis von äußerlichen Fakten von Belang; im Hin-blick auf eine ›Enthüllung des inneren Lebens‹ hält er die brieflichen Äuße-rungen Prousts für stumm.[14] Für Tadié ist eine ›Biographie des Romans‹ die einzig sinnvolle Aufgabe eines Proust-Biographen; als Kenner und wohl wichtigster Herausgeber des Proustschen Romanwerks kann er diesen An-spruch auch mit gutem Grund und gut gerüstet verfolgen. Seine Leser müs-sen, wie Tadié selbst bemerkt, das Werk bereits (sehr gut) kennen, um aus dem mikrologischen Verfahren einen Gewinn ziehen zu können. Wie Michel Contat in seiner Rezension in *Le Monde*[15] schrieb, ist Tadiés *Proust* eine *summa*, »die sich an eine neue Generation von Lesern wendet, die man als *Proustologen* bezeichnen kann. Sie haben die *Recherche* (den Roman) über die *recherche* kennengelernt«, d. h. über die literaturwissenschaftliche Erschließung der Textgenese. Tadié schreibt zu Beginn: »Man wird in die-sem umfangreichen Buch kein einziges Faktum finden, das bedeutungslos wäre, und nur wenige, die nicht in das Werk einmünden.«[16] Die einzelnen Teile sind der Grundintention Tadiés gemäß nicht Bestandteile eines Ge-samtbildes, hergestellt aus einer Lebensbeschreibung, die im Französischen lapidar »vie« und im Englischen «life« heißt, vielmehr ist jedes einzelne für sich gleichsam eine Miniatur, ein Porträt, eine eigenständige Schilderung, die zu einem ganzen Bild zusammenzufügen nur jemandem möglich ist, der sich dieses Bild bereits gemacht oder sich vielmehr schon der Bildauffassung Tadiés angeschlossen hat. Tadiés Buch ist selber ein weitverzweigtes Berg-werk, aus dem sich viele etwas holen können, die die Erze und die Förder-probleme kennen; ein reichhaltiger Steinbruch für alle, die sich geologisch auskennen und vielleicht auch nach Motiven für künftige Proust-Interpreta-tionen suchen. Sie ist ein »claim« im mehrfachen Sinne des Wortes.

Haymans Biographie ist hingegen konventionell darin, daß sie das Leit-bild »vie«/»life« – stringent erzählte Lebensgeschichte – ernst nimmt und dabei Leben und Werk voneinander trennt: Seine Absicht ist es, die äußeren Voraussetzungen zu beschreiben, die Proust jenen ›inneren Zustand‹ finden ließen, in dem er die *Recherche* schreiben konnte.

Die Briefe als Lebensäußerungen, so sehr sie häufig von der ›Kunst des Sich-Verstellens‹ bestimmt sind, die Proust nachgesagt wurde, zeigen uns auch einen Menschen, der in der Selbstbeobachtung zumindest die Wider-sprüche deutlich werden läßt, die für die ›Unbeständigkeit menschlichen Handelns‹ konstitutiv sind: »[...] und wer sich nur recht beobachtet, wird sich kaum zweimal in der gleichen Verfassung finden. Ich gebe meiner Seele bald dieses Gesicht und bald jenes, je nachdem, auf welche Seite ich sie wende. Wenn ich auf ungleiche Weise von mir rede, so geschieht es, weil ich mich auf ungleiche Weise betrachte. Alle Widersprüche finden sich in mir, je nach Gesichtswinkel und Umständen. Schamhaft und unverschämt; keusch und geil; geschwätzig und schweigsam; tatkräftig und zimperlich; geistreich und blöde; mürrisch und leutselig; lügnerisch und wahrhaftig; kenntnisreich und unwissend; freigebig und geizig und verschwenderisch, von alledem finde ich etwas in mir, je nachdem ich mich drehe; und wer immer sich recht aufmerksam prüft, wird in sich, ja sogar in seinem Urteil über sich selbst, diese Unstetigkeit und Unstimmigkeit vorfinden. Ich habe von mir selbst nichts Ganzes, Einheitliches, Festes, ohne Verworrenheit und in einem Gusse auszusagen.«[17]

Hayman rekurriert auf die große Ausgabe der *Correspondance* von Philip Kolb (bis zum Abschluß seiner Biographie konnte Hayman 17 Bände benutzen; für die deutsche Übersetzung wurden auch die abschließenden Bände 18-21 herangezogen. – Zur numerischen Orientierung: Die Bände 1-17 umfassen ca. 7100 Druckseiten, die Bände 18-21 deren 3100). Außerdem läßt er ein Buch zu seinem Recht kommen, das nicht nur die wichtigsten Informationen über das Alltagsleben Prousts während der letzten acht Lebensjahre liefert, sondern wohl auch eines der wichtigsten Korrektive für manche Behauptungen in der *Correspondance* darstellt: Céleste Albaret, *Monsieur Proust*. Der zentrale Unterschied zur Proust-Biographie von Painter, die lange Zeit als Muster für die nicht nur von Tadié so mißtrauisch betrachteten oder gar verabscheuten ›angelsächsischen Biographien‹ galt, langfädig und anekdotenreich, geschrieben oft von Professoren mit großem akademischem Anspruch, liegt darin, daß nicht der Nachweis von Parallelen zwischen Leben und Werk im Mittelpunkt steht (Proust hat, wie viele Proust-Kenner wissen und auch deutlich sagen, schlechthin ›alles‹ im Roman verwendet – aber eben ›alles‹ auch in komplizierten und oft kaum, oft gar nicht oder vielleicht noch nicht nachvollziehbaren Transformationen), sondern daß sie es dem Leser überläßt, welchen Gebrauch er davon für die (bevorstehende) Lektüre des Romans macht. Hayman läßt die Sprache der *Correspondance* für die Biographie als konventionelle Lebensgeschichte beredt werden, nicht als ›Enthüllung‹ eines ohnehin nur interpretierend zu erschließenden ›inneren Lebens‹ und auch nicht als Werkzeug zur Werkinterpretation. Beredt werden können die Briefe in diesem Sinne freilich fast nur unter Mithilfe der unermeßlichen Leistung Philip Kolbs, der den Briefen einen Anmerkungsapparat beigegeben hat, ohne den vieles rätselhaft oder unverständlich bliebe. Das gilt für die biographischen Angaben zu den vielen Personennamen ebenso wie für politische und zeitgeschichtliche Konstellationen und für wirtschaftliche und soziale Zusammenhänge. Der kontinuierliche Bezug auf die *Correspondance* läßt viele Komponenten in Prousts Leben deutlicher hervortreten: die zentrale Rolle der Mutter, die verschiedenen Strategien der Vorbereitung auf den ›inneren Zustand‹ als Voraussetzung des selbständigen Schreibens: Es sind vor allem Maßnahmen eines Sich-Abstoßens, lebensgeschichtlich von Freunden, literarisch von zeitgenössischen und älteren Autoren, und deutlicher als bei Painter und zum Teil auch bei Tadié werden die Rollen der Homosexualität, der Freundschaften, des (visuellen) Gedächtnisses, der Krankheiten und der wirtschaftlichen Situation gezeichnet. Allerdings versucht Hayman nicht, in den ›inneren Zustand‹ einzudringen: Zudringlichkeiten jedweder Art, ob psychoanalytischer (hier Tadié ähnlich) oder literaturwissenschaftlicher, bleiben dem Leser erspart. Haymans Biographie hält sich in jener Spannung, die er so kennzeichnet: »In gewisser Weise ist der ganze Roman [die *Recherche*] nichts anderes als eine Verlängerung und Erweiterung der *Correspondance*«. Seine Biographie ist jedoch kein »Erzählen entlang der Briefe, mit ihren Auslassungen, Lügen, mißverstandenen Scherzen«, denn dies wäre keineswegs gleichbedeutend damit, »das Leben zu erzählen«.[18] Der Scheincharakter (der Direktheit oder der Authentizität) ist Hayman keineswegs entgangen: »Briefe vermitteln die Illusion eines direkten Kontaktes ohne Konfrontation«, und er hat sich im Hinblick auf den Roman auch Prousts Einsicht zu eigen gemacht: »Ein Buch ist das Ergebnis eines andern Selbst als desjenigen, das wir in unseren Gewohnheiten, in unserem gesellschaftlichen Leben, in unseren Lastern manifestieren.« Die Verbindung zwischen Korrespondenz und Werk liegt zwar im Schreiben schlechthin – Prousts Überlebensstrategie –, aber die kommunikativen Intentionen und die Resultate beider Schreibmodi sind *toto coelo* verschieden. Daß Hayman diesen Unterschied taktvoll respektiert, macht den Vorzug seiner Biographie aus, die vor allem eine Biographie für solche Leser ist und sein kann, welche die Lektüre der *Recherche* noch vor sich haben.

Für die deutsche Übersetzung von Haymans Proust-Biographie wurden die Anmerkungen aktualisiert und ergänzt; zusätzliche Hinweise des Übersetzers stehen in eckigen Klammern. Die Übersetzung der Briefstellen, die nicht in den deutschen Auswahlausgaben enthalten sind (*B W: Briefe zum Werk*; *BL: Briefe zum Leben*) erfolgte nach den 21 Bänden der *Correspondance*; bei den deutschen Übersetzungen der Zitate aus den Prosatexten wurden neben den vorliegenden älteren Übersetzungen die bisher erschienenen Bände in der neuen Ausgabe von Luzius Keller benutzt, außerdem wurden die Originaltexte in den Ausgaben der Bibliothèque de la Pléiade herangezogen und nachgewiesen. Die Paraphrasen des englischen Originals wurden weitgehend durch Zitate ersetzt, nicht ausgewiesene Zitate durch Quellenangaben ergänzt. Die Bibliographie enthält zusätzliche, mit einem Stern gekennzeichnete Titel, besonders solche, die nach Veröffentlichung der englischen Originalausgabe erschienen sind. Die Sachinformationen zur Biographie wurden mit den entsprechenden Angaben sowohl in der Biographie Painters als in den neuen Biographien von Diesbach und Tadié und in den übrigen Briefbänden und biographischen Publikationen verglichen; Abweichungen und Änderungen sind durch Übersetzeranmerkungen gekennzeichnet.

Zum Schluß, und um den Bogen zum Motto zu schließen, möchte ich auf einen Proust-Leser hinweisen, der den von Kracauer herangezogenen und

für Proust zentralen Begriff *Übergang* in einer Weise erläutert, die bisher
verkannt geblieben ist: Bruno Liebrucks. In seinem Aufsatz zu Adornos
60. Geburtstag, »Reflexionen über den Satz Hegels ›Das Wahre ist das
Ganze‹, geht er auch auf Adornos Bemerkungen über Proust in den *Minima
Moralia* und in den *Noten zur Literatur* ein, und er schreibt: »Denn das Individuum ist nur *als* Gesellschaftswesen Individuum und zwar extramundanes, *auch* extramundanes, das Gesellschaftswesen ist nur als extramundanes Individuum Gesellschaftswesen. Darin steckt die notwendige Einheit
von Psychologie und Soziologie, die immer noch Philosophie heißt. [...]
Was ist also das dialektische Ganze? Es ist die Bewegung, in der wir uns
heute gerade befinden und die vielleicht nirgends so gut zu studieren ist
wie bei Proust. Die untergehende Gesellschaft wird zugleich als Faszino-
sum erfahren und schonungslos mit dem kalten bürgerlichen Auge kritisiert. Was sollte an solchem Übergang noch mehr Wahrheit sein als der
Übergang selbst, der in sich sowohl logisch wie soziologisch [...] ver-
schränkt ist.«[19]

Frankfurt a. M., 9. März 2000   ·   Max Looser

1 Theodor W. Adorno, *Minima Moralia* [Erster Teil, 1944]. Frankfurt a. M.: Suhrkamp, 1964, S. 55.
2 *Frankfurter Zeitung*, 29. Juni 1930; jetzt in: ders., *Das Ornament der Masse.
   Essays*. Frankfurt a. M.: Suhrkamp, 1963, S. 75-80.
3 Kracauer, 1963, S. 76.
4 Camille Vettard, »Proust et Einstein«, *NRF* N° 107, 1922, S. 246-252, und die
   Auseinandersetzung mit Rivière und Proust über die Veröffentlichung von Vettards Artikel in *Corr. XXI*, Briefe N° 49, 50, 62, 65, 66, 72, 88, 134, 186, 187, 210,
   213; siehe dazu jetzt auch Brassaï, 1997, Dritter Teil.
5 Brassaï, 1997, Dritter Teil.
6 Siegfried Kracauer, *Pariser Leben. Jacques Offenbach und seine Zeit. Eine Gesellschaftsbiographie*. München: Paul List, 1962.
7 In seinem Essay »Die Photographie« heißt es: »Unter der Photographie eines Menschen ist seine Geschichte wie unter einer Schneedecke begraben« (1927, in: Kracauer, 1963, S. 26).
8 Kracauer, 1962, S. 7.
9 Art. »Leben«, in: *HWP*, Bd. 5, Sp. 52. Der zweite griech. Begriff für »Leben«, *zoe*,
   »kann in einem engeren Sinn die Tatsache des L. selbst bezeichnen, ob es sich nun
   um Menschen, Tiere oder Pflanzen handelt«.
10 Hingewiesen auf diese Bedeutung von »Schaffner-Geschichte« hat Walter Benjamin in seinem Essay »Zum Bilde Prousts«, in: ders., *Illuminationen*. Frankfurt
   a. M.: Suhrkamp, 1961, S. 358; der Text von Max Unold, »Einiges über Proust«,
   findet sich jetzt in: Achim Hölter, Hg., *Marcel Proust. Leseerfahrungen deutsch-*

sprachiger Schriftsteller von Theodor W. Adorno bis Stefan Zweig. Frankfurt a. M.: Suhrkamp, 1999, S. 90-95.

11 Tadié, 1996, S. 7.

12 Rüdiger Safranski, *Ein Meister in Deutschland. Heidegger und seine Zeit.* München: Hanser, 1994, S. 15.

13 Eine Anknüpfung an die Metapher Prousts am Schluß der *Recherche*, hier übrigens mit der Vorstellung vom zufälligen Tod durch Unfall verbunden: »Ich wußte sehr wohl, daß mein Gehirn ein reiches Erzbecken war, in dem es kostbare Vorkommen in unendlich weiter und mannigfacher Ausdehnung gab. Blieb mir denn aber auch Zeit, es wirklich abzubauen? Ich war die einzige Person, die dazu imstande war, und das aus zwei Gründen: mit meinem Tode würde nicht nur der einzige Bergarbeiter verschwunden sein, der befähigt war, diese Erze zu schürfen, sondern sogar das Vorkommen selbst […].« *Recherche*, IV, S. 614; *WA*, 13, S. 503.

14 Tadié, 1996, S. 10.

15 5. Juli Tadié, 1996.

16 Tadié, 1996, S. 8.

17 Montaigne, *Essais*, II, i, éd. Rat, S. 318 f; Übersetzung Lüthy, S. 324 f.

18 Tadié, 1996, S. 10.

19 In: *Zeugnisse. Theodor W. Adorno zum 60. Geburtstag.* Frankfurt a. M.: Suhrkamp, 1963, S. 74-114; Zitat S. 107.

Bibliographie

Für die deutsche Ausgabe wurde die Bibliographie ergänzt, die hinzugefügten Titel sind mit * gekennzeichnet.

Werke von Proust:

A la recherche du temps perdu. Edition établie et annotée par Pierre Clarac et André Ferré. Paris: Gallimard 1954, (Bibliothèque de la Pléiade), 3 Bde.

A la recherche du temps perdu. Édition établie sous la direction de Jean Yves Tadié. Paris: Gallimard, 1987-1989 (Bibliothèque de la Pléiade), 4 Bde.

Chroniques, Paris: Gallimard, 1927

Albertine disparue. Edition originale de la dernière version revue par l'auteur, établie par Nathalie Mauriac et Étienne Wolff. Paris: Grasset, 1987.

Matinée chez la Princesse de Guermantes. Cahiers du »Temps retrouvé«. Edition critique établie par Henri Bonnet en collaboration avec Bernard Brun. Paris: Gallimard, 1982.

Contre Sainte-Beuve. Préface de Bernard de Fallois. Paris: Gallimard, 1954; Taschenbuchausgabe: Gallimard, 1987, 1993 (Folio essais).

Contre Sainte-Beuve, précédé de *Pastiches et mélanges* et suivi de *Essais et articles*. Édition établie par Pierre Clarac avec la collaboration d'Yves Sandre. Paris: Gallimard, 1971 (Bibliothèque de la Pléiade).

Jean Santeuil. Éd. Bernard de Fallois. Paris: Gallimard, 1952, 3 Bde.

Jean Santeuil, précédé de *Les Plaisirs et les jours*. Édition établie par Pierre Clarac avec la collaboration d'Yves Sandre. Paris: Gallimard, 1971 (Bibliothèque de la Pléiade).

Les Plaisirs et les jours. Paris: Calmann-Lévy, 1896; Paris: Gallimard, 1924.

Poèmes. Présentés et annotés par Claude Francis et Fernande Gontier. Paris: Gallimard, 1982 (Cahiers Marcel Proust, N° 10).

Marcel Proust: *Textes retrouvés. Recueillis et présentés avec une bibliographie des publications de Proust (1892-1967)* par Philip Kolb et L. B. Price. Urbana: University of Illinois Press, 1968.

–, Textes retrouvés. Recueillis et présentés avec une bibliographie des publications de Proust (1892-1971). Edition revue et augmentée. Paris: Gallimard, 1971 (Cahiers Marcel Proust N° 3).

L'Indifférent. Nouvelle. Préface de Philip Kolb. Paris: Gallimard, 1978.

Le Carnet de 1908. Etabli et présenté par Philip Kolb. Paris: Gallimard, 1976 (Cahiers Marcel Proust N° 8).

Écrits de jeunesse 1887-1895. Paris: Institut Marcel Proust International, 1991.

Sur Baudelaire, Flaubert et Morand. Éd. Antoine Compagnon. Editions Complexe, 1987.

Deutschsprachige Ausgaben der Werke Marcel Prousts

Auf der Suche nach der verlorenen Zeit. Übersetzt von Eva Rechel-Mertens. Frankfurt a. M.: Suhrkamp, 1953-1957, 7 Bde.; Werkausgabe in 13 Bänden. Frankfurt a. M.: Suhrkamp, 1964 (edition suhrkamp).

Combray. Übersetzt von Eva Rechel-Mertens. Frankfurt a. M.: Suhrkamp, 1977.

Gegen Sainte-Beuve. Übersetzt von Helmut Scheffel. Frankfurt a. M.: Suhrkamp, 1962.

Der Gleichgültige. Erzählung in zwei Sprachen. Übersetzt von Elisabeth Borchers. Vorwort und Anmerkungen von Philip Kolb. Frankfurt a. M.: Suhrkamp, 1978.

Eine Liebe von Swann. Übersetzt von Eva Rechel-Mertens. Frankfurt a. M.: Suhrkamp, 1970.

Jean Santeuil. Übersetzt von Eva Rechel-Mertens. Frankfurt a. M.: Suhrkamp, 1970, 2 Bde. (Übersetzung der Ausgabe von Fallois, 1952).

Pastiches. Die Lemoine-Affäre. Übersetzung und Nachwort von Ludwig Harig. Frankfurt a. M., 1969.

Tage der Freuden. Vorwort von Anatole France, übersetzt von Ernst Weiss. Berlin, 1926 und Frankfurt a. M.: Suhrkamp, 1965, 1978 (ohne Vorwort).

Freuden und Tage. Illustrationen von Madeleine Lemaire. Vorwort von Anatole France und vier Stücke für Klavier von Reynaldo Hahn. Übersetzt von Luzius Keller. Frankfurt a. M: Suhrkamp, 1988.

Der gewendete Tag. »Auf der Suche nach der verlorenen Zeit« in den Vorabdrucken. München: Deutscher Taschenbuch Verlag, 1996.

Frankfurter Ausgabe

Freuden und Tage und andere Erzählungen und Skizzen aus den Jahren 1892-1896. Übersetzt von Luzius Keller, für »Der Gleichgültige«: Elisabeth Borchers. Frankfurt a. M. Suhrkamp, 1988 (Werke I, 1).

Nachgeahmtes und Vermischtes. Übersetzt von Henriette Beese, Ludwig Harig und Helmut Scheffel. Frankfurt a. M.: Suhrkamp, 1989 (Werke I, 2).

Essays, Chroniken und andere Schriften. Übersetzt von Henriette Beese, Luzius Keller und Helmut Scheffel. Frankfurt a. M.: Suhrkamp, 1992 (Werke I, 3).

Auf der Suche nach der verlorenen Zeit 1. Unterwegs zu Swann. Übersetzt von Eva Rechel-Mertens, revidiert von Luzius Keller. Frankfurt a. M.: Suhrkamp, 1994 (Werke II, 1).

Auf der Suche nach der verlorenen Zeit 2. Im Schatten junger Mädchenblüte. Übersetzt von Eva Rechel-Mertens, revidiert von Luzius Keller und Sibylla Laemmel. Frankfurt a. M.: Suhrkamp, 1995 (Werke II, 2).

Auf der Suche nach der verlorenen Zeit 3. Guermantes. Übersetzt von Eva Rechel-Mertens, revidiert von Luzius Keller und Sibylla Laemmel. Frankfurt a. M.: Suhrkamp, 1996 (Werke II, 3).

Auf der Suche nach der verlorenen Zeit 4. Sodom und Gomorrha. Übersetzt von Eva Rechel-Mertens, revidiert von Luzius Keller und Sibylla Laemmel. Frankfurt a.M.: Suhrkamp, 1999 (Werke II, 4).

Jean Santeuil. Übersetzt von Eva Rechel-Mertens, revidiert und ergänzt von Luzius Keller. Herausgegeben von Mariolina Bongiovanni Bertini. Frankfurt a. M.: Suhrkamp, 1992, 2 Bde. (Werke III, 1-2) (Übersetzung der Ausgabe von Clarac und Ferré, 1971).

Gegen Sainte-Beuve. Übersetzt von Helmut Scheffel. Herausgegeben von Mariolina Bongiovanni Bertini in Zusammenarbeit mit Luzius Keller. Frankfurt a.M.: Suhrkamp, 1997 (Werke III, 3).

Prousts Übersetzungen

John Ruskin, *La Bible d'Amiens.* Traduction, notes et préface par M. Proust. Paris: Mercure de France, 1904; nouvelle édition 1947; Taschenbuchausgabe Paris: Bourgeois (Collection 10/18), 1987.

John Ruskin, *Sésame et les lis.* Traduction, notes et préface par M. Proust. Paris: Mercure e France, 1906; Neuauflage herausgegeben von A. Compagnon, Bruxelles: Éditions Complexe, 1987.

Briefwechsel

Correspondance de Marcel Proust. Tomes I-XVII, texte établi, présenté et annoté par Philip Kolb. Paris: Plon, 1970-1989 (T. 1: 1880-1895; T. 2: 1896-1901; T. 3: 1902-1903; T. 4: 1904; T. 5: 1905; T. 6: 1906; T. 7: 1907; T. 8: 1908; T. 9: 1909; T. 10: 1910-1911; T. 11: 1912; T, 12: 1913; T. 13: 1914; T. 14: 1915; T. 15: 1916; T. 16: 1917; T. 17: 1918.

*Tomes XVIII-XXI: 1990-1993: T. 18: 1919; T. 19: 1920; T. 20: 1921; T. 21: 1922 et Index général.

Correspondance générale, éd. de Robert Proust, Paul Brach et Suzy Mante-Proust, Paris: Plon, 1930-1936, 6 Bde.

Band 1: *Lettres à Robert de Montesquiou 1893-1921* (1930).

Band 2: *Lettres à la Comtesse de Noailles 1901-1919.* Présentées par la Comtesse de Noailles (1931).

Band 3: *Lettres à M et Madame Sidney Schiff, Paul Souday, J.-E. Blanche, Camille Vettard, J. Boulenger, Louis Martin-Chauffier, Ernst Robert Curtius, L. Gautier Vignal* (1932).

Band 4: *Lettres à P. Lavallée, J.-L. Vaudoyer, R. de Flers, Marquise de Flers, G. de Caillavet, Mme G. de Caillavet, R. de Salignac-Fénelon, Mlle Simone de Caillavet, R. Boylesve, E. Bourges, Henri Duvernois, Madame T.J. Guerrite et Robert Dreyfus* (1933).

Band 5: *Lettres à Walter Berry, Comte et Comtesse de Maugny, Comte V. d'Oncien de la Batie, M Pierre de Chevilly, Sir Philip Sassoon, Princesse Bibesco, Mlle Louisa de Mornand, Mme Laure Hayman, Madame Scheikévitch* (1935).

Band 6: *Lettres à Madame et Monsieur Emile Straus* suivies de quelques dédicaces (1936).

A un ami. Correspondance inédite. Préface de Georges de Lauris. Paris: Amiot-Dumont, 1948.

Choix de lettres. Présentées et datées par Philip Kolb. Paris: Plon, 1954.

Lettres à la NRF. Précédé d'une bibliographie proustienne par G. de Silva Ramos et suivi de *Lettres de Proust à Mazarine*. Paris: Gallimard, 1932 (Cahiers Marcel Proust N° 6).

Lettres à Mme C[atusse]. Paris, 1946.

Lettres à Reynaldo Hahn. Présentées, datées et annotées par Philip Kolb. Préface d'Emmanuel Berl. Paris: Gallimard 1956, renouvelé 1984.

Lettres à une amie. Recueil de quarante-et-une lettres inédites adressées à Marie Nordlinger, 1899-1908. Manchester: Editions du Calame, 1942.

Lettres retrouvées. Présentées et annotées par Philip Kolb. Paris: Plon, 1966.

Marcel Proust et Jacques Rivière: Correspondance 1914-1922. Présentée et annotée par Philip Kolb. Préface de Jean Mouton. Paris: Plon, 1955; *Edition augmentée et corrigée: Paris: Gallimard, 1976.

Correspondance avec sa mère 1887-1905. Lettres inédites, présentés et annotées par Philip Kolb. Paris: Plon, 1953; Taschenbuchausgabe: Editions 10/18, 1992, 1993.

Lettres à André Gide. Neuchâtel: Ides et Calendes, 1949.

Lettres de Marcel Proust à Bibesco. Préface de Thierry Maulnier. Lausanne: Editions de Clairefontaine, 1949.

Mon cher petit. Lettres à Lucien Daudet, 1895-1897, 1907, 1908. Edition établie, préfacée et annotée par Michel Bonduelle. Paris: Gallimard, 1991.

Proust, Marcel / Gallimard, Gaston, Correspondance 1912-1922. Edition établie, présentée et annotée par Pascal Fouché. Paris: Gallimard, 1989.

Deutschsprachige Briefausgaben

Briefe zum Werk. Übersetzt von Wolfgang A. Peters, ausgewählt und hg. von Walter Boehlich. Frankfurt a. M.: Suhrkamp, 1964.

Briefe zum Leben. Übersetzt und hg. von Walter Daube. Frankfurt a. M.: Suhrkamp, 1969.

Briefwechsel mit der Mutter. Ausgewählt und übersetzt von Helga Reger. Mit einem Nachwort und Anmerkungen von Philip Kolb. Frankfurt a. M.: Suhrkamp, 1970.

André Gide – Marcel Proust. Briefwechsel. Übersetzt von J. Grünberg. In: *Das Silberboot – Zeitschrift für Literatur*, 2. Jg. Heft 1, Salzburg, 1946.

Bibesco, Marthe, *Au bal avec Marcel Proust*. Paris: Gallimard, 1928 (Les Cahiers Marcel Proust, N° 4); nouvelle édition: Les Cahiers Marcel

Proust (Nouvelle série), N° 2, 1971; deutsch: *Begegnung mit Marcel Proust*. Übersetzt von Eva Rechel-Mertens. Frankfurt a. M.: Suhrkamp, 1972.

–, *Le voyageur voilé: Marcel Proust*. Genève: La Palatine, 1947.

*Billy, Robert de, *Marcel Proust. Lettres et conversations*. Paris: Les Portiques, 1930.

*Bonnet, Henri, *Marcel Proust de 1907-1914*. Paris, 1959.

*[Christie's, 1996] Auktionskatalog *Valuable Manuscripts, Autograph Letters, Music and Printed Books*. London Wednesday 27 November 1996. S. 77-129: *The Letters of Marcel Proust to Lucien Daudet* [Beschreibung der 60 (59) Briefe an Lucien Daudet in Daudet, 1929 sowie von 40 weiteren unveröffentlichten Briefen, mit Faksimiles, ausführlichen Originalzitaten und Angaben über die Kürzungen in der Ausgabe von Daudet, 1929 – 100 Originalbriefe, die Kolb für seine Ausgabe der *Correspondance* nicht einsehen konnte].

Daudet, Lucien *Autour de soixante lettres de Marcel Proust*. Paris: Gallimard, 1929 [siehe Christie's, 1996].

Dreyfus, Robert, *Souvenirs sur Marcel Proust. Avec des lettres inédites de Marcel Proust*. Paris: Grasset, 1926.

–, »Marcel Proust aux Champs-Elysées«, in: *La Nouvelle Revue Française*, Jg. 10, N° 112, S. 27-30.

Gregh, Fernand, *Mon amitié avec Marcel Proust. Souvenirs et lettres inédits*. Paris: Grasset, 1958.

Morand, Paul, *Le visiteur du soir*. Genève: La Palatine, 1949.

Pouquet, Jeanne-Maurice, *Quelques lettres de Marcel Proust à Jeanne, Simone et Gaston de Caillavet, Robert de Flers et Bertrand de Fénelon*. Paris: Hachette, 1928.

*–, *Le Salon de Madame Arman de Caillavet*. Paris: Hachette, 1926.

Robert, Louis de, *Comment débuta Marcel Proust. Lettres inédites*. Paris: Gallimard, 1925; überarbeitete und erweiterte Neuauflage 1969 (Collection Blanche).

Für die Übersetzung benützte englische Ausgaben

Jean Santeuil. Translated by Gerard Hopkins, with a preface by André Maurois. London: Penguin, 1985 (Erstausgabe: London: Weidenfeld & Nicolson, 1955).

Against Sainte-Beuve and Other Essays. Translated with an Introduction and Notes by John Sturrock. London: Penguin (Penguin Classics) 1988; Penguin Books 1994.

Remembrance of Things Past. Translated by C. K. Scott Moncrieff and Terence Kilmartin. London: Chatto & Windus, 1981; Penguin Books, 1983, 3 Bde.

[Der Verlag Penguin Books hat eine neue, kommentierte Übersetzung der *Recherche* in Auftrag gegeben. Die Veröffentlichung in sechs Bänden ist für das Jahr 2001 vorgesehen. Die neue Proust-Ausgabe wird von sechs Übersetzern und einem Koordinator angefertigt. Zur Vorbereitung gehört die weltweite Einladung an alle Proustianer, im Internet über die Übersetzung Informationen einzuholen und eventuell mit Vorschlägen mitzuwirken (Proust-Web Site: www.penguin.co.uk/proust)].

Weitere Literatur

*Abosch, Heinz, »Zur Politik gezwungen. Proust und die ›Affäre‹«, *Neue Zürcher Zeitung*, 10./11. Dezember 1994, N° 289.

Adams, William Howard, *A Proust Souvenir: Period Photographs by Paul Nadar*. London, 1984; deutsch: *Prousts Figuren und ihre Vorbilder*. Photos von Paul Nadar. Text von William Howard Adams. Übersetzt von C. Groffy. Frankfurt a. M.: Suhrkamp, 1988.

*Adorno, Theodor W., »Für Marcel Proust«, »Requiem für Odette« (1944), in: ders., *Minima Moralia. Reflexionen aus dem beschädigten Leben*. Frankfurt a. M.: Suhrkamp (1964), S. 15-16, S. 250-252.

*–, »Kleine Proust-Kommentare« (1958), in: ders., *Noten zur Literatur II*. Frankfurt a. M.: Suhrkamp, S. 95-109.

Albaret, Céleste, *Monsieur Proust*. Souvenirs recueillis par Georges Belmont. Paris: Belfond, 1973; deutsch: *Monsieur Proust*. Aufgezeichnet von Georges Belmont. Übersetzt von Margret Carroux. München: Kindler, 1974.

*Anglet, Kurt, »Dialektik der Zerstreuung. Prousts Spuren in Walter Benjamins ›Kunstwerk‹-Aufsatz«. *Neue Zürcher Zeitung*, 6. November 1992, Fernausgabe N° 258, S. 36.

*Apel, Friedmar, »Der wasserdichte Abendanzug. Proust auf deutsch: Was die revidierte Übersetzung leistet«. *Frankfurter Allgemeine Zeitung*, 8. Februar 1997, N° 33 (Wochenendbeilage).

[Art Nouveau] Ausstellungskatalog Darmstadt, 1999: *Art Nouveau. Symbolismus und Jugendstil in Frankreich*. Hg. Renate Ulmer, Darmstadt: Arnoldsche, 1999.

*Assouline, Pierre, *Gaston Gallimard. Un demi siècle d'édition française*. Paris: Balland, 1984; Taschenbuchausgabe Paris: Seuil, 1985 (Collection Points).

*Astruc, Gabriel, *Le Pavillon des Fantômes*. Paris: Grasset, 1929.

[Ausstellungskatalog] *Marcel Proust*. Paris: Bibliothèque nationale, 1965 [siehe auch Christie's und Wildenstein].

*[Ausstellungskatalog] *Paris – Belle Epoque*. Essen, Villa Hügel. Verlag Aurel Bongers, Recklinghausen, 1994.

*Autret, Jean, *L'influence de Ruskin sur la vie, les idées et l'œuvre de Marcel Proust*. Genève et Paris: Droz, 1965.

*[Bakst]: *Theater of Reason / Theater of Desire. The Art of Alexandre Benois and Léon Bakst*. Hg. John Bolt. Thyssen-Bornesmisza Founda-

tion, Milano: Skira, 1998 [= Ausstellungskatalog Frankfurt a. M.: Museum für Kunsthandwerk, 1999-2000].

*Balzac, Honoré de, *La comédie humaine*. Edition de Pierre-Georges Castex. Paris: Gallimard, 1976-1981, 12 Bde. (Bibliothèque de la Pléiade).

*Barbedette, Gilles, *Mémoires d'un jeune homme devenu vieux*. Paris: Gallimard, 1993.

*Barbey d'Aurevilly, Jules, *Du Dandysme et de Georges Brummell* (1844); Neuauflage mit Vorwort und Anmerkungen 1861; deutsch: *Vom Dandytum und von G. Brummell*. Übersetzt von Richard Schaukal. München/ Leipzig: Georg Müller, 1911 (Reprint Nördlingen: Greno, 1987).

Bardèche, Maurice, *Marcel Proust romancier*. Paris: Les sept couleurs, 1971, 2 Bde.

*Barker, Richard H., *Marcel Proust: A Biography*. New York: Grosset & Dunlap, 1958.

*Barney, Nathalie Clifford, *Aventures de l'esprit*. Paris: Emile Paul, 1929.

*–, *Souvenirs indiscrets*. Paris: Flammarion, 1960; deutsch: *Indiskrete Erinnerungen. Porträts aus einem Pariser Salon*. Übersetzt von Nicolaus Bornhorn. Mannheim: Bollmann, 1996.

Barthes, Roland et al., *Recherche de Proust*. Ed. Gérard Genette et Tzvetan Todorov. Paris: Seuil, 1980 (Collection Points).

*Baudelaire, Charles (1857) *Les fleurs du mal / Die Blumen des Bösen*. *Sämtliche Werke*. Band 3, München: Hanser 1975.

*– (1975-1976), *Œuvres complètes*. Éd. Claude Pichois. Paris: Gallimard (Bibliothèque de la Pléiade), 2 Bde.

*–, *Sämtliche Werke/Briefe*. In acht Bänden. Hg. F. Kemp/ Cl. Pichois. München: Hanser, 1975-1992.

*Bayard, Pierre, *Le hors-sujet*. Paris: Minuit, 1997 [siehe Jaccard, 1997].

Beckett, Samuel, *Proust*. London: Chatto & Windus, 1931; deutsch: *Proust. Essay*. Übersetzt von Marlis und Paul Pörtner, überarbeitet von Katharina Raabe unter Mitwirkung von Werner Morlang. Frankfurt a. M.: Luchterhand, 1989.

*Béhar, Serge, *L'univers médical de Proust*. Paris: Gallimard, 1974.

Bell, William Stewart, *Proust's Nocturnal Muse*. New York und London: Columbia University Press, 1968.

*[Belle Epoque] siehe Ausstellungskatalog Essen 1994.

Benjamin, Walter, »Zum Bilde Prousts«, in: *Die literarische Welt*, 5, 1929, N° 5; jetzt in: *Gesammelte Schriften*. Frankfurt a. M.: Suhrkamp 1989, Bd. II, 1 1977, S. 310-324.

Benoist-Méchin, Jacques, *La musique et l'immoralité dans l'œuvre de Marcel Proust*. Paris: Kra, 1926.

–, *Retour à Marcel Proust*. Paris: Amiot, 1957.

–, *Avec Marcel Proust*. Paris: Albin Michel, 1977.

Berl, Emmanuel, *Sylvia*. Paris: Gallimard, 1952.

*Bersani, Jacques, Hg., *Les critiques de notre temps et Proust*. Paris: Garnier, 1971 [Texte von Barthes, Blanchot, Deleuze, Genette, Martin-Chauffier, Poulet, Revel u. a.].

Bersani, Leo, *Marcel Proust: The Fictions of Life and Art*. London und New York: Oxford University Press, 1965.

*[Bibliothèque Nationale], Ausstellungskatalog *Marcel Proust*. Paris, 1965

Billy, Robert de, *Marcel Proust. Lettres et conversations*. Paris: Editions des Portiques, 1930.

*Blakemore, Colin, *Mechanics of the Mind*. Cambridge: Cambridge University Press, 1977.

*Blumenberg, Hans, »Proust und Joyce«, in: ders., *Die Sorge geht über den Fluß*. Frankfurt a. M.: Suhrkamp, 1987 (BS 965), S. 191-193.

Bonnet, Henri, *Le progrès spirituel dans l'œuvre de Marcel Proust*. Paris: Vrin, 1946-1949, 2 Bde.; Band I: *Le monde autour de l'amitié* (1946); Band II: *L'eudémonisme esthétique de Proust* (1949; Bd. 2 enthält eine Proust-Bibliographie). [Deuxième édition revue et augmentée, 1979].

–, *Marcel Proust de 1907 à 1914 (Essai de biographie critique)*. Paris: Nizet, 1959 [mit einem »Supplément bibliographique zu der Bibliographie von Bonnet, 1949].

*–, *Alphonse Darlu, 1849-1921. Le maître de philosophie de Marcel Proust. Suivi d'une étude critique du »Contre Sainte-Beuve«*. Paris: Nizet, 1961.

–, *Les amours et la sexualité de Marcel Proust*. Paris: Nizet, 1985.

*Borrel, Anne; Naudin, Jean-Bernard; Senderens, Alain, *Proust. La cuisine retrouvée*. Paris: Editions du Chêne, 1991; deutsch: *Zu Gast bei Marcel Proust. Der große Romancier als Gourmet. Mit 60 Rezepten*. Übersetzt von Rudolf Kimmig. München: Heyne, 1992.

*Bouckle, Richard, *Diaghilev*. London, 1979; deutsch: *Diaghilew*. Übersetzt von Jürgen Abel. Herford: Busse, 1984.

*Boulenger, Jacques, *Sous Louis Philippe: Les dandys*. Paris: Ollendorff, 1907.

*–, »Le dandysme de Baudelaire«, *L'Opinion*, 9. April 1921.

Bowie, Malcolm. *Freud, Proust and Lacan: Theory as Fiction*. Cambridge, 1987.

*Brandt, Paul, Art. »Päderastie«, in: Marcuse, Max, Hg. (1926), S. 534-543.

Brasillach, Robert, *Portraits*. Paris: Plon, 1935.

*Brassaï, *Marcel Proust sous l'emprise de la photographie*. Paris: Gallimard, 1997; deutsch: Marcel Proust im Bann der Photographie. Übersetzt von Max Looser. Frankfurt a. M.: Suhrkamp, 2000 [erscheint im Herbst 2000].

Brée, Germaine, *Du temps perdu au temps retrouvé*. Paris: Les Belles Lettres, 1950.

–, *The World of Marcel Proust*. London, 1967.

*Brilli, Attilio, *La vita che lorre*. Bologna: Il Mulino, 1999; deutsch: *Das rasende Leben. Die Anfänge des Reisens mit dem Automobil*. Übersetzt von Annette Kopetzki. Berlin: Wagenbach, 1999.

*Brunet, Etienne, *Le vocabulaire de Proust*. Introduction de J.-Y. Tadié. Genève: Slatkine, 1983, 3 Bde. Bd. I: Etude quantitative; Bd. II: Index de »A la recherche du temps perdu«, A-K; Bd. III: Index L-Z.

Buisine, Alain, *Proust et ses lettres*. Lille, 1983.

Butor, Michel, »Œuvres d'art imaginaires chez Proust« in: Butor, 1964, S. 252-292.

–, *Repertoire* I, II, IV. Paris: Minuit, 1960, 1964, 1975.

*Carassus, Emilien, *Le mythe du Dandy*. Paris: Armand Colin, 1971.

Cattaui, Georges, *L'amitié de Proust* avec une préface de Paul Morand et une lettre inédite de Marcel Proust. Paris: Gallimard, 1935 (Cahiers Marcel Proust N° 8).

–, *Marcel Proust. Proust et son temps. Proust et le temps*. Préface de Daniel Rops. Paris: Juillard, 1952.

*–, *Marcel Proust. Documents iconographiques*. Genève: Cailler, 1956.

[Channon, Henry]: Rhodes, Robert, Hg., *Chips. The Diaries of Sir Henry Channon*. London, 1967.

*[Chardin] Ausstellungskataloge Paris, Grand Palais, 1977; Düsseldorf, Kunstmuseum, 1999; Karlsruhe, Staatl. Kunsthalle, 1999; Paris, Grand Palais, 1999.

*Citati, Pietro, *La colomba pugnalata. Proust et la Recherche*. Milano: Mondadori, 1995.

Clarac, Pierre, und Ferré, André, Hg., *Album Proust*. Paris: Gallimard, 1965; deutsch: *Das Proust-Album. Leben und Werk im Bild*. Zusammengestellt und erläutert von André Clarac und Pierre Ferré. Übersetzt von H. v. Born-Pilsach. Frankfurt a. M.: Suhrkamp, 1975.

Clermont-Tonnerre, Élisabeth de Gramont, Duchesse de, *Robert de Montesquiou et Marcel Proust*. Paris: Flammarion, 1925 [siehe auch unter Gramont, E. de].

Cocking, J. M., *Proust*. Cambridge: Bowes & Bowes, 1956.

*–, *Proust. Collected Essays on the Writer and his Art*. Cambridge: Cambridge University Press, 1982.

Colette, *En pays connu*. Paris, 1950.

*Compagnon, Antoine, *Proust entre deux siècles*. Paris: Seuil, 1989.

*Copeau, Jacques, *Journal 1901-1948*. Texte établi, présenté et annoté par Claude Sicard. Paris: Seghers, 1991, 2 Bde.

*Cossart, Michael de, *The Food of Love. Princess Edmond de Polignac (1865-1943) and her Salon*. London: Hamish Hamilton, 1978; französisch: *Une Américaine à Paris. La princesse Edmond de Polignac et son salon. 1865-1943*. Paris: Plon, 1979.

Coulon, Bernard, *Promenade en Normandie avec un guide nommé Marcel Proust*. Condé-sur-Noireau: Editions Charles Corlet, 1987.

*Crémieux, Benjamin, *Du côté de Marcel Proust*. Suivi de lettres inédites de Marcel Proust à Benjamin Crémieux. Paris: Lemarget, 1929.

*Curtius, Ernst Robert, *Balzac*. Bonn: Friedrich Cohen, 1923.

*–, *Marcel Proust* (1925). Frankfurt a. M.: Suhrkamp, 1964 [französische Übersetzung: *Marcel Proust*. Traduit de l'Allemand par Armand Pierhal. Paris: La Revue Nouvelle, 1928].

*[Dandy] *De Dandy – mode kunst en literatuur*. [Ausstellungskatalog]. Museum Het Paleis, Den Haag, 1997.

D'Annunzio, Gabriele, *L'innocente* (1892). Milano: Mondadori, 1976.

*Dantzig, Charles, Hg., *Le grand livre de Proust*. Paris: Les Belles Lettres, 1996.

*Daudet, Mme Alphonse, *Journal de guerre et de famille*. Paris: Charpentier, 1920.

*Daudet, Alphonse, *Lettres familiales d'Alphonse Daudet, publiés par Lucien Daudet*. Paris: Plon, 1944.

*Daudet, Charles, *Répertoire des personnages de »A la recherche du temps perdu«*. Précédé de »La vie sociale dans l'œuvre de Marcel Proust« par Ramon Fernandez. Paris: Gallimard, 1928 (Cahiers Marcel Proust, N° 2).

*De Lattre, Alain, *La doctrine de la réalité chez Proust*. Paris, Corti, 1978-1985, 3 Bde.

*Delattre, Floris, *Bergson et Proust*. Paris: Albin Michel, 1948.

Deleuze, Gilles, *Marcel Proust et les signes*. Paris: Presses Universitaires de France, 1964; 4. Aufl. 1976; deutsch [Übersetzung der 4. Aufl. von 1976]: *Proust und die Zeichen*. Übersetzt von H. Beese. Berlin: Merve, 1993.

*Descombes, Vincent, *Proust – philosophie du roman*. Paris: Minuit, 1987.

*Diesbach, Ghislain de, *Proust*. Paris: Perrin, 1991.

Doubrovsky, Serge, *La place de la madeleine. Ecriture et fantasme chez Proust*. Paris: Mercure de France, 1974.

Duplay, Maurice, *Mon ami Marcel Proust. Souvenirs intimes*. Paris: Gallimard, 1972 (Cahiers Marcel Proust N° 5).

*Ellenberger, Henry F., *The Discovery of the Unconscious. The History and Evolution of Dynamic Psychiatry*. New York, Basic Books, 1970; deutsch: *Die Entdeckung des Unbewußten. Geschichte und Entwicklung der dynamischen Psychiatrie von den Anfängen bis zu Janet, Freud, Adler und Jung*. Übersetzt von G. Theusner-Stampa. Zürich: Diogenes, 1985.

Ellmann, Richard, *James Joyce* (1959). New York, Oxford & Toronto: Oxford University Press, 1982; deutsch: *James Joyce*. Übersetzt von Albert W. Hess, Klaus und Karl H. Reichert, hg. von Fritz Senn. Frankfurt a. M.: Suhrkamp, 1959.

*Erman, Michel, *Marcel Proust*. Paris: Fayard, 1994.

*Etiemble, *Proust et la crise de l'intelligence*. Alexandrie: Editions de la Scarabée, 1945.

*Fabre, Jean-Henri, *Souvenirs entomologiques. Etudes sur les mœurs des insectes*. Paris: Librairie Ch. Delagrave, 1879-1907, 10 Bde.

*–, *Das offenbare Geheimnis. Aus dem Lebenswerk des Insektenforschers*. Hg. von Kurt Guggenheim und Adolf Portmann. Übersetzt von Kurt Guggenheim. Frankfurt a. M.: Insel, 1977.

Fay, Bernard, *Les précieux*. Paris, 1941.

*Favrichon, Anne, *Toilettes et silhouettes féminines chez Marcel Proust*. Lyon: Presses Universitaires de Lyon, 1987.

*Fernandez, Ramon, *Proust*. Paris: Nouvelle Revue Critique, 1943 (Collection »A la gloire de …«).

Ferré, André, *Géographie de Marcel Proust. Avec index des noms de lieux et des termes géographiques*. Paris: Sagittaire, 1939.

–, *Les années de collège de Marcel Proust*. Paris: Gallimard, 1959.

Feuillerat, Albert, *Comment Marcel Proust a composé son roman*. New Haven: Yale University Press/Genève: Droz, 1934.

*Finas, Lucette, *Le toucher du rayon. Proust, Vautrin et Antinous*. Paris: Nizet, 1996.

*Fiser, Emeric, *L'esthétique de Marcel Proust*. Paris: Librairie de la Revue Française; Genève: Slatkine Reprints, 1990.

Flament, Albert, *Le Bal du Pré-Catelan*. Paris, 1946.

*Flaubert, Gustave, *Œuvres*. Edition établie et annotée par Albert Thibaudet et René Dumesnil. Paris: Gallimard, 1951-1952, 2 Bde. (Bibliothèque de la Pléiade); Neuaufl. 1991/1992.

*Fraisse, Luc, *Le processus de la création chez Marcel Proust. Le fragment expérimental*. Paris: Corti, 1988.

*–, *L'œuvre cathédrale. Proust et l'architecture médiévale*. Paris: Corti, 1990.

*–, »Méthode de composition: Marcel Proust lecteur d'Edgar Poe«, *Proust I, Revue des Lettres modernes*, Paris: Minard, 1992, S. 35-83.

*–, »Rayon de soleil sur un balcon«, *Cahiers du CERF*, XX, 1994, S. 84-121.

*–, *L'esthétique de Marcel Proust*. SEDES, 1995.

*–, *Proust au miroir de sa correspondance*. SEDES, 1996.

Francis, Claude und Gontier, Fernande, *Marcel Proust et les siens suivi des Souvenirs de Suzy Mante-Proust*. Paris: Plon, 1981.

*–, *Colette*. Paris: Perrin, 1997.

*François, Simone de, *Le dandyisme de Marcel Proust. De Brummell au Baron de Charlus*. Bruxelles: Palais des Académies, 1956.

*Freud, Sigmund, »Die Abwehr-Neuropsychosen« (1894), in: *Gesammelte Werke*. Frankfurt a. M.: S. Fischer, Bd. I, S. 57-74.

*–, »Weitere Bemerkungen über die Abwehr-Neuropsychosen« (1896), in: *Gesammelte Werke*, Bd. I, S. 379-459.

*–, *Drei Abhandlungen zur Sexualtheorie*. (1905). In: *Gesammelte Werke*, Bd. V, S. 27-137 *(Studienausgabe*. Hg. A. Mitscherlich u. a.; Frankfurt a. M.: S. Fischer, Bd. V., S. 37-219).

Gautier-Vignal, Louis, *Proust connu et inconnu*. Paris: Laffont, 1976.

*Gavoty, Bernard, *Reynaldo Hahn. Le musicien de la Belle Epoque*. Paris, 1974.

*Genette, Gérard, »Proust palimpseste«, in: ders., *Figures I*. (1966). Paris: Seuil, 1976 (Collection Points), S. 39-67.

–, »Proust et le langage indirect«, in: ders., *Figures II*. Paris: Seuil, 1969, 1979 (Collection Points), S. 223-293.

*–, La rhétorique restreinte«. *Communications* 16 (1971), S. 158-171 (jetzt in: *Figures* III. Paris 1971, S. 21-40; deutsch: »Die restringierte Rhetorik«, in: Haverkamp, A. Hg., 1996, S. 229-252.

–, »Métonymie chez Proust«, in: ders., *Figures III*. Paris: Seuil, 1972 (Collection Poétique), S. 41-63.

Gide, André,*Les nourritures terrestres* (1897). Paris: Gallimard, 1960 [enthält außerdem *Les nouvelles nourritures* (1935)]; deutsch: *Uns ernährt die Erde*. Deutsche Übertragung von Hans Prinzhorn, durchgesehen und überarbeitet vom Verfasser. Stuttgart/Berlin/Leipzig: Deutsche Verlags-Anstalt, 1930.

–, *Incidences*. Paris: Gallimard, 1924.

–, *Journal, 1889-1939*. Paris: Gallimard, 1941 (Bibliothèque de la Pléiade).

–, *Journal I, 1887-1925*. [Nouvelle édition]. Edition établie, présentée et annotée par Eric Marty. Paris: Gallimard, 1996 (Bibliothèque de la Pléiade).

–, *Journal II, 1826-1950*. [Nouvelle édition]. Edition établie, présentée et annotée par Martine Sagaert. Paris: Gallimard, 1997 (Bibliothèque de la Pléiade).

Gimpel, René, *Le Journal d'un collectionneur*. Paris: Calmann-Lévy, 1963; englisch: *Diary of an Art Dealer*. New York/London, 1966.

Girard, René, *Hg., *Proust. A Collection of Critical Essays*. Englewood Cliffs: Prentice Hall, 1962.

–, »Narcissism: The Freudian Myth Demythified by Proust«, in: *Psychoanalysis, Creativity, and Literature*. Hg. Alan Roland. New York: Columbia University Press, 1978; abgedruckt in: Kurzweil, E. und Phillips, W., Hg., *Literature and Psychoanalysis*. New York, Columbia University Press, 1983, S. 363-377.

*Goncourt, Edmond und Jules, *Tagebuchblätter 1851-1895*. Ausgewählt, verdeutscht und eingeleitet von Heinrich Stümcke. Berlin und Leipzig: Jacques Hegner, 1905.

*Gracq, Julien, *En lisant, en écrivant*. Paris: Corti, 1982 [S. 95-109: »Proust considéré comme terminus«].

Graham, Victor, »The Imagery of Proust«, in: Hatzfield, Helmut, Hg., *Literature Through Art*. Oxford, 1952.

Gramont, Armand, Duc de, »Souvenirs sur Marcel Proust«. *Bulletin Marcel Proust* N° 6, 1956, S. 171-180.

Gramont, Élisabeth de, *Mémoires I. Au temps des équipages*. Paris: Grasset, 1928.

–, *Mémoires II. Les marroniers en fleurs*. Paris: Grasset, 1929.

–, *Marcel Proust*. Paris, 1948.

*Grassi, Ernesto, *Die unerhörte Metapher*. Hg. und mit einer Bibliographie des Verfassers von Emilio Hidalgo-Serna. Frankfurt a. M.: Anton Hain, 1992.

*Gregh, Fernand, *L'âge d'or. Souvenirs d'enfance et de jeunesse*. Paris: Grasset, 1947.

*Hacking, Ian, *Rewriting the Soul. Multiple Personality and the Sciences of Memory*. Princeton, N. J.: Princeton University Press, 1995; deutsch: *Multiple Persönlichkeit. Zur Geschichte der Seele in der Moderne*. Übersetzt von Max Looser. München: Hanser, 1996.

Hahn, Reynaldo, *Notes. Journal d'un musicien*. Paris: Plon, 1933.

Halévy, Daniel, *Pays parisiens*. Paris: Grasset, 1932.

*Hartwig, Ina, »Sich den Topf zerbrechen. Marcel Proust auf der Suche nach dem Pornographischen«. *Frankfurter Rundschau*, 1. Februar 1997, S. ZB 3.

*Haverkamp, Anselm, Hg., *Theorie der Metapher*. 2., um ein Nachwort zur Neuausgabe und einen bibliographischen Nachtrag erweiterte Ausgabe, Darmstadt: Wissenschaftliche Buchgesellschaft, 1996 (Erstausgabe 1983).

*Helbling, Hanno, »Swann studiert Vermeer«, *Neue Zürcher Zeitung*, 17. Dezember 1969 (Fernausgabe N° 346, S. 61).

*–, »Die Saat der Träume und der Täuschungen. Zum Anfang von *A la recherche du temps perdu*«. *Neue Zürcher Zeitung*, 8. November 1985 (Fernausgabe N° 39).

*–, *Erinnertes Leben. Marcel Prousts »Suche nach der verlorenen Zeit«*. Frankfurt a. M.: Suhrkamp, 1988.

*–, »Die Vorstufe. Zur deutschen Neuausgabe von Marcel Prousts *Jean Santeuil*«. *Neue Zürcher Zeitung*, 14. Januar 1993.

*–, »Wie dabeigewesen. Pietro Citati über Marcel Proust.« *Neue Zürcher Zeitung*, 30. Oktober 1995.

Henry, Anne, *Marcel Proust. Théories pour une esthétique*. Paris: Klincksieck, 1981.

–, *Proust romancier. Le tombeau égyptien*. Paris: Flammarion, 1983.

*[*Hommage à Marcel Proust*], *Nouvelle Revue Française*, 10, N° 112, 1. Januar 1923: Hommage à Marcel Proust 1871-1922. Souvenirs – Témoignages étrangers. *La Prisonnière* (fragments inédits). Bibliographie, Documents, Portraits.

*Hölz, Karl, Hg., *Marcel Proust. Sprache und Sprachen*. Frankfurt a. M.: Insel, 1991 (Sechste Publikation der Marcel Proust Gesellschaft).

*Huysmans, Joris-Karl, *A rebours* (1884). Texte présenté, etabli et annoté par Marc Fumaroli. Seconde édition revue et augmentée. Paris: Gallimard, 1983 (Collection Folio). Deutsch: *Gegen den Strich*. Übersetzt und hg. von Walter Münz und Myriam Münz. Stuttgart: Reclam, 1992.

*–, *Là-bas*. Edition établie et présentée par Yves Hersant. Paris: Gallimard, 1985 (Collection Folio). – Deutsch: *Tief unten*. Übersetzt und hg. von Ulrich Bossier. Stuttgart: Reclam, 1994.

*–, *Trois Eglises et Trois Primitifs*. Paris: Stock, 1908; deutsch: *Geheimnisse der Gotik*. Aus dem Französischen und mit einem Anhang von Stefanie Strizek. Hg. Michael Farin. München: P. Kirchheim, 1991.

*[HWP] *Historisches Wörterbuch der Philosophie*. Hg. J. Ritter u. a. Basel: Schwabe 1971 ff. (bisher 10 Bde.: A-T).

*Jaccard, Roland, »Faut-il couper Proust?« [Rez. von Bayard, 1997]. *Le Monde*, 15. August 1997, S. 20.

*Jackson, Elisabeth R., *L'évolution de la mémoire involontaire dans l'œuvre de Marcel Proust*. Paris: Nizet, 1966.

Jaloux, Edmond, *Avec Marcel Proust*. Genève: La Palatine, 1953.

*[Jaurès, Jean]: J. Hampden Jackson, *Jean Jaurès. Sein Leben und sein Werk*. Aus dem Englischen übertragen von Bruno Schönlank. Zürich: Büchergilde Gutenberg, 1950.

*Jauß, Hans Robert, *Zeit und Erinnerung in Marcel Prousts ›A la recherche du temps perdu‹. Ein Beitrag zur Theorie des Romans* (1955). Frankfurt a. M.: Suhrkamp, 1986 (erweiterte Ausgabe).

Joppien, Rüdiger, »Sigfried Bings Kunsthaus ›Art Nouveau‹«, in: *Art Nouveau*, Ausstellungskatalog Darmstadt, 1999, S. 115-127.

Josopovici, Gabriel, »Proust: A Voice in Search of Itself«, in: ders., *The World and the Book*. London, 1971.

*Joubert, Joseph, *Carnets*. Textes recueillis sur les manuscrits autographes par André Beaunier. Avant-propos de Jean-Paul Corsetti, préfaces de Mme André Bonnier et de M. André Bellessort. Paris: Gallimard, 1994, 2 Bde.

Jullian, Philippe, *Robert de Montesquiou, un prince 1900*. Paris: Perrin, 1965.

*Keller, Luzius, »Die Sprache finden. Zum deutschen Proust«. *Neue Zürcher Zeitung*, 8. November 1985 (Fernausgabe N° 259).

*–, *Proust im Engadin*. Frankfurt a. M.: Insel, 1998.

*Keller, Luzius, unter Mitarbeit von Oeschger, André, Hg., *Marcel Proust. Bezüge und Strukturen. Studien zu ›Les plaisirs et les jours‹*. Frankfurt a. M.: Insel, 1987 (Fünfte Publikation der Marcel Proust Gesellschaft).

*Kemp, Wolfgang, *John Ruskin. Leben und Werk.*, München: C. Hanser, 1983; Taschenbuchausgabe Frankfurt a. M.: Fischer Taschenbuch Verlag, 1987.

*Kempf, Roger, *Dandies. Baudelaire & Cie*. Paris: Seuil 1977 (Taschenbuchausgabe Collection Points, 1984).

Kilmartin, Terence, *A Guide to Proust*. London, 1983.

*Köhler, Erich, *Marcel Proust*. Göttingen: Vandenhoeck & Ruprecht, 1958.

Kolb, Philip, *La correspondance de Marcel Proust: Chronologie et commentaire critique*. Urbana: The University of Illinois Press, 1949 (Illinois Studies in Language and Literature, XXXIII, Nos. 1-2).

*Kristeva, Julia, *Le temps sensible. Proust et l'expérience littéraire*. Paris: Gallimard, 1994.

*Kuhn, Reinhard, *The Demon of Noontide. Ennui in Western Literature*. Princeton, New Jersey: Princeton University Press, 1976.

*Lacouture, Jean, *Un adolescent du siècle. Jacques Rivière et la NRF*. Paris: Seuil, 1994.

*Lagercrantz, Olof, *Marcel Proust oder vom Glück des Lesens*. Aus dem Schwedischen von Angelika Gundlach. Frankfurt a. M.: Suhrkamp, 1995.

Larcher, P.-L., *Le Parfum de Combray. Pélérinage Proustien à Illiers*. Paris: Mercure de France, 1946.

*Leibbrand, Annemarie und Werner, *Formen des Eros. Eine Kultur- und Geistesgeschichte der Liebe*. Freiburg/München: Karl Alber, 1972, 2 Bde. (Bd. II, Kap. XXIV: »Beabsichtigte Transposition des Eros«, bes. S. 635-650, über Marcel Proust.)

*Lenk, Elisabeth, *Die unbewußte Gesellschaft. Über die mimetische Grundstruktur in der Literatur und im Traum*. München: Matthes & Seitz, 1983.

*Lepenies, Wolf, *Melancholie und Gesellschaft*. Frankfurt a. M.: Suhrkamp, 1969.

*–, *Sainte-Beuve. Auf der Schwelle zur Moderne*. München: Hanser, 1997.

Liebrucks, Bruno, »Reflexionen über den Satz Hegels ›Das Wahre ist das Ganze‹.« in: *Zeugnisse. Th. W. Adorno zum 60. Geburtstag*. Frankfurt a. M.: EVA, 1963, S. 74-114.

– »Die Rolle des Menschen als Person in der Gesellschaft«. *Radius*, Heft 2, 1970.

Lindner, Gladys Dudley, Hg., *Marcel Proust: Reviews and Estimates in English*. Stanford, Cal.: Stanford University Press, 1942.

*Link-Heer, Ursula und Roloff, Volker, Hg., *Marcel Proust und die Philosophie*. Frankfurt a. M.: Insel, 1996 (Achte Publikation der Marcel Proust Gesellschaft).

*Lowery, Bruce, *Marcel Proust et Henry James. Une confrontation*. Paris: Plon, 1964.

*Maar, Michael, »Weltgebäude, renoviert. Die Proust-Übersetzung von Eva Rechel-Mertens nach der Überarbeitung.« *Frankfurter Allgemeine Zeitung*, 24. September 1994.

*–, »Chemie der Seele. Medizinisches zu Marcel Prousts Leidensgeschichte«. *Frankfurter Allgemeine Zeitung*, 25. Oktober 1995, Seite N 5 [zu Michel, 1995].

*–, »Angst vor irrem Lachen. Ein Bündel unbekannter Proust-Briefe – aufgeschnürt.« *Frankfurter Allgemeine Zeitung*, 7. Mai 1997, Seite N 5 [zum Konvolut der Proust-Briefe an Lucien Daudet im Auktionskatalog Christie's, November 1996].

*Macé, Gérard, *Le manteau de Fortuny*. Paris: Gallimard, 1987.

*Macchia, Giovanni, *L'angelo della notte*. Milano: Rizzoli, 1979; Taschenbuchausgabe 1990 (Biblioteca Universale Rizzoli).

*–, *Le rovine di Parigi*. Milano: Mondadori, 1985, 2. Aufl. 1988.

*–, *Proust e dintorni*. Milano: Mondadori, 1989, 2. Aufl. 1990.

*–, »All' ombra di Proust. Lucien Daudet e la recensione sulla prima pagina del *Figaro*«. *Corriere della sera*, 9. April 1995.

*Mälzer, Nathalie, »*Proust oder ähnlich*«. *Proust übersetzen in Deutschland*. Berlin: Das Arsenal, 1996.

**Magazine littéraire*, N° 350, Paris, Janvier 1997: Dossier: »Les vies de Marcel Proust«; Inédit: Michel Leiris, »Notes sur Proust«.

*Mâle, Emile, *L'art religieux au XIIIe siècle en France*. Paris: Ernest Leroux, 1898; réédition Paris: Le Livre de Poche, collection »Biblio-essais«, 1988.

*Man, Paul de, »Reading (Proust)«, in: ders., *Allegories of Reading. Figural Language in Rousseau, Nietzsche, Rilke, and Proust*. New Haven and London: Yale University Press, 1979, S. 57-78; deutsch: »Lesen (Proust)«, in: *Allegorien des Lesens*. Übersetzt von W. Hamacher und P. Krumme. Mit einer Einleitung von W. Hamacher. Frankfurt a. M.: Suhrkamp, 1988, S. 91-117.

*Mann, Otto, *Der Dandy. Ein Kulturproblem der Moderne* (1925). Vom Verfasser überarbeitete Neuauflage. Heidelberg: Wolfgang Rothe, 1962.

March, Harold, *The Two Worlds of Marcel Proust*. London, 1948.

Marc-Lipansky, *La naissance du monde proustien dans Jean Santeuil*. Paris, 1974.

*Marcuse, Max, Hg., *Handwörterbuch der Sexualwissenschaft*. Zweite, stark vermehrte Auflage. Bonn: A. Marcus und E. Webers Verlag, 1926.

*Marquet, Jean-François, »Proust, la fête inconcevable«, in: ders., *Miroirs de l'identité. La littérature hantée par la philosophie*. Paris: Hermann, 1996, S. 169-202.

*Martin-Deslias, Noel, *Idéalisme de Marcel Proust*. Préface de André Maurois. Paris: Nagel, 1952.

*Mass, Edgar, *Marcel Proust. Motiv und Verfahren*. Frankfurt a. M.: Insel, 1986 (Vierte Publikation der Marcel Proust Gesellschaft).

*Mass, Edgar und Roloff, Volker, Hg., *Marcel Proust. Lesen und Schreiben*. Frankfurt a. M.: Insel, 1983 (Zweite Publikation der Marcel Proust Gesellschaft).

Martin du Gard, Maurice, *Les mémorables*. Vol. I. Paris: Flammarion, 1957.

*Massis, Henri, *Le drame de Marcel Proust*. Lettre-Préface de Bernard Grasset. Paris: Grasset, 1937.

*–, *D'André Gide à Marcel Proust*. Paris: Lardanchet, 1948.

*Mauriac, Claude, *Marcel Proust par lui-même*. Paris: Seuil, 1953; deutsch: *Marcel Proust in Selbstzeugnissen und Bilddokumenten*. Übersetzt von Eva Rechel-Mertens. Reinbek b. Hamburg: Rowohlt, 1958.

Mauriac, François, *Du côté de chez Proust*. Paris: La Table ronde, 1947.

*–, *Ecrits intimes. Commencements d'une vie. La rencontre avec Barrès*.

Journal d'un homme de trente ans. Du côté de chez Proust. Genève/Paris: La Palatibe, 1953.

–, *Mémoires intérieures.* Paris, 1959; deutsch: *Bild meines Ich.* Übersetzt von Lilly von Sauter. München/Wien/Basel, 1960.

Maurois, André, *A la recherche de Marcel Proust.* Paris: Hachette, 1949; deutsch: *Auf den Spuren von Marcel Proust.* Übersetzt von R. Uecker-Lutz. Hamburg: Claassen, 1956; Frankfurt a. M.: Fischer Taschenbuch.

*–, *Le monde de Marcel Proust.* Documentation photographique Marie-Thérèse May. Paris: Hachette, 1960.

*Megay, Joyce, *Bergson et Proust. Essai de mise au point de la question de l'influence de Bergson sur Proust.* Paris: Vrin, 1976 [vgl. Rez. von J. M. Cocking in *The Times Literary Supplement*, 24. September 1976].

Mein, Margaret, *A Foretaste of Proust.* Farnborough, 1974.

*Metgen, Günter, »Erst fotografiert, dann füsiliert« [Über Bertillons erkennungsdienstliche Benutzung der Photographie], *Frankfurter Allgemeine Zeitung,* 19. Februar 2000.

*Michel, François-Bernard, *Le souffle coupé. Respirer et créer.* Paris: Gallimard, 1984.

*–, *Proust et les écrivains devant la mort.* Paris: Grasset, 1995 [vgl. Maar, 1995].

Michel-Thiriet, Philippe, *Quid de Marcel Proust.* Paris: Robert Laffont, 1987; deutsch: *Das Marcel Proust Lexikon.* Übersetzt von Rolf Wintermeyer. Frankfurt a. M.: Suhrkamp, 1992.

Miller, Milton L., *Nostalgia: A Psychoanalytic Study of Marcel Proust.* Port Washington und London, 1956.

*Milly, Jean, *Les pastiches de Proust.* Paris: Armand Colin, 1972.

–, *La phrase de Proust. Des phrases de Bergotte aux phrases de Vinteuil.* Paris: Larousse, 1975.

*Monbrun, Estelle, *Meurtre chez Tante Léonie.* Paris: Viviane Hamy, 1994 (Collection »Chemins«); deutsch: *Mord bei Tante Léonie.* Übersetzt von U. Biesenkamp. Berlin: Das Neue Berlin, 1996.

*Montaigne, *Essais*, in: *Œuvres complètes.* Textes établis par Albert Thibaudet et Maurice Rat. Introduction et notes par Maurice Rat. Paris: Gallimard, 1962 (Bibliothèque de la Pléiade, 1980). – Deutsch (Auswahl): *Essais.* Auswahl und Übersetzung von Herbert Lüthy. Zürich: Manesse, 1953, 5. Aufl. 1984.

Morand, Paul, *Journal d'un attaché d'ambassade, 1916-1917.* Paris: Gallimard, 1949, Neuaufl. 1964.

Moss, Howard, *The Magic Lantern of Marcel Proust.* London, 1963.

*Mugnier, Abbé, *Journal (1878-1939).* Paris: Mercure de France, 1985.

*Musset, Alfred de, *Dichtungen / Poésies nouvelles.* Französisch, mit deutscher Übertragung von Friedrich Schäfer. Heidelberg: Lambert Schneider, 1960.

Nabokov, Vladimir, *Lectures on Literature.* Vol. I: Hg. F. Bowers. New

York, 1980; deutsch: *Die Kunst des Lesens. Meisterwerke der europäischen Literatur: Austen – Dickens – Flaubert – Joyce – Kafka – Proust – Stevenson.* Übersetzt von K. A. Klewer und R. A. Russell. Frankfurt a. M.: S. Fischer, 1982.

*Nathan, Jacques, *Citations, réferences et allusions de Proust dans »A la recherche du temps perdu«.* Paris: Nizet. 1953.

*–, *La morale de Proust.* Paris: Nizet, 1953.

*Nerval, Gérard de (1853), *Sylvie. Souvenirs du Valois.* In: *Œuvres,* éd. A. Béguin und J. Richer. Paris: Gallimard, 1960 (Bibliothèque de la Pléiade), Bd. I, S. 241-73 [nouvelle édition: *Œuvres complètes III.* Edition publiée sous la direction de Jean Guilleaume et de Claude Pichois. Paris: Gallimard, 1993 (Bibliothèque de la Pléiade), S. 537-579]; deutsch: *Sylvia.* Übersetzt und hg. von Klaus Hermann. Weimar: G. Kiepenheuer, 1962.

Nicolson, Harold, *Peacemaking 1919.* London, 1933; deutsch: *Friedensmacher 1919.* Übersetzt von Hans Reisiger. Berlin: S. Fischer, 1934 (6. Aufl.)

*–, (1936), »Marcel Proust et l'Angleterre«. *Revue hebdomadaire,* Juni 1936, S. 7-21.

*–, (1955), »Proust et l'Angleterre«. *Le Figaro littéraire,* 15. Oktober 1955.

*Nostitz, Wolfgang von, »Auf der Suche nach einem neuen Proust. Wie gut ist Eva Rechel-Mertens' Übertragung wirklich?«. *Die Zeit,* 19. September 1986.

[Nouvelle Revue Française]: siehe *Hommage à Marcel Proust.*

*Nussbaum, Martha, »Love's knowledge«, in: dies., *Love's Knowledge. Essays on Philosophy and Literature.* Oxford: Oxford University Press, 1990; deutsch: »Einsicht der Liebe«, in: *Einsicht der Liebe. Essays über Philosophie und Literatur.* Übersetzt von Max Looser (unveröffentlicht).

*Péchenard, Christian, *Proust à Cabourg.* Paris: Quai Voltaire, 1992, Neuaufl. 1994.

*–, *Proust et son père.* Paris: Quai Voltaire, 1993.

*–, *Proust et Céleste.* Paris: La Table Ronde, 1996.

Painter, George, *Marcel Proust: A Biography.* London: Chatto & Windus, Bd. I: 1959, Bd. II: 1965; deutsch: *Marcel Proust: Eine Biographie.* Teil I übersetzt von Chr. Enzensberger. Frankfurt a. M.: Suhrkamp, 1962; Teil II übersetzt von Ilse Wodtke. Frankfurt a. M.: Suhrkamp, 1968.

*–, *Marcel Proust: A Biography.* New Edition. (In einem Band). London: Chatto & Windus, 1989, Harmondsworth: Penguin Books, 1990.

Pierre-Quint, Léon, *Marcel Proust: Sa vie, son œuvre.* Paris: Aux Editions du Sagittaire (Kra), 1925 [Nouvelle édition augmentée de plusieurs études. Le comique et le mystère chez Proust. Une nouvelle lecture. 10 ans plus tard. Proust et la jeunesse d'aujourd'hui. Paris: Sagittaire, 1944].

*–, *Comment travaillait Proust. Bibliographie. Variantes. Lettres de Proust.* Paris: Cahiers Libres, 1928.

*–, *Proust et la Stratégie littéraire*. Avec des lettres de Marcel Proust à René Blum, Bernard Grasset et Louis Brun. Paris: Corréa, 1954.

*Pilkington, A. E., *Bergson and his Influence. A Reassessment*. Cambridge: Cambridge University Press, 1976.

Plantevignes, Marcel, *Avec Marcel Proust – Causeries – Souvenirs sur Cabourg et le boulevard Haussmann*. Paris: Nizet, 1966.

*Polignac, Jean-Héracle, duc de, *La Maison de Polignac*. Ed. Jeanne d'Arc, Le Puy, 1975.

*Pothast, Ulrich, *Die eigentlich metaphysische Tätigkeit. Über Schopenhauers Ästhetik und ihre Anwendung durch Samuel Beckett*. Frankfurt a. M.: Suhrkamp, 1982.

*Pouillon, Jean, *Temps et roman* (1946). Nouvelle édition augmentée. Paris: Gallimard, 1993 (tel 224).

Poulet, Georges, *L'espace proustien*. Paris: Gallimard, 1963; deutsch: *Marcel Proust. Zeit und Raum*. Übersetzt von Helmut Scheffel. Frankfurt a. M.: Suhrkamp, 1966.

*–, *Etudes sur le temps humain*. Editions du Rocher: Bd. I, 1976, S. 400-439, »Proust«; Bd. IV, 1977, S. 299-337, »Marcel Proust«.

*Pozzi, Catherine, *Journal 1913-1934*. Ed. Claire Paulhan. Paris: Ramsay, 1987; deutsch: »*Paul Valéry – Glück, Dämon, Verrückter*« – *Tagebuch 1920-1928*. Hg. und übersetzt von Max Looser. Frankfurt a. M.: Insel, 1995.

*Pozzi, Catherine, *Journal de Jeunesse 1893-1906*. Edition établie et annotée par Claire Paulhan avec la collaboration d'Inès Lacroix-Pozzi. Lagrasse: Verdier, 1995.

*Praz, Mario, »Gli interni di Proust«, *Letteratura*, November 1947, S. 61-71; jetzt in: ders., *Il patto col serpente*. Milano: Mondadori, 1972, S. 451-469.

*–, »Whitman e Proust«, *Il Mondo*, 24. März 1951, jetzt in: ders. *Il patto col serpente*. Milano: Mondadori, 1972, S. 446-450.

*–, »George Eliot and Proust«, *The Times Literary Supplement*, 13. März 1953.

*–, »Proust and Pater«, (Brief), *The Times Literary Supplement*, 6. Juni 1958.

*–, *Conversation Pieces. A Survey of the Informal Group Portrait in Europe and America*. University Park & London: The Pennsylvania State University Press, 1974.

*–, »Ho mangiato un pisello« [Rez. v. Ellen Moers, *The Dandy*], *Il Tempo*, 10. Juni 1960; jetzt in ders. *Fiori freschi*. Milano: Garzanti, 1982; deutsch: »Der Dandy«, in: Mario Praz, *Der Garten der Erinnerung. Essay 1922-1980*. Übersetzt, hg. und mit Anmerkungen versehen von Max Looser. Frankfurt a. M.: S. Fischer, Band I, 1994, S. 375-386.

Price, L. B., Hg., *Marcel Proust: A Critical Panorama*. Urbana: University of Illinois Press, 1973.

Proustiana. Mitteilungsblatt der Marcel Proust Gesellschaft.

I: 1984; II/III: 1985; IV/V: Marcel Proust – Kunst und Psyche (Symposion der
Marcel Proust Gesellschaft, Berlin 1985) 1987; VI/VII: Les plaisirs et les
jours (Symposion der Marcel Proust Gesellschaft, Zürich 1987); 1988;
VIII/IX: Geschmack bei Proust, 1991; XVI/XVII: 1995; XVIII/XIX: 1997.

Pugh, Anthony, *The Birth of A la recherche du temps perdu.* Lexington,
Kentucky, 1987.

Quennell, Peter, Hg., *Marcel Proust 1871-1922: A Centenary Volume.* London, 1971.

*Racine, Œuvres complètes. I. Théâtre – Poésies. Présentation, notes et
commentaires par Raymond Picard. Paris: Gallimard, 1994 (Bibliothèque de la Pléiade).

Revel, François, *Sur Proust. Remarques sur »A la recherche du temps
perdu«.* Paris: Juillard, 1960; Grasset, 1987 [Edition définitive: Paris:
Laffont, Collection Bouquins, 1997, S. 271-391].

*Reimertz, Stephan, »›Dieser Proust war ein seltener Genuß.‹ Aber niemand gedenkt seines ersten deutschen Übersetzers. Ein Plädoyer für
Rudolf Schottlaender«. *Frankfurter Allgemeine Zeitung*, 18. Januar
1995.

*Reinach, Joseph, *Histoire de l'Affaire Dreyfus.* Paris: Fasquelle, 1901-1911, 7 Bde.

*Rewald, John, *Die Geschichte des Impressionismus. Schicksal und Werk
der Maler einer großen Epoche der Kunst.* Köln: DuMont, 1965; neue
und veränderte Auflage 1979, 6. Nachdruck 1995.

*[RGG] *Die Religion in Geschichte und Gegenwart.* 3. Aufl., Tübingen:
J. C. B. Mohr (Paul Siebeck), 1965; ungekürzte Studienausgabe, UTB,
1986, 7 Bde.

Richard, Jean-Pierre, *Proust et le monde sensible.* Paris: Seuil, 1974.

Rivière, Jacques, *Quelques progrès dans l'étude du cœur humain.* Paris:
Librairie de France, 1927; Paris: Gallimard, 1985. Textes établis et présentés par Thierry Laget (Cahiers Marcel Proust N° 13).

*Roloff, Volker, *Werk und Lektüre. Zur Literarästhetik von Marcel Proust.*
Frankfurt a. M.: Insel, 1984 (Dritte Publikation der Marcel Proust Gesellschaft).

*Rousset, Jean, *Forme et signification.* Paris: Corti, 1962 [S. 135-171:
»Proust: A la recherche du temps perdu«].

*–, *Leurs yeux se rencontrèrent. La scène de la première vue dans le roman.*
Paris: Corti, 1984.

*–, *Le lecteur intime. De Balzac au journal.* Paris: Corti, 1986.

*Ruskin, John, *The Works.* Edited by E. T. Cook and Alexander Wedderburn (»The Library Edition«). London: G. Allen, 1903-1912, 39 Bde.
[Jetzt auf CD-ROM: *The Works of John Ruskin on CD-ROM* (The
Library Edition). Cambridge: Cambridge University Press, 1997.]

*–, *The Seven Lamps of Architecture.* London: Smith, Elder & Co., 1849;
deutsch: *Die sieben Leuchter der Baukunst.* [Nachdruck der Übersetzung

von Wilhelm Schoelemann. Leipzig: Diederichs, 1900.] Hg. und mit einem Nachwort versehen von Wolfgang Kemp. Dortmund: Harenberg, 1994 (Die bibliophilen Taschenbücher, N° 690).

*–, *Sesame and Lilies*. Two Lectures Delivered at Manchester 1864. London: 1865; deutsch: *Sesam und Lilien*. Übersetzt von H. Jahn, in: Ruskin, *Ausgewählte Werke*, Leipzig: Diederichs, 1900, Band 2.

*–, *Praeterita*. Übersetzt von Anna Henschke. Jena: Eugen Diederichs, 2 Bde. (= Ruskin, *Werke*, Bd. VI/VII); Faksimile-Reprint, hg. und mit einem Nachwort versehen von Wolfgang Kemp. Dortmund: Harenberg Edition, 1995 (Die bibliophilen Taschenbücher 707).

*–, *Selected Writings*. Chosen and annotated by Kenneth Clark. Harmondswort: Penguin Books, 1991.

*–, *The Stones of Venice* (1851-1886). 3 Bde.; deutsch: *Die Steine von Venedig*. Übersetzt von Hedwig Jahn (nach der Ausgabe von 1886). Dresden: Diederichs, 1903-1906, 3 Bde.; Faksimile-Ausgabe in drei Bänden, hg. und mit einem Nachwort von Wolfgang Kemp. Dortmund: Harenberg, 1994.

*–, »*Unto this Last*« *and other writings by John Ruskin*. Edited, with an Introduction, Commentary and Notes by Clive Wilmer. Harmondsworth: Penguin Books, 1985.

*Saiki, Shinichi, *Paris dans le roman de Proust*. Paris: Sedes, 1996.

Sansom, William, *Proust*. London, 1973.

*Sainte-Beuve, *Literarische Porträts aus dem Frankreich des 17.-19. Jahrhunderts*. Übersetzt von L. Andro u.a., hg. v. Stefan Zweig. Frankfurt a.M.: Frankfurter Verlagsanstalt, o. J., 2 Bde.

Scheikévitch, Marie, *Souvenirs d'un temps disparu*. Paris: Plon, 1935.

*–, »Marcel Proust and his Céleste«. *London Mercury*, vol. 37 (April 1938), S. 601-610.

*–, »Marcel Proust et Céleste«. *Œuvres libres*, N° 168 (1960), S. 37-52.

*Schuh, Willy, »›Portraits de peintres‹. Intime Klavierstücke im Vorfeld von Prousts Romanwerk.« *Neue Zürcher Zeitung*, 21. November 1980 (Fernausgabe N° 271).

*Schwob, Marcel, *Vies imaginaires* (1896). Paris; deutsch: *Roman der zweiundzwanzig Lebensläufe*. Übersetzt von Jakob Hegner. Hellerau: Jakob Hegner, 1925; Nördlingen: Franz Greno, 1986.

*Sévigné, Madame de, *Correspondance*. Texte etabli, présenté et annoté par Roger Duchêne. Paris: Gallimard, 1972-1978 (Bibliothèque de la Pléiade), 3 Bde.

Shattuck, Roger, *Proust's Binoculars*. London, 1964.

–, *Proust*. London: Fontana, Collins (Modern Masters), 1974.

*Sizeranne, Robert de la, *Ruskin et la religion de la beauté*. Paris: Hachette, 1898.

*Souza, Sybil de, *L'influence de Ruskin sur Proust*. Montpellier: Imprimerie de la Manufacture de la Carité, 1932.

*Spitzer, Leo, »Zum Stil Marcel Prousts«, in: ders., *Stilstudien*. München: Max Hueber. 2. unv. Aufl. 1961, 2 Bde., Bd. 2, S. 365-498.

Splitter, Randolph, *Proust's Recherche: A Psychoanalytic Interpretation*. Boston, London und Henley, 1981.

*Sprinker, Michael, *History and Ideology in Proust*. Cambridge: Cambridge University Press, 1995.

Stambolian, George, *Marcel Proust and the Creative Encounter*. Chicago und London, 1972.

Straus, Bernard, *Maladies of Marcel Proust. Doctors and Disease in his Life and Work*. New York und London: Holmes & Meier, 1980.

*Sutherland, Christine, *Enchantress. Marthe Bibesco and Her World*. London: John Murray, 1997.

Tadié, Jean-Yves, *Proust et le roman. Essai sur les formes et techniques du roman dans »A la recherche du temps perdu«*. Paris: Gallimard, 1971.

–, *Lectures de Proust*. Paris, Colin, 1971.

–, *Proust*. Paris: Belfond, 1983; deutsch: *Marcel Proust*. Übersetzt von Henriette Beese. Frankfurt a. M.: Suhrkamp, 1987.

*–, *Marcel Proust. Biographie*. Paris: Gallimard, 1996.

*Taureck, Bernhard, *Französische Philosophie im 20. Jahrhundert. Analysen, Texte, Kommentare*. Reinbek b. Hamburg: Rowohlt 1988 (rowohlt enzyklopädie 481).

*Thalheimer, Siegfried, Hg., *Die Affäre Dreyfus*. München: Deutscher Taschenbuch Verlag, 1963, 2. Aufl. 1986.

*Trottenberg, Arthur H., Hg., *Marcel Proust / Eugène Atget: Ein Bild von Paris. Texte und Photographien*. Frankfurt a. M.: Insel, 1987.

Turnell, Martin, *The Novel in France*. London, 1950.

[*Wildenstein*] Wildenstein Gallery, London: *Marcel Proust and His Time 1871-1922* (Ausstellungskatalog 1955).

*Warning, Rainer, Hg., *Marcel Proust. Schreiben ohne Ende. Prousts ›Recherche‹ im Spiegel ihrer textkritischen Aufarbeitung*. Frankfurt a. M.: Insel, 1994 (Siebte Publikation der Marcel Proust Gesellschaft).

Winton, Allison, *Proust's Additions: The Making of »A la recherche du temps perdu«*. Cambridge/London/New York: Cambridge University Press, 1977, 2 Bde.

*Zagdanski, Stéphane, *Le sexe de Proust*. Paris: Gallimard, 1994.

Bildnachweis

Bibliotheca Proustiana Reiner Speck: Abbildung 28, 30
Alle übrigen Abbildungen stammen aus dem Archiv des Insel Verlags.

Namen- und Sachregister

Seitenangaben mit Stern * verweisen auf den Anmerkungsteil.
Diese Angaben stehen dann in runden Klammern, wenn sie sich
auf die davor aufgeführte Textseite beziehen.
Das Namen- und Sachregister enthält Personennamen – ohne Marcel
Proust –, Sachbezeichnungen, Ortsnamen, literarische Werke,
Zeitschriftentitel (kursiv) und Institutionen.

Register der Werke Marcel Prousts

Das Register enthält neben den Werktiteln (Buchtitel sind kursiviert)
auch Motive, Figuren und Themen aus Prousts Werken.

Biographien · Leben und Werk
im Insel und im Suhrkamp Verlag
Eine Auswahl

Claudio Abbado. Die anderen in der Stille hören. Von Frithjof Hager. st 3162. 288 Seiten

Lou Andreas-Salomé. Eine Biographie. Von Cordula Koepcke. it 905. 474 Seiten

Elizabeth von Arnim. Eine Biographie. Von Kirsten Jüngling und Brigitte Roßbeck. Mit zahlreichen Fotografien. it 1840. 426 Seiten

Johann Sebastian Bach. Von Charles Sanford Terry. Mit einem Nachwort von Klaus Peter Richter. it 2588. 304 Seiten

Bertolt Brecht. Sein Leben in Bildern und Texten. Herausgegeben von Werner Hecht. Mit einem Vorwort von Max Frisch. Gestaltet von Willy Fleckhaus. st 3217. 352 Seiten

Die Brentanos. Eine deutsche Familiengeschichte. Von Klaus Günzel. Mit zahlreichen Abbildungen. it 1929. 330 Seiten

Hermann Broch. Eine Biographie. Von Paul Michael Lützeler. Mit zahlreichen Fotografien. st 1578. 415 Seiten

Die Familie Brontë. Von Robert de Traz. Übersetzt von Maria Arnold. Mit Abbildungen. it 1548. 274 Seiten

Die Schwestern Brontë. Leben und Werk in Texten und Bildern. Herausgegeben von Elsemarie Maletzke und Christel Schütz. it 814. 230 Seiten